Quand vient le temps des vacances, quand vient l'envie de bons moments estivaux, quand le désir de vivre des expériences nouvelles originales devient pressant et enfin quand les impulsions données à votre vie prennent la direction du soleil, c'est la Provence qui se murmure comme une évidence. Une région qui fait du bien dès lors que l'on y pose ses valises et c'est dans ce sens que cette nouvelle édition du guide va devenir un incontournable de votre sac de voyage, ou de vos cartons, si votre vie future se construit en Provence ! À l'heure où l'écoresponsabilité nous pousse à revoir nos façons de consommer et voyager, (re) découvrir nos régions sonne comme une évidence. Quelques heures de train ou de voiture et c'est toute la beauté de la Méditerranée qui se dévoile, des contreforts du Ventoux aux reliefs gracieux du Luberon, en passant par le Var verdoyant et une Camargue aux allures de far-west. Ce sont des airs de Toscane, de plages grecques et de Sierra Nevada, agrémentés de générosité méridionale qui s'entremêlent pour un cocktail parfait. Retrouvez nos bons plans futés pour une édition 2023 qui laisse encore et toujours la part belle aux gens d'ici, aux Marseillais, Aixois, Alpins, Vauclusiens et Varois, celles et ceux qui font briller une région dont la beauté n'est plus un secret. Des racines profondément ancrées, des traditions plus vivaces que jamais, un destin tourné vers la modernité, une cuisine audacieuse, c'est au présent comme au futur que se conjugue la Provence.

PEFC
10-31-1895
Certifié PEFC
Ce produit est issu de forêts gérées durablement et de sources contrôlées.
pefc-france.org

Retrouvez cette offre en page 30

SOMMAIRE

Toits de Provence. © VISUALL2 - ISTOCKPHOTO

Oliviers au milieu d'un champs de lavande. © PATY WINGROVE - FOTOLIA

6 INSPIRER

Toutes les infos pratiques pour avoir un premier aperçu de la destination : météo, festivités, idées de séjours...

31 DÉCOUVRIR

Une vision d'ensemble de la Provence, son histoire, sa gastronomie, sa culture...

79 ALPES-DE-HAUTE-PROVENCE

Ce magnifique département saura vous séduire par ses beautés naturelles, oscillant entre plateaux et vallées. Au programme : sports d'hiver, balade dans les villages provençaux, visite de l'unesco Geoparc...

© PLPROD-ISTOCKPHOTO.COM

201 BOUCHES-DU-RHÔNE

Entre zones montagneuses des Alpilles, plages paradisiaques, territoires sauvages de Camargue, et aussi une grande offre culturelle avec plus de 90 musées et des monuments antiques, difficile de ne pas trouver son bonheur !

375 VAR

Dans le Var, vous pouvez profiter des stations balnéaires familiales, des richesses architecturales et archéologiques, et de son arrière-pays aux reliefs escarpés propices tant à la randonnée qu'à la pratique de sports en eau vive.

501 VAUCLUSE

Partir à la découverte du Vaucluse, c'est arpenter le « jardin de la France » où règne la douceur du climat, où à perte de vue s'étendent des vignobles, des forêts, un lieu de prédilection pour les cultures maraîchères et fruitières.

605 ORGANISER SON SÉJOUR

Cassis. © GIANLIGUORI - ISTOCKPHOTO.COM

Côte varoise © BÉATRICE PREVE - FOTOLIA

Autoroute
Route principale 4 voies
Route principale
Route secondaire
Ville
Sortie d'autoroute
Forêt
DRÔME
ARDÈCHE
GARD
VAUCLUSE
BOUCHES-DU-RHÔNE
Vers Montélimar
Vers Lyon
Vers Montélimar
Vers Nyons
Vers Pont-Saint-Esprit
Vers Nîmes
Vers Nîmes
Valréas
Richerenches
Bollène
N7
Ste Cécile-les-Vignes
Rasteau
VAISON-LA-ROMAINE
Entrechaux
A7
Uchaux
Cairanne
Malaucène
Gigondas
ORANGE
CRILLON-LE-BRAVE
BÉDOIN
Sault
Châteauneuf-du-Pape
MAZAN
CARPENTRAS
Simiane-la-Rotonde
Sorgues
Pernes-les-Fontaines
VENASQUE
AVIGNON
L'ISLE-SUR-LA-SORGUE
GORDES
RUSTREL
Châteaurenard
Fontaine-de-Vaucluse
ROUSSILLON
D900
Rhône
Apt
SAIGNON
ST-RÉMY-DE-PROVENCE
OPPÈDE
Lacoste
Buoux
CAVAILLON
Ménerbes
Bonnieux
LES-BAUX-DE-PROVENCE
TARASCON
Lauris
LOURMARIN
EYGALIÈRES
ANSOUIS
FONTVIEILLE
Aureille
Puyricard
Rognes
A7
ARLES
N113
St-Martin-de-Crau
A54
SALON-DE-PROVENCE
N7
A51
Miramas
A8
Etang de Vaccarès
Canal d'Arles
Canal d'Istres
VENTRABREN
AIX-EN-PROVEN
Istres
Etang de Berre
SAINTES-MARIES-DE-LA-MER
Port-St-Louis
MARTIGUES
LE ROVE
Sausset-les-Pins
MARSEILLE
Carry-le-Rouet
Mer Méditerranée
CASSIS
LA CIO
30 KM
Ferry vers l'Afrique et la Corse

HAUTES-ALPES
ITALIE
Vers Gap
N85
A51
Durance
N75
La Condamine-Châtelard
Jausiers
Le Lauzet – Ubaye
Ubaye
Barcelonnette
PRA-LOUP
Le Sauze
La Foux-d'Allos
ALLOS
Colmars
ALPES-MARITIMES
Verdon
SISTERON
Bléone
Champtercier
DIGNE-LES-BAINS
N85
LES MÉES
N202
Vers Nice
Entrevaux
RCALQUIER
ALPES-DE-HAUTE-PROVENCE
Lac de Castillon
Oraison
CASTELLANE
D4085
A51
Valensole
OSQUE
MOUSTIERS-SAINTE-MARIE
Aiguines
Verdon
RÉOUX-LES-BAINS
les Salles-s.-Verdon
La Bastide
Vers Grasse
BAUDUEN
Verdon
Quinson
Canal de Provence
AUPS
VAR
Moissac-Bellevue
Bargemon
Fayence
Montauroux
VARAGES
Vers Nice
D96
SILLANS-LA-CASCADE
CALLAS
Barjols
COTIGNAC
Flayosc
DRAGUIGNAN
THOLONET
Châteauvert
Lorgues
Puyloubier
Correns
Puget-s.-Argens
LE THORONET
FRÉJUS
ROQUEBRUNE-S.-ARGENS
ST-RAPHAËL
ST-MAXIMIN-LA-STE-BAUME
A8
Brignoles
St-Aygulf
N560
BESSE-S-ISSOLE
les Issambres
A57
PORT-GRIMAUD
STE-MAXIME
N97
Gémenos
Signes
GRIMAUD
ST-TROPEZ
COLLOBRIÈRES
Cogolin
LE CASTELLET
Cuers
BORMES-LES-MIMOSAS
RAMATUELLE
LA CADIÈRE-D'AZUR
LA CROIX-VALMER
A50
LA LONDE-LES-MAURES
CAVALAIRE-SUR-MER
RAYOL-CANADEL-SUR-MER
BANDOL
TOULON
LE LAVANDOU
la Garde
HYÈRES
ANARY-S.-MER
A570
Mer Méditerranée
la Seyne-s.-Mer
GIENS
ÎLE DU LEVANT
SIX-FOURS-LES-PLAGES
ÎLE DE PORQUEROLLES
ÎLE DE PORT-CROS

QUAND Y ALLER

JANVIER

MARSEILLE

5° / 12°

DIGNE-LES-BAINS

-1° / 8°

OURSINADES
(SAUSSET-LES-PINS)

© JEROME SINQUET - ISTOCKPHOTO.COM

En janvier, à Sausset, l'oursin est roi. Réputé d'une grande finesse, ce mets est dignement célébré sur toute la côte bleue.

MARCHÉ AUX TRUFFES
(APT)

À Carpentras ou Apt, la truffe est le produit phare de novembre à mars. Un vrai rendez-vous gourmand pour les plus fins palais.

FÉVRIER

MARSEILLE

6° / 13°

DIGNE-LES-BAINS

-1° / 11°

OPEN 13
(MARSEILLE)

© LAURENT BOSCHERO

La référence du tennis international dans la région provençale ! Un circuit ATP dans lequel les plus grands joueurs s'affrontent.

CORSO FLEURI – BORMES-LES-MIMOSAS
(BORMES-LES-MIMOSAS)

Au rythme des fanfares et danses folkloriques, un défilé de chars magnifiquement décorés de fleurs fraîches et de mimosa.

MARS

MARSEILLE

8° / 17°

DIGNE-LES-BAINS

2° / 14°

CARNAVAL DE SAINT-RÉMY-DE-PROVENCE
(SAINT-RÉMY-DE-PROVENCE)

Chaque fin du mois de mars dans les rues de Saint-Rémy, on célèbre le carnaval en compagnie de la sorcière Chauche vieille.

En haute saison ou en hors-saison, la Provence s'apprécie pour bien des raisons. La douceur de son climat est certainement son atout numéro un. Vous pourrez donc facilement y voyager douze mois par an. Dans cette rubrique, le Petit futé a recensé les événements qui pourront, en plus de la météo, vous inciter à préférer telle ou telle saison. Car si l'été si prisé permet d'apprécier les magnifiques plages, l'hiver a aussi ses atouts, à commencer par Noël et ses nombreuses traditions.

AVRIL

MARSEILLE

9° / 18°

DIGNE-LES-BAINS

4° / 16°

FERIA D'ARLES
(ARLES)
Arles vibre au son de la féria ! Une fête très populaire, des événements autour de la tauromachie et une ambiance unique.

LE FESTIVAL DE PÂQUES
(AIX-EN-PROVENCE)
Une programmation de musique classique d'excellence avec 33 concerts, 1000 artistes et des prix accessibles pour tous.

FESTIVAL DU FILM REGARDS D'ALTITUDES
(BARCELONNETTE)
Un festival de films dit de montagne qui met à l'honneur l'environnement et toutes les personnes qui vivent en milieu alpin.

$$

MAI

MARSEILLE

13° / 23°

DIGNE-LES-BAINS

8° / 21°

LE PÈLERINAGE DES GITANS
(SAINTES-MARIES-DE-LA-MER)
Impressionnante manifestation festive, culturelle et religieuse rassemblant gitans et manouches, venus de toute l'Europe.

FOIRE AUX CHEVAUX ET À LA BROCANTE
(BÉDARRIDES)
Une fête traditionnelle aux couleurs de la Provence. Foire aux chevaux et brocante, animations et costumes traditionnels.

LA BRAVADE – SAINT-TROPEZ
(SAINT-TROPEZ)
Commémoration du corps de bravade, milice armée dont la ville se dota en 1558 pour se défendre. Défilé et procession religieuse.

FÊTE DE L'AGNEAU
(SISTERON)
L'agneau de Sisteron fait la fierté de cette cité des Alpes-de-Haute-Provence. Animations, marché paysan et transhumance en ville.

$$

JUIN

MARSEILLE

17° / 27°

DIGNE-LES-BAINS

12° / 25°

LES CHORÉGIES
(ORANGE)
Festival d'art lyrique qui envoûte le théâtre antique d'Orange, seul édifice de ce genre qui ait gardé son mur acoustique !

LE DÉFI DE MONTE-CRISTO
(MARSEILLE)
Un défi qui a pour but de rallier le château d'If et les plages du Prado. 5 km à la nage inspirés par l'évasion d'Edmond Dantès.

GRAND PRIX DE FORMULE 1®
(LE CASTELLET)
Un événement international de renom incontournable. Durant trois jours, le petit village et son circuit vibrent et vivent F1.

FESTIVAL NUITS MÉTIS
(MIRAMAS)
Un festival entièrement gratuit dédié aux sonorités du monde. Des artistes variés et un public métissé. De belles rencontres.

$$

QUAND Y ALLER

JUILLET	AOÛT	SEPTEMBRE
MARSEILLE 19° / 29°	**MARSEILLE** 19° / 29°	**MARSEILLE** 16° / 26°
DIGNE-LES-BAINS 14° / 29°	**DIGNE-LES-BAINS** 14° / 29°	**DIGNE-LES-BAINS** 11° / 23°

JUILLET

FESTIVAL D'AVIGNON (IN)
Festival à la renommée internationale, occasion unique pour les acteurs d'investir des lieux patrimoniaux riches en histoire.

MONDIAL LA MARSEILLAISE À PÉTANQUE
(MARSEILLE)
La Pétanque est née à La Ciotat. Le mondial se tient à Marseille. Un sport, un vrai et des champions, rien que des champions.

MARSEILLE JAZZ DES CINQ CONTINENTS
(MARSEILLE)
Dans le cadre idyllique du palais Longchamp, les plus grands jazzmen font vibrer Marseille chaque été depuis plus de vingt ans.

FESTIVAL INTERNATIONAL D'ART LYRIQUE
(AIX-EN-PROVENCE)
La référence en matière d'art lyrique. Aix et ses monuments se mettent au diapason. Des concerts magiques dans des cadres uniques.

$$$

AOÛT

FESTIVAL INTERNATIONAL DE PIANO
(LA ROQUE-D'ANTHÉRON)
Un festival international dans un cadre enchanteur. Le rendez-vous des mélomanes, amateurs et pianistes de grande classe.

RENCONTRES INTERNATIONALES DE LA PHOTOGRAPHIE
(ARLES)
Tout l'été, la capitale de la Camargue se met au diapason de la photo. Des expositions majeures dans des lieux insolites.

FÊTE DE LA FIGUE – SOLLIÈS-PONT
(SOLLIÈS-PONT)
Fin août, Solliès-Pont rend hommage au produit phare de son terroir. Expositions, dégustations et rencontres de producteurs.

LES NUITS DE LA CITADELLE
(SISTERON)
Concerts, spectacles de danse et pièces de théâtre dans un des plus anciens festivals de l'Hexagone.

$$$

SEPTEMBRE

LES VOILES DE SAINT-TROPEZ
(SAINT-TROPEZ)
Depuis 1999, une rencontre réputée de voiliers en tout genre au large de la mythique Saint-Tropez. Une fête en mer et sur terre.

BOL D'OR
(LE CASTELLET)
La mythique course internationale de moto revenue au Castellet en 2015. Un événement sportif couru. La grand-messe de la moto !

SARDINADES
(MARTIGUES)
Dans le quartier de l'île, dégustation de sardines grillées et de sardines à l'escabèche, tous les soirs de juillet et d'août.

GRÉOUX JAZZ FESTIVAL
(GRÉOUX-LES-BAINS)
Un agréable petit festival de jazz à taille humaine, établi avec succès depuis 2015 dans la ville thermale de Gréoux-les-Bains.

$$

OCTOBRE

MARSEILLE

13° / 21°

DIGNE-LES-BAINS

7° / 18°

FIESTA DES SUDS
(MARSEILLE)
Un festival coloré ouvert à tous les horizons musicaux et culturels. Un événement à l'image de Marseille : métissé et vibrant.

MARATHON ET SEMI-MARATHON MARSEILLE CASSIS
(MARSEILLE)
Une course de 20 km entre Marseille et Cassis. Un marathon dans un décor atypique. Une course pour les braves et les champions.

FOIRE INTERNATIONALE DE MARSEILLE
(MARSEILLE)
Une vitrine méditerranéenne devenue un rendez-vous phare de la Cité phocéenne avec en moyenne 1 200 exposants sur le site du Parc Chanot.

$

NOVEMBRE

MARSEILLE

9° / 16°

DIGNE-LES-BAINS

2° / 12°

FÊTE DE L'HUILE ET DU TERROIR DE SAINTE-MAXIME
(SAINTE-MAXIME)
Une véritable fête de terroir très populaire et purement provençale dans laquelle l'olive et l'huile d'olive sont mis à l'honneur.

FOIRE SAINT SIFFREIN
(CARPENTRAS)
Une foire traditionnelle depuis le XVIe siècle. Artisanat et ruralité s'exposent pendant 4 jours dans Carpentras. A voir !

FÊTE DE SAINT-LÉON
(MARSEILLE)
Une fête religieuse atypique destinée à rendre hommage au saint protecteur de la ville de Sperlonga, dans le sud de l'Italie.

NUITS FLAMENCAS
(AUBAGNE)
La ville de Marcel Pagnol se pare de ses couleurs les plus hispanisantes pendant quelques heures, le temps d'un flamenco !

$

DÉCEMBRE

MARSEILLE

6° / 13°

DIGNE-LES-BAINS

-1° / 8°

GROS SOUPER DE NOËL
(TARADEAU)
Dans le cadre enchanteur du domaine du Château de Saint-Martin, une soirée célébrant la gastronomie provençale et le terroir.

DESCENTE DES BERGERS ET MESSE DE MINUIT
(ALLAUCH)
Depuis plus de 80 ans, Allauch fête Noël avec la descente des bergers. Des centaines de bénévoles pour un moment solennel.

FÊTE DU MILLÉSIME - BANDOL
(BANDOL)
Le vignoble de Bandol est un des plus prestigieux de la région. Son rosé enchante nos étés. En décembre, on le célèbre dignement.

CHALETS DE NOËL - MARCHÉ DES TREIZE DESSERTS
(AIX-EN-PROVENCE)
Noël en Provence. Des santons aux 13 desserts, une multitude de traditions à découvrir dans le cadre magique d'Aix-en-Provence.

$

LES BONNES RAISONS D'Y ALLER

© MACUMAZAHN - ISTOCKPHOTO

UN CLIMAT IDÉAL TOUTE L'ANNÉE

Les départements provençaux sont statistiquement les plus ensoleillés de France.

UNE NATURE PRÉSERVÉE ET SAUVAGE

Entre mer et montagnes, découvrez pas moins de 2 parcs nationaux et 7 parcs naturels.

© SCHMITZOLAF - ISTOCKPHOTO

© MADZIA71 - ISTOCKPHOTO.COM

UN PATRIMOINE RICHE ET ANCESTRAL

Sites antiques, églises romanes et villages anciens, vivez l'histoire avec un grand H.

© JERÔME ROMME - STOCK.ADOBE.COM

UNE CUISINE GOÛTEUSE ET ENSOLEILLÉE

Des recettes familiales issues d'un terroir riche réinventées par des chefs talentueux.

© ROMRODPHOTO - SHUTTERSTOCK.COM

DES MARCHÉS COLORÉS ET ANIMÉS

Miels, huiles, fromages et productions paysannes pour mettre tous vos sens en éveil.

© JUERGEN WACKENHUT - SHUTTERSTOCK.COM

DES PLAGES AUX EAUX TRANSLUCIDES

Offrez-vous le paradis à quelques heures de chez vous, des Calanques aux plages varoises.

© GUMBAO - SHUTTERSTOCK.COM

UN SÉJOUR SOUS LE SIGNE DU SPORT

Méditerranée et Alpes offrent des sites uniques de plongée, escalade, randonnée et ski.

LES BONNES RAISONS D'Y ALLER

© LAURENT BOSCHERO

UN DYNAMISME CULTUREL SANS PAREIL

Terre de festivals fameux, la région rayonne par ses expositions et événements culturels.

© VANOVASAIO - SHUTTERSTOCK.COM

DÉCOUVREZ VOTRE ÂME D'ARTISTE

Plongez-vous dans les inspirations d'immenses artistes comme Cézanne, Pagnol ou Van Gogh.

© S-F - SHUTTERSTOCK.COM

UNE LOCALISATION PRATIQUE ET IDÉALE

À quelques heures de TGV de Paris ou Lille, offrez-vous le dépaysement pour un week-end.

LES 12 MOTS-CLÉS

AÏOLI

La cuisine provençale est réputée. S'il y a une tradition avec laquelle on ne transige pas, c'est bien l'aïoli du vendredi ! Plat assez simple dans sa conception, il goûte l'ail, saveur incontournable de la Provence. De la morue, des légumes et quelques variantes locales. Son nom proviendrait du provençal « *ai* » pour ail et « *oli* » pour l'huile d'olive.

© M.STUDIO - STOCK.ADOBE.COM

APÉRO

Plus qu'un simple moment précédant le repas, l'apéro est un art de vivre auquel les Provençaux sont attachés. Expression directe de la convivialité toute méridionale de la région, c'est surtout l'occasion de profiter de la douceur des soirées d'été. Une activité sociale et familiale, pour tous les âges, à laquelle vous vous joindrez volontiers.

ARTISANAT

Terre de tradition, la Provence est riche de ses nombreux artisans talentueux. Un savoir-faire souvent séculaire, transmis en famille, qui donne naissance à des productions uniques. Poteries, céramiques, santons de Noël, tissus, savons et sculptures, tout cela crée un patrimoine vivant précieux, que vous retrouverez de villages en marchés.

© BRZOZOWSKA - ISTOCKPHOTO.COM

CALANQUES

L'origine du terme provient de l'occitan et du provençal, calanco. Ces criques plus ou moins vastes se multiplient sur tout le littoral provençal. Des plus célèbres entre Marseille et Cassis aux plus discrètes de la côte bleue, en passant par celles non moins ravissantes de l'Esterel. Un joyau naturel, un écrin pour promeneurs et un enjeu écologique.

CINÉMA

Si le cinéma y a connu ses premiers balbutiements avec les frères Lumière à La Ciotat, le septième art est plus que jamais ancré dans la région, plus vivant que jamais. Les œuvres cinématographiques de Pagnol, le talent de Fernandel et Raimu ou encore des productions plus récentes, Marseille devenant un lieu de tournage privilégié à l'international.

FESTIVALS

La région se distingue par une multitude de festivals tous aussi renommés les uns que les autres. Le festival de théâtre d'Avignon, les rencontres photographiques d'Arles, les chorégies d'Orange, le festival d'Art lyrique d'Aix, la Fiesta des Suds et Marseille Jazz des Cinq continents, le festival international de piano de la Roque-D'Antheron...

HUILE D'OLIVE

Si la Provence n'a pas de pétrole, elle peut s'enorgueillir de produire une huile d'olive d'exception, parmi les meilleures du bassin méditerranéen. Véritable identité culturelle et culinaire, cette huile bénéficie de plusieurs AOP de renom dans la région. Des vertus bénéfiques pour la santé et une touche de soleil à votre cuisine.

LAVANDE

Sa couleur mauve colore les champs à la belle saison, son parfum délicat embaume les demeures provençales... Les champs du plateau de Valensole font partie du patrimoine commun. Le délicat parfum de cette plante et de son dérivé, le lavandin, est fréquemment utilisé en parfumerie. 84 tonnes d'huile essentielle AOP sont produites chaque année.

MONTAGNES

Les reliefs provençaux naquirent de mouvements tectoniques millénaires. Ainsi se dressèrent ses fameux sommets : La Sainte-Victoire, les Alpilles, la Sainte-Baume, le Ventoux. Plus au nord, la Provence devient alpine. Les sommets deviennent vertigineux et enneigés en hiver. De Sisteron à Digne, une autre Provence s'offre à vous, montagneuse et montagnarde.

© STÉPHAN SZEREMETA

NATURE

Impossible d'évoquer la terre de Provence sans évoquer la nature sauvage qui s'y développe depuis des millions d'années. Des paysages uniques, des falaises vertigineuses et des cours d'eau élégants. Séjourner en Provence, c'est l'assurance de prendre un bon bol d'air et de senteurs variées. Celle si caractéristique de la garrigue, des pins et des cyprès.

PÉTANQUE

Ce célèbre jeu naît en 1907 sur un terrain de La Ciotat. Un joueur, atteint de rhumatismes et ne pouvant pas bouger, traça un cercle autour de lui et lança sa boule « les pieds tanqués » (fixés) dans le sol. Ainsi naquit ce dérivé de la boule provençale que Pagnol évoquait déjà dans ses œuvres. La pétanque est pratiquée par des milliers de Provençaux.

VINS DE PROVENCE

Développée par les Romains, la vigne couvre le territoire, des collines du Ventoux au littoral varois, en passant par les côteaux du pays aixois. Plusieurs appellations protégées et des vins qui s'adaptent au climat de la région ainsi qu'à sa cuisine. Le rosé y est roi. Le blanc de Cassis se fait une place au soleil. Les rouges du Vaucluse ravissent.

© ALBINA SAZHENIUK - SHUTTERSTOCK.COM

VOUS ÊTES D'ICI, SI…

- **Pour vous,** le savon n'est que marseillais, le riz camarguais et le melon ne vient que de Cavaillon
- **Dégun (personne) ne comprend** quand vous vous engatsez (énervez) comme un fada (fou)
- **Vous cuisinez exclusivement à l'huile d'olive.** Avec une bonne touche d'ail.
- **Pour vous,** les plages provençales valent 1000 fois celles des Caraïbes.
- **Noël rime avec santons** et 13 desserts.
- **Le Nord commence à Montélimar** (ou Avignon pour les Marseillais, c'est selon où vous vivez)
- **La convivialité est un art de vivre** qui se cultive chaque jour que la vie fait.
- **Vous voyez la vie en « rause »** plutôt qu'en « rôse ». Et que l'accent pointu est aussi étonnant qu'une averse au moins de juillet.
- **Vous avez été biberonné à Marcel Pagnol,** vibré avec l'OM ou le RC Toulon, c'est selon.
- **Skier c'est la porte à côté** : Ubaye, vallée de la Blanche ou le Val d'Allos, pas besoin d'aller bien plus loin.
- **La fleur d'oranger est une senteur qui vous renvoie en enfance,** telle une vraie madeleine qui s'appelle navette.

INTERVIEW

MA PROVENCE

AVEC ALEXANDRE ANDRÉO, AUTEUR

Que représente la Provence pour vous ?

Étant marseillais, même si mon regard se porte davantage vers la mer, j'adore m'émerveiller de l'arrière-pays, sillonner la Provence et sa diversité de paysages. Même si on a tendance à penser la Provence comme une région de vacances, elle est belle toute l'année et offre milles visages au fil des saisons. C'est un mode de vie et une identité qui fait partie intégrante de ma personnalité.

Quels sont vos premiers souvenirs liés à la région ?

Les premiers souvenirs remontent forcément à l'enfance. D'une part parce que la littérature de Pagnol m'a bercée et que je me suis imaginé comme le petit Marcel galopant dans les collines du Garlaban. Mais aussi parce que par mes parents, j'ai toujours été féru d'Histoire et d'archéologie. Et en cela, la Provence possède un patrimoine fascinant. Je pense aux monuments antiques d'Arles, au Palais des Papes d'Avignon mais aussi à des sites moins connus comme le temple de Vernègues ou l'oppidum de Saint-Blaise, à Sainte-Mitre-les-Remparts.

Justement, quels sont vos endroits préférés en Provence ?

Si je devais faire un top 3, je pense d'abord à la Camargue car c'est une région naturelle préservée, où j'aime me laisser surprendre par un vol de flamands roses ou admirer des plages sauvages à perte de vue. Aux Saintes-Maries-de-la-mer, on est en Provence mais on sent des influences hispanisantes très dépaysantes. Le Verdon ensuite, est une région que j'ai exploré plus intensément en réalisant ce guide ainsi que le guide Var. Ses gorges sont un joyau naturel incroyable. C'est à couper le souffle.

Enfin Marseille, évidemment. Métropole dynamique, qui frappe par sa beauté, sa lumière. C'est un concentré de Méditerranée en une ville authentique, ma ville.

TOP 10

SE RESTAURER

Indissociables de bonnes vacances, les bons moments à table font partie de ces souvenirs qui marquent un séjour. En Provence, les bonnes adresses gourmandes ne manquent pas. Entre cuisine traditionnelle et innovante, cuisine venue d'ailleurs et inspirée du terroir local, le *Petit Futé* vous offre une sélection de quelques adresses coup de cœur. Ces bonnes tables, situées aux quatre coins de la région, vous permettront de vous faciliter la tâche et de vous rendre les yeux fermés dans quelques-unes de nos meilleures recommandations culinaires. Il ne vous reste plus qu'à vous régaler !

© BRASSERIE LA TORTUE

BRASSERIE LA TORTUE

Toulon
Cette brasserie est une véritable institution toulonnaise, préparant une cuisine maison avec des produits frais et de saison.

© GOLD EAGLES

GOLD EAGLES

La Ciotat
Beau restaurant cosy et spacieux proposant une cuisine bistrot généreuse et une atmosphère conviviale et festive en soirée.

LA TABLE DE L'HÔTEL SAINTE VICTOIRE

Vauvenargues
Le chef brésilien Mateus Marangoni démontre ici tout son talent. Sa cuisine créative mêle l'exotisme de sa terre natale et les saveurs de la Provence.

© HÔTEL SAINTE VICTOIRE

© CHEZ LE BRASSEUR

CHEZ LE BRASSEUR

Toulon
Ici, vous vous régalerez des incontournables de la brasserie, le tout accompagné des bières de la maison.

© FLORIAN_DMRG2

294 LES TROIS FORTS - HÔTEL SOFITEL

Marseille

Un établissement gastronomique incontournable pour sa vue magnifique, avec en cuisine, le chef Alexandre Auger.

333 LA CHASSAGNETTE

Arles

Dans son restaurant arlésien, Armand Arnal cuisine des légumes de son potager bio de 2 ha. Les recettes sont originales et le lieu agréable.

153 LE GAUDISSART

Barcelonnette

Cette adresse satisfait tous les gourmands avec une carte de spécialités. Ici, il y en a pour tous les goûts !

445 LA TABLE DE GUILLÔME

Fréjus

Ce restaurant propose une cuisine d'inspiration provençale qui fait la part belle aux produits du terroir.

EN PHOTO

516 LA MIRANDE

Avignon

La plus romantique des tables de la cité des Papes ! Le charme opère à la fois dans le cadre et l'assiette.

247 LE CALENDAL

Cassis

Une cuisine d'inspiration italienne à partir de produits frais servie avec des bons vins dans une adresse incontournable.

TOP 10

SE LOGER

Vivre le meilleur de la Provence, voilà une mission qui nous tient plus que jamais à cœur. Et dans cette optique, vous aider à bien vous loger fait partie d'un des points incontournables de nos prospections chaque année. Emplacement idéal, confort maximal, gamme de services complète, autant de critères qui nous permettent d'esquisser la liste de nos logements favoris pour cette édition. Une sélection d'hôtels de charme, de chambres d'hôtes exceptionnelles, d'appart-hôtels confortables et fonctionnels, pensée pour vous, dans le seul but de vous offrir tout ce que la Provence offre de mieux.

© ROMÉO BALANCOURT

422

HÔTEL DE PARIS SAINT-TROPEZ*****

Saint-Tropez

Cet hôtel propose des chambres et suites dotées des dernières technologies, et offre aussi un rooftop avec restaurant et un spa.

© PLI_

257

HOTEL ROSE THÉ***

La Ciotat

Plongez dans les années 1930 avec une déco qui respecte tous les codes, du sol à damier aux murs couleur pastel. Une expérience !

LA MAISON DE JUSTINE

Grimaud

Cette maison d'hôtes, dans une ancienne ferme de 1820, abrite des chambres spacieuses et confortables.

© PLI_

441

© CLIC GAUCHE

519

HÔTEL DE L'ATELIER***

Villeneuve-lès-Avignon

Cet hôtel de charme de Villeneuve-lès-Avignon a trouvé sa place dans une bien jolie demeure du XVIe siècle, un bonheur pour les touristes !

© LODGE SAINTE HÉLÈNE

LES BORDS DE MER**** 278

Marseille
Hôtel avec piscines et panorama incroyable disposant de chambres avec baies vitrées ouvertes sur la mer.

158 CHÂTEAU DES MAGNANS

Jausiers
Marqué par l'empreinte de la Bavière et construit début 1900, le château a été réaménagé en 15 appartements de grand standing.

339 LODGE SAINTE HÉLÈNE

EN PHOTO

Saintes-Maries-de-la-Mer
Dans ce lodge, vous logerez dans une cabane camarguaise typée et dotée de tout le confort. Insolite !

444 HÔTEL L'ARÉNA***

Fréjus
Situé près du centre historique, cet hôtel dispose de chambres lumineuses et d'un resto qui sert une cuisine méditerranéenne.

212 LA MAISON DAUPHINE

Aix-en-Provence
Cette grande bâtisse bourgeoise du XVIIe siècle abrite trois appartements de charme. Chic et élégant !

161 LA CHARLISA

Pra-Loup
Près des pistes de ski, cette ancienne ferme dispose d'une terrasse avec vue panoramique sur la vallée.

TOP 10

ACTIVITES

Qu'il s'agisse d'activités dans la nature ou citadines, encore une fois, notre belle Provence se distingue et vous assurera de ne jamais vous ennuyer. Pour vous aiguiller dans vos choix, les équipes du *Petit Futé* vous offrent une sélection d'activités variées, à faire en solo, entre amis ou en famille. Une sélection effectuée par nos auteurs locaux, eux-mêmes adeptes de ces activités choisies. Une randonnée urbaine étonnante, une virée en bateau vers des îles paradisiaques, d'anciennes carrières devenues lieu d'art ou encore un parc ornithologique exceptionnel, laissez-vous inspirer !

PARC ANIMALIER DU MONT FARON

Toulon
A l'origine spécialisé dans les félins, ce petit zoo s'est depuis ouvert à l'accueil d'autres espèces, essentiellement carnivores.

CHÂTEAUVALLON LIBERTÉ - SCÈNE NATIONALE

Ollioules
Dans le théâtre couvert, au Baou ou dans le superbe amphithéâtre extérieur, se déploie une programmation pluridisciplinaire et audacieuse.

CARRIÈRES DE LUMIÈRES

Les Baux-de-Provence
Un lieu étonnant, grandiose, déroutant. Les spectacles son et lumière qui s'y déroulent sont simplement magiques.

LA CHAUDRONNERIE

La Ciotat
Dans ce lieu chargé d'histoire se trouve une magnifique salle de spectacles à la programmation riche en spectacles de tous genres.

© OH MY DEUCHE

LE TRAIN DES PIGNES - CHEMIN DE FER DE PROVENCE

88

Digne-les-Bains
De Nice à Digne-les-Bains, ce train offre une expérience inoubliable au rythme des voyages d'autrefois !

JARDIN DE L'ABBAYE DE VALSAINTES

150

Simiane-la-Rotonde
Un jardin abritant 500 variétés de rosiers, bulbes, plantes vivaces et sauvages comestibles avec un espace dédié au local.

OH MY DEUCHE

594

EN PHOTO

La Bastide-des-Jourdans
Depuis La Bastide-des-Jourdans, partez pour une virée en Deuche décapotable sur les petites routes de Provence, en mode vintage et bucolique.

LE BOIS DES LUTINS

239

Peypin
Ce parc de loisirs propose de nombreuses activités : de la tyrolienne aux jeux d'eau en passant par l'aquaslide, un karting et la mer de filets pour les grands.

OK CORRAL

238

Cuges-les-Pins
Le Far-West en Provence ! Avec plus de 35 attractions et des spectacles, ce parc promet une journée pleine de divertissement !

LE TÉLÉGRAPHE

397

Toulon
Incontournable des nuits varoises, ce lieu de culture propose des concerts de jazz, pop et musique du monde.

IDÉES DE SÉJOUR

Aborder un aussi vaste territoire que la Provence n'est pas forcément évident. Par où commencer ? Que privilégier en fonction du temps passé sur place ? Qu'y a-t-il d'incontournable à découvrir dans la région ?

Autant de questions que le Petit futé va vous aider à résoudre avec trois propositions de séjours thématiques. D'une durée différente pour chacun d'eux, ils vous permettront de choisir paisiblement une manière d'explorer cette région si riche en points d'intérêts. Libre à vous bien évidemment de modifier légèrement les parcours, selon vos envies et selon les panneaux inspirants que vous pourrez croiser sur votre chemin. Nous vous y incitons. La Provence est une vaste zone qui se découvre en prenant le temps de s'y égarer. Le temps de bien prendre la mesure de ce qui fait sa beauté et sa rareté. Rassurez-vous, elle peut également réellement s'apprécier le temps d'un week-end, ses richesses étant facilement accessibles.

WEEK-END NATURE DE 2 JOURS EN PROVENCE

La Provence est avant tout connue pour son patrimoine historique hors norme. Mais si vous souhaitez opter pour un week-end dépaysant orienté nature, c'est également l'endroit idéal pour fuir la grisaille du quotidien. À travers deux sites naturels emblématiques du sud de la Provence, profitez de cadres naturels authentiques en découvrant de nombreux sentiers de randonnée bien balisés.

› Jour 1 - À la découverte du parc national des Calanques

Entre **Marseille** ★★★★ (p.266) et **Cassis** ★★★ (p.242) s'étend le célèbre parc national des Calanques. Il s'agit du seul parc national périurbain de France. Y accéder sera très facile que ce soit par Marseille (accès par les quartiers de Luminy, des Baumettes ou de Sormiou, y compris en bus) ou Cassis (un peu de marche depuis le port). Les calanques de **Sugiton** (p.266), **Sormiou** (p.268), **Morgiou** (p.268) et Marseilleveyre côté Marseille, **d'En-Vau** (p.243) et **Port-Miou** (p.242) côté Cassis sont de véritables merveilles. Pour une balade sans trop de difficultés, nous vous conseillons le chemin menant à Sugiton, depuis le quartier universitaire de Luminy. Un sentier large et aménagé, puis des chemins plus étroits mais à l'arrivée, la récompense d'une calanque sauvage et inhabitée. Le belvédère y offre également une vue magique sur le parc national. Les falaises blanches et massives plongent dans les eaux turquoise de toute beauté. Toutes les calanques sont belles et offrent des cadres privilégiés pour vos baignades. Randonneurs et sportifs y trouveront également un beau terrain de jeu.

Vue aérienne de la Calanque de Sormiou, aux environs de Marseille.

De nombreux sentiers bien signalés arpentent le parc, avec notamment le GR98-51 qui le traverse intégralement (8 heures environ). Le départ s'effectue depuis le port de Callelongue et se déploie sur la côte, avec une vue merveilleuse sur l'archipel du Riou. Aux beaux jours, le parc national est très fréquenté. Depuis 2022, l'accès en été au parc se fait sur réservation gratuite pour contrôler le flux des visiteurs. Veillez à bien respecter l'environnement bien évidemment et privilégiez les balades hors-saison pour un peu plus de tranquillité.

› Jour 2 - Journée balade autour du massif de la Sainte-Victoire

La Sainte-Victoire (p.210), tout à côté d'Aix-en-Provence ★★★★ (p.207), est un site naturel magnifique, classé réserve naturelle nationale géologique. La montagne Sainte-Victoire est surtout connue pour les nombreuses représentations du peintre Paul Cézanne. Le massif est un lieu qui se mérite, moins fréquenté que d'autres sites naturels de la région. Les amateurs de VTT, de randonnée et de balade à vélo peuvent aborder le massif de différents côtés. Le site vous permettra de magnifiques points de vue, notamment depuis le pic des mouches, au sommet (1 011 m). Depuis Aix, une belle balade vous permettra de passer par les carrières de Bibémus (p.207) et le barrage de Bimont. Pour avoir une belle vue d'ensemble du site, nous vous conseillons une balade assez facile d'1h15 au départ du parking du relais Saint-Ser. Vous pourrez alors suivre le sentier rouge jusqu'à la chapelle éponyme. Le sentier continue jusqu'au pic des mouches, mais il devient compliqué et réservé aux plus sportifs.

LA PROVENCE HISTORIQUE EN 4 JOURS

Un parcours de 150 km à la découverte de la Provence historique le temps d'un week-end prolongé. 4 villes au patrimoine unique, 4 jours riches de découvertes et de sensations. Pour aller d'une ville à l'autre, le trajet se fera en voiture ou également très aisément en train, avec un saut en bus pour Aix-en-Provence ★★★★ (p.207). De Jules César à Napoléon III, bienvenue dans la Provence des monuments.

› Jour 1 - Marseille, 2 600 ans d'Histoire et mythique porte de l'Orient

Tout commence sur le mythique Vieux-Port (p.274) ; votre visite, tout comme l'histoire de la ville qui nous intéresse ici. C'est là, sur la rive Nord du port, sous l'actuel quartier historique du Panier (p.270), que des marins grecs fondèrent Marseille ★★★★ (p.266) il y a 26 siècles. Derrière l'hôtel de ville, arpentez les ruelles pittoresques et très méditerranéennes du Panier, plus vieux quartier de la ville. Découvrez la Vieille Charité et sa jolie chapelle centrale, rejoignez le Mucem (p.271), joyau contemporain, en passant par l'esplanade de la cathédrale de la Major, plus grande cathédrale française bâtie au XIXe siècle dans un style romano-byzantin alors très en vogue. Du Mucem, regagnez le Vieux-Port en contournant le fort Saint-Jean (p.270). La vue sur mer y est très belle, avec en point de mire, le palais du Pharo sur l'autre rive.

Le Palais des Papes d'Avignon.

Continuez la journée avec la vue panoramique imprenable depuis Notre-Dame-de-la-Garde (p.267), la célèbre « bonne mère » des Marseillais. Marseille ★★★★ (p.266) se déploie sous vos yeux, avec au loin au sud le massif des Calanques et au large, les îles du Frioul. Pour finir votre journée, rendez-vous pour un apéro au Vallon des Auffes, petit port de pêche hors du temps.

› Jour 2 - Aix-en-Provence, l'autre capitale de la Provence

À une trentaine de kilomètres de Marseille, bienvenue à Aix-en-Provence ★★★★ (p.207), longtemps capitale historique de la Provence. Sa vieille ville est très bien conservée. Un trésor de vieilles bâtisses, d'hôtels particuliers et de charmantes fontaines. La place d'Albertas est magnifique. Déambulez sur le célèbre et élégant cours Mirabeau et appréciez un verre en terrasse. Découvrez la cathédrale Saint-Sauveur (p.208) et ses trésors cachés.

Enfin, accordez-vous un moment dédié à Paul Cézanne avec la visite de son atelier. Le musée Granet (p.210) vaut aussi qu'on prenne le temps d'une visite, tout comme l'hôtel de Caumont pour ses expositions majeures.

› Jour 3 - Arles, perle du Rhône et ville chérie de Jules César

Votre troisième journée se déroulera à Arles ★★★★ (p.322) ou plutôt « en » Arles. On la surnomme « porte de la Camargue ». La culture y est reine. Librairies, galeries, musées, Arles est une petite ville riche en points d'intérêt dans laquelle on peut passer beaucoup de temps à flâner. Les massives arènes (p.325) romaines sont à admirer en premier lieu, le théâtre (p.327) romain tout à côté, Saint-Trophime (p.324) et son cloître, mais aussi les bucoliques bords du Rhône, la fondation Van Gogh (p.323), les anciens ateliers réhabilités, la très contemporaine tour Luma ou encore le magnifique musée de l'Arles antique, un des plus beaux musées de France consacrés à la romanité.

› Jour 4 - Avignon, terre d'accueil des Papes et ville artistique par essence

Pour finir votre riche week-end culturel et historique, une belle apothéose avec la visite du Palais des Papes (p.510). Un édifice monumental retraçant 60 ans de papauté au fil de ses salles et expositions. À deux pas de là, sur le Rhône, le célèbre pont Saint-Bénézet (p.509), le fameux pont d'Avignon de la comptine que vous aurez en tête toute la journée. Prenez le temps de découvrir Avignon, son marché couvert, ses restaurants et nombreux théâtres. Une atmosphère douce et artistique se dégage de la vie avignonnaise. Les plus téméraires feront un saut de 30 min en voiture à la découverte du Pont du Gard, le magnifique aqueduc romain classé à l'UNESCO.

À LA DÉCOUVERTE DES VILLAGES PROVENÇAUX DE CHARME

Certains sont dignes de véritables cartes postales. D'autres sont plus confidentiels. Leur beauté frappe quiconque s'y aventure. Les villages font partie intégrante de la découverte de la région. Aucun n'est identique à un autre et chacun d'eux vous donnera cette impression agréable de temps suspendu. Une semaine de placettes en fontaines, à apprécier sans ménagement.

› Jour 1 - Moustiers-Sainte-Marie et les merveilles du Verdon

Votre point de départ se situe à Moustiers-Sainte-Marie ★★★ (p.105), dans les Alpes-de-Haute-Provence ★★★. Un des plus beaux villages de France, perché sur les hauteurs du lac de Sainte-Croix et partie intégrante du parc naturel du Verdon. Son origine remonte au Ve siècle, lorsque des moines choisirent ce site bien abrité pour fonder un monastère. Une des curiosités du village réside en une étoile dorée suspendue à une chaîne près de la chapelle du sanctuaire. La légende parle d'un chevalier qui s'était engagé à accrocher cette chaîne s'il échappait à son emprisonnement lors des Croisades.

Côté shopping, les faïences de Moustiers sont très réputées. Un musée (p.107) créé en 1929 rend hommage à ce savoir-faire.

› Jour 2 - Aups et Cotignac, villages varois de caractère

Quittez Moustiers par le pont de Galetas, qui enjambe le Verdon. Un détour par le village d'Aiguines ★ (p.498) et son beau château Renaissance vous offrira une vue à couper le souffle sur les environs. À 20 km au sud de là se trouve la ville d'Aups ★★ (p.495), ses jolies ruelles et son marché de renom. L'été, le marché est vaste et très animé. On y trouve de nombreux produits locaux et artisanaux. La ville est aussi et surtout connue pour être un haut lieu de la truffe.

Chaque année, de fin novembre à février se tient le magnifique marché aux truffes. Pour l'occasion, les restaurateurs locaux créent des recettes spéciales. À 17 km, la petite localité de Cotignac ★★ (p.488) est nichée dans des falaises troglodytiques. Un village aux tons pastel à découvrir, typiquement provençal, réputé pour les vignobles qui l'entourent et qui vous offriront l'occasion d'une bonne dégustation.

© SAMOT - SHUTTERSTOCK.COM

Gordes est classé parmi les plus beaux villages de France.

› Jour 3 - À la découverte du Luberon et de ses châteaux

De Cotignac, 80 km vous séparent de la localité d'**Ansouis** ★★ (p.588), dans le massif du Luberon. Visitez son beau château du XVIIe siècle ainsi que son jardin à la française, un des plus beaux de Provence. De là, prenez la direction de Lourmarin à 13 km. Les routes du Luberon sont magnifiques, comme les différents villages que vous croiserez (**Cucuron** (p.592) ou **Lauris** ★ (p.600) pour ne citer qu'eux). N'hésitez pas à y faire une halte improvisée.

› Jour 4 - Lourmarin

À **Lourmarin** ★★★ (p.596), charmante bourgade un brin touristique en saison, offrez-vous la visite du très beau château Renaissance, une virée dans les ruelles commerçantes et un tour gustatif du côté des vignobles certifiés AOC Côte-du-Luberon. Une fois par an, le festival Yeah ! met Lourmarin sous les projecteurs des musiques actuelles.

› Jour 5 - Couleurs ocre et panoramas à couper le souffle

Le Luberon est une région célèbre pour ses villages de caractère ainsi que pour ses sites naturels. Les **ocres de Roussillon** (p.583) y sont à voir absolument. Un sol de terre sablonneuse couleur ocre entoure ce charmant village. Un parcours aménagé vous permet d'évoluer dans ces étonnantes falaises naturelles, au cœur même de ce phénomène naturel insolite. Le village mérite aussi un coup d'œil, notamment pour son panorama depuis l'église, depuis lequel on aperçoit le mont Ventoux. À 11 km de **Roussillon** ★★★ (p.583), le splendide village de **Gordes** ★★★★ (p.572) se déploie sous vos yeux, sur son piton rocheux. Les ruelles y sont pleines de charme. La vue y est somptueuse. Ne ratez pas le **village des Bories** (p.575) à quelques minutes sur la route de Cavaillon. Les Bories sont des habitations de bergers en pierres sèches typiques du Luberon.

› Jour 6 - Les Baux-de-Provence, joyau des Alpilles

Du Luberon, passons au massif des Alpilles à 50 km de là. Une beauté naturelle entre vignes verdoyantes et champs d'oliviers. Puis, au sommet de falaises imprenables, se déploie le village des **Baux-de-Provence** ★★★★ (p.352) et son château médiéval. Le village, ses chapelles et son labyrinthe de ruelles est à voir. D'anciennes carrières, appelées **Carrières de Lumières** (p.352), accueillent des expositions projetées sur ses parois, un peu à l'écart du village. Une halte fraîcheur que l'on peut s'offrir volontiers en plein été brûlant. Tout autour des Baux-de-Provence, s'étendent domaines oléicoles et vignobles AOP. Arrêtez-vous pour un moment dégustation et shopping gastronomique. Vous découvrirez notamment l'art du pressage de l'huile d'olive et tout son éventail de saveurs.

› Jour 7 - Conclusion en apothéose dans les pas de Van Gogh

Dernière étape de la semaine, à deux pas des Baux-de-Provence, le village de **Saint-Rémy-de-Provence** ★★★ (p.344). Assurément un des plus beaux de la région. Le **site archéologique de Glanum** (p.345) nous plonge au temps où Gaulois et Romains y vénéraient une source sacrée. À l'entrée du site, admirez le superbe mausolée romain familial conservé dans un état presque parfait. Une balade d'1 km sur le sentier Van Gogh vous immergera dans la vie du peintre, qui connut la période la plus prolifique de sa carrière à Saint-Rémy-de-Provence. Ce sentier mène notamment au très beau cloître Saint-Paul-de-Mausole. Le cadre est magnifique. Pour vous rafraîchir, une petite baignade au lac du Peiroou plaira aux petits et aux grands.

DÉCOUVRIR

Dans les pages qui suivent, la Provence vous est présentée sous ses aspects les plus divers. Nous découvrirons ensemble son histoire, sa géographie, ses traditions, son artisanat mais aussi celles et ceux qui en ont fait la renommée, artistes en tête. Une manière de bien appréhender la région au fil de nos pages, avec encore et toujours nos conseils futés en matière de lecture et de shopping. La Provence se découvrira à votre rythme et à votre guise. C'est une région que l'on aime pour bien des raisons et où l'on se rend aussi bien pour ses produits du terroir d'exception que pour ses événements culturels nombreux. A ce titre, l'huile d'olive et le cinéma provençal sont particulièrement mis à l'honneur à travers deux dossiers passionnants. Bonne découverte !

HUILE D'OLIVE

Produit naturel aux vertus exceptionnelles pour la santé, l'huile d'olive de Provence est prestigieuse et délicieuse. Tout au long de votre séjour, vous la croiserez, que ce soit dans votre assiette ou sur les bordures des routes de la région, parsemées de part et d'autres d'oliviers parfois centenaires. Un véritable don de la nature auquel l'homme n'est pas tout à fait étranger. Impossible pour le Petit futé de rédiger cette édition provençale sans rendre hommage à ce que certains surnomment sans modestie aucune mais à juste titre, « l'or liquide ». Si l'envie vous vient de vous convertir au régime crétois, vous avez donc choisi la bonne région. Plus que jamais, après avoir lu ces quelques explications que nous vous livrons, nous vous invitons à être curieux et à aller à la rencontre des producteurs, afin de découvrir un patrimoine vivant hors-norme d'une part, et de vous régaler en toute simplicité d'autre part.

Aux origines du nectar doré

Toute bonne huile d'olive commence par un bon olivier. Cet arbre emblématique de la région, présent sur la quasi totalité du territoire, est naturellement implanté en Provence mais c'est la main de l'homme qui en a fait une espèce dominante. Il y a plus de 2000 ans de cela, c'est aux colons grecs qui fondèrent Marseille que l'on doit l'introduction de la culture à grande échelle de ces arbres aux reflets argentés, même si quelques fossiles prouvent la présence d'oliviers dans le sud dans la France dès la Préhistoire. Sous l'impulsion des Phocéens, arrivés d'Asie-Mineure où l'olivier était très courant, l'arbre fruitier va réellement s'imposer et les paysages méridionaux, du Rhône aux Alpes, s'en trouveront façonnés à jamais. De la culture antique de l'olivier découlera naturellement la production d'huile d'olive. Les plus anciens vestiges d'huilerie mis au jour datent du IVe siècle avant J.-C. L'huile d'olive y était pressée en bonne entente entre autochtones gaulois et massaliotes. Ces derniers, très influents dans leurs relations avec leurs voisins locaux, installèrent donc cette forme de culture mais c'est avec la romanisation que la production d'huile d'olive va réellement se pérenniser. Les légionnaires puis les colons s'emploieront à planter des oliviers par centaines et par milliers. On peut alors commencer réellement à évoquer une oléiculture en Provence. À Saignon par exemple, dans le Vaucluse, des fouilles ont révélé les vestiges d'un domaine agricole spécialisé datant de l'époque romaine. La renommée de l'huile d'olive provençale trouve donc ses origines dans l'Antiquité et perdura à travers les siècles. Le Moyen-Âge verra la production décliner avant que la Renaissance ne redonne de la vigueur à l'oléiculture provençale. Entre temps, l'histoire retiendra que le roi préféré des Provençaux, le bon Roi

© DAVID HUGHES - SHUTTERSTOCK.COM

Oliveraie dans les Alpilles.

© ARTMARIE - ISTOCKPHOTO.COM

Olives sur un marché provençal.

René, n'était guère friand de l'huile d'olive. Il lui préférait l'huile de noix et fit même planter des noyers sur son domaine de Gardanne. De nos jours, une telle infamie provoquerait le courroux des fiers Provençaux. Elément principal de la composante du savon de Marseille, l'huile d'olive devint très demandée à mesure que la production de savon augmentait dans la région. Les parcelles d'oliviers fleurissent alors et l'on développe considérablement la production d'huile aux XVIIe et XVIIIe siècles. C'est même au cours de ce dernier siècle que la production oléicole atteindra son apogée dans la région. La région se couvre encore davantage de moulins et pressoirs, avant que la révolution industrielle n'automatise le processus et ne provoque le déclin des installations artisanales. Au XXe siècle, les vertus du régime méditerranéen mirent en lumière les bienfaits naturels de l'huile d'olive. Sa consommation devint alors plus courante alors que son prix élevé avait jusqu'alors été plutôt considéré comme un repoussoir par le consommateur lambda. Régionalement, l'huile est consommée dans tous les foyers provençaux. Pour nombre d'ouvriers d'autrefois, petit-déjeuner et casse-croûtes se résumaient souvent à du pain et de l'huile d'olive, parfois agrémenté d'ail, un peu à l'image des petits-déjeuners espagnols traditionnels.

Une appellation d'origine contrôlée prestigieuse

Depuis 2007 et sa parution au journal officiel, l'huile d'olive produite en Provence bénéficie d'une appellation d'origine contrôlée (A.O.C). Tous les départements de la région Sud, ex-PACA, font partie de la zone A.O.C et l'appellation couvre même certaines productions voisines du Gard et de la Drôme provençale. Le climat provençal très sec et les hivers doux garantissent la bonne santé des oliviers, douze mois durant. L'humidité étant le principal ennemi de ces arbres somme toute assez fragiles, les sols arides de la région sont idéaux. De nombreuses conditions strictes sont exigées si une huile veut prétendre à l'A.O.C. À commencer par les variétés d'olives qui la composent. Une bonne huile d'olive A.O.C Provence doit se composer d'un assemblage d'au minimum deux variétés, dont une doit être dominante. Parmi les variétés requises, on citera notamment la salonenque, petit ribier, cayon ou encore aglandau. Le cahier des charges exigeant est à la hauteur du savoir-faire des oléiculteurs et du prestige de l'huile d'olive A.O.C Provence : l'âge des oliviers entre également en compte puisque la récolte des olives doit se faire exclusivement sur des arbres âgés d'au minimum cinq ans. L'entretien et l'irrigation des vergers sont également réglementés. Vous l'aurez compris, on ne badine pas avec l'appellation ! Côté récolte, les olives sont récoltées avant leur complète maturité, entre novembre et janvier exclusivement. Leur conservation avant qu'elles ne soient travaillées ne peut alors pas excéder dix jours. Fait assez fascinant, la technique d'élaboration de l'huile d'olive n'a guère variée depuis le XIXe siècle, de la meule qui broie à la compression dans les scourtins. Un patrimoine vivant précieux perpétué par des générations de passionnés.

En terme de production chiffrée, la région provençale caracole en tête du classement des régions productrices avec plus de 50% de la production nationale. Le nombre total d'oliviers avoisinerait les 2 millions, ce qui représente plus de la moitié du volume d'oliviers dans l'Hexagone.

Les localités productrices sont très nombreuses et réputées. Quelques communes comme Mouriès ou La-Fare-les-Oliviers ont des productions très renommées. Certaines productions très spécifiques et locales bénéficient même d'appellations protégées locales comme les A.O.P Vallée des Baux-de-Provence, A.O.P Aix-en-Provence ou A.O.P Haute-Provence.

Un produit gourmand et naturellement bon pour la peau

Avec l'ail, l'huile d'olive est l'élément principal et commun à toute la cuisine provençale. Comme dans chaque cuisine traditionnelle, c'est le terroir de la région qui décidera des éléments majeurs de sa composante. Alors en Provence bien sûr, comme l'on trouve davantage d'oliviers que de vaches et de tournesols, l'huile d'olive supplantera le beurre et les autres huiles végétales. L'huile d'olive en Provence, c'est culturel et inscrit dans l'ADN de toute personne née ici, d'Avignon à Toulon, en passant par Marseille et Draguignan. Aussi bonne crue que cuite selon les types d'huile, elle agrémente généreusement salades et poissons grillés. L'huile d'olive entre dans la composition de plats aussi emblématiques que la tapenade, l'anchoïade, l'aïoli, le pistou, la ratatouille, les petits farcis et même quelques douceurs comme la pompe à l'huile, une brioche parfumée consommée principalement à Noël. Une visite sur un domaine oléicole et la dégustation qui s'en suivra vous permettra de différencier les huiles et leurs variations. Un véritable mode de vie dans une région où les arts de la table, les moments passés à table sont une composante primordiale.

Outre la cuisine, l'huile d'olive prouve tout son intérêt par la qualité des produits de soin dans lesquels elle rentre en composition. À commencer par le traditionnel savon de Marseille. Produit phare de la région, produit depuis la fin des Croisades, le savon de Marseille authentique se compose au minimum de 72% d'huile végétale, de préférence d'olive. À la fin du XVIIIe siècle, près de cinquante savonneries fonctionnaient à plein à Marseille. La production d'huile d'olive devait alors suivre la demande massive des industriels qui écoulaient près de 80 000 tonnes de savon en Provence et ailleurs. Aujourd'hui, quelques savonneries traditionnelles continuent de perpétuer ce savoir-faire unique et mettent un point d'honneur à n'utiliser que de l'huile d'olive dans la composition de ces savons. Un gage de qualité et de bonne santé. De nombreux dérivés de produits de beauté ont vu le jour au fil des décennies et les marques commercialisant des soins à base d'huile d'olive sont nombreuses désormais. Les vertus de ce nectar sont désormais connues et reconnues. À une époque où l'on tend vers un retour aux produits naturels, il est certain que l'avenir est radieux pour les oliviers, leurs fruits et l'huile qui en découle.

Soupe au pistou.

Recette du Pistou traditionnel

Parmi toutes les recettes provençales qui font le régal des locaux comme des visiteurs de passage, la soupe au Pistou est un grand classique où l'huile d'olive est reine. C'est un plat estival (même si c'est une soupe et que les étés sont chauds en Provence) dont chaque famille provençale a une recette propre jalousement gardée. L'occasion de créer des débats sans fin lorsque ces mêmes familles se rencontrent. Difficile donc d'établir une recette universelle mais le livre référence de Jean-Baptiste Reboul, *La cuisinière provençale*, nous aide à y voir plus clair en jetant les grands principes d'un bon Pistou et ce, dès 1897, date de la première parution de cet ouvrage devenu un classique. Pour réussir cette variante du Pesto génois somme toute très proche, il faut donc mixer de l'ail en bonne quantité, du basilic frais (aux feuilles pointues si possible, comme on le produit en Provence), du parmesan (la touche hommage aux nombreux italiens installés dans la région) et de l'huile d'olive, de préférence A.O.C Provence cela va de soi. Cela crée une sorte de pâte verte qui permet d'agrémenter le bouillon aux légumes de la soupe au Pistou, ou bien encore de s'en servir comme sauce pour des pâtes. Au niveau du dosage, Reboul conseille de piler « 3 gousses d'ail avec les feuilles d'un gros basilic, 1 grosse cuillerée de parmesan râpé » et d'arroser « de 4 cuillerées à bouche d'huile d'olive ». Un délice sain, qui se conserve bien, et bon pour la santé. Fait amusant, le Pistou a sa compétition mondiale chaque été, à Miramas, où nombre de participants croisent le fer pour cuisiner la meilleure soupe au Pistou de l'année.

LE CINÉMA EN PROVENCE

C'est un fait. En France, la production cinématographique, comme beaucoup de choses, se concentre principalement en région parisienne. Et pourtant, la Provence fait bel et bien partie de l'histoire du septième art dans l'Hexagone. D'une part parce qu'elle est depuis toujours très prisée pour y tourner des films, cadre naturel d'exception oblige. D'autre part car c'est ici, dans la région, que le cinéma connut ses premiers balbutiements mais aussi ses grandes heures de gloire de l'entre-deux-guerres. Une époque marquée par l'écriture sans pareille de Pagnol, le jeu d'acteur de Raimu, la gouaille de Fernandel et une ville de Marseille tout entière portée vers le cinéma. Lorsque Chaplin y passa en 1931, ce fut l'événement. Hier comme aujourd'hui, comédies et drames se jouent et se déjouent sur les versants des Alpilles, dans les ruelles du port de Marseille ou dans les villages ensoleillés du Luberon.

Les pionniers du cinéma

Tout commence par un train. L'entrée d'un train en gare. Celle de La Ciotat. Une fameuse scène qui permit aux frères Lumière de devenir les pionniers du cinéma. Ce film très court intitulé sobrement *L'Arrivée d'un train en gare de La Ciotat* fut tourné durant l'été 1895 dans la ville voisine de Marseille. La première projection eut lieu, elle, à Lyon, en janvier 1896, sous les yeux ébahis de quelques chanceux. La légende raconte même qu'elle créa un vent de panique chez des spectateurs pas encore initiés au 7e art. La ville de La Ciotat fut choisie pour le tournage de cette œuvre car c'est là que les frères Lumière possédaient une résidence d'été. Depuis lors, la ville portuaire reste intimement liée au génie des Lumière de même qu'à l'histoire du cinéma. C'est à La Ciotat également que vous trouverez encore, fièrement dressée, la toute première salle de cinéma de l'histoire, l'Eden. Le tournage des frères Lumière n'est donc pas un hasard dans une ville qui vit la première projection cinématographique avoir lieu en septembre 1895, quelques semaines après le tournage du fameux train en gare. Quelques mois plus tard, le 29 février 1896, a lieu la première projection publique à Marseille dans une salle en sous-sol du Grand Hôtel du Louvre et de la Paix, sur la Canebière. Huit films sont projetés, d'une durée très courte, avec des images mettant en scène un chargement de navires sur le port ou encore une baignade en mer. La passion du cinéma est lancée et la cité phocéenne comptera même jusqu'à une cinquantaine de salles durant l'entre-deux-guerres.

L'histoire du cinéma passera de nouveau par la région quand, une trentaine d'années plus tard, Marseille devint un « petit Hollywood » avec la création des studios de Marcel Pagnol au milieu des années 1930. C'est à cette époque, jusqu'au tournant des années 1940, que le boulevard Longchamp à Marseille devient le « boulevard du cinéma ». Pathé, Gaumont ou la Paramount y installeront des bureaux. Les grands acteurs de l'époque se donnent rendez-vous sur le boulevard et la Provence tout entière bénéficie de cette plaque tournante en matière de renommée ainsi qu'en termes de logistique à travers la diffusion de bobines. Le pic de popularité des salles de cinéma sera atteint en 1939 avec plus de 80 salles à Marseille. Un véritable raz-de-marée.

Pagnol et le sourire éternel de Fernandel

Parmi les figures les plus importantes du 7e art en Provence se trouve bien évidemment l'incontournable Marcel Pagnol. Réalisateur et auteur de nombreux dialogues pour d'autres productions que les siennes, il permet de placer Marseille, son port et la région sur la carte mondiale du cinéma. L'histoire raconte que c'est après avoir assisté à une projection à Londres en 1929 qu'il se décida à se lancer dans le cinéma. En 1931, *Marius* est l'un des tout premiers succès du cinéma parlant hexagonal, aussi bien au niveau national qu'à l'international. On y retrouve les comédiens qui avaient jusqu'alors joué la création de Pagnol sur les planches des théâtres : Raimu, Pierre Fresnay et Fernand Charpin, véritables vedettes de l'époque. Notons que le film est réalisé par Alexander Korda et non Pagnol en personne. Les studios Paramount lui ayant imposé une vedette américaine dans le casting, ce sera alors le réalisateur. En novembre 1932, la suite, intitulée *Fanny*, sort sur les écrans, avec à la réalisation Marc Allégret. L'action du film se joue dans le célèbre Bar de la Marine, sur le Vieux-Port.

Un café qui existe toujours et qui est devenu mythique pour les scènes qui y furent tournées. Ces deux films, créés initialement par Pagnol pour le théâtre, constituent les prémices de ce qui sera alors appelé *Trilogie marseillaise*. Ces succès lui permettent de s'enrichir considérablement, ce qui autorise la création des studios de production Pagnol, installés à Boulogne-Billancourt et à Marseille dans le courant des années 1930. Le village de La Treille, où le petit Marcel passait son enfance, devient alors le terrain de jeu préféré de ses projets cinématographiques. Il y tourne ses propres films en tant que réalisateur : *Angèle*, *César* ou *Regain* notamment. *La Femme du boulanger* rencontre un immense succès en 1938. Au casting, toujours l'immense Raimu. À la musique, Vincent Scotto, véritable gloire marseillaise. Aux côtés de Pagnol émergent les stars d'alors. Outre Raimu, on retrouve Fernandel. En 1941, Marcel Pagnol fait l'acquisition du château de la Buzine, dans l'idée d'en faire une cité du cinéma en Provence. C'est ce fameux château qu'il reconnaît comme celui qui effrayait tant sa mère autrefois, lorsque la famille Pagnol rejoignait la Treille depuis Marseille pendant l'été. En 1947, il est le premier cinéaste à entrer à l'Académie française. *Topaze*, sorti en 1951 avec Fernandel dans le rôle principal, est acclamé par la critique. Avec ce film, après quelques échecs, Pagnol revient alors sur le devant de la scène, alors que Fernandel est reconnu comme l'un des plus grands talents en son temps. Ce dernier, brouillé avec Marcel Pagnol, ne jouera finalement pas dans le film *Manon des Sources*, tourné à La Treille en 1951.

« La Partie de cartes », sculpture sur la place Raimu à Toulon.

La carrière cinématographique de Pagnol déclinera lentement au profit de celle de romancier.

Parmi les acteurs principaux de culture provençale, Fernandel fait figure de vedette. Né à Marseille en 1903, il incarne mieux que quiconque le parler provençal, la gouaille méridionale, la bonhommie marseillaise. Personnalité qu'il rendra populaire dans toute la France, l'image du Provençal devenant alors dans la capitale synonyme de Fernand Contandin, dit Fernandel. Après des débuts retentissants dans le milieu du music-hall, il se lance dans le cinéma et devient un véritable aimant à spectateurs. Sa seule présence à l'affiche garantit un véritable succès commercial pendant plusieurs décennies. Les films dans lesquels il joue deviennent des classiques : *Le Schpountz*, *L'Auberge rouge*, *Ali Baba et les Quarante Voleurs* ou *La Cuisine au beurre*. Des rôles plus sérieux comme celui qu'il tient dans *La Vache et le Prisonnier* prouveront également à la critique qu'il est aussi bien capable de faire rire que d'émouvoir. Marcel Pagnol dira de lui après sa mort : « Il a été l'un des plus grands et des plus célèbres acteurs de notre temps et l'on ne peut le comparer qu'à Charlie Chaplin ». C'est dire son immense talent et la popularité hors-norme qu'il put connaître.

La Provence, terre de tournage

Riche de sa diversité de paysages et de villages pittoresques, la Provence est, depuis la création du cinéma, un lieu de tournage à ciel ouvert. Nombreux sont les films qui rendirent la région attractive et nombreux sont les films que la région a rendu populaires. 500 à 600 tournages en moyenne ont lieu en Provence chaque année. Marseille, quant à elle, est la deuxième ville française la plus filmée actuellement. Un véritable boom datant de ces dernières années mais débuté très tôt. En 1952, le célèbre film *Crin Blanc* est tourné en Camargue alors que 11 ans plus tard, en 1963, le western à la française, *D'où viens-tu Johnny ?*, met en scène Johnny Hallyday dans le rôle d'un cow-boy en Camargue, censée ressembler au Far-West. Les gardians camarguais sont alors les cow-boys et les gitans, les Indiens. Les très photogéniques et fascinantes Alpilles permirent la réalisation de films comme *La Fille du puisatier* (2011) de Daniel Auteuil, Camille Claudel 1915 avec Juliette Binoche (2013) ou encore *Avis de Mistral* (2014) avec Jean Reno. Quant au grand succès *Le Cœur des hommes*, c'est dans le Luberon que Marc Lavoine et consorts tourneront en 2003. Dans le Luberon toujours, à Cucuron, le film adapté de l'œuvre de Jean Giono, *Le Hussard sur le toit*, fut tourné en 1995.

Parmi les films qui prennent place à Marseille, des succès nationaux comme *À bout de souffle* de Jean-Luc Godard en 1960, Borsalino en 1970

© NIKOLAY DIMITROV - ECOBO - SHUTTERSTOCK.COM

Le village de Grambois a servi comme reproduction de La Treille, village d'enfance de Pagnol.

avec deux monstres sacrés au casting, Belmondo et Delon, *Taxi*, la franchise de Luc Besson démarrée en 1998, ou encore la French, avec Jean Dujardin, en 2015, qui met en scène la cité phocéenne du temps de la French Connection. Quelques films internationaux de renom auront vu les équipes de tournage se poser du côté du Vieux-Port également : le mythique *French Connection* en 1970 avec Gene Hackman, avec des scènes tournées à Marseille et Cassis, La *Mémoire dans la peau* (2002), *Love Actually* (2003) ou *Stillwater* (2021).

Certains célèbres réalisateurs locaux comme Henri Verneuil (1920-2002) ou Robert Guédiguian mettront Marseille à l'honneur tout au long de leur carrière derrière la caméra : les films *Mayrig* et *588, rue Paradis* (1991) du premier, racontant l'installation à Marseille de sa famille réfugiée arménienne, *Marius et Jeannette* (1997), *Les Neiges du Kilimandjaro* (2011) ou *Gloria Mundi* (2019) pour le second. Notons que Guédiguian est à ce jour l'artiste de cinéma le plus emblématique de Marseille, à travers ses fresques sociales et son attachement au quartier de l'Estaque. Son actrice fétiche, Ariane Ascaride, marseillaise de naissance, est également une des figures les plus brillantes du cinéma provençal à l'heure actuelle.

Marseille est particulièrement prisée pour le tournage de films sociaux. Le contexte particulier qu'on peut y trouver, le cadre des cités ainsi que le vivier de jeunes talents encore méconnus ont permis la création de films marquants comme *Shéhérazade* (2018) ou *Bonne Mère* (2021).

Pour finir avec les tournages en Provence, les adaptations des années 1980-1990 des œuvres de Marcel Pagnol sont indissociables de l'imaginaire collectif quand il s'agit s'évoquer la région : *Manon des Sources* et *Jean de Florette* (1986), deux films inoubliables mettant en scène Yves Montand, Daniel Auteuil et Emmanuelle Béart, avec des scènes poignantes. Les deux films furent tournés dans le Vaucluse, notamment dans les villages de Vaugines, Ansouis et Mirabeau. Quatre ans plus tard furent tournés *La Gloire de mon père* et *Le Château de ma mère* (1990), deux films d'Yves Robert, de grands succès en salle et véritables emblèmes du patrimoine provençal. Le village de Grambois dans le Luberon sera choisi comme reproduction du village d'enfance de Pagnol, La Treille.

Outre le cinéma, quelques séries à succès ont permis à la Provence d'être mise sous le feu des projecteurs. Depuis 2004, les studios de la Belle-de-Mai permettent à Marseille de disposer à nouveau de studios de tournage. C'est là qu'a été tournée la très populaire série *Plus belle la vie*, présente sur le petit écran de 2004 à 2022. Le géant américain Netflix choisira Marseille comme théâtre de son drame politique éponyme sorti en 2016 avec Gérard Depardieu au casting. Une série qui reflète une réalité certaine mais qui ne fait pas l'unanimité pour autant dans la région, notamment pour le jeu de certains acteurs. Fabio Montale (2002), avec Alain Delon et inspirée des écrits de Jean-Claude Izzo, a également été tournée dans la cité phocéenne.

GÉOGRAPHIE

La Provence est pleine de contrastes et passionnante pour les amateurs de paysages naturels millénaires ou de nature préservée. Un écrin niché entre mer et montagne, principalement irrigué par deux cours d'eau majeurs, la Durance et le Rhône, qui ont littéralement façonné sa géographie et ont aujourd'hui encore et plus que jamais, une importance primordiale au bon fonctionnement de tout un territoire. Des versants des Alpes du sud, dont les sommets culminent à presque 3 000 m, aux marais naturels de Camargue, parcourons ensemble ce qui rend la Provence si particulière. Une terre sèche marquée par un ensoleillement intense, mais qui ne manque pas, par endroit, de se parer de sa verdure la plus singulière. Loin des idées reçues, plus d'un tiers de la superficie provençale est couverte de forêts. Étonnante statistique qui tranche avec l'image d'Épinal parfois aride que l'on peut avoir des collines de Pagnol et Cézanne.

Un climat méditerranéen au Sud et montagnard au Nord

La région s'étendant des rivages de la grande bleue aux sommets élevés des Alpes du Sud, le climat provençal n'est pas des plus homogène. Bien souvent, les différences de températures entre Digne-les-Bains et Marseille sont conséquentes (de 6 degrés en moyenne). La partie sud de la Provence est baignée par un climat doux, qui se caractérise notamment par un ensoleillement intense (la région est statistiquement la plus ensoleillée de l'Hexagone) tout au long de l'année. Marseille, Manosque et Toulon jouissent de près de 2900 h de soleil par an. L'été est généralement très sec alors que les pluies se concentrent généralement sur quelques jours en fin d'année. Dans le Nord de la région, avec l'altitude, les précipitations sont bien plus abondantes mais l'ensoleillement bon. Le vent est un facteur à prendre en compte dans la région. Le célèbre Mistral souffle par séquence de quelques jours, avec une puissance pouvant aller jusqu'à 110 km/h. Dans ce cas, foi de provençal, même le plus grand soleil ne pourra pas vraiment vous réchauffer. Avignon est la ville de la région la plus exposée avec en moyenne de 120 à 160 jours de vent par an.

Paysages de Provence

Il n'y a pas une mais plusieurs Provence. Une multitude de paysages variés. Les Bouches-du-Rhône sont à l'image des paysages de *La Gloire de mon Père*. Notamment tout autour d'Aix et d'Aubagne, avec le massif de la Sainte-Victoire et celui du Garlaban. Le pays marseillais est lui aussi composé de collines pagnolesques alors qu'au Sud de la ville s'étend le massif des Calanques, jusqu'à Cassis. Des falaises imposantes y plongent dans de grandes criques d'eaux cristallines. Au Nord, la côte bleue offre une succession de calanques et petits ports jusqu'aux roches plus brutes de la côte martégale.

© VINCENT FORMICA

Etang de la Camargue.

La grotte de Thouzon.

Le pays arlésien se distingue : on entre ici en Camargue, cette région plane de marais, rizières et étangs naturels. Plus au Nord, le majestueux massif des Alpilles abrite des villages perchés, alors que de ravissantes routes sinueuses se faufilent entre oliveraies et vignobles. Le Vaucluse, que l'on atteint par le pays d'Avignon au sortir des Alpilles, est dominé par le géant de Provence, le Mont Ventoux et son sommet lunaire (1910 m). À l'Est de Cavaillon, le charme pur du Luberon, ses terres ocre et ses villages élégants. Entrons enfin dans les Alpes-de-Haute-Provence. Le mythique plateau de Valensole et ses lavandes à perte de vue. La citadelle de Sisteron bâtie sur un éperon rocheux contrôlant le cours de la Durance. Plus au nord, les sommets sont élevés. Dans les vallées de l'Ubaye et de la Blanche, les sommets atteignent aisément 2000 m d'altitude. Au sud du département, le parc naturel du Verdon permet la jonction avec le Var. Les gorges du Verdon sont un trésor brut. De là, la Provence verte se déploie entre forêts et cascades, villages et vignes. En passant par le massif de la Sainte-Baume, arrive ensuite le Var côtier et ses noms inspirants : Porquerolles, l'Esterel ou le massif des Maures. Une côte pleine de charme, qui sent bon le mimosa et où criques paradisiaques se cachent à l'ombre de grandes pinèdes. De multiples visages pour une même région mais une identité propre, une provençalité commune.

Trésors naturels et originalités

Outre ses sommets, la Provence dispose de nombreuses particularités naturelles insoupçonnées.

Les volcans. Il y a par exemple dans le Var, du côté d'Evenos, un piton volcanique sur lequel le village est bâti. A Beaulieu, près d'Aix, la trace d'un autre volcan. Un ancien cratère de forme ovale, rempli de lave, entré en éruption il y a 17,5 millions d'années.

Les sources et grottes. Les sources de la Sorgue à Fontaine-de-Vaucluse sont la plus importante exsurgence de France. La grotte de Thouzon, appelée aussi la Grotte aux Fées, se trouve non loin de là. La cavité s'ouvre sur environ 230 m de longueur. Une multitude de stalactites « fistuleuses » la caractérisent. Impossible d'évoquer les grottes en Provence sans parler de celles, nombreuses mais pas toutes accessibles, du massif des Calanques. La plus célèbre est sous-marine, la grotte Cosquer. Des hommes y laissèrent des peintures murales il y a 27 000 ans.

La forêt. Les amoureux de la forêt apprécieront une région couverte à 35% de feuillus, résineux et conifères. Parmi les principales forêts, on trouve celles du Luberon (250 ha), des Maures (100 000 ha), du mont Ventoux, la forêt de hêtre de la Sainte-Baume et celle de Tanneron, appelée aussi la forêt jaune car essentiellement composée de mimosas.

Lacs, étangs et marais. La région se vit en eau douce, bien que l'eau de mer y ait une prééminence logique. Le lac de Serre-Ponçon est le deuxième lac artificiel d'Europe par sa capacité (1,272 milliard de m^3) et le troisième par sa superficie (28,2 km^2). Le lac de Sainte-Croix est situé au pied des Gorges du Verdon. Il s'étend sur une superficie de 2 200 ha. Enclavé dans un paysage grandiose, il est devenu un lieu d'attraction touristique très prisé. L'étang de Vaccarès (6 500 ha) est le plus grand de tous les étangs camarguais. Sa profondeur inférieure à 2 m en fait l'aire de repos idéal pour les oiseaux migrateurs. Tout proche, le marais du Vigueirat est un espace naturel protégé où l'on peut observer plus de 2 000 espèces animales et végétales.

Îles et merveilles du Littoral

Du Var à la Camargue, la mer Méditerranée baigne le littoral de la Provence. Cette frontière naturelle n'est qu'une succession de plages de sable fin, de calanques et falaises (les plus hautes d'Europe sont situées à Cassis). Insensible aux variations, avec un marnage de 25 cm en moyenne, et avec une température moyenne de 23° C l'été, la Méditerranée est bien évidemment le lieu idéal pour la baignade. Parmi les plages emblématiques de la côte provençale, citons celle de Beauduc et son impression de bout du monde. Les plages Saint-Clair et de la Fossette, au Lavandou, l'Estagnol et l'Almanarre, la calanque de Port-d'Alon, le Var regorge de merveilles ensablées. Pour finir, la côte se caractérise également par la présence de nombreuses îles préservées. Citons Porquerolles, l'île du Levant, l'île Verte au large de La Ciotat ou encore l'archipel du Frioul dans la rade de Marseille.

NATURE

Le territoire provençal, dans toute sa diversité, propose une multitude de richesses naturelles. Montagnes, collines, forêts denses et bien sûr fonds marins : les sites d'exploration sont nombreux. Quelques kilomètres seulement séparent parfois deux sites si différents que vous aurez l'impression d'avoir changé de pays. La région du Luberon par exemple, vous inspirera des faux airs d'Amérique avec ce qui est appelé le Colorado provençal, sa terre ocre et ses roches aux formes élégantes. À quelques km de là, une immense forêt de cèdres. 250 ha qui vous apporteront de la fraîcheur en plein été et de belles balades en perspective. Les amateurs de photo mais aussi les simples observateurs et promeneurs se régaleront des champs de lavande de Valensole, du paysage lunaire du sommet du Ventoux, des falaises vertigineuses des Calanques. Quelques jours en Provence vous donneront la chance d'effectuer quelques excursions tendance nature inoubliables.

Des parcs naturels et nationaux

La région Sud, ex-PACA, compte pas moins de 9 parcs naturels. Sur le territoire qui nous intéresse, vous en trouverez 7 : Les Alpilles, La Camargue, La Sainte-Baume, le Verdon, le Mont Ventoux, le Luberon et les Baronnies provençales. Chacun d'eux a ses spécificités et s'apprécient aussi bien pour les paysages, que pour la faune et la flore qu'on y trouve. Aux parcs naturels s'ajoutent deux parcs nationaux : celui des Calanques et celui de Port-Cros. Ici ce sont surtout les amateurs de paysages marins qui y trouveront leur bonheur, bien que les plantes et animaux présents dans les deux lieux valent également le coup d'œil. Vous faire accompagner par un guide spécialisé vous permettra de mieux comprendre les enjeux de ces réserves naturelles.

Le parc national des Calanques connaît par exemple une fréquentation de plus en plus intense chaque année. Les nuisances générées sont parfois irréversibles. Les prochaines années seront déterminantes dans la préservation de ces écrins verts en Provence.

Faune de Provence

▶ **La cigale.** Si l'on devait choisir un animal emblématique de la région, la cigale pourrait largement prétendre à la première place du podium. Omniprésente dès l'arrivée des premières chaleurs, la cigale et sa parade amoureuse si bruyante font partie intégrante du patrimoine méridional. Une bande-son des vacances incontournable. Vous pourrez avec un peu de chance approcher une cigale d'un peu plus près, bien que leur apparence les confonde souvent avec les écorces des arbres. À votre approche, elles se tairont, contrairement aux Provençaux plutôt loquaces. Ce sont peut-être les bestioles les plus timides de la région. Inutile de préciser qu'il faut absolument les préserver. Ces dernières années, quelques touristes ont défrayé la chronique en se plaignant auprès des hôteliers, des nuisances sonores générées par nos amies les cigales. Un comble !

DÉCOUVRIR

© EMMANUEL FABISIAK - SHUTTERSTOCK.COM

Cigale sur un olivier.

© TRATTIERITRATTI - SHUTTERSTOCK.COM

Ragondin dans les marais de Camargue.

▶ **D'autres animaux caractéristiques** peuplent les terres provençales : les flamants roses et taureaux de Camargue par exemple. Région où l'on trouve également de nombreux élevages de chevaux appelés manades. Les étangs et marais camarguais sont une zone de prédilection pour les oiseaux migrateurs de passage. Les observer vous sera possible au parc ornithologique sur la route des Saintes-Maries-de-la-Mer.

▶ **Les fonds marins de la région regorgent aussi de richesse** : la tortue caouanne, le mérou, l'oursin diadème ou encore la grande cigale de mer font partie des espèces protégées. Il existe même une espèce de phoque sur les rivages chauds de la grande Bleue, appelée phoque moine. Une plongée dans les eaux claires du Var ou des Calanques vous permettra d'apprécier la diversité, bien que fragile et menacée, des fonds marins. Notez qu'il n'est également pas rare de voir quelques dauphins et cétacés s'aventurer en rade de Marseille.

Lavandes et oliviers

Côté flore, l'emblème de la Provence reste la lavande. Inimitable de par son odeur et sa couleur, les champs de lavande de Haute-Provence sont un ravissement pour les yeux et l'odorat. Dans le Vaucluse, le plateau d'Albion et le Luberon sont deux régions où la lavande prospère également. Plusieurs parcours appelés « routes de la lavande » vous permettront de profiter pleinement des bienfaits de cette plante. À faire à pied, à vélo ou en moto, ces 6 circuits de 950 km vous feront parcourir la Haute-Provence, le Verdon, les Préalpes provençales ou encore le Ventoux. Vous y rencontrerez des acteurs et témoins du travail de la lavande. 30 tonnes d'huiles essentielles sont produites chaque année dans la région. Elles bénéficient même d'une appellation d'origine contrôlée. Pourtant, cette production a été divisée par trois depuis 2005, une bactérie faisant des ravages. Les lavandes sont donc parfois remplacées par du lavandin, beaucoup moins fragile et à l'odeur légèrement plus camphrée. Près de 1 000 tonnes d'huiles essentielles sont élaborées chaque année.

L'olivier est lui aussi indissociable de la région. Ses reflets argentés tapissent le pays de la Sainte-Victoire, des Alpilles et du Haut-Var. Ce sont les Grecs qui, en fondant Marseille, ont développé cet arbre en Provence. On en extrait une huile d'olive rare et bienfaisante, prédominante dans la cuisine provençale et qui bénéficie de nombreuses appellations contrôlées de renom.

Parc animaliers

Vous trouverez dans la région, quelques parcs animaliers de choix :

▶ **Le zoo de la Barben**, dans les Bouches-du-Rhône, est le rendez-vous des familles de la région, depuis notamment la fermeture de celui de Marseille à la fin des années 80. Plus de 130 espèces animales, soit 700 animaux y sont visibles. Le site est très beau et ravira petits et grands.

▶ **Le jardin des oiseaux tropicaux**, à La Londe-les-Maures dans le Var, permet aux amoureux des oiseaux de découvrir 6 ha de volières abritant des variétés d'oiseaux exotiques rares. Des collections botaniques ont été constituées dans les années 90 : agaves, yuccas, dasylirions et nolines, le panel de plantes exotiques est un des plus importants de France. Participant à différents programmes internationaux pour la défense des espèces, menant des activités de recherche en aviculture/ornithologie et en horticulture/botanique, le jardin a désormais une double vocation de centre d'acclimatation et de réserve génétique.

▶ **Le parc ornithologique de Pont-de-Gau** est un autre site naturel animalier majeur en Provence. Situé à 4 km des Saintes-Maries-de-la-Mer, ce parc s'étale sur 60 ha. Deux promenades à travers étangs et marais sont proposées. L'une, très sauvage, appelée sentier du nord, offre une vision assez complète de la diversité de la Camargue. On peut apercevoir une belle densité d'oiseaux de proie, hérons, râles, gros becs et becs fins migrateurs ou sédentaires, accompagnés de ragondins. Le second sentier se faufile entre deux étangs occupés par une grande colonie de flamants roses que l'on peut approcher de très près.

▶ **Le majestueux jardin des papillons à Digne**. En visite guidée uniquement, vous serez accompagné par des animateurs passionnés, dans des conditions optimales. Ce site est réputé pour sa richesse en espèces de papillons (135 !) d'avril à septembre, soit plus de la moitié de la faune française sur 1 hectare.

RMC
EN PODCAST
SUR L'APPLICATION
ET LES PLATEFORMES D'ÉCOUTE*
Écoutez les podcasts
RMC
INFO TALK SPORT
pple Podcast - Spotify - Deezer

HISTOIRE

L'histoire de la Provence est marquée par un territoire qui fut maintes fois remodelé, au gré des conquêtes et des dominations. Une région devenue comté, royaume puis rattachée à la Couronne de France. Une histoire particulière, à contre-courant de celle du pays. Pendant la guerre des Gaules, nulle révolte gauloise : la Provence est romaine depuis plus de 50 ans. Les invasions barbares épargnent relativement la région alors que la France se redécoupe. Une terre où Jules César, le roi René ou encore Jean Moulin laisseront leurs empreintes indélébiles. L'Histoire provençale se joue aussi localement : la rivalité évidente entre cités que sont Marseille, Aix-en-Provence, Sisteron, Avignon ou Arles, l'influencera longuement. Des petites histoires dans la grande Histoire que vous retrouverez dans cette rubrique afin de mieux comprendre 26 siècles qui ont modelé la culture provençale, toujours un peu rebelle envers les pouvoirs centraux.

Les premiers pas humains en Provence

27 000 AV. J.-C.

La présence humaine en Provence remonte au moins à près de 950 000 ans avant J.-C. Avant cela, il est attesté par de riches gisements que les dinosaures foulaient le sol de ce qui allait devenir le territoire aixois. Il y a 27 000 ans, des hommes investissent la grotte Cosquer, dans l'actuel parc national des Calanques, et nommée d'après son découvreur. Aujourd'hui sous-marine, cette cavité ne l'était pas au moment où les premiers artistes provençaux dessinent sur ses parois des représentations animales ainsi qu'une cinquantaine de dessins de mains en négatif. Le climat de la Provence n'a alors rien de ce que l'on connaît aujourd'hui : les dessins attestent de la présence de pingouins sur les côtes.

Premiers peuplements autochtones

VIIIème S. AV. J.-C.

Le territoire provençal est parsemé d'habitats perchés, appelés Oppida. La population est alors principalement composée de peuplements ligures, d'origine indo-européenne, bien structurés politiquement et en contact commercial régulier avec les civilisations méditerranéennes. Les celtes du nord de l'Europe finissent par s'immiscer en Provence, créant une culture très locale dite celto-ligure.

Fondation de Marseille

600 AV. J.-C.

C'est six siècles avant notre ère que des marins grecs venus de Phocée, en Asie-Mineure, s'établissent le long de la calanque du Lacydon (actuel Vieux-Port). Ils créent Massalia, un port qui deviendra très influent en Méditerranée et changera durablement le cours de l'histoire de la région. Les échanges commerciaux sont alors florissants avec les peuples celto-ligures voisins, comme en attestent les découvertes faites dans différents oppida de la région. L'hellénisme se répand par la création de nouveaux comptoirs phocéens : Olbia (Hyères), Agathè (Agde) ou Nikaïa (Nice). Peuple de tradition maritime, les Massaliotes lancent des expéditions de découverte en Europe du Nord et le long des côtes d'Afrique, un exploit pour l'époque.

Rome à la rescousse

122 - 118 AV. J.-C.

Les bonnes relations marseillaises avec les celto-ligures se tendent au fil des siècles. Jugés trop conquérants par les Salyens notamment, établis dans le pays d'Aix, les Marseillais font appel à leurs alliés romains. Les Romains saisissent l'occasion pour s'établir en Provence. Le consul Caius Sextius Calvinus rase l'oppidum d'Entremont, chef-lieu des Salyens, en 122 av. J.-C., et crée tout à côté, Aquae Sextiae (Aix-en-Provence), première ville romaine du pays. Dans la foulée de la fondation d'Aix, les Romains investiront une large bande côtière de l'Espagne à l'Italie, désormais appelée Provincia Romana. La sécurité des échanges commerciaux est assurée et Marseille, fidèle alliée, garde son autonomie.

Marseille assiégée et défaite

49 AV. J.-C.

Jules César assiège Marseille qui avait choisi de soutenir Pompée, son rival et ennemi. Toute la région est définitivement romanisée. César choisit alors Arles comme capitale de la Provincia. Arles la romaine se développera brillamment au détriment de Marseille la grecque.

La Pax Romana

27 AV. J.-C.

Pendant la période de l'Empire romain, la Pax Romana permet à la Provence de devenir une région de renom. De grandes voies commerciales sont développées tout au long du territoire que l'on appelle désormais Narbonnaise. La fameuse voie Domitia relie Briançon, Sisteron à Ambrussum en passant par Arles. La voie Aurélienne passe par Fréjus, Aix, Arles et Narbonne. La quasi totalité de nos routes et villes actuelles existent du temps des Romains. Le génie civil et politique romain s'exprime et traverse le temps jusqu'à nous : les arènes d'Arles, le site de Glanum (St-Rémy-en-Provence), le théâtre d'Orange ou Vaison-la-Romaine.

Développement du christianisme

III - VIÈME SIÈCLE

La religion chrétienne se développe durant l'Empire Romain. Selon la légende, Marie-Madeleine et Marie-Salomé, toutes deux proches de Jésus, accostent aux Saintes-Maries-de-la-Mer et s'installent en Provence pour fuir les persécutions. L'évangélisation progressive voient des clochers se dresser à St-Maximin où Marie-Madeleine repose, ou encore à Marseille avec la fondation de l'abbaye Saint-Victor au Ve siècle. D'après les textes historiques, un premier évêque était déjà en poste à Arles dès le IIIe siècle. Au VIe siècle, les villes sont définitivement christianisées.

Création du royaume de Provence

IXÈME SIÈCLE

Sous l'égide de Guillaume d'Arles, le premier comté de Provence est créé. Son territoire s'étend du Rhône aux Alpes. La principale menace locale vient des Sarrasins, établis dans le massif des Maures, avec notamment La Garde-Freinet comme base arrière. Les Maures resteront établis en Provence durablement jusqu'en 1197.

La Papauté s'installe en Avignon

1309

De 1309 à 1418, Avignon devient le centre du monde chrétien avec l'établissement des papes au bord du Rhône. Le palais des papes est progressivement bâti. Il est aujourd'hui un magnifique témoignage de cette époque faste.

Le bon roi René

1434

René d'Anjou est une figure historique primordiale en Provence. Il fut surnommé *le bon Roi René*, sans doute grâce à une conjoncture bénéfique au niveau économique et politique qui lui attira l'affection de la population. De grands travaux sont entamés. Des constructions importantes sont menées, comme le château de Tarascon où il vécut en 1449. C'est à son initiative que démarre le processus de rattachement de la Provence au royaume de France. Il meurt à Aix-en-Provence en 1480 et sa dépouille est transportée en Anjou, malgré les protestations des Provençaux.

La Provence devient officiellement française

1482

Près de deux ans après la disparition du Roi René, les États de Provence approuvent la constitution provençale. Louis XI, roi de France, proclame l'union de la France et de la Provence, tout en lui assurant une certaine indépendance morale et nombre de privilèges, notamment fiscaux. En 1501 est créé le premier parlement de Provence.

Terre d'asile pour protestants accueillis puis persécutés

XVIÈME SIÈCLE

Bien que rattachée à la couronne de France, la Provence garde un esprit frondeur. Pendant les guerres de Religion, de nombreux réfugiés protestants s'y installent. Dès la fin du XVe siècle d'ailleurs, les Vaudois s'établissent dans de nombreux villages du Luberon. Sévèrement réprimés à maintes reprises du fait de la présence papale toute proche, nombre de protestants sont massacrés ou enfermés au château d'If. L'édit de Nantes permit la construction d'un tout premier temple protestant, à Velaux (Bouches-du-Rhône).

Le Roi-Soleil réaffirme son autorité

XVIIÈME SIÈCLE

Louis XIV s'efforce à consolider le pouvoir central de la Couronne de France en Provence. Toulon devient un port de guerre de première importance alors que l'arsenal des galères de Marseille tourne à plein régime.

La grande Peste de Marseille

1720

Décimant près de la moitié de la population de la ville, la Peste noire s'abat sur le port de Marseille. La contagion s'étendra également de manière dramatique à la région. C'est d'un navire en provenance du Levant, le Grand-Saint-Antoine, que partit la contamination. Le laxisme et les intérêts personnels de certains édiles auront eu raison des précautions sanitaires.

La Marseillaise résonne dans la capitale

1792

Pendant la Révolution française, les Provençaux ont la particularité de changer plusieurs fois de fusil d'épaule. Le fait majeur reste cette armée de fédérés marseillais et provençaux qui entra aux Tuileries en entamant un chant, immédiatement qualifié de Marseillaise par les Parisiens et qui deviendra l'hymne national français.

Le retour en grâce de Napoléon passera par la Provence

1815

De retour de son exil forcé sur l'île d'Elbe, Bonaparte débarque à Golfe-Juan et chemine sur ce qui est aujourd'hui appelé la route Napoléon. Elle passe notamment par Grasse, Castellane, Sisteron et Digne.

Modernisation et industrialisation

XIXème SIÈCLE

Le développement du chemin de fer permet aux denrées industrielles produites en Provence (savons, huiles d'olives, sucre, tuileries) d'être exportées facilement. Marseille se modernise. On perce la très hausmanienne rue Impériale (actuelle rue de la République). De grands monuments sont érigés comme la cathédrale de la Major, la basilique Notre-Dame-de-la-Garde, toutes deux de style romano-byzantin. Le majestueux Palais Longchamp est inauguré en grande pompe pour célébrer l'arrivée des eaux de la Durance dans la cité phocéenne. Ces eaux captées dans les Alpes du Sud cheminent notamment via le magistral Aqueduc de Roquefavour (inspiré du Pont du Gard et, encore aujourd'hui plus grand aqueduc en pierre du monde avec ses 400 m de long et ses 83 m de haut !).

Vagues migratoires en Provence

XXème SIÈCLE

Le début du XXe siècle est une période qui voit arriver en Provence, de nombreux immigrants italiens et arméniens. Les premiers viennent trouver du travail et sont rapidement victimes de racisme. Les seconds fuient les persécutions ottomanes. Ces deux communautés deviendront une composante importante de la population régionale.

Une postérité anisée

1932

Pour la première fois, le mot Pastis apparaît sur une bouteille. On le doit à Paul Ricard et depuis, cette boisson anisée idéale pour l'apéritif fait partie du patrimoine provençal.

Un triste 11 novembre

1942

Le 11 novembre, les Allemands envahissent la Provence, jusqu'alors principale base arrière de la Résistance dans la zone libre (Jean Moulin y fut d'ailleurs parachuté près de Mouriès avant de trouver refuge à Eygalières). L'Occupation durera jusqu'au débarquement en Provence, le 15 août 1944, véritable tournant dans le conflit. Entre temps, elle aura vu des atrocités être commises comme le dynamitage des vieux quartiers de Marseille en 1943 ou la mise en place de camps de transit vers les camps de la mort comme aux Milles, à Signes ou à Sorgues. La Libération de la région s'opèrera principalement par voie navale sur les côtes varoises. Forces américaines et françaises d'Afrique du Nord rendront finalement sa liberté à la cité phocéenne et par là-même à la région, fin août 1944.

Apparition officielle par décret du nom PACA

1960

La région Provence-Alpes-Côte-d'Azur est créée. Elle englobe le Vaucluse, le Var, les Bouches-du-Rhône, les Alpes-Maritimes, les Hautes-Alpes et les Alpes-de-Haute-Provence. En 2009, une grande concertation est lancée pour modifier le nom de cette région jugé trop long et le diminutif dévalorisant : le terme Pacan en provençal signifie paysan. La dénomination PACA est définitivement abandonnée en 2018. La région devient Région Sud.

Début des travaux du canal de Provence

1964

Malgré une nette amélioration pour certaines communes avec la création du canal de Marseille dans la deuxième partie du XIXe siècle, une grande partie de la Provence souffre de la sècheresse chaque année en ce milieu du XXe siècle. D'immenses travaux sont entamés, des barrages sont bâtis et un réseau de canaux sans précédent arrose la basse Provence, avec un dernier tronçon inauguré dans les années 1980.

ARCHITECTURE

Forte d'une riche et longue histoire, la Provence peut s'enorgueillir de nombreux chefs-d'œuvre architecturaux disséminés sur son territoire. Plus de 2000 ans d'Histoire et de génie humain ont façonné la région, son urbanisme, son habitat et son tissu routier. De nombreuses villes témoignent de ce fascinant héritage remontant souvent jusqu'à l'Empire romain, et il n'est pas rare de voir à la campagne, des ponts d'un autre âge toujours en service aujourd'hui. De la bastide familiale aux mas ruraux, des hôtels particuliers de la Renaissance aux édifices contemporains d'Euromed, de l'avant-gardisme de Vasarely au génie d'anticipation du Corbusier, le Petit futé vous propose un voyage architectural fascinant dans un patrimoine bien vivant et plus que jamais actif. La Provence, bien qu'ancrée dans son héritage deux fois millénaire, est aujourd'hui une région dynamique où les projets d'architecture ambitieux foisonnent.

Patrimoine antique et religieux

Des Alpes au Rhône, les Romains ont fait de la Provence un des hauts-lieux d'expression de leur génie architectural. Les édifices antiques qui nous sont parvenus aujourd'hui témoignent d'un savoir-faire et d'une science de la construction déjà à la pointe : les arènes d'Arles, le majestueux théâtre d'Orange, le colossal Pont du Gard et les luxueuses villas de Vaison-la-Romaine sont des témoignages précieux. Toute l'histoire architecturale provençale démarre avec les Romains et restera profondément influencée. Au Moyen Âge, c'est le style roman qui prédomine. L'église Notre-Dame-du-Lac du Thor, la basilique Saint-Trophime d'Arles ou la Chapelle Saint-Pierre de Pierrerue sont de superbes exemples d'un art roman provençal caractéristique.

La période médiévale voit la Provence se couvrir d'abbayes monumentales comme Silvacane, Le Thoronet et Sénanque. Profondément pieuse, la région sera tout au long de son histoire, le laboratoire idéal dans la construction d'édifices religieux colossaux. Le style baroque verra en Avignon un terrain propice à l'expression de son génie. Peu connue, la chapelle de l'Annonciade à Martigues en est également un témoignage flamboyant. La ferveur religieuse des Provençaux permettra l'édification de nombreuses cathédrales au fil des siècles : Riez, Digne, Fréjus, Apt, Cavaillon pour n'en citer que quelques exemples. Marseille verra sa cathédrale bâtie au XIXe siècle, à une époque où la ville se modernise et voit également l'édification de la fameuse basilique Notre-Dame-de-la-Garde. Les amateurs d'architecture religieuse seront donc gâtés. Avec bien évidemment comme point d'orgue de votre séjour, une visite du Palais des Papes d'Avignon.

DÉCOUVRIR

Les arènes d'Arles.

Le fort Saint-Jean à Marseille.

Châteaux et forts

Comme l'ensemble du territoire national, la Provence s'est couverte au fil de son histoire, de places fortes, décisives dans la défense d'un territoire convoité. Citons par exemple le château des Baux-de-Provence (XIe siècle), l'imposante citadelle de Sisteron (bâtie à partir du XIe siècle) ou celle de Seyne-les-Alpes qui fut remodelée maintes fois au fil de son histoire. Le célèbre architecte militaire Vauban a œuvré tout au long du XVIIe siècle, pour renforcer les défenses frontalières du royaume de France en Provence face aux envahisseurs (Colmars-les-Alpes, Entrevaux, Embrun, Saint-Vincent-les-Forts ou Toulon). Marseille possède bien sûr quelques forts notables comme le château d'If, bâti sur l'île du même nom (XVIe siècle), le fort Saint-Jean et le fort Saint-Nicolas, protégeant à eux deux l'entrée du Vieux-Port.

Habitat en Provence

On peut distinguer différents types d'habitats en Provence.

La bastide est un type de petit domaine familial privé, souvent construit à la campagne par de riches propriétaires en tant que résidences secondaires, très en vogue au XVIIIe siècle. Elles ont depuis été rattrapées par l'expansion urbaine des villes comme dans les quartiers Sud de Marseille.

Aix-en-Provence, Avignon, Manosque ou Arles présentent de très beaux exemples d'hôtels particuliers. Les familles y faisaient valoir leur richesse en rivalisant de luxe. Les plus anciens datent de la Renaissance, la majeure partie datent des XVIIe et XVIIIe siècle. Ces hôtels particuliers sont souvent inaccessibles mais leurs somptueux portails jalonnent les villes provençales.

Un mas est le nom donné aux bastides dans la région d'Arles. Il s'agit en général de domaines comprenant une maison et des dépendances. Le nom s'est généralisé dans la région, avec le développement des maisons d'hôtes notamment.

L'architecture citadine provençale est marquée par de vieux centres historiques médiévaux. Les bâtiments sont donc relativement étriqués et nécessitent régulièrement des travaux de consolidation. Détail étonnant pour tout visiteur d'une Provence lumineuse, le défi du logement en Provence depuis des siècles a principalement consisté en l'isolation d'une chaleur accablante. Historiquement, aucune grande ouverture sur l'extérieur jusqu'au XXe siècle et l'apparition des villas modernes. L'intérieur provençal est assez sombre, le sol constitué de carrelage ou de tomettes, ces charmants petits octogones de terre cuite produits à Salernes et Apt.

A Marseille, dans les fameux et très nombreux trois-fenêtres marseillais (XIXe siècle), la partie la plus ensoleillée du bâtiment, au dernier étage, était réservée au personnel. Les propriétaires vivaient dans les étages inférieurs, à l'ombre.

En Camargue, on note un dernier type de logement assez rare : la chaumière. Ces habitations prolétaires blanchies à la chaux se reconnaissent par leurs toits de chaume si typiques.

Architecture contemporaine

Les architectes contemporains ont au XXe siècle, multiplié les créations dans la région. L'avant-gardiste Cité Radieuse du Corbusier, inaugurée en 1952 à Marseille, est un paquebot de béton imaginé comme un lieu d'habitation idéal. Elle se visite aujourd'hui et vous plonge dans une ambiance rétro futuriste assez unique. À Marseille toujours, l'architecte de renom Fernand Pouillon œuvrera à la reconstruction du quai Nord du Vieux-Port après la guerre. On lui doit l'ensemble des immeubles du quai de Rive-Neuve ainsi que l'élégant bien que désuet building Canebière, sur l'avenue du même nom (1952). À Aix, l'artiste contemporain Vasarely fait bâtir à partir de 1971, sa fondation, devenue musée. Un bâtiment étonnant, cubique au style bien reconnaissable de l'artiste hongrois. À la même époque, les collines limitrophes au parc des Calanques se couvrent de tours dans la cité du Roy-d'Espagne à Marseille.

Les dernières constructions les plus audacieuses sont concentrées dans la métropole Aix-Marseille, avec une exception pour la tour Luma d'Arles (2021), conçue par le canadien Frank Gehry. Le Grand Théâtre de Provence à Aix (Vittorio Gregotti et Paolo Colao, 2007), les tours de la Marseillaise (Jean Nouvel, 2018) et cmA-CGM (Zaha Hadid, 2010) qui se dressent dans le ciel marseillais. Enfin, à quelques minutes de là, le célèbre Mucem (Rudy Ricciotti, 2013) reste le symbole de cette modernité nouvelle en Provence. Plus d'un million de visiteurs par an viennent admirer ce cube de béton brut dressé face à la mer.

BEAUX-ARTS

En Provence, on a coutume de penser que chacun y trouve son âme d'artiste. Il n'est pas rare, devant un paysage prenant, de se sentir pousser la fibre artistique. Avec plus ou moins de succès, c'est certain. Mais après tout, si l'âme d'un Van Gogh pousse en vous, exprimez-vous. Au fil des siècles, la Provence s'est couverte d'œuvres d'art. Elles sont aujourd'hui visibles au fil des rues, au détour d'une fontaine et font la richesse des musées de la région. A travers la peinture et la sculpture, découvrez ici les figures tutélaires de l'art en Provence. De grands noms sont nés dans la région ou sont venus exprimer leur génie et font aujourd'hui partie du patrimoine mondial. Sans hasard aucun, de nombreuses écoles de Beaux-Arts parsèment une région dynamique et historiquement attachée à l'expression artistique. Aujourd'hui, à travers le street-art, forme d'expression devenue courante, peut-être émergera bientôt le nouveau Cézanne.

La Provence au bout du pinceau

Les couleurs, la lumière et les paysages sont autant de facteurs qui ont pu inspirer les peintres en Provence. De Van Gogh à Cézanne en passant par Picasso et Matisse, les plus grands ont foulé le sol de la région pour réaliser des œuvres restées dans la postérité.

- **A Arles, les figures de Van Gogh et Picasso** imprègnent la cité antique, capitale de la Camargue. Picasso y réalisa quelques œuvres dédiées à la tauromachie, puisqu'il assistait régulièrement aux corridas dans les arènes de la ville : sa toute première peinture sur le thème notamment, Petit Picador Jaune, réalisée en 1889. Très attaché à Arles, Picasso offrira à la ville en 1971, deux ans avant sa mort, une collection d'une cinquantaine de dessins, aujourd'hui exposés au musée Réattu. En Arles, le génie espagnol aura forcément côtoyé d'une manière ou d'une autre le fantôme de Van Gogh, omniprésent. Le peintre nomade hollandais à l'oreille coupée fut un grand amoureux de la Provence. Son génie put s'y exprimer pleinement, principalement à Arles et Saint-Rémy-de-Provence. Installé en Arles à partir de 1888, il magnifie la ville et ses recoins à travers sa vision de génie. Le célèbre Café la nuit et ses couleurs chatoyantes font partie du patrimoine arlésien et bien des amateurs se pressent encore aujourd'hui place du forum pour admirer les lieux. Psychologiquement instable, il sera interné à l'asile Saint-Paul-de-Mausole à Saint-Rémy-de-Provence. Là encore, l'environnement naturel des Alpilles lui fera réaliser de merveilleux tableaux : *Champ d'oliviers le soir*, les *Iris* ou encore la célèbre *Nuit étoilée*, aux teintes tournoyantes, brutes et fortes. Le meilleur moyen de prendre la mesure du Van Gogh période provençale est de vous accorder une virée sur l'itinéraire Van Gogh à Saint-Rémy. Le génie hollandais aura été attaché viscéralement à une région qui lui aura aussi permis une réflexion personnelle profonde, comme l'expriment ses nombreux autoportraits réalisés pendant sa période saint-rémoise.

DÉCOUVRIR

© EVERETT COLLECTION - SHUTTERSTOCK.COM

« Ferme en Provence », huile sur toile de Van Gogh, peinte en 1888 à Arles.

« Mont Sainte-Victoire et le viaduc de la vallée de l'Arc », Paul Cézanne, 1882 - 1885.

Aix-en-Provence, elle, reste attachée à l'œuvre de Paul Cézanne. Natif de la ville, cet artiste un brin poète exprimera tout au long de son œuvre sa passion pour la nature, les campagnes aixoises et la figure de la montagne Sainte-Victoire. Diplômé de Droit, peu enclin au conformisme de la cité provençale, il se démarque par une personnalité originale. Refusé à l'école parisienne des Beaux-Arts, Cézanne consacrera son œuvre à sa région natale, qu'il magnifie à travers une palette de couleurs douces et vives à la fois. Il peindra près de 80 fois la montagne Sainte-Victoire, avec toujours le même émerveillement pour ce calcaire immuable et la nature chaude qui s'y heurte. Le parcours Cézanne à Aix vous permettra de vous lancer sur les pas du génie, qui a aujourd'hui sa statue sur la place principale de la ville. Son atelier se visite, tout comme les carrières Bibémus qu'il représenta. Un détour par le village du Tholonet s'impose également si vous souhaitez vous immerger dans l'œuvre de Cézanne.

Petit port industriel du nord de Marseille, le quartier de l'Estaque est aujourd'hui un lieu paisible où l'on aime se balader, redécouvrir l'authenticité locale marseillaise. En son temps, ce lieu fut une inspiration sans limite pour bon nombre d'artistes locaux ou non, venus admirer ce côté de la rade phocéenne. Cézanne quitta un temps Aix pour retranscrire à merveille la lumière vive de l'Estaque et ses massifs plongeant dans le bleu profond de la mer. Impressionnistes, fauvistes et d'autres encore posèrent leurs chevalets ici. Un parcours cheminant dans tout le quartier vous permettra de retrouver les lieux peints par ces grands noms venus ici. Au XXe siècle, Derain y attire les fauvistes. Braque, Dufy et les cubistes suivront. Avec comme vecteur commun, cette lumière si particulière au quartier, véritable passion pour tous ces artistes. Picasso et Matisse, occasionnellement, s'aventureront également à L'Estaque. Dans l'histoire artistique de la région, ce petit port marseillais que rien ne prédestinait, a donc joué un rôle majeur.

La sculpture provençale à travers le temps

Louis Botinelly, Jules Cantini, les frères Carli, Pierre Puget ou encore César. Les œuvres de ces sculpteurs hors pair sont nombreuses et décorent admirablement bien les centres-villes provençaux.

La figure de César, de son vrai nom César Baldaccini, est bien évidemment proéminente. Né à Marseille et descendant d'immigrés italiens, il fait partie du mouvement des Nouveaux Réalistes, apparu dans les années 1960. De son vivant et comme nombre d'artistes, il fut snobé et on ne lui rendit hommage que 20 ans après sa mort par une rétrospective parisienne. Et pourtant, le petit César de la Belle-de-Mai nous a laissé quelques chefs-d'œuvre dont le fameux Pouce du rond-point de Bonneveine, à deux pas du musée d'art contemporain à Marseille.

La Provence est parsemée d'œuvres sculpturales précieuses, couvrant une période allant du Moyen Âge, principalement dans les édifices religieux, aux périodes plus modernes, avec des fontaines magistrales et sculptures décoratives.

Louis Botinelly est un artiste né à Digne en 1883. Il possédait un atelier à deux pas du palais Longchamp à Marseille et a offert à la cité phocéenne quelques œuvres majeures : sur les colossaux escaliers de la gare Saint-Charles, les sculptures représentant les colonies d'Asie et d'Afrique, le buste de Frédéric Mistral dans le parc Longchamp, le massif monument commémoratif au roi Alexandre Ier de Yougoslavie et à Louis Barthou tout près de la Préfecture ou encore le dresseur d'oursons, sur l'esplanade de la Tourette, miraculeusement sauvé de la refonte pendant la seconde guerre mondiale. Dans la région, notons par exemple le monument à Frédéric Aillaud à Villeneuve (04), le monument à Auguste et Louis Lumière à La Ciotat ou encore à Bandol, sur l'île de Bendor, la sculpture à Pierre Puget sur laquelle on peut lire la maxime ***Nul bien sans peine***. Devise que Paul Ricard adoptera. Botinelly a donc été un sculpteur hors pair en Provence, œuvrant souvent avec le célèbre architecte Gaston Castel et offrant à la région quelques chefs-d'œuvre toujours visibles aujourd'hui.

Son contemporain, Jules Cantini est un sculpteur et marbrier marseillais. Des commandes privées le verront décorer avec le plus grand soin les hôtels particuliers à Sausset-les-Pins. Mais son œuvre principale et la plus spectaculaire reste la réalisation de la splendide fontaine centrale de la place Castellane à Marseille. Un cadeau fait à la ville de Marseille, riche en détails et en parfait équilibre. Au sommet, une allégorie de Marseille et sur ses faces, la mer Méditerranée et le Rhône, représenté de sa source jusqu'à la mer. Cette immense fontaine, réalisée en marbre de Carrare, est probablement la plus belle fontaine de l'agglomération marseillaise. Cantini finira sa vie à Marseille, ville où un musée porte son nom et à qui il offrira aussi une réplique du David de Michel-Ange, placée aujourd'hui tout près des plages du Prado. Cette sculpture classique tournant le dos à la mer, est tellement populaire aujourd'hui parmi les Marseillais qu'il sert de repère voire même de nom de quartier.

Enfin, impossible d'évoquer la sculpture provençale sans évoquer Pierre Puget (1620-1694). Enfant du Panier à Marseille, il est célèbre pour son œuvre architecturale mais pas seulement. Le sculpteur Puget se forme à Gênes et devient rapidement la référence française, souvent comparée à Michel-Ange en son temps, ce qui n'est pas anodin. On lui doit le portail monumental de l'ancien hôtel de ville de Toulon, soutenu par deux élégants atlantes. Son célèbre Milon de Crotone (1682) ainsi que le spectaculaire ensemble Persée et Andromède (1684) sont aujourd'hui à admirer au musée du Louvre. Certaines de ses œuvres sont conservées à Cleveland ou à Berlin, ce qui prouve l'importance de l'artiste, un des sculpteurs les plus talentueux en son temps et une figure majeure du classicisme français.

Le dynamisme du street-art

Quelques villes provençales tirent leur épingle du jeu en matière de street-art. Cette forme d'art relativement récente en comparaison aux autres arts picturaux, est particulièrement pratiquée à Marseille, devenue un haut-lieu du street-art européen. Deux quartiers sont particulièrement prisés par les artistes et adeptes à la recherche d'oeuvres : Le Panier et le cours Julien. Les ruelles de ces deux quartiers accueillent depuis quelques années toutes sortes de collages et œuvres peintes, plus ou moins monumentales. Déambulez dans les rues à votre guise ou allouez-vous les services d'un guide spécialisé pour prendre la dimension du street-art marseillais. Au demeurant, il n'est pas étonnant que cet art de la rue ait trouvé un terrain aussi propice dans une ville où l'on est particulièrement sensible à ces formes d'art, hip hop en tête. Vous pourrez constater d'ailleurs que Marseille est une ville où l'on s'exprime beaucoup sur les murs. Au rang des street-artistes les plus fameux de la cité phocéenne, citons Manyoly, dont les visages élégants et multicolores jalonnent le centre-ville, Nhobi ou encore Difuz, tous locaux. Les amateurs de street-art pourront constater également une profusion de « space invaders ». Ces petites mosaïques reconnaissables sont l'œuvre de Franck Slama qui a également gratifié Marseille de petites œuvres à la gloire de la ville en 2020 (portrait de Fernandel, gabian ou encore bouteille de Pastis...).

Autre spot incontournable de la région en matière de street-art : Arles. Cette petite ville hautement culturelle est idéale pour l'expression de talents divers sur ses murs. Autour de la place du forum notamment ou encore dans le quartier de la Roquette, là encore, c'est en déambulant que vous découvrirez ces œuvres parfois éphémères. Aix-en-Provence et Avignon sont également deux villes dotées de belles œuvres murales.

DÉCOUVRIR

© ZYANKARLO - SHUTTERSTOCK.COM

« Le Dresseur d'oursons », sculpture de Louis Botinelly à Marseille.

TOP 10

PERSONNALITÉS LOCALES

FERNANDEL
Acteur, comique et chanteur, il symbolise la bonne humeur méridionale et la gouaille provençale.

© DENIS MAKARENKO - SHUTTERSTOCK.COM

JEAN GIONO
Né et mort à Manosque, cet écrivain prolifique a notamment mis en lumière le monde rural provençal.

© EUGÈNE MARTEL - WIKIMEDIA COMMONS

FRÉDÉRIC MISTRAL
Ecrivain et poète, il œuvra en son temps pour la sauvegarde de l'identité et de la langue provençales.

© BALONCICI - SHUTTERSTOCK.COM

MARCEL PAGNOL
Ce célèbre Aubagnais, cinéaste et écrivain, incarne mieux que quiconque la région par son talent.

MAURICE BÉJART
Danseur et chorégraphe de légende, Béjart est toujours resté très attaché à sa région natale.

ARIANE ASCARIDE
Actrice née à Marseille et exilée à Paris, c'est l'égérie du cinéaste Robert Guédiguian.

EDMOND ROSTAND
On le souligne trop rarement : l'auteur de *Cyrano de Bergerac* est marseillais de naissance.

© OLEG GOLOVNEV - SHUTTERSTOCK.COM

MIREILLE MATHIEU
C'est la plus célèbre des Avignonnaises. Icône de la chanson française et vedette adulée en Russie.

© DEGTYARYOV ANDREY - SHUTTERSTOCK.COM

GILBERT BÉCAUD
L'immense Gilbert Bécaud, Monsieur 100 000 volts, vit le jour à Toulon qu'il quitte pour Nice à 9 ans.

GABY DESLYS
Star du music-hall, cette chanteuse nous rappelle que Marseille fut un haut lieu du jazz en son temps.

MUSIQUES ET SCÈNES

En plein cœur de la région Sud, la Provence est ce qu'il se fait de mieux au niveau national en terme de festivals. Ces dizaines de rendez-vous, plus ou moins grands, souvent en plein air, permettent à des centaines de milliers de spectateurs d'apprécier tous les types de musiques, de rencontrer des artistes locaux comme internationaux. Et c'est bien cela qui rend la Provence si particulière dans son rapport à la musique. Une région bien décidée à porter la musique et ses jeunes talents, ouverte aux influences extérieures. Aux festivals s'ajoutent des scènes de première importance dans les villes. Tout cela crée une émulation artistique sans commune mesure, certes toujours dans l'ombre de la capitale, mais primordiale en province. De la musique traditionnelle des fanfares aux créations modernes et urbaines, Marseille et la Provence vous embarquent dans une mélodie de génie, dont vous pourrez découvrir quelques aspects dans les paragraphes suivants.

Musique de génie et métissée

Pour commencer, il est important d'évoquer la musique folklorique traditionnelle provençale. Ces airs, qui de nos jours sont la plupart du temps joués par des fanfares lors de fêtes religieuses, remontent pour certains d'entre eux au Moyen-Âge. Les sonorités du fifre, du tambourin et du galoubet sont caractéristiques de cette musique qui fait partie intégrante de la culture provençale. La figure du joueur de tambourin, le tambourinaire, est d'ailleurs honorée à chaque fête de Noël par la présence d'un santon à son effigie dans les crèches.

L'ère moderne de la musique en Provence s'articule autour de différentes personnalités dont les œuvres ont traversé le temps. Dans les années 1930, l'opérette dite marseillaise connaît un franc succès localement et nationalement. À ce titre, Marseille est la seule ville française à avoir donné son nom à un genre musical. Les figures de ce mouvement sont le compositeur Vincent Scotto et le chanteur Alibert.

▶ **Scotto** composa 4 000 chansons et une soixantaine d'opérettes. On lui doit notamment la mélodie de « j'ai deux amours » interprétée par Joséphine Baker et de nombreuses compositions majeures pour Tino Rossi. Ses mélodies, disait-on, reléguaient les paroles au second plan. Une vraie consécration pour ce fils d'immigré italien.

▶ **Henri Alibert** est l'autre figure de ce mouvement. Ce natif de Carpentras fut l'interprète de succès populaires comme « Cane… Cane… Canebière » ou « Un petit cabanon ». La plus grande partie de son œuvre fut dédiée à sa région bien-aimée.

Pendant l'entre-deux-guerres toujours, il est également bon de rappeler que Marseille et son port, furent influencés par les musiques venues d'ailleurs, à travers ses dockers originaires d'Afrique ou des Caraïbes. C'est ainsi que le jazz connut une période faste dans les cabarets de la cité phocéenne. La figure de Gaby Deslys émerge comme une vedette internationale du music-hall, saluée à New-York, Londres et Vienne.

Artistes, scènes et festivals en Provence

Marseille, et dans une moindre mesure Aix-en-Provence et Avignon, fut l'épicentre de la création musicale provençale moderne. De nombreuses salles mythiques permirent l'éclosion d'artistes. Citons l'Odéon, les Variétés ou le légendaire Alcazar qui vit débuter un certain Yves Montand en 1939.

Aujourd'hui, la musique en Provence suit les tendances mais a également été à l'initiative de tendances nouvelles comme l'émergence du rap à Marseille à la fin des années 80. Le groupe IAM en est le fer de lance. Ses succès des années 1990 trouvent encore un écho de nos jours, parmi les plus jeunes générations. D'autres rappeurs comme la Fonky Family, Soprano et aujourd'hui Jul, SCH ou Soso Maness sont également à l'origine du succès du genre qui voit chaque année émerger de nouveaux talents dans toute la région.

En parallèle, quelques groupes se sont amusés à mêler musique moderne et langue provençale : les rois du ragga provençal, Massilia Sound System bien sûr ou Moussu T e lei Jovents qui reprend les classiques de la chanson régionale avec fierté.

Gilbert Bécaud et Mireille Mathieu, tous deux nés dans la région, sont les plus célèbres représentants provençaux de variété française. À ces deux vedettes succèdent aujourd'hui Camélia Jordana ou Clara Luciani, pour ne citer qu'elles.

© ILLUSTREZ-VOUS - ISTOCKPHOTO

Danses provençales à Avignon.

Une profusion d'artistes donc et une multitude de scènes et festivals où se produire. L'art lyrique a chaque année son festival international à Aix-en-Provence. Les musiques actuelles sont célébrées tous les étés à Marsatac ou au Delta festival. Quant aux scènes, le Dôme ou encore Le Silo à Marseille permettent aux plus grands interprètes de venir s'y produire (de même que le stade Vélodrome). À Aix, la nouvelle salle 6mic dédiée aux musiques urbaines, est une nouvelle preuve s'il en fallait une, que la région regarde vers l'avenir.

Arts de la scène et arts de la rue

Le théâtre en Provence doit son rayonnement au festival d'Avignon, qui a lieu chaque année au mois de juillet dans la cité des papes. Durant des jours et des jours, les amateurs peuvent apprécier des pièces classiques et contemporaines, jouées par les plus grands et par de nouveaux talents de la scène, dans le cadre du festival IN mais également du OFF. Avec près de 140 salles de théâtre et plus de 1500 pièces jouées pour le festival, Avignon fait donc figure de mastodonte dans la région et constitue une référence nationale et internationale. Marseille compte une quarantaine de théâtres dont le théâtre national de La Criée ou encore le théâtre du Gymnase, superbe théâtre à l'italienne, dont la programmation permet de placer Marseille sur la carte des arts de la scène. Le théâtre Toursky fait figure d'OVNI dans le champ culturel marseillais mais il est très apprécié pour sa programmation originale et son engagement social et politique, en plein cœur d'un quartier défavorisé. Aix-en-Provence compte également quelques petites salles tout comme Toulon et Arles. L'été, le théâtre investit les scènes à l'air libre de petites villes. Enfin notons la présence de nombreux cafés-théâtres, notamment à Marseille, très axés sur la comédie.

Côté danse, la région n'est pas en reste. Maurice Béjart, chorégraphe de génie, voit le jour à Marseille. Mais c'est surtout Marie-Claude Pietragalla qui mettra la région sous les projecteurs de par son travail immense avec le ballet national de Marseille. Ce même ballet fondé en 1972 par Roland Petit, autre référence. À Aix-en-Provence, c'est le ballet d'Angelin Preljocaj qui permet à la ville de briller. Son ballet, installé dans le sublime Pavillon Noir, est à la pointe de la création contemporaine. Danse classique et contemporaine trouvent donc en PACA un lieu de développement inspirant, dont le rayonnement se fait ressentir à Paris comme à l'international.

Des lieux de création originaux

Pour conclure, il est à noter que la région se distingue également par de nombreuses créations qui sortent des lieux habituels et cadres formels. Une véritable scène locale en matière d'arts de rue foisonne d'inventivité, que ce soit dans les quartiers des artistes de Marseille, le cours Julien et La Plaine que dans les autres villes de la région. Il n'est pas rare de tomber, au détour d'une place, sur une troupe en pleine représentation. Toutes ces troupes et artistes indépendants, ce sont aussi et surtout ce qui rend la région si dynamique et vivante culturellement.

LITTÉRATURE

Impossible de résumer la Provence à un seul livre. Mais si la Provence était un livre, elle oscillerait certainement entre poésie et épopée romanesque, c'est une certitude. Les écrits sur la région ne manquent pas et remontent aux temps antiques quand les géographes gréco-romains décrivaient la Provence et les populations qui y vivaient. L'écriture se développa ensuite à travers la religion, la lecture également, ne concernant comme partout en France qu'une infime partie de la population éduquée. Puis vinrent les Lumières et les temps où Provençaux comme ailleurs prirent la plume, nous laissant un patrimoine des plus riche. La Provence est inspirante. Autochtones et voyageurs, natifs et provençaux adoptifs rivaliseront des siècles durant pour arriver à trouver les mots justes. Auteurs de récits historiques, sociologiques et contes populaires, découvrons ensemble ceux qui ont permis à la Provence d'être parée de ses plus belles lettres.

Mistral et le mouvement félibrige

En 1854, sous l'impulsion de plusieurs jeunes lettrés dont un certain Frédéric Mistral, le mouvement félibrige voit le jour sous la forme d'une association. Destinée à faire renaître et par-dessus tout promouvoir les langues des pays d'Oc, la langue provençale est rapidement concernée et mise en valeur par cet élan. Le museon Arlaten d'Arles est choisi pour abriter le siège administratif du félibrige. La langue provençale est promue dans toutes les formes d'art possibles, dont la littérature. L'enseignement du provençal est bien évidemment un des combats les plus importants du mouvement qui aujourd'hui encore, œuvre à travers différents colloques et publications variées. *Mirèio*, de Frédéric Mistral, publiée en 1859, est sans doute l'œuvre la plus symbolique du félibrige. Ce poème en douze chants est entièrement rédigé en provençal, et relate la vie et les traditions, ainsi que les légendes de la région du temps de sa publication. Une mine d'informations pour historiens et sociologues, un trésor pour les linguistes.

Le prix Nobel de littérature fut décerné à Mistral en 1904 pour cette œuvre majeure. Le poème est précédé d'un avis sur la prononciation provençale et doublé d'une traduction française un peu grossière mais volontaire, afin de laisser la primauté de la beauté poétique au texte provençal. Pour *Mirèio* et l'intégralité de son combat, Frédéric Mistral est une figure littéraire de premier ordre en Provence. Il naquit et mourut à Maillane, dans les Alpilles. Écrivain et linguiste, il devint membre de l'Académie de Marseille, une société savante créée par des érudits dès le XVIIIe siècle. Notons que Frédéric Mistral n'est pas à l'origine du nom donné au célèbre vent qui balaye la Provence quelques jours dans l'année.

Littérature classique

Parmi les auteurs classiques auxquels on identifie le plus la Provence, on trouve principalement trois noms : Marcel Pagnol, Jean Giono et Alphonse Daudet. Mais pas que.

Cinéaste et producteur d'exception en son temps, Marcel Pagnol (1895-1974) fut également un écrivain brillant. Il est l'auteur dès 1921 de romans, nouvelles et essais. Sa carrière littéraire sera surtout marquée par la publication de ses *Souvenirs d'enfance* en trois volumes, dans les années 1950. *La Gloire de mon père, le Château de ma mère et le Temps des secrets* sont trois chefs-d'œuvre retraçant l'enfance du petit aubagnais devenu marseillais. Un quatrième volet appelé *Le Temps des amours* paraîtra de manière posthume pour compléter cette saga incomplète mais tellement emblématique de toute la région. Pas un petit provençal n'y aura échappé lors de sa scolarité.

© JORGE ALVES - SHUTTERSTOCK.COM

Statue de Frédéric Mistral à Arles.

Jean Giono est lui aussi un auteur fameux, profondément ancré dans le pays manosquin d'où il est originaire. Il y naquit en 1895 et y mourut en 1970. Écrivain majeur du XXe siècle, il est pourtant quelque peu marginalisé de son vivant. Son œuvre romanesque décrit le monde rural provençal, questionne sur des thèmes moraux auxquels l'homme doit faire face en son temps, comme aujourd'hui. C'est ce qui rend l'œuvre de Giono intemporelle et universelle. L'intégralité de ses écrits est aujourd'hui publiée dans la Bibliothèque de la Pléïade et parmi eux se trouvent quelques pièces majeures : *Naissance de l'Odyssée, Fragments d'un Paradis, le Hussard sur le toit* ou encore *l'Homme qui plantait des arbres* pour n'en citer que quelques-unes. La maison de l'auteur, parfaitement conservée, se visite à Manosque et permet de plonger encore un peu plus intensément dans la vie et l'œuvre de Giono.

Nîmois de naissance et donc voisin, Alphonse Daudet effectue plusieurs voyages en Provence et publie en 1866, *Les Lettres de mon moulin*, sous la forme d'un feuilleton appelé Chroniques provençales par le journal qui le publie. Pour la petite histoire, ce fameux moulin se situe à Fontvieille, dans les Bouches-du-Rhône. *Les Lettres de mon moulin* font partie des œuvres que l'on étudie quasiment systématiquement à l'école en France. Elles ont marqué l'imaginaire collectif avec des récits restés fameux comme *La Chèvre de monsieur Seguin*. L'on doit également à Alphonse Daudet, la parution des *Aventures prodigieuses de Tartarin de Tarascon* à partir de 1872. On y suit les aventures d'un antihéros un brin naïf qui a réellement marqué la littérature régionale.

© EVERETT COLLECTION - SHUTTERSTOCK.COM

Alphonse Daudet.

Enfin, même s'il n'est pas provençal, impossible de ne pas citer Alexandre Dumas et son *Comte de Monte-Cristo*. Ce chef-d'œuvre retentissant permit au château d'If, au large de Marseille, d'acquérir une renommée mondiale. Aujourd'hui encore, de nombreux touristes du bout du monde font référence à cette aventure romanesque.

Auteurs modernes

La Provence a inspiré et continuera toujours à inspirer bon nombre d'auteurs et écrivains, dans tous les types de littérature.

Albert Londres (1884-1932) n'est pas natif de la région. Sa plume de journaliste permettra la rédaction d'une des œuvres les plus importantes sur Marseille et son port : *Marseille, porte du Sud* en 1927. Frappant de réalisme, il est étonnant de voir à quel point certains détails de l'époque sont encore valables dans le Marseille d'aujourd'hui.

Peter Mayle (1939-2018) est un romancier britannique disparu, qui vécut dans le Luberon. Il est l'auteur de nombreux best-sellers, traduits dans le monde entier, comme *Une année en Provence*, son premier vrai succès. Il décrit dans ses différents livres les mœurs et usages de ses congénères provençaux qu'il côtoie au quotidien, notamment dans le village de Ménerbes où il vivait. Preuve ultime de son attachement à la région, il est également l'auteur du *Dictionnaire amoureux de la Provence*, publié en 2004.

Henri Bosco (1888-1976) est une autre figure littéraire majeure moderne en Provence. Né en Avignon et installé à Lourmarin, il reçut le grand prix de littérature de l'Académie française en 1968 pour l'intégralité de son œuvre. Le Luberon, terre où il élut domicile, est au centre de son œuvre.

De nos jours, de jeunes auteurs régionaux ont émergé avec brio au niveau national : Philippe Pujol tout d'abord, auteur connu pour ses analyses acerbes du système politico-social marseillais. Il reçut d'ailleurs le prix Albert-Londres en 2014 pour une série d'articles sur ce sujet. Son grand succès est *La Fabrique du monstre*, ainsi que sa suite, *la Chute du monstre*. Deux livres qui eurent un retentissement majeur parmi le lectorat marseillais et qui directement ou indirectement, ont amené les changements politiques majeurs de 2020 à la mairie de Marseille. Tout récemment, le talentueux Hadrien Bels a fait paraître un récit plein d'humour et de bon sens sur la cité phocéenne également, intitulé *Cinq dans tes yeux*. Il y raconte sa jeunesse dans le Panier d'autrefois et les changements sociaux et urbanistiques que Marseille peut connaître aujourd'hui, à travers le regard ironique d'un local pur jus.

Marseille, terre de polars

Le port de Marseille, ses recoins sombres et toutes les légendes que l'on peut y trouver, a

© VINCENT FORMICA

Le moulin de Daudet, Fontvieille.

toujours été une source d'inspiration pour le roman policier local. Jean-Claude Izzo (1945-2000) en est le plus fameux représentant. Sa trilogie marseillaise *Fabio Montale* nous plonge de manière haletante dans les tréfonds du Marseille véreux. Trois tomes qui se lisent facilement et retranscrivent si bien l'atmosphère particulière de certains lieux de la ville, à travers notamment un sens aigu de la description de la mentalité locale. Cédric Fabre et son *Marseille Noir*, ou encore Léo Mallet, sont d'autres auteurs de polars marseillais.

La Provence en BD

De nombreux héros populaires de bande dessinée sont venus fouler le sol provençal : Astérix et Obélix, dans Le *Tour de Gaule*, font un crochet par Marseille la grecque. Michel Vaillant conduira dans les rues de Marseille et sur les routes de La Crau. Ric Hochet nous plongera dans le doute avec l'album *Mystère à Porquerolles*. Aussi surprenant que cela puisse paraître, même Spiderman, le super-héros de comics américain, passera sa lune de miel à Cassis à la fin des années 80 dans un album. Quant à Spirou, le plus célèbre des grooms belges a son propre parc d'attractions à Monteux, dans le Vaucluse, depuis 2018. Fait unique.

Le plus marseillais et donc provençal des héros de bande dessinée est sans conteste Léo Loden. Créé par le scénariste aixois Arleston et dessiné par Serge Carrère, Léo Loden est un ex-commissaire devenu détective privé, que l'on suit à travers différentes enquêtes dans la cité phocéenne et la région. Les titres des albums sont pour le moins évocateurs : *Terminus Canebière, Les Sirènes du Vieux-Port, Grillade provençale, Calissons et lumières* ou encore *Barigoule au Frioul.*

Le créateur de Léo Loden, Christophe Arleston est donc un scénariste de BD aixois. En 1997, il crée dans sa ville natale, en compagnie de son acolyte, le dessinateur Tarquin, le Gottferdom Studio, sorte de laboratoire de développement pour les talents de la bande dessinée locale. On doit notamment à ce brillant duo la plus grande série à succès de heroic fantasy à la française avec *Lanfeust de Troy*, publiée aux éditions du Soleil. Une franche réussite pour un projet qui initialement, ne faisait pas l'unanimité dans le duo.

Depuis quelques années, l'œuvre romanesque et cinématographique de Marcel Pagnol est réinterprétée en BD et publiée par les héritiers de la famille. Les albums sont très beaux, le dessin reconnaissable et ils nous plongent dans l'œuvre du génie provençal : *Jean de Florette, La Gloire de mon père, le Château de ma mère, Le Schpountz, Topaze* ou encore *les Pestiférés*. Ce dernier album nous replonge à l'époque de la grande peste de Marseille en 1720.

Pour finir, les passionnés de BD doublés de férus d'Histoire pourront se régaler d'une série entamée en 2012 et parue aux éditions du Signe : *Histoire de la Provence*. Trois tomes sont parus à ce jour, le tome 1 *Les Premiers Humains*, le 2, *Celtes, Grecs et Romains* et le troisième : *De l'Antiquité aux lendemains de l'an mil*.

QUE RAPPORTER ?

Et si souvenir de vacances rimait avec autre chose qu'un énième magnet sur votre frigo ? Rien ne vous empêche bien sûr de donner une touche provençale, même un peu cliché, à votre réfrigérateur, mais au Petit futé, nous chérissons tout particulièrement ces petites choses qui font l'identité d'une région. Alors pour vous faciliter la vie et vous éviter ce casse-tête classique de fin de vacances, vous trouverez une sélection d'idées plus ou moins évidentes de produits locaux et artisanaux, parfaits pour un cadeau à vos proches ou pour prolonger encore un peu plus le plaisir de la Provence à la maison. Des produits élaborés dans la région, car mettre à l'honneur les talents locaux nous tient à cœur. Dans une région si riche en traditions ancestrales et en patrimoine vivant, il vous sera très facile de dénicher ce petit plus, ce petit rien qui ensoleillera votre salon ou accompagnera vos moments conviviaux tout au long de l'année.

Savons traditionnels et cosmétique naturelle

Le terroir provençal et la richesse de ses sols ont toujours permis la production de produits de soin de grande qualité.
A commencer par le fameux savon de Marseille, qui constituera sans doute un achat incontournable pendant votre séjour. A Marseille, il ne reste plus que 4 savonneries qui produisent le savon de manière traditionnelle et ancestrale. Au XIXe siècle, on en comptait près de 100. La plus ancienne savonnerie toujours en activité a près de 170 ans. Un vrai savoir-faire transmis de générations en générations. Malheureusement, le savon de Marseille ne bénéficie d'aucune appellation contrôlée et d'aucune protection. Un combat de longue date pour les savonniers marseillais qui souhaiteraient réellement dissocier un vrai savon de Marseille de pâles imitations produites parfois bien loin de la Provence. Dans ce sens, l'UPSM (Union des Professionnels du Savon de Marseille) a déposé une demande de reconnaissance d'IGP (Indication Géographique Protégée) mais la réponse se fait toujours attendre. Rassurez-vous, vous pourrez toujours vous fier aux noms des 4 savonneries marseillaises et des 2 salonaises pour effectuer vos achats : le Fer à cheval, la Licorne, la Savonnerie du Midi, le Sérail, Rampal-Latour et Marius Fabre. Le savon de Marseille authentique ne doit pas contenir plus de 7 ingrédients. La recette de fabrication a été réellement fixée par l'édit de Colbert de 1688. Il doit se composer à 72 % d'huiles végétales exclusivement, dont l'huile d'olive majoritairement, qui lui donnent cette couleur verte naturelle. Bon pour la peau, on y trouve aucun conservateur ni aucun colorant. Enfin l'authentique savon marseillais doit être produit à Marseille ou dans sa région, et élaboré selon le procédé dit marseillais en 5 étapes. Un

Souvenirs de Marseille.

logo déposé par l'UPSM vous facilitera la tâche. Avant tout achat donc, lisez bien les étiquettes et renseignez-vous.

Fait parfois méconnu, Salon-de-Provence, à une cinquantaine de kilomètres de Marseille, est l'autre capitale du savon en Provence. La ville profita de la richesse de ses sols pour se lancer dans la production. Les deux savonneries salonaises sont garantes d'une intransigeance en matière de qualité et d'authenticité.

Le savon de Marseille est présent dans toutes les demeures provençales et ce depuis des siècles. Il bénéficie d'un retour en grâce parmi les jeunes générations avec son côté écologique et zéro déchet non négligeable. Il permet qui plus est l'hygiène du corps, tout comme l'entretien de la maison et du linge. Un véritable trésor !

Hormis le savon, la cosmétique a la côte en Provence. Des produits naturels et parfois bio sont produits localement à base d'huiles essentielles comme le Lavandin par exemple. Tout près de Manosque, la célèbre marque « L'Occitane » a même son musée.

C'est à boire qu'il vous faut (mais avec modération)

En Provence, il fait chaud, et cela attise la soif. De nombreuses boissons locales peuvent constituer le parfait produit à rapporter dans vos bagages.

A commencer par le Pastis bien sûr, véritable emblème identitaire de la région. Né à Marseille, on ne le produit plus majoritairement dans la région, à quelques exceptions près. La marque Janod a toujours sa production à Aubagne, alors qu'à Marseille, la petite fabrique Cristal Limiñana est la dernière usine phocéenne en la matière. Les deux mastodontes qui constituent désormais le même groupe, Pernod et Ricard, ne sont plus produits à Marseille, même si des bureaux s'y trouvent toujours. De petites productions très artisanales, comme le Pastis de la Plaine, sont également le gage d'un produit 100% local.

La région provençale est une région productrice en vin et ce depuis au moins 2000 ans. On y trouve de très bons cépages et des appellations réputées. Ainsi, vous pourrez vous procurer un délicieux vin rosé de Bandol, un vin blanc minéral de Cassis ou encore un vin rouge Gigondas ou Vacqueyras de la vallée du Rhône. Il y en a donc pour tous les goûts même si le climat chaud de la Provence tend plutôt vers des vins frais, rafraîchissants pour des moments conviviaux. Privilégiez donc le rosé et son identité provençale forte. Outre le Bandol, les Alpilles, le pays d'Aix et le Var en produisent à foison et le plus dur sera de savoir dans quel domaine s'arrêter au bord de la route pour faire vos emplettes.

Côté boissons toujours, la fièvre des bières artisanales a également gagné la région de-

© ROMRODPHOTO - SHUTTERSTOCK.COM

Vente de produits locaux près de Valensole.

puis quelques années. Nombreuses sont les marques désormais brassées en Provence. Citadines ou non, vous les trouverez chez un caviste et là encore, satisferont toutes vos envies. En vrac, citons la brasserie Zoumaï, la Minotte ou encore les Maltfaiteurs à Marseille, Aquae Maltae à Aix, Bulles de Provence à Puyricard, B.A.P à Rousset, la bière de la Rade à Toulon, la brasserie Sulauze à Miramas, la brasserie artisanale du Luberon ou pour finir, celle du Verdon, de la Durance et la Manosquine. Enormément de choix donc, des créations talentueuses et une touche provençale certaine.

Pour finir, quelques boissons sans alcool typiquement provençales peuvent vous créer de bons souvenirs d'été. Le sirop PAC en premier lieu, un sirop naturel au citron produit dans le Vaucluse et sur toutes les tables de brasseries de la région. On pense aussi au Gambetta, produit par les distilleries Janod à Aubagne. Un sirop à base de fruits et d'écorces qui se consomme principalement dilué dans la bière ou en limonade.

Miel, huile et produits du terroir

La Provence gourmande se transporte aisément et se conserve longtemps. A commencer par les deux produits phares du terroir provençal : le miel et l'huile d'olive.

Le miel provençal égayera vos papilles dès le petit-déjeuner. On en produit sur la quasi-totalité du territoire, avec quelques zones privilégiées. Si le miel de lavande est fortement rattaché à l'identité provençale, les miels toutes fleurs, de garrigue, de thym et de romarin vous permettront de varier les plaisirs. Là encore, il sera déterminant de bien lire les étiquettes de vos achats ou de vous rendre directement chez le producteur pour être sûr que votre miel provient bien de la région.

Céramique provençale.

Les régions de Valensole et du Verdon sont fameuses pour ce nectar fleuri, mais vous trouverez de très bons miels varois, dans la région d'Oraison ou encore dans l'arrière pays aixois. Un conseil fûté, avant d'acheter, goûtez !

Il en est de même avec les huiles d'olive de Provence. La façon la plus originale et directe de se procurer de la bonne huile d'olive dans la région est de se rendre sur un domaine de production. Guettez les champs d'oliviers si nombreux et prenez le temps de découvrir toutes les variétés et arômes possibles. L'huile d'olive est un produit sain recommandé par bien des diététiciens et largement utilisé dans la cuisine méditerranéenne. Il n'est même pas étonnant de voir les enfants de la région assaisonner leur purée d'huile d'olive à la place du beurre.

Appellation d'Origine Protégée reconnue par l'Union Européenne, l'huile de Provence AOP est un must à ramener dans vos bagages.

Vous croiserez forcément la route d'autres produits de terroir, notamment sur les nombreux marchés de la région. Préparations charcutières, biscuits, bonbons, herbes de Provence ou encore confitures artisanales, tous vos sens seront mis à l'épreuve, sachez-le.

Artisanat local d'excellence

Apporter une touche provençale à votre intérieur n'est pas si difficile. Encore faut-il bien choisir le produit que l'on acquiert.

Tissus et poteries font partie d'un savoir-faire local de longue date. C'est historiquement grâce au commerce du port de Marseille que la région put bénéficier d'étoffes d'exception. En commerçant avec l'Orient et le Levant, Marseille permit la diffusion de tissus de qualité sur tout le territoire, permettant ainsi aux artisans de développer un talent sans commune mesure. Les couleurs de ces tissus sont généralement vives et les motifs ne manquent pas. Aujourd'hui, porter une robe provençale relève davantage du folklore mais les tissus permettent une décoration intérieure chaude, et d'apporter une vraie touche ensoleillée à vos tables.

Côté poteries et céramique, là encore, pléthore de possibilités. Vases, pots, pour vos extérieurs et intérieurs. La ville d'Aubagne, par l'intermédiaire de sa fameuse poterie Ravel est un haut-lieu du genre en Provence. Mais il est impossible de citer ici tous les petits artisans installés ici et là, qui font vivre ce patrimoine et exposent leurs talents au gré des villes et villages de Provence. La vaisselle traditionnelle provençale, que vous trouverez souvent dans les boutiques de céramiques, ravira les amateurs de couleurs vives et estivales.

Jeu provençal par excellence, la pétanque est indissociable de la région. Le jeu fut créé à La Ciotat en 1907. Attention, évitez de froisser les sensibilités locales : la pétanque est un sport qui a sa compétition mondiale chaque année à Marseille. Ce n'est pas qu'un simple hobby. Depuis 2005, elle a été qualifiée de « sport de haut niveau » par le Ministère de la Jeunesse et des Sports. Alors pour exercer vos talents en la matière, le Petit futé vous conseille d'authentiques boules fabriquées dans la région par la fabrique marseillaise de la Boule Bleue. Située dans le quartier de Saint-Menet, cette usine produit les meilleures boules de la région. Différents modèles appréciés des boulistes et des puristes. Vous retrouverez notamment les produits de la marque au petit musée de la pétanque dans le Panier à Marseille.

SPORTS ET LOISIRS

Il est très aisé de pratiquer différentes activités sportives dans la région, en raison de la variété de ressources naturelles, ainsi que de bonnes infrastructures mises en place au fil des décennies par les municipalités notamment. Les amateurs de sensations fortes pourront s'exercer à l'escalade dans des cadres à couper le souffle, les sportifs plus occasionnels trouveront des alternatives douces comme la randonnée qui est un activité incontournable en Provence. L'omniprésence de la Méditerranée permet également de s'initier facilement aux sports nautiques et s'adonner au plaisir de la navigation. Fierté de la région, Marseille accueillera d'ailleurs en 2024 les épreuves de voile des Jeux Olympiques de Paris. Vraisemblablement la seule et dernière fois que les deux villes ne feront qu'une dans le sport. Retrouvez dans les lignes qui suivent, tous nos meilleurs conseils de baignade, marche, plongée, pêche ou de ski. C'est parti !

Le paradis des randonneurs

La région compte plus de 15 000 km de sentiers de randonnées. Quelques sentiers sont à privilégier comme le GR4 qui relie Grasse au Ventoux en passant par le célèbre sentier Martel dans le Verdon. Le GR51 dans les Bouches-du-Rhône, qui relie Marseille à Cassis en sillonnant dans les Calanques. Le GR9 qui permet de découvrir la Sainte-Victoire.

Dans le Var, le sentier du littoral vous fera évoluer tout au long de la côte, entre nature brute et petits ports. Le Vaucluse n'a rien à envier aux départements voisins avec les GRP Tour des monts de Vaucluse, GRP tour des Dentelles et GRP sentier historique du Mur de la Peste, qui longe les vestiges de l'ancienne barrière construite pour limiter la propagation de le peste durant le XVIIIe siècle.

Aujourd'hui, la plupart des petits villages provençaux proposent également des sentiers de découverte. Ces sentiers sont bien balisés et particulièrement adaptés aux promenades en famille. Les randonneurs aguerris et les marcheurs du dimanche trouveront donc des formules adaptées à leurs envies.

Sachez enfin que la Camargue propose une forme de randonnée différente mais insolite : la randonnée à cheval. Un bon moyen de découvrir le temps d'une balade, la vie des gardians. Sentiers muletiers, petits chemins forestiers, drailles de transhumance, on y chevauche nature toute l'année.

© KRZYSZTOFJ - SHUTTERSTOCK.COM

Cyclistes grimpant le Mont-Ventoux par temps parfait.

LES MEILLEURES ESCAPADES
VÉLO EN FRANCE

VELO EN FRANCE

La Provence à vélo : le bonheur !

La côte escarpée, les champs de lavande et les pré-Alpes permettent à tous les cyclistes de prendre du plaisir de la simple balade au défi plus sportif. Oui la Provence saura vous ravir et vous invitera à retrouver le patrimoine de la région entre sites gréco-romains, monuments et villages médiévaux.

Vous traverserez ces fameux champs de lavande et les Parcs naturels du Luberon et du Verdon où l'eau laisse place aux étendues florales puis au minéral dans les plateaux et les contreforts. Vous en prendrez plein les yeux !

La Provence c'est aussi une aventure culinaire à elle seule. Vous goûterez sa cuisine à l'huile d'olive riche de légumes gorgés de soleil. Les spécialités locales feront chavirer vos papilles entre la bouillabaisse, la soupe au pistou, la tapenade, le saucisson d'Arles ou bien encore le crespeou… Il y en a pour tous les goûts !

Veloenfrance vous aide à parcourir la région !

La Fédération française de cyclotourisme vous propose des circuits conçus pour tous les types de vélos et pour les cyclistes de tous niveaux. Grâce à son site *veloenfrance*, elle concrétise toutes vos envies de tourisme à bicyclette !

Pas moins de 4 000 circuits gratuits prêts à être téléchargés sur votre GPS ou en imprimant la fiche du parcours. Vous y trouverez également toutes les *Bonnes adresses*, les bons plans, les événements et les contacts des clubs, pour rendre votre séjour en Provence inoubliable.

La Provence propose 198 circuits dont 73 pour le VTT ainsi que deux Bases VTT labellisées par la Fédération française de cyclotourisme.

À coteaux tirés !

Découvrez tout ce que le Vaucluse propose ! Un parcours peu physique avec le mont Ventoux en toile de fond. Un échantillon parfait de ce que le département offre aux visiteurs curieux de se balader, entre la vallée du Rhône et les dentelles de Montmirail. Les voies d'escalades, les pistes vélo et les vignobles vous attendent.

Gravel	01:40
Le Grenouiller	Facile
24 km	381 m
06 Côte d'Azur	

Plateau de Valensole

Mettez le cap encore plus au sud vers le plateau de Valensole. Dans cette boucle à vélo, les paysages de Provence défileront sous vos yeux. La montagne de Lure au nord, Montdenier à l'est, le Luberon à l'ouest, et la Sainte-Victoire au sud-ouest, vous accompagneront tout au long du parcours. Sans oublier les champs de lavande, de blé et d'amandiers !

Route	04:30
Gréoux-les-Bains	Difficile
53 km	433 m
04 Alpes-de-Haute-Provence	

COMITÉ RÉGIONAL DE CYCLOTOURISME PROVENCE-ALPES – CÔTE D'AZUR
Mario Bellini
paca-presidence@ffvelo.fr
paca.ffvelo.fr

FÉDÉRATION FRANÇAISE DE CYCLOTOURISME

Vélo et VTT

Nombreux seront les cyclistes que vous croiserez en Provence, notamment dans le Luberon ou dans la mythique montée du Mont-Ventoux, très prisée et classique de la grande boucle.

Pour la pratique du vélo loisir, le territoire regorge de circuits, vous permettant de découvrir villes et campagnes. Le Vaucluse est un département très bien doté en parcours cyclables. Nous vous conseillons de pédaler sur la Via-Rhôna depuis Avignon en direction de la grande bleue ou encore une traversée des Alpilles, de Tarascon à Cavaillon.

Les VTTistes trouveront un terrain de jeu adapté dans les Alpes-de-Haute-Provence, dans les massifs alpins et stations de ski qui durant l'été, se transforment en paradis du VTT. Dans ce sens, Montclar fait figure de modèle. Des parcours VTT selon les niveaux sont détaillés par l'Office de Tourisme du département.

Baignade en eaux limpides

Les eaux de la Méditerranée n'attendent que vous ! Le long du littoral, vous trouverez de nombreuses plages de sable fin ou de galets, certaines surveillées et avec tout le confort (restauration, douche…), d'autres totalement sauvages ! Petite sélection non-exhaustive :

- **La plage de Beauduc**, à 40 km au sud d'Arles. L'accès à cette plage est folklorique ! Comptez près d'une heure de pistes à travers les marais. La plage est un paradis pour surfeurs. Il est tout à fait possible d'y camper.
- **La plage de Piemanson**, située à l'ouest du Grand-Rhône est accessible par Salin-de-Giraud. 6 km de très belle plage de sable. La moitié réservée aux naturistes. Là encore, il est possible de planter sa tente.
- **La plage de la calanque d'En Vau** à Cassis est l'une des plus belles plages des Bouches-du-Rhône, Un décor de rêve qui se mérite : le sentier est relativement escarpé pour s'y rendre. Les moins courageux pourront opter pour la plage du Bestouan, qui offre une jolie vue sur le cap Canaille.
- **Les calanques du Mugel et de Figuerolles** à La Ciotat, sont des pépites, très fréquentées en été.
- **Pour un farniente familial marseillais,** la plage du Prophète, sous la Corniche, dont la digue permet aux nageurs d'avoir pied très loin. Les vastes plages du Prado offrent sur place toutes les commodités (restaurants, cafés, terrains de beach-volley, piste de skate…).
- **La plage Notre-Dame** à Hyères a été désignée comme la plus belle plage d'Europe par European Best Destinations. Située sur l'île de Porquerolles, son eau turquoise permet de voir les profondeurs à l'œil nu.
- **La célèbre plage des Anglais**, du côté de Saint-Raphaël, est sans doute la plage la plus originale avec ses galets rouges.

Les opportunités sont donc nombreuses. Laissez-vous inspirer par les locaux qui vous conseilleront volontiers où faire trempette.

Plongée dans la Grande bleue

C'est ici qu'est née la plongée sous-marine, développée par de grands noms, comme Jacques-Yves Cousteau. Il en est resté une véritable culture de la plongée sous-marine. Pas un port, pas un village côtier qui n'ait son centre de plongée. Il faut dire que le climat, comme la clarté des eaux et la beauté des fonds marins rivalisent avec les plus beaux spots du monde. Vous trouverez nécessairement l'activité qui vous convient : baptême, passage de brevets, exploration. Les épaves sont nombreuses dans cette mer naviguée depuis la plus haute Antiquité, aussi les amateurs de sensations seront servis. La saison parfaite pour passer un brevet de plongée reste le début de l'automne. La plupart des clubs retrouvent leur calme. Mais ne vous y trompez pas, vous ne serez jamais seul, car les locaux plongent toute l'année, hiver compris.

Escalade et via-ferrata

Les grimpeurs peuvent s'adonner aux joies de l'escalade sur de nombreux sites bien aménagés, en toute sécurité. Certaines falaises, comme celles des Calanques, sont d'ailleurs renommées à l'international. Celles du Verdon ne comptent pas moins de 933 voies. La montagne Sainte-Victoire près d'Aix, les falaises de Buoux dans le Luberon, les Dentelles de Montmirail et bien d'autres sites encore offrent de nombreux parcours. Pour ceux qui souhaitent se glisser dans les entrailles de la terre, les possibilités d'exploration souterraine sont nombreuses, avec notamment le plateau de Siou-Blanc au nord de Toulon et ses 400 gouffres. Il est prudent de faire appel à des professionnels expérimentés pour s'encadrer.

Pêche en eau douce ou en mer

- **Les Bouches-du-Rhône** possèdent, en première catégorie, 114 km de cours d'eau. Les pêcheurs locaux gardent jalousement leurs rivières et leurs poissons, notamment la truite, alors que le désir de la fédération est de développer le tourisme pêche. Quant aux parcours de deuxième catégorie, ils sont superbes : 952 ha de plan d'eau et 1 380 km de cours d'eau représentés par l'Arc, la Durance, le Rhône et son delta. Ces eaux riches recèlent 55 espèces de poissons. Dans la Durance, la carpe, dans la partie basse du Rhône, le brochet, le sandre, le black-bass.
- **Le Var,** en terme de cours d'eau, n'est pas très bien irrigué. On y trouve tout de même de

quoi attirer un passionné de pêche car carpes, perches et brochets se partagent les fonds. On peut pratiquer la pêche sur quelques plans d'eau de deuxième catégorie : le lac de Sainte-Croix, de Carcès, de Saint-Cassien, pour ne citer qu'eux. Ce qui représente tout de même environ 2 155 ha dans lesquels on pêche carnassiers et cyprinidés. La première catégorie varoise à dominante salmonicole, s'étale sur 517 km de rivières et de fleuves et 5 ha de plans d'eau. N'oublions pas que le Var, c'est aussi la mer avec ses baies et anses qui servent d'asile aux daurades, loups, rougets et autres poissons de roche.

▸ **Dans le Vaucluse**, coulent de nombreux affluents directs ou indirects du Rhône. La Durance est la plus grande voie d'eau d'un seul tenant du département avec près de 100 km. Ce territoire recèle de plus de 50 espèces de poissons. La pêche de la carpe est un des vecteurs de l'amélioration des cadres de pêche dans le Vaucluse. Pour le plus grand plaisir des pêcheurs, les secteurs de nuit sont en constant développement.

La pêche en eau douce est donc un plaisir que l'on s'accorde facilement en Provence. Les cours d'eau sont d'une grande diversité, tout comme les poissons que l'on peut pêcher. Le Rhône et la Durance, le Verdon et l'Ubaye, les torrents, les nombreux lacs offrent un large éventail de possibilités.

La pêche en mer reste elle incontournable et intimement liée à l'identité provençale. Sur le littoral, la pêche en mer se pratique du bord de mer ou en bateau. Mulets, dorades, loups sont abondants. Certaines stations littorales ont développé la pêche au gros. C'est le cas de Martigues, de Sanary ou du Lavandou où les amateurs de pêche au thon peuvent prendre le large.

Sports d'hiver

Les Alpes du Sud réunissent toutes les conditions pour satisfaire l'ensemble des amateurs de neige. Qu'ils skient sur les pistes ou en dehors, qu'ils aient la passion du snow-board ou celle du skating, qu'ils marchent avec ou sans raquette. La stabilité du manteau neigeux est favorisée par l'alternance de nuits froides et de journées très ensoleillées.

Les Alpes du Sud totalisent près de 2 500 km de pistes de ski alpin, que desservent plus de 800 remontées mécaniques. La qualité de l'enneigement s'explique aussi par le grand nombre de canons à neige dans de nombreuses stations. Les espaces aménagés pour les snow-boards se multiplient et s'ouvrent aux skis courts très en vogue, ainsi qu'au free-ride. Les fondeurs disposent de 1 200 km de pistes. De vastes domaines de ski de fond sont aménagés, dans la Clarée, la vallée de la Blanche...

© PHB.CZ (RICHARD SEMIK) - SHUTTERSTOCK.COM

Les Gorges du Verdon.

Sports nautiques

Et voguent les navires, sur la mer bien sûr, mais aussi sur les multiples lacs et plans d'eau que compte la région (comme celui de Serre-Ponçon, plus grande retenue artificielle d'Europe). Planche à voile, dériveur, catamaran, aviron, ski nautique, kayak de mer, le cocktail est tonique. Les centres nautiques et clubs de voile proposent un encadrement de qualité. Torrents, cascades, gorges, canyons, les eaux-vives ont sculpté les paysages, de la Provence aux Alpes du Sud. La région est ainsi devenue une oasis très convoitée pour le canyoning, rafting, hydrospeed et canoë-kayak. Le plus connu des domaines aquatiques riche en aventures est le Verdon et son fameux canyon. D'autres cours d'eau présentent un intérêt tout aussi grand et une diversité de parcours adaptés à la randonnée, aux débutants ou aux pratiquants expérimentés : l'Ubaye, la Durance en amont d'Embrun, la vallée de l'Argens...

Thermalisme

Les eaux thermales des Alpes-de-Haute-Provence (Digne, Gréoux-les-Bains) mais aussi dans les Bouches-du-Rhône (Aix) sont réputées depuis l'Antiquité pour leurs vertus thérapeutiques.

Chlorurées, sulfurées, sodiques, elles soignent rhumatismes, traumatismes ainsi que les affections des voies respiratoires. Les pouvoirs salutaires des eaux ont toujours été appréciés et ce, depuis les Romains. Il est très difficile de déterminer le cheminement des eaux qui peut atteindre le plus profond de la Terre et remonter à la surface après des centaines, voire des milliers, d'années. Depuis des siècles, médecins et ingénieurs s'efforcent d'optimiser les bienfaits des eaux au parcours mystérieux.

GASTRONOMIE

La cuisine provençale est ancrée dans son terroir méditerranéen. A mi-chemin entre les cuisines espagnoles et italiennes, certains plats font désormais partie du patrimoine national. Son atout numéro un est évidemment une région riche en produits nobles et savoureux. L'ensoleillement intense, les vents marins, toutes les conditions sont réunies pour offrir un éventail de possibilités culinaires mijotées chez soi et à la table des grands chefs. Car c'est là tout l'intérêt de la cuisine provençale, des recettes centenaires dont on se délecte, et une propension à se réinventer de par les touches personnelles que l'on peut y apporter sans la dénaturer. L'ail et l'huile d'olive sont rois. Entre terre et mer, vignobles et rizières, goûter la Provence, c'est adopter cette générosité si chère aux gens du midi. Le plaisir de se retrouver autour de plats souvent synonymes de vacances mais qu'on vous invite à déguster 12 mois dans l'année.

Plats traditionnels et spécialités

Les délices de la mer. Tout repas entre amis commence par un apéro, fantasmé toute l'année par les vacanciers et dont les Provençaux ne se privent pas aux beaux jours. Ces moments sont généralement synonymes de deux encas phares : la tapenade, une pâte d'olives broyées, agrémentée de câpres et d'anchois. Ce petit poisson que l'on retrouve comme son nom l'indique dans l'anchoïade, véritable emblème culinaire de la région. Cette sauce se compose d'anchois, d'olives noires, d'huile d'olive et d'ail. Dégustée sur des croûtons, c'est la parfaite mise en bouche pour le reste du repas.

Les plats traditionnels et caractéristiques de la Provence sont nombreux. La bouillabaisse est un plat renommé à l'international. Indissociable de Marseille, on trouve dans la cité phocéenne de très bonnes tables la proposant. Les meilleures ont adhéré à la charte de la Bouillabaisse depuis 1980, garantissant son authenticité. Autrefois, la bouillabaisse était un plat du pauvre, cuisiné par les pêcheurs avec des poissons invendables. Aujourd'hui, déguster une vraie bonne Bouillabaisse coûte cher. Selon la charte, seuls les poissons de roche suivants garantissent l'authenticité de cette soupe de poissons haut de gamme : rascasse, rascasse blanche, araignée (vive), galinette (rouget grondin), saint-pierre, baudroie (lotte), congre ou scorpène. La rouille, une mayonnaise au safran et à l'ail, accompagne généralement votre dégustation. Sachez qu'une version moins onéreuse mais tout aussi savoureuse de la Bouillabaisse est proposée par nombre de restaurateurs sous le nom de bourride.

© MARGOUILLATPHOTOS - ISTOCKPHOTO.COM

La fameuse bouillabaisse.

Le vendredi sur toutes les tables et menus de la région, l'aïoli sera reine. Un nom que l'on associe généralement à la mayonnaise montée à l'ail mais qui désigne en Provence, un plat assez simple de morue accompagnée de légumes bouillis (carottes, patates, haricots verts...). La mayonnaise très aillée est bien là et l'aïoli peut devenir royale lorsqu'on y ajoute crustacés et fruits de mer. Notez que l'aïoli constitue un sujet de discussion sans fin chez les provençaux, notamment sur la composition des légumes accompagnant le poisson.

Les produits issus de l'élevage. En Camargue, le taureau est cuisiné en gardianne. Ce ragoût mijoté à feu doux peut également être appelé daube dans la région. La daube pouvant se cuisiner à partir de différentes viandes et même de poulpe, alors que la gardianne sera exclusivement à base de taureau AOC de Camargue.

Alouettes sans tête et pieds paquets attiseront sans doute votre curiosité. Ces dénominations étranges ne sont reconnues qu'en Provence. Les alouettes sans tête ne sont pas des oisillons décapités mais des paupiettes de bœuf, cuisinées dans une sauce au vin et à la tomate.

Quant aux pieds paquets, les amateurs de tripes de mouton (tripes et pieds) seront ravis. C'est un plat caractéristique des cuisines marseillaises et sisteronaises. Dans une sauce au vin blanc et à la tomate, farcies au persil et à l'ail, ces tripes sont très goûteuses.

Accompagnements et gourmandises

Pour la soupe au Pistou, chaque famille a sa recette, y ajoute ses ingrédients, ce qui créé débat et étonnement chez les uns et les autres. Ce potage d'été est un bouillon aux légumes et aux pâtes, que l'on assaisonne de pistou, une pâte piquante préparée à base de basilic, ail et huile d'olive.

La ratatouille, bien que niçoise d'origine, a été adoptée par l'ensemble de la région. C'est un accompagnement à base de courgettes, poivrons, oignons et aubergines, gorgés de soleil. Le tout en sauce tomate.

Autre accompagnement en vogue sur les tables provençales, la panisse qui peut se décliner en frites. Ces tranches frites de pois-chiches sont originaires de l'Estaque, un quartier au Nord de Marseille où on les déguste sur le pouce, en cornet. C'est une excellente alternative aux frites habituelles.

Les becs sucrés ne sont pas en reste avec la navettes (biscuits à la fleur d'oranger), calissons d'Aix (confiseries au melon et à la pâte d'amande), berlingots de Carpentras, nougats de Sault ou encore la célèbre tarte tropézienne.

Produits du terroir et productions locales

La cuisine en Provence s'appuie sur un terroir local riche et généreux. Quelques appellations fameuses le composent comme l'agneau de Sisteron IGP ou le taureau de Camargue AOC. Non loin de là, en Arles, est produit un des meilleurs saucissons du pays. Initialement composé de viande de porc, de bœuf et d'âne, il est désormais principalement élaboré sans âne. Peu gras, il est assaisonné de girofle, gingembre et muscade.

Restons en Camargue avec deux produits fameux et typiques de cette région humide du delta du Rhône : le sel et le riz. Actuellement, 15 % de la superficie du delta du Rhône sont aménagés pour l'exploitation des marais salants. La production de sel alimentaire, sur 10 000 ha, se situe à l'ouest du Petit-Rhône. On y récolte 450 000 tonnes par an de sel naturellement blanc dont la fameuse fleur de sel. Ses petits cristaux, récoltés à la main, apportent un croquant et une longueur en bouche aux plats. Quant au riz de Camargue, c'est au XIXe siècle que sa culture prend véritablement son essor. C'est en effet dans les années 1840 que les rizières vont être très utiles pour absorber l'eau des grandes crues du Rhône, ainsi que pour lutter contre le sel qui menace de transformer la

Ratatouille.

Camargue en désert. Mais la pénurie de denrées alimentaires, pendant et après l'Occupation, incite les producteurs à donner à la culture du riz la place qu'elle mérite. En 1958, les rizières s'étendaient sur 30 000 ha ! Aujourd'hui, on compte encore 200 riziculteurs avec une production de 120 000 tonnes de riz paddy, soit 99 % de la production française. Depuis 2000, le riz de Camargue bénéficie d'une indication géographique protégée (IGP). Les deux types les plus communs sont le riz long noir et le riz long rouge.

Côté mer, la Méditerranée est bien évidemment très généreuse aussi en produits de qualité. De nombreux poissons que vous découvrirez sur les étals des marchés de la région, des sardines qui permettent l'organisation de sardinades géantes l'été sur le littoral, des oursins que l'on célèbre par des oursinades en hiver et également des huîtres en Camargue, dans l'anse de Carteau, à Port-Saint-Louis-du-Rhône. C'est la seule huître labellisée « éco-acteur-réserve de biosphère » garantissant une récolte dans le respect des règles écologiques du parc de Camargue.

Par ailleurs, la Provence est une région assez pauvre en fromages, mais il faut tout de même signaler le fromage de Banon AOC et la brousse du Rove AOP. Tous deux sont élaborés à base de lait de chèvre.

L'ensoleillement intense permet une culture de fruits et légumes prospère, notamment dans le Comtat Venaissin, surnommé le jardin de la France et 1er producteur national pour les pommes, les cerises, le raisin de table, les tomates et les melons. Le Melon de Cavaillon IGP, les abricots et les fraises de Carpentras font partie du patrimoine culinaire local.

Vers la fin du mois de novembre, la Haute-Provence commence à frémir de plaisir. A Carpentras, à Apt, à Richerenches, la saison des truffes commence. Les gourmets lui reconnaissent un arôme subtil capable de communiquer ses parfums à bien d'autres mets : le foie gras, la poularde, les œufs brouillés dont elle décuple les qualités gustatives. La truffe se forme entre mai et juillet et si quelques orages sévissent en août et septembre, elle gonflera vite et sera « mûre » entre mi-novembre et début mars. Aujourd'hui, le Var, le Vaucluse, les Bouches-du-Rhône sont les premiers producteurs de truffe en France.

Outre la truffe, deux autres produits nobles assurent la réputation gourmande de la Provence : le miel et l'huile d'olive. Il existe une grande variété de miels. Dans les Alpilles, par exemple, vous apprécierez des miels de thym, de romarin, de toutes fleurs de prairie. Grâce aux transhumances, les apiculteurs récoltent aussi du miel de lavande, lavandin et d'acacia. Quant à l'huile d'olive, elle bénéficie de quelques AOP de choix comme les Baux-de-Provence, Aix-en-Provence ou Haute-Provence. Constituant la base même de la cuisine locale, cet élixir obtenu à partir des innombrables oliviers de la région (les premiers implantés par les Grecs il y a 2600 ans) varie dans les goûts et la délicatesse. Nous vous suggérons une dégustation sur un domaine producteur ou une visite d'un moulin (la-Fare-les-Oliviers ou de Mouriès).

Vins et alcools

La Provence abrite de nombreuses appellations de renom : Bandol, Baux-de-Provence (Les), Cassis, Coteaux-d'aix-en-provence, Coteaux-varois-en-provence, Côtes-de-provence. Le vignoble Côte-du-Rhône du Vaucluse se découpe en trois zones : AOC Côtes du Rhône, AOC Ventoux et AOC Luberon. Enfin les AOC Gigondas et Vacqueyras au Nord complètent cette richesse que la Provence a su faire apprécier aux 4 coins du globe.

Issu d'un savoir-faire provençal ancestral, le rosé est le vin le plus délicat, mais le plus difficile à réussir. Expression directe du terroir, le rosé est bien plus qu'un vin, c'est un art de vivre. Reconnu pour sa convivialité et sa simplicité, le rosé de Provence génère aujourd'hui un chiffre d'affaires de plus de 500 millions d'euros. Les appellations sont : côtes-de-Provence, côtes-de-Provence de Sainte-Victoire, Fréjus, Côteaux d'Aix-en-Provence et Côteaux Varois en Provence. Le rosé de Provence est devenu un vin incontournable de la joie de vivre, c'est comme on le dit ici, la provençale « touch ».

Le vin rouge provençal sait se faire vif, fruité et jeune. Il se transforme en rouge de garde, long et complexe sur les préparations hivernales comme les pieds et paquets de Provence, laissant vagabonder sur les palais des arômes de fruits rouges un peu confits et une note vanillée s'il a été élevé en barrique. Il aime également patienter dans le silence des chais pour pouvoir se marier sur le tard avec des plats puissants.

Le vin blanc produit ici adore apporter son fruit aux produits de la mer. Il peut devenir vif en bouche avec des notes d'agrumes et un nez de fleurs blanches. Également patient, il saura attendre quelques années pour épanouir les viandes blanches ou certains fromages.

Indissociable de la Provence, le pastis est un incontournable de l'apéro. Cette boisson alcoolisée, parfumée à l'anis est le résultat de la macération de deux plantes : le fenouil et la réglisse. On ajoute généralement de cinq à sept volumes d'eau fraîche pour un volume de pastis mais vous pouvez le prendre plus tassé, version « yaourt » ou au contraire délayé version « piscine ». Le groupe Pernod Ricard domine aujourd'hui le marché mondial du pastis avec les marques Ricard et 51.

Après une interdiction qui dura près de cent ans, l'absinthe a fait son retour avec, il est vrai, une formule moins agressive. On la retrouve désormais dans de nombreux débits de boisson et dans les boutiques de spiritueux haut de gamme.

© YOH4NN - ISTOCKPHOTO.COM

Apéro provençal avec le verre de pastis.

TOP 10

GASTRONOMIE LOCALE

PANISSE
Spécialité marseillaise du quartier de l'Estaque, ces rondelles frites de pois chiche sont typiques.

© FOOD-MICRO - STOCK.ADOBE.COM

PISSALADIÈRE
Niçoise et provençale, c'est une sorte de pizza sans tomate, couverte d'oignons et d'anchois.

© ZIASHUSHA - SHUTTERSTOCK.COM

COCA
Rien à voir avec le soda, la coca est un chausson aux poivrons d'inspiration pied-noire.

CHICHI FRÉGI
Ces beignets également appelés simplement chichis sont délicatement parfumés et accompagneront vos étés.

FOUGASSE
Pain provençal agrémenté de diverses saveurs : olives, tomates séchées, anchois ou herbes de Provence.

© BENSIB - ISTOCKPHOTO.COM

PIZZA MARSEILLAISE
A Marseille, la pizza est une religion. C'est ici que le concept de camion-pizza a vu le jour.

© VIMA - ISTOCKPHOTO.COM

CALISSONS D'AIX
Ce petit losange à base d'amandes et de melon confit recouvert d'une fine couche de glaçage royal.

© ANNAPUSTYNNIKOVA - ISTOCKPHOTO.COM

TOURTON
Spécialité des Alpes du Sud, ce sont des chaussons farcis démocratisés avec l'émigration alpine.

© HELENEDEVUN - STOCK.ADOBE.COM

PAN BAGNAT
Ce sandwich niçois composé de crudités, œuf, thon et huile d'olive se déguste partout en Provence.

© MARGOUILLAT PHOTO - SHUTTERSTOCK.COM

GIBASSIÉ
Cette galette à l'huile d'olive et fruitée est proche de la pompe à l'huile, quoique moins molle.

© GALINA GREBENYUK - SHUTTERSTOCK.COM

Marre de passer des heures sur internet pour trouver des bons plans ?
my petit fute
M'A FAIT GAGNER UN TEMPS FOU AVEC SES RECOMMANDATIONS D'ITINÉRAIRES ET SES BONS PLANS TESTÉS PAR DES RÉDACTEURS LOCAUX.
VOTRE GUIDE NUMÉRIQUE SUR MESURE EN MOINS DE 5 MINUTES POUR 2,99 €
mypetitfute.fr

AGENDA

Nombreuses sont les promesses qu'une virée provençale pourra vous accorder ! Et parmi celles-ci, celle de ne jamais s'ennuyer est garantie. Tout au long de l'année, douze mois durant, le coeur de la région bat la chamade au rythme de manifestations populaires et événements majeurs, prisés des locaux et des visiteurs. Des rencontres sportives aussi réputées que le bol d'or, le grand prix de formule 1 du Castellet ou l'Open 13 (sans parler des rencontres de l'OM et du RC Toulon que nous ne recensons pas ici), mais aussi de somptueux festivals musicaux comme celui d'art lyrique d'Aix, les chorégies d'Orange ou les Suds à Arles. Une sélection fûtée et hétéroclite pour satisfaire toutes vos envies, même les plus étonnantes (qui penserait à fêter le Mexique dans les Alpes ?). A vos agendas donc, organisez votre séjour en fonction ou découvrez à quelles festivités vous pourrez prendre part lors de votre venue.

LES FÊTES LATINO-MEXICAINES

Dans les rues du village de Barcelonnette
BARCELONNETTE ✆ 04 92 81 04 71
www.barcelonnette.com
Le 15 août 2023. Manifestation gratuite. Restauration.

Les liens qui unissent Barcelonnette et le Mexique sont si forts que chaque année au mois d'août, la ville tout entière célèbre ce pays et sa culture. Au programme : des concerts gratuits, des cours de danses, des ateliers artistiques, des découvertes gastronomiques et des manifestations culturelles qui permettent à quiconque présent dans la place de se plonger dans l'ambiance originale de la plus mexicaine des villes des Alpes. Vibrez au son des mariachis !

FESTIVAL MARSATAC

Parc Chanot - **MARSEILLE** (3e)
✆ 04 95 04 95 95
www.marsatac.com
Juin. Soirée unique : de 49 à 55 €. Billets sur le site ou aux points de vente habituels.

Année après année, le festival Marsatac s'installe comme une référence musicale régionale et nationale. Créé en 1999 avec quelques éditions mémorables du côté de la Joliette et des Docks, il a désormais lieu au Parc Chanot. La programmation est éclectique avec des shows dans tous les styles de musique, dans l'air du temps et un peu plus généraliste qu'à ses débuts. On peut assister à la cohabitation d'artistes confirmés et plus novices sur la même scène. Depuis peu, Marsatac s'inscrit dans une démarche écoresponsable, notamment dans la gestion des déchets.

OPEN 13

81, rue Raymond-Teisseire - **MARSEILLE** (9e)
✆ 04 91 75 93 01
www.open13.org
Chaque année en février-mars. Tarifs évolutifs à découvrir sur le site web de la compétition. Points de vente habituels.

Le Palais des Sports accueille chaque année l'Open 13 qui fait partie du circuit ATP réunissant toutes les épreuves officielles du tennis, à l'exception du tournoi du Grand Chelem... Ce circuit se divise en 3 catégories : les ATP World tour 1000, les ATP World Tour 500 et les ATP World tour 250, dont l'appellation renseigne directement sur le nombre de points alloués au vainqueur. Les matches se jouent en Indoor sur dur et seront présents des joueurs parmi les meilleurs du moment. Un tableau de haut niveau pour une semaine exceptionnelle.

MONDIAL LA MARSEILLAISE À PÉTANQUE

Avenue du Parc Borély - **MARSEILLE** (8e)
✆ 04 91 57 75 00
www.lamarseillaise.fr
Courant juillet. Inscription payante dès février sur internet.

Le Mondial La Marseillaise à Pétanque a été créé en 1962 et s'inscrit dans la lignée des grandes fêtes sportives populaires. La compétition débute chaque année le premier week-end de juillet et se dispute sur cinq jours. Près de 13 000 boulistes, en provenance de toutes les régions de France mais aussi de l'étranger, sont attendus chaque année. Ce fameux concours est ouvert à tous. Cela sans oublier les dames et minots avec le Grand Féminin et le Grand Prix des Jeunes.

LES VOILES DE SAINT-TROPEZ

SAINT-TROPEZ
✆ 04 94 97 30 54
www.lesvoilesdesaint-tropez.fr
En octobre.

En 1999, les Voiles de Saint-Tropez ont repris la succession de La Nioulargue, rencontre de voiliers de tous les types, créée fin septembre 1981. Ces prestigieuses régates et son mélange de prototypes de course, voiliers anciens et modernes, sont devenues un rendez-vous incontournable du yachting, où la fête se retrouve en mer et sur terre ! La ville de Saint-Tropez organise pour l'occasion de nombreuses animations. Le public est au rendez-vous pour cet événement majeur.

MARATHON ET SEMI-MARATHON MARSEILLE CASSIS

1, boulevard de la Pugette - **MARSEILLE** (9e)
✆ 04 91 75 24 24
www.marseille-cassis.com
En octobre. Inscriptions en ligne courant mars. Certificat médical demandé.

Classée dans le top 50 des courses mondiales avec près de 15 000 inscrits, la course nécessite une bonne condition physique ! Précisons tout de même que les inscriptions sont prises d'assaut le premier jour d'ouverture (courant mars), il faudra donc être sur les *starting blocks* pour avoir un dossard. Les coureurs prennent le départ à partir de 9h30 au Stade Vélodrome pour une distance de 20 km sur route. Dénivelé de 327 m jusqu'au passage du col de la Gineste. A vous de jouer !

BOL D'OR

Circuit Paul-Ricard
LE CASTELLET
www.boldor.com
En septembre.

Après quinze années passées sur le célèbre circuit de Formule 1 de Magny Cour, la mythique course internationale de moto a fait son grand retour au Castellet en 2015. En 2016, elle a célébré ici-même sa 80e édition. Chaque année, ce sont près de 70 000 spectateurs qui assistent à la compétition. Une centaine d'exposants, des stands et des expositions animent cette grand-messe de la moto, attirant toujours plus de visiteurs année après année. Un événement immanquable pour les passionnés ou simples curieux. Attention, les places partent comme des petits pains.

LE PÈLERINAGE DES GITANS

SAINTES-MARIES-DE-LA-MER
✆ 04 90 97 82 55
www.saintesmaries.com
En mai.

Cette impressionnante manifestation culturelle est née en 1343. Chaque 24 et 25 mai, de très nombreux gitans en provenance de toute l'Europe avaient pour habitude de se retrouver aux Saintes-Maries-de-la-Mer en l'honneur de Marie-Salomé, Marie-Jacobé et surtout Sara, leur sainte patronne, à ces dates. A une époque plus récente, ce pèlerinage est devenu incontournable. De nos jours outre la venue des gardiens et des arlésiennes, l'événement est l'occasion de retrouvailles et de nombreux baptêmes pour les communautés Roms, Manouches, Tsiganes et Gitanes.

FERIA D'ARLES

ARLES
Week-end de Pâques.

Deux ferias sont organisées à Arles : la feria de Pâques et la feria du riz en septembre. Pour l'occasion, toute la ville vit au rythme des lâchers de taureaux dans les rues, des corridas et des nombreuses autres animations taurines. Si la feria de Pâques attire près de 500 000 visiteurs, celle de septembre reste plus confidentielle (les aficionados l'appellent la Feria des Arlésiens). Que vous soyez adepte ou non de tauromachie, les ferias c'est surtout l'occasion de faire la fête de jour comme de nuit, toutes générations confondues dans les nombreuses *bodegas*.

LES CHORÉGIES

16, place Sylvain
ORANGE
www.choregies.fr
De juin à août.

Le festival d'Orange possède un nom si particulier qu'il suffit de l'exprimer pour que l'amateur de spectacles situe avec précision un lieu superbe ainsi que des représentations réputées. Indépendamment du répertoire théâtral, surtout constitué à l'origine par des tragédies gréco-latines, c'est le monument lui-même qui fascine. Témoignage de l'architecture théâtrale romaine, c'est le seul édifice de son genre qui ait gardé son mur acoustique. Cultiver, émouvoir, éduquer et faire plaisir par le jeu théâtral fut longtemps l'objectif des directeurs des Chorégies.

FÊTE DU MILLÉSIME - BANDOL

Sur le port
BANDOL
✆ 04 94 90 29 59
www.vinsdebandol.com
En décembre (entrée 5 € (sous forme de verre de dégustation)).

Pour ces festivités traditionnelles, le public, muni du verre gravé du millésime, rencontre les vignerons (déguisés !), découvre et goûte le vin nouveau. Démonstrations culinaires, initiations, dégustations à l'œnothèque et concours des longues gardes, complètent le programme de la journée. La fête a lieu en général le premier week-end de décembre. L'excellente réputation des vins de Bandol attirent la curiosité des novices et les palais plus confirmés.

FÊTE DE LA FIGUE - SOLLIÈS-PONT

SOLLIÈS-PONT
✆ 04 94 28 92 35
www.fetedelafigue.fr
En août. Dîner d'ouverture le vendredi autour de 35 € (sur réservation).

Un repas confectionné à base de figues par des restaurateurs et pâtissiers de la région – le vendredi soir –, un marché avec les producteurs et les artisans, un concours et des démonstrations culinaires, des dégustations, des expositions, des conseils techniques de taille et de traitement sur le figuier et son fruit par des professionnels, ainsi que des animations diverses pour ponctuer ces deux jours de fête autour de la violette de Solliès, à la fin du mois d'août.

LES SUDS À ARLES

ARLES
✆ 04 90 96 06 27
www.suds-arles.com
Du 10 au 16 juillet 2023.

Durant une semaine, la ville d'Arles devient un véritable creuset de talents. Depuis 1996, le festival les Suds accueille les grandes voix et sonorités du monde pour une rencontre dont la notoriété s'étend désormais bien au-delà de nos frontières. Au cours de ces sept jours et six nuits, places, monuments, esplanades se transforment, pour quelques heures, en scène de spectacle. Ce sont en tout une soixantaine de concerts et de rencontres musicales, mais aussi des stages et des master classes de chant, danse et musique qui font vibrer la ville.

CHALETS DE NOËL - MARCHÉ DES TREIZE DESSERTS

Cours Mirabeau et Allées Provençales
AIX-EN-PROVENCE
En décembre.

Tous les ans en décembre, la Chambre d'Agriculture des Bouches-du-Rhône organise le marché des 13 desserts, sur la place François Villon. Une manifestation qui réunit entre trente et quarante exposants, tous spécialisés dans les métiers de bouche, qui présentent leurs produits de traditions. Vous y trouverez de quoi garnir votre table de Noël, mais aussi d'innombrables idées de cadeaux. Tout le mois, tout au long du cours Mirabeau se déploie également le très beau marché de Noël.

RENCONTRES INTERNATIONALES DE LA PHOTOGRAPHIE

10, rond-point des Arènes
ARLES
✆ 04 90 96 76 06
www.rencontres-arles.com
Expositions du 3 juillet au 24 septembre.

A travers plus de 60 expositions installées dans divers lieux patrimoniaux exceptionnels de la ville (parfois accessibles uniquement à cette occasion), les Rencontres d'Arles contribuent chaque été depuis 1970 à transmettre le patrimoine photographique mondial et se veulent le creuset de la création contemporaine. Ce sont aussi des projections au Théâtre antique, des conférences et des débats avec les artistes et la possibilité de pratiquer la photographie dans le cadre de stages.

FESTIVAL D'AVIGNON (IN)

20, rue Portail-Boquier
AVIGNON
✆ 04 90 27 66 50
www.festival-avignon.com
En juillet. Cour d'honneur du Palais des papes : places numérotées.

Depuis 1947, Avignon s'anime au mois de juillet au rythme des Trois Coups ! Trois coups de bâtons frappés sur les sols des planches qui brûlent sous le talent des comédiens et pour le grand plaisir du public. Trois coups frappés pour annoncer chacune des nombreuses pièces de théâtre. Ce festival, à la renommée mondiale, est l'occasion unique pour les acteurs d'investir la scène de la cour d'honneur du palais ainsi que d'autres lieux patrimoniaux aussi riches en histoire. C'est aussi l'occasion pour le public de se laisser envoûter par la magie des lieux.

FESTIVAL INTERNATIONAL D'ART LYRIQUE

Place des Martyrs-de-la-Résistance
AIX-EN-PROVENCE
✆ 08 20 92 29 23
www.festival-aix.com
Juillet ; abonnement en ligne.

Le Festival international d'art lyrique se déroule chaque été à Aix-en-Provence depuis 1948. C'est l'un des grands rendez-vous lyriques européens de la scène internationale. Historiquement dédié à Mozart - Così fan tutte fut le premier opéra joué au théâtre de l'Archevêché - la programmation s'élargit depuis du baroque au plus contemporain. Pierre Audi, son directeur, redouble d'ambition pour chaque édition avec des oeuvres inédites et contemporaines.

FESTIVAL INTERNATIONAL DE PIANO

Parc du Château de Florans
LA ROQUE-D'ANTHÉRON ✆ 04 42 50 51 15
www.festival-piano.com
Dernière semaine de juillet et trois premières semaines d'août. Navette depuis Aix.

Ce festival internationalement connu rassemble les mélomanes exigeants et passionnés sous les platanes centenaires du Parc du château de Florans à la Roque d'Anthéron mais aussi sur une douzaine de scènes réparties aux alentours, à l'Abbaye de Silvacane, dans les carrières de Rognes, au temple de Lourmarin, à Aix et jusqu'à Gordes. C'est l'occasion de venir écouter les plus grands virtuoses du moment tout comme de jeunes talents prometteurs notamment lors des Master Classes.

LES MUSICALES DANS LES VIGNES DE PROVENCE

2900, chemin du Pommier
LE PUY-SAINTE-RÉPARADE
✆ 04 42 54 09 43
www.musicenvignes.fr
De juin à mi-sept.

C'est le plus long et le plus éclectique des festivals en Provence, du jazz à la musique classique en passant par la musique du monde. Le mariage de la musique et du vin dans 40 domaines prestigieux du Var, des Bouches du Rhône et du Luberon, confortablement installé dans des transats pour vivre chaque concert en nocturne.

GRAND PRIX DE FORMULE 1®

Circuit Paul Ricard
LE CASTELLET
www.gpfrance.com
En juin (sur 3 jours). Billets d'entrée entre 269 € et 375 € pour trois jours. Pass à la journée entre 299 € et 349 €.

Quel événement ! Le retour tant attendu de la Formule 1 sur le territoire français en 2018 après 10 ans d'absence a été une immense bonne nouvelle. Alors pour les provençaux qui ont la chance de le recevoir sur le territoire varois, c'est d'autant plus incroyable. Rendez-vous au mois de juin au circuit du Castellet, autour du mythique tracé de 5,8 km.Trois jours durant lesquels le petit village du Var et son circuit vibrent et vivent F1. Les meilleurs coureurs sont là bien évidemment. Le public aussi, chaque année, des passionnés qui mettent une ambiance unique.

MARCHÉ AUX TRUFFES

Place Frédéric-Mistral
AUPS
De novembre à mars, le jeudi. Informations à la Maison de la Truffe.

Ce 3e marché de France de par son importance, se déroule sur la place Frédéric Mistral et au foyer Romano, tous les jeudis matins du dernier jeudi de novembre à fin mars si la production le permet. Il est ouvert aux grossistes et aux particuliers, le cours est fixé par les courtiers en fonction de la qualité et de l'importance des truffes présentées. Choisissez plutôt janvier ou février pour l'achat, c'est à cette époque qu'elles sont les meilleures ! Le marché aux truffes blanches (truffe d'été) a lieu quant à lui tous les mercredis matin de mi-juin à fin août.

MARSEILLE JAZZ DES CINQ CONTINENTS

Boulevard Jardin Zoologique - **MARSEILLE** (4e)
✆ 04 91 48 05 63
www.marseillejazz.com
En juillet. Billetterie en ligne, tarifs en fonction des lieux et artistes.

C'est désormais une référence dans le milieu du jazz et ce depuis plus de 20 ans ! Sur la scène du plateau du parc Longchamp, des artistes internationaux reconnus, des pointures jazz et même quelques stars de styles musicaux plus éloignés se réunissent pour le plus grand bonheur d'un public enthousiaste ! Toute l'année, des concerts sont aussi organisés dans différents lieux. Festival écoresponsable signataire de la Charte d'Engagement de la REGION SUD « Sud Zéro déchet plastique ».

petit futé
Alexa, lance Petit Futé !
Des idées week-end et vacances
pour partir en France et dans le monde !
petit futé
Essayez, «Alexa, je veux partir en juillet ?»
avec les podcasts tourisme
SUD RADIO
Amazon, Alexa, Echo, et toutes marques associées sont des marques d'Amazon.com, Inc. ou de ses sociétés affiliées.
© PATRYK KOSMIDER - STOCK.ADOBE.COM

ALPES-DE-HAUTE-PROVENCE

Les Alpes-de-Haute-Provence, c'est l'image même que l'on se fait de la Provence ! Ce magnifique département, l'un des plus vastes de France, saura vous séduire par ses beautés naturelles, oscillant entre plateaux et vallées, Préalpes, et Grandes Alpes. Vous y entendrez peut-être la voix de Giono, chantre fou de ces montagnes, et vous y sentirez sûrement l'odeur du thym ou de la lavande. Les paysages de moyenne montagne sont magnifiques et tout à fait appropriés à la randonnée, mais il faudra être entraîné. Les hauts sommets vous inviteront, quant à eux, aux sports d'hiver. À moins que vous ne choisissiez plutôt de découvrir ses nombreux villages provençaux remplis du charme d'antan, en parcourant la route des saveurs et des senteurs : une manière originale de visiter la région en stimulant votre odorat autant que votre palais… Et pour finir de stimuler votre vision, ne manquez pas l'Unesco Geoparc de Haute-Provence !

Autoroute
Nationale
Départementale
Ville
Forêt domaniale
Alpes de Haute-Provence
HAUTES-ALPES
VAUCLUSE
BOUCHES-DU-RHÔNE
Durance
LE CAIRE
la Motte-du-Caire
LA MOTTE-DU-CAIRE
BAYON
Tur
D951
Vers Grenoble
Vers Gap
A51
D4075
Entrepierres
SISTERON
Noyers-sur-Jabron
D946
D4
Salignac
D4085
THOAR
Montagne de Lure
Aubignosc
VOLONNE
Champter
CHÂTEAU-ARNO
Revest-du-Bion
MALLEFOUGASSE- AUGÈS
St-Auban
CRUIS
D951
Montfort
Bléone
N85
D950
BANON
ST-ETIENNE-LES-ORGUES
PEYRUIS
D4096
les Mées
LE CHAFF
SAINT-JUR
Sigonce
LES MÉES
SIMIANE-LA-ROTONDE
D51
FORCALQUIER
LURS
D4
Puimichel
Revest des Brousses
D4100
NIOZELLES
La Brillanne
Vachères
MANE
Bras-d'Asse
ORAISON
ST-MICHEL-L'OBSERVATOIRE
VILLENEUVE
D8
ST-MAIME
REILLANNE
Encrème
D4100
Asse
DAUPHIN
Volx
PUIMOISSON
Saint-Martin-les-Eaux
MANOSQUE
A51
Durance
VALENSOLE
Vers Avignon
CÉRESTE
Roumoules
Montfuron
RIEZ
PIERREVERT
D6
Montagnac-Montpeza
Ste-Tulle
ALLEMAGNE-EN-PROVENCE
LA CROIX-DE-VERDO
GRÉOUX-LES-BAINS
Corbières
ESPARRON-DE-VERDON
Saint-Laur du Verdo
Lac d'Esparron
Vers Aix-en-Provence
Vers Toulon
QUINSON

HAUTES-ALPES
ITALIE
Vers VARS
Lac de Serre-Ponçon
ST-PAUL-SUR-UBAYE
Meyronnes
Parpaillon
D900
Larche
U bayette
Vers l'Italie
LA BRÉOLE
LA CONDAMINE-CHÂTELARD
sses
SAINT-VINCENT-LES-FORTS
MEOLANS-REVEL
JAUSIERS
LE LAUZET – UBAYE
FAUCON-DE-BARCELONNETTE
D900
D900
ST-PONS
MONTCLAR
BARCELONNETTE
D109
LONNET
PRA-LOUP
Le Sauze
ENCHASTRAYES
SEYNE
SUPER-SAUZE
D900
la Foux-d'Allos
Parc National du Mercantour
D908
LE VERNET
Lac d'Allois
VAL D'ALLOS
PRADS HAUTE BLÉONE
COLMARS
ALPES-MARITIMES
LA JAVIE
D908
BEAUVEZER
Bléone
Le Brusquet
Villars-Colmars
Verdon
D900
Thorame-Haute
DIGNE-LES-BAINS
Issole
Méailles
N85
ZEL
ST-ANDRÉ-SUR-ALPES
ANNOT
D4202
Vers Nice
N202
BARRÊME
ENTREVAUX
N202
D4085
N202
Lac de Castillon
Saint-Jurs
Lac de Chaudanne
Blieux
STIERS-E-MARIE
CASTELLANE
La Garde
Parc Régional du Verdon
Verdon
Vers LA MARTRE
de Croix
ROUGON
D952
D952
LA PALUD-SUR-VERDON
Vers Cannes
Verdon
Grand Canyon du Verdon
Corniche Sublime
20 KM
VAR

PAGES

DIGNE-LES-BAINS ★★★

Elle sent bon la lavande, cette ville, située en bordure des Préalpes de Digne. Réputée pour la culture de la lavande dans les environs proches de la ville, on la célèbre le premier week-end d'août lors du Corso de la lavande, une fête à ne pas manquer. Un musée retrace l'histoire de ce symbole de la région : la lavande en pays Dignois de 1900 à nos jours.
Située à 600 m d'altitude, elle est aussi au cœur de la plus grande réserve géologique d'Europe, l'Unesco Géoparc de Haute-Provence, qui vous permettra d'admirer un fossile d'ichtyosaure et la surprenante dalle aux ammonites. Avec une population d'environ 17 000 habitants, cette ville touristique et thermale dispose de plus de 300 km de sentiers de randonnée pédestre ou VTT balisés, d'une via ferrata sur la commune, d'un plan d'eau et d'un complexe aquatique. Dès l'Antiquité, ses sources d'eaux chaudes attirèrent les Romains. Plus tard le christianisme s'y implanta, à l'emplacement de l'actuelle cathédrale Notre-Dame-du-Bourg sous laquelle se trouve aujourd'hui la crypte archéologique (900 m²). Le Musée Gassendi, le Musée-Promenade, la Maison de l'écrivaine Alexandra David-Néel, sont également des lieux de visite incontournables. Sans oublier les refuges d'art d'Andy Goldsworthy qui allient, au cours d'une balade, art contemporain et patrimoine rural sur l'Unesco Géoparc, les Clues de Barles et leurs paysages grandioses ou encore le charmant petit train des Pignes qui permet de rejoindre Nice tous les jours avec sa voie étroite et son franchissement de cols escarpés.

Faune et Flore

L'Unesco Géoparc de Haute-Provence est le premier Géoparc créé par l'Unesco en 2000. Ces sites géologiques naturels qui se répartissent sur 60 communes du département des Alpes-de-Haute-Provence ont servi de modèle au développement de nombreux autres Géoparcs dans le monde. Pour le parcourir dans sa globalité, prévoyez un temps suffisant, car il s'étend sur près de 1 989 km² et plus de 80 zones de terrains variés et parfois plus ou moins facilement accessibles et 130 sites aménagés ouverts au public à partir de 5 routes thématiques qui, elles, sont bien accessibles.
C'est ainsi qu'il s'étend des rives du lac de Sainte-Croix sur le Verdon près de Moustiers-Sainte-Marie jusqu'aux sommets enneigés de Dormillouse au-dessus de Seyne-les-Alpes. Il est composé d'une diversité unique de paysages où se côtoient souvent caractères alpins et provençaux. Pour le découvrir dans son ensemble (l'usage de la voiture est indispensable jusqu'aux nombreux sites aménagés) un départ est possible depuis le musée-promenade qui est aussi le siège du Géoparc, ou bien à partir de Sisteron. Le premier lieu qui domine la ville de Digne du haut de son petit piton de tuf calcaire permet une plongée didactique progressive dans la mémoire de la formation des Alpes du Sud. Prenez ensuite la direction des Clues de Barles qui offrent au regard émerveillé les strates impressionnantes du plissement alpin, des gorges étroites, parcourues par un torrent bouillonnant (avec cuvettes naturelles permettant la baignade en été), mais aussi dalle aux ammonites (énormes et protégées du vandalisme de certains visiteurs), squelette d'ichtyosaure ou empreintes fossiles de petits pas d'oiseaux (attention, prélèvements de fossiles interdits)… En hiver, d'impressionnantes stalactites ! Vous en prendrez plein les yeux ! Mais il ne s'agit là que d'une toute petite partie du parc, la plus facilement accessible pour les personnes ne disposant que peu de temps.
Pour les géologues passionnés, amateurs ou expérimentés, la visite devra se poursuivre par le parcours des 5 routes. Cela les obligera obligatoirement à un séjour prolongé sur cet immense Géoparc. Les routes à thèmes sont : la route d'histoires, de mots et de pierres ; la route des empreintes d'art dans la mémoire de la terre ; la route des galets, des saveurs et des lavandes, ; la route des montagnes et des hommes ; la route du temps.
Une carte interactive située sur le site officiel du Géoparc, permet d'avoir un bref descriptif de chacune ainsi que des sites aménagés à découvrir.

Tourisme

La route des Saveurs et des Senteurs, créée en 2011, fédère aujourd'hui seize établissements (déclinés sur son site Internet) qui se situent en haute Provence sur les communes de Peyruis, Mane, Forcalquier, Banon, Oraison, Manosque, Villeneuve et Valensole. Serpentant entre plateau de Valensole, Durance, haut Luberon et montagne de Lure, elle est riche de paysages remarquables et de savoir-faire séculaires des hommes. Possédant une grande variété d'arbres, de fruits et de fleurs emblématiques de la région telles la lavande, l'olive, la figue, l'amande et bien d'autres, ce territoire magique et féerique est à parcourir. Bonne route !

CATHÉDRALE SAINT-JERÔME

15, rue Tour des Pirsons
✆ 04 92 32 06 48
Ouverte du 1 juillet au 30 septembre de 13h15 à 18h tous les jours (sous réserve).

Alors que les habitants de Digne abandonnent peu à peu la cathédrale Notre-Dame-du-Bourg, trop excentrée et vulnérable à l'heure des guerres de religions, l'évêque Antoine de Guiramand fit bâtir en 1490 cette église sur la colline du Rochas, entre son château et la Tour de l'Horloge qui se dressait alors ici seule depuis 1412. Agrandie et embellie à partir du XVIe siècle, elle fut érigée en co-cathédrale en 1962 et classée monument historique. Aujourd'hui, on accède à son large parvis et à sa belle vue par un escalier majestueux à partir de la rue Saint-Jérôme.

AU JARDIN DE FLORE

754, chemin de la Combe du Noyer - **LE BRUSQUET**
✆ 06 07 09 03 19 - www.aujardindeflore.net
Ouvert d'avril à octobre. Stage découverte, ateliers - forfait journée et demi-journée. Tarifs complets en ligne.

Autour d'ateliers sur les plantes médicinales, Françoise vous promet de riches moments de découvertes dans le pays dignois, depuis plus de dix ans. Diplômée DUMENAT en phytothérapie et aromathérapie, après de merveilleuses balades dans la réserve naturelle géologique de Haute Provence, Françoise vous apprendra à préparer des macérations, à identifier et à cueillir plantes et fleurs… Pour le stage sur deux ou trois jours, vous préparerez le repas du soir à base de plantes sauvages et du jardin. Ne manquez pas de prendre connaissance de l'agenda des sorties !

LE CENTRE ANCIEN

Certaines rues sont piétonnes, d'autres comportent des escaliers.

Une balade dans la vieille ville se fait d'une petite rue à l'autre, tantôt en descendant ou en remontant dans les quartiers anciens, avec leurs nombreux petits commerces et où les noms de rues font sourire : la rue du Trou-du-Four, le quartier Pied de Ville ou la rue de Pied Cocu. Une plaque apposée rue de l'Hubac rappelle comment Monseigneur de Miollis a inspiré Victor Hugo dans *Les Misérables* ; une autre située rue du Jeu-de-Paume relate l'arrêt de Napoléon à Digne durant quelques heures le 4 mars 1815 de retour d'exil. Un véritable voyage dans le temps !

JARDIN DES PAPILLONS

10, montée Bernard-Dellacasagrande
✆ 04 92 36 70 70
www.geoparchauteprovence.com
Haute saison tous les jours de 9h à 19h. Sur demande à partir de septembre. Adulte : 8 €. Enfant de 7 à 14 ans : 5 €.

Ce passionnant Jardin des papillons est d'une richesse unique en France. Il permet de découvrir sur 1 hectare, 139 variétés de papillons indigènes qui s'y sont réfugiées de façon naturelle grâce aux jardiniers qui ont tout simplement cultivé ici leurs plantes préférées, donnant un lieu magique pour les observer en toute liberté. Pendant la période de vie des papillons (entre le 15 avril et le 15 septembre), le musée organise des visites guidées. Leur observation est facilitée par la création de massifs de plantes autour desquels les visiteurs circulent librement.

DALLE AUX AMMONITES

Réserve Géologique de Haute-Provence
Ouvert toute l'année. Gratuit. Venir de préférence le matin pour profiter de la dalle ensoleillée.

Après avoir visité le musée-promenade, faites un kilomètre en direction des clues de Barles. Vous pourrez apercevoir cette dalle de 320 m² de plus de 1 550 fossiles d'ammonites. Les plus grosses font 70 cm de diamètre, preuve que la mer couvrait la région de Digne il y a environ 200 millions d'années. Le site rénové en 2019 offre de nombreux panneaux explicatifs pour se plonger dans l'histoire. Plus loin sur la route, vous découvrirez le squelette de l'ichtyosaure de la Robine, des empreintes de pas d'oiseaux âgées de plus de 20 millions d'années. Exceptionnel !

LAC DE PÊCHE DE GAUBERT

Route du Chaffaut
✆ 06 80 89 52 60
Carte de stage d'initiation : 6 €. Carte de pêche journalière : 16,50 €. Carte annuelle personne majeure : 80€.

Le lac piscicole de Gaubert est accessible toute l'année. Pratiquez la pêche au coup, à l'anglaise ou à l'américaine. Au cœur de la nature et à quelques kilomètres du centre ville, ce lac est accessible aux personnes à mobilité réduite. Pour les enfants de 7 à 16 ans, l'AAPPMA la Bléone organise des Ateliers Pêche Nature d'initiation gratuite pendant les vacances de Pâques, à la Toussaint, et en juillet et août, les après-midi. Le matériel est fourni. C'est un endroit agréable où se promener avec les enfants qui apprécieront la présence de canards sauvages.

MAISON ALEXANDRA DAVID-NEEL

27, avenue du Maréchal-Juin
✆ 04 92 31 32 38
www.alexandra-david-neel.fr
Basse saison : de 14h à 17h. Haute saison : tous les jours de 10h à 18h. Visite complète 8 €.

Voici une visite passionnante ! Alexandra David-Neel fut la première femme européenne à pénétrer dans la cité interdite de Lhassa au Tibet en 1924. Anarchiste, féministe et journaliste, née à Paris en 1868, elle a marqué le monde très masculin de l'aventure et de l'exploration. Elle s'installe à Digne en 1928 en sa maison Samten Dzong ou « résidence de la réflexion » où elle rédige ses ouvrages dans sa pièce tibétaine. Une villa-musée est d'une richesse incroyable !

MUSÉE DE LA LAVANDE

32, boulevard Gassendi
✆ 04 92 31 14 90
www.nicolosi-creations.fr
Musée ouvert toute l'année : en été (juillet, août) de 10h à 18h, 7j/7. Adulte : 5,50 €.

Digne-les-Bains fête sa lavande fine au travers de trois manifestations : le corso de la lavande début août, la foire de la lavande fin août et depuis 2015 l'ouverture d'un musée qui lui est consacré. Ou plus exactement, le musée son et lumière de la lavande, en hommage à la petite fleur bleue, emblème du territoire et de la région. Ce très beau musée est situé en plein centre-ville, et on y accède à partir de la boutique en rez-de-chaussée « Les Lavandières en Provence », dont il occupe le premier étage du bâtiment. Il a été créé à l'initiative de Philippe Nicolosi, le fondateur de Nicolosi Créations. Cette entreprise est spécialisée dans la production artisanale de produits olfactifs comme les diffuseurs de parfum, savons, eaux de toilette, bougies, encens, cosmétiques… tous à base de lavande. C'est pour cela qu'ici, musée et boutique cohabitent ensemble.

Le musée propose des spectacles sons et lumières relatant l'histoire du travail de la lavande dans les alentours de Digne-les-Bains, des années 1900 à nos jours, avec projection d'un joli film. Également très prisées, des démonstrations gratuites de distillation de lavandin en juillet-août, dans un cour intérieure ombragée, grâce à un ancien alambic des années 1900. Ludique et très instructif pour les petits comme pour les grands, car les séances qui durent environ 1/2 heure sont commentées par les distillateurs. 2 séances sont organisées tous les jours de 11h à 11h30 et de 16h à 16h30 (sauf le dimanche) en juillet et août. Exceptionnel et à ne pas manquer !

MUSÉE GASSENDI

64, boulevard Gassendi
✆ 04 92 31 45 29
www.musee-gassendi.org
Ouvert toute l'année, tous les jours sauf le mardi. Adulte : 8 € (réduit 4 €). Visite commentée 2 € supplémentaires.

Situé au cœur de la ville dans un ancien hospice du XVIe siècle, ce musée rénové en 2003 se présente comme un cabinet de curiosités. D'une remarquable diversité, il propose cinq siècles d'art, d'histoire et de sciences, et possède des collections naturalistes et artistiques très riches. Il laisse aussi la part belle aux artistes contemporains venus d'ici et d'ailleurs et qui souvent s'inspirent de l'environnement local pour créer des ponts *in situ*. Le musée est organisé en quatre grands espaces : le XIXe siècle, le fonds d'art ancien, les salles de sciences et l'art contemporain. La salle des paysages, particulièrement intéressante, propose des peintures provençales du XIXe siècle et une paroi de terre construite par le maître du *land art*, l'artiste anglais Andy Goldsworthy. Le musée propose son application numérique Gassendi Curiosity qui vous permet de choisir un parcours découverte parmi une quinzaine aux noms alléchants : « La tête dans les étoiles » ou « Contes et légendes animales », et de déambuler ensuite de façon personnalisée dans le musée, de créer votre propre collection et de partager vos coups de cœur et commentaires sur les réseaux sociaux en anglais et/ou français. Ultime particularité de ce musée pas comme les autres : il sort de ses murs en collaboration avec le CAIRN, le Centre d'art informel de recherche sur la nature, étendu sur plus de 200 000 hectares. Vous pourrez ainsi admirer des œuvres d'art permanentes installées en pleine nature. L'occasion de réconcilier art et ruralité, ou aussi art et nature.

NOTRE-DAME DU BOURG

Route de la Javie
✆ 04 92 61 09 73
Visites assurées par des bénévoles de l'association paroissiale de Digne-les-Bains.

C'est en 1180 que l'on retrouve pour la première fois la cathédrale Notre-Dame-du-Bourg mentionnée dans des écrits. À la fin du XVIe siècle, Notre-Dame-du-Bourg, moins facile à protéger, est abandonnée par la population et subit des pillages. Aujourd'hui dans ses sous-sols, la Crypte archéologique révèle des traces de construction sur deux millénaires. Cette cathédrale, considérée comme l'une des plus belles églises romanes de Provence, abrite également tout un ensemble liturgique réalisé par l'artiste contemporain David Rabinowitch.

ALPES-DE-HAUTE-PROVENCE

MUSÉE PROMENADE GÉOPARC

10, montée Bernard-Dellacasagrande
✆ 04 92 36 70 70
www.geoparchauteprovence.com

Ouvert d'avril à fin novembre 7j/7 de 9h à 12h et de 14h à 17h30. 9h-19h l'été. Adulte : 8 € - enfant 5€- réduit 6€.

Le musée promenade de l'UNESCO Géoparc de Haute-Provence, situé dans le parc Saint-Benoît, abrite de multiples trésors archéologiques, naturels et culturels. La Maison des Remparts qui l'héberge dévoile d'abord les 300 derniers millions d'années d'histoire de notre région à travers diverses riches expositions de fossiles, un moulage complet d'un squelette d'ichtyosaure, une collection unique d'ammonites déroulées qui vivaient dans les mers de cette région à l'époque du Crétacé. À proximité de 12 aquariums marins des fossiles d'animaux marins correspondants dont les nautiles descendant plus récent des ammonites. Puis, une exposition sur les serpents de la région vous révèle le monde secret de ces petits reptiles actuels. Le territoire du Géoparc en est particulièrement riche... Ce musée ne doit pas vous faire oublier le parc lui-même avec ses sentiers aménagés, ses jardins (celui des papillons et celui de Kameshi) et les œuvres d'art disséminées d'artistes contemporains. Son parcours est une source ininterrompue de magnifiques découvertes naturelles, de sources, de cascades rafraîchissantes (dont celle de tuf) et de lieux de repos ou de méditation.

Le jeune public n'est pas non plus laissé pour compte avec les nombreuses animations organisées : des fouilles à remonter le temps, une chasse au trésor à la poursuite des ammonites ou aussi la découverte des serpents sympas d'ici. Un musée passionnant pour toute la famille !

Profitez des aires de pique-nique ombragées et de plusieurs boutiques (librairie, souvenirs, boissons...)

LE SENTIER DE SAINT-PANCRACE

✆ 04 92 36 62 62
www.dignelesbains-tourisme.com

Au centre de Digne, prendre la direction des thermes et faire environ 2 km. Longer les thermes jusqu'au parking.

La chapelle Saint-Pancrace fut à l'origine un sanctuaire païen du IXe siècle. Outre ses paysages sublimes et l'attrait de sa chapelle, le sentier de Saint-Pancrace offre une vue vertigineuse sur Digne. On peut aussi admirer au loin le pic du Couard culminant à 1 998 m d'altitude avec la barre des Dourbes s'étirant sur sa droite. À signaler : le Refuge d'Art, réalisé par Andy Goldsworthy, une œuvre d'art « à parcourir » le long du sentier. Randonnée facile de 6km. Comptez 2h30.

AGENCE DE DÉVELOPPEMENT TOURISTIQUE DES ALPES HAUTE-PROVENCE

www.tourisme-alpes-haute-provence.com

Le département des Alpes de Haute-Provence est un terrain de jeu idéal pour la pratique du cyclotourisme et de la randonnée cyclosportive. De nombreux circuits cyclistes sillonnent le territoire : du pays de Forcalquier, en passant par les gorges du Verdon ou les sommets des Alpes. Sur le site de l'Agence de Développement Touristique, vous y trouverez nombreuses informations touristiques et services proposés qui sont destinés à vous aider dans la préparation de votre séjour.

EXCURSIONS EN TAXI LAVANDE OU GÉOPARC

Place du Tampinet ✆ 04 92 36 62 62

Taxis Lavande en juin et juillet. Taxis Géoparc disponible toute l'année. 4 personnes maxi par véhicule. De 45 à 150 €.

Profitez des nombreux taxis partenaires pour découvrir Digne et ses alentours. « Viens je t'emmène » au bord d'une 2CV, c'est possible aussi ! Carole se fera un plaisir de vous conduire sur les routes.

Itinéraires « Taxi Lavande » sont deux circuits dédiés à la Lavande pour 1h15 ou 2h30 de paysages violets à perte de vue.

Taxi Géoparc avec ses deux itinéraires. Le premier vers La dalle aux ammonites et le Musée Promenade et le second pour un aperçu du Géoparc, un paysage à couper le souffle.

LE TRAIN DES PIGNES - CHEMIN DE FER DE PROVENCE

Gare de Digne-les-Bains ✆ 04 92 31 01 58
www.trainprovence.com

Ouvert toute l'année. Direction Nice, départ à 7h10, 10h52, 14h32, 17h35. Tarifs en fonction des trajets.

Voilà une manière très originale de relier les 151 km de Nice à Digne-les-Bains (ou l'inverse) que d'emprunter le fameux Train des Pignes ! Avec un point culminant à 1022 m, la ligne de chemin de fer passe de la montagne à la mer en 3h30. 17 arrêts sont possibles, d'autres haltes sont signalées en bord de voie, au départ de randonnée ou à la découverte de villages. Et pour une expérience inoubliable, embarquez pour le Train des Pignes à Vapeur au rythme des voyages d'autrefois.

CAMPING DU BOURG €

20, avenue du Souvenir Français
✆ 04 92 31 04 87
www.campingdigne.com
Ouvert du 30 mars au 31 octobre. Aire camping-cars. Emplacement + véhicule + 2 personnes (avec 10 A) de 15 à 25,50 €.

Ce camping est niché en pleine nature, au bord d'un ruisseau, non loin du centre-ville, de ses commerces. L'ambiance y est chaleureuse et familiale. Emplacements pour camping-car, caravane, tente, dans une ambiance paisible et agréable. Nombreux espaces ombragés. Accès piscine chauffée en mi-saison, mais aussi dans un périmètre restreint : terrains de boules, de tennis, ping-pong, volley. Pour les amateurs de VTT, le Camping du Bourg est tout proche du site réputé des Terres Noires ainsi que de L'EVO bike park. Proche de chemins de randonnée.

HÔTEL DE PROVENCE** €

17, boulevard Thiers ✆ 04 92 31 32 19
www.hotel-alpes-provence.com
Ouvert toute l'année. 18 chambres. Chambre simple à partir de 54 € ; chambre double de 70 à 78 €. Petit déjeuner 9,5€

Bien situé dans le centre-ville, dans une partie d'un ancien couvent du XVIIe siècle, des chambres simples, doubles, twin, triples ou familiales vous sont proposées. Rénovées il y a peu, l'accent a été mis sur l'insonorisation et une décoration provençale unique pour chacune d'entre elles. La quasi-totalité des chambres doubles possède un lit en 160 cm. La décoration partout ailleurs dans l'hôtel est authentique : tomettes de terre cuite, escalier en noyer, meubles provençaux anciens... La terrasse avec ses platanes est un lieu de détente agréable. WIFI gratuit.

CAMPING LES EAUX CHAUDES*** €€

Route des Thermes ✆ 04 92 32 31 04
www.campingleseauxchaudes.com
Ouvert du 1er avril au 31 octobre. Emplacement + véhicule + 2 personnes de 18,00€ à 25,00€. Cottage de 71 à 124 €.

Tenu par la même famille depuis plus de 25 ans, il bénéficie d'un cadre agréable et tranquille en bordure de la petite rivière, qui vous offrira calme avec une belle vue sur les différents sommets environnants. Il vous offre 140 emplacements entre tentes, chalets et mobil homes. Les activités de plein air, sur place ou dans les proches environs (randos, VTT, pêche, golf, plan d'eau…), y sont nombreuses. En 2021, le camping s'est doté d'une piscine chauffée et bientôt un restaurant.

GÎTE LE CHÂTEAU €€

760, rue principale - **LA ROBINE-SUR-GALABRE**
✆ 06 61 72 23 65
www.chateaudelarobine.com
Ouvert toute l'année. Selon le choix du gîte et la saison, de 430 € à 1069€ la semaine, ou de 69€ à 190€ la nuitée.

Situés à quelques minutes seulement de Digne, dans le petit village de La Robine, les Gîtes du Château ne manquent pas d'attrait. L'ancienne bergerie du Château, abrite deux gîtes bien équipés pour 2 et 5 personnes. Le château abrite 4 gîtes de 2 à 10 personnes plus un pigeonnier restauré avec charme dans la cour. Tous sont décorés dans un style authentique des anciennes constructions du pays. Ils sont particulièrement adaptés aux séjours familiaux ou aux petits groupes jusqu'à 34 personnes. Privatisation possible. Table d'hôte sur réservation.

HÔTEL VILLA GAIA*** €€

24, route de Nice
✆ 04 92 31 21 60
www.hotel-villagaia-digne.com
Ouvert de mi-avril à mi-octobre. 10 chambres. Chambre simple de 65 à 120 €. Demi-pension à partir de 165 € pour 2.

Cachée au milieu d'un parc ombragé de 3 ha, cette maison bourgeoise construite en 1730 et rénovée au début du XXe siècle recèle de bonnes surprises. Les chambres sont claires et spacieuses. La Villa Gaia possède un espace relaxation et bien-être : bain à vapeur au feu de bois, salle de balnéothérapie, bar nature et solarium abrité. Anne-Françoise et Georges-Eric, vos hôtes, assurent aussi un petit déjeuner et un dîner maison, réservés aux clients de l'hôtel. L'établissement propose enfin des séjours à thèmes et des ateliers (cuisine, peinture...).

LES LAUZES DU VILLARD €€

1664, rue principale - **LA ROBINE-SUR-GALABRE**
✆ 04 92 31 52 82
Ouvert toute l'année. Chambre double à partir de 82 €. Petit déjeuner inclus. Formule gîte à partir de 440 € la semaine.

Les Lauzes du Villard proposent deux structures d'accueil de qualité labellisées Gîte de France 3 épis et 3 étoiles : une chambre d'hôte pour 2 personnes, complètement indépendante et équipée d'une petite cuisine, et un gîte pourvu de 2 chambres et pouvant accueillir jusqu'à 4 personnes. Terrasse et barbecue sont mis à la disposition des hôtes. L'accueil de Christine et Jacky est convivial et il vous feront partager leurs connaissances du terroir. Ils vous feront goûter leurs recettes et Jacky pourra vous guider lors de vos excursions dans la nature environnante.

HÔTEL LE GRAND PARIS €€€

19, boulevard Thiers
✆ 04 92 31 11 15
www.hotel-grand-paris.com
Ouvert du 1er avril à fin novembre. 20 chambres. Chambre simple de 85 à 165 € ; double de 95 à 190 €. Demi-pension.

Dans cet ancien couvent des Frères de la Trinité datant du XVIIe siècle, la famille Ricaud vous accueille dans des chambres et des appartements d'excellent confort, des salons particuliers pour vos repas de famille ou d'affaires ainsi qu'un sauna et une salle de sport. Il vous propose également des séjours alléchants : thermes et huiles essentielles, golf en Provence, sur les traces de l'exploratrice Alexandra David-Neel... Une cuisine provençale raffinée est servie dans la salle à manger ou sur l'agréable terrasse fleurie ombragée par des platanes centenaires.

LA CHOUETTE GOURMANDE €€

6, rue de l'élise - **CHAMPTERCIER**
✆ 06 32 65 00 69
http://lachouettegourmande.fr
Ouvert toute l'année, du mercredi au samedi le midi et le soir ; le dimanche midi. Menu à 25 €. Formule du midi : 15 €.

La Chouette Gourmande se situe au cœur du petit village perché de Champtercier à seulement 5 minutes de l'entrée sud de Digne. Le concept du restaurant voulu par Alice et Nicolas est simple : proposer un menu évolutif, avec 3 entrées, 3 plats et 3 desserts différents chaque jour où l'on pourra savourer des spécialités corses, arméniennes et traditionnelles provençales avec des produits frais, locaux et de saison. La qualité des mets, la convivialité, l'accueil et le bien-être des convives y sont privilégiés, parfait pour effectuer un vrai voyage culinaire !

LE 28 €€

28, rue de l'Hubac
✆ 04 92 35 23 38
Ouvert le mercredi et samedi de 10h30 à 14h puis de 18h30 à 23h.Jeudi et vendredi de 18h30 à 23h45. Tapas entre 3 à 5 €.

Depuis six ans Bertrand et Mireille nous régalent de tapas. Qu'elles soient salées ou sucrées, les habitués ne s'en lassent pas et c'est bien normal : elles changent régulièrement, avec plus d'une vingtaine au choix, à base de produits frais et régionaux. Les deux salles intimistes offrent une ambiance bien agréable de cave et bar à vin. Sur les murs, les artistes viennent exposer leurs œuvres. Les plus : très belle cave à vin au prix caviste et l'été, ambiance musicale deux fois par semaine sur la belle terrasse qui se déploie dans la rue. À retenir !

LOU MILE SOL €€

Rue Principale - **LE BRUSQUET** ✆ 04 92 21 35 18
www.bistrotdepays.com/lou-mile-sol
Service midi et soir juillet et août. Fermé lundi et mardi la journée le reste de l'année. Assiette Bistrot de Pays 13€.

Cette ancienne école transformée en Bistrot de Pays offre une grande terrasse avec un beau panorama sur les pics de Couard et du Cheval Blanc. C'est une cuisine régionale, goûteuse et 100 % maison. Les vins sont servis en pichet ou au verre, et Raphaël et Marie-Annel vous accueillent chaleureusement. Côté fourchette, des spécialités provençales comme l'aïoli mais aussi du foie gras ou des woks, le tout avec une cuisine faite entièrement maison viande de Sisteron, Fromage de Marcoux. L'occasion d'allier les plaisirs gustatifs et la visite des environs de Digne.

LE BLEU CERISE €

14, place du Général-de-Gaulle
✆ 04 92 32 31 24
www.restaurant-lebleucerise-digne.fr
Ouvert toute l'année. Menus du midi à 19€. Carte : 25€ environ. Terrasse. Plats à emporter.

Donnant sur la place du Général-De-Gaulle, face à la mairie, le Bleu Cerise vous accueille dans un cadre chaleureux pour déguster une cuisine raffinée, au gré des saisons, grâce à son chef Anthony Bonsignori. C'est sur une belle terrasse ombragée en été, ou dans une charmante salle voûtée en pierre le reste de l'année, que vous pourrez savourer des plats traditionnels ou végétariens, changeant au rythme du marché et réalisés à base de produits frais. Les vins sont de la région et le café gourmand à tomber pour une addition guère salée. Allez-y sans hésiter !

LA MARÉCHALERIE €€

16, cours des Ares
✆ 04 92 32 33 57
www.lamarechalerieblog.wordpress.com
Ouvert 7j/7 de 12h à 14h30 et de 19h à 22h. Menus de 18,50€ à 29 €. Terrasse. Accueil de groupes.

Pierre, le maître des lieux, sait accueillir ses convives avec chaleur et convivialité. Grâce à ses plus de trente-six ans de service, il vous contera volontiers l'histoire de la cité qu'il connaît sur le bout des doigts. Une belle salle vous accueille et l'été c'est au tour de la terrasse donnant sur la place d'être prise d'assaut. On aime cette adresse aux tables joliment dressées et pour sa cuisine variée qui change régulièrement tout comme le plat du jour qui varie au quotidien. Tous les plats sont avec garniture. Buffet libre-service le midi.

LES TROIS CHEMINS €€

7, rue de la Fontaine
BRAS-D'ASSE
✆ 09 53 06 68 53
restaurant-les-trois-chemins.eatbu.com
Fermé le mercredi. Menus de 17 € à 20 €.

Situé sur la route départementale, au cœur du village, Les Trois Chemins ont été repris en 2018 et entièrement relookés dans un esprit sobre et moderne. Marie, la maitresse des lieux, c'est la simplicité même. Son accueil va de soi, familial et convivial et sa cuisine est au diapason. Marie aime vous concocter des mets à base de produits frais autant qu'elle le peut, et de la région. Le plat du jour change au quotidien. La carte traditionnelle s'ouvre côté mer et côté terre, il y en a pour tous les goûts ! Un bon rapport qualité/prix.

LE VICTOR HUGO €€

10/12, boulevard Victor-Hugo
✆ 04 92 31 57 23
www.levictorhugo04.net
Ouvert tous les jours sauf mardi et dimanche soir et le lundi. Plat du jour : 11 €. Menu : 25€. Formule du midi : 15 €.

Le chef Jean-Luc Cuvilly a fait du Victor Hugo une adresse incontournable sur Digne. Les récompenses pleuvent et sont à la hauteur de son savoir culinaire. Dans un cadre convivial, avec terrasse l'été, Jean-Luc ne travaille que des produits de qualité rigoureusement sélectionnés par ses soins. Fraîcheur absolue garantie ! Il vous propose une cuisine semi-gastronomique aux accents méridionaux et du Sud-Ouest. Aussi grand choix de burgers et de moules sous toutes leurs facettes. Belle carte des vins. Le plus : possibilité de privatiser cette adresse gourmande.

LE GRAND PARIS €€€

19, boulevard Thiers ✆ 04 92 31 11 15
www.hotel-grand-paris.com
Ouvert d'avril à novembre. Le soir de 19h à 21h30 ; du vendredi au dimanche le midi de 12h à 14h. Menus 57€ et 78 €.

Institution à Digne-les-Bains depuis 1930, l'hôtel-restaurant du Grand Paris vous propose des hébergements tout confort. Son restaurant renommé vous accueille aux beaux jours sur sa terrasse ombragée et fleurie. La cheffe Noémie Ricaud sait régaler ses convives avec sa cuisine gastronomique, alliant saveurs méditerranéennes et provençales. Le menu Gourmand tient ses toutes promesses. Le menu Dégustation, en 5 plats, est un vrai régal. Une étape incontournable pour les papilles. Sur demande, ils organisent vos repas professionnels, séminaires et banquets.

LA BOÎTE À BISCUITS

Zone commerciale Saint-Christophe
✆ 04 92 31 93 47
www.laboiteabiscuits.fr
Boutique ouverte du lundi au samedi de 8h à 19h. Visites guidées l'été les jeudis à 15h avec dégustation : 8 € / adulte.

Voici un magasin coffee-shop unique et chaleureux dans lequel vous dégusterez des produits simples, bons et artisanaux comme des chocolats, des biscuits, confiseries et glaces... Tout est fait sur place, d'ingrédients locaux sélectionnés avec soin et amour. La créativité est le maitre mot que partage Sarah Chabert avec ses équipes. D'ailleurs, laissez-vous tenter par les petits beurres à la Lavande et à l'anis et extasiez-vous sur la fabrication maison de ces pures merveilles. Sarah propose également des ateliers/cours pour les gourmands. Une magnifique adresse !

MARCHÉ

Place du Général-de-Gaulle
✆ 04 92 30 52 00
www.dignelesbains.fr/marche
Toute l'année, tous les mercredis et samedis de 8h à 13h.

Plus beau marché de la région Sud PACA et 7e de France en 2022, le marché hebdomadaire de Digne-les-Bains se tient le mercredi matin sur la place du Général de Gaulle et le samedi matin sur le boulevard Gassendi fermé à la circulation pour l'occasion. C'est un marché très complet. On retrouve sur ses étals légumes, fromages de la région, volailles, fruits de la vallée de la Durance, produits régionaux à base de lavande ou de miel, livres, accessoires, vêtements et tissus typiques mais aussi la célèbre socca niçoise, délicieuse galette à la farine de pois chiche.

SAVEURS ET COULEURS

7, boulevard Gassendi
✆ 04 92 36 04 06
www.saveurs-couleurs.fr
Ouvert du mardi au samedi de 8h15 à 12h15 et de 14h à 19h15 + le dimanche de 9h à 12h15.

Depuis 2005, Annick et Rose-Marie proposent, dans cette ravissante épicerie fine, des spécialités culinaires exclusivement provençales en privilégiant les circuits courts pour garantir la fraîcheur, mais aussi santons, décoration locale, savons et objets parfumés sans oublier la lavande. Au menu : fruits confits, olives et tapenade, miels, nougats, chocolats et calissons, huile d'olive, apéritifs locaux... Vous pourrez aussi profiter de la cave à vin dans laquelle vous trouverez une sélection de vins locaux, spiritueux et de champagnes pour accompagner vos produits.

LES EAUX CHAUDES

1, avenue François-Cuzin ✆ 04 92 36 36 00
www.piscine-leseauxchaudes.com
Ouvert toute l'année. Tous les horaires sur le site Internet. Entrée : 5,50 €. Enfants (-16 ans) 4,50 €.

Ce complexe aquatique unique dans le département a vu défiler quelques nageurs célèbres comme Malia Metella, Alain Bernard ou encore Coralie Balmy. Il vous propose un espace complet avec des bassins sportifs ou ludiques (jacuzzi, rivière à contre-courant, canon à eau, pataugeoire, toboggan), un espace de remise en forme et de détente avec au programme cours de fitness, de danses, sauna, hammam… Sans oublier les deux salles de sport avec un plateau de cardio-musculation. Dès les premières chaleurs, les bains de soleil vous accueillent sur les plages extérieures.

GOLF DE DIGNE-LES-BAINS

57, route du Chaffaut
✆ 04 92 30 58 00
www.jouer.golf/digne-les-bains
Ouvert toute l'année. Forfait hébergement + golf : 1 nuit, de 78 à 91 €. Restauration. Boutique. Piscine l'été.

Venez jouer dans un environnement exceptionnel de lavandes et de sommets de Haute-Provence qui associent pins et chênes sur 70 ha. Le golf propose un parcours homologué de 18 trous, un parcours compact de 6 trous et des aires d'entraînement, un parcours 9 trous avec des formules découverte, stages et leçons. Vous pourrez également y passer un séjour très agréable dans l'une des 13 chambres, tout confort et de standing. Le restaurant sert des plats qui varient au fil des saisons. Une piscine d'été est également à disposition de la clientèle.

LE CHAFFAUT-SAINT-JURSON

Ce petit village typiquement provençal est situé dans la plaine de la Bléone, entre champs de lavande et de tournesols. Son lavoir couvert de tuiles romaines ou encore son église du XVIIe siècle, qui recèle un magnifique ciboire du XIIe siècle, sont à voir. Mais la « star » du village n'est autre que son château : construit au XVe siècle, on aperçoit de loin ses trois (à l'origine quatre) tours carrées de style Louis XIII. Il ne se visite pas car c'est une propriété privée mais vous pourrez admirer sa magnifique porte cloutée, d'époque. Pour y accéder, rien de plus simple : le train des Pignes de Nice à Digne a un arrêt à la gare de Saint-Jurson.

STATION THERMALE DE DIGNE-LES-BAINS

29, avenue des Thermes ✆ 04 92 32 32 92
www.thermesdignelesbains.com
Ouverture de mars à novembre. Accueil de 8h30 à 12h30 et de 14h à 19h15. Soins à l'espace Zen sur rendez-vous. Boutique.

Les Thermes de Digne-les-Bains sont dans la vallée des Eaux Chaudes au pied d'une falaise d'où jaillit la source thermale. Captées au plus profond de la roche, ses eaux thermales sulfurées, chlorurées et sodiques soulagent efficacement les douleurs rhumatismales et les affections respiratoires. Avec son ensoleillement exceptionnel de près de 300 jours par an, son air pur et son climat sec, Digne-les-Bains est particulièrement recommandée pour les affections asthmatiques, notamment chez l'enfant. En plus des cures médicales prescrites, sont proposées diverses cures préventives d'une semaine à des prix accessibles, comme la cure « prévention voies respiratoires » avec six soins thermaux, la cure « prévention rhumatologie » avec quatre soins thermaux et la cure « Sérénité » pour libérer les tensions avec trois soins thermaux. La cure prévention donne accès à la piscine d'eau thermale, au fitness (avec la Power Plate) et à un cours de gym. De nombreux soins de remise en forme sont également proposés tout au long de l'année, certains mêlant bain bouillonnant d'eau thermale, et soins aux huiles essentielles. On retrouve aussi le modelage tibétain au bol Kansu, le modelage aux pierres chaudes pour décontractant… Jouxtant l'établissement thermal actuel, n'hésitez pas à profiter du spa thermal, espace aqualudique avec un bassin intérieur relié à un bassin extérieur, accolé à un espace « Bien-Être » très complet proposant soins du corps et massage. L'endroit idéal pour prendre soin de soi.

LA BASTIDA FLORA €€

chemin de Mezel
✆ 06 47 78 10 45
https://labastidaflora.blogspot.com
Gite pour 6 personnes maximum de 480 € à 700 € la semaine. Nuitée à partir de 80 €.

Bienvenue dans cette superbe bastide provençale du XVIIe siècle. La maîtresse des lieux, Nathalie, est artiste peintre et c'est elle qui a remarquablement décoré ce magnifique gite de charme qui peut accueillir jusqu'à six personnes, avec deux chambres. Atypique, original, à l'esthétique très sympa, vous ne regretterez pas votre choix. La terrasse offre une vue panoramique incomparable sur la montagne de Lure. Les couchers de soleil y sont sublimes et le hameau de Saint Jurson, tout de pierres, adorable. À la Bastida Flora, vous ne manquerez de rien.

LA JAVIE

Habitées dès la période gallo-romaine, les terres de La Javie sont, au VIIIe siècle, sous le joug de l'abbaye Saint-Victor de Marseille. Au fil du temps, La Javie parvient tantôt à s'émanciper de cette domination sénioriale, tantôt à être sous sa coupe. Au temps de la Révolution française, le village se met au goût des partisans, une société patriotique à tendance jacobine étant créée. Réputée pour son agneau élevé en alpage, le tardon, ses pommes et ses poires de variétés anciennes faisant le sujet de foires connues depuis le Moyen Age, ce chef-lieu de canton a su conserver une structure de village traditionnel avec ses commerces et ses animations.

ÉCOMUSÉE LA JAVIE AUTREFOIS

Le Presbytère
✆ 06 16 07 36 91
www.lajavieautrefois.com

Ouverture de Pâques à la Toussaint sur rdv. L'été, permanences les samedis et dimanches de 16h à 19h. Gratuit.

Ce petit musée atypique se situe, au-dessus de la boulangerie, dans l'ancien presbytère du village de La Javie, près de Digne-les-Bains. 400 âmes à l'année, mais une folle énergie pour ce petit village, et la volonté de ne pas oublier les savoir-faire et les métiers d'antan dans cette vallée du Bès, réputée pour ses trésors archéologiques. Les objets, photographies et documents présentés dans cet ancien presbytère sont dans leur grande majorité issus de dons des habitants et racontent l'histoire du village vers 1900. Grâce à l'acharnement d'une poignée de bénévoles et aux dons des habitants, le musée vous permet, sur trois niveaux d'exposition, de découvrir la vie des villageois il y a 100 ans. On y découvre la salle de classe, l'épicerie, la cuisine, l'atelier du cordonnier, l'étameur, le rémouleur, mais aussi l'engagement des Poilus de la Javie pendant la guerre 14-18. La visite, assurée par les bénévoles membres de l'Association, est vivante, détaillée et accessible aux enfants. Un musée au charme désuet qui mérite le détour pour la synergie des habitants qui ont permis sa création et continuent de le faire vivre. En complément vous pourrez acquérir son livret de délicieuses recettes d'antan (poire Sarteau), pour un prix modique ainsi que le « livret de randonnée des vieux hameaux » en vente à la boulangerie. L'entrée est gratuite, alors n'hésitez plus à décrocher votre téléphone pour planifier le rendez-vous de votre prochaine visite !

AUBERGE ROMAN €

Rue Principale
✆ 04 92 34 91 33

Ouvert toute l'année. Tous les jours en saison. A l'ardoise, plats de 14 à 20 €. Chambre double 69 €. Chambre triple 77€

Alex et Anne Bogossian vous accueillent dans deux belles salles, l'une voûtée et l'autre grande et rustique parfaite pour accueillir des groupes. Aux beaux jours vous pouvez vous installer sur sa terrasse proche d'une belle fontaine rafraichissante. Ils vous proposent des pizzas à déguster sur place ou à emporter tous les soirs, et aussi des plats de cuisine traditionnelle régionale proposés à l'ardoise. Ambiance bistrot garantie : c'est simple et convivial. Une belle adresse qui propose également une possibilité d'hébergement avec neuf chambres au calme.

LE BON COING €€

Le Village
✆ 07 60 38 52 73

Ouvert tous les midis (sauf le lundi). Le soir sur réservation, à partir de cinq personnes. Carte de 18 € à 20 €.

Morgane et Frédéric, jeune couple dynamique et sympathique, vous réservent un accueil familial. Ici, c'est comme à la maison. Vous prendrez place dans une salle conviviale, esprit bistrot de village ou encore sur la belle terrasse aménagée et ombragée. La cuisine est de terroir avec uniquement des produits frais et locaux. Sur réservation, le restaurant vous accueille en groupe le soir pour vos événements. En été, profitez de la terrasse pour partager une belle coupe de glaces. Plats à emporter pour manger à la maison comme au restaurant !

MÉZEL

Situé sur les bords de l'Asse, ce petit bourg tranquille charme le visiteur, grâce à ses façades colorées et son grand nombre de magnifiques portes anciennes. Typique village provençal, il fera bon s'y promener pour y admirer les fontaines et les lavoirs, témoins d'une autre époque. On admirera également le mobilier de l'église de Mézel datant du XVIIIe. Pour les plus courageux, empruntez le sentier qui mène à la chapelle Notre-Dame-du-Rosaire, qui date du XVIIe siècle et admirez la vue imprenable sur toute la vallée de l'Asse. La commune partage avec Châteauredon la gare de Mézel-Châteauredon, où le train des Pignes de Nice à Digne y fait arrêt.

BAR DE L'AVENUE €

Le Village
✆ 04 92 35 50 14

Ouvert toute l'année. Fermé le lundi. Carte à partir de 11€. Service du midi en semaine et midi et soir le weekend.

Marc d'origine Corse et tout nouveau propriétaire, vous reçoit chaleureusement dans sa brasserie à la restauration provençale. Au menu, plats cuisinés de produits frais comme la blanquette de veau, le magret de canard, les salades composées, les burgers et les grillades l'été. Belle carte de pizzas également. Et pourquoi pas se laisser, tenter par une planche de charcuterie locale et corse, accompagnée d'un verre de verre sous l'agréable pergola ombragée dès les beaux jours. Ici, l'ambiance est détendue et tout est fait pour passer un agréable moment.

LE PRESSOIR GOURMAND €

Place Victor-Arnoux
✆ 04 92 35 58 10

Ouvert du mercredi au dimanche le midi ; du mercredi au samedi le soir. Carte : 20 € environ. Formule du midi : 25 €.

Quelle belle adresse gourmande que voici, à 10 minutes à peine au sud de Digne ! On peut y effectuer à toute heure des achats à emporter. Ce restaurant locavore a tout pour plaire et vous promet une parenthèse gustative bien agréable. Olivier, caviste depuis vingt-cinq ans, est un passionné. Il vous propose une cuisine du marché au fil des saisons et des plats faits maison à base de produits frais et petits producteurs. Les végétariens sont les bienvenus et plusieurs choix végétaliens sont toujours présents sur la carte. Aux beaux jours, jardin ombragé. Un délice.

PRADS-HAUTE-BLÉONE

La commune de Prads-Haute-Bléone s'étend sur 16 500 hectares, elle est composée de 9 hameaux dont l'altitude varie de 800 à 1 450 mètres. Elle résulte des fusions successives des communes de Prads et Blégiers en 1978 et de Mariaud en 1973. C'est la commune type des hautes vallées des Alpes du Sud, elle bénéficie d'un climat très ensoleillé, froid sec, et neige à partir de 1 800 mètres environ. Elle s'est fait tristement connaitre le 24 mars 2015, lors du crash de l'Airbus A320, dont le copilote a volontairement précipité l'avion en montagne sur le territoire de la commune, entraînant l'ensemble des passagers et de l'équipage dans sa chute.

REFUGE DE L'ESTROP €

Lieu-dit Refuge de l'Estrop ✆ 06 32 06 05 65
www.lerefugedelestrop.e-monsite.com

Ouvert sur réservation de juin à octobre selon les conditions météorologiques. Nuitée 19 €. Demi-pension 45 €.

Perché à 2 050 m d'altitude et uniquement accessible à pied, ce refuge fait de pierres et de bois est un ravissement dans son écrin de nature. En 2016, il a fêté ses 30 ans en compagnie de toute la bande d'amis qui a œuvré durant 7 ans pour le construire. Le refuge dispose d'un dortoir de 20 lits, d'un autre de 5 lits, et d'une chambre avec 5 lits ainsi qu'une yourte avec ses 7 couchages. Profitez de la douche solaire en été. Séjournez en pension, demi-pension, ou simplement prendre le repas, un pique-nique, des boissons. Réservation obligatoire. Un vrai bonheur.

CAMPING MANDALA*** €€

Le Village ✆ 06 01 76 93 59
www.camping-mandala.fr

Ouvert du 5 Mai au 30 Septembre. Location de yourtes (2 à 4 personnes) de 249€ à 519€ la semaine.

Amoureux de nature, de calme et de montagne, Nina et Yvan ont fait ce lieu à leur image : zen ! Ils ont créé un lieu d'accueil touristique ayant pour philosophie la protection de l'environnement et le respect de la nature. Le camping fait partie de la Vianatura. C'est pour cela que les voitures stationnent sur un parking hors du camping (sauf quelques camping-cars, vans ou caravanes). Vous pouvez aussi prendre librement des cours de yoga (moyennant donation libre) dans la grande yourte prévue à cet effet. Situé dans le Géoparc, c'est un paradis pour la randonnée.

THOARD

Thoard vient du latin *turris ardua* qui veut dire *tour élevée*. C'est l'ancienne tour fortifiée de l'église Saint-Blaise, dont le début de la construction est antérieur au XIIe siècle, qui lui a donc donné son nom. Thoard, patrie du mouton, est aussi réputée pour ses excellentes charcuteries.

Dominées par l'imposant clocher de son église du XIIe siècle, des ruelles pittoresques bordées de hautes maisons en pierre serpentent dans cette petite cité médiévale où vous découvrez portes anciennes et lavoirs typiques. Saut dans le passé et ambiance médiévale garantie pour ce véritable rempart de l'entrée des Alpes que vous prendrez plaisir à visiter.

L'ÉGLISE ET SA TOUR – VESTIGES DU CHÂTEAU MÉDIÉVAL ✠

Le village
✆ 04 92 34 63 74
www.thoard04.fr
Renseignements : mairie de Thoard.

L'église et sa tour, appelée aussi « donjon-clocher », classé monument historique, sont d'une hauteur impressionnante. Comme un de ses retables, elle remonte au XIIe siècle, l'autre retable datant de 1677. D'en haut, la vue est fabuleuse. Aujourd'hui encore cernée de remparts et dominant la vallée des Duyes, Thoard vaut le coup d'œil et constitue un bel exemple d'architecture médiévale à l'allure défensive. Le château abrite entre autre une surprenante cheminée en gypserie de 1692.

BARRÊME

Charmant petit village provençal, Barrême s'érige à 722 mètres d'altitude. Desservi par le Train des Pignes, il est situé à une centaine de kilomètres de Nice et à seulement 30 kilomètres de Digne-les-Bains, il garde l'entrée d'un secteur à relief ouvert, où la vallée de l'Asse se partage en plusieurs vallées confluentes. Son relief contraste avec celui des gorges que traverse la vallée plus en aval. Au bord de la N85, une maison avec une inscription rappelle que Napoléon passa ici la nuit du 3 mars 1815. Au beau milieu d'un cadre de verdure, ce charmant petit village abrite une jolie chapelle du XIIe siècle. Profitez du calme lors de votre balade.

LA BANNETTE €

Les Prés du Riou
✆ 04 92 34 68 88
www.aubergelabannette.com
Chambre double à partir de 75 €. Petit déjeuner inclus. Lit supplémentaire : 30 €. Animaux acceptés. Table d'hôtes 25 €.

Cette ancienne bergerie perchée à 1 000 m d'altitude bénéficie d'un cadre grandiose. L'accueil de Marie et Bernard aidés de leurs enfants Frédéric et Clara est familial. Quatre chambres d'hôtes et un appartement avec une vue admirable vous attendent au cœur de la nature. La décoration est soignée. Au petit déjeuner, vous dégusterez des pains maison, mais aussi des gaufres et des crêpes. La table d'hôtes est l'occasion de découvrir les productions de Marie et Bernard et celles de leurs amis producteurs et artisans de la région.

HÔTEL DE LA GARE €

avenue de la Gare
✆ 04 92 34 20 03
Le restaurant est ouvert toute l'année. Menu ouvrier à partir de 17€.

Un coup de cœur pour cette auberge familiale qui vous reçoit depuis 1909 ! Avec notre adorable Marie-Josée, c'est la troisième génération qui vous régale d'une cuisine mitonnée maison, à base de légumes du jardin de sa fille, des producteurs locaux et de la boucherie d'Annot pour la viande. La cuisine de Marie-Jo goûteuse et savoureuse est une cuisine d'amour et de partage. C'est comme à la maison ! Aux premiers rayons de soleil, profitez de la terrasse sous le tilleul centenaire. Cette ancienne bâtisse a conservé un cadre authentique et une âme. Un pur bonheur !

LA BÉLUGUETTE €

Boulevard Paul-Avignon
✆ 04 92 34 63 71
Ouvert toute l'année. Sauf le mercredi et jeudi de fin septembre à mai. Les midis du lundi au samedi.

Dans son café glacier La Béluguette, Marie propose une cuisine traditionnelle maison à base de produits du terroir comme une ouverture culinaire sur le monde. La carte évolue selon les saisons et le marché. Pour les connaisseurs, rien de tel qu'une assiette de saucisses de Thoard, sauce moutarde. Depuis 2019, Marie propose en une petite carte de plats à l'ardoise… La Béluguette vous ravira aussi par ses desserts maison. Une cuisine généreuse et inventive servie avec chaleur et bonne humeur. Un espace est réservé aux enfants, petit coin coloriages et bouquins.

LES TROIS ASSES €

rue Principale
✆ 04 92 34 26 37
Ouvert le lundi et le mardi midi et du jeudi au dimanche midi et soir. Fermé le mercredi. Carte de 9 à 25€

Une adresse charmante où il fait bon s'arrêter pour déguster la cuisine de Laeticia et Jean-Philippe qui cuisinent ensemble pour vous régaler. Une carte de pizzas impressionnante et variée à la pâte très fine, et bien garnies et cuites au feu de bois. Les suggestions du moment élaborées à base de produits locaux et de saison sont de bonnes surprises ; andouillettes, magret de canard, pieds paquet… Aux beaux jours, prenez place en terrasse pour une salade estivale et succombez aux desserts maison du pâtissier. Ambiance détendue et souriante.

CASTELLANE ★★

Castellane est une petite ville chargée d'histoire. Son nom vient du latin Petra Castellana (ce qui peut se traduire par la roche au village fortifié). Au XIIe siècle, les seigneurs ayant combattu pour sauver la cité des envahisseurs sarrasins sont élevés à la dignité de barons et prennent le nom de leur fief, Castellane. Pendant 2 siècles, ils vont préserver l'indépendance de la cité jusqu'au rattachement en 1262 aux comtes de Provence. Aujourd'hui, la ville est paisible. Devenue sous-préfecture du département des Alpes-de-Haute-Provence, Castellane a la particularité d'être la sous-préfecture la moins peuplée de France avec environ 1 600 habitants.

BASTIDE DE L'ESCOULAOU €€

✆ 07 62 15 95 62

www.gites-castellane.fr

Ouvert toute l'année. Chambre d'hôtes : à partir de 70 €. Gîte ouvert de Pâques à la Toussaint, 400 à 600 € la semaine.

Quand s'unissent avec force l'eau, la roche et le soleil, vous serez aux portes du Verdon dans cette magnifique bastide provençale du XVIIe siècle, entièrement restaurée pour y accueillir en son sein deux gites confortables et une superbe chambre d'hôtes qui se prénomme Romarin. À 800 mètres d'altitude, la vue se dégage sur Castellane et ses environs. Georges, le maitre des lieux, vous reçoit en ami dans ce cadre enchanteur qui nous susurre « reviens, ici il fait bon vivre en pleine nature ». Quant au petit déjeuner inclus, il est à la hauteur du cadre.

MAISON NATURE & PATRIMOINES

Place Marcel-Sauvaire

✆ 04 92 83 19 23

www.maison-nature-patrimoines.com

Ouvert du 15 avril à fin octobre. Haute saison : ouvert tous les jours. Adulte : 4 €.

Elle rassemble trois espaces d'expositions, plus le Relais du Parc naturel régional du Verdon et une boutique-librairie. La visite permet d'avoir une vue d'ensemble de la vie dans la région, de sa géologie et notamment de sa richesse paléontologique. L'exposition permanente traite du mythe des sirènes et de l'histoire des siréniens. Des expositions temporaires complètent la programmation. La Maison Nature & Patrimoines propose un nouveau rendez-vous : « Les Vendredi on sort » !

CAMPING CALME ET NATURE*** €€

Hameau de La Colle ✆ 04 92 83 61 57

campingcastellane.com

Ouvert de mi-avril à fin septembre. Emplacement pour 2 de 12 à 20 €. Chalets pour 4/6 de 450 à 890 € la semaine.

Edmond et Véronique seront ravis de vous accueillir pour un agréable séjour en plein cœur de la nature dans les gorges du Verdon. Le camping bénéficie de 31 emplacements ombragés dont 14 près du ruisseau sur une superficie d'1 hectare au cœur d'un environnement vallonné et boisé. Il propose en location des mobil-homes, chalets et tentes. Nouveautés 2023, tentes sur pilotis, avec terrasse pour profiter d'une belle vue dégagée sur les montagnes. Espace détente et terrasse panoramique.

LA TOUR PENTAGONALE

Place Marcel-Sauvaire

✆ 04 92 83 61 14

L'intérieur de la tour n'est pas accessible au public.

La Tour Pentagonale date de 1359. Elle fait partie des remparts qui protègent la ville de Castellane depuis le Moyen Âge. Au pied de la Tour, le site des Jardins de la Tour offre un cadre magnifique sur le village, le Roc et la vallée du Verdon. C'est la plus imposante du système de fortification de la ville. Elle est aussi la mieux conservée et la plus élevée, même si elle n'est pas la plus haute (elle mesure un peu moins de 20 m de hauteur). Vous pouvez y accéder par 3 chemins dont le plus facile démarre non loin, derrière l'office de tourisme.

CAMPING LES LAVANDES** €€

Route des Gorges-du-Verdon

✆ 06 45 98 62 83

www.camping-les-lavandes.com

Ouvert d'avril à mi-octobre. Emplacement pour 2 de 14 à 21 €. Mobil-homes pour 4 à 5 de 300 à 780 € la semaine.

Idéalement situé sur la route des gorges du Verdon, ce petit camping familial propose des emplacements, lodges et mobil-homes. Une place de jeu pour les enfants, un terrain de pétanque et des tables de ping-pong vous garantissent un agréable séjour. À quelques minutes à pied, vous pourrez profiter du centre du village pittoresque de Castellane, des marchés locaux les mercredis et samedis, de la piscine publique chauffée et d'autres activités en plein air. L'établissement propose également un snack où vous pourrez vous restaurer sur la terrasse ombragée.

ALPES-DE-HAUTE-PROVENCE

DOMAINE CHASTEUIL PROVENCE : CAMPING CARAVANING*** €€

8129, Route des Gorges-du-Verdon
✆ 04 92 83 61 21
www.chasteuil-provence.com
Ouvert de juin à septembre. Terrain de 200 ha. 210 emplacements dont 17 chalets. Emplacement pour 2 de 15,90€ à 36,20 €.

Depuis 1959, la même famille vous accueille chaleureusement dans ce superbe camping de 200 hectares, dans un cadre naturel et préservé. Idéal pour les familles avec enfants ou pour les amoureux de la nature, les emplacements sont très spacieux. Vous vous installerez au bord de la rivière ou encore sur les hauteurs d'où la vue est saisissante. De magnifiques chalets et des écolodges sans vis-à-vis sont proposés au cœur d'un cirque montagneux époustouflant. En plus : piscine chauffée.

NOUVEL HÔTEL DU COMMERCE*** €€

Place Marcel-Sauvaire ✆ 04 92 83 61 00
www.hotel-du-commerce-verdon.com
Ouvert de début avril à fin octobre. 31 chambres. Chambre double de 95 à 170 €. Restaurant. Terrasse. Piscine.

Cet hôtel de charme trois étoiles, autrefois relais de Poste, est tenu par la famille Fradet depuis 1925. Malgré les rénovations et les améliorations, l'âme de la bâtisse a été préservée. Les chambres sont confortables et charmantes dans une ambiance feutrée et chaleureuse. Le jardin avec son agréable piscine permet de se rafraîchir pendant l'été. Au restaurant, Jean-Christophe Fradet vous propose une cuisine simple, savoureuse, mettant en scène les saveurs des produits locaux.

HÔTELLERIE DU ROC €

3, place de l'Église
✆ 04 92 83 62 65
www.hotel-du-roc04.fr
Hôtel fermé de mi-novembre à mi-décembre. Chambre double : 60€ à 80 €. Menu à 26 €. Restaurant fermé le lundi.

Coup de cœur pour cet hôtel-restaurant situé sur la place principale de Castellane qui offre un excellent rapport qualité-prix. La générosité d'Isabel se ressent dans les chambres comme dans les assiettes. L'Hôtel offre 10 chambres de 2 à 4 personnes, avec salle de bain et sanitaires individuels. La cuisine est typiquement régionale comme la soupe au pistou, mais la maison ne renonce pas pour autant à ses spécialités éloignées des saveurs locales : la morue à la portugaise, la feijoada de poulpes ou de porc et fournit un motif supplémentaire de s'arrêter ici.

LA MAIN À LA PÂTE €

5, rue de la Fontaine
✆ 04 92 83 61 16
Ouvert de début avril à fin octobre. Haute saison : tous les jours midi et soir. Carte, 20 € environ. Plat du jour 12 €.

Situé dans une petite rue animée, ce restaurant au décor provençal logé dans une maison ancienne, propose, entre autres, de belles pizzas faites maison dont les noms correspondent à des lieux environnants, comme des spécialités françaises et italiennes. La carte offre un large choix et contient des propositions originales. Les salades sont copieuses. Et pour les gourmands la carte des desserts maison est variée et tous sont excellents. Pour l'été, profitez de la terrasse pour déjeuner au calme dans la ruelle. Accueil chaleureux et sympathique.

Castellane.

LE LAC DU CASTILLON €€

85, les Roses
✆ 04 92 83 25 78
www.restaurant-lac-du-castillon.com

Ouvert de mars à novembre, fermé mardi et mercredi. Ouvert tous les jours en haute saison. Menus : de 28,50 à 34,50 €.

Ce que nous avons aimé au Lac du Castillon ? Cette ancienne ferme rénovée, sa vue imprenable sur le Roc ou les montagnes, et la cuisine de Mélissa. Vous prendrez place à l'intérieur dans l'une des deux salles habillées de bois, dans une ambiance provençale ou encore sur la grande terrasse ombragée. L'assiette est purement traditionnelle, saupoudrée d'originalité, à base de produits frais de la région. Mélissa vous propose du fait maison, en passant par un grand choix de pizzas et le snack pour les plus pressés. La nouveauté : des vins végan à découvrir.

MA PETITE AUBERGE €€

8, boulevard de la République ✆ 04 92 83 62 32
www.mapetiteauberge.com

Fermé de novembre à avril. Chambre double de 60 à 100 €. Restauration : menu à 27 € environ. Jardin. Terrasse.

Aux portes des gorges du Verdon et au pied de Notre-Dame-du-Roc, cette auberge ne manque pas de charme. Vous n'oublierez pas cette halte gourmande et notamment son jardin où se déploie une terrasse à l'ombre d'un tilleul plus que centenaire. Le calme est au rendez-vous. Les chambres offrent un agréable confort et donnent sur le jardin ou sur la terrasse. Aux premiers froids, vous prendrez place dans une belle salle rustique avec poutres en bois. Côté restaurant, les mets issus d'une cuisine méditerranéenne revisitée sont remarquablement présentés.

BUREAU DES GUIDES CANYON

3, rue du Mazeau
✆ 04 92 83 05 64
www.procanyon.com

Ouvert toute l'année, de 9h à 20h. Joignables par téléphone ou par SMS. Activités à partir de 35 € la demi-journée.

Vous cherchez à découvrir le Verdon de façon sportive et originale, vous trouverez votre bonheur grâce à une équipe de professionnels passionnés par leur environnement et leur métier. Ils vous proposent une gamme d'activités variées comme le canyoning, l'aqua rando, l'escalade, les via ferrata, nage en rivière ou encore eau vive. Débutant ou expert, il y en a pour toute la famille. L'équipe est aux petits soins pour vous faire plaisir et vous offre les photos prisent pendant votre activité ! Vous repartirez plein d'émerveillement dans les yeux !

MONTAGNE ET RIVIÈRE

Chemin des Listes ✆ 04 92 83 67 24
www.rafting-castellane.com

Ouvert d'avril à octobre, tous les jours. Réservation recommandée. Activités à partir de 40 € par personne.

Créé en 1993 par Daniel Duflot, Montagne et Rivière est une petite base où une équipe de guides de rivières diplômés d'Etat vous propose une large gamme d'activités : rafting dans le Haut et le Moyen Verdon, canyoning, hydrospeed, nage en eau vive, canoë-kayak, aquarando dans le canyon du Verdon, parcours aventure, VTT... L'hydrospeed et le canyoning sont réservés aux amateurs de sensations fortes. Profitez de l'espace pique-nique et du barbecue à disposition avant ou après vos activités. Tout est prévu, chaises, tables et même canapé ! Accueil sympathique, top !

ALPES-DE-HAUTE-PROVENCE

Entrevaux.

TOUR DU ROC

✆ 04 84 32 04 04

Ouvert toute l'année. Randonnée pédestre très facile de 4 km pour dominer Castellane.

Grimpez au sommet d'un pittoresque rocher qui, du haut de ses 180 m vous offrira un panorama remarquable sur Castellane et le Verdon pour y découvrir la Chapelle Notre-Dame du Roc, reconstruite en 1703 sur les ruines de l'église du IXe siècle de l'antique cité de Petra Castellana. Petite randonnée très facile d'environ 4 km. Comptez 2h de marche directement depuis le centre-ville. Deux tables d'orientation sont installées à proximité de la Chapelle (La chapelle est fermée pour travaux à partir du 1er mars 2023). En été, partir tôt le matin.

ENTREVAUX ★

Ancienne place fortifiée que l'on doit à Vauban, Entrevaux a su conserver son authenticité qui lui a valu de recevoir le label d'un des 1 000 « Plus Beaux Villages de France ». Petite ville construite en amphithéâtre sur un éperon rocheux, elle est enlacée par un méandre du Var qui coule au pied de ses fortifications deux fois millénaire. Cette cité fortifiée a gardé intact son charme des temps passés, et l'on aime se perdre dans les ruelles tortueuses témoins de temps anciens. N'oubliez pas de monter à la Citadelle perchée pour profiter d'une vue exceptionnelle à l'entrée des gorges rouges.

Autrefois frontière entre la France et le duché de Savoie à travers le comté de Nice, elle est demeurée une ville aux surprenants vestiges d'art militaire ancien : pont fortifié, remparts et citadelle en nid d'aigle n'ont pas changé depuis les derniers aménagements de Colbert. Son accès s'effectue toujours par l'une de ses trois portes à pont-levis. On retrouve encore les empreintes de son histoire avec ses casernes, ses échoppes médiévales et maisons étroites des XVIIe et XVIIIe siècles, mais aussi ses échauguettes et meurtrières, ponts et tours de corps de garde… Pour finir, mentionnons la renommée culinaire d'Entrevaux avec sa spécialité, la secca, fine tranche de bœuf séché à déguster arrosée d'un filet d'huile d'olive et de citron, un plat qui rappelle le carpaccio venu d'Italie, du temps où la Savoie n'était pas française.

LA CITADELLE

✆ 04 93 05 46 73

www.tourisme-entrevaux.fr

Ouvert toute l'année. 7j/7 en achetant l'accès au distributeur (prévoir de la monnaie). Adulte : 3 €. CB.

Construite sous l'impulsion de Vauban et sur les flancs d'un éperon rocheux dominant le village d'Entrevaux, la citadelle d'Entrevaux offre une vue panoramique remarquable. Le pont-levis date de 1650. De la poudrière jusqu'aux cellules contemporaines des prisonniers de la Grande Guerre, la visite de ce fort permet d'imaginer ce qu'était la vie au sein de cette forteresse. À noter : l'accès se fait uniquement à pied, par 800 m de chemin pavé, en 9 rampes et 156 m de dénivelé…La balade de 30 minutes se fait en douceur en admirant la rivière Var et la vallée.

MUSÉE DE LA MOTO

Rue Serpente

✆ 06 62 16 12 70

Ouvert tous les jours en juillet et août et les week-ends d'avril, mai, juin, et septembre. Entrée gratuite.

Franck Lucani vous fait partager sa passion pour la moto ancienne dans 3 salles d'exposition, chacune dédiée à une période. Pour ses 40 ans, le musée vient d'inaugurer les années 1970 et 1980. Sur trois étages, il y en a partout du sol au plafond avec 105 engins au total en parfait état de marche. Cette superbe collection est originale de par son importance et sa qualité. Le lieu laisse aussi place à bon nombre d'affiches, de plaques, bibelots en lien direct avec la moto ancienne. Convivialité et passion, pour les experts et les novices ! Bel endroit !

MUSÉE DE LA POUDRIÈRE

La Citadelle

✆ 04 93 05 46 73

www.verdontourisme.com

Ouvert 7j/7. Compris dans la visite de la citadelle (à partir de 3 €).

Installé dans une ancienne poudrière du XVIIe siècle (au départ de la montée vers la citadelle), le musée rend hommage aux barons de Glandèves, seigneurs d'Entrevaux issus d'une grande famille de la noblesse provençale qui donna à la France bon nombre d'évêques, d'officiers, d'amiraux, de parlementaires et autres hauts dignitaires. Sur place, une dizaine de panneaux d'exposition retracent l'histoire militaire d'Entrevaux. À noter que pendant la guerre de 1914-1918, le fort accueillit des officiers allemands prisonniers : ce fut sa dernière mission militaire.

LA VIEILLE VILLE

✆ 04 93 05 46 73

www.tourisme-entrevaux.fr

Visites libres toute l'année. Visites guidées (office de tourisme) en juillet et août le vendredi à 16h. Adulte : 3 €.

Commencez par les remparts, la porte Royale et les deux tours rondes. Sous cette porte, dans la salle des gardes, une bonne adresse : le bureau du tourisme. En empruntant le chemin de ronde, vous pouvez accéder à deux portes : la Royale, celle de France. Pour celle d'Italie il vous faudra faire un détour. L'ancien chemin vous mènera aux séculaires jardins du Moyen Age. Trois rues principales tissent la toile des vieux quartiers. La rue Haute, la rue Basse et la rue du Marché relient le quartier de la cathédrale au quartier Saint-Martin et sa grande place.

LES DELICES DE NINI €€

16, Place Charles Panier

✆ 06 58 80 10 10

www.lesdelicesdenini.com

Ouvert tous les jours sauf le lundi en saison. Epicerie bio et restauration végétale 17€. Planche de Secca 18€.

Nini vous accueille dans son épicerie bio où l'on mange aussi, pour y déguster une cuisine saine, vivante et savoureuse à base de produits frais, bio, locaux pour se faire plaisir en préservant sa santé. Bien que tourné vers la cuisine végétale, Nini vous propose la Secca, spécialité de viande de bœuf séchée, inventée à Entrevaux. Installez-vous sur une des deux terrasses au rythme de l'ambiance détendue en dégustant des jus et smoothies frais, rafraichissants et détoxifiants. Les gourmands se laisseront tenter par les pâtisseries crues ou les glaces Emki pop.

LA CHAMBRE 21 €€

6, rue du Four

✆ 06 74 74 19 43

Ouverture de mai à fin octobre. Chambre double à partir de 115 €. Petit déjeuner inclus. Appeler avant de se déplacer.

Tout est parfait, la literie, l'hygiène, l'accueil de Marie, l'emplacement, la salle de bain moderne et fonctionnelle, le petit déjeuner à base de produits bio ou frais et locaux pris sur la terrasse solarium privée aux beaux jours avec vue imprenable sur la citadelle. C'est une chambre d'hôte de charme aménagée avec goût, lovée dans une maison du XVIIe siècle au cœur du village, de ses remparts et de ses collines environnantes. Le lieu convient particulièrement bien aux amoureux en week-end romantique. Les petits chiens sont acceptés sur demande.

LE PONT-LEVIS €€

Place Moreau

✆ 04 93 05 40 12

Ouvert tous les jours sauf mercredi de 6h30 à 20h. Bar et cave à vin. Vin au verre à partir de 4 €. Snacking

Situé sur la place face au pont-levis de l'entrée principale d'Entrevaux, ce restaurant accueille ses hôtes depuis bientôt 40 ans. Loïc Lefebvre a transformé le lieu en bar et cave à vin où il met en valeur les vignerons indépendants et présente une sélection pointue de vins issus de l'agriculture biologique et biodynamique, à déguster sur place ou à emporter. Ce passionné des bons produits propose aussi un Class' Croûte pour accompagner vos dégustations, avec plat du jour, assiette fromagère et desserts maison remplacés par le snacking toute la journée en saison.

HÔTEL LE VAUBAN €€

4, place Moreau

✆ 04 93 02 13 05

https://hotel-restaurant-levauban.com/

Hôtel ouvert 7/7. Chambre double à partir de 82 €. Restaurant midi et soir fermé lundi et mardi (sauf en saison).

À l'entrée de la cité médiévale, classée « Villages et cités de caractère », cet hôtel restaurant vous ouvre grand ses portes avec une vue incroyable sur la cité médiévale et sa citadelle fortifiée. Les chambres sont confortables et bien équipées avec TV et plateau de courtoisie. L'hiver, vous pourrez déjeuner dans la grande salle de restaurant qui est tout bonnement l'ancienne gare routière. Et, aux beaux jours, quoi de mieux que de déguster une des nombreuses spécialités locales et régionales à base de produits frais, sur la terrasse ombragée. Super accueil !

LES VERGERS D'ENTREVAUX

Le plan de Puget

✆ 06 07 80 60 19

https://lesvergersdentrevaux.com

Magasin ouvert tous les jours de 9h à 18h

Que ce soit dans leur magasin d'Entrevaux ou dans leur ferme située plan de Puget, Isabelle et Eric Mermet proposent une sélection de légumes frais de saison dont une partie importante sont bio. Chaque semaine, vous pourrez choisir un panier de fruits ou de légumes. Et aussi des fromages de chèvre, brebis et vache de la haute vallée du Var, des confitures maison, des miels produits localement, ou encore du jus de pommes d'Entrevaux. Vous pourrez également vous faire livrer chez vous ou sur un point à proximité de votre domicile, et ce jusqu'à Nice.

ANNOT

Au bord de la Vaïre, à 700 m d'altitude environ, s'est établi ce charmant bourg à double allure : celle de la montagne, avec les Alpes, et celle de la Provence. Les premiers habitants de la cité ont certainement été aussi les premiers de la vallée. Entourés de ces étranges formations de grès, les Annotains se trouvèrent en fait et avant tout sur la voie romaine qui reliait Nice–Cimiez à Digne, via Riez. Ces groupements de rochers inattendus et sculptés par l'érosion, chaotiques, désordonnés, arcs entiers ou coupés, nous promettent de belles promenades en pleine nature. Elle est aussi appelée plus confidentiellement « le paradis des peintres ».

Balade

Comme dans la majorité de ces anciennes villes, on se promène dans la rue Basse et la rue Grande, rue qui s'ouvre sur une porte fortifiée ogivale du XIVe siècle, puis monte vers l'église qui nous accueille avec ses belles portes sculptées des XVIe, XVIIe et XVIIIe siècles. De type romane, hormis le bas-côté datant de 1604, on remarque aussi son joli clocher Renaissance. À sa gauche, l'ancien hôtel de ville nous montre lui aussi une belle porte. Repassant rue des Vallasses, on y découvre un lavoir, et la « tour des peintres ». Pour redescendre, c'est la rue Notre-Dame qui nous reconduit jusqu'à la Grande rue. Tout au long du petit périple, c'est un souffle provençal qui nous promène entre les façades, les maisons enduites à la chaux, souvent modestes, avec greniers et remises, à vocation agricole à tours et fontaines, puis nous arrête devant un ancien hôtel particulier du XVIIe siècle de style génois, « la maison des Arcades » et son décor en trompe-l'œil. C'est au XIXe siècle que la ville est sortie de ses murs et s'y prolongèrent alors faubourgs, places, résidences aux allures piémontaises, propriétés et villégiatures de notables. Aujourd'hui station de vacances appréciée, elle mène comme il se doit sa vie de petite ville commerçante et animée. Une promenade, d'une grosse heure de marche et de raide montée, vous conduira à la « Chambre du roi », un superbe enchevêtrement de grès, ou la mystérieuse « Dent du diable », le « Rocher aux cent marches ». Si vous êtes un grimpeur, vous remarquerez les blocs et voies qui ponctuent cette randonnée : vous êtes sur un site d'escalade sur grès de renommée internationale.

CAMPING LA RIBIÈRE*** €€

Route du Fugeret
✆ 04 92 83 21 44
www.la-ribiere.com

Ouvert de mi-avril à mi-octobre. Emplacement de 16,50 à 19,50 €. Mobil-homes (2 à 6 pers.) de 285 € à 680 € la semaine.

Ce camping est lové dans un écrin de verdure. Les 63 emplacements sont répartis sur 1 hectare de terrain arboré. En sus du bloc sanitaire chauffé et de l'aire de jeux pour les enfants, un snack-restaurant avec salle intérieure et terrasse propose désormais de la petite restauration à consommer sur place ou à emporter. Le camping offre d'ailleurs des possibilités de 1/2 pension ou de pension complète et même la confection de paniers pique-nique. Quant aux berges de la rivière, elles ont été aménagées confortablement avec présence de relax.

HÔTEL DE L'AVENUE*** €€

Avenue de la Gare ✆ 04 92 83 22 07
www.hotel-annot.fr

Fermé de décembre à fin février. 9 chambres. Chambre double de 70 € à 110 €. Demi-pension à partir de 2 nuits.

Entre lacs et montagne dans une nature luxuriante, cet hôtel de charme est venu se lover au cœur du village. Eve, la maitresse des lieux, vous réserve non seulement un accueil chaleureux mais elle a aussi rénové toutes ses chambres dans une ambiance cocooning, entre modernité et authenticité. Le petit déjeuner est à base de produits frais. Côté détente, vous profiterez du salon de l'hôtel dans un esprit comme à la maison pour lire, jouer aux cartes, ou même prendre l'apéro. L'établissement est au départ des plus belles randonnées dans les célèbres grès d'Annot.

PIZZERIA LE CÉSAR €€

Place du Revelly
✆ 04 92 83 31 50

Ouvert midi et soir sauf dimanche soir et lundi. En juillet-août, fermé le lundi midi seulement. Carte 20 € environ.

Cette pizzeria existe depuis 40 ans à Annot et Olivier, le chef et pizzaïolo y officie depuis 20 ans. Il est aidé au service par des jeunes du pays. Bien située sur une place avec une grande terrasse ombragée sous des platanes, elle dispose à l'intérieur d'une salle décorée sur le thème de la scénographie de Pagnol avec un petit coin musée. À la carte, outre une vingtaine de pizzeria au choix, dont la César délicieuse, Olivier propose une cuisine simple traditionnelle et régionale. Un lieu agréable avec un bon accueil et un excellent rapport qualité/prix.

LES GRÈS D'ANNOT

Accessibles toute l'année sauf en cas d'enneigement. Attention certains accès sont Interdits par sécurité.

Formés il y a près de 40 millions d'années, les grès d'Annot suscitent pour des raisons diverses un intérêt croissant de la part des sportifs admiratifs de cette manifestation géologique unique dans la région. L'aspect grandiose de ces falaises dominant le village ne laisse personne de « marbre »... Les bancs gréseux peuvent atteindre 250 mètres d'épaisseur ! Pour les marcheurs, empruntez le sentier balisé et découvrez ces rochers hors du commun ainsi que la flore qui les entoure. Les grimpeurs, quant à eux, trouveront près de 150 voies équipées.

CAMPING VERDON CARAJUAN** €

Carajuan

✆ 04 92 83 70 94

Ouvert de début avril à fin septembre. Terrain de 4 ha. 90 emplacements. Emplacement 2 personnes de 11,56 à 15 €.

Dans un cadre naturel, le camping accueille tous les campeurs sur un terrain de 4 ha et 90 emplacements que ce soit en tentes, caravanes ou camping-cars. Tout proche de la rivière, un petit sentier de 100 mètres vous mène à une plage. Ce camping est le lieu idéal pour se ressourcer tant il est calme au milieu d'un espace exceptionnel. Pas de place pour emmener votre tente ? Pas de problème, le camping propose le prêt-à-camper, une tente tout confort qui n'attend plus que vous !

ROUGON

De son nid d'aigle, Rougon domine l'entrée du Grand Canyon français. Sa situation en hauteur et à proximité des gorges du Verdon lui assure une parfaite tranquillité. Ce n'est pas pour rien si les centenaires ne sont pas rares dans ce pays de chasse, de pêche et d'excursions. Cette terre appartenait autrefois à la famille Brun de Caille de Castellane. C'est Joseph Brun qui la donna à l'abbaye de Lérins en 1620, et qui la conserva jusqu'à la Révolution. Vous découvrirez ici les vestiges du château féodal, la chapelle Saint-Christophe et l'église Huguenote. Pour les marcheurs confirmés, la route des crêtes, de Rougon à la Palud, est spectaculaire.

LE MUR D'ABEILLES €

Le Village

✆ 04 92 83 76 33

Ouvert d'avril à novembre, tous les jours le midi et le soir. Menus à 16.50€. Réservation recommandée.

Un petit restaurant dans ce charmant village où les crêpes sucrées ou salées sont servies dans la bonne humeur : crêpe au chèvre et au miel, au miel et aux fruits secs, crêpe caramel beurre salé... et également des coupes glacées. Cette année, les salades composées font leur entrée ! Les végétariens sont les bienvenus. Michèle offre le couvert et son fils propose un gîte d'étape qui peut vous accueillir en face de la crêperie, avec cinq chambres et deux dortoirs. Le parking municipal est situé à l'entrée du village. La vue splendide permet d'observer les vautours.

LE POINT SUBLIME

Le Point Sublime est l'un des points de vue les plus pittoresque sur les gorges du Verdon.

Le point sublime vous offre une vue grandiose sur l'entrée des Gorges du Verdon. Sa beauté est à couper le souffle ! Du parking payant, 10 petites minutes de promenade vous suffiront pour apercevoir le bleu verdoyant du Verdon, la majestueuse paroi du Duc, la mythique falaise de l'Escales sur votre droite, et entre les deux, le Couloir Samson et ses imposantes falaises atteignant une hauteur de près de 400 mètres. C'est aussi d'ici que vous reviendrez ou partirez pour le fameux sentir Blanc-Martel. Frissons garantis tant la nature s'exprime avec grâce et grandeur !

PIZZERIA JEAN-LOUIS €

Route Départementale 952

✆ 06 68 32 02 96

Ouvert d'avril à octobre. En moyenne saison, fermé le mardi, sinon ouvert 7j/7.De 10h à 22h. Pizzas de 9,90 € à 14,90 €.

Sa superbe terrasse offre une vue époustouflante sur les gorges du Verdon. Dame Nature a signé là un panorama incomparable. Il fait bon chez Jean-Louis, personnage atypique et sympathique à souhait. On s'y arrête pour prendre un verre ou encore déguster une succulente pizza. Laissez-vous séduire par les pizzas aux poissons, de l'anchois au rouget, sur une pâte à l'encre de sèche. À moins que vous préféreriez une entrecôte ou andouillette de haute qualité, accompagnée de pommes de terre ou de légumes bio grillés maison. Une adresse à ne pas manquer !

LA PALUD-SUR-VERDON

La Palud est un village touristique à 928 m d'altitude, connu principalement pour ses belvédères sur les gorges du Verdon. En son sein, le château de La Palud, reconstruit et remanié à la fin du XVIIIe siècle, abrite la Maison des Gorges du Verdon, une structure d'information touristique à la fois centre de documentation, d'exposition et d'animation sur l'environnement et l'histoire de la région. À visiter, l'écomusée du grand canyon, au 1er étage, est particulièrement intéressant. La Palud est également le point de départ de la route des Crêtes, qui permet d'admirer les gorges par le haut, avant peut-être d'aller y faire des randonnées.

Sports / Loisirs

La Palud sur Verdon est connu, dans le monde entier, comme une Mècque de l'escalade. Par leur démesure et leur beauté sauvage, les falaises calcaires du canyon ont de quoi faire rêver les grimpeurs. L'escalade y a connu un essor dans les années 70 emmené par une horde d'hippies grimpeurs. Elle y fut mise en lumière par Patrick Edlinger, le blond, dans Opéra Vertical, documentaire de Jean-Paul Jansen sorti en 1982. De nouvelles voies apparaissent chaque année, on en dénombre autour de 1500 dans le canyon ; que ce soient des grandes voies (composées de plusieurs longueurs) ou des couennes (voies d'une longueur). Elles peuvent être sportives (équipées) ou « trad » (c'est-à-dire qu'il faut placer ses protections). On y accède quelques fois par le bas mais plus souvent par le haut (rappel). Ces voies se répartissent en différents secteurs. En rive droite, on trouve ainsi l'immense barre de l'Escalès, l'Eycharme, la Maline... La rive gauche est moins prisée mais regorge tout de même d'importants secteurs comme la Paroi du Duc, les Cavaliers, les Galetas... Parmi les grandes voies mythiques, citons La demande, Les enragés et Pichenibule ! Le secteur de la Ramirole héberge l'une des voies les plus dures du monde (Dna) ! L'association Leï Lagramusas, œuvre activement à la promotion de l'escalade dans les gorges et édite un topo qui décrit les différents secteurs et voies d'escalade. Celui-ci est très pratique et mis à jour régulièrement. Des moniteurs passionnés sauront vous faire découvrir ces merveilles verticales. Vous l'aurez compris, ici, grimper rime avec magie !

L'ÉCOMUSÉE DES GORGES

Le Château
✆ 04 92 77 32 02

Ouvert d'avril à octobre. Juillet et août tous les jours de 9h à 13h et de 14h à 18h30. Adulte : 4 €.

Offrez-vous une visite de l'écomusée dont les missions sont d'informer et de sensibiliser les visiteurs sur les spécificités de la nature du territoire des Gorges du Verdon. L'écomusée, c'est aussi la découverte de l'homme en relation intime avec la nature, avec la remarquable diversité de la faune dont les emblématiques aigles royaux, vautours, chamois et des plantes endémiques comme la doradille, la formation des gorges et l'histoire de La Palud-sur-Verdon. Découvrez comment les hommes s'y sont adaptés depuis la nuit des temps, cueillette, agriculture...

MAISON DES GUIDES DU VERDON

Rue Grande ✆ 04 92 77 30 50
www.escalade-verdon.fr

En activité toute l'année avec de 3 à 7 professionnels accompagnateurs diplômés. Activités à partir de 40 €/adulte.

Vous cherchez à découvrir le Verdon de façon sportive et originale ? Vous trouverez votre bonheur à la Maison des Guides. Une équipe de professionnels, et surtout de passionnés, vous propose de partager ses jardins secrets, que ce soit en escalade, randonnée ou canyon. Embarquez pour une aventure hors du commun dans un lieu majestueux. Pour une expérience insolite, tentez la nuit en portaledge, un bivouac en pleine paroi, en toute sécurité. Activités pour débutants et confirmés.

AUBERGE DES CRÊTES €

Route de Castellane
✆ 04 92 75 88 64

Hôtel ouvert tous les jours de début avril à fin novembre. Chambre double dès 80 €. Demi-pension : 26,50 € par personne.

Auberge familiale et conviviale située à proximité du village de La Palud-sur-Verdon, au départ de la route des Crêtes. Hôtel-restaurant au centre de plusieurs randonnées. Toutes les chambres sont équipées d'une salle de bains privative, d'un téléviseur à écran plat ainsi que du wifi gratuit. Quelques-unes bénéficient d'une terrasse donnant sur le jardin pour profiter de la douceur du soir. Elle convient particulièrement aux familles grâce à son aire de jeux et aux groupes. Laissez-vous séduire par la cuisine provençale du restaurant.

CAMPING BOURBON €

Route de Moustiers
✆ 07 45 43 58 73
Ouvert de mi-avril à mi-novembre. 40 emplacements. A partir de 10 €/jour.

Depuis 1978, ce petit camping familial de près d'un hectare, à l'entrée du village, propose 40 emplacements dont 12 avec électricité avec une aire pour les camping-cars. Une grande terrasse couverte avec plancha, frigo, congélateur en libre service vous offre un espace parfait pour déjeuner. En plein cœur du village et proche de tous commerces, c'est un endroit agréable avec une belle vue sur le Robion. De plus, la navette Blanc Martel est à 150 m pour le bonheur des randonneurs et pour le départ de toutes vos activités dans le canyon.

LE PERROQUET VERT €€

Rue Grande
✆ 04 92 77 33 39
www.leperroquetvert.com
De fin mars à mi-novembre. Chambre double 65 €. Demi-pension : 33 €. Petit-déjeuner : 8 €.

Christine et Olivier, passionnés d'escalade vous accueillent dans 4 chambres d'hôte qui portent chacune le nom d'une voie mythique d'escalade ou dans leur petite maison d'hôte voisine de leur habitation principale, une bâtisse du XVIIIe. Vous apprécierez de déjeuner dans la salle de restaurant en hiver et admirerez ainsi la belle cheminée double face. L'été, c'est en terrasse que l'on vous servira une cuisine traditionnelle mitonnée par le chef. La boutique attenante propose tout le matériel nécessaire pour les amateurs d'escalade. Demi-pension possible.

HÔTEL LE PROVENCE & RESTAURANT LE STYX*** €€

Route de la Maline ✆ 04 92 77 38 88
www.hotel-provence-verdon.com
Ouvert de fin avril à mi-octobre. Chambres double, triple et quadruple supérieure ; 110 à 220 €. Restauration sur place.

Cet hôtel-restaurant situé au cœur du village est un point de départ idéal pour vos randonnées et activités sportives. Fraichement relooké avec sa décoration peps, il vous accueille dans 20 chambres confortables et lumineuses avec vue sur les collines ou le village. Sandrine Gorce est la cheffe de son restaurant Le Styx, disposant d'une grande terrasse ensoleillée et ombragée. Elle y élabore une cuisine de brasserie française et méditerranéenne. Atmosphère décontractée et chaleureuse.

HOTEL&SPA DES GORGES DU VERDON**** €€€

Route de la Maline ✆ 04 92 77 38 26
www.hotel-des-gorges-du-verdon.fr
Ouvert de fin avril à début octobre. Chambres doubles à partir de 220 €. Suite à partir de 480 € la nuit.

L'hôtel jouit d'un panorama exceptionnel sur le village et la nature environnante préservée du parc naturel régional du Verdon. Dans ce havre de paix, 30 chambres à la décoration contemporaine offrent un grand confort. Côté gastronomie, le restaurant du chef François Bargoing propose une cuisine du terroir. Pour compléter votre bien-être, le grand espace spa. Et en accès libre : piscine chauffée avec vue panoramique, hammam et bain bouillonnant, ainsi qu'une salle de fitness.

LE PANORAMIC** €€

Route de Moustiers-Sainte-Marie
✆ 04 92 77 35 07
www.hotelverdon.com
Ouvert d'avril à fin septembre. 21 chambres. Chambre double de 144 € à 181€. Petit-déjeuner inclus.

A l'écart du village, ce petit hôtel offre un calme parfait pour profiter pleinement du spectacle des gorges. Les chambres entièrement rénovées, simples et confortables dont certaines disposent d'un balcon ou terrasse, s'ouvrent soit sur la colline soit sur le domaine et sa piscine. Pas de restauration sur place mais un bar où il fait bon siroter un jus ou un apéritif. Jeux extérieurs pour les enfants dans le parc de 4h et salle de jeux pour se détendre à l'intérieur pour les adultes. La piscine est bienvenue pour se prélasser après une journée de rando ou pas !

JOE LE SNACKY €€

Parking gratuit à proximité
✆ 06 32 36 40 07
D'avril à octobre. Ouvert tous les jours de 6h à 21h30. Terrasse. Vente à emporter. Menu dès 13,50€. Carte dès 9,90€

Restaurant, glacier et coffee-shop avec une très belle terrasse ombragée en plein centre du village. Le choix est vaste entre plusieurs plats maison, des burgers/frites, tartares, entrecôtes ou encore salades composées. Cuisine halal et végétarienne pour satisfaire tout le monde. Joe propose également un service sandwich et des poulets rôtis à emporter. Le café gourmand est vraiment gourmand ! Laissez-vous tenter par le délicieux café latte à la Lavande ou encore les glaces artisanales aux multiples parfums. Différentes formules breakfast sur place ou à emporter.

LOU CAFETIE

D23 ✆ 04 92 74 41 65

Ouvert entre Noël et fin octobre. Tous les jours sauf le mercredi, de 8h à 1h du matin.

Ce bar-restaurant ouvert depuis 1974 est une petite institution à la Palud, très prisé des grimpeurs. C'est un rendez-vous convivial pour les locaux comme pour les touristes. Le bar est bien achalandé : pressions, rhums, whiskys... Il dispose aussi d'un billard, d'un baby foot et d'un distributeur CB. Lou cafetié propose aussi une restauration à base de produits locaux que vous pourrez déguster dans la grande salle de restaurant ou en terrasse. Depuis 2023, c'est cuisine au feu de bois. En été, les concerts du vendredi soir ambiance le village !

MOUSTIERS-SAINTE-MARIE ★★★

Moustiers-Sainte-Marie est classé comme l'un des plus beaux villages de France. Confiné entre deux escarpements rocheux, ce qui attire votre attention sera tout d'abord cette étoile qui surplombe ce village aux allures de crèche. D'après Frédéric Mistral, elle aurait été accrochée par un chevalier croisé emporté par les Sarrasins qui avait promis de suspendre une étoile en hommage à Marie s'il parvenait à rentrer au village. Lors de vos pérégrinations, ne ratez pas l'église paroissiale et son clocher lombard du XIIe siècle ou encore la chapelle Notre-Dame-de-Beauvoir et les remparts. Vous découvrirez que c'est également un centre de faïence réputée.

CHAPELLE NOTRE-DAME-DE-BEAUVOIR

✆ 04 92 74 67 84

Ouvert toute l'année. Tous les jours et les jours fériés. Accès libre.

Lorsque nous arrivons sur Moustiers-Sainte-Marie, on ne peut qu'être subjugué par sa chapelle, observable entre les deux falaises, dominant le village. Construite entre le XIIe et le XVIe siècle, elle est classée monument historique en 1921. Elle est en partie romane et en partie gothique. La chapelle est bien connue pour ses « suscitations ». Au XVIIe siècle, des enfants mort-nés y reprenaient vie, le temps de leur baptême, gagnant ainsi le ciel. Petite marche de 15 minutes.

ÉGLISE PAROISSIALE DE MOUSTIERS

Place de l'Eglise

✆ 04 92 74 67 84

Ouvert toute l'année. Tous les jours et les jours fériés. Tenu par des bénévoles de la paroisse, l'accès est gratuit.

Classée monument historique en 1913, l'église se situe majestueusement dans la partie haute du village, non loin de l'office de tourisme. Son beau clocher, typiquement lombard, est taillé à même le tuf et s'élève à 22 mètres de hauteur. Sa visite procure le plaisir de découvrir une collection unique d'art sacré, de vases de Moustiers, de statues et de peintures du XVIe siècle. Une petite visite agréable à ne pas manquer lors de votre passage au centre.

ALPES-DE-HAUTE-PROVENCE

Moustiers-Sainte-Marie.

LES GORGES DU VERDON ★★★★

www.lesgorgesduverdon.fr
Gratuit.

Au nord de la Provence verte, entre les communes de Castellane et de Moustiers-Sainte-Marie, les gorges du Verdon sont le plus grand canyon d'Europe. Ces immenses gorges séparent les Préalpes de Castellane des Préalpes de Digne et résultent de l'érosion de la rivière du Verdon. Cette dernière prend sa source à 2819 mètres au col d'Allos et son parcours s'étend sur 175 km. Plus encore qu'une rivière tumultueuse, le site présente de gigantesques falaises de roches calcaires. Leur hauteur varie de 250 à 700 mètres et leur largeur va de 6 à 100 mètres, voire 200 à 1500 mètres au sommet des gorges ! Au milieu d'espaces naturels protégés riches en faune et en flore, le Verdon offre plusieurs visages, tour à tour tonique aux sensations fortes lorsqu'il se faufile le long d'impressionnantes gorges aux eaux vives bouillonnantes, ou calme et serein lorsque son cours rejoint l'un de ses 4 lacs (Esparron, Quinson, Sainte-Croix et Castillon) dont les eaux immobiles et assagies se prêtent à merveille à la baignade. Le lac de Sainte-Croix est le plus fréquenté, pour l'incroyable couleur émeraude de ses eaux due à la présence de micro-algues en suspension. Il prend sa source au col d'Allos et parcourt ensuite 175 km. Ce lac est l'un des sites de baignade les plus prisés des gorges du Verdon, il est aussi voué à la production hydroélectrique et l'irrigation.

▶ **Le Verdon** est un site de choix pour les loisirs en tout genre, mais ce sont les activités nautiques qui sont les plus réputées : canoë-kayak, rafting voire hydrospeed, que vous aimiez les sensations fortes ou que vous préfériez vous reposer dans un cadre naturel unique, vous aurez ici le choix, entre lacs et canyons ! Parmi les autres sports largement pratiqués dans les gorges du Verdon, citons l'escalade. Avec ses 2500 voies, il s'agit de l'un des sites favoris des grimpeurs du monde entier ! L'escalade se pratique dans les gorges du Verdon depuis la fin des années 60, aujourd'hui, les voies ont été réadaptées et certaines fermées afin de préserver la faune sauvage, notamment les vautours fauves et moines – réintroduits il y a quelques années – qui nichent dans les falaises. Autre activité très présente dans les gorges du Verdon, l'incontournable randonnée. Il faut dire qu'avec son cadre naturel exceptionnel, le site s'y prête à merveille ! Il vous faudra choisir entre des sentiers en hauteur, offrant un panorama d'exception, ou des chemins en bord de lac, relaxants et apaisants. Parmi les chemins les plus réputés, citons celui de l'Imbut. Il est nécessaire d'avoir une bonne condition physique et une préparation adéquate car il s'étend sur un peu moins de 10 km et demande environ 5h de marche. Le parcours débute à l'Auberge des cavaliers d'Aiguines puis descend jusqu'à la plage du Baou Béni. Le marcheur se retrouve donc en plein cœur des gorges du Verdon, face à un paysage d'exception. Attention, les roches peuvent être glissantes – cette randonnée est déconseillée aux enfants de moins de 12 ans – et le trajet peut impressionner les personnes sujettes au vertige. Pour une balade, optez plutôt pour le sentier menant à la chapelle Notre-Dame du Roc. Il débute sur le parking de la piscine de Castellane et mène, comme son nom l'indique, à la chapelle Notre-Dame-du-Roc. Cet édifice qui, dans son architecture actuelle date de 1876, a été initialement construit en 1703 sur les ruines d'une

chapelle du IXe siècle. La chapelle Notre-Dame-du-Roc se situe à 903 mètres d'altitude, pour la rejoindre on emprunte un sentier qui offre de belles vues sur Castellane, en quarante minutes. Pensez à prendre de l'eau et de la crème solaire ! Enfin, les sportifs apprécieront la randonnée « Plein voir par le col de l'âne ». Depuis le belvédère de Plein voir, on a une vue unique sur la rencontre entre les gorges et le lac de Sainte-Croix. Le départ a lieu sur le parking de Félines, à Moustiers-Sainte-Marie. Rappelons que, pour randonner en sécurité, il est primordial de toujours rester sur les sentiers balisés. Cela permet aussi de ne perturber ni la faune ni la flore.

▶ **Le parc naturel régional du Verdon** dans son intégralité accueille un tiers de la flore française, la faune présente elle aussi une grande diversité : outarde canepetière, vautour, lézard ocellé – le plus gros d'Europe !, une vingtaine d'espèces de chauves-souris... Le territoire témoigne d'une richesse naturelle remarquable, témoignant de ses influences alpines et méditerranéennes.

▶ **Les gorges du Verdon** peuvent aussi se découvrir au fil des différents villages. Il ne faut pas manquer Moustiers-Sainte-Marie, classé parmi les « plus beaux villages de France » et Aiguines qui surplombe le lac de Sainte-Croix et offre des vues splendides sur ce dernier. On s'arrête aussi à Rougon, spot incontournable d'observation des vautours et à Entrevaux pour son patrimoine. Ce village fortifié par Vauban à la fin du XVIIe siècle abrite notamment une cathédrale de la même époque et une citadelle à laquelle on accède par un chemin à flanc de collines. Citons aussi Quinson, à l'entrée des basses gorges du Verdon, pour son lac et son intéressant musée de la Préhistoire, l'un des plus riches d'Europe. L'histoire humaine de la Provence depuis le Paléolithique inférieur jusqu'à l'âge des métaux y est retracée, vous découvrirez aussi des habitats reconstitués d'après des données archéologiques. Enfin, les villages perchés de Saint-Julien-du-Verdon, Rougon et La Palud-sur-Verdon sont aussi des haltes agréables qui offrent de beaux belvédères sur les gorges.

MUSÉE DE LA FAÏENCE ★★

Rue du Seigneur-de-la-Clue
✆ 04 92 74 61 64
www.moustiers.fr

Fermé en janvier. Juillet et août de 10h à 12h30 et de 14h à 19h. Fermeture hebdomadaire mardi. Adulte : 3 €.

Ce musée, créé en 1929 à l'initiative de Marcel Provence, retrace les époques successives et les différents styles de la faïencerie de Moustiers, depuis le « bleu et blanc » de la fin du XVIIe siècle, jusqu'aux derniers motifs de la fin du XIXe siècle, en passant par les somptueux décors à la Bérain, d'armoiries, de guirlandes, de scènes mythologiques, de « grotesques d'Orélys », de fleurs, d'animaux et de drapeaux. Le XIXe siècle est représenté par les décors de porcelaine, bleuets et guirlandes. On peut y admirer de nombreuses pièces prestigieuses.

LE PARC NATUREL RÉGIONAL DU VERDON ★★★★

Domaine de Valx ✆ 04 92 74 68 00
www.parcduverdon.fr

Maison du parc ouverte toute l'année. Du lundi au vendredi de 9h à 12h30 et de 14h à 17h30. Gratuit.

La Bastide de Valx est le navire amiral du parc, puisqu'elle met à votre disposition de nombreux ouvrages et fiches d'information. Avec ses quelque 1 000 km de sentiers de randonnée (dont le célèbre sentier Blanc-Martel), le paysage du Parc naturel régional du Verdon s'ouvre comme un livre d'images dans un relief tourmenté, et raconte 250 millions d'années d'histoire géologique. La rivière Verdon, épine dorsale du territoire a façonné son identité. Les entailles profondes du Grand Canyon côtoient la plénitude des lacs de Sainte-Croix et d'Esparron et les vastes plateaux de lavande du Pays de Valensole ainsi que les collines du Haut-Var. Cinq retenues artificielles, les lacs de Castillon, de Chaudane, en amont des gorges, de Sainte-Croix, de Quinson et d'Esparron de Verdon, concourent à la beauté de cette terre. Visitez son joli site internet, source presque inépuisable de renseignements et d'images de splendides paysages qui vous donneront, n'en doutez pas, l'envie de vous rendre sur place pour admirer ces territoires uniques et si riches naturellement, de vos propres yeux ! Et pour les amoureux de nature préservée rappelons qu'ils pourront y observer ou côtoyer un tiers de la flore française, tant sa richesse floristique est unique. Et la richesse de sa faune n'est pas en reste. L'Outarde Canepetière, le Vautour fauve, le Lézard ocellé (le plus gros d'Europe) et 22 espèces de chauves-souris (sur les 32 répertoriées en France) sont un exemple de la diversité animale présente.

VISITES GUIDÉES DU VILLAGE

Place de l'Eglise
✆ 04 92 74 67 84

Visite toute l'année (sauf du 1er juillet au 31 août). Réservation nécessaire. À partir de 8 €.

L'office du tourisme et le Musée de la Faïence organisent des visites guidées pour vous faire découvrir l'histoire, les traditions, le patrimoine sans oublier l'artisanat de Moustiers. Entre émerveillement et anecdotes, Moustiers saura vous séduire. Plusieurs visites sont proposées comme « Le centre ancien » et « La Chapelle Notre dame de Beauvoir » ou encore le « Musée de la Faïence ». Il y a même une visite spéciale enfant. Le port du masque est conseillé.

HÔTEL CLOS DES IRIS** €

Chemin de Quinson ✆ 04 92 74 63 46
www.closdesiris.fr

Ouvert de début mars à mi-novembre. 9 chambres. Chambre double de 85 à 145 €. Formule petit-déjeuner de 8 € à 14€.

Bien qu'il ne soit classé que 2** (ce qui est peu compréhensible) cet établissement dégage beaucoup de charme au beau milieu d'un parc arboré et fleuri. Il exprime un art de vivre authentique ! Toutes les chambres sont décorées avec goût et personnalisées. Régulièrement rénovées, confortables, elles sont situées en rez de jardin avec pour chacune une terrasse privative où l'on peut déguster paisiblement, au choix un petit-déjeuner à la française, ou bien continental. L'accueil d'Alexia et de sa maman est chaleureux et de bon conseil. Une halte à recommander !

CAMPING LE MOULIN €€

Quartier Marzols ✆ 04 92 74 66 66
www.camping-le-moulin.com

Ouvert de fin avril à fin septembre. Terrain de 4 ha. 150 emplacements. Emplacement pour 2 à partir de 13 €.

Avec seulement 21 locations (dont 10 sortes différentes au choix) pour 150 emplacements répartis sur 4 hectares, le camping le Moulin est un camping qui privilégie résolument la conservation du cadre naturel. Sur ce domaine boisé de pins, peupliers le long d'une petite rivière et chênes, l'ambiance est familiale, et vos vacances baigneront dans une Provence authentique avec le chant de ses cigales. Tous les aménagements du camping ont été réalisés en prenant soin du cadre naturel. Des activités douces et des animations familiales y sont également proposées.

ALPES-DE-HAUTE-PROVENCE

DOMAINE DU PETIT LAC** €€

Route des Salles-sur-Verdon
✆ 04 92 74 67 11
www.lepetitlac.com

Ouvert du 15 avril à fin sept. Emplacement pour 2 (avec 10 A) de 19 à 27 €. Mobil-homes et chalets : 57 à 125 € la nuit.

Le Domaine du Petit Lac est situé dans un cadre naturel d'exception entre le lac de Sainte-Croix et le village de Moustiers. Vous pourrez profiter des plaisirs de la baignade naturelle surveillée tous les après-midi, du golf miniature, du tennis, des terrains de pétanque et beach volley, et aussi des animations tout public en été. Ce camping à l'atmosphère familiale propose 89 emplacements de camping et 60 hébergements en mobil-home ou chalet. Vous pourrez également profiter d'une carte variée au restaurant, sur place ou à emporter, ainsi que de l'épicerie.

MONASTÈRE DE SÉGRIES MAISON D'HÔTES €€

Route Riez ✆ 04 92 74 64 12
www.monastere-de-segries.com

Ouvert toute l'année. Accueil de groupes uniquement. Chambre double : 135€ en demi-pension et 157€ en pension complète.

Lieu de charme exceptionnel pouvant recevoir jusqu'à 70 hôtes, grâce à ses 20 chambres et ses 5 suites. Accueil de groupes dès 20 personnes. L'ancien monastère cistercien, reconverti en maison d'hôtes par Annemarie et Dhruv, vous invite à profiter du cloître avec son jardin aux platanes bicentenaires et sa piscine. Aussi, des séminaires, retraites, évènements à thèmes - yoga, jeûne, etc. Le plus : une cuisine provençale créative avec produits du potager, de la serre et du verger.

LA FERME ROSE*** €€

Chemin de Peyringues ✆ 04 92 75 75 75
www.lafermerose.com

11 chambres, dont une pour personnes à mobilité réduite. Chambre double de 98 à 179 €. Petit déjeuner : 13,50 €.

Kako Vagh a aménagé cet hôtel magnifique avec vue formidable sur le village en y mêlant sa collection d'objets des années 50 aux tableaux de son grand-père, peintre méridional réputé. Le mobilier est remarquable : tables, banquettes proviennent de l'ancienne brasserie Noailles à Marseille. Les chambres, ravissantes, lumineuses, offrent tout le confort, avec des salles de douches en faïence de Salernes. Profitez de l'immense piscine au cadre enchanteur de juin à septembre, comme du jardin et son espace solarium ainsi que du bar pour des moments de détente.

LE RELAIS** €€

Place du Couvert
✆ 04 92 74 66 10

Ouvert de mi-avril à novembre. 18 chambres. Chambre double de 75 à 110 €. Petit-déjeuner : 12 €.

Martine, Aurélie et Moussa vous accueillent depuis plus de 40 ans dans leur petit hôtel à l'architecture provençale typique. Les chambres familiales et spacieuses sont dotées d'une mezzanine et d'un balcon avec vue sur la chapelle et la célèbre Étoile. Côté restauration, les enfants ont pris la relève. Moussa, d'origine sénégalaise, décline une cuisine provençale revisitée et rehaussée grâce aux épices et Aurélie fera chavirer votre cœur avec ses desserts ! Dégustez le tout dans la superbe véranda ou sous une terrasse abritée du soleil à deux pas de la cascade.

HÔTEL LE BELVÉDÈRE** €€

Avenue des Lérins
✆ 04 92 74 66 04
www.hotel-belvedere-moustiers.com

Ouvert du 4 avril au 30 sept. 10 chambres. Petit déjeuner : 9 €. Chambre de 110 € à 120 €.

Au cœur du village, ce Belvédère mérite bien le nom qu'il porte depuis une trentaine d'années. D'importants travaux de rénovation entrepris il y a quelques années ont permis de lui redonner tout son charme. Rien à redire sur le confort : télévision, douche, WC. Parking privé gratuit. Les animaux sont acceptés. Le Belvédère, comme nous le rappelle Philippe, le maître des lieux, c'est aussi une restauration midi et soir en pleine saison, une pizzeria que les habitués connaissent bien. Vous prendrez place dans l'une des deux grandes salles lumineuses.

LE VIEUX CASTEL €€

1, route des Châteaux - **ROUMOULES**
✆ 04 92 77 75 42
www.levieuxcastel.com

Ouvert toute l'année. Chambre double à 95 €. Chambre pour 4 personnes, 175 à 190 €. Petit déjeuner inclus.

Bienvenue dans la petite Rome ! C'est en effet l'origine du nom du village de Roumoules où Catherine vous accueille dans une ancienne bastide du XVIIe siècle. Celle-ci a appartenu à la famille des Clérissy, célèbres créateurs des faïences de Moustiers. Une demeure historique où vous disposerez de chambres ou de suites familiales spacieuses, toutes sont magnifiquement décorées. La présence de mobilier d'époque a maintenu tout son charme d'antan à la bastide. Le petit déjeuner est servi le matin dans la salle voûtée. Relaxation garantie au bain à remous offert.

LE VIEUX COLOMBIER*** €€

Quartier Saint-Michel ✆ 04 92 74 61 89

www.campinglevieuxcolombier.com

Ouvert du 15 avril au 2 octobre 54 emplacements (et 16 locations). Chalets pour 2 à 5 p. de 413 à 721 € la semaine.

À la tête de ce camping, une famille : Hugo pour le snack, Gilda, Corine et Sébastien pour le camping. Avec son accueil familial, le Vieux Colombier vous ouvre ses portes pour des vacances nature, à quatre kilomètres du lac de Sainte Croix et aux portes des gorges du Verdon. De taille humaine, avec ses 54 emplacements de camping et ses 16 mobil-homes, il offre un parc arboré de plus de 200 arbres. Une aire de jeux pour régaler les enfants, des tables de ping-pong, un baby-foot, un terrain de volley. Un endroit idéal pour des vacances en plein air et au calme.

LA BASTIDE DE MOUSTIERS**** €€€

Chemin de Quinson ✆ 04 92 70 47 47

www.bastide-moustiers.com

Ouvert du 6 avril au 31 octobre. 11 chambres, 2 suites. Chambre double à partir de 295 €. Menus à partir de 85 €.

L'auberge champêtre d'Alain Ducasse coule toujours des jours tranquilles. Dans ce havre de quiétude, toute l'équipe, autour de Sarah Chailan, s'emploie à vous faire passer d'agréables moments. Les chambres évoquent une couleur, une senteur, une image de la Provence. Le raffinement est à son paroxysme. Au restaurant, les menus évoluent en fonction des légumes du potager cultivés avec passion par le jardinier et de l'imagination débordante du chef Adrien de Crignis.

LA FERME DU PETIT SÉGRIÈS €€€

Lieu-dit Le Petit Ségriès

✆ 04 92 74 68 83

www.chambre-hote-verdon.com

Chambre double de 84 à 134 €. Petit déjeuner inclus. Gîte 14 personnes de 1 350 à 2 050 € la semaine.

Cet hébergement à la ferme propose deux formules, gîte ou chambre d'hôtes. Sylvie, la maitresse des lieux, vous réserve un accueil toujours aussi chaleureux, convivial et de bons conseils. Ses chambres sont tout simplement superbes avec pour chacune des noms de montagnes voisines et un thème chromatique de décoration. Le gîte est également très bien pensé pour les groupes. Sylvie propose deux fois par semaine des tapas de produits frais et locaux.

BRASSERIE CHEZ BENOÎT €€

Saint-Michel

✆ 04 92 77 45 07

www.brasserie-moustiers-benoit.fr

Ouvert de début avril à début novembre. Du jeudi au mardi de 12h à 14h30 et de 19h à 21h30. Plat du jour 16.5€.

Une brasserie à l'atmosphère décontractée et à la cuisine traditionnelle, savoureuse et authentique qui suit les saisons et privilégie les circuits courts. Le restaurant met un point d'honneur à proposer des viandes françaises de qualité et découpées sur place. Ainsi, le carpaccio, les tartares et la côte de bœuf sont irrésistibles. Que ce soit les pizzas, le hamburger maison ou le magret, tout est raffiné et bien présenté. La terrasse tout récemment rénovée avec son brumisateur est particulièrement agréable pour l'été et les jours ensoleillés.

LA FERME SAINTE-CÉCILE €€

Route des Gorges-du-Verdon

✆ 04 92 74 64 18

www.ferme-ste-cecile.com

Ouvert de mi-avril à début novembre. Fermé dimanche soir et lundi. Menu 44 €. Réservation obligatoire.

Dans un cadre naturel à 2 minutes de Moustiers-Sainte-Marie, cette ferme du XVIIIe siècle joliment restaurée est un havre de paix où chantent les cigales. Pour le reste, le silence prévaut et c'est très agréable. Catherine sera votre hôtesse et vous guidera sur le choix de votre vin. Le chef Patrick Crespin est un Artisan. La cuisine est faite maison, le pain pétri tous les matins, les poissons sauvages sont à la fête. L'accent est mis sur les produits locaux. Si vous le souhaitez, profitez d'un moment farniente hamac au bord de la rivière après déjeuner.

GAUDINETO €€

Place Pomey

✆ 04 92 74 66 48

http://gaudineto.fr/

Ouvert tous les jours de 11h à 21h. Fermé le mardi de novembre à fin mars. Carte : 18 € en moyenne. Terrasse.

Anciennement Patiss et Cuisine, cette ancienne boulangerie du XIVe siècle située au bord du torrent offre un cadre agréable. Aux beaux jours, vous apprécierez la charmante terrasse. Ici, tout est fait maison : salades, tartes, bagels, tapas, et pâtisseries. Maxence, le chef du restaurant est passionné de bons produits locaux et présente une fine sélection de thés, cafés, jus de fruits, bières artisanales, chocolats chauds traditionnels avec le chocolat et le lait de votre choix. Les lundis, c'est sushis ! Et l'été les cocktails maison sont soigneusement élaborés.

LES MAGNANS €€

✆ 04 92 74 61 20

Ouvert les midis de mars à fin décembre, fermé le soir et le samedi. Carte environ 20 €. Plat du jour : 15,90 €.

Depuis 1986, Stéphane propose aux gourmands de la région une grande variété de plats préparés avec des produits frais. Quelques spécialités de la maison : les pieds paquets, le civet de sanglier, le sauté de biche poires au miel… Pour les végétariens : un succulent burger. Les assiettes sont copieuses et à déguster dans la véranda qui donne sur la vallée, sur la grande terrasse au soleil ou à l'ombre des platanes. Accueil sympathique et chaleureux. Vous trouverez sur place une épicerie fine, dépôt de pain et viennoiseries ainsi qu'un magasin de souvenirs.

DELLA CASA

Les aygalades - **ROUMOULES**

✆ 04 92 79 59 76

Ouvert toute l'année du mercredi au dimanche. De 7h à 13h et 16h à 19h. Pain traditionnel et viennoiseries.

Animés par le partage de la tradition et l'amour des produits de hautes qualités, Yael et Thierry, boulanger depuis 20 ans, vous proposent un pain de haute voltige sans aucun additif et aucun améliorant. La farine intégrale est moulue sur place pour encore plus de qualités nutritionnelles. Le levain est maison et donne un goût incomparable au pain. Tout est fait sur place, même les croissants et pains au chocolat, avec des ingrédients sélectionnés avec rigueur. Une adresse incontournable pour les amoureux du bien manger. Comment résister au merveilleux pudding !

L'ÉTOILE GIVRÉE

Place Jean-Baptiste Pomey

✆ 06 69 67 33 34

Ouvert d'avril à fin octobre. 3 € la boule, 4 € les 2, 5 € les 3, et 6 € les 4 boules.

Au pied de l'Étoile de Moustiers, succombez à une pause rafraichissante à l'Etoile Givrée. Glaces esquimaux et cornets sont faits maison ou l'option pot si vous préférez. Marion Allègre, la créatrice, utilise avec brio les produits locaux pour des parfums classiques comme insolites. Sorbet au chocolat, orange sanguine ou encore miel de lavande sont autant de saveurs à faire pâlir le meilleur des glaciers italiens. Succombez aux excellentes barres chocolatées, au chocolat ambré et à la fève tonka ou à la vanille et aux amandes caramélisées de Valensole !

ATELIER BONDIL À MOUSTIERS - FAÏENCE DE MOUSTIERS

Place Jean-Baptiste Pomey

✆ 04 92 74 67 02

www.faiencebondil.fr

Ouvert tous les jours de 10h30 à 18h de mars à octobre. Fermeture en janvier, et un jour par semaine en basse saison.

Créée en 1980, l'entreprise est spécialisée dans la fabrication de faïences de Moustiers. Elle propose des objets traditionnels, principalement pour la table, ornés de décors classiques de Moustiers, ainsi que des pièces uniques, des séries limitées et des pièces dorées à l'or. En 2011, les Ateliers Bondil ont reçu la distinction Entreprise du patrimoine vivant en reconnaissance du maintien de ce savoir-faire ancestral unique. C'est la passion de l'excellence. Visite de l'atelier.

ATELIER SERRAILLER

Rue du Seigneur-de-la-Clue

✆ 04 92 74 69 24

www.moustiers.fr

Ouvert tous les jours. Fermeture annuelle au mois de janvier. Visite de l'atelier sur rendez-vous.

Créé il y a plus de 22 ans, cet atelier et ses magasins L'Artisanat et La Chaîne offrent des pièces de faïence uniques entièrement faites à la main avec des techniques des XVIIe et XVIIIe siècles. Des décors raffinés et anciens Louis XIV ainsi que des créations, des reproductions et des antiquités. Des « joyaux » nés dans la plus pure tradition entre les mains des parents de Line Serrailler avant que cette dernière ne reprenne l'affaire familiale. Ces boutiques raviront les amateurs de beaux objets et d'artisanat d'art. N'hésitez pas à appeler si atelier fermé.

LES ATELIERS DE JOHANN FINE ET MLLE POMPONETTE

Place de l'Église

✆ 06 87 39 32 60

www.poterie-moustiers.com

Ouvert tous les jours de mi-avril à fin octobre, de 10h30 à 13h00 et de 14h à 19h.

Installés à Moustiers depuis 1976, les membres de la famille Fine sont potiers et céramistes de génération en génération. Johann et Béatrice utilisent la technique de la terre vernissée. Entre leurs mains naissent des pièces réalisées avec passion et talent : mugs, saladiers, pichets, assiettes... Mlle Pomponette et Johann Fine, deux univers qui bousculent les traditions de la faïence ! Cette année, une exposition/vente vous permet de découvrir différents céramistes locaux.

BOUCHERIE CHARCUTERIE BONDIL

Rue du Courtil ✆ 04 92 74 66 12
www.maison-bondil.fr
Ouvert toute l'année du mardi au dimanche matin, de 8h à 12h30 et de 14h30 à 16h30. En saison fermeture à 19h. Traiteur.

Depuis 5 générations, la boucherie-charcuterie Bondil, une institution à Moustiers, vous accueille dans une boutique traditionnelle où tout est fabriqué sur place. Baptiste sélectionne la viande française avec soin et vous propose une grande variété de saucisses et autres grillades, le paradis des barbecues. C'est l'endroit parfait pour les amateurs de bons produits comme des saucissons, le fameux pavé du Verdon mais aussi de succulents plats cuisinés ou encore des tapas.

BASE DE LOISIRS LA CADENO - PLAGE

route du lac
✆ 07 82 10 67 03
Du 9 avril 2023 au 15 octobre 2023. Location à partir de 10 €/heure.

Cette base nautique a été développée et aménagée récemment à l'initiative de la municipalité. Au cœur d'une région préservée, sauvage et ventée, découvrez les plaisir de la navigation sur l'eau douce et pure du magnifique lac de Sainte-Croix du Verdon. À la Cadeno Plage, vous pourrez pratiquer en toute liberté de nombreuses activités nautiques : canoë, kayak, bateau à pédales et standup paddle ! Sur place vous trouverez également un parking et une buvette - snack.

SAINTE-CROIX-DU-VERDON ★

Historiquement, le village a été créé sur un point de passage du Verdon. Mais Sainte-Croix-du-Verdon a surtout vu son destin basculer en 1973, lors de la mise en eau du lac qui porte son nom. Jusque-là isolé sur son promontoire rocheux, il a depuis vu le tourisme prendre le pas sur les autres formes d'activités. En très grande partie restauré dans la tradition provençale, ce joli village construit à flanc de colline est à présent un centre de villégiature relativement fréquenté qui propose essentiellement des activités nautiques. La vue générale sur tout le lac depuis le village est tout simplement sublime et mérite le détour à elle seule.

BUREAU D'INFORMATION TOURISTIQUE

✆ 04 92 77 85 29
www.stecroixduverdon-tourisme.fr
Ouvert d'avril à septembre. L'été, du lundi au samedi : 9h30-12h30 et 14h-18h et le dimanche : 10h-12h30 et 15h30-17h30.

Vous ne savez pas où aller ni où manger ? Besoin d'une carte pour vous repérer ou besoin de plus amples informations ? Ce bureau d'information touristique vous sera bien utile pour vous faire passer un agréable séjour. Situé à l'entrée du village, il dispose notamment d'un parking pour vous accueillir. Vous y découvrirez le point de départ de nombreuses activités, au bord du lac surtout, ainsi que l'histoire riche de l'ancienne vallée mise en eau dans les années 1970.

LE COMPTOIR €€

Le Village
✆ 04 92 73 74 62
www.lecomptoir04.com
Ouvert de début avril à fin octobre. 7j/7 le midi et le soir de 9h à 23h. Menu à 34 €.

Idéalement situé à proximité du lac avec sa vue imprenable en terrasse, le Comptoir propose de l'épaule d'agneau, de l'aïoli maison, du foie gras maison, tzatziki de bœuf et de poisson. Les assiettes sont copieuses et joliment décorées, la couleur est au rendez-vous avec des fruits en décor. Vous pouvez aussi déguster des cocktails et de délicieux smoothies aux fruits frais ainsi que des coupes glacées. En été, la terrasse s'anime le vendredi soir avec des concerts. Aussi, 5 chambres confortables, situées au calme, avec un petit déjeuner servi en terrasse.

LES TERRASSES DU LAC €€

Voie communale Le-Cours
✆ 04 92 77 82 42
www.lesterrassesdulac04.fr
Ouvert d'avril à octobre. Ouvert tous les jours sauf mercredi la journée. Carte à l'ardoise et pizzas.

Cette adresse porte bien son nom, elle offre une vue panoramique exceptionnelle ! Sur la carte, petits farcis provençaux ou burger « provençal » confectionnés par le Chef. Côté poissons, la friture de Joels et les petits éperlans peuvent être dégustés en plat ou en apéritif à partager ! Tout est fait maison, jusqu'au dessert, et à base de produits du terroir, à accompagner de vins de propriétaires récoltants. Pour les gourmands, craquez pour un dessert frais et gourmand telle la faisselle et son coulis de fruits rouges. Une belle carte de boissons et apéritifs.

LA MAISON DU LAVANDIN

Le Jas-de-Ménassier
✆ 04 92 77 73 31
www.lamaisondulavandin.fr

Ouvert de Pâques à fin septembre de 9h à 12h et de 15h à 19h. Non-stop en juillet et août. Livraison possible.

La Maison du Lavandin est une exploitation agricole, producteur d'huiles essentielles et d'eau de Lavandin depuis 1976, au beau milieu du plateau de Valensole. Venez y découvrir les bienfaits et senteurs. La boutique, dans une authentique remise aménagée, vous séduira par ses produits locaux comme le miel de Lavande, les confitures, conserves de tapenade et de caviar d'aubergines, les macarons, sablés sans oublier les légumes de saison. Visite de l'exploitation agricole et dégustation de truffes sur réservation. L'accueil est chaleureux, on s'y sent bien.

ASSOCIATION VOILE ET NAUTISME

Route du Bord du Lac ✆ 04 92 77 76 51
www.voileverdon.fr

Ouvert de début avril à début novembre. Nombreuses locations : planche à voile 18 € l'heure, paddle 12 €, kayak 12 €...

AVN04 est une association dynamique qui vous propose toutes sortes d'activités nautiques de la balade en goélette au coucher du soleil, la traversée du lac pour se rendre au marché de Bauduen, des cours particuliers, des stages ou des baptêmes pour découvrir la voile. Lancez-vous sur le lac grâce aux différentes locations possibles comme la planche à voile, le paddle et maxi paddle, le kayak et les bateaux collectifs. Parfait pour profiter du lac au rythme de la navigation à voiles.

QUINSON ★

Depuis l'aube de l'humanité, Quinson est habité et ce village est un ravissement pour les amateurs de paysages grandioses autant que les sportifs de pleine nature, prêts à s'adonner à divers sports nautiques, à de nombreuses randonnées, ou à aller grimper dans l'un de ses superbes sites d'escalade environnants. Porte du département des Alpes-de-Haute-Provence, il fait le lien entre le plateau de Valensole et le Haut-Var. Autrefois perché, Quinson est aujourd'hui implanté en plaine, au bord du Verdon. Venez découvrir son riche passé, ses remparts, son superbe musée de la Préhistoire mais aussi ses fontaines qui jalonnent le village de places en rues.

GROTTE PRÉHISTORIQUE DE LA BAUME BONNE

✆ 04 92 74 09 59

Ouvert de début février à mi-décembre. Visite libre du musée. Pour toute autre activité, réservation obligatoire.

Site archéologique majeur du Verdon, cette grotte est classée Monument historique. Habitée à toutes les périodes préhistoriques, elle témoigne de l'évolution des modes de vie depuis 400 000 ans. De très nombreux ossements d'animaux y ont été retrouvés, et ont fourni de précieux enseignements sur les époques climatiques successives. On y accède, accompagné d'un guide, par un sentier de garrigue. Mais d'abord, il faut marcher un peu… 1h15 d'une splendide randonnée.

LAC DE QUINSON ★

Baignade interdite mais lac navigable en bateau électrique, canoë, entre autres. Restauration. Aire de pique-nique.

© JUAN CARLOS MUNOZ - SHUTTERSTOCK.COM

Ce lac moins connu que ceux de Sainte-Croix ou Esparron mérite pourtant votre visite. Généré par le barrage de Gréoux, cette retenue d'eau a créé un lac de près de 13 km de longueur, qui a conservé un aspect sauvage. Ancien canyon étroit et envahi par les eaux, il s'élargit un peu par endroits. Vous pourrez apprécier aussi les grottes dans les falaises, en vous y rendant en bateau. C'est aussi le départ pour remonter les basses gorges en bateaux électriques ou canoë pour les plus courageux ! De quoi en prendre plein les yeux ! Très bel endroit pour pique-niquer.

MUSÉE DE PRÉHISTOIRE DES GORGES DU VERDON

Route de Montmeyan ✆ 04 92 74 09 59
www.museeprehistoire.com
Ouvert du 2 février au 30 décembre inclus. Juillet et août : de 10h à 20h. Adulte : 8 €. Label Tourisme & Handicap.

Ce musée est l'un des plus grands et des plus riches musées consacrés à la Préhistoire en Europe. Il retrace toute l'aventure humaine en Provence depuis le paléolithique inférieur jusqu'à l'âge des métaux. Vous y découvrirez l'histoire des premiers outils : le chopper, la pointe de Quinson, le biface, le racloir, les haches en pierre polie, les poinçons en os, les premières céramiques, jusqu'aux premières formes de métallurgie de l'âge de bronze. C'est une remarquable machine à remonter le temps. De nombreuses vitrines ont permis la reconstitution de scènes de la vie préhistorique, d'un réalisme saisissant. Un troupeau d'animaux préhistoriques reconstitués (taille réelle) trône dans l'entrée du musée. Mammouth et rhinocéros laineux, tigre à dents de sabre, renne et mégacéros accueillent les visiteurs et proposent une approche ludique pour restituer l'Homme dans son environnement.

Les autres espaces d'exposition

Au-delà du musée, dont l'objectif affiché est de comprendre, vous avez aussi accès à la grotte de la Baume-Bonne pour explorer, et au village préhistorique pour vivre la préhistoire. Pensez à réserver pour la grotte, et à prévoir des chaussures adaptées ainsi qu'une bouteille d'eau ! Profitez du village préhistorique reconstitué, juste en face du musée, pour découvrir les habitats représentatifs de la Préhistoire du plus ancien au plus récent. Une immersion dans le passé de plus d'1 million d'années. Visite guidée du Préhistorite en groupe (à partir de 10 pers).

BUREAU D'INFORMATION TOURISTIQUE

Chapelle Saint-Esprit
✆ 04 92 74 01 12
Ouvert toute l'année. Juillet-août, du lundi au samedi de 9h à 13h et de 15h30 à 18h30. Basse saison, lundi au vendredi.

Ce bureau d'information dynamique organise des visites guidées du village. Il gère également une billetterie pour l'entrée au musée de la Préhistoire. Aux beaux jours, le lundi matin, il assure une présence sur le marché de Quinson. Enfin, il propose toute l'année des balades ludiques pour les familles, les Randolands, qui permettent de découvrir Quinson et son histoire grâce à de petits jeux. Et bien sûr, il se tient à votre disposition pour tout renseignement pratique sur le pays.

PROVISITO

Les Aires Saint Christophe
MONTAGNAC-MONTPEZAT
✆ 06 82 93 88 72
http://provisito.fr/
Excursions en véhicule 8 places et visites guidées. À partir de 55 € la demi-journée.

Depuis 2007, Provisito vous propose des excursions et visites guidées en véhicule 8 places tout confort. Découvrez le grand canyon du Verdon par la mythique route des Crêtes, le plateau de Valensole connu pour la beauté de ses lavandes, comme le Colorado provençal et ses milliers de nuances d'ocre, un patrimoine naturel exceptionnel… Anne, guide de pays passionnée, vous partagera sa bonne humeur et toutes ses connaissances au cœur de la Provence. C'est aussi des transferts aéroport ou gare ainsi que des circuits privés sur demande.

VISITE DU VILLAGE MEDIÉVAL DE QUINSON

Chapelle Saint-Esprit
✆ 04 92 74 01 12
Visites guidées de juin à fin septembre. 5 personnes minimum. Adulte 6 €. Se renseigner auprès de l'office de tourisme.

En juillet - août, vous pourrez partir à la découverte de la richesse historique du village en faisant un bond de 2 000 ans en arrière. Vous remonterez de l'époque celto-ligure au XIXe siècle, en passant par l'Antiquité et le Moyen Age. Déambulez dans ses jolies petites ruelles avec calades et admirez son centre médiéval, son campanile et ses chapelles. Le reste de l'année cette découverte peut se faire librement grâce à des balades ludiques destinées aux familles, les Randolands.

GÎTE D'ÉTAPE L'ESCARGOT* €

✆ 04 92 74 09 73
www.giteescargot.com
Ouvert toute l'année. Deux gîtes de 110 € à 220 € la nuit. Jusqu'à 17 personnes. Petit déjeuner 7 €.

Pendant plus de 23 ans, les propriétaires ont fabriqué des jouets en bois et l'escargot était leur thème de prédilection, d'où l'appellation de leur établissement ! Les gîtes bénéficient de deux cuisines équipées accessibles aux hôtes. Un endroit parfait pour profiter du calme des basses gorges dont vous pouvez partir à la découverte en canoë et des splendeurs du Verdon. Les petits déjeuners savoureux sont agrémentés de fruits du jardin et de confitures maison. Vous pourrez déguster et acheter sur place une des 2 variétés d'huiles d'olive qu'ils produisent.

ALPES-DE-HAUTE-PROVENCE

LES ALBIZIAS €€

Adrech de Notre-Dame - **MONTAGNAC-MONTPEZAT**
✆ 04 92 77 55 96
www.albizias-lacs-verdon.com
Ouvert de début mai à fin septembre. Chambre double de 80 € à 90 € ; suite de 140 € à 150 €. Petit déjeuner : 7 €.

Cette maison d'hôtes provençale vous accueille sympathiquement durant la belle saison sur le plateau de Valensole au milieu des lavandes de Haute-Provence. Elle vous propose deux possibilités d'hébergement : une chambre pour deux personnes à la décoration simple mais raffinée, avec salle d'eau, toilettes et terrasse privée. Vous pourrez également loger dans une suite prévue pour deux à quatre personnes composée de deux chambres et d'une salle de bains centrale. Il est également possible de louer l'intégralité de la maison avec piscine.

CAMPING TOHAPI LES PRÉS DU VERDON*** €€

Allée des Prés-du-Verdon ✆ 04 30 05 15 11
www.campinglespresduverdon.com
Ouvert de mi-mai à fin septembre. 200 emplacements. Mobil-homes pour 4 à 6, de 254 € à 1 270€ la semaine.

Au sein de ce camping 3-étoiles, le choix d'hébergements est vaste ; emplacements, mobil-homes, tentes lodges sur pilotis ou tentes bungalows. Le village avec ses commerces est accessible à pieds par un sentier. Côté activités : ping-pong, pétanque et football en accès libre. Les petits pourront profiter de la pataugeoire et les plus grands de la piscine extérieure. Il est situé au bord du Verdon où des locations de canoës et bateaux électriques sont à deux pas pour le plaisir de tous.

LA GUINGUETTE €

La Treille
MONTAGNAC-MONTPEZAT
✆ 06 76 06 62 06
Ouvert de mi-avril à fin octobre, tous les jours. Tacos et burgers. Pizza à partir de 10 €. Terrasse.

En saison, on retrouve dans ce cadre charmant, qui offre une belle vue sur le lac, toute l'authenticité de la guinguette traditionnelle : une ambiance conviviale, sans chichis, un service souriant et une carte courte. La carte propose pizzas, burgers et tacos, entrecôtes à la plancha/frites, salades composées. Deux menus, burger ou tacos avec ou sans dessert. La Guinguette propose des plats à emporter et une livraison à domicile gratuite (minimum 2 plats). Au bord du lac, un endroit bien pensé pour une halte agréable en terrasse.

L'ACCROLAC DU VERDON

Camping La farigoulette
SAINT-LAURENT-DU-VERDON
✆ 07 65 18 59 21
https://laccrolacduverdon.com
Ouvert d'avril à septembre. Ouverture à 9h30. Fermeture selon la saison. Entrée dès 12€.

L'accrobranche se situe à l'intérieur du camping La Farigoulette au cœur d'une forêt au bord du lac. Tout nouveau, tout beau, c'est l'endroit idéal pour passer un agréable moment de rigolade en famille, au bord du lac et profiter de l'ombre de la pinède. 7 parcours, 100 jeux et 800 mètres de tyroliennes ouverts à tous les pratiquants. Les fans de trampoline seront aux anges avec un espace dédié. Service de restauration et zone de pique-nique au bord de l'eau pour reprendre des forces. Profitez également de la base de location de kayak, Vtt et bateaux électriques.

RENESENS

7, rue du Var
✆ 07 87 54 54 77
Boutique ouverte d'avril à novembre. 7j/7 en saison de 10h à 19h. Sinon, appeler avant de venir. Gîte 4 pers à 580 €.

En plein centre du village, dans une ancienne étable, René a déniché avec cœur et passion des artisans et créateurs locaux amoureux de leur art, tous résidents à une trentaine de kilomètres maximum. Ainsi, il a rassemblé des merveilles du 04 et nous fait découvrir avec enthousiasme des produits gourmands, des cosmétiques, de la poterie, des bijoux ou encore des chaussettes « La Routo » (itinéraire sur les chemins de transhumance) en laine mérinos d'Arles… René, de surcroît Guide de Pays, sera d'excellent conseil. Il loue aussi un gîte pour 4 personnes avec jardin.

AQUATTITUDE

MONTAGNAC-MONTPEZAT
✆ 06 79 21 03 77
www.aquattitude.com/contact.html
La base nautique n'est pas ouverte en permanence (hors juillet et août). Activités à partir de 15€.

Voilà un endroit où nature rime avec sport et bonne humeur. Aquattitude vous propose un panel d'activités de pleine nature. Partez pour l'aventure en louant des canoës-kayaks, rafting, paddle et paddle électrique. Ils proposent aussi des balades et excursions, des sorties VTT, des randonnées pédestres avec un guide/moniteur. Aquatique c'est une équipe dynamique, souriante et passionnée par son environnement qu'elle ne cesse de respecter, de protéger. Ouvert à tous les pratiquants souhaitant ressentir la nature et vivre une aventure.

YANNICK BERNIER - GUIDE CANOË-KAYAK

rue des punis - **MONTAGNAC-MONTPEZAT**
✆ 06 08 54 50 02
http://canoeverdon.free.fr

Ouvert du 1er avril au 1er novembre. Kayaks de 15€ à 45€ (1 à 4 places). Bateau électrique de 30€ à 50€ (2 à 10 places)

Dans un site exceptionnel, Yannick vous embarque dans les basses gorges de Baudinard en canoë, paddle ou bateau électrique sur la journée ou 1/2 journée. La Base est située au bord du Verdon, en aval du barrage de Sainte-Croix, et convient à tous publics, valides ou handicapés. Trois balades accompagnées pour mieux comprendre l'histoire, la préhistoire de ce site préservé, découvrir les splendeurs au couchant ou levant pour se laisser séduire par la lumière matinale en toute intimité.

GRÉOUX-LES-BAINS ★★

Gréoux est une station thermale et un village de caractère. Il est difficile de manquer le magnifique château qui surplombe le village. Il fut construit au XIIe siècle par les Templiers, avant d'être cédé aux Hospitaliers de Saint-Jean de Jérusalem, puis passera de mains en mains jusqu'à ce qu'il soit classé monument historique en 1840. En été, il est possible de découvrir son histoire lors de visites théâtralisées. En déambulant dans les vieilles ruelles, vous découvrirez les chapelles, les remparts, la belle église et son campanile, les lavoirs, et évidemment les fameux thermes troglodytiques. Une invitation à voyager dans le temps !

Balade

En vous baladant au cœur du vieux village, vous irez à la rencontre de l'église Notre-Dame-des-Ormeaux au château dit des Templiers, en passant devant plusieurs musées, des armoiries, des vitraux.... ainsi qu'un riche patrimoine thermal, avec la découverte de ses fameux thermes troglodytes. Des visites guidées à thèmes sont possibles pour des groupes et sur réservation auprès de l'Office de tourisme. Et d'avril à octobre, sur inscription préalable, il organise aussi pour des particuliers diverses balades randonnées de quelques heures à une journée et plus ou moins éloignées, avec des guides conférenciers de la Compagnie des Grands Espaces. Laissez-vous guider dans ce lieu que Jean Giono avait qualifié « d'oasis romantique du Verdon ».

LE CHÂTEAU DES TEMPLIERS

Esplanade Cadière
✆ 04 92 78 01 08

Seule la salle des gardes est ouverte au public, avec des expositions gratuites.

Classé Monument Historique, ce château domine le village de Gréoux-les-Bains depuis des générations. Il abrite une salle d'exposition qui change tous les mois. Tout laisse à supposer qu'au XIIe siècle furent posées les premières pierres qui constitueront plus tard le château dit « des Templiers ». Le couple Roize, puis Antoine Cadière en seront les propriétaires, avant que la commune de Gréoux-les-Bains, après un référendum, le rachète. Des travaux de restauration sont alors entrepris pour consolider, et rendre à nouveau accessible ce lieu emblématique.

ÉGLISE NOTRE-DAME-DES-ORMEAUX

Place de l'Hôtel-de-Ville
✆ 04 92 78 01 41
www.greoux-les-bains.com

Entrée libre durant la journée. Renseignements auprès de l'office de tourisme.

L'église Notre-Dame-des-Ormeaux est un ancien prieuré de l'abbaye de Montmajour. De style roman, sa construction s'étend du XIe au XIIe siècle. De nombreuses transformations ont été effectuées dans le style gothique entre le XIVe et le XVIe siècle. Le clocher est beaucoup plus tardif : il a été construit vers 1830. L'intérieur de l'église a quant à lui été restauré de 1973 à 1975. Elle renferme aussi le buste reliquaire de saint Sébastien, saint patron de Gréoux.

MUSÉE DES POUPÉES, MINIATURES ET JOUETS DU MONDE

16, avenue des Alpes ✆ 06 84 62 71 23
www.museedespoupees.com

Ouvert de mi-avril à fin octobre. Les lundi, mercredi et vendredi de 16h à 19h. Adulte : 7,50 €, enfant 6 €.

Petits et grands, collectionneurs, créateurs ou curieux, sont unanimes : ce très beau musée est un ravissement pour les yeux. Il vous propose un voyage dans l'imaginaire qui enchantera petits et grands : dans cette magnifique maison ancienne, vous découvrirez quelque 140 mises en scène mêlant passé, présent et futur. Hors des visites, diverses animations sont proposées aux enfants comme aux adultes avec notamment la création de poupées en chiffon et de maisons de poupées pour l'UNICEF.

PARC ANIMALIER LES AIGLES DU VERDON ★

La Colline de Lineau
✆ 06 75 47 17 06
www.parc-animalier-verdon.com
Ouvert tous les jours et les jours fériés de 11h à 18h. Adulte : 14 €. Enfant de 3 à 11 ans : 8 €.

Ce parc de 12 hectares associe spectacle équestre et fauconnerie. Vous vous laisserez surprendre par le ballet aérien des rapaces et apprécierez la beauté des chevaux pure race espagnol. Évolution en commun et en toute élégance. Des chorégraphies et des spectacles de connivence entre équidés et oiseaux de proie sont proposés avec la fauconnière Bélinda en chef d'orchestre. Buses de Harris, Faucon crécerelle, faucon américain, hibou grand-duc d'Europe, hibou grand-duc du Bengale, hibou grand-duc de Sibérie, caracara de Foster, chouette effraie, chouette Boobook, chouette le programme, milan noir, aigle pygargue à tête blanche et de magnifiques chevaux animent le site, dans le plus grand respect des caractères propres à chacune des espèces. Une alchimie s'est installée permettant de proposer ces magnifiques spectacles. En marge, un petit parc animalier est ouvert dans ce site magnifique de la colline de Linoux, près de Manosque, où se côtoient animaux de la ferme et de la basse-cour, cochons, oies, poules, canards, chèvres que vous pourrez approcher et câliner. Puis empruntez le parcours ombragé pour voir des animaux plus rares perruches, coatis, paons, tortues d'eau, chiens-loups de Saarloos et le buffle. Stages et ateliers découverte des rapaces et de la fauconnerie. Possibilité de fêter votre anniversaire, mariage, baptême, repas d'affaires, vos soirées diverses. Aires de jeux et de pique-nique ou vous restaurer au snack. Terrasse est ombragée l'été, et chauffée en hiver.

LES THERMES TROGLODYTES GALLO-ROMAINS ✞ ★

Avenue du Verdon
✆ 04 92 78 01 08
Visite libre à l'extérieur.

Les bienfaits des eaux thermales de Gréoux-les-Bains sont connus depuis des millénaires ! Les Romains y ont construit les premiers thermes. Ceux d'aujourd'hui accueillent de nombreux curistes pour des soins thérapeutiques et de remise en forme, dans le nouvel espace dédié au bien-être « Les Sources de Manon ». Au XIXe siècle, de nombreuses personnalités venaient y « prendre les eaux » comme Giono en 1950. On peut visiter librement les extérieurs et le hall d'entrée des thermes actuels.

BUREAU D'INFORMATION TOURISTIQUE DE GREOUX-LES-BAINS

Place de l'Hôtel-de-Ville ✆ 04 92 78 01 08
www.greoux-les-bains.com
Ouvert toute l'année. Juillet-août : du lundi au samedi de 9h à 13h et de 15h à 19h, dimanche jusqu'à 18h.

Cet Office de tourisme Intercommunal pourra vous fournir tous renseignements pratiques, non seulement pour un passage à Gréoux, mais aussi lors de votre séjour dans le Bas Verdon. Aucune question ne leur résiste ; vous saurez tout au sujet de la station thermale comme des villages environnants, des sorties culturelles ou sportives, les hébergements comme les bons endroits pour vous restaurer et vous amuser. Des idées de randonnées, de villages pittoresques et des artisans locaux.

Fontaine - Gréoux-les-Bains.

LE CHEMIN NEUF €

4, avenue du Chemin-Neuf
✆ 04 92 78 01 06
www.hotelgreoux.fr
Fermé de mi-décembre à fin janvier. 10 chambres. Chambre double ou simple de 50 à 70 €. Restauration. Menu à 17,90 €.

Plusieurs années d'expérience et de tradition d'hospitalité vous attendent au Chemin Neuf. Nicole, la maitresse des lieux, est toujours aussi accueillante et pleine de petites attentions. Que vous soyez en vacances, en voyage d'affaire ou en cure, cet établissement familial, aux chambres confortables, donnant pour la plupart sur le château de Gréoux-les-Bains, est fait pour vous. Le restaurant à la salle conviviale propose une cuisine, elle aussi, familiale. À la carte, vous trouverez une offre de pizzas, de burgers, et des plats cuisinés.

LE LOGIS DE LA ROSE €

25, rue Grande
✆ 04 92 78 15 11
Ouvert toute l'année. Chambre simple de 45 € à 65 €. Double de 57 à 76 €. Wifi. Demi-pension. Tarifs curistes.

Agathe, toute nouvelle propriétaire de cet hôtel datant de 1520, au cœur de la zone piétonne du village, avec vue plongeante sur Gréoux, vous propose des chambres simples avec ou sans terrasse, certaines avec sanitaires communs. L'endroit est idéal pour les petits budgets, les randonneurs et les sportifs. Ici, c'est plutôt auberge de jeunesse avec un accueil chaleureux. Agathe, passionnée de cuisine, vous régalera avec ses plats du monde à tendance végétale mais pas que, en demi-pension dans la salle de restauration d'époque. TV, livres et aussi jeux de société.

CAMPING LE VERSEAU**** €€

Route de Saint Pierre
✆ 04 92 77 67 10
www.camping-le-verseau.com
Fermé du 1er décembre au 1er mars. 120 emplacements (dont 68 locations). Emplacements pour 2 de 14,90 € à 23 €.

Vous trouverez ici un accueil de qualité, du calme, un cadre de verdure exceptionnel et une multitude d'activités à faire à proximité de cet établissement. Côté location l'ensemble du parc de bungalows, chalets et mobil-homes est en train d'être renouvelé et a moins de 5 ans. De nombreux services sont proposés : piscine à débordement, espace fitness, terrain de basket sur herbe, jeux de boules et terrain de jeux pour les enfants... Ainsi que des plats cuisinés à emporter ! Une pool house très agréable accueille également les soirées à thème du camping.

CAMPING VERDON PARC**** €€

Domaine de la Paludette
✆ 08 26 96 57 76
www.campingverdonparc.fr
Ouvert de début avril à début novembre. 90 emplacements. 350 mobil-homes de 480 € à 2 653 € la semaine. Restauration.

Ce camping 4 étoiles s'étend en bordure du Verdon et a de grands atouts. Outre sa localisation à 10 minutes des lacs et sa superficie, il offre un grand nombre d'emplacements pour tentes, camping-cars et caravanes mais aussi des locations en cottages de différents standings ainsi que des tentes lodges tout équipées. Son vrai point fort ? La multitude de services et d'animations proposés par une équipe motivée et attentionnée : parc aquatique avec piscine couverte et chauffée, clubs enfants, terrains de sport, restaurant, bar, commerces…

LES HAUTS DE GRÉOUX €€

Chemin des Seigneurs
✆ 04 92 78 00 91
www.hautsdegreoux.com
Ouvert de début février à mi-décembre. Studio / appartement de 49 € à 124 €. Petit déjeuner buffet : 16 €.

Surplombant le village de Gréoux-les-bains, à quelques minutes à pied, la résidence permet de vivre à son rythme en profitant de studios fonctionnels et très bien équipés, avec terrasse privée pour se détendre au soleil. Vous pourrez aussi vous promener dans le parc, vous détendre à la piscine chauffée et profiter des services de la Villa Borghese (même direction) : court de tennis (gratuit), remise en forme, bar, restaurant. Laverie avec machine à laver, séchoir et fer à repasser à disposition. Forfaits adaptés pour les curistes.

HÔTEL RÉSIDENCES LOU PARADOU*** €€

Route de Valensole
✆ 04 92 74 27 70
www.louparadou.com
Fermé de mi-décembre à début mars. Studio / appartement de 89 à 209 €. Petit déjeuner : 14 €. 1 villa.

L'hôtel est situé à 400 m des Thermes de Gréoux-les-Bains et du cœur du village, à 5 minutes du centre. Dans un parc arboré de plus d'un hectare, vous logerez dans des studios confortables, tout confort, équipés d'une kitchenette, de 20 à 30 mètres carrés avec balcon ou terrasse. La piscine extérieure plein-sud chauffée de mai à octobre est le lieu idéal pour se prélasser. L'accueil est sympathique. Parking privé. De nombreux restaurants à proximité.

HÔTEL SPA LES COLONNES** €€

8, avenue des Marronniers ✆ 04 92 70 46 46
www.hoteldescolonnes.fr

Ouvert de début mars à fin novembre. Chambre double de 76 € à 97 €. Demi-pension à partir de 7j, 92 €. Espace bien-être.

L'hôtel Spa Les Colonnes se situe en plein cœur de Gréoux-Les-Bains et vous aurez le plaisir de tout avoir à proximité. Fraîchement refait, il y règne une ambiance conviviale et familiale dans un décor qui mêle une décoration moderne et provençale. Cet hôtel 2 étoiles est labellisé Logis, et bénéficie notamment d'un espace bien-être gratuit pour les clients de l'hôtel Une belle piscine avec terrasse incite au farniente derrière l'hôtel, en tout calme et discrétion. Une belle adresse à découvrir ! Des tarifs spéciaux sont accordés aux curistes.

VILLA BORGHESE**** €€€

Avenue des Thermes ✆ 04 92 78 00 91
www.villa-borghese.com

Ouvert de début avril à mi octobre. Chambre double de 124 € à 244 €. Restauration. Institut de bien être.

Dans un cadre verdoyant, la Villa Borghèse propose des chambres 4 étoiles spacieuses, certaines avec terrasse, un institut dédié au bien-être et un restaurant gastronomique. Une maison familiale de caractère avec un accueil aux petits soins, nichée au cœur d'une véritable pinède provençale. Les chambres sont spacieuses et élégantes avec mini bar, bouilloire et coffre fort. Un séjour feutré propice à la détente : une piscine extérieure chauffée (en saison), un tennis, un espace fitness extérieur, du ping-pong, un boulodrome et un espace fitness extérieur.

VILLA LA CASTELLANE**** €€€

171, avenue des Thermes ✆ 04 13 37 46 06
https://villa-castellane.fr/

Ouvert toute l'année. Chambre double à partir de 110€. Appartement à partir de 160€. Spa, sauna, piscine. Restauration

La Villa Castellane est une destination d'exception, construite autour de l'ancien pavillon de chasse du Marquis de Castellane. Il se dégage une atmosphère de sérénité, presque hors du temps, propice à la déconnexion. Les chambres et appartements alliant modernité, élégance et confort, isolés des espaces de vie de l'hôtel offrent une parenthèse d'intimité et de quiétude. Un espace détente, un spa et fitness ouvrant sur la piscine miroir vous promettent une délicieuse parenthèse bien-être. Le restaurant offre une carte méditerranéenne gourmande et raffinée.

LA BRASSERIE DU SOLEIL €

237, chemin Peyresse
✆ 04 92 78 01 53

Ouvert 7j/7 de 9h à 22h. Hors saison fermé le mercredi soir. Carte : plats de 8,70 à 18 €. Plat du jour : 12,50 €.

C'est une véritable institution grysélienne et l'une des rares ouvertes tous les jours. Pour prendre un verre ou y déjeuner : puma de porc ibérique, hamburger, entrecôte, filet de loup crème de courgette, pieds-paquets marseillais… et tiramisu, crème brûlée, tarte au citron ou fondant au chocolat... en dessert. L'établissement porte bien son nom : le soleil est aussi dans l'assiette. Un très bon rapport qualité-prix dans une ambiance conviviale, avec une agréable terrasse ensoleillée et arborée où déguster une bonne bière artisanale.

LA BERGERIE €€

Route de Saint-Martin-de-Brômes
✆ 04 92 78 01 33
www.labergeriedegreoux.com

Ouvert de mi-février à fin octobre. Haute saison : ouvert tous les jours sauf le lundi. Menus à 27 et 32 €.

La Bergerie se situe à la sortie de Gréoux. Dans un cadre calme au milieu de la nature, venez profitez d'un repas directement dans le jardin du restaurant. La cuisine élaborée par le chef est provençale, de terroir avec un maximum de produits frais. Salades composées, pièces de bœuf, burger et pâtes sont au menu. Les pizzas au feu de bois, le soir uniquement, sont excellentes. Laissez-vous tenter par un dessert maison pour finir sur une superbe note sucrée. L'ambiance est détendue et le service au top. Une très belle adresse ! Le plus, un mini golf gratuit.

LA CAVERNE €€

15, rue Grande
✆ 09 94 56 94 48
www.lacaverne-greoux.fr

Maître Restaurateur. Disciple d'Escoffier. Ouvert du mercredi au samedi. Menus de 29,50 € à 43,50 €.

Dans une belle salle voûtée au mobilier jaune soleil et brun chocolat ou dans la jolie ruelle pavée, sous des parasols, vous apprécierez l'accueil de Gabrielle et de Frédéric. La cuisine est inventive et raffinée, semi-gastronomique, elle ravira vos papilles. Embraquez pour un voyage culinaire exceptionnel en goûtant une cuisine de tradition aux spécialités maison comme la soupe de poisson méditerranéenne, le gigot d'agneau de pays, la tome de chèvre de Valensole rôtie et la douceur du coulant au chocolat "Guayaquil", coulis d'oranges et Kumquats confits.

HISTOIRE DE CRÊPES €€

5, place des Aires
✆ 04 92 73 22 59
www.creperie-greoux-les-bains.fr

Ouvert de mi-février à mi-novembre, midi et soir. Fermé le lundi. Menu à 19,50 € le midi. Menu à 24,50 € midi et soir.

Crêpes salées ou sucrées, élaborées avec amour par le maître crêpier et composées de produits frais et locaux. Les galettes sont élaborées sur place avec de la farine de sarrasin comme la Gargantua : maroilles, crème, champignons, lardons, pommes de terre, œuf, salade. Vous pourrez déguster vos crêpes à base de farine de froment, les beaux jours sur une belle terrasse fleurie et ombragée ou à l'intérieur au cadre chaleureux avec beaucoup de boiseries. Egalement de belles salades composées et une petite carte snack. Une galette du jour en saison.

LA MARMITE PROVENÇALE €€

12, rue Grande ✆ 04 92 77 66 62
www.greoux-les-bains.com

Fermé de décembre à mi-février. Ouvert du jeudi au mardi le soir ; du vendredi au mardi le midi. Carte : 22 € environ.

Agnès, la cheffe, est une passionnée qui souhaite vous faire déguster la meilleure des cuisines provençales. En été, optez de vous installer sur la grande terrasse, à l'ombre d'un formidable tilleul. La carte change trois à quatre fois par an avec toujours du poisson frais, une viande goûteuse et de délicieux desserts. Sur réservation dégustez sa marmite du pêcheur, comprenant rougets, lotte, cabillaud, gambas, moules, noix de saint-jacques, pommes de terre, et sa rouille. Savoureuse et très copieuse ! Ambiance conviviale et excellent rapport qualité/prix.

LE PATIO €€

49, rue Grande
✆ 04 92 72 59 42

Ouvert de mars à fin novembre. Ouvert midi et soir. Fermé le mardi et mercredi midi. Plats à la carte.

Au calme dans le secteur piétonnier de la vielle ville et non loin d'un grand parking, Fabien est heureux de vous accueillir dans son restaurant de charme pour vous faire déguster une cuisine provençale authentique élaborée à partir de produits frais de qualité. Vous prendrez place en été au frais, dans le cadre serein d'un patio abrité protégé, ou bien dans la jolie salle lumineuse à la décoration raffinée. Dans ce restaurant, à l'ambiance calme et cocooning, la carte change en fonction des saisons et les plats sont cuisinés avec des produits locaux. On adore !

LA TABLE DE PAULINE €€

Hôtel Villa Borghese
✆ 04 92 78 00 91
www.villa-borghese.com

Ouvert de début avril à mi-octobre, tous les jours midi et soir. Menus de 32 € à 52 €. Terrasse.

Que de gourmandise dans ce restaurant du magnifique hôtel Villa Borghese. Sébastien, le maître d'hôtel et Franck, le chef de cuisine vous propose une restauration gastronomique et colorée, aux saveurs subtiles du terroir. Nous avons testé pour vous le Parmentier de canard confit aux olives, jus d'agrumes, fin et corsé à souhait, un plat tout en finesse. Nous avons craqué pour la chouquette de pomme Golden rôtie, caramel, ganache montée vanille parfumée au rhum. Une pure douceur. Pour accompagner, une carte des vins où la Provence est particulièrement représentée.

RESTAURANT BAR LOUNGE VILLA CASTELLANE €€€

Avenue des thermes
✆ 04 13 37 46 06

Ouvert toute l'année midi et soir 7j/7. Le midi en semaine suggestion (2 plats) 25 €. Menu à partir de 35 €.

Ce restaurant, situé dans l'enceinte de l'hôtel Villa Castellane, vous reçoit dans un espace contemporain aux couleurs chaudes, où la cuisine ouverte laisse entrevoir le travail du chef et de sa brigade. La cuisine bistronomique traditionnelle privilégie les produits frais, les spécialités du terroir méditerranéen, autour d'une carte gourmande et raffinée. La cave du restaurant vous réserve une sélection confidentielle de vins issus des vignobles de la région. Soirées musicales.

LE GELATO

6, place de l'Hôtel-de-Ville
✆ 04 92 78 05 48

Fermé du 15 novembre au 15 mars. Plat du jour 13,90 €. Haute saison : tous les jours de 9h à 23h sauf le vendredi matin.

Cette brasserie-pizzeria est aussi un café-glacier, où vous pouvez déguster de véritables glaces artisanales maison rafraîchissantes, sur la terrasse ombragée. À la carte, une vaste sélection de pizzas et de salades composées. Depuis l'été 2019, laissez-vous tenter par un vaste choix de différentes bruschettas. Vous serez accueillis chaleureusement par les propriétaires, M. et mme Hrasko qui proposent une restauration en continu, avec crêpes et gaufres pour le goûter gourmand des petits et grands ! Un bon rapport qualité-prix.

MAISON DURANDEU

46, rue Grande
✆ 04 92 78 00 01
Ouvert du mardi au samedi de 9h à 12h et de 15h à 19h. Fermé dimanche et lundi. Dès mi-avril 9h-19h. 7j/7 en saison.

La Maison Durandeu, c'est une pâtisserie, confiserie familiale depuis 1857. Autant dire que c'est un monument local de gourmandises ! Toutes les spécialités provençales y sont présentées : les calissons, les croquants au nougat ou au miel, les navettes, les panettones, les mendiants, le pain d'épices, les chocolats maison sans oublier les calissons savoureux et raffinés et quelques pâtisseries traditionnelles comme la tropézienne. Succombez pour la pompe à l'huile, ce délicieux dessert traditionnel provençal ou encore le gibassier aux zestes d'orange.

CHÂTEAU ROUSSET

1267, RD4 ✆ 04 92 72 62 49
https://chateaurousset.com/
Ouvert du lundi au vendredi, en haute saison de 9h à 19h et aussi le samedi. Boutique sur place. Visite du vignoble.

Le Château Rousset est un des crus les plus prestigieux de Pierrevert. Depuis 1820, la même famille se transmet le goût de la vigne et de l'olivier. Aujourd'hui, Thomas Emery produit du rouge composé de 85% de syrah, de 10% de grenache et de 5% de manosquin, du rosé tout en fraîcheur vendangé de nuit, ainsi que du blanc, issu des cépages vermentino, grenache blanc, roussanne et viognier, remarquable par ses notes d'agrumes. L'ensemble du vignoble est labellisé agriculture bio. L'huile du château Rousset est, quant à elle, d'un fruité vert particulièrement ardent.

LE MOULIN DE GRÉOUX

chemin de la Rivière
✆ 06 82 08 25 67
www.lemoulindegreoux.fr
Boutique ouverte du mardi au samedi de 9h à 12h et de 15h à 18h. Également vente en ligne.

Dans ce moulin récemment ouvert, Bruno Bracchi, éleveur de chevaux, trouvait dommage que la culture de l'olivier ait été délaissée au fil des années à Gréoux. Il a donc remis lui-même en état une centaine d'oliviers séculaires et initié un élan dans la commune. Il vend ainsi son huile dans la boutique adjacente au moulin. Allez-y faire un tour le matin, car l'après-midi, Bruno emmène touristes et curistes en balade en calèche dans Gréoux. Ses visites, sur le thème de l'eau, se terminent au moulin avec présentation et dégustation des produits.

CHAÎNE THERMALE DU SOLEIL

Rue des Eaux-Chaudes
✆ 04 92 70 40 00
www.chainethermale.fr
Ouvert de début mars à mi-décembre. Haute saison : du lundi au samedi de 6h à 18h30. Spa thermal, hôtels 3 et 4 étoiles.

Depuis 1962, ce très bel établissement appartient à la Chaîne Thermale du Soleil. Bâti en pierre de rogne, il fut construit à l'emplacement des anciens thermes. Il abrite une stèle datant de 175 après Jésus-Christ, attestant d'une présence romaine en ces lieux, ainsi qu'une pierre gravée plus récente témoignant des séjours de Pauline Borghèse (la sœur de Napoléon). Les eaux de Gréoux, aux vertus reconnues depuis l'Antiquité, continuent d'apaiser les pathologies des voies respiratoires et relevant de la rhumatologie. Il existe 4 types de cures, simple ou double orientation, différentes cures libres de 5 jours avec possibilité de consultation médicale, avant le démarrage de la cure. Le médecin prescrira alors la sélection de soins les plus adaptés, une cure spécifique « Réhabilitation Post Cancer du Sein ». Ces programmes proposent des forfaits incluant 2 types d'hébergement (en hôtel 3 à 4 étoiles ou en studio), ainsi que d'autres formules adaptées à vos besoins alliant forme et bien-être. Le Spa thermal vous accueille pour une parenthèse de détente et de découverte de soins thermaux et autres activités originales comme des soins du corps, des massages, des renforcements musculaires. Pour enrichir les bienfaits thérapeutiques de votre cure et développer votre capital santé, les thermes de Gréoux proposent une large sélection de consultations et ateliers santé comme les Pilates, l'atelier bon dos, le Thermabike et le Qi Gong, plus de 20 ateliers, pour tous les goûts !

CASINO PARTOUCHE

Avenue des Thermes
✆ 04 92 78 00 00
https://casino-greoux.partouche.com
Ouvert tous les jours. De 10h à 2h les vendredis, samedis et à 1h le reste de la semaine et en été. Restaurant.

Boule 2000, 66 machines à sous, 13 postes de roulettes électroniques, 7 postes de black-jack, et jeux traditionnels avec 2 tables (20h du lundi au vendredi et à 17h du samedi au dimanche) : entrez dans l'univers du jeu, glissez-vous dans la peau d'une star le temps d'une soirée ! Le restaurant avec terrasse propose des soirées animées karaoké un vendredi sur deux et une ambiance musicale (toute l'année) dans la salle de jeux. Restauration sur place avec le Bistrot du casino avec formules le midi et carte variée le soir, burger végétarien, tartare de bœuf.

ESPARRON-DE-VERDON

C'est au bord du lac du même nom, situé dans les gorges du Sud Verdon, que l'on découvre Esparron. Ce vieux village pittoresque et son château s'accrochent sur un rocher escarpé. La tour, datant approximativement du Xe ou XIe siècle, a été construite pour surveiller le Verdon. Aujourd'hui, le village est divisé en 3 parties : le quartier de Lou Vière autour du château, le quartier des Fontaines plus récent, construit le long du chemin de transhumance, et le nouveau village qui fut bâti après la création du lac actuel. Vous prendrez plaisir à arpenter chacun de ces lieux en profitant des différentes époques ainsi que du magnifique cadre naturel.

SENTIER BOTANIQUE

✆ 04 92 74 68 00

Ouvert toute l'année. Gratuit. Achat du livret découverte à la Maison des Gorges du Verdon : 4 €.

Le sentier botanique d'Esparron, créé en 1990, forme une boucle d'environ 6 km, avec 204 m de dénivelé. Du sud du village, il rejoint l'entrée des gorges du Bas Verdon à travers des coteaux boisés, puis revient vers Esparron en suivant les rives du lac. Il est balisé par des traits jaunes sur les arbres ou les rochers. Prenez le temps (2 à 3 h) d'admirer la biodiversité de sa végétation à travers une quinzaine de haltes avec des panneaux didactiques qui vous décriront les plantes rencontrées. Faire attention aux escarpements. Sentier à éviter par forte chaleur.

ANCIEN CANAL DU VERDON

✆ 04 92 78 01 08

Renseignements et dépliant auprès de l'Office du Tourisme intercommunal de Gréoux et Quinson.

L'ancien canal du Verdon, construit sous Napoléon III par des bagnards (de 1866 à 1875), longeait le Verdon et alimentait à l'époque Aix-en-Provence en eau. Exploit technique de 82 km, reconnu à l'Exposition Universelle de 1878, il a progressivement été abandonné dans les années 1970, au profit du canal de Provence. Le départ de la randonnée se fait sur la rive gauche du Verdon, en aval du lac de Quinson. Cet idyllique et très arboré sentier vous mènera à la cabane du garde-canal, autrefois chargé de son entretien. Une belle balade en famille à ne pas louper !

CAMPING LE SOLEIL**** €€

1000, chemin de la Tuilière

✆ 04 92 77 13 78

www.camping-esparron-verdon.fr

Ouvert d'avril à octobre. 100 emplacements (mobil-home et tentes). Emplacement pour 2 à partir de 103 € la semaine.

A la sortie du village d'Esparron-de-Verdon, situé sur le flanc de colline, sur ses deux hectares de chênes et de pins, le camping en terrasse offre une vue exceptionnelle sur le lac et un accès privilégié. Très sauvage et très nature, la partie basse du camping est uniquement piétonne, sans accès voiture. Sur place, une alimentation, un bar ainsi qu'un restaurant pour se détendre après une bonne journée au lac ou en canoë que vous pouvez louer ici. Les enfants pourront profiter de l'aire de jeux, d'une table de ping-pong ou encore du terrain de basket/football.

CHÂTEAU D'ESPARRON

Route d'Esparron

✆ 06 64 65 17 00

www.chateau-esparron.com

Ouvert de mai à octobre. Chambres d'hôtes de 220 à 350 € / nuit pour 2 personnes, petit-déjeuner offert.

En arrivant de Quinson, la vue sur le château est superbe. Comme tant d'autres témoins de l'histoire, le château a évolué au cours des siècles. De maison forte, il a été transformé en résidence à la Renaissance. Il résume ainsi joliment les grands styles architecturaux depuis le Moyen Âge jusqu'au XVIIIe siècle. Son impressionnant donjon, son monumental escalier à vis et sa cour d'honneur sont remarquables. Sa particularité, c'est d'appartenir à la famille de Castellane depuis le Moyen Âge, qui loue aujourd'hui quatre chambres d'hôte et un appartement.

CAMPING NATURISTE VERDON PROVENCE**** €€

Chemin des Cigales ✆ 04 92 78 23 29

www.camping-verdon-provence.fr

Ouvert de mai à septembre. Chalet pour 5 à partir de 350 € la semaine. Cabane pour 2 à partir de 375 €. Restauration

Cabanes de trappeur, tentes safari, chalets ou emplacements vue sur le lac d'Esparron : vivez le naturisme au bord du lac, 10 minutes à pied, sur les sentiers de randonnée, au bord de la piscine chauffée ou en terrasse en sirotant une boisson rafraîchissante. Un agréable restaurant aux notes provençales jouxte le bar. Les animations organisées par le camping ne sont pas en reste : soirées dansantes, balades et activités artistiques ou ludiques... Spa, sauna et salle de massage.

ALIZÉ ÉLECTRONIC LOCATION

Port du village
✆ 04 92 75 44 69
Ouvert d'avril à octobre. Bateaux électriques de 25 € à 34 € de l'heure. Journée de 190 € à 256 €.

Découvrez le lac d'Esparron et les basses gorges du Verdon en bateau électrique, silencieux et non polluants. Facile à piloter, sans permis, vous pourrez accoster où vous le souhaitez et découvrir de belles petites criques ! En plus du stand d'Esparron, vous pourrez partir de la plage Saint-Julien, où sont loués des Aquaverts (de 15 à 20 €/h), ou de Bauduen, où vous trouverez des Lagon 55, bateaux haut de gamme (de 34 à 44 €/h). Les horaires diffèrent pour ces deux autres stands.

AUBERGE CÔTÉ SOLEIL €

Route de Digne
✆ 04 92 74 38 85
www.aubergecotesoleil.fr
Ouvert toute l'année. Le midi et le soir. De juin à août, ouvert tous les jours sauf le lundi. Menu à partir de 27 €.

Une cuisine traditionnelle de terroir pour cette Auberge Côté Soleil. Sa grande salle moderne et chaleureuse avec four à bois peut recevoir les groupes. Aux beaux jours, belle terrasse ombragée. L'assiette se compose de produits du terroir issus de producteurs locaux : farine bio, agneau et veau de la région, fromage de chèvre fermier, miel de lavande... Les pizzas cuites au feu de bois, le soir uniquement, sont excellentes. L'accueil est aux petits soins ! Cette auberge sympathique propose également une suite pour 2 à 4 personnes en demi-pension uniquement.

PUIMOISSON

Dans ce village typique des Alpes de Haute-Provence aux portes du Verdon, vous apprécierez la beauté du plateau de Valensole. Puimoisson est en effet situé sur la Route des Lavandes, à proximité donc des gorges du Verdon, de Moustiers-Sainte-Marie, des lacs de Sainte-Croix, Esparron, et Quinson. Rien que pour ça, il vaut le détour. Petite particularité également : vous trouverez un aérodrome à Puimoisson. Alors, pour prendre de la hauteur, vous pourrez survoler les environs en montgolfière... Ou même prendre place dans un ULM, en définissant vous-même votre itinéraire avec le pilote en fonction de votre budget. Une expérience unique !

ALPES-DE-HAUTE-PROVENCE

AÉRO-PROVENCE

Route de Moustiers-Sainte-Marie
✆ 06 74 70 11 47
www.aero-provence.com
Ouvert toute l'année. Sur réservation. Montgolfière : comptez 275 € par personne.

Vous rêvez de découvrir la Haute-Provence vue du ciel ? Vous êtes au bon endroit ! C'est avec Tom que vous vous envolerez pour un moment inoubliable. Aéro Provence a été créée par ce passionné qui, avec ses 30 ans d'expérience dans l'aéronautique et ses quelques 6 000 heures de vol, vous fera découvrir en toute sécurité cette magnifique région et partagera avec vous toutes les facettes du vol en montgolfière, du décollage à l'atterrissage. Vous avez également la possibilité de voler en ULM pour découvrir les majestueux sommets enneigés des Alpes !

LE PIGEONNIER DES BANONS €€

Pas de Laval
✆ 04 92 74 32 05
www.pigeonnierdesbanons.eatbu.com
Ouvert d'avril à fin septembre. Une chambre avec suite pour 2 personnes, petits déjeuner compris 150 € la nuit.

Une adresse atypique, au beau milieu de 4 ha de chênes truffiers et de champs de lavande, idéale pour s'évader de la vie quotidienne et plonger dans les visites captivantes de la région. Pour votre séjour, vous choisirez entre la suite ou le gîte. Des hébergements qui offrent tout le confort dans une ambiance cosy, décorés avec goût. Jocelyne est décoratrice d'intérieur et son talent signe chaque espace et chaque recoin. Et pour parfaire le tout, depuis cette année, la piscine s'offre à vous pour un pur moment de détente. Ambiance chaleureuse.

© TOM PEPEIRA - ICONOTEC

Champ de lavande.

VALENSOLE ★

Valensole est un gros bourg bâti en amphithéâtre au VIIIe siècle avant J.-C. Son territoire s'étend sur 12 700 ha, faisant de lui l'une des communes les plus vastes de France. 9 fontaines et lavoirs reflètent dans leurs eaux l'édifice imposant de Sainte-Blaise, qui est l'église du village attestant de la puissance passée de Cluny. Cette vaste terre, située entre Durance et Verdon, est aussi la terre favorite des oliviers, du blé et du miel. C'est dans ce décor unique que Giono a choisi de situer une partie de ses œuvres, véritable palette de tendres couleurs entre ciel et terre, qu'on ose à peine effleurer de crainte de les effacer !

Balade

Pour remonter le passé et plonger dans le quotidien des générations d'autrefois derrière les remparts et les tours de la ville fortifiée, prenez le chemin de ronde au départ de la rue Emile-Dol. Sur la place Saint-Mayeul, admirez la chapelle dédiée à ce Saint, quatrième abbé de l'abbaye de Cluny (1682-1734). Dans la rue de la Juiverie, on voit encore la porte ogivale du ghetto juif. Dans la rue Curet, l'ancien hôpital Saint-Jacques (1630) avec sa porte ogivale des XVIe-XVIIe siècles et son monumental escalier intérieur de gypse : on y soignait les infirmes, les personnes âgées, les femmes et les enfants abandonnés. Les pèlerins en route pour Saint-Jacques-de-Compostelle y trouvaient également un gîte.

LAVANDES ANGELVIN

Campagne Neuve
✆ 04 92 74 80 53
www.lavandes-angelvin.fr

Ouvert toute l'année. L'été : 9h-19h00, tous les jours. Visites libres ou guidées gratuites. Boutique et e-boutique.

Vivez l'accueil passionné de la famille Angelvin, présente depuis quatre générations sur son exploitation agricole au milieu des champs de lavandes s'étendant à perte de vue. Pour les curieux, il est possible de visiter la distillerie pendant la récolte avec toutes sortes d'explications. Elle est désormais mécanisée, s'effectue en été selon la méthode de récolte à balles rondes choisie de préférence à celle du vert broyé dans un souci de qualité. Dans la boutique, vous découvrirez des huiles essentielles sous diverses formes, des savons et autres produits locaux.

MUSEE DE L'ABEILLE

Route de Manosque
✆ 04 92 74 85 28

Ouvert toute l'année du lundi au vendredi de 8h à 11h30 et 13h30 à 17h et un samedi sur deux. Libre d'accès.

Ce petit musée, en accès libre, créé il y a 40 ans, par le grand-père de la famille, lui-même apiculteur depuis son plus jeune âge vous apprendra tout sur l'abeille. Une multitude de panneaux explicatifs, des ruches anciennes, enfumoirs, tenues... Les enfants pourront admirer les abeilles grâce à une ruche vivante vitrée. La boutique, collée au musée, est la caverne d'Alibaba de produits au miel. Bonbons, vinaigre et moutarde et aussi propolis, gamme cosmétique, savons, eau de lavande, huiles essentielles. Tous les bienfaits des abeilles dans un même lieu !

CAMPING LES LAVANDES €

Route de Puimoisson
✆ 04 92 74 84 18

Ouvert d'avril à octobre. Emplacements et mobil-homes. Piscine chauffée.

Idéal pour découvrir le plateau de Valensole, le camping propose soixante-dix emplacements. Egalement à votre disposition : la location de mobil-home et de caravane (à la nuit, au week-end ou à la semaine). Situé en surplomb, il permet une vue à 360 degrés, le grand luxe ! Chaque soir, un food-truck différent : pizzas, burgers, thaïlandais. Des animations comme le loto, soirées musicales ou cinématographiques retraçant l'histoire du plateau pour des soirées mémorables. Pour s'amuser, profitez de la piscine chauffée, de l'aire de jeux et du terrain de pétanque.

LES GRANDES AIRES €

8, chemin des Amandiers
✆ 04 92 74 92 88
www.gite-chambre-valensole.fr

Entre 460€ et 510 € la semaine tout compris.

Nathalie vous accueille dans un meublé pour deux personnes entièrement rénové avec cuisine, meubles anciens et décoration personnalisée pour une ambiance chaleureuse. Le confort est au rendez-vous. Depuis peu, vous pouvez profiter de la piscine familiale. Sur place, local pour vélos et abris pour motos. François, le mari de Nathalie est motard, aussi un accueil tout particulier est réservé aux amateurs de gros engins. Une adresse idéale pour des vacances réussies dans la bonne humeur. Nathalie sera aussi de bons conseils sur sa belle région.

LE JARDIN DE CELINA €€

Ancien chemin d'Allemagne ✆ 04 92 74 83 35
www.lejardindecelina.com

Ouvert toute l'année. Chambre double de 149 € à 169 €. Petit déjeuner inclus. Restauration. Espace sauna et fitness.

Offrez-vous une parenthèse *cocooning* dans un cadre enchanteur, au milieu d'un parc de 6 300 m² ! Confortablement installés dans une des trois chambres aménagées dans un style contemporain, vous pourrez profiter d'une terrasse et d'un parking privés. Pour une détente absolue, vous aurez également accès librement à la salle de repos avec solarium et sauna, à la salle de sport ainsi qu'à la piscine extérieure et au SPA. Pour vos repas, une cuisine aux accents du sud en demi-pension ou pension complète au restaurant du domaine. Les amateurs d'oenologie seront comblés.

BRASSERIE DU PLATEAU €

2, place Frédéric-Mistral
✆ 09 51 61 59 98

Ouvert d'avril à mi-novembre. En saison, ouvert 7j/7 midi et soir. Carte de 16 € à 25 €. Plat du jour : 14 €.

La Brasserie du Plateau a été reprise en 2017 par Olivier pour le plus grand plaisir des amateurs de cuisine de terroir. Les travaux effectués laissent place aujourd'hui à une salle de restaurant panoramique à l'ambiance conviviale et chaleureuse. Eric, le cuisinier sympathique, vous ravira, entre autres, avec sa souris d'agneau, sa ratatouille maison. Laissez vous tenter par son burger agneau, chèvre, confit d'oignons et sa délicieuse sauce maison. L'été, salades composées et pizzas se dégustent sur la terrasse. Bravo pour la crème brulée à la lavande !

BRASSERIE LE MARIE-FRANCOISE €

6, place Frédéric Mistral
✆ 04 92 77 80 18

Ouvert toute l'année. Horaires en fonction de la saison. Plat du jour 12.90€. Formule 16.90€. Petit dej complet 6€

Cette brasserie familiale qui porte le nom de la mamie offre un service non-stop 7/7 en saison. La maman, Agnès, est en salle pour vous servir avec le sourire les bonnes assiettes copieuses de son fils Sébastien. On apprécie la cuisine provençale, faite de produits frais et locaux, avec la viande de la boucherie du village que vous pourrez déguster tout au long de la journée. L'après-midi, rien de tel qu'une place en terrasse pour se détendre. Soirées musicales de temps en temps.

APIOR

4, route de Manosque
✆ 04 92 74 82 35
www.apior.fr/fr

Boutique ouverte du mardi au vendredi et les samedis impairs de 8h à 12h et 13h30 à 16h30. Visites sur réservation.

Apior est une entreprise familiale spécialisée dans les bonbons au miel. Tous les produits de confiserie au miel sont disponibles à la boutique d'usine. Vous trouverez des bonbons durs ou fourrés, des sucettes, des nougats, et des croquants aux amandes... Tout est réalisé sur place dans l'atelier. Les sucettes sont triées à la main et emballées selon un processus artisanal avec une machine datant de plus de 50 ans. Une vraie caverne d'Ali Baba pour les gourmands, petits ou grands ! Goutez la spécialité, la Mielline fourrée à 30% de miel, un vrai régal !

BISCUITERIE ARTISANALE MAISON FLAUTO

La tuilière - **BRUNET**
✆ 06 75 29 29 28
www.maisonflauto.fr

Ouvert toute l'année. Du mardi au vendredi de 9h à 12h30. Samedi de 9h à 12h30 et 15h à 18h. Boutique en ligne.

Alicia et Pierre, deux becs fins, passionnés de pâtisserie ont profité du Covid pour concrétiser leur rêve ; ouvrir une biscuiterie artisanale. Ici, tout est fait à la main avec des produits locaux sélectionnés pour leurs qualités. Grâce à une bonne dose d'amour et de savoir faire, le résultat est simplement délicieux. Laissez-vous tenter par la spécialité maison, l'Olinette, un biscuit sucré salé à base d'huile d'olive AOP. Retrouvez-les sur le marché d'Oraison et en nocturne l'été.

CHARCUTERIE ARTISANALE LE PETIT TESTARD

38, rue Jules-Ferry
✆ 04 92 74 82 77

Ouvert du mardi au samedi de 8h à 12h30 et de 16h à 19h ; le dimanche de 8h à 12h30.

La qualité fait la renommée de cette petite charcuterie familiale ouverte en 1979 ! Nicolas Lambert, ancien ouvrier, a pris la suite de son patron depuis juin 2015 et a perpétué la tradition d'excellence (médaille de bronze pour la poitrine roulée en 2016). L'établissement propose une gamme de charcuterie maison sans conservateur, sans colorant et sans sels nitrités pour une qualité irréprochable. Laissez vous tenter par les bocaux de plats cuisinés provençaux comme les pieds paquets.

LES GRANDES MARGES

D6 entre Valensole et Manosque ✆ 06 81 90 16 94
www.lesgrandesmarges.com
Boutique à la ferme ouverte toute l'année. Juin, juillet, août : 7/7 de 9h à 19h. Terrasses ombragées.

Vous voulez tout connaître sur l'huile d'olive, l'amande, la lavande et le lavandin et l'immortelle ? Françoise Jaubert et son fils Alex perpétuent avec passion un savoir-faire familial issu de 4 générations. Venez déguster les produits : huile d'olive produite en agriculture bio, amandes, pralines artisanales, miel de lavande, vinaigre aux pulpes de fruits, Pastinades de Valensole, huiles essentielles de lavande et de lavandin, savons 100 % naturel, fleurs de lavande... Une étape gourmande aux saveurs et senteurs de Provence ainsi qu'un beau moment de partage.

LA MAISON DE MARIUS

1, avenue Segond ✆ 04 92 75 42 90
www.maison-de-marius.fr
Ouvert toute l'année. En haute saison, 7j/7 de 9h à 19h. Fermé le dimanche après-midi et le lundi en basse saison.

Cette épicerie fine, créée en 2017, est membre du groupement des producteurs du plateau de Valensole, gage d'excellence. C'est la quintessence de la Provence qui vous attend dans la sympathique Maison de Marius, relookée avec goût et passion. Vous y trouverez un grand choix de produits alimentaires, locaux et traditionnels. La Maison produit son huile essentielle de lavandin, d'immortelle et de thym bio, son huile d'olive et son miel de lavande. Salon de thé en hiver et assiettes gourmandes le midi en saison. Un bel endroit charmant où le beau côtoie le très bon.

MOULIN BONAVENTURE

la Petite Colle, route d'Oraison
✆ 06 27 11 52 48
http://www.provence-huile-olive.fr
Ouvert toute l'année. Boutique. Visite gratuite et vente à la ferme sur appel téléphonique préalable.

L'huile d'olive produite ici est un petit bijou. Des 6 ha d'oliviers cultivés en agriculture biologique, Guillaume produit : une AOP Haute-Provence explosive en bouche, 2 mono-variétales à base de bouteillan et d'aglandau, et 2 huiles aromatisées citron ou bergamote. Les olives sont récoltées à la main afin d'assurer une maturité optimum et rapidement pressées pour garder un maximum de saveurs. Et dans un esprit écolo, Guillaume se sert de la pâte d'olives restante pour l'épandre sur ses terres en guise d'engrais, et des déchets de noyau pour alimenter le poêle.

COULEURS PAYSANNES

Les-Quatre-Chemins
✆ 04 92 72 14 96
www.couleurs-paysannes.fr
Ouvert du lundi au samedi de 9h à 19h. L'été ouverture jusqu'à 19h30.

Un groupement de producteurs locaux a imaginé et conçu un espace de 300 m² pour mettre en valeur leurs productions : fruits et légumes de saison, boucherie paysanne, fromages fermiers, vins du terroir, pains paysans bio, amandes de Provence... Vous trouverez ici de quoi faire votre marché tout en échangeant avec des producteurs qui se relaient toute l'année pour assurer une présence permanente. Il y a aussi un rayon cosmétiques, des fleurs coupées ou des plants de lavande pour égayer votre quotidien.

© COULEURS PAYSANNES

© COULEURS PAYSANNES

ALPES-DE-HAUTE-PROVENCE

OLIVIERS DE NOTRE-DAME

chemin de Saint-Claude

✆ 04 92 74 95 75

Ouvert tous les jours. Vente sur place sur rendez-vous préalable.

Pendant ses études d'agronomie, Geneviève Auric n'avait aucunement l'intention de reprendre l'exploitation familiale. Et pourtant, 19 ans plus tard, elle ne regrette pas son choix. Avec son compagnon Laurent Bouvin, elle exploite en agriculture biologique une quarantaine d'hectares de lavande et lavandin, des céréales et 1 142 oliviers précisément. Avec leurs arbres, le couple élabore une huile d'assemblage, pressée au moulin Bonaventure, qu'ils déclinent en fruité vert et en fruité mûr. Des nectars vendus à un prix abordable et de très bonne qualité.

RIEZ

Au cœur du Plateau de Valensole, Riez est bâti au flanc de la colline Saint-Maxime, qui offre un magnifique panorama en surplombant le confluent de trois vallées. La vieille ville s'ouvre sur de vieilles rues pittoresques jalonnées de splendides demeures. La Grand-Rue est aussi imprégnée d'une ambiance médiévale authentique à vocation marchande, aujourd'hui pérennisée par de nombreux artisans d'art, des faïenciers, des potiers. Le XIVe siècle a légué les vestiges d'une belle architecture militaire, dont il subsiste des pans de murs, la tour de l'Horloge, les portes Sanson et Ayguière. Les visites guidées proposées sont riches d'enseignement.

ALLEMAGNE-EN-PROVENCE

Ne vous laissez pas avoir par ce nom assez cocasse pour un village provençal, ici vous croiserez bien peu d'Allemands lors de votre visite, mais bien... des Allemagniens (nom donné aux habitants du coin). Impossible de passer devant le village d'Allemagne sans admirer son majestueux château, inscrit sur la liste des Monuments historiques. Rustiques et romanesques, ses façades datant de la Renaissance sont percées de fenêtres à meneaux ornées de griffons sculptés. L'intérieur (non visitable) abrite des gypseries exceptionnelles. Ses jardins médiévaux et son parc d'un hectare, aux arbres centenaires, sont également réputés pour leur beauté.

BAPTISTÈRE DE RIEZ

Chemin des Colonnes

✆ 04 92 77 99 00

Ouvert en haute saison. Visite libre. Renseignements office de Tourisme.

Le baptistère est un bâtiment annexe d'une église et destiné avant tout aux baptêmes. Faisant donc partie d'un groupe épiscopal de grande ampleur érigé sur les vestiges de thermes romain antiques, ce baptistère fut élevé au Ve siècle après J.-C. Autrefois entouré d'un portique, il a été remanié et restauré au cours des années. Il demeure l'un des rares témoignages émouvant de cette période, puisque le siège de l'évêché a été démantelé à la Révolution Française. Plus à l'est subsistent quelques vestiges de la cathédrale paléochrétienne.

MAISON DE PAYS DU VERDON

Route de Riez

✆ 04 92 77 40 24

Ouvert tous les jours de 9h30 à 12h et de 14h à 18h30. De juin à septembre ouverture non stop. Livraison possible.

Née de la volonté d'une trentaine d'agriculteurs, artisans et artistes de la vallée du bas Verdon, cette maison de pays propose de nombreux produits fabriqués par les gens... du Pays de Riez et des environs (aujourd'hui une soixantaine !). Vous y trouverez notamment : huile d'olive, confitures, miels, biscuits, pâtés, vins, fromages de chèvre, bijoux, couteaux, vêtements, cuir, grès, faïence, couteaux, santons, essence de lavande... et beaucoup d'autres bonnes et belles choses ! Belle vitrine des savoir-faire locaux, le stationnement est aisé sur son parking privé.

CATHÉDRALE ANTIQUE

Chemin des Colonnes

✆ 04 92 77 99 09

Accès libre durant la journée. Renseignements auprès de l'office du tourisme.

Riez fut le siège d'un évêché, et un ensemble épiscopal important fut édifié dans le courant du Ve siècle après J.-C., sur les vestiges des thermes antiques romains, en réemployant une partie des pierres de ses murs. Placée dans l'axe du baptistère, cette cathédrale fut démantelée à la fin du XVe siècle et transférée à l'intérieur des remparts du village. De nos jours, seuls subsistent quelques vestiges exhumés lors des dernières fouilles archéologiques permettant de situer son ancienne implantation et les dimensions importantes de l'édifice d'alors.

CHAPELLE DU MONT SAINT-MAXIME

✆ 04 92 77 88 31

Accès libre tous les jours.

Au sommet de cette colline, la vue panoramique est superbe. Du haut de ses 637 m, le mont Saint-Maxime domine trois vallées ainsi qu'une partie du parc Naturel Régional du Verdon. Une jolie promenade qui vous mènera à une chapelle du XVIIe siècle et un monastère qui accueille des sœurs de la fraternité Sainte-Claire. Chaque année, le mardi suivant la pentecôte, une manifestation a lieu, conviant tous les Riézois à un moment de partage autour de Saint-Maxime.

COLONNES ROMAINES

Chemin des Colonnes

✆ 04 92 77 99 09

Accès libre.

Dressées en plein champ, ces 4 superbes colonnes en granit monolithe gris, se terminant par des chapiteaux corinthiens en marbre blanc et surmontées d'une architrave sculptée, constituent les restes d'un temple probablement érigé à la gloire d'Apollon, sans doute à la toute fin du Ier siècle avant J.-C. Un majestueux témoignage de la cité fondée par l'empereur Auguste qui portait le nom de *civitas Julia Augusta Reiorum Apollinaris*. Un panneau signalétique rappelle leurs origines et représente ce que fut l'ancien temple où se situaient les colonnes à son entrée.

CAMPING ROSE DE PROVENCE*** €€

Rue Edouard-Dauphin ✆ 04 92 77 75 45

www.rose-de-provence.com

Ouvert de fin avril à fin septembre. Emplacement 2 personnes de 15,90 € à 28,90 €. Chalets de 349 € à 719 € la semaine.

Ce camping de 78 emplacements à l'ambiance familiale est l'endroit idéal pour passer de bonnes vacances dans le Verdon. Vous aurez le choix entre emplacement de camping, chalet, mobil-home ou encore la roulotte et la cabane magique. Idéalement situé, à 5 minutes à pied du centre du village, tout est à portée de main comme le marché du mercredi et du samedi matin. Profitez également de la piscine chauffée et d'une cuisine différente chaque soir grâce au food-truck.

HÔTEL LES DEUX LIONS*** €€

Rue Hilarion-Bourret

✆ 04 92 77 27 75

www.hotel-les-2-lions-riez.fr

Ouvert de Pâques à la Toussaint. 30 chambres. Chambre double de 99 € à 145 €. Petit déjeuner : 12 € (par personne).

Ce 3 étoiles est bien situé, à proximité des restaurants et à quelques pas du village. Proche des vestiges romains, des marchés de Provence tous les mercredis et samedis matin. L'été, s'y ajoute un marché nocturne tous les jeudis soir. Les chambres sont bien équipées de baignoire, de WC, de télévision, le wifi et d'un balcon. Chacune est propre et confortable avec une belle salle de bains. Le buffet du petit-déjeuner est bien agréable servi sur la terrasse avec une jolie vue sur la cité. Attention, pas d'ascenseur pour les personnes à mobilité réduite.

LE CAFÉ €

17, allées Louis-Gardiol

✆ 04 92 72 88 23

Ouvert toute l'année. Sauf le dimanche soir en hiver. 3 plats du jour du lundi au vendredi à 13,50€.

Dans cette brasserie-restaurant-glacier, on s'y restaure le midi d'une cuisine traditionnelle faite maison. Deux belles salles intérieures et une terrasse couverte pour les beaux jours. Bruno et Franck nous réservent un accueil chaleureux. Tous les midis, 3 plats du jour, un plat cuisiné, une grillade et des pâtes pour satisfaire le plus grand nombre. Craquez pour une des deux spécialités ; la daube de joue de bœuf ou la daube de poulpe, merveilleux ! L'été, dégustez d'excellentes glaces artisanales en terrasse. L'accueil est vraiment sympathique.

Riez.

ALPES-DE-HAUTE-PROVENCE

PIZZA STEFANO €€

8, rue du marché
✆ 07 71 66 27 15
Ouvert tous les jours de 18h à 21h30. Sandwichs pain puccia 8 €. Pizzas de 9 à 13 €. Terrasse. Vente à emporter.

Dans une rue du vieux Riez, voici l'antre gourmand d'un véritable chef pizzaiolo tout droit débarqué de sa région natale, les Pouilles. Une petite terrasse agréable pour l'été, en hiver en revanche des pizzas à emporter seulement. Un très beau choix de pizzas authentiques composées de produits sélectionnés scrupuleusement, tout droit importés de l'autre côté des Alpes. En saison estivale, de délicieux sandwichs faits dans le pain traditionnel des Pouilles. Excellent rapport-qualité prix, accueil adorable pour tous, locaux comme visiteurs de passage.

LA TABLE TOSCANE €€

30, rue du Marché
✆ 04 92 77 72 67
Ouvert toute l'année. Tous les jours, sauf mercredi soir et dimanche. Menu unique à partir de 24 €. Terrasse.

Dans une ruelle piétonne, à proximité du marché, une adresse sympathique à l'excellent rapport qualité/prix ! La Table Toscane fleure bon les produits frais, comme ce grand choix de pizzas bien garnies faites maison et cuites à la perfection au feu de bois, notamment l'été. Retenez la pizza Salmone, un régal ! Le cadre est agréable, on y vient en famille, entre amis, en amoureux mais aussi en solo pour profiter de cette carte simple qui éveille les papilles et où tout est fait maison. On se régale et on y revient ! Et en plus : tout est également à emporter.

LE CENTRAL

13, allées Louis-Gardiol
✆ 04 92 77 82 60
Ouvert toute l'année. En haute saison, ouvert tous les jours midis et soirs.

Le Central est un bar avec une grande salle intérieure et l'une des plus vieilles adresses de Riez. Les jours de marché, le mercredi et samedi matin, c'est l'endroit parfait pour boire un verre en profitant de l'ambiance détendue. Les beaux jours ensoleillés, la terrasse extérieure est prisée et souvent pleine à craquer. Le Central se transforme aussi en snack (le midi seulement) avec des salades composées, des pizzas au feu de bois, des bruschettas, paninis ou encore des burgers frites. Le matin, les habitués viennent prendre leur petit-déjeuner.

BOUCHERIE DES ALPES

Allées Louis-Gardiol
✆ 04 92 77 81 62
Ouvert du mardi au samedi de 7h à 11h30 et de 15h à 19h. Dimanche matin uniquement

Amateurs de bons produits, vous êtes au bon endroit ! Lionel, passionné par son métier depuis l'âge de 14 ans, met son savoir-faire au service de la charcuterie artisanale. On vient de loin pour se régaler des saucissons mi-porc mi-bœuf au goût unique. Avec la nouveauté 2023, le pavé au poivre ou herbes de Provence, le voyage culinaire continue. La maison vous propose aussi des paniers garnis pour votre randonnée, pique-nique ou barbecue ainsi que des conserves de plats cuisinés provençaux, des pâtés maison sans colorant ni conservateur.

CAMPING À LA FERME BIO DE VAUVENIÈRES

Ferme de Vauvenières - **SAINT-JURS**
✆ 06 50 74 37 11
www.ferme-de-vauvenieres.fr
100% BIO ; Visite de la distillerie toute l'année. Camping à la ferme d'avril à octobre. Gîte.

Claire et Yann vous accueillent dans leur camping entouré de lavandes et de verdure. Sur place, 25 grands emplacements sont disponibles. En famille ou entre amis, on profite des jeux mis à disposition. Et pour faire rêver petits et grands, on visite la distillerie et la confection d'huiles essentielles bio. Nouveauté : la cabane à services qui propose une boîte à livres et une kitchenette en libre service. Grand coup de cœur pour une expérience d'agritourisme tout en douceur !

MINI RANCH

Route de Valensole
✆ 06 20 54 34 20
www.mini-ranch.ffe.com
Balade sur rendez-vous de 9h à 12h tous les jours : 50 € par personne. CB non acceptée.

Passionnée depuis sa plus tendre enfance, Fabienne, monitrice diplômée d'État et responsable du ranch familial depuis 1999, propose des cours, randonnées de plusieurs jours, balades de quelques heures, stages ou pension pour les chevaux. Mini Ranch s'adresse à tout public et à tous les âges. Amateurs et professionnels s'y rencontrent, débourrage et coaching en compétition. Certains cavaliers viennent passer leurs « galops ». Les plus : les journées découverte pour les enfants, l'organisation d'anniversaires avec animation poney, les randonnées avec tour du lac...

FORCALQUIER ★★

Forcalquier, surnommée cité des quatre reines, domine le paysage. On y retrouve les traditions d'une culture authentique, dans des paysages à l'harmonie sublime. Au tout début du Moyen Age, pour certains la ville s'appelait Font Calquier ce qui voudrait dire « la fontaine du rocher » en occitan, et pour d'autres Four Cauquié signifiant « le four à chaux » en langue Mistralienne. Il est vrai qu'une source, aujourd'hui presque entièrement tarie, coulait autrefois sous les rochers de la citadelle. Ses principaux édifices historiques sont la cathédrale Notre-Dame du Bourget, le couvent des Cordeliers et la chapelle Notre-Dame de Provence.

Histoire

Pendant plus d'un siècle, les comtes de Forcalquier ont fait de cette ville la capitale d'un état indépendant dont les seigneurs éditaient leurs propres lois et monnaie. Le XIIIe siècle fut l'âge d'or du pays de Forcalquier, comme en témoignent les nombreux édifices romans de sa région. En 1195, la rivalité qui existait entre les maisons comtales de Forcalquier et de Provence prit fin avec le mariage de la comtesse de Forcalquier, Gersende de Sabran, et du comte de Provence, Alphonse II d'Aragon. Leur fils Raimond Bérenger V hérite des deux comtés et se marie avec Béatrix de Savoie. De leur union naissent quatre filles que l'on nomma joliment « les quatre reines », toutes destinées à coiffer une couronne royale en se mariant à un roi. L'aînée, Marguerite, devint la femme du futur saint Louis. Les deux sœurs suivantes devinrent respectivement reine d'Angleterre et impératrice d'Allemagne. La cadette Béatrix, héritière de Provence, épousa en 1246 Charles d'Anjou et fut ainsi Reine de Naples. Mais rien ne dit que ces quatre reines n'aient jamais foulé le sol de Forcalquier.
La ville a gardé peu de vestiges du temps où elle accueillait dans ses murs diplomates, seigneurs, troubadours et marchands. Après avoir été placés sous l'autorité de la maison d'Anjou dont fit partie le bon roi René, les comtés de Forcalquier et de Provence furent conquis par la couronne de France en 1481 et rattachés officiellement au royaume par Louis XI et un vote du parlement de Provence en janvier 1982. De nos jours, Forcalquier demeure l'un des centres culturels de Haute Provence.

Se restaurer

Plutôt que se restaurer, cette rubrique se concentre sur se désaltérer... Avec modération, bien sûr, car c'est en effet au cœur de Forcalquier que les Distilleries et Domaines de Provence cultivent depuis des décennies le savoir-faire ancestral des marchands d'herbes médicinales installés au pied de la montagne de Lure.

▶ Dans ce contexte particulièrement propice, est né le fameux pastis Bardouin, fort apprécié des connaisseurs. Il faut dire qu'il n'a de commun avec ses concurrents éponymes que le nom. Il assemble pas moins de 65 essences de plantes, des aromates classiques de la Provence au lointain anis étoilé, originaire de Chine ! Résultat ? Il gagne haut la main tous les concours agricoles et il est devenu le « chouchou » des restaurants étoilés et des épiceries fines. Certains grands chefs l'utilisent même pour aromatiser leurs plats. Sur le site de la distillerie on retrouve des idées de recettes et de cocktails. La gamme des produits ne s'arrête pas au pastis Bardouin. Depuis plus de 100 ans, cette distillerie produit également les « grands classiques » comme le RinQuinQuin (un apéritif à la pêche), la gentiane de Lure, la célèbre absinthe et les liqueurs provençales comme la farigoule (liqueur de thym) ou le génépi.

▶ Le RinQuinQuin, mais quel est donc ce curieux nom ?
Il désigne en provençal une boisson revigorante. Etonnant mélange de pêches de la vallée de la Durance, de feuilles de pêchers cueillies à l'automne, de sucre de canne et de vin blanc du Luberon, RinQuinQuin est un apéritif rond et délicat. Il est issu d'une recette familiale affinée par les Distilleries et Domaines de Provence.

▶ À la distillerie, on parle ainsi de cueillette, d'alambic, de sélection, de provenance, de maturité et d'exigence. Héritière d'une tradition plusieurs fois millénaire, avec la cueillette des « simples » dans la montagne de Lure, un environnement préservé et renommé pour la richesse et l'abondance de ses espèces végétales, cette entreprise, autrefois connue sous l'appellation de Distillerie de Lure dès 1898, continue à distiller ces plantes et à fabriquer, pour le monde entier, ces alcools de caractère qui n'existent nulle part ailleurs. Plusieurs de ses marques emblématiques existent depuis l'origine de la Distillerie, comme la farigoule ou la gentiane de Lure. Les autres ont été créées au fil des ans en tenant compte de l'évolution des goûts et des modes de consommation. De nos jours, elles sont vendues dans plus de 78 pays à travers le monde.

ARTEMISIA MUSEUM

Couvent des Cordeliers
✆ 04 92 72 50 68
www.artemisia-museum.fr

Musée et boutique ouverts d'avril à septembre. Haute saison : tous les jours 9h30 à 12h30 et 13h30 à 19h. Adulte : 6 €.

Installé au cœur du Couvent des Cordeliers, le nouveau musée consacré aux plantes à parfum, aromatiques et médicinales qui font la réputation de la Provence depuis des siècles est une véritable invitation à un voyage sensoriel et sensible. Les sept espaces de visites interactifs vous mèneront de la montagne de Lure, jardin extraordinaire entre climat méditerranéen et climat alpin, aux champs de lavande, symbole fort de la Provence. Vous découvrirez ainsi le monde étonnant et parfois méconnu des cueilleurs et colporteurs, ou encore des marchands droguistes. Vous saurez tout sur la distillation et les produits précieux, parfums, baumes ou élixirs, qu'elle permet d'obtenir. Le parcours enfant vous permettra de vivre un moment ludique en famille que vous pourrez prolonger via les différentes propositions d'ateliers vous invitant à créer votre parfum ou un herbier odorant. Les plantes de Provence n'auront ainsi plus de secret pour vous ! Si vous souhaitez continuer l'expérience, trois sentiers d'interprétation ont été créés sur le territoire Pays de Forcalquier/ Montagne de Lure. Ces sentiers ont été inaugurés en septembre 2019 et on vous conseille vivement d'aller vous y balader. Ils portent sur les plantes aromatiques et médicinales et sur leurs usages ancestraux et contemporains. Ils abordent la thématique des plantes sous trois dimensions : passé, présent et exceptionnel. Plus de renseignements auprès de l'office de tourisme intercommunal Pays de Forcalquier/ Montagne de Lure - Tél : 04 92 75 10 02.

CATHÉDRALE NOTRE-DAME DU BOURGUET

10, place du Bourguet
✆ 04 92 75 02 01

Accès libre et gratuit durant la journée. Respecter les horaires d'offices ou de concerts.

Positionné face à l'une des entrées de la vieille ville, ce monument historique majeur de Forcalquier impressionne par sa masse et l'atmosphère qui s'en dégage. Doté d'une nef centrale en berceau brisé, d'un chœur, d'un transept roman et d'un clocher qui datent du début du XIIIe siècle, considéré comme un premier témoignage d'art gothique. Les nefs latérales et le campanile datent eux du XVIIe siècle. Vous remarquerez la cloche Maria-Sauvaterra qui pèse 1200 kg et date de 1609.

CIMETIÈRE CLASSÉ

Avenue Fontauris
✆ 04 92 70 91 19
www.ville-forcalquier.fr

Entrée libre. Ouvert tous les jours du 1er mai au 30 octobre de 8h à 19h et du 1er novembre au 30 avril de 9h à 17h30.

Le cimetière de Forcalquier bénéficie depuis 1946 d'un classement départemental. Le site est célèbre par le cloître de verdure formé par ses allées d'ifs taillés. Au début du XXe siècle, un jardinier eut l'idée de planter des ifs pour créer la structure végétale du cimetière. Ce dernier s'articule en trois terrasses, dont la plus intéressante est celle inférieure, bordée d'ifs d'environ 3 m de hauteur sur plusieurs centaines de mètres de longueur, et formant un cloitre végétal, taillé au cordeau, comprenant des ouvertures donnant sur les tombes.

COUVENT DES VISITANDINES

Place du Bourguet
✆ 04 92 70 91 00

Actuellement, hôtel de ville et cinéma.

Le couvent fut achevé en 1634 et sa chapelle en 1687. La construction fait suite à une promesse du conseil municipal : en 1630, alors que la peste fait rage, celui-ci s'était en effet engagé à fonder un couvent de religieuses si l'épidémie cessait. Il fit aussi bâtir une chapelle qui date, elle, de 1687. Elle accueille actuellement le cinéma d'art et d'essai. Au couvent, une de ses ailes a été rebâtie en 1883 pour accueillir l'hôtel de ville. C'est là que se situe le musée municipal et ses collections riches et diversifiées.

HOTEL D'ASTIER

15, Rue Marius Debout ✆ 06 24 33 64 48
https://www.hotel-dastier.org/

Ouvert toute l'année, tous les jours de 10h à 18h. Ateliers d'artiste, évènements, spectacles. Visite libre et gratuite.

Cet hôtel particulier de type Renaissance, témoin du patrimoine architectural, est aussi un lieu de vie et d'art unique. Après des années de restauration, vous pouvez désormais venir admirer sa loggia et ses arches, ses fenêtres à meneaux et sa coursive ; mais aussi visiter les ateliers d'artiste. Les peintres Feng Ge et Michael Knight y sont en résidence permanente, et de nombreux évènements culturels sont organisés tout au long de l'année : théâtre, conférences, expositions et concerts. N'hésitez pas à consulter le site internet pour découvrir la programmation.

MUSÉE MUNICIPAL DE FORCALQUIER

Place du Bourguet
✆ 04 92 70 91 19
www.ville-forcalquier.fr/musee.html
Ouverture de juillet à fin septembre : lundi de 10h à 13h et de 15h30 à 18h30, de jeudi, vendredi, samedi 15h à 18h30.

Le musée de Forcalquier a été créé dans l'ancien couvent des Visitandines (l'actuel hôtel de ville) par le maire d'époque, Martial Sicard, en 1912. Aujourd'hui, il partage donc les lieux avec la mairie de Forcalquier. Classé Musée de France, il abrite des collections permanentes qui proviennent de dépôts d'État, de dons et de legs de bienfaiteurs. Les thèmes abordés sont, entre autres, l'archéologie et la culture de la Haute Provence, dont les objets exposés attestent de l'occupation humaine et de son développement depuis la Préhistoire. Concernant les beaux-arts, découvrez le tableau d'Amédée Martin, unique vue de Forcalquier en 1836 ou encore l'ex-voto du pèlerinage à Fougères en 1772, classé Monument historique. Vous pourrez admirer également, des présentations de costumes d'époque, de faïences (dont quelques rares de Mane et Forcalquier dont la fabrication à disparu de nos jours). Des mobiliers témoignant de la qualité de l'ébénisterie bas-alpine, objets de la vie quotidienne d'antan et objets religieux, complètent l'inventaire. Sans oublier les collections d'art contemporain, dont celle de Lucien Henri qui couvre 30 ans d'histoire de l'art 1958-1988. Et chaque année, ce musée propose une nouvelle exposition ESTIVALE : en 2016 « Coiffes et Costumes en Haute-Provence », en 2017 « Les Peintres du Midi », en 2018 « Musique et Art », et en 2019 « Exposition Lucien Jacques, peintre et poète ». En 2022, l'exposition « Serge Fiorio » a présenté les décors colorés du peintre.

OFFICE TOURISME INTERCOMMUNAL PAYS DE FORCALQUIER

13, place du Bourguet
✆ 04 92 75 10 02
www.haute-provence-tourisme.com
Ouvert de 9h à 12h et de 14h à 18h. Fermé le dimanche.

L'équipe vous conseille afin de vous permettre de profiter au mieux de toutes les richesses de ce territoire exceptionnel. Cet office assure aussi un service de billetterie pour diverses animations et visites de monuments. Sur place une boutique d'objets souvenirs. Et en rez-de-chaussée, une salle d'exposition d'artistes régionaux régulièrement renouvelée. L'office organise aussi des visites guidées de la vieille ville d'une durée de 2h30, sur réservation. Wifi gratuit et illimité.

VIELLE VILLE ET CITADELLE

✆ 04 92 70 91 19
Gratuit. Accès libre toute l'année.

Une balade agréable qui commence dans la partie basse de la ville ancienne de Forcalquier dont les rues, places et maisons ont été agréablement rénovées. Aussi, de nombreux commerces et cafés-restaurants s'y sont-ils installés, dont un glacier artisanal, ainsi qu'un ancien moulin à huile qui se visite gratuitement. Accédez-y de préférence par la rue Mercière... Le lieu est toujours animé, particulièrement en été. Les places Saint-Michel et place de l'Œuf ont été récemment réaménagées avec une belle fontaine gothique au centre de la première. Certaines demeures datant du XIIIe siècle, ses rues possèdent une riche patrimoine architectural. C'est vers ce siècle que la ville connut sa plus forte population, avec environ 10 000 habitants (ce qui est difficile à imaginer de nos jours).

Si vous souhaitez grimper jusqu'au sommet de la colline où demeurent quelques vestiges de fortification de ce qu'on appelle la citadelle et où s'élevait autrefois le château des comtes de Forcalquier, deux solutions s'offrent à vous : la plus directe par des escaliers, plutôt sportifs, au départ de la place Saint-Michel. À moins que vous ne préfériez monter plus progressivement en suivant diverses ruelles. Dans tous les cas, l'effort en vaut la peine car du sommet, le panorama est grandiose et à 360°. Vous y trouverez également une petite chapelle hexagonale de style néo-byzantin, Notre-Dame de Provence, avec un carillon comptant 18 cloches et dont vous pourrez faire le tour pour admirer les vues.

DOMAINE DU BAS CHALUS €

Route de la Brillanne, Chemin des Cerfs
✆ 06 86 91 68 49
www.baschalus.fr
Chambre pour 2 pers. 70€ ; pour 3 pers. 93 € ; pour 4 pers. 115 €. Petit-déjeuner inclus. Parking inclus.

Depuis 1967, la famille Goletto a repris le flambeau de ce magnifique domaine où les familles sont reines. C'est une des premières fermes-auberges du département, qui a d'ailleurs participé à l'émission « Bienvenue à la ferme ». Chambres d'hôtes, gîtes, camping et piscine sont à votre disposition. Les deux bâtisses, la ferme, le moulin et plus d'une centaine d'animaux vous invitent à une véritable immersion qui ravira petits et grands. Depuis un an, Romain et Marion sont aux fourneaux et vous proposent des assiettes cuisinées à partir des produits du terroir.

CAMPING FORCALQUIER*** €€

avenue Claude Delorme
✆ 04 66 60 07 00
http://camping-routes-de-provence.fr

Ouvert de 7 avril au 21 octobre. Emplacement pour 2 de 23 à 40 €. Mobil-homes de 56 à 120 € / nuit pour 2 à 4 pers.

Bienvenue dans un camping à taille humaine pour vos vacances en emplacement, mobil-home, mobilodge, tente lodge, tente safari, bivouac, ou chalet sur 4 ha de terrain très arborés. Un accueil chaleureux, une ambiance conviviale dans un cadre naturel et fleuri. Sur place, une piscine chauffée et de nombreux équipements de jeux avec un centre de vie et animations pour petits et grands, dont un terrain multi-sports, un terrain de pétanque et de volley. Un restaurant de cuisine locale à base de produits frais et locaux est ouvert tous les soirs en juillet-août.

DOMAINE LA CHAPELLE €€

SIGONCE
✆ 04 92 75 83 16
www.domaine-la-chapelle.com

Ouvert toute l'année. 22 chambres. Nuitée 1 personne avec petit-déjeuner à partir de 105 €. Demi-pension : 135 €/jour.

Ce gîte de séjour trois épis s'est lové dans un domaine de 80 hectares, en pleine nature, entouré de jardins, de cultures biologiques, des senteurs des pins et chênes. Il accueille volontiers familles et groupes dans un cadre exceptionnel. Les 3 bâtisses, dont une magnifique en pierre de taille, hébergent des chambres spacieuses et confortables. Au bord de la grande piscine, vous pourrez fêter les grands évènements de la vie ou organiser séminaires et réunions. La cuisine est faite maison à base de produits bio du jardin ou du terroir.

LE MAS DE FONTEFIGUIÈRES €€

Campagne des Dragons ✆ 04 92 74 04 04
www.mas-de-fontefiguieres.com

Ouvert de mai à septembre. Retraites spirituelles. Chambre à partir de 136 € en pension complète, 2 nuits minimum.

Dans un mas du XVIIIe siècle rénové avec goût, l'établissement propose des retraites spirituelles dans l'une des 13 chambres ou suite tout confort, équipées d'une terrasse. Cet hôtel universitaire du Mieux-Être propose de vous chouchouter à travers de nombreux cours compris dans l'hébergement. Au programme : anti-gym, Qi Gong, reliance à la nature, relaxation, yoga, méditation, gym taoïste, aromathologie… Vous aurez accès à de multiples activités : billard, baby-foot, piano, tennis ou piscine. Côté papilles, une nourriture saine, biologique et végétarienne.

LE VIEUX MOULIN DES CHARMELLES €€

Route de Digne
✆ 06 21 45 14 92
http://gites-charmelles.fr/

Nuit pour 2 personnes à partir de 150 € (mini 2 nuits en basse saison et mini 4 nuits en juillet et août). Sauna.

Situé aux portes de Forcalquier, venez vous ressourcer dans un ancien moulin en pierre divisé en 4 gîtes tout équipés (le Magnan, le Bambou, l'Ecureuil et la Toscanella). Tous les gîtes ont leur propre terrasse indépendante, un atout de taille pour profiter pleinement de la vue sur le parc qui entoure la propriété. Un espace bien-être avec une petite piscine, un spa, un sauna et une salle de sport permet de prolonger cette expérience de détente et relaxation.

LA BASTIDE SAINT-GEORGES**** €€€

Route de Banon ✆ 04 92 75 72 80
www.bastidesaintgeorges.com

Ouvert de fin mars à mi novembre. Chambre double de 150 € à 410 €. Suite de 295 à 720 €. Restauration. Spa Omnisens.

Cet hôtel luxueux propose de belles chambres bénéficiant de terrasses privées et parfois même d'un jardin à usage exclusif. Toutes s'ouvrent sur un parc d'oliviers centenaires. Vous pouvez accéder au spa très zen avec une gamme de soins bien-être et profiter de ses piscines (intérieure et extérieure). Le restaurant, les Terrasses de la Bastide, indépendant, est situé sur le même domaine. Une petite maison nichée dans un coin du jardin, à l'abri des regards, est à louer en saison.

AUBERGE DU BAS CHALUS €

Ferme du Bas Chalus ✆ 07 77 84 54 05
https://www.baschalus.fr/

Ouvert du mercredi au vendredi midi et soir, mardis et samedis soir et dimanches midi. Variable en été. Menu 31 €.

Une belle surprise que nous offrent Romain et Marion. Romain a développé ses compétences à l'international et nous propose une cuisine créative et audacieuse, faite maison. La formule proposée à l'ardoise varie régulièrement pour intégrer des produits frais et locaux. Un chef à suivre de près ! Marion est au service avec sa bienveillance naturelle et la belle terrasse ombragée en plein cœur de la ferme est une promesse de calme et de sérénité. Laissez vous tenter par la suggestion « tagliatta de zébu » grillée à l'huile de truffe blanche certifiée bio de la ferme.

L'ESPERLUETTE €

28, boulevard Latourette
✆ 04 92 72 53 57
Du lundi au vendredi tous les midis et soir ; fermé le week-end sauf évènements. Menus à 19 et 28 €.

Valérie et son équipe vous accueillent dans une ancienne étable, créée et aménagée en 2016. Se mélangent ici moderne et contemporain épurés, avec de magnifiques voûtes en pierre. La cuisine, elle est inventive, aux influences méditerranéennes et du monde, goûteuse et à base de produits frais locaux (plat végan sur demande et tous les jours un dessert sans gluten). Un seul menu, préparé le jour même avec différents choix. La surprise est quotidienne et l'accueil extra et passionné. L'occasion de profiter d'une belle terrasse au calme, en plein cœur de Forcalquier.

L'AÏGO BLANCO €

5, place Vieille
✆ 04 92 75 27 23
Fermé de mi-décembre à mi-janvier. Ouvert tous les jours midi et soir. Plat du jour 14,50 €. Menus à partir de 21,90 €.

Ce restaurant plein de charme s'adapte aux saisons. L'été, sur la terrasse couverte d'une toute nouvelle pergola fleurie, vous dégusterez une cuisine provençale légère à base de produits français, frais et locaux, comme le tartare de poisson frais, ou des salades aux légumes colorées. Que les végétariens se rassurent, ils ne sont pas oubliés et sont les bienvenus. Les desserts sont une grande réussite. L'hiver, c'est dans l'une des 3 salles que sa cuisine savoyarde vous réchauffera. L'Aïgo Blanco signifie l'eau blanche (de la couleur du Pastis d'antan).

BEERSTROT €€

20, Boulevard Latourette
✆ 06 28 26 45 97
https://www.beerstrot.fr/
Ouvert midi et soir du mardi au samedi. Horaires variables en haute saison. Menu de 19€ à 20€. Carte de 13.90€ à 20 €.

Mathias et Clémentine, aux manettes de la Boca, animent aussi ce restaurant. Le Beerstrot est un lieu convivial qui vous invite à découvrir une cuisine inventive au fil des saisons. Goûtez aux incontournables burgers de la maison plus originaux les uns que les autres. D'autres envies ? Vous trouverez sur la carte de nombreuses propositions aussi innovantes autour du poisson, de la viande ou des plats végétariens. Craquez pour un délicieux dessert maison. Avec ses 200 références, le bar à bières a de quoi surprendre avec ses chopes artisanales au goût incroyable.

LA CRÊPERIE €€

4, rue des Cordeliers
✆ 04 92 75 01 01
Ouvert toute l'année. Fermé mardi toute la journée et mercredi midi. Menus de 17,50 € à 22.50 €.

La spécialité d'une crêperie, ce sont ses crêpes... Même si l'on propose ici aussi des salades variées, des pâtes fraîches, des burgers et des spécialités provençales servis dans une charmante salle voûtée avec des murs de pierres apparentes. On aime l'incroyable choix de galettes dont la « tarticrêpe », fourrée au reblochon et aux pommes de terre, oignons et crème fraîche. Les assiettes très copieuses, le service rapide et on aime la bonne idée des crêpes glacées ainsi que la qualité des galettes qui n'ont rien à envier à leurs cousines bretonnes !

LE LUPIN BLANC €€

Place du village - **REVEST-DES-BROUSSES**
✆ 04 92 73 25 41
www.lelupinblanc.fr
Fermé en janvier. En été, ouvert tous les jours sauf dimanche soir et lundi. Menu à partir de 22 €. Chambre double 70 €.

Revest-des-Brousses est un village perché provençal typique. Marina et Vincent vous accueillent avec convivialité dans leur auberge du Lupin Blanc, avec 2 chambres récemment rénovées dans un havre de paix. Coté restauration, ce bar-restaurant classé Bistrot de Pays est une halte idéale pour une pause gourmande à midi comme le soir. La cuisine est traditionnelle, raffinée et à base de produits de saison. Carte éphémère selon l'inspiration du chef. Des vins locaux, des bières locales, des miels et des légumes de la ferme sont proposés à la vente.

RESTAURANT LES MARRONNIERS €€

Avenue Clemenceau - **REVEST-DU-BION**
✆ 04 92 79 80 14
www.lesmarronniers04.com
Ouvert toute la journée, sauf les jeudis et dimanches soir. Menu du jour, 16 €. Menu du Terroir, 20 €. Chambre d'hôte.

Les Marronniers proposent une cuisine régionale authentique avec des produits locaux du terroir et suivant les saisons. Les champignons du pays et les châtaignes y sont mis à l'honneur ! Un four à bois permet de proposer de savoureuses grillades. Autres spécialités, pieds et paquets, civet, fromage chaud, pizza. Le jeudi, c'est couscous, aïoli le vendredi et en saison paella le samedi midi. Priscillia propose aussi 4 chambres d'hôte, avec possibilité de pension complète.

LA BOCA FORCALQUIER

11, Boulevard Latourette
07 54 21 63 33
Ouvert tous les soirs (fermé dimanche et lundi en hiver). Tapas. Ouvert à tous. Concert le week-end. Carte, 5 à 20€.

Mathias et Clémentine vous proposent une adresse unique à Forcalquier, qui détonne dans le paysage ! Un endroit unique pour faire la fête, danser, avec une programmation musicale conséquente. La Boca propose également des soirées à thèmes le vendredi et des groupes en été. C'est aussi le lieu chaleureux où passer de bons moments autour de jeux, en dégustant des tapas, des planches apéritives véganes, formages, charcuterie et mixtes, accompagnées de cocktails délicieux, vins ou encore de bonnes bières locales. Un bel endroit à partager en famille.

GLACIER SAINT MICHEL

5, place Saint Michel 06 89 62 62 08
Ouvert d'avril à la Toussaint. En juillet et août, de 11h à 23h30, les autres mois de 11h à 20h.

Les meilleures glaces de Forcalquier et des environs ! Depuis quatorze ans, le glacier Saint Michel, situé au cœur de la vieille ville, propose des glaces 100 % artisanales. Vous choisirez entre les quarante parfums, glaces et sorbets, proposés. De la classique à l'exotique, elles sont toutes des merveilles gustatives. Goûtez au pamplemousse ou encore au sorbet aux figues, avec cette impression délicieuse de manger le fruit. La gamme Provence avec les parfums génépi, lavande ou encore violette est divine ! L'accueil d'Emée est juste formidable. On vient de loin !

L'ABONDANCE

8, place du Bourguet
04 86 56 61 45
www.labondance.net
Ouvert les lundi, mardi, jeudi, vendredi et samedi de 9h30 à 13h et de 15h à 19h30.

Du pain, du vin, du fromage et l'amour des produits de qualité du terroir ! Hélène, crémière, Antoine, caviste, et leurs boulangers ont réuni leur savoir-faire dans cette belle boutique donnant sur la place principale de Forcalquier. Le pain est à base de farine de meule, de levain naturel, certifié bio dans sa totalité. Au choix aussi, une centaine de variétés de fromages artisanaux, fermiers ou laitiers. Quant aux vins d'Antoine, ils sont bio. Jetez un œil aux produits coup de cœur « apéritif », la fierté de partager de bons produits d'artisans passionnés.

BOUTIQUE MAISON TELME

11, rue Berluc-Pérussis
04 92 30 53 45
www.maisontelme.com
Ouvert lundi de 9h à 13h. Du mercredi au samedi de 9h30 à 12h30 et 14h30 à 18h30. Boutique en ligne.

Véritable institution, la Maison Telme a été fondée à Oraison en 1947. L'entreprise familiale maintient la tradition de conserveur de Provence. Vous ne saurez où donner de la tête avec les terrines artisanales variées au safran, citron confit, figues, morilles. Aussi de délicieux légumes à tartiner comme cet original « fenouil, citron, romarin » ainsi que des sels et des riz parfumés. Une offre de vente en vrac (au poids) d'épices et de poivres est venue s'ajouter au choix. Vous hésitez ? Rassurez-vous, des dégustations gratuites de terrines en boutique.

DISTILLERIES ET DOMAINES DE PROVENCE

9, avenue Saint-Promasse 04 92 75 71 66
www.distilleries-provence.com
Fermé de janvier à mars. Haute saison : du lundi au vendredidi de 9h 19h ; le dimanche de 9h à 13h.

Cela fait plus de 100 ans que les Distilleries et Domaines de Provence imaginent et/ou fabriquent des spécialités apéritives ou digestives tels pastis, rinquinquin, farigoule (liqueur de thym) et absinthe pour les plus célèbres. Ici on parle de cueillette, d'alambic, de sélection, de maturité et d'exigence. Alcools de caractère qui n'existent nulle part ailleurs à découvrir et à déguster dans la boutique dédiée à l'accueil des visiteurs. Médaille d'or 2022 à Paris pour le gin XII.

GRAND MARCHÉ DU LUNDI

Place du Bourguet
www.forcalquier.com
Ouvert le lundi de 8h à 13h. Mise à disposition de parkings gratuits avec navettes durant l'été.

Le marché hebdomadaire de Forcalquier fait partie des marchés les plus réputés des Alpes-de-Haute-Provence. Son origine remonte au Moyen Âge. Chaque lundi, il réunit plusieurs milliers de personnes venues profiter de la présence de 200 exposants. En été, il s'agrandît encore de 50 commercants. Une véritable institution ! Sur les étals : fruits et légumes, produits de la mer, boucherie, produits biologiques et naturels, producteurs locaux et artisans et artistes (terres cuites, étoffes...) mais aussi vêtements, meubles, jouets... Un lieu de rencontre incontournable.

MARCHÉ BIO ET PAYSAN DU JEUDI

place du Bourguet

Toute l'année, tous les jeudis de 15h à 19h. Accès libre. Marché régulier.

Tous les jeudis après-midi, la place du Bourguet accueille le « marché bio et paysan », créé et cogéré par l'association « Se tourne au Sol » et la mairie de Forcalquier. Une quinzaine d'agriculteurs et artisans locaux vous proposent toute l'année des produits de qualité issus de leur production : pain, fromages (brebis, chèvre), légumes, fruits, viande (porc et volaille) œufs, safran, miel, pizza cuites au feu de bois.... le tout dans une ambiance conviviale et chaleureuse !

MOULIN DE GOUVAN

6, rue Marius Debout

✆ 04 92 78 77 51

Visite gratuite de juin à septembre.

C'est un voyage dans le temps que vous propose de faire André-Michel Breger. À l'époque où les olives étaient broyées par des meules actionnées par des ânes ou des mulets, où la pâte d'olives obtenue était ensuite placée dans des scourtins, une sorte de grand béret plat, puis compressée afin de récolter le précieux nectar... Grâce à ce passionné qui a restauré ce moulin datant vraisemblablement du XVe siècle (le dernier qui reste en France) vous pourrez non seulement faire une visite très instructive mais également déguster une huile AOP Haute-Provence de qualité.

SAVEURS DES TRUQUES

Route de Sigonce

✆ 04 92 74 30 01

www.saveursdestruques.com

Ouvert du lundi au samedi.

Il y a une dizaine d'années, Véronique et Thierry Baudrain ont décidé de changer de vie et de s'établir dans une maison du XVIIIe siècle au milieu d'une exploitation agricole de 20 ha, au lieu-dit « Les Truques ». Ils cultivent cette terre en agriculture bio selon la trilogie méditerranéenne : blé, vignes et oliviers. En plus de leur oliveraie (Aglandau AOC), ils récoltent du blé meunier d'Apt, du seigle, des pois chiches et du petit épeautre, sans oublier la vigne (merlot et cabernet sauvignon). Ils exploitent aussi des ruches et une plantation de chêne truffier.

UNIVERSITÉ EUROPÉENNE DES SENTEURS ET DES SAVEURS

Couvent des Cordeliers ✆ 04 92 72 50 68

www.artemisia-museum.fr

Musée et boutique ouverts d'avril à septembre, fermés mardi, samedi, dimanche. Sur réservation d'octobre à mars.

Le prestigieux Couvent des Cordeliers abrite également cette remarquable université, unique en son genre. Créée en 2002, l'UESS est une référence de la filière des plantes à parfum et aromatiques, de l'industrie cosmétique et agroalimentaire. La boutique du site regroupe des produits issus du savoir-faire et du terroir local ainsi que des ouvrages. Lieu d'initiation, vous pourrez, petits et grands, profiter tout au long de l'année d'ateliers ludiques (parfumeur, herboriste...).

LES ÂNES DE FORCALQUIER

Ancienne route de Dauphin ✆ 06 89 15 08 63

www.anes-forcalquier.com

Ouvert toute l'année. De 25 € à 45 € par âne selon la durée de la balade. Chambre double de 65 € à 75 €.

Venez passer un agréable moment en compagnie des ânes de Tiffany et Guillaume que ce soit pour une petite balade familiale « Chasse au trésor » de 2h à travers le domaine boisé de 32 ha, une autre au coucher du soleil ou alors en petite randonnée à la demi-journée ou la journée. Possibilité d'hébergement en tente Safari Lodge de 4 pers toute équipée pour une expérience nature, en gîte de 4 à 6 personnes ou en chambre d'hôte. Après une bonne balade, vous pourrez vous prélasser à la piscine. Sur demande, il est possible d'organiser des randonnées de plusieurs jours.

FRANCE MONTGOLFIÈRES

✆ 04 92 75 10 02

www.franceballoons.com

Ouvert d'avril à fin octobre. Vols uniquement le matin. 215 € pour un vol en semaine, 240 € le week-end. Vol duo 445 €.

C'est parti pour 3 heures d'aventure ! Tôt le matin, on part avec l'équipe en 4X4 vers le site de décollage. Sur les instructions du pilote, on prépare l'aéronef... 300 kilos de tissus ! Au bout d'une petite heure, le ballon s'est formé. La magie s'installe. C'est le moment de prendre place dans la nacelle et de se laisser porter par l'émerveillement, la beauté des champs de lavande, les villages environnants... Forcalquier vue du ciel. Une incroyable expérience bercée par la douceur du vent, l'incertitude du lieu d'atterrissage et du chemin emprunté. Grandiose !

AUTOUR DU LUBÉRON À VÉLO

13, boulevard des Martyrs-de-la-Résistance
© 04 90 76 48 05

Boucle totale de 240 km à parcourir. Environ 2600 m de dénivelé. Altitude max : 782 m. Chemins thématiques plus courts.

Les Ocres à vélo ? Le pays de Forcalquier et la montagne de Lure ? Ou carrément toute la boucle à votre rythme ? Voilà tout ce que vous propose cette bien belle région ! Choisissez votre itinéraire (carte IGN : Parc Naturel Régional du Luberon, 1/60 000e ; ou carte Michelin : 81 et 84, 1/200 000e). Et pour les curieux qui hésitent encore, une brochure est disponible en téléchargement gratuit en ligne.

Pour ceux qui sont déjà décidés, c'est là une fabuleuse balade en famille, où vous prendrez le temps de découvrir la nature tout en faisant un peu d'exercice. Depuis l'été 2002, 130 km (tronçon Forcalquier, Manosque, Lourmarin, Cavaillon) viennent s'ajouter aux 105 km existants (Cavaillon à Forcalquier, via Apt), pour une boucle totale de 236 km. Si vous ne voulez pas pédaler tout cela, de nombreux tronçons permettent déjà de bien profiter. Par exemple, une voie verte de 22 km qui passe par Apt, ou bien « le pays d'Aigues à vélo », un beau circuit de 91 km, prochainement balisé.

Mais si vous optez pour la boucle de 236 km, vous pourrez partir d'où vous voulez, et n'aurez pas forcément besoin d'une carte. En effet, pour faciliter votre orientation, la boucle est balisée dans les deux sens de circulation. Pensez tout de même à emporter crème solaire, lunettes de soleil, casquette et bouteilles d'eau ! Les étapes sont ponctuées de villages perchés, de paysages provençaux, de bories, de lavande avec des haltes de dégustation de produits locaux, ce parcours de 5 à 7 jours vous garantit plaisir et découverte !

LES MOURRES DE FORCALQUIER

Lieu-dit Les Mourres
© 04 92 70 91 00
www.ville-forcalquier.fr/mourres.html

Accessible toute l'année librement aux familles et enfants. De 2 à 6 km selon l'itinéraire emprunté.

Ne manquez pas ces étranges champignons de pierre sortis de terre à quelques kilomètres seulement de Fourcalquier ! Plusieurs itinéraires sont possibles pour accéder à ce site insolite depuis le départ de l'office de tourisme et en gravissant le sentier qui passe par la chapelle Saint Marc. Le plus court est entièrement balisé de jaune. Un autre associe du jaune, du blanc et rouge puis à nouveau du jaune. Info importante à signaler pour les personnes à mobilité réduite : on peut aussi y arriver en suivant la D 12, dite route de Fontienne.

La géologie des Mourres est spectaculaire, par la présence de nombreux rochers calcaires aux formes originales dénotant dans le cadre paysager environnant traditionnel du Pays de Forcalquier. C'est l'érosion progressive des marnes les enveloppant à l'origine qui les a ainsi révélées. Mais l'intérêt du lieu est aussi dû à la présence d'une faune et d'une flore particulières qui se sont adaptées à l'âpreté de ce milieu naturel semi-désertique. C'est ainsi que l'on peut y observer, entre autres, la présence de lande à genêt de Villars, du lézard ocellé, du marbré de Lusitanie ou du traquet oreillard...

Des panneaux didactiques vous aideront sur place à décrire plus en détail vos propres observations. Un conseil important toutefois : cet espace naturel est fragile. Il est important de le préserver en évitant de vous écarter des sentiers balisés et de grimper sur les rochers. Pensez également à tenir les chiens en laisse.

BANON ★

La commune de Banon vous promet un bel accueil. Une fois passée la superbe porte fortifiée du XIVe siècle, vos pas vous mèneront jusqu'aux vestiges des remparts, d'où vous pourrez alors admirer la montagne de Lure et les toits de tuiles typiques des maisons du bas du village. Lors de votre visite, ne manquez pas de passer à l'église haute, ouverte au public et organisant parfois des concerts et spectacles, pour découvrir son atmosphère tout simplement magique. Si vous avez besoin de conseils sur les environs, l'office de tourisme intercommunal peut également vous renseigner sur Simiane-la-Rotonde, Saint-Michel-l'Observatoire et Reillane.

ÉGLISE HAUTE DE BANON

Vieux village
© 04 92 72 19 40

Fermée d'octobre à mars. Haute saison : ouvert tous les jours de 11h à 19h. Expositions et animations.

C'est dans la ville haute qu'a été construite l'église médiévale. D'abord chapelle pour les habitants du château, elle devient officiellement église paroissiale en 1350. Agrandie en 1652 puis en 1733, elle a été saccagée lors de la Révolution avant d'être restaurée en 1826. Depuis 2005, l'Église Haute, désormais déconsacrée, est un haut lieu de la vie culturelle locale. D'avril à octobre y sont organisés des expositions d'art, des représentations théâtrales, des concerts permettant à plus de 20 000 visiteurs par an de profiter de son acoustique exceptionnelle.

FLOWER CAMPING L'ÉPI BLEU**** €

Lieu-dit les Gravières ✆ 04 92 73 30 30
www.campingepibleu.com

Ouvert d'avril à fin septembre. Emplacement pour 2 à partir de 19 €. Bungalows pour 2 à 6 de 200 € à 1200 € la semaine.

Ce camping de 130 emplacements environ vous accueille au beau milieu des champs de lavande et à une altitude de 750 mètres. Vous pourrez profiter du soleil provençal dans un des différents modes de logement : tentes meublées, chalets et mobil-homes, pavillons, home-flowers et cabanes-lodges sur pilotis. Sans oublier les terrains de volley-ball, de foot-ball, animation pour petits et soirées dansantes pour les grands. Pataugeoire et piscine chauffée avec de grands toboggans.

FERME FONTAINE DE CRÈME €€

Lieu-dit Fouent Crêma ✆ 06 68 88 95 35
www.fontainedecreme.com

Ouvert toute l'année. Chambre double de 85 € à 100 €. Petit déjeuner inclus. Gîte 15 personnes à partir de 600€ la nuit.

La Fontaine de Crème est une ancienne ferme du XVIIIe siècle située en pleine nature et entourée principalement de culture de lavandins. Les chambres décorées avec goût bénéficient de vues panoramiques sublimes. Qu'elles donnent sur la fontaine, le village de Banon éclairé ou sur les champs de lavande, vous serez conquis. Pour parfaire le confort de votre séjour, des repas prix sur place sont possibles avec la collaboration d'un traiteur local. Un gîte est aussi à la location et peut accueillir jusqu'à 15 personnes avec ses 7 chambres. Une piscine est proposée.

LES VINS AU VERT €

Rue Pasteur
✆ 04 92 75 23 84
www.restaurant-caviste-banon-04.fr

Ouvert toute l'année. En juillet-août ouvert 7j / 7 sauf le lundi. Formule à partir de 15,50 €.

Une belle adresse surprenante qui ne laisse rien présager de l'extérieur. Une cave à vins bien sûr mais aussi pour ses assiettes gourmandes et généreuses préparées avec beaucoup de soin. Une grande salle à la décoration soignée. Une cuisine du monde originale avec un ragout iranien ou poulet à la bière, comme des recettes du terroir fleurant bon les souvenirs d'enfance (rôti de porc aux pruneaux, curry d'agneau) ou encore la Provence (mesclun cake aux olives noires, fromages et tomates confites). Un beau voyage pour les papilles, accompagné des meilleurs vins.

LES VOYAGEURS €

Place de la République
✆ 04 92 73 21 02
www.les-voyageurs.metro.bar

Ouvert toute l'année. Juillet-août, 7j/7 midi et soir sauf le lundi soir. Menu à partir de 18,50 €. Terrasse.

Les Voyageurs ont toujours été entre de bonnes mains, mais Fanny et Cyril ont désormais bien pris la relève, même si les parents ne sont jamais trop loin ! L'hiver, nous prenons place dans l'une des deux salles, colorée ou plus classiquement boisée. L'été, c'est la terrasse qui est prise d'assaut pour boire un verre ou s'attabler pour une cuisine provençale de terroir. Il est bon de réserver car l'adresse est prisée pour ses produits frais et de saison. Les suggestions changent au quotidien. Le tout s'accompagne d'une sympathique carte des vins.

Village de Banon et ses champs de lavande.

CHARCUTERIE LA BRINDILLE MELCHIO

Place de la République
✆ 04 92 73 23 05
Ouvert tous les jours sauf mercredi et jeudi (hors saison uniquement) de 9h à 12h et de 14h30 à 18h.

Une histoire de famille qui remonte à presque trente ans ! La réputation de cette charcuterie n'est plus à faire, les clients viennent de tout le pays ; tout simplement parce qu'on y retrouve un nombre incalculable de saveurs. La passion du travail bien fait anime Clauvis qui connait son métier et vous comblera de plaisir avec ses saucisses sèches au piment, au fromage, aux pignons... Un espace de produits locaux et rigoureusement sélectionnés complète cette charcuterie exceptionnelle.

FROMAGERIE DE BANON

Haut Carniol
✆ 04 92 73 25 03
www.fromagerie-banon.fr
Ouvert l'été. Le reste du temps, commandes à passer par téléphone et à venir récupérer du lundi au vendredi de 9h à 17h.

Depuis 1958, cette fromagerie fabrique et commercialise le célèbre Banon, fromage d'AOP, ainsi qu'une large gamme de fromages de chèvre frais et affinés. Le lait est collecté, les fromages fabriqués et affinés par les maitres des lieux, afin d'en conserver l'authenticité, la subtilité et la saveur d'antan. C'est ce savoir-faire, que vous viendrez ici, au milieu de nulle part sur la route d'Apt, partager et pourquoi pas apprendre à plier le fameux Banon dans son écrin de feuilles de châtaigniers. Sur place un film vous expliquera la fabrication des fromages.

LIBRAIRIE LE BLEUET

Place Saint-Just
✆ 04 92 73 25 85
www.lebleuet.fr
Ouvert 365 jours par an (du lundi au dimanche, jours fériés inclus) de 10h à 19h non stop et jusqu'à 20h l'été.

La plus grande librairie indépendante en milieu rural avec ses 100 000 ouvrages variés répond à toutes les attentes, sans compter la papeterie de qualité, les cartes, guides. Isabelle et Marc Gaucherand veillent à la qualité de l'accueil, vous trouverez une équipe de libraires compétents et disponibles, des conseils de lecture et une table des « perles du Bleuet » avec des ouvrages soigneusement sélectionnés. Des évènements culturels sont organisés toute l'année et un espace culturel accueille des expositions de peintures, photographies et sculptures.

SUPER BANON

Place de la République
✆ 04 92 73 39 06
Ouvert de 10h à 12h30 et de 14h à 18h30. Fermé lundi et jeudi selon saison.

Mario, le tout nouveau gérant, n'est pas avare de conseils et de recettes. Les produits de son épicerie fine, il les connait sur le bout des doigts. Il faut dire qu'ils sont rigoureusement sélectionnés par ses soins. Une belle place pour les fromages de chèvre fermier et brebis. Le banon est mis à l'honneur et vous trouverez une sélection délicieuse de produits très locaux. En parcourant sa petite boutique, on découvre des vins et spiritueux, des confitures, des pâtisseries et de la crème de châtaignes artisanales, du pain et de la charcuterie artisanale.

CÉRESTE ★

À la frontière entre la Basse et la Haute-Provence, vous découvrirez Céreste et ses 1 284 cérestains. Comme souvent par ici, ce joli village provençal est entouré d'une nature verdoyante et de ses douces collines (au nord, ce sont les monts de Vaucluse, et au sud, vous verrez la chaîne du Luberon). Enfin, non loin du village, vous pourrez trouver des vestiges troglodytes... En plus de cela, la visite au Prieuré de Carluc et dans ses environs vaut vraiment le détour ! En chemin vers le prieuré, vous trouverez également un adorable petit pont romain : admirez bien ce beau paysage. Un très bel itinéraire à suivre... Et un parcours prometteur !

Histoire

L'histoire de Céreste passe par son prieuré. Cet antique lieu de culte et de pèlerinage chrétien, situé en pleine nature, fut fréquenté dès le IVe siècle par les habitants de la cité romaine de *Catuiacia*, aujourd'hui Céreste. La chapelle sud datant de 1150 témoigne de la présence de l'ancien prieuré qui fut rattaché à la fameuse abbaye de Montmajour au XIIIe siècle. Particulièrement émouvante, la nécropole creusée dans la roche rassemble plusieurs dizaines de tombes. Creusés pour partie dans la roche également, vous pourrez parcourir les vestiges de 3 églises. Au pied de la falaise, un petit ruisseau est toujours alimenté par l'ancienne source. Un site émouvant, chargé d'histoire que l'on n'attend pas dans ce cadre champêtre.

LE PRIEURÉ DE CARLUC

✆ 04 90 04 42 00

Ouvert toute l'année. Hormis la chapelle accessible seulement lors des visites guidées. Gratuit.

Caché dans un écrin de verdure, le prieuré de Carluc apparaît tel un havre de paix. C'est avant tout un lieu religieux et qui s'est édifié étroitement imbriqué, lié, dépendant de la roche qui l'abrite. Il est constitué d'une chapelle médiévale entourée d'une nécropole de tombes rupestres, des restes de deux autres églises ruinées, en partie creusées dans le rocher, d'une galerie également creusée dans le roc et présentant aussi des tombes rupestres. La proximité de l'ancienne Via Domitia en fit une étape au Moyen-Âge pour les pèlerins entre l'Espagne et l'Italie.

HÔTEL - RESTAURANT L'AIGUEBELLE** €

Place de la République

✆ 04 92 79 00 91

www.hotel-aiguebelle.com

Ouvert toute l'année. Parking devant l'hôtel. Chambres à partir de 48 €. Restauration.

Ce petit hôtel-restaurant vous accueille avec 12 chambres doubles ou triples, avec un bon rapport qualité/prix. Toutes sont équipées d'un l'accès wifi gratuit, TV et ligne directe. Pour les gourmets, son restaurant propose une cuisine provençale réputée dans le pays. La terrasse vous accueille pour un moment de détente autour d'un verre midi et soir. À noter que pour les clients de l'hôtel, son chef propose pour leurs balades au cœur de la Provence, des paniers repas.

LA MAISON D'EMMA €€

4, Place Saint Michel ✆ 07 86 89 81 27

www.maison-emma.com/fr

4 chambres : suite Luberon, chambre Calade, Campanile, Bourgade. Petit déjeuner servi dans le patio les beaux jours.

Jean-François et Maryline ont récupéré les clés de cette belle maison de village, à côté de l'église. Ce sont des hôtes chaleureux qui seront ravis de vous présenter le Luberon et ses bonnes adresses. Jean-François vous propose une cuisine simple et authentique, composée de tous les bons produits du terroir. Une fois installé dans l'une des trois chambres ou dans la suite, vous pourrez vous prélasser dans le patio où le bassin vous apportera une fraîcheur idéale pour un repos bien mérité après une chaude journée de balade. Une nouvelle adresse à découvrir.

BOUCHERIE ARAUJO

Cours Aristide-Briand

✆ 04 92 79 04 11

Ouvert mardi, mercredi, vendredi et samedi de 7h30 à 12h30 et 16h à 19h ; jeudi et dimanche de 7h30 à 12h30.

Depuis 2022, Cécilia et Jasone sont là, avec le sourire, pour servir une clientèle d'habitués mais aussi de passage, car le bouche à oreille marche à la perfection. Ce sympathique duo nous propose ce qu'il y a de meilleur avec en plus des conseils de connaisseurs. Le slogan de la maison en dit long : consommez local, consommez artisanal. Avec ses volailles des campagnes avoisinantes, ses saucissons (comme celui à la fleur de thym), ses plats cuisinés et bien d'autres encore... Tout n'est que délice et fleure bon la Provence.

LA RUE DES BISCUITS

Lieu-dit la Gare ✆ 04 92 71 00 56

www.laruedesbiscuits.fr

Ouvert du mardi au samedi de 8h à 18h30 et le dimanche de 8h à 12h30. Fermé en janvier. E-boutique.

C'est l'histoire d'un changement de vie : sur l'impulsion de sa compagne Carine, Emmanuel, ancien menuisier, crée une biscuiterie artisanale. Dans leur charmante boutique, ils vous accueillent dans un décor digne de Pagnol, imaginé par Emmanuel lui-même. Carine a imaginé des recettes de biscuits salés et sucrés savoureuses et inventives, comme les financiers aux citrons confits, avec un maximum des produits locaux et de qualité comme la farine bio d'un moulin tout proche. Nouveau, prenez le temps de déguster des pâtisseries dans le salon de thé.

CRUIS

Le joli village provençal de Cruis, classé Villages et Cités de Caractère, bénéficie d'un paysage typique de Haute-Provence, à plus de 700 m d'altitude et au pied de la montagne de Lure, classée réserve de biosphère par l'Unesco. Doté également d'un patrimoine architectural remarquable, le site de la commune comporte quelques monuments remarquables, notamment l'église paroissiale Notre-Dame-et-Saint-Martin, qui est l'ancienne église d'une abbaye de moines augustins. Elle conserve quelques arcades du cloître, datant de la fin du XIIIe siècle. Enfin, le village de Cruis est à 20 minutes à peine en voiture des villes de Forcalquier et Sisteron.

LA BASTIDE DU CLAUS €€

Quartier Le-Claus
✆ 04 92 74 99 32
www.labastideduclaus-vitaverde.com

Chambre double 92 € ; chambre triple 117 €. Petit déjeuner inclus. Gîtes de 340 € à 600 € la semaine selon la saison.

Fondée par un écuyer de Louis XIV, cette demeure a traversé les siècles. Six gîtes de 2 à 5 personnes et quatre chambres d'hôtes très confortables vous offrent une halte dans le calme dans un parc arboré. De nombreux équipements : bibliothèque, jeux de société, une table de ping-pong, un terrain de boules et une aire de jeux pour les enfants. Profitez du bassin du XIXe siècle alimenté par la source du domaine, ou vous détendre sous la tonnelle afin d'admirer la vue qui s'étend jusqu'aux monts du Verdon. Un sauna extérieur pour parfaire la journée.

GÎTE LE PROVENCE €€

Le village
✆ 06 01 34 93 91

Gîtes de France (3 épis). De 380 € à 620 € la semaine de 3 à 6 personnes. Wifi gratuit.

Ce gite, rénové avec amour et passion, situé dans une maison de village donne sur une placette. Il est composé de trois chambres spacieuses, pouvant accueillir jusqu'à six personnes. Grand séjour, coin cuisine équipée, coin salon avec une cheminée pour l'hiver. Aux beaux jours, vous profiterez de l'agréable terrasse, abritée d'une jolie pergola de vigne, avec barbecue. Sous la maison, une cave voûtée avec table de ping-pong. Local à vélo. Les amateurs de patrimoine et de nature seront comblés. Tout est bien pensé, jusqu'aux ustensiles de cuisine de Brigitte.

LE GRANGEON €€

La Palisse
✆ 06 18 54 11 74

Ouvert toute l'année. Chambre double : 98 €. Table d'hôtes possible sur réservation, 30 € avec vin et café compris.

Le Grangeon, une chambre d'hôtes de qualité dans un cadre superbe. Un couple charmant et de bons conseils vous ouvre les portes de leurs deux belles chambres d'hôtes décorées avec goût. Au pied de la montagne de Lure, la maison se situe à l'entrée du village sous un ciel parmi les plus purs d'Europe. Les petits-déjeuners sont copieux faits maison comme les confitures ou parfois le pain, à base de produits locaux. La table d'hôtes est elle aussi faite de produits du terroir. Un régal ! Un clin d'œil chaleureux à Nicole, toujours prête à donner de bons conseils.

L'AUBERGE DE L'ABBAYE €€

Le Village
✆ 04 92 76 59 88
www.hotel-restaurantcruis.fr

Restaurant ouvert midi et soir, tous les jours en saison. Formule du jour du lundi au vendredi midi. 9 chambres.

Laura et Antoine, nouveaux propriétaires de L'Auberge de l'Abbaye, vous accueillent dans 9 chambres claires et spacieuses. Le restaurant propose une cuisine familiale et élaborée au rythme des saisons avec des produits locaux. La formule entrée, plat et dessert du midi change tous les jours. Le lieu vous propose aussi de vous recevoir pour vos évènements privés et d'entreprise, baptêmes, anniversaires, comités d'entreprise... La boutique de l'Auberge vous présente une sélection de produits du terroir comme du miel, du vin, de l'huile d'olive...

DAUPHIN

Le calme de la campagne provençale règne en maître grâce à une belle vue sur la montagne de Lure. Avec ses fortifications du XIVe siècle, ses ruelles, son donjon et ses façades du XVIe, le village médiéval perché de Dauphin parle aussi du passé. Voici un village classé qui a su conserver son caractère médiéval. Il domine la vaste plaine située à proximité de la voie domitienne appelée ici chemin Seinet. Ne manquez pas l'église Saint-Martin du XVe siècle, ancienne chapelle castrale et son orgue de style baroque. On y donne, en été, des concerts de grande qualité. À Noël, Dauphin est réputée pour sa crèche aux santons en habits du XVIIIe siècle.

LE MOULIN DES ENCONTRES €

Le Moulin des Encontres
✆ 04 92 79 53 84
www.moulindesencontres.com

Gîtes de France (3 épis). Fermé de novembre à avril. Chambre double de 70 € à 90 €. Piscine.

Situé dans la plaine entre Dauphin et Mane, cet ancien moulin joliment restauré vous accueille confortablement avec ses 3 chambres à la décoration personnalisée. Chaque chambre dispose d'une entrée indépendante, d'un petit coin cuisine et d'un coin jardin et/ou d'une terrasse. Le petit déjeuner est copieux et inclus : yaourts et confitures maison, miel de lavande et pâtisserie ! Profitez aussi de la piscine et des nombreux hamacs qui vous accueilleront le temps d'une sieste à l'ombre. Location de vélos sur place, terrain de pétanque, trampoline et balançoires.

MAS DU PONT ROUGE €€

chemin du Pont rouge
✆ 06 80 08 75 91

Ouvert toute l'année. Gite pour 19 personnes, à partir de 2 100 € la semaine. Accès handicapé. Wifi gratuit.

Le Mas du Pont rouge peut accueillir jusqu'à 19 personnes, petits et grands, grâce à ses quatre chambres spacieuses, sa petite chambre et son dortoir de neuf couchages avec grand salon et belle cheminée. Philippe, le maître des lieux est toujours de bonne humeur, à l'écoute et disponible. Il se mettra en quatre pour répondre à vos attentes. Ce superbe mas tout en pierre du XIXe siècle, restauré dans les années 1970 et remis à neuf, a élu domicile dans un magnifique parc arboré de 1 ha, piqué d'une piscine magique. Table de ping-pong et 10 vélos à disposition.

CAFÉ DU NORD - RESTAURANT LA FORGE €

49, boulevard du Nord
✆ 06 61 61 24 47

Ouvert midi du mardi au dimanche. Ouvert le midi et soir les week-ends sur réservation. Plats de 16 à 17 €.

Zoff, enfant des îles, vous accueille avec chaleur et joie dans son restaurant. Vous prendrez place dans un intérieur chaleureux fait de pierre, de fer et de bois à l'ambiance provençale. L'été, vous choisirez l'une des belles terrasses, avec vue sur la montagne de Lure. La cuisine colorée de Zoff vous fera voyager entre curry, rougail, accras en passant par un couscous et la Provence où il a grandi. Ce savant mélange change au fil des envies du chef. Un endroit simple et plein de vie.

LURS

Quasiment abandonné au début du XXe siècle, le beau petit village de Lurs a été redécouvert par des graphistes, typographes et écrivains, dont Jean Giono, qui lui ont redonné vie. Ainsi sont nées les fameuses Rencontres internationales de Lure dédiées à la culture graphique sous toutes ses formes. Et c'est donc en connaissant l'histoire du village que vous comprenez mieux la présence du chemin des écritures de Lurs, en plein air et pour le moins inattendu... Étonnant mais très réjouissant, n'hésitez pas à aller vous y balader et profitez peut-être d'une visite guidée possible avec un guide du pays (renseignement auprès de l'office de tourisme).

LE CHEMIN DES ÉCRITURES

Village
https://www.delure.org/

Ouvert toute l'année. Gratuit.

En juillet 2010, ont été installés les éléments du Chemin des Écritures. Celui-ci vous invite à déambuler tout en vous familiarisant avec l'histoire de l'écriture latine et de la typographie à travers différentes œuvres d'artistes contemporains. Une façon originale de visiter ce très joli village perché en vous laissant guider par la brochure téléchargeable sur le site web ou disponible auprès de l'office de tourisme de Forcalquier. Et finalement, après avoir parcouru ce chemin vous vous retrouverez devant la Chancellerie, lieu fondateur des Rencontres de Lure.

MOULIN À HUILE DE LA CASCADE DE MONESSARGUES

Route de Sigonce
✆ 04 92 79 95 03
moulin.de.la.cascade.monsite-orange.fr

Ouvert toute l'année. Visite guidée sur rendez-vous. Huile également disponible chez Justine (04 92 79 18 12) à Lurs.

Entre Lurs et Pierrerue, Jérôme Masse, producteur et fabriquant d'huile d'olive biologique, vous propose de découvrir une tradition qui date de 1674, année de construction du Moulin de la Cascade. Il vous familiarisera avec les gestes ancestraux, avec une huile non centrifugée, permettant d'obtenir une d'huile d'olive de haute qualité, à la saveur douce et fruitée. Vous suivrez les différentes étapes du pressage des scourtins au ramassage de l'huile, en passant par la décantation naturelle dans les bacs en chêne. Dans ce moulin du XVIIe siècle, construit sous le règne de Louis XV, les olives triturées proviennent des oliveraies de la propriété située sur les coteaux de Lurs. La récolte a lieu entre décembre et janvier, puis la transformation du fruit en précieux liquide répond à des étapes scrupuleusement suivies pour préserver les qualités nutritives de l'olive. Pour répondre à une demande toujours grandissante, le moulin s'est modernisé, tout en conservant des critères de fabrication authentiques et traditionnels, et toujours avec une huile non centrifugée de qualité. Une huile à admirer, à déguster et à acheter à l'issue de la visite (ou dans la boutique Chez Justine à Lurs, de mai à octobre), avant de profiter de la rivière Le Lozon, de la belle cascade et de ses bassins tout proches. A noter que le domaine accueille régulièrement des groupes et des scolaires pour des visites guidées (sur rendez-vous). Accueil très chaleureux. Laissez-vous tenter !

LA PROMENADE DES ÉVÊQUES

Centre village

Ouvert toute l'année. Gratuit. Route du GR 653D.

Au sud du village se dresse la silhouette du château, ancienne résidence des évêques de Sisteron. La promenade leur doit son nom et consiste en un étonnant cheminement matérialisé par une allée bordée de 15 oratoires érigés en 1864. Celle-ci vous conduit à la jolie chapelle Notre-Dame-de-Vie à travers la campagne provençale. La boucle fait 5 km et offre une vue panoramique sur toute la région. Les plus courageux, choisiront peut-être une randonnée plus complète, celle du Pont Romain qui comprend la promenade des Évêques, le Chemin des Écritures et la Via Domitia.

MANE

Presque tout est construit en pierres de Mane et si flâner dans les rues est inimaginable en talons, c'est un réel plaisir de se balader dans les calades. Ne ratez pas l'église Saint-André et sa façade baroque des XVe et XVIIe siècles. Difficile par contre de passer à côté de son impressionnante tour de pierre et son clocher de 31 m de haut ! L'hôtel particulier Miravail datant des XVe et XVIIIe siècles vaut également le coup d'œil. Surplombant le village, la citadelle de Mane est l'unique fortification féodale complète de Provence. De là-haut, la vue sur la plaine de Mane, les coupoles de l'observatoire Saint-Michel, ou le Luberon, est imprenable !

LES COCCINELLES €

Saille ✆ 04 92 79 80 53

www.camping04.com

Ouvert toute l'année. 6 emplacements. Location gîte à 520€ la semaine. 85€ la nuit, 2 nuitées minimum sauf en saison.

Un lieu insolite et régénérant en pleine nature de haute Provence dans le pays de Forcalquier. La ferme équestre Les Coccinelles est un endroit enchanteur qui vous accueille aussi bien en camping, qu'avec un gîte tout confort, ou tout simplement pour une promenade à poney ou à cheval, au milieu de ses animaux et à proximité de la rivière Lauzon… L'accueil est situé au cœur de ce camping et vous passerez avec Frédéric de forts beaux moments. À vous de belles surprises, comme une baignade dans une cascade naturelle du Lauzon. Un lieu en communion avec la nature.

LES CABANONS POINTUS

Mane Nord et Est

✆ 04 92 75 04 13

www.mane-en-provence.com

Ouvert toute l'année. Gratuit. Circuit de 6 km proposé par la municipalité (renseignements en mairie ou sur Internet).

Cette dizaine de cabanons de 3 à 7 mètres de haut peuvent être qualifiés de véritables chefs-d'œuvre d'architecture rurale, et témoignent de l'habileté des paysans des XVIIIe et XIXe siècles. Construits intégralement en pierres sèches, ils ne possèdent ni cintre ni liant et semblent défier les lois de la gravité grâce à la technique de la voûte d'encorbellement progressif, un peu comme pour un très gros igloo ! Utilisés comme abri, remise ou encore bergerie, ils possèdent parfois des fenêtres, des cheminées et même des placards… en pierre eux aussi !

LA TERRASSE DE LURS €€

Rue de la Mairie

✆ 04 92 87 77 52

www.laterrassedelurs.fr

Fermé de mi-octobre à la Toussaint. Ouverture tous les jours sauf mardi et mercredi à partir de 10h. Plat du jour 13 €.

Les grandes baies vitrées du restaurant, tout comme sa belle terrasse aux beaux jours, vous permettent de manger avec une vue extraordinaire sur la vallée de la Durance. Locavores par nature, les menus se composent pour l'essentiel des productions d'une agriculture de proximité, en faisant une large place aux pratiques biologiques. Une cuisine qui repose sur un réseau de producteurs locaux en favorisant au maximum les filières courtes. La Terrasse est également un café, et un salon de thé où l'on peut déguster des pâtisseries maison. Concerts en été.

LE CHÂTEAU DE SAUVAN

Route d'Apt

✆ 04 92 75 05 64

chateaudesauvan.com

Ouvert de début mars à mi-novembre. En juillet et août : visite tous les jours à 15h30, sauf le mardi. Adulte : 11,50 €.

Sauvé de l'abandon en 1981 grâce à la ténacité et l'engagement de ses propriétaires qui ont réalisé d'importants travaux de restauration et d'aménagement, celui que l'on surnomme « Le Petit Trianon de Provence » est un témoignage exceptionnel de l'art de vivre au XVIIIe siècle en Provence. Ses majestueuses façades en pierres taillées abritent un musée qui vous transportera au temps de la famille des Forbin, ses premiers seigneurs. À noter qu'il est possible de séjourner dans un des deux gîtes appartenant à l'ancien hameau de ce palais provençal exceptionnel.

SALAGON, MUSÉE ET JARDINS

Le Prieuré ✆ 04 92 75 70 50
www.musee-de-salagon.com
Musée fermé le mardi en basse saison. De mai à septembre : 10h-19h (nocturne le jeudi l'été). A partir de 6 €. Boutique.

Classé monument historique, cet incroyable site, dont les parties les plus anciennes remontent au XIIe siècle, vaut autant pour la richesse de son histoire que pour ses jardins. Créé en 1986, c'est un des premiers parcs ethnobotaniques de France. Son objectif : étudier et exposer de manière simple et ludique les relations entre les hommes et leur environnement végétal. L'ensemble est entretenu de manière écologique. Un site d'une grande richesse qui dispose du label Jardin remarquable.

COLLINES DE PROVENCE

Parc Pitaugier
✆ 04 92 76 69 02
www.collinesdeprovence.com
Haute saison, du lundi au samedi de 10h30 à 12h30 et de 14h à 18h.Livraison possible. Entrée libre.

Ce parfumeur botaniste présente ses créations depuis 1982. Pour le plus grand plaisir des amateurs de senteurs, c'est ici que l'entreprise a installé sa manufacture. S'inspirant d'une flore unique, elle utilise les plus belles baies et les feuilles les plus riches en essence pour composer des fragrances naturelles venant parfumer l'air des maisons mais aussi les peaux qui souhaitent rester belles et naturelles. Des produits de qualité fabriqués par une équipe passionnée. A chaque saison sa nouveauté. Un voyage au pays des sens. Un vrai régal !

MAISON DES PRODUITS DE PAYS

Route de Salagon
✆ 04 92 75 37 60
Ouvert 7/7 toute l'année

Cette belle maison des produits de pays regroupe le savoir-faire d'une quarantaine de producteurs, artisans et artistes locaux. Vous y trouverez des produits gourmands : miel, crème de marron, nougats, berlingots, huile d'olive, bière, vins, fromages fermiers, pâtés, tapenades... Côté emplettes, ce n'est pas le choix qui manque : maroquinerie, porteries, livres, bois tourné, santons… Enfin, des huiles essentielles, herbes sauvages, eaux florales et aromathérapie raviront les amateurs.

MALLEFOUGASSE-AUGÈS

Loin des circuits touristiques habituels, ce petit village né au Moyen Age saura vous charmer par ses ruelles ponctuées de passages couverts, ou encore de portes surmontées de linteaux gothiques ou Renaissance, son puits et son four communaux. Pas à pas, vous irez jusqu'à l'église Saint-Jean-Baptiste, rare témoignage du premier art roman, puis jusqu'au château de Consonoves dont vous pourrez admirer les façades (XVIIe et XVIIIe siècles). La route du Grand Venat vous mènera jusqu'à la chapelle Saint-Donat. La découverte de la chapelle d'Augès vous offrira une belle vue sur la vallée de la Durance, et l'incontournable montagne de Lure.

CAMPING LOU PEBRE D'AIL** €

Route des Marquans
✆ 04 92 77 04 17
www.campingloupebredail-04.fr
Ouvert de début mai à mi-octobre. De 15 € à 18 €. Jeux pour enfants. Aire pour camping-cars. Animations.

Vingt-cinq emplacements spacieux pour tentes, camping-cars et caravanes au calme dans un cadre naturel. Vous pourrez aussi louer une caravane et des tentes lodges. Sur place, un snack et un jardin de plantes aromatiques bio gratuit. Lou Pèbre d'Ail organise dans une ambiance festive et musicale, des repas à thèmes et des soirées animées. Sa piscine gratuite est à disposition des campeurs. En vente sur place, des œufs et de l'agneau labellisé « Sisteron » de la ferme.

NIOZELLES

Le village est sur un site perché, dans le parc naturel régional du Luberon. La commune de Niozelles fait d'ailleurs partie de l'un des soixante-dix-sept membres du parc naturel régional du Luberon, un parc qui s'étend, de Cavaillon à l'ouest jusqu'à la Durance à l'est, sur deux départements, quatre-vingt-cinq communes et 185 145 hectares. Sur la route de Forcalquier, ce petit village est donc un lieu paisible idéalement situé pour découvrir la Provence. Outre un beau camping naturel, un établissement de confort propose des massages pour votre bien-être, dans le Resort hôtel du golf. Un lieu qui, décidément, ne manque pas d'attraits.

CAMPING DOUCE PROVENCE**** €€

Le Moulin de Ventre ✆ 04 92 77 80 31
www.campingdouceprovence.com
4 étoiles. Ouvert de fin mai à mi-septembre. Emplacement pour 2 personnes à partir de 21 €. Restauration.

Voici un camping qui mérite ses 4 étoiles dans un cadre verdoyant et calme ! Arboré, avec son ancien moulin, il propose des emplacements spacieux de 100 m², délimités par des haies. Chalets, mobile-homes, cottages sont également proposés. Les enfants pourront s'en donner à cœur joie. Un étang privé de 2 ha comble les amateurs de pêche. À l'extérieur, un bar, barbecue, salons et parkings ombragés. Piscine chauffée et couverte avec toboggans et un espace solarium. Accès à la rivière.

DOMAINE RIBIERA***** €€

635, Route de Forcalquier ✆ 04 65 10 09 00
https://www.ribiera.fr/
Ouvert 7j/7. De novembre à février, uniquement les week-ends. Chambre double à partir de 219 €. Spa Phytomer. Golf.

Cet hôtel a rouvert en août 2022 à la suite de rénovations de grande ampleur. Il a d'ailleurs obtenu une cinquième étoile en octobre 2021. Entouré d'un parc de 12 hectares, il offre repos, calme et douceur pour un moment de plénitude. Il est aussi possible de venir découvrir ce lieu pour profiter de la cuisine gourmande et gastronomique du restaurant ou pour boire un verre dans ce cadre idyllique. Ce complexe offre l'accès à un golf 9 trous ainsi qu'à un spa de 800 m² avec piscine intérieure, sauna, hammam, massages et soins du visage ainsi qu'une salle de sport.

LE RELAIS D'ELLE €€

Route de la Brillanne
✆ 04 92 75 06 87
www.relaisdelle.com
Chambre double de 70 € à 90 € ; chambre triple de 95 € à 115 €. Demi-pension : 30 € supplémentaires.

Dans cette ferme très joliment rénovée, Jacques et Catherine vous accueillent avec 5 chambres, et un gîte attenant pouvant accueillir jusqu'à six personnes, offrant de très belles prestations. Les pièces y ont été aménagées en respectant la tradition provençale tout en apportant une touche design et tout le confort moderne. Des terrasses, la vue sur les collines avoisinantes est magnifique. La piscine, commune, est à partager avec les hôtes des chambres voisines. Les plus petits pourront jouer avec les ânes et on profitera d'une table d'hôtes authentique le soir.

LE CAFÉ DE NIOZELLES €€

Place du village
✆ 04 92 73 10 17
Fermeture annuelle en février. Ouvert de 9h à 15h et de 18h à 22h. Fermé mercredi soir et jeudi. Menu : 30 €.

Cet accueillant café-restaurant de village est tenu avec soin par Roger Blanc, le chef-propriétaire. Roger est un passionné de cuisine : la carte affiche ses spécialités comme les pieds et paquets, la daube provençale ou encore la souris d'agneau au gré des trouvailles du marché, des producteurs locaux ou selon son humeur… En hiver, vous pourrez même vous régaler d'une rare brouillade aux truffes. La cuisine proposée est résolument « de pays », à la fois gourmande et délicate. À la belle saison, on s'attarde bien volontiers sur son agréable terrasse ombragée.

REILLANNE

Reillanne est riche d'un passé issu de la préhistoire. Les vestiges du château médiéval surveillant la vallée et protégeant le village attestent du rayonnement régional de premier plan de Reillanne au Moyen Age. Sur son emplacement, vous découvrez la chapelle Saint-Denis construite au XVIIIe siècle. De la terrasse, vous admirez la Sainte-Victoire. Redescendez pour flâner dans le vieux quartier. Son site archéologique du Moyen Age, les portes et fortifications du XIIe et XIIIe siècles, l'église Notre-Dame-de-l'Assomption du XIIe, XVIe et XVIIe siècles, les bories, les oratoires et le musée des Amis des Arts qui présentent de superbes expositions.

Balade

Ce pittoresque village peut se visiter en suivant une série de plaques en céramique disposées au détour des ruelles. L'itinéraire balisé vous mènera le long des remparts « Long Barri » puis au cœur historique par la porte des Forges, vestige de l'ancien château médiéval. Vous découvrirez les échoppes et plus étonnant, l'ancien ghetto juif. Un beau patrimoine bâti à compléter par des randonnées de durée variables. Ces agréables promenades vous mèneront au prieuré de Carluc, à la rivière du Largue ou au couvent Notre-Dame. Les plus sportifs emprunteront les fameux GR pour se rendre aux gorges d'Oppedette ou sur les Crêtes de Montjustin.

DOMAINE DE PRADAOUS €€€

D 4100

✆ 04 92 74 98 99

www.domainedepradaous.com

Fermé en janvier et février. Chambre à partir de 108€. Petit déjeuner inclus. Restauration.

Cet ancien relais de poste du XVIIe siècle et ses 4 chambres est bien ancré dans son époque grâce à une décoration contemporaine et un excellent niveau de confort dans un très grand parc bordé de platanes bicentenaires. Un salon commun avec bibliothèque et billard permet de prolonger les soirées en toute convivialité. Le Bistrot-Grill-Lounge « Route66 » situé côté piscine avec une superbe vue du village de Reillanne, est ouvert tous les soirs et vous permettra de goûter des grillades avec légumes du jardin et autres produits locaux sans avoir à reprendre la route.

LE CAFÉ DU COURS €

Cours Thierry-d'Argenlieu

✆ 04 92 76 53 84

Ouvert toute l'année. Haute saison : tous les jours de 7h à 1h. Plat du jour à partir de 12.50€. Terrasse. Concerts.

Cet établissement toujours accueillant est animé du matin tôt jusqu'à tard dans la soirée. Le Café du Cours vous accueille toute la journée et tous les jours que ce soit pour l'apéritif, le déjeuner ou simplement pour vous rafraîchir ou prendre une boisson en terrasse. Son service de restauration propose à midi, et les soirs de concert, ses plats et desserts surprises maison. Le Café du Cours est aussi un lieu de culture et de musique unique dans le village grâce aux nombreux dîners-concerts qu'il organise le vendredi soir dans sa belle salle atypique.

AU JARDIN €€

Lieu-dit les Granons

✆ 04 92 77 24 15

www.restaurant-aujardin-reillanne.fr/

Ouvert toute l'année. Tous les jours sauf dimanche soir et lundi. Menus de 25€.

Ce restaurant en pleine campagne, au carrefour de deux routes touristiques, apparaît comme une aubaine pour le voyageur imprévoyant que la faim commence à tourmenter. Dans une atmosphère familiale, Samuel partage sa cuisine traditionnelle avec des produits frais et locaux. Tout est fait maison, et la carte change très régulièrement. Vous prendrez place dans la salle intérieure ou encore à l'extérieur sur la grande terrasse ensoleillée pour déguster une cuisine française de qualité comme le canard au miel sauce thym sauvage ou la tartine maison « La provençale ».

LA CAVE REILLANNAISE

Cours Thierry-d'Angenlieu

✆ 04 92 76 48 02

Fermé le lundi journée et les mercredi et dimanche après-midi. Ouvert de 9h à 12h30 et de 16h à 19h.

Dans un cadre fait de pierres et de poutres en bois, la cave reillannaise fait la part belle aux vins de la région avec un intérêt grandissant pour les crus bio. Le visiteur, sur les conseils avisés de Anne, découvre une quinzaine d'appellations parmi lesquelles : Luberon, Ventoux, Pierrevert, côtes du Rhône mais aussi quelques bordeaux et un joli choix de bourgognes. Cette palette de vins régionaux se voit complétée par des spiritueux (Rinquiquin bio de la distillerie de Provence...), apéritifs, bières de Mont Justin. Accueil sympathique et convivial.

LIBRAIRIE REGAIN

Place de la Libération

✆ 06 52 59 11 60

Ouvert toute l'année de 10h à 13h et 15h30 à 19h et le dimanche matin de 10h à 13h.

Créée en 2008 par Antoine Prohom, la librairie Regain est la première et la seule à s'ouvrir dans ce petit village. Elle a été reprise, en 2022 par Coralie Rouet et l'association « À Livres Ouverts » qui est soutenue par la municipalité de Reillanne. Derrière ses portes, se cache une richesse exceptionnelle avec un fonds extraordinaire de près de 900 titres en musique classique, et un très lumineux rayon de poésie ou littérature. Au total, 2000 ouvrages sur 50m^2 seulement ! Durant toute l'année, des animations régulières sont organisées. Un très bel endroit.

LE MOULIN DU TERROIR

Famille Brunet - Le Roucaou

✆ 06 07 37 66 45

Vente sur rendez-vous téléphonique préalable. Vente par bidon de 5 L ou par lots de bouteilles.

Les huiles d'Isabelle sont à son image : pleines de vigueur et très fruitées ! Il faut dire qu'elle chouchoute ses 4 000 oliviers de variétés aglandau et bouteillan : traitements raisonnés puis ramassage des olives au palpeur. Depuis 2006, elle possède son propre moulin afin de maîtriser entièrement sa production d'AOP Haute-Provence non filtrée, ce qui lui donne une texture incomparable. Son huile d'olive a déjà décroché une médaille d'or au Concours National des Huiles de France de Nyons. Appelez tôt le matin au moulin pour être sûr de sa présence !

LA SOURCE

Cours Thierry-d'Angenlieu
✆ 06 79 95 28 18
Ouvert sur rendez-vous. Réservation possible du mardi au samedi. Soins esthétiques et thérapies.

Cette sympathique Source a élu domicile au cœur de Reillanne. Sarah la maitresse des lieux, esthéticienne et thérapeute, vous promet une belle parenthèse de bien-être avec soins esthétiques, massages relaxants à l'huile chaude et bol tibétain. Dans ce cadre feutré, vous serez entre de bonnes mains pour vous ressourcer en harmonisant votre corps et votre esprit. Sarah est en effet diplômée de l'Institut européen de psychologie appliquée, praticienne en hypnose, EMDR, reiki et méditations guidées. Une vraie parenthèse de douceur s'offre à vous.

SAINT-ETIENNE-LES-ORGUES

Au cœur des Alpes-de-Haute-Provence, dans les montagnes chères à Giono, la station de la Montagne de Lure (1650 – 1826 m), à proximité du village de Saint-Étienne-les-Orgues, offre un cadre idéal de détente, dans une ambiance familiale sous un ciel d'azur. Et du Moyen Âge à nos jours, l'histoire de Saint-Étienne-les-Orgues s'inscrit dans celle de la Provence. Les plantes médicinales de la montagne de Lure vont contribuer à son essor. Et lors de votre visite, ne manquez pas de découvrir l'abbaye de Notre-Dame-de-Lure : son parc, planté de tilleuls et d'un noyer plusieurs fois centenaires ainsi que de hêtres, abrite une source permanente.

NOTRE-DAME-DE-LURE

D 113
✆ 04 92 73 02 00
Visible en toute saison. Visite sur demande pour les groupes. S'adresser à la mairie.

Pour découvrir l'abbaye de Notre-Dame-de-Lure (classée aux Monuments historiques en 1980), prendre la D113, route sinueuse bordée de cèdres en direction de la station de ski. Elle est là, à l'écart des itinéraires traditionnels. Fondée en 1165 par l'abbé de Boscodon Guigues de Revel, ses moines étaient, selon la règle chalaisienne, des bûcherons et des bergers. Devant l'abbaye, une source permanente et une magnifique terrasse ombragée de noyers et de tilleuls plusieurs fois centenaires, au cœur d'une hêtraie. C'était autrefois un lieu de pèlerinage important.

LA MONTAGNE DE LURE

D113 ✆ 04 92 75 10 02
haute-provence-tourisme.com
Ouvert toute l'année. Station ouverte 7j/7 de 13h à 18h en saisons estivale et hivernale. Restauration.

Monter jusqu'aux grandes étendues sommitales dénudées de la montagne de Lure constitue un immanquable lors de votre séjour dans les environs. Dominant sur son versant sud le Pays de Forcalquier et sur son versant nord la profonde vallée du Jabron, classée Réserve de biosphère Unesco, la montagne de Lure culmine à 1 826 m et s'étend sur une cinquantaine de kilomètres de longueur. Une route pittoresque permet de la franchir d'un versant à l'autre en passant au niveau de la station pour le plus grand bonheur des cyclotouristes aguerris. Elle leur est d'ailleurs entièrement réservée les lundis en été. Des sentiers de randonnée permettent également d'y accéder à pied, à travers bois, à partir du petit village de Saint-Etienne-les-Orgues. Une fois en haut, c'est un panorama exceptionnel à 360° de paysages variés qui s'offre à votre regard : mont Ventoux, Vercors, Cévennes, Alpes du Sud et même, si le ciel est clément, côtes méditerranéennes. Entre Alpes du Sud et Méditerranée s'est développée une végétation exceptionnelle dont la flore, longtemps exploitée, est aujourd'hui laissée à l'appréciation de nombreux troupeaux de moutons. Un peu plus bas (vers 1 600 m), la station de Lure propose des circuits de randonnées thématiques (5 sens, planètes...) et de nombreuses activités au fil des saisons : trottinette sur herbe, tubbing (descente sur bouée gonflable), VTT, séances d'astronomie en été, luge, raquettes à neige, ski... en hiver. À noter : il est possible de se restaurer et de dormir sur place.

MAISON D'HÔTES DU CHAMPMAILAY €€

Rue du Longeon ✆ 04 92 73 15 99
www.hoteldechampmailay.fr
Ouvert d'avril à octobre. Chambre double 90 €. Petit déjeuner inclus. Tarifs en gîte : de 350 € à 470 € la semaine.

Cet hôtel particulier datant du XVIIe siècle, qui a vu passer bon nombre de célébrités, propose dans ses dépendances cinq très belles chambres pouvant accueillir 2 ou 3 personnes. Trois d'entre elles sont dotées d'un coin cuisine pour vous permettre de profiter au mieux de votre séjour. Toutes disposent d'un balcon et d'une vue ou d'un accès direct sur le magnifique parc. Dans celui-ci plusieurs coins de détente vous attendent pour un instant de repos en toute tranquillité.

D'ICI ET D'AILLEURS €€

Place des ormeaux

✆ 04 92 75 86 98

Ouvert toute l'année, du mardi au dimanche, midi et soir. À la carte : de 17 à 27 €. Réservation recommandée.

Sur l'agréable place des Ormeaux, Magalie et Joris vous reçoivent dans leur établissement à la décoration moderne. Ils proposent une cuisine traditionnelle faite de produits locaux que vous pourrez déguster sur la terrasse à l'ombre des platanes. La carte évolue régulièrement en fonction des produits de saison. Ici tout est fait maison : souris d'agneau confite pendant sept heures, tartine du pêcheur, couteaux gratinés, et bien sûr les desserts. Les assiettes sont particulièrement soignées ! En été, des soirées à thèmes avec musiciens sont organisées.

LA SAUVAGINE - REFUGE DE LURE €€

Station de la montagne de Lure

✆ 04 92 73 05 02

Ouvert toute l'année. Fermé le lundi, sauf en été. Ouvert les autres jours à midi. Le soir pour les groupes uniquement.

A la Sauvagine, seul restaurant au sommet de la montagne de Lure, Audrey vous accueille en hiver comme en été et vous fait partager une cuisine familiale régionale. Un lieu convivial, excellente étape sur votre parcours à raquettes en hiver ou en VTT, à pieds, en voiture les autres saisons. De la terrasse, vous bénéficiez d'une vue extraordinaire ! À signaler aussi, l'organisation de soirées d'astronomie. En hiver, un super refuge chaleureux où l'on peut s'installer au coin du feu.

SOCIÉTÉ ASTRONOMIQUE DE LA MONTAGNE DE LURE

Route de Lure ✆ 06 61 93 82 25

www.astrosurf.com/saml

Entrée : 10 €. Enfant : 5 €. Il est indispensable de contacter la SAML pour confirmer sa venue. Venir très bien couvert.

Encore un bel observatoire de montagne, situé à 1 600 m d'altitude. On y accède facilement en voiture (quand il n'y a pas de neige), pour se garer au niveau de la station. L'observatoire se situe sur la colline juste au-dessus, à une centaine de mètres environ à pied. Les soirées publiques d'observation sont en général programmées deux soirs par mois, souvent en période de premier quartier de Lune. En été, ces soirées peuvent être plus nombreuses et précédées par des conférences.

SAINT-MAIME

Saint-Maime est idéalement situé, à faible distance de plusieurs magnifiques territoires à découvrir tels que le Parc Régional du Luberon ou celui des Gorges du Verdon, sans oublier le Pays de Forcalquier avec la Montagne de Lure et, bien sûr, les vastes champs de lavande présents dans toute la région comme toutes les nombreuses oliveraies. N'hésitez pas non plus à découvrir le Musée de la Mémoire ouvrière, qui retrace la vie des mineurs du bassin de Forcalquier en présentant leurs conditions et leurs outils de travail, leur organisation syndicale et leur vie de tous les jours dans la cité ouvrière comme dans les villages environnants.

MUSÉE DE LA MÉMOIRE OUVRIÈRE, MINE ET MINEURS

La Tuilière

✆ 04 92 79 58 15

Fermé de sept. à juin sauf vacances scolaires zone B. Entrée gratuite. Ouverture et horaires en fonction de la saison.

Le musée revient sur les origines des mineurs, mais aussi les raisons de leur colère ainsi que sur leur incroyable solidarité. Photographies et objets d'époque vous plongeront dans l'univers de la mine, entre 1817 et 1949, et de ses travailleurs d'alors en Haute-Provence. L'aspect géologique est aussi abordé lors de la description de chaque exploitation minière. Précisons que ce musée est accessible aux PMR et qu'une aire de pique-nique est à votre disposition à proximité du bâtiment.

LE VERGER €

Le Foulon

✆ 04 92 79 46 30

www.levergerenprovence.fr

Chambre simple 75 € ; double 82 € ; triple 95 €. Petit déjeuner inclus. Roulotte pour deux personnes 90 € la nuit.

Que vous optiez pour une des trois chambres aux noms fleurant bon la Provence ou pour l'hébergement insolite qu'est la roulotte, vous apprécierez la tranquillité du lieu au bas du petit village de Saint Maime et l'accueil chaleureux de Christine. Les chambres ont toutes un accès extérieur indépendant par un salon de jardin privatif. Quand à la roulotte, son toit vitré permet d'admirer les étoiles la nuit sous un ciel parmi les plus purs d'Europe (d'où la présence de l'Observatoire de Saint-Michel). Une salle à manger-cuisine est mise à disposition pour les hôtes.

FLOWER CAMPING LA RIVIÈRE*** €€

596, Route des Côtes ✆ 04 92 79 54 66
www.camping-lariviere.com

Ouvert de début avril à fin septembre. Flower Camping. Emplacements pour 2 pers. de 19 € à 42 €. Mobil-homes. Chalets.

Dans le cadre naturel et à l'ambiance familiale, chaleureuse et conviviale, vous séjournez en tentes, caravanes ou camping-cars, en mobil-homes, cabanes-lodges, et la grande nouveauté, des chalets récemment installés pour venir en tribu jusqu'à douze personnes ! La grande piscine de 150 m² avec jeux aquatiques et toboggan feront le plaisir de toute la famille, tout comme l'étang de pêche et la rivière du Largue qui bordent le camping. De nombreux équipements et activités sont proposés.

LE RELAIS DES 4 REINES €€

Chemin du Fosson
✆ 04 92 79 58 03

Ouvert tous les midis sauf le samedi. Plats à la carte entre 15 et 18 € le week-end. Formule du midi, 16 € en semaine.

Le Relais des 4 Reines est une véritable institution à Saint-Maime et dans les environs, avec Valérie toujours derrière le piano depuis 50 ans. Ici, c'est une vraie cuisine d'antan que l'on vous sert. À ses côtés, Émilie, une jeune cheffe passionnée vous partagera sa cuisine plus moderne. Tous les jours, un nouveau menu est proposé à base de produits frais et du terroir. Vous pourrez déjeuner dans la belle salle avec cheminée ou aux beaux jours sur la terrasse ensoleillée. L'ambiance est vraiment chaleureuse. Le plus : grand parking gratuit juste à côté.

SAINT-MICHEL-L'OBSERVATOIRE ★

En se promenant dans les petites rues de Saint Michel, on découvre de belles façades du XVIIe siècle, une église basse surmontée du traditionnel campanile, et l'église Saint-Pierre des XIVe et XVe siècles. Plus loin, sur la droite, le « chemin des étoiles » conduit à un magnifique point de vue, tout en narrant l'histoire de l'astronomie. C'est en 1938 que s'est implanté l'Observatoire astronomique de Haute-Provence, l'un des plus importants d'Europe, et accolant ainsi ce mot au nom originel de la commune. En 1998 s'est ouvert sur place le Centre d'astronomie, qui organise des veillées d'observation et reçoit des stagiaires durant l'année.

CENTRE D'ASTRONOMIE

Plateau du Moulin-à-Vent ✆ 04 92 76 69 69
www.centre-astro.fr

Ouvert toute l'année. Calendrier des animations en ligne ou auprès de l'Office de Tourisme. Soirée découverte : 16 €.

Ce centre d'astronomie ne doit pas être confondu avec l'Observatoire de Haute-Provence du CNRS installé à quelques kilomètres plus au nord du centre de Saint-Michel-l'Observatoire. Ainsi, en complément du travail effectué au sein de l'OHP, le Centre d'astronomie assure une mission de diffusion de la culture scientifique, et propose à ce titre des animations thématiques ainsi que des séances à la journée. Ce centre ludique est conçu pour satisfaire tous les publics, quel que soit l'âge, intéressés par l'astronomie. Des conférences sont ainsi proposées, ainsi que des soirées d'observation dans des télescopes de grands diamètres, des observations du Soleil, des week-ends spécifiques, stages d'astronomie, ateliers, expositions… Le champ des possibles est très large !

Tout au long de l'année, vous avez par exemple la possibilité d'observer le soleil ou de passer une soirée « T600 ». Sous cette appellation mystérieuse se cache le plus gros télescope du centre, d'un diamètre de 600 mm. De 21h à minuit, il vous fera découvrir « les splendeurs des galaxies, nébuleuses, amas d'étoiles et autres objets des confins de l'espace, tout en restant intégré dans l'environnement bien terrestre de notre planète ».

Et en été chaque année, de juin jusqu'à mi-septembre, un festival de l'Été Astro est organisé, avec observations en journée et en soirée, veillées aux télescopes, séances de planétarium, et visites de l'Observatoire de Haute-Provence ! Un établissement à ne surtout pas rater pour tous les curieux.

CAMPING SOUS LES ÉTOILES** €

Plateau du Moulin à Vent ✆ 04 92 75 89 38
www.camping-sous-les-etoiles04.fr

Geopod à partir de 130 €. Tente Lodg'Ing à partir de 60 €. Petit déjeuner : 7 €. Emplacement 15-18 €.

Situé en limite du centre astronomique de Saint-Michel l'Observatoire, au cœur d'un espace boisé de 12 ha, ce camping a tout pour plaire. Une aire naturelle et une aire camping avec de beaux emplacements très bien équipés. Vous opterez pour des vacances traditionnelles en tente ou camping-car ou encore insolites, avec 15 tentes lodg'ing et un géoPod (dôme transparent dans la nature). Les travaux réalisés l'ont été en auto construction dans le plus grand respect de la nature.

OBSERVATOIRE DE HAUTE-PROVENCE

A 4 km au nord de Saint-Michel-l'Observatoire.
✆ 04 92 70 65 40
www.obs-hp.fr

L'été astro, reprise des visites les mardi et mercredi.Ouvert toute l'année pendant les vacances scolaires.

Le ciel étoilé provençal serait, aux dires des spécialistes, le plus pur d'Europe ! Depuis longtemps sa réputation a dépassé nos frontières et c'est probablement ce qui est à l'origine de cet établissement. L'Observatoire de Haute-Provence est un site d'observation et de recherche scientifique pluridisciplinaire fondé en 1937. Il fait partie de l'Observatoire des Sciences de l'Univers Institut Pythéas, et est rattaché au CNRS, à Aix-Marseille Université, ainsi qu'à l'IRD (Institut de Recherche pour le Développement).

En astronomie, l'Observatoire est reconnu pour son excellence dans la recherche des exoplanètes, dont la première a été découverte en 1995 avec le télescope de 1,93 m de diamètre et le spectrographe Elodie. En matière d'écologie, l'évolution de la biodiversité face aux changements climatiques est étudiée grâce à un observatoire de la forêt de chênes pubescents. L'observatoire a également été précurseur mondial en matière d'étude de la couche d'ozone, et est pour cela doté d'une station d'observation en Physique de l'Atmosphère appartenant à un important réseau international. La Tour ICOS quant à elle permet de mesurer l'impact des gaz à effet de serre sur le climat. Toute l'année, des étudiants de l'enseignement supérieur, des scolaires mais aussi le grand public sont accueillis à l'Observatoire, qui met un point d'honneur à former et partager ses connaissances. Une visite fortement recommandée. Des visites guidées pour le bonheur des grands et des petits.

LE GALILÉE*** €€

Route de l'Observatoire
✆ 04 65 10 00 26
www.hotelgalilee.com

Ouvert toute l'année. Chambre double de 80 à 100 €. Petit déjeuner : 8 €. Week-end à thème, gastronomie ou astronomie.

Cet hôtel à taille humaine vous propose onze chambres, dont un grand nombre possède une terrasse privative avec vue sur l'observatoire et la montagne de Lure. La décoration est sobre et moderne dans des déclinaisons de blanc et beige. Le petit déjeuner se prend en salle ou sur la terrasse panoramique en saison. L'hôtel est adapté à l'hébergement des groupes (motards et sportifs) qui pourront utiliser le garage fermé de l'hôtel pour y ranger motos, vélos et matériel de randonnée. Sur réservation, une formule en pension complète ou demi-pension est possible.

LE MOULIN DE LINCEL €

7165, Route d'Avignon
✆ 04 92 76 46 34

Ouvert toute l'année. De 365 € à 850 € la semaine selon saison.

Les gîtes et chambres d'hôtes sont installés dans une superbe maison de caractère (ancien moulin) située dans un parc, au bord d'une charmante petite rivière, le Largue. On aime le calme, la sérénité des lieux, l'accueil personnalisé, les confitures et apéritifs maison et le panier de pique-nique bio pour les excursions... Anne-Lise, votre hôtesse, accorde une place très importante à l'alimentation. Pour les plus indépendants, quatre gîtes simples et charmants avec pour chacun une terrasse privative. Profitez de la piscine pour vous relaxer.

SIMIANE-LA-ROTONDE ★

Cette petite cité médiévale vous invite à la découverte et à admirer son trésor, l'incroyable Rotonde, une grande salle datant du XIIe siècle, située au cœur du château féodal. En effet, impossible lors de votre visite de rater le château médiéval des Agoult-Simiane, ayant servi de base à la construction du village de Simiane, qui tire donc son nom à la fois de ses occupants et de la fameuse rotonde. Haut de 19 mètres, ce bel exemple d'architecture romane possède une impressionnante coupole nervurée qui atteint pratiquement les 10 mètres de haut. Perché en hauteur, il domine le village et toute la vallée ainsi que les champs de lavande.

LA ROTONDE DU CHÂTEAU

Château médiéval
✆ 04 92 73 11 34
www.simiane-la-rotonde.fr

Ouvert de mai à octobre tous les jours de 10h30 à 18h. Mars à mi-avril, le week-end puis du mercredi au dimanche.

Salle noble du château, la rotonde classée au titre des Monuments Historiques depuis 1841 a été édifiée aux alentours de 1200 pour renforcer le dispositif défensif du château, ce qui fait d'elle le plus ancien donjon circulaire de Provence. Ce lieu accueille chaque été un très beau festival de musique ancienne. Des animations jeune public sont proposées. Les parents peuvent quant à eux découvrir le laboratoire d'aromathérapie Sainte-Victoire qui propose, au sein même du château, des initiations, des conférences, ainsi qu'une boutique d'huiles essentielles.

JARDIN DE L'ABBAYE DE VALSAINTES

Lieu-dit Boulinette
✆ 04 92 75 94 19
www.valsaintes.org

Fermeture en janvier. De mai à aout, tous les jours de 12h à 19h. Adulte : 7 €. Visite guidée. Boutique.

Ce jardin, dit remarquable, l'est sous bien des égards. Il abrite non seulement une exceptionnelle roseraie riche de 500 variétés de rosiers, mais également des bulbes et plantes vivaces, des sauvages comestibles, un espace dédié aux plantes locales, un autre appelé jardin sec, car laissant place à un espace sauvage préservé, et même un potager agroécologique. Offrant de nombreux abris naturels ainsi que des cavités au sein des bâtiments en pierre, il accueille de très nombreuses espèces d'oiseaux. Des animations sont proposées dès le printemps (visites guidées, concerts, spectacles, stages, conférences, journées portes ouvertes...).

Depuis peu, en été et durant la journée, des séances de découverte du chant grégorien sont régulièrement organisées dans la chapelle. Vous pouvez même y séjourner ! Les chambres d'hôtes et le gîte de cette très belle abbaye cistercienne peuvent en effet accueillir jusqu'à une quinzaine de personnes. Le plus étonnant ? La chambre « méditation » possède un accès direct à l'ancienne sacristie, dans le chœur de l'église. Tout simplement magique. À signaler qu'une époque est particulièrement agréable pour les visites : celle qui correspond à la pleine floraison de la roseraie (autour des mois de mai et juin). Non seulement le jardin de l'abbaye se pare de nombreuses couleurs et senteurs, mais cela va de pair avec de nombreuses animations prévues à cette occasion. Ne manquez donc pas l'occasion d'y aller si vous êtes dans les environs.

CAMPING DE VALSAINTES** €

Domaine de Valsaintes
✆ 04 92 75 91 46
www.valsaintes.com

Ouvert d'avril à mi-octobre. Emplacement pour 2 à partir de 16,20 €. 7 chalets pour 4 à 6 de 280 € à 560 € la semaine.

Le camping de Valsaintes est un hébergement de plein air à taille humaine. Ici, les maîtres-mots sont nature et détente. Une vingtaine d'emplacements et sept chalets en bois sont répartis sur le magnifique domaine boisé de l'ancienne abbaye cistercienne de Valsaintes. Vous avez aussi la possibilité de louer un gîte à quelques centaines de mètres seulement du camping. Profitez de la piscine au grand calme dans ce domaine en pleine nature et de la terrasse pour siroter un rafraichissement. Vous êtes au cœur du Luberon et la haute Provence.

LE CLOS DE ROHAN €€

Le Clos de Rohan
✆ 04 92 74 49 42
www.le-clos-de-rohan.eu/

Ecolabel européen. Chambre double à partir de 150 €. Petit déjeuner inclus. Table d'hôtes sur réservation : 30 €.

Entre Lure, Ventoux et Luberon, cette ancienne ferme du XVIIIe siècle restaurée par Françoise et Bernard est implantée dans un domaine de 65 ha de bois et de lavandes. Idéal pour goûter au plaisir de la *Slow Life* au rythme de la nature. Les chambres sont indépendantes avec salles de bains et wc privatifs, et de belles terrasses avec une vue imprenable. Des massages énergétiques chinois ou traditionnels thaïlandais sont proposés au bord de la piscine. La table d'hôtes propose un apéritif, une assiette gourmande et une bouteille de vin.

LE CLOS DES AMANDIERS €€

Hameau de Cheyran
✆ 04 92 75 99 98
www.leclosdesamandiers.com

Ouvert avril à novembre + entre Noël et jour de l'An. Chambre double et appartements, 125 à 160€. Petit-déjeuner inclus.

Dans une campagne bucolique au cœur d'une bergerie du XVIIIe, vous êtes à l'endroit idéal pour vous ressourcer. Cedric vous accueille dans 4 chambres d'hôtes raffinées aux inspirations de ces voyages autour du monde. Elles sont spacieuses, cosy et lumineuses, avec terrasses indépendantes et parfaitement équipées. Tout est aux petits soins. Une cuisine inventive selon l'humeur du chef qui n'est pas à sa première expérience culinaire. Spécialités à base de produits bio et sains et provenant des agriculteurs locaux. A l'extérieur, profitez de la belle piscine.

RESTAURANT DU JARDIN DE L'ABBAYE DE VALSAINTES €€

Boulinette ✆ 04 92 75 94 19
www.valsaintes.org

Ouvert toute l'année, les midis du mercredi au dimanche, et les vendredis et samedis soir. Menus de 29 à 50 €.

Dans le cadre idyllique du jardin classé, la grande terrasse du restaurant offre une vue panoramique époustouflante. Le chef Valentin Herbet propose une cuisine de haute volée, dans un menu évolutif au gré des saisons. Tout est fait maison, les produits sont locaux, et la démarche environnementale est omniprésente. De la présentation aux saveurs, tout est parfait dans l'assiette. Pour couronner le tout, une carte des vins locaux de Provence. À ne manquer sous aucun prétexte !

BARCELONNETTE ★

Sur la route des Grandes Alpes, Barcelonnette est sans doute la ville la plus « inattendue » des Alpes pour qui ne connaît pas son histoire passionnante. Au pied des stations de l'Ubaye que sont Sauze Super-Sauze et Pra-Loup, Barcelonnette est une ville de montagne avec ses ruelles étroites où l'on peut lire plus d'une fois « Attention, chute de neige ! ». Entourée de sommets, la ville n'est pourtant pas enfermée sur elle-même et c'est son extraordinaire ouverture sur le monde, notamment son aventure mexicaine, qui en fait une ville d'exception à découvrir hiver comme été, lors de fêtes magiques et colorées.
L'histoire de cette petite ville de l'Ubaye, fondée en 1231 par Raymond Bérenger IV de Barcelone, se confond presque, depuis deux siècles, avec celle des Barcelonnettes. En 1812, des habitants de Barcelonnette et de ses proches environs ont décidé, selon la grande tradition de colportage de la région, de conquérir de nouvelles terres. Ils choisirent le Mexique pour faire valoir leur savoir-faire commercial et technique dans les métiers de la laine et de la soie. Les débuts seront difficiles mais, dès le Second Empire, ceux que l'on appelle les Barcelonnettes réussissent à créer et entretenir un réseau très puissant dans tout le pays. La présidence de Porfirio Diaz, entre 1876 et 1911, va permettre aux émigrants français de connaître un véritable âge d'or. Ce dernier fait en effet tout pour favoriser l'entrée de capitaux étrangers et voue de surcroît une véritable admiration pour la France. Les Barcelonnettes ouvrent d'immenses fabriques, certaines comptant plusieurs milliers d'ouvriers et, parallèlement, s'investissent de plus en plus dans la direction des grandes banques mexicaines. La longue révolution mexicaine marque le début du déclin industriel des Barcelonnettes. Les immigrants continuent pourtant d'arriver – au total, entre 1850 et 1950, ils seront plus de 2 500 à quitter l'Ubaye pour tenter l'aventure –, aujourd'hui il y aurait environ 60 000 descendants de Barcelonnettes au Mexique. Le centre historique de Barcelonnette regorge de superbes maisons, les villas des Mexicains, pour la plupart construites entre 1880 et 1930. Commandées par des fils du pays ayant réussi dans le commerce du textile au Mexique, elles sont à l'origine d'un véritable nouvel urbanisme, s'approchant de celui des villes d'eaux. Les Barcelonnettes les plus riches ont rivalisé, surtout au tournant du siècle, pour construire des villas toujours plus grandes et plus belles. Elles sont, pour la plupart, dans la partie est de la ville.

ÉGLISE SAINT-PIERRE ✝

Place Saint-Pierre
✆ 04 92 81 01 41
Accès libre.

Datant du XIIIe siècle, restaurée au XVIIe siècle après l'incendie de la ville, elle se compose d'une nef unique et un grand auvent s'ouvrant sur la place qui abritait souvent un marché aux grains. Le clocher carré supporte un campanile entouré de quatre pyramides et porte une vierge en métal doré. Avec les fortunes faites au Mexique, l'espace intérieur fut d'abord agrandi et l'église elle-même fut reconstruite en 1912. Outre les remarquables volumes, on peut admirer la grande mosaïque aux inspirations byzantines, ainsi qu'un autel dédié à saint Joseph.

UBAYE TOURISME

Place Frédéric-Mistral
✆ 04 92 81 04 71
www.barcelonnette.com
Ouvert toute l'année. En juillet et août, tous les jours de 9h à 19h. En hiver 9h-12h et 14h-18h.

L'équipe de l'office de tourisme de Barcelonnette met à disposition des visiteurs des brochures illustrées vous permettant d'aller à la découverte de la commune et ses rues. C'est l'occasion de mieux connaître l'étonnante histoire de la ville, ses liens historiques avec le Mexique et l'architecture originale qui en a découlé, les fameuses « villas mexicaines ». Elle participe avec les autres offices de tourisme de la vallée de l'Ubaye à la billetterie pour la visite des forts lors des époques où elles sont possibles. Également un petit espace d'objets-souvenirs.

Barcelonnette et les Alpes françaises.

ALPES-DE-HAUTE-PROVENCE

MUSÉE DE LA VALLÉE - LA SAPINIÈRE

10, avenue de la Libération ✆ 04 92 81 27 15
www.museedelavallee.fr

Ouvert toute l'année, sauf de mi-novembre à mi-décembre. L'été 7j/7 de 10h à 12h et de 14h30 à 18h30. Adulte : 5 €.

Le visiteur comprendra ici les liens qui unissent Barcelonnette au Mexique, depuis l'installation des frères Arnaud en 1804. On peut y admirer des collections superbes de beaux-arts, les toiles orientalistes des peintres voyageurs Jean Caire et Marie Tonoir, les objets et photographies rapportés par l'émigrant-collectionneur Émile Chabrand de son voyage autour du monde (1882), les céramiques de Chililico (Mexique) données par Guy et Claude Stresser-Péan et les costumes des hauts plateaux indochinois offerts par la famille Louppe-Gassier.

Après travaux en fin 2019, ce Musée de la Vallée à la villa de la Sapinière a fait peau neuve et sa muséographie a été entièrement renouvelée pour 2020. Elle présente en nouveauté deux grandes thématiques sur les Piémontais dans le Pays de Barcelonnette et les Colporteurs de la vallée de l'Ubaye. S'y ajoute un petit trésor archéologique avec la totalité de la Donation Gleize qui comprend 82 pièces (essentiellement des bronzes), accompagnée de 17 photographies inédites de la collection Olivier de Saint-Marcel Esseric datant de 1890. Une salle est consacrée aux Barcelonnettes aux Amériques de 1805 à 2014.

La salle rose expose aussi « 1 000 petits chefs-d'œuvre du Mexique » : statuaire aztèque, objets d'art populaire, d'art colonial ou aussi d'art moderne mexicain. Quant à la salle Chabran, voyageur et naturaliste elle vous permettra de découvrir ses collections d'animaux ramenées de ses pérégrinations en Argentine puis au Mexique.

LES GUIDES DE L'UBAYE

15, rue Manuel
✆ 06 08 46 04 53
www.guide-montagne-ubaye.com

Bureaux ouverts de 9h30 à 12h30 et de 15h30 à 19h30.

Le Bureau des Guides de l'Ubaye vous ouvre les portes pour toutes les activités de montagne et haute montagne pratiquées été comme hiver, en toute sécurité avec des professionnels reconnus sur tous les cours d'eau, les terrains escarpés et les montagnes de l'Ubaye ou des environs. Ski de randonnée, raid à ski hors piste, cascade de glace, escalade (adultes et enfants de moins de 12 ans), alpinisme, canyoning (Blache, Chaudan, Coste Plane...), via ferrata de la Motte-du-Caire… Laissez-vous transporter et découvrez d'en haut les plus beaux sommets de la région !

CAMPING LE TAMPICO*** €€

70, avenue Émile-Aubert ✆ 04 92 81 02 55
www.letampico.fr

Ouvert de fin avril à fin septembre. Emplacement pour 2 personnes de 14,90 € à 19,90 €. Chalets pour 5 de 495 € à 725 €.

Anne et Thierry vous réservent un excellent accueil dans leur camping 3* ! En mi-saison, comme en été, de nombreuses activités s'offrent à vous : randonnées, promenades à vélo ou sports d'eau vive... Vous pouvez rejoindre facilement le centre-ville à pied avec ses activités et commerces ou, si vous le préférez, profiter du calme environnant. Possibilité d'hébergement à la nuitée dans des Pods et cabanes ! Toutes les locations sont récentes et bien entretenues. Côté restauration, vous pourrez choisir, à la carte, entre pizzas au feu de bois, grillades, salades…

LE CHEVAL BLANC** €€

12, rue Grenette ✆ 04 92 81 00 19
www.chevalblancbarcelonnette.com

Ouvert toute l'année. Chambre double à partir de 75 €. Petit déjeuner buffet : 11 €. Restauration. Relais motards.

Cet authentique relais de diligence est géré depuis 1911 par la même famille. Aujourd'hui, c'est Christophe Barneaud et son équipe qui vous accueillent dans un confort moderne, tout en ayant su conserver le charme du passé. Les chambres sont décorées dans un style classique et épuré. La réception d'origine, toute en bois, est magnifique. L'hôtel dispose de deux salles de restaurant qui offrent un service attentif et chaleureux. La cuisine traditionnelle de Christophe, est préparée avec des produits du terroir et favorise le circuit court selon les recettes maison.

HÔTEL AZTECA*** €€

3, rue François-Arnaud
✆ 04 92 81 46 36
www.azteca-hotel.fr

Ouvert toute l'année. Chambre double à partir de 72 €. Suite dès 153 €. Wifi gratuit. Spa, massages.

Construite en 1888, son nom fait référence au lien historique qui unit Barcelonnette au Mexique depuis cette époque. Récemment rénové, l'hôtel fait également office de galerie d'art : des petites séries à des prix abordables y sont exposées et à vendre. Les chambres, à la décoration soignée et unique, sont confortablement équipées. On aime la bibliothèque avec ses nombreux livres à disposition, la grande salle de réception, les salons, la salle de jeu, le bar, et la sublime terrasse ombragée face aux montagnes. Sur place, un centre de bien-être est accessible.

LE VIVIER €€

La Conchette
✆ 04 92 81 26 85
www.fermeduvivier.com

Ouvert toute l'année. Week-end basse saison à partir de 460 €. Semaine basse saison : 1 610 €.

Le vivier est une grande ferme, située dans ce tout petit hameau à 1500 m d'altitude. Après 25 ans de maison d'hôtes, le gîte vous est maintenant proposé en gestion libre. Vous aurez ainsi à votre disposition les 2 premiers étages de la maison, soit 475 m² pour une capacité de 20 personnes, en pleine nature. C'est l'endroit idéal pour se ressourcer en profitant de la vue sur la montagne et du calme. Il y a quelques départs de randonnées à partir de la maison sans prendre la voiture et de nombreux autres au départ de Barcelonnette.

BAR RESTAURANT LE GLACIER €€

33, Rue Jules Béraud
✆ 04 92 81 45 94

Haute saison : du lundi au samedi le midi et le soir. Formule midi : 20 €. Vin au verre. Plat du jour 15 €. Terrasse.

Voici un restaurant qui de prime abord ne paye pas de mine mais qui vaut le détour. La foule d'habitués qui s'y presse et les nombreux locaux qui y mangent est un gage de sérieux. Terrasse (chauffée en hiver) ou salle intérieure, service rapide et efficace. Spécialités de pays comme la boîte chaude et charcuterie qui nous a bien fait plaisir par temps froid. Très bons desserts maison comme cette mousse au citron qui a réveillé nos papilles en fin de repas.

BISTROT TINTO €€

4, rue Manuel
✆ 04 92 81 47 73

Ouvert toute l'année. L'été, 7j/7 midi et soir de 8h à 1h. Formule midi 17 € en semaine. Carte : 42 €. Terrasse.

Ce joli resto-bistrot, situé en zone piétonne, possède une belle terrasse directement installée sur la place Manuel qui accueille chaque été des concerts en soirée. À l'intérieur, une belle salle à la décoration contemporaine et à l'architecture montagnarde avec, aux murs, des pierres et beaucoup de bois. Côté carte, la cuisine se veut simple et de qualité, élaborée à partir de produits frais du terroir. En été, elle privilégie les circuits d'approvisionnement courts de préférence bio. Ses spécialités montagnardes ne vous décevront pas. Ambiance festive assurée.

LE GAUDISSART €€

15, place Aimé Gassier
✆ 04 92 81 00 45
www.legaudissart.fr

Maître Restaurateur. Du mercredi au dimanche le midi ; du mercredi au samedi le soir. Menu déjeuner 21,90 €. Terrasse.

Au cœur de Barcelonnette, une adresse qui a traversé le temps pour satisfaire les gourmands d'ici et d'ailleurs. Plat du jour et traditionnel aïoli le vendredi, carte de spécialités avec les cuisses de grenouilles à la provençale, la crozi-flette, le gratin de ravioles de l'Ubaye ou encore les pieds et paquets maison, pour terminer sur le baba maison au génépi et sa crème ou une coupe glacée. Décidément, ici il y en a pour tous les goûts ! En salle ou sur la terrasse ombragée, venez ici vous restaurer et faire plaisir à vos papilles.

LE PATIO €€

1, rue Manuel
✆ 04 92 81 36 86

Ouvert toute l'année. Midi et soir, sauf le mardi et le mercredi hors vacances scolaires. Menus unique 33 €. Patio.

L'atout majeur de ce restaurant est le vaste patio verdoyant et fleuri qui se cache derrière la façade de la rue Manuel. Aux beaux jours, on prend ses repas dans ce jardin privé, calme et protégé, dont on apprécie le cadre vraiment superbe et reposant. Jean-Jacques Serres est aux commandes depuis plus de 15 ans et vous réserve toujours un accueil chaleureux et attentionné. Au choix, pizzas et pâtes qui fleurent bon l'Italie toute proche, grillades de viandes et de poissons et spécialités montagnardes. Tout est fait maison à base de produits frais de saison.

COOPERATIVE LAITIERE DE LA VALLEE DE L'UBAYE

2, digue de la Gravette
✆ 04 92 81 00 30
www.fromagerie-ubaye.com

Ouvert toute l'année. Du lundi au samedi de 9h à 12h et de 14h à 19h. Fromagerie.

Fondée en 1949, la Coopérative Laitière de la Vallée de L'ubaye a été créée pour valoriser le savoir-faire fromager traditionnel montagnard. Actuellement la coopérative compte 2 sites avec point de vente aux particuliers : le siège à Barcelonnette où sont fabriqués les fromages secs, et la Bréole pour les fromages frais et les yaourts. Elle regroupe aujourd'hui 11 exploitations laitières de montagne pour une collecte qui avoisine les 2 millions de litres de lait par an.

MAISON PADIOU

47, rue Manuel
✆ 04 92 81 01 46
www.patisserie-padiou-barcelonnette.fr
Du mardi au samedi de 8h à 12h30 et 15h à 19h ; le dimanche de 8h à 12h30. Vente en ligne de confiseries et pâtisseries.

Nicolas Padiou, maître pâtissier et maître chocolatier, vous invite à découvrir son savoir-faire à travers ses réalisations : *Émeraude* (praliné noisettes ganache citron vert), Feuilletine (praliné amandes noisettes croustillant)... Au total, plus d'une vingtaine de variétés de chocolats entièrement confectionnés sur place sont à découvrir dans cette fabuleuse boutique ouverte toute l'année. À partir du site Internet dédié, vous pourrez confectionner votre propre panier... La maison fait aussi de succulentes glaces artisanales et des spécialités salées.

RANDO PASSION - MAISON DE LA MONTAGNE

31, rue Jules-Béraud ✆ 04 92 81 43 34
www.rando-passion.com
Label Qualité Tourisme - Esprit Parc National. Ouvert hiver comme été. Haute saison : tous les jours de 9h à 19h.

Bienvenue donc dans ces bureaux, où vous accueillent Chantal, Stéphane et Bruno, tous diplômés ! Une entrée en matière conviviale, pour passer des moments inoubliables en été comme en hiver, dans le respect de l'environnement. Vous partagerez des prestations innovantes de qualité, guidé la passion de vos hôtes et leur bonne humeur. Ubaye et Mercantour, produits locaux, et personnages hors du commun vous attendent. Une adresse que vous n'êtes pas près d'oublier !

LA CONDAMINE-CHÂTELARD ★

Le charmant petit village de La Condamine-Châtelard est une place convoitée, qu'il a bien fallu renforcer au cours des siècles. On peut donc y découvrir des restes de fortifications, et on ne manquera pas à cet égard d'aller voir, sur la route de Gleizolles, le superbe fort de Tournoux. À voir également, l'église Sainte-Catherine et le fort de Roche-Lacroix, qui fut une des pièces locales de la défense imaginée par Maginot de 1928 à 1940. Randonnées et cyclisme sont bien sûr possibles. On skie, un peu plus haut, à l'ouest, à Sainte-Anne-de-la-Condamine. La fête de Sainte-Anne a lieu chaque année le dernier dimanche de juillet (www.sainte-anne.com).

FORT DE TOURNOUX

✆ 04 92 61 01 79
www.ubaye.com/le-fort-de-tournoux.html
Inscription en ligne ou aux offices de tourisme. 3 départs de visite quotidiens (durée environ 2h). Adulte : 10 €.

La forteresse de Tournoux est un ouvrage important composé de 6 forts s'échelonnant de 1 290 m d'altitude pour l'Esplanade Pellegrin jusqu'à 2 000 m pour la Serre-de-l'Aut. La batterie des Caures, ouverte à la visite se situe, elle, à 1 800 m. Construites entre 1839 et 1866, ces fortifications de la ligne Maginot sont situées en limite des communes de la Condamine-Châtelard et de Saint-Paul-sur-Ubaye. Elles défendaient l'entrée de la haute vallée de l'Ubaye depuis le col de l'Arche. À noter que la piste forestière de 2 km environ y menant est peu carrossable.

LA CONDAMINOISE €

Route de Sainte-Anne
✆ 06 15 69 90 92
www.lacondaminoise.fr
Ouvert toute l'année. Nuitée pour deux personnes de 65 à 120 €, petit-déjeuner inclus. Possibilité de demi-pension.

Ancien hôtel de ses grands-parents, la Condaminoise a été transformée en maison d'hôtes par Virginie. Dans le village calme et reposant de la Condamine-Châtelard, elle vous accueille avec 5 chambres d'hôtes pouvant héberger de 2 à 6 personnes. Il s'agit de l'argousier, l'edelweiss, l'églantine, la gentiane et le génépy. Rénovées récemment, elles sont toutes équipées de télévisions, salle de bain et toilettes individuelles. Les deux dernières offrent une capacité de 6 couchages, pratique pour des familles ou de petits groupes d'amis à un tarif intéressant.

FROMAGERIE CHARCUTERIE BIO DES 3 ALPES

Champs Feleze
✆ 06 87 75 70 25
Ouvert du mardi au samedi de 10h à 12h ; le samedi de 15h à 17h30. Les heures d'ouverture sont plus amples en été.

Sur la route des cols de Larche et Vars, une halte s'impose à la fromagerie charcuterie des 3 Alpes. Installé depuis l'été 2020 dans ce vallon verduré, vous pourrez découvrir ici toutes les productions fromagères et charcutières de la maison : faisselles, fromages et tommes. Etonnant et assez rare, de la charcuterie de chèvre, à goûter sans hésiter. C'est aussi une belle sortie avec vos enfants puisqu'ils pourront approcher des animaux, chèvres et ânes.

ENCHASTRAYES

Située à 4 km à peine de Barcelonnette, cette charmante petite station de la vallée de l'Ubaye a été fondée en 1934 avec la création d'un premier remonte-pente, le plus long de l'époque. Par la suite, on doit surtout son évolution à Honoré Couttolenc, qui agrandit considérablement le domaine skiable durant les années 1960 à 1980. Cependant et fort heureusement, la station a su conserver son caractère familial grâce à une exploitation privée : c'est d'ailleurs l'une des dernières stations de ski privées françaises. Son développement est toutefois moins marqué que pour les stations concurrentes. Elle se partage entre deux localisations : le Sauze et le Super-Sauze, respectivement situées à 1 400 et 1 700 mètres d'altitude. Labellisée Famille Plus Montagne et P'tits Montagnards, son ambiance est des plus conviviale. Les athlètes y disposent d'un stade permanent de compétition et d'entraînement, aménagé près de la piste du Brec (sur le front de neige de Super-Sauze), célèbre pour ses qualités techniques. Le Sauze et Super-Sauze est en outre une station verte qui s'engage naturellement pour le bien-être de ceux qui la fréquentent en respectant une charte rigoureuse. Entre le village et le domaine skiable, la station s'échelonne jusqu'à 2 450 m d'altitude. Au cœur de ses vallons, les domaines du Brec et de Fours restent les pistes de prédilection des grands skieurs tandis que du côté de l'Alp, la douceur des pistes fait le bonheur de tous les skieurs amateurs. De bons moments de détente en prévision pour les amoureux de la montagne, en été comme hiver.

FAUCON-DE-BARCELONNETTE

Au début du XIIIe siècle, alors que Barcelonnette n'existait pas encore, que les habitants de la vallée obtinrent le droit de leur seigneur de bâtir une nouvelle cité... qui allait se développer et dépasser en importance ses rivales. Faucon, qui était alors un des plus gros bourgs de l'Ubaye, devint progressivement un faubourg de Barcelonnette. À 3 km de Barcelonnette, en remontant l'Ubaye, une superbe tour classée du XIIe siècle et l'église Saint-Etienne au mobilier intéressant, avec notamment des sarcophages gallo-romains. Faucon est la patrie de saint Jean de Matha, qui fonda l'ordre des Trinitaires et dont on trouvera une sculpture dans l'église.

L'ÉTERLOU €€

Villevieille ✆ 04 92 36 15 78
www.ubaye-gite-hote-barcelonnette.fr
Ouvert toute l'année. 14 chambres. Chambre double petit déjeuner 35 €, demi-pension 53 €. Restauration.

Valérie et Serge ont rénové cette ancienne ferme située à 5 minutes du centre-ville de Barcelonnette. Ils vous accueillent dans leur beau bâtiment au style authentique avec 14 chambres (dont une pour personnes à mobilité réduite), aux murs blancs, poutres apparentes au plafond, plancher en bois et une vue magnifique face aux sommets et à la station du Sauze. La restauration est à réserver en même temps que l'hébergement. Ambiance chaleureuse, qualité des prestations et de l'accueil remarquable. Nombreuses activités disponibles en toute saison à proximité.

GÎTE AUBERGE L'ETERLOU €€

✆ 04 92 36 15 78
www.ubaye-gite-hote-barcelonnette.fr
Chambre double à partir de 31 €. Demi-pension : 44 à 82 €.

L'Eterlou vous accueille toute l'année pour une étape, un week-end ou un séjour, en famille ou entre amis dans une belle ferme à l'architecture authentique de la vallée. Toutes les chambres sont équipées de sanitaires privatifs (lavabo, douche et wc) et d'une literie grand confort avec matelas Bultex. À la disposition des hôtes, une salle détente avec bibliothèque, jeux de société et grand écran, idéale pour les enfants. Cette maison d'hôtes vous propose une possibilité de restauration avec une cuisine montagnarde et provençale à base de produits frais et locaux.

MAISON ALPES-MONTJOIE*** €€

Le Village ✆ 07 68 97 29 92
www.alpesmontjoie.com
Ouvert toute l'année. T1 2 couchages à partir de 335 € ; T2 3 couchages : 390 €.

Cette maison de famille rénovée par la volonté des religieuses trinitaires propose à la location treize appartements du T1 au T3 entièrement équipés, et deux chambres. Vous pourrez y passer un séjour autonome et agréable en famille entre deux massifs montagneux pour pratiquer randonnées, sports de nature, effectuer visites culturelles et de découverte, ou tout simplement pour vous reposer ou vous ressourcer. Deux chambres, simple ou double, sobres mais charmantes, complètent l'offre. Pour un moment de tranquillité, le choix est excellent.

JAUSIERS ★

Pour l'Histoire, la commune restera celle des frères Arnaud, c'est-à-dire des hommes qui furent à l'origine de l'exode des habitants de l'Ubaye au XIXe siècle. Jacques Arnaud fut le premier à partir et à s'établir en Louisiane – la cité qu'il fonda, Arnaudville, est jumelée avec Jausiers. Son frère s'installa pour sa part à Mexico et connut le succès dans le commerce de l'étoffe. Il fut rejoint par ses deux frères et la famille fit véritablement fortune : c'est leur retour fanfaronnant en « nababs » – les oncles d'Amérique, ce sont eux ! – qui suscita l'enthousiasme des jeunes de l'Ubaye, désireux de conquérir à leur tour une part du Nouveau Monde. On trouve donc tout naturellement de nombreuses références aux frères Arnaud dans toute la vallée, et Jausiers s'enorgueillit, à juste titre, de cette origine. On trouve d'ailleurs plusieurs « maisons de Mexicains » dont l'incontournable manoir de Magnans avec son architecture baroque évoquant de loin un château de Louis II de Bavière.
Ne manquez pas non plus le musée de la vallée, dont le bâtiment a été joliment rénové en 2018. Il raconte les différentes relations entre l'homme et le paysage avec pour fil conducteur l'eau à travers plusieurs expositions, et notamment les risques pris par des habitants qui choisirent de s'établir près de la rivière afin de profiter de sa force vive. Une visite très intéressante et instructive. Outre le musée de la Vallée, vous pourrez voir avec intérêt l'église Saint-Nicolas-de-Myre, joliment ornementée dans le style baroque, et pour les gourmands, un détour par la Maison des Produits de Pays s'impose.

Balade

Plus qu'une simple balade, c'est un véritable défi physique que les 7 majeurs imposent à tous les cyclistes aguerris ! Entrer dans la légende des 7 majeurs, c'est défier 7 cols géants des alpes franco-italiennes à plus de 2000 m d'altitude. Vars, Izoard, Agnel, Sampeyre, Fauniera, Lombarde, Bonette, ces 7 cols appartiennent à la légende du cyclisme. Une épopée cyclomontagnarde qui compte au total 360 km avec plus de 10 000 m de dénivelé positif. Enchaîner ces 7 monstres sacrés en moins de 24 heures tel est le challenge à relever pour devenir Chevalier ou Grand Maître de la confrérie des 7 Majeurs. Alors, serez-vous à la hauteur du défi ?

LES CADRANS SOLAIRES

Dans le village
www.jausiers.com
Visibles en accès libre toute l'année.

Apprenez à lire l'heure du soleil à la découverte des cadrans solaires anciens et nouveaux disséminés dans la vallée de l'Ubaye qui possède un riche patrimoine en la matière. Au détour d'une promenade dans le village de Jausiers, ne manquez pas d'admirer ces « horloges solaires » parfois richement décorées. À voir en particulier, les cadrans de l'église Saint-Nicolas-de-Myre situés de part et d'autre du portail d'accès, celui de la Maison Léon Bosc - Les Mats, sans oublier celui de l'église Notre-Dame-Del-Bosc - Lans, et de la Maison Graugnard - Les Sanières.

ÉGLISE SAINT-NICOLAS DE MYRE ✝

Le Chef Lieu
Accès libre, toute l'année.

Bâtie vers 1686 et classée à l'inventaire des Monuments historiques depuis 1921, il s'agit du plus grand édifice baroque du pays de la Durance. L'église est dédiée à Saint-Nicolas, évêque du IIIe siècle de la ville de Myre (aujourd'hui en Turquie). Si l'extérieur de l'édifice est sobre, ne manquez pas l'intérieur, somptueux : d'inspiration italienne, le décor est baroque. Huit chapelles latérales se font face : toutes décorées de retables et d'œuvres datant des XVIIe et XVIIIe siècles.

JUNGLE PARC

Plan d'eau de Siguret
✆ 06 14 41 12 26
www.jungle-parc.fr
Ouvert en saison, tous les jours à partir de début juillet. 15 € par personne. 6 entrées 75 €. Eco-kart simple 6 €.

Selon le principe sympathique des parcours acrobatiques dans les arbres, voici un parc où petits et grands s'amusent dès 4 ans en passant d'arbre en arbre par des moyens vertigineux sur des parcours adaptés avec balançoire volante, filet grimpant, cabane et tunnels sans oublier la fameuse tyrolienne de 125 m avec arrivée plongeante dans l'eau. De quoi se rafraîchir les idées et se donner des sensations. Egalement, entre amis ou en famille, partez à la découverte du patrimoine ubayen au travers d'une chasse au trésor surprenante et enrichissante.

PLAN D'EAU DE SIGURET

✆ 04 92 61 29 97

Entrée payante du 1er juillet au 31 août, de 10h à 17h30. Tarif unique : 2 €. Restauration.

Un beau plan d'eau bordé de pelouses et d'arbres avec plages aménagées et baignade surveillée, terrains de tennis, basket et *beach volley*, mur d'escalade, jeux pour enfants et aires de pique-nique ombragées, mais aussi une tyrolienne géante qui arrive directement dans l'eau et un téléski nautique ! Le prix d'entrée comprend l'utilisation des aires de jeux et l'accès à la plage. On trouve sur place un snack, le Chalet du Lac, ouvert toute la journée et qui, le soir venu, devient un restaurant convivial et accueillant où l'on peut dîner à la carte.

HÔTEL LE SANS SOUCI** €€

800, avenue des Mexicains

✆ 04 92 81 06 20

www.le-sans-souci.com

Chambre double dès 75 €. Pension complète : 79 € (à partir de 3 jours seulement). Petit déjeuner : 10 €. Wifi.

Le Sans Souci est un bar restaurant hôtel situé à l'entrée du village. Hélène et Alain, tiennent à préserver une ambiance familiale et un service chaleureux et convivial. La carte affiche une cuisine traditionnelle maison élaborée à partir de produits frais. Les chambres, quant à elles, sont entièrement équipées et offrent une magnifique vue côté montagne. Les gérants motards de ce bel établissement agréablement décoré vous renseigneront avec plaisir sur l'histoire du patrimoine local, les coins à visiter. L'hôtel est labellisé « Eco hébergeur de l'Ubaye ».

LES VILLAS DES MEXICAINS ★

dans le village et alentours

Ouvert toute l'année. Du lundi au samedi de 15h à 20h. Gratuit. Visite guidée libre et gratuite à l'office de tourisme.

L'économie de la Vallée de l'Ubaye a longtemps reposé sur l'activité textile en Provence, en Dauphiné, en Piémont... avant d'émigrer vers le Mexique ! Au milieu du XIXe siècle, de nombreux entrepreneurs installèrent ainsi de l'autre côté de l'Atlantique leurs boutiques de textiles avant de revenir « au Pays » et d'y construire de belles demeures à l'architecture mexicaine. Ces bâtisses sont les témoins de cette époque glorieuse. Ne manquez pas les villas « Manon », « Morélia », « Javelly » ainsi que celle des « Charmettes » construites au début du XXe siècle.

HÔTEL RESTAURANT BEL AIR** €€

764, avenue des Mexicains ✆ 04 92 81 06 35

www.hotel-belair04.com

Fermé en janvier et du 1er novembre au 26 décembre. Chambre double à partir de 80 €. Restauration (menus de 23 à 30 €).

Avec ses 18 chambres, cet établissement est tenu par la même famille depuis 3 générations, et profite d'une ambiance chaleureuse. La formule en demi-pension est avantageuse, possible à partir de 2 nuitées. C'est un lieu idéal pour s'évader entre amis ou en famille et découvrir les magnifiques paysages d'une nature préservée. L'hôtel a également mis en place un système complémentaire de locations saisonnières d'appartements, pouvant accueillir jusqu'à 4 personnes.

LES BARTAVELLES €€

51, Grand-Rue

✆ 04 92 84 69 86

www.gite-des-bartavelles.fr

Ouvert toute l'année sauf avril et novembre. Chambre double 76 €, demi-pension 62 €. Jardin, parking.

Une belle bâtisse du XIXe siècle en plein cœur de Jausiers. Convivialité et simplicité des nouveaux propriétaires Céline et Lionel. Le gîte a subi des transformations récemment, avec désormais 9 chambres sur deux niveaux. Une décoration soignée, des chambres personnalisées de niveau 3 épis. C'est une adresse idéale pour une simple étape ou un séjour prolongé plein de charme et d'attentions. Le jardin est très agréable également et la table d'hôtes propose une cuisine simple, familiale et faite maison « avec amour ». Bref on s'y sent comme à la maison.

L'ARDOISIÈRE €€

3, impasse de l'Ardoisière

✆ 04 92 32 03 82

7 chambres, 84 € en double avec pdj, triple 124 € en demi-pension, capacité 20 pers. Table d'hôtes 23 €. Parking privé.

A 10 minutes à pied du centre de Jausiers, au pied du col de la Bonette-Restefond, cette ancienne ferme de village, datant de 1789, entièrement restaurée vous accueille dans une ambiance conviviale et un authentique décor de montagne : meubles anciens en bois, piano... l'Ardoisière vous régale d'une cuisine privilégiant les produits locaux et faits maison. Une belle terrasse ensoleillée toute la journée et des chambres équipées de salles de bains avec douche et WC, linge de lit et serviettes fournis. Local fermé pour entreposer skis et vélos.

MONTAGNE ATTITUDE €€

465, avenue des Mexicains ✆ 07 68 77 03 57
www.montagne-attitude.fr
Ouvert toute l'année sur réservation préalable. Chambre double de 80 à 98 €, petit-déjeuner inclus.

Sylvie et Eric vous hébergent dans leur maison d'hôtes authentique construite en pierres de la vallée pour des séjours d'évasion, grâce à des activités en montagne organisées par Eric, accompagnateur diplômé, associées à un hébergement chaleureux. Entièrement rénovée, la bâtisse offre 3 chambres confortables décorées sur le thème des montagnes du monde. L'une d'entre elles, La « *Grande Séolane* », montagne de l'Ubaye, est une suite que vous pouvez partager en famille ou amis jusqu'à 7 personnes. Aux beaux jours vous avez accès à un jardin clos avec sa terrasse.

VILLA MORÉLIA**** €€€

9, avenue des Mexicains
✆ 04 92 84 67 78
www.villa-morelia.com
Ouvert du 18 mai à fin octobre, vacances de février. Chambre double à partir de 150 €. Restaurant gastronomique.

Située dans un joli parc clos de 1 ha, aux arbres âgés plus que centenaires, cette belle villa de style mexicain – édifiée en 1900 pour un « Barcelonnette » de retour du Mexique – est devenue un Château-Hôtel de prestige de la vallée de l'Ubaye. Entre souvenirs historiques et modernité, ambiance mêlant baroque et contemporain, l'harmonie est une vraie réussite. Son restaurant gastronomique, sa piscine extérieure chauffé et la vue splendide offerte sur les montagnes alentour vous apportent l'assurance d'un séjour empreint de bien-être et de sérénité.

CHÂTEAU DES MAGNANS €€€

189, route des Magnans
✆ 04 92 33 99 27
www.chateaudesmagnans.net
Ouverture selon saison. Appartement à partir 850 €/semaine en hiver.

Un lieu dépaysant au cœur de la vallée de l'Ubaye. Marqué par l'empreinte de la Bavière et construit début 1900, son architecture s'inspirait de celle du château de Louis II de Bavière. Il a été réaménagé en 15 appartements de grand standing. Déployées en arc-de-cercle autour du château, 3 résidences attenantes offrent 50 appartements neufs. Cette magnifique architecture originale, associant baroque et modernité, offre non seulement luxe et calme, mais aussi volupté : accès libre à la piscine intérieure chauffée, spa, sauna, et solarium. Un rêve éveillé !

MAISON DE PAYS DE L'UBAYE

325, route des Mexicains
✆ 04 92 84 63 88
www.produitsdepays.fr
Ouvert tous les jours de 9h30 à 12h et de 14h à 18h30. En juillet-août de 9h à 19h en continu.

Elle a été créée pour exposer à la vente des produits authentiques en circuits courts de la vallée de l'Ubaye, dans un grand espace de 350 m² ! La maison est née en 1992 et regroupe aujourd'hui plus de 80 producteurs indépendants de la vallée formant cette coopérative dynamique. Que vous soyez gourmands (chocolats, tartes de montagne, génépi) ou esthètes (artisanat, faïences, sculptures), ou curieux de mieux connaître la région (livres, vidéos, posters), c'est l'endroit à découvrir !

LE LAUZET-UBAYE ★

Un village qui s'est agrandi avec la construction du barrage de Serre-Ponçon à la fin des années 50 et l'engloutissement de la commune d'Ubaye. Surtout connu pour son charmant petit lac et son pont romain qui date du XIIIe siècle, un magnifique ouvrage suspendu au-dessus de l'Ubaye, le Lauzet s'anime l'été avec le début de la pratique des sports d'eaux vives. Le Lauzet est surtout connu des randonneurs pour offrir, après environ 3h d'effort, un petit coin de paradis avec le site de Dormillouse. On y admire ses trois lacs de montagne. Depuis le plateau à près de 3 000 m, on peut jouir d'une belle vue sur le lac de Serre-Ponçon et la vallée de l'Ubaye.

LE LAC DU LAUZET ★★

✆ 04 92 85 51 27
www.ubaye.com/le-lauzet-ubaye.html
Accès gratuit. Baignade gratuite et surveillée en saison. Pêche accessible à tous. Location paddle.

Voici un petit mais magnifique lac naturel, d'origine glaciaire, entouré de montagnes qui se reflètent dans ses eaux émeraudes. L'été, l'endroit est idéal pour qui souhaite se rafraîchir et se détendre sur les rives aménagées pour la baignade. Les plus sportifs pourront en faire le tour à pied, tandis que d'autres se reposeront quelques instants à l'ombre accueillante des mélèzes. L'endroit est également réputé pour la pêche. Des tables de pique-nique et une buvette sont installées sur les rives pour une halte repas dans ce cadre bucolique enchanteur.

HÔTEL LA LAUZETANE*** €€

Route de Barcelonnette
✆ 04 92 85 55 00
www.hotellauzetane.fr

Qualité Tourisme. 68 chambres (dont des suites familiales). Haute saison : chambre double dès 97 €. Restaurant.

On vous réserve un accueil chaleureux depuis plus de vingt ans. Les 68 chambres spacieuses, confortables et agréables se répartissent sur trois étages avec ascenseur. Rien ne manque pour un séjour réussi : salles de sport, de ping-pong, cours de tennis, coin jeux pour les enfants, billard, flipper, salon TV grand écran avec console, bar à cocktails, animations, excursions, piscine extérieure chauffée, sauna, bain à remous, sans oublier, à quelques mètres de l'hôtel, le lac naturel du Lauzet-Ubaye. Le restaurant vous offre sa terrasse aux beaux jours.

LES MILLE ET SENS

RD 900 ✆ 09 81 83 15 40
www.lesmilleetsens.com

Ouvert tous les jours de 9h à 12h et de 14h à 18h. Parking gratuit. Livraison possible (boutique en ligne).

Dans cette savonnerie artisanale et bio, les produits sont élaborés à partir de matières premières soigneusement sélectionnées. Dans ce cadre grandiose du Lauzet, ses parfums naturels environnants particulièrement présents au printemps ont inspiré les fragrances, ce qui donne aux produits leur caractère d'authenticité. Le choix de créations est large : savons et gels douches biologiques, de parfums d'ambiance avec rotin. Ses savons et crèmes au lait d'ânesse ont des composants végétaux 100% naturels. Et tous ses savons sont certifiés Bio par Qualité France.

MÉOLANS-REVEL

Bienvenue à Méolans-Revel, près de Barcelonnette, dans la vallée de l'Ubaye belle en toute saison, dans un coin de nature préservé avec ses charmants hameaux montagnards ! Ici, tous les sports peuvent être pratiqués et les occasions d'activités en plein air dans les environs ne manquent pas, été comme hiver : ski, rafting, raquettes, pêche, kayak, vélo, découverte du patrimoine... Les randonneurs seront ravis de découvrir les splendeurs du sentier des Eaux Tortes. On se perdra également volontiers dans le vallée du Laverq pouvant vous conduire jusqu'aux Trois-Évêchés, un écrin de verdure comme seule la nature est capable d'en fabriquer.

LA MAISON DU BOIS

✆ 04 92 37 25 40
www.maisondubois.fr/

Qualité Tourisme. En été du lundi au samedi 15h à 18h30 sauf jeudi toute la journée. Adulte 2 €. Gratuit jusqu'à 15 ans.

En contrebas de la départementale, sur les rives de l'Ubaye, cet espace muséographique est dédié au travail du bois, si cher à la vallée, et aux forêts alpines. Outre les espaces d'exposition, votre visite pourra être très ludique avec des ateliers de tournage sur bois ou encore des ateliers spécialement conçus pour les enfants. Le jeudi en été, et sur réservation uniquement, visite de la scierie hydraulique. Impressionnant et important pour perpétuer ces traditions régionales et un savoir-faire qui pourra inspirer petits et grands.

DOMAINE LOISIRS DE L'UBAYE €€

D900 ✆ 04 92 81 01 96
www.domaineubaye.com

Réservation recommandée. Emplacement + véhicule + 2 personnes de 20 € à 32 €. Chalets de 300 € à 550 € la semaine.

Immersion en pleine nature sur les bords de l'Ubaye pour ce camping axé sur la détente. Des moments privilégiés à passer en famille dans un cadre exceptionnel. Logements en mobil-homes et chalets, en tentes pour ceux qui le souhaitent avec des emplacements spacieux. De nombreux services sur place, des animations en pleine saison, une supérette d'appoint mais aussi de quoi vous défouler sportivement. Les enfants apprécieront l'aire de jeux ainsi que la piscine chauffée. Parfait !

LES TERRES BLANCHES €€

45, Le Village ✆ 04 92 81 94 37
www.les-terres-blanches.com

Ouvert toute l'année. Chambre avec petit déjeuner pour 2 pers. à partir de 60 €. Pension complète 106 € pour 2 pers.

Sandrine et Laurent ont repris Les Terres Blanches en juin 2021 et vous accueillent chaleureusement dans leur gîte-auberge, pour passer un séjour simple et convivial. Les chambres sont confortables et conviennent aussi bien aux couples qu'aux groupes. Que vous soyez randonneur sur le GR6 ou le GR56, motard, cycliste, ou tout simplement en vacances en famille dans l'Ubaye, vous découvrirez un lieu authentique, au cœur du village de Méolans-Revel. Très pratique, à côté de la terrasse, vous aurez accès au chalet qui fait office d'abri pour les vélos et les motos.

CONFITURE ET PÂTES DE FRUITS NICOLAS TRON

✆ 04 92 81 26 98

Ouvert du lundi au samedi de 13h30 à 18h. Stand au marché de Barcelonnette le samedi. CB non acceptée.

Goûtez les confitures Tron et vous ne pourrez probablement plus vous contenter d'autres confitures industrielles peu goûteuses. Au terme d'une ascension tout de même assez vertigineuse depuis la départementale, vous arriverez chez les frères Tron et leur adorable boutique. Leur accueil est bienveillant et attachant. Toutes les confitures y sont vendues mais aussi des tartes des Alpes maison et des pâtes de fruit incroyables. Qualité et savoir-faire local.

DISTILLERIE LACHANENCHE

La Fresquière

✆ 04 92 81 95 56

www.lachanenche.com/fr/

Ouvert du lundi au vendredi de 9h à 12h et de 14h à 18h ; le samedi de 9h30 à 12h30 et de 14h30 à 18h30.

Cette distillerie familiale est aujourd'hui gérée par deux frères passionnés et concernés par l'environnement. Les liqueurs et spiritueux fabriqués ici sont certifiés bio, sans additifs, sans extraits ni concentrés. Un très beau choix d'apéritifs, de pastis, d'eaux de vie mais aussi du génépi ou encore des liqueurs aux saveurs très locales de l'Ubaye. Tout le travail de la maison est d'assurer un savoir-faire artisanal précieux, respectueux et de transmettre toute la subtilité des arômes des Alpes et de la Provence toute proche. Gros coup de cœur pour le Gin bio.

EAU VIVE PASSION

Pont du Martinet

✆ 04 92 85 53 99

www.allo-rafting-ubaye.com

Tous les jours d'avril à octobre, de 8h à 20h. Tarifs complets en ligne. Devis gratuit.

Amateurs de sensations fortes ? Voici une sorte de petit paradis pour les amoureux de la nature et plus particulièrement pour les inconditionnels des sports d'eaux vives. La base située directement au bord de l'Ubaye (départ direct pour 30 rapides) vous garantit des sensations fraîches. Son équipe de professionnels de la montagne vous invite à pratiquer l'aquarando, le canyoning, la via ferrata et un nombre incroyable d'autres sports de pleine nature particulièrement ludiques tels l'hydrospeed ou encore le hot-dog. De quoi passer un moment inoubliable !

PRA-LOUP ★★

Agréable et conviviale, Pra-Loup est LA grande station vedette des Alpes du Sud. Son ensoleillement et la beauté de son cadre expliquent aisément son succès. Pra-Loup est aujourd'hui la douzième station française pour son domaine skiable, relié à celui de la Foux-d'Allos par les Agneliers. La station compte une cinquantaine de remontées mécaniques dont 4 télécabines, 80 pistes dont une mauve labellisée Milka… Et le fameux Rider Space, qui offre 40 ha d'aménagements pour les sports extrêmes. La station mise sur une ambiance familiale (Label Famille Plus Montagne en 2006) avec des activités pour tout âge : espace luge aménagé, animations enfants…

Pra-Loup.

AUBERGE DE PRA-LOUP €€

Pra-Loup 1600

✆ 04 92 84 10 05

www.auberge-de-praloup.fr

Chambre de 60 € à 90 € par personne / nuit.

Cette belle ferme, la plus ancienne de Pra Loup fut entièrement rénovée et convertie en auberge et est aujourd'hui tenue par Amandine, Guillaume, Jérôme, Théo et Nicolas qui apportent un nouveau souffle au lieu. Bien placé à l'entrée de la station, le gîte offre 16 chambres de 2 à 4 personnes au confort simple. Certaines d'entre elles possèdent une salle d'eau complète avec WC privatifs, pour les autres les toilettes sont collectives. Dans la grande salle à manger, des repas généreux sont servis midi et soir. Un lieu de rencontres et d'échanges à découvrir !

LA CHARLISA €€

Quartier des Marteaux
✆ 04 92 31 34 73
Chambre double de 95 € à 135 € ; suite à 125 €. Demi-pension : 25 € (sur réservation). Petit déjeuner inclus.

Isabelle vous accueille toute l'année dans ses chambres d'hôte de charme ! L'ancienne ferme se trouve sur les hauteurs de Pra-Loup, non loin des pistes de ski. Elle offre une vue panoramique sur la vallée et vous pourrez en profiter à loisir sur sa grande terrasse. A l'intérieur, 5 chambres et une véranda où sont pris les petits déjeuners, ainsi qu'un agréable salon, vous attendent. L'ensemble est très confortable avec des matériaux de qualité. Isabelle est très bonne cuisinière et on pourra en profiter en partageant son repas traditionnel de la région.

LA FERME DU COUVENT €€

Pra-Loup 1500 ✆ 04 92 84 05 05
www.fermeducouvent.com
Ouvert toute l'année. Sur réservation. Chambre double à partir de 100 €. Demi-pension : 70 €/pers (dîner, nuit, pdj).

Dans une ferme du XIVe siècle bâtie par des moines de l'ordre de Chalais, Jean-Pierre et Nathalie vous accueillent chaleureusement dans un cadre charmant et chargé d'histoire. Jean-Pierre étant moniteur de ski, il vous proposera des balades en raquettes en hiver ou des randonnées estivales aux beaux jours. Nathalie, hôtesse attentionnée, saura vous conter l'histoire de cette ferme atypique. En table d'hôtes, elle vous proposera de découvrir des spécialités savoureuses du terroir. Dans ce lieu au passé historique chaque pierre, chaque poutre se raconte...

LE LOUP BLANC €€

Front de neige
✆ 04 92 84 10 35
www.hotel-loupblanc.com
Fermé d'avril à juin et de septembre à novembre. Chambres standard à partir de 230 €. Spa. Wifi.

Cet établissement aux chambres standard ou supérieure donne directement sur le front de neige au pied des pistes ! Trois formules d'hébergement au choix : une version hôtelière classique en demi-pension pour l'hiver, une formule familiale proposant des suites en terrasse avec entrées indépendantes ou encore des chalets neufs pour 2 à 5 personnes avec des suites dotées d'une vue directe sur les pistes de ski. Le restaurant est ouvert matin et soir en hiver, en self à midi, accessible à la clientèle extérieure, et réservé aux clients de l'hôtel le soir.

L'AIGLE BLEU €€€

Les Molanès
✆ 06 66 04 10 20
www.laiglebleu.com
Accessible toute l'année. Huit chambres, 17 personnes. 3000 € la semaine en basse saison, 8000 € en haute saison.

Un vaste chalet entièrement rénové en 2019, idéalement situé dans le quartier des Molanès à l'écart de la route, avec des prestations haut de gamme. Du balcon, et depuis les 8 chambres réparties sur trois étages, vue exceptionnelle sur les montagnes et la vallée. Dans sa magnifique pièce à vivre, on se sent rapidement à l'aise. Avec ses beaux volumes, sa cheminée, son esprit montagne chic, sa cuisine ouverte et ses grandes baies vitrées, l'ambiance du lieu est chaleureuse et sereine. Idéal pour partager un séjour en famille, entre amis ou en tribu.

EDOUARD'S PUB

Immeuble Miraval-Miramont
✆ 04 92 84 07 43
www.edouards-pub.fr
Fermeture annuelle du 1er mai au 30 juin et du 1er septembre au 30 novembre. Bar ouvert de 9h30 à 2h. Restaurant.

Ce pub, est bien connu à Pra-loup. Pina Colada, Mojito, Alésia… c'est toute une gamme très variée de cocktails savoureux qui vous y attendent dans l'ambiance feutrée et musicale de ce pub. Vito, en véritable maître de cérémonie, propose toujours les plus qui font la différence : apéritifs garnis et happy hours maison ! L'Edouard's Pub offre également un service de restauration, largement apprécié. Envie d'une fondue, d'une raclette ou encore d'un Mont d'Or ? Tout est bon au Edouar's Pub ! Le plus : profitez de sa belle terrasse avec vue sur la montagne !

SAINT-PAUL-SUR-UBAYE

Le village de Saint-Paul-sur-Ubaye se situe à 1 470 mètres d'altitude, et le col de Vars marque la frontière avec les Hautes-Alpes. Installé au pied du massif de Chambeyron, il est le plus haut village des Alpes-de-Haute-Provence. Sa commune occupe 22 000 hectares au cœur d'une nature magnifique et préservée, et c'est la seule de France à avoir plus de 30 sommets supérieurs à 3 000 mètres sur son territoire. Vous pourrez y pratiquer diverses activités de plein air : randonnées pédestres en été ou en raquettes et ski de fond en hiver. Enfin, découvrez un lieu riche en histoire militaire avec de nombreuses fortifications à visiter.

LE MUSÉE DE SAINT-PAUL-SUR-UBAYE

Grange de l'ancienne Maison-Arnaud

✆ 04 92 81 00 22

Du mi juin à mi-septembre : tous les jours de 14h30 à 19h (sauf mercredi). Adulte : 3 €. Boutique.

Ce musée fait partie du réseau Musée de la Vallée, qui compte au total cinq établissements sur l'ensemble de la vallée de l'Ubaye, un réseau très instructif pour qui veut connaître la vie d'autrefois dans cette vallée.

À Saint-Paul-sur-Ubaye, venez découvrir ici le panorama des machines et outils agricoles collectés en Ubaye. Ce musée expose les outils, les gestes et les travaux de la société rurale ubayenne, avant qu'elle ne soit envahie par la mécanisation et la généralisation des échanges. Il présente également deux activités spécifiques dans ce territoire : le travail du chanvre et celui de la laine à cette époque. Il est dédié au forgeron Albert Manuel qui l'a doté de maquettes à la fois belles et pédagogiques, enseignant les gestes traditionnels de la vallée : transport du bois, moulin à eau... Une cuisine à l'ancienne a également été reconstituée, collection de vêtements anciens et d'animaux naturalisés.

À noter un très bon point : cette structure est sensibilisée à l'accueil des personnes handicapées. Visites commentées, petits ateliers, projection de films... aident à sa découverte. Des expositions temporaires y sont également régulièrement proposées.

Enfin, nous vous signalons que pendant sa période d'ouverture et uniquement en haute saison, il abrite un Point Info Tourisme, ce qui peut être bien pratique sur place, car sinon le plus proche Bureau d'Information Tourisme se trouve à Jausier. Une double raison d'aller visiter ce sympathique petit musée !

GÎTE AUBERGE LES GRANGES €

Hameau de Fouillouse ✆ 04 92 84 31 16

www.gite-les-granges.com

Fermé en novembre. Chambre simple à partir de 84 €. Demi-pension : 69 € (par personne en chambre double).

Inès et Odilon Ferran vous accueillent toute l'année au pied du massif du Chambeyron, dans une belle ferme du XVIIIe siècle, entièrement rénovée selon les traditions de construction locale. Outre les dortoirs, 10 chambres vous y attendent dont 4 doubles, 2 triples et 4 quadruples. Vous pouvez également venir y déguster toute l'année midi et soir, au soleil sur une terrasse panoramique ou près de la cheminée, une cuisine familiale et traditionnelle de montagnes. Le plus : la possibilité de louer des ânes bâtés pour vous accompagner lors de vos randonnées.

MAISON D'HÔTES LES ZÉLÉS - MALJASSET €

Hameau de Maljasset

✆ 09 88 18 84 16

www.leszeles.com

Ouvert en été. Demi-pension 57 € par personne, petit-déjeuner, repas du soir. 2 gîtes.

Ouvert seulement l'été, le lieu est exceptionnel car situé dans la splendide vallée de Maurin, bordée par la rivière Ubaye. Cette maison d'hôtes à l'architecture authentique du pays est idéalement placée sur le GR 5. Les 5 chambres sont bien équipées avec salle d'eau privative. Léa propose une cuisine familiale et traditionnelle. Le reste de l'année, on peut réserver le gîte de Léa et Lucas un peu plus haut, en continuant sur 1 km cette route du bout du monde jusqu'à Combe-Brémond.

RANDONNÉES EN HAUTE-UBAYE

7 km (16 min) seulement entre Saint-Paul et Fouillouse et 8,6 km (12 min) entre Saint-Paul et le col de Vars.

La Haute Ubaye offre des sites particulièrement favorables pour satisfaire les grimpeurs chevronnés tout comme les randonneurs ou les pêcheurs à la ligne. Saint-Paul-sur-Ubaye, bien situé, est un point de départ commode pour ces activités sportives et de nature. Les randonneurs peuvent alors emprunter le GR56, qui rejoint le GR5 à Fouillouse, autre commune typique de Haute Ubaye. On peut aussi accéder en voiture à ce site, à partir de l'extraordinaire pont du Châtelet, à arche unique entre les pans de la montagne.

Fouillouse est une base de départ très appréciée par les alpinistes, car desservant le vallon de Maurin vers les sources de l'Ubaye, le Brec de Chambeyron – 3 389 m –, la pointe d'Aval – 3 320 m – ou la tête de la Courbe – 3 088 m –, par le col de Mirandol. À partir du pont du Châtelet, la grimpette continue jusqu'au hameau de Maljasset (que l'on peut atteindre par le GR6) et qui marque, pour tous les alpinistes, le point de départ de nombreuses autres courses en montagne.

Les simples randonneurs sont également gâtés : de nombreux lacs (lac du Marinet), de beaux points de vue, toute la magie sauvage de l'Ubaye leur sont ici somptueusement offerts.

De nombreux établissements sont présents dans le coin pour vous conseiller si le besoin se fait sentir. Les amateurs du bivouac ne seront pas en reste non plus, car dans l'Ubaye, il est possible de poser sa tente où vous le souhaitez (pour la nuit), tant que vous respectez bien ce beau patrimoine naturel.

SAINT-PONS

De dimension modeste, verdoyant, adossé au bassin versant du Riou Bourdoux et s'étirant le long de la rivière Ubaye, le village de Saint-Pons offre aux amateurs de nature, la sensation « d'être toujours en vacances ». Situé à une altitude de 1157 mètres, à 2 km de la ville de Barcelonnette, c'est ici que la vallée s'élargit pour mieux vous ouvrir les bras d'une chaleureuse hospitalité. Les touristes, comme les résidents, ont à leur portée de multiples activités proposées en toutes saisons, localement, dans la Vallée de l'Ubaye et dans le Parc du Mercantour, voire même chez nos voisins italiens, si l'envie vous en dit de découvrir un autre pays !

EGLISE DE SAINT-PONS

L'Église Saint-Pons classée monument historique, a été érigée sur l'emplacement d'un couvent de bénédictins du VIe siècle et a bénéficié de plusieurs campagnes de constructions du XIIIe siècle à nos jours. On notera des éléments datant du XVe siècle qui valent le détour, comme la fresque ornant le tympan sud de l'édifice. Les portails et les bas-reliefs présentent autant d'intérêt architectural, et on ne saura que trop vous conseiller de vous attarder à scruter les détails de cette belle église si vous êtes de passage dans la vallée de l'Ubaye.

REFUGE DE LA PARE €

✆ 06 59 14 03 91

Ouvert du 15 juin au 15 septembre. Nuitée 12 €. Petit déjeuner 7,50 €. Demi-pension : 42 €. Panier pique-nique : 10 €.

Ce refuge forestier situé à 1 832 m d'altitude, au cœur de l'Ubaye, est gardé en été. C'est une ancienne ferme rénovée avec une agréable terrasse. Les dortoirs peuvent accueillir jusqu'à 18 personnes. On y croise surtout des randonneurs. Plusieurs itinéraires partent du refuge. Il y en a pour tous les niveaux : les plus sportifs monteront jusqu'au col de la Pare. Le refuge est accessible uniquement à pied en 45 minutes de marche facile sur un chemin forestier depuis le parking des Dalis. Pour le panier pique-nique, venez avec votre récipient et vos couverts !

L'ESCALE EN UBAYE €€

70, Route de Saint Bernard ✆ 04 86 49 10 91

www.chambres-hotes-escale-ubaye.fr

5 chambres, double 86 € ; triple 115 € ; suite 145 €. Petit déjeuner inclus. Gîtes à partir de 550 € la semaine.

Cette ferme de 1780 se trouve dans l'un des plus anciens villages de la vallée, à quelques minutes du centre de Barcelonnette. Elle propose un salon voûté chaleureux aménagé dans l'ancienne bergerie, des chambres agréables à la décoration moderne et soignée ainsi que des plats traditionnels et faits maison avec des produits locaux (tartiflette, daube de bœuf...) pour le dîner. De magnifiques appartements sont disponibles à la location. Du jardin, et même de la piscine en été, vous admirerez le panorama somptueux sur les sommets. Garage fermé pour les vélos et motos.

SAUZE-SUPER-SAUZE ★

Le Sauze est une des plus anciennes stations des Alpes du Sud. Créée en 1934 sous l'impulsion de deux frères, complétée dans les années 1970 par Super-Sauze, elle est aujourd'hui une station été-hiver parmi les plus prisées de la région. On apprécie sa proximité avec Barcelonnette et son domaine skiable aux multiples vallons qui donnent à la fois douceur et technicité aux 65 km de pistes ensoleillées s'étalant de 1 400 à 2 450 mètres d'altitude. Moins fréquentée que les grosses stations, elle a plein d'atouts et de charme. On pense notamment à ses nombreuses balades en raquettes. L'été, ce sont les randonnées et les vélos qui sont à l'honneur.

OFFICE DE TOURISME DU SAUZE

Chalet de la Montagne

✆ 04 92 81 05 61

www.sauze.com

Ouvert tous les jours. En intersaison, du mardi au samedi de 9h à 12h et de 14h à 18h.

L'office de tourisme réserve un accueil chaleureux aux familles en particulier. Il met à votre disposition de nombreux services : ateliers pour enfants, jeux de piste, ludothèque à partir de 2 ans, bibliothèque enfants et adultes, prêt gratuit de poussette, coin change-bébé... Et toutes les informations utiles pour un séjour réussi. Sur sa boutique en ligne, vous pouvez acheter directement ses bonnets, tours de cou, auto-collants estampillés Le Sauze.

HÔTEL LES FLOCONS €€

Station du Sauze
✆ 04 92 81 05 03
www.les-flocons.com
Ouvert de décembre à avril et de juin à septembre. Chambre double à partir de 65 €. Restaurant ouvert à tous le soir.

Claire et Paul vous accueillent chaleureusement avec 17 chambres au style montagnard, toutes équipées de salle de bains, WC et télévision. Vous pourrez également profiter dans la journée d'une belle terrasse avec vue sur les montagnes et les pistes de ski en hiver (à 100 mètres) ainsi que du bar et du restaurant de l'établissement. Suivant les saisons, il propose une restauration le soir avec plat à ardoise qui change chaque jour en été et une carte de spécialités montagnardes pour l'hiver telles que des fondues, entrecôte, raclette, tartiflette...

LE SOLEIL DES NEIGES** €€

Le Sauze
✆ 04 92 81 05 01
www.soleildesneiges.fr
Chambre double de 80 € à 105 €. Petit déjeuner : 11 €. Chambre double en demi-pension de 80 à 98 €.

Le Soleil des Neiges, cette vaste bâtisse au cœur du Sauze à 4 km du centre-ville, vous attend au pied des pistes dans un village de montagne naturel et authentique. Les chambres, bien équipées (douche ou bain, TV et wifi), sont exposées côté vallée ou plein sud. Selon la formule de pension choisie, vous pourrez également profiter d'une cuisine généreuse à base de produits frais dans le restaurant traditionnel de l'hôtel ou d'un simple déjeuner brasserie à midi. A noter : l'installation toute récente d'une piscine couverte réservée aux clients de l'hôtel.

CHALET LA PROVIDENCE €€€

Le Sauze
✆ 06 81 21 91 59
www.chaletlaprovidence.com
Fermé en novembre. Petit déjeuner inclus. Demi-pension sur demande. Locations meublées possibles dans le chalet à côté.

Ce chalet-hôtel qui borde les pistes est un véritable havre de paix. Sa décoration chaleureuse fait qu'on s'y sent vite bien : l'hiver, on est réchauffé par l'ambiance cocooning, la cheminée en pierres ; l'été, on déjeune et on se prélasse sur la grande terrasse ouverte sur le jardin et les prés. Les 5 chambres sont douillettes, équipées de salles de bains privatives et d'une TV et l'hiver, vous avez un parking privé avec départ en ski depuis le chalet. Quelle que soit la formule choisie, on profite d'un accueil irréprochable et d'une table de grande qualité.

LA CABANE À JO €

Restaurant d'altitude, chemin du Col-de-Fours
✆ 04 92 81 02 86
Ouvert tous les jours de l'année. Plat du jour : 18 €.Sur réservation.

À 2 000 mètres d'altitude, cette « cabane » est un lieu idéal pour une halte bien méritée pendant sa journée de ski ou de randonnée. Accessible par télésiège ou à pied (avec équipement adapté en hiver), elle correspond parfaitement à ce que l'on attend d'un restaurant d'altitude : un cadre rustique magnifique, un accueil chaleureux et des plats revigorants. Depuis 2022, Marie et Laurent aux commandes, proposent une cuisine familiale et ont à cœur de mettre en valeur les produits de la région. Hiver comme été, on apprécie la superbe vue sur la vallée de l'Ubaye.

L'OFFICE GOURMAND €

Galerie du Sauze
✆ 06 29 27 14 84
Ouvert toute l'année. 7j/7 en saison. Service continu de 10h à 22h.

Au cœur de la station, l'Office Gourmand propose une cuisine du monde : gambas sauce au curry, nouilles sautées, rougaille saucisses... Sa chef Aurore vous invite à découvrir ses plats faits maison avec des produits frais, le tout dans la bonne humeur. Vous pouvez choisir de vous restaurer sur place à l'intérieur ou en terrasse, ou bien commander en vente à emporter ou être livrés. Parallèlement, l'Office Gourmand propose également une carte de cuisine traditionnelle avec soupes, raclettes, hamburgers, sandwiches froids ou chauds.

PROMENADE EN RAQUETTES

Chalet de la Montagne
✆ 04 92 81 05 61
De novembre à mars. Gratuit hors location de matériel : à partir de 6 € la paire de raquettes, 10 € avec chaussures.

À ceux qui en ont assez des stations de ski surfréquentées : venez profiter des plaisirs de la neige dans un cadre dénué de toute présence humaine. Le domaine du Sauze dispose de 5 circuits de randonnée balisés mais non damés, dans un environnement préservé. Parmi eux, certains sont même agrémentés de jeux de pistes pour ajouter une dimension ludique à cette activité déjà pleine d'atouts. Si vous êtes débutants, nous conseillons particulièrement le circuit « La Rente-Le Super Sauze-La Rente ». Enfin, vous pouvez vous faire accompagner d'un guide professionnel.

COLMARS ★

Cette ancienne ville frontière entre la Savoie et la France est marquée, comme de nombreux villages des Alpes, par son architecture militaire. Des murailles puissantes qui ceignaient la ville depuis le XIIIe siècle, il ne reste presque rien aujourd'hui. Au contraire, les fortifications menées par les architectes délégués par Vauban à la fin du XVIIe siècle sont demeurées intactes. On remarquera le fort de Savoie – à l'est – et le fort de France – à l'ouest –, ce dernier, contrairement aux plans habituellement dressés par le célèbre ingénieur, n'est pas bâti en étoile. La promenade dans ce petit village de 400 habitants à peine est très agréable.

FORT DE FRANCE

Ancienne Auberge Fleurie
✆ 04 92 83 41 92
www.verdontourisme.com

Inscription aux visites guidées au bureau d'information touristique de Colmars.

Non, il ne s'agit pas d'une erreur, c'est bien le fort de France, et pas question de cocotiers ni d'Outre-mer ici ! En arrivant à Colmars, c'est le premier fort que l'on voit à l'entrée sud de la ville. C'est à la fin du XIVe siècle que Colmar devient, comme Entrevaux, une ville frontière avec le duché de Savoie (allié aux Espagnols) nécessitant alors d'être protégée. Au XVIIe siècle, ses fortifications sont renforcées selon les préconisations de Vauban. Cet ouvrage militaire servait à surveiller la ville et les 2 versants de la vallée.

FORT DE SAVOIE

✆ 04 92 83 41 92
www.colmarslesalpes-verdontourisme.com

Ouvert toute l'année. L'été, tous les jours de 10h à 12h et de 14h à 18h. Fermeture le lundi matin. Adulte : 5 €.

C'est à la fin du XIVe siècle que Colmars devient, comme Entrevaux, une ville frontière avec le duché de Savoie (allié aux Espagnols) nécessitant alors d'être protégée par une enceinte. Plusieurs forts lui sont ajoutés dont le fort de Savoie, situé sur une colline au nord de la ville, construit à partir de 1793. Dominant le village, il possède un pittoresque escalier permettant d'accéder à la tour ronde puis à la salle d'armes. On admirera les charpentes en mélèze. Des expositions sont présentées dans chacune des quatre salles occupées autrefois par la garnison.

GÎTE DE LA COLLE SAINT MICHEL €

Col de La Colle Saint-Michel - **THORAME-HAUTE**
✆ 04 92 83 30 78
www.gite-haut-verdon.com

Chambre double de 47 € à 58 €. Demi-pension. Petit déjeuner inclus.

Au calme, en pleine nature ce gîte-auberge dispose de 2 chambres pour 2 personnes et de dortoirs (ou chambres familiales pour de 4 à 8 personnes). Certaines chambres et dortoirs disposent de douches et sanitaires privés. Pour les autres, les douches et sanitaires sont dans les parties communes. Un sauna est à votre disposition en soirée pour une vraie détente. Les repas se font selon vos envies, régimes et restrictions alimentaires mais sont toujours de qualité.

AUBERGE L'OUSTALET €€

La Colle Saint-Michel - **THORAME-HAUTE**
✆ 04 92 83 23 80
https://gite-auberge-oustalet.com

Ouvert toute l'année. Chambre et petit-déjeuner 30 € par personne. Menus de 18 € à 22 €.

Perchée à 1 450 m entre Vaïre et Verdon, cette ancienne ferme restaurée du XVIIe siècle vous accueille pour un séjour ou un déjeuner des plus agréables. L'auberge propose 8 chambres confortables et spacieuses dont 6 avec douches et WC privatifs et une suite parentale. Un décor magnifique, un cadre chaleureux et une cuisine labellisée Pays gourmand, gage de qualité et de fraîcheur. Vous dégusterez des spécialités locales d'une cuisine orientée nature dans l'ancienne bergerie aux murs voûtés. Les conditions idéales pour passer un agréable moment sont ici réunies !

LES TRANSHUMANCES €€

Quartier Les Espiniers ✆ 04 92 83 44 39
lestranshumances.pagesperso-orange.fr

3 chambres : de 73 € à 130 €. Demi-pension : 130 €. Petit déjeuner inclus. Gîtes ruraux à partir de 480 €/semaine.

Exploitation agricole dès le XIXe siècle, cette belle ferme restaurée s'est lovée dans un site naturel exceptionnel. Perchée à 1 300 mètres d'altitude, elle domine la vallée et offre un panorama superbe sur le Verdon, Colmars et les massifs environnants. Vous résiderez dans des chambres d'hôtes confortables et spacieuses ou dans des gîtes ruraux labellisés Panda. Les petits-déjeuners sont servis dans l'ancienne étable qui a conservé toute son authenticité. Le plus : Colmars est à un kilomètre, avec commerces et services. Un accueil charmant et familial.

LA TABLE RONDE €€

Place Neuve
✆ 04 92 83 41 54
www.tourisme-alpes-haute-provence.com
Ouvert de fin avril à mi-novembre, ouvert 7j/7. Carte de 14,50 à 24 €. Menu, plat du jour et suggestions.

Depuis dix ans Olivier, jovial enfant du Pays, vous accueille à sa Table Ronde labellisée Pays Gourmand, sur une place au centre de la vieille ville. Vous pourrez déjeuner dans la salle à la décoration rustique avec exposition de vieux objets et outils de pays montagnard ou sur l'agréable terrasse au calme sur la place piétonnisée. Vous y dégusterez une cuisine traditionnelle régionale à base de produits frais et locaux. À midi, menu du jour, plat du jour et carte. Le soir suggestions avec le génépi offert par le patron ! Un établissement chaleureux !

LE LACUSTRE €€

Parc du roufleiran
✆ 04 92 83 47 30
www.restaurantlacustre-beauvezer.com
Ouvert 7j/7 en juillet août et vacances scolaires, sinon du jeudi au dimanche soir. Menus 29.50 € et 43 €. Carte 20€.

Émilie et Étienne veulent retranscrire leur passion du métier dans l'assiette, et on le sent ! Ils vous accueillent dans leur restaurant en bordure de lac, dans le parc du Roufleiran. Vous prendrez place dans une jolie salle avec cheminée, ou sur l'agréable terrasse au bord de l'eau. Le chef Etienne Bonnehorgue vous propose aussi bien des plats traditionnels que des idées culinaires innovantes. L'accent est mis sur la qualité des produits, c'est une priorité pour l'équipe. La carte des vins est soigneusement élaborée. Un bel endroit où s'arrêter !

MIEL ARTISANAL, CHRISTIANE AUVIGNE

Entrée du village sur la route d'Allos
✆ 06 08 70 83 67
Ouvert en juillet et en août : tous les jours de 9h30 à 12h30 et de 15h30 à 19h.

Christiane est devenue apicultrice récoltante, par passion, sur les hauteurs de Colmar-les-Alpes. Il est préférable de l'appeler pour être sûre de la trouver. Sur place vous aurez le choix entre un miel de montagne doux aux saveurs florales et fruitées, et un miel de lavande, un des fleurons de la gamme produite sur ce territoire, connu pour sa puissance et son bouquet. Tous deux récoltés dans les ruches de la vallée, témoignent de la richesse d'un environnement préservé.

BEAUVEZER

Beauvezer, du haut de ses 1 170 m d'altitude, est une commune historique qui fut au siècle dernier l'hôte de la seule industrie du Haut-Verdon ayant connu un essor formidable : les draperies. Cette tradition du Moyen Âge avait une vocation locale au départ, mais elle a connu une ampleur inimaginable, la vente s'étendant même dans les États de Savoie. Une petite industrie naquit donc de cette activité artisanale au XIXe siècle mais, rapidement à bout de souffle, s'effondra au grand dam des nombreux ouvriers et ouvrières qui garnissaient ses rangs. Un fort exode s'ensuivit et aujourd'hui le Haut-Verdon ne conserve pour mémoire que les grandes bâtisses.

SAINT-ANDRÉ-LES-ALPES

Le village de Saint-André-les-Alpes est une porte d'entrée des stations de ski. Cette commune juchée à 900 m d'altitude est surtout la porte des gorges du Verdon et du parc naturel régional du Verdon avec ses belles randonnées, situé sur le territoire de la réserve géologique de Haute-Provence. Sur les hauteurs, qui vous sont accessibles par des sentiers balisés, vous pourrez vous envoler – en parapente, pas tout seul ! – à partir de sites mondialement reconnus et ainsi remplir vos mirettes de somptueuses cartes postales qui resteront à jamais ancrées dans votre esprit. Ce petit village de caractère, qui fleure bon les Alpes, est entouré par la montagne de Maurel et la barre blanche des crêtes de Serres et de Chamatte, bénéficiant d'un climat exceptionnel.

Et en été, on apprécie les rives du joli lac de Castillon où l'on peut pratiquer à loisir voile et canotage. Tout autour du lac, de multiples lieux de baignade sont accessibles pour tous par le biais de plages sauvages et agréables, plus ou moins faciles d'accès, mais sans surveillance. Les amateurs de bateaux à pédales ou à moteurs électriques et autres planches à voile ont la possibilité d'embarquer à bord grâce aux loueurs installés sur les différentes plages. Et si le cœur vous en dit, laissez-vous aller à une petite pétanque entre amis, le terrain s'y prête à merveille ! En somme, qu'importe la saison, vous ne risquez pas de vous ennuyer lors de votre visite de Saint-André-les-Alpes !

LE BARRAGE ET SON CADRAN SOLAIRE

✆ 04 92 89 02 39
www.castellane-verdontourisme.com
Accès libre.

Un barrage hydroélectrique impressionnant qui offre une vue superbe. Une véritable barrière de contrastes entre le paisible lac et la tortueuse rivière qui jaillit une centaine de mètres en dessous de vos pieds. Le barrage est célèbre, depuis l'inauguration au solstice d'été 2009, du plus grand cadran solaire du monde. Encore mieux, c'est aussi un cadran de conception originale : l'heure solaire est connue lorsque l'ombre du parapet tangente l'une des lignes horaires.

L'ARDOISE €€

Place Charles-Bron
✆ 06 22 51 88 02
Ouvert toute l'année. Du lundi au dimanche midi et soir (selon la saison).

« Gourmet ou gourmand, vous apprécierez notre cuisine simple et raffinée », voici comment les nouvelles chefs Emilie et Joanna aiment présenter l'esprit des lieux. Elles proposent une carte de cuisine traditionnelle mettant à l'honneur des produits frais et du terroir pour de belles suggestions. Les bons desserts finiront de vous décider à y effectuer une halte appréciée. Cette sympathique adresse se situe en plein cœur du village de Saint-André-les-Alpes. Et en été il borde les rives du joli lac de Castillon où l'on peut pratiquer à loisir voile et canotage.

RESTAURANT LAC ET FORÊT €€

Route de Nice
✆ 04 92 89 20 45
https://lacforet.com/le-restaurant
A partir d'avril. Tous les jours midi et soir, fermé le mardi en basse saison. Carte 50 €. Menu découverte le soir 75 €

Dans l'enceinte de l'hôtel éponyme, sur les bords du lac de Castillon, voilà une belle découverte ! Côté culinaire, la cuisine est inventive, les saveurs subtiles et les assiettes joliment présentées. Le chef travaille des produits de saison et conjugue à merveille les légumes du terroir : Suprême de volaille label rouge, farcis aux écrevisses ou des saint-jacques marinées aux épices tandoori... Le menu est digne d'un restaurant gastronomique ! Ajoutez à cela une belle carte des vins, un personnel au petit soin et une superbe terrasse.

AÉROGLISS - ÉCOLE DE PARAPENTE

Base de loisirs des Iscles
✆ 04 92 89 11 30
www.aerogliss.com
Baptêmes à partir de 90 € et stages de parapente. Adultes et enfants dès 4 ans.

Aérogliss, l'école de parapente de St-André-les-Alpes, vous propose des baptêmes et des stages de 3 ou 5 jours de parapente inoubliables, sur le site de renommée internationale de Chalvet ! Dès 4 ans, osez, seul ou en groupe, en couple, en famille. Le plus difficile est de choisir entre le vol vautours, le vol sensations pour les aventuriers, le vol découverte en toute douceur, le vol ascendant matin ou soir pour voler encore plus longtemps et plein d'autres !

LE LAC DE CASTILLON

Sur la route rejoignant Saint-André à Castellane
✆ 04 84 32 04 04
Accessible toute l'année. En été, baignades surveillées et location de bateaux, pédalos. Voile possible en accès libre.

© MARC CECCHETTI - FOTOLIA

Long de 8 kilomètres, le lac de Castillon couvre 500 hectares, enchâssé entre les montagnes. Sous un ciel bleu (le plus souvent) le cadre est splendide. Un grand nombre d'activités nautiques se pratiquent comme kayak, catamaran, ski nautique, bouée tractée... Des sorties nocturnes sont aussi organisées en canoë pour les aventuriers. Irrésistibles, avec une eau turquoise, certaines plages sont aménagées et surveillées pour le plaisir des grands et des petits. N'hésitez pas à explorer les rives sauvages et faire une halte dans quelques criques dépaysantes.

ALLOS ★★

Le Val d'Allos 1400 est constitué autour de l'ancien village d'Allos. C'est là que se trouvent la mairie et l'office de tourisme ainsi que la Poste et la majeure partie de la population résidente à l'année. Il est, comme son nom l'indique, situé autour de 1 400 mètres d'altitude. À 200 m au sud du village, se trouve l'église Notre-Dame-de-Valvert, classée au titre des monuments historiques en 1846. Cette chapelle de style roman datant du XIIIe siècle (avec des vestiges des IXe et Xe siècles) est située à la confluence des rivières du Chadoulin et du Verdon. Comme toutes les églises de style alpin, seul le mur sud est percé de trois baies.

Lac d'Allos.

LA CHAPELLE SAINT-SÉBASTIEN ✞

Accès libre.

La chapelle Saint-Sébastien est une chapelle des pénitents utilisée au XVIIIe siècle. Egalement appelée chapelle d'hiver, elle date du XVIIe siècle et sa voûte a entièrement été refaite après un incendie en 1833. Richement décorée entre 1857 et 1859 par le peintre Fidèle Patritti qui a laissé son empreinte artistique dans toute la vallée de l'Ubaye, ce dernier y a peint plusieurs fresques, notamment *La Cène* dans la partie centrale et Saint Sébastien sur la coupole.

NOTRE-DAME-DE-VALVERT ✞

Le Verger
✆ 04 92 83 02 81
www.valdallos.com
Accès libre. Messe hebdomadaire.

Elle est formée d'une nef unique de trois travées, d'un avant-chœur et d'une abside qui portent sa longueur totale à 28 m. Son décor est à la fois rare et sobre ; les murs sont ornés d'une suite de petits arcs. À l'intérieur : un Christ en bois du XVIe siècle et du XVIIe siècle ainsi qu'une peinture sur bois d'Antonio Vivarini, *Le couronnement de la Vierge* datant du XVe siècle. Ce monument n'est ouvert que pendant l'été lors de célébrations de cérémonies. Se renseigner pour les dates précises auprès de l'Office de Tourisme du Val d'Allos.

OFFICE DE TOURISME DU VAL D'ALLOS

✆ 04 92 83 02 81
www.valdallos.com
Ouvert toute l'année, en haute saison (hiver et été), tous les jours de 9h à 12h30 et de 14h à 17h30.

Vous cherchez des renseignements sur le domaine skiable du Val d'Allos, les animations et plus globalement sur votre séjour, la dynamique équipe de l'Office du Tourisme du Val d'Allos (au village d'Allos et à la Foux d'Allos) est là pour satisfaire toutes vos demandes. Une multitude d'activités sportives de pleine nature pour petits et grands, un jeu de piste gratuit pour la découverte du village en famille, tout est pensé pour passer de bons moments aux souvenirs inoubliables.

HÔTEL PASCAL•• €€

✆ 04 92 83 00 04
www.hotel-pascal.com
Ouvert toute l'année. Chambre double à partir de 124 €. Restaurant labellisé Pays Gourmand.

Cet hôtel-restaurant familial vous ouvre ses portes tout au long de l'année dans une ambiance chaleureuse et conviviale. L'Hôtel Pascal dispose de 14 chambres, dont 10 avec douche et WC et 6 avec télévision. Le restaurant Le Goût des Mets appartenant à l'établissement, il propose une carte qui évolue au fils des saisons, élaborée à partir de produits locaux, avec pour but de vous faire découvrir les producteurs de la région. La boutique met quant à elle en avant des charcuteries de la vallée de l'Ubaye, des liqueurs, vins et autres génépis biologiques.

LE BERCAIL €

Grande-Rue

✆ 06 72 84 08 33

Ouvert 7j/7 en saison, de décembre à avril et juillet/aout/septembre. Fermé le reste de l'année. Plats de 18 à 22 €.

Situé au milieu de la Rue Grande qui traverse le village, le Bercail occupe une grande bâtisse en pierres apparentes avec une arcade qui abrite une jolie terrasse, laquelle se prolonge dans la rue aux beaux jours. La salle est superbe, toute en pierres naturelles et la décoration raffinée crée une ambiance accueillante. La cuisine comprend des spécialités de montagne. Au choix, il n'y a pas moins de 10 fondues, des tartiflettes... Les produits sont pour la plupart d'origine locale et tout est fait maison y compris les pizzas et les desserts.

L'EDELWEISS €

Grande-Rue

✆ 04 92 83 47 80

Ouvert toute l'année. Haute saison : tous les jours de 9h à 22h.Service continue. Menu à 17,50 €. Terrasse.

Cette crêperie, au cadre authentique avec son allure de ferme et sa salle typiquement montagnarde est située au sein du vieux village. C'est une véritable institution depuis 1934. La carte se décline en plusieurs volets. Si elle fait bien évidemment la part belle aux crêpes et galettes salées au sarrasin, le chef vous propose des suggestions tous les jours. Amateurs de viandes et de salades composées, vous ne serez pas oubliés. Régalez-vous d'un large choix de crêpes sucrées. Les beaux jours venus, n'hésitez pas à prendre place sur la belle terrasse ensoleillée.

CENTRE EQUESTRE D'ALLOS

L'Allée

✆ 06 99 73 58 94

Toute l'année sur réservation. Balade en poney, à cheval et en calèche.

Le centre équestre de Madeline, monitrice d'équitation diplômée, propose tout au long de l'année des leçons de cheval pour cavaliers débutants ou confirmés, dès deux ans en *baby poney*. Madeline dispense également des « découvertes poney » où vous partez seul avec votre monture dans le centre équestre, des balades, la découverte du village en calèche, des cours d'attelage, du travail à pied. Situé le long du Verdon à l'entrée du village d'Allos sur 2 ha dans un cadre naturel, vous profitez d'un agréable moment en famille ou entre amis.

LAC D'ALLOS

✆ 04 92 83 02 81

www.valdallos.com

Ouvert toute l'année. Accès réglementé. Parking payant selon saison. Dépliant et renseignement à l'office de tourisme.

Situé dans le cœur du parc national du Mercantour, le lac d'Allos est un véritable bijou de pleine nature. D'une superficie de 54 ha et d'une profondeur de 48 m, c'est un lac naturel de montagne situé à 2 228 m. On reste sans voix devant un tel mélange de couleurs, le bleu de l'eau avec les reflets des montagnes grises alentour, le vert des pelouses alpines et des mélèzes... La balade est grandiose au milieu de paysages de toute beauté. L'accès au lac d'Allos demande nécessairement de la marche à pied, sa longueur dépend de l'endroit duquel vous choisirez de partir. On accède au parking du Laus par une petite route de montagne ouverte à la circulation de la mi-juin à la mi-octobre (sauf météo dangereuse). Au départ du village d'Allos, comptez 7h aller-retour de rando en suivant le balisage rouge et blanc du GR56B. En partant du parking de la Cluite : 5h aller-retour et du parking de Laus : 1h30 aller-retour. Les randonneurs seront ravis de découvrir le refuge de montagne au bord du lac pour une petite pause bien méritée, un déjeuner ou une nuit ! Il est ouvert de mi-juin à mi-septembre. La prudence est de mise si vous partez en hiver. En effet, pendant toute la période hivernale (de novembre à mai selon les années), l'itinéraire emprunte des zones à risque d'avalanche avec un certain nombre de couloirs vraiment dangereux et le téléphone ne passe pas toujours. Se renseigner obligatoirement à l'office de tourisme sur les conditions. Vous pouvez vous rapprocher des accompagnateurs de montagne qui proposent des sorties adaptées.

SKI DE FOND

Immeuble le Val Benoît

✆ 04 92 83 80 70

Ouvert en saison. Forfait disponible en ligne.

Concernant le ski de fond, le Val d'Allos dispose d'un domaine nordique très apprécié avec 12 km de pistes damées et balisées réparties en deux parcours situées au pied du village et de la station. Les skieurs devront s'acquitter des redevances obligatoires en vente aux caisses des remontées mécaniques du Val d'Allos 1 400 – Allos, près du « point info » ski de fond. La marche ou l'usage des raquettes à neige sont interdits sur ces pistes, mais des itinéraires balisés réservés tantôt aux promenades et tantôt aux raquettes, sont accessibles gratuitement.

LE SEIGNUS

Le Seignus est la petite station la plus proche du village. Principalement destinée à recevoir les familles, elle est reliée à Allos par une télécabine (gratuite), et à la Foux par une navette. Justement appelée « station village », elle est située à environ 1 500 mètres d'altitude et constituée de petites résidences complétant l'habitat traditionnel, l'ensemble étant regroupé autour d'un large front de neige auquel on accède en skis.Labellisée « Famille Plus Montagne », la station a développé une grande variété de pistes tous niveaux. Les enfants découvrent leurs premières sensations de glisse sur un domaine skiable adapté et sécurisé... Ou sur les pistes de luge ! Divers parcours en raquettes et 39 km de pistes de ski de fond pour partir sur les traces de la nature sauvage et fragile du Parc National du Mercantour. Mais Le Seignus, c'est également 50 km de pistes pour le ski alpin s'étalant entre 1 500 m et 2 426 m d'altitude où il est possible de dévaler près de 1 000 m de dénivelé en une seule descente magnifique ! Mais le Seignus, c'est aussi une adresse idéale pour des séjours VTT et pour les randonnées l'été. Vous aurez la joie de dévaler plusieurs niveaux, et vous y trouverez également des zones de northshore (modules en bois), un boardercross, ainsi qu'un parcours ludique pour les enfants, sans oublier l'itinéraire familial de Prémin. De quoi découvrir pour tous les joies de la descente en bike en toute sécurité !

CHEZ FRANZ €€

✆ 04 92 83 01 06

www.hotel-franz.com

Ouvert en juillet et août et de mi-décembre à début avril. Chambre double à partir de 68 €.

Dominant la place centrale, au pied des pistes, l'hôtel Franz est une adresse incontournable au Seignus, tant pour l'hébergement que pour le restaurant et bar. La salle est accueillante et confortable, divisée en plusieurs espaces plus intimes. Bancs et tables rustiques en bois, décoration soignée et vaste cheminée complètent le décor. Les midis ensoleillés, on peut se restaurer sur la terrasse abritée du vent. Côté hébergement, l'hôtel propose des chambres individuelles avec bain, douche et WC pour 2 à 6 personnes ou des dortoirs de 5 personnes pour les groupes.

L'OURS BLANC** €€

✆ 04 92 83 01 07

www.hotel-loursblanc.com

Ouvert toute l'année. Chambre double à partir de 85 €. Restauration.

Depuis que Corinne et Patrick ont repris les rênes de cet hôtel-restaurant, l'adresse a changé de mine. Douze chambres sont disponibles, de la simple à la quadruple. La salle de restaurant a été entièrement rénovée, tout comme le bar et le hall d'entrée. L'accueil, quant à lui, n'a pas changé, il est toujours aussi chaleureux. L'assiette est intéressante avec une cuisine de montagne, mais aussi des spécialités comme ces pâtes à la meule de parmesan l'hiver ou encore les spécialités du Nord (d'où sont originaires Corinne et Patrick), carbonnade, welsch...

ALLOS FORME & DÉTENTE

Le Mazot ✆ 06 75 37 61 75

www.allos-forme-detente.com

Toutes les prestations sont sur réservation au 06 75 37 61 75. Massages de bien-être de 35 € à 70 €.

Ancienne membre de l'équipe de France junior de ski de fond, Isabelle Pellissier est une sportive accomplie. Elle s'est tournée ensuite avec le même enthousiasme vers le bien-être et après un diplôme d'État des métiers de la forme. Véritable instructeur de Zumba, elle vous fera découvrir ce phénomène fitness. Côté détente, succombez aux différentes formules massages bien-être aux pierres chaudes, drainant ou relaxant aux huiles essentielles ou encore spécial mal de dos. Profitez aussi de l'espace spa extérieur avec le sauna et bain nordique ainsi que du hammam.

BIKE PARK

Station du Seignus

✆ 04 92 83 02 81

www.valdallos.com/bike-park-le-seignus

Accès par les remontées mécaniques ouvertes 7j/7 l'été, et les week-ends en juin. Accès VTT : 7,20 € la montée adulte

Grâce à ses 1 000 mètres de dénivelé, Le Seignus devient, durant la saison estivale, le lieu de prédilection des vététistes ! Avec 8 itinéraires de descentes balisées, débutants comme vététistes confirmés y trouveront leur compte. Le téléphérique et les deux télésièges du Clos-Bertrand et du Gros-Tapys permettent d'accéder facilement aux sommets des pistes : trois vertes, deux bleues, trois rouges. Le site est également labellisé par la Fédération française de cyclisme pour ses nombreuses boucles et itinéraires de cross-country ou boardercross.

ÉCOLE DU SKI FRANÇAIS

Rond-point des Pistes ✆ 04 92 83 00 65
www.esf-allos.com

Ouvert de mi-décembre à mi-avril. Horaires variables selon les âges et les périodes. Cours privés à partir de 48 €.

L'ESF au Seignus existe depuis 1973 et dispose du label « Famille Plus Montagne ». Son équipe de 18 moniteurs permanents passe à 45 en période de vacances pour satisfaire la demande croissante et participer au développement de la station. Les cours collectifs ou individuels sont bien adaptés au niveau de pratique des élèves et en fonction des périodes de vacances. L'ESF propose aussi du hors-piste, une école de ski nordique à partir de 8 ans. Pour les personnes à mobilité réduite, l'ESF vous propose des séances assis sur un fauteuil ski, guidé par un moniteur.

LA FOUX-D'ALLOS ★

Le Val d'Allos 1800, (ou plutôt, la Foux d'Allos comme l'appellent ses fidèles fréquentations), est une belle station de ski en hiver et de montagne en été. Baignée de soleil et de lumière en toute saison, vous y découvrirez le plaisir des grands espaces et d'une nature encore préservée, ou de l'immensité de l'horizon avec ses sommets escarpés... Sachez que vous êtes ici au cœur d'un des plus beaux domaines skiables des Alpes du Sud, et surtout le plus grand. En effet, son domaine skiable est relié à celui de la Station de Pra-Loup, dans la vallée de l'Ubaye, et se dénomme désormais l'Espace Lumière : une appellation bien méritée !

BUREAU ANNEXE D'INFORMATION TOURISTIQUE

Maison de centre station
✆ 04 92 83 80 70
https://www.valdallos.com/

Fermé en basse saison. Ouvert été et hiver en saison.

Ce bureau annexe de l'office de tourisme du village d'Allos offre en saison les mêmes prestations que le bureau central ainsi qu'une zone wifi sur l'ensemble de la place Ernest Garcin, accessible gratuitement 24h/24. Le personnel accueillant vous accompagnera pour des vacances réussies en vous proposant une multitude d'activités sportives de pleine nature pour petits et grands et répondra à toutes vos questions pour parfaire votre séjour. De nombreux dépliants sont à votre disposition.

LES CHALETS DU VERDON*** €€

Quartier Pont-de-Labrau ✆ 04 92 83 83 14
www.vacanceole.com

Ouvert de mi-décembre à mi-avril et de fin juin à fin août. Studio / appartement de 343 € à 952 € la semaine.

En plein cœur de la station, cette résidence haut de gamme dispose d'un hébergement mêlant modernité et tradition montagnarde. Les trois grands bâtiments abritent 76 appartements meublés allant du studio au 4-pièces (de 2 à 8 personnes). Tous possèdent une TV à écran plat et une terrasse avec vue panoramique sur la montagne ou la forêt. Le matin, un service de boulangerie est disponible de 7h30 à 10h. Vous apprécierez la piscine intérieure chauffée avec bassin pour enfants, l'espace bien-être et son hammam, qui vous invitent chaleureusement à vous ressourcer.

HÔTEL DU HAMEAU*** €€

Val d'Allos 1800
✆ 04 92 83 82 26
www.hotel-du-hameau.com

Ouvert de mi-décembre à mi-mai et de mi-juin à début septembre. Chambre double de 100 € à 154 €. Espace bien-être : 30 €.

Voici un superbe complexe hôtelier familial 3-étoile. Les chambres sont grandes : de 18 à 42 m² pour les T2 avec mezzanine. Décorées de tons pastels, elles sont lumineuses grâce aux lambris de bois clair qui recouvrent murs et plafond. Dans un cadre cosy, le restaurant propose quant à lui un large choix de plats traditionnels et régionaux. Pour se ressourcer, l'espace bien-être avec spa extérieur, sauna, hammam, bain bouillonnant est dédié à la détente du corps et de l'esprit. Il complète la belle piscine extérieure chauffée en saison d'été.

LE 106 €€

L'Edelweiss
✆ 04 92 83 67 62

De décembre à mi-avril, tous les jours de 12h à 1h. De juillet à fin août et en novembre, de 12h à minuit. Menu à 15 €.

Le 106 est un bar-restaurant qui vous accueille avec une grande salle habillée de boiseries et de rideaux rouges lui donnant une ambiance cosy et confortable en toute saison. Elle est prolongée par une belle terrasse orientée au sud où l'on s'installe avec plaisir les jours ensoleillés. On peut aussi y arriver directement à ski pour faire une pause. Le 106 propose des spécialités de montagne ainsi qu'une cuisine traditionnelle de brasserie. Le patron a disposé un coin jeux pour tous (jeux vidéo, baby-foot, billard). L'endroit est accueillant, le service attentif.

L'IGLOO BY LA COTE €€

Rue Principale

✆ 04 92 89 02 73

Ouvert les saisons d'été et d'hiver, tous les jours midi et soir. Terrasse. Animations. Salon de thé.

Changement de propriétaires et montée en gamme de la carte pour ce restaurant, mais ce qui n'a pas changé, c'est le cadre unique pour un bon repas à La Foux. De l'extérieur, on aperçoit un grand chalet en bois. On monte quelques marches pour se retrouver sur une terrasse qui offre une vue splendide sur le village et les montagnes. Au milieu de l'immense salle circulaire en bois avec poutres et piliers apparents, entièrement vitrée, se trouve une magnifique cheminée moderne entourée par un banc où l'on peut s'asseoir avec un verre pour se réchauffer.

PRO VERDON CANYONING

✆ 06 89 87 98 31

www.proverdon.com

Ouvert toute l'année sur réservation préalable, sauf de début décembre à fin mars. Demi-journée, à partir de 45 €.

De leurs sources au lac de Sainte-Croix, descendez le Verdon ou ses affluents de façon ludique et sportive. Rappels sur corde, sauts, toboggans et marche en rivière, le canyoning est une activité complète où se lient esthétisme de l'environnement et dépassement de soi. Que ce soit pour une première expérience de l'activité ou pour un pratiquant chevronné, Julien vous invite à le rejoindre pour vivre des moments intenses en émotions sportives... Lieux uniques riches en biodiversité, les canyons sont des livres ouverts passionnants à découvrir.

ÉCOLE DU SKI FRANÇAIS

Maison de la Foux ✆ 04 92 83 81 64

www.esf-valdalloslafoux.com

Ouverture du domaine Espace Lumière de mi-décembre à mi-avril, tous les jours de 9h à 18h non stop

L'ESF de La Foux détient le label Famille Plus Montagne. L'équipe des moniteurs vous propose des cours particuliers ou collectifs, et des stages pour enfants et adultes. Son équipe de moniteurs permanents est renforcée en période haute pour satisfaire la demande croissante. L'ESF propose aussi de pratiquer la montagne en dehors des sentiers battus : raquettes en randos nature, Télémark avec le talon libre, randonnée en peaux de phoques, speed riding offrant le plein d'émotions garanties et *freeride* le ski évasion, hors des pistes, en toute liberté et en confiance.

SCOOTER DES NEIGES

Au bas de la piste de l'aiguille

✆ 06 16 95 50 52

www.valdallos.com

Ouvert de mi-décembre à mi-avril. Départ des balades à partir de 17h30, sur réservation. 1/2 h : 70 € ; 1h : 120 €.

La découverte de somptueux paysages en scooter des neiges, une vraie aventure nature. La location d'engins est proposée pour des randonnées guidées, de 1 ou 2 personnes par machine. La balade se fait dans une partie du domaine skiable (secteur des plaines) pendant 30 minutes ou 1 heure, avec vue sur les hauteurs au coucher du soleil. Pour des raisons de sécurité, le premier départ est fixé à 17h30, après la fermeture des pistes. Renseignements et réservations obligatoires en fonction des conditions météo au bas de la piste de l'Aiguille.

MERCANTOUR ECOTOURISME

www.mercantourecotourisme.eu

Nombreuses propositions toute l'année. Recommandé par le Parc.

Envie de découvrir la nature autrement ? Sur le site Internet de cette association dédiée à l'écotourisme local, vous trouvez une multitude d'adresses, d'activités, de découvertes et des propositions plus ou moins insolites sur les chemins du Mercantour. Par exemple, louer un âne bâté en partance du Hameau de la Foux. Vous pouvez partir seul sur les sentiers du Haut-Verdon ou accompagné au rythme des ânes, des crêtes ensoleillés aux hameaux oubliés. Un répertoire d'habitants des vallées du Mercantour unis par des passions communes : la nature et la montagne.

SÉOL'ÂNES

Parking de la Chapelle

✆ 06 82 26 10 58

Fermé du 1er octobre au 31 mai. Tous les jours sur la période d'activité, sur réservation. 35 € pour un âne.

Avec Seol'âne vous découvrez le plaisir de randonner avec nos amis les ânes. Le temps d'une demi-journée, ou plus selon l'activité choisie, ils seront vos fidèles compagnons de marche, de sieste et de rêverie. Emilie propose différentes formules originales entre lesquelles vous pourrez choisir : nuit en tente, en cabane, « aneimations » personnalisés, médiation asine, rencontre avec public porteur de handicap... Les ânes sont de tous les voyages et portent les bagages ! En projet pour les prochaines balades : découverte du hameau de Chasse à Villars-Colmar.

SAINT-VINCENT-LES-FORTS

Outre ses églises et chapelles, la ville se distingue par ses installations militaires importantes, le tout formant un ensemble défensif imposant : forts, redoute, batteries… Les principaux éléments sont le fort de Saint-Vincent, édifié entre 1693 et 1700, le fort Joubert construit entre 1693 et 1700, la redoute de Chaudon datant de 1879-1883, la tour Vauban à mâchicoulis, sur le rocher de Guerre, construite en 1696, la batterie du Châtelard (1883-1885), la batterie du Colbas (1883-1887), la caserne Courtigis, au Chaudon, où logeaient les troupes. L'office de tourisme est à consulter pour pouvoir explorer les sites de près ou de loin.

LA HAUTE-COMBE €€

Haute Combe
✆ 04 92 85 51 20
www.gite-serre-poncon.fr

Gîtes de France. Nuit et petit déjeuner à partir de 45 € par personne. Jardin, barbecue, location de ski et vélos.

À quelques minutes de la charmante commune de Saint-Vincent-les-Forts et avec une vue environnante des plus impressionnantes, ce gîte familial est un pied-à-terre idéal pour vos vacances dans la région de l'Ubaye-Serre-Ponçon. Vous logerez dans la maison des propriétaires, dans un gîte de 47 m² sur deux niveaux, proposant 5 chambres d'hôtes. Coin cuisine et salon avec cheminée pour se détendre. En été, profitez du jardin et de la nature verdoyante qui vous entoure. Pas d'accès internet et animaux non autorisés. Déconnexion assurée.

PLAGE DE SAINT-VINCENT-LES-FORTS

Sur la D900b, suivre panneau de la base nautique au niveau du hameau du Lautaret.

Restauration. Accès libre. En été, animations pour les enfants.

Le lac de Serre-Ponçon constitue une oasis de fraîcheur bienvenue lorsque les chaudes journées estivales frappent la région. En quittant la départementale au niveau du hameau du Lautaret en direction des rives du lac, vous cheminerez parmi les champs avant d'arriver à un parking, après avoir contourné un centre de vacances. De là, vous accéderez à de grandes pelouses où touristes et locaux prennent le soleil, se baignent dans les eaux limpides du lac. Familial et animé.

SEYNE

Seyne-les-Alpes et ses 1 300 habitants vivent au cœur de la Vallée Blanche. Les premières maisons furent des cabanes construites à flanc de collines, sur le site des Edenats, où diverses peuplades gauloises vivaient alors. La cité s'appelait alors Sedena, ce qui voulait dire « ceux d'Edenats ». Des paysages somptueux entourent le village : la montée vers la crête de la Roche Close passe près de la cabane des Mulets et ses pâturages d'herbe grasse pour parvenir, après le col de la Pierre, jusqu'à 2 739 m d'altitude. Cette crête haut perchée domine la région et permet d'apercevoir à l'horizon, le mont Ventoux et la montagne Sainte-Victoire.

CAMPING LE LAC*** €€

✆ 04 92 85 51 57
www.camping-montagne.com

Ouvert du 17 juin au 2 octobre. Emplacement 2 personnes de 16,40 à 36,50 €. Mobil-homes de 122 à 326 € le week-end.

Aux Portes de la Vallée de l'Ubaye, le Camping Le Lac, vous accueille sur un beau site naturel de quatorze hectares. Pour des vacances en famille et dynamiques, le camping propose de nombreuses activités grâce à sa situation au bord du lac de Serre-Ponçon : activités d'eau, planeur, escalade, baignade écologique l'été… Vous serez en plein cœur de la nature avec de nombreux espaces ombragés. Des vacances natures et confortables grâce aux hébergements proposés du bungalow au mobil-home avec une vue imprenable sur le lac de Serre-Ponçon, la mer des Alpes du Sud !

LA CITADELLE VAUBAN

Montée du Fort
✆ 04 92 35 31 66
http://fortetpatrimoine.free.fr

Ouvert toute l'année. Du 15/06 au 15/09, tous les jours de 10h à 18h. Adultes 6 €, enfants 4 €, gratuit -8 ans

La visite de cet impressionnant ouvrage militaire dû à Vauban et dominant la cité est parfaitement organisée par une association locale *Fort et Patrimoine du Pays de Seyne*. Fort, remparts et bastions ceinturant une tour de guet antérieure au XIIe siècle, la visite est aujourd'hui un « must » pour les enfants comme pour les adultes. Du haut des remparts, éventuellement à travers les meurtrières, vous aurez une vue imprenable sur la vallée… et même la possibilité de faire un petit pique-nique sur une des belles tables de bois disposées à cet effet !

ASSOCIATION FORT ET PATRIMOINE DU PAYS DE SEYNE

Montée du Fort ✆ 04 92 35 31 66

De nombreuses visites guidées l'été : parcours découverte de Seyne, des village du canton, écomusées.

En plus d'organiser la visite de la citadelle, l'association propose de nombreuses autres activités culturelles : au détour d'une ruelle de village, elle vous propose de retrouver aisément le passé de Seyne-les-Alpes en vous guidant dans les écomusées. Elle a également créé un escape-game dans le fort de Seyne. Cette aventure vous emmènera pendant 75 minutes dans les entrailles de ce monument pour en découvrir l'histoire et les secrets (informations : www.fort-escape-seyne.com).

MAISON DU MULET

Chardavon

✆ 04 92 37 29 43

https://lamaisondumulet.fr/

Haute saison : ouvert tous les jours de 14h à 18h. Animations le jeudi en été. Gratuit jusqu'à 5 ans. Adulte : 5 €.

Le pays de Seyne a historiquement une tradition mulassière importante. Quoi de plus naturel donc que de retrouver cette maison du mulet sur la commune, où vous pourrez dans une exposition très complète, retrouver toute l'histoire de cet animal dans la vallée de la Blanche ainsi qu'un brin d'histoire de Seyne finalement. Sur le domaine, vous pourrez approcher des enclos des animaux et vos enfants s'amuseront dans une aire de jeux partagée avec les chèvres. Balades en calèche le jeudi en été, cueillette pédagogique et animations avec les mules.

CAMPING DE LA BLANCHE** €

Les Tarettes

✆ 04 92 35 02 55

www.campingdelablanche.net

Ouvert toute l'année. Qualité Tourisme. Tentes, camping-cars, mobil-homes. Camping-car 21 € en été.

Les emplacements sont spacieux, plats et bien équipés. Valérie et Bruno, les sympathiques gérants, proposent des jeux pour enfants, un arboretum, des jeux « découvertes rurales » pour petits et grands et des soirées conviviales en saison estivale. Pour les cavaliers en randonnées, un champ est à disposition pour leurs chevaux. Aire pour les camping-cars. Ce camping est décidément une adresse à connaître pour tous les adeptes de nature et de grands espaces dans ces Alpes du Sud encore sauvages et préservées. Piscine municipale gratuite à 500 m.

LE VIEUX TILLEUL** €€

Les Auches ✆ 04 92 35 00 04

www.vieux-tilleul.fr

Ouvert toute l'année (sauf congé en novembre et janvier). Chambre double à partir de 70 € à 78 €. Demi-pension : 70 €.

C'est dans une ancienne ferme rénovée et transformée en élégant hôtel deux étoiles par les propriétaires, que Pascale et son fils Matthieu vous proposent un séjour paisible. Que vous profitiez du parc de 2 hectares qui longe la rivière en admirant les montagnes des alentours ou bien que vous plongiez dans la piscine en été pour vous rafraichir, vous apprécierez la qualité de l'accueil du lieu. Les chambres sont classiques et bien entretenues. Sur place un restaurant, *l'Insolent*, où Matthieu, maître restaurateur, élabore une cuisine moderne et créative.

LA BUGADE €

50, Grande Rue

✆ 04 92 35 10 90

Ouvert du mercredi au dimanche midi et soir. Carte : 28 € environ par personne.

Vous recherchez une cuisine savoureuse, faite maison à partir de produits locaux et à un prix défiant toute concurrence ? À la Bugade, vous serez agréablement surpris. Tout y est ! La qualité de l'assiette, le fait maison, l'accueil cocooning, l'ambiance familiale dans un cadre chaleureux. Le plus difficile est maintenant de choisir entre les différentes propositions du moment. Mais pour commencer, un kir à la figue, dosé juste ce qu'il faut. Le chef se surpasse et les assiettes sont bien présentées. Il vient en salle s'assurer auprès de chacun que tout va bien.

LA CHAUMIÈRE €

33, Grande Rue

✆ 04 92 35 00 48

www.lachaumiere-seyne-les-alpes.fr

Ouvert toute l'année (sauf 15 premiers jours de décembre). Formule du midi : 17,50 €. Chambres de 50 à 120 € la nuit.

Ce petit hôtel-restaurant montagnard sans prétention propose 6 chambres de 1 à 5 personnes, simples et au cadre moderne. Repris depuis mi-2018 par un nouveau gérant, Gwenael, son restaurant pizzeria affiche une nouvelle carte de crêpes salées ou sucrées s'ajoutant à sa large carte de pizzas (une vingtaine au choix). La spécialité de la maison : la ficelle seynard, au poulet, jambon et morilles. Aux beaux jours, profitez de sa petite terrasse déployée sur la place de la chapelle où vous pourrez faire une halte rafraichissante entre les heures de service.

FERME DES PÉLISSONES

La pointe ✆ 06 72 90 21 02
www.fermedespelissones.fr
100% BIO. Magasin à la ferme ouvert du lundi au samedi de 10h à 12h et de 15h à 18h30. Dimanche de 10h à 12h.

Avis aux amateurs de qualité et d'exigence ! Cette exploitation produit des bovins Angus et des porcins bio transformés sur place et commercialisés en vente directe. Les maîtres des lieux ont choisi l'agriculture biologique non seulement pour la ferme, mais aussi dans leur manière de vivre, de réfléchir et de consommer au quotidien. Au magasin, vous pourrez acheter du bœuf, du veau ou du porc en colis, mais aussi au détail. La charcuterie éveille les papilles, et tout confectionné par Patricia et Anthony. Le plus : les événements à la ferme d'une grande richesse !

BIKE PARK LE GRAND-PUY

station du grand-puy
✆ 04 92 35 11 00
Haute saison, du samedi au mardi. Demi-journée (10h15 à 13h30 et 13h à 17h) : 11 €, journée : 15 €. Piéton : 7 €.

Cette station du Grand-Puy se trouve à environ 45 minutes des villes de Digne-les-Bains, Gap et Barcelonnette. Elle vous permet de découvrir, en dehors de la saison de ski, grâce aux itinéraires de son Bike Park, de vastes paysages plaisants et une vue époustouflante sur la Chaîne de la Blanche. Le parc propose 1 piste verte, 1 piste bleue, 2 pistes rouges dont une classée enduro et 1 piste noire classée DH avec dévers, souches en sous-bois, épingles… Le télésiège des Crêtes permet d'accéder depuis son sommet à tout le domaine.

LE FANGET

✆ 04 92 34 86 07
www.blancheserreponcon-tourisme.com
13 km de sentiers balisés, des boucles de 1 à 8 km.6 parcours raquettes en accès gratuit. 1 piste de luge.

Situé à 1 450 m d'altitude au cœur du massif des Monges, ce site de pleine nature propose des activités et animations lors des 4 saisons. Le Fanget est le point de départ de nombreuses randonnées dans la réserve géologique des Alpes-de-Haute-Provence. Vous pouvez aussi emprunter la direction des Clues de Barles ou des gorges de la Blanche, en toutes saisons. La station dispose de pistes de ski de fond et des itinéraires dans les sous-bois sont balisés pour les promenades en raquettes. Au foyer de ski de fond, il est possible de manger une cuisine traditionnelle.

STATION DU GRAND-PUY

✆ 04 92 35 19 19
www.seynelesalpes-tourisme.com
Ouvert tous les jours de mi-décembre jusqu'à mi-mars en fonction de l'enneigement. Journée adulte : 20 €.

Quand vous arrivez de Digne-les-Bains, la station du Grand Puy se trouve un peu avant Seyne, sur la gauche, au début de la descente du col de Maure, à 5 km du village. Cette petite station familiale – 5 remontées mécaniques pour 22 km de pistes et 520 m de dénivelé –, n'a pas encore été envahie par les immeubles de béton. Située dans un cadre montagnard, naturel et préservé, elle est dominée par les décors grandioses des montagnes de l'Aiguillette, de Roche Close et du Pic des Têtes. Vous pouvez également goûter aux plaisirs des raquettes ou du ski de fond.

SELONNET

Selonnet est une jolie petite ville possédant un intrigant clocher, séparé de l'église. En dehors de ce monument, vous pouvez également admirer l'antique chapelle Saint-Léger datant du XIIe siècle. À quelques kilomètres, la station de Chabanon vous offre, en hiver, son domaine skiable et ses équipements. En été, vous pouvez ici, comme dans toute la vallée, pratiquer de nombreux sports et randonnées qui vous mèneront peut-être jusqu'au fort de Dormillouse – 2 505 m – où les soldats qui y tenaient garnison entre 1800 et 1900 organisaient pour tromper leur ennui des bals et pour ce faire, allaient chercher toutes les jeunes filles des environs.

LE BLANCHON** €€

Station de Chabanon
✆ 04 92 35 27 79
www.hotelleblanchon.com
Ouvert toute l'année. Chambres à partir de 42 €. Pension complète à partir de 89 €.

A trois minutes à pied des remontées mécaniques, c'est le seul hôtel/restaurant ouvert tous les jours, toute l'année sur la station. Les vingt-six chambres, de la simple à la familiale pouvant accueillir jusqu'à huit personnes, ont été toutes rénovées. À votre disposition : salle de détente avec sauna, fauteuil massant et tapis de marche, bibliothèque et jeux de société. Le restaurant, dans une salle au cadre charmant avec cheminée et terrasse sud, présente une carte aux couleurs locales, avec des spécialités montagnardes et de délicieux plats créoles !

CHEZ LE POÈTE €€

Place du Village
✆ 04 92 35 06 12
www.chezlepoete.fr
Ouvert toute l'année. Chambre simple 52 € ; chambre double 75 €. Restauration (Menu à 19 €).

Une trentaine d'années et ce Poète, situé dans un ancien relais de poste, n'a pas pris une ride. Derrière le piano, on retrouve avec plaisir Florence, qui nous concocte aussi une cuisine de pays goûteuse à base de produits frais et de terroir. Vous prendrez place dans une salle au décor rustique et aux beaux jours sur l'agréable terrasse. Quant aux onze chambres, elles ont été récemment rénovées et sont spacieuses, lumineuses et confortables. Dans la vallée de la Blanche, cet hôtel/restaurant/bar est une halte incontournable à l'excellent rapport qualité/prix.

LES DRAILLES €€

144, place du Champ de Foire
✆ 04 92 35 08 29
www.bistrotdepays.com/les-drailles
Ouvert toute l'année. Ouvert du jeudi au lundi à midi, du jeudi au dimanche le soir. Menu 17 €.

Marie-Ange et Daniel Blanc vous accueillent à cette table rustique avec pizzas au feu de bois, plats du jour aux accents de Haute-Provence et une série de plats mijotés à partager. Une cuisine de plats simples mais élaborée grâce aux produits frais et locaux. Vous trouverez avec plaisir une terrasse en prairie l'été et un intérieur douillet en hiver avec poutres apparentes et vue sur les pics de la Blanche. Les Drailles c'est également un lieu de rencontre, un magasin de produits locaux, avec presse, tabac et dépôt de pain. Une halte s'impose !

GAEC FERME DU BUISSONET

Les Buissons
Ouvert du lundi au samedi de 9h à 12h et de 14h à 18h ; le dimanche de 9h à 12h. Boutique CB acceptée.

Sur la commune de Sélonnet, cette ferme laitière est accessible après avoir parcouru quelques minutes de route sur des chemins secondaires, depuis la départementale. Au bout du chemin, une ferme où petits et grands pourront avoir le plaisir d'admirer les vaches laitières en plein repas, un enclos avec quelques biquettes. La boutique ouverte tous les jours propose les produits de la ferme à la vente. Les yaourts au détail, le lait, le fromage blanc. Les produits du Buissonet se retrouvent dans les commerces des environs également.

RANDONNÉE ORIENTATION DES AMIS DE LA NEIGE

✆ 04 92 35 09 17
Randonnée généralement organisée le premier samedi de février. Prenez contact avec la mairie pour les conditions.

Les amis de la neige proposent une journée rando orientation à ski de descente ou ski de fond ou orientation en raquettes dans une ambiance bon enfant… Alors, à vos skis ! La situation sanitaire et le fait que les rassemblements soient toujours limités ont contraint de nombreuses villes à annuler ou repousser leurs évènements, alors renseignez-vous auprès des offices de tourisme ou des mairies.

- **Tarif :** 8 €.
- **Distance :** 5 km.
- **Départ :** à 9h30 à Chabanon.
- **Difficulté :** facile.

MONTCLAR

Née il y a une trentaine d'années, la station Saint-Jean-de-Montclar s'étend dans un écrin naturel, entre le sommet de Dormillouse (2500 m d'altitude) et les vertes étendues du lac de Serre-Ponçon. Grâce à l'impulsion d'une mairie très active, la petite station vit toute l'année, avec ses 50 km de pistes de ski alpin mais aussi en été, avec des installations pour la pratique du vélo, du VTT, de la randonnée. Ambiance familiale, petits et grands s'y régalent avec une piscine aux beaux jours, une patinoire en hiver mais aussi un circuit tout récent pour les vélos et trottinettes. Magnifiques panoramas, balades en pleine nature et commerces de qualité.

LA CHAPELLE DE SAINT-LÉGER

D900
✆ 04 92 30 92 01
www.montclar.com
Accès libre. Gratuit.

Construite par les Templiers au XIIIe siècle, c'est une des plus anciennes chapelles de la vallée, située dans un site pittoresque tout proche du petit lac de Saint-Léger. Une balade d'environ 2h, balisée par de nombreux panneaux, à effectuer non loin de Saint-Jean : départ de la station par un agréable sentier en sous-bois où l'on croise une étrange pierre aux sacrifices sculptée de croix et de trous, alors qu'un poste d'observation a été aménagé pour admirer les canards sauvages.

LE FORT DE DORMILLOUSE

✆ 04 92 30 92 01
www.montclar.com
Fort gratuit en accès libre. Restaurant d'altitude ouvert l'été uniquement sur réservation.

Cette forteresse date de 1862 et faisait partie intégrante du processus de défense des Alpes du Sud contre l'Italie, servant de relais sur une ligne de transmission optique qui reliait Grenoble à Toulon. Outre sa situation géographique sur un sommet, Dormillouse, dont le nom évoque la marmotte et situé à 2 500 m d'altitude, on retient un site superbe qui nous offre un panorama dantesque sur l'Ubaye et le lac de Serre-Ponçon. Chaque année, en juillet, une randonnée « ran'dormillouse » est organisée sur le site avec fanfare dans le fort.

AMENDONNÉ €€

Place de la Mairie
✆ 06 73 99 77 48
En saison et pendant les vacances scolaires, ouvert tous les jours. Carte : 32 € environ. Menu enfant : 10 €. Terrasse.

En plein cœur de la station de Montclar, à deux pas de la place de la Mairie et des pistes, ce restaurant au nom évocateur est la preuve s'il en est que cette station est appréciée des Marseillais et provençaux du Sud. « Amendonné » est une expression déformée marseillaise signifiant « à un moment donné » et il faut bien dire qu'amendonné on a besoin de s'asseoir et manger, ou boire un coup en journée. Pour cela ce restaurant est idéal, avec cuisine bistrot et goûter glacier en journée. Une offre complète de plats de viandes, très couru des vacanciers.

LE SAINT-JEAN €€

Col Saint-Jean ✆ 04 92 35 03 28
www.hotelstjean.com
Chambre double de 90 € à 120 €. Demi-pension (de 82 € à 100 € par personne). Wifi gratuit. Restaurant. Animaux acceptés.

Surnommé « un petit coin de Suisse égaré en Provence », toute l'équipe de l'hôtel Saint-Jean, situé au pied des pistes, est aux petits soins pour ses hôtes. Dans une ambiance conviviale, vous pourrez admirer les montagnes de Dormillouse et le lac de Serre Ponçon ! Les chambres sont confortables, spacieuses et faites de bois, ce qui rend l'atmosphère encore plus chaleureuse. Au restaurant le Clos Madarin, on retrouve le chef Bruno Savornin, Maitre Restaurateur, qui propose une cuisine riche en créativité où se mêlent tradition et modernité à base de produits frais.

LE CLOS MADARIN €€

Col Saint-Jean ✆ 09 74 56 13 88
www.restaurant-le-clos-madarin.fr
Maître Restaurateur. Fermé le mardi et mercredi soir hors vacances. 7j/7 pendant vacances. Carte : 38 € environ.

Au pied de la station de ski Saint-Jean de Monclar, partez à la rencontre de Bruno Savournin, disciple d'Escoffier et Maître Restaurateur, pour une parenthèse gourmande qui ne compte plus ses adeptes. Bruno ne travaille que le produit frais et de pays, la plupart bio, au goût inimitable, comme ces viandes garanties 100 % pays de Seyne. À chaque jour, une idée de suggestion selon l'inspiration et l'humeur du chef. Des créations culinaires originales aux saveurs d'origines locales et d'ailleurs. Une cuisine moderne et inventive où chacun trouve son bonheur.

LES ALISIERS €€

Col Saint-Jean
✆ 04 92 35 34 80
www.les-alisiers.fr
Ouvert 7j/7 pendant les vacances scolaires d'été et de février midi et soir. Menu à 35 €.

Ce restaurant situé au col Saint-Jean est une adresse sûre pour tous les amateurs de bonne cuisine. Les plats, élaborés avec des produits véritablement frais et locaux, par un passionné sont un vrai régal. L'établissement vous suggère, outre sa recette fétiche, les Picatons, incroyablement bons, d'autres spécialités telle son épaule d'agneau de pays confite, ou ses pintades de producteur local. La réputation de la table des Alisiers tient autant à l'art maîtrisé de son chef qu'à la sélection rigoureuse des producteurs, artisans et éleveurs locaux qu'il pratique !

LE DORMILLOUSE €€

Col Saint-Jean ✆ 04 92 35 37 00
www.hotel-espace.com
Fermé en avril et de fin septembre à mi-décembre. Le restant de l'année, ouvert 7j/7. Menus de 22 à 29 €. Terrasse.

Face au sommet de Dormillouse, au cœur de Montclar les 2 vallées, Françoise et Sébastien vous accueillent dans leur hôtel/restaurant. Vous prendrez place à l'intérieur d'une salle au thème de montagne ou encore aux beaux jours, sur la belle terrasse panoramique donnant sur les pistes. C'est une cuisine traditionnelle copieuse et de montagne qui vous attend, et qui suit les saisons à base de produits de terroir comme cette charcuterie artisanale de qualité. Pour prolonger votre séjour, l'hôtel Espace avec spa offre 43 chambres confortables entièrement revisitées.

LA FERME AUX SAVEURS

D 207 ✆ 04 92 35 30 01

Haute saison : ouvert tous les jours. Autre adresse au Lautaret et au Lauzet.

Dans la station de Saint-Jean-de-Montclar, à quelques pas des pistes et du cœur du village, cette épicerie est pratiquement le centre névralgique de toute l'activité commerciale de Montclar. La petite boutique propose uniquement des produits de la région : des confitures Tron aux fromages du Chambeyron, les charcuteries et viandes de Seyne mais aussi des jus, miels et produits cosmétiques. C'est très complet, les prix raisonnables, et garantie de manger localement. Une autre adresse récente le long de la D900 en direction de la Bréole.

LA BRÉOLE

La Bréole est une commune déléguée de Ubaye-Serre-Ponçon suite à sa fusion le 1er janvier 2017 avec la commune de Saint-Vincent-les-Forts, pour former la commune nouvelle de Ubaye-Serre-Ponçon. Le village de La Bréole est situé à 998 m d'altitude et domine le lac de Serre-Ponçon. La commune est limitée à l'ouest par les gorges de la Blanche, qui font la frontière avec les Hautes-Alpes. Avant la conquête romaine, la Bréole est une ville des Édenates. Dans son histoire, une tombe de l'Âge du Fer, contenant une épée, a été découverte au XIXe siècle. Au hameau des Masses, il y a plusieurs vieilles maisons, dont une possède un pigeonnier, assez atypique.

LE VERNET

Au bord du Bès qui vient prendre sa source dans les hautes montagnes environnantes, sur un vaste plateau niché à plus de 1 000 m d'altitude, le Vernet bénéficie d'un climat exceptionnel, qui voit briller le soleil plus de 300 jours par an ! Les plantes de montagne sont particulièrement bien acclimatées le long d'un sentier botanique où poussent quelques espèces rares comme le chardon de Bérard ou la primevère à marge blanche. Il faut se promener dans ce village paisible pour goûter au bon air. De beaux points de vue, de jolies façades, une fontaine en bois et une petite église à clocher de style roman finissent de compléter ce tableau idyllique.

L'ARNICA - GÎTE ET CHAMBRES D'HÔTES €€

Route Du Col Des Fillys

✆ 09 74 56 60 15

www.chambrearnica.com

Ouvert toute l'année. 4 chambres. Chambre double de 79 € à 95 €. Petit déjeuner inclus. Gîte à partir de 900 €.

Joanne et Michel ont installé quatre magnifiques chambres d'hôtes dont une suite familiale, spacieuses et lumineuses, où pierres et mélèzes se conjuguent avec élégance et harmonie. Les motards sont particulièrement chouchoutés (garage moto, atelier, service dépannage...). Au petit déjeuner, vous goûterez aux produits du terroir. L'hiver, le petit apéritif servi devant le poêle à bois est convivial. Depuis les chambres ou le gîte, la vue est sublime !

LA COLLINE DES LUTINS

Les souquets

✆ 06 82 58 32 08

Ouvert d'avril à octobre. Pendant les vacances scolaires, ouvert du mardi au dimanche de 10h à 18h. Entrée payante.

Ce petit parc d'attractions animalier est un véritable bonheur pour les enfants. Les voilà immergés au milieu des animaux se baladant ici et là. Ânes, cochons, moutons, chèvres circulent autour de vous, et n'hésitent pas à venir quémander à manger si besoin. Des animations sont organisées pour les petits comme l'attaque du train ou de l'orpaillage. Coup de cœur pour l'enclos lapinouthérapie. Tout est bien organisé pour les familles avec une zone de pique-nique. Accueil adorable et personnel sympathique. La balade à dos d'âne ravira vos bambins !

FROMAGERIE DE L'UBAYE

Le village

✆ 04 92 81 00 30

www.fromagerie-ubaye.com/

Ouvert tous les jours avec une pause entre 12h et 14h. Le dimanche de 9h30 à midi. Parking gratuit sur place.

Lorsque l'on longe le village de la Bréole en montant depuis Rousset ou en redescendant depuis Saint-Vincent-Les-Forts, impossible de manquer ce bâtiment massif où l'on peut lire avec bonheur, fromagerie sur le fronton. Vous entrez ici dans un espace de vente spacieux et très prisé, dans lequel vous pourrez acheter tous les produits de la coopérative laitière de l'Ubaye « Le Chambeyron ». Des meules de fromage à la coupe dont la fameuse miche Gavotte, spécialité de la maison. Excellente raclette à prix doux. Chèvres en saison, beurre, faisselles. Un régal.

MANOSQUE ★★★

Le Pays de Manosque, où résonnent encore les pas de Giono, bordé à l'est par le plateau de Valensole, et le canyon du Verdon, et à l'ouest par le Lubéron puis le Pays de Forcalquier, vous accueille aux portes de la Haute-Provence. Derrière vous, la montagne de Lure et son pays et devant vous, la Durance qui parcourt sa vaste plaine. Elle faisait jadis barrière, car parfois « indomptable » elle séparait les deux régions. Aujourd'hui, régulée par de nombreux barrages depuis Serre-Ponçon, elle est devenue plus compatissante et facilement franchissable, permettant une libre circulation dans tout le pays aux alentours de Manosque.

Cette petite ville, située à la pointe extrême du Lubéron, est, pour tous les Provençaux, le pays de Jean Giono, le célèbre écrivain. Fils de cordonnier, l'auteur y a vu le jour en 1895 et ne l'a jamais quittée longtemps. Mieux que personne, il a su décrire le caractère spécifique de cette ville où, selon ses mots, « les rues circulaient entre les fermes collées les unes contre les autres ».

Autrefois bourg médiéval protégé par ses remparts et une tour aujourd'hui en ruines (la tour du Mont d'Or, datant du Xe siècle et d'où vous aurez un magnifique panorama à 360°), cette cité n'est plus seulement tournée vers son passé agricole opulent. Les touristes, nombreux à présent, apprécient la cité ancienne à l'ambiance conviviale. Si les remparts de l'enceinte médiévale, qui suivaient le tracé des boulevards actuels, ont disparu de nos jours, l'héritage architectural reste bien présent dans la vieille ville, notamment avec ses fameux « toits » où l'on a tendance à imaginer le Hussard de Giono.

Manosque également accueille aujourd'hui de nombreux travailleurs du centre de recherche nucléaire de Cadarache (le fameux projet ITER, pour le Réacteur thermonucléaire expérimental international). Chercheurs et touristes apprécient donc cette cité à la fois dynamique, animée et paisible aux nombreuses fontaines, placettes et beaux platanes. Ils se plaisent également à se promener dans ses ruelles accueillantes et fraîches comme sur les collines toutes proches : le mont d'Or et la colline de Toutes-Aures, où se situait la ville primitive, et où demeure une chapelle perchée dédiée à saint Pancrace. S'il reste peu de chose de la vaste enceinte fortifiée qui suivait le tracé des grands boulevards actuels, hormis deux portes fortifiées, le patrimoine architectural de la ville est très riche.

LE CENTRE JEAN GIONO

3, boulevard Elémir-Bourges
✆ 04 92 70 54 54
www.centrejeangiono.com

Ouvert toute l'année. D'avril à septembre, du mardi au samedi 10h à 12h30 et 14h à 18h. Visite guidée du Paraïs : 8 €.

Le Centre Jean Giono, regroupe d'une part un espace d'exposition et un centre de documentation abrités par l'Hôtel Raffin (bâtisse provençale du XVIIIe siècle située à l'entrée du centre ancien de Manosque non loin de la Porte Saunerie), et d'autre part Le Paraïs, la maison et les jardins de l'écrivain, qui se trouvent eux au pied du Mont d'Or. Tout au long de l'année, de nombreux évènements y sont organisés (expositions, balades littéraires…) pour mieux faire connaitre auprès du public la vie et l'œuvre de ce célèbre écrivain, ainsi que des visites guidées.

CHAPELLE TOUTES AURES ✝

Colline de Toutes-Aures
✆ 06 74 36 36 50
www.tourisme-manosque.fr

Ouvert pendant les Journées du patrimoine, lors de concerts ou sur réservation pour les groupes au 06 74 36 36 50.

Au Xe siècle, les habitants partent sur les collines environnantes de Manosque et construisent quatre villages, dont celui de Toutes-Aures. Les deux églises qui existaient alors commencent à se dégrader lorsque la population décide de regagner la plaine au XVe siècle. Afin de ne pas perdre ce riche patrimoine, on décide de les restaurer. La voûte de Notre-Dame-de-Toutes-Aures, dite aussi chapelle Saint-Pancrace, est refaite avec les pierres des deux églises. Du sommet de la colline où est perchée la chapelle, on a une belle vue sur Pierrevert et Manosque.

CORBI PARC

Le Moulin - **CORBIÈRES**
✆ 06 87 79 53 86

Fermé de janvier à février. Haute saison ouvert tous les jours de 10h à 18h. Adulte : 10 €. Enfant : 10 €. Boutique.

Caroline, Thierry et Aurélien vous réservent le meilleur accueil dans ce parc animalier et de loisirs pas comme les autres où vivent sur 2 ha quelque 300 animaux domestiques, dont la plupart sont nains. Chameaux, lamas primés à des concours internationaux, vaches naines, bœufs texans, cochons nains, alpagas, ânes nains, volailles et bien d'autres encore. Les enfants prendront un malin plaisir à les caresser et même à les nourrir grâce aux graines offertes à l'entrée. Vous trouverez aussi des jeux aquatiques, manèges, ateliers pédagogiques et deux tyroliennes.

ÉCOMUSÉE L'OLIVIER ★★★

Ancienne route de Forcalquier - D13
VOLX
✆ 04 86 68 53 15
www.mb-1830.com/fr/ecomusee-olivier

Fermeture annuelle janvier et début février. L'été ouvert 7j/7 de 10h30 à 22h. Visite libre et gratuite. Restaurant.

Cet écomusée, situé dans un un four à chaux du XXe siècle, est un lieu où l'on transformait le calcaire en chaux vive. Depuis 2006, l'endroit est dédié à la culture vivante de l'olivier, qui propose à la fois un musée et une dégustation. Il mérite une visite pour qui veut tout savoir sur l'histoire et la culture de l'olivier dans ce terroir et la fabrication son huile. Découvrez l'utilisation de cette dernière au fil des siècles : du combustible à la fabrication de savon en passant par la taille de l'arbre... Grâce à une scénographie étudiée qui mêle des vidéos, des vitrines présentant des objets rares et insolites et l'exposition de vieilles machines, vous découvrirez l'histoire et la mythologie de l'olivier en Provence et en Méditerranée. Une visite qui plait aussi aux enfants, avec des quiz adaptés à chaque âge permettant de rendre la visite encore plus ludique. La boutique attenante est une boutique épicerie fine avec les produits de Maison Bremond 1830, la Biscuiterie de Forcalquier et de la célèbre Confiserie du Roy René d'Aix-en-Provence. Un espace glacier est également à votre disposition de Pâques à septembre et des animations ont lieu régulièrement (cours de cuisine, marché de Noël, conférences, etc.). Depuis 2020, Fanfy et Véro vous accueillent au restaurant Le Petit Ribier propose une cuisine bistrot de produits frais et locaux, juste et inventive, construite sur la qualité de produits locaux et l'attachement à son terroir. En été, on appréciera la jolie terrasse ombragée du restaurant.

FONDATION CARZOU

7-9, boulevard Elémir-Bourges
✆ 04 92 87 40 49
www.fondationcarzou.fr

Ouvert toute l'année. Horaires d'été : du mardi au samedi, de 10 h à 12 h 30 et de 14 h à 18 h. Adulte : 5 €.

En 1984, Manosque fait restaurer le couvent de la Présentation du XIXe siècle avec la volonté d'y faire peindre une *Apocalypse selon Saint-Jean* par un contemporain. Commencé en 1985, le travail de Jean Carzou a duré 7 ans et s'est achevé en juin 1991, date à laquelle la Fondation Carzou (créée en 1988) l'a ouvert au public. L'artiste a représenté l'*Apocalypse* de notre époque : comme la peur de l'an 1000, il montre la peur de l'an 2000 en représentant l'intense développement technologique, la déshumanisation de la terre, les grandes épreuves…

MARCHÉ DE MANOSQUE

✆ 04 92 72 16 00

Ouvert toute l'année. Le samedi de 8h à 13h.

Le marché de Manosque maintient avec panache la tradition des marchés provençaux au cœur des centres-villes et vieilles villes. Il s'approprie diverses rues et places du centre historique : place du docteur Joubert, place de l'Hôtel de Ville, place Marcel Pagnol, promenade Aubert-Millot, esplanade François Mitterrand et jardin Voghera. C'est une explosion de couleurs, d'odeurs et de sons, noyée par un flot incessant de piétons mêlant Manosquins venus s'y approvisionner et touristes se baigner dans cette ambiance typique et conviviale. À ne pas manquer !

LA THOMASSINE, MAISON DE LA BIODIVERSITÉ

Chemin de la Thomassine
✆ 04 92 87 74 40

Ouvert de mai à septembre, de 9h à 18h (visites guidées à 10h et 16h30). Le reste de l'année, sur rdv. Adulte : 6 €.

Le Domaine de la Thomassine est une promenade pédagogique dans l'extraordinaire diversité des cultures végétales. Découvrez un verger conservatoire de 5 ha, abritant 16 espèces d'arbres fruitiers, et un bel exemple de réseau de captage d'eau par des « mines », traditionnel dans la région, alimentant une fontaine. De là, parcourez un ensemble varié : jardins en terrasses, jardin des roses, jardin des eaux vives ou sec, et enfin un jardin potager avec ses variétés légumières oubliées.

LA TOUR DU MONT D'OR

Prendre la montée des Vraies Richesses puis à droite sur le chemin de l'Olivade.

Ouvert toute l'année. Gratuit.

La Tour joliment éclairée la nuit qui surplombe Manosque est le reste d'un ancien château construit au Xe siècle par le comte d'Arles, Bozon. Son fils Guillaume l'a habité mais au fils des siècles, la bâtisse est tombée peu à peu en ruines et aujourd'hui, il n'en reste qu'un pan de mur. La colline était autrefois envahie de genêts (d'où le nom Mont d'Or) mais aujourd'hui les oliviers ont reconquis l'espace. Cela peut être le but d'une agréable balade pour admirer la vue panoramique sur la vallée de la Durance et au loin le plateau de Valensole.

OFFICE DE TOURISME DE MANOSQUE

16, place de l'Hotel de Ville ✆ 04 92 72 16 00

www.manosque-tourisme.fr

Ouvert toute l'année. L'été, tous les jours de 9h30 à 13h et de 14h30 à 18h du lundi au samedi. Qualité Tourisme.

Voilà un point d'information utile aux touristes se rendant sur Manosque et ses alentours. Sur place, vous y trouverez brochures, dépliants, topo-guides et toutes informations pratiques, touristiques ainsi que des renseignements sur les diverses animations locales et leur calendrier pour un séjour réussi dans la ville ou ses environs. Son site internet, très complet et ergonomique, vous permet également, à tout moment, d'être bien informé sur tous ces sujets avant votre venue.

L'OCCITANE EN PROVENCE

Z.I. Saint-Maurice

✆ 04 92 70 32 08

Boutique, musée et jardin ouverts 7j/7 d'avril à octobre puis du lundi au vendredi hors-saison. Adulte : 6 €.

Le champion des cosmétiques *made in* Provence dévoile ses secrets de confection de ses produits au cours d'une visite à ne pas manquer. Sur place, vous trouverez également une magnifique boutique-musée (à prix d'usine), où vous pourrez faire votre shopping en découvrant ses archives, ses valeurs et quelques trésors tout droit venus du passé. Enfin, ne manquez pas son passionnant jardin méditerranéen aux multiples espèces sauvages et cultivées tels de véritables trésors naturels employés quotidiennement pour l'élaboration des produits de soins et parfums embaumant.

VISITE DE LA VIEILLE VILLE

Place de l'Hôtel de Ville

✆ 04 92 74 63 87

Visites guidées uniquement pour les groupes, sur réservation préalable.

Embarquez pour une visite complète de la ville, de portes en portes. En effet, Manosque, cité millénaire, était cernée par un rempart doté de quatre immenses portes. On payait, jadis, la gabelle pour franchir la porte Saunerie, construite en 1382 et symbole des libertés administratives et judiciaires de la ville. Saunerie vient du provençal « sau » qui signifie sel. Au n°14 de la rue Grande, vous apercevez la maison natale de Jean Giono, né en 1895. Rue Grande toujours, vous découvrez l'un des plus beaux hôtels particuliers, l'hôtel de Gassaud, datant de fin de la Renaissance provençale.

Un peu plus loin, Notre-Dame-de-Romiger vous attend, comme l'église Saint-Sauveur, rasée vers l'an 900 pour être reconstruite entre le XIIe et le XIVe siècle. L'hôtel de ville vaut le détour, superbe hôtel particulier de style Renaissance, devenu mairie depuis 1772. En remontant en face de celui-ci la rue du Mont d'Or, se trouve l'hôtel d'Herbès qui abrite la médiathèque. Dans la rue des Écoles, admirez le Conservatoire, ancien couvent des Observantins. Rue du Bon-Repos, passez sous le porche du premier hôpital de Manosque. Vous pouvez quitter la vieille ville par la majestueuse porte Soubeyran, la plus haute de la ville avec son campanile de 1830. Admirez, en revenant, la rue des Martels qui était le chemin de ronde des remparts. Courage, vous abordez la place du Terreau, autrefois emplacement du palais des comtes de Forcalquier (Guilhem IV en fut le dernier).

LA BASTIDE DE L'ADRECH €€

Avenue des Serrets ✆ 06 18 18 17 18

bastide-adrech.com

Ouvert toute l'année. 5 chambres doubles à partir de 95 €. 2 gîtes pour 4 à 7 personnes, à partir de 165 €.

La bastide de l'Adrech, datant du XVIIIe siècle, se situe au cœur d'un domaine oléicole à 5 minutes du centre-ville, dans un cadre et un emplacement idéaux pour cette chambre d'hôte de charme où Virginie et Manuel vous accueillent cordialement. Au premier étage, un grand salon vous offre son confort avec cheminée conviviale. Sa nouvelle décoration ainsi que celle des 5 chambres a conservé le cachet de la bastide d'antan tout en y introduisant une touche de modernité. Le dîner est possible en table d'hôte, proposant une cuisine du terroir à base de produits frais.

BEST WESTERN LE SUD*** €€

80, boulevard Charles-de-Gaulle
✆ 04 92 87 78 58
www.hotel-lesud.com

Ouvert toute l'année. Accueil 24h/24. Prix évolutifs, réserver en ligne. Petit déjeuner buffet 14 €. Restaurant.

À 10 minutes du centre historique de Manosque et à deux pas du théâtre Jean le Bleu, cet hôtel trois étoiles est une valeur sûre. Les 44 chambres sont tenues de façon impeccable par un personnel qui privilégie l'accueil personnalisé, ce qui est assez rare pour un hôtel de chaîne. Elles sont spacieuses, climatisées et confortables, décorées dans la tradition occitane. Un restaurant (le Sud) et un bar sont également sur place, ouvert 7 jours sur 7, midi et soir, pour les amateurs de cuisine simple mais savoureuse. La carte change régulièrement avec les saisons.

CAMPING FLOWER PROVENCE VALLÉE*** €€

Avenue de la Repasse ✆ 04 92 72 28 08
www.provence-vallee.fr

Mobil-homes pour 1 à 2 personnes à partir de 229 € la semaine ; mobil-homes pour 2 à 4 personnes à partir de 249 €.

Ambiance conviviale et familiale pour ce camping entièrement rénové qui s'étend sur 2,7 hectares, bénéficiant d'une vue imprenable sur les Alpes et la ville de Manosque, située à deux pas. Il vous offre 106 emplacements avec une large choix de locations dont des cabanes lodges sur pilotis, des cocos sweet et des Canada trecks. Emplacements agréables, spacieux et ombragés d'une superficie minimale de 80 m². Piscine de 160 m², aire de jeux pour les enfants, animations, bar, food trucks.

HÔTEL BEL ALP** €€

102, avenue de Lattre-de-Tassigny
✆ 04 92 72 66 82
www.belalphotel.fr/

Ouvert toute l'année. Chambre double à partir de 67 €. Petit déjeuner buffet 8 €. Animaux acceptés (5 €). Wifi.

Bien situé à 800 m du centre-ville et à 200 m de la gare, cet hôtel 2 étoiles, de bon rapport qualité prix, propose 37 chambres rénovées en 2022, avec douches, toilettes privées, TV et une vue sur la rivière des plus charmante. Climatisé et doté de transats côté jardin, il dispose d'une terrasse où l'on peut profiter du copieux petit déjeuner-buffet. L'accueil du personnel est particulièrement convivial. Bref, voici une étape idéale pour les déplacements professionnels ou pour passer un week-end à la découverte de Manosque et de sa région.

HÔTEL DU TERREAU €€

21, place du Terreau ✆ 04 92 72 15 50
www.hotelmanosque.fr

Ouvert toute l'année. 18 chambres de 50 € à 75 €. Petit déjeuner 9 €. Animaux acceptés 5 €. Wifi gratuit.

Laurence et Patrick vous accueillent chaleureusement dans ce logis de France, ils vous conseillent volontiers les itinéraires pour découvrir la région qu'ils connaissent parfaitement. Chaque chambre est confortable avec climatisation, télé, wifi et salle de bain (douche ou baignoire) et toute sont décorées de façon différente. Le petit déjeuner copieux est servi en salle. Les plus : l'emplacement en plein centre tout proche du grand marché hebdomadaire ainsi que des placettes pittoresques et animées et le garage est gratuit pour les deux-roues sur réservation.

LES JARDINS DE BOUTEILLE €€

chemin de Bouteille
✆ 06 78 25 47 43
www.gites-manosque.fr

Gîtes de différentes capacités et chambres d'hôtes 4 étoiles. Chambre double à partir de 100 €. Petit-déjeuner inclus.

Au cœur d'un domaine de cinquante hectares composés de fruitiers et de maraîchers. Florence a le sens de l'hospitalité. Sa propriété est tout simplement superbe avec un paysage agricole à perte de vue. Les chambres classées quatre étoiles ne manquent de rien. Décorées avec goût, elles sont non seulement spacieuses, mais aussi confortables avec des lits en 180 cm et des douches à l'italienne. La piscine, le jardin, les petits-déjeuners maison et les produits de la ferme proposés en vente directe font de ce lieu un endroit idéal où séjourner au calme.

LES MONGES €€

3627, route d'Apt
✆ 04 92 72 68 41
www.lesmonges.com

Ouvert d'avril à octobre. Gîte pour 4 personnes de 580 à 950 € la semaine.

Dans le parc du Luberon, un conseil, venez à la rencontre de Michèle et Alain, sur leur domaine des Monges, entre la mi-juin et la mi-juillet lorsque leur champ de lavandin est en pleine floraison. Superbe ! Ce mas du XVIIe siècle, remarquablement restauré dans un style typiquement provençal, est lové au cœur d'un domaine de 100 ha. Ici, le temps s'arrête. Détente, découverte, nature calme et sauvage, cadre exceptionnel, panorama unique sont au rendez-vous. D'ailleurs les habitués connaissent bien l'adresse et renouvellent leurs venues chaque année.

LA TARTELIÈRE €

1, place du Terreau
✆ 04 92 78 63 03
Ouvert du lundi au vendredi de 8h45 à 16h. Carte 15 € par personne environ.

À la Tartelière, pas de salle mais un comptoir derrière lequel Audrey nous prépare des mets à emporter faits maison. Le concept est simple, vous commandez le matin et venez récupérer vos plats à l'heure du déjeuner. Attention, on se bouscule devant la porte, les Manosquins ont pris le rythme et leurs habitudes. Sur le pouce, sandwichs, tartes salées, pizzas, salades composées, formules à prix doux. Tout est frais et cuisiné du jour. On peut s'attabler sur la terrasse, ou juste à côté à la terrasse du café Mi-Ange Mi-Démon pour accompagner son repas d'une boisson.

L'ATELIER À PIZZA €

Avenue de la République - **SAINTE-TULLE**
✆ 09 53 88 05 96
www.atelier-a-pizza.fr
Ouvert du lundi au vendredi de 11h30 à 13h45 et de 18h à 21h30. Formule du midi : 15,90 €.

Une adresse qui a de nombreux adeptes. Dans une salle où se mêlent moderne et baroque ou encore sur la petite terrasse, on vient ici pour se régaler d'une cuisine italienne fraîche et de saison. Les amateurs de pizzas seront ravis. La spéciale du patron est un délice (sauce tomate, mozza, tomates fraîches, jambon cru, grana padano, roquette et balsamique). Parmi les crémées, ne manquez pas la biquette de l'éleveur. Au feu de bois encore, les nombreuses grillades servies avec frites maison et salade. Les nostalgiques des pâtes fraîches seront également comblés.

DELICE LIBANAIS €

30, place Saint-Sauveur
✆ 04 92 72 13 54
www.aupalaisdescafes.fr
Ouvert toute l'année. En pleine saison, ouvert de 7h30 à 23h du lundi au samedi. Formule du midi : 15 €. Menu à 22,50 €.

À la carte de ce restaurant qui a pignon sur rue depuis presque 30 ans à Manosque, un grand choix de plats traditionnels libanais, faits maison, à partir uniquement de produits frais. Ses délicieux mezze se composent d'une quinzaine de plats où légumes, viandes, graine de boulgour (blé) et épices se marient avec bonheur, accompagnés d'un verre d'arach... À la belle saison, vous profiterez de la terrasse ombragée déployée sous les platanes d'une des places les plus typiques de la ville, à côté d'une agréable fontaine rafraîchissante.

LA FABRIQUE À BURGERS €

97, avenue de la République
SAINTE-TULLE
✆ 09 86 73 81 48
Fermé 3 semaines en été et 2 semaines à Noël. Ouvert du mardi au samedi midi et soir. Carte : 20 € environ.

Face au théâtre, d'excellents burgers maison vous attendent. Cette Fabrique a tout pour plaire, de l'accueil aux plats. Du fait maison à base de produits frais. Treize burgers au choix avec des incontournables comme l'horloger suisse, le gaillard ou encore le chapelier pané. On se délecte ! Vous pourrez vous régaler aussi de choucroute, de parmentier de canard, de tartare au couteau fait en live, ce jour. Gérald est en cuisine aidé de Jérémy et de son épouse Laura à l'accueil. Une équipe qui mérite le détour, et des plats à emporter si vous le souhaitez.

LE CASSANDRA €€

23, place du Terreau
✆ 04 92 87 65 09
www.restaurantlecassandra.sitew.com
Menus de 22 à 38 €. Formule du jour de 15 à 17 €. Vin au verre.

En 2019, Le Cassandra a soufflé sa trentième bougie et Vincent est toujours au piano. Le restaurant est situé sur la place du Terreau au cœur de la vieille ville. Depuis qu'il s'est refait une beauté, vous prendrez place dans une salle spacieuse au mur en pierre avec mezzanine dans une ambiance sobre et chaleureuse. Aux beaux jours, c'est sur la terrasse sous la vigne vierge qu'on s'attable. La cuisine se veut traditionnelle. Les mets sont à base de produits du terroir et de saison. Les desserts maison ne sont pas en reste non plus. Un accueil extra !

L'ORIGINE €€

Place de la Fontaine - **SAINT-MARTIN-LES-EAUX**
✆ 06 63 41 41 55
www.l-origine.com
Du jeudi au mardi le midi ; le vendredi et le samedi le soir. Menu unique à 29,50 € le soir. Formule du midi : 21,90 €.

L'Origine est le premier restaurant de ce joli village situé en hauteur, en plein Luberon. Sandra et Fiona assurent un service efficace, Patrick travaille les produits locaux pour proposer une cuisine savoureuse alliant tradition et modernité. Quelques mets à déguster : brandade maison, roulé d'agneau farci et fondue de choux blancs, caille rôtie au miel et gratinée de butternut, et en dessert succès praline pistache, feuilleté de glace à la vanille. Pour accompagner, une carte de vins locaux soigneusement sélectionnés. Idéal pour conjuguer nature et gastronomie.

SENS ET SAVEURS €€

43, boulevard des Tilleuls ✆ 04 92 75 00 00
www.sensetsaveursmanosque.com

Ouvert le lundi soir et le dimanche midi, le mardi, mercredi, vendredi et samedi midi et soir. Menus de 39 € à 75 €.

En lisière du vieux Manosque, une adresse à ne manquer sous aucun prétexte. Faisant partie des meilleures tables de la cité, on conseille de réserver. Sylvain Nowak, au parcours sans faute, vous accueille dans cet ancien et magnifique couvent transformé en un remarquable restaurant, dont la réputation n'est plus à faire. Confortablement installé dans cette superbe et lumineuse salle voûtée autour de tables joliment dressées, vous vous régalerez d'une cuisine droite et soignée au goût du jour et des saisons, selon l'inspiration du chef et des produits du moment.

RESTAURANT PIERRE GREIN €€€

180, avenue Régis-Ryckebusch ✆ 04 92 72 41 86
www.restaurantpierregrein.fr

Ouvert du mardi au samedi le midi ; le vendredi et le samedi le soir. Menus de 110 à 155 € le soir. Terrasse.

Il ne faut pas se fier à son emplacement. Situé à quelques kilomètres du centre-ville dans une petite zone commerciale, le Restaurant Pierre Grein a bien décroché en 2021 une première étoile au guide Michelin. L'ancien Bistronomique a été entièrement relooké pour offrir un cadre lumineux et confortable. Une carte et des menus originaux auxquels s'ajoute une magnifique présentation des plats qui explorent la tradition provençale avec technique et modernité. Et même plus encore : les desserts en trompe-l'œil sont des œuvres d'art, tout simplement.

LE MOULIN DE L'OLIVETTE

Rond-point de l'Olivette
✆ 04 92 72 00 99
www.moulinolivette.fr

Magasin ouvert tous les jours sauf dimanche et jours fériés. L'été, de 8h30 à 18h30 non-stop.

Créé en 1928, le moulin de l'Olivette a accompagné tout au long du XXe siècle l'histoire, le développement et la modernisation de l'oléiculture locale… Et il accompagne toujours plus de 2 000 coopérateurs de la région ! Après avoir été un des premiers moulins français à acheter une laveuse à olives dans les années 1970, il fait maintenant partie des moulins équipés de système d'extraction en continu. Le moulin produit deux appellations : l'AOP Haute-Provence (avec une variante bio) et l'AOC Provence, ainsi qu'une huile dite de France (au fruité subtil).

L'OCCITANE EN PROVENCE

Z.I. Saint-Maurice
✆ 04 92 70 32 08

Ouvert 7j/7 d'avril à octobre et du lundi au samedi le reste de l'année. Visite guidée de l'usine : 6 €.

L'Occitane en Provence c'est, tout d'abord, une jolie boutique, bien agencée, aux tons chaleureux. C'est ensuite des odeurs délicates qui viennent exciter vos sens. C'est enfin un accueil par de jolis sourires. Sur les rayonnages, on trouve des produits de grande qualité pour femmes et pour hommes : des savons, des baumes hydratants, des huiles pour le corps… bref, tout un panel d'articles pour prendre soin de soi et se sentir bien. Durant la visite, le personnel, discret, mais bien présent est toujours là pour donner de judicieux conseils. On aime beaucoup.

AUX PLAISIRS DES METS

4, rue Grande ✆ 06 74 49 38 12
loufromagiou.simdif.com

Ouvert le mercredi, jeudi et samedi de 6h à 13h30. Marchés : mardi à oraison, vendredi à Pertuis et dimanche à St-Auban.

Aux Plaisirs des Mets souffle sa cinquième bougie en cette année 2023 et c'est toujours autant de plaisir de partir à la rencontre de Denis, un fromager passionné depuis presque 30 ans ; d'ailleurs, on le surnomme « lou fromagiou ». Dans son temple du fromage, à vous les tommes de Provence, les chèvres fermiers de Valensole, son banon, sa brousse du Rove, ses brebis du Mont Dragon, son parmesan et son comté fruité. Les amateurs de charcuterie 100 % sans conservateurs, ne seront pas déçus en découvrant les spécialités. Tous les produits à la vente sont artisanaux.

PROMENADE LITTÉRAIRE

✆ 04 92 72 16 00
www.ville-manosque.fr

Événement littéraire de l'été. Tarif : 7 € (durée : 1 h).

Il a souvent choisi pour cadre le monde paysan provençal, et aujourd'hui c'est nous, promeneurs, qui le prenons comme prétexte pour découvrir Manosque et ses alentours. Jean Giono (1895-1970), manosquin pure souche, a passionné plus d'un lecteur dans cette charmante cité provençale, et Jean-Louis Carribou en fait partie. Depuis plusieurs années déjà, ce guide littéraire vous emmène, un livre à la main, sur les pas et les mots de l'écrivain. La randonnée prend une dimension soudainement poétique : les mots subliment le paysage, à moins que ce ne soit l'inverse…

PIERREVERT

« Un village d'or semblable à une barque portée par une vague de rochers », écrivait si poétiquement Jean Giono. Pierrevert est perché sur un rocher qui fut autrefois couvert de lierre. Il a su conserver son aspect moyenâgeux avec ses rues étroites et tortueuses. Niché au cœur des vignes, il est aussi la capitale viticole des Alpes-de-Haute-Provence. En 1998, l'obtention de l'appellation d'origine contrôlée témoigne de la capacité des vignerons à se regrouper pour innover et produire des vins de qualité. Ce vignoble d'une superficie de 300 hectares s'étend dans la zone la plus chaude du département. Situé à 450 m d'altitude sur la rive gauche de la Durance et du Verdon, c'est l'un des plus hauts vignobles de France. Il recouvre les communes de Corbières, Gréoux-les-Bains, Manosque, Montfuron, Pierrevert, Quinson, Sainte-Tulle, Saint-Laurent-du-Verdon, Saint-Martin-de-Brome, Villeneuve et Volx. 11 communes donnant 11 cépages sélectionnés pour leur spécificité et leurs qualités aromatiques. Ces vignobles donnent naissance à des vins légers et frais, des rouges charpentés (potentiel de garde de 5 à 7 ans), des rosés pleins d'arômes à boire dans l'année de leur production, des blancs secs (potentiel de garde de 1 à 3 ans), souvent médaillés dans les plus importants concours français et mentionnés dans les plus grands guides du vin malgré leur jeune âge. Vous y trouverez entre autres la coopérative des Vignerons des Coteaux de Pierrevert (regroupant 200 producteurs), Domaine Châteauneuf-la-Blaque, Domaine de Régusse, Château de Rousset, Cave de la Madeleine et Domaine Saint-Jean.

LES MINOTS €€

Cours de la Libération
✆ 04 92 72 15 98

Congés de 3 semaines fin septembre et entre Noël et le jour de l'An. Haute saison de 9h30 à 23h. Plat du jour 11,80 €.

Le restaurant familial les Minots vous accueille en toute simplicité et convivialité. Dans la salle ouverte trône un superbe comptoir bleu où sont déployées de grandes tables en bois garnies de tabourets. Sophie et Léo ont fait le choix d'une carte courte qui privilégie les produits frais et de qualité, pour proposer dans l'assiette des couleurs et beaucoup de goût. C'est Kim, d'origine vietnamienne qui officie en cuisine. L'établissement est aussi un bar à tapas accueillant, avec une belle carte de cocktails, où il fait bon s'attarder en terrasse l'été.

LES MINOTS €€

Cours de la Libération
✆ 04 92 72 15 98

Congés de 3 semaines fin septembre et entre Noël et le jour de l'An. Haute saison de 9h30 à 23h. Plat du jour 11,80 €.

Le restaurant familial les Minots vous accueille en toute simplicité et convivialité. Dans la salle ouverte trône un superbe comptoir bleu où sont déployées de grandes tables en bois garnies de tabourets. Sophie et Léo ont fait le choix d'une carte courte qui privilégie les produits frais et de qualité, pour proposer dans l'assiette des couleurs et beaucoup de goût. C'est Kim, d'origine vietnamienne qui officie en cuisine. L'établissement est aussi un bar à tapas accueillant, avec une belle carte de cocktails, où il fait bon s'attarder en terrasse l'été.

CAVE PETRA VIRIDIS

1, avenue Auguste-Bastide
✆ 04 92 73 40 42
www.petra-viridis.com

Ouvert toute l'année De 9h à 12h et de 14h à 18h, sauf les dimanches et les jours fériés. Commande possible en ligne.

La Cave Petra Viridis des vignerons de Pierrevert est une coopérative vinicole qui regroupe plus de 80 producteurs. Ses objectifs sont de mettre en commun les moyens de production afin d'être plus fort sur les marchés de commercialisation et d'aller vers une amélioration de la qualité des crus. Vous trouverez dans sa boutique de nombreux crus des 3 couleurs présentés en bouteilles comme en fontaines à vin de 3 à 10 litres, mais aussi des pétillants ainsi que son délicieux rosé fruité... et même une huile de pépins de raisin et des jus de raisin !

DOMAINE DE RÉGUSSE

Route de la Bastide-des-Jourdans
✆ 04 92 72 81 67
www.domaine-de-regusse.com

Ouvert tous les jours de 9h30 à 12h30 et de 14h30 à 19h. Visite sur rendez-vous. Livraison possible.

Ce domaine d'exception a été créé en 1970 par Claude Dieudonné. 23 cépages se répartissent sur plus de 200 ha englobant deux AOC coteaux-de-pierrevert et côtes-du-luberon. La diversification et la technicité apportées à ces vignobles permettent de présenter une vaste gamme de produits. Régusse s'est engagé dès les années 2000 dans une démarche de Viticulture Raisonnée Contrôlée (VRC). Dans la boutique vous trouverez à la vente toute cette production et également un beau choix de whiskys et de rhums ainsi que de nombreux produits artisanaux locaux.

DOMAINE LA BLAQUE

Route de la Bastide-des-Jourdans
✆ 04 92 72 39 71
www.domainelablaque.fr

Dégustations en semaine de 9h à 12h et de 14h à 18h. Possibilité de commander par le site internet.

Le génie de ces vignerons chevronnés, qui se sont battus pour l'obtention de l'AOC, réside dans leur manière d'exploiter le climat et les sols. Le domaine produit depuis 2012 des vins biologiques labellisés « bio » en 2014. Un vignoble de 50 ha, répartis en AOC Pierrevert (principalement), IGP (5,5 ha) et un hectare de pinot. Syrah et grenache donnent la typicité des rouges, issus d'une vinification classique ou d'une macération carbonique. Quant aux cinsault, grenache, vermentino, ils servent à élaborer d'excellents rosés. Plusieurs cuvées s'offrent aux visiteurs.

GOLF DU LUBERON

La-Grande-Gardette
✆ 04 92 72 17 19
www.golfduluberon.com

Ouvert toute l'année. Été : de 7h à 20h. Boutique. Restaurant La Gardette ouvert 7j/7 de 11h30 à 14h30.

Implanté en 1988 sur la commune de Pierrevert, dans un vallon à 380 mètres d'altitude, à 5 kilomètres de Manosque, le golf de Pierrevert offre un superbe parcours dix-huit trous au cœur du parc régional du Lubéron. Son tracé étant escarpé il demande pour certains trous, une grande précision dans l'exécution du jeu, et beaucoup d'adresse pour franchir certains obstacles. Les novices peuvent aussi profiter de ce golf, avec notamment deux forfaits proposés : Découverte et LiberTee. Le restaurant La Gardette vous accueille pour déjeuner.

VILLENEUVE ★

Le vieux village de Villeneuve est situé à 440 m d'altitude. L'agglomération plus moderne s'est développée sur les pentes descendant vers la vallée de la Durance et dans sa plaine, désormais à l'abri de ses crues redoutables. Le village en ruines de La Roque est l'ancien la Roche-Amère : il offre un panorama sur la vallée de la Durance et le défilé du Largue. Ne quittez pas Villeneuve sans avoir visité cette « Roche Amère », que vous atteindrez à pied en empruntant le sentier pentu qui démarre à 100 mètres au nord du village. Visible de toutes parts, cet énorme rocher calcaire a été détaché de la montagne du Luberon par la rivière Le Largue.

MUSÉE ARCHÉOLOGIQUE ET HISTORIQUE

11, place de la Fontaine-Ronde
✆ 04 92 79 33 89

Ouvert toute l'année. Le dimanche de 10h30 à 12h. Possibilité de visites sur rdv en dehors de ces périodes. Gratuit.

Le musée rassemble des vestiges archéologiques recueillis au cours de fouilles locales ou trouvés par des habitants de Villeneuve, mais aussi des objets, photographies ou documents de l'histoire du village. C'est ainsi qu'il propose une exposition sur le bilan des fouilles archéologiques de 2009 et 2010. Également, de très nombreux outils exposés témoignent de techniques et de savoir-faire anciens. Enfin, des métiers historiques de la terre et de l'artisanat du terroir revivent.

LE MAS DU CADRANIER €€

250, chemin de Saint-Jean ✆ 06 62 65 24 28
www.masducadranier.com

Chambre double de 85 à 103 €. Petit déjeuner inclus. Lit supplémentaire : 25 €. Gîtes ouverts toute l'année.

Dans cette bâtisse ancienne, Odile vous accueille avec chaleur, dans le cadre poétique de ses chambres d'hôtes de charme et ses gîtes, perchés sur une colline. Deux chambres à l'image de la Provence fleuries, naturelles et épurées vous content l'histoire de ce terroir. En complément, Odile propose deux appartements Les Cigales et Les Oliviers. Dans le jardin, une belle terrasse et sa cuisine d'été, et l'indispensable piscine pour un séjour estival de rêve. Un service traiteur est proposé par Odile avec des plats préparés et faits maison, le soir en libre service.

TERRE D'OC

✆ 04 92 79 40 30
www.terredoc.com

Ouvert du lundi au samedi de 9h30 à 18h30. Livraison possible.

Terre d'Oc est une entreprise très engagée qui met l'écologie, les produits équitables, et la mise en valeur du travail des femmes au cœur de son activité. Depuis 1995, la marque crée des thés, des produits de senteur maison, des huiles essentielles et des cosmétiques. Terre d'Oc privilégie les ingrédients issus du commerce équitable, sourcés dans le monde entier, qui sont ensuite parfumés ici en Provence, avec des arômes développés à Grasse. Des produits bons beaux et sains. Ne manquez pas la visite de leur magnifique boutique aux mille senteurs.

LE CAIRE

Lorsque vous annoncez que vous vous rendez au Caire et que cela ne vous prendra que peu de temps, il est possible que vos amis ouvrent grands leurs yeux, doutant de votre sens géographique. Et pourtant, le Caire est bel et bien un mini-village de 75 habitants situé dans les Alpes-de-Haute-Provence. Doté d'une fantastique et non moins vertigineuse via ferrata (son pont suspendu dans le vide en est la principale attraction), le Caire tire son nom de l'occitan *cairoun* signifiant « pierre rocheuse ». On y visite notamment l'église Saint-Michel du XVIIe siècle et on y admire le paysage de verdure riche en fruits, spécialement en pommes, la richesse locale.

OFFICE DE TOURISME INTERCOMMUNAL

Maison du Tourisme
✆ 04 92 68 40 39
www.hautesterresprovence.com
Ouvert toute l'année. L'été, tous les jours de 8h30 à 17h30. Label Tourisme & Handicap.

Au cœur de l'Unesco Géoparc de Haute-Provence, le bureau du Caire fournira toutes les informations aux amateurs de randonnées, de via ferrata ou d'autres sports, autant qu'aux amateurs de produits du terroir et de bonnes adresses. Point d'accès public à Internet, cette maison du tourisme gère aussi l'accès à la via ferrata (avec vente de billet et location d'équipements adaptés), ce qui entraine de nombreux moments d'activité soutenue avec parfois un peu d'attente. Soyez patients !

VIA FERRATA DE LA GRANDE FISTOIRE

✆ 04 92 68 40 39
www.viaferrata-alpes.com
Ouvert toute l'année. L'été 7j/7. Accès : 7 €. Location équipement complet : 16 €

Le Caire des Alpes-de Haute-Provence a aussi son impressionnant monument vertigineux et aérien qui mérite le détour, mais ce n'est pas une grande pyramide... Non, ici c'est surtout sa via ferrata qui mérite le détour, à ne manquer sous aucun prétexte pour les mordus de sensations fortes.

Amis sportifs, n'hésitez donc pas à parcourir la Via Ferrata de la Grande Fistoire. Déployée sur une paroi calcaire de 250 m de hauteur, elle comporte une passerelle de 60 m de long. L'accès se fait en autonomie pour les plus confirmés. Pour les débutants, accompagnés d'un guide, ils pourront également découvrir cette randonnée du vertige. Il faut avoir le cœur bien accroché, mais l'aventure en vaut la peine. Attention ! il est dangereux de s'engager dans la via ferrata sans matériel alpin adapté et sans parfaite connaissance de son utilisation. Tout l'équipement nécessaire peut se louer sur place, sur réservation et à des tarifs très raisonnables comme pour celui de l'accès compte tenu des frais d'entretien indispensable du site.

Victime de son succès, en période d'affluence, des délais d'attente pour s'équiper sont possibles. Respectez le sens de l'itinéraire et n'en sortez pas. Pour réserver et disposer de la liste des guides et moniteurs d'escalade disponibles, s'adresser à la Maison du tourisme qui gère sur place cette belle via ferrata. Pour ceux qui ne sont jamais venus, n'hésitez pas à la découvrir sur son site internet particulièrement bien fait et détaillé.

ORAISON ★

Oraison est un gros bourg de tradition agricole grâce aux riches terres de la vallée de la Durance et à leur irrigation. Un canal qui serpente tout le long de la Durance depuis Serre-Ponçon, et alimente plusieurs centrales hydroélectriques, dont une souterraine située dans les « poudingues » du plateau surplombant le bourg, le traverse d'est en ouest. Situé au pied de la colline du Tholonet, il abrite également de nombreuses traces archéologiques d'occupation romaine sur l'ensemble de son territoire. Son église présente un exemple rare de la pénétration gothique dans la région. Enfin, c'est un petit centre administratif pour les communes environnantes.

CHÂTEAU

Place Louis-Pasteur
✆ 04 92 78 60 80
www.duranceluberonverdon.com
Le château ne se visite pas. La médiathèque est ouverte et quelques salles lors d'expositions ou d'événements.

Avec sa silhouette imposante et ses deux tours, difficile de passer à côté ! Visiblement construit après l'époque médiévale, en galets roulés de la Durance, il a été largement remanié par la famille De Fulque, originaire de Valensole et propriétaire du marquisat d'Oraison à partir de 1720. Cette famille le conserva plus ou moins jusqu'à la Révolution et l'édifice fut dévasté en 1792. Il est alors surélevé d'un étage et transformé en magnanerie. Ordonné par l'Etat, Louis Pasteur vint sur place vers 1868 pour étudier la maladie du ver à soie, appelée la pébrine.

NOTRE-DAME-DU-THOR

Place Clément-Plane
✆ 04 92 78 60 80
www.tourisme-alpes-haute-provence.com
Ouvert tous les jours de 8h à 12h30 et de 14h à 18H. Gratuit.

Construite en 1662, cette église fait la fierté des habitants d'Oraison, avec son imposant clocher de 33 m de haut. Elle abrite 2 tableaux classés au titre des monuments historiques. L'un représente *L'Adoration des Mages* et l'autre *La Mort de saint Joseph*. Ils ont été restaurés respectivement en 1992 et 1993. La cloche du XVIIe siècle vient du village d'Ubaye, englouti en 1958 lors de la construction du barrage de Serre-Ponçon. Cette dernière a été installée en 1862 et a même fait du cinéma puisqu'on peut l'entendre sonner dans le film *L'Eau vive,* de Jean Giono.

PIERRES À CHARRETTES ET DÉCROTTOIRS

Dans toute la vielle ville
Sur le domaine public le long de certaines rues de la vieille ville. En accès libre toute l'année.

Les décrottoirs sont ces lames de fer horizontales fixées aux murs extérieurs des maisons. Petit élément du patrimoine autrefois essentiel mais aujourd'hui oublié, ils servaient à enlever la boue de sous ses chaussures pour éviter de salir l'intérieur des maisons. Et les pierres à charrettes se trouvent en bas des murs des ruelles à angle droit, pour épargner les façades. On en dénombre une bonne dizaine dans le village. À découvrir lors des visites guidées de la ville ou en flânant.

BUREAU D'INFORMATION TOURISTIQUE D'ORAISON

9, allée Arthur-Gouin
✆ 04 92 78 60 80
www.tourisme-manosque.fr
Ouvert toute l'année. En juillet et août, du mardi au samedi de 9h30 à 12h30 et de 14h30 à 18h.

Outre les informations pratiques nécessaires pour votre passage à Oraison, il pourra vous fournir de nombreuses idées d'activités praticables dans le coin ou informations sur le patrimoine local. Enfin il vous propose de nombreux services tels qu'un « service groupe » pour l'organisation de séjours, des visites guidées sur réservation pour des groupes ainsi que la découverte de sentiers botaniques ou l'inscription pour une visite de la fabrique artisanale Perl'Amandes.

LE BASTIDON DE THÉO €€

Saint Pancrace
✆ 04 92 75 48 83
www.lebastidondetheo.fr
Ouvert toute l'année. A partir de 360 € la nuitée pour deux pers. Restauration. Bain bouillonnant. Petit-déjeuner.

C'est ici que commence le rêve, dans cette suite de 60 m² avec spa de luxe type canadien trois places et luminothérapie, entièrement privée ! Cette maison de campagne entièrement clôturée et plantée de chênes, d'oliviers centenaires et de lavandes a tout pour plaire. Rajoutez à cela une hygiène parfaite, une décoration chic et raffinée, une ambiance chaleureuse et reposante, une cuisine mise à disposition… Et vous obtenez une adresse idéale qui sort vraiment des sentiers battus. Bravo à Muriel pour ce moment d'exception, à deux pas de la rivière de l'Asse.

CAMPING LES OLIVIERS**** €€

Chemin de Saint-Sauveur
✆ 04 92 78 20 00
www.camping-oraison.com
Ouvert d'avril à octobre. Emplacement pour deux de 22 à 30 € la nuit. Mobil-home jusqu´à 6, de 480 à 850 € la semaine.

Magnifique, le camping des Oliviers offre des emplacements spacieux et parfaitement plats, de 80 à 150 m² environ avec électricité, au milieu d'oliviers principalement, mais aussi de quelques chênes verts et autres… Son offre en locatif est large, allant du confortable mobil-home pour 6 personnes avec 3 chambres aux simples Tithome et eco-lodge Sahari pour 4 et sans sanitaires. Dans tous les cas vous disposerez d'une vue imprenable sur la vallée de la Durance, et de sa belle piscine extérieure pour faire un brin de sieste sur les bains de soleil.

LA GRANDE BASTIDE*** €€

Route de Valensole ✆ 04 92 78 62 56
www.la-grande-bastide.fr
Ouvert toute l'année. Chambre double de 82 à 118 €. Petit-déjeuner 15 €. Restauration. Jacuzzi et spa. Wifi.

En pleine campagne, au calme, les chambres sont confortables, avec des petits déjeuners copieux, et bénéficient du cadre tranquille de l'hôtel. Côté activités, vous pourrez faire une partie de tennis ou quelques brasses dans la piscine ou bien encore vous accorder une parenthèse bien-être dans l'espace détente (avec bain bouillonnant, sauna, massages…). Coté restaurant, à midi vous bénéficierez d'un large choix de mets de cuisine traditionnelle grâce à 3 buffets (froid, chaud et desserts) tandis que le soir vous pourrez déguster une cuisine plus raffinée.

LA GRIGNOTTE

18, avenue Abdon-Martin
✆ 04 92 79 96 07

Ouvert toute l'année, tous les jours midi et soir en haute saison. Carte 38 € environ par personne.

Une cuisine à base de produits frais. Des plats savoureux, copieux et bien présentés. Un bon rapport qualité-prix. Un accueil excellent d'Agnès et Dominique. C'est tout ce qui vous attend dans cette sympathique Grignotte ! Parmi les autres spécialités de la maison : pieds et paquets marseillais, marmites du pêcheur, camembert rôti, foie gras maison. Les desserts maison sont aussi à tomber. Vous prendrez place sur l'agréable terrasse ombragée aux beaux jours ou encore dans un intérieur convivial avec des espaces intimistes séparés de balustres en pierres blanches.

DOUCET CONFISEUR

avenue de Traversetolo ✆ 04 92 78 61 15
www.francois-doucet.com

Ouvert du lundi au vendredi de 9h30 à 18h et le samedi de 9h30 à 12h30 et de 13h30 à 18h. Vente en ligne.

C'est dans le dernier cassoir d'amandes encore en activité à Oraison que François et Maggy Doucet ont installé leur atelier de confiserie il y a une cinquantaine d'années. Les chocolats sont excellents, rigoureusement sélectionnées avant d'être enveloppés dans différents nappages. Les pâtes de fruits sont réalisées avec des fruits ramassés au maximum de leur maturité et eux aussi triés sur le volet. Toute une gamme certifiée 100 % bio en chocolat comme en pâtes de fruits (comprenant plus de 50 % de fruits) est également proposée. Dégustations gratuites possibles.

GLACIER SCARAMOUCHE

3, Route des Alpes - **LA BRILLANNE**
✆ 09 80 42 95 82
www.glaces-scaramouche.com

Ouvert toute l'année. 10h à 12h et 14h à 19h tous les jours sauf dimanche en basse saison et lundi en haute saison.

Scaramouche tire son nom d'un film de capes et d'épées de 1954 et résume bien l'aventure pleine de folie de cet artisan-glacier qui, en quelques années à peine, a réussi à tirer son épingle du jeu. Depuis sa création en 2013, France 2, France 3, la Provence, le Figaro, les récompenses et les reconnaissances pleuvent sur Scaramouche qui le mérite bien. Toutes les glaces et sorbets sont concoctés par la maison à partir du lait cru de vaches jersiaises, d'œufs bio, de fruits frais et d'herbes fraiches locales. Vous vous délecterez de plus de 30 parfums au choix.

MOULIN À HUILE PASCHETTA HENRY

4, avenue Charles-Richaud ✆ 04 92 78 61 02
www.moulinpaschetta-henry.fr

Boutique ouverte du lundi au samedi de 9h à 12h et de 14h à 18h. Visite du moulin possible. Achats en ligne.

Le moulin à huile Paschetta Henry a été créé en 1922. Aujourd'hui, plus de 400 producteurs continuent à apporter leurs olives. Si l'huile de ce moulin ne fait pas partie d'une AOP, c'est volontaire afin de pouvoir proposer à la vente une huile d'olive vierge extra à un prix plus abordable que ses concurrents. À sa boutique, vous pourrez la déguster. Olives, tapenades, miels, confitures ou terrines de producteurs locaux y sont aussi proposés, ainsi que quelques produits cosmétiques.

BAYONS

Après le franchissement d'un étroit et profond défilé vous entrez dans le large terroir de Bayons. Le 26 juillet 1492, une coulée de boue emporta la moitié du village, tuant sur son passage bêtes et villageois, et stérilisant les terres. Bayons se redressa pourtant et en 1777, la communauté racheta les droits seigneuriaux pour la somme alors énorme de 60 000 livres. Quelle force de vie ! Le meilleur témoignage de ce passé courageux, de la richesse et de l'importance du bourg, de sa foi aussi, c'est l'église de Notre-Dame, datant du XIe siècle, qui vous l'offre. Grande et majestueuse, elle a été classée monument historique depuis 1891.

LE MASSIF DES MONGES

Accès libre toute l'année. En hiver l'enneigement peut rendre l'accès difficile ou même quasiment impossible.

Terre secrète, d'espace et de lumière, le massif des Monges s'offre à tous ceux qui sont passionnés de randonnées ou de géologie. Les Monges dévoilent aussi la richesse des faune et flore exceptionnelles de ce massif des Alpes du Sud. C'est également une terre qui accueille les bêtes l'été : elles viennent par milliers en transhumance brouter l'herbe des pâturages encadrés de belles forêts. Hameaux et villages (rares) se sont installés ici dans un respect quasiment religieux de la nature. Ce massif, culminant à 2 115 m, offre un panorama unique.

SISTERON ★★

Véritable tableau idyllique, la Provence semble s'arrêter à cette cluse impressionnante où la Durance se glisse entre les fortifications et le prodigieux Rocher de la Baume dont les strates paraissent jaillir à la verticale de la rivière.
Sisteron est un vrai livre d'histoire : village préhistorique, puis évêché au VIe siècle, place forte des comtes de Forcalquier au XIe siècle puis propriété des comtes de Provence. Elle rejoint le royaume de France en 1483. Couronnée par sa citadelle et ses affleurements géologiques hors du commun, elle vous attend pour vous livrer toute son histoire. Coupez le moteur et parcourez la cité où naquit le poète Paul Arène (1843-1896) ainsi que ses alentours… Avant de goûter ses pieds paquets, ou l'agneau de Sisteron, dont la renommée n'est plus à faire. La ville est labellisée Ville et Métiers d'Art et le mérite largement.
Le peintre William Turner, qui y fit un passage en 1836, y réalisa quelques dessins et aquarelles. Le peintre Paul Signac, en visite, fut aussi sous le charme. Patrimoine religieux, châteaux, architecture militaire… C'est sans doute chaque année au moment des Nuits de la Citadelle, festival mêlant théâtre, danse et musique depuis 50 ans, que la ville rayonne pleinement. Une de ses particularités ? Ses nombreuses petites rues étroites en escalier, ses andrones, qui lui donnent du charme. Pour ceux qui se passionnent pour le sujet, le musée municipal Terre et temps, qui se visite librement entre avril et septembre, donne à voir quelques objets rares et insolites tels qu'une horloge à eau avec automates, un pendule de Foucault et des cadrans solaires… le tout dans une ancienne chapelle restaurée des Visitandines du XVIIe siècle.
Plusieurs visites guidées sont proposées par l'office de tourisme pour vous permettre de découvrir les monuments principaux de Sisteron, que sont la cathédrale, la vieille ville et la citadelle. Dans la vieille ville, la rue Droite, la rue Mercerie et la rue Saunerie constituaient le quartier du négoce de cette vieille ville et les quartiers de La Coste et du Bourg Reynaud, ceux habités par les paysans de l'époque. On passait d'un quartier à un autre par les fameuses andrônes.
Lors de votre promenade dans les environs, on vous conseille de vous aventurer dans la vallée du Jabron. Vous pouvez même poursuivre jusqu'aux Omergues afin de profiter de son environnement sauvage et de sa nature préservée. Une magnifique petite vallée qui a su garder le charme d'antan !

CATHÉDRALE NOTRE-DAME ET SAINT-THYRSE ✝

Place du Général-de-Gaulle
✆ 04 92 61 54 50
Ouvert du 1er juillet au 31 août. Ouvert Gratuit. Entrée libre. Visites possibles (se renseigner auprès de l'OT).

Sisteron était un des plus anciens évêchés de Haute-Provence au même titre que ceux de Digne et de Senez. Datant du XIIe siècle, la cathédrale Notre-Dame et Saint-Thyrse, ou plus familièrement Notre-Dame des Pommiers (altération du mot pomoerium, désignant l'espace entre les habitations et les fortifications) est certainement l'un des plus grands édifices religieux de Provence. Elle recèle la mémoire du passage des bâtisseurs venus de Lombardie en mêlant harmonieusement art roman et architecture lombarde. Sa construction a débuté au XIIe siècle. Elle s'est agrandie ensuite par l'adjonction de plusieurs chapelles latérales entre la fin du XIIIe et le XVIIe siècle.

Le clocher extérieur, qui abrite une chapelle haute, se termine par une flèche datant du XIXe siècle. Sa coupole est surmontée d'un dôme avec une galerie ornée de délicates colonnettes et son portail principal présente, du côté extérieur, de nombreux motifs architecturaux sculptés remarquables. À l'intérieur, vous découvrirez des toiles de maîtres, et un magnifique retable du XVIIe encadrant deux toiles de Nicolas Mignard. À voir également, un riche ensemble de stalles en noyer avec miséricordes datant de la même époque, diverses sculptures, et aussi l'orgue datant du XIXe siècle ! La proximité immédiate de l'ancien couvent de la Visitation nous rappelle l'emplacement de l'ancien palais des évêques de Sisteron. Cette cathédrale est classée monument historique depuis 1840. Un bel ensemble à voir !

MUSÉE GALLO-ROMAIN 🏛

8, rue Saunerie
✆ 04 92 61 58 40
Ouvert toute l'année. Du mardi au samedi de 10h à 12h et de 14h à 18h. Gratuit. Visites guidées. Accès PMR.

Ce musée d'Histoire et d'Archéologie gallo-romain est labellisé Musée de France et vaut le détour. L'exposition permanente décrit les pratiques funéraires de l'époque le long d'un parcours thématique fléché. Le culte des morts chez les gallo-romains est illustré pour le public par l'exposition de nombreux objets lapidaires, en métal, en verre, en céramique, ainsi que par des pièces de monnaie. Les expositions temporaires dédiées à diverses formes d'art sont à découvrir dans une belle salle de 100 m^2. Une boutique librairie complète cette offre culturelle.

CITADELLE DE SISTERON

Montée de la Citadelle ✆ 04 92 61 27 57
www.citadelledesisteron.fr

Fermé de mi-novembre à fin mars. Le reste de l'année, ouvert 7j/7. Adulte : 7,10 €, enfant 3 €. Parking, boutique.

Entre les anciens comtés de Provence et Dauphiné, la Citadelle se détache en hauteur dans le ciel et contrôlait le passage dans la vallée de la Durance en dessous grâce à ses enceintes, ses bastions et son donjon. Elle surmonte du haut du rocher qui la porte, la ville de Sisteron. De ses premiers habitants, les Sogiontii, petit peuple de la puissante fédération des Voconces qu'Auguste asservit en 27 avant J.-C., et de leur oppidum, il ne reste aucune trace. Le castrum romain qui fut édifié par la suite n'a d'ailleurs pas eu plus de chance.

Du Ve au XVIIe siècle, la ville de Sisteron fut sans arrêt assaillie, d'où la décision, prise en 1372 par le Conseil de la Ville, de la protéger d'une enceinte, parée de puissantes tours. Mais les guerres de religion ravageant la Provence, la ville fut réduite en cendres. Alors, Jehan Erard, ingénieur militaire d'Henri IV, entreprit des travaux de reconstruction de 1590 à 1597 en imaginant un système de fortifications en dents de scie. Ces travaux furent perfectionnés par Vauban en 1692. Bien plus tard encore la Citadelle sera endommagée par des bombardements, le 15 août 1944.

De nos jours, la Citadelle est admirablement restaurée et vous invite à la visite à travers son parcours sonorisé qui conte sa prestigieuse histoire, en six langues différentes. Un parcours-jeu est proposé aux enfants leur permettant de découvrir le monument à travers des énigmes adaptées à leurs âges. Un musée la fait également vivre, dont une salle évoque le passage de Napoléon au retour de l'île d'Elbe.

© LIONEL MONTICO

MUSÉE TERRE ET TEMPS

6, place du Général-de-Gaulle
✆ 04 92 61 61 30

Ouvert d'avril à septembre inclus. En juillet-août ouvert matin et soir. Visite libre gratuite.

Ce musée original, installé dans la chapelle de l'ancien couvent des Visitandines du XVIIe siècle, retrace l'évolution de la mesure du temps à travers la présentation d'instruments, d'objets et de documents souvent rares, parfois uniques. Un pendule de Foucault ainsi qu'une reproduction de la clepsydre Al Jazari (horloge hydraulique perse du XIIe siècle) sont ainsi ses pièces maîtresses. Le parcours de la Route du Temps, de Sisteron à Beynes (soit 80 km) est le complément logique indispensable pour découvrir les traces géologiques de l'histoire de la Terre.

PALÉOGALERIE DE SALIGNAC

Le Mardaric - **SALIGNAC**
✆ 06 80 78 98 78
salignac04.fr/tourisme/musee/

Ouvert toute l'année. Tous les jours en juillet-août de 10h à 13h et de 15h à 19h. Adulte : 5 €. Visite guidée.

Entre musée et galeries d'art, situé au rez-de-chaussée d'une vieille bâtisse provençale, dans un dédale de caves voûtées transformées, l'histoire géologique de la Provence se dévoile peu à peu. C'est l'œuvre d'un passionné, Luc Ebbo, qui partage tout son savoir afin de découvrir son incroyable collection de fossiles acquises patiemment en une trentaine d'années. Ammonites géantes, poissons, étoiles de mer n'ont plus rien à craindre de leurs prédateurs, crocodiles et ichtyosaures, véritables monstres régnant sur l'Océan Thétys qui recouvrait alors la Provence.

PROMENADE DANS LA VALLÉE DU JABRON

Sortez de Sisteron côté sud, direction Digne-les-Bains et prenez la direction vallée du Jabron sur la gauche.

Accessible toute l'année en voiture ou à moto, vélo, etc., par la D 946. Gratuit.

Empruntez la D 946 et longez la rivière dans sa vallée, au pied de la montagne de Lure. Faites un crochet par Valbelle sur les flancs de Lure et admirez le cirque de Saint-Pons et sa chapelle rupestre. Le site est grandiose, alternant entre falaises et forêts. Ensuite faites une halte à Noyers-sur-Jabron et montez voir le vieux village et l'église Notre-Dame-de-Bethléem, construite au XIIe siècle. Saint-Vincent-sur-Jabron, Curel ou Montfroc méritent également le coup d'œil.

ALPES-DE-HAUTE-PROVENCE

VIEILLE VILLE

Centre-ville, quartier de La Coste, quartier Bourg-Reynaud

Accès libre. Visites guidées avec l'office de tourisme.

Le (très) vieux Sisteron se visite en plongeant dans son passé mouvementé et son histoire glorieuse. Il est blotti derrière le clocher de l'église Notre-Dame, entre la citadelle et la Durance. Ses ruelles escarpées taillées au couteau, sa chiche lumière qui perce mal ses hautes maisons rigides, ses rampes voûtées et ses façades médiévales ouvertes de portes cossues, ses fontaines rafraîchissant de superbes placettes, et ses couvents ayant jadis animé la ville d'une intense vie religieuse, font de Sisteron une ville authentique extrêmement bien préservée.

CAMPING LES PRÉS HAUTS*** €

44, chemin des Prés-Hauts ✆ 04 92 61 19 69

www.camping-sisteron.com

Ouvert de début avril à fin septembre. Emplacement pour 2 de 15 € à 22 €. Mobil-home à partir de 280 € la semaine.

Superbe camping municipal bien équipé et idéalement situé en bordure de Durance, à proximité de la ville. Aux alentours, vous trouverez de multiples possibilités de sorties ou de visites guidées. Il constitue une escale pratique à prix mini et à confort maxi, avec piscine, pataugeoire et nombreux jeux pour les petits et les grands. 10 mobil-homes en location permettent d'accueillir confortablement des familles jusqu'à 6 personnes. En saison, de nombreuses animations y sont organisées.

OFFICE DE TOURISME SISTERON BUËCH

1, place de la République ✆ 04 92 61 36 50

www.sisteron-buech.fr

Qualité Tourisme. Ouvert toute l'année. En juillet-août : du lundi au samedi de 9h à 19h, dimanche de 10h à 17h.

Un grand nombre d'informations sur Sisteron, le Buëch, l'UNESCO Géoparc de Haute-Provence, le Parc naturel régional des Baronnies provençales, les Alpes de Haute-Provence, les Hautes-Alpes et la région Provence en général. Des visites guidées gratuites de la vieille ville ou de la cathédrale sont proposées pour les individuels ou les groupes à partir de l'hôtel de ville. L'OT propose aussi de nombreux séjours thématiques sur place : week-end en roulotte, week-end romantique…

HÔTEL LA CITADELLE €€

126, rue Saunerie

✆ 04 92 61 13 52

www.hotel-lacitadelle.com

Ouvert toute l'année. Chambres avec bains bouillonnants de 140 € à 160 €. Chambre double dès 85 €. Terrasse. Wifi.

L'emplacement est idéal pour les vues époustouflantes qu'il offre sur le défilé de la Durance et ses magnifiques strates minérales et verticales ou, en levant la tête le surplomb de la Citadelle. L'établissement rénové offre désormais des chambres modernes (dont certaines avec bains bouillonnants), mais aussi des appart'hôtels équipés de petites kitchenettes. Le restaurant-bar, au rez-de-chaussée avec grande terrasse aux beaux jours, permet de se restaurer sur place tout en profitant des vues. La carte est traditionnelle, régionale, et les prix raisonnables.

ALPES-DE-HAUTE-PROVENCE

Sisteron.

LE PATIO DE SOPHIE*** €€

208, rue Droite
✆ 04 92 68 42 10
www.lepatiodesophie-sisteron.com

Chambre double de 110 € à 180 €. Parking fermé : 10 €. Petit-déjeuner à 19 €. Lit bébé 10 €. Brunch 33 € par personne.

Face à la Citadelle, au cœur du quartier historique, le Patio vous accueille chaleureusement dans de superbes et magnifiques chambres et suites, à la décoration tendance, chaleureuse et raffinée signée par la maitresse des lieux, décoratrice de profession. Digne d'un petit palais provençal des 1001 nuits, ce joyau d'architecture renferme en son sein un patio atypique situé dans la maison. Baigné d'un puits de lumière, il guide nos pas vers d'agréables pièces de vie ainsi qu'aux somptueuses et spacieuses chambres. Restaurant attenant à l'hôtel.

GRAND HÔTEL DU COURS*** €€€

4, place de l'Église ✆ 04 92 61 04 51
www.hotel-lecours.com

Fermé de début novembre à mi-mars. Chambre simple de 71 € à 82 €, double de 81 € à 97 €. Restauration (demi-pension).

Cet établissement de tradition (il date d'avant 1900 !), abrite des meubles d'époque Louis XIII et Louis XIV que vous pourrez admirer au détour des couloirs. C'est une véritable institution qui a su conserver sa qualité au fil des années tout en se modernisant pour offrir un confort moderne. Toutes les chambres sont ainsi équipées de grands lits en fer forgé, d'une télé écran plat et d'un mini-bar. Le restaurant attenant à l'hôtel, ouvert à la clientèle extérieure, propose une carte variée de spécialités régionales mais aussi beaucoup de poissons frais.

RESTAURANT LE QG €

54, rue Saunerie ✆ 07 87 97 87 00

Ouvert midi et soir tous les jours. Suggestions de 13 à 21 €. Côtes d'agneau 19 €.

Le QG a élu domicile dans la rue Saunerie depuis septembre 2018. Notre jeune et sympathique Nicolas est partout à la fois, en salle et au piano. Tout est fait maison, même les frites, à base de produits frais. La viande vient du boucher du coin et le pain du boulanger pas loin. Faux filet, burgers, salades et pieds et paquets. Vous prendrez place dans une grande salle toute en longueur à l'ambiance rustique pour une partie et moderne pour l'autre avec vue sur le plan d'eau, la roche de la Baume et la Durance. Accueil chaleureux garanti !

AU ROMARIN €€

103, rue Saunerie
✆ 04 92 34 88 04
www.restaurant-au-romarin.fr

Ouvert toute l'année. Du mercredi au lundi et les jours fériés le midi et le soir. Carte : 40 € environ. Terrasse.

Sous les parois de granit de sa salle voûtée aux tons champagne, le restaurant propose une petite carte à base de produits frais. L'adresse est surtout fameuse pour y déguster le fameux agneau de Sisteron label rouge. Tout est cuisiné en faisant la part belle aux produits locaux, et la carte varie en permanence selon le marché et l'inspiration du chef. Ce qui explique que les avis sur cet établissement soient si positifs. De plus, le service et l'accueil sont sympathiques et vous pourrez y faire une agréable halte pour vous restaurer.

GRAND HÔTEL DU COURS €€

4, place de l'Église
✆ 04 92 61 04 51
www.hotel-lecours.com

Fermé de début novembre à mi-mars. Ouvert 7j/7 le midi de 12h à 14h et le soir de 19h à 21h. Menus de 18 € à 34 €.

Cet établissement est une véritable institution sisteronnaise qui a su se forger une réputation grâce à un accueil chaleureux et à la gastronomie qui sont au centre des préoccupations de la maison. On se laisse charmer par les pierres apparentes et la cheminée de la salle de restaurant, sans oublier la terrasse qui constitue une agréable halte au cœur de la vieille ville, parfaite comme point de chute touristique. Au menu, une cuisine régionale avec notamment des spécialités du pays comme l'agneau de Sisteron, les fameux pieds-paquets ou des plats de poisson.

HÔTEL-RESTAURANT LA MAGNANERIE & CÔTÉ BISTRO €€

RN 85, Les Fillières - **AUBIGNOSC**
✆ 04 92 62 60 11 - www.la-magnanerie.net

Restaurant ouvert du mercredi au dimanche midi et soir. Menus midi de 25 à 31 €. Chambre double à partir de 86 €. Wifi.

Cet accueillant hôtel de charme, au cœur des Alpes de Haute Provence, s'est doté récemment d'un restaurant *Côté Bistro,* où l'on déguste une cuisine bistronomique de terroir à base de produits frais. La carte change au fil des saisons mais garde toujours une touche sud américaine, une volonté du chef franco-argentin. Le tout à des prix abordables. Vous prendrez place dans une très belle salle lumineuse, moderne sur tons de gris ou encore dans le jardin aux beaux jours.

LE MAS DES SAVEURS €€

55, place Paul-Arène
04 92 61 01 83
www.le-mas-des-saveurs.fr

Ouvert toute l'année. En saison ouvert 7j/7. Carte 43 € environ par personne. Terrasse.

Une grande terrasse ensoleillée en après-midi avec un parking juste devant, en plein centre-ville : l'accès au Mas des Saveurs est aisé. Le chef cuisine les produits locaux de saison et revoit sa carte 3 fois par an. Le plat du jour, quant à lui, change au quotidien. L'agneau de Sisteron est la signature de l'établissement, décliné sous toutes ses formes. Une cuisine semi-gastronomique des plus raffinée. À noter la vente à emporter de foie gras maison pour lequel Sébastien Rochel a été récompensé par un prix au Concours des foies gras des Challenges Culinaires.

RESTAURANT LA VOÛTE €€

113, rue Saunerie
04 92 35 08 13

Du mercredi au dimanche le midi et le soir. En hiver, fondue 16 € et raclette 22 €. Viandes au feu de bois dès 15 €.

Idéalement situé dans la rue piétonne principale de la vieille ville, ce restaurant se niche sous de vieilles voûtes en pierre, créant une atmosphère étonnante et on peut le dire... envoûtante ! Très belles cartes proposant des recettes à base de produits de la région. Pour les froides journées hivernales, spécialités montagnardes. Spécialités de viandes au feu de bois : andouillette de Sisteron, bavette ou encore côte d'agneau de Sisteron. Belle carte de pizzas, elles aussi cuites au four de bois. On aime l'ambiance de ce restaurant et son côté familial.

L'HORLOGE KA'FÉ

3, Place de l'horloge
06 03 94 77 28

Ouvert toute l'année. Tous les jours. Grignotages de 6,50 à 24 €. Wifi gratuit. Terrasse. Concerts.

À deux pas de la tour de l'horloge et donc de la vieille ville, ce bistrot d'angle est un repère chaleureux où se poser pour un moment détente, bavardage entre amis ou amusement en soirée le week-end. On adore la décoration intérieure un brin bohème qui fait que l'on se sent tout de suite bien. De jeunes familles et jeunes gens aiment s'y attabler et c'est pour ainsi dire le seul café de Sisteron dans ce style urbain et moderne. De nombreuses soirées et animations y sont proposées. Un lieu qui bouge, plein d'avenir, qui apporte un souffle d'air frais sur la ville.

PÂTISSERIE LES AMANDINES

131, rue de Provence
04 92 61 02 19

Ouvert tous les jours en haute saison et du lundi au samedi en basse saison. Le dimanche matin.

Graziella nous accueille pour découvrir les créations d'Olivier Beltramini, comme le cake au chocolat à base de pâte à tartiner maison et de noix de coco. Il faut dire que depuis 30 ans ce salon de thé, pâtisserie, glacier, chocolatier ne compte plus ses habitués. Qui n'a pas goûté à sa brioche sisteronaise, ses chocolats, sa viennoiserie pur beurre, son panettone et à ses glaces artisanales ? Que du fait maison à base de produits rigoureusement sélectionnés. Ne partez pas sans une confiture comme celle au citron fenouil ou encore potiron épices. Que du plaisir !

BOUCHERIE COLETTE ET MANUEL

46, rue Droite
04 92 61 00 44
boucheriecoletteetmanuel.fr

Fermé dimanche et lundi. Ouvert de 7h à 12h30 et de 15h à 19h.

Qualité et artisanat ne sont pas de vains mots. La boucherie Colette et Manuel a donné l'exemple de l'excellence depuis plus de 20 ans grâce à l'ancien président des bouchers des Alpes-de-Haute-Provence. Elle compte bien perpétuer cette philosophie sous l'égide de Marie et Jean, ses nouveaux propriétaires. La quasi totalité des produits sont faits maison. Un coin épicerie fine avec une jolie sélection de vins. En projet : la livraison de viande à domicile avec traçabilité...

LE PETIT JABRON

310, route de Noyers
04 92 62 89 89
lepetitjabron.pagesperso-orange.fr/

Vente à la ferme : du lundi au vendredi de 7h à 11h30. Marché de Sisteron samedi matin, de Saint-Auban dimanche matin.

Installée depuis 1984, la famille Donneaud élève dans cette ferme plus de 200 chèvres provençales et fabrique un fromage de qualité. Produit phare : le petit Jabron, un fromage de chèvre nature qui s'apprécie à chaque stade de son affinage : frais, demi sec, crémeux ou sec, car c'est la durée d'affinage qui déterminera la texture et la saveur du fromage. Du nom de la rivière qui coule près de la ferme il se décline au poivre ou à la sarriette. Excellent ! Elle élabore aussi un fromage similaire au Banon et d'autres fromages aux herbes, basilic, citron et miel.

LA TASTE

224, rue Droite
✆ 04 92 61 28 99

Hors saison, ouvert tous les jours de 9h à 12h15 et de 15h à 19h15. En saison, ouvert non stop de 9h à 19h15.

La Taste existe déjà depuis plus de 35 ans et ses produits régionaux, rigoureusement sélectionnés par Thierry le maître des lieux, sont toujours d'aussi bonne qualité. Cette épicerie fine provençale répond à tous les goûts et à tous les budgets. Au choix : vins fins, apéritifs, liqueurs, senteurs, cosmétiques, céramiques, cadeaux d'entreprises. Thierry est en perpétuelle recherche d'authenticité et d'originalité pour ses produits. Il est aussi de bons conseils, et sait bien que rien ne vaut une bonne dégustation plutôt qu'une longue explication !

SENTIER BOTANIQUE DU MOLARD

✆ 04 92 61 36 50

Durée du parcours : 3h environ. Départ derrière la Gendarmerie. 7 stations présentent le milieu forestier.

De nombreuses randonnées pédestres permettent de parcourir les environs de Sisteron. Le « sentier botanique du Molard » est l'un d'eux, que nous vous recommandons vivement, pour son accessibilité, sa beauté naturelle et son aspect ludique. D'une durée deux heures et demi à trois heures environ, il est facile à parcourir avec son balisage de GR6 rouge et blanc, ainsi qu'un balisage ONF. Tout le long, vous découvrirez 7 stations présentant le milieu forestier et ses essences.

Vous allez donc parcourir le massif du Molard, dont la forêt couvre 25 ha échelonnés de 500 m à 748 m d'altitude. Situé aux portes de Sisteron, qu'il domine de sa prestance, il est son jardin, son poumon vert. Il représente un exemple remarquable de régénération du milieu végétal et de protection de l'environnement. Prendre le sentier botanique dénommé « montée du Molard » en lisière de la forêt communale de Sisteron. Le suivre jusqu'au bout. Prendre à droite sur le sentier touristique des Cèdres. Après quatre lacets et une ligne électrique, aller à gauche vers la crête du Molard. Continuer à l'adret de celle-ci jusqu'à la table d'orientation qui permet d'observer l'ensemble du pays sisteronais. Vous trouverez à proximité un petit refuge. Ne pas descendre vers Sisteron par les Combes, mais continuer en crète. Au croisement, à hauteur du pylône à haute tension, poursuivre tout droit vers le point culminant du Molard. Redescendre sur Sisteron soit par le chemin emprunté, soit par les Combes.

LA MOTTE-DU-CAIRE

Au fin fond des Alpes-de-Haute-Provence s'étendent les territoires encore préservés des Hautes Terres de Provence, qui rassemblent une bonne vingtaine de villages perchés à des altitudes variant de 600 m à plus de 1 200 m. Bordés par la Durance à l'ouest et au nord, et côtoyant les environs de Sisteron au sud, les cantons de La Motte-du-Caire et de Turriers se distinguent par une tradition agricole qui maintient une vie rurale autour de l'agriculture céréalière et fruitière, ainsi que de l'élevage. Environ 3 200 habitants résident à l'année dans de tout petits villages – des hameaux, parfois – qui ont conservé toutes leurs traditions.

Histoire

Le nom du village, tel qu'il apparaît pour la première fois dans les textes en 1168 (*la Mota*), fait référence à une colline, ou une construction au sommet d'une colline. La référence au village voisin, Le Caire, est officialisée en 1988. Pour remonter l'Histoire plus ancienne de ces terres, La Motte-du-Caire fait partie des gros bourgs que les comtes de Provence tenaient à garder jalousement sous leur influence. La peste bubonique, le passage dévastateur de Raymond de Turenne qui pilla et ravagea le pays, les guerres de Religion et la Révolution ne laissèrent que quelques vestiges dans la région. Rien n'abattit jamais cependant ces villages de l'arrière-pays, et les XVIIe et XVIIIe siècles furent des périodes de prospérité. L'autarcie était alors de règle : tout ou presque était produit sur place depuis le plâtre rouge pour bâtir les maisons en passant par la laine, les cordes de chanvre, le miel et jusqu'à l'huile de noix et le vin. De ce bel équilibre rompu par la révolution industrielle s'ensuivit l'exode rural. Mais la ténacité des agriculteurs fut telle que dès 1960 l'agriculture s'intensifia grâce à l'irrigation et à l'aspersion, donnant un nouveau visage à ces campagnes authentiques. Il faut parcourir patiemment cette région d'histoire et admirer sa beauté, loin de toutes formes de pollution et d'agression contemporaines. Pour des vacances inoubliables sur une terre sauvage.

LE CAFÉ DE LA POSTE €

Place Pied-de-Ville

✆ 04 92 68 30 54

Ouvert toute l'année. Tous les jours en haute saison et du mardi au dimanche en basse saison. Menu à partir de 15 €.

Ce café-restaurant-pizzeria vous permettra de déjeuner d'un plat du jour le midi réalisé en fonction des produits de saison et d'excellentes grillades. Il se transforme en pizzeria le soir avec un beau choix, et le jeudi midi c'est l'aïoli ! Le rapport qualité/prix est particulièrement compétitif. L'ambiance y est très conviviale, en particulier lors des soirées karaoké ! Malheureusement, ses jours et heures d'ouverture sont assez aléatoires, en particulier hors saison où il n'est pas toujours facile de le joindre pour réserver… N'hésitez pas à insister !

CHÂTEAU-ARNOUX-SAINT-AUBAN

Sa position favorable sur les rives de la Durance et sur une route fréquentée motive l'implantation d'un château, nommé d'après l'un de ses premiers châtelains. Avec plus de 5 000 habitants, l'agglomération formée par le regroupement de Château-Arnoux et de Saint-Auban constitue désormais la 4e ville des Alpes-de-Haute-Provence. Centre international de vol à voile, elle est riche en événements culturels. Ne pas manquer, entre autres, son festival de jazz ! Aujourd'hui, son château Renaissance abrite la mairie. Construit au début du XVIe siècle par Pierre de Glandevès, il est flanqué de quatre tours. Son parc, aménagé en arboretum, est magnifique.

OFFICE DE TOURISME ET BASE VTT DU VAL DE DURANCE

Ferme Font-Robert, Avenue de la Bastide

✆ 04 92 64 02 64

Ouvert toute l'année. L'été : du lundi au dimanche matin de 9h30 à 12h30 et de 14h30 à 18h30. Locations de VTT.

Le BIT du Val de Durance est associé à celui de Provence Alpes de Digne-les-bains, auquel vous pouvez vous adresser en cas de fermeture sur place. À côté des nombreux renseignements et dépliants pratiques ou touristiques qu'il fournit, il gère également une Base VTT importante avec espace de locations de VTT et assure également la commercialisation de séjours plus ou moins longs en VTT tout compris avec hébergement. Plus de renseignement sur le site officiel de l'OT de Digne-les-bains.

RÉSERVE ORNITHOLOGIQUE DE HAUTE-PROVENCE

sentier du tour du lac

✆ 04 92 64 02 64

Accès libre toute l'année. Balade du tour du lac, environ 10 kilomètres avec nombreux points d'observation.

Cette réserve ornithologique, située en plein cœur de la Haute-Provence, est un site d'exception, constitué de trois zones humides artificielles situées sur les territoires des communes limitrophes de Château-Arnoux - Saint-Auban, Volonne, l'Escale, Malijai et les Mées. Selon la période de l'année, 140 espèces différentes d'oiseaux peuvent y être observées. Cette réserve concentre plus de 56% des espèces d'oiseaux présentes dans le département, ainsi que plus de 56% des espèces d'oiseaux nicheurs identifiées comme menacées dans la région PACA. Ces oiseaux sont souvent dissimulés dans l'enchevêtrement des roselières, ou cachés dans les bosquets sauvages bordant les zones humides et, parfois même, bien camouflés dans les bancs de graviers de la Durance.

D'autres espèces, moins craintives se laissent admirer sur la surface des eaux du lac. L'office de tourisme de Château-Arnoux propose gratuitement des dépliants décrivant une éco-balade intitulée « de la Ferme à la Chapelle, au fil de l'eau » avec le positionnement des 12 sites, sur un sentier du tour du lac faisant environ 10 kilomètres, qui ont été valorisés dans une « application Ecobalade », disponible sur smartphone (et très pratique pour découvrir d'autres belles balades !). Plantes, arbres, insectes, mammifères, et reptiles voire mollusques présents sur son trajet, y sont décrits pour les promeneurs. À télécharger directement sur : www.ecobalade.fr/balade/balade-chateau-arnoux-04. Exceptionnel !

L'OUSTAOU €€

Les Petites Filières

✆ 06 67 81 50 61

restaurant-oustaou.fr

Ouvert toute l'année. Chambre double de 55 € à 70 €. Petit déjeuner : 5 €. Animaux acceptés.

Si vous êtes amoureux des pierres, cette chambre d'hôtes est faite pour vous. Située dans un ancien mas à la sortie de Château-Arnoux, Camille vous accueille dans ses 5 chambres, 4 doubles et 1 familiale, au grand confort avec Internet et des salles de bains avec douches italiennes. Une décoration moderne se mélange harmonieusement avec les pierres de la bâtisse. Vous trouverez un grand espace de verdure autour, avec une terrasse où vous seront servis chaque matin des petits déjeuners d'inspiration italienne avec de belles découvertes.

HÔTEL LA BONNE ÉTAPE**** €€€

Chemin du Lac © 04 92 64 00 09

Relais & Châteaux. 18 chambres. Chambre double jusqu'à 445 €. Suite jusqu'à 590 €. Petit déjeuner : 24 €. Wifi. Piscine.

La Bonne Étape fait partie intégrante du patrimoine de Château-Arnoux-Saint-Auban. Un écrin de confort luxueux en haute-Provence, issu de l'histoire familiale de Jany Gleize, chef étoilé du restaurant attenant. 18 chambres allant de la standard à la supérieure avec terrasse, des suites, dans une bastide d'époque bien entretenue et régulièrement rénovée. Un séjour privilégié où l'on profite de la piscine extérieure, de la terrasse pour un verre et où l'on admire le potager. La garantie d'un séjour merveilleux tout confort, avec des équipes aux petits soins.

LA BONNE ÉTAPE €€€

Chemin du Lac

© 04 92 64 00 09

www.bonneetape.com

Relais & Châteaux. Maître Restaurateur. 1 étoile Michelin. Ouvert du mercredi au dimanche midi et soir. Menus 75 à 155€.

L'excellence depuis 1964 et étoilé depuis plus de 50 ans : bienvenue à la Bonne Etape, où convivialité et authenticité, gastronomie et harmonie se conjuguent avec brio. Jany Gleize y régale depuis des décennies les innombrables convives venus prendre place dans ce cadre chaleureux, autour de tables remarquablement dressées, pour profiter de cette parenthèse gustative qui laisse place à une cuisine de tradition qui éveille l'émotion. Jany, entouré de sa fille et sa brigade, s'inspire des merveilles du potager, sélectionne ses viandes et ses poissons rigoureusement.

PIZZERIA LA CASA MIA €

10, avenue du Général-de-Gaulle

© 04 92 62 63 96

Ouvert toute l'année. Du lundi au samedi uniquement le soir. Pizzas de 12 € à 17 €. Terrasse.

L'accueil de Valérie et Christian est toujours aussi chaleureux, et les pizzas de Yannick sont extra. Vous choisirez à votre convenance l'une des 15 qui sont proposées, toujours copieuses, savoureuses et cuites à la minute dans le four à bois visible en fond de salle. Vous prendrez place dans une ambiance cosy où se mêlent rustique et notes modernes ou encore, aux beaux jours, sur la sympathique terrasse. Il faut dire qu'on est chouchouté par les maitres des lieux. Pour les inconditionnels, vous pourrez déguster également des lasagnes bolognaises faites maison.

LES MÉES ★★

Au Moyen Âge, sur le territoire des Mées, grâce à la présence de 2 prieurés, celui de Paillerols, dépendant de l'ordre de Chalais et celui de Saint-Michel, dépendance de Ganagobie, de l'ordre de Cluny, l'olivier s'est développé en nombre et en qualité : les moines apportaient énormément de soins et d'attention à toute sa culture. Et puis, il y a l'église des Mées, dont la première construction semble dater de la fin du XIVe siècle. Appelée Notre-Dame-de-l'Olivier depuis l'an 1400, elle prouve l'importance de cet arbre. Mais LA curiosité de la région, ce sont les Rochers des Mées, un cortège impressionnant dont certains atteignent une hauteur de 100 m.

BISTRO GABY €€

14, Avenue Général de Gaulle

© 04 92 64 48 48

www.bonneetape.com/fr/bistrot.html

Du vendredi au mardi le midi et le soir. Réservation recommandée. Carte : 38 € environ. Terrasse.

Le Bistro Gaby, c'est la version bistrot de la Bonne Étape. Un restaurant créé là où la grand-mère du chef Jany Gleize, Gabrielle, cuisinait autrefois. C'est donc une sorte d'hommage à cette dame qui aimait la bonne cuisine, que l'on vient ici apprécier une cuisine régionale et traditionnelle, bien mijotée et présentée avec élégance. Nous avons adoré la rillette maison présentée sur une tartine grillée surmontée de pickles d'échalotes et graines de moutarde. En plat, la daube servie dans sa cocotte était exquise. Une table accessible à tous et délicieuse.

ÉCO-MUSÉE DU PIGEONNIER

Les Bourelles

© 04 92 34 04 80

www.moulinarizzi.com

Ouvert toute l'année. Gratuit. Visite libre du pigeonnier et Visite guidée du moulin à huile, sur rendez-vous.

En Haute-Provence, les pigeonniers sont nombreux et variés. Le pigeonnier des Bourrelles, qui est de taille particulièrement importante, est un magnifique témoignage architectural d'une activité d'élevage rurale autrefois de première importance économique. Il est situé dans le magnifique domaine oléicole du Moulin Arrizi. Entièrement restauré par ses propriétaires, l'association les Amis des Mées y a installé dans la pièce basse un mini-écomusée des pigeonniers de Haute-Provence. Dans la partie haute, les pigeons continuent d'y vivre et d'y roucouler.

CAMPING LITTLE CARPE DIEM*** €€

Hameau Les-Pourcelles ✆ 04 92 34 18 97
www.littlecarpediem.com

Ouvert de Pâques à fin septembre. Emplacement pour 2 personnes de 16 € à 51 € (location de tentes). Bar avec licence IV.

Pour un séjour en toute sérénité, vous pourrez profiter ici d'un environnement parfaitement entretenu au milieu de beaux oliviers tri-centenaires et de bâtiments parfaitement entretenus bien intégrés dans leur environnement. L'engagement en faveur de l'environnement se traduit par une attention particulière portée à l'aménagement paysager et aux économies d'énergie. Le camping offre aussi en location à la nuitée des tentes dôme pour 2 personnes et des tentes safari jusqu'à 5 personnes.

LA MARMITE DU PÊCHEUR €€

Boulevard des Tilleuls
✆ 04 92 34 35 56
www.lamarmitedupecheur.com

Maître Restaurateur. Ouvert toute l'année. Du jeudi au lundi midi et soir. Menus de 42 à 62 €. Menu du marché midi 29 €.

Depuis janvier 2019, Romain Maldonado et Vincent Pelaia vous reçoivent avec toute leur équipe dans le joli décor contemporain de cet ancien moulin restauré. Plusieurs menus imaginés avec finesse pour découvrir la cuisine du chef dont le « Entre Terre & Mer » qui allie délicatement carpaccio de poulpe, la soupe de poissons, un jaune d'œuf fumé au foin et confit au balsamique... C'est la cuisine de haute voltige. La bouillabaisse en trois services fait partie des spécialités incontournables de la maison. Une adresse garantie pour des émotions gustatives.

AUX RÊVES DES MÉES €€

chemin des Varzelles ✆ 06 29 45 20 87
www.auxrevesdesmees.fr

Ouvert toute l'année. Nuitée à partir de 180 €. Semaine à partir de 650 €. Possibilité repas. Bain bouillonnant.

Entre vergers et oliviers, Nadège vous accueille chaleureusement dans sa chambre douillette de charme avec spa, à seulement deux kilomètres du village dans un environnement préservé, face aux pénitents. Tout est conçu pour rendre votre séjour romantique et enchanté. Nadège chouchoute ses hôtes. On s'y sent comme à la maison. Cocktail de bienvenue, ambiance feutrée, décoration soignée, lumière tamisée, grandes baies vitrées, spa privatif, terrasse, petits déjeuners maison, sans oublier le repas qui vous attend au frais le jour de votre arrivée. Incontournable !

MIEL ET UNE TENTATIONS

Chemin des Varzelles
✆ 06 75 54 46 25
www.mieletunetentations.com

Ouvert du lundi au jeudi de 9h à 18h ; le vendredi de 15h à 18h. Boutique en ligne.

Apiculteurs depuis des générations, Christophe et Pierre prennent soin des ruches et des abeilles, Delphine s'occupe du développement commercial de la marque Miel et Une Tentations. Les miels de crus traditionnels sont tous récoltés en France et mis en pot aux Mées, ainsi que des miels bio, tous originaires du Piémont italien. Ni mélangés, ni pasteurisés, ils sont tels que récoltés à la ruche, pour conserver leurs qualités gustatives. Miels de romarin, d'acacia, de châtaignier, de lavande sont récoltés aux époques de floraison correspondantes.

Les Mées.

MOULIN DES VARZELLES

Chemin des Varzelles
✆ 06 87 81 75 85
www.moulindesvarzelles.fr
En été : ouvert du lundi au samedi de 10h à 12h et de 15h à 18h. Hors saison sur rendez-vous.

Au pied des célèbres Pénitents, ce moulin a vu le jour il y a six ans sur l'exploitation agricole de Jean-Louis Sauvy. De ses quelque onze hectares d'oliviers cultivés en agriculture biologique, il produit près de 6 000 l d'huile : de l'AOP Haute-Provence fruité vert ainsi qu'un fruité doux huile d'olive de France. Dans la boutique attenante au moulin, près d'une centaine de produits sont également en vente. Vous y trouverez notamment des huiles aromatisées, des tomates confites, divers jus de fruits... Idéal pour remplir son panier de délicieux produits !

MOULIN FORTUNÉ ARIZZI

Le Mas-des-Pins ✆ 04 92 34 04 80
www.moulinarizzi.com
Ouvert du lundi au samedi de 8h à 12h et de 14h à 18h, le dimanche matin d'avril à fin septembre. Visite possible.

Vous dégusterez ici dans le Moulin Fortuné Arizzi, magnifique propriété, l'une des meilleures huiles d'olive de France issue de l'assemblage Aglandau, Picholine et Frantoio. En cinquante ans d'expérience, ce moulin a su se doter d'une solide réputation qui dépasse les frontières. Vingt-huit hectares, 8 000 oliviers composent ce superbe domaine au cœur de la Haute Provence et au sein d'un mas typiquement provençal lové au sein d'un parc arboré. Vous aurez la possibilité de coupler la visite avec celle de l'écomusée du pigeonnier, pièce maitresse du domaine.

SENTIER DE DÉCOUVERTE DES PÉNITENTS

Accès libre et balisé depuis le cœur du village ou l'aire de repas en bordure de départementale.

Surplombant le village des Mées de manière spectaculaire, les Pénitents sont une curiosité naturelle et géologique que l'on vient admirer de loin. Ces rochers arrondis et allongés de taille imposante se sont formés par l'érosion d'une matière naturelle appelée poudingue. Un sentier très bien balisé vous permettra une balade, parfois pentue, à la découverte de ce massif témoin de la formation des Alpes. La faune et la flore y sont très riches. Émerveillement garanti.

PEYRUIS

Peyruis est dominé par les vestiges de son château féodal démantelé pendant la Révolution. Les restes de son enceinte sont imposants et témoignent de l'existence passée une véritable forteresse. Dans le village qui a conservé son charme d'antan, vous découvrirez de jolies rues piétonnes, des ruelles étroites aux maisons perchées et de nombreuses fontaines dont les eaux de source déversent une fraîcheur bienfaisante durant les chaleurs estivales. L'église Saint-Nicolas du XVe siècle abrite une nef romane superbement rénovée. Quelques 3000 peyruisiens profitent à l'année de ce beau cadre que vous ne manquerez pas de découvrir lors de votre visite !

LES QUATRE SAISONS €

1, avenue de la Libération
✆ 04 92 68 11 85
Ouvert toute l'année. Du mercredi au dimanche le midi et le soir. Carte : 45 € environ par personne. Terrasse.

Dans une ancienne grange ce restaurant vous accueille dans sa jolie salle moderne aux murs de pierres apparentes et abritant dans un angle le four à pizzas. Le chef vous propose chaque semaine une ardoise de suggestions, de l'entrée au dessert : moules farcies, burger au comté, jambonneau confit au miel, gnocchis sauce aux cèpes. En été, vous apprécierez une grande et belle salade repas sur la petite terrasse pleine de charme. La carte à base de produits frais et de saison fait la part belle aux producteurs de la région. Choix de glaces artisanales.

LES COMTES DE PROVENCE

11, espace Saint-Pierre ✆ 04 92 33 23 10
www.comtes-de-provence.com
Boutique ouverte du lundi au vendredi de 9h à 17h. Livraison possible. Visite des ateliers chaque mardi à 9h30, 2 €.

Les Comtes de Provence, c'est une histoire familiale de plus de 30 années d'expérience qui ont permis d'élaborer des confitures et des produits sucrés à base de fruits du bassin méditerranéen et de sucre pure canne, de façon traditionnelle dans des chaudrons pour optimiser le goût. Confitures, compotes, miels, marmelades (comme en Écosse) et une belle gamme bio (confitures, compotes, miels, fruits au sirop et confits) sont proposés en vente sur place à la boutique comme sur Internet. L'usine se visite une fois par semaine le mardi sur réservation préalable.

ALPES-DE-HAUTE-PROVENCE

LOTHANTIQUE

7, espace Saint-Pierre
✆ 04 92 68 60 30
www.lothantique.com
Ouvert du lundi au samedi de 8h30 à 12h et de 13h à 16h30. Livraison possible.

Lothantique, c'est « une plante qui ne pousse que dans les livres » selon Marcel Pagnol, elle est aussi une marque éditrice de parfums, qui produit des savons, des parfums d'ambiance et des bougies qui fleurent bon la Provence. Depuis sa création en 1920 au pied de la montagne de Lure, l'enseigne est tenue par la famille Vogade. L'usine et son magasin sont installés à Peyruis à l'espace Saint-Pierre, et si l'on peut faire ses achats en ligne, il est aussi possible d'acheter ses produits dans la jolie boutique d'Aix-en-Provence.

SAVONNERIE ARTISANALE HENRY PASCHETTA

Le Mardaric
✆ 04 92 78 61 02
Du lundi au samedi de 9h à 12h et de 14h à 18h30. Savonnerie fermée de novembre à février mais boutique ouverte.

Michel Paschetta a installé en 1979 ce moulin à huile familial. Aidé de sa femme Françoise il lui a adjoint en 1985 une savonnerie artisanale. Y sont produits des savons à base d'huile d'olive et d'huile de coco, suivant la méthode traditionnelle au chaudron marseillaise. Résultat : une gamme 100% naturelle, sans colorants ni produits de synthèse. Dans la boutique, vous trouverez des cosmétiques à l'huile d'olive et au lait d'ânesse, des huiles d'olives et d'autres produits régionaux.

VOLONNE

Le long du lac créé par la retenue d'eau du barrage de l'Escale, non loin de Sisteron, de Château-Arnoux, se déploie le village de Volonne. À proximité se trouve une petite base nautique avec location de bateaux électriques, canoë, paddle, et qui permet de s'adonner à des balades, ou à la pêche, sur le lac. Le Sentier de Découverte balisé du Tour du Lac traverse le camping, celui-ci jouxtant la grande réserve ornithologique de Haute Provence. Pour les plus fêtards, la fête se poursuit le soir dans la discothèque insonorisée du camping. La région est également très prisée des amateurs de vélo ou de randonnées, pour des vacances sportives.

LAC DE VOLONNE

Site naturel en accès libre depuis Volonne ou le hameau de l'Escale.

Le lac de Volonne, également appelé lac de l'Escale, est un plan d'eau artificiel créé par EDF par le biais d'un barrage. Aujourd'hui, ce lac offre de belles possibilités de balades faciles dans la nature. Peu importe votre condition physique, vous apprécierez de vous promener entre bois et roseaux. Les points de vue sont jolis, particulièrement au printemps. Vous pourrez également en profiter pour visiter le village médiéval de Volonne, son église du XIe siècle et les deux tours surplombant le village, offrant un très beau panorama.

GÎTES ET MAISON D'HÔTES D'ELYSA €€

2, Rue du Verger ✆ 06 86 83 04 45
www.gites-maisonhotes-elysa.fr
Clévacances (3 clés). 3 gîtes et deux chambres en maison d'hôtes. Réservations en ligne ou au téléphone.

Sylvie Ferrigno vous propose de vous héberger au cœur du village médiéval dans deux structures proches mais distinctes. Une maison d'hôtes avec deux chambres : l'une pour 2 personnes avec spa et l'autre pour 4 personnes avec balnéo. Bien équipées, elles ont accès à une cuisine également entièrement équipée. Serviettes et linge de maison sont fournis ainsi qu'un petit-déjeuner continental. L'autre structure comprend 3 gites labellisés 3 clés, bien équipés également, modernes et propres.

SUNÊLIA L'HIPPOCAMPE***** €€

7, rue de la Durance ✆ 04 92 33 50 00
www.l-hippocampe.com
Ouvert d'avril à septembre. Tarifs évolutifs, offres avantageuses sur le site web. Restaurant. Parc aquatique, jacuzzi.

Le domaine s'étend sur onze hectares et offre une ambiance chaleureuse et familiale dans un parc arboré d'oliviers et fleuri. Les emplacements sont spacieux, plats et herbeux. Le parc locatif varie du simple bungalow au mobile-home Deluxe, répondant ainsi à tous les budgets. Les superbes piscines (dont l'une chauffée en mi-saison), le toboggan aquatique offrent toutes les joies de la baignade et des jeux d'eau. Un restaurant est également ouvert durant la haute saison.

BOUCHES-DU-RHÔNE

Avec son climat privilégié, marqué par un fort taux d'ensoleillement et de rares précipitations, les Bouches-du-Rhône sont une destination idéale pour les visiteurs du monde entier. Chaque année, ce sont ainsi plus de huit millions de touristes qui débarquent avec chemisettes, shorts et sandales, pour profiter de la région et de ses atouts. Il faut dire que ces derniers ne manquent pas, tant au niveau des paysages, incroyablement contrastés que des structures d'accueil. Entre zones montagneuses des Alpilles, plages paradisiaques et territoires sauvages de Camargue, difficile de ne pas trouver son bonheur. Mais les superbes panoramas qui se déroulent entre Marseille et Arles ne sont pas les seuls arguments du département. En effet, on compte dans les Bouches-du-Rhône, plus de quatre-vingt-dix musées, des monuments antiques, d'innombrables lieux de culture dotés d'atmosphères différentes. Un département plein de surprises !

Bouches-du-Rhône

Autoroute
Nationale
Départementale
Ville
Forêt domaniale
VAUCLUSE
VAR
Vers Grenoble
Vers Digne
Vers Cannes
Vers Toulon
ORGON
Durance
Sénas
MALLEMORT
Silvacane
PUYRICARD
ROGNES
ALLEINS
AURONS
LAMBESC
SALON-PROVENCE
PÉLISSANNE
LA BARBEN
LE PUY-STE-RÉPARADE
Meyrargues
Peyrolles-en-Provence
St-Paul-lès-Durance
JOUQUES
Chaîne de la Trévaresse
Canal de Provence
Grans
LANÇON-PROVENCE
ST-CANNAT
PUYRICARD
MIRAMAS
EGUILLES
SAINT-MARC-JAUMEGARDE
VAUVENARGUES
LE THOLONET
SAINT-ANTONIN-SUR-BAYON
AIX-EN-PROVENCE
Montagne Ste-Victoire
VENTRABREN
Arc
MEYREUIL
BEAURECUEIL
PUYLOUBIER
Gardanne
ROUSSET
Berre-l'Etang
ROGNAC
Etang de Berre
VITROLLES
BOUC-BEL-AIR
FUVEAU
TRETS
St-Mitre-les-Remparts
MARSEILLE PROVENCE
CABRIÈS
GRÉASQUE
BELCODÈNE
MARTIGUES
SAINT-VICTORET
Simiane-Collongue
MIMET
MARIGNANE
LA BOUILLADISSE
SAINT-ZACHARIE
Châteauneuf-les-Martigues
SEPTÈMES-LES-VALLONS
PEYPIN
LA DESTROUSSE
AURIOL
LE ROVE
ENSUÈS-LA-REDONNE
PLAN-DE-CUQUES
l'Estaque
Chaîne de l'Estaque
ROQUEVAIRE
ALLAUCH
SAUSSET-LES-PINS
Niolon
GÉMENOS
CARRY-LE-ROUET
MARSEILLE
AUBAGNE
CUGES-LES-PINS
Iles du Frioul
LA PENNE-SUR-HUVEAUNE
ROQUEFORT-LA-BÉDOULE
CEYRESTE
CASSIS
les Calanques
LA CIOTAT
Cap de l'Aigle
10 KM

PAGES

AIX-EN-PROVENCE ★★★★

Capitale historique de la Provence, Aix-en-Provence a gardé toute sa splendeur et rayonne à bien des égards avec son patrimoine, ses célèbres calissons, ses festivals et son actualité culturelle. Ville d'eau et ville d'art depuis l'*Aquae Sextiae* de l'époque romaine jusqu'à l'*Ais* en Prouvençou du bon roi René au Moyen Âge. Dans une époque souvent qualifiée d'obscurantiste, le comte de Provence y tient une cour raffinée et lettrée. La ville devient un centre culturel et universitaire aux alentours de 1409. Une influence qui ne se démentira jamais à travers les âges. Après le rattachement du Comté de Provence au royaume de France en 1486, le Parlement de Provence y prendra ses quartiers en 1511. La Révolution française sera le point final du rayonnement politique d'Aix-en-Provence. La « belle endormie » sortira progressivement de son sommeil pour retrouver toute son aura. Paul Cézanne, l'enfant de la cité, y rencontrera Émile Zola au collège Bourbon. Le génie et la renommée du peintre vont renforcer l'image de ville d'art. Aujourd'hui Aix-en-Provence est une ville où la douceur de vivre est sans commune mesure, elle attire des touristes en toute saison. Ville universitaire enviée (Lettres, Droit, Économie, Sciences Politiques, Arts et Métiers, Beaux-Arts...), la jeunesse se presse tout au long de l'année dans les ruelles piétonnes et sur le Cours Mirabeau où les terrasses des bars, cafés et restaurants sont autant d'invitations à la *dolce vita* provençale.

CARRIÈRES DE BIBÉMUS ★★

3090, chemin de Bibémus
✆ 04 42 16 11 61
www.aixenprovencetourism.com

Visites guidées uniquement. vendredi et dimanche 18h Adulte : 17 €. Gratuit moins de 7 ans et City Pass Aix-en-Provence.

De ces carrières d'ocre lumineux, on a longtemps extrait cette pierre dorée qui prend si bien la lumière de Provence. On la retrouve sur de nombreux monuments, édifices et hôtels particuliers d'Aix-en-Provence. Ces carrières, peintes et rendues célèbres par Cézanne, ne peuvent se visiter qu'en partenariat avec l'office de tourisme de la ville, dans le cadre de visites guidées. La visite dure environ 2 heures et nécessite une bonne mobilité et de bonnes chaussures de marche. Sur place, vous admirerez un site naturel de toute beauté.

CAUMONT CENTRE D'ART ★★

3, rue Joseph-Cabassol
✆ 04 42 20 70 01
www.caumont-centredart.com

De 4 mai au 8 octobre 10h-19h. Du 10 octobre au 3 mai 10h-18h. 14,50 €. Gratuit moins de 7 ans.

Au cœur du quartier Mazarin, l'hôtel particulier Caumont qui abritait l'ancien conservatoire de musique d'Aix-en-Provence, s'est métamorphosé en un écrin somptueux de prestigieuses expositions. Pour l'inauguration en 2015, l'artiste italien *Canaletto* fut à l'honneur. Les expos se sont enchaînées *Botero, Nicolas de Staël, Sorolla, Zao Wou-Ki, Raoul Dufy*, et en 2023 *Yves Klein, l'intime*. Egalement des spectacles, des conférences. On flâne dans les jardins à la française, on s'attable dans les salons XVIIIe à l'heure du déjeuner ou du goûter.

BOUCHES-DU-RHÔNE

Aix-en-Provence.

CATHÉDRALE SAINT-SAUVEUR ★★★

34, place des Martyrs-de-la-Résistance
✆ 04 42 23 45 65
www.paroisses-aixarles.fr
Tous les jours de 8h à 19h.

La cathédrale Saint-Sauveur serait bâtie à l'emplacement d'un temple antique dédié au dieu Apollon, ce qui en fait l'édifice le plus ancien de la ville. La tradition chrétienne rapporte que saint Maximin, venu de Palestine, édifia sur le site païen une modeste chapelle en hommage à saint Sauveur. La cathédrale, dont la construction a pris tout de même près de 2 000 ans, arbore de ce fait une diversité architecturale remarquable. Sa silhouette est marquée par le beau clocher carré qui se dresse à 64 mètres de hauteur. Edifié en 1425, ce dernier fut couronné de huit clochetons en 1880. Parmi les ornements intérieurs, le triptyque du *Buisson Ardent* de Nicolas Froment (1476) situé dans la nef baroque. Il est reconnu comme un chef-d'œuvre de la peinture provençale du XVe siècle. Cézanne aimait paraît-il s'asseoir pour l'admirer. Afin de le préserver, le triptyque est présenté tour à tour ouvert et fermé selon un calendrier précis. Il est notamment visible lors des plus importantes fêtes religieuses. Entre autres trésors, le baptistère du Ve siècle remanié à l'époque de la Renaissance. Ses niches murales sont ornées de tableaux du XIXe siècle représentant les sept sacrements. Le cloître, superbement restauré, est à voir absolument. La magnificence des lieux sert d'écrin à de nombreuses formations musicales. Une autre façon de découvrir la cathédrale. Depuis 1996, la cathédrale d'Aix est jumelée avec celle de Natitigou au Bénin. L'occasion d'échanges culturels, spirituels et humanitaires entre les deux communautés.

FONDATION VASARELY ★

1, avenue Marcel-Pagnol ✆ 04 42 20 01 09
www.fondationvasarely.fr
Ouvert tous les jours et les jours fériés de 10h à 18h. Gratuit jusqu'à 5 ans. Adulte : 12 €. Tarif réduit : 9 €.

Artiste franco-hongrois avant-gardiste des années 1960, Victor Vasarely avait créé cette fondation en 1976 pour mettre l'art contemporain à la portée du plus grand nombre au coeur du quartier populaire du Jas-de-Bouffan. Ce centre « architechtonique » aux sculptures « lumino-cinétiques », pensé comme une cité futuriste du bonheur, est composé de 16 hexagones avec un escalier à double révolution. Inspiré de l'architecture Bauhaus, le bâtiment abrite une salle consacrée à l'art optique et le Centre de conservation-restauration des œuvres de Victor Vasarely.

FONTAINE DE LA ROTONDE ★★

C'est l'un des monuments les plus connus, les plus emblématiques même, d'Aix-en-Provence. Depuis 1860, date de son inauguration, la Fontaine de la Rotonde domine du haut de ses 12 mètres la place éponyme et constitue le point d'orgue du non moins fameux cours Mirabeau. Son bassin, de 32 mètres de diamètre est orné 12 lions en bronze qui semblent monter la garde. Au sommet de la fontaine, trois « grâces », qui regardent dans trois directions différentes : la Justice vers Aix, le commerce et l'agriculture vers Marseille, enfin les beaux-arts vers Avignon.

FONTAINE DES 4 DAUPHINS ★★★

Inspirée du baroque berninesque, à l'image de la place Navone, elle fut chantée par le poète Emile Sicard : « La fontaine dont l'eau reflète les dauphins est comme une couronne au milieu de la place - Un hôtel l'a fait sienne, un autre l'enlace de sa fenêtre ouverte où tremble un baldaquin ». Au cœur du quartier Mazarin et à l'écart de l'agitation, elle est composée d'un rocher fleuri de roseaux et d'un petit obélisque flanqué de quatre dauphins rejetant de l'eau. Les dauphins symbolisent le titre qui fut donné aux fils aînés des rois de France à partir de 1349.

LA FONTAINE DU ROI RENÉ ★

La perspective du cours se fixe vers cette majestueuse fontaine, dont la haute statue qui domine le cours Mirabeau est censée figurer le roi René, comte de Provence au XVe siècle- il s'agirait en fait d'un portrait de Louis XII envoyé par le sculpteur David d'Angers. La statue date de 1823 et le représente avec un sceptre et une grappe de raisin car il fut un protecteur des arts, et donna aussi un grand élan à l'élevage et à l'agriculture. Ce roi que l'on disait sage et bon avait son château à Tarascon qui – fait rare – ne fut jamais attaqué.

INTERVIEW

L'HÔTEL DE GALLIFET

L'ART COMME INVITATION AU VOYAGE EN TOUTE QUIÉTUDE

Poussant la porte de ce bel hôtel particulier du XVIIIe au cœur du quartier Mazarin, vous découvrirez un lieu exceptionnel, entièrement dédié à l'art contemporain. Dès l'entrée dans le grand jardin, à l'ombre des marronniers et des tilleuls, vous êtes saisis par *Le Nageur*, œuvre imposante du plasticien Diadji Diop, véritable ode au multiculturalisme, qui en transcendant les différences nous entraîne à laisser de côté nos a priori. Le parcours dans les différents salons propose à son tour de laisser aller le regard, de découverte en découverte et de s'attacher à en rechercher l'intention.

Nicolas Mazet l'a voulu ainsi depuis 2010, convaincu que l'art nous délivre des messages qui permettent de mieux comprendre notre époque. Se considérant davantage comme homme de théâtre que comme galeriste, il veille avec une grande exigence à ce que les expositions racontent une histoire, chaque œuvre se situant comme le personnage d'une pièce qui se joue puis se referme pour laisser la place à une nouvelle exposition. Le travail thématique en accord avec l'espace est ainsi dialogue avec les artistes.

Ouvert toute l'année, Gallifet a trouvé son public, entre carte blanche donnée l'été à un commissaire, une exposition d'un artiste de la région ou issu de la scène émergente au printemps et durant la période hivernale, au travail de métiers d'art. Les expositions successives proposent un dialogue entre la création artistique et notre époque dans le but d'apporter un éclairage singulier sur les mutations actuelles.

De plus, le lieu permet aussi de prolonger la découverte des sens et de s'attabler l'été au jardin, tranquillement entre amis, grâce au Gallifet Kitchen et ses chefs invités en résidence comme cette année Julie della Faille. Une maison où la sérénité et le luxe de la simplicité sont gage de bon goût et de bonheur.

HÔTEL DE GALLIFET - ART CENTER

52 rue Cardinale - Aix-en-Provence
✆ 09 53 84 37 61
www.hoteldegallifet.com
@GallifetAixenProvence

© GALLIFET

© GALLIFET

© GALLIFET

LA MONTAGNE SAINTE-VICTOIRE ★★★★

Sentier Handicap sur Bibémus - vue du belvédère. Maison Sainte-Victoire à Saint-Antonin-sur-Bayon (04 13 31 94 70)

A l'est d'Aix-en-Provence, Sainte-Victoire, culmine à 1 011 m d'altitude au pic des Mouches. En provençal, son nom est Venturi, sans doute d'origine ligure même si on aime y rappeler aussi la victoire du consul romain Caius Marius. Paradis des randonneurs et amoureux de la nature, on la parcourt sur de nombreux tracés et chemins. Sainte-Victoire est également connue pour avoir inspiré le peintre Paul Cézanne qui lui dédia près d'une centaine de toiles.

HOTEL PAUL** €€

10, avenue Pasteur
✆ 04 42 23 23 89
www.aix-en-provence.com/hotelpaul

Ouvert toute l'année. 23 chambres climatisées. Chambre double de 60 € à 125 €. Restaurant. Parking Pasteur à proximité.

Coup de cœur pour cet établissement récemment redécoré dans un style moderne juste à l'orée du centre-ville, à 150 mètres des Thermes et quelques pas de la cathédrale Saint-Sauveur. L'entrée aux lignes blanches et noires débouche sur une grande salle aux canapés orange confortables et son jardin attenant, un havre de paix à deux pas du fourmillement de la ville. Les chambres joliment rénovées, spacieuses et confortables promettent un agréable séjour. Celles qui donnent sur le jardin intérieur sont un peu plus chères. Seul bémol : le stationnement.

MUSÉE GRANET ★★

Place Saint-Jean de Malte
✆ 04 42 52 88 32
www.museegranet-aixenprovence.fr

Ouvert du mardi au dimanche de 12h à 18h. Gratuit jusqu'à 18 ans.

Situé dans l'ancien prieuré de l'ordre de Malte et jouxtant l'église Saint Jean de Malte, le Musée Granet présente ses collections permanentes des Primitifs à la Renaissance jusqu'aux chefs-d'œuvre d'art moderne. Cézanne figure en bonne place dans le musée. Des expositions d'envergure internationale sont programmées : à l'automne, une collection de peintures napolitaines du XVIIe siècle. Dans la chapelle des Pénitents-Blancs jouxtant le musée, se trouve la collection Planque, superbe, avec près de 300 chefs-d'œuvre de Picasso, Dubuffet, Renoir, Monet ou encore Gauguin.

LE MAS DES ÉCUREUILS*** €€

1170, petite route des Milles
✆ 04 42 24 40 48
www.lemasdesecureuils.com

Chambre double standard à partir de 86 €. Chambres supérieures dès 160 €. Parking inclus. Wifi gratuit. Restauration.

Situé à 5 km du centre historique d'Aix-en-Provence, cet hôtel-restaurant de charme niché dans une belle pinède, à l'écart du bruit, est une invitation au bien-être. L'été on profite des extérieurs, sieste dans un hamac, plongeon dans la piscine. En toute saison, on apprécie le hammam. En famille ou entre amis, on ne s'ennuie pas au Mas des Écureuils ! Les chambres sont confortables, quelle que soit la catégorie, certaines ont une terrasse privative… Le plaisir d'être ici se prolonge à la Table du Mas, l'été les repas sont servis sur la terrasse.

PARC JOURDAN

Avenue Jules-Ferry

Ouvert tous les jours et les jours fériés à partir de 9h. Le soir fermeture entre 17h et 20h30 selon la saison. Gratuit.

Au sud de la ville, c'est le parc où l'on musarde dans les allées gravillonnées et on lézarde sur les pelouses en été. Ses 4 hectares furent aménagés en deux niveaux et inaugurés en 1935. La partie basse du jardin est traitée dans le style classique des jardins à la française et reliée par un double escalier d'eau monumental à la partie haute qui est aménagée en jardin romantique. L'Oustau de Prouvènço, y est le siège d'expositions autour des traditions provençales. Aux beaux jours, le parc accueille des manifestations comme le Salon Vivre Côté Sud début juin.

LES QUATRE DAUPHINS*** €€

54, rue Alphéran-Roux ✆ 04 42 38 16 39
www.hotel-aix-lesquatredauphins.fr

13 chambres : simple 79-109 €, double confort 99-145 €, double standard 99-125 €, triple 139-179 €. Petit déjeuner 12€.

L'Hôtel des Quatre Dauphins est un établissement de charme, notre coup de cœur pour se loger à deux pas du musée Granet et du centre d'art Caumont. Les chambres se répartissent sur trois étages desservis par un bel escalier, orné de miroirs soleil. Des chambres raffinées où le confort est partout présent : déco soignée, éclairage tamisé, jolies tentures, parquet en bois, salles de bains contemporaines. Certaines sont plus intimes, notamment les chambres mansardées qui font de petits nids romantiques avec vue sur les toits d'Aix. L'accueil est chaleureux.

BOUCHES-DU-RHÔNE

SITE MÉMORIAL DU CAMP DES MILLES ★★★

40, chemin de la Badesse
✆ 04 42 39 17 11
www.campdesmilles.org
Ouvert tous les jours de 10h à 19h. Durée de visite : environ 2h30. Gratuit jusqu'à 9 ans.

Seul grand camp français d'internement et de déportation encore intact aujourd'hui, le camp des Milles est depuis 2012 un musée d'Histoire et des Sciences de l'Homme innovant et unique en France, un lieu d'histoire et de réflexion. Un patrimoine historique à double titre puisque, avant de devenir un camp d'internement, ce fut une tuilerie en 1882 qui participa à l'essor industriel régional et dont l'activité reprit après-guerre, en 1947, pour cesser en 2006.

C'est pour les faits qui s'y sont déroulés pendant la Seconde Guerre mondiale que ce lieu mérite absolument une visite. Dès 1939, c'est une tragique histoire en trois volets qui se déploie entre les murs en briques de cette usine désaffectée. Fermée et laissée à l'abandon à cause de la récession économique, la tuilerie est réquisitionnée par la IIIe République, qui décide d'y enfermer les citoyens issus de pays ennemis vivant sur le territoire national. En grande majorité Allemands et Autrichiens, les internés au camp des Milles sont des intellectuels, des scientifiques, des écrivains, des journalistes, des hommes politiques... Preuve de la grande confusion et du climat xénophobe de l'époque, ces hommes sont, pour la plupart, des antifascistes ayant fui la politique antisémite d'Hitler. Parmi les internés se trouvent aussi de nombreux artistes, dont certains sont reconnus internationalement (Max Ernst, Hans Bellmer). Ils laissent une trace de leur passage avec la création d'œuvres d'art que l'on peut, aujourd'hui encore, admirer sur les murs du camp.

En 1940, après la défaite de la France contre l'Allemagne, le pays est coupé en deux. La zone qui n'est pas occupée par les Allemands est dirigée par le gouvernement de Vichy, qui réutilise les lieux et en fait un camp de transit, où se côtoient dans des conditions extrêmement difficiles plus d'une trentaine de nationalités. Ce sont des milliers de personnes, considérées comme des indésirables, qui viennent surpeupler le camp et que Pétain veut expulser. Certaines cherchaient à rejoindre le port de Marseille afin de prendre un bateau pour les États-Unis, et gardent l'espoir de quitter un jour le camp et la France.

À partir de 1942, Pétain accepte de livrer aux nazis les juifs présentés comme « étrangers » vivant en zone non-occupée. Le camp des Milles se transforme en camp de déportation et devient un rouage de la machine de mort nazie. C'est l'aboutissement tragique d'un engrenage qui s'est enclenché trois ans plus tôt. Pétain accepte non seulement de procéder à la déportation des populations juives considérées comme étrangères vivant sur le territoire, mais son zèle antisémite le pousse aussi à proposer, sans que cela ne lui soit demandé, de livrer les enfants juifs. Les déportés se font appeler dans la cour, certains tentant, dans un dernier geste désespéré, d'échapper à leur destin tragique. En août et septembre 1942, les déportations se succèdent au camp des Milles. Au total, 2 000 hommes, femmes et enfants juifs sont transférés vers le camp de Drancy puis envoyés à Auschwitz, où une mort certaine les attend. Le gouvernement de Vichy se rend complice de la Shoah en livrant ces innocents à ceux qui vont devenir leurs bourreaux.

Le camp des Milles est aujourd'hui un lieu de mémoire ouvert au public, que l'on visite avec beaucoup d'émotion tant l'atmosphère y semble inchangée. L'exposition se déroule en trois parties. La première est consacrée à l'histoire du lieu et aide à mieux comprendre l'époque particulière à laquelle ces événements tragiques se sont déroulés. Elle présente l'histoire collective du camp en l'illustrant par des destins individuels, et propose de découvrir le contexte ayant mené à la montée des périls en Europe et d'approfondir les thèmes du régime Vichy, de la Shoah, de l'antisémitisme, etc. La seconde partie de l'exposition est consacrée à la visite du camp d'internement. Sur trois niveaux, la découverte des bâtiments principaux de la tuilerie donne un aperçu de ce qu'ont vécu les internés. Des témoignages, vidéos et documents complètent la visite et aident à se représenter le quotidien difficile de ces hommes et de ces femmes. On découvre, intactes, les traces qu'ils ont laissées de leur passage, notamment les peintures qui recouvrent les murs du réfectoire des gardiens. La troisième partie propose un volet axé sur la réflexion, pour tenter de comprendre les mécanismes humains de l'horreur et les engrenages qui peuvent aboutir à un crime de masse, dans le contexte de la Seconde Guerre mondiale mais aussi des génocides arménien et rwandais, et surtout dans la société actuelle. Pédagogique, cette partie de l'exposition questionne nos fonctionnements individuels et collectifs et interroge les consciences. Comment retenir les leçons du passé face à la montée des intolérances et des extrémismes pour éviter que l'histoire ne se répète ? Quelles sont les résistances possibles ? Pour finir, le musée accueille une exposition nationale consacrée aux enfants juifs déportés de France, réalisée par Serge Klarsfeld. La visite se termine lorsque l'on emprunte le Chemin des Déportés, qui mène à un wagon-souvenir installé là où avaient lieu les départs pour Auschwitz.

Le Site-mémorial est un lieu de mémoire et d'éducation à la citoyenneté, au parcours muséographique interactif et pédagogique, avec ateliers et conférences, un musée citoyen à découvrir en famille.

BOUTIQUE HÔTEL CEZANNE**** €€€

40, avenue Victor-Hugo
✆ 04 42 91 11 11
www.boutiquehotelcezanne.com
55 chambres, à partir de 135 €. terrasse en été. salle de séminaire 13-15 personnes.

Entièrement rénové depuis cette année, l'hôtel mérite bien ses 4 étoiles : toutes les chambres sont différentes, dans des teintes douces et chaleureuses, de l'ocre, du vert olive, avec pour certaines la signature de Paul Cézanne en frise, un panneau art déco, de beaux luminaires, du mobilier en bois de la maison Collinet et des produits L'Occitane. Petit salon cosy à l'entrée, salle à manger aux fauteuils en rotin, et jolie terrasse en été, tout est fait pour votre confort.

LA MAISON DAUPHINE €€€

14, rue du 4-Septembre
✆ 06 51 06 18 75
www.maisondauphine.com
Haute saison à partir de 275 € la nuit. En basse saison, 185 € la nuit.

Cette maison bourgeoise du XVIIe siècle propose trois appartements de charme dans les étages. Une maison d'hôtes différente puisque Véronique Kadri, la propriétaire est aussi galeriste et vous accueille au milieu des œuvres d'art moderne, peinture, photos et objets qu'elle a chinés avec passion. L'ambiance est feutrée, la déco design et raffinée, le cadre chic et élégant. Elle répondra à toutes vos demandes - réservation de tables... et saura toujours vous conseiller judicieusement. Petit déjeuner offert si la réservation est faite en direct.

HÔTEL LE PIGONNET***** €€€

5, avenue du Pigonnet
✆ 04 42 59 02 90
www.hotelpigonnet.com
48 chambres. Double de 350 à 550 €. Suite à partir de 1000€. Label Esprit de France. Animaux acceptés. Restauration.

Cette bastide de charme affiche 5 étoiles à deux pas du centre-ville d'Aix. Les 49 chambres et suites sont meublées et décorées entre tradition et esprit contemporain. La suite présidentielle de 85 m² dispose d'une grande terrasse avec vue sur le parc et la Sainte-Victoire. Un jardin luxuriant, une belle piscine à l'écart, et pour les adeptes, l'espace détente et bien-être complet : hammam, sauna, salle de fitness. Autre atout de cet établissement : son restaurant La Table du Pigonnet où l'on s'installe avec plaisir pour goûter la cuisine de Thierry Balligand.

PORZIONE DI CAPRI €

1, Rue Fabrot
✆ 04 42 38 55 43
www.pizza-capri.fr
Ouvert toute l'année. Tous les jours de 7h à 1h. Livraison midi et soir tous les jours.

La bâche rouge et des pizzas odorantes... Pionnière de la pizza à emporter, une institution depuis 1983 à Aix, Pizza Capri a changé de nom mais ce sont les mêmes pizzas, les meilleures d'Aix, dit-on ! 4 adresses à Aix pour satisfaire la clientèle fidèle et nombreuse et un choix important de pizzas à emporter, entières ou en portions. A l'heure du goûter, on craque pour la pizza Nutella-chocolat blanc ; d'autres douceurs aussi sur la carte : la tropézienne et le sablé aux pommes. Les pizzas sont faites artisanalement, les fromages sont livrés par un fromager aixois.

MAS D'ENTREMONT**** €€€

315, route d'Avignon ✆ 04 42 17 42 42
www.masdentremont.com
Chambre double de 170 à 240 €. Appartement dès 275 €. Petit déjeuner : 25 €. Parking inclus. Wifi. Restauration.

A la sortie d'Aix, en direction de Célony, dans un écrin de verdure arboré, le mas d'Entremont (qui tire son nom du plateau et du site archéologique voisin) est un établissement cossu de grand standing pouvant satisfaire une clientèle exigeante. Les chambres sont spacieuses et confortables avec de belles salles de bains et des terrasses privatives. Tout est possible pour votre détente, piscine, tennis, espace bien-être et le restaurant gastronomique avec son nouveau chef Gael Bogourou. Allez flâner dans Le parc aux belles colonnades, jeux d'eau et nénuphars.

CHEZ CHARLOTTE €

32, rue des Bernardines
✆ 04 42 26 77 56
Ouvert du mardi au samedi midi et soir et lundi soir en été. Formule entrée/plat, plat/dessert à 20€. Menu à 24,5.

Chez Charlotte, c'est une adresse sympathique à Aix ! Ouvert il y a près d'une quarantaine d'années, la décoration est dans son jus, mais l'ambiance est décontractée avec la cuisine carrelée de blanc ouverte sur la salle. Pour profiter des beaux jours, un patio est accessible aux convives. Le principe du restaurant est simple : un menu peu onéreux, même le soir, ce qui est très appréciable à Aix, une cuisine traditionnelle faite maison. Les plats sont simples mais bons. Attention tout de même, mieux vaut réserver le week-end car le lieu est populaire.

O'GUSTUS €

7, rue des Bouteilles
✆ 04 42 21 98 37
www.ogustus.com
Ouvert du mardi au mercredi le midi ; du jeudi au samedi le midi et le soir. Formule midi 17 €.

Derrière le Palais de Justice, O'Gustus est une petite adresse qui a nos faveurs depuis ses débuts. Vincent Duplaa, le chef, fait une cuisine du marché avec des plats ensoleillés et aussi des spécialités de son Ariège natale : les pâtés, jambons et charcuteries, le croustillant de canard confit, le boudin noir et les joues de cochon. Sur l'ardoise aussi un carpaccio de bœuf à l'ail des ours ou un risotto crémeux au piment d'Espelette et safran. Nouveau : juste à côté, une épicerie avec ses produits préférés, pâtés, cassoulet et autres gourmandises du Sud-Ouest.

VINTREPIDE €

48, rue du Puits-Neuf ✆ 04 28 31 16 41
www.vintrepide.com
Ouvert du mardi au samedi midi et soir. Formule midi à 27 ou 29€. À la carte : Entrées de 14 à 19€, plats de 24 à 29€.

Au cœur du vieil Aix, ce restaurant bistronomique, installé dans deux petites salles en enfilade façon bistrot propose chaque jour des poissons sauvages et des viandes de race, trois entrées et autant de desserts. Le chef William Aubert qui a fait ses armes dans de bien belles maisons, propose une cuisine très raffinée, à base d'ingrédients frais, inspirée et élégamment présentée. La carte change toutes les deux semaines mais les classiques restent. On peut même s'attabler dans la cave d'exception composée par le sommelier Eric Jaeggy. Tout est cuit minute !

BRASSERIE LE FORUM €€

6, rue Peyresc
✆ 09 73 55 28 85
www.leforum-aix.fr
Ouvert du lundi au samedi de 8h à 1h. Plat du jour à 19 €. Réservation conseillée.

Comptoir en zinc, miroirs, chaises bistrot, Le Forum a l'esprit brasserie, conviviale et branchée. Sur la carte des classiques, steak tartare, entrecôte, frites maison, burger, et sur l'ardoise des suggestions en fonction du marché. Les cuissons sont parfaites, les assaisonnements aussi, tout est fait maison. Un vendredi par mois et tous les samedis des mois en *r*, on choisit ses coquillages sur l'étal en terrasse, servis en plateau ou à l'assiette avec un petit verre de vin. Située à côté de la cour d'appel, c'est l'adresse que l'on a envie de partager.

NARCISSE €€

1, Rue des Étuves
✆ 04 42 21 25 27
narcisse-restaurant.fr
Ouvert du mercredi au lundi le soir. Menus 70 € et 90 €.

Anthony Marras et sa compagne Astéria ont ouvert ce restaurant il y a peu. Une adresse confidentielle dans cette petite rue du centre-ville, atypique aussi avec une carte qui nous plonge dans l'Histoire. Anthony puise son inspiration dans les mets favoris des rois et autres grands de France. Les intitulés parlent d'eux-mêmes : L'huître Louis XIV, les Pommes Dauphines et le chocolat Louis XV, le Veau Marengo sauce Napoléon, le Homard royal ou le Potage à la Reine et les Escargots Talleyrand ! Royal, impérial comme la carte des vins et le service aux petits soins.

© NARCISSE

© NARCISSE

BOUCHES-DU-RHÔNE

L'OPÉRA €€

18, rue Fermée
✆ 04 42 12 44 67
lopera-restaurant-aix-en-provence.fr
Ouvert tous les soirs. Menu bistronomique 49€ Menu Chanvre 40€ Plat végétarien dès 24€.

Au cœur du centre-ville entre la Rotonde et Sectius, cette table bistronomique fait honneur aux produits locaux. Jérémy Martinez a pris les rênes de la cuisine, ses recettes sont créatives, les saveurs multiples, les assaisonnements bien vus et les assiettes généreuses. On nous propose des poissons d'une pêche locale, des viandes des Alpes dont l'agneau de Sisteron, des céréales, fruits et légumes locaux dans des menus de saison. Aussi un menu atypique aux saveurs de fleurs de chanvre et cbd, à découvrir.... Jolie carte de vins. Cadre sympa et ambiance conviviale.

© L'OPERA

© L'OPERA

CHÂTEAU DE LA GAUDE - LE ART €€

Route des Pinchinats
www.chateaudelagaude.com
Ouvert du mercredi au dimanche le midi et le soir. menus de 97 € à 185 €.

Mathieu Dupuy Baumal, le chef étoilé depuis son installation à Aix en 2019 dans cette superbe bastide provençale, conforte son art. Sa cuisine est audacieuse, atypique diront certains, technique, moderne, en accord avec sa personnalité affirmée, sa détermination et son esprit sportif. Les saveurs fusionnent, inspirées de ses voyages. L'assiette, les vins et le cadre font le reste. Propriété viticole, le Château de la Gaude abrite aussi un hôtel 5 étoiles et son spa, deux autres restaurants le Kaiseki et la brasserie le K, la boutique caveau et un bar à vin.

LA MAISON FRANÇAISE €€

2 et 3bis, rue Fernand Dol
✆ 04 42 12 69 09
www.lamaisonfrancaise.com
Ouvert du mardi au samedi de 10h à 23h.

La Maison Française, en lieu et place des anciennes écuries du quartier Mazarin, offre un cadre élégant et chaleureux pour un déjeuner ou un dîner et entre les deux, on peut s'y poser pour un thé, un goûter, un cocktail. Aux commandes de la cuisine, la jeune cheffe franco-américaine Elodie Li travaille de jolis produits dans des recettes bourgeoises, voire classiques auxquelles elle rajoute son grain de sel. Les desserts sont signés Florian Grad (Pâtisserie Victoire à Puyricard). En face, l'épicerie fine de La Maison Française.

ATMOSPH'R €€€

320, Avenue Wolfgang Amadeus Mozart
✆ 04 86 91 55 02
www.restaurantatmosphr.fr
Ouvert tous les jours et les jours fériés le midi et le soir. Carte et menu enfant 20 €.

Pour une parenthèse gourmande à Aix, nous vous recommandons Atmosph'R, le restaurant de l'hôtel Renaissance Aix-en-Provence, avec une formule du midi très attractive. Le chef Vincent Merly propose une cuisine créative non seulement dans la recette mais également dans la présentation sur l'assiette ! La décoration privilégie la douceur et la clarté et rend l'atmosphère feutrée et élégante parfaite pour un dîner en amoureux ou un repas d'affaires. En été, le Palm's, restaurant-bar-tapas autour de la piscine, transats et un espace bien-être.

RESTAURANT MICKAËL FÉVAL €€€

11, petite rue Saint-Jean ✆ 04 42 93 29 60
www.mickaelfeval.fr
Du mardi au samedi midi et soir. Réservation impérative.

Une adresse exceptionnelle, à l'écart et au calme ! Mickaël Féval nous régale d'une cuisine très soignée. La présentation est magnifique, les saveurs et les associations absolument réussies. Les menus varient avec les saisons, tout comme la carte du déjeuner. Quelques suggestions pour vous mettre en appétit : la daurade royale laquée avec carottes et caviar ou le carré de veau aux topinambours, café et spaghettis de céleri et châtaignes. Tout est succulent ! On aime se laisser porter par l'accord mets-vin. À tester en amoureux ou entre amis !

SAUVAGE €€€

24, rue Aumône Vieille
✆ 04 42 91 37 56
www.sauvage-aix.fr/
Ouvert du lundi au vendredi soir. Réservation recommandée. Menus 70€ et 120€.

Pas de carte mais un menu unique en 7 ou 10 temps. Loïc Pétri est passé dans de belles brigades avant de revenir en 2019 dans son sud natal pour y ouvrir son restaurant dans l'esprit d'une salle à manger. Il est épaulé par Dominique, sa maman, qui réalise les desserts. Sa cuisine est créative, libre, audacieuse avec de très beaux produits, des alliances sucrées salées. Gastronomique vraiment, plaisir des yeux et des papilles, cadre élégant, accueil et service au top, très belle cave à vins. Une vingtaine de couverts seulement, la réservation est obligatoire.

ATELIER DU MOCHI

10, rue Boulegon
✆ 06 17 20 35 43
www.atelierdumochi.com
Ouvert du mardi au samedi de 10h30 à 19h30. Livraison possible. Sur place ou emporter.

Douceur des textures, des couleurs et des saveurs, tout en rondeur, le mochi a des allures de macaron sans en être un. Cette pâtisserie traditionnelle japonaise a son atelier-boutique en centre-ville d'Aix. A base de pâte de riz, il est végan et sans gluten. Plusieurs parfums : noisette, amande et fleur d'oranger, thé matcha, sésame, haricots rouges. Également des mochis glacés aux saveurs acidulées citron yuzu, fleur de cerisier, mûre ou les classiques, chocolat, pistache, vanille. Nouveau : ouverture d'un salon de thé Maison Mooks au 23 rue Paul Bert.

RESTAURANT LE MAS D'ENTREMONT €€€

315, Route d'Avignon
✆ 04 42 17 42 42
www.masdentremont.com
Fermé dimanche soir et lundi midi. Menus 53 €, 65 €, 90 €. Enfant 28€. Formules midi et soirée au Mas du Jardin en été.

C'est toujours avec plaisir que l'on va au Mas d'Entremont, institution aixoise dans un écrin de verdure. La carte fait l'éloge de plats classiques, de la Saint-Jacques au foie gras en passant par la blanquette de veau à la façon du chef, du gibier en saison, des poissons du jour et de beaux desserts. On s'attable dans le restaurant chaleureux ou dans le jardin luxuriant au doux bruissement des fontaines. L'été *Le Mas au Jardin* propose une cuisine du marché à midi et des tapas en soirée.

© MAS D'ENTREMONT

© MAS D'ENTREMONT

BOUCHES-DU-RHÔNE

HÔTEL DE GALLIFET - ART CENTER

52, rue Cardinale ✆ 09 53 84 37 61
www.hoteldegallifet.com
Ouvert de juin à septembre. Ouvert le mardi et le mercredi de 12h à 18h30 ; du jeudi au samedi de 12h à 23h.

Profitez du privilège de pénétrer dans le jardin intérieur de cet hôtel particulier privé, l'été à l'ombre généreuse de ses arbres centenaires. On se pose à l'une des tables en extérieur pour une consommation, on s'y attable à midi et le soir pour goûter de belles recettes réalisées par le chef en résidence. C'est une escale gourmande mais aussi culturelle. C'est ainsi que Nicolas Mazet l'a voulu, une maison d'Art et d'Histoire, accessible au public le plus large, avec des expositions d'art contemporain.

LES NAVETTES AIXOISES

3, rue Victor Leydet
✆ 09 82 69 52 47
les-navettes-aixoises.business.site
Ouvert du mardi au dimanche de 10h à 19h

Il y a les marseillaises emblématiques et il y a les aixoises… Les navettes, que fabrique Laëtitia dans le labo attenant à la boutique, sont différentes mais tout aussi bonnes que ces cousines. Farine, beurre, œufs, fleur d'oranger, les ingrédients sont les mêmes pour ce long biscuit tendre en forme de barque, symbole commémoratif de l'arrivée des Saintes Marie sur nos côtes provençales. Laëtitia y rajoute son tour de main de biscuitière, et elle fait aussi des macarons, des croquants aux amandes, des canistrelli, un cake à l'huile d'olive.

CHOCOLATERIE PUYRICARD

7, rue Rifle-Rafle ✆ 04 42 21 13 26
www.puyricard.fr
Ouvert du lundi au samedi de 9h à 19h. Visite des ateliers à la fabrique. Vente en ligne.

Cette belle enseigne gourmande est dirigée avec passion par la famille Roelandts depuis 1967. Les chocolats sont fabriqués dans les règles de l'art, de façon artisanale à Puyricard même. Les collections suivent les saisons et chaque année de nouvelles créations enrichissent la palette des saveurs. Si le chocolat est la marque de fabrique de Puyricard, la maison propose aussi des calissons, des confiseries – les guimauves sont un régal –, des glaces et sorbets. Les ateliers de fabrication se visitent à Puyricard.

ATELIER BUFFILE

2 bis, traverse de l'Aigle-d'Or
✆ 04 42 27 23 51
www.buffile-ceramiste.com
Sur rendez-vous.

La matière, c'est l'argile trouvée au pied de la montagne Sainte-Victoire ; le savoir-faire, c'est l'héritage familial de Léonie et Jean Buffile, un couple de céramistes avant-gardistes et passionnés qui ont créé leur atelier à Aix en 1945. Depuis 1984, Vincent puis Romain, son fils, perpétuent la tradition au sein du même atelier, non loin des Allées Provençales. De l'art de la table (assiettes, tasses et bols) à l'objet décoratif, voire monumental (sur commande), vous trouverez à l'atelier de quoi nourrir vos envies. Un lieu entre tradition et modernité.

CONFISERIE LÉONARD PARLI

35, avenue Victor-Hugo
✆ 04 42 26 05 71
www.leonard-parli.com
Ouvert du lun au sam 9h30 à 19h. Et rue Gaston de Saporta, rue d'Italie et aux Milles.

La maison Parli, réputée pour ses calissons, a pignon sur rue depuis 1874 ! Le secret de leur saveur et de leur fondant inégalé réside dans un savoir-faire artisanal, mais aussi dans des ingrédients de première qualité. Léonard Parli est incontournable aussi pour ses fruits confits, sans oublier les *confits*, une spécialité à base de fruits confits juste chauffés qui se déguste comme une confiture ! D'autres douceurs portent la signature de Parli : nougats, biscotins, pralines, et le fameux Kirshbescué, un cake aux fruits confits trempés dans le Kirsch. Un délice !

BUTINARELLO

4090, Route du Puy Sainte Réparade - **PUYRICARD**
✆ 06 52 24 97 49
www.butinarello.fr
Boutique en ligne Click and collect sur rdv. Marché de Puyricard vendredi matin et sur www.lemarchefute.fr.

Butinarello signifie butineuse en provençal, c'est le nom de la miellerie de Caroline et Quentin, 2 jeunes apiculteurs récoltant, ils maitrisent l'intégralité du processus de production, des élevages jusqu'au conditionnement. Leurs ruches transhument sur la Côte Bleue, dans l'arrière-pays aixois et le Luberon. Leurs miels sont bio. Ils récoltent aussi du pollen frais et de la gelée royale, 100% naturel. Avec la cire de leurs abeilles, ils font des Bee Wraps, des emballages alimentaires réutilisables en coton pour couvrir les aliments, écologique et zéro déchet

LIBRAIRIE GOULARD

37, cours Mirabeau
✆ 04 42 27 66 47
www.librairiegoulard.com
Ouvert du lundi au samedi de 10h30 à 19h.

Nouveau look pour cette librairie tout en longueur et au design épuré. La part belle est faite aux livres qui sont présentés sur de véritables bibliothèques et espaces modulables. Clarté des rayonnages et fauteuils club : tout est fait pour vous inviter à prendre le temps. La lecture est un privilège du bien-être ! Voici une libraire indépendante dont l'origine remonte à 1880 et qui résiste pour offrir aux lecteurs un choix large, ne se limitant pas aux *best-sellers*, osant les petits éditeurs, les auteurs méconnus et livrant à sa clientèle de vrais coups de cœur.

SANTONS FOUQUE

65, cours Gambetta
✆ 04 42 26 33 38
www.santons-fouque.fr
Visite libre. De 9h à 13h et de 14h à 18h30, sauf dimanches et jours fériés. En décembre, ouverture 7j/7 de 10h à 19h.

Les santons Fouque sont souvent imités, mais jamais égalés : leur emblématique Coup de mistral ©, créé par le grand-père Paul Fouque en 1952, représente un berger, cape au vent, qui fait face au mistral. Rares sont les maisons qui continuent à fabriquer à la main des santons en argile de Provence ! Aujourd'hui, la maison Fouque a exporté près de 1 800 modèles, du petit santon peint aux grandes figurines, dans le monde entier. Visitez la boutique, vous y verrez la crèche provençale dans la salle d'exposition et pourrez choisir vos santons.

LE GRAND THÉÂTRE DE PROVENCE

380, avenue Max-Juvénal ✆ 08 20 13 20 13
www.lestheatres.net/
Billetterie ouverte du mardi au samedi de 13h à 18h et par tél. de 11h à 19h ou en ligne sécurisée sur le site Internet.

Véritable temple dédié à la musique classique, à l'art lyrique et à la danse, ce théâtre fait partie des nouvelles architectures incontournables de la ville. Modernité extérieure et salle à l'italienne, le GTP (Grand Théâtre de Provence) jouit d'un équipement dernier cri : acoustique de qualité, fosse d'orchestre de 105 musiciens et 1 370 places dont 950 au parterre. En juillet, il accueille des opéras du Festival d'Art Lyrique. A Pâques, c'est le festival du même nom qui s'y installe.

BEAURECUEIL

Au pied de la Sainte-Victoire, le charmant petit village de Beaurecueil voit filer les jours paisiblement à l'écart du tumulte. A quelques encablures d'Aix-en-Provence, vous apprécierez ses paysages sauvages. Car c'est bien là l'intérêt de se rendre à Beaurecueil. Le Parc départemental des Roques Hautes et ses 650 hectares vous permettront de découvrir un cadre exceptionnel au gré de ses multiples sentiers. Des aires de pique-nique ont d'ailleurs été aménagées pour vous permettre de passer un agréable moment en famille.

EGUILLES

Eguilles est un village niché à 300 mètres d'altitude et à seulement une dizaine de kilomètres à l'ouest d'Aix-en-Provence et qui a su préserver à travers les âges son caractère authentique. Sa position géographique privilégiée offre une vue incomparable sur la campagne environnante. Des traces datées du néolithique prouvent que le site d'Eguilles a été habité dès le 3e millénaire avant J.C., et qu'il a été le théâtre d'une activité intense deux mille ans plus tard, comptant deux oppidums celto-ligures, à Pierredon et aux Mourgues.

LE COMPTOIR D'ENTRECASTEAUX €€

2690, Route des Milles
✆ 04 13 91 24 00
Ouvert du lundi au samedi le midi. Terrasse.

C'est un jeune chef qui officie au bistrot chic des Halles 1889. Raphaël Bossy est passé par les cuisines du Renaissance à Aix et de l'Éouvé à Ventabren. Il a du talent et nous concocte ici une cuisine du marché créative et savoureuse avec les produits frais des Halles sur place. Il renouvelle sa carte chaque semaine, ce qui fait le bonheur des habitués qui en ont fait leur cantine. Nous avons goûté son foie gras, le travers de porc caramélisé aux figues, les Saint-Jacques aux agrumes.

L'EDEN €€

Chemin de Jalassières
✆ 04 88 14 40 69
www.edeneguilles.com
Ouvert du mardi au samedi le midi et le soir. Carte : 43 € environ. Formules midi 22 € et 28 €. Parking gratuit.

© EDEN

Originaire d'Alsace, Rémi Koesler a pas mal bourlingué en Chine, au Québec, en Irlande, avant de s'installer dans le sud de la France. Un retour aux sources si l'on peut dire puisqu'il a fait ses classes au lycée hôtelier de Marseille. Si sa cuisine met en avant les produits d'ici, ses voyages inspirent quelques-unes de ses recettes. Le menu de midi attractif flatte les palais tout autant que celui du soir, plus gastronomique. Désigné pour représenter la Provence en 2022 dans une émission culinaire sur M6, il n'a pas pour autant pris la grosse tête !

MA FERME

Le Valadet – Route de Berre
✆ 04 42 91 21 26
www.ma-ferme.eu
Ouvert tous les jours et les jours fériés de 9h à 19h. Epicerie, jardin, primeur, cueillette, ferme pédagogique...

Une visite à Ma Ferme est un vrai moment de plaisir, on y va pour les beaux fruits et légumes et les produits du terroir bien présentés dans l'espace dédié et aussi pour la pépinière et la jardinerie sous serre. 3 espaces en un et du frais, du local, du sain ! car comme le dit leur slogan *Du producteur au consommateur, il n'y a qu'un pas*. Les rayons primeurs suivent les saisons, et dès les beaux jours on peut venir cueillir soi-même ses légumes, cultivés sur la ferme en agriculture raisonnée. Si vous avez un jardin potager, il n'y a que l'embarras du choix.

CABRIÈS

Les érudits du coin, boules de pétanque à la main, ne manqueront pas de vous expliquer que Cabriès tire probablement ses origines du monticule rocheux (le « Piton ») sur lequel est établi le village primitif, que seuls les troupeaux caprins peuvent aisément escalader. Emblème de la ville, la chèvre a aujourd'hui déserté les ruelles escarpées de la petite place forte demeure des seigneurs de Cabriès (le dernier d'entre eux fut pendu sur le cours Mirabeau lors de la Révolution). Riche de ses traditions, cette cité cultive à chaque occasion ses racines traditionnelles.

BASTIDE TARA €€

375, Route de St Martin ✆ 04 42 58 57 78
https://www.bastidetara.com/
3 chambres de 90 à 135 €/nuit avec petit déjeuner. Studio : 350 à 805 €/semaine. Piscine. Jardin. Parking fermé. Wifi.

La Bastide Tara est située au cœur de la Provence authentique entre Aix et la Canebière, le vieux port de Marseille. Une belle propriété au style provençal : grande terrasse où sont servis les petits-déjeuners, jardin arboré dans un écrin de verdure, piscine. Théâtre parfait pour combiner séjour détente et découvrir une région exceptionnelle. Avec de beaux espaces et une décoration personnalisée pour chaque chambre, un studio indépendant tout équipé, d'excellents petits déjeuners maison. L'accueil de vos hôtes, Ghislaine et Jean-Luc, est toujours aux petits soins.

BOUCHES-DU-RHÔNE

LAMBESC

Située à une quinzaine de kilomètres d'Aix-en-Provence, Lambesc se trouve sur la D67. Blottie dans un écrin de verdure, cette cité a été érigée en principauté par Louis XIV et surnommée le petit Versailles aixois. Capitale politique de la Provence et siège des assemblées générales des communautés de 1639 à 1787, son centre compte de nombreux hôtels particuliers datant de son époque glorieuse. Outre l'église avec ses splendides retables et des œuvres de peintres illustres du XVIIe siècle, vous pourrez également admirer un beau lavoir de 1759, un beffroi coiffé de son jacquemart ainsi que le musée, véritable mémoire de cette ville où séjourna Madame de Sévigné.

CHÂTEAU DE CALAVON

12, avenue de Badonviller

✆ 04 42 57 15 37

www.chateaudecalavon.com

100% BIO. Ouvert du lundi au samedi de 9h à 13h et de 14h à 18h toute l'année sauf jours fériés

Ce vignoble en agriculture bio s'étend sur 105 ha de petites parcelles en terrasses. Propriété de la famille Audibert depuis cinq générations, c'est le plus ancien domaine viticole de Lambesc. Les vins sont réputés aromatiques, structurés et puissants : rouges d'exception, blancs d'une grande finesse et élégants rosés. Le caveau est installé dans un ancien relais de poste du XVIIe siècle. Les samedis matin des mois en *r*, dégustation de vins et coquillages devant le caveau, oursinades en février, et en été animations et foodtruck. Convivial !

LA CHOCOLATERIE MATHIEU TABORCIA

4, Place Jean Jaurès

✆ 09 87 16 52 62

Ouvert du mercredi au dimanche matin de 9h à 12h30 et de 14h30 à 19h.

Ici, c'est le paradis du chocolat. Les fèves de cacao arrivent à l'atelier à l'état brut, sélectionnées en amont par Mathieu Taborcia. Pâtissier-chocolatier et Compagnon du Devoir, Mathieu maîtrise toute la chaîne, du tri à la torréfaction des fèves transformées en tablettes, bonbons, orangettes et gingembre confits, pâte à tartiner. Grands crus, pures origines, les amateurs de chocolat n'ont que l'embarras du choix. C'est Noël et Pâques toute l'année pour qui ne peut pas s'en passer !

LA FERME DE CABRIÈRES

480, chemin de Cabrières

✆ 06 07 12 94 89

Haute saison ouvert du lundi au samedi 10h/12h et 14h/17h et sur rdv. Vente sur place et dans les Biocoop de la région.

Marjorie et Adrien gèrent cette ferme depuis 2012, producteurs de fruits rouges au départ, ils ont planté un verger dont ils récoltent les fruits à maturité. Congelés juste après la cueillette pour être transformés au fil de l'année en confitures cuites au chaudron. Ils cultivent aussi des plantes aromatiques, safran, thym, romarin, verveine, sauge, des plantes séchées et infusées qui rentrent dans la composition de sirops sans conservateurs ni colorants. Depuis peu ils ont planté de la vigne et une forêt de comestibles avec un sentier pédagogique.

FUVEAU ★

Fuveau est une charmante bourgade de 9 000 âmes, perchée à 264 m d'altitude, qui a su garder son authenticité provençale. Le village est juché sur son piton rocheux depuis plus d'un millénaire, il se situe à l'est des Bouches-du Rhône, à 16 km d'Aix-en-Provence et 35 km de Marseille. D'en haut, le panorama est exceptionnel. Vous y aurez une très belle vue sur la Sainte-Victoire, l'Olympe et l'Aurélien et la campagne environnante. Les rues du vieux village qui montent vous guideront jusqu'à la chapelle Saint-Michel et son pigeonnier du XIXe et vous apprécierez quelques superbes portes anciennes en allant jusqu'au château des Peyssonels. Vous pourrez ensuite rejoindre la rue Rondet (derrière l'église) où vous aurez de superbes panoramas sur la chaîne de l'Etoile et de la célèbre Sainte-Victoire. Les amateurs de golf pourront découvrir le 18-trous du domaine du Château de l'Arc. Vous pourrez également visiter le musée des Transports urbains qui présente l'histoire des transports à travers une belle collection de wagons, tramways, locomotives et trolleybus. Les petits seront enchantés par l'incontournable tour de « petit train » qui part de la gare SNCF de la Barque. Les plus grands apprécieront le cachet de certains wagonnets qui datent de 1920... En juillet, ne ratez pas le fantastique spectacle « son et lumière » interprété par les habitants de Fuveau et en septembre le Salon des Ecrivains. Pour les dates exactes, se renseigner auprès de l'office du tourisme.

BOUCHES-DU-RHÔNE

MIELLERIE SAINTE-VICTOIRE

279, CD 6
✆ 06 09 87 18 39
Sur rendez-vous. Vente du miel sur le marché de Fuveau jeudi matin.

Cette exploitation apicole se trouve au cœur d'un environnement unique, au pied de la montagne Sainte-Victoire. Elle propose des miels fins de grande qualité élaborés avec passion par Jean-Jacques Malet et ses abeilles. En rayon : l'excellent miel de lavande, le mille-fleurs ou encore celui de châtaignier mais aussi les confiseries qui en découlent. Une adresse gourmande, vous l'avez compris. Le magasin a ouvert sur place, avec en parallèle une production de céréales, pâtes et farine.

TUILERIE BOSSY - MÉTIERS D'ART

1285, Chemin du Moulin-du-Fort
✆ 04 42 50 25 22
www.tuileriebossy.com
Ouvert du lundi au samedi, et sur rendez-vous. Stages proposés.

Transformée depuis 2006 en centre de métiers d'art, la Tuilerie Bossy regroupe maintenant plus de vingt artisans, céramistes, ferronnier, tapissier, maroquinier, bijoutier, designeur sur tissu, horloger, peintre ou encore fleuriste, qui mettent leur savoir-faire au service de vos projets. Avec l'ouverture récente du centre professionnel Point Fusion Formation et des expositions à venir, la Tuilerie devient un lieu incontournable de création. Portes ouvertes et visites guidées sur RV.

GARDANNE

Sise à 15 kilomètres d'Aix-en-Provence et 25 de Marseille, entre la chaîne de l'Etoile et Sainte Victoire, Gardanne est la 4eme ville du Pays d'Aix avec ses quelque 20 000 habitants. Elle prend véritablement son essor industriel au XIXe siècle avec le développement du bassin minier - fonçage du puits de mine de Biver et installation de l'usine d'aluminium anciennement Pechiney. Si Gardanne tient à sa réputation industrielle, d'autres l'ont marquée de leur passage, comme le marquis de Gueydan, conseiller à la cour des comptes dont la descendante légua à la ville le château et tous ses biens, ou Cézanne qui y vécut juste assez de temps pour l'immortaliser.

GRÉASQUE

Gréasque est un village surtout connu par l'industrie du charbon. Si les premières exploitations remontent à 1650, c'est au XIXe siècle qu'elles se développèrent notamment par l'octroi de concessions. En 1830, le puits Saint-Jacques est foncé, premier puits vertical de grande profondeur, l'extraction du charbon et le pompage des eaux pouvant se faire alors à la vapeur. Le charbon extrait sert au développement de Marseille. Mais c'est avec la construction du puits Hély d'Oissel (1919-1962) que le village connait son heure de gloire industrielle. Il est aujourd'hui transformé en musée de la mine, pour rappeler l'univers très minier de la Provence.

INDIES OUTLET

Chemin de Chabanu
✆ 04 42 58 49 47
www.indies.fr
Ouvert du lundi au samedi de 11h à 18h30. Haute saison : du lundi au samedi de 11h à 19h.

Le groupe Garella, installé depuis 1970 à Gardanne, a été repris récemment par Anne de Gravelaine et Philippe Rigal qui développent l'enseigne Indies, marque de prêt-à-porter colorée et très féminine et Bleu blanc rouge. Un style fluide et très actuel. Une quinzaine de boutiques en France, notamment à Aix, et en corner dans une centaine de points de vente. Il faut profiter du grand outlet gardannais où se trouvent l'équipe de styliste et les ateliers, permettant de trouver à prix attractif les collections des années précédentes, en prêt-à-porter et accessoires.

MUSÉE DE LA MINE ★

Puits Hély-d'Oissel
✆ 04 42 69 77 00
www.museeminegreasque.fr
Ouvert du mercredi au samedi. Tous les dimanches de juillet et août. Adulte : 5 €. Enfant -12 ans : 3 €.

Sur les mines de charbon de Gréasque, ce site nous fait découvrir l'histoire d'un territoire, de ses hommes et de leur métier, sur cinq siècles d'exploitation. Créé en 2000 sur l'ancien carreau du puits Hély d'Oissel, le pôle historique minier présente encore son chevalement classé à l'inventaire des bâtiments industriels historiques. Voyage au centre de la terre, le diaporama et la muséographie recréent l'atmosphère du site au temps de son fonctionnement. Des visites guidées aux animations pour les enfants, tout est fait pour un moment historique et ludique !

JOUQUES

Entre le Luberon et la Sainte-Victoire, Jouques est un trésor d'architecture. Cette cité de tradition rurale éveille un sentiment d'attachement dès le premier regard. Le village médiéval se découvre petit à petit selon son gré, en flânant à travers les ruelles fleuries, riche d'un patrimoine historique et culturel accessible à tous. Vous découvrirez les terroirs ancestraux qui font de Jouques un village résolument tourné vers la préservation de son terroir : vignobles, distillerie de lavande et moulin à huile, apiculture, plantations d'amandiers, d'oliviers et de lavande. A découvrir en randonnées pédestres (GR9...), à vélo ou en VTT.

ABBAYE NOTRE-DAME DE FIDÉLITÉ

Chemin du Pey d'Allefort
✆ 06 35 12 30 06
http://www.abbayedejouques.org

Magasin ouvert de 10h à 12h15 et de 15h à 17h15.

Venez prendre de la hauteur sur un plateau dominant la Durance et le village de Jouques ! Et découvrez ce lieu hors du temps, avec ses champs d'oliviers, de lavande et ses vergers plantés de ruchers. L'abbaye bénédictine accueille tous les pèlerins et diverses personnes pour un séjour de repos mais propose aussi tous ses produits en vente à la boutique : confiture, miel, savon, huile essentielle de lavandin et même son vin, « Louange », en rouge et maintenant en rosé.

MALLEMORT

En bordure de Durance, au pied du Lubéron, Mallemort a gardé son authenticité provençale: ses ruelles pavées, son donjon, seul vestige du château détruit et jusqu'à l'église Saint Michel qui domine le village. Longtemps à la merci des crues de la Durance, la plaine de Mallemort devint fertile grâce au système d'irrigation de l'ingénieur Adam de Craponne et le village connut son apogée au début du XXe siècle pour sa grande production de fruits et de légumes. On venait de loin pour son marché réputé. Mallemort c'est aussi le hameau de Pont royal dont le parc du château abrite le seul parcours français signé de la légende du golf, Severiano Ballesteros.

MOULIN DE VERNÈGUES & SPA**** €€€

RN 7
✆ 04 90 59 12 00
www.moulindevernegues.com

100 chambres de 100 € à 250 €. Parking ouvert. Hammam, bain bouillonnant, sauna. Restauration.

Rénovée et agrandie, cette belle bastide du XVIIe mêle avec justesse décor moderne et cachet d'un lieu historique. Les 100 chambres et suites sont spacieuses et élégantes, design et contemporaines dans la nouvelle aile ; pierres apparentes et plafonds mansardés pour celles situées dans le bâtiment d'origine. Profitez d'une pause détente sauna et hammam ou restaurez-vous au restaurant, Les Voutes ou au Restaurant du Moulin au bord de la piscine l'été.

LA BARBEN

A 7 km de Salon-de-Provence, dans le massif préservé des Costes, La Barben est un village rural typiquement provençal connu pour son château qui surplombe les eaux de la Touloubre et le val du Maurel et pour son parc zoologique. Il faut voir aussi la petite église romane Saint-Jean datant du XIe siècle puis dédiée à saint Sauveur. Léguée au village par le marquis Antoine Palamède de Forbin, elle contient une *Transfiguration* du peintre Mimault datant de 1632. Votre promenade vous amènera à vous pencher sur les mystères de la source d'Adane, réputée depuis l'Antiquité pour ses vertus guérisseuses, ou continuer jusqu'à Pélissanne et son fameux marché.

PARC ANIMALIER DE LA BARBEN ★★

Route du Château ✆ 04 90 55 19 12
www.parcanimalierlabarben.com

Ouvert tous les jours. Haute saison 9h30-19h. Basse saison 10h-18h. Adulte 19 €. Enfant de 3 à 12 ans 13 €.

Au cœur d'un site classé Natura 2000, le parc animalier de la Barben s'étend sur un plateau de 30 ha. Au fil des 9 km de sentiers, on découvre 650 animaux répartis en 130 espèces : lions, girafes, rhinocéros, tigres, loups à crinière, hippopotames, gazelles, gibbons. On ponctue la balade d'un pique nique, d'une pause au restaurant ou au snack en passant par la bergerie du 12e siècle qui abrite le vivarium. Petit train, boutique, nombreuses animations (nourrissage, oiseaux en vol...).

BOUCHES-DU-RHÔNE

ROCHER MISTRAL

2376, Route du Château ✆ 04 88 60 22 56
www.rochermistral.com
Ouvert d'avril à octobre, nocturnes le we. 7j/7 juil-let-aout. Billet jour en ligne 25 et 19 €, en caisse 28 et 22 €.

Parc de loisirs unique en Provence, Rocher Mistral vous invite à découvrir la région de façon inédite ! Embarquez pour un voyage extraordinaire dans le temps à travers dix spectacles et de nombreuses animations à partager en famille. Revivez la révolte des « Cascaveus » en 1630 ou découvrez le rocambolesque Claude de Forbin, officier dans la marine royale de Louis XIV, et Guignol pour les plus petits. Cascades, comédie, danse, combats à l'épée, son et lumière vous émerveilleront au cœur du château millénaire de la Barben et de ses jardins, réalisés par Le Nôtre.

CHÂTEAU SIMONE

Chemin de la Simone
✆ 04 42 66 92 58
www.chateau-simone.fr
Sur rendez-vous.

Au XVe siècle, cette superbe propriété était le clos du Roi René. Doté d'un vignoble d'une superficie de 50 ha, le Château Simone est propriété de la famille Rougier depuis 1830. Les caves, creusées au XVIe siècle par l'ordre religieux des Grands Carmes d'Aix, regroupent plusieurs galeries sur différents niveaux ; elles sont remarquables pour l'homogénéité de leur température et leur hygrométrie naturelle. On dit que ce domaine donne l'un des meilleurs vins de toute la région... A noter que c'était l'un des vins préférés de Churchill !

MEYREUIL

Meyreuil garde le souvenir de la bataille du général Marius contre les Ambrons et les Teutons qui vit la défaite des barbares et le développement de ces coteaux non loin d'Aquae Sextiae. Plus tard, Cézanne découvrit à Meyreuil un nouveau regard sur la Sainte-Victoire et la peignit longuement ainsi que le pont des Trois Sautets qui y enjambe l'Arc ou encore ses célèbres *Baigneuses*. Ce village se distingue par une crèche de Noël animée, célèbre dans la région. Calmes et sereines, ses ruelles sont à parcourir un moment, avant d'aller visiter la chapelle de Saint-Marc-la-Morée datant du XIe siècle, construite sur les vestiges romains d'un temple voué à Mars.

MIMET

Mimet est le plus haut village des Bouches-du-Rhône. Son point culminant se situe à 779 mètres d'altitude. Le territoire de la commune est séparé par le massif de l'Étoile qui offre au village deux facettes : au sud une vue sur Marseille et la Méditerranée, et au nord une plaine parsemée d'habitations rencontrant en chemin le village, qui a su garder son caractère originel : la rue principale Saint-Sébastien, entièrement pavée, est flanquée de maisons anciennes typiquement provençales aux volets de couleur et de quelques magasins ou artisans. En montant jusqu'à la place de la mairie, vous découvrirez la charmante église dominant le village.

L'AUBERGE PROVENÇALE €€€

Impasse de Provence
✆ 04 42 58 68 54
www.auberge-provencale.fr
Ouvert du jeudi au lundi midi et soir. Menu Saveurs 32 €. Menu Carte 52,5 € et 54,5€. Menu tout truffes à partir de 85€.

Cette jolie bastide jaune, lumineuse et accueillante n'est pas dans le quartier le plus glamour de la ville mais sa table connait un grand succès. A l'intérieur, une salle au décor un peu traditionnel mais une carte alléchante. Des fleurs de courgettes farcies aux deux saumons en entrée, du homard entier et décortiqué en plat ou encore le menu tout truffes ! Vous ne pouvez pas quitter l'auberge sans avoir goûté au dessert au calisson d'Aix-en-Provence. Un délice. Un de nos coups de cœur, pour les papilles et pour l'accueil d'une rare gentillesse.

LE GRAND PUECH €€€

8, rue Saint-Sébastien
✆ 04 42 58 91 06
www.legrandpuech.fr
En haute saison du mercredi au samedi de 12h à 15h et de 20h à 21h30 ; le dimanche de 12h à 15h. American Express.

Situé à Mimet, dans le village le plus haut des Bouches-du-Rhône et bénéficiant d'un vue sur toute la chaine de l'Étoile, l'hôtel-restaurant Le Grand Puech a de nombreux atouts. la cuisine écocitoyenne à base de produits frais et locaux du chef Michel Basaldella marie les saveurs provençales et celles de son Italie natale : Sardines à la vénitienne en entrée, gnocchi maison avec une sauce au pesto de Gênes, tout est absolument délicieux. Pourquoi ne pas venir un WE en amoureux, avec chambre panoramique et diner gastronomique, vous ne serez pas déçu !

PEYROLLES-EN-PROVENCE

Peyrolles est une jolie commune provençale située sur la route des Alpes, le long de la Durance, entre Meyrargues et Jouques. Après une longue ligne droite arborée de platanes, vous arrivez directement à l'entrée de la ville. Celle-ci renferme quelques trésors médiévaux dont son château du XVe repris au XVIIe et XVIIIe, propriété de l'archevêque d'Aix puis du Roi René. Au pied du rempart nord, un portail en fer forgé garde l'entrée de la grotte aux palmiers qui contient des fossiles de palmiers datant de 6 millions d'années.
À voir aussi son église Saint Pierre à nef romane, sa chapelle du Saint Sépulcre en forme de croix grecque et ses fresques.

PUYLOUBIER ★

En empruntant de route de Cézanne à la sortie d'Aix, et après avoir traversé le Tholonet, montez jusqu'à Saint-Antonin-sur-Bayon par la D17, puis prenez la direction de Puyloubier. Le long de votre route, vous aurez suivi la montagne Sainte-Victoire par sa face sud, traversé des étendues désertiques couvertes de pins et de garrigues, avant d'aller à la rencontre de ce village perdu au milieu des vignes. Resté authentique et en dehors des courants de la mode, il est ombragé de beaux platanes, et sur la place on joue à la pétanque comme dans le meilleur film de Pagnol.

LES NAVETTES DE SYLVAIN

30, avenue Charles de Gaulle
✆ 06 51 76 00 80
Ouvert du mercredi au samedi de 8h à 13h et de 16h à 19h. Dimanche de 8h à 13h.

Candidat marseillais de l'émission le *Meilleur pâtissier* sur M6 en 2017, Sylvain Bourletsis a créé sa biscuiterie artisanale en 2019. Là il revisite à l'envi les douceurs provençales, navettes marseillaises, croquants aux amandes, colombier à Pentecôte, macarons… et aussi canistrelli, amaretti, montecao, madeleines, sablés, financiers. A Noël, sa pompe à huile et son gibassier sont les incontournables des 13 desserts. Sylvain travaille aussi le chocolat, des grands crus, on vient de loin pour ses tablettes personnalisées et ses cigales à croquer.

LA PLACE €€

10, avenue Pierre Jacquemet
✆ 04 42 66 35 51
www.la-place-puyloubier.com
Ouvert du vendredi au dimanche le midi et le soir.

Cédric Aubert a ouvert son restaurant depuis bientôt 5 ans sur la place de Puyloubier. Le nom est bien trouvé, comme laisser la place aux autres ou faire sa place : c'est le cas dans son volontarisme affirmé de cuisine « responsable » avec des produits régionaux, de producteurs locaux. Tout est éthique et bon, du cabri de Trets au pain fabriqué à base de petit épeautre de Trets, jusqu'à la soupe de chocolat et son crumble de pistache. La chaleur et le soleil sont au rendez-vous dans l'assiette avec l'aïoli proposé régulièrement et généreusement !

PLAN D'EAU DE PEYROLLES

Plan d'eau des Plantains
✆ 04 42 57 89 82
Baignade surveillée tous les jours en juillet et août. Parking payant.

Les habitants le surnomment le lac de Peyrolles, mais c'est un plan d'eau, les anciennes carrières ayant été transformées en base nautique en 1997. Grandes étendues gazonnées et tables pour pique-niquer, plages pour lézarder, parcours santé autour du lac, mais aussi buvette, tout est fait pour passer un bon moment en famille. N'oublions pas les jeux d'eau et pataugeoires pour les enfants, le terrain de Beach volley et de pétanque, Provence oblige ! Sans compter également un téléski nautique, où l'on peut s'essayer au knee board, ski nautique ou encore wake board.

DOMAINE LE LOUP BLEU

Piconin
✆ 07 72 55 91 31
www.le-loup-bleu.com
Ouvert tous les jours de 8h à 18h, dimanche et jours fériés sur rdv.

Marc et Sylvie Dubois, depuis 2012 sur le domaine, ont été rejoints par leur fille, Caroline. Ils cultivent leur domaine de 9 hectares au pied de la Sainte-Victoire en pratique de biodynamie sans levure exogène dans le respect du terroir, avec mur de pierres et nichoirs. Vous trouverez leurs vins chez quelques cavistes de la région et au caveau où ils vous accueillent chaleureusement. A déguster le Croix du Sud en appellation Sainte-Victoire notamment en rouge ou en rosé et Vol de nuit, un côtes-de-Provence en blanc parfait de l'apéritif aux fromages de chèvre.

LE PUY-SAINTE-RÉPARADE

Ce village de quelque 5 000 habitants est situé au nord du département, en bordure de Durance à quelques kilomètres d'Aix-en-Provence. Il compte plusieurs hameaux à l'extérieur de son centre historique (Saint-Canadet, La Cride, Les Goirands). Bordé à l'ouest par le massif de Rognes, sa frontière naturelle au sud est marquée par la chaîne de la Trévaresse. Découvrez la vie culturelle très animée de ce village et visitez le château d'Arnajon - promenades dans le parc ou soirées musicales - mais aussi la chapelle Sainte-Réparade, qui doit son nom à Saint-Pierre-aux-Liens, en provençal *San Peyre Encadenat*, d'où dérive aussi le nom de Saint-Canadet.

CHÂTEAU DE FONSCOLOMBE ***** €€€

Route de Saint-Canadet ✆ 04 42 21 13 13
www.fonscolombe.fr
50 chambres de 350 à 850 € selon la saison et le type de chambre. Animaux acceptés, 25 €. Restaurant. Vente de vin.

Le château de Fonscolombe, demeure du XVIIIe siècle classée monument historique et rénovée dans les règles de l'art est un relais-château 5 étoiles. Les 50 chambres sont très élégamment décorées. On s'attable à l'Orangerie, restaurant bistronomique ou à la Table de l'Orangerie, le restaurant gastronomique, ouvert en soirée, dirigés par le nouveau chef Marc Fontanne. Vous pouvez aussi bruncher autour du cyprès chauve, classé arbre remarquable, tous les dimanches dès 12h30.

LA BONNE QUILLE

16, avenue de la Bourgade
✆ 06 62 72 27 37
Ouvert du mercredi au dimanche de 10h à 21h. Terrasse. Restauration. Possibilité de privatisation 10 pers.

Dimitri Tikhonkikh est passé dans de belles maisons avant de s'installer ici, viticulteur à Sannes dans le Luberon, il a ouvert La Bonne Quille au Puy Ste Réparade, à quelques km d'Aix, avec Hency, Cave et bar à vin, le lieu est convivial, il faut dire que les 2 compères sont bons vivants. Ici pas de chichi, on s'installe en terrasse autour de tonneaux, on partage la grande table à l'intérieur pour déguster une assiette cuisinée par Dimitri ou des tapas maison avec un verre. Super accueil, superbes vins avec les conseils d'Hency, bières, alcools, épicerie fine.

CHÂTEAU LA COSTE

2750, route de la Cride
✆ 04 42 61 89 98
www.chateau-la-coste.com
Basse saison : tous les jours 9h-18h. Haute saison : tous les jours 9h30-20h. Visite guidée des chais : 12 €.

Ce vaste domaine représente un espace unique de près de 200 ha à la fois production viticole et musée d'art et d'architecture. Héritier d'une longue histoire, illustrée par la présence de sentiers pavés gallo-romains et autres vestiges d'un système d'irrigation ancien, le domaine viticole propose des vins bio certifiés Coteaux d'Aix-en-Provence et IGP des Portes de Méditerranée. Au Château la Coste, vous pouvez visiter les chais signés Jean Nouvel, découvrir des installations d'artistes ou encore vous attabler dans l'un des restaurants du domaine.

DOMAINE DE LA FANETTE

992/892, chemin Fanette
✆ 06 70 00 98 16
www.domainefanette.com
Ouvert du lundi au samedi. Dimanche en haute saison. Livraison possible.

C'est chez Fanette que les Puechens venaient jadis prendre un verre à l'ombre du marronnier. Depuis 2006 La famille Berge a planté des oliviers, 4 ha en agriculture biologique, dont ils tirent une huile d'olive en AOP Aix-en-Provence. La production fait la part belle au fruité vert, ardente en bouche, avec des arômes d'artichauts et d'herbe coupée à déguster sur un chèvre frais. L'huile *Goût à l'ancienne* révèle toute sa richesse aromatique sur un plat de poisson par exemple. Une production confidentielle en vente directe au domaine. L'accueil est chaleureux.

ROGNES ★

Très attaché à la qualité des produits du terroir, le village de Rognes propose de nombreuses fêtes et marchés qui en font la promotion, et notamment son marché à la truffe le dimanche qui précède le jour de Noël. Un petit marché anime tous les mercredis matin le centre du village : produits du terroir, fromages, fruits et légumes... mais aussi quelques stands textile et d'artisanat. Un marché paysan, directement du producteur au consommateur, a lieu le samedi matin du côté de la poste. Alentour les balades ne manquent pas avec quelques centres d'intérêt : les carrières de pierre, les vignobles classés. Renseignez-vous auprès de l'office de tourisme.

BONISSON ART CENTER

177, Route des Mauvares

✆ 04 42 66 90 20

www.bonisson.com/bonisson-art-center/

Ouvert du jeudi au samedi de 14h à 18h. Et sur rdv. Entrée libre et gratuite. Visite guidée samedi et dimanche 16h.

Ici l'art et la vigne s'offrent en partage, ce sont les 2 passions de Christian Le Dorze qui a racheté ce domaine viticole en 2017. Victoire sa fille gère les 10 ha du vignoble en AOP Coteaux d'Aix en Provence, Christian lui a créé le Bonisson Art Center dans les anciens chais du domaine. 300 m² sur 2 niveaux, avec quatre salles d'exposition. Un lieu immense et intimiste à la fois dédié à l'art contemporain sous toutes ses formes, peinture, sculpture, photo. La création y est de mise avec des artistes en résidence. Greffez-vous sur une visite guidée, passionnant.

PRIEURÉ NOTRE-DAME DE CONIL €€

Chemin de Tournefort ✆ 06 42 07 38 30

prieurenotredamedeconil.ellohaweb.com

5 chambres. Chambre double à partir de 160 € petit-déjeuner inclus. Location semaine. Privatisation.

Offrez-vous un séjour en Provence hors du temps. Les nouveaux propriétaires ont eu un coup de cœur pour ce prieuré cistercien du XIIe siècle, et l'ont rénové dans l'esprit des maisons provençales. Le charme des vieilles pierres opère, les tomettes au sol, les meubles anciens participent à ce climat particulier qui émane des maisons de famille. Ça sent les vacances ici, au bord de la piscine. On profite d'une cuisine en commun, dîners en extérieur ou dans la chapelle du prieuré.

LE PRÉAU €€

1, Cours Saint-Etienne

✆ 09 83 94 02 77

www.lepreaurestaurant.com

Ouvert le mercredi soir et du jeudi au dimanche midi et soir. Menus 29€ et 39€. Terrasse

Gros coup de cœur pour Le Préau, son chef Antonin Wishart et sa jeune brigade, la cuisine fraîche et inventive, le cadre et l'ambiance. Perfectionniste jusque dans le dressage des assiettes et l'accueil, le chef prône les circuits courts et se sert autant que faire se peut dans le potager et le poulailler familial sinon chez des producteurs et maraîchers locaux. Il travaille les poissons à merveille, des poissons en direct de la pêche locale. L'art de saucer s'impose si vous optez pour une viande, les jus corsés sont divins. Ne faites pas l'impasse sur le dessert.

BOULANGERIE BISCUITERIE DE ROGNES

6, route d'Aix

✆ 04 42 50 21 75

www.biscuits-de-provence.fr

Ouvert du mardi au dimanche 6h-13h et 15h30-20h, le dimanche réouverture à 16h.

Cette biscuiterie artisanale est une institution. Adeline Wendzinski perpétue une fabrication traditionnelle et artisanale de spécialités provençales : croquants et navettes, nature ou parfumés, mais aussi croissants aux pignons et autres biscuits dont les effluves lors de la fabrication au labo attenant, laissent présager les saveurs. A l'approche de Noël, vous trouverez les gibassiers et pompes à huile. Et puis des pâtisseries anciennes comme la Jalousie et la Conversation.

CHÂTEAU BARBEBELLE

RD543 ✆ 04 42 50 22 12

www.chateaubarbebelle.com

Ouvert lundi-samedi de 9h à 12h et de 14h à 18h. L'été 7j/7 de 9h30 à 12h30 et de 14h30 à 18h30 ; Hébergement possible.

Au château Barbebelle, l'un des plus anciens vignobles de la région, Madeleine et Valentin travaillent pour le meilleur : l'alliance de la modernité et du savoir-faire transmis depuis 4 générations ! Les 50 ha de vignes en appellation Coteaux d'Aix-en-Provence se situent à 400 m d'altitude sur un sol argilo-calcaire au cœur d'une nature préservée de 300 ha. La production est 100 % maîtrisée, des vignes à la commercialisation, en conversion agriculture biologique. En été, le parc accueille des concerts du festival Les Musicales dans les Vignes de Provence.

CHÂTEAU BONISSON

177, Route des Mauvares

✆ 04 42 66 90 20

www.bonisson.com

Caveau et centre d'art ouvert au public du jeudi au dimanche de 13h30 et de 18h30. Visite guidée samedi et dimanche.

Superbe bastide du XVIIIe siècle surplombant le domaine de 10 ha de vignes, le château Bonisson produit un vin d'AOP Coteaux d'Aix-en-Provence. Depuis 2017, la famille Le Dorze l'a développé selon ses valeurs propres de qualité, d'authenticité et de partage. C'est la fille, Victoire qui gère le domaine, elle a fait le choix de l'agriculture biologique, utilisant le cheval pour le labour des rangs et réalise les vendanges entièrement à la main. Et son père, Christian, le Bonisson Art Center qui propose des expositions gratuites et régulières d'art moderne.

ROUSSET

Rousset est connue de l'Antiquité par la couleur de sa terre, constituée de marnes rouges qui lui donnent son nom. Elle regroupait plusieurs hameaux dont celui de Saint Privat le long de la voie Aurélienne. Aujourd'hui commune rurale au pied de la Sainte Victoire, elle possède plusieurs églises, chapelles et un joli moulin. Près de la mairie se trouve la statue de Paul Borde, un agriculture qui vendit son champs pour en faire la place du village. Le village domine un paysage d'oliviers et de vignes. Située à 16 kilomètres d'Aix-en-Provence, Rousset fait partie de l'agglomération aixoise, comme ses voisines Fuveau et Peynier.

FERME AUBERGE TERRE DE MISTRAL €€

Route de Peynier
✆ 04 42 29 14 84
www.terre-de-mistral.com

Ouvert mercredi, jeudi et dimanche midi ; vendredi et samedi midi et soir. Formule midi : 17,50 €.

Dans la catégorie ferme-auberge, la Terre de Mistral propose une cuisine bistronomique aux saveurs méditerranéennes. Aux fourneaux Baptiste Donat, un jeune chef créatif qui travaille les produits de la région les volailles et porcs élevés en plein air, les fruits et légumes du potager. La carte fait le tour des saveurs dans des recettes méditerranéennes. Pas de menu, les suggestions du jour et une formule de midi à petit prix. Aux beaux jours on apprécie la terrasse ombragée.

ABBAYE DE SILVACANE ★★★

RD561 ✆ 04 42 50 41 69
www.abbaye-silvacane.com

Tarif 8 €. Réduit 6,50 €. Gratuit pour les -12 ans. Été, 7j/7 de 10h à 18h. Hiver sauf lundi : 10h-13h et 14h-17h.

© EBASCOL - SHUTTERSTOCK.COM

Dominant la plaine de la Durance et faisant face au Luberon, c'est l'un des joyaux du pays d'Aix. Cette abbaye cistercienne connaît rapidement un important épanouissement spirituel et économique. Son déclin commence à la fin du XIIIe siècle (conflit avec l'abbaye de Montmajour, catastrophes naturelles, guerre de Cent Ans). Classée à l'inventaire des monuments historiques, et aujourd'hui propriété de la commune, l'abbaye de Silvacane est un lieu culturel important du pays d'Aix, qui accueille expositions, rencontres et concerts, réputé pour sa qualité acoustique.

LA ROQUE-D'ANTHÉRON ★

Ce gros village au bord de la Durance, tranquille hors saison, est le cadre d'un événement international qui, chaque été, rassemble les puristes du piano venus du monde entier. En effet, c'est dans le parc du château de Florens que se tient tous les ans en juillet et août le très réputé Festival International de Piano de la Roque. Si vous êtes mélomane et que l'occasion vous est donnée de séjourner ici, réservez à l'avance vos places pour aller écouter (et voir aussi) un concert. C'est magique pour ce cadre unique et pour le plaisir jusqu'à tard dans la nuit d'entendre la musique et le bruit des cigales en contrepoint s'il fait encore chaud.

GRIMMLAND - LABYRINTHE GÉANT

✆ 04 42 22 19 15
grimmland.fr

Tarif adulte 12,50 €. Enfant 14,50 €. Ouvert de février à novembre de 10h à 18h, jusqu'à 20h en été.

Redécouvrez en famille les personnages des contes de Grimm sur 4 ha d'attractions à quelques encablures d'Aix ! Plus d'une trentaine d'activités, le grand labyrinthe reste bien sûr l'attrait principal du parc. Du jardin des lutins pour les plus petits à la rivière à souhait ou les serpents blancs, en bateau, en kart à pédale ou pieds nus, tout est fait pour le plaisir. Possibilité d'organiser un goûter d'anniversaire. Et 2 cabanes insolites pour passer la nuit la tête dans les étoiles.

BOUCHES-DU-RHÔNE

EDEN ROQUE €€

5, Boulevard Adam de Craponne,
✆ 06 65 87 50 46
www.edenroque.fr
3 chambres (dont un gite). De 97 € à 120 €. Petit déjeuner inclus. Bain bouillonnant.

Nuit d'Été, Nuit du Piano, vous avez le choix entre ces 2 chambres spacieuses en étage avec salle de bain indépendante, ou bien la chambre en rez-de-chaussée dans le gite équipé d'une kitchenette et d'un coin séjour avec canapé convertible. La capacité d'accueil d'Eden Roque est de 8 personnes. La maison est située en plein cœur de La Roque d'Anthéron ; pas de jardin mais un grand patio à l'étage avec un petite piscine, un jacuzzi et un coin bar salon. Frédéric propose des balades en vélos électriques. Motard, il accueille aussi les adaptes des gros cubes.

MAS DE SILVACANE €€

34, avenue de Silvacane
✆ 07 48 88 22 05
www.masdesilvacane.fr
Ouvert toute l'année. 2 chambres d'hôtes 95 € et un gîte à partir de 690 €/semaine.

Beaucoup de charme dans cette grande maison de village : les deux chambres et le gîte de 50 m² donnent sur un petit jardin en restanques avec terrasses privatives. Les propriétaires ont soigné les prestations partout, depuis la literie jusqu'à la déco et aussi la petite cuisine équipée pour les hôtes de passage. On se partage la piscine selon des créneaux horaires en été et on profite du jardin quelle que soit la saison. Les petits déjeuners sont copieux pour bien démarrer la journée, et pour la ponctuer, commandez un plateau apéro copieux et convivial.

LE GRAIN DE SEL €€

Avenue de l'Europe
✆ 04 42 50 77 27
www.restaurant-le-grain-de-sel.com
Ouvert du lundi au samedi le midi et le soir. Formule du midi 16 €. Vin au verre. Terrasse. Vente à emporter. Traiteur.

Sympathique cantine pour les Rocassiers, bonne adresse pour les gens de passage, le Grain de Sel fait l'unanimité depuis une quinzaine d'années. Le cadre cosy, terrasse et salle à manger, fait oublier la situation aux abords de bâtiments administratifs et d'un parking au demeurant très pratique. L'accueil est prévenant, le service aux petits soins. On apprécie le moulin à poivre et la fleur de sel en assaisonnement si besoin. Les viandes sont à la cuisson désirée, le pain se mange avec plaisir, le petit verre qui accompagne la formule est local. On reviendra.

LE JAS €€

10 bis, rue de l'Eglise
✆ 04 42 50 50 58
www.lejas-restaurant.fr
Ouvert du tous les jours sauf mercredi et jeudi, midi et soir. Formule midi : 22 €. Menus dès 26 € midi. Terrasse.

© STÉPHANIE AVON PHOTOGRAPHE

Émeric Corbon s'installe après être passé chez Édouard Loubet et Michel Kayser. Sa cuisine méditerranéenne s'inspire des produits de saison et locaux. Fleurs de courgette farcies en été, terrines et pâté en croûte à l'automne, gibier en hiver et poisson toute l'année. Émeric s'est formé en pâtisserie auprès de Jean Christophe Vitte à Sorgues : en dessert il va vous régaler d'un bavarois vanille lait de coco aux fruits rouges, un riz au lait au caramel épicé ou bien une Forêt Noire. Jolie carte de vins. Jolie petite terrasse fleurie pour s'attabler.

COUP DE COEUR

3, boulevard Adam de Craponne
✆ 04 42 50 42 78
Ouvert du mardi au samedi de 9h à 12h15 et de 15h à 19h.

Cadeaux, déco, linge de maison, luminaires, vaisselle, cette boutique est bien pratique et évite d'avoir à prendre sa voiture pour aller à Aix si l'on a besoin d'une carafe, d'une théière, d'un plat ou d'une nappe pour dresser une jolie table, d'une lampe à poser sur un guéridon, d'un miroir à accrocher dans une chambre ou de photophores pour le jardin. Sylviane sélectionne de jolies choses pour votre intérieur y compris du petit mobilier et aussi quelques accessoires de mode en fonction de la saison, chapeaux, gants, foulards, sacs et quelques bijoux fantaisie.

FERME BIO DE SILVACANE

Quartier Silvicane RD 23
✆ 06 68 28 61 97
www.vente-dagneaubio.com
Vente le samedi matin sur le marché des producteurs à Rognes et à la Roque d'Anthéron.

Chrislaine Alazard est éleveuse de brebis et d'agneaux depuis 2003 à La Roque d'Anthéron en contrebas de l'Abbaye de Silvacane. Les bêtes vivent en plein air toute l'année, avec une parenthèse estivale dans les pâturages savoyards. Nourri du fourrage produit sur l'exploitation familiale, l'élevage est labellisé Bio et l'abattage des agneaux de lait traditionnel. La viande est vendue au détail, de l'agneau entier à la découpe et aussi sous la forme de quelques plats cuisinés comme les fameux pieds paquets. Egalement poulets, pintades ou volailles fermières bio.

VINCENT SCHOEPFER

Place de la Vierge
Ouvert du lundi au samedi de 10h à 12h et de 14h à 18h. Ateliers, stages.

Artiste-céramiste Vincent était styliste dans la mode masculine à Paris avant de s'installer en Provence pour vivre de sa passion. Son inspiration il la puise dans l'art antique. Ses créations : des vases anthropomorphes, en forme de visage, il y rajoute des accessoires -boucles d'oreilles en céramique, vannerie-, des vases à anses, des amphores sur lesquelles il trace des visages d'un trait bleu à la manière de Picasso ou Cocteau et aussi des petits objets décoratifs. Vincent organise des ateliers (modelage, émaillage, cuisson) vous repartez avec l'objet réalisé

LA FERME DE LA JACOURELLE

Route de Sainte Anne ✆ 04 42 50 56 79
jacourelle.pagesperso-orange.fr
100% BIO. Ouvert tous les matins en semaine de 9h à midi sauf le jeudi sur le marché de La Roque-d'Anthéron.

Brousse du Rove, fromages de chèvres affinés et huile d'olive, ce sont les bons produits bio que vous trouverez à la ferme de la famille Borel -Sandrine et François- qui a optimisé les 150 ha de leur exploitation située sur les collines de La Roque d'Anthéron. Une centaine de chèvres du Rove (race caprine rustique originaire des Bouches du Rhône) y pâturent en liberté toute l'année. Deux gîtes labellisés Accueil Paysan pour séjourner et découvrir le quotidien d'une ferme.

SAINT-ANTONIN-SUR-BAYON ★

Ce tout petit village de 1 753 ha s'étend sur un plateau entouré de crêtes et de jolis vallons, au pied du versant sud de la montagne Sainte-Victoire. Il est traversé, comme son nom l'indique, par le Bayon, et ne possède que de très rares habitations (135 habitants au dernier recensement). L'unique route en lacets qui mène au village est vraiment magnifique avec ses paysages sauvages et préservés, presque les mêmes que découvrait Cézanne lors de ses promenades ! Profitez du spectacle sans oublier un arrêt à la Maison de Sainte-Victoire, lieu musée sur la Sainte-Victoire, sa géologie, sa nature préservée et quelques produits artisanaux en boutique.

LE QUILLÉ GLACIER

3, Cours Maréchal Foch
✆ 04 42 97 69 71
Ouvert tous les jours de 15h à 23h30.

Le célèbre glacier de Miramas-le-Vieux s'est récemment installé à La Roque-d'Anthéron : toujours des glaces artisanales avec quelque 56 parfums, dont des sorbets « plein fruits » avec un minimum de 45 % de fruits travaillés dans l'atelier. Les 100 compositions, aux noms évocateurs de « Passion des îles », « Green Kiss » ou « Délice de macaron », sont toutes proposées avec des toppings, décors ou chantilly faits maison. Une halte gourmande qui vous offre aussi des crêpes, des thés chauds ou glacés et « La Petite Aixoise «, bière artisanale de Saint-Cannat. On y court !

LE DOMAINE DES MASQUES

Chemin Maurely
✆ 06 70 19 54 67
www.domainedesmasques.com
Ouvert du mardi au samedi de 10h à 18h.

Le domaine est implanté sur une ancienne commanderie des Templiers, mais son nom est inspiré des sorcières (*lei masco* en provençal) qui venaient y cueillir des plantes médicinales. 25 ha de vignes sur un magnifique domaine de quelque 145 ha et des vins qui ont de la personnalité. on y trouve également une huile d'olive verte au goût d'artichaut. Des produits labellisés Bio à découvrir au domaine ou chez quelques cavistes ou épiceries fines et à la table de nombreux bons restaurants. Visite guidée sur rendez-vous dans le cadre majestueux du plateau du Cengle.

BOUCHES-DU-RHÔNE

SAINT-CANNAT

Saint-Cannat est un joli village provençal qui doit son nom à un ermite du Ve siècle, canus natus - né blanc, c'est-à-dire sage, qui devint évêque de Marseille. Mais le personnage historique de Saint-Cannat est sans conteste le bailli de Suffren. Ce marin exceptionnel est né au château, actuellement siège de la mairie. Il servit sous Louis XVI et fut de toutes les campagnes royales obtenant par sa bravoure la plus haute distinction des chevaliers de l'Ordre de saint Jean de Malte. Saint-Cannat était également sur la route des transhumances et regorge ainsi de fontaines et de lavoirs. À visiter le château de Beaupré ou la commanderie de la Bargemone.

SAINT-MARC-JAUMEGARDE ★

Saint-Marc-Jaumegarde est un village résidentiel à quelque 15 km d'Aix-en-Provence. Lieu consacré à saint Marc depuis le Xe siècle, il devient le fief de Raymond Béranger V, puis la propriété de grandes familles provençales. Sa richesse fut longtemps basée sur l'exploitation des forêts qui l'entourent et en particulier des chênes utilisés comme bois de chauffage par les Aixois. Aujourd'hui, il n'y a plus de château, détruit au XVIe siècle, mais une commune de différents hameaux réputés pour leur environnement riche et propre. C'est sur la commune que vous trouverez aussi à vous balader en pleine nature entre barrage de Bimont et barrage Zola.

VILLAGE DES AUTOMATES-MONTOPOTO

Chemin de la Diligence - Le Plan d'Aigues
✆ 04 30 30 33 46
www.villagedesautomates.com
Ouvert 7j/7 d'avril à août ; mercredi, samedi, dimanche de septembre à mars et les vacances scolaires de la zone B.

Ce parc de loisirs, à 12 km d'Aix, est situé dans un espace boisé de 8 hectares : le Village des Automates – plus de 500 personnages qui changent tous les ans, des aires de jeux parcours aventure, un petit train, des karts, la ferme des animaux heureux et des spectacles durant les vacances scolaires. Montopoto, la plus grande aire de jeux couverte de France, propose des activités dans un décor de jungle, circuits de voitures et des parcours Aventure pour grimper et escalader.

LE MAS BOTTERO €€€

2340, Route D'Aix
✆ 04 42 67 19 18
www.lemasbottero.com
Ouvert du mercredi au samedi, midi et soir, et dimanche midi. Menus de 75 € à 95 €. Formule déjeuner à 45 €.

De la couleur, des saveurs dans les assiettes, un accueil charmant, un cadre contemporain pour cette table étoilée. Indéniablement, les raisons pour faire un détour chez Nicolas Bottero. Sa cuisine est inventive, la carte évoluant au fil des saisons. La salle ouverte sur un jardin avec plantes aromatiques et cabanes en bois où s'ébattent quelques jolies poulettes pondeuses. Nicolas a également aménagé un coin épicerie fine où s'alignent de jolis bocaux cuisinés sur place, des veloutés, des fruits au sirop... de quoi se faire plaisir chez soi ou pour offrir.

LE BARRAGE DE BIMONT ★

✆ 04 42 24 99 99
Ouvert tous les jours aux piétons et vélos sauf en cas d'opération de maintenance.

© MANUKRO - SHUTTERSTOCK.COM

Sur la D10 en revenant de votre visite à Vauvenargues, jetez un coup d'œil au joli hameau des Bonfillons avant de rejoindre le barrage de Bimont. Construit entre 1946 et 1951 par l'ingénieur Joseph Rigaud, ce barrage-voûte permet le stockage de 39 millions de m^3 d'eau en provenance du Verdon et de l'Infernet. Il alimente les grands centres industriels et urbains de la vallée de l'Arc et de Marseille. D'ici, vous jouissez d'une des plus belles vues qui soit sur la montagne Sainte-Victoire. Plusieurs sentiers de randonnées. La baignade est interdite.

LE THOLONET ★★

Sur la Voie Aurélienne entre Rome et Arles, le Tholonet était un péage pratique près d'Aquae Sextiae, au temps des Romains. Situé dans la haute vallée de l'Arc, il offre une vue imprenable sur Sainte-Victoire. Cézanne affectionnait particulièrement ce lieu pour sa palette de couleurs. Les traces de l'artiste se retrouvent au château, siège de la société Canal de Provence, au relais, et à la sortie du village où se dresse une stèle à son effigie, au pied du moulin. N'oubliez pas non plus de faire un crochet par le barrage construit par François Zola, père du célèbre écrivain. Pour les gourmands, le Tholonet produit le remarquable vin de Palette.

CHÂTEAU CRÉMADE

649, Route de Langesse
✆ 06 62 07 00 70
www.chateaucremade.fr

Ouvert du mercredi au samedi de 9h à 12h et de 14h à 18h. Lundi et mardi sur rendez-vous.

L'AOC Palette est l'une des plus confidentielles en France (40 ha au total). Le vignoble du château Crémade s'étend sur 9 ha, au pied de la montagne Sainte-Victoire. Les vins expriment la richesse du terroir et le savoir-faire de ce vigneron, en culture bio. Le rouge et le rosé sont issus d'un assemblage de grenache, syrah, cabernet-sauvignon, durif, castet, brun fourcat... Comptez 16 cépages dans le rouge et 10 dans le blanc, ce qui est unique en France. Certains de ces cépages ont même disparu ailleurs. Les vins sont médaillés d'or régulièrement.

LES LODGES SAINTE-VICTOIRE★★★★ €€€

2250, route de Cézanne
✆ 04 42 24 80 40
www.leslodgessaintevictoire.com

Ouvert toute l'année. Chambre double à partir de 315 €. 10 suites dont 1 duplex. 2 villas.

Face à la montagne Sainte-Victoire, une adresse unique pour un séjour d'exception. L'hôtel 5-étoiles et ses villas privatives se nichent au cœur d'un domaine de 5 ha. Les suites sont luxueuses avec une vue à couper le souffle et les 2 villas idéales pour les familles. Pour la détente, piscine à débordement, spa et salle de fitness. Résident de l'hôtel ou non, on s'attable au Saint Estève, doté d'une étoile au *Michelin, ou à l'atelier des lodges,* le restaurant brasserie.

VAUVENARGUES ★

Ce tout petit village se situe à 12 km d'Aix-en-Provence par la D10. Il est resté authentique et sans fioritures avec son imposant château du village, dernière demeure acquise en 1958 par le peintre Pablo Picasso désormais enterré dans le parc. Hélas, vous ne pourrez pas le visiter : sachez tout de même pour la petite histoire que c'est dans ce château que l'artiste peignit ses célèbres toiles dont « Le déjeuner sur l'herbe ». Empruntez le chemin des Venturiers pour une grimpette sur la montagne chère au peintre Cézanne. Parking à la sortie du village 2 km avant. Au sommet, vous pourrez vous reposer dans le refuge, à côté de la chapelle.

LA TABLE DU BOUCHER €€

1652, Avenue Paul-Jullien
✆ 04 42 27 08 23
www.latableduboucher.fr

Restaurant ouvert le midi du lundi au samedi sauf le mercredi ainsi que le vendredi et samedi soir. Carte 38 €.

Les amateurs de viande rouge ont ici leur adresse, à la fois boucherie, traiteur et restaurant. C'est LA table du Boucher au sens littéral du terme, car les viandes sur la carte du restaurant sont celles de la boucherie, des viandes maturées et d'exception, tendres et goûteuses, viandes françaises. Et si le morceau particulier qui vous fait envie n'est pas sur la carte, vous le choisissez sur l'étal de la boucherie, on vous le découpe et le chef vous l'amène à votre table, à la cuisson désirée. Comme les légumes et les frites, tout est fait maison !

CHEZ LE GARDE €€

Route départementale 10
✆ 04 42 65 19 53

Ouvert le lundi et du mercredi au jeudi le soir ; du vendredi au dimanche midi et soir. Terrasse. Vente à emporter.

Les anciens connaissent ce restaurant en bordure de route avant le village ; un garde-chasse y vivait dans les années 1950 et cuisinait paraît-il de bons plats de gibier. Le lieu a gardé le nom, son authenticité, l'ambiance est conviviale voire festive comme une guinguette les soirs d'été. On aime la carte à l'ardoise, les produits frais du jour, les grillades ou la pizza cuite au feu de bois. On s'y arrête pour prendre un verre de bon vin d'ici accompagné d'une planchette de charcuterie ou de fromage. La bonne humeur est de mise. On est ici comme chez des amis.

HÔTEL SAINTE VICTOIRE**** €€€

33, avenue des Maquisards ✆ 04 42 54 01 01
www.hotelsaintevictoire.com/fr/

Adapté aux personnes à mobilité réduite. Room service. Climatisation. Piscine extérieure chauffée. Restauration.

Une belle adresse pour se poser en vis-à-vis de Sainte Victoire et du château de Vauvenargues où vécut Picasso. Calme, luxe et volupté dans ce nid douillet dont la situation exceptionnelle n'est pas le seul atout. Accueil charmant du personnel, prestations haut de gamme, confort des chambres spacieuses avec balcon ou terrasse, déco design et piscine de rêve, tout est parfait, sans compter la table bistronomique aux accents franco-brésiliens du chef Mateus Marangoni. Un coup de cœur !

LA TABLE DE L'HÔTEL SAINTE VICTOIRE €€

33, avenue des Maquisards
✆ 04 42 54 01 01
www.hotelsaintevictoire.com/fr/

Ouvert tous les jours le midi et le soir. Menus 65 et 90 € et carte. Terrasse.

Face à Sainte-Victoire et au château où vécut Picasso, l'adresse a quelque chose de confidentiel. On apprécie le confort douillet et raffiné de la chambre, on y va aussi pour le plaisir du palais. La cuisine de Mateus Marangoni est une invitation au voyage. Créatives, ses recettes mêlent l'exotisme du Brésil -sa terre natale- aux saveurs de la Provence. Repéré par le *Michelin* en 2021, il vient d'obtenir le titre de *Maître Restaurateur*. Sa carte change régulièrement.

DISTILLERIE SAINTE VICTOIRE

256, Route de la Libération ✆ 06 77 79 79 24
www.distilleriesaintevictoire.fr

Tous les matins sur le marché place Richelme à Aix ; juillet/août cours Mirabeau et décembre « chalets de Noël »

Les Mallesson exploitent 20 ha de terres garrigueuses propices à la culture des plantes à parfum, aromatiques et médicinales. Elles sont distillées traditionnellement dans leur labo, pour produire des huiles essentielles, des eaux florales et des savons. L'autre partie est séchée et transformée en herbes de Provence. Ils produisent également une huile d'olive fruitée verte. La distillerie ne se visite pas, mais on peut découvrir les champs de lavande en fleurs en juillet.

VENTABREN ★

A 13 km à l'ouest d'Aix, Ventabren est perché sur son rocher escarpé. Ruelles en escaliers, vieilles maisons serrées les unes contre les autres, château de la reine Jeanne, lavoirs anciens, moulin à vent, moulin à huile, bories, four à pain, glacière d'époque font de ce charmant village habité un lieu de visite très agréable. N'oubliez pas de jeter un coup d'œil à l'église du village et d'aller ensuite à l'aqueduc de Roquefavour qui vaut le détour, pour admirer ses 84 m de haut : un véritable chef-d'œuvre inauguré après six années de travaux, le 19 décembre 1847, pour alimenter la ville de Marseille en eau provenant de la vallée de l'Arc qu'il traverse.

LES ROCHES ROUGES €€

811, chemin de Cassade ✆ 04 42 28 94 40
www.roches-rouges.com

Chambre double 130 €. Petit déjeuner inclus. À partir de 2 nuits en haute saison. Lit supplémentaire 30€. CB non acceptée.

Cette grande maison contemporaine est accrochée aux collines de Ventabren. Dans une nature préservée, avec vue panoramique sur toute la vallée, vous profiterez d'un calme absolu et d'une immense piscine carrelée en bleu. Les 3 chambres spacieuses avec salle de bain et WC disposent chacune de leur entrée et d'une terrasse privative avec mobilier de jardin. Réfrigérateur, bouilloire, micro ondes, vaisselle à disposition dans un espace commun, ainsi que planche et fer à repasser. Danielle et Yves vous attendent dans leur havre de paix. Allez-y de notre part !

LA TABLE DE LA FONTAINE €€

5127, route de Berre ✆ 04 42 92 09 10
www.latabledelafontaine.fr

Ouvert du mardi au samedi midi et soir. Le dimanche midi. A la carte. Plats de 20 à 35 €.

Ce restaurant en contrebas du village célèbre la viande avec une sélection de viandes réputées. Français, uruguayen ou brésilien, vous découvrirez sans doute le bœuf comme jamais vous ne l'avez goûté, avec entrecôte ou onglet de black angus maturé. On ajoute à cela le fameux porc hispanique à pattes noires pluma iberica. Le poisson est également à la carte, que du frais et du sauvage de l'étal d'à côté avec les propositions du sushi man : une très belle table, un art de vivre à la française. Et la fontaine existe bel et bien, juste devant le bar !

DAN B. €€€

1, rue Frédéric-Mistral
✆ 04 42 28 79 33
www.danb.fr

Menu 4 mets en semaine 81€ et menus en 6 et 8 mets à 119€ et 149€ le week-end.

Déco contemporaine pour cette table étoilée avec de grandes baies vitrées ouvertes sur la plaine et où l'on voit par beau temps jusqu'à l'étang de Berre. A 10 kilomètres d'Aix, Dan Bessoudo continue de nous régaler et de nous étonner. Ce chef formé auprès des plus grands relève le pari d'attirer une clientèle dans un village excentré et il y réussit fort bien. Sa table rend hommage aux produits du terroir et locaux à travers une carte saisonnière. Le menu de midi en semaine est l'occasion de goûter cette cuisine créative à un tarif attractif.

AUBAGNE ★

Située à 17 km de Marseille par l'autoroute Marseille-Toulon, Aubagne est dominée par le massif du Garlaban où les souvenirs d'enfance de Marcel Pagnol, dont elle est la ville natale, résonnent encore. Sa vieille cité a su garder tout son charme d'antan avec ses rues piétonnes et ses vieilles portes d'accès comme la porte Gachiou. Datant de la fin de l'occupation romaine, elle est de nos jours le vestige le plus ancien d'Aubagne. Réputée désormais pour ses poteries, Aubagne accueille le célèbre salon Argila qui a lieu tous les deux ans. Depuis 2019 : à noter, nouveau GR du Pays d'Aubagne, baptisé Sentier Provence, Mines d'Énergies.

DOMAINE DE LA FONT DE MAI

Chemin de la Font-de-Mai
✆ 04 42 03 49 98
Ouvert tous les jours de 6h à 19h30 sauf instructions préfectorales contraires. Balades à pied, à vélo, à dos d'âne…

Découvrez le domaine de la Font de Mai, bâtisse provençale, posée au pied du massif du Garlaban depuis plus de 300 ans. L'illustre Marcel Pagnol a tourné quelques-uns de ses meilleurs films dans ce cadre exceptionnel. Le domaine s'étend sur cent hectares de restanques et de collines, avec de multiples activités : ferme à l'ancienne, ruches, sentiers… et bien d'autres points d'intérêt. Le domaine est également le point de départ de nombreuses randonnées.

L'ARGILLA

59-61, rue de la République
✆ 04 42 04 05 14
Ouvert du mardi au samedi de 10h à 18h. Salon de thé.

L'Argilla est un lieu unique en Provence où plusieurs activités sont regroupées dans un espace de 600 m². La première, la galerie des arts de la terre est dédiée à la vente et à l'exposition des potiers, santonniers et céramistes de la région. Grands et petits ateliers se côtoient, une cinquantaine au total… Des pièces uniques « Made in Provence » accompagnées d'un certificat d'authenticité ! Vous pourrez ainsi découvrir les productions des artisans créateurs de la filière argile du Pays d'Aubagne et de l'Étoile. La galerie dispose également d'un salon de thé.

LE GARLABAN ★

De multiples chemins de randonnées y donnent accès. Se renseigner auprès de l'office de tourisme.
Les sentiers pédestres sont réglementés du 1er juin au 30 septembre. S'informer en ligne ou à l'office de tourisme.

Immortalisé par Marcel Pagnol, le massif du Garlaban offre un décor majestueux de garrigue et de pierre calcaire qui culmine à 731 mètres et surplombe la ville d'Aubagne. On y accède par cette même ville, mais aussi par Allauch, Roquevaire et La Destrousse. Il est composé de plusieurs sommets, dont celui appelé Taoumé, qui abrite la grotte du Grosibou mentionnée dans *La Gloire de mon père* et *Le Château de ma mère* de Marcel Pagnol. On peut se procurer à l'office de tourisme un topo-guide du massif, qui propose 12 randonnées détaillées de 10 km à 18 km.

CITÉ DE L'ART SANTONNIER THÉRÈSE NEVEU

Cours de Clastres
✆ 04 42 71 17 81
Du mardi au samedi de 9h à 12h30 et de 14h à 18h. Gratuit pour les enfants de moins de 6 ans. Adulte : 3€ ; enfant : 2€.

La Cité de l'art santonnier Thérèse Neveu, ancienne demeure de la célèbre santonnière, abrite aujourd'hui Le Petit Monde de Marcel Pagnol et ses 200 santons. La nouvelle scénographie est particulièrement attractive. À ses côtés, la collection permanente livre les secrets de fabrication et l'histoire attachante de ces figurines provençales. Située sur les hauteurs de la ville, la Cité de l'art santonnier est aussi l'occasion de faire un tour dans le vieil Aubagne.

MAISON FERRONI ★

44, impasse de la Badiane
✆ 04 91 24 88 91
https://www.ferroni.com/
Boutique ouverte du mardi au samedi de 10h à 12h et de 14h à 17h. Visite guidée sur réservation (planning sur le site).

Non loin de Marseille et à quelques minutes du centre d'Aubagne, le château des Creissauds est le lieu où s'est installée la distillerie Maison Ferroni. Elle y élabore une large gamme de spiritueux tels que rhum, gin, vodka, whisky, liqueur mais aussi un pastis millésimé créé à partir de plantes fraiches récoltées sur le domaine. Le cadre est splendide, la verdure environnante offre un écrin de nature au lieu historique. Chaque année autour du 13 mai sont organisées Les Rencontres Anisées du Château des Creissauds à l'occasion du lancement du millésime.

BOUCHES-DU-RHÔNE

MAISON NATALE DE MARCEL PAGNOL

16, cours Barthélémy
✆ 04 42 03 49 98

Ouvert tous les jours de 9h30 à 12h30 et de 14h à 18h. Gratuit jusqu'à 6 ans. Label Tourisme & Handicap. Visite guidée.

Ville natale de Marcel Pagnol, Aubagne ne manque jamais une occasion de rendre hommage à l'écrivain et cinéaste provençal. En 2003, c'est la sœur de Marcel Pagnol, Jacqueline qui inaugure ce musée installé dans une belle demeure bourgeoise du XIXe siècle, où le petit Marcel vit le jour le 28 février 1895. Entre reconstitution, projection et exposition, l'ambiance est authentique. Cette visite est inratable si vous souhaitez en apprendre plus sur la vie personnelle de l'auteur.

MUSÉE DE LA LÉGION ÉTRANGÈRE ★

Chemin de la Thuilière ✆ 04 42 18 10 96
https://www.legion-etrangere.com/

Accès gratuit du mardi au dimanche de 10h à 12h et de 14h à 18h. Visites groupées uniquement sur rendez-vous.

Le musée de la Légion étrangère a été rénové en 2014. Lieu chargé d'Histoire, il rend hommage à ces soldats venus d'ailleurs pour servir la France. Indissociable d'Aubagne, il est également un lieu militaire puisque les nouveaux légionnaires reçoivent leur premier contrat dans la salle d'honneur. Au travers d'un parcours muséographique repensé, le visiteur est invité à découvrir l'histoire de ces hommes qui ont tout abandonné pour servir la France avec « Honneur et Fidélité ».

OFFICE INTERCOMMUNAL DE TOURISME DU PAYS D'AUBAGNE

8, cours Barthélémy ✆ 04 42 03 49 98
www.tourisme-paysdaubagne.fr

Label Tourisme & Handicap. Horaires sur le site Internet de l'office intercommunal de tourisme du Pays d'Aubagne.

Le pays d'Aubagne, c'est un concentré de toutes les images d'Épinal de la Provence : collines de Pagnol, santons de Provence, jolies fontaines... Découvrez les lieux remarquables de la ville médiévale d'Aubagne, les excursions au pied du Garlaban, les sentiers de randonnées sur le massif au départ du domaine de la Font de Mai, le village des Santons de Provence, la Maison Natale de Marcel Pagnol ainsi que l'exposition Le Petit Monde de Marcel Pagnol et les nombreux domaines viticoles.

SUR LES TRACES DE PAGNOL

8, Cours Barthélémy ✆ 04 42 03 49 98
www.tourisme-paysdaubagne.fr/fr

Réservations et renseignements sur le site Internet de l'Office de tourisme du Pays d'Aubagne et de l'Étoile.

Au départ de la ville natale de l'écrivain, l'Office de tourisme organise plusieurs circuits autour de Marcel Pagnol. En été, un circuit de 9 kilomètres vous fait découvrir les lieux emblématiques des mythiques grandes vacances de l'écrivain. Une autre balade vous propose de revivre l'histoire du film *Le Temps des secrets*. Vous pourrez également profitez de la belle douceur provençale pour explorer son œuvre cinématographique avec la découverte des lieux de tournage (*Angèle, La fille du puisatier*). Un Escape Game ou des randonnées théâtrales sont aussi au menu !

CAMPING DU GARLABAN*** €

1915, chemin de la Thuilière ✆ 04 42 82 19 95
www.camping-garlaban.com

Ouvert d'avril à octobre. Tarifs variables selon saison et disponibilité. Animaux acceptés. Wifi gratuit. Restauration.

Le camping du Garlaban est implanté au cœur d'une magnifique pinède de 7 ha, aux portes de Marseille. Les 66 emplacements sont intégrés à la végétation de type méditerranéenne, rendant le lieu très ombragé. Le site permet l'accueil des campeurs, des camping-cars et caravanes. La philosophie You Camp, avec des hébergements confortables et insolites, parfaitement intégrés à la nature, a été réalisée ici. L'ensemble des produits utilisés par l'équipe d'entretien du camping sont éco-labellisés. Un camping atypique avec piscine pour des séjours de 2 à 6 personnes.

LA ROYANTE €€€

340, impasse de La Royante
✆ 04 96 18 99 76
www.laroyante.fr

Ouvert de mars à octobre. De 250 € à 310 € les deux nuits. Parking et Wifi gratuit.

Une imposante bâtisse du XVIIIe, une chapelle néo-gothique, un parc de plus d'un hectare, voilà le décor dans lequel vous allez être hébergé... Bienvenue à La Royante ! Aubagnais d'adoption, Sophie et André y proposent trois grandes chambres d'hôtes (30 m² environ) aux noms évocateurs : Sacristie, Sainte-Catherine et Saint-Thomas. Un authentique petit déjeuner maison est servi en saison sur la grande terrasse, à l'ombre d'un figuier. Vous pourrez vous détendre en profitant de la piscine ou méditer dans la sublime chapelle privée.

BOUCHES-DU-RHÔNE

BAR-RESTAURANT LE BEAUDINARD €

1850, route de Beaudinard-Ouest
✆ 04 42 82 29 65

Ouvert tous les jours de 6h à 20h30. Pizza à partir de 10 €. Terrasse.

Changement de propriétaire pour ce bar de village qui existe depuis 1890. L'établissement dispose d'une grande terrasse très agréable où il fait bon prendre un verre ou s'arrêter pour une pause gourmande. À la carte, une sélection de pizzas, salades et bruschettas, grillades au feu de bois ou quelques sympathiques suggestions du chef. Également apprécié, l'Aïoli du vendredi ! L'accent est mis sur la simplicité et le goût. Soirées musicales organisées fréquemment en été.

ZEU BURGERS €

5, rue du Colonel-de-Roux
✆ 04 42 08 06 40

Ouvert du lundi au vendredi midi et du jeudi au samedi le soir. Terrasse. Vente à emporter.

Ce bistrot à burgers dans le paysage d'Aubagne a bientôt 10 ans ! Burger oui, mais pas que ! Plats du jour, salades, viandes et poissons, planche de charcuterie… Le tout dans un décor des plus stylés avec comptoir en bois et zinc, carrelage rétro au mur, mobilier industriel et chaises en formica. Chef de cuisine et patron, Stéphane Boscher prend un malin plaisir à proposer à ses clients du fait maison à un prix très abordable. En 2022, l'établissement a été agrandi pour laisser place à une nouvelle salle et une terrasse plus grande.

VILLA ESTELLO €€

635, D8N
✆ 09 86 74 15 05

Ouvert du lundi au vendredi midi ; jeudi et vendredi soir. Fermé samedi et dimanche. Réservation recommandée. Terrasse.

Notre coup de cœur sur Aubagne ! Repensée en lieu et place d'un ancien bar de quartier, la Villa Estello est un lieu majeur de la gastronomie aubagnaise depuis sa création. On s'y attable dans l'esprit bistrot-chic cocooning, en contrebas de l'agitation urbaine. Décoration d'influences nordiques, nuances de gris, de blanc et de bois. Jolie terrasse et cuisine de marché exécutée par le chef. Ici l'ennui a été banni avec une carte qui évolue à chaque service. Une superbe adresse, toujours talentueuse et qui respecte le client.

DANS LES ARBRES

Château des Creissauds
✆ 04 91 24 84 45
www.danslesarbres.com

Ouvert tous les jours de juin à octobre de 18h à 1h. Réservation impérative. Cocktails à partir de 10 €.

Déjà révolutionnaire à Marseille avec son concept de bar à cocktails clandestin, le collectif Carry Nation a cette fois investi les arbres d'Aubagne et plus particulièrement le parc d'un château, proposant donc de déguster des cocktails à quelques mètres au-dessus du sol. Les cocktails à base de fruits frais et d'herbes fraîches sont à l'honneur avec de très nombreuses créations. Les plantes utilisées sont d'ailleurs cultivées sur place. Insolite assurément. Belle démarche éco-citoyenne. Réservations impératives car nombre limité d'entrées.

LES ENFANTS GÂTÉS

2435, route de la Légion
✆ 04 42 73 00 19
www.lesenfantsgates.net

Du lundi au vendredi de 9h à 15h ; le jeudi de 18h à 23h ; le vendredi et le samedi de 18h à 2h. Concerts. Restauration.

Un lieu assez peu commun dans la région. Aux Enfants gâtés, on vient aussi bien pour apprécier un concert de musique live que pour s'époumoner sur une karaoké endiablé ou pour se régaler d'une belle cuisine méditerranéenne dans un cadre serein. Ce lieu atypique et hybride oscille donc entre ambiance festive en soirée et déjeuners paisibles avec une clientèle fidèle le midi. En soirée, vous pourrez d'ailleurs aussi dîner au calme tant les lieux sont spacieux. Philippe, Carole et leur fils, Aubagnais pur jus, gèrent les lieux avec talent et passion. Belle pergola.

MARCHÉS LOCAUX

Rien de plus charmant qu'un marché provençal ! Ceux d'Aubagne sont connus dans toute la région. Rendez-vous quatre fois par semaine sur les grands cours du centre-ville et le dernier dimanche de chaque mois à l'Espace des Libertés. Le marché alimentaire, horticoles et de fleurs coupées a lieu les mardis, jeudis, samedis et dimanches. Le marché non alimentaire les mardis de 8h à 13h. De janvier à novembre, tous les 3e samedis du mois de 8h à 13h, une brocante professionnelle est organisée. Renseignez-vous sur les lieux précis auprès de l'office de tourisme.

MOULIN DES AMIS DE LA PICHOLINE

701, chemin de la Royante
✆ 06 60 86 33 81
www.moulindesamis.weebly.com
Ouvert du lundi au samedi de 9h à 13h pour la vente. Visites guidées en saison.

Une adresse futé pour les inconditionnels de l'huile d'olive provençale. Les olives sont cultivées localement sur le domaine, la cueillette est manuelle et l'extraction à froid pour une production d'huile d'olive à partir de différentes variétés : aglandaou, salonenque, caillon, picholine, frantoï, grossane et bouteillan. Plusieurs choix s'offrent à vous, en vrac, en bouteille de verre ou en inox, de 1 à 5 litres. Les particuliers peuvent y faire triturer leurs propres olives !

POTERIE RAVEL

8, avenue des Goums
✆ 04 42 82 42 00
www.poterie-ravel.com
Visite guidée des ateliers tous les jeudis à 10h30. Vente directe de déclassés d'usine à -30 % et -50 %.

La manufacture de poterie Ravel est une institution aubagnaise et provençale depuis 1837. Elle fabrique différents articles en terre cuite avec de l'argile extraite de la carrière Ravel. Un savoir-faire qui se transmet depuis 5 générations avec une qualité qui n'est plus à démontrer. Les lignes sont contemporaines, historiques ou classiques, magnifiques ! Le lieu est par ailleurs superbement mis en valeur par le biais de salles thématiques et de présentations raffinées des céramiques. Possibilité d'acheter sur la boutique en ligne.

SANTONS FLORE

21, rue Rastègue
✆ 04 42 54 31 89
www.santons-flore.com
Ouvert du mardi au samedi de 10h à 18h. Boutique en ligne.

Maître santonnier depuis 1977, Jacques Walser vous accueille dans sa boutique du vieil Aubagne afin d'admirer ses magnifiques créations et comprendre l'art du santon, si cher à la région natale de Marcel Pagnol. De la conception à la fabrication, rien ne vous échappera, tous les secrets vous seront contés. L'occasion également d'apprécier les toutes dernières pièces produites exposées en vitrine. Même si la saison ne s'y porte pas si vous vous y rendez en été, vous pourrez compléter votre crèche de Noël en y incorporant le savoir-faire Flore.

TORRÉFACTION NOAILLES

26, rue de la République
✆ 04 42 03 05 87
https://www.noailles.com/
Ouvert du mardi au samedi de 8h30 à 13h et de 15h à 19h.

Véritable institution de la Canebière depuis 1927, la Torréfaction Noailles a connu un développement important sous l'impulsion du célèbre torréfacteur Henry Blanc qui rachète la boutique en 1988. Cinq boutiques sont d'abord ouvertes un peu partout dans Marseille avant l'ouverture d'un magasin à Aubagne. Vous trouverez ici une exceptionnelle sélection de cafés du monde entier torréfiés dans la plus stricte tradition. Vous pourrez ainsi prendre un café au comptoir tout en dégustant une confiserie ou du chocolat dans un décor années 1920 très réussi.

ROQUEVAIRE

Composée des villages de Pont-de-Joux, Pont-de-l'Etoile et Lascours, Roquevaire s'ouvre sur la porte des collines et des paysages de Marcel Pagnol. Un petit paradis pour tous ceux qui aiment marcher. Empruntez les rues étroites et typiques du vieux village pour vous rendre jusqu'aux vestiges du château médiéval (XIIe siècle), d'où vous dominerez la vallée de l'Huveaune. Roquevaire possède deux éléments patrimoniaux forts : la plus ancienne chapelle mérovingienne de Provence et un orgue parmi les plus importants du monde.

LE GRAND ORGUE DE ROQUEVAIRE

6, place de l'Eglise
✆ 04 42 04 05 33
www.orgue-roquevaire.fr
Ouverture pendant les offices religieux du mercredi matin et du dimanche matin. Gratuit.

Internationalement connu, ce magnifique orgue trônant au sein de l'église Saint-Vincent (XVIIIe siècle) se compose de 5 000 tuyaux, propriété de Pierre Cochereau, titulaire des grandes orgues de Notre-Dame-de-Paris de 1955 à 1984. Une pure merveille dont la réputation n'est plus à faire et qui enchantera les amateurs d'instruments prestigieux. Il est à présent équipé d'un nouveau système unique : insérez une pièce de 1 € dans le monnayeur et il joue pour vous !

LA MAISON DE CELLE QUI PEINT

12, CD du Pont de l'Étoile
✆ 04 42 04 25 32
Visite sur rendez-vous.

Voici une œuvre majeure de l'art singulier, une « maison-atelier » décorée de manière insolite par l'artiste Danielle Jacqui. C'est une floraison de trésors colorés : tableaux, broderies, céramiques, sculptures... Des créations d'une artiste parmi les plus étonnantes de son époque. Artiste reconnue, Danielle Jacqui a notamment exposé à l'American Visionary Art Museum de Baltimore aux États-Unis. Nonagénaire aujourd'hui, cette artiste atypique souhaite que sa maison devienne un musée.

LA PENNE-SUR-HUVEAUNE

Comme son nom l'indique, la Penne-sur-Huveaune est coupée en deux par l'Huveaune, précisément d'est en ouest. Un fleuve de prés de 50 kilomètres qui se jette ensuite dans la mer Méditerranée. L'histoire de la commune remonte à plus de 2 000 ans, comme sa très grande sœur Marseille. On y retrouve notamment un vestige romain, *le Pennelus*, datant de la fin du 1er siècle av. J-C dont la fonction n'a pas été cernée avec précision : tombeau ou mausolée... Mystère ! Parfois surnommée simplement *la Penne*, la ville permet également la pratique de la randonnée avec plusieurs petits massifs dont le point le plus haut culmine à 404 m (*la Candolle*).

OUI COWORKING

Allée de la Colombe
www.ouicoworking.fr
Accès abonnés et public tous les jours 7h-21h. Offre hébergement/session coworking avec La Girafe.

Belle structure qui propose sur plusieurs niveaux des espaces de travail partagés, nomades et privatifs. Oui coworking organise vos séminaires jusqu'à 100 personnes par session. Salle de conférence, 9 bureaux privatifs de 2 à 4 pers, tables de 4 à 8 pers et des postes nomades dans l'espace partagé. Parking gratuit, terrasse pour se relaxer, balcons aménagés. Depuis 2023 des bureaux habitables. Elsa la fondatrice est créatrice de mode, un espace boutique intégré fait la part belle à sa collection « 1er Septembre « et aux produits dans l'esprit luxe vintage.

LA GIRAFE APPART HOTEL*** €€

Allée de la Colombe
✆ 04 91 31 36 36
www.hotel-lagirafe.com
Studio/appart de 89 à 159 €. Suites jusqu'à 249 €. Parking gratuit. Plateau petit déjeuner 12 € de 7h-10h30.

La Girafe est adaptée à une clientèle de tourisme ou d'affaires. La majestueuse girafe en fer qui trône à l'entrée donne le ton. Organisée en 3 bâtiments, La Girafe propose 18 chambres dont 3 suites entièrement équipées. Modernes et confortables, avec terrasse ou balcon, elles sont toutes décorées et aménagées avec goût par une décoratrice hors pair. On aime le rooftop hippy chic pour paresser au soleil. Espace coworking « ouiworking » intégré. Difficile de quitter les lieux !

© LA GIRAFE

© LA GIRAFE

BOUCHES-DU-RHÔNE

PEYPIN

Lou villagi mounté li sien ben, nul besoin de parler le provençal pour comprendre le sens de la devise de Peypin. Il est vrai que Peypin respire à plein nez la Provence authentique et pittoresque, avec ses collines, ses herbes sauvages, et sa douceur de vivre. Le village est construit autour du Château de Peypin, dont les ruines sont à découvrir, au même titre que le pressoir à huile à l'entrée du village. Au nord, le massif du Garlaban, plus à l'est le massif de l'Etoile. De quoi organiser de belles randonnées sur les traces de l'enfant du coin... Marcel Pagnol. Avant 1870, le village était constitué de l'actuelle commune de la Destrousse.

BULLES DES BOIS €€

DN8 les Menuguets ✆ 06 03 25 24 21
www.bullesdesbois.fr

Fermé de novembre à mars. Réservation impérative. Terrain de 1,7 ha. 4 bulles pouvant accueillir chacune 2 occupants.

Floriane et Sylvain ont imaginé Bulles des Bois, au pied du massif de la Sainte-Baume. Un hébergement insolite pour une expérience unique dont nous nous souvenons encore. Vous dormirez dans une bulle transparente, en pleine nature avec une vision à 360 degrés. Une nuit à la belle étoile, avec le confort des hôtels étoilés : lits 160 cm, sanitaires traditionnels privatifs, douche à l'italienne, linge de maison... Selon vos envies, la table d'hôtes s'offre à vous avec une cuisine locale et de saison, ainsi qu'un service de massages bien-être ayurvédique ou balinais.

CUGES-LES-PINS

Au pied du massif de la Sainte-Baume, Cuges-les-Pins est une commune rurale typique du pays d'Aubagne. Autrefois appelés les *Cugelais* et les *Culs joyeux*, ses habitants sont aujourd'hui appelés les *Cugeois*. Un changement acquis par référendum municipal. Sa caractéristique principale est d'ordre géographique puisqu'il s'agit du plus grand poljé de France. Le village est ainsi situé dans une cuvette, adossé à la colline, et les eaux sont évacuées par des ponors, des zones d'absorption. Longtemps prospère grâce à de fertiles terres agricoles, le parc d'attractions Ok Corral est aujourd'hui son moteur économique majeur, source de nombreux emplois.

AURIOL ★

Ville de 12 000 habitants située à 25 km de Marseille, Auriol est posée au pied de la Sainte-Baume, des massifs du Garlaban et du Regagnas, véritable paradis pour les amateurs de randonnée. Ça sent bon la Provence sur les bords de l'Huveaune, dont l'eau a toujours été bénéfique pour les industries du cru (moulins à huile, filature, scieries etc.), remplacée au XIXème siècle par la machine à vapeur. Cet ancien village médiéval a su garder son cachet. Pour la balade on aime le passage couvert du centre-ville, les fontaines, les ruines du château médiéval et la tour de l'horloge qui date du XVIème siècle. C'est à Auriol que repose l'acteur Mouss Diouf.

OK CORRAL

DN8 Rue Nationale
✆ 04 42 73 80 05
www.okcorral.fr

Ouvert d'avril à novembre tous les jours de 10h à 18h. Adulte : 33,50 €. Enfant : 29,50 €.

C'est le Far-West en Provence ! Bien connu des parents et des enfants, venez jouer aux indiens et aux cowboys à seulement quelques dizaines de minutes de voiture de Marseille. Plus de 35 attractions ouvertes en continu vous assureront de ne jamais vous ennuyer tout au long de la journée. Récemment ouvert, le Flying turtle, l'Alligator island ou encore le Gold rush. Des spectacles sont également proposés au saloon avec duels et danses d'époque. Pour prolonger l'aventure, vous pouvez dormir sur place dans des tipis très confortables.

HÔTEL OCCITAN*** €€

199, Avenue de Solobie - **LA DESTROUSSE**
✆ 04 42 18 75 55
www.hotel-occitan-la-destrousse.fr

Accueil 24h/24 (sauf dimanche après 15h). 30 chambres. De 74 à 129 €. Petit déjeuner buffet : 11 €. Parking fermé.

Un hôtel qui ne paie pas de mine mais qui fait vraiment bien le job ! Accueil très professionnel et souriant, chambres spacieuses et d'une propreté irréprochable dont certaines avec une terrasse, parking souterrain fermé et gratuit, climatisation, wifi... La liste des atouts est longue pour un séjour en famille ou plutôt orienté business. Si l'on rajoute un restaurant d'une qualité inattendue, dans le bon sens du terme, voici une adresse à ne pas négliger si vous souhaitez séjourner une nuit ou plus dans le secteur d'Aubagne.

MOULIN À HUILE MARGIER

Boutique - Rond-point de l'Eolienne - D560
✆ 04 42 04 74 09
www.moulinmargier.com
Ouvert du lundi au samedi de 9h à 12h et de 14h à 19h.

Le moulin est dans la famille Margier depuis 1870, une éternité. Sous l'impulsion de Nelly et Jean-François, il se modernise et investit de nouveaux locaux en dehors du village. Des équipements plus modernes qui permettent de presser près de 600 tonnes d'olives à l'année. Certifié Ecocert (pour l'huile biologique) et AOP d'Aix-en-Provence, le moulin accueille les olives de nombreux producteurs locaux mais également des particuliers qui amènent parfois moins de 10 kg, soit 3 000 apporteurs. La famille Margier produit également du vin dans les trois couleurs.

PARC AVENTURE LE ROYAUME DES ARBRES

1490, chemin Saint-Francet ✆ 07 68 67 47 89
www.royaume-des-arbres.com
Qualité Tourisme. Ouvert d'avril à début novembre. Horaires : se renseigner au préalable. Réservation en ligne possible.

Après le Castellet et Charleval, le Royaume des Arbres a ouvert un parc à Auriol, au pied de la Sainte-Baume. Avec sa grande aire de pique-nique abritée du mistral et son parcours sécurisé pour petits et grands, cette accrobranche dernière génération est une sortie idéale en famille. 74 ateliers sont répartis sur 6 parcours avec différents niveaux et difficultés. Également pratique, le parc des jeux avec château gonflable, trampoline, toboggan et table de ping-pong.

LE BOIS DES LUTINS

ZI de Valdonne - **PEYPIN**
✆ 06 98 21 06 13
www.leboisdeslutins.com
Horaires variant selon les saisons, de 10h à 19h en été. Entrée : 15 € (8 € pour les moins de 5 ans et + de 65 ans).

C'est un bois magique qui attend petits et grands ! Un écrin de nature où passer des moments inoubliables en famille. Ce parc de loisirs vous permet de vous immiscer dans le monde secret des elfes, lutins et petits êtres si discrets de la forêt. De nombreuses activités y sont possibles : de la tyrolienne aux jeux d'eau en passant par l'aquaslide, un karting et la mer de filets pour les grands. Les noms des attractions sont plutôt cocasses, en rapport au monde des lutins. Snack et restauration sur place. Formules anniversaires possibles sur le site.

LES VIGNERONS DU GARLABAN ET DU GOLFE D'AMOUR

RD560, Route de Saint-Zacharie
✆ 09 67 42 99 64
www.vigneronsdugarlaban.com
Du lundi au samedi : 9h-12h et 15h-19h.

Une belle cave coopérative nichée au cœur du chai, idéal pour déguster une large gamme de vins rosés, mais aussi blancs et rouges, certains crus en agriculture biologique. L'offre est principalement régionale. Sur le chemin de vos vacances, une belle halte shopping gourmand, avec modération bien sûr. Coup de cœur pour deux jeunes viticultrices en bio avec la cuvée Génération'elles, le blanc (Rolle, Colombard) a été médaillé au Concours agricole de Paris 2023.

© LES VIGNERONS DU GARLABAN

© LES VIGNERONS DU GARLABAN

GÉMENOS ★

Gémenos est une charmante petite ville de 6 200 habitants, située à une vingtaine de kilomètres de Marseille. Accrochée aux collines situées au bout du massif de la Sainte-Baume, elle se situe à l'extrême est des Bouches-du-Rhône, presque sur le département du Var dont elle est proche voisine. Sur place, de nombreux de points d'intérêt, à l'image du parc du Fauge, idéal pour se promener ou se reposer à l'ombre des grands arbres, ou encore le lavoir, la rue de la courtine qui a accueilli Maurice Chevalier et qui offre un magnifique point de vue sur la plaine de Gémenos, le Garlaban et, par beau temps, la basilique Notre-Dame de la Garde.

CHEZ MARIUS €€

Quartier du Charron
✆ 04 42 32 22 16
www.chezmariusrestaurant.fr

Ouvert du mardi au dimanche de 12h à 14h et de 19h15 à 22h. Réservation recommandée. Jardin. Terrasse. Animations.

Chez Marius est une institution qui bénéficie d'un cadre particulièrement agréable ! Appréciez le jardin et ses tables joliment aménagées sous des oliviers en pots. Le restaurant propose une belle carte avec de nombreuses spécialités et formules. Selon vos envies et votre budget, vous pourrez vous régaler d'une excellente pizza au feu de bois ou de spécialités provençales comme les pieds paquets ou le loup façon bouillabaisse... Enfin, une très belle sélection de desserts. L'endroit est charmant, la cuisine raffinée, tout y est pour passer un bon moment.

LES CHAMBRES DU MOULIN €€

351, route de St Pons
✆ 06 34 42 91 07

Ouvert toute l'année. Possibilité de séjours longs. Tarifs en fonction de la saison et de la durée du séjour.

Les Chambres du Moulin, c'est l'assurance d'une déconnexion bucolique à l'entrée de la magnifique vallée de Saint-Pons. Le site naturel vaut vraiment le détour. Les 5 chambres qui composent cette jolie maison d'hôtes sont confortables et accueillantes, avec chacune leur personnalité. Mathilde et Jean se feront un plaisir de vous y accueillir toute l'année, pour une escapade courte ou prolongée. Attenant au Moulin de Gémenos, la philosophie écoresponsable y est largement partagée. La salle à manger attenante est équipée pour la préparation de vos repas.

LE MOULIN DE GÉMENOS €€

Route de Saint-Pons ✆ 04 42 32 22 26
moulin-gemenos.fr

Domaine événementiel. Restauration possible le dimanche midi. Réservation impérative 5 jours à l'avance. Jardin.

Magnifique Moulin de Gémenos au pied du massif de la Sainte-Baume ! Une institution qui, depuis 30 ans, reçoit ses clients dans un écrin de verdure au pied des roches blanches traversé par une source naturelle qui fit jadis tourner la roue à eau du Moulin... Le Moulin est avant tout un magnifique espace de réception pour des mariages, séminaires, jours de l'an... Vous pouvez aussi venir y manger uniquement le dimanche sur réservation 5 jours à l'avance afin de communiquer les choix des plats. Vous pouvez demander le menu via l'adresse mail sur le site internet.

HÔTEL-RESTAURANT DU PARC €€

Vallée de Saint-Pons
✆ 04 42 72 98 12

9 chambres. Chambre double de 59 à 120 €. Animaux acceptés. Séminaires. Mariages. Terrasse.

Un hôtel idyllique situé au bord d'un ruisseau, dans une vallée débordante de nature. Sobriété et simplicité dans une ambiance feutrée idéale pour la relaxation, la sérénité... rien ne manque à l'Hôtel-Restaurant du Parc. Terrasse, jardin, arbres, fleurs, l'hôtel est ancré dans la tradition provençale avec une petite dizaine de chambres joliment décorées et confortables. L'hôtel organise des réceptions, des séminaires et autres banquets. La grande salle de restauration ainsi que la terrasse donnant sur le ruisseau invitent à passer un bon moment.

LA MAGDELEINE - MATHIAS DANDINE €€€

2, Rond-Point des Charrons ✆ 04 42 32 20 16
relais-magdeleine.com/fr/

Ouvert du mardi au dimanche. Fermé le lundi et mardi hors saison. Menus de 49 € à 135 €. Formule du midi : 75 €.

Le chef Mathias Dandine, natif de Bormes-les-Mimosas, concrétise ici une forte envie de liberté, celle de diriger sa propre maison, appuyé dans sa tâche par son épouse Christel et une solide équipe de professionnels. Tour à tour hôtel 4 étoiles, restaurant gastronomique (couronné d'une étoile Michelin), café restaurant et espace séminaire, l'imposante bâtisse provençale du XVIIIe siècle invite au repos et aux plaisirs épicuriens. Notre dîner à la table gastronomique fut de cet ordre !

BOUCHES-DU-RHÔNE

MARCHÉ PROVENÇAL DE GEMENOS

Place des Halles
✆ 04 42 32 89 00
Le mercredi matin.

Tous les mercredis, le marché provençal de Gémenos s'installe sous la Halle des Arcades, Cours Sudre. Sur les étals vous retrouverez l'esprit des marchés de Provence avec du frais et du bon : des fruits, des légumes, des poissons, des viandes, des produits de producteurs et des produits locaux. De quoi passer en cuisine pour préparer des bons petits plats du sud. Le marché de Gémenos c'est de la couleur, des odeurs, une ambiance typique de la Provence.

CHÂTEAU BARBANAU

✆ 04 42 73 14 60
www.chateau-barbanau.com
Ouvert du lundi au samedi de 10h à 12h et de 15h à 18h.

Sophie et Didier Simonini-Cerciello cultivent 30 ha de vignobles, sur deux appellations : Côtes de Provence et Cassis (7,5 ha pour le Clos Val Bruyère, classé en AOC cassis). En cette appellation, la cuvée Kalahari, grand blanc entier, sauvage, s'exprime tout en largeur et profondeur. Aux côtés de la vedette de la maison, s'épanche un faux timide, le Cassis Blanc « Clos Val Bruyère ». Les rouges sont également à découvrir sans tarder. Les pratiques saines du domaine (culture biologique, biodynamie, vendanges manuelles), finiront de vous convaincre.

ROQUEFORT-LA-BÉDOULE

À 25 km de Marseille et à quelques encablures de Cassis et de La Ciotat, Roquefort-la-Bédoule a le charme des communes rurales. Le temps et l'Histoire ont façonné son visage actuel. Le village de Roquefort, créé au VIIe s., se développe sur les crêtes dominant les baies voisines. Au XVIIIe s., les populations commencent à s'établir dans la plaine avec la naissance du hameau de La Bédoule. La commune devient officiellement Roquefort-la-Bédoule en 1918. Principalement recouvert de collines de pins et de garrigue, le village est un véritable lien entre les calanques et la Sainte-Baume. Il possède un patrimoine géologique et historique important.

CHÂTEAU ROQUEFORT

Chemin Bastides
✆ 04 42 73 20 84
www.deroquefort.com
Ouvert du mardi au vendredi de 9h à 12h et de 14h à 17h. Samedi sur rendez-vous.

Bienvenue à Rocca fortis ! Un domaine perché à 350 mètres d'altitude sur 24 hectares conduits en viticulture biologique. Le propriétaire, Raimond de Villeneuve Flayosc, jouit d'un capital-sympathie auprès des amateurs et, en termes viticoles, de températures « calmes » et d'une influence maritime bénéfique à la culture de la vigne. De ces terroirs naît « Corail », un côtes-de-provence rosé, facile d'approche et scintillant. Pour se convaincre de l'excellence du domaine, on pourra s'offrir « Les Mûres », un côtes-de-provence rouge, sorte de best-seller de la maison.

JAS DE LA LÈBRE €€

Petit Rouvrière
✆ 06 81 95 63 15
Piscine extérieure. De 450 à 720 € la semaine selon saison. Remise de 5 % si vous venez de la part du Petit Futé.

Le Jas de la Lèbre, ce terme provençal signifiant « gîte du lièvre » est bien approprié dans ce site littéralement posé dans son environnement naturel, constitué essentiellement de forêts méditerranéennes et de belle garrigue. Une adresse où le soleil fleure bon en terrasse ou autour de la piscine traitée au sel. Votre petit nid, un studio de 31 m² en rez-de-chaussée, se pare d'une chambre double tout confort et d'une cuisine intégrée et fonctionnelle. Un endroit paisible pour se reposer et profiter de la douceur provençale.

LES VIGNERONS DE ROQUEFORT LA BEDOULE

Route de Cuges
✆ 04 42 73 22 80
www.roquefort-labedoule.fr
Ouvert du lundi au samedi de 8h30 à 12h et de 14h à 19h.

Cette coopérative créée en 1963, regroupe 30 adhérents viticulteurs dont le vignoble est situé sur Roquefort la Bédoule, à deux pas de Cassis. Deux cuvées y sont vinifiées. Fontaines à vin, vins en vrac mais aussi des cuvées cachetées proposées dans toutes les couleurs. La coopérative s'est dotée d'une agréable boutique proposant des produits régionaux sélectionnés. Une bonne adresse pour découvrir les cépages locaux et en ramener un peu avec soi !

CASSIS ★★★

Qu'a vist Paris, se noun a vist Cassis, n'ai rèn vist ! Ces vers extraits du poème *Calendal* de Frédéric Mistral sont aujourd'hui la devise de Cassis. Ils signifient *Qui a vu Paris et pas Cassis n'a rien vu !* Et montrent bien que les Cassidains sont très attachés à leur ville aux multiples atouts. À une vingtaine de kilomètres de Marseille, le petit port de Cassis allie charme et authenticité toute méridionale. C'est un détour obligatoire pour qui visite la région. Flâner dans ses ruelles fleuries, colorées, parfumées, apprécier ses boutiques, admirer le panorama depuis le port et se régaler des restaurants font partie de la carte postale.

CALANQUE DE PORT-PIN ★★

Comptez 30 minutes de marche depuis le parking de Port-Miou, 1h15 depuis Cassis.

Tout aussi fréquentée que ses voisines les calanques de Port-Miou et d'En-Vau, la calanque de Port-Pin est peu enclavée dans les falaises, ouverte sur la côte et bordée d'une forêt de pins, comme son nom l'indique, étagée par des petits murets provençaux, des restanques. Les paysages y sont donc différents de ceux des hautes calanques, la palettes des bleus de l'eau est fantastique. On recommande cette plage de sable et de galets pour les familles car elle est facilement accessible, mais allez-y tôt le matin car elle est bondée en été, comme toutes les calanques.

CALANQUE DE PORT-MIOU ★★★

50, avenue des Calanques

Parking situé à environ 40 minutes à pied de Cassis. Parking sur place accessible en toutes saisons (payant en été).

C'est la calanque la plus proche de Cassis et donc accessible à condition d'aimer marcher un peu. Le parking est situé juste à proximité. Ce qui la distingue des autres, c'est son port de plaisance où s'alignent de magnifiques voiliers et sa longueur, car elle s'enfonce loin dans les terres. Elle a en effet été étirée sur un kilomètre puis redevient naturelle en s'approchant de la mer. On peut encore voir les traces de son passé de carrière où l'on extrayait de grands blocs de pierre blanche à la dynamite qui ont fait la beauté des constructions de la région.

L'EAU DE CASSIS ★

8, rue Saint-Clair ✆ 04 42 04 25 58

www.leaudecassis.com

Ouvert tous les jours. Basse saison : 10h-12h30/14h-18h30. Haute saison : 10h-19h30. Ateliers parfumés 3 jours/semaine.

Au rez-de-chaussée d'un immeuble pittoresque du vieux Cassis, cette boutique-musée du parfum est une invitation au voyage olfactif. En 1851, Lorenzo Salvaire, parfumeur piémontais de passage à Cassis, réalise son premier parfum à la fragrance unique. Son descendant, Fabrice Cicot, commercialise cette Eau de Cassis depuis 2005. Vous y trouverez différentes déclinaisons de fragrances concoctées grâce au savoir-faire ancestral des arômatiseurs du Midi. L'Eau de Cassis se décline en eaux de parfum, eaux de Cologne, parfums d'ambiance, bougies, brumes d'oreillers.

Un port tout en charme et couleurs.

CALANQUE D'EN-VAU ★★★★

Plusieurs accès possibles : environ 1h de marche depuis le parking de Port-Miou, 1h30 depuis Cassis, et aussi, hors été, depuis le col de la Gardiole en passant par le belvédère 2h15, en retour direct 1h15.

Accès règlementé en saison d'été et libre hors saison. Se renseigner au préalable auprès de l'office du tourisme.

La côte entre Cassis et Marseille est ponctuée de nombreuses calanques et En-Vau fait partie des plus célèbres. On découvre cette succession de criques vertigineuses lors d'une randonnée ou bien par voie maritime depuis Cassis ou Marseille. On considère souvent que la Calanque d'En-Vau avec ses falaises de roche rouge et ses eaux turquoise est la plus belle du parc national des Calanques, même si Port-Miou ou Sugiton n'ont que peu à lui envier ! Il est toutefois vrai que la calanque d'En-Vau offre de véritables panoramas de carte postale avec sa jolie plage de galets et ses arbres accrochés aux falaises. Elle a d'ailleurs inspiré plusieurs cinéastes et apparaît notamment dans le fameux *Fantômas* d'André Hunebelle. Située au sud-est du IXe arrondissement, elle s'étend, comme la plupart des autres calanques, sur le territoire de la ville de Marseille – seule la calanque de Port-Miou est à Cassis. Durant l'été, Marseillais et touristes viennent s'y rafraîchir, la plage est alors bondée l'après-midi. Partez tôt le matin pour en profiter (d'autant plus qu'elle passe à l'ombre ensuite) et avoir une chance de vous garer à Port-Miou. L'idéal est toutefois de prendre les transports en commun pour vous y rendre afin d'éviter les problèmes de stationnement. Pour accéder à la calanque d'En-Vau, on emprunte l'un des sentiers de randonnée depuis le col de la Gardiole ou depuis Cassis. Ce dernier est le plus impressionnant puisqu'il passe par la calanque de Port-Miou et celle de Port-Pin. Ces randonnées nécessitent une bonne condition physique. Pensez à emporter avec vous de l'eau, de la crème solaire, un chapeau et de quoi vous restaurer. Par ailleurs, empruntez toujours les circuits balisés afin d'éviter tout risque d'éboulement mais aussi pour respecter la faune et la flore – qui compte des espèces comme le ciste cotonneux, le romarin, l'immortelle ou le lentisque, protégées lors du tracé des sentiers de randonnée. Depuis Marseille, deux bus permettent de rejoindre En-Vau : à partir de l'arrêt « Carpiagne Gineste », comptez deux heures de marche, depuis l'arrêt « Luminy », 2h pour le belvédère et 3h pour la calanque.

Le belvédère est une halte fortement conseillée avant une baignade bien méritée dans la grande Bleue. Il est perché à 170 mètres et offre une vue imprenable sur la calanque d'En-Vau ! Juste en-dessous, vous apercevrez aussi une autre calanque, celle de l'Oule. Son nom vient du provençal *oulo* et signifie « *marmite* » ou « *chaudron* ». Il fait référence au mouvement et au bruit des vagues qui viennent s'écraser contre les falaises lorsqu'il fait mauvais temps. La calanque de l'Oule est inaccessible par voie terrestre, le sentier de randonnée qui y mène débouche directement sur un canyon plongeant à pic dans la mer. Profitez-en donc pour l'admirer depuis le belvédère d'En Vau, à 200 m de hauteur. En revanche, en bateau ou en kayak, vous pourrez aisément profiter de la calanque de l'Oule et de sa grotte marine. Pour rejoindre la calanque d'En Vau, il faut compter une heure de marche en moyenne depuis le belvédère. Autre solution pour y accéder : le kayak ou le bateau, que vous pourrez louer au départ de Cassis. La calanque d'En-Vau est abritée des vents, une arrivée par la mer est donc un très bon moyen de profiter de la nature environnante. Sachez toutefois que le mouillage est, bien évidemment, interdit à proximité du rivage : la calanque d'En Vau jouit d'une nature sauvage à préserver. Les bateaux ont été éloignés et vous ne trouverez pas non plus de poubelles, emmenez vos déchets avec vous lorsque vous partez ! Le tourisme est ici particulièrement développé, il est donc de la responsabilité de tous de ne pas détériorer les beautés naturelles de ce site. Le paysage de la calanque d'En-Vau est idyllique : la plage de galets se trouve entre deux parois à pic, l'eau y est fraîche et claire et les fonds marins, recouverts d'herbiers de posidonie, accueillent de nombreuses espèces (sars, saupes...). Même si les poissons restent ici un peu farouches, c'est le moment de sortir votre masque et votre tuba ! Le parc national des Calanques est réputé pour la richesse et la diversité de sa faune. L'un des emblèmes du parc est l'aigle Bonelli, particulièrement menacé : levez les yeux, avec un peu de chance, peut-être observerez-vous un de ces rapaces dans le ciel ! Sur terre, il est encore plus probable que vous croisiez un sanglier venu se baigner ou se reposer sur la plage. Attention, ne le nourrissez pas, il risquerait de devenir envahissant !

▸ **Côté activité,** la calanque est évidemment le paradis des amateurs de farniente, de randonnées et de snorkeling. Pour ces derniers, sachez que la forte fréquentation de la calanque d'En-Vau en été rendra votre visibilité moins bonne. Pour admirer les fonds marins dans de meilleures conditions, préférez donc la basse saison si possible. Les passionnés d'escalade trouveront, quant à eux, leur bonheur tout au long de l'année puisque la calanque d'En-Vau est un site de grimpe réputé. Les voies principales se trouvent avant la plage et sur la rive droite. Rappelons que le camping est interdit dans le parc national des Calanques. Pensez donc à réserver dans un établissement à proximité si vous prévoyez un séjour au cœur de cette nature si fragile.

Après avoir profité d'En-Vau, vous pourrez continuer votre randonnée dans les calanques. Pour cela, vous trouverez, sur la rive en face du belvédère, un sentier balisé qui vous mènera jusqu'à Port-Pin par le littoral.

MUSÉE MÉDITERRANÉEN ATP

Place Baragnon
✆ 04 42 18 36 78
www.musees-mediterranee.org
Ouvert toute l'année. Horaires : se renseigner. Gratuit sauf visite guidée (3 €). Boutique. Animations. Conférences.

Le principal musée de la ville créé en 1910 par un peintre marseillais amoureux de Cassis, Marius Guindon. Il fit don de ses œuvres et ainsi démarrèrent les collections du musée d'Art et Traditions Populaires. Installé dans un ancien presbytère (début du XVIIe siècle), le musée séduira les amateurs de jolies toiles de l'école provençale mais aussi de fouilles archéologiques sous marines. Le musée participe chaque année aux manifestations nationales, journée des métiers, journée de l'archéologie, et journées européennes du patrimoine.

PLAGE DE LA GRANDE MER ★

Baignade surveillée les week-ends et jours fériés en mai et juin. Tous les jours jusqu'au 1er septembre.

La plage de la Grande Mer de Cassis est la plus grande de la ville, aménagée pour la baignade jusqu'à 150 m du rivage. Elle est centrale, située au pied du château et s'étend sur 200 m. Cette plage publique de sable et de galets a de nombreux atouts : parking, accès handicapés, douches, wc, restaurants, location de kayak et de planches à voile... Il est parfois difficile de s'y faire une place, surtout en été. Notez que l'eau est toujours plus fraîche ici qu'ailleurs. Pour plus de confort, il est possible de louer un transat au Grand Large ou au Bada.

PLAGE DU BESTOUAN ★

A 10 minutes à pied du centre-ville.
Baignade surveillée les week-ends et jours fériés, en mai et juin. Tous les jours jusqu'au 1er septembre.

La plage du Bestouan est une plage de galets étroite de moins de 100 mètres de long. Elle offre une vue époustouflante sur le cap Canaille. Elle plaira à ceux qui aiment lézarder comme aux amateurs de beaux paysages. C'est la seconde plus proche du centre-ville. Pour y accéder : longez simplement la rive Nord du port puis l'avenue Ganteaume. Ceux qui recherchent des fonds pour la plongée avec masque et tuba seront comblés. Deux aires privées, le Same Same Beach et Le Bestouan - P.A.M. proposent restauration et transats à la location.

HÔTEL DE LA PLAGE MAHOGANY*** €€

19, Avenue De l'Amiral Ganteaume
✆ 04 42 01 05 70
www.hotelmahogany.com
Ouvert de mi-mars à mi-novembre. 28 chambres. Demi-pension : 45 €. Parking fermé. Animaux non admis. Wifi gratuit.

L'un des plus beaux établissements où séjourner à Cassis. Bâtiment blanc et lumineux, cet hôtel 3 étoiles se déploie tout proche de la plage de Bestouan. Vous trouverez ici des prestations de haut standing, avec plage privée, spa et restaurant réputé. Les chambres et suites sont élégantes et confortables. Celles avec vue mer sont tout simplement à couper le souffle. La suite Petit paradis porte bien son nom avec sa terrasse privée panoramique avec le cap Canaille en toile de fond.

HÔTEL EDEN CASSIS €€

Avenue du Revestel
✆ 04 42 01 72 21
www.hoteldefrancemaguy.com
Accueil 24h/24. De 80 € à 400 €. Wifi gratuit. Service de ménage. Bain bouillonnant. Parking privé.

Un véritable petit hôtel de charme, situé à quelques minutes à peine du magnifique port de Cassis. Les chambres, à la déco contemporaine sont irréprochables, dotées de tout le confort et offrent soit un balcon, soit une terrasse en fonction de la classe choisie : standard, supérieure ou suite. Toutes sont équipées de salles de bains privatives. Pour l'accueil, là encore on est dans le ton. Sabrina et Frank vous reçoivent avec beaucoup de chaleur et de convivialité. Un excellent établissement pour profiter pleinement de la région. Jolie piscine extérieure.

HOTEL LE GOLFE** €€

3, place Grand-Carnot
✆ 04 42 01 00 21
www.hotel-legolfe-cassis.com/
28 chambres de 115 à 190 €. Chèque Vacances. Wifi. Restauration.

L'hôtel du Golfe est idéalement placé, à quelques mètres du port de Cassis et de la grande plage. C'est un des hôtels historiques de la ville et on adore son charme très méditerranéen dès son entrée. Vous pourrez y séjourner dans des chambres doubles ou quadruples équipées d'une douche, de WC, d'une télévision, d'un téléphone et indispensable l'été, d'une climatisation. Le plus : le petit déjeuner en buffet à volonté est servi sur la terrasse qui donne sur le Cap Canaille. De quoi commencer la journée du bon pied. Service et accueil très agréable.

HÔTEL LES VOLETS ROUGES €€

D559 -Route de La Gineste
✆ 04 42 01 02 68
www.lvrcassis.fr

Ouvert toute l'année. Table d'hôtes. Parking et wifi gratuits. Chambres de 80 à 228 € selon saison. Chambre PMR.

L'hôtel le Jolis Bois a laissé place aux Volets Rouges. Une nouvelle ère mais toujours un emplacement de premier choix sur la Gineste, entre Marseille et Cassis, non loin de la calanque d'En Vau (chemin d'accès à 10 mètres de l'hôtel). Aux commandes, on retrouve Arnaud et Cédric, qui ont mis toute leur énergie à réhabiliter la vingtaine de chambres, certaines avec terrasse privée. L'esprit maison de famille est accentué par le service table d'hôtes. Aux Volets Rouges vous trouverez le calme et les cigales... la belle vie en somme !

THE ADDRESS CASSIS €€

30, avenue Jules Ferry
✆ 06 95 60 28 28
https://www.theaddress-cassis.com

Chambre spa 238 €, junior suite 268 €, suite 288 €. Fermé du 11 nov au 11 mars. Minimum 2 nuits. Table d'hôte. Parking.

Concept entre boutique-hôtel 5 étoiles et maison d'hôtes, The Address est une délicieuse maison d'hôtes d'exception imaginée par Eric et Sabine et entièrement rénovée en 2019 dominant le port de Cassis. Vous logerez au choix dans l'une des 2 suites junior, dans la suite Canaille, la chambre SPA, qui offre un bain bouillonnant extérieur privé, ou dans la dernière née, la suite MASTER. Jardin luxuriant, piscine, petit déjeuner fait maison bio et local, équipement de standing, tout est fait pour que vous passiez ici un moment inoubliable. C'est THE address !

VILLA ANDREA €€

5, impasse du Pigeonnier
✆ 06 24 73 57 90
www.villa-andrea.fr

Fermé en janvier. 4 chambres de 150 € à 220 € la nuit. Petit déjeuner inclus. Pas d'accès PMR. Animaux non admis.

Catherine et Peter accueillent leurs hôtes dans cette magnifique villa de style provençale, située dans les hauteurs de Cassis. Le salon ouvert au petit-déjeuner et les terrasses privatives offrent un panorama à couper le souffle sur l'immensité de la Méditerranée. Les 4 chambres sont toutes aménagées avec soins, selon une thématique qui leur est propre et possèdent toutes une terrasse privative. La suite solaire se pare de jaune et permet d'accueillir jusqu'à 3 personnes. Selon la saison, vous apprécierez plonger dans la piscine à débordement.

VILLA CALANCO €€€

5, avenue des Calanques
✆ 06 84 96 11 07
www.villacalanco.com

Ouverture 1er Avril- 1er Novembre. 4 appartements de 85m² pour 2 à 4 personnes. Parking privé. Jardin. Terrasse.

Tel un navire délicatement posé au pied de la mer, Villa Calanco est à 100 m de la plage du Bestouan. Ce rêve à la décoration chic enchante. Chambres modernes, confortables, lumineuses, en prime belles terrasses de 45 m² et vue époustouflante sur le cap Canaille. 4 appartements de 85 m², de 2 à 4 personnes, cuisine entièrement équipée, salon avenant, belle salle de bains, une à deux chambres. Certains détails sont très appréciables : climatisation réversible, mobilier de qualité, parking privé fermé, linge fourni, ménage fin de séjour. Accueil chaleureux.

© VILLA CALANCO

© VILLA CALANCO

BOUCHES-DU-RHÔNE

BEST WESTERN LA RADE*** €€€

1, avenue des Dardanelles ✆ 04 42 01 02 97
www.bestwestern-cassis.com

Ouvert toute l'année. Accueil 24h/24. 29 chambres de 137 à 339 €. Animaux non admis.

Un hôtel 3 étoiles avec prestations de luxe à prix abordable pour les chambres les plus simples. Son point fort : ces infrastructures et son emplacement. Depuis sa superbe piscine-solarium chauffée, rehaussée d'une terrasse, vous embrasserez une vue époustouflante : les fameuses calanques de Cassis, le réputé vignoble, le petit port de pêche poétique. Pour ne rien gâcher, on trouve aussi un bain à remous ! Le petit déjeuner buffet est délicieux. De plus, le parking est vraiment pratique en pleine saison. Que des avantages pour un séjour sans souci.

HOTEL RESTAURANTS LES ROCHES BLANCHES***** €€€

9, avenue des Calanques ✆ 04 42 01 09 30
www.roches-blanches-cassis.com

Fermé l'hiver. Accueil 24h/24. 45 chambres et une villa privative de 250 à 2 000 €. Animaux acceptés. Restauration.

L'hôtel Restaurant des Roches Blanches, ancienne bastide du XIXe siècle, est situé à Cassis au détour des calanques, tout près du port, face au Cap Canaille, la plus haute falaise d'Europe Maritime. Cadre idyllique avec vue, terrasse panoramique, piscine à débordement, terrain de pétanque donnant sur la mer et accès direct pour la baignade. Un lieu convivial en famille, entre amis, tous les éléments sont réunis pour vous accueillir et vous faire passer un moment inoubliable.

MAISON N° 9 €€€

9, rue Docteur-Yves-Bourdes
✆ 06 66 04 78 81
www.maison9.net

Ouvert d'avril à novembre. 4 suites de 310 à 450 €. Petit déjeuner inclus. Parking. Animaux non admis.

Au cœur du vignoble des Janots, en surplomb de la mer, cette ancienne ferme viticole du XIXe siècle, a été superbement restaurée. C'est aujourd'hui une demeure de prestige qui offre aux hôtes quatre suites indépendantes de grand confort, chacune avec sa terrasse. La décoration a été soignée par Cynthia, propriétaire des lieux et architecte d'intérieur de renom. Le petit déjeuner est servi sur la grande terrasse commune. Les hôtes profitent de la piscine à débordement, d'un parc arboré, cigales en fond sonore, senteurs de lavande en prime.

L'ATELIER GASTRONOMIQUE €

24, rue de l'Arène
✆ 04 42 71 84 72

Ouvert d'avril à décembre du mardi au dimanche de 10h30 à 18h30. Plats à la carte 20 € en moyenne, menu à 36 €.

Un concept très intéressant, avec, aux commandes, la pétillante Sonia. Ouvert depuis 2016, ce lieu, situé à quelques pas du port, vous accueille dans un très bel espace où l'on apprécie tout particulièrement la cuisine ouverte où officie la cheffe. Une cheffe ouverte à de nombreuses influences, méditerranéennes bien sûr mais pas que ! Sur place, à emporter ou en formule traiteur pour répondre à toutes demandes, voici en tout cas un vrai lieu gourmand qui a déjà largement conquis la clientèle locale. On apprécie également la partie épicerie fine et cave à vin.

LE 8 ET DEMI €

8, quai des Baux
✆ 04 42 01 94 63

Carte : 20 € environ. Vin au verre. Galettes salées dès 4,50 €, pizzas dès 10 €, moules-frites dès 14 €. Terrasse.

Sur le port de Cassis, on a tendance à trouver des établissements plutôt onéreux... Au 8 et demi, c'est clairement le restaurant le plus économique du port, pas franchement gastronomique mais bonne franquette et présentant un double avantage : sa situation sur le port et un service continu. Au menu : galettes de sarrasin, salades, pizzas, moules-frites... Le cidre et le vin sont servis au verre. Les assiettes sont copieuses, le service, aimable et efficace. On regarde passer les touristes et tanguer les bateaux. C'est l'adresse qu'il vous faut selon votre budget !

BAR DE LA MARINE €

5, quai des Baux
✆ 04 42 01 76 09
www.bardelamarine-cassis.com

Ouvert tous les jours. Basse saison : de 8h à 1h. Haute saison : de 7h à 2h. Terrasse sur le port.

La Bar de la Marine est votre rendez-vous convivial et gourmand sur le port de Cassis. Vous pourrez y déguster une cuisine faite maison à base de produits frais et de saison. L'établissement vous accueille du petit-déjeuner au dîner, en passant par le déjeuner, la pause goûter ou encore l'apéro. La carte propose des plats savoureux, des coupes glacées ou encore un large choix de cocktails. Vous serez transporté par l'histoire de ce bar ouvert en 1929 par l'emblématique Yette qui en fit un lieu prisé des célébrités, acteurs et sportifs des années 1950.

CHEZ POULETTE €

Place Montmorin
✆ 04 42 71 80 39
Ouvert du mercredi au dimanche le midi ; du jeudi au samedi le soir. Plat du jour autour de 15 €.

Chez Poulette est un très sympathique petit restaurant situé près de la grande plage, derrière la grande place centrale et à côté du manège. Patricia vous accueille tout sourire et propose une petite sélection de plats d'ici et d'ailleurs faits maison. Ce jour-là, Chez Poulette proposait un plat du jour très apprécié : calamars et écrasé de pommes de terre. Les calamars frits ou en persillade que vous retrouverez servis dans des cornets le soir à l'heure de l'apéro ! A noter également, un fameux Bo-Bun fait maison ! Une adresse recommandée par le Petit Futé !

LE CALENDAL €€

3, rue Bremond
✆ 04 42 01 17 70
Horaires variables selon la saison. Se renseigner. Réservation conseillée. Terrasse. Plats végétariens à la carte.

Ça bouge au Calendal. Après 31 ans de service, le gérant a passé la main à une nouvelle équipe. La carte évolue bien évidemment avec une cuisine d'inspiration provençale et méditerranéenne. Les produits frais et bio restent à l'honneur. Côté vins, le local est privilégié avec des vins de Cassis et des Côtes-de-Provence. À noter une belle sélection de vins biologiques. Enfin, des plats végétariens sont proposés à la carte. Une adresse toujours incontournable, à privilégier pour un dîner en terrasse.

À TABLE €€

7, rue du Docteur-Séverin-Icard
✆ 04 42 73 27 51
www.atablecassis.com
Ouvert tous les jours midi et soir en saison, fermé le mercredi. À la carte à partir de 22 €.

© A TABLE CASSIS

Installez-vous et dégustez une cuisine de marché concoctée avec des produits frais et nobles, préparés à la minute. Raison pour laquelle la carte change en fonction des saisons. Laissez-vous tenter en entrée par l'œuf meurette ou le ceviche de poisson suivi d'un aïoli de poulpe ou de joue de bœuf à la provençale, assiette végétarienne. Dans le verre, des vins de Provence et de Cassis bien sûr ! La décoration est soignée, la terrasse extérieure dans une petite rue piétonne entre ombre et soleil est très agréable à la belle saison. Accueil charmant de Sarah et Selven.

LE CHAUDRON €€

4, rue Adolphe-Thiers
✆ 04 42 01 74 18
Qualité Tourisme. Fermé du 15 décembre au 15 février. Reconnu Restaurant de Qualité par le Collège culinaire de France.

Cet établissement créé dans les années 1970 est une véritable institution de Cassis. Longtemps tenu par les membre d'une même famille, le Chaudron a changé de propriétaire début 2023. L'accueil est toujours aussi chaleureux, le cadre agréable, et c'est avant tout pour la belle cuisine d'inspiration provençale d'excellente qualité que l'on continue de pousser la porte du restaurant. Les plats sont faits maison, avec des produits de qualité. Le Petit Futé recommande sans hésitation pour se régaler dans une ambiance typique de Cassis.

LE CLOS DES ARÔMES €€

10, rue Abbé-Paul-Mouton
✆ 04 42 01 71 84
www.leclosdesaromes.fr
Ouvert tous les jours. Réservation recommandée. Plats à la carte de 23 à 32 €. Pizza à l'ancienne à partir de 20 €.

Le Clos des Arômes est un lieu charmant dans le vieux Cassis, tout près du port, avec une jolie terrasse ombragée, très agréable l'été. L'hiver, vous opterez pour la salle et sa belle cheminée. La cuisine est savoureuse, fine et originale. On y détecte des influences provençales, bien sûr, mais également méditerranéennes au sens large du terme. Côté accueil, l'équipe du restaurant saura vous mettre à l'aise. Viandes, poissons, pâtes... choisissez en fonction de vos goûts, le chef se chargera de vous régaler.

D'UNE RIVE A L'AUTRE €€

9, rue pasteur

04 42 01 24 84

Ouvert le soir du mardi au dimanche. Le midi : accueil de groupes possible, se renseigner.

Avec un nom pareil, il faut s'attendre à voyager. La salle de l'établissement s'est refait une beauté en 2020, et dans les assiettes le dépaysement se fait toujours sentir. D'une rive à l'autre est un excellent restaurant libanais et méditerranéen qui plaira sans aucun doute à tous les adeptes de cette cuisine. Vous ne serez pas déçus : houmous, feuilles de vignes, tarama, falafel... Du pur bonheur avec également quelques suggestions plus classiques comme les poissons grillés. Les produits sont frais et la cuisine soignée, alors n'hésitez pas !

L'ESCALIER €€

4, rue Frédéric-Mistral

04 42 32 33 80

www.restaurantlescaliercassis.fr

Horaires d'ouverture variables selon saison. Fermé de novembre à début février. Menus à 28,50 et 38,50 €.

La carte est gourmande est variée, les plats bien présentés, le cadre original avec sa terrasse directement au milieu d'une ruelle. L'Escalier est une très agréable halte gastronomique à deux pas du port de Cassis. Vous y dégusterez une cuisine simple d'inspiration résolument méditerranéenne à base de produits frais et locaux. La déco des deux salles est intimiste, chaleureuse et colorée. On s'y sent vraiment bien. Le rapport qualité-prix est tout à fait honnête, particulièrement le menu. Une bonne adresse en somme ! Pensez à réserver.

LA DÉFONCE €€

3, rue Laurent Ventron

04 13 12 63 97

Ouvert du lundi au samedi le soir ; du mardi au dimanche le midi. Réservation recommandée. Carte 35 € environ.

Amis des anciens gérants, Kevin et Agnès ont repris à l'été 2020 cette belle adresse du centre-ville cassiden, bien en retrait de l'agitation du port, dans une ruelle calme. La décoration a été repensée, mélange de bois, de cuir, de pierre... pour une ambiance chic et raffinée. Le chef propose une carte à l'ardoise régulièrement renouvelée dont voici quelques suggestions : wok de poulet, tataki de thon, œuf mollet frit, burger maison, soupe au pistou, pâtes aux saucisses ou foie gras. Une chose est sûre, nous avons hâte de venir nous y installer à nouveau !

MONSIEUR BRUN €€

2, quai Calendal

04 42 01 82 66

Ouvert toute l'année. Tous les jours de 8h à 2h. Réservation recommandée.

Tout de rouge vêtu, Monsieur Brun fait face au Cap Canaille et au petit port de pêche de Cassis. Du petit-déjeuner au dîner, l'adresse impose son style. Nombre de locaux viennent également s'y installer pour l'heure de l'apéro qui se termine souvent par un plateau de coquillages en saison et un vin blanc de Cassis. On en redemande encore et encore avec l'excellente mayonnaise maison. L'établissement s'est agrandi en reprenant les anciens locaux de la SMC ; désormais la belle et grande terrasse est protégée l'hiver, avec des champignons chauffants !

LES FRANGINES €€

6, rue Adolphe Thiers 04 42 01 70 95

https://les-frangines.eatbu.com

Fermé mercredi midi et jeudi. Ouvert tous les autres jours midi et soir. Carte : 26 € en moyenne. Terrasse.

Excellent restaurant situé dans une ruelle piétonne du centre-ville de Cassis où vous pourrez profiter d'une cuisine méditerranéenne raffinée. La carte relativement restreinte propose des poissons et des viandes de qualité ainsi que des risottos et des pâtes. Mention spéciale aux linguines aux palourdes et aux gambas qui sont de très bonne facture. Les assiettes sont copieuses et très bien présentées. Le service est admirable : les serveuses et le chef vous accueilleront chaleureusement pour vous faire découvrir leur établissement qui est une franche réussite.

LA NONNA D'ORO €€

15, quai Jean-Jacques-Barthélémy

06 99 46 51 84

Ouvert toute l'année. Réservation recommandée. Terrasse. Accueil des groupes.

Voilà une bonne surprise au bout du port ! La Nonna D'Oro fait dans la cuisine méditerranéenne (poisson grillé, gambas au pastis) à tendance italienne (risotto, pâtes, caponata). Des plats aux desserts en passant par les jus de fruits, tout est concocté à base de produits frais et de saison. Toujours bien accueilli par Florent, le capitaine des lieux, on peut s'installer sur la terrasse près du quai, ou prendre de la hauteur dans la salle à l'étage (climatisée) qui propose une belle vue dégagée sur le château et le cap Canaille.

LE POISSON ROUGE €€

Impasse Farine
✆ 04 42 71 53 75

Ouvert du mardi au samedi le soir. Vin au verre. A la carte uniquement. Carte : 32 € environ par personne.

C'est au fond d'une petite impasse que se trouve le poisson rouge. Une jolie petite devanture intimiste qui attire la curiosité et une jolie salle aux faux airs de jardin d'hiver avec ses grandes baies vitrées. Très joli cadre qui se marie à merveille avec la cuisine que l'on sert ici. Du local et du frais, des mariages de saveurs étonnants. Goûtez plutôt : carpaccio de merlan, gyoza aux crevettes, pavé de merlu rôti. Des influences variées que l'on accorde à merveille avec des produits provençaux de première qualité. La carte des vins est essentiellement bio.

POISSONNERIE LAURENT €€

5, quai Jean-Jacques-Barthélémy
✆ 04 42 01 71 56

Fermé en décembre et janvier. Réservation impérative. Terrasse. Menus de 19,90 € à 39,90 €. Carte : 40 € environ.

Idéalement installée sur le port depuis 1880, cette poissonnerie familiale est devenue un restaurant apprécié des locaux et des visiteurs de passage. Comment ne pas succomber au charme de sa jolie terrasse bleue ou de cette petite salle en surplomb aux faux airs de salon privé. Au menu, des produits de la mer uniquement (et même dans le menu enfant). De généreuses moules frites, des supions sautés en persillade, des tartares de poisson, des gambas et une pêche du jour ultra-fraîche au poids. Petit bémol : le service trop pressé, bien que poli.

LA VIEILLE AUBERGE €€

14, quai Jean-Jacques-Barthélémy
✆ 04 42 01 73 54

Ouvert toute l'année. Fermeture de la 2e semaine de janvier à mi-février. Fermé le mercredi.

© LA VIEILLE AUBERGE

Cette table située sur le port de Cassis est tenue par la même famille depuis 1978, qui se transmet les secrets d'une cuisine régionale de génération en génération. En terrasse au soleil, la vue est magnifique ! La salle a des allures d'auberge à l'ancienne avec ses tons chauds et ses poutres apparentes. En entrée, optez pour la soupe de poissons ou les noix de Saint-Jacques crues marinées. A suivre côté mer : pavé de thon en croûte aux herbes ou loup grillé au fenouil... Côté terroir les fameux pieds paquets à la provençale. Du fait maison à un prix raisonnable !

LA STAZIONE €€

39, avenue Victor Hugo
✆ 04 42 01 16 60
https://lastazione-cassis.com/

De juin à août : 7j/7 le soir. De septembre à mai : 7j/7 le soir et vendredi, samedi, dimanche midi. Terrasse.

Situé au beau milieu du village, La Stazione est un authentique restaurant italien qui saura satisfaire vos papilles. Le chef napolitain propose une carte traditionnelle de grande qualité : pizzas cuites au feu de bois, aubergines parmesanes, pâtes aux palourdes ou des succulents gnocchis maison. Mention spéciale à la macaronade qui est à tomber par terre. La carte des vins est riche avec un large choix de vins locaux et italiens. Les produits sont frais et de qualité, l'accueil est chaleureux : bref, n'hésitez pas à vous y arrêter pour un voyage en Italie !

LES BELLES CANAILLES €€€

9, Avenue des Calanques
✆ 04 42 01 01 05
www.roches-blanches-cassis.com

Ouvert tous les jours de l'année le midi et le soir. Carte : 73 € environ

S'asseoir à une des tables des Belles Canailles, c'est l'assurance d'un repas mémorable. Autant dans l'assiette qu'en dehors, avec un cadre exceptionnel et une vue imprenable sur le Cap Canaille. La Grande Bleue est bien là, sous vos yeux et partout dans la carte. Carpaccio de loup, filets de rouget ou encore poulpe sauvage, elle se décline sous toutes les formes. Côté terre, là aussi les gourmets seront gâtés. Impossible d'être déçu avec le filet mignon de veau au thym ou le suprême de volaille contisé à la sauge. Mention spéciale pour la carte des vins.

BOUCHES-DU-RHÔNE

CHEZ GILBERT €€€

19, quai des Baux
✆ 04 42 01 71 36
www.chezgilbert.net

Ouvert toute l'année. Fermeture hebdomadaire le mardi. Réservation recommandée.

Chez Gilbert est un restaurant à la vue panoramique imprenable sur le port de Cassis, depuis la terrasse ensoleillée ou la salle à l'étage. Des assiettes concoctées dans les règles de l'art provençal. A commencer par la bouillabaisse, dans la plus pure tradition puisque membre de la charte marseillaise. On peut s'ouvrir l'appétit avec une soupe de poisson ou des langoustines. Le menu à 42 euros est déjà d'un excellent rapport qualité-prix. La carte des vins est tout aussi noble et onéreuse, piochant dans les crus les plus raffinés des domaines de la région.

LE GRAND LARGE €€€

Plage de la grande mer
✆ 04 84 88 51 77
www.grandlargecassis.com/

Ouvert du lundi au samedi le soir ; tous les jours le midi. Réservation impérative.

Imaginez déjeuner ou dîner face à la mer, les yeux posés vers le large et les pieds quasiment dans le sable. Bienvenue au Grand Large, restaurant inratable situé en surplomb de la plage de la Grande mer. Une longue terrasse s'étire tout le long de l'établissement lumineux, offrant un cadre absolument idyllique à vos repas. Le service est à la hauteur dès votre arrivée et l'on vous accueille avec bienveillance. À la carte, la mer, la terre et les sushis se côtoient. Pour tous les goûts et tous les appétits. Magique le soir en été, avec les derniers baigneurs.

LOUP BAR €€€

9, Avenue des Calanques
✆ 04 42 01 09 30
www.roches-blanches-cassis.com

Ouvert toute l'année. Tous les jours le midi et le soir. Prix moyen 30 € le plat.

Située à flanc d'eau, la splendide terrasse du Loup Bar offre un moment réellement privilégié à ses clients, dans le cadre enchanteur de l'hôtel des Roches Blanches. Installé au comptoir face au chef, ou à table, vous apprécierez les plats d'inspirations méditerranéennes. Tartare de daurade, ceviche de loup ou encore thon rouge fumé au thym, ici la Grande bleue se décline dans les assiettes. Au Loup Bar c'est la convivialité qui prime, laissez les assiettes se succéder afin que chacun découvre les saveurs, entre inventivité et simplicité.

Ô RÊV €€€

5, rue Lamartine
✆ 06 22 09 13 61
www.orevcassis.com/

Fermeture annuelle de janvier à mars. Fermé le mercredi. Ouvert uniquement le soir de juin à août. Menu midi : 30 €.

On pensait le temps des noms de restaurants en « Ô » révolu, mais c'était sans compter sur ce superbe établissement niché dans les ruelles anciennes de Cassis, à quelques pas du port. Aux beaux jours, l'élégante terrasse se déploie le long de la ruelle aux lumières tamisées. La salle intérieure est épurée et lumineuse. Au menu, une cuisine bistronomique méditerranéenne concoctée par le chef Carlos Nuñez. Les produits sont frais, la cuisine raffinée. Vous pourrez notamment y déguster un excellent poulpe mariné wakamé ou à la sauce sicilienne !

ROCCO €€€

9, Avenue des Calanques
✆ 04 42 01 01 05
www.roches-blanches-cassis.com

Ouvert toute l'année. Tous les jours. En service continu de midi à 21h30. Réservation recommandée.

Le restaurant Rocco vous accueille dans un cadre cosy avec vue sur la mer et le golfe de Cassis. C'est l'adresse informelle des Roches Blanches avec une belle pergola en bois, un toit végétalisé et une cuisine fusion. Ici les produits sont locaux et de saison. Le chef privilégie les circuits courts et le savoir-faire des producteurs de la région pour proposer une carte qui sent bon la Provence et la Méditerranée. Du Vitello tonnato à la Burrata XXL, en passant par l'incontournable pavlova au mètre, les classiques du genre sont revisités dans les cuisines du Rocco.

LA VILLA MADIE €€€

Avenue de Revestel
✆ 04 96 18 00 00
www.lavillamadie.com

Horaires selon saison. Restaurant 3 étoiles Michelin. Brasserie du Corton : menu à 60 € lundi à vendredi midi et soir.

Le restaurant gastronomique aux trois étoiles est emblématique de l'anse du Corton, dominant la plage et la mer et offrant ainsi une vue sublime, au pied du cap Canaille. Dans l'assiette de la Villa Madie, Dimitri Droisneau, récompensé d'une 3ème étoile en 2022, propose des mets raffinés : homard bleu, pigeon royal, Saint-Jacques normandes, ris de veau de lait sous la mère, langoustines, turbot... Une table qui allie gastronomie et cadre. Pour le déjeuner, du lundi au vendredi, optez pour la Brasserie du Corton avec un menu selon l'inspiration du chef.

BOUCHES-DU-RHÔNE

BRASSERIE LE CENDRILLON

3, Place Georges-Clemenceau
✆ 04 42 01 70 24

Ouvert toute l'année et tous les jours. Plats du jour à 16 €. Wifi. Animations. Concerts.

La jeunesse locale s'installe volontiers au Cendrillon après la plage pour se rafraîchir avec des coupes de glaces, à l'apéro avec un pastis bien frais ou en soirée lorsque d'élégants cocktails agrémentent des concerts live en saison. Belles salades copieuses et quelques plats typiques comme les gambas sautées et flambées au pastis, à prix vraiment raisonnables. Le restaurant propose également des woks (gambas, bœuf, végétarien). Cafés gourmands délicieux. En soirée, ambiance festive et appréciée. Une adresse cassidaine incontournable.

LES CAVES DU PORT

32, rue Thérèse-Rastit
✆ 06 22 92 75 85

Haute saison : ouvert tous les jours. Basse saison : ouvert du mercredi au lundi le soir. Possibilité de privatisation.

Vincent Zakrzewski a repris avec brio la cave de la famille Papazian, célèbre pour leur boutique Pastis & Compagnie, située à deux pas. On y sert de la bière à la pression ou en bouteille venue des quatre coins du monde, des cocktails de création et des spiritueux (whisky, gin, limoncello...) issus des distilleries de la région. Une très belle sélection de vins de Cassis vient compléter un large choix qui saura vous satisfaire. Les Caves du Port est une véritable cave-bar puisque tout ce qui peut être consommé sur place peut également être acheté à emporter.

DIVINO

3, rue Alexandre-Rossat
✆ 04 42 98 83 68
www.divino-cassis.com

Ouvert toute l'année. Droit de bouchon : 14 €. Terrasse. Restauration. Animations.

Toujours l'une de nos adresses favorites à Cassis. Une cave à manger à seulement 50 mètres du port, orchestrée par le sommelier Philippe Bellec. Un lieu résolument épicurien, avec plus de 200 références de vins : Languedoc, Bourgogne, vallée du Rhône et bien entendu les vignobles de Cassis. On s'installe dans la petite salle à l'esprit bistrot, directement au comptoir ou en terrasse, et on passe la commande : omelette et jambon à la truffe, pata negra, tartine pesto chèvre frais… Idéal en début de soirée ou pour un apéritif improvisé.

CHÂTEAU DE FONTCREUSE

13, route Pierre-Imbert
✆ 04 42 01 71 09
www.fontcreuse.com

Ouvert du lundi au vendredi de 8h30 à 12h et de 14h à 18h. Chèques non acceptés.

© CHATEAU DE FONTCREUSE

Le choix de Fontcreuse, un cépage dominant. Pour le Blanc la marsanne, pour le Rosé le grenache, pour le Rouge la syrah. Cette stratégie voulue par Fontcreuse permet d'une année sur l'autre de retrouver le caractère des vins du Château de Fontcreuse. La délicate transformation du fruit en vin, le terroir associé au cépage et le savoir-faire du vigneron sont l'aboutissement des vins de Fontcreuse. Avec passion, Fontcreuse conjugue la tradition, parfait respect du progrès d'hier pour mettre en œuvre le progrès d'aujourd'hui qui sera la tradition de demain.

LA MAISON DE JO ET GABY

6, rue Séverin-Icard
✆ 04 42 01 99 80
www.lamaisondejoetgaby.fr

Ouvert du mardi au dimanche de 10h à 12h30 et de 17h à 2h. Fermé le dimanche et le lundi en basse saison.

La Maison de Jo & Gaby est à la fois une cave (la seule en centre-ville), un bar à vins, et une très belle épicerie fine. Outre la sélection de champagnes, de vins et crus de Cassis, de Provence, et de toutes les régions de France, vous y dégoterez de l'excellente charcuterie ibérique, des fromages régionaux, de la truffe dans tous ses états, et même du caviar français. Côté bar à vins, confortablement installé en terrasse ou dans le salon *lounge* & *cosy*, vous dégusterez votre verre sur un fond musical *jazzy*. Des animations sont régulièrement organisées.

BOUCHES-DU-RHÔNE

LA PÉTANQUE

9, Avenue des Calanques
✆ 04 42 01 01 05
www.roches-blanches-cassis.com
Ouvert tous les jours de 16 à 21h.

Le plus beau terrain de pétanque du monde, cadre luxueux avec un petit chalet en bois au bord de l'eau. Ce lieu hors du temps dispose d'une vue imprenable sur le Cap Canaille. Au menu : finger food, cocktails, vin ou bière, pour une capacité allant de 50 à 100 personnes. Qui dit pétanque, dit pastis : on en trouve six différents à la carte : classique, à la réglisse ou encore à la verveine. Idéal pour un apéro ou un anniversaire. Contre toute attente, en dépit d'une situation et d'un panorama exceptionnels, la bière n'est pas plus chère que sur le port de Cassis.

LA MAISON DES VINS

Route de Marseille
✆ 04 42 01 15 61
www.maisondesvinscassis.com
Horaires : se renseigner. Vin de Cassis à partir de 16 €. American Express. Haute saison d'avril à septembre.

Depuis plus de 25 ans, la Maison des Vins propose une sélection de près de 400 références dans une boutique agréable. Vous trouverez ici rassemblées bon nombre des dix appellations qui constituent l'AOC de Cassis (Château de Fontblanche, Clos d'Albizzi, Domaine de la Dona Tigana...). Des vins de Provence (Bandol, Côtes-de-Provence, Coteaux d'Aix) et de nombreuses régions de France ainsi que quelques vins étrangers complètent le large choix proposé par la boutique. Vous trouverez enfin des spiritueux, de la bière et des produits locaux (épicerie fine).

MARCHÉS LOCAUX

Marché traditionnel les mercredis et vendredis de 8h à 13h30 sur la place Baragon, rue Gervais, place Clemenceau et rue de l'Arène. **Marché aux fleurs événementiel : « Cassis au jardin »,** en avril. **Marché paysan** tous les samedis de 8h à 13h30 sur la place Clemenceau en association avec l'association pour le Développement de l'Emploi agricole et rural. Producteurs locaux et produits de saison garantis. **Marché nocturne estival** tous les soirs de juillet/août de 18h à minuit place Baragnon, place Clemenceau, ainsi que sur les quais avec le travail des artistes locaux.

SOULEIADO

20, avenue Victor-Hugo
✆ 04 42 73 11 68
www.souleiado.com
Ouvert du lundi au dimanche de 10h à 19h.

La marque de tissus provençaux tire son histoire de l'arrivée de bateaux dans la rade de Marseille chargés d'étoffes exotiques d'origine indienne, des cotonnades aux couleurs vives et gaies. Madame de Sévigné en lança la mode à la cour de Louis XIV à Paris, et l'affranchissement du port de Marseille par Colbert créa une émulation d'ateliers d'indiennage à Arles, Nîmes et Avignon. Aujourd'hui, la marque joue sur l'univers de la *dolce vita* provençale pour développer sa gamme de vêtements, accessoires, parfums, maquillage et linge de maison.

LES CALANQUES EN BATEAU

Quai Saint-Pierre
www.calanquesdecassis.com
Horaires et parcours à consulter sur le site web. Animaux de compagnie acceptés. De 19 à 33 € par adulte selon parcours.

Les amoureux de la nature et amateurs de paysages époustouflants vont être comblés par ces balades en bateau. Aborder les magnifiques calanques depuis Cassis plutôt que de Marseille est tout aussi merveilleux, voire même plus intimiste. Il existe différentes formules en fonction des envies et du temps de chacun. Le circuit 3 calanques dure 1 heure. Il existe aussi trois autres parcours très complets de 5 calanques (1h20), 8 calanques (1h50) ou 9 calanques (2h20). A noter que les groupes à partir de 20 personnes doivent impérativement réserver au préalable.

LE CANAILLE

Quai Saint-Pierre
✆ 06 62 37 84 62
www.calanques-cassis-canaille.fr
Apéro / Baignade dans les Calanques de 19 à 33 € par personne. Privatisation possible sur demande.

La famille Solari a imaginé ce magnifique bateau hybride de 12 m pour vous faire découvrir les Calanques dans le silence et la quiétude. Des balades traditionnelles sont proposées toute l'année mais avec une petite particularité en saison estivale : l'apéro-baignade. Dans le calme retrouvé en fin de journée, nagez dans les eaux bleues et limpides, puis partagez un verre offert par l'équipage dans la convivialité. D'une heure à une heure et demie de balade avant le retour au port. Une très sympathique sortie futée, de surcroît éco-responsable !

CASSIS FOREST

Parc Regis-Vidal
✆ 06 34 37 18 92
www.cassisforest.fr

Ouvert de février à novembre. Tous les jours de 10h à 20h en haute saison.

Cassis Forest est un parc d'accrobranche situé à proximité du centre de Cassis. Il comprend 7 parcours et plus de 160 ateliers. Le parcours baby convient aux enfants de plus de deux ans. Pour les enfants de plus d'1m05, il existe deux parcours qui pourront être faits en 2h30 maximum. Deux parcours, adaptés aux personnes de plus d'1m30 et deux parcours pour les personnes de plus de 1m50 sont aussi proposés. L'équipe de Cassis Forest vous accueillera et vous assurera tout au long de l'activité. Vous serez équipé d'un baudrier, d'une longe et d'une poulie.

ROCHES BLANCHES SPA BY SISLEY

9, Avenue des Calanques
✆ 04 42 01 63 04

Massage à partir de 90 € les 30 min. Formule spa & brunch ou lunch à découvrir. Soins phyto, corps, beauté et rituels.

En collaboration avec la prestigieuse marque de cosmétique Sisley, le spa des Roches Blanches est une invitation au voyage. Surplombant la mer, 4 salles de soins (dont 2 avec vue sur le Cap Canaille) sont proposées pour profiter des Soins Phyto-Aromatiques Sisley, massages sur mesure, soins corps, beauté et rituels avec hammam privatif. Des formules « Swim & Spa » avec l'accès aux deux piscines de l'hôtel ou « Lunch & Spa » sont aussi à découvrir.

CASINO BARRIÈRE DE CASSIS

Avenue du Professeur-René-Leriche
✆ 04 42 01 78 32
www.casinosbarriere.com

Ouvert toute l'année. Tous les jours de 10h à 3h. Les jeux de table ouvrent à 16h (15h le dimanche).

Derrière cette façade de temple grec se cache un temple du jeu. Le Casino Barrière propose un parc de plus de 250 machines à sous ultramodernes et autres jeux traditionnels, intégrés dans un décor baroque/oriental du plus bel effet. Si le jeu reste l'objectif principal des visiteurs, l'établissement présente également de nombreuses animations, toute l'année : dîners spectacles, concerts live, gogos danseuses... tout un univers festif dans lequel il fait bon passer du temps.

CSLN CASSIS

Plage de la Grande Mer
✆ 04 42 01 80 01
www.cassis-kayak.com

Location de kayaks, paddles, cours de wingfoil. Randonnée avec visite des calanques. À partir de 30 €.

Bien plus qu'une base de location, le CSLN est le club historique de Cassis, membre actif du tissu associatif de la ville. Une équipe jeune, dynamique et professionnelle pour vous accompagner dans la pratique du kayak, du paddle et du wingfoil. De la simple location de matériel aux randonnées encadrées au cœur des Calanques, en passant par des stages de perfectionnement, le CSLN est un partenaire idéal. À tester, le paddle géant, jusqu'à 8 personnes en simultané pour une expérience mémorable ! Réservation sur le site Internet de l'association.

© CSLN

© CSLN

BOUCHES-DU-RHÔNE

LO KAYAK

4, place Montmorin
✆ 07 83 80 87 37
https://www.lokayakcassis.com/
Ouvert toute l'année. Location à partir de 20 €/3h en monoplace. Randonnée à partir de 40 €/personne.

Avec le dynamisme et le professionnalisme de l'équipe de Lo'Kayak, vous êtes assurément entre de très bonnes mains. Que ce soit pour de la location ou de la randonnée guidée, tout vous sera expliqué pour vous mettre dans les meilleures conditions de navigation afin d'apprécier la beauté des calanques de Cassis à Marseille, de mars à octobre. Location possible en mono, bi ou triplace (jusqu'à 2 enfants et 2 adultes), et randonnées encadrées de jour ou au coucher du soleil. Les plus sportifs pourront découvrir en kayak, la calanque de l'Oule, tout un programme !

© EVAN DE SOUSA

© EVAN DE SOUSA

LA CIOTAT ★★

Élue plus Belle Baie du Monde en 2019, La Ciotat intègre le club très fermé éponyme parmi 42 baies dans 27 pays. La ville de 33 800 habitants est située à 31 kilomètres à l'est de Marseille. Elle a vu naître bon nombre d'hommes célèbres : Louis et Auguste Lumière, les inventeurs du cinéma, Jean Boiteaux, le premier champion olympique français de natation, ou Jules Hugues, inventeur de la pétanque... S'ils ont participé à la réputation de la ville, ils ne sont pas les seuls. La Ciotat regorge de charmes. Vous pourrez le constater en allant voir l'église Notre-Dame-de-l'Assomption, le Parc du Mugel et bien d'autres choses comme l'Île Verte.

LES AMIS DES CALANQUES DE LA CIOTAT ★★

34, rue Grand Madier
✆ 06 09 35 25 68
www.visite-calanques.fr
Accessible toute l'année. Réservation impérative en été. Durée variable entre 45 minutes et 2h30.

Situées entre Marseille et Cassis, certaines calanques se trouvent sur la commune de La Ciotat et sont tout aussi magnifiques. *Les Amis des Calanques* vous proposent de visiter les calanques à bord d'une mini-croisière commentée avec des circuits d'excursions. 4 circuits proposés : Calanques de Figuerolles (12 km), d'En-Vau (28 km), de Morgiou (39 km) et de Sormiou (46 km). En été, deux circuits baignade sont proposés avec une pause de 30 min ou de 1 h pour se rafraîchir.

LES BATELIERS DE L'ÎLE VERTE ★

12, Quai Général-De-Gaulle
✆ 06 63 59 16 35
www.laciotat-ileverte.com
Fermé de novembre à mars. Sur réservation. Groupes. CB non acceptée. Chèque Vacances. Visite guidée. Animaux admis.

Les Bateliers de l'Île Verte vous emmènent en 10 minutes sur la seule île boisée des Bouches-du-Rhône, un petit joyau au large de La Ciotat. Sur place, vous pourrez admirer les paysages en faisant le tour de l'île par le sentier de 2 km aménagé et balisé, lézarder sur l'une des trois plages, pique-niquer ou déjeuner chez Louisette, le seul restaurant de l'île, pêcher en prévision du dîner ou plonger pour admirer les espèces présentes dans les fonds sous-marins.

CALANQUE DE FIGUEROLLES ★

Contraste entre la couleur de l'eau turquoise et celle des falaises ocre de poudingue, la roche sédimentaire constituée d'anciens galets conglomérés aux formes arrondies par l'érosion est unique. La calanque est très encaissée, et ses eaux en conséquence très calmes pour la baignade. Un îlot baptisé le Lion complète le panorama avec le rocher du Capucin surplombant la baie. On y trouve une plage de galets, un restaurant et un hôtel. Les fonds marins sont riches. Départ de multiples sentiers de randonnée.

- **Baignade.** Eaux calmes et peu profondes, d'un bleu idyllique. Les courageux nageront jusqu'à l'îlot du Lion.
- **Plongée.** Au départ de la calanque on peut se rendre à plusieurs spots réputés depuis le bord : l'arche sous-marine Debéné, le Dôme de la Gargouille, le Tombant, la Grotte, le Lion, la faille du Capucin, le trou du Diable, le mur de Little Nemo.
- **Kayak et paddle.** Les eaux sont très calmes, car elle est assez encaissée et protégée du vent. Lorsque la mer n'est pas trop agitée et qu'il est possible de contourner le Bec de l'Aigle, on peut se rendre jusqu'à la calanque du Mugel en passant par l'île Verte et la grotte de Figuerolles (à 150 m à gauche en sortant de la calanque).
- **Via cordata.** Un classique des randonnées verticales des calanques est la via cordata du trou du Souffleur, à travers les canyons secs et falaises sculptées de poudingue. À travers ce « trou » dans la roche, le bruit du vent et des vagues se fracassant sur la falaise est amplifié. Un parcours pour débutants adapté aux groupes d'amis ou familles qui dure 3 h.

À DEUX PAS DE L'EAU €€

35, avenue Beau-Rivage
✆ 06 32 97 49 66
www.adeuxpasdeleau-hotel.com
Ouvert toute l'année. 11 suites de 30 à 50 mètres carré (de 2 à 4 personnes). Suite de 119 € à 149 €. Parking privé.

© A DEUX PAS DE L'EAU

Un concept d'appart-hôtel très réussi face à la plage Lumière. De l'ancien hôtel, M. et m^me^ Solari n'ont conservé que les 4 murs et les magnifiques escaliers intérieurs. Une rénovation totale réalisée avec goût et rigueur, qui a permis la création de 11 suites à la décoration épurée, avec kitchenette fonctionnelle, mobilier de qualité, travertin dans les salles de bains avec douche et/ou baignoire, literie confortable… La suite testée bénéficiait d'une vue imprenable sur la mer, d'autres sont pourvues d'une terrasse privée. Tout est réuni pour un séjour au top.

CHAPELLE NOTRE-DAME-DE-LA-GARDE ✞ ★

1610, chemin Notre-Dame-de-la-Garde
Située à 25 minutes à pied du Vieux-Port via un chemin. Ouvert du 1er mai au 30 septembre du lundi au samedi. Gratuit.

Accrochée à la colline, la chapelle Notre-Dame-de-la-Garde surplombe La Ciotat, au milieu de la garrigue. Construite au début du XVIIe siècle, par la confrérie des pénitents bleus, en l'honneur des « gens de mer » (mariniers, navigateurs…), elle paraît bien plus récente car entièrement rénovée il y a peu. L'intérêt de cette visite est le panorama à 360° avec le Bec de l'Aigle, les falaises de l'archipel du Riou et la vue sur la calanque de Figuerolles.

PARC DU MUGEL

Calanque du Mugel
✆ 06 75 56 99 62
Du 1er avril au 30 septembre de 8h à 20h et du 1er octobre au 31 mars de 9h à 18h. Il peut être fermé suivant la météo.

Parc botanique de 17 hectares qui mêle jardins cultivés et espaces sauvages. Les visiteurs peuvent admirer la bambouseraie, les cactées, l'orangeraie, le jardin exotique, la palmeraie, la châtaigneraie, la suberaie (chênes-lièges)… Pour ceux qui voudraient en apprendre un peu plus sur la nature alentour, rendez-vous à la bastide du parc qui est occupée par un centre d'éducation à l'environnement pour l'initiation des petits et des grands. Côté paysage paysage on domine le golfe de La Ciotat et l'île Verte. Un véritable coin de paradis !

HÔTEL LA ROTONDE*** €

194, boulevard de la République
✆ 04 42 08 67 50
www.hotel-larotonde-ciotat.fr

Ouvert toute l'année. Accueil 24h/24. 31 chambres (dont 16 avec balcon). Tarifs selon saison. Parking privé gratuit.

Proche de la zone piétonne, situé en centre-ville, à 200 m du port et à 500 m des premières plages, l'hôtel La Rotonde propose 31 chambres dont 16 avec un balcon. Confortables, elles disposent de tous les équipements nécessaires : téléviseur écran plat, wifi gratuit, sèche-cheveux, certaine de la climatisation… Les salles de bains sont modernes et très bien entretenues. Deux chambres communicantes, qui peuvent être fermées ou rester ouvertes, seront idéales pour les familles avec enfants. Un excellent rapport qualité-prix et un accueil impeccable.

APPART'CITY CONFORT LA CIOTAT - CÔTÉ PORT*** €€

57, Passage Jean D'Huart
✆ 04 42 70 70 80

7j/7 de 7h à 22h. Formules de 1 à 28 nuits et plus (sur demande). Animaux acceptés. Appartements de 72 à 295 €.

Pourquoi ne pas opter pour un logement spacieux et tout confort en plein cœur de La Ciotat, à une minute à peine du Vieux-Port ? Cet établissement propose des appartements rénovés, équipés de cuisine et décorés avec modernité, certains disposant même d'une terrasse. Le tarif est dégressif en fonction de la durée du séjour. Idéal pour un séjour en famille ou pour une plus longue période professionnelle. L'établissement se situe dans une ruelle calme.

CALANQUE DE FIGUEROLLES €€

Calanque de Figuerolles ✆ 04 42 08 25 94
www.figuerolles.com

Fermé de mi-novembre à début avril. 2 chambres camping améliorées, 4 appartements et 1 bungalow. De 70 € à 180 €.

La RIF est un hôtel-restaurant extraordinaire qui se mérite. 87 marches depuis le parking pour atteindre ce refuge coupé de la civilisation, sans télévision ni téléphone, où l'on ne se lasse pas d'admirer la vue sur la calanque. Deux doubles basiques avec toilettes communes à petit prix, un bungalow et des appartements plus confortables de 2 à 4 personnes sont proposés. Pour ne rien gâcher, l'endroit est également une table de belle qualité où l'âme de Tania veille au grain. L'émotion passe en phase II avec la procession vers la plage, un écrin de toute beauté !

HÔTEL BEST WESTERN VIEUX PORT*** €€€

252, quai François-Mitterrand ✆ 04 42 04 00 00
www.bestwestern-laciotat.com

Accueil 24h/24. 63 chambres de 110 à 399 € selon la période et les commodités de la chambre. Parking : 13 €.

Situé à un emplacement privilégié sur le vieux port de pêche de la Ciotat, l'hôtel Best Western Vieux-Port dispose de 39 chambres et 22 suites dont 3 avec vue sur mer panoramique. Depuis la terrasse et sa piscine surplombant le panorama, la vue est sublime, donnant sur le port. Un espace bien-être, une salle de fitness et un hammam complètent le cadre. Confort optimal dans les chambres : climatisation, coffre, minibar, wifi, sèche-cheveux, peignoirs, TV à grand écran.

LA BASE €

356, Boulevard de Narvik
✆ 09 51 35 35 10
www.labasestreetfoodlaciotat.com

Ouvert du lundi au vendredi midi et soir et le samedi soir. Pokebowls, burritos, nachos à partir de 13 €.

Les pionniers du *bowl* à La Ciotat régalent nos papilles dans un cadre intimiste et branché. Une myriade de préparations originales et des prix doux. Burritos chauds copieux, tacos de *ceviche* avec daurade fraîche, nachos, toast à l'avocat... À tester aussi le porc barbecue ou le poulet du général Tao, s'il en reste. Le poisson et la viande viennent des halles, les légumes sont sélectionnés chez le producteur et les desserts sont faits maison. Une cuisine généreuse et saine aux accents latins, accompagnée de softs, bières et cocktails élaborés. *Arriba* !

CÔTÉ MER COQUILLAGES €€

257, avenue Ernest Subilia
✆ 04 42 72 04 59
www.cmc-coquillages-la-ciotat.fr

Ouvert toute l'année. Plateaux de fruits de mer et crustacés à partir de 20,90 €.

Des arrivages permanents, de la fraîcheur garantie et une superbe sélection de coquillages, huitres, crustacés d'ici ou d'ailleurs d'une qualité irréprochable ! Voici en résumé le credo de cet écailler avec à la barre du navire Olivier. On se régale des plateaux de fruits de mer et crustacés prêts ou à composer, de la paëlla et aïoli maison et des produits sélectionnés de l'épicerie fine (poutargue, caviar…). Un atout : la terrasse sur laquelle sont organisés des événements. On adhère au concept sans la moindre hésitation, pour la qualité du produit et l'accueil.

© ROSE THÉ

© ROSE THÉ

© ROSE THÉ

HOTEL ROSE THÉ*** €€

247, boulevard Beau-Rivage
✆ 04 42 83 09 23
www.hotel-rosethe.com

Ouvert toute l'année. Chambre double de 110 € à 310 € ; suite de 240 € à 300 €. Restaurant ouvert 7/7.

Plus qu'un simple hôtel, le Rose Thé propose une expérience. Une plongée dans les années 1930, avec une décoration qui en respecte tous les codes, du sol à damier aux murs couleur pastel. Un lieu chargé d'histoire que les propriétaires mettent à cœur de souligner. Chacune des chambres possède sa propre « personnalité », toujours dans la sobriété, avec une décoration simple et raffinée, vue mer, ou côté colline, avec ou sans balcon. Le Rose Thé, c'est aussi un restaurant ouvert toute l'année aux saveurs locales, méditerranéennes et de saison.

© ROSE THÉ

© ROSE THÉ

BRASSERIE DES CAPUCINS €

208, avenue du Président Wilson

✆ 06 25 10 08 82

Ouvert toute l'année. Fermé le dimanche et mardi le soir et le mercredi toute la journée.

L'histoire commence avec Véronique et Stéphane qui ont décidé de donner une nouvelle vie à l'ancien casino des Flots Bleus à La Ciotat. Ils fondent ainsi La Brasserie des Capucins, un lieu qui domine la Méditerranée avec une carte variée dans une atmosphère parisienne. Une évidence pour les épicuriens à la recherche de convivialité et de saveurs partageant la même passion pour la gastronomie. Vous dégusterez les meilleurs plats élaborés par le chef Ruben Lavos tout en sirotant le cocktail de votre choix face à la plus belle sur la mer qu'il se doit.

LE FOUR POP €

11, rue Edgar-Quinet

✆ 04 42 82 96 81

www.lefourpop.fr

Ouvert du jeudi au lundi le midi et le soir. Vin au verre. Pizzas de 12 € à 26 €. Plats à la carte : 20 € en moyenne.

Le Four Pop, c'est la pizzéria cool de La Ciotat, moderne et authentique à la fois. Le restaurant est situé dans une ruelle tranquille du centre menant au port de plaisance. On vous conseille d'attaquer par une assiette de tomates accompagnées d'une burrata des Pouilles avant d'enchaîner par une pizz' parmi la douzaine de déclinaisons. Cuites dans un magnifique four à bois, leur pâte est fine et croustillante avec coulis de tomates maison et garniture réalisée à partir de produits de qualité. Terminer par un dessert maison. On adore le soin apporté à la déco.

CARPE DIEM €

21 b, avenue de Saint-Jean

✆ 09 81 19 40 62

Ouvert mardi et jeudi de 8h à 17h30 ; mercredi de 8h30 à 15h ; vendredi de 8h à 18h ; le samedi midi et soir.

À proximité de l'école primaire, on s'y pose pour le café du matin, on y retourne au déjeuner pour se régaler des plats du jour équilibrés de Julien ou craquer pour une délicieuse galette (sans gluten) ! À l'heure du goûter, on se retrouve autour des crêpes, accompagnées de confitures maison. Le samedi soir (et en été), l'adresse est déjà réputée pour proposer de sacrées belles assiettes : salade burrata et tomate ancienne, tartare de loup sauvage à la mangue et sa salade asiatique et quelques belles suggestions végétariennes. Allez-y sans hésiter.

TRATTORIA DA SERGIO €

11, rue Gueymard

✆ 04 42 83 64 79

Ouvert du mercredi au samedi le soir et le samedi midi. De juin à septembre : du mardi au dimanche le soir.

Inutile d'aller jusqu'en Italie, avec la Trattoria da Sergio c'est l'Italie qui vient à vous. Sofia Agostino et son mari, épaulés par leurs filles, vous proposent une cuisine maison, 100% produits frais. L'accueil est des plus chaleureux. Une décoration transalpine et des produits côté épicerie que vous pourrez tout aussi bien emporter et déguster à la maison. Il faut tester absolument la guest star : « la pizz' fritt' » cuite à la poêle et servie sur une planchette de bois, extraordinaire ! La Trattoria da Sergio, une adresse vivement recommandée par le Petit Futé.

FOOD PARK LA CIOTAT €

1, Avenue du Président Wilson

✆ 04 91 35 70 96

https://www.foodparklaciotat.com/

Ouvert toute l'année. Le mardi et du jeudi au dimanche de 8h à 23h. Burgers de 9 à 13 €. Vente à emporter et livraison.

Après le Food Park Marseille, voici son petit frère qui débarque à la Halle des Flots Bleus de La Ciotat. Le même état d'esprit et la même décontraction animent les lieux. Mais ici, cette équipe de rêve se focalise sur le burger (mention spéciale pour celui à la truffe). L'artisan boulanger de Food Park confectionne lui-même ses pains dans les règles de l'art pour des burgers presque sortis du four. N'hésitez pas à arriver à l'heure de l'apéritif pour partager de délicieuses panisses accompagnées d'une bière pression, avec une vue imprenable sur la Grande Bleue !

LES 3 SECS €€

8, quai Ganteaume

✆ 04 42 98 69 01

Ouvert toute l'année. Fermé mercredi et jeudi et uniquement le mercredi en été. Terrasse. Plats à 25 € en moyenne.

L'adresse idéale pour profiter d'une pause gourmande après une balade sur le quai Ganteaume. En bordure du port, face au chantier naval, on se laisse porter par une ambiance conviviale et familiale. À la carte, que de l'authentique avec un tour d'horizon de plats que l'on adore : soupe de poissons de roche à l'ancienne, moules gratinées ou risotto de Saint-Jacques aux girolles. Et les desserts... divins et tous maison ! Une mention pour les profiteroles, juste délicieux. L'accueil est chaleureux et enthousiaste. Faites-y une escale, vous ne le regretterez pas !

BOUCHES-DU-RHÔNE

AQO €€

208, Avenue du Président Wilson

✆ 04 88 39 85 07

www.aqo-laciotat.com/

Ouvert toute l'année. Tous les jours le midi et le soir.

Le Chef Rodolfo Meija (Toques Blanches Internationales) et Francesca Boschetti ont déjà séduit les papilles des Ciotadens avec le restaurant Chirimol dans le centre-ville. Cette fois ils orientent d'avantage leur cuisine vers la fusion entre l'Amérique latine et le Japon. La carte évolue au fil des saisons et garde une empreinte locale. Une cuisine inventive, audacieuse qui vient explorer de nouvelles saveurs, le tout avec des cuissons maîtrisées. Côté salle, chez Aqo on peut profiter d'une vue sur la mer, dans un cadre lumineux et moderne ou une belle terrasse.

AU CHANTIER €€

46, quai Francois-Mitterrand

✆ 04 42 84 44 39

www.auchantier.fr/

Fermé le lundi toute l'année. Horaires et jours d'ouverture variables selon saison. Accueil de groupes et séminaires.

Au Chantier est l'une des belles tables de La Ciotat et bénéficie surtout d'une magnifique, que dis-je, exceptionnelle vue sur le port et sur les toits de la ville. Installé au cœur du chantier naval de La Ciotat, l'établissement a déjà trouvé son public. Dans les assiettes, de la cuisine soignée et traditionnelle. Pêche du jour ou poisson à la carte, ceviches et salades rafraîchissantes, sélection de viandes ou encore un choix de desserts à se damner... Pour son cadre et pour sa cuisine, une adresse toujours vivement recommandée par le *Petit Futé*.

DU BŒUF À LA MER €€

258, Quai François Mitterrand

✆ 09 88 47 14 84

Ouvert tous les jours midi et soir. Formule midi entre 16 et 25 €. Plats à 30 € en moyenne. Terrasse sur le port.

Avec un tel nom, nul besoin de préciser que ce restaurant est spécialisé dans la viande et le poisson. Situé au bout du vieux port, cet établissement offre un cadre très agréable. La formule du midi propose un rapport qualité/prix assez exceptionnel. Pour celles et ceux qui voudraient se faire plaisir, des viandes maturées sont proposées à la carte. Sinon du classique avec des saint-jacques, de la joue de bœuf, de la daube de poulpe ou des travers de porc. Vous pourrez y déguster de la cuisine raffinée en prenant place sur la grande terrasse avec vue sur le port.

COMME EN ITALIE €€

6, place Sadi Carnot

✆ 04 86 33 43 81

www.commeenitalie.eatbu.com

Ouvert du mardi au dimanche le midi et le vendredi et samedi le soir. Pizza à partir de 9 €. Terrasse

Situé sur la très agréable place Sadi Carnot et sa jolie fontaine, cet établissement vous propose un voyage de l'autre côté des Alpes. Au menu, du classique italien avec des pâtes, des pizzas cuites au feu de bois, des escalopes milanaises, du carpaccio de bresaola ou des aubergines à la parmesane mais aussi du plus original avec le burger de poulpe ou le tartare de bœuf à l'italienne. Côté vin, une belle sélection de rouges et de blancs venus de toute l'Italie (Abruzzes, Pouilles, Sicile...). Prenez place en terrasse et faites *Comme en Italie* !

LA CASETTA DI BABBO €€

208, avenue du Président Wilson

✆ 07 83 80 31 73

Ouvert toute l'année. Ouvert du jeudi au lundi midi et soir ; le mardi midi. Fermé le mercredi.

La Casetta Di Babbo vous met l'eau à la bouche (Acqua in bocca). C'est l'histoire d'une rencontre entre Flo, le « Babbo » amoureux de la bonne cuisine italienne et « La Casetta », restaurant aux Flots Bleus avec une vue imprenable sur la baie de La Ciotat. Dans cette trattoria, on vous accueille chaleureusement, on adore déguster les pizzas, siroter le cocktail maison *Amaretto Di Sour* tout en admirant le pizzaiolo dompter la pâte à pizza. Tout en étant dans le Sud de la France, vous y trouverez l'esprit des Pouilles où on se sent si bien.

L'ESCALET €€

21, quai François-Mitterrand

✆ 04 42 08 29 52

www.lescalet-laciotat.fr

Ouvert toute l'année. Tous les jours midi et soir. Menus de 17 € à 20 €. Terrasse.

L'Escalet est plus qu'une valeur sûre à La Ciotat ! Tout le monde connaît l'Escalet et depuis longtemps. Vous trouverez une carte des plus variées : carpaccio, antipasti, salades, pizzas, pâtes, poissons, viandes... Tentant et bon. Ne passez pas à côté de la pizza au feu de bois tout simplement délicieuse. Les coupes de glaces sont également très réussies. Un excellent rapport qualité-prix, un accueil chaleureux, dans une ambiance typique des pizzerias du sud de la France, sur le port de La Ciotat ! L'adresse est toujours recommandée par le *Petit Futé*.

LA FERME AUBERGE DE LA BAIE DES ANGES €€

647, Chemin des Plaines Baronnes
© 06 59 10 22 09
https://lafermeauberge.fr

Horaires et jours d'ouverture variables selon saison. Menus à 48 € ou 58 €. Bouillabaisse 70 €/ personne (sur commande).

Ici, les menus varient régulièrement car les plats sont élaborés selon la production locale. Tout est fait maison ! Dans les plats à la carte, vous trouverez de la viande, des poissons et crustacés (langouste, dorade... selon arrivage) que vous pourrez déguster sur la superbe terrasse vue mer. Sans oublier le plat signature : la bouillabaisse traditionnelle (sur commande 48h à l'avance) ! Il est possible de privatiser la ferme auberge pour vos évènements.

LA MAMMA €€

2, quai François-Mitterrand
© 04 42 08 30 08

Ouvert toute l'année du mercredi au dimanche midi et soir. Carte 35 € environ. Terrasse.

Avec un tel nom, inutile de préciser qu'il s'agit d'un restaurant italien. Depuis 10 ans la famille Piga propose une cuisine de saison, en fonction des arrivages. Du 100 % frais et du 100 % maison avec produits locaux et italiens. C'est un peu la dolce vita à la Ciotat avec des pizzas et viandes cuites au feu de bois, des pâtes fraîches, des gnocchis et même des glaces maison ! La carte tapas est idéale pour des apéritifs conviviaux. L'accueil est comme la cuisine : irréprochable. La formule du midi et la suggestion du jour sont particulièrement prisées !

GOLD EAGLES €€

756, Avenue Emile Bodin
© 09 73 89 64 94
www.goldeagles.fr

Tous les jours de 9h30 à 1h. Planches apéro de 19,50 à 32 €. Plats de 16,90 à 25,90 €. Burgers dès 16,90 €. Terrasse.

C'est la brasserie événement à La Ciotat, ouverte récemment. Après une première adresse à succès à Marseille, Vahag Achotian ouvre un second établissement dans le nouveau complexe ciotaden du Spot. Un intérieur immense, de belles banquettes confortables et une atmosphère lounge pour déguster une cuisine bistrot copieuse : des burgers maison, des plats comme des ribs de porc, des seiches à la plancha voire un camembert rôti pour les amateurs. Une belle adresse où prendre un verre également, en terrasse ou dans la salle à l'ambiance feutrée.

LE MUGEL €€

Avenue du Mugel
© 04 42 08 45 90

Ouvert avril à début octobre le midi, midi et soir mi-juin, juillet et août. Réservation recommandée. Carte 30 env.

Cette adorable petite calanque et ses pins offre un cadre magnifique pour un repas les pieds dans l'eau. À l'heure du déjeuner ou du dîner, vous vous régalerez avec des spécialités de la mer : la sardinade, servie avec une salade verte et de vraies frites maison, les mange-tout, la brochette de scampi, la terrine de saumon bio, les scampis mayonnaise maison. Côté desserts, un tiramisu ou un flan des îles à la noix de coco. Avec un petit rosé local de pays du Var servi bien frais pour arroser ces agapes, nul doute que ce repas ne vous laissera pas insensible !

BOUCHES-DU-RHÔNE

LANGYO €€

150, chemin de la Pépinière
© 06 99 37 91 04

Ouvert du mardi au samedi le midi et le soir. Menus de 18 à 30 €. Plats à emporter et en livraison.

À force de voir des chaînes de restaurants japonais de qualité médiocre, on en oublierait presque un point essentiel : cette cuisine nécessite un grand savoir-faire et des produits de première qualité. C'est ce que vous trouverez en vous rendant au Langyo. À la carte les indémodables sushis, makis ou sashimis à base de riz bio et de poisson Label Rouge et du plus original avec les sushis revisités ou les donburis d'anguille grillée. On y trouve donc tout ce qu'on aime dans la cuisine japonaise avec une touche d'originalité. Tout ça fait maison et avec amour !

OYSTER BAR €€

22, boulevard Anatole-France
© 04 42 32 91 61

Ouvert tous les jours le midi ; du mardi au dimanche le soir. Terrasse. Vente à emporter. Vue mer.

À l'Oyster Bar de la Ciotat, corner du restaurant le Sud, on déguste sur le pouce ou on commande à emporter. Huîtres en provenance de plusieurs régions (Fines de Claires, Saint Vaast, Gillardeau), coquillages et crustacés (boulots, palourdes, tourteau, crevettes...), tout y est ! En plus des fruits de mer, vous trouverez quelques plats à l'ardoise et des suggestions : couteaux gratinés, soupe de poisson, salades ou encore tartare de thon. Une belle carte des vins en prime. L'ambiance est conviviale, l'accueil et les conseils de Frédérique sont irréprochables !

ROCHE BELLE €€

Corniche du Liouquet
✆ 04 42 71 47 60
www.roche-belle.fr
Ouvert du mercredi au samedi le midi et le soir. Réservation recommandée. Menu unique à 40 € (entrée, plat et dessert).

L'une des meilleures adresses de la ville, portée par un jeune couple talentueux, Edwige et Damien, dans un cadre délicieux, sous les oliviers, à deux pas de la mer ! Dans l'assiette, faites confiance au chef Damien Arnaud pour vous régaler avec une cuisine méditerranéenne fraîche et de saison. Le menu unique est alléchant avec du choix et du renouvellement, pour un triptyque entrée, plat et dessert remarquable. A faire sans hésiter une seconde. Une salle permet désormais l'accueil de repas de groupes jusqu'à 20 personnes.

LA TÊTE D'AIL €€

13, boulevard Anatole-France
✆ 04 42 36 99 20
Haute saison : ouvert du mardi au dimanche le midi et le soir. Plat du jour : 15 €. Terrasse.

La Tête d'Ail est un restaurant qui vaut vraiment le détour. Les différents mets sont à la fois raffinés, originaux et délicieusement assaisonnés, à la sauce méridionale cela va de soi. En entrée, il est vivement conseillé de goûter les moules fumées aux ramilles de la garrigue. Tout un poème. En plats, le restaurant propose de la daurade farcie, un poêlon du pêcheur ou encore la fameuse bouillabaisse (sur demande). Pour le dessert, vous nous direz des nouvelles du gâteau aux amandes. Produits frais et de qualité, cuisine maison des entrées aux desserts.

LA VOÛTE €€

17, Quai Ganteaume
✆ 04 42 08 00 33
www.lavoute-laciotat.fr
Fermé mercredi et jeudi. Carte : 25 € en moyenne. CB non acceptée. Titres restaurant et chèques acceptés. Terrasse.

Une bonne petite adresse sur le port avec une terrasse proposant un agréable point de vue sur les bateaux et le bec de l'aigle en toile de fond. Service attentionné et sans chichi. Produits très frais, notamment le poisson que ce soit dans le marmiton composé de différents coquillages et poissons ou pour la seiche grillée, fondante à souhait, ce qui ne trahit jamais sur la fraîcheur. La formule du midi est plutôt avantageuse (16,90 € entrée + plat ou plat + dessert). Une adresse à laquelle se fier pour manger correctement sur le port de La Ciotat.

CALANQUE DE FIGUEROLLES €€€

Calanque de Figuerolles ✆ 04 42 08 25 94
www.figuerolles.com
Fermé de mi-novembre à début avril. Tous les jours midi et soir. Menus de 25 € à 59 €. Menu enfant. Accueil des groupes.

Le restaurant Chez Tania la RIF est une institution. Un lieu magique, une table qui se mérite, après avoir descendu les 87 marches direction la mer, on découvre un restaurant au bord de l'eau avec une vue sublime sur la calanque en contrebas. Un site exceptionnel, au cœur de la verdure. Une cuisine maison, des produits frais et de saison. Bouillabaisse, Aïoli, poisson frais au poids, agneau confit, côte de bœuf grillée, mais aussi assiette végane et autres douceurs maison. Formule snack et glaces sur place ou à emporter.

LA TABLE DE NANS €€€

126, corniche du Liouquet
www.latabledenans.com
Ouvert du mercredi au samedi le midi et le soir ; le mardi soir. Réservation recommandée. Terrasse.

Le chef Nans Gaillard s'est installé en 2013 dans cette belle bâtisse construite il y a plus de cinquante ans au sommet d'une calanque qui domine la baie de la Ciotat. En toute saison, la vue superbe vous fera passer un bon moment. Récompensée par une étoile au guide Michelin, la cuisine d'inspiration méditerranéenne du chef distille beaucoup de saveurs dans ses plats. Au gré des saisons, on appréciera le pigeonneau et le homard bleu, carte de visite de Nans Gaillard. Une option pour le déjeuner plus attractive niveau tarif serait bienvenue.

CAFÉ DE L'HORLOGE

2, rue Albert-et-Georges-Arnoux
✆ 04 42 83 00 43
www.lecafedelhorloge.fr
Ouvert tous les jours à partir de 8h l'hiver, 7h30 en haute saison. L'été fermeture tardive. Vegan friendly. Terrasse.

Un bar historique de La Ciotat où a été inventée la pétanque ! Le café a rouvert ses portes en 2015 après un important relooking. Place à un concept étudié, un joli cadre avec son sol en mosaïque, sa lignée de tables en terrasse... Ici, on fait la part belle aux produits locaux issus de l'artisanat provençal avec des cakes pâtissiers, des biscuits ciotadens ou des limonades artisanales. C'est le lieu idéal pour une pause douceur : petits déjeuners, glaces, gaufres, hot-dogs, bagels, soupes... La bonne idée : une librairie solidaire est adjacente au café !

HEMINGWAY'S

Place Sadi Carnot

✆ 04 42 98 40 25

Ouvert le soir du mardi au dimanche et le samedi midi. Horaires susceptibles de varier en haute saison. Terrasse.

Une nouvelle adresse du centre ancien que les amoureux du bourbon ont déjà adopté. Sur la ravissante place Sadi-Carnot, on raffole de l'intérieur cosy de ce bar tenu par un italien amoureux de La Ciotat. A la carte, des spiritueux de renom, du rhum, du gin et du whisky. Il y en a pour tous les goûts. L'endroit où boire un verre avec classe sans que cela ne devienne « m'as-tu vu ». Très belle carte de vins aussi, italiens naturellement et français. On picore aussi avec de sympathiques *piadinas* maison, un véritable enchantement !

AUX GRAINS GOURMANDS

20, rue des Poilus

✆ 04 42 32 63 43

Ouvert du mardi au samedi.

Et si vous faisiez rimer vos vacances avec bon café, un café du bout du monde ? Aux grains gourmands a tout ce qu'il vous faut. Suivez la délicieuse odeur de café torréfié et pénétrez cette jolie boutique située sur la rue des Poilus. Des cafés de toutes origines, mais surtout de précieux conseils, particulièrement avisés. La boutique fait également la part belle aux infusions et aux biscuits artisanaux. Vous pourrez également déguster un espresso ou un cappucino sur les petites tables installées en devanture. Une adresse gourmande s'il en est !

O'CENTRAL

Quai François Mitterand

✆ 06 62 89 80 02

Ouvert tous les jours 7h à 2h du matin (3h l'été). Concert vendredi soir. Diffusion des matchs et événements sportifs.

Qu'a vist La Ciotat, se noun a vist Ô Central, pou dire : n'ai rèn vist ! Cette institution du port rassemble autochtones, visiteurs et ouvriers du chantier dès le matin autour d'un café, le midi pour profiter du soleil et le soir pour des apéros dont on se souvient. C'est un peu la maison des copains avec les sympathiques Hervé et Mathieu qui gèrent l'affaire. Le Central a fait peau neuve, une terrasse plus grande bioclimatique et murs végétalisés. En saison on ne peut pas rater les concerts du vendredi si on se promène sur le port.

LAIT TRAIS'OR DE MARIE

4, Rue des frères Blanchard

✆ 06 59 85 82 75

Ouvert du mardi au samedi de 8h30 à 13h et de 15h30 à 19h30 ; le dimanche de 9h à 14h.

Belle adresse gourmande proposant de bons fromages en provenance des quatre coins du pays, sélectionnés avec soin, selon les saisons et certains en provenance de petits producteurs. On trouvera aussi sur place de bons yaourts fermiers (de vache, de brebis et de chèvre), de la (vraie) bonne crème fraîche produite en Vercors, du beurre de baratte et du lait cru que la maîtresse des lieux va chercher toutes les deux semaines en personne. Au sous-sol, délicieuse surprise avec une cave voûtée, un ancien club de jazz, où les meules mûrissent tranquillement.

DÉLICES DE LA CIOTAT

24, rue des Poilus

✆ 04 42 84 41 36

Ouvert du mardi au samedi de 9h30 à 12h30 et de 15h à 19h. Rampe d'accès PMR.

Les Délices de La Ciotat est une épicerie fine de très grande qualité où chaque produit a été minutieusement sélectionné par la propriétaire, une véritable passionnée du bon, voire du très bon. Les spiritueux et rhum locaux (Maison Ferroni, les Canailles, Manikou...) sont notamment à découvrir, de même que les cafés en vrac, torréfiés à la Ciotat, et toute une série de conserves et épices du monde. Vous trouverez également sur place de superbes coffrets à offrir et bien sûr, des vins du cru et bières artisanales pour arroser vos victuailles.

MAISON CRAQUELIN

✆ 04 42 08 98 11

www.maison-craquelin.com/

Différents points de vente. A Marseille : Cafi shop (13004), Maison Mistre (13006) et fromagerie Chez Ninou (13012).

Et si vous goûtiez au biscuit 100% artisanal, made in Provence ou plutôt made in La Ciotat ? Maison Craquelin, c'est l'aventure toute récente de deux amis d'enfance, Nicolas et David, passionnés et grands gourmands devant l'éternel. Un gamme variée et alléchante, principalement inspirée du terroir provençal, fabriquée avec des produits majoritairement issus de productions françaises. Navettes à la fleur d'oranger ou à l'anis, biscuits à l'orange, sablés citron-pavot, palets raisins ou figues et cookies aux pépites de chocolat...

LA MALLE D'ODRIANE

36, rue des Poilus
✆ 09 53 11 67 55

Ouvert le lundi de 15h à 19h30 ; du mardi au samedi de 9h30 à 13h et de 15h à 19h30 ; le dimanche de 10h à 13h.

S'il fallait choisir une unique boutique de souvenirs ciotadenne complète et colorée, vous êtes très certainement à la bonne adresse. Pour faire un joli cadeau ou pour simplement ramener un petit bout de Provence chez vous, vous trouverez ici une large gamme de cosmétiques (savons de Marseille, lait d'ânesse et produits à base d'argile) et d'objets plus décoratifs les uns des autres. Le tout à l'effigie de cigales et à dominante couleur lavande. Jetez-y un œil avec notamment quelques marques made in Provence à ne pas rater !

MARCHÉS

- **Marchés hebdomadaires** (fruits, légumes, condiments, charcuterie, crémerie, poissonnerie, fleurs, produits de la ferme, habillement…). Le mardi de 8h à 13h sur la place Évariste Gras. Le dimanche de 8h à 14h de la Place de l'Escalet jusqu'à la Halle Les Flots Bleus.
- **Marché des producteurs et produits biologiques**. Le samedi matin de 8h à 13h sur le Port Vieux.
- **Marché aux poissons** et aux fruits de mer, tous les matins de 9h à 12h sur le Port Vieux.

N'oublions pas de mentionner le marché aux fleurs (en mai), le marché nocturne du port l'été et le marché de Noël.

LES VIGNERONS DU GARLABAN ET DU GOLFE D'AMOUR

Traverse Cantegrillet
✆ 04 42 83 10 02
https://www.vigneronsdugarlaban.com

Du mardi au samedi. Été : 9h-12h / 15h-19h. Hiver : 9h-12h / 14h-18h.

Avec la Destrousse, Gémenos et Auriol, il s'agit là d'un des quatre points de vente de la cave coopérative. Une boutique avec de l'authenticité à l'image des vins produits par les coopérateurs. Rosé, blanc, rouge, les crus des vignerons du Garlaban et du Golfe d'Amour ne manquent pas de charme et de typicité. Certaines cuvées sont issues d'une viticulture menée en agriculture biologique. Nombre d'entre elles sont régulièrement médaillées dans de prestigieux concours.

LA CIOTAT TENNIS CLUB

Avenue Léo Lagrange
✆ 06 29 15 15 86

Location cours de tennis 14€/h. A l'année entre 240 et 300 € (tennis/padel), enfant (moins de 18 ans) jusqu'à 210 €.

Dans un cadre typiquement provençal, le LCTC est plus qu'un club de tennis. Règne ici un bel état d'esprit, des équipements de qualité, Club House avec bar-restaurant avec vue sur le jeu depuis les terrasses. Avec plus de 40 ans d'existence, l'association est en perpétuel développement, aux 9 courts de tennis s'ajoutent deux nouveaux terrains de Padel. Un shop propose balles et raquettes, location possible. Terrains de boules. Pendant les vacances, Alexandre le responsable du centre organise des stages tennis et multi-activités pour les jeunes. Vive le sport !

EXPÉNATURE

168, avenue Président-Wilson
✆ 04 42 83 64 46
www.expenature.fr

Ouvert toute l'année. Langues parlées : anglais, espagnol. Expénature propose demi-journées, journées, week-ends.

Expénature, c'est la structure de loisirs la plus complète de la région ! Romuald propose de nombreuses activités pour ceux qui souhaitent s'initier ou profiter d'une demi-journée, d'une journée, d'un week-end ou d'un stage plus complet pour des vacances sportives encadrées par un guide diplômé d'Etat et des locations pour les activités nautiques. Les disciplines proposées : VTT, kayak de mer, paddle, escalade, trek, raquettes (en hiver). Le *must* : un week-end en kayak avec une nuit à bord d'un voilier. Expénature sensibilise à l'environnement.

PARC DE LOISIRS DE LA GUILLAUMIÈRE

Boulevard de Lavaux
✆ 04 42 08 55 25
http://parclaguillaumiere.free.fr

Ouvert toute l'année. Horaires : se renseigner. CB non acceptée. Restauration. Terrasse ombragée.

Le parc de loisirs de La Guillaumière propose différentes activités, pour les enfants de 2 à 14 ans : poney, voiture électrique, château gonflable, moto, quad… L'idéal pour passer un bon moment en famille ou pour faire un superbe cadeau à son bout de chou, puisque le parc de loisirs organise des après-midis anniversaires dédiés aux enfants. A noter que les réservations se font directement au parc et non par téléphone. Possibilité de petite restauration et terrasse ombragée.

BOUCHES-DU-RHÔNE

PLONGÉE PASSION

40, rue Antoine-Pirrodi
✆ 04 42 08 94 13
www.plongeepassion-laciotat.fr

Centre partenaire Aqualung ouvert toute l'année, 7j/7. Formations et baptêmes. Prix dégressifs pour les groupes.

A 37 km de Marseille ou Toulon par l'autoroute A 50 ou la CD 559, ce centre est ouvert toute l'année et tous les jours pour vous permettre de venir découvrir les plus beaux sites de plongée du Golfe d'amour, des Embiez aux îles de Marseille. L'encadrement et la formation sont assurés par des moniteurs ayant un brevet d'Etat. Philippe le propriétaire du centre est réputé pour sa gentillesse et son goût de l'enseignement, il est entouré par une équipe mixte très pro qui saura vous mettre à l'aise rapidement. Le plus : la possibilité de faire des plongées de nuit.

CASINO PLEIN AIR PARTOUCHE

40, avenue du Parc
✆ 04 42 83 40 63
www.casinolaciotat.com

Ouvert toute l'année. Tous les jours de 10h à 3h. 178 machines à sous. 7 tables de jeux. Restauration.

Un casino pas tout à fait comme les autres, classé parmi les plus stylisés au monde. Un établissement à la pointe avec des infrastructures extérieures uniques en Europe. Quatre chapiteaux modulables (chauffés en hiver, fumeurs pour certains), permettent une nouvelle approche du jeux. Un espace à ciel ouvert conçu comme un lieu de vie avec terrain de pétanque, et bain à remous (17 personnes). La salle intérieure fait la part belle à la réalité virtuelle et au *gaming*.

LA CHAUDRONNERIE

19, promenade Jeff-Musso
✆ 04 84 42 01 84
www.lachaudronnerie-laciotat.com/fr

Réservations en ligne, par téléphone ou sur place. Parking souterrain payant. Possibilité de restauration sur place.

Depuis 2017, ce nouveau lieu de spectacle enchante les habitants de La Ciotat et des environs proches. La Chaudronnerie est très exactement un ancien atelier de chaudronnerie qui a été occupé plus de cent vingt ans durant, des années 1860 aux années 1980. C'est aujourd'hui une magnifique salle de spectacles dans un bâtiment conservé et réhabilité. Le bâtiment de la Chaudronnerie est donc plus que séculaire et chargé d'histoire. Ce nouveau lieu culturel propose une saison particulièrement riche en spectacles et dans tous les genres.

CINÉMA EDEN THÉÂTRE

25, boulevard Georges-Clémenceau
✆ 04 88 42 17 60
www.edencinemalaciotat.com

Ouvert du lundi au dimanche. Horaires variables en fonction des séances. Salle climatisée. Label Tourisme & Handicap.

Vous êtes tout simplement ici face au plus ancien cinéma du monde en activité, eh oui ! Face à la mer, l'Eden a su s'adapter à travers le temps, et propose des nouveautés, des films de patrimoine, des sorties art et essai, des grands événements avec des personnalités du cinéma, et même des *Ciné-Gourmand*s pour les enfants : 1 film et un goûter bio, souvent suivi d'un atelier. Des visites touristiques sont également proposées les mercredis et samedis à 14h30. Un beau et bon moment pour petits et grands, sur les pas des illustres frères Lumière !

CEYRESTE

Surplombant la baie de la Ciotat, ce village provençal compte environ 5000 habitants, construit le long de la RD3 il se trouve aux portes d'un domaine forestier de pinèdes, de reliefs rocheux et calcaires. Des débris de poteries attestent une présence humaine dès 800 av J-C. En 1429 la commune est divisée en deux avec La Ciotat. Au fil du temps les agriculteurs qui travaillent sur les restanques se rapprochent de La Ciotat pour devenir marins. On aime flâner dans le village ancien qui a su garder un cachet authentique, avec une église du XIIe siècle, une fontaine romaine et un abreuvoir en pierre.

CAMPING DE CEYRESTE**** €€€

Avenue Eugène-Julien ✆ 04 42 83 07 68
www.campingceyreste.com

Ouvert du 1er avril au 1er novembre. Terrain de 2,7 ha. 160 emplacements. Exposition : ombragé. Label Qualité Tourisme.

Situé au cœur d'une pinède, à 3 kilomètres des plages de La Ciotat, le camping de Ceyreste, labellisé Camping Qualité, est une oasis d'ombre et de verdure. Un espace de plein air pour des vacances familiales autour de la piscine à débordements, du toboggan aquatique et du château gonflable mais aussi de l'accro *game* (trampoline géant), du mini golf et du tir à l'arc. Un terrain de tennis et un terrain de football se trouvent à proximité du camping. Les plus : des installations propres et bien entretenues, une équipe attentionnée et un bon restaurant !

¿WINE NOT ? €€

2, place Albert-Blanc
✆ 04 88 42 31 38
Ouvert toute l'année. Du mardi au samedi de 18h à 22h30. Réservation recommandée. Carte : 20 € environ. Vin au verre.

Un nouveau lieu de fête et de convivialité à Ceyreste sur deux étages, dans une ambiance très typique « bar à vins, bar à tapas ». La décoration des lieux a été réalisée par des grapheurs locaux. *Live music* tous les mardis soir en grignotant un burger ibérique ou quelques délicieux tapas à prix très abordables. On adore plus que tout la cave à vin vitrée avec sa soixantaine de références de France, de Navarre et d'ailleurs. Une adresse étonnante où vous passerez à très certainement d'excellents moments de partage entre amis.

LA QUINTA €€

10, avenue Louis-Julien
✆ 04 42 83 06 98
Ouvert toute l'année. Tous les jours le midi et le soir. Réservation recommandée. Terrasse.

Une adresse sympathique, ouverte sur Ceyreste il y a plus de 20 ans par Patrick Mariani, photographe au long cours. On y vient pour la grande terrasse, recouverte d'une luxuriante végétation, véritable havre de fraicheur en été. En hiver, retour dans la jolie salle intérieur avec cheminée et expo photos sur les murs. Quant à la cuisine, c'est du tout bon avec un large choix de pizzas (le soir), et de spécialités provençales : gnocchis, raviolis, alouette sans tête, daube, avec une mention pour les pieds paquets chaque premier jeudi du mois !

LA GALETTE CEYRESTENNE

9, place Léopold-Cupif
✆ 04 42 83 33 50
Ouvert du lundi au vendredi de 6h à 13h et de 16h à 19h30. Ouvert uniquement le matin samedi et dimanche.

C'est une sensation que l'on oublie pas ! Déguster les croissants et les pains au chocolat de La Galette Ceyrestenne... Peut-être les meilleurs croissants et pains au chocolat de la ville... C'est en tout cas notre avis de grand gourmand ! La famille Cordou est aussi réputée pour sa fameuse pompe à huile qui, au moment de Noël, se décline en plusieurs parfums. Les premières commercialisations remontent à 1921. Début février, à l'occasion de la Fête de la Saint-Blaise, c'est la Torque qui est à l'honneur, une délicieuse brioche à l'anis.

© LAURENT BOSCHERO

Place de la Mairie Ceyreste.

MARSEILLE ★★★★

Entre mer d'un bleu profond et massifs montagneux blanc calcaire, la ville de Marseille se place comme une destination des plus plébiscitée en France et dans le bassin méditerranéen depuis maintenant dix ans, période à laquelle elle fut choisie comme capitale européenne de la culture en 2013. Visiteurs de passage ou néo-marseillais installés découvrent alors une métropole à l'identité culturelle authentique, souvent fantasmée mais bien réelle et vivante. Une identité qui se ressent aux quatre coins des 111 quartiers qui la composent. Des Goudes tout au sud, un ancien village de pêcheurs hors-du-temps à l'Estaque au Nord, quartier ouvrier autrefois repère d'artistes et de peintres, vous ne vous ennuierez jamais dans la cité phocéenne. Les amateurs de culture se régaleront de nombreux monuments et musées, divers et variés, dont celui consacré à la grotte Cosquer, ouvert en 2022 et qui nous replonge dans la préhistoire de la région. Ces mêmes férus de culture pourront également se perdre dans le quartier des antiquaires, faire un saut à la friche artistique de la Belle-de-Mai ou sillonner les vieux quartiers de la ville, du jardin des vestiges où émergent les ruines de la ville grecque aux ruelles colorées et animées du Panier; avec le Mucem en point de mire. Ceux qui préfèrent les grands espaces et la nature ne seront pas en reste puisque Marseille est une ville résolument tournée vers le large, établie dans un milieu naturel unique pour une ville de cette taille. Un saut aux îles du Frioul pour l'admirer du large ou une balade dans le magnifique parc national des Calanques, aux portes de la ville, joyau si fragile, si précieux et si chéri des marseillais, s'imposent. Les visiteurs les plus urbains, eux, se régaleront du marché exotique de Noailles, du street-art du Cours Julien et des bonnes petites adresses réparties ça et là dans des quartiers comme Longchamp ou Vauban. Marseille, capitale de la Provence, est unique et ne ressemble en rien à ses voisines aixoises et toulonnaises. Elle mérite le coup d'œil, plus que jamais, lors de vos vacances provençales. C'est son histoire qui l'a forgée, au gré des allers et venues de son port autrefois si important dans le bassin méditerranéen. Des arrivants qui ont façonné l'identité de la ville, de son parler, de son mode de vie. Plongez dans une ville sans pareille dans le pays, qui fascine ou non, mais qui ne laisse jamais insensible. Bienvenue dans la ville monde où bon-vivre rime avec générosité.

ABBAYE SAINT-VICTOR ★

3, rue de l'Abbaye (7e)
✆ 04 96 11 22 60
www.saintvictor.net
Ouvert tous les jours de 9h à 19h. Gratuit sauf crypte (2 €). Visite interdite pendant les offices religieux.

© EVGENY PROKOFYEV - SHUTTERSTOCK.COM

Un des vestiges les plus anciens de de la ville. C'est au Ve siècle que le monastère est fondé et qu'une chapelle est créée sur l'emplacement même des tombeaux de plusieurs martyrs dont Saint-Victor, qui donnera son nom à l'édifice religieux. L'abbaye rayonna au cours de son histoire sur tout le sud de la France et un de ses abbés fut nommé pape en 1362. Aujourd'hui, une visite des lieux permet de prendre la mesure de plus de 1 500 ans d'histoire et de découvrir la crypte, lieu envoûtant contenant des témoignages archéologiques précieux.

CALANQUE DE SUGITON 📷 ★★

(8e)
Compter environ une heure de marche depuis le parking du campus de Luminy. Accès sur réservation en été.

Première calanque : Sugiton. Deuxième calanque : les Roches plates. C'est la dernière calanque du massif du Puget, et l'une des plus spectaculaires, avec de grandes falaises et ses gros blocs effondrés. Elle compte 2 criques avec des plages de galets idéales pour se baigner tandis que la plage en contrebas de la falaise, surnommée la plage des naturistes, est interdite d'accès. Le belvédère à 500 m au-dessus de la mer est magnifique. Attention, chaque année en haute-saison désormais, réservation en ligne gratuite obligatoire pour accéder au site.

BASILIQUE NOTRE-DAME-DE-LA-GARDE ✝ ★★★★

Rue Fort-du-Sanctuaire (7e) ✆ 04 91 13 40 80
www.notredamedelagarde.com
Ouvert toute l'année. Basse saison : de 7h à 18h15. Haute saison : de 7h à 19h15. Gratuit. Boutique.

C'est le symbole de la ville par excellence. Visible des 4 coins de Marseille, la « Bonne Mère » est le monument chéri des Marseillais qui s'y pressent dès l'enfance, pour allumer un cierge et admirer la vue. La basilique est également très appréciée des visiteurs de passage, quels que soient leur pays d'origine et leur confession. Il faut dire que le belvédère entourant la basilique offre une vue à couper le souffle sur tous les environs, du massif des Calanques au port, ce qui convaincra même les moins pieux d'entre nous. L'ascension des marches depuis le parking est difficile, surtout l'été, et peut prendre la forme d'un pèlerinage. Mais une visite à la Bonne Mère est un incontournable absolu de Marseille !

Omniprésente dans la vie des Marseillais, la Basilique domine la ville et surgit à chaque coin de rue. Où que l'on soit, impossible de lui échapper ; tel un phare, elle veille sur Marseille et protège ses habitants. L'histoire de ce monument est intimement liée à celle de la ville. Cette vieille dame chère aux Marseillais a été édifiée au XIXe siècle, mais la colline sur laquelle elle est installée devient un lieu spirituel important dès le XIIe siècle : une première chapelle dédiée à la vierge Marie est en effet érigée sur ce piton rocheux en 1214, selon les volontés d'un prêtre marseillais. C'est déjà un lieu de dévotion cher aux Marseillais, tant et si bien que la chapelle est bientôt trop petite pour accueillir les nombreux fidèles qui s'y pressent. Pour cette raison, l'édifice d'origine est remplacé par une chapelle plus grande au XVe siècle. Culminant à 147 m au-dessus de la ville, le lieu devient ensuite un bastion militaire sous François Ier qui constate, à l'occasion d'une visite de la chapelle, que la ville est mal défendue. Au XIXe siècle, le premier sanctuaire vieillissant s'avère trop étroit pour accueillir tous ses visiteurs. Monseigneur de Mazenod décide alors de faire construire sur l'édifice existant un bâtiment beaucoup plus grand. Marseille est alors en plein aménagement. Les travaux, confiés à l'architecte Espérandieu, débuteront en 1853. A la fin de la Seconde Guerre mondiale, la basilique Notre-Dame-de-la-Garde joue un rôle important dans la libération de Marseille. Le 24 août 1944, le général de Monsabert donne l'ordre de s'emparer de la colline de Notre-Dame-de-la-Garde, lieu stratégique où sont retranchées les troupes allemandes. Mais le site est bien gardé et les tirs allemands rendent son accès difficile. Pour pénétrer dans la basilique, les tirailleurs algériens, qui sont en première ligne, sont guidés par un résistant marseillais qui leur fait emprunter un chemin détourné, inconnu des Allemands, menant au plateau Cherchel depuis l'actuelle rue Jules-Moulet. Les tirailleurs algériens parviennent à prendre d'assaut la colline, pénètrent dans la basilique et hissent le drapeau tricolore au sommet du clocher. Une immense clameur s'élève alors des quatre coins de la ville. Les combats ne sont pas finis, mais la libération de la Bonne Mère redonne espoir aux Marseillais. Aujourd'hui encore, on peut voir les impacts de balles et les éclats d'obus, tristes vestiges de cette bataille sanglante, sur la façade de la basilique.

La basilique est de style typiquement romano-byzantin, comme la cathédrale de la Major. L'édifice se compose d'une église basse, qui abrite la crypte, et d'une église haute décorée de mosaïques et consacrée à la Vierge. A ne pas manquer :

- **La crypte voûtée**, de style roman et entièrement taillée dans la roche, qui présente un décor austère et dépouillé. La première messe y a été célébrée en 1861, plusieurs années avant la fin des travaux. Composée d'une nef voûtée et bordée de six chapelles latérales, elle abrite un crucifix polychrome (XVIe siècle) ainsi qu'une mater dolorosa du sculpteur Carpeaux. D'un point de vue ornemental, le contraste entre la crypte et l'église supérieure, à laquelle on accède par des escaliers latéraux, est très frappant.
- **L'église supérieure**, qui impressionne moins par ses dimensions (la nef présente une longueur de 32 m et une largeur de 14 m) que par son somptueux décor. Les plafonds et murs latéraux de la basilique sont effet ornés de mosaïques : au total, quelque 12 millions de tesselles de toutes les couleurs viennent recouvrir une surface de 2 500 m². Les tesselles des mosaïques byzantines ont été fabriquées par des artisans vénitiens à la fin du XIXe siècle. Avec son alternance de panneaux de céramique, de marbre rouge et de marbre blanc de Carrare, l'église supérieure présente un décor d'une richesse chromatique extraordinaire. Levez les yeux pour admirer les voûtes aux dorures et détails impressionnants.
- **La collection d'ex-voto**. Les ex-voto de la basilique, dont la tradition prend ses sources au XIVe siècle, sont devenus une curiosité à travers les années. Dans la religion chrétienne, ces objets sont des offrandes pour remercier d'une grâce obtenue suite à une prière. Notre-Dame-de-la-Garde en abriterait plus de 2 500, qui ont débordé de la basilique pour s'installer jusque dans la crypte et sur le parvis. Vous remarquerez notamment la multitude de petits bateaux suspendus sous les voûtes de l'église, offrandes des marins revenus sains et saufs de leurs périples en mer. Les ex-voto se présentent aussi sous la forme de petits tableaux sur lesquels des scènes ont été représentées.

CALANQUE DE MORGIOU ★★★

(8e)

Accès à pied toute l'année à partir de Luminy (conseillé, environ 50 minutes) ou des Baumettes (environ 1 heure).

Située entre les calanques de Sormiou et Sugiton, cette calanque est l'une des seules accessibles directement en voiture (hors-saison uniquement, sauf pour les riverains) et qui dispose d'infrastructures appréciables : un bar-restaurant, un petit port de pêcheurs (toujours en activité) et des cabanons marseillais authentiques. Elle est d'ailleurs habitée toute l'année. Morgiou, tout comme sa voisine Sormiou, est une des calanques les plus célèbres du parc national, une de celles que l'on voit le plus en photo et qui donc, est très appréciée des promeneurs et baigneurs. Elle est profonde et enclavée par endroits, ce qui fait qu'elle est aussi assez ombragée. Conséquence directe : tout comme dans les autres calanques, l'eau y est fraîche, même en été. Si vous souhaitez marcher ou randonner, on y trouve un chemin sur la droite menant au cap de Morgiou. Sur la gauche, on découvre la petite plage et le chemin menant à la calanque de Sugiton. Pour l'anecdote, les marches du port furent baptisées « l'escalier Louis XIII » lorsque le roi fit son apparition ici en 1622 pour assister à une pêche à la madrague (méthode traditionnelle importée dit-on par les phocéens de Marseille dans l'Antiquité) pour capturer les thons. L'histoire de Morgiou et de son petit port est intimement liée à la pratique de la pêche. Notons que les jours de grand vent, Morgiou est particulièrement exposée. Il est donc préférable de privilégier les jours où le Mistral ne s'invite pas pour découvrir cette merveille naturelle.

© JOHN MALDOROR_FOTOLIA

CALANQUE DE SORMIOU ★★★★

(8e)

Parking sécurisé au pied de la calanque, gardé jusqu'à 18h30.

C'est l'une des plus connues, des plus belles et des plus larges calanques de la région, accessible en voiture (sauf en été) et à pied, depuis les parkings des Baumettes ou de La Cayolle. Véritable carte postale dont la beauté ne lassera jamais aucun Marseillais, elle doit sa réputation à ses eaux turquoise éclatantes et à sa plage de sable blanc. La vue depuis les hauteurs est fantastique. Elle est visitée par les plongeurs pour ses beautés sous-marines. On y trouve sur place un restaurant, quelques cabanons à louer et une zone de baignade surveillée en été. Elle est en conséquence très peuplée à la belle saison, surtout par les familles qui apprécient ses infrastructures. Le chemin à droite mène au cap Sormiou, à gauche au petit port de Sormiou. Les plus sportifs d'entre vous pourront y pratiquer une via cordata avec une excursion de 4 heures. Des sensations fortes avec une tyrolienne pour atteindre le grotte du Capelan et une descente en rappel de 15 mètres pour revenir à la calanque. La pratique du kayak et du paddle est très aisée à Sormiou également. On se promène de la calanque de Sormiou à celle de Sugiton, en passant par Morgiou. Location possible depuis les deux points, et balade guidée proposée. On peut visiter la grotte du Capelan à pied ou à la nage. Si votre coeur balance plutôt pour la plongée, vous pourrez exploser les grottes de Capelan et de la Porte de Rome. Enfin, un plan futé pour les cyclistes qui jouiront de la route fermée aux automobiles l'été. Le col est difficile mais la récompense est belle.

CENTRE DE LA VIEILLE CHARITÉ ★★

2, rue le Charité (2e) ✆ 04 91 14 58 59

www.vieille-charite-marseille.com

Ouvert de 10h à 18h (en hiver), jusqu'à 19h en été. Fermeture le lundi sauf Pâques et Pentecôte. Entrée gratuite.

Le centre de la Vieille-Charité se trouve en plein coeur du Panier. Ancien hospice pour indigents imaginé par l'architecte Pierre Puget, ce bâtiment abrite aujourd'hui le musée d'archéologie méditerranéenne, le musée des Arts africains, océaniens et amérindiens ainsi que le centre international de la Poésie. Admirez la chapelle centrale au dôme ovoïde, dans le plus pur style baroque italien. Les expositions permanentes sont riches et les temporaires aussi variées que passionnantes.

CATHÉDRALE DE LA MAJOR ★★

10, place de la Major (2e)
✆ 04 91 90 52 87
Du mardi au dimanche de 10h à 18h. En été, ouverture jusqu'à 19h. Entrée gratuite.

Construite dès 381, l'ancienne Major est l'une des plus vieilles églises de Marseille. Amputée au 19e siècle de ses deux travées, on y accola la cathédrale Sainte-Marie Majeure, consacrée en 1893. Le style romano-byzantin rappelle que Marseille fut un port commerçant avec l'Orient. C'est la plus vaste cathédrale française bâtie depuis le Moyen Age. La décoration intérieure est fasteuse. A voir, les quatre évangélistes par Botinelly, le Christ et Ste Véronique par Carli, le Ciborium en onyx et les autels de Cantini, ainsi que le tombeau de Mazenod dans la chapelle.

© LAWRENCE BANAHAN - AUTHOR'S IMAGE

© CARINE KREB

CHÂTEAU D'IF ★★★

1, quai de la Fraternité (1er)
✆ 04 91 59 02 30
www.chateau-if.fr/
Du mardi au dimanche de 10h30 à 17h15 en hiver. Tous les jours de 10h30 à 18h en été. Adulte : 6 €. Tarif groupe : 5 €

Préservé dans son environnement et son architecture, connu internationalement grâce au comte de Monte-Cristo, le château d'If est un site exceptionnel, construit sur un îlot de l'archipel du Frioul, proche des îles de Ratonneau et Pomègues. C'est difficile à croire, mais on se trouve toujours dans un arrondissement de Marseille. Classé monument historique depuis 1926, c'est l'une des fiertés du patrimoine de la ville. Le roi François Ier visita l'îlot en 1516 alors qu'il faisait une halte à Saint-Maximin. Il fut attiré par une curiosité dont toute la Provence parlait à l'époque : la présence sur l'îlot encore vierge d'un rhinocéros. L'animal, offert par le roi du Portugal au pape faisait alors escale au large de Marseille. C'est en allant voir l'animal que le roi de France réalisa que le port de Marseille n'était pas suffisamment défendu en cas d'attaque maritime. Le projet du château d'if prit alors forme, indirectement grâce à un rhinocéros. Devenue prison au fil du temps, la citadelle vit quelques célébrités être mises sous les verrous ici-même. Le capitaine Anselme, conspirateur d'État en 1582 ; Mirabeau, de septembre 1774 à avril 1775, qui fut incarcéré sur ordre de son père. Mais c'est bel et bien Alexandre Dumas et son comte de Monte-Cristo qui bâtit la légende du château. Une oeuvre fictive qui habite les murs épais de ces cellules et fait vibrer des visiteurs du monde entier. La vue sur Marseille est très belle depuis les murailles. Notez la présence de cellules plus cossues que d'autres car payantes à l'époque.

ÎLES ET PLAGES DU FRIOUL ★★

Iles du Frioul (1er)
Navette de liaison quotidienne entre les îles et le Vieux-Port. Plein tarif : 11,10 € aller-retour.

Une virée nature et dépaysante au large de Marseille, à moins de 30 minutes du Vieux-Port. Voilà ce que vous proposent les magnifiques îles du Frioul. Les 3 îles de l'archipel déploient leur blancheur dans le bleu intense de la Méditerranée. Un écrin de nature préservé, partie intégrante du parc national des Calanques. Les criques et plages des îles offrent des eaux limpides, dignes des Cyclades. Les amateurs de plongée connaissent d'ailleurs le spot. Les îles sont parsemées de monuments intéressants et la vue sur la rade de Marseille est à couper le souffle.

BOUCHES-DU-RHÔNE

LA CITÉ RADIEUSE DU CORBUSIER ★★★

280, boulevard Michelet (8e)
✆ 04 91 77 14 07
www.marseille-citeradieuse.org

Visites par l'office de tourisme, par le syndic, ou libre. Dernier étage, MoMa, toit terrasse et vue panoramique.

Pénétrez dans un bâtiment architecturalement et historiquement rare. Inauguré en 1952, cette œuvre géniale de l'architecte suisse Charles-Edouard Jeanneret dit Le Corbusier, est née sur un terrain vague. C'est là que cette véritable barre d'habitation collective émerge, à l'ère glorieuse du tout béton brut. Symbole de l'architecture moderne, « La Maison du Fada » comme la surnomment rapidement bon nombre de marseillais, est soutenue par 17 portiques et pèse plus 50 000 tonnes. Un véritable défi. Contrairement à la ville horizontale dévoreuse d'espace, l'immeuble sera vertical. 9 étages, 18 niveaux pour 334 appartements en duplex, emboîtés deux par deux pour une meilleure isolation phonique, c'est l'idée de construction. Ils seront tous munis de terrasses et loggias multicolores pour laisser entrer la lumière. Commerces, services sociaux (école, crèche, poste, chapelle) et des espaces de loisirs (salle de sport, bar, hôtel, restaurant, galerie…), tout a été conçu pour les habitants (1 500 environ). Déambulez dans les couloirs d'un autre temps, appréciez les détails de sculpture et vitraux au coeur du bâtiment. Même sans être sensible à l'architecture contemporaine, un détour par la cité radieuse vous fera plonger dans ce qui a été l'avant-gardisme et la conception idéale d'une certaine époque où la vie en communauté se voulait un concept prédominant. Veillez cependant à la discrétion pendant votre visite afin de ne pas déranger les habitants.

FORT SAINT-JEAN ★★★

201, quai du Port (1er)
✆ 04 84 35 13 13

Ouvert du lundi au dimanche. Fermé le mardi. Ouverture tardive en été. Gratuit. Seul le MuCEM est payant. WC publics.

Situé à l'embouchure du Vieux-Port, le fort Saint-Jean, bâtiment historique de premier ordre, mérite une visite pour le panorama exceptionnel qu'il offre sur la ville, ainsi que pour son intérieur complexe, témoin de siècles de réflexion humaine destinée à la protection de Marseille et de son port. Le fort a été réhabilité depuis 2013 et intégré à l'ensemble du MuCEM auquel il est relié par une imposante passerelle. Auparavant, il n'était pas accessible, endommagé pendant la seconde guerre mondiale, période pendant laquelle l'occupant avait décidé d'en faire un dépôt de munitions. Vous pourrez visiter gratuitement sa partie jardin dans laquelle sont très bien présentées de nombreuses plantes du pourtour méditerranéen et diverses cours et terrasses où les marseillais aiment flâner et lézarder au soleil de longues heures. Les bancs et chaises ici et là sont d'ailleurs une invitation à le faire. Le fort tel que vous le voyez a été bâti au XIVe siècle par le Roy René pour protéger la ville des attaques maritimes. Nous vous conseillons de gravir la tour du même Roy René pour avoir une des plus belles vues sur le Vieux-Port et la ville. Prenez le temps d'explorer tous les passages, les petites cours pour vraiment prendre la mesure de ce monument précieux. De nombreux concerts et festivals y ont lieu aux beaux jours, dans un cadre, vous le verrez vous-même, enchanteur. Dernier conseil futé, promenez-vous au pied du fort, tout au long du chemin en contrebas. Il offre de beaux points de vue sur le Mucem, le Pharo et l'entrée du port.

LE PANIER ★★

Quartier du Panier (2e)

A visiter à pied de préférence ou en petit train touristique.

Entre authenticité et décor de carte postale, le Panier s'étend sur la rive nord du Vieux-Port. C'est le cœur du Marseille historique, 26 siècles d'occupation sans jamais avoir été abandonné, malgré les turpitudes historiques. Dans ce dédale de ruelles, vous gravirez escaliers et franchirez des placettes d'un autre temps. Une impression de village, des relents d'Italie et de Corse pour ce quartier historiquement lié aux communautés transalpines et de l'île de Beauté. Le quartier est jalonné de boutiques de créateurs, de galeries et de restaurants sympathiques.

MAC - MUSÉE D'ART CONTEMPORAIN ★

69, avenue de Haïfa (8e)
✆ 04 91 25 01 07

De 9h à 18h du mardi au dimanche. Entrée gratuite.

Après quelques années de travaux bien nécessaires, le MAC a rouvert ses portes en avril 2023, présentant son nouvel habit de lumière, permettant une nouvelle mise en valeur des riches collections du musée. Les bâtiments ont été remodelés avec côté nouveautés, un hall spectaculaire et un immense rooftop de 300 m² pouvant accueillir 500 personnes. Le musée dispose de 2 700 m² d'exposition, ouvrant un large prisme sur les investigations plastiques et visuelles, des années 60 à nos jours.

MUCEM ★★★★

7, promenade Robert-Laffont (2e)
✆ 04 84 35 13 13
www.mucem.org
Ouvert tous les jours sauf mardi. De 10h à 20h en juillet-août. Gratuit le premier dimanche du mois. Tarif plein 11 €.

Ouvert en juin 2013 à l'occasion de Marseille Provence 2013, capitale européenne de la culture, le MuCEM, dont le nom complet est Musée des Civilisations d'Europe et de Méditerranée, est devenu un des monuments les plus visités de Marseille et un emblème de la cité phocéenne et de son renouveau. Son élégante modernité fascine les amateurs d'architecture et sa réputation est désormais internationale. Constitué de deux ensembles, le bâtiment cubique, signé par l'architecte marseillais Rudy Ricciotti, et le fort militaire Saint-Jean, interdit au public jusqu'à cette rénovation et véritable bijou accessible gratuitement aujourd'hui, offrant des points de vue magnifiques sur le Vieux-Port et le large. Le MuCEM est une véritable réussite architecturale et esthétique, magistralement intégré dans le paysage urbain de la ville. Il est à la fois un lieu de promenade gratuit (l'accès à son toit par la passerelle) offrant une vue spectaculaire sur la cité phocéenne et la mer, et un lieu d'exposition renommé. Quelques expositions événement y ont été organisées ces dernières années (dont celle consacrée à Jeff Koons en 2021), d'autres sont plus confidentielles mais souvent en lien avec le monde méditerranéen, ses cultures et populations. Ce bâtiment, son ensemble est à voir absolument lors de votre séjour marseillais ! L'accessibilité physique, sensorielle et cognitive du musée ont été réfléchies en collaboration entre le MUCEM et des associations marseillaises représentatives du handicap. Outre la collection permanente, des expositions temporaires d'exception sont organisées toute l'année, le programme est à retrouver sur le site du musée et celui de la ville. Notons que des expositions sont également proposées dans le fort Saint-Jean. L'accès au musée et à la billetterie se fait côté esplanade devant la cathédrale de la Major et la Villa Méditerranée. Par le toit panoramique, vous pourrez également y accéder en descendant tout autour du bâtiment et sa dentelle de béton. Un restaurant gastronomique se trouve au sommet du MUCEM. Vous pourrez également y faire une halte pour un café dans la journée. Un autre restaurant se trouve dans le fort, ainsi qu'un pop-up store proposant des articles de créateurs méditerranéens. Petit conseil futé : accordez-vous une balade en contrebas du fort Saint-Jean, le long du bassin sous la passerelle, des murailles historiques et longez l'entrée du Vieux-Port, en admirant le va-et-vient des navires. Sans doute la plus belle manière de pénétrer le Vieux-Port. C'est aussi un lieu où les Marseillais aiment lézarder.

COSQUER MÉDITERRANÉE

Promenade Robert Laffont (2e)
✆ 04 91 31 23 12
www.grotte-cosquer.com/
Accès PMR. Ouvert 7j/7. De 9h à 21h en haute-saison. Adulte : 16 €. Gratuit jusqu'à 6 ans. Audioguide. Restaurant.

Depuis une base sous-marine imaginaire, visitez la restitution de la grotte Cosquer en plein cœur de Marseille dans une atmosphère proche de l'originale. Parcourez les 1 750 m² de la grotte confortablement installé à bord des modules d'exploration, sortes de nacelles évoluant lentement. Admirez peintures pariétales, gravures, empreintes de main, concrétions, stalactites et autres stalagmites. Votre visite s'accompagne de commentaires transmis à l'aide d'un audioguide disponible en 6 langues. Un audioguide spécialement conçu pour les enfants est aussi disponible !

MUSÉE REGARDS DE PROVENCE ★

rue Vaudoyer (2e) ✆ 04 96 17 40 40
www.museeregardsdeprovence.com
Ouvert toute l'année, du mardi au dimanche de 10h à 18h. Gratuit jusqu'à 12 ans. Expos temporaires : 8,50 € par adulte.

Les grandes baies vitrées du musée offrent un panorama avec en toile de fond le J4 ou encore la cathédrale de la Major. Tout au long de l'année, le musée révèle une partie de sa collection, renouvelée tous les 5 mois. Un véritable livre ouvert sur l'histoire de l'art influencé par le monde méditerranéen du XIXe siècle à nos jours, avec plus de 200 œuvres. Des expositions temporaires d'art moderne et contemporain présentent des œuvres issues de galeries et collections privées.

MUSÉE D'HISTOIRE DE MARSEILLE ★

2, rue Henri-Barbusse (1er)
✆ 04 91 55 36 00

Ouvert du mardi au dimanche de 9h à 18h (19h de mai à septembre). Gratuit. Label Tourisme & Handicap.

Entièrement repensé et rénové, ce joyau culturel est désormais l'un des plus grands musées d'Histoire de France et d'Europe. Sa nouvelle architecture a su recréer un lien intime entre la ville, son musée et le site archéologique du port antique : la façade en verre sérigraphié projette le musée dans une nouvelle dimension, avec une vue exceptionnelle sur les vestiges, là où tout a commencé. Ils sont situés à ciel ouvert dans le jardin, avec un accès par la galerie commerciale du Centre Bourse mais également depuis peu, depuis la rue Henri Barbusse. Le musée parcourt 2600 ans d'histoire de la ville autour d'une collection de 4 000 pièces qui témoignent de chaque époque. Il raconte également les hommes et les femmes, inconnus ou célèbres, qui ont participé à l'histoire de Marseille. Un incontournable, avec une exposition de référence pour bien comprendre d'où Marseille plonge ses racines, des espaces d'expositions temporaires, un atelier pour le public scolaire, un centre de documentation disposant d'un cabinet d'arts graphiques et une librairie-boutique. Egalement à ciel ouvert : la « voie historique » reliant le musée d'Histoire de Marseille jusqu'au MuCEM, est une artère qui permet de traverser la ville ancienne de Marseille à travers un parcours géolocalisé sur smartphones. Des travaux de réaménagement ont récemment été effectués dans le jardin. Des panneaux explicatifs neufs vous permettront de vous localiser dans ce qui fut une des anciennes entrées de la ville antique.

PALAIS ET PARC LONGCHAMP

21, boulevard Claude-Charles-Guillaume-Philippon (4e)

Ouvert toute l'année. Entrée gratuite. Animations pour les enfants. Buvette. Location de voiturettes et poneys.

Le parc Longchamp est ce que l'on peut considérer comme le poumon vert du centre de Marseille. Il a été aménagé tout autour du fameux palais Longchamp, édifié sur les plans de l'architecte Henri Espérandieu (à qui l'on doit également la basilique de Notre-Dame-de-la-Garde) et inauguré en grande pompe en 1869 pour célébrer l'arrivée des eaux de la Durance à Marseille, synonyme d'eau courante dans la ville. Dès lors, l'endroit devint un lieu de promenade et de divertissement. Le jardin zoologique, créé avant le palais en 1856, permit à bon nombre d'enfants marseillais de découvrir des animaux du bout du monde, autrement que par l'imagerie. Le zoo ferma ses portes en 1987 et le jardin devint public l'année suivante. Baladez-vous dans les allées et appréciez les espaces ombragés en été. Les travaux de rénovation menés en 2013 ont permis de remettre les jardins en valeur bien que les pelouses manquent aujourd'hui d'entretien. Le kiosque à musique s'est refait une beauté et accueille des concerts en plein air pendant l'été. Le pavillon de la girafe, de par son aspect orientalisant, vous emmène le temps de quelques secondes de l'autre côté de la Méditerranée. Des animaux en fibre de verre et grandeur nature ont pris place dans les anciennes structures du zoo. Voilà une sortie que petits et grands apprécieront, notamment pour les quelques aires de jeux, manèges et balades à poneys proposés. Une fois par an se tient ici le festival le jazz des Cinq Continents, qui voit de nombreuses pointures internationales faire vibrer le parc.

ORANGE VÉLODROME ★

3, boulevard Michelet (8e) ✆ 04 13 64 64 64
www.orangevelodrome.com/visites

Durée de la visite guidée : 1 heure environ. Pas d'incription sur place mais à l'office de tourisme ou à la FNAC.

Avec l'office de tourisme et des congrès de Marseille, plongez dans les coulisses de l'Orange Vélodrome avec l'OM Tour et redécouvrez les principaux trophées et les joueurs qui ont écrit l'histoire du club. Au programme des visites guidées : accédez aux vestiaires, à la salle de presse, aux bords de pelouse et à de nombreux lieux exclusifs ! Nombre d'anecdotes vous seront également délivrées sur l'histoire de l'OM ainsi que sur ce stade mythique. Enfin, comme les joueurs, vous emprunterez le tunnel avec l'ambiance sonore qui vous plonge au cœur du stade.

PARC BALNÉAIRE DU PRADO ★

Avenue Pierre-Mendès-France (8e)

Accès possible en voiture, moto, vélo. Plusieurs parkings payants aménagés souvent complets en été.

Le parc balnéaire du Prado a été créé à la fin des années 1970 en utilisant les déblais extraits lors de la construction des deux lignes de métro de Marseille. Cela a permis de gagner 22 hectares sur la mer en remblayant la côte d'origine, et d'aménager cet immense espace balnéaire de 26 hectares qui reçoit plus de 3 millions de visiteurs chaque année. Plusieurs plages y ont été créées, dont celle de sable du Roucas blanc, la plage de galets du David ou encore celle des véliplanchistes. Proximité de restaurants et du *bowl*, célèbre skatepark.

PLAGE DE LA POINTE ROUGE

Avenue de la Pointe-Rouge (8e)

Restauration. Sable, douches et sanitaires.

Familiale, paisible le matin et animée le reste de la journée. Le charme pittoresque de cette plage de sable du sud de la ville provient certainement des petits cabanons préservés donnant directement sur la plage. S'y retrouvent majoritairement familles et bambins, puisque le bain est souvent plus chaud dans cette petite anse sans grande profondeur ni danger notoire. La circulation durant les heures de pointe est parfois difficile (privilégier les transports en commun, car se garer est mission impossible en été), mais le cadre vaut le détour.

PLAGE DES CATALANS

Corniche Kennedy (7e)

Plage surveillée en été. Sable.

A 15 minutes du Vieux-Port, la plage des Catalans, est repassée dans le domaine public ces dernières années. Elle offre l'occasion de se baigner sans vraiment quitter le centre-ville, puisqu'elle est la première plage sur la Corniche. Il vous faudra respecter ses horaires d'ouverture : 8h30 à 20h d'avril à octobre, et, de 8h30 à 18h de novembre à mars. Sable fin, douches et sanitaires, terrains de volley-ball et buvette tout y est. Juste au dessus, vous pourrez admirer le très select Club nautique du Cercle des Nageurs de Marseille.

SAVONNERIE DU MIDI

72, rue Augustin-Roux (15e)

✆ 04 91 60 54 04

www.savonneriedumidi.fr

Visite de la savonnerie et du musée sur réservation du lundi au samedi à 11h30 et 14h. Boutique d'usine.

La Savonnerie du Midi est l'une des dernières fabriques de Marseille faisant appel au savoir-faire traditionnel d'un maître savonnier. Depuis 1894, elle perpétue un savoir-faire ancestral afin de produire le véritable savon de Marseille. Inauguré en décembre 2018, l'espace musée accueille les visiteurs individuels ou en groupe pour des visites guidées suivant un parcours qui vous permettra de découvrir l'histoire du savon de Marseille, le procédé de fabrication traditionnel qui se perpétue à l'usine, les usages historiques du savon, etc. Certifié Ecocert.

SAVONNERIE FER À CHEVAL

66, chemin de Sainte-Marthe (14e)

✆ 04 91 10 30 80

www.savon-de-marseille.com

Boutique ouverte du lundi au vendredi, de 10h à 12h et de 13h30 à 18h. Visite guidée gratuite sur réservation.

Cette institution, fondée en 1856, est la plus ancienne savonnerie à perpétuer la fabrication de l'authentique savon de Marseille selon une recette ancestrale transmise par des générations de maîtres-savonniers. En attendant un label protégé, laissez tomber les ersatz et optez pour les savons du Fer à Cheval. Fabriqués exclusivement avec des huiles végétales, sans aucun ajout de parfum, colorant, ils font partie du patrimoine vivant de la ville. Un véritable héritage culturel labellisé Entreprise du Patrimoine Vivant et détenteur du label Qualité Tourisme.

SAVONNERIE MARSEILLAISE DE LA LICORNE

25-26, quai Rive-Neuve (2e)

✆ 04 96 12 00 91

savon-de-marseille-licorne.com

Boutiques ouvertes tous les jours de 9h à 19h ; entrée libre. Visites commentées de l'atelier au Cours Julien.

Inédit et à ne pas manquer, le musée de la Savonnerie de la Licorne sur le Vieux-Port (côté Criée) avec possibilité de participer à la fabrication sur rendez-vous. Les savons de la Savonnerie de la Licorne sont purs à 72% d'huile d'olive, comme l'exige la tradition. Des savons testés dermatologiquement pour les peaux sensibles. Du savon de Marseille vrai de vrai, puisque Serge Bruna, petit-fils de savonnier, se passionne depuis toujours pour une fabrication ancestrale du véritable savon de Marseille. Préparé à l'ancienne dans la petite fabrique du cours Julien, avec des machines du siècle dernier, vous découvrirez toutes les étapes et secrets de fabrication des savons en participant à une visite guidée de l'atelier (plusieurs proposées par jour). A savoir, pour fabriquer votre lessive, une recette simplissime : râper le savon en copeaux, soit 3 cuillères à soupe environ pour 2 litres d'eau (copeaux pour la lessive en vente également à la boutique). Un petit plus écologique et économique. Les savons de la Licorne se déclinent en multiples parfums, formes (boule de pétanque, sardine...) et formats. Bon nombre de produits dérivés également, comme un joli porte-savon qui fera honneur à votre salle de bain sans aucun doute. Pratique, il y a 4 boutiques au total dans la ville, ce qui vous laissera un maximum de chances de vous procurer le sésame (l'une d'elles est même toute proche du MUCEM et du Panier). La Savonnerie de la Licorne, une institution incontournable à Marseille !

VIEUX PORT ET SON OMBRIÈRE ★★★

Quai des Belges (1er)

Libre accès

Cœur battant de Marseille, le Vieux-Port est le centre névralgique de la cité phocéenne et ce, depuis sa création. En effet, c'est ici-même que selon la légende, les grecs de Phocée débarquèrent dans la calanque du Lacydon et y créèrent Massalia, sur sa rive Nord (une plaque au sol le signale face à la Canebière). On vient ici y acheter le poisson le matin lorsque les pêcheurs dressent le marché si typique, on vient y flâner, y prendre des selfies entre amis, prendre la navette vers le Frioul, se payer une croisière vers les Calanques et manger une glace en famille. Depuis 2013, sa métamorphose a rendu les lieux plus humains avec plus de place pour les piétons et cette ombrière que l'on doit à Norman Foster, salutaire en plein été. Le Vieux-Port offre un cadre magnifique à découvrir absolument, incontournable lors de votre séjour. Quand vous faites face au port, prenez le temps d'apprécier le panorama tout en profondeur avec la Bonne Mère qui veille sur votre gauche et le quartier du Panier qui vibre sur votre droite. Il est vivement recommandé de prendre le temps d'en faire le tour pour apprécier les monuments (l'hôtel de ville, l'église Saint-Férreol les Augustins, la Criée...). Les moins téméraires opteront pour le ferry-boat afin de couper la distance en deux. Les beaux points de vue sont nombreux sur le port, depuis notamment le fort Saint-Jean ou encore depuis le belvedère devant l'église Saint-Laurent. Nombreuses boutiques et restaurants.

FRIOUL-IF-EXPRESS

1, quai de la Fraternité (1er)

✆ 04 96 11 03 50

https://lebateau-frioul-if.fr/

Tarif par personne : 1 aller-retour : 11,10 €. Trajet aller-retour combiné 2 îles Frioul et château d'If : 16,70 €.

Embarquez pour une journée enchanteresse sur l'archipel du Frioul. Grâce aux navettes Frioul If Express, rien de plus simple. Une rotation toutes les heures environ, 7 jours sur 7 au départ de la gare maritime du Vieux-Port. Une petite traversée agréable avec un premier arrêt au château d'If avant de rejoindre les îles du Frioul pour randonner, lézarder ou vous baigner. Pour éviter la queue l'été, pensez à prendre vos billets en ligne. Le retour se fait sur une navette au choix. L'été, réduction pour les navettes tardives. Efficace et rapide.

MARSEILLE CALANQUES PASSION

(9e) ✆ 06 05 22 22 94

www.marseille-calanques-passion.com/

Sur demande. Tarifs normaux : 35 € la demi-journée, 45 € la journée. Visite privée possible. Randonnée, trail.

Le Parc national des Calanques peut vous paraître trop vaste à appréhender. Nous vous conseillons dans ce cas une balade avec Vanina et son projet Marseille Calanques Passion. Des formules adaptées à vos envies et en fonction de votre timing, le tout accompagné par une guide qui saura vous emmener sur les plus beaux sentiers de ce joyau naturel. Différents parcours possibles, sur demande en fonction de la disponibilité. Vanina est flexible et saura vous faire apprécier votre visite.

FADA BIKE MARSEILLE

40, rue plan Fourmiguier (7e)

✆ 07 82 00 73 47

www.fada.bike

Tours privés et en groupe organisés autour de thèmes particuliers, de 1 heure et demie à journée complète.

Que diriez-vous de visiter Marseille en vélo électrique ? Une visite originale et ludique. Visitez des coins secrets connus des Marseillais uniquement, découvrez des points de vue époustouflants pour faire des photos géniales. Des calanques au bord de mer en passant par la montée jusqu'à Notre-Dame-de-la-Garde. Les accompagnateurs locaux commentent chaque point d'arrêt. Certains tours autour de thèmes bien particuliers sont inédits : l'OM Bike tour par exemple ou un tour gastronomique. Le petit tour de Marseille dure 1h30 et le grand, 3h30.

MARSEILLE GANGSTER TOUR

68, Quai du Vieux-Port (2e)

✆ 06 95 77 10 47

www.marseillegangstertour.com

Visites ouvertes à tous un week-end par mois (consulter le site ou la page Facebook pour les dates). Réserver avant.

Une visite insolite pour voir Marseille au travers de sa légende et sa réputation de capitale du crime. D'avant-guerre aux années 1980, Marseille a joué un rôle central dans le paysage mondial du grand banditisme. Des grands parrains corses à la mythique *French connection*, Marseille Gangster Tour vous propose d'aborder de manière constructive plusieurs décennies qui ont façonné le paysage social et politique de la ville. Sans jamais tomber dans le fait divers ou le sensationnel. Une manière passionnante de parcourir les quartiers du Panier ou de l'Opéra.

© MILHAUD

© COMPAGNIES MARITIMES CALANQUES

© MICHELLE MARTINEZ

COMPAGNIES MARITIMES CALANQUES

1, quai du port (1er) ✆ 04 91 33 36 79
www.calanques-if.com

De 26 à 32 € pour un adulte selon la formule choisie. Tarifs réduits de 21 à 28 €. Billetterie estivale sur le port.

Au départ du Vieux-Port, plusieurs circuits proposés (la baie de Marseille et le château d'If, l'essentiel des calanques en 2h15 et l'intégrale des calanques en 3h15). L'essentiel des calanques vous permet d'en découvrir 6 alors que l'intégral vous offre la totalité des calanques, soit 12. Notez qu'il n'est bien sûr pas possible de se baigner pendant la croisière (sauf pour la formule spéciale Calanques & baignade). Le meilleur moyen de découvrir les calanques sans randonner.

© MILHAUD

© COMPAGNIES MARITIMES CALANQUES

MARSEILLE VISITE GUIDEE

(1er)
✆ 06 27 96 34 30
www.marseillevisiteguidee.com
10 visites thématiques disponibles. Réservation et tarifs sur le site internet.

Marseille Visite Guidée est un projet né de la passion de Rogerio, un jeune guide conférencier polyglotte, bien décidé à vous faire découvrir la ville et son histoire. Des parcours thématiques à travers différents quartiers comme Endoume, Longchamp, La Treille, Le Panier, La Joliette... Mention spéciale pour la visite autour du cinéma à Marseille. Rogerio tient un calendrier de visites mais est également disposé à répondre à vos demandes de balades privées. Probablement l'un des guides les plus talentueux de la ville. Bons cadeaux à offrir sur le site.

TRAIN TOURISTIQUE DE MARSEILLE

174, quai du Port (1er)
✆ 04 91 25 24 69
www.petit-train-marseille.com
Ouvert toute l'année. Compter 9 € pour un adulte et 5 € pour un enfant sur les deux circuits. Départs très fréquents.

Au départ du quai du port, deux circuits à découvrir ! Le premier, le circuit du Vieux Marseille, en direction du quartier du Panier et de la Joliette avec ses Docks réaménagés et bien sur le Mucem. Durée totale trajet aller-retour 1h45. Le second, le circuit Notre-Dame-de-la-Garde, propose quant à lui l'ascension de Notre-Dame (162 m !) par la Corniche. Il dure 1h15. En été, le Petit Train de Marseille vous propose de découvrir un troisième circuit, sur les îles du Frioul.

URBAN HIKE

13, boulevard Georges Clémenceau (4e)
✆ 07 62 53 15 46
http://urbanhike.fr/
A partir de 8 ans, 34 € par personne (15 € -18 ans). Membre de la charte Safe Welcome. En français et anglais.

Urban Hike vous fait aimer Marseille, avec 3h30 de marche en petits groupes de 6 à 10 personnes, adaptées à tous les niveaux. Des lieux incontournables aux plus confidentiels, des ruelles charmantes aux avenues, des bords de mer aux jardins. Une approche nouvelle de la randonnée grâce aux nombreuses connaissances du guide, urbaniste et cartographe de formation, qui permettent de mieux comprendre la deuxième ville de France et de l'aimer pour sa singularité. Sportive, culturelle et contemplative, une sortie que l'on recommande chaudement.

VISITES GUIDÉES DE L'OFFICE DE TOURISME

11, la Canebière (1er)
✆ 08 26 50 05 00
www.marseille-tourisme.com
Ouvert toute l'année. Consulter les horaires de visite sur le site Internet de l'office de tourisme.

Passionné d'histoire, simple curieux ou fan de *Plus Belle La Vie* ; on a tous une raison de s'intéresser au vieux Marseille. Ca tombe bien ! L'office de tourisme organise des visites guidées à sa découverte. Flânez dans ses rues, visitez ses monuments emblématiques, allez à la rencontre des artisans d'art… Ces deux heures de marche en compagnie d'un guide conférencier passeront sans même que vous vous en rendiez compte ! Réservation obligatoire, calendrier en ligne.

HOTEL 96*** €€

96, chemin de la Soude (9e) ✆ 04 91 71 90 22
www.hotel96.com
Réception de 8h à 19h. 12 chambres. Chambre double à partir de 89 €. Petit déjeuner non inclus. Piscine. Parking.

Ce 3-étoiles unique en son genre, situé au pied du parc des Calanques, allie modernité et tradition provençale. Imaginé par Alice et William, l'idée était de transformer cette maison familiale du XIXe siècle en hôtel de charme de 12 chambres. Paisibles, spacieuses, design, mansardées ou avec une terrasse offrant une vue imprenable sur les collines, les chambres sont toutes équipées. Les toitures végétalisées apportent une fraîcheur naturelle en été. Nouveau, le Sauna 96 et des massages en chambre. Une adresse vivement recommandée par le *Petit Futé*.

HÔTEL CARRÉ VIEUX-PORT*** €€

6, rue Beauvau (1er) ✆ 04 91 33 02 33
www.hotel-carre-vieux-port.com
Accueil 24h/24. Tarifs évolutifs sur le site. 3 chambres accessibles aux PMR. Animaux acceptés. Wifi gratuit. Canal+.

L'Hôtel Carré Vieux-Port propose des chambres modernes et climatisées. Elles sont insonorisées et bien équipées : literie de qualité, mobilier sobre, et écran télé LCD. Certaines chambres sont également accessibles aux personnes à mobilité réduite. Le petit déjeuner sucré-salé est proposé en version buffet mais il peut aussi être pris à emporter en formule express. Le bar est quant à lui ouvert 24h/24. L'équipe est aux petits soins. Une adresse centrale recommandée par le *Petit Futé*.

HÔTEL HERMÈS** €€

2, rue Bonneterie (2e) ✆ 04 96 11 63 63
www.hotelmarseille.com

Accueil 24h/24. 29 chambres (chambre nuptiale 135 €). Chambre simple à partir de 65 € ; chambre double à partir de 85 €.

Entièrement rénové en 2012, cet hôtel en retrait du Vieux-Port propose des chambres climatisées et insonorisées, décorées dans des tons contemporains et disposant d'une belle luminosité. Un hôtel charmant et un accueil très chaleureux. Le coup de cœur du Petit Futé : la chambre nuptiale lovée sur le toit terrasse solarium, où vous pourrez siroter un verre ou prendre votre petit-déjeuner avec vue panoramique sur le Vieux-Port et Notre–Dame de la Garde ! Wifi gratuit et petit-déjeuner copieux servi au rez-de-chaussée. Excellent rapport qualité-prix.

HÔTEL LE CORBUSIER*** €€

280, boulevard Michelet (8e)
✆ 04 91 16 78 00
www.hotellecorbusier.com

Accueil 7j/7. Chambre double à partir de 94 €. Parking (gratuit). Chambre PMR. Wifi gratuit. Restaurant gastronomique.

Et si vous vous accordiez le plaisir unique de passer une nuit dans un ensemble architectural classé à l'Unesco ? L'ambiance de chaque chambre est inspirée des travaux de Le Corbusier. L'hôtel occupe 2 étages du bâtiment. Vous dormirez dans des chambres cabines, des suites ou des studios duplex, donnant pour les uns sur le bleu de la mer et pour les autres, le vert du parc en contrebas. En quelques mots, une expérience unique en son genre. Il faudrait être un sacré fada pour s'interdire une nuitée dans la maison du fada en personne.

LA LUNA €€

4, impasse de la Lune (7e) ✆ 06 71 62 50 36
www.luna-marseille.fr

4 chambres : entre 105 et 130 €, pdj inclus. Terrasse, piscine à débordement, jacuzzi intérieur creusé dans la roche.

Venir dans ce lieu se mérite ! Mais une fois arrivé, vous êtes tout simplement au paradis… Les quatre chambres d'hôtes, modernes et pleines de charme, sont situées en plein centre-ville et complètement au calme, à quelques minutes seulement de Notre-Dame-de-la-Garde, du parc Chanot, du Pharo, mais aussi de la Pointe Rouge et des calanques. La Luna offre une belle vue sur la mer ainsi que les îles (et même un accès direct à la mer en traversant la Corniche !). Le lieu est également bien desservi par les bus pour profiter de l'ensemble des richesses de Marseille.

MAISON DORMOY €€

43, rue Marx Dormoy (4e)
✆ 07 88 50 42 72
www.maisondormoy.com/fr

Accueil 24h/24. 6 chambres. Chambre double de 65 € à 120 € ; suite de 130 € à 160 €. Petit déjeuner : 12 € (en chambre).

Situé dans le quartier très vivant des Cinq-Avenues, non loin du centre, tout en étant au calme, ce séduisant hôtel saura vous combler pour votre séjour marseillais. Le charme de l'hôtel particulier d'autrefois a été conservé par Isabelle, la gérante des lieux, et ce, dès le hall d'entrée. Les chambres allient confort et décoration moderne. Un joyau intimiste trois étoiles, inscrit dans une véritable démarche écoresponsable, voulue par Isabelle. Le petit-déjeuner, très généreux, varie en fonction des saisons. Une vraie perle !

MAISON SAINT-LOUIS*** €€

2, rue des Récolettes (1er)
✆ 04 91 54 02 74
www.hotel-st-louis.com

24 chambres (insonorisées). Petit déjeuner bio buffet ou en chambre 13 €. Chambre double à partir de 68 €. Wifi.

Idéalement situé au cœur d'un quartier un plein renouveau, Noailles, ce petit hôtel ancien rénové est plein de charme avec sa façade Empire, inscrite aux monuments historiques. A quelques mètres de commerces authentiques, ses chambres sont spacieuses et tout confort. L'architecture intérieure est typique dans cet immeuble bourgeois marseillais. Petit déjeuner bio de qualité ! Laissez-vous également tenter par une pause déjeuner dans la récente brasserie ouverte en bas de l'hôtel, le Petit Saint-Louis ! N'hésitez pas, on vous le recommande.

MAMA SHELTER €€

64, rue de la Loubière (6e) ✆ 04 84 35 20 00
www.mamashelter.com/fr/marseille

Accueil 24h/24. 127 chambres. Chambre double de 89 € à 399 €. Brunch dimanche 42 €. Animaux acceptés. Restauration.

Ambiance jeune et branchée pour cet établissement tendance. Proche des commodités et des transports, le Mama Shelter constituera un bon point de départ pour vos escapades. Avec des établissements à Paris, Rio ou encore Los Angeles, cette franchise assure une multitude de services et des standards d'accueil de qualité. Les chambres vont de la « small » à la « XL Mama ». Tout est clean, moderne et neuf, à commencer par une literie renouvelée régulièrement. Le Mama Shelter est un lieu de vie et l'on y trouve des espaces communs colorés et animés.

UN MAS EN VILLE €€

7, rue des Bergers (6e)
✆ 06 72 70 58 71
www.un-mas-en-ville.com

Chambres d'hôtes (3 à 4 pers) avec petit-déjeuner 175 à 197 €). Meublés (2 à 9 pers) sans petit-déjeuner 139 à 349 €.

Dans une rue en pente, entre la préfecture et le cours Julien, vous serez surpris de sentir l'odeur de la cire et de la lavande à l'entrée du Mas en Ville. Du sol au plafond, tout a été mis en œuvre pour vous immerger en Provence : des tomettes marseillaises à la pierre traditionnelle. 14 logements au total dont une toute nouvelle suite inaugurée en 2020 mais également un dortoir de 9 lits. Dans ce décor rustique, l'ambiance est zen avec tout le confort moderne. Mention spéciale pour le petit déjeuner bio (sans gluten possible), son miel et sa confiture familiale.

LE RHUL*** €€

269, corniche Kennedy (7e)
✆ 04 91 52 01 77
www.hotel-restaurant-le-rhul.com

Chambres à partir de 130 € en haute saison. Petit déjeuner buffet ou en chambre : 9,80 €. Climatisation. Wifi.

Adresse de choix, l'hôtel Le Rhul surplombe la Corniche depuis plus de 70 ans ! Chambres avec vue sur la mer ou encore sur les jolies ruelles du quartier. Les chambres sont climatisées et équipées d'un écran plat, d'un mini-bar et d'une salle de bains avec baignoire. Le restaurant est réputé pour sa cuisine méditerranéenne. La maison propose donc un forfait qui comprend une nuit en chambre double, deux petits déjeuners, deux bouillabaisses et deux desserts. Le petit déjeuner est servi sur la terrasse avec une vue de rêve face à la mer, un souvenir inoubliable !

PENSION EDELWEISS €€

6, rue Lafayette (1er)
✆ 06 27 91 44 25
www.pension-edelweiss.fr

5 chambres (dont une pouvant accueillir 4 personnes). Chambre double à partir de 90 €. Petit déjeuner inclus. Wifi.

Lieu inattendu, l'Edelweiss est un bed and breakfast installé idéalement entre les quartiers Saint-Charles et Réformés. Mais malgré son emplacement central, vous trouverez avant tout ici du calme, un lieu empreint d'une touche très personnelle propre au couple propriétaire des lieux, Véronique et Jochen, un repère à la déco vintage adoré du milieu artistico-culturel qui y séjourne souvent en catimini. Car c'est la discrétion des lieux qui frappe de prime abord. Puis la surprise de découvrir ces chambres spacieuses et confortables.

ALEX HÔTEL & SPA*** €€€

13-15, place des Marseillaises (1er)
✆ 04 13 24 13 24
www.hotelalex.fr/

Ouvert toute l'année. Accueil 24h/24. Chambre double dès 79 €. Spa. Fitness. Piscine intérieure. Bar.

L'Alex Hotel est un établissement 3 étoiles près de la gare Saint-Charles et donc très central. C'est un hôtel récemment repensé et réaménagé en « boutique-hôtel ». L'endroit est cosy, chaleureux, chaque étage a son univers. Literie confortable, junior suites modulables avec un espace chambre et un espace salon. Le matin, vous pourrez prendre votre délicieux petit déjeuner dans la cour intérieure de l'hôtel. Niveau déplacement, deux lignes de métro se trouvent juste en face de l'hôtel. Le Spa by Alex vous accueille pour un moment détente. Une adresse privilégiée !

LA PETITE CALANQUE €€

22, calanque de Saména (8e)
✆ 06 12 03 18 43
www.lapetitecalanque.com

2 chambres d'hôtes et un studio. Chambre double à partir de 85 €, suite à partir de 100 €. Petit déjeuner compris. Wifi.

Une villa, trois chambres et un studio, un jardin tropical et un hôte des plus souriant pour vous accueillir. Bienvenue à la Petite Calanque, qui porte si bien son nom. La décoration intérieure des logements oscille entre tradition provençale Belle Époque et Art déco. Beaucoup d'objets chinés et de détails adorables comme cette baignoire sur pieds du XIXe siècle. Atmosphère paisible avec petite terrasse sur le jardin ombragé et balade possible autour de la calanque, à l'heure où les baigneurs ne sont pas encore là. Le studio comprend une kitchenette.

LES BORDS DE MER**** €€€

52, Corniche Kennedy (7e)
✆ 04 13 94 34 00

Tarifs avantageux sur le site internet. Prix variable selon chambre et saison. Restauration. Room service. Spa. Piscine.

Le nouveau joyau de l'hôtellerie marseillaise, dressé sur la mer. Un hôtel reconnaissable à sa silhouette élancée Art déco. Les chambres sont ouvertes sur la mer, *via* de grandes baies vitrées. Se réveiller avec ce panorama incroyable est désormais à votre portée. L'hôtel dispose de 2 piscines : l'une chauffée sur le toit et l'autre dans l'espace bien-être où vous pourrez apprécier un superbe spa minéral. Détente, confort absolu, raffinement, cet hôtel a tout pour un séjour parfait, y compris les plaisirs de la table avec un restaurant réputé.

GRAND HÔTEL BEAUVAU MARSEILLE VIEUX-PORT**** €€€

4, rue Beauvau (1er) ✆ 04 91 54 91 00

Chambre double dès 111 €. Accueil 24h/24. Animaux acceptés (supplément de 20 €/nuit). Wifi. Room-service.

Situé dans une rue proche du Vieux-Port, cet hôtel historique (le tout premier de Marseille dit-on) a subi un beau lifting avec une nouvelle déco en 2016. Les chambres sont lumineuses et certaines bénéficient d'une vue magnifique sur le Vieux-Port. Les suites junior (duplex) possèdent un balcon. Egalement deux appartements avec terrasse. Au bar de l'hôtel, vous pourrez siroter agréablement un cocktail ou un bon vin de Provence. Une très belle adresse pour découvrir Marseille !

HÔTEL BELLE VUE €€€

34, quai du Port (2e)
✆ 04 96 17 05 40
www.hotelbellevuemarseille.com

Ouvert toute l'année. Accueil 24h/24. Chambre double de 185 € à 310 €. Wifi gratuit. Petit-déjeuner 12 €.

Cet hôtel sur le Vieux-Port porte bien son nom. Le charme opère tout de suite avec une magnifique entrée avec un escalier en fer forgé. Les chambres aussi ont leur cachet avec des petits volumes *cosy*, de grandes hauteurs de plafond, de belles fenêtres boisées en alcôves. Vous aurez en outre la possibilité d'aller vous restaurer ou écouter des concerts dans le bar-restaurant de la Caravelle. On adore le soin apporté à l'accueil (produits cosmétiques régionaux dans les chambres). Cet hôtel est le premier a avoir obtenu le label écologique « clé verte » à Marseille.

INTERCONTINENTAL MARSEILLE - HÔTEL-DIEU***** €€€

1, Place Daviel (2e) ✆ 04 13 42 42 42
www.ihg.com

Accueil 24h/24. 179 chambres (15 suites et 72 avec vue sur le Vieux-Port). Tarifs évolutifs en ligne. Restaurants. Wifi.

Les superlatifs manquent pour décrire cet écrin hôtelier marseillais. Installé dans l'Hôtel-Dieu, cet établissement 5 étoiles est tout simplement hors du commun. Outre les deux restaurants du chef Lionel Lévy qui ajouteront un peu plus de magie à votre séjour, vous profiterez d'un confort et d'un luxe inédit. La décoration des chambres est à la fois moderne et empreinte d'histoire. La suite présidentielle offre la plus belle vue. Une adresse tout simplement somptueuse !

NEW HÔTEL LE QUAI VIEUX-PORT**** €€€

2, Place Gabriel Péri (1er)
✆ 04 91 99 23 23

Chambre double dès 136 €. Accueil 24h/24. Petit déjeuner buffet. Tarifs préférentiels sur le site web. Wifi.

Entièrement rénové entre 2018 et 2019, le New Hotel le Quai est un des hôtels les plus élégants de l'hypercentre marseillais. A deux pas du port, du centre commercial Bourse et juste à côté d'une station de métro, il est idéal pour une échappée marseillaise de quelques jours. Les chambres rénovées sont élégantes et confortables. Le petit déjeuner est servi dans la salle à côté de la réception. Buffet varié. Confort et modernité sont à votre portée.

LE PETIT NICE PASSEDAT***** €€€

17, rue des braves (7e) ✆ 04 91 59 25 92
www.passedat.fr

Relais & Châteaux. Ouvert toute l'année. Accueil 24h/24. 16 chambres. A partir de 295 € (variant selon saison). Parking.

Le Petit Nice Passédat, qui existe depuis 1917, est l'un des établissements les plus réputés de la ville. Seul *Relais & Châteaux* de la ville, cette villa néo-grecque possède une vue époustouflante sur le large. Contempler la vue imprenable, prendre des bains de soleil, se baigner en bord de mer et/ou dans la petite piscine chauffée vous feront oublier l'agitation de la ville. Un cadre raffiné, des chambres classiques, spacieuses, d'où vous pourrez entendre le clapotis des vagues !

RADISSON BLU HOTEL MARSEILLE VIEUX-PORT**** €€€

38-40, quai de Rive-Neuve (7e) ✆ 04 88 44 52 00
www.radissonblu.fr/hotel-marseille

La Clef Verte. Ouvert toute l'année. Accueil 24h/24. 189 chambres. Chambre double dès 210 €. Petit-déjeuner 27 €. Wifi.

Sur la rive gauche du Vieux-Port, le Radisson est un bel hôtel au style contemporain ! 189 chambres modernes, toutes équipées des dernières technologies, dont certaines, avec vue sur le port. Situé au premier étage, le solarium offre également une vision panoramique. L'hôtel possède 11 salles de réunion. Radisson vous invite à jouer les VIP avec les prestations suivantes : piscine, salle de fitness, badminton... Un Brunch est également proposé le dimanche. Une adresse à privilégier !

LA RÉSIDENCE DU VIEUX-PORT**** €€€

18, quai du Port (2e)
✆ 04 91 91 91 22
www.hotel-residence-marseille.com
Accueil 24h/24. Chambre double de 160 à 176 € ; suite de 200 à 320 €. Petit déjeuner buffet : 18 €. Accès PMR.

Ce grand hôtel emblématique au style *arty*, épuré et design, proposent des chambres, suites et appartements climatisés, possédant un balcon et donc une vue superbe sur le Vieux-Port. Des chambres sans vue sont plus accessibles pour les petits budgets désirant tout de même jouir son emplacement idéal. Service de haut standing et personnel très à l'écoute. Profitez de la brasserie pour boire un verre et grignoter en admirant la vue sur la Bonne Mère !

SOFITEL MARSEILLE VIEUX PORT***** €€€

36, boulevard Charles-Livon (7e)
✆ 04 91 15 59 00
www.sofitel-marseille-vieuxport.com/
Accueil 24h/24. 134 chambres. Chambre double dès 335 €. Parking. Wifi gratuit. Restauration. Hammam, sauna.

Le Sofitel Vieux-Port est un des hôtels les plus luxueux de la ville. En surplomb du Vieux-Port, la vue panoramique, que ce soit depuis les parties communes ou depuis les différents restaurants très réputés, est à couper le souffle. La plupart des chambres bénéficient de la même vue, en plus d'être confortables et spacieuses. Certaines sont dotées d'une terrasse. La qualité du service est digne d'un 5 étoiles. Des petites attentions ponctuent votre séjour.

BAGNAT €

124, Boulevard de la Corderie (7e)
✆ 06 34 04 63 46
Ouvert du mardi au dimanche de 11h30 à 15h. Sandwichs de 9 à 10 € en moyenne. À emporter. Terrasse.

Bien que niçois, le pan bagnat est un sandwich qui parle à tous les provençaux et tous les marseillais. C'est le sandwich que l'on dévore dès sa plus tendre enfance, composée de bons ingrédients frais et sains, arrosés d'une bonne rasade d'huile d'olive. À Marseille, hormis dans quelques boulangeries traditionnelles et dans une adresse bien connue du 8ème, ce morceau de sud se faisait rare. Grâce à Diane et François, le voilà remis au goût du jour et « pimpé » ! D'autres sandwichs sont proposés, dont un végétarien et des desserts maison.

BIG FERNAND €€

41, Boulevard Michelet (8e)
✆ 04 88 60 04 55
Ouvert tous les jours midi et soir. Menus de 15,50 à 18,50 €. Menu enfant 12 €. Livraisons.

C'est au dernier étage du centre commercial Prado que vous trouverez le spécialiste du « hamburgé » à la française. Thierry et son équipe vous attendent pour un moment de gourmandise. Le menu présente des burgers aux noms bien franchouillards, composés d'ingrédients de qualité : le Bartholomé à la Raclette, le Paulette au poulet et au Picodon, le Victor au Veau et à la fourme d'Ambert... Les sauces sont maison et goûteuses. Grosses affluences les soirs de match au Vélodrome voisin, mais service efficace et rapide. Commande en ligne et livraison possible.

BOUILLABAISSE TURFU €

1, rue Pythéas (1er)
www.bouillabaisse-turfu.com
Ouvert du lundi au vendredi au déjeuner. Plats entre 8.50 et 9.50 €. A emporter.

Nous avions apprécié le chef Christian Qi à la tête d'une table d'hôte aux Goudes. Le voici désormais installé en plein centre-ville pour offrir sa cuisine raffinée aux curieux venus devant son comptoir. Pas de tables où s'installer, on mange debout ou on prend son plat à emporter. La spécialité du chef ? La bouillabaisse, rendue au peuple, accessible à tous et à prix mini, cuisinée avec des produits frais et selon les arrivages de poissons du marché sur le port. De la cuisine en circuit très très court, fraîcheur garantie quotidiennement. Une expérience !

DWISH €

2, rue Edmond Rostand (6e) ✆ 06 24 97 20 44
https://dwish.fr/fr
Du lundi au vendredi 11h30-15h30. Formules de 11,50 à 15,50 €. Sandwichs seuls de 8 à 9,50 €. Veggie et vegan friendly.

Dwish, les sandwichs artisanaux gourmands qui régalent les connaisseurs depuis 2020, a désormais son propre restaurant ! Vous pourrez vous délecter de délicieuses compositions imaginées par Marine et Mathieu. Tout est fait maison. Les sandwichs sont gourmands à souhait : citons le « méchant Bagnard » (le pan bagnat signature) ou encore le « cache pistache » et son pesto pistache maison. On a aimé l'accueil souriant, mais aussi la démarche zéro déchet ou encore l'idée d'une carte saisonnière respectueuse des produits et tellement généreuse pour le client.

CHEZ FANNY €

27, Grand'Rue (2e)
✆ 04 91 44 25 85

Ouvert du lundi au vendredi de 9h à 16h30. Horaires étendus en été. Menus de 10 à 13 €. Sandwichs dès 6,50 €. Terrasse.

Sandwicherie d'autrefois, cuisine de terroir, appelez ça comme vous le voudrez, pour nous Fanny, c'est bien plus qu'un score nul, c'est LA sandwicherie qui régale aux portes du Panier. Un coin de rue des plus animé où vous apprécierez des sandwichs et burgers délicieusement gourmands, composés des meilleurs ingrédients, et avec en bonus, une ambiance toujours assurée par l'équipe. C'est le spot idéal pour déjeuner sur le pouce lors de vos visites du vieux Marseille. Nouveauté : des plats, soupes et petits en-cas à l'ardoise.

GAZETTE €

123, boulevard de la Corderie (7e)

Ouvert du lundi au samedi le midi. Sandwichs de 8.50 à 9 €. A emporter.

Installé dans un ancien kiosque à journaux du vibrant quartier Saint-Victor, à la jonction avec Endoume, cette sandwicherie gourmet régale depuis quelques mois avec ses pains « puccia » finement garnis. Ces pains typiques des Pouilles, fondant et moëlleux, sont totalement addictifs. Alors quand ils sont garnis de boulettes de boeuf et crème de parmesan, de pulled pork et sauce barbecue maison, de poulet poché citron vert et combava ou encore de mortadelle truffée, on dit un grand oui d'amour pour ce snack sain et bon, dont on ne se privera pas le midi.

PANPANZEROTTI €

77, rue d'Italie (6e)
✆ 07 71 65 49 82

Ouvert du mardi au samedi de 11h30 à 14h et de 18h à 22h. Le dimanche 18h à 22h. Panzerotti de 5 à 8 €. À emporter.

C'est après un voyage dans la région des Pouilles que Stéphanie et Guillaume, tous deux provençaux, se sont lancés dans l'idée géniale de proposer des « panzerotti » aux marseillais. Véritable incontournable de la *street-food* transalpine, ce chausson de pâte à pizza frite est garni généreusement d'ingrédients importés de la botte et choisis scrupuleusement par les deux fins gourmets. C'est généreux et bien fait, bien loin de l'idée lourde qu'on peut se faire d'une friture, ce nouvel encas du paysage marseillais offre une superbe alternative à la sacro-sainte pizza.

RAZZIA €

2, rue Fontange (6e)
✆ 07 86 50 60 77

Ouvert du mardi au samedi de 8h30 à 17h. Sandwichs 9.50-11 €. A emporter. Terrasse.

Ouverte début 2023, cette sandwicherie d'un nouveau genre propose des compositions pour gourmets à une clientèle souvent jeune et branchée, travaillant ou vivant dans le quartier. De bons pains sous forme de buns moelleux, un brin brioché, et des ingrédients frais, composant des garnitures acidulées et relevées. Nous nous sommes régalés du sandwich aux boulettes porc-bœuf, coriandre, harissa et sauce blanche, condiment anchois-câpre. Généreux, beau à voir et bon à manger. Une adresse qui va s'inscrire dans le paysage marseillais des sandwicheries qualitatives.

LES BAVARDS €

25, rue Glandevès (1er)
✆ 04 65 97 66 10

Du lundi au dimanche le midi. Vin au verre. Carte : 22 € environ. Terrasse. Autre adresse : 21 boulevard Philippon.

À la manière des bouillons parisiens, ce restaurant situé dans les rues piétonnes du quartier de l'Opéra propose une cuisine franchouillarde simple et efficace, à prix très doux. En entrée, poireaux vinaigrette, panisses, assiette de charcuterie ou œufs mayonnaise. En plat, des classiques comme le steak à cheval, purée saucisse, le tartare de bœuf ou encore un croque-monsieur. Pour finir, des délicieux choux à la chantilly ou un riz au lait maison. C'est très abordable, joliment servi, sans chichis et l'on adore s'y attabler.

LA BOÎTE À SARDINE €

2, boulevard de la Libération (1er)
✆ 04 91 50 95 95
www.laboiteasardine.com

Ouvert du mardi au samedi le midi ; le jeudi et le vendredi le soir. Réservation recommandée. Vin au verre.

Quelle bonne pêche avec cette Boîte à Sardine ! Fabien, Nico et Cie vous accueillent dans un lieu, original et convivial, et un brin burlesque avec ses grandes affiches et peintures, ses centaines de boîtes de sardines, gilets de sauvetage, filets et lampes de pêcheurs. Ici, on mange sur le pouce, en solo ou entre amis, au comptoir ou à table. Choisissez directement votre poisson frais sur l'étal, et pendant sa préparation et cuisson, régalez vous de pistes (petits calamars) et anémones en beignet pour l'apéritif, suivis de clovisses et couteaux. Un grand bravo !

L'EAU A LA BOUCHE €

120, corniche Kennedy (7e)
04 91 52 16 16
www.pizzerialeaualabouche.fr
Du mer au dim le midi et le soir. Pizza dès 14,50 €. 3 à 4 € de moins à emporter ! Terrasse. Vente à emporter.

Une des pizzas les plus populaires de la ville. On peut déguster « la pizze » sur place, dans la petite salle à l'étage, sur la petite terrasse à deux pas de l'entrée de Malmousque, ou rapporter la belle italienne à la maison ou même à la plage. L'eau à la bouche... Donc vous comprendrez que si vous patientez un peu, parfois beaucoup, pour déguster votre plat c'est certainement parce qu'ici il y a souvent du monde, mais c'est aussi parce que Emmanuel Salze et son équipe soignent chaque commande. Pizza soubressade, océane, antillaise ou arménienne...

O' FANETTE €

11, Place Notre-Dame-du-Mont (6e)
09 52 19 80 26
Ouvert du lundi au samedi le midi ; du jeudi au samedi le soir. Carte : 28 € environ. Plats de 13 à 20 €. Terrasse.

Une belle adresse à deux pas du Cours Julien. L'accueil et le cadre sont sympathiques. Dans l'assiette, une ribambelle de suggestions à l'ardoise : salade César et poulet crispy, un bibimbap *made by* Fanette, un fish bowl sur une base de riz japonais, un bowl végétarien et un de saison, un tartare de crabe et de thon, un burger Fanette traditionnel et même une option végane, un tataki de bœuf à la truffe ou encore une burratina sur coulis de poivrons ! Tout est bon, tout est frais ! Chez O'Fanette, en salle ou en terrasse, on adore !

GILBERTE & MARGUERITE €

99, rue de la République (2e)
04 95 09 15 20
www.gilberteetmarguerite.com
Ouvert du lundi au vendredi de 7h à 16h. Le samedi jusqu'à 14h30. Formule midi 13,50 €. Plat du jour 13,40 €.

Dans ce restaurant servant petits-déjeuners gourmands et déjeuners sur le pouce, vous prendrez place dans une ambiance salon de grand-mère revisité et modernisé. Salade, quiche maison, sandwichs et bagels, un plat du jour et une soupe du jour pour varier les plaisirs, le tout sur place ou à emporter. Que dire des gourmandises maison, la tartelette aux pralines est divine. Les prix sont raisonnables et la qualité au rendez-vous. Accueil très sympa. Ce midi-là, on a adoré le dhal de lentilles et lait de coco avec pois chiches. Foncez !

L'ARTISTIQUE €€

14, rue Corneille (1er)
04 91 72 09 36
Du lundi au samedi le midi ; le lundi et du mercredi au samedi le soir. Carte : 40 € environ. Plat du jour : 14 €.

Un bistrot tout récent ouvert à l'ombre de l'Opéra, par l'équipe de Pastis & Olives. On retrouve le même soin dans la composition de la carte et la même qualité dans l'assiette. A l'ardoise, des propositions bistrot méridionales et gourmandes. Des classiques également comme le tartare de boeuf à la mode de « l'artistique », véritable signature maison. Nous avons succombé aux gnocchis à la crème de courgette, tomates séchées, burrata et pistache. Très beau et très bon, avant de finir sur une crème brûlée à la lavande. Un sans-faute !

MAISON GENEY €

38, rue Caisserie (2e)
04 91 52 44 82
www.maisongeney.com
Du mardi au samedi de 8h15 à 19h30. Salade 7,50 €. Focaccia dès 4,50 €. Plat du jour 9 €. Terrasse.

C'est au pied du Panier que Manon et Étienne vous accueillent dans ce cocon coloré au style *vintage* et moderne à la fois. Une adresse sucrée-salée, acidulée, avec une carte fraîche qui change quotidiennement. Pour le petit-déjeuner, Étienne vous concocte une multitude de douceurs maison : quatre quart, cake, cookies, fromage blanc que l'on peut accompagné de granola et jus de fruits frais. Pour la pause du midi, la carte propose plat du jour, salades, focaccias et sandwichs à manger sur le pouce. Fraîcheur et qualité sont au rendez-vous. Service en continu.

LA BAIE DES SINGES €€

Chemin des Croisettes (8e)
04 91 73 68 87
www.la-baie-des-singes.fr
Ouvert d'avril à octobre. Ouvert tous les jours le midi et le soir. Réservation recommandée. Terrasse. Plage privée.

La Baie des singes c'est un peu le bout du monde. Une fois sur place, vous apprécierez le calme de ce lieu, en plein cœur des calanques. Mieux, vous allez prendre un délicieux repas. A la carte, soupe de poisson, poêlée de seiches à la provençale, ravioles de homard au piment d'Espelette, filet de bœuf grillé au poivre mignonnette, loup, daurade, rouget, gambas sautées façon baie des singes... Les spécialités de la maison, à commander 24h à l'avance sont la trilogie de crustacés dont la recette est gardée secrète et la fameuse bouillabaisse marseillaise.

BOUCHES-DU-RHÔNE

BALETTI €€

18, Quai de Rive-Neuve (7e)
© 06 03 00 68 36
www.baletti.fr/
Tous les jours de 7h à 2h. Carte : 30 € environ. Suggestions midi 16 à 20 €. Choix de tapas en soirée. Terrasse.

Au milieu des nombreuses adresses qui jalonnent ce côté du port, Baletti se démarque. Une maison à la fois populaire et épicurienne, où franchir le pas de la porte assure un bon moment convivial. En provençal, Baletti signifie bal populaire, fête de village. Un véritable mantra pour le lieu, voué à connecter les gens, faciliter les rencontres, tout en étant festif et accessible. Une belle adresse inscrite dans une démarche écoresponsable nécessaire : produits en circuits courts, cartes de saison, propositions végétariennes et véganes. À découvrir vite !

BEER DISTRICT €€

4, Rue de la République (1er)
© 04 96 22 04 65
Ouvert tous les jours midi et soir. Tapas du soir de 4,50 à 25 €. Brunch le week-end. Animations. Bar à bières.

Le Beer District est avant tout connu comme étant un bar à bières proposant de nombreuses soirées diverses et variées (karaoké, concerts, blind test, gaming), attirant un public jeune et s'assurant une bonne ambiance conviviale. C'est aussi un lieu pour les amateurs de bonnes bières, celles produites par la maison ou celles françaises ou internationales, servies à la pression au gré des humeurs et des futs. Le midi, on y déjeune bien, du pulled pork, des ribs ou des croques gourmands. Le soir, choix de tapas et le week-end, des formules brunch très gourmandes.

LE BISTRO VÉNITIEN CHEZ MARIE €€

29, Cours Julien (6e)
© 04 91 47 34 34
www.lebistrovenitien.com/
Gluten-free et vegan friendly. Ouvert du mardi soir au samedi soir. Carte : 35 €. Vin au verre. Terrasse.

© BISTROT VÉNITIEN CHEZ MARIE

Situé Cours Julien, Le Bistro Vénitien vous propose de savourer une cuisine traditionnelle, italienne, des plats sans gluten et vegans à base de produits frais. Vous y dégusterez des poissons issus de la pêche locale et des pièces du boucher en provenance des éleveurs de la région. Pizzas au feu de bois, burger, bocconccini de veau. Sans oublier les délicieuses suggestions du jour et le pain maison cuit au feu de bois, qui accompagnent cette idylle gustative.

BISTROT GEORGES €€

115, boulevard Chave (5e)
© 06 45 01 99 89
Du mardi au samedi midi et soir, 8h à 22h30. Plats entre 16 et 20 €. Desserts 6 €. Terrasse. Petit-déjeuner dès 6,50 €.

Georges, le bistrot du coin qu'on adore. Clientèle de quartier, cuisine fraîche et inspirée. La terrasse, reconnaissable à sa couleur jaune, superbement ensoleillée, est un lieu idéal pour déjeuner. Les plats du jour changent chaque jour. Ce midi-là, boudin noir purée céleri rave au beurre noisette, merlu à la plancha crème de fenouil et choux fleur ou encore pour une envie végétarienne, le bouillon de haricots coco et blettes, œuf basse température, piment et coriandre. Maîtrisé, goûteux, Georges ne déçoit jamais. Ambiance jeune et animée, parfait pour un verre.

AU BOUT DU QUAI €€

1, avenue de Saint-Jean (2e)
© 04 91 99 53 36
Du mercredi au lundi midi et soir sauf dimanche que le midi. Carte 58 € environ par personne.

Un petit coin de blancheur immaculée au bout du Vieux-Port. Une belle table qui laisse la part belle aux produits de la mer, ultra frais, selon les arrivages du jour. Ici, on propose des suggestions à la carte, variant quotidiennement. Amateurs de poissons et crustacés, vous serez dans votre élément avec un ceviche de daurade ou une poêlée de supions en entrée, des poissons différents tous les jours mais aussi un magret de canard pour ceux qui ne raffolent pas des produits de la mer. Les desserts maison sont délicieux. Une belle adresse assurément.

BRASSERIE LE CAPUCIN €€

48, La Canebière (1er) ✆ 04 65 58 56 93
www.brasserielecapucin.com

Du lundi au vendredi le midi et le soir. Menus de 28 à 32 €. Carte : 48 € environ. Vin au verre. Accueil des groupes.

Au rez-de-chaussée du Mercure Canebière-Vieux Port, cette élégante brasserie est un lieu de brassage entre touristes, voyageurs et locaux pour un moment de gastronomie intense signé du talentueux Noël Baudrand. La carte rend un hommage appuyé au terroir régional. Nous avons craqué pour le velouté de petit fois très frais avec son magret de canard en rosace, puis pour le kefta, généreux et savoureux, servi avec un houmous de lentilles corail. C'est fin, délicieux, comme ce flan pâtissier badiane-orgeat qui a conclu notre repas. Excellent rapport qualité-prix.

LE CARIBOU €€

38, place Thiars (1er)
✆ 04 91 59 05 17
www.lecaribou13001.fr

Ouvert tous les jours de 8h à 2h. Formule midi 16 €. Carte : 40 € par personne. Terrasse. Animations.

Institution marseillaise créée au début des années 1940 et fermée en 2016, Le Caribou a récemment rouvert ses portes sous l'impulsion d'une jeune et talentueux duo d'entrepreneurs. Décoration cosy avec fauteuils et lumières chaudes, éléments clins d'œil au fameux animal canadien. Dans l'assiette, du traditionnel amélioré comme ce fabuleux aïoli aux légumes de saison que nous avons dégusté, mais aussi de la cuisine dans l'ère du temps avec un céviché de daurade ou un gravlax de saumon. Belles planches à partager. Brunch le week-end.

LA CANTINETTA €€

24, cours Julien (6e) ✆ 04 91 48 10 48
www.restaurantlacantinetta.fr

Maître Restaurateur. Ouvert du lundi au samedi le midi et le soir. Réservation obligatoire. Patio. Carte : 38 € environ.

Quelle merveille ! De l'entrée au dessert, tout n'est que délicatesse, saveurs et superbes produits. Bravo à Pierre-Antoine Denis et Stéphanie Nardoca de maintenir cette excellence après tant d'années de succès. On ne déroge pas avec le goût. La carte, déclinée sur une ardoise, change chaque semaine et est présentée par votre serveur. Craquez pour une divine burrata, des linguines aux palourdes savoureuses ou un ragoût napolitain maison. Finissez sur une note sucrée et cet incroyable pain perdu de panettone et sa glace aux amandes. Un vrai voyage des papilles !

CATERINE €€

27, rue Fontange (6e)
✆ 04 91 67 72 85

Du mardi au vendredi midi et soir. Carte : 30 € environ par personne. Propositions à emporter.

Sobrement appelé Caterine, la nouvelle adresse de la désormais renommée cheffe Marie Dijon a été un de nos coups de cœur 2021. Associée cette fois à deux acolytes, celle que l'on a connue au Trois-Quarts et au Grain de Sel nous régale encore et toujours de sa virtuosité et de sa vision novatrice de la cuisine. Une vraie appétence pour les produits de la mer, de saison et une ambiance cantine que l'on adore. Fait original, on s'installe en self-service ce qui n'empêche pas un service des plus souriant. Déco épurée, coin épicerie et patio caché.

LA CAPITAINERIE DES GOUDES €€

20, rue Désiré-Pellaprat (8e)
✆ 04 91 79 42 17

Tous les jours et les jours fériés le midi de 12h à 14h et le soir de 19h30 à 22h. Carte : 50 € environ par personne.

L'emplacement fait rêver. C'est avec une vue superbe sur le port des Goudes que vous pourrez apprécier les délicieuses recettes de fruits de mer et de poissons de la maison. Pendant que Laurent est aux fourneaux en train de travailler des produits locaux et frais (ici pas de menus, tout est à l'ardoise), c'est Antoine qui nous accueille dans un restaurant au cadre aéré. Pour tous les amoureux du sucré, vous pourrez vous régaler avec les pâtisseries d'Amandine.

CÉDRAT €€

81, rue Breteuil (6e) ✆ 04 91 42 94 41
www.cedratxmamakyuna.com/

Du mardi au samedi midi. Le mardi et du jeudi au samedi soir. Menu unique le soir : 45 €. Formules midi 24-28 €. Patio.

Superbe adresse bien connue des fins gastronomes. Passé par les cuisines de Passédat, Eric Maillet oeuvre ici pour le bonheur de nos papilles. Le menu varie au fil des saisons et change toutes les trois semaines. La cuisine est de haut-niveau, sans tomber dans le pompeux. Le midi, Cédrat cède temporairement sa place à Mama Kyuna. Une cantine du monde en mode bistronomique elle aussi, avec des formules accessibles et un certain ravissement du palais. C'est la cheffe Maëlyss Vultaggio qui oeuvre le midi. Une belle rencontre entre deux talents certains.

COPAINS €€

93, rue de Tilsit (6e)
✆ 09 53 60 99 91
Du lundi au samedi le midi et le soir. Menu soir 42 à 48 €. Vin au verre. Le midi formules 27 €. Cave à vin.

Avec un nom pareil et une belle façade comme celle de ce restaurant, tous les ingrédients sont réunis pour avoir envie de s'attabler dans ce nouveau lieu ouvert en 2021 dans un quartier Lodi toujours plus effervescent. Aux manettes, un jeune duo talentueux nous invite à revoir nos classiques de la gastronomie française en version modernisée et travaillée. Le menu découverte est une belle invitation à s'initier à la cuisine savoureuse de Copains. Ris de veau pané, une déclinaison de courges, rôtie, crue, en pickles, en purée, en graines accompagnées de sanguins.

CÔTÉ RUE €€

14, rue Saint-Pons - Place de Lenche (2e)
✆ 04 91 90 66 36
https://coterue.eatbu.com
Ouvert le lundi et du mercredi au vendredi le soir, samedi et dimanche le midi et le soir. Tapas gourmands de 7 à 13 €.

Dans une ruelle proche de la place de Lenche, quelques tables invitent à se prélasser autour de bons petits plats, le temps d'une soirée d'été à l'ombre des vieilles bâtisses du Panier. Chez Côté Rue, on déguste des petites assiettes résolument provençales : nous avons adoré le crémeux de tomates et sa boule de glace huile d'olive, tout autant que les seiches snackées, mais aussi le bien intitulé fromage de nos collines. Service souriant, adresse bien placée et bon rapport qualité-prix. Un bon restaurant à la cuisine bien de chez nous.

LES EAUX DE MARS €€

135, Rue Consolat (1er)
✆ 04 91 07 61 36
https://leseauxdemars-restaurant.com/
Du lundi au vendredi de 10h à 23 h. Carte : 28 € environ. Terrasse. Petit-déjeuner.

Une adresse encore et toujours plébiscitée par notre équipe. Depuis sa création il y a quelques années et à la suite de nombreuses visites, nous avons pu constater avec délectation que la qualité ne transigeait pas au fil du temps. Les assiettes sont encore et toujours bien travaillées, recherchées, présentées avec soin. Les saveurs mises en valeur et les bons produits toujours au centre du projet. On adore tout simplement. Merlan en tempura, chou lisse cru et beurre blanc chipotte ou encore bouillon de jambon fumé, butternut, poulpe et crème crue... Succulent.

LE FÉMINA €€

1, rue du Musée (1er)
✆ 04 91 54 03 56
Ouvert du mardi au samedi le midi et le soir ; le dimanche midi. Carte : 40 € environ. Vin au verre. Vente à emporter.

Le Fémina c'est 4 générations de restaurateurs, de père en fils, de mère en fille, qui se sont succédé depuis 1921. Le couscous berbère est la spécialité de la maison. Pas n'importe quel couscous, un couscous à la semoule d'orge. Pour les amateurs, c'est le vrai, l'unique, celui qui se prépare dans les montagnes Kabyles, gardienne de la tradition berbère. Très copieux, en particulier si vous optez pour le royal, avec boulettes, merguez, brochettes de bœuf charolais, poulet et agneau. Le service est tonique et efficace. Une adresse à connaître de toute évidence !

LA FEMME DU BOUCHER €€

10, rue de Village (6e)
✆ 04 91 48 79 65
Ouvert le lundi, le jeudi et le vendredi le soir ; du lundi au vendredi le midi. Menus de 24 à 28 €.

Laëtitia Visse est une jeune cheffe talentueuse qui a fait ses gammes dans différentes cuisines parisiennes et marseillaises. Elle a repris avec brio cette ancienne boucherie et y a ouvert son propre restaurant, tout en gardant l'âme du lieu. Un joli patio très vert couronne cette adresse que l'on découvre avec délectation. On vient ici avant tout pour les plats de viande, bien cuisinés à base de produits nobles de la région. Des classiques de la gastronomie française comme un boudin aux pommes, une cuisse de pintade farcie, mais aussi des viandes de choix.

FINECOCOTT €€

8, rue Lafon (6e)
✆ 06 61 71 81 83
www.finecocott.fr
Du lundi au vendredi le midi. Le jeudi et vendredi soir. Plat du jour 14 €. Bokits 8 €. Bol créole 13 €. Accras 7 €.

Finecocott' vous propose une cuisine maison d'inspiration créole avec des produits de qualité. Des saveurs fraîches et sucrées-salées avec de délicieux acras, des bokits et de subtils plats mijotés. Ambiance musicale sympa, service souriant, on s'y sent tout de suite très bien. Le rougail saucisse nous a ravis, le flan coco maison en dessert nous a permis de finir en beauté. On vous promet ici de découvrir de nouvelles saveurs afin de surprendre vos papilles. En plus de la restauration, la cheffe Laurence vous propose un service traiteur. On adore !

GIGI BOUILLON €€

11, Cours Julien (6e)
✆ 09 85 00 76 28
Du mardi au vendredi le soir ; le samedi midi et soir. Pas de réservation possible. Carte : 32 € environ. Vin au verre.

Nouvelle adresse, très en vue depuis son ouverture au printemps 2021. C'est l'équipe du Parpaing qui flotte (et donc du Bambino) qui est à l'origine de sa création. Des tables avec nappes à carreaux, un grand comptoir, un côté bistrot bouillon. Dans l'assiette, de bons plats concoctés à partir de produits importés d'Italie. Une burrata des Pouilles comme on en trouve peu dans la ville, de succulents arancinis à l'encre de seiche, des gnocchis au gorgonzola et citrons confits… Certains plats se déclinent en demi-portion. Excellent de l'assiette au concept !

GIORGIA €€

45, rue Sainte (1er)
✆ +33 4 86 777 572
www.giorgia-marseille.fr
Ouvert du mardi au samedi le soir ; du mardi au vendredi le midi. Terrasse. Carte : 42 € environ par personne.

Décoration style industriel, meubles *design* et mur végétal… L'accueil est chaleureux et le personnel à l'écoute, prêt à répondre à toutes vos questions. A la carte, la burrata et la truffe sont à l'honneur : brouillade de truffe, bellissime burrata des Pouilles, le fameux burger du Giorgia garni de carpaccio de truffe, le risotto de la nonna, les rigatonis de Pablo ou encore une carbonara à la truffe… Autant vous dire que les amateurs apprécieront certainement. Giorgia, un véritable coup de cœur du Petit Futé depuis quelques années.

GOLDA €€

23, Allée Gambetta (1er)
✆ 06 79 05 06 88
Du mardi au samedi de 9h à 22h. Carte : 34€ environ le midi. Vin au verre. Terrasse.

A l'ombre des platanes des allées Gambetta, on reconnaît tout de suite ce nouveau bistrot à son jaune si caractéristique, semblable au code couleur utilisé chez son restaurant grand frère du boulevard Chave, le bistrot Georges. En cuisine, le chef, Or Michaeli, cuisinier baroudeur, apporte tout le soleil nécessaire aux assiettes servies avec élégance. Gravlax de truite et ricotta crémeux, chou vert rôti, encornets rouges et riz noir, poitrine de veau fumée… Un régal. Engagement éco-responsable certain avec le pari de générer le moins de déchets possible.

LA GROTTE €€

1, avenue des Pébrons (8e) ✆ 04 91 73 17 79
www.lagrotte-restaurant.fr
Du lundi au dimanche le midi et le soir. Réservation recommandée. Carte : 60 € environ. Pizzas dès 14 €.

Reprise en 2020 par un duo des plus talentueux, Johann Lupo et Benjamin Mathieu, cette adresse historique nichée dans la calanque de Callelongue occupe une place particulière dans l'affect des marseillais. On y vient pour son cadre unique, sa décoration rococo et son patio aux allures italiennes, mais aussi et surtout pour un moment de gastronomie. Empreinte de tradition méridionale et teintée de modernité, la cuisine de Benjamin Mathieu est faite d'instinct et de maîtrise. Familial, convivial et futé, le plus dur sera de ne pas en faire votre adresse favorite.

LES JARDINS DU CLOÎTRE €€

20, Boulevard Madeleine Rémusat (13e)
✆ 04 91 12 29 42
https://lesjardinsducloitredemars.fr/
Du lundi au vendredi le midi. Entrées 10 €, plats 24 €, plat signature 28 €. Accueil des groupes. Jardin. Animations.

Un lieu étonnant dans un cadre envoûtant. Une table de renom, engagée écologiquement, créée début 2019, déjà récompensée par une Assiette Michelin. Installez-vous dans le cadre bucolique de verdure de ce cloître historique du Nord de la ville et dégustez une cuisine fraîche, diverse et inspirante. Chaque jour, l'ardoise propose de nouveaux plats à prix doux. Le lieu a une véritable vocation sociale et éducative avec un nombre important de jeunes formés au numérique et à la restauration, sous l'égide des chefs Michel Portos et Arnaud Castagnède. Brillant !

CHEZ JEANNOT €€

129, rue du Vallon-des-Auffes (7e)
✆ 04 91 52 11 28
www.pizzeriachezjeannot.com
Tous les jours et les jours fériés le midi et le soir. Carte : 48 € environ. Pizzas de 16 à 23 €. Terrasse.

Niché au Vallon des Auffes, ce restaurant fait partie intégrante du paysage gastronomique marseillais, au même titre que son voisin Fonfon. Célèbre pour ses pizzas au feu de bois des plus réputées, Chez Jeannot propose aussi une belle carte, désormais chapeautée par le chef étoilé Ludovic Turac. La viande et la charcuterie servies ici provient de la boucherie Pépé Guido, toute proche sur la Corniche. Daube de bœuf et grosses crevettes marinées au gingembre se côtoient, avec la fameuse et surprenante pizza à la bouillabaisse, garnie de Saint-Pierre et de rougets.

KØZY BISTRØ À VIN €€

152, rue Jean Mermoz (8e)
✆ 04 65 95 41 39
Du lundi au vendredi le midi et le soir ; le samedi soir. Le soir, huîtres, tartines et planches de 9 à 25 €. Terrasse.

Agréable bar à vin installé dans un coin chic, où le soin est aussi bien mis sur l'atmosphère que sur ce qu'on y sert. On y déguste des cépages de toutes provenances, avec les conseils avisés du maître des lieux, Sébastien passionné. Le midi, c'est un bistrot traditionnel où vous trouverez aussi un étonnant pain danois, le Smørrebrød, un pain malté aux céréales agrémenté de nombreux ingrédients. Le soir, on accompagne son verre de vin de son fameux croque-monsieur à la truffe, d'un bon camembert chaud, d'huîtres, ou de tartines. Un lieu cosy comme on aime...

L'ESPLAI DU GRAND BAR DES GOUDES €€

28, rue Désirée-Pelaprat (8e)
✆ 04 91 73 43 69
www.grandbardesgoudes.fr
Horaires différents chaque mois. Téléphoner ou consulter le site. Carte : 55 € environ par personne. Terrasse.

L'Esplai du Grand Bar des Goudes régale petits et grands depuis 60 ans ! La famille Tani – propriétaire des lieux – est l'une des plus anciennes sinon la plus ancienne famille des Goudes. Dans l'assiette, des plats signature, du poisson : grillé, en bouillabaisse, en bourride. Ne ratez pas le rouget de roche meunière, les couteaux marinière, le thon rouge de ligne mi-cuit sauce aux câpres. L'accueil charmant est à la hauteur des lieux. Le chef Christophe Thullier régale.

L'OSTERIA DU PRADO €€

84, avenue du Prado (6e)
✆ 04 91 92 98 64
www.losteriaduprado.fr/
Ouvert du mardi au samedi le midi et le soir. Terrasse. Pizzas de 14 à 25 €. Antipasti 10 à 12 €. Plats de 19 à 29 €.

L'Osteria du Prado offre une cuisine italienne de qualité dans un cadre parfait. Pour un déjeuner sur le pouce avant de reprendre le boulot ou pour un repas plus tranquille, c'est l'endroit idéal. Ici, l'ambiance est à la dolce vita, belles tables nappées, plafonds hauts agrémentés de cordes à linge comme à Naples ! De superbes pizzas au feu de bois, de délicieuses linguines aux palourdes. Côté desserts, café gourmand, tiramisu, délicieux. Le service est rapide et efficace. La cuisine est à la hauteur. Une adresse vivement recommandée par le *Petit Futé*.

LIMMAT €€

41, Rue Estelle (6e)
✆ 04 91 47 49 35
https://limmatmarseille.com/
Du lundi au vendredi midi. jeudi et vendredi le soir. Carte : 29 € environ par personne. Terrasse.

Adresse plébiscitée par de nombreuses revues spécialisées, mise en lumière par une émission de cuisine radiophonique célèbre, Limmat n'en est pas pour autant devenue une déception malgré le succès apparent. Bien au contraire, depuis son ouverture, ce tout petit restaurant niché dans les escaliers du cours Julien régale par sa cuisine résolument tournée vers le goût et le travail juste des ingrédients. Chaque jour, une proposition végétarienne et une autre de poisson. Ce jour-là pélamide en carpaccio ou blettes farcies au riz épicé. Superbe adresse !

BOUCHES-DU-RHÔNE

© S-F / SHUTTERSTOCK.COM

Vieux Port de Marseille.

LION BONJOUR €€

27, rue Glandeves (1er) ✆ 04 91 72 11 24
https://lionbonjour.fr/fr/services

Du lundi au vendredi 12h à 15h. Bowls de la semaine et classiques 15 à 16 €. Desserts 6 €. Chèque Restaurant. Terrasse.

On a connu ce restaurant de bowls quelques mètres plus loin dans la même rue. Revoici Lion Bonjour dans un espace plus grand, avec une belle terrasse sur la rue piétonne et toujours la même énergie de la part de l'équipe. On mange ici des bowls, dont certaines recettes changent chaque semaine et d'autres sont fixes : ce jour-là, le méditerranéen (effiloché de poulet jaune, légumes rôtis, boulgour au citron...) côtoyait la minestrone alla genovese. Côté bowls classiques : le buddha aux lentilles, patate douce, betterave et fenouil (végétarien) qui est un régal.

MAISON BOHÈME €€

40, rue Saint-Sebastien (6e)
✆ 06 49 10 51 80
www.restaurantmaisonboheme.com

Ouvert du mardi au vendredi le midi et le soir ; le samedi soir ; le dimanche midi. Carte : 40 € environ. Terrasse.

Un joli petit bistrot ouvert en 2019, non loin de Castellane. La salle est assez petite, pensez à réserver. La convivialité est de mise entre les tons chauds de la déco. Dans l'assiette, de jolies propositions à base de produits de qualité : rigatoni à la truffe d'été et burrata, daube à la provençale ou encore le croque-love à la truffe et le curry de légumes. En entrée houmous et panisses à partager. Les assiettes sont élégantes. Le service est sympa et la terrasse charmante. Une adresse très prometteuse de la nouvelle scène culinaire marseillaise.

LOU CHAMBRI €€

16, plage de l'Estaque (16e)
✆ 04 91 09 30 98

Ouvert du lundi au samedi le midi, du mercredi au samedi le soir. Carte : 30 € environ par personne. Terrasse.

L'accueil d'Hélène et Guillaume au Lou Chambri (la cigale de mer, en provençal) est jeune, dynamique et convivial. La belle salle avec poutres apparentes est un ancien garage à voitures transformé. L'assiette s'apprécie à travers ses spécialités : poulpes ou seiches entières grillés à la plancha, cigales de mer, une assiette du pêcheur divine. Les amateurs de viandes ne sont pas oubliés. Le tout accompagné de vins régionaux. Tout est fait maison de l'entrée au dessert. Le plus, un service de traiteur pour réceptions : plus d'informations sur www.maisongaudina.fr

MAMA SHELTER €€

64, rue de la Loubière (6e)
✆ 04 84 35 20 00
www.mamashelter.com/fr/marseille

Déjeuner du lundi au samedi. Dîner du lundi au dimanche. Menu déjeuner 19 à 22 €. Brunch 42 € le dimanche. Carte 46 €.

Au sein de l'hôtel idéalement situé à proximité des quartiers marseillais qui bougent, le restaurant du Mama Shelter Marseille offre un cadre idéal pour vos déjeuners rapides (parking offert en semaine) et dîners festifs. La déco de la grande salle est hétéroclite, à l'image des chambres, très branchée pop culture et colorée. Un beau patio ensoleillé complète le tout. Le brunch du dimanche est incroyable de diversité : sucré, salé, il y en a pour tous les goûts. C'est raffiné, bien cuisiné et les desserts sont extra. Un des meilleurs brunchs de la ville.

CHEZ MADIE - LES GALINETTES €€

138, quai du Port (2e) ✆ 04 91 90 40 87
www.madielesgalinettes.com/

Tous les jours midi et soir. Bouillabaisse en deux temps 55 €. Carte : 60 € environ par personne. Terrasse.

Un restaurant authentique apprécié depuis des décennies. Dans l'assiette, du poisson issu de la pêche locale, des volailles et viandes, ainsi que des abats, avec bien sûr de succulents pieds et paquets. Côté spécialités : bourride, épaule d'agneau laiton piquée à l'ail. Le burger de rougets entre deux tranches de panisses est également épatant. Les deux menus vous permettront un bel aperçu de la cuisine de chez Madie. Côté dessert, coup de cœur pour la crème brûlée à la fleur de thym.

LA MARINE DES GOUDES €€

16, rue Désiré-Pelaprat (8e) ✆ 04 91 25 28 76
www.la-marine-des-goudes.wysifeed.fr

Ouvert du vendredi au mercredi le midi et le soir. Réservation recommandée. Carte : 50 €. Terrasse.

Une vue de rêve pour ce restaurant des Goudes. La cuisine est résolument provençale et réalisée selon l'humeur du chef, Patrick Martin. L'arrivage quotidien de poissons des pêcheurs locaux offre une garantie parfaite de fraîcheur pour les produits de la mer, proposés à la carte. Si vous le pouvez, le Petit Futé vous conseille de commander un poisson à partager à plusieurs. C'est comme cela que vous apprécierez le mieux la cuisine du chef, tout s'accordant avec le cadre privilégié qu'offre cet établissement dans ce quartier unique.

TOUT CE QUI SE PASSE LÀ OÙ VOUS VOUS RÉVEILLEZ.
LE 6-9
du lundi au vendredi
Toute votre info locale en temps réel.
france bleu
ICI, ON PARLE D'ICI.

ÇA BOUGE DRÔLEMENT AUTOUR DE VOUS.
9H - 12H
du lundi au vendredi
Divertissements, saveurs, conseils et culture en 100% local.
france bleu
ICI, ON PARLE D'ICI.

MATZA €€

13, Place Notre-Dame-du-Mont (6e)
✆ 04 91 53 70 65

Ouvert tous les jours le midi ; du lundi au samedi le soir. Mezzés de 7 à 12 €. Plats de 15 à 21 €. Desserts 8 €.

Nouvelle adresse attirante du quartier Notre-Dame-du-Mont. La terrasse du Matza se déploie sur ce cours très animé du 6ème arrondissement, où il fait bon aller boire un verre ou manger un morceau. On y déguste une cuisine orientale aux influences levantines, des mezzés sophistiqués. Comme par exemple, un houmous de haricots blancs, huile de coriandre et harissa ou encore des arancinis au baharat, topinambour et marjolaine. En plat, shawarma de maigre ou pappardelle maison, ragoût de queue de bœuf. Les influences sont belles, dépaysantes et la cuisine ensoleillée.

MIJOBA €€

79, boulevard Vauban (6e)
✆ 04 91 92 03 53

Du lundi au vendredi le midi ; le jeudi et le vendredi le soir. Menu unique à 55 € le soir. Midi 32 ou 29 €. Terrasse.

Le chef David Mijoba, que les Marseillais ont connu comme chef au Copperbay, au bistrot du CAM ou encore au Péron, a ouvert au printemps 2023 sa propre adresse sur le très animé boulevard Vauban. Un espace intérieur clair et moderne, un patio et une terrasse pour un restaurant qui va sans doute grimper rapidement sur le podium des adresses marseillaises incontournables. Sourcing régional des produits affiché sur la carte, nous avons adoré les ravioles de pélamide du Frioul ikejime, accompagné de morilles et d'asperges. C'est visuellement beau et terriblement fin.

MOGA €€

10, rue Bernex (1er)

Ouvert du jeudi au dimanche le midi et le soir. Carte : 35 € environ le soir. Formule midi 27 €. Toit-terrasse.

Exit la célèbre Cantine de Nour, bienvenue à Moga, nouvel établissement installé dans ces superbes murs, dont quelques éléments décoratifs ont été repris depuis Nour, comme le superbe sol, et avec bien sûr, toujours ce superbe toit-terrasse au-dessus du restaurant, que l'on peut apprécier toute la journée, pour manger ou pour un verre. Deux associés font vibrer ce nouveau repère culinaire qui célèbre la Méditerranée. Les influences viennent de tout le pourtour et c'est cuisiné avec finesse, esthétisme et à prix juste. Testé et approuvé par le Petit futé !

OAÏ €€

40, rue Sainte (1er)
✆ 09 83 78 01 01

Ouvert du lundi au vendredi le midi et le soir. Réservation recommandée. Formules de 19 à 23 €. Vin au verre.

Chaque année amène son lot de nouvelles petites adresses attractives à Marseille. Et 2022 aura vu notre regard se poser sur ce petit restaurant installé rue Sainte. Un resto aux faux airs de bistrot, dont le nom fait automatiquement sourire tout marseillais qui se respecte. En cuisine, on s'active en rythme pour proposer des plats traditionnels modernisés à l'ardoise : pieds et paquets ; minestrone ; tentacule de poulpe snackée, encornet en persillade... Une cuisine sans artifice, bien maîtrisée, pour le plaisir des yeux et des papilles.

OLIVO €€

8, Place Général de Gaulle (1er)
✆ 04 91 33 42 98

Ouvert du lundi au samedi le midi ; du jeudi au samedi le soir. Carte : 42 € environ. Formule du midi : 19 €. Terrasse.

Idéalement situé sur la place du Général de Gaulle, cette élégante brasserie frappe par son intérieur lumineux et sa terrasse au mobilier chic. Après plusieurs mois de travaux, les propriétaires de la brasserie voisine misent sur une adresse haut de gamme, avec une belle cuisine concoctée avec des produits de qualité. Beau choix de pizzas dites « à la romaine », à la pâte croustillante et fine. En plat, un quasi de veau, citron confit, olives taggiasche et légumes de saison, ou encore un filet de loup, bouillon de bouillabaisse, pommes vapeur.

ORIGINES €€

89, boulevard Charles Livon (7e)
✆ 09 88 45 37 27

Ouvert du vendredi au mardi le soir. Réservation vivement recommandée. Menus de 42 € à 61 €. Carte : 52 € environ.

Cela fait désormais quelques mois qu'un restaurant créé en 2020 au Pharo fait vibrer la scène culinaire marseillaise. De-ci de-là, on en entend le plus grand bien et lorsque l'on apprend que c'est le chef Axel Guillem qui est aux commandes de cet établissement, la curiosité nous pique encore plus au vif. Le résultat est à la hauteur de nos espérances. Quelle élégance, aussi bien dans le lieu que dans la virtuosité instinctive des assiettes ! On apprécie tout particulièrement la cuisine ouverte sur la salle, le soin porté au service et la fraîcheur des saveurs.

OYAT €€

61, rue de la Palud (1er)
✆ 04 65 95 74 30

Tous les jours de 9h à 17h. Suggestions quotidiennes de 8,50 à 17 € environ. Brunch le week-end. Glutenfree et veggie.

Après nous avoir régalé à la Fabulerie, revoilà l'équipe de choc d'Amal, avec l'excellente Juliette aux fourneaux. Cette fois, dans un lieu qui leur est propre, niché sur la rue de la Palud, en contrebas du cours Julien et à deux pas du centre-ville animé. Un beau café tout en longueur, à l'atmosphère détendue et où se régaler quotidiennement de plats carnés, végétariens, vegans et sans gluten. Tout le monde y trouve son bonheur et c'est toujours aussi délicieux. Service souriant, accueil attentionné, excellent brunch le week-end.

PASTIS & OLIVES €€

27, rue Sainte (1er)
✆ 04 91 54 08 27
http://pastisolives.fr/

Du lundi au samedi. Carte : 45 €. Menu enfant : 14 €. Plat du jour : 14 € (midi uniquement). Vin au verre. Terrasse.

Restaurant, bar à pastis, cocktails, bienvenue ! Sa grande salle est coupée par une élégante voûte en pierres. La cuisine est entièrement ouverte. Aux beaux jours, la terrasse se déploie. Vous prendrez place pour une cuisine bistrot : tartare au couteau, burgers, pâtes, omelettes. Le soir, la cuisine est plus élaborée : paella façon Pastis & Olives, pizzette à la truffe, les pâtes aux palourdes ou le risotto aux gambas. Le dessert à découvrir : le dimanche glacé. Le plat du jour et les suggestions changent au quotidien en fonction de l'humeur du chef.

LE P'TIT JARDIN €€

12, avenue des Goumiers (8e)
✆ 07 61 20 81 30
www.leptitjardin.com

Du mardi au samedi le soir ; du mardi au dimanche le midi. Carte : 45 € par personne environ. Jardin. Accès PMR.

Un petit jardin ombragé et frais l'été, au pied d'un olivier, voilà le cadre idyllique qu'offre ce restaurant. Dans l'assiette c'est élégant. Ce midi là, à la carte : moules gratinées au four ou cannelloni de concombre, insert tartare de daurade au gingembre en entrées, gnocchetti mortadelle et guanciale, tomate et scamorzza ou osso bucco de lotte rôtie, lasagnettes en sauce au vin blanc à la méditerranéenne en plat principal. Côté douceurs, pêche melba maison ou crème brûlée zestes citron vert. Le lieu est privatisable. L'accueil des gérants est sympa et pro.

LE PETIT CABANON €€

8, Cours Jean-Ballard (1er)
✆ 04 91 73 08 56

Ouvert tous les jours. Carte : 30 € environ. Vin au verre. Pizzas dès 11 €. Du petit-déjeuner au dîner. Terrasse.

Ce restaurant à deux pas du Vieux-Port vous reçoit dans son décor de cabanon provençal ou sur sa jolie terrasse. Un cadre atypique, sympa et accueillant et dans l'assiette, une jolie variété de plats locaux, mais pas que. À tester impérativement : les « sardines du cabanon » dans une déclinaison de sardines frites, farcies, à l'escabèche et en beignets, les poulpes à la provençale ou la bouillabaisse de la maison. Tout est fait maison. Un très bon rapport qualité-prix et un accueil impeccable. Soirées tapas à l'occasion, petit déjeuner complet tous les jours.

PAPÀ FREDO €€

56, cours Julien (6e)
✆ 04 91 02 66 15
www.papafredo.fr

Ouvert du mardi au samedi midi et soir. Brunch le dimanche 32 €. Carte : 35 € env. Pizzas dès 12 €. Antipasti dès 8 €.

Amateurs et réels connaisseurs en matière de pizzas, voici l'adresse dont vous ne pourrez plus vous passer. Installé depuis déjà 7 ans au cours Julien, vous entrez ici dans la seule pizzeria marseillaise pouvant se vanter de posséder le label « Verace pizza napolitana ». Une référence, un gage de qualité. La pâte est aérée mais croustillante aussi, les ingrédients choisis parmi les meilleurs possibles, aucune concession par amour de la pizza. À la carte également, des plats de pâtes, des burratas gourmandes et un brunch dominical incroyable ! On adore.

POISSONNERIE KENNEDY €€

245, Corniche Président John Fitzgerald Kennedy (7e) ✆ 09 87 51 60 93

Ouvert du mardi au samedi le midi et le soir ; le dimanche midi. Carte : 28 € environ. Vin au verre. Terrasse.

Pour une ville baignée par la mer comme Marseille, on peut décrier parfois le manque d'adresses simples et accessibles où déguster du bon poisson et des fruits de mer ! La poissonnerie Kennedy, fraîchement arrivée à Endoume, à deux pas de Malmousque, est là pour y remédier en nous proposant un lieu décontracté et convivial où déguster quelques huîtres et crustacés, un sashimi ou un carpaccio selon l'inspiration du chef et un tarama maison qui fait déjà vibrer les vrais amateurs de ce délice grec. Mi-poissonnerie mi-restaurant, un vrai lieu de convivialité.

LA POULE NOIRE €€

61, rue Sainte (1er) ✆ 04 91 55 68 86
www.restaurant-lapoulenoire.com

Du mardi au samedi soir. Menus de 47 à 67 €. Menu enfant 10 €. Carte : 55 € par personne environ. Climatisation. Bar.

Excellente adresse connue et reconnue pour la qualité de la cuisine du chef Damien Delgado et pour son ambiance bistrot chic apprécié de tous. En salle, Fanny Delgado redouble d'énergie pour vous faire passer un bon moment. Tous deux viennent du monde de la gastronomie et l'on sent bien qu'on se trouve ici chez des fins connaisseurs. La carte propose de superbes plats : dos de cabillaud rôti au poivre Sumac, un wok façon thaï ou le bœuf Charolais travaillé "au couteau", spécialité de la maison. Rien à redire, la Poule Noire excelle toujours sous bien des aspects.

LE RELAIS CORSE €€

49, avenue du Prado (6e)
✆ 09 50 72 99 53
www.relaiscorse.fr

Du lundi au dimanche midi et soir. Carte 55 € environ par personne. Tapas en soirée. Réservation recommandée. Terrasse.

Le Relais Corse, c'est la référence gastronomique de l'île de Beauté à Marseille. Sur le pas de la porte, une belle terrasse conviviale de tables hautes. A l'intérieur, de l'espace, de belles tablées et une cave d'affinage où charcuteries et fromages prennent le temps de s'améliorer encore. A propos, les plateaux de charcuteries et fromages font notamment la renommée du lieu. Le soir, des tapas corses à partager. Côté carte, un burger corse addictif, des cannellonis brousse-menthe... Recommandé encore et toujours par le *Petit Futé*.

LE RESTAURANT DE NOTRE-DAME-DE-LA-GARDE €€

Basilique Notre-Dame-de-la-Garde (6e)
✆ 04 91 98 25 17

Ouvert du mardi au dimanche de 8h15 à 17h. Formule du midi : 14,90 €. Boutique d'artisanat monastique.

Bienvenue dans le restaurant le plus élevé de Marseille ! Situé au pied de la fameuse Bonne Mère, ce restaurant a fait peau neuve et rouvert en février 2023. La décoration moderne a été repensée, avec toujours une touche pieuse. Le concept du restaurant se veut un lieu de travail, de mixité sociale et d'inclusion. Une philosophie religieuse que l'on retrouve ici, où tisser du lien social est primordial. Côté cuisine : des plats provençaux, de l'aïoli à la daube ainsi que des prix doux.

ROMY €€

9, rue de Lodi (6e)
✆ 04 86 77 15 76
www.romymarseille.fr

Ouvert du mardi au samedi, midi et soir. Formules midi de 16 à 18 €. Vins naturels. Terrasse.

Le restaurant Romy est une adresse futée dans un cadre charmant. Quelques exemples de plats à la carte : panisses et mayo maison, sandwich tagliata ou gambas grillées et mousseline de carottes... Continuez le repas avec des ballotins de poulet, écrasé de pommes de terre ou des moules sauce poulette, frites maison. S'il vous reste un peu de place : brioche perdue, panna cotta ou crème de café glacée... Ils sont goûteux et maison ! Les produits sont frais, les assiettes jolies, l'atmosphère du resto entre vintage et bistrot. Testé et approuvé !

SEPIA €€

2, rue Vauvenargues (7e)
✆ 09 83 82 67 27
restaurant-sepia.fr

Ouvert du mardi au samedi midi et soir. Réservation impérative. Menu unique à 53 €. Terrasse.

Restaurant suspendu sur les hauteurs du jardin Puget, Le Sépia offre une vue splendide sur Marseille et promet une exquise cuisine du Sud. C'est ici que le chef Paul Langlère a ouvert sa première table. L'ardoise du midi change quotidiennement en fonction des produits du marché. Le menu du soir, lui, propose par exemple : moules gratinées au cochon basque, thon rouge de méditerranée au saté, paleron de boeuf braisé, poulpe laqué et jus de paëlla. En dessert, fraises fraîches, biscuit amande et chips fraise-coquelicot. Toujours une merveille d'adresse !

LA SERRE €€

30, Cours Honoré d'Estienne d'Orves (1er)

Ouvert tous les jours de 8h à 0h. Plat du jour : 14 €. Bol de saison 12 €. Planches de 19.50 à 25 €. A emporter.

A droite des Grandes Halles du Vieux-Port en entrant, un petit comptoir fleuri apporte légèreté et cuisine de saison. A la carte, une cuisine fraîche, végétarienne exclusivement. Chaque jour, une suggestion comme ce jour-là : quinoa, asperges, patates douces, feta et mimosa d'œuf. A l'ardoise régulièrement, des petits plats à prix doux : un œuf parfait crème d'asperge et parmesan, une salade grecque ou encore un avocado toast. Les entrées telles que les panisses ou les sticks de fromage se partagent ou non. Des jus maison pleins de fraîcheur vous accompagneront.

LE TOIGOU €€

162 avenue de Mazargues (8e)
✆ 04 91 71 09 74
www.letoigou.fr
Ouvert du lundi au samedi le midi et le soir. Carte : 38 € environ. Menu pour deux à 65 €.

Le Petit Futé vous invite vivement à vous rendre dans ce restaurant thaïlandais incontournable. Le chef Wiset Kumsaen est un virtuose. Nous avons goûté pour vous le curry doux de bœuf massaman au lait de coco, excellent ! Ne passez pas à côté du célèbre pad thai. Goûtez les rouleaux de printemps, les beignets de crevettes sauce aigre-douce et le tartare de bœuf frais aux échalotes, riz grillé, menthe et jus de citron, une spécialité du nord-est de la Thaïlande. Une cuisine très parfumée et une présentation ajoutant du plaisir à la dégustation.

LE VIVIER €€

2, rue Pastoret (6e)
✆ 09 83 76 72 35
Restaurant de 19h à 22h30. Fruits de mer à emporter de 10h à 22h30. Huîtres de 21 à 28 € la douzaine. Patio.

Une nouvelle adresse des plus inspirante. En compagnie de deux associés basés à Paris, Alexis, cuisinier voyageur passé par le Japon, est en charge de ce petit restaurant spécialisé dans les produits de la mer. Une orientation pas si évidente dans une ville pourtant portuaire mais où les adresses où manger du poisson et des fruits de mer manquent cruellement. Au Vivier, on apprécie l'ambiance jeune, détendue, rendant les fruits de mer beaucoup plus accessibles à tous. Un régal ! Une adresse vraisemblablement en passe de devenir une des plus courues de la ville.

VORACE €€

172, boulevard de la Libération (4e)
✆ 04 91 92 06 74
Du lundi au samedi de 8h à 23h. Le midi, 30 € environ (entrée, plat, dessert). Le soir, suggestions de 8,50 à 16,50 €.

Ce qui fut un troquet de quartier tombé en désuétude a repris vie depuis quelques temps sous l'impulsion de Léo et Mathieu. Vorace, c'est un petit bistrot où manger bon le midi avec quelques suggestions de saison, et le soir avec de petites assiettes sous forme de tapas améliorés. La terrasse est certes réduite et bruyante (boulevard de la Libération oblige) mais l'ambiance est bonne. Nous nous sommes régalés de rigatonis crème de pesto menthe-pistache ainsi que d'un effiloché de cochon confit aux fruits secs sur une polenta crèmeuse. Epatant et généreux !

AM PAR ALEXANDRE MAZZIA €€€

9, rue François-Rocca (8e) ✆ 04 91 24 83 63
www.alexandremazzia.com
Du mercredi au samedi midi et soir. Déjeuner de 275 à 395 €. Dîner de 395 à 425 €. Trois étoiles au guide Michelin.

Alexandre Mazzia est sans doute le chef marseillais dont on entend le plus parler depuis quelques années. Epatant de précocité en obtenant sa première étoile six mois seulement après l'ouverture de son restaurant, il est aussi inspiré qu'inspirant pour toute une génération de chefs. Triplement étoilé en six ans, cuisinier de l'année au Gault & Millau en 2018, les années se suivent et les récompenses avec. En 2024, il sera chef dans le cadre des J.O de Paris. Déjeuner ou dîner ici vous permettra de tutoyer les sommets gastronomiques. Une expérience unique.

LES BORDS DE MER €€€

52, Corniche Kennedy (7e)
✆ 04 13 94 34 00
Tous les jours midi et soir. Plats de 29 à 35 €. Rooftop ouvert de mi-avril à fin octobre de 10h30 à 22h30.

Les bords de mer, c'est un hôtel luxueux mais aussi un restaurant qui met les produits de la mer à l'honneur et qui déploie, aux beaux jours, une superbe terrasse. La cuisine de la cheffe Camille Gandolfo est résolument moderne, en finesse. En amuse-bouche, on apprécie un tarama d'oursins sur des blinis tièdes. On se régale ensuite d'un ceviche de maigre et sa vinaigrette au piment jaune yuzu. Côté plats, thon rouge de Méditerranée, salade de pois chiches et pastèque. Les options végétariennes sont gourmandes. Magnifique, dans l'assiette et tout autour de vous !

CHEZ FONFON €€€

140, vallon des Auffes (7e)
✆ 04 91 52 14 38
www.chez-fonfon.com
Ouvert tous les jours midi et soir. Réservation impérative. Bouillabaisse ou bourride 57 € par personne. Terrasse.

Avis aux amateurs de poissons frais ! Parmi les spécialités de la maison, la bouillabaisse bien sûr, servie à l'assiette, le bouillon à volonté. Des produits rigoureusement sélectionnés, du poisson fraîchement pêché, des senteurs, des goûts et des couleurs. Impossible de résister au panier du pêcheur, élégant et généreux : Langoustine, thon mi-cuit, encornet, loup, c'est délicat et délicieux. Belle carte de vins régionaux dont des Cassis pour accompagner vos poissons. Desserts au même niveau de perfection : les glaces sont incroyables.

INTERCONTINENTAL MARSEILLE - ALCYONE €€€

1, place Daviel (2e)
✆ 04 13 42 43 43

Du mardi au samedi de 19h30 à 22h. Menus de 105 à 143 €. 1 étoile au Michelin. Réservation conseillée. Terrasse.

Une table gastronomique étoilée dans cet hôtel, c'était une évidence. Lionel Levy, le célèbre chef marseillais revisite les spécialités de la région. Un hommage aux produits locaux : calamars farcis à la daube de seiche, caillette végétale à l'artichaut et olives vertes de Lucques. Côté douceurs, on ne peut résister au citron du Var confit, sorbet à l'huile d'olive-miel d'acacia. Une table surprenante de saveurs qui nous racontent l'histoire passionnante de la Méditerranée.

PERON €€€

56, corniche Kennedy (7e)
✆ 04 91 52 15 22
www.restaurant-peron.com

Ouvert tous les jours le midi et le soir. Formule du midi : 59 à 69 €. Carte du soir : 88 € environ. Terrasse vue mer.

Vue sensationnelle, ambiance croisière sur des pontons surplombant la mer, on se croit très loin au large et lorsque le soleil se couche, la magie est totale. Dans l'assiette, cinq entrées, huit plats, six desserts, la carte est courte, mais belle. Dans l'assiette, une cuisine de la mer, subtile et créative. A tester impérativement le loup cuit sur la peau, courgettes au sautoir, figues rôties, jus de rascasse. Le tout s'accompagne d'une très belle carte des vins où toutes les appellations sont présentes. Excellente adresse encore et toujours.

L'ÉPUISETTE €€€

Vallon des Auffes (7e)
✆ 04 91 52 17 82
www.l-epuisette.com

Du mardi au samedi midi et soir. Menus de 135 à 170€. Bouillabaisse 125 €. Salle avec vue mer. Réservation impérative.

L'Epuisette, une des meilleures tables de la ville, nichée dans le Vallon des Auffes. Le chef, Guillaume Sourrieu propose en plus des célèbres bouillabaisse et bourride, une carte de poissons adaptée aux produits de saison. Les années passent et la qualité demeure, tout ici est toujours parfait. Dans l'assiette, on appréciera un tajine de homard, légumes fondants aux épices douces ou encore les pieds et paquets marseillais cuisinés selon la vision de la maison. La formule Marius est un must pour une bonne bouillabaisse. Du grand art.

LE PETIT NICE PASSEDAT €€€

17, rue des braves (7e)
✆ 04 91 59 25 92
www.passedat.fr

Du mardi au samedi midi et soir. Menus 230-490 €. Midi : 165 €. Réservation impérative. 3 étoiles au Michelin.

Symbole de prestige et raffinement, la cuisine de Gérald Passedat est tournée vers la mer, comme son restaurant et sa personnalité ! Dans l'assiette, des recettes originales et créatives à base de produits de première qualité et selon l'arrivage quotidien des poissons – dont certains ne sont pas très connus du grand public ! Cuisine de réflexion, pleine d'inventivité et de produits nobles et oubliés, le Petit Nice demeure le « must » absolu, sans jamais flancher et sans doute une des meilleures tables en Provence ! Une expérience unique assurément.

LE MIRAMAR €€€

12, quai du Port (2e) ✆ 04 91 91 10 40
www.lemiramar.fr

Du mardi au dimanche midi et soir. Bouillabaisse 79 €. Aioli 36 €. Taglionis au homard 59 €. Terrasse.

Le Miramar est une institution du Vieux-Port ! En effet, Christian Buffa - le chef, membre fondateur et vice-président de la Charte de la Bouillabaisse - est également distingué Maître Cuisinier de France et Maître Restaurateur. Cet admirable et sympathique chef a débuté ses classes avec Paul Bocuse, puis Roger Vergé au Moulin de Mougins. Côté cuisine, nul doute, sur les spécialités dont vous pourrez ici vous régaler : Bouillabaisse, poissons et crustacés ! Une adresse authentiquement marseillaise et assurément une des meilleures bouillabaisses possibles.

RESTAURANT CHEZ MICHEL €€€

6, rue des Catalans (7e) ✆ 04 91 52 30 63
www.restaurant-michel-13.fr

Ouvert tous les jours le midi et le soir. Bouillabaisse : 78 €. Bourride : 78 €. Entrées de 24 à 30 €.

Depuis 1946, le Restaurant Michel est une véritable institution qui célèbre les trésors de la grande Bleue. De génération en génération, cet établissement a su préserver son authenticité sans la moindre concession sur la qualité et le service. Aussi, les arrivages sont tributaires des pêcheurs associés et du fruit de leur labeur nocturne ! Le maître des lieux, Paul Visciano, veille au respect de cette condition d'excellence. Les mêmes critères accompagnent la préparation de la fameuse bouillabaisse ou de la bourride, spécialités de la maison.

LE RHUL €€€

269, corniche Kennedy (7e)
✆ 04 91 52 01 77
www.hotel-restaurant-le-rhul.com

Ouvert tous les jours le midi et le soir. Réservation recommandée. Carte : 70 € environ. Bouillabaisse 68 €.

C'est une adresse incontournable, connue des vrais amateurs de cuisine gastronomique marseillaise et de bouillabaisse, la spécialité de la maison ! Situé sur la Corniche, le restaurant bénéficie d'une des plus belles vues de la ville, face à la mer et aux îles du Frioul. Depuis 1948, la famille Galligani est à la tête du Rhul, membre de la charte fondatrice de la bouillabaisse. On la décline ici en classique ou au homard. Le menu est orienté sur les produits de la mer en particulier, avec des rougets, des gambas ou encore un homard aux Saint-Jacques.

SIGNATURE BY COLINE FAULQUIER €€€

180, rue du Rouet (8e)
✆ 04 65 85 53 48
https://signaturemarseille.com/

Fermé le week-end et lundi soir. Formule midi 39 à 78 €. Menu signature à 139 €. Patio. Réservation conseillée.

Couronnée Jeune Talent par le *Gault & Millau* et tout récemment par une étoile au Michelin, Coline Faulquier s'est formée aux côtés des plus grands. Intérieur feutré et joliment design, patio ombragé. Dans l'assiette, une grande virtuosité, des classiques comme l'aïoli, son plat Signature mais aussi d'autres plats délicats comme la noix de joue de cochon confite en bonbon vert. Les desserts ne sont pas en reste avec une poire pochée au miel de Bourgogne notamment.

LES TROIS FORTS - HÔTEL SOFITEL €€€

36, boulevard Charles-Livon (7e)
✆ 04 91 15 59 56 - www.sofitel.com

Du mardi au samedi midi et soir. Menu unique en 4 temps 99 €. Réservation impérative. Carte 100 € environ.

Cadre exceptionnel, avec vue plongeante sur le Vieux-Port. Au dernier étage du Sofitel, l'établissement des Trois Forts propose une cuisine provençale gastronomique avec quelques touches exotiques. Une adresse phare dirigée de mains de maître par Dominique Frérard pendant de nombreuses années où s'exprime désormais tout le talent du chef Alexandre Auger depuis janvier 2023. Une cuisine aux accents méditerranéens, un bel hommage à l'excellence du terroir culinaire de la région.

UNE TABLE AU SUD €€€

2, quai du Port (2e) ✆ 04 91 90 63 53
www.unetableausud.com

Mardi - samedi midi et soir. Dimanche midi. Menus midi : 85 €. Menus de 105 à 155 €. 1 étoile Michelin.

Forts d'une première étoile au Guide Michelin décrochée en 2015, perdue puis reconquise en 2022, Ludovic Turac mène de mains de chefs Une Table au Sud, une adresse incontournable posée discrètement sur le Vieux-Port. Une adresse raffinée qui met le poisson à l'honneur. Les amateurs de cuisine gastronomique et moderne seront comblés. Vrai coup de cœur pour le menu Marseille avec le plat signature du chef, la pêche locale, comme une bouillabaisse. D'autres formules feront votre bonheur afin de découvrir la cuisine incomparable du chef. On aime et on adore.

APOTEK BAR

2, rue Consolat (1er)
✆ 06 32 10 48 17

Ouvert du mardi au samedi de 8h30 à 23h. Cocktails autour de 9-11 €.

Ce petit bar au nom atypique (sommes-nous dans une pharmacie allemande, « Apotheke » ?) est encore confidentiel à l'heure où ces lignes sont écrites. L'intérieur n'est pas grand mais joliment décoré, avec des objets vintage chinés. La spécialité de l'Apotek ? Une carte de cocktails sophistiqués et alléchants, à prix accessibles. Ils sont joliment servis, avec élégance, et se laissent apprécier avec modération bien évidemment. Les cocktails à la carte changent régulièrement. En journée, on peut y boire un verre en terrasse, un café ou un soft également bien sûr.

BAR DE LA MARINE

15, quai de Rive-Neuve (7e)
✆ 04 91 54 95 42

Ouvert toute l'année. Tous les jours midi et soir. Cocktails et apéritifs. Chèques non acceptés. Animations.

Fondé en 1929, le bar de la Marine est l'institution incontournable du Vieux-Port. Il fut notamment le décor choisi pour la fameuse partie de carte de Raimu. Autant dire que ce bar est inamovible dans l'affection des Marseillais. Aujourd'hui, le bar, idéalement placé, vous accueille du petit-déjeuner au dîner et bien plus tard encore. Différentes populations s'y croisent, des touristes aux amoureux de Pagnol, des fans de *Love Actually* (dont une scène y fut tournée) aux noctambules une fois la nuit tombée. Accueil toujours très sympa.

BAR DE LA SAMARITAINE

2, quai du Port (2e)
✆ 04 91 90 31 41
www.la-samaritaine-marseille.fr

Ouvert tous les jours sauf le 25 décembre. Bar ouvert de 7h à 21h. Restauration de 12h à 15h30. Terrasse.

En 2020, cette incontournable brasserie marseillaise fêtait ses 110 ans ! Depuis des générations, on s'y attable pour voir ou être vu. Aujourd'hui comme hier, les acteurs en tournage à Marseille y boivent un verre, tout comme les politiques qui cherchent le contact. Ambiance brasserie assurée, terrasse XXL, avec une vue panoramique de premier choix sur le port. On y prend le soleil été comme hiver. C'est un des meilleurs spots pour prendre un petit-déjeuner en terrasse. Carte des boissons traditionnelle et petite cuisine toute la journée, bien pratique.

BEER DISTRICT

4, Rue de la République (1er)
✆ 04 96 22 04 65

Tous les jours de 11h à 1h. Bières à la pression, tapas en soirée. Brunch le week-end. Animations.

Ouvert il y a quelques années tout en bas de la rue de la République, ce bar à bières est un lieu de vie sympa pour boire un verre, suivre les événements sportifs et s'amuser le temps d'une soirée autour d'un concert ou d'une soirée à thème. Grand choix de bières internationales dont certaines produites par la maison, idem pour le cidre que nous avons goûté ce jour-là, parfumé à l'ananas. Belles portions de tapas en soirée, de simples frites maison aux falafels, pulled pork et mont d'or à partager en hiver. Terrasse avec vue sur le port.

BLACK BIRD COFFEE

92, cours Julien (6e)
✆ 06 64 00 19 31

Ouvert du mercredi au dimanche de 8h à 19h. Déjeuner dès 5 €. Brunch. Terrasse.

Bienvenue au Black Bird Coffee, un des meilleurs coffee-shops de la ville (notre préféré). La décoration est cosy et moderne avec ses gros fauteuils en cuir, ses étagères de livres et ses jolies plantes suspendues. Eugénie s'occupe de la cuisine : gâteaux à la carotte, cookies fondants maison, pain à la banane... Le week-end, on s'y presse pour un délicieux brunch qui se décline autour d'une assiette salée et un buffet sucré à volonté (pensez à réserver). Le meilleur de la ville à notre avis. Le midi, ardoise de suggestions. Accueil adorable.

BRICOLEURS DE DOUCEURS

35, Boulevard Philippon (7e)
✆ 04 91 05 06 26
www.bricoleursdedouceurs.fr

Du mardi au samedi de 9h30 à 19h et le dimanche de 9h30 à 13h. Gâteaux individuels dès 5,90 €.

Née de la rencontre de deux baroudeurs amoureux de voyages et de sucreries, cette pâtisserie est un régal. Vous trouverez ici une boutique entièrement dédiée au savoir-faire de Clément Higgins et Aurélie Pauletto. Rien de conventionnel, du traditionnel revisité : Marseille-Brest, le Frambois'Yeah ou le Cookie Dingler. Il est chaudement recommandé de s'y faire plaisir. Probablement la pâtisserie la plus originale de Marseille. Certains d'entre vous reconnaîtront le maître des lieux de la célèbre émission de M6 consacrée aux meilleurs pâtissiers.

BRÛLERIE MÖKA

36, Boulevard Eugène Pierre (5e)
www.brulerie-moka.com

Ouvert du mardi au vendredi de 8h30 à 17h. Le samedi à partir de 9h. Plats du jour autour de 15 €.

Lorsqu'on pose ses valises à Marseille, on cherche assez rapidement un lieu pour boire un vrai bon café. Ce café a ouvert ses portes il y a quelques mois sur un joli boulevard familial et branché. Un local en angle, derrière de hautes fenêtres vitrées. Les afficionados du bon café trouveront ici des crus provenant du monde entier. On peut s'y restaurer avec des assiettes bien faites et une cuisine goûteuse. A l'heure du goûter, cookies et gâteaux. Notons que la réputation de Möka est telle que son café est désormais disponible dans plusieurs lieux en ville.

AU CONTRAIRE PÂTISSERIE

1, Boulevard Paul Doumer (6e) ✆ 06 15 22 36 35
www.aucontrairepatisserie.com/

Du mardi au vendredi 9h-13h30 et 16h-19h ; le samedi 9h-19h ; le dimanche 10h-13h. Gâteaux individuels dès 5,50 €.

Nouvelle adresse pour nos pâtissières de choc ! Au contraire, c'est la pâtisserie libérée. Libérée de tout sucre raffiné, des alternatives malines pour tout autant de gourmandise. Sucre de bouleau, de fleur de coco, sirop d'agave, tout cela donne des petits et grands gâteaux magnifiques, à indice glycémique bas. Dans ce nouvel écrin à la façade très « seventies », vous retrouverez toutes les créations de la maison : entremets pomme-vanille, tartelette citron-noisette, crousti pécan caramel au beurre salé, mais aussi du pain maison à indice glycémique bas. Un régal !

BOUCHES-DU-RHÔNE

DRAGÉES REYNAUD

161, Route des Camoins (11e)
✆ 04 91 43 21 44
www.dragees-reynaud.com/fr/
Vente directe à la fabrique du lundi au vendredi de 8h à 11h30 et de 13h30 à 16h30.

Entreprise familiale fondée en 1956, l'histoire des dragées Reynaud débute au boulevard National avant de se poursuivre aux Camoins, où la fabrique se trouve toujours aujourd'hui. Récompensée par le label prestigieux « entreprises du Patrimoine Vivant » en 2014, vous entrez ici chez des artisans confiseurs au savoir-faire traditionnel et préservé. Un tour à la boutique d'usine vous permettra de découvrir avec gourmandise toute la gamme de dragées, mais aussi des douceurs type croustillants, fruits enrobés et olivettes. Une halte gourmande au retour du Garlaban.

L'ÉLÉPHANT ROSE À POIS BLANCS

12, rue André Poggioli (6e)
✆ 04 91 47 34 68
www.elephantroseglacier.fr
Ouvert le dimanche et le lundi de 12h à 19h30 ; du mardi au samedi de 12h à 0h. Boule de glace : 3 € environ. Epicerie.

Nouveau lieu pour une adresse gourmande bien connue des Marseillais, et notamment des familles qui viennent ici régaler leurs enfants. Les glaces préparées sont tout ce qu'il y a de plus naturel et ça se sent au goût et à la texture. Les sorbets contiennent jusqu'á 75 % de fruits. Large choix de parfums, de belles créations inédites et la possibilité de déguster crêpes et gaufres, ainsi que boissons réconfortantes dans la salle ou sur les tables dehors. Une adresse fûtée.

LE GLACIER DU ROI

4, place de Lenche (2e)
✆ 04 91 91 01 16
www.leglacierduroi.com
En été, ouvert tous les jours sauf mardi. En hiver, vérifier les horaires sur le web. Dès 3,50 € pour un parfum.

Fabriquées sur place, les glaces artisanales ont le goût du vrai ! Le secret ? Pas d'édulcorants, colorants et autres composés chimiques, tout est naturel : des sorbets de fruits citron, pêche, melon…, et des crèmes glacées pistache, noisette, navette, café italien, réglisse, yaourt, fleur de lait… Egalement, des glaces à l'italienne à tomber par terre, des verrines et gâteaux glacés, bonbons glacés, bûches de Noël… Une adresse parfaite pour une pause sucrée glacée à toute heure, d'autant plus que l'endroit est doté d'une jolie terrasse sur la place de Lenche.

JULIS

2, Rue Vauvenargues (7e)
✆ 07 62 26 55 86
www.restaurant-sepia.fr/julis
Ouvert du jeudi au samedi de 18 à 1h et le dimanche de 17h à minuit. Terrasse. Vue panoramique.

Tout à côté du restaurant Sépia, ce bar à cocktail est aussi spectaculaire pour sa vue panoramique sur la ville que pour ses délicieux breuvages servis tous les soirs de la semaine (sauf le lundi). C'est la même maison que Sépia et donc un gage certain de qualité, à tous les niveaux. Une belle carte de tapas accompagnera vos verres, pour un moment inoubliable car sans doute dans un des spots les plus beaux de la ville. Après avoir fait ses gammes dans la capitale, Lucien Bouchara nous gratifie ici de son savoir-faire certain en mixologie.

OH FAON

2, rue Edmond Rostand (6e) ✆ 04 91 81 46 09
www.ohfaon.com/
Du mardi au samedi de 9h30 à 18h30. Le dimanche 10h à 13h. Pâtisserie autour de 5 €. Vegan, sans gluten.

Le nom de cette pâtisserie colle à merveille avec la toute première réaction émise lorsque l'on passe le pas de la porte de cette charmante petite boutique. À l'œil, on admire le travail et la finesse d'exécution. Sous le palais, on apprécie les saveurs délicates. Ici, la gourmandise est reine mais se veut éthique et donc végan. Si vous ne connaissez pas, franchissez le pas, vous apprécierez. Craquez pour Grodoudou chocolaté à souhait, une « startelette » qui porte bien son nom, une tropézienne maison et bien d'autres surprises qui vous tenteront assurément.

PÂTISSERIE PAEMA

12, rue César Aleman (7e) ✆ 04 91 01 72 79
http://www.paema-patisserie.fr
Du mercredi au samedi 10h-19h. Le dimanche de 9h30-13h. Pâtisseries autour de 5,20 € pièce. À emporter uniquement.

Attention coup de cœur ! Cette nouvelle pâtisserie fine a ouvert à deux pas de la plage des Catalans, dans un quartier familial et populaire. Une superbe boutique lumineuse, un accueil adorable. Pâtissier de formation, Paul magnifie les saveurs saisonnières, fruitées, tout en légèreté. Une bouchée vous rend addict aux douceurs de Paéma. Nous avons goûté une tartelette aux fraises et à la menthe sublime, une chouquette généreuse, c'est du haut niveau, aussi bien dans le travail que l'esthétisme. La pétillante Méryl est, elle aussi, passionnée. Recommandé vivement !

LA SOIFFERIE

8, place Paul Cézanne (6e)

Ouvert du mercredi au samedi de 17h à 1h30. Le mardi jusqu'à 0h30. Terrasse. Bières artisanales et cocktails.

Ouvert durant l'été 2021, la Soifferie attise la curiosité dans le paysage des nouveaux bars marseillais. Une déco vintage, une ambiance décontractée qui colle bien avec le quartier du Cours Julien, on accourt ici pour déguster de délicieux cocktails création maison, des punchs, une sélection de bières artisanales ou encore des vins bio. Quelques petites assiettes pour accompagner le tout et vous voilà embarqué pour un début de soirée sous une bonne étoile. Nul doute qu'à la Soifferie, il n'y sera pas question que de soif mais bien de moments de vie.

VANILLE NOIRE

2, rue de Lorette (2e)

✆ 07 77 33 68 19

www.vanillenoire.com

Tous les jours de 12h30 à 19h (jusqu'à 18h30 en basse saison). Fermé en hiver.

C'est la sensation des glaciers marseillais ! Un véritable laboratoire créateur de saveurs. Sur la place Lorette dans le Panier, découvrez un point de vente qui ne manque pas de couleurs et de parfums. Yaourts glacés, crèmes glacées, sorbets. Des glaces peu sucrées pour mettre à l'honneur les produits sélectionnés avec soin par ce passionné dont le rêve est devenu réel. De nombreux parfums, sélectionnés délicatement en fonction des produits de saison mais la spécialité de la maison reste la vanille, noire et iodée. Autre adresse : 15 rue Caisserie.

COOKISS

7, Rue Four du Chapitre (2e)

✆ 07 77 37 23 24

www.cookiss.fr

Ouvert du mardi au dimanche de 10h à 18h. Cookies de 2,90 à 3,20 €. Cookie dough de 3 à 6 € hors topping.

© COOKISS

Après notre visite chez Cookiss, on en est encore à se demander ce que l'on préfère : la douce odeur de cookies chauds qui vous prend lorsque l'on entre dans la boutique ? L'accueil adorable et l'histoire attachante du couple de propriétaires Mama et Samir ? La sensation du cookie dough sous le palais ? Cookiss, c'est le 1er vendeur de pâte crue, le cookie dough, dans la cité phocéenne. Un challenge gourmand qui trouve déjà ses fans. Les cookies classiques eux sont fondants, délicieux. Chocolat blanc miso, beurre de cacahuète ou M&M's... Une adresse délicieuse !

LA VOIE MALTÉE

7, rue Crudère (6e)

Ouvert du lundi au samedi de 17h à 2h. Expositions. Concerts. Voir les événements sur la page Facebook.

Situé rue Crudère, ce bar a tout pour plaire : un comptoir accueillant, une décoration authentique et chaleureuse et surtout... une grande sélection de bières ! Dix pressions du jour sont servies et changent quotidiennement. Certaines sont étrangères, d'autres françaises... et il y en a même des locales ! Les locaux de la Voie Maltée sont aussi régulièrement investis le temps d'une soirée pour des expositions d'artistes, des concerts acoustiques, des soirées dj et de nombreux autres évènements. À tester pour une soirée animée !

72% PETANQUE

10, rue du Petit Puits (2e)

✆ 04 91 91 14 57

Ouvert tous les jours de 9h à 17h. Horaires variables en été. Boutique en ligne.

Installé en plein cœur du Panier depuis 1999, cette jolie boutique pittoresque nous invite à faire connaissance avec le monde du savon de Marseille, des produits de soin made in Provence. À sa tête, Guillaume choisit scrupuleusement les produits vendus ici, du savon sous toutes ses formes, mais aussi des gels douche, laits corporels et huiles essentielles. Une caverne d'Ali Baba où idées cadeaux et achats plaisir feront bon ménage. Le nom de la boutique fait référence au dosage en huile d'olive nécessaire à la fabrication d'un savon de Marseille.

BOUCHES-DU-RHÔNE

ATELIER CÉLADON

40, rue Sainte-Françoise (2e)
✆ 04 91 90 89 26
www.atelier-celadon.com/
Ouvert tous les jours de 10h à 19h.

À mi-chemin entre la Vieille-Charité et la cathédrale de Major, découvrez un lieu assez unique en son genre, partagé entre différentes artistes. Un atelier, ouvert il y a 20 ans, où les talents se rencontrent et créent une atmosphère particulière, propice à la création. Un collectif de 8 créatrices vous attend ici : trois céramistes, trois mosaïstes, une créatrice de bijoux et une designer. L'espace est épuré, lumineux, les créations sont bien mises en valeur. L'accent est mis sur les matériaux naturels. Pour le reste, prenez le temps de découvrir.

CAFI SHOP

30, Boulevard Georges Clémenceau (4e)
✆ 04 91 49 47 99
Restauration du mardi au samedi midi, jeudi au samedi soir. Plat du jour 14 à 16 €. Entrées 8 €. Vin au verre. Patio.

Le Cafi shop, c'est l'émanation naturelle de l'association Cafi social club. Une association de jeunes gens destinée à promouvoir le savoir-vivre et le bien manger régional, à travers de nombreux événements et des ateliers. Depuis décembre 2021, la fine équipe a ouvert une épicerie-restaurant à deux pas de la place Sebastopol et des Cinq-Avenues. Vous pourrez y déjeuner ou dîner avec un menu qui change chaque mois : quenelles de pois cassés, jus vert, pétale de betteraves ou effiloché d'agneau, navets jaunes, carottes et freekeh. Ambiance jeune et relax.

LA BALEINE À CABOSSE

213, rue Paradis (6e)
✆ 04 88 64 03 95
www.labaleineacabosse.com/
Ouvert du mardi au samedi de 9h30 à 19h.

Alerte gourmande ! Cette chocolaterie, installée sur la rue Paradis va vous faire connaître le vrai goût du chocolat. Oubliez tout ce que vous pensiez savoir là-dessus. Cette boutique est née d'une rencontre de deux jeunes gens partis explorer la Colombie. Au fil des rencontres et des découvertes, ils en ont ramené un savoir-faire unique et la volonté de faire découvrir le vrai cacao, non industriel, pur et délicat. On peut y acheter des chocolats Grands Crus, du Mexique ou de Colombie par exemple, de la tisane et même y suivre des ateliers. Superbe adresse.

LA CAVE DE LA JOLIETTE

10, place de la Joliette (2e) ✆ 06 31 06 13 33
www.cavelajoliette.fr
Ouvert 7j/7 de 10h à 19h45 (19h du lundi au mercredi). Expéditions de commandes et événements fréquents.

Demi-finaliste du concours du meilleur caviste 2016 organisé par le syndicat des cavistes de France, Alexandre Pichon sélectionne pour vous les meilleurs crus de France et d'ailleurs. Il privilégie les vins de petits producteurs à des prix abordables, mais propose également quelques raretés, très prisées. Côté champagnes, une sélection stratosphérique, du petit producteur jusqu'aux grands crus. Très belle sélection de spiritueux dont environ 70 références de rhums, une cinquantaine de whiskies. Alexandre propose aussi une quarantaine de références de bières !

LE BAZAR DE CÉSAR

4, montée des Accoules (10e)
✆ 06 19 70 95 76
www.lebazardecesar.com
Ouvert du lundi au samedi de 9h30 à 19h ; le dimanche et les jours fériés de 9h30 à 18h30.

Qui visite le vieux quartier de Marseille passe forcément par la montée des Accoules. Là, vous tomberez nez à nez avec cette boutique spécialisée en produits « qui moussent » : la bière et le savon ! Bière la Cagole, savons le Sérail et la Licorne (100% made in Marseille), une gamme de savon enrichie en karité bio, au lait d'ânesse bio, une gamme de parfums de Grasse... Georges et Dominique seront là pour vous donner des conseils de marseillais avertis. L'endroit est également emblématique puisque c'est ici qu'auparavant était brassée la fameuse bière la Cagole.

CRISTAL LIMIÑANA

99, boulevard Jeanne-d'Arc (5e)
✆ 04 91 47 66 72
www.cristal-liminana.com
Boutique ouverte du lundi au vendredi de 8h à 12h et de 14h à 17h. Visite commentée sur réservation, 3 €, 1h30.

Cristal Liminana est l'une des dernières fabriques marseillaises de Pastis. Gérée par la petite-fille du fondateur, une visite vous permettra de découvrir l'aventure de cette marque 100 % locale. Deux millions de bouteilles par an sont écoulées. Nous recommandons la visite guidée, bien sûr, et vous conseillons de goûter à une des spécialités de la maison : le Pastis Un Marseillais, l'anisette Cristal Anis, des liqueurs, une vodka locale également. Bravo à Maristella pour la gestion de l'entreprise, véritable patrimoine marseillais.

DROMEL AINÉ

19, avenue du Prado (6e)
✆ 04 91 54 01 91
www.dromel-aine.com
Ouvert le lundi de 9h30 à 19h ; du mardi au samedi de 9h à 19h.

La Maison Dromel Ainé, fondée en 1760, est l'une des plus anciennes confiseries chocolateries marseillaises. Une véritable institution devenue incontournable pour les fêtes et à Pâques mais pas seulement. Les fèves de cacao sont sélectionnées pour leur caractère et leur saveur. Vous trouvez ici aussi des cafés torréfiés sur place, d'excellents thés, les inimitables marrons glacés de chez Corsiglia, des fruits confits, des nougats, des calissons... Un véritable temple de la gourmandise dans la plus grande tradition provençale !

L'ÉPICERIE PAYSANNE DE QUARTIER

71, rue Léon Bourgeois (1er)
✆ 09 51 68 41 54
www.epicerie-paysanne.fr/
Ouvert du lundi au vendredi de 9h à 19h30. Le jeudi de 14h à 19h30 et le samedi de 9h à 19h.

Entre les boulevards de la Libération et Longchamp, cette épicerie paysanne vous accueille avec une jolie devanture colorée. Une belle épicerie gérée depuis début 2022 par une coopérative où les salariés sont en co-gérance, proposant fruits et légumes de saison (pour la plupart en provenance de la Crau ou du pays aixois), de l'épicerie régionale (avec vins, bières, confitures et huiles) mais aussi du frais avec du fromage bio du Queyras, des yaourts des Cévennes et même de la viande.

L'ESPERANTINE

17, Boulevard Jacques Saade (2e)
✆ 04 91 01 44 96
www.esperantine.com
Ouvert tous les jours de 10h à 19h. Vegan friendly.

Découvrez l'Espérantine, le spécialiste du chocolat à l'huile d'olive. Mariage étonnant de savoir-faire avec une touche de provençalité assumée, vous serez étonné par la douceur de ces sucreries. Une grande boutique sous les voûtes de la Major et une plus petite au pied du Panier, côté place de Lenche. Large gamme de chocolats composés de produits exceptionnels : huile d'olive AOP des Baux de Provence, chocolat noir pur origine et fruits secs. Pas de beurre ni crème. Le résultat est délicieux. Le produit incontournable est la petite feuille d'olivier en chocolat.

FAMA SUPÉRETTE

1, rue Samatan (7e)
✆ 06 22 33 74 56
Ouvert du mardi au jeudi de 8h30 à 14h et de 16h30 à 19h30. Le vendredi jusqu'à 21h. Le samedi non-stop de 8h30 à 19h30.

Dans le très authentique quartier de Samatan, cette « supérette de quartier » dévoile sa jolie façade colorée à l'angle d'un bâtiment typiquement marseillais. Aux commandes de cette épicerie de proximité, Emmanuelle et Sophie, deux passionnées qui prennent plaisir à accueillir leurs clients pour faire une course comme pour un café ou manger quelque chose sur le pouce. Dans l'épicerie, des produits régionaux, bio mais pas que. Au café, des sandwichs et salades le midi, des goûters pour les bambins. Adresse conviviale de quartier avec soirées à thème chaque mois.

FIORENTINA

35, rue d'Endoume (7e)
✆ 04 91 55 53 06
www.chezfiorentina.com
Du lundi au samedi de 9h30 à 14h et de 16h à 20h ; le dimanche de 9h30 à 13h et de 16h à 19h. Traiteur - Réception.

La célèbre épicerie italienne, ouverte il y a plus de 20 ans, est LA référence en matière de gastronomie et traiteur transalpin. Fiorentina propose un vaste choix de pâtes et raviolis frais qui font la renommée de la maison, antipasti, charcuteries, fromages, vins... Pour le déjeuner, des snacks maison sur le pouce sont proposés en semaine. Adresse incontournable dans l'agréable quartier d'Endoume, que vous ne pourrez pas rater : c'est ouvert tous les jours. Accueil souriant et de bon conseil. Encore et toujours vivement recommandée par le Petit Futé.

LE FOUR DES NAVETTES

136, rue Sainte (7e)
✆ 04 91 33 32 12
www.fourdesnavettes.com
Ouvert du lundi au samedi de 8h à 19h ; le dimanche de 9h à 13h et de 15h à 19h. 12 € la douzaine.

Fondée en 1781, la plus ancienne boulangerie de Marseille prépare depuis plus de deux siècles les célèbres navettes marseillaises, inimitables, dont la recette est toujours secrètement gardée. D'ailleurs, elles se conservent des mois entiers car elles ne sont composées que d'ingrédients secs. Elles sentent bon la fleur d'oranger, tout comme le quartier, littéralement embaumé par l'odeur du fournil. Traditionnellement, on les déguste à la chandeleur. Question de goût, mais beaucoup disent que l'on trouve ici les meilleures navettes de la ville.

FROMAGERIE CHAVE

88, Boulevard Chave (5e)
✆ 04 65 95 36 79
www.fromageriechave.fr
Ouvert du mardi au vendredi de 9h30 à 13h et de 16h à 19h30. Le samedi de 9h30 à 13h et de 15h à 19h30. Dimanche matin.

Une fromagerie récente avec une équipe de connaisseurs à votre service. Outre un coin épicerie fine pour vous procurer vins et confitures, on trouve ici toutes sortes de fromages venus des quatre coins de l'Hexagone. Au lait de vache, brebis ou chèvre, au lait cru ou pasteurisé, laissez-vous tenter. On aime beaucoup la disposition sans comptoir ni vitrine qui fait que l'on peut circuler au plus près des fromages et les humer. A coup sûr une adresse marquante lors de votre passage à Marseille, notamment pour découvrir les fromages de la région.

FROMAGERIE LE FIL BLEU

203, rue Paradis (6e)
✆ 04 91 58 08 93
www.filbleufromagerie.fr
Ouvert du mardi au samedi de 9h30 à 13h et de 15h30 à 19h. Plateaux sur commande à partir de 30 €.

Ouverte à l'automne 2021, vous pourrez retrouver dans cette fromagerie un jeune duo, Laura et Alice, amies de longue date et investies d'une mission : éduquer encore un peu plus nos palais citadins aux bons goûts des fromages fermiers, triés sur le volet, sélectionnés selon la saisonnalité. Dans cette boutique bien agencée, l'accent est mis sur les fromages à pâte persillée, dits « bleus ». Mais pas seulement. Roquefort, Stilton ou encore des raretés comme le bleu de Termignon côtoient des bries AOP, raclette en saison et chèvres frais de la région. Gourmand !

HERBORISTERIE DU PÈRE BLAIZE

4-6, rue Méolan-et-du-Père-Blaize (1er)
✆ 04 22 67 80 60
www.pereblaize.fr
Ouvert du lundi au samedi de 9h30 à 18h30 non-stop.

Créée en 1815 par Toussaint Blaize, on y élabore depuis 200 ans des décoctions aux vertus médicinales. Aujourd'hui, c'est une pharmacie-herboristerie qui porte, au cœur de ses préoccupations, le partage de son savoir-faire. L'enseigne propose des milliers de produits, allant des plantes médicinales bio et locales, épices et herbes jusqu'à des formules naturelles (crèmes, élixirs, eaux florales...). Cette entreprise familiale a reçu la distinction Entreprise du patrimoine vivant.

LA LAITERIE MARSEILLAISE

86, rue Sainte (7e)
✆ 04 91 06 73 82
https://lalaiteriemarseillaise.fr
Du mercredi au samedi de 9h à 13h et de 16h à 19h30. Le mardi 16h-19h30.

Depuis janvier 2020, Marseille possède sa laiterie locale ! C'est à Audrey et Madeleine que l'on doit cette initiative, deux passionnées de fromage ayant fait leurs gammes aux 4 coins du pays. Le principe est simple et inédit : faire du fromage en ville. Le lait est acheminé depuis des coopératives de la région et transformé en succulents fromages et yaourts, dans le laboratoire donnant sur la boutique. Une belle manière de pouvoir acheter en circuit (plus que) court. Le goût et la texture sont au rendez-vous côté vache comme brebis ou chèvre.

LA MAISON DU PASTIS

108, quai du Port (2e)
✆ 04 91 90 86 77
www.lamaisondupastis.com
Ouvert du lundi au dimanche de 10h à 19h. En hiver les horaires varient.

Après le savon, s'il y a bien une chose associée à la cité phocéenne, c'est bien le pastis ! Cette célèbre boisson anisée, composée de nombreux autres ingrédients tenus secret, est un présent idéal à ramener chez soi. Dans cette petite échoppe, vous trouverez près d'une centaine de pastis et absinthes… et toute l'épicerie fine pour réussir votre kémia à la sauce marseillaise. Sachez que la maison vend son propre pastis (qui arrive à maturité au bout de cinq mois) : il ne vous reste plus qu'à choisir votre bouteille et l'un des pastis maison (après dégustation) !

MAISON EMPEREUR

4, rue des Récolettes (1er)
✆ 04 91 54 02 29
www.empereur.fr
Ouvert du lundi au samedi de 9h à 19h.

Maison Empereur, c'est la plus vieille quincaillerie de France (ouverte en 1827 !). Dans cette caverne d'Ali Baba, on trouve vraiment de tout ! Depuis les accessoires de cuisine, la coutellerie et la droguerie jusqu'aux accessoires de jardinage, en passant par des objets d'antan à redécouvrir. Une insitution marseillaise incontournable ! Sachez que les jeunes mariés peuvent y ouvrir leur liste de mariage. Un petit tour sur le site Internet permet aussi de se faire une idée des produits disponibles. Mais, foi de Petit Futé, rien ne vaut un petit tour en boutique !

BOUCHES-DU-RHÔNE

MARSEILLE EN VACANCES

7, rue Bailli de Suffren (1er)
✆ 04 91 54 73 17
http://uneteenvacances.com/
Ouvert tous les jours de 10h à 19h. Boutique en ligne et livraison gratuite à partir de 50 euros.

Que l'on y vive ou non, il est indéniable que Marseille, été comme hiver, donne souvent l'impression d'être en vacances. C'est dans cette idée que ce concept-store, créé par Guillaume Sicard, s'est spécialisé dans les vêtements humoristiques marseillais et/ou provençaux. Les textes imprimés sont une ode au langage local, au parler marseillais. Les graphismes sont aussi originaux, les messages drôles : « A la ouaneguène » ou « Amendonné faut pas déconner « . La collection se décline pour hommes, femmes, enfants et bébés. Objets de décoration et pour la table.

MOUTCHOU

378, rue d'Endoume (7e)
✆ 06 22 10 95 14
Du mardi au dimanche de 8h30 à 19h30. Le vendredi, apéro tardif. Déjeuner : plats de 5 à 11 €. À emporter. Patio.

Pour Lisa Pizzini, le « Moutchou », c'est bien plus qu'une épicerie-cantine. C'est un lieu où s'expriment ses passions, les traditions qu'elle a pu hériter de sa famille méditerranéenne. Architecte de formation, azuréenne de naissance, elle a élu domicile à Endoume en proposant à la vente des produits sourcés de la région et au-delà, de l'épicerie coup de cœur et qui a du sens. Un « moutchou » dans le patois algérois familial, c'est une épicerie où l'on trouve de tout. Ici, vous trouverez du bonheur et du goût avant tout. Déjeuner de petits plats frais et goûteux.

LES NAVETTES DES ACCOULES

68, rue Caisserie (2e)
✆ 04 91 90 99 42
www.les-navettes-des-accoules.fr
Du lundi au samedi de 9h30 à 19h ; le dimanche de 10h à 18h. Navettes, canistrellis et cucciole 3,20 € les 100g.

Place à la navette, ce joli petit biscuit craquant en forme de bateau et aux saveurs délicates de fleur d'oranger. Traditionnellement dégustés à la chandeleur, ces biscuits sont confectionnés toute l'année dans ce fournil en contrebas du Panier. Laissez-vous envoûter par l'odeur lorsque vous pénétrez la boutique. Tout est exposé là sous vos yeux, navettes, croquants, canistrellis, macarons... Fraîcheur et authenticité. Le maître des lieux, José Orsoni, est une figure du quartier.

PANISSES ET CHICHIS - CHEZ FREDDY

(16e)
✆ 07 50 90 54 79
Ouvert d'avril à fin juin de 14h à 20h et de 14h à minuit en juillet et août.

Inutile de penser passer à l'Estaque sans déguster une des spécialités des panisses, ces petites galettes de pois chiche frites qui se dégustent sans modération. Un *must* pour tout véritable apéro marseillais qui se respecte. Dans ce quartier de Marseille, elles ont la réputation d'être les meilleures du monde et certains n'hésitent pas à traverser la ville pour s'en procurer. Goûtez également aux chichis, ces beignets au sucre à l'incomparable saveur.

LES SABLÉS MARSEILLAIS

12, rue de l'Évêché (2e)
✆ 04 91 52 23 76
www.lessablesmarseillais.com/
Ouvert du lundi au samedi de 10h à 19h. Le dimanche de 10h30 à 18h30. Boutique en ligne.

Se faire une place au soleil entre canistrellis et navettes n'est pas une mince affaire. Et pourtant, c'est chose faite. Fabriqués et emballés à Marseille, ces petites douceurs aux formes évocatrices (la frétillante en forme de sardine mais aussi fruits de mer, hippocampes et étoiles de mer) ravissent les papilles des passants dans l'atelier-boutique du Panier. Ces sablés sont bio et élaborés sans aucun colorant, conservateur ou arôme artificiel. Un gage de qualité et une vraie responsabilisation sur le circuit-court de même que sur des emballages recyclables.

SAVONNERIE FER À CHEVAL

66, chemin de Sainte-Marthe (14e)
✆ 04 91 10 30 80
www.savon-de-marseille.com
Boutique ouverte du lundi au samedi. Visite guidée gratuite sur réservation (horaires à consulter sur le site web).

Cette institution, fondée en 1856, est aujourd'hui la plus ancienne savonnerie de Marseille à perpétuer la fabrication de l'authentique savon. Une recette ancestrale transmise par des générations de maîtres-savonniers. Fabriqués exclusivement avec des huiles végétales, sans ajout de parfum ou colorant. Retrouvez à la boutique tous les produits : savons de Marseille, savons liquides, produits de maison et des coffrets cadeaux. Un véritable héritage culturel labellisé Entreprise du Patrimoine Vivant et désormais inscrit au titre des Monuments historiques.

LA SAVONNERIE MARSEILLAISE

47, La Canebière (1er)
04 91 52 07 49
www.savonnerie-marseillaise.com
Ouvert tous les jours de 9h à 19h.

C'est le marchand de savons qui manquait sur la Canebière ! Décliné sous toutes ses formes, il est aussi expliqué dans ses différentes étapes de fabrication à l'aide de panneaux. S'il multiplie les couleurs et les senteurs, il garde une place de choix au bon vieux bloc cubique, 72 % d'huile d'olive garantis et essentiellement parfumé au laurier. De couleur verdâtre, il est peu attractif. Parfait pourtant pour l'entretien de la maison, la lessive ou... les crampes musculaires.

LE CEPAC SILO

35, quai du Lazaret (2e)
04 91 90 00 00
www.cepacsilo-marseille.fr/
Tarifs selon spectacle – Réservation en ligne ou points de vente habituels.

Près des Docks de la Joliette, cet ancien silo à blé date de 1927. Réhabilité en 2011, il est désormais une salle de spectacle vouée aux programmations artistiques : concerts, danse, théâtre, humour... Labellisé « Patrimoine du XXe siècle », son aménagement fait partie du projet Euroméditerranée. Chef-d'œuvre d'acoustique, visibilité, confort, étudié minutieusement. Découvrez ce théâtre à l'italienne, une salle divisée en trois balcons avec une modularité en « tous assis » et en version « assis debout ». C'est ici que les grands artistes se produisent à Marseille.

SISTAOU TRAITEUR & CRÈMERIE FINE

61, boulevard Eugène Pierre (5e)
04 91 42 55 50
Le mardi de 11h à 13h30 et de 16h à 20h. Du mercredi au vendredi de 10h à 13h30 et de 16h à 20h. Le samedi de 10h à 20h.

Sur le très commerçant boulevard Eugène Pierre, l'idée de deux sœurs a pris forme avec cette fromagerie-crèmerie-traiteur nommée en circonstance Sistaou. Une sorte de « sisters » provençalisé que nous validons. Très bel intérieur moderne et clair. Coin traiteur où sont vendus les plats cuisinés par une des sœurs, cuisinière de formation. Le long du mur se trouvent les fromages, sélectionnés avec soin par l'autre sœur, elle-même fromagère crémière. Quel duo de choc pour nos papilles.

LE PELLE MÊLE

8, place aux Huiles (1er)
04 91 54 85 26
Ouvert du mardi au samedi de 17h à 2h. Concert live, programmation à suivre sur les réseaux sociaux. Restauration.

Dernier bastion de la scène jazz marseillaise autrefois florissante, le Pelle Mêle se situe à deux pas du Vieux-Port et rassemble du mardi au samedi un public d'amateurs de jazz et de musique *live*. La programmation est riche et variée chaque semaine avec une soirée micro ouvert tous les vendredis (réservation fortement conseillée). C'est un beau lieu de vie nocturne où découvrir des artistes locaux et internationaux que vous ne demanderez qu'à suivre par la suite. En soirée, accompagnez vos verres de quesadillas ou de seiches en persillade.

TERRE ET VERT

36, rue de la paix Marcel Paul (1er)
06 17 70 12 01
Ouvert du mardi au samedi de 10h à minuit. Fermé dimanche et lundi.

Étonnant petit écrin caché dans une ruelle toute proche du très animé cours Estienne-d'Orves. A l'ombre des escaliers menant à la rue Sainte se trouve cette charmante épicerie fine expérientielle. Un beau choix de vins, de produits frais comme du fromage et des charcuteries. On mise avant tout sur la qualité des filières, les circuits courts. C'est aussi un bar à ambiance pour boire un verre autour d'une planche et pour profiter de concerts du jeudi au samedi. Quelques petites tables en extérieur pour le midi ou une pause sucrée l'après-midi.

LE VICE VERSA

40, rue des Trois Rois (6e)
Ouvert du mardi au samedi de 17h à 4h. Cocktails, terrasse.

En lieu et place du Melting Pot, le Vice Versa s'est installé fin octobre 2022 dans ce coin du cours Julien qui vibre en fin de semaine. Un bar où l'on apprécie de très bons cocktails imaginatifs, imaginés par un bartender passé par des établissements références comme le Caribou ou le Mama Shelter. Vous pourrez également vous détendre autour d'une sélection de bières, de vins et de boissons sans alcool. A l'heure où les jambes démangent, une petite porte s'ouvre et mène à une salle en sous-sol où des djs vous feront danser jusqu'au bout de la nuit.

LE ROVE ★★

Le Rove est un petit village de 4 500 habitants situé à 8 kilomètres de Marseille. Son nom vient du Provençal Lou Rove qui signifie : le chêne vert. Et, comme si cela avait un lien, c'est l'endroit parfait pour se mettre au vert. Ici, le calme règne, l'odeur de la garrigue titille les narines, les stridulations des cigales enchantent les oreilles et la beauté des calanques de Niolon et de La Vesse sont un véritable bonheur pour les yeux. Pour les deux derniers sens, n'hésitez pas à goûter les fameuses brousses du Rove, fruits de l'élevage des chèvres qui ont fait, entre autre, la réputation de ce village et une plongée en mer à la découverte de nombreuses espèces sous-marines.

HÔTEL LES PIELETTES** €

3, Zone d'aménagement concerté Pielettes
✆ 04 91 46 94 94
www.lespielettes.fr

16 chambres. Chambre double de 75 € à 85 € ; chambre triple à partir de 130 €. Petit déjeuner buffet : 9 €.

L'hôtel Les Pielettes, c'est un très bon rapport qualité-prix. Certes, le cadre de la ZAC n'est pas enchanteur mais le côté pratique est là, et la modernité de l'hôtel appréciable. Il se compose de 16 chambres très modernes climatisées et toutes équipées d'une TV et d'une connexion Wifi. L'hôtel dispose également d'un restaurant-pizzeria. L'établissement est idéalement placé pour les professionnels, à moins de 20 minutes de l'aéroport de Marseille-Provence. Il conviendra aussi aux vacanciers puisqu'il se trouve à proximité des calanques et de la côte bleue.

CALANQUE DE NIOLON ★★★

Parking à la gare de Niolon. Accès interdit aux véhicules de mai à août les week-ends et jours fériés.

Parking visiteurs en haut du village. Accès réglementé en haute saison.

Cette calanque naturelle aménagée est située sur la plus belle section du sentier des Douaniers. L'avantage, c'est qu'ici il y a une gare et une route dédiée depuis Le Rove avec un parking à la gare. Pratique, elle est donc très facile d'accès, d'autant que le fameux train de la Côte Bleue part et arrive de la gare Saint-Charles. Cela explique en revanche que le lieu soit légèrement plus fréquenté que d'autres calanques, notamment en haute saison, où il faudra un peu vous éloigner pour aspirer au calme. Niolon se prête volontiers à la baignade, dans des eaux calmes protégées par un rocher ou depuis une plage de galets avec une vue exceptionnelle sur toute la rade de Marseille. Les fonds marins étant magnifiques, un centre de plongée est installé ici dans un ancien fort militaire. La calanque est habitée, les habitations sont charmantes et l'on trouve quelques restaurants agréables pour prolonger vos journées le temps d'un dîner. En vous éloignant de Niolon par le chemin de randonnée qui part dans le prolongement du parking, vous atteindrez de jolis coins reculés, à commencer par la paradisiaque calanque de l'Erevine, après avoir passé celle du Jonquier. Niolon, au-delà d'être une calanque agréable où lézarder, est donc aussi un point de départ très pratique pour effectuer en partie ou en intégralité, le célèbre « sentier des douaniers ». Vous trouverez donc toujours de quoi vous occuper dans les environs : une petite virée ici vous apportera un bon bol d'air et une exquise impression de bout du monde.

BOUCHES-DU-RHÔNE

Calanque de Niolon.

L'AUBERGE DU MÉROU €€

A55 sortie Le Rove puis D5 Niolon.
✆ 04 91 46 98 69
www.aubergedumerou.fr

Tous les jours le midi et le soir. Horaires variables en basse saison. Bouillabaisse 64 € et Bourride 42 € par personne.

Cadre d'exception pour ce restaurant panoramique pourvu d'une baie vitrée s'ouvrant en terrasse avec vue magnifique sur la calanque de Niolon. En cuisine, le chef rend hommage aux produits de La Méditerranée et du terroir. La spécialité de la maison : la bouillabaisse, bien sûr. Un alléchant couscous au poisson, des tentacules de poulpe grillées complètent une carte où l'on trouve aussi des plats de viande (hot-dog de bœuf charolais confit par exemple). Les menus permettent un aperçu brillant et gourmand du savoir-faire du maître des lieux.

LA PERGOLA €€

3, chemin de la Pergola
✆ 07 87 96 56 11
www.restaurantlapergola.fr

Ouvert du mercredi midi au lundi midi. Carte : 40 € environ. Terrasse. Réservation recommandée. Menu enfant 14 €.

Niché sur la calanque de Niolon, ce restaurant provençal, créé en 1948, bénéficie d'un cadre exceptionnel, avec sa terrasse abritée par une tonnelle verdoyante. Dans l'assiette, des spécialités régionales qui font la part belle aux produits de la mer, mais aussi quelques viandes, des salades généreuses et quelques propositions à partager. Au menu : filet de bœuf en croûte, poisson grillé selon arrivage, risotto poulpe chorizo, ravioles de homard ou pieds et paquets. Les assiettes sont soignées, l'expérience toujours belle et l'accueil très sympa.

LA BROUSSE DU ROVE

17, rue Adrien-Isnardon
✆ 04 91 09 92 33

Ouvert 7j/7 de février à octobre de 8h à 12h30 et de 17h à 19h. 1,30 € par tube de brousse. 2,50 € les fromages.

Cela fait déjà quelques siècles que les brousses du Rove sont moulées dans de petits moules coniques, et la recette n'a pas changé ! La famille Gouiran est l'un des derniers fabricants de véritable brousse du Rove, ce petit caillé de chèvre d'une finesse incomparable à déguster salé aux herbes fines ou sucré avec du miel ou de la confiture. À savoir : la production de brousse s'arrête de novembre à janvier, car les chèvres ne produisent plus de lait. Une des dernières fromageries du Rove à produire et vendre ces petites merveilles devenues AOC en 2020.

ENSUÈS-LA-REDONNE

A une vingtaine de kilomètres de Marseille, Ensuès-la-Redonne est une petite commune à taille humaine, essentiellement familiale et très prisée des Marseillais qui viennent y passer le week-end au cabanon. La petite gare d'Ensuès, accessible directement depuis la gare Saint-Charles, vous permet d'atteindre les premières plages et les différents sentiers très appréciés des randonneurs sur la Côte Bleue. Ce parcours en train appelé « Train de la Côte Bleue » est à faire absolument. Les points de vue sont incroyables depuis les viaducs que l'on franchit, avec une vue magnifique sur la rade de Marseille. Bronzette ou randonnée, c'est à vous de choisir !

CALANQUE DE L'EREVINE

Compter 1 heure de marche environ depuis Niolon ou Méjean.

Accès par sentier de randonnée pas toujours aisé. Une heure environ depuis la gare de Niolon.

On la qualifie parfois de plus belle calanque de la Côte Bleue. Et pour tout vous dire, cette réputation est loin d'être usurpée. L'accès n'y est pas simple et se mérite. Pourtant, la petite plage de galets aux eaux turquoise n'est jamais déserte. Les courageux sont nombreux à s'offrir ce petit paradis. On y arrive en passant sous le viaduc de la voie ferrée. Le panorama est fou et toute la baie de Marseille se déploie. La baignade y est une belle récompense pour vos efforts. Au loin sur votre droite, l'île de l'Erevine, spectaculaire et massive.

CALANQUE DE LA REDONNE ★★

Parking sur les hauteurs. Prévoir du temps et de la patience pour trouver une place. Accès au port interdit aux véhicules de mi-avril à août les week-ends et jours fériés. La gare est juste au-dessus de la calanque.

Accès au port interdit en haute saison. Gare SNCF juste au-dessus de la calanque.

Les calanques de la côte bleue sont moins connues et sans doute moins spectaculaires que celles du parc national du côté de Cassis, mais elles sont tout aussi agréables et belles à regarder. Le décor a tout d'une carte postale. En ce qui concerne la calanque de la Redonne, outre le petit port de pêcheur dominé par le viaduc qui ne gâche rien au plaisir des photographes, une petite plage de galet très prisée en été vous accueille. Prenez le temps d'explorer les environs afin de dénicher le petit coin de paradis isolé qui vous comblera.

CALANQUE DE MÉJEAN ★★

Depuis la gare et calanque de la Redonne, comptez 2 km par la route à pied.

Accessible à pied depuis la gare de la Redonne. En été, la circulation y est réservée aux riverains.

Emblématique de la Côte Bleue, la calanque de Méjean est l'une des plus jolies de ce côté-là d'Ensuès-la-Redonne. Elle est située après celle de la Redonne en passant par la route, et constitue le point d'accès principal du sentier des Douaniers qui longe les falaises jusqu'à la calanque de Niolon. Il faudra passer d'abord par le Petit-Méjean pour arriver au Grand-Méjean en voiture ou à pied, car pas de gare ici ! Les eaux turquoise idylliques et les pins parasols qui se balancent au vent offrent un joli tableau provençal, avec les cigales en fond sonore. Si la Côte Bleue est moins fréquentée que le parc national des Calanques du côté de Cassis, l'endroit est néanmoins pris d'assaut les week-ends et vacances scolaires. Pour trouver du calme, il faudra cheminer et s'installer sur un coin de rochers. Nombreuses randonnées autour de cette calanque, dont vous trouverez les détails à l'entrée. Notons que la calanque a été choisie récemment pour le tournage d'un des derniers films du réalisateur marseillais Robert Guédiguian. Les randonneurs longent la calanque et passent derrière le petit terrain de boules pour retrouver le GR-51 en direction de l'Erevine et Niolon. Pas toujours aisé mais à couper le souffle. Méjean est également apprécié des amateurs de kayak, snorkeling et paddle. Depuis la plage du Rouet, on peut explorer les différentes calanques dont celle-ci. Enfin, la plongée y est reine ici aussi : c'est ici que se trouve le *tombant de Méjean*, un mur de coraux à 24 m de profondeur, riche en poissons, gorgones et murènes.

LA PALMERAIE DES CALANQUES €€

8, chemin de Montmillan et d'Aubrez

✆ 04 42 06 57 75

www.lapalmeraiedescalanques.com

Chambre double de 140 € à 150 € la nuit ; suite de 210 € à 240 € la nuit.

Xavier vous accueille dans 5 chambres, dont une suite, ou dans un gîte. Cette luxueuse villa dispose d'une piscine et de splendides terrasses avec vue sur la la calanque qu'elles surplombent. Les chambres confortables et bien équipées et disposent d'un coin salon. La suite est équipée en plus de deux lits simples, de toilettes séparées, d'un micro-ondes et d'un coin bureau. Des rénovations ont été entreprises récemment par Xavier qui a repris le flambeau de Brigitte et Robert.

LE MANGE-TOUT €€

8, chemin Tire-Cul

✆ 04 42 45 91 68

Fermé de novembre à mars. Ouvert tous les jours et les jours fériés le midi et le soir. Réservation recommandée.

On ne vient pas au Mange-tout pour la sophistication de sa cuisine, mais pour son cadre exceptionnel et des assiettes de cuisine provençale rustique sans chichi. On aime ici la friture de mange-tout (petits poissons à manger avec les doigts) spécialité de la maison, l'espadon grillé, les beignets de calamars... Un petit rosé bien frais du pays pour arroser le tout et vous êtes prêt pour une sieste à l'ombre face à l'azur de la mer. L'accueil est familial et bon enfant, le personnel est attentionné. Pensez à réserver la veille car il est souvent plein.

CARRY-LE-ROUET ★

Bienvenue à Carry-le-Rouet, la « perle de la Côte Bleue » et une des stations balnéaires préférées des Marseillais. Son petit port et ses belles demeures en font un lieu prisé pour une balade le week-end, de même que ses nombreux restaurants qui ne désemplissent pas. L'été, ce qui est d'ordinaire une petite ville calme voit sa fréquentation augmenter considérablement. Ses plages, les différents événements et de nombreuses activités sportives attirent. Depuis 2019, la commune détient le label « Station classée de tourisme ». Le nom de Carry est indissociable des Oursinades qui y sont organisées chaque début d'année, ainsi que de l'acteur Fernandel qui y a vécu.

CALANQUE DES EAUX SALÉES ★★

La calanque est uniquement accessible à pied. Parking au niveau de la plage du Rouet puis prendre l'avenue Blanche-Calvet et le chemin des Eaux-Salées.

Calanque accessible à pied depuis le parking au niveau de la plage du Rouet.

C'est la première calanque en pleine nature en direction d'Ensuès. Elle est moins fréquentée que les autres. Enjambée par le viaduc centenaire du même nom, la crique entourée de pins d'Alep abrite une plage de gros galets polis à l'eau translucide. La résurgence d'eau salée sous le viaduc est une pataugeoire idéale pour les enfants. Au milieu de la calanque se trouve l'îlot de la Grande Mona, accessible pour les bons nageurs qui veulent se prélasser dans une sorte de baignoire naturelle. Un lieu idéal pour la plongée, le kayak ou *stand up paddle*.

CALANQUE DU CAP ROUSSET ★

Avenue Gérard-Montus

Buvette et parking.

Cette petite plage familiale enchâssée dans une pinède est très jolie, mais très fréquentée en été (parking plein). Un des avantages de cette calanque est qu'elle dispose de nombreuses infrastructures : accès handicapés, snack à proximité, douche, baignade surveillée… Son principal atout : en juillet-août, depuis cette plage, le Parc marin organise les jeudis et samedis une découverte des fonds marins en *snorkeling* : palme, masque, tuba, pour une balade aquatique gratuite. Réservation obligatoire auprès de l'Office de tourisme.

PLAGE DU ROUET

Route bleue

Plage surveillée, équipée de douches et de toilettes et d'un point d'eau potable.

Nichée entre deux falaises, c'est la plus vaste et plus célèbre plage de Carry. Elle est tout de même assez loin du centre-ville. Plage mixte de sable et de galets (où se trouve une belle "mise à l'eau"), elle est bordée par des snacks, restaurants, un parking, accessible aux handicapés, avec baignade surveillée. La plage est exceptionnelle par son panorama et très populaire auprès des familles. À signaler le côté pratique de son vaste parking payant, car les emplacements gratuits sont rares à proximité. Très fréquentée en haute saison, cela va de soi.

PARC MARIN DE LA CÔTE BLEUE ★★

31, avenue Jean-Bart

✆ 04 42 45 45 07

www.parcmarincotebleue.fr

Visite guidée.

Cette aire de protection marine créée en 1982 s'étend sur 28 km. Elle concentre ses actions sur 2 zones réserves marines protégées, à cap Couronne (210 ha) et Carry-le-Rouet (85 ha). Le parc a installé des récifs artificiels pour aider l'écosystème à se développer, ainsi que des récifs de protection anti-chalutage et réalise des études scientifiques sur ses propres actions. En été, le parc organise des ateliers ludiques ainsi que des randonnées aquatiques (inscription obligatoire).

RANDONNÉES BALISÉES TOPO-RANDOS

Tous les renseignements à l'office de tourisme ou sur son site internet où les parcours sont téléchargeables.

Les environs de Carry-le-Rouet ont été balisés suivant de jolies randonnées entre pinèdes, collines de garrigue, champs d'oliviers, vignes, pins d'Alep et bord de mer azuré. Quelques suggestions : Entre calanques et collines (12 km, niveau facile), le tour du Romaron (8 km, niveau moyen), le vallon de Jaume (10 km, niveau moyen), Notre-Dame-du-Rouet (12,5 km, niveau moyen) ou encore le grand sentier de la Côte Bleue, chemin de randonnée fameux de 64 km dont 17 boucles de 2 à 12 km.

BOUCHES-DU-RHÔNE

© KEITMA - SHUTTERSTOCK.COM

Calanque des Eaux Salées.

SENTIER DU LÉZARD

Port de Carry-le-Rouet

Site naturel en accès libre.

Cette petite balade sans réelle difficulté vous emmène sur la côte escarpée de Carry en direction de Sausset. Sur le port, le départ du sentier se trouve au bout du parking du casino, au niveau de la plage Fernandel. Tout au long du sentier, des panneaux explicatifs sur la faune et la flore locale, ainsi que des installations pour faire quelques tractions et un peu de sport. La balade est ravissante, face à la grande bleue, dans une nature verdoyante. Pas de difficulté hormis des escaliers au tout début. Quelques petits spots de baignade au fil de la balade.

TRAIN DE LA CÔTE BLEUE, SENTIER DES DOUANIERS ★

Au départ de Marseille Saint-Charles direction Miramas (par Martigues)

Balisage, environ 10 km, dénivelé 300 m. Sentier difficile, pour randonneurs aguerris entre le Rouet et Niolon.

La façon la plus originale d'aborder ce mythique GR est de commencer le trajet avec le train de la Côte bleue depuis la gare Saint-Charles. Plusieurs allers et retours dans la journée avec des vues vertigineuses depuis les fenêtres du train, qui sillonne à travers le massif. Le GR commence à Sausset mais pour une immersion plus directe, partez depuis Carry-Le-Rouet. Direction plein est vers La Redonne-Ensuès, Méjean… jusqu'à l'Estaque. Points de vue magiques et sensations garanties.

OFFICE DE TOURISME DE CARRY-LE-ROUET

11-13, route Bleue

✆ 04 42 13 20 36

www.otcarrylerouet.fr

Station classée de Tourisme. Office de Tourisme catégorie 1. Label Qualité Tourisme. Horaires à consulter sur site web.

L'office de tourisme de Carry est situé en plein cœur du village. Très bien documenté pour vous aider à découvrir le fameux Sentier des Douaniers ou d'autres randonnées, il pourra également vous informer sur l'offre de logements, de restaurants, les activités nautiques et sportives. Enfin, vous y trouverez tous les horaires de trains et de bus. De plus, l'accueil est excellent et le personnel met à votre disposition pléthore de prospectus. Une adresse très utile.

BNN (BASE NATURE ET NAUTIQUE) ★

Quai Professeur-Émile-Vayssière

✆ 06 22 04 10 93 - www.loisirsprovence.fr

Ouvert de juin à septembre. Location à l'heure : stand up paddle à partir de 9 €, kayak double à partir de 20 €

Cette association propose plusieurs sortes d'activités nature et nautique en haute-saison. La base nautique est située sur le port de Carry et propose de la location, des randonnées encadrées en stand up paddle et kayak de mer à travers le Parc Marin et les calanques de la Côte Bleue. Depuis 2019, elle propose également de s'essayer à la bouée tractée. Toute l'année, des activités « Terre » (escalade, randonnée, excursions). Plus de renseignements sur le site internet ou par téléphone.

CROISIÈRES CÔTE BLEUE ★

Port de Carry-le-Rouet

✆ 06 82 26 89 41

Ouverture de la saison en avril. Circuits de 20 à 45 € par adulte. Six circuits dont un au soleil couchant.

Les Croisières Côte bleue offrent plusieurs circuits pour découvrir la Côte Bleue et même aller jusqu'à Cassis. Avec une capacité d'accueil allant jusqu'à 100 personnes, 6 circuits vous sont proposés : du circuit A tout au long des calanques de la côte bleue au circuit D en vision sous-marine, en passant par le circuit C qui couvre toute la journée et vous fera découvrir le parc national des Calanques, avec halte baignade au Frioul. Le circuit E vous proposera de vous baigner sur la Côte bleue. Vrai coup de cœur pour le circuit au coucher du soleil.

LES CHAMBRES DU GRAND MORNAS €€

9, allée du Grand-Mornas ✆ 06 73 33 60 52

www.leschambresdugrandmornas.fr

Chambre double de 112,50 € à 125 € (si petit déjeuner). Lit supplémentaire : 40 €. Parking payant 10 € par nuit.

Cette maison d'hôte est joliment décorée dans des tons de blanc, beige et bois, relaxants et lumineux. Les chambres sont douillettes, climatisées, avec une vue sur les collines de garrigue environnante. Un lit supplémentaire est proposé pour les familles. On appréciera tout à la fois le grand salon spacieux, la belle terrasse où l'on peut prendre de copieux petits déjeuners, la vue sur la mer… Ici, tout est prévu pour vous permettre un agréable séjour dans un cadre reposant idéal.

BOUCHES-DU-RHÔNE

HÔTEL LA TUILIÈRE*** €€

34, avenue Draïo-de-la-Mar
✆ 04 42 44 79 79
www.hotel-tuiliere.com
Chambre double à partir de 110 € ; chambre triple à partir de 120 €. Petit déjeuner buffet ou en chambre. Piscine.

La Tuilière est un hôtel de charme situé à 50 m de la calanque de la Tuilière. Une terrasse fleurie donne sur une piscine extérieure chauffée. Les 22 chambres – superbe vue sur mer ou vue sur colline – sont lumineuses, décorées dans les tons clairs pastel, modernes et confortables. Néanmoins sachez que la vue sur mer donne sur une rue assez passante tandis qu'à l'arrière c'est plus calme. Le petit déjeuner est copieux et de qualité. A proximité, un choix d'activités large : cinéma, casino, cheval, tennis, golf ou, bien sûr, plaisirs nautiques, plages, rochers.

HOTEL VILLA ARENA*** €€

1, place Camille Pelletan
✆ 04 42 45 00 12
https://www.villa-arena-hotel.com/fr
Chambre double de 95 € à 110 € ; chambre triple à partir de 130 €. Petit déjeuner buffet inclus. Animaux acceptés.

La Villa Arena est un hôtel familial situé en plein centre de Carry-le-Rouet. Cette belle demeure provençale du XVIIIe siècle à la façade sculptée dispose d'un restaurant renommé avec une jolie véranda. A l'intérieur, des rénovations ont été faites en 2020. Les chambres sont simples et jolies, équipées d'une salle de bain privative, avec des meubles en rotin pour les plus simples et de jolies douches à l'italienne pour les supérieures. L'hôtel est idéalement situé à 15 min de Marseille, 20 min de l'aéroport et quelques minutes des plages de Carry.

LES TERRASSES €€

2, place Jean-Jaurès
✆ 04 42 45 00 46
www.restaurant-lesterrasses.com
Tous les jours le midi et le soir. Plateau royal coquillages 105 €. Formule du midi 21 €. Pizzas dès 12,50 €.

Ce restaurant panoramique est ouvert toute l'année. Sa position dominante lui offre une vue imprenable sur les bateaux à quai. Trois grandes salles avec baies vitrées et autant de terrasses chauffées en hiver offrent une vue imprenable. Dans l'assiette, parillada de crustacés, marmite du pêcheur, poêlée de gambas, côte de bœuf maturée ou encore un beau choix de coquillages et crustacés. De très belles assiettes à partager pour plus de convivialité. Une adresse futée, rénovée récemment, dans un cadre enchanteur il faut bien le dire.

TREIZE 600 VINS €€

14, Boulevard Jean Valensi
✆ 04 86 64 79 62
https://treize600vins.com/
Ouvert du mardi au samedi le soir ; le vendredi et le samedi le midi. Suggestions de 8,50 à 36 €. Terrasse.

Si la convivialité devait élire domicile quelque part à Carry, ce serait dans cette cave à vin-bistrot tenue par un adorable duo de propriétaires. On vient ici avant tout pour faire ses achats en cépages divers et variés de la région ou d'ailleurs, mais ce lieu si chaleureux vous tentera peut-être pour un moment plus prolongé autour d'une bonne bouteille et de quelques mets à déguster. Que l'on se laisse tenter par des assiettes apéro ou par un plat plus conséquent, vous y trouverez votre bonheur. Sans hésitation, on y retourne.

LA RÉSERVE €€€

Quai du Professeur Emile-Vayssière
✆ 04 42 44 53 22
Ouvert toute l'année. Tous les jours le midi et le soir. Menu réserve 52 €. Bouillabaisse 70 € par personne. Terrasse.

Un restaurant de très belle cuisine ouvert en 2020. Le cadre tout d'abord, avec cette vue imprenable, légèrement en surplomb le petit port. La salle est élégamment décorée et lumineuse. En cuisine, le chef Baptiste Laurent concocte une cuisine classieuse, savoureuse. Jugez plutôt : ce jour-là le plat du jour était une queue de lotte sauvage rôtie, risotto crémeux, crème de crustacés. Un goût prononcé pour les produits de la mer et principalement locaux. Une très belle adresse donc qui vous convaincra certainement d'y revenir goûter le reste de la carte.

RESTAURANT JEREMY TURGON €€€

1, place Camille Pelletan ✆ 04 42 45 00 12
Du mardi au samedi le midi et le soir. Menus de 48 € à 55 €.

Attention, adresse d'exception. Nous sommes ici dans le restaurant du très célèbre hôtel Villa Arena. C'est le chef Jérémy Turgon qui œuvre en cuisine. On déguste ici une cuisine hautement gastronomique, composée de mets d'exception et dans des menus destinés à vous faire passer un moment unique. Les influences en cuisine sont avant tout méditerranéennes car la région et le littoral proposent une gamme incroyable de produits divins. Déjeuner ou dîner ici restera gravé dans votre mémoire de gastronome. La salle se prolonge sur une belle terrasse sous verrière.

LA VILLA MADRIGAL €€€

4, avenue du Docteur-Gérard-Montus
✆ 04 42 44 58 63
www.restaurant-lemadrigal.com
Ouvert du mardi au dimanche le midi, du mardi au samedi le soir. Menu midi 22 €. Le soir, de 38,50 à 57 €. Terrasse.

Dans une superbe bastide perchée sur la falaise, le Madrigal est un lieu exceptionnel. Les assiettes y sont aussi élégantes que le cadre est merveilleux. A la carte, on trouve surtout des poissons frais bien grillés et des spécialités régionales classiques, dont la bouillabaisse marseillaise bien sûr (sur commande uniquement). Goûtez au risotto du maquis, au confit d'épaule d'agneau, au turbot à la crème d'oursin ou encore au homard rôti au gingembre. Parking privé bien pratique pour se garer. Cadre et service de haut standing.

CARRY WINERY

7, Chemin du Rouet
✆ 06 83 41 44 74
Pas de visite sur place. Vente dans une vingtaine de cavistes de Bouches-du-Rhône. Bouteille de rosé dès 15 €.

Carry Winery, c'est l'histoire d'une bande de copains, Jerôme, Fred et Mo, de passionnés de vin qui se sont lancés dans le projet fou de cultiver et produire le seul vin de la Côte Bleue. Cinq ans plus tard, on produit ici quelque 6 000 bouteilles de rosé et 2000 de rouge selon les années. Pas d'appellation pour le moment ou plutôt si, celle d'appellation d'origine incontrôlée comme on aime le dire ici. Pour le rosé, un cépage oublié, la counoise, allié au vermentino et grenache mûr, aux apports maritimes certains. Production de marc et de Pastis.

LES CAVES DE RÉGUSSE

5, Avenue Aristide Briand
✆ 04 42 30 54 27
Ouvert du mardi au samedi de 9h à 12h30 et de 16h à 19h, et le dimanche matin.

Légèrement en retrait du port de Carry, rendez-vous aux Caves de Régusse, chez Marie Roy, pour faire vos achats en vins et alcools de choix. La propriétaire est une passionnée de terroir et cela se ressent, autant dans son discours engagé que dans la belle sélection de vins régionaux ou non, certains bio, de champagnes et de liqueurs. Vous trouverez ici de grands rhums et autant de grands whiskies pour les amateurs. Les vins présentés ici ont une histoire et Marie y attache de l'importance. La plupart des crus proviennent du grand Sud, du Languedoc au Var.

Ô P'TIT BIO

6, avenue Draio de la Mar
✆ 09 88 40 72 25
https://optitbio-carry.eatbu.com
Ouvert du lundi au samedi de 9h à 12h30 et de 15h à 19h ; le dimanche de 9h à 12h30.

Ouvert au printemps 2020 par Céline, enfant du pays, et son compagnon, Ô P'tit Bio est déjà devenu en peu de temps une référence dans les environs. Vous y trouverez bien évidemment que du bio, comme son nom l'indique, du local et du vrac. Glaces Tarentina (Marseille), bières Aquae Maltae (Aix), Gimber mais aussi fromages fermiers et pains artisanaux, tout y est, pour le plaisir de votre palais. Parmi les derniers produits arrivés : le kit de couverts Bini, nomade et réutilisable, idéal pour vos pique-niques sur la plage toute proche.

PLONGÉE PASSION

12, boulevard Jean-Valensi
✆ 06 08 51 78 02
www.plongee-passion-carry.com
Baptême de plongée : 85 € (enfants) et 100 € (adultes). Pack Découverte (3 plongées, équipement, diplôme) 300 €.

A la fois centre et école de plongée, Plongée Passion propose formation et exploration aux individuels, groupes et enfants. Des moniteurs brevetés d'État (1er et 2e degrés) vous emmènent à la découverte des joyaux cachés des fonds azurés de la Côte Bleue aux îles du Frioul et du Planier. Installés depuis plus de 20 ans à Carry, Marlène et Patrick Michel connaissent parfaitement les fonds marins de la région et vous mettront rapidement en confiance. L'équipe est aimable, joviale et très attentive, le matériel récent et de qualité.

CASINO BARRIÈRE

1, route Bleue
✆ 04 42 44 20 01
Du dimanche au jeudi de 10h à 3h ; le vendredi et le samedi de 10h à 4h. Accès gratuit, réservé aux personnes majeures.

À l'entrée du port de plaisance à Carry, le Casino Barrière est un petit casino moderne qui compte plus de 180 machines à sous, dont certaines multi-games, 2 tables de roulette anglaise, 2 tables de black-jack, 3 tables de Texas Hold'em poker *no limit*. On y passe assurément un bon moment et tout est mis en place pour le confort du joueur. Spectacles, one-man shows, concerts et animations le week-end, sans parler de la belle vue sur le port. Découvrez sans attendre le programme sur le site internet. Faites vos jeux et bonne chance !

SAUSSET-LES-PINS ★

Port de pêcheurs devenu lieu de villégiature, Sausset n'en a pas pour autant perdu de son charme et de son authenticité toute provençale. Tout comme sa voisine Carry, c'est une destination de week-end pour citadins à la recherche de calme et de météo clémente. Seul le mistral ne s'aventure pas ici et c'est ce qui explique les températures douces été comme hiver. Y passer de bonnes vacances sera aisé : la municipalité a mis un point d'honneur à avoir des infrastructures efficaces et de qualité. Pas vraiment de monuments si ce n'est le château Charles Roux du XIXe siècle et son église, mais de jolies ruelles et des balades côtières magnifiques.

OFFICE DE TOURISME

16, avenue du Port
✆ 04 42 45 60 65
www.ville-sausset-les-pins.fr

Ouvert du lundi au vendredi de 10h à 12h et de 13h à 17h ; le samedi de 10h à 12h.

L'Office municipal du Tourisme de Sausset-les-Pins est bien facilement trouvable, au début de l'avenue du port, et bien pratique avec 2 parkings à proximité pour stationner pendant que vous vous y adressez. Le personnel pourra vous y renseigner sur les diverses plages du coin ainsi que sur les départs de randonnées à proximité et les activités nautiques proposées par la municipalité. De nombreux dépliants sont à votre disposition, ainsi que tous les renseignements nécessaires pour séjourner et se restaurer à Sausset-le-Pins.

AUBERGE LA FOLIE €€

5, route de Saint-Julien
✆ 04 42 06 74 95
www.aubergelafolie.com

10 chambres. Chambre double 70 à 75 €, chambre triple 95 € ; Demi-pension : simple 94 €, double 60,50 €. Restaurant.

Cette ancienne ferme appartenant jadis au duc de Caumont a accueilli la duchesse de Berry, en avril 1832. Aujourd'hui, situé au calme à moins de 10 min du village, de la mer et de ses plages, cet ancien mas rénové propose 11 chambres simples, coquettes, confortables et climatisées. Les prix sont raisonnables surtout pour les chambres familiales, le petit déjeuner copieux et le personnel très avenant. C'est une bonne étape sur la route de la Côte Bleue doublée d'une bonne table. Idéal pour mettre les pieds sous la table avant de rejoindre sa chambre.

L'ESCALE CÔTE BLEUE €€

5, rue Charles Gounod
✆ 06 19 90 11 39
https://lescale-cotebleue.fr

3 chambres. Double de 75 € à 123 € ; suite de 166 € à 220 €. Petit déjeuner inclus. Table d'hôtes sur réservation.

Une chambre d'hôtes qui se décline en trois logements, dont certains avec vue mer, un lieu de vie imaginé et créé par ce couple accueillant et chaleureux. Dans le jardin aux beaux jours, vous apprécierez la belle piscine. Hors-saison, un spa chauffé privatif vous attend dans un des logements de la maison. Le petit déjeuner très complet est servi dans une belle verrière avec vue sur la mer. Une table d'hôtes est proposée par Franck sur réservation pour prolonger l'expérience. Hélène quant à elle s'occupera de la partie bien-être et massages sur demande.

LA CABANE €€

17, avenue Siméon Gouin ✆ 04 42 40 40 00
www.lacabane-sausset.fr/

Ouvert tous les jours de 12h à 14h30 et de 19h à 22h. Carte : 28 € environ. Menu enfant : 10 €. Tapas dès 3,90 €.

Située sur le port de Sausset-les-Pins, la Cabane est une excellente adresse qui a refait peau neuve et s'est agrandie tout récemment. D'une petite salle, la Cabane est désormais passée à un bel espace ouvert sur le port, derrière des baies vitrées en hiver. Un lieu cosy où manger midi et soir tous les jours de la semaine, apprécier un apéro autour de tapas en fin de journée. Belle carte de salades composées, de burgers généreux, de spécialités comme les linguines océanes ou les brochettes de gambas. Beau choix de tartares également. Bonne adresse pérenne.

LA CALANQUE BLEUE €€

Route de Sausset
✆ 04 42 44 93 28

Tous les jours le midi et le soir. Réservation conseillée. Menus de 39,90 € à 56,90 €. Bouillabaisse 78 € par pers.

Sur la petite départementale côtière qui va de Sausset vers Sainte-Croix, impossible de ne pas voir ce bel établissement planté au bord de la mer. Un beau restaurant avec, cela va de soi vu le cadre, une vue panoramique sur le large à faire pâlir. Au menu, de la cuisine régionale bien mise en valeur avec une spécialité maison pour la bouillabaisse que l'on peut aussi décliner en version royale, avec découpe comprise dans les deux cas. Une belle carte de poissons, des suggestions de viandes grillées et deux menus avantageux. Une adresse pérenne à redécouvrir.

LE SPOT €€

1, Avenue Jules Ferry
✆ 04 42 87 35 77
https://le-spot-sausset.fr/

Ouvert tous les jours le midi et le soir. Réservation recommandée. Carte : 45 € environ. Petit-déjeuner dès 10,90 €.

Nouvelle belle table à Sausset, qui va à coup sûr devenir un des meilleurs spots de la ville, d'où son nom bien trouvé. En bord de mer avec une superbe terrasse avec vue sur la grande bleue. Un lieu à la fois détendu et chic proposant une cuisine raffinée de type bistrot. Nous nous sommes régalés des délicieux raviolis à la truffe et du moelleux à la châtaigne pour finir. Il y en a pour tous les goûts à la carte. Certains soirs, vos apéros seront accompagnés de musique live, aux tonalités jazzy. Un vrai bel endroit plein de vie.

LES GIRELLES €€€

15, rue Frédéric-Mistral
✆ 04 42 45 26 16
www.restaurant-les-girelles.com

Ouvert le mardi et du jeudi au dimanche le midi ; du mardi au samedi le soir. Menus de 45 € à 70 €. Formule midi 29 €.

Voici l'une des meilleurs tables de Sausset-les-Pins, qui propose des menus et des plats à la carte tous inspirés des produits de la mer et du terroir provençal. Bouillabaisse, bourride (sur commande) mais aussi des menus très originaux. En cuisine, le chef maître-restaurateur Ludovic Walter excelle. Le résultat est à la hauteur des attentes. En entrée, nems de daurade et de homard sauce aigre-douce. En plat par exemple, médaillon de lotte façon bourride. Enfin, pour finir sur une note sucrée, le parfait glacé au chocolat noir tonka et cognac.

BOULANGERIE BOUDOUARD

14, avenue Simeon Gouin
✆ 04 42 45 06 68

Ouvert du mardi au samedi de 7h à 13h et de 16h30 à 19h ; le dimanche de 7h à 12h.

Petite sensation gustative à Sausset que cette boulangerie atypique ! Dans cette belle bâtisse de village, on trouve ici une équipe dynamique de 8 personnes et à leur tête depuis 8 ans, un duo, Vincent et Céline. Des créations étonnantes et inhabituelles : un pain sans gluten psyllium et pavot avec qui ne manque pas de peps, un pain cranberries et noisettes gourmand et croquant à souhait ou encore un pain de campagne au levain naturel pour les palais moins aventuriers. Une belle gamme de produits sucrés et salés. On adore l'accueil, le soin apporté aux conseils.

MARTIGUES ★★

Née de la réunion de trois localités : Jonquières, Brescon et Ferrières, Martigues – petite ville de pêcheurs située au bord de l'étang de Berre – porte comme un gant son surnom de « Venise provençale ». Elle le doit notamment à l'entrelacement de canaux enjambés par des ponts bleus qui vous transportent en quelques pas dans le calme de son île poétique. Haut lieu de la vie martégale, le Miroir aux oiseaux, quartier magique a inspiré les plus grands peintres. Delacroix, Corot, Guigou, Ziem, Picabia et Dufy ont puisé une inspiration sans fin dans ses ruelles étroites aux maisons colorées.

© CLODIO - ISTOCKPHOTO

Martigues.

BOUCHES-DU-RHÔNE

CHAPELLE DE L'ANNONCIADE DES PÉNITENTS BLANCS ★

Rue Docteur-Sérieux
✆ 04 42 42 31 10

Visite guidée. Parking gratuit.

Classée Monument historique depuis 1910, cette chapelle du XVIIe siècle possède un ensemble de décors unique en Basse-Provence. L'extérieur sobre tranche avec l'intérieur éblouissant : murs peints en trompe-l'œil, lambris sculptés, retable doré et plafond peint à la vénitienne sont autant de merveilles à découvrir. Le maître-autel est à admirer assurément. Une vraie merveille d'art baroque provençal. Visites sur rendez-vous, renseignements auprès de l'office de tourisme.

ÉGLISE DE LA MADELEINE

Place Rouget-de-l'isle
✆ 04 42 42 10 65
Visite guidée. Se renseigner auprès du service culturel de Martigues.

Longtemps surnommée la cathédrale par les habitants du pittoresque quartier du Miroir aux Oiseaux, l'église de la Madeleine – classée par les Monuments historiques en 1947 – est un haut lieu de l'architecture baroque provençale du XVIIe siècle. On s'attardera tout particulièrement sur la *Vierge à l'Enfant* et le portail, classés pour leur part depuis 1908 et magnifiquement sculptés. En pénétrant dans ce lieu majestueux, ne manquez pas de lever la tête vers les plafonds aux arabesques polychromes de style Louis XIV. L'autel mérite également un coup d'œil.

MUSÉE FELIX-ZIEM ★

9, Boulevard du 14-Juillet
✆ 04 42 41 39 60
Entrée et activités gratuites.

Le musée, créé en 1908, porte le nom de son créateur, Félix Ziem (1821-1911). Tombé sous le charme de cette ville qu'il contribuera à faire surnommer « la Venise provençale », ce peintre prolixe – grand voyageur – a laissé dans son musée, de nombreuses toiles d'inspiration orientalistes peintes à ses retours de voyages. Mais d'autres artistes sont également à l'honneur. Parmi les plus connus : Dufy, Picabia ou encore Manguin. Petite mais belle collection archéologique locale également. Un petit détour que vous ne regretterez pas.

FORT DE BOUC

Chemin de la jetée
✆ 04 42 49 03 30
Visite guidée, uniquement sur inscription auprès de l'office de tourisme.

Bien que son nom évoque davantage la commune voisine de Port-de-Bouc, cet étonnant édifice historique se situe bien sur la commune de Martigues. Niché dans la zone portuaire de Lavéra, l'accès y est réglementé et fermé au grand public. Ce fortin édifié au Moyen Âge est une vigie à l'entrée du chenal de Caronte. D'apparence élégante et de couleur rosée en raison du calcaire qui le compose, ce petit fort impressionne et ses tourelles élégantes rappellent sa fonction défensive. C'est une visite historique étonnante et fascinante que même certains locaux ignorent.

NOTRE-DAME-DES-MARINS

Colline Notre-Dame-des-Marins
✆ 04 42 42 10 65
Accès libre.

Comme son nom l'indique, cette petite chapelle dédiée à la Vierge avait une importance toute particulière pour les marins. Implanté au sommet d'une colline, cet ancien lieu de culte – aujourd'hui fermé au public – servait de point de repères aux pêcheurs qui venaient offrir des ex-voto lorsqu'ils réchappaient des tempêtes. Une collection aussi émouvante qu'intéressante peut encore être admirée au musée Ziem. Enfin, si vos jambes vous portent jusqu'à la petite chapelle, l'horizon s'ouvrira à vous des crêtes de la Sainte-Victoire jusqu'à celles du mont Ventoux.

MUSÉE DE LA VITRINE ARCHÉOLOGIQUE

Place Maritima
✆ 04 42 10 82 90
Ouvert toute l'année, tous les jours. Gratuit.

Il y a plus de 2 500 ans, les premiers habitants de ce qui ne s'appelait pas encore Martigues peuplaient déjà l'île, développant habitat et savoir-faire artisanal, de même que des relations commerciales. La très intéressante vitrine archéologique est un site archéologique in-situ reconstituant le village tel qu'il était au Ve siècle avant J.-C. 4 maisons reconstituées d'après les fouilles et les recherches. Le site est très instructif sur les premiers habitants de Martigues.

PLAGE DE SAINTE-CROIX

7, Route de la Saulce
Parking payant, toilettes et douches sur place.

C'est la plus belle plage du territoire de Martigues. Nichée dans la roche, cette étendue sableuse offre un cadre enchanteur, battu par les vagues d'une eau bleu profond, surplombée par la bucolique chapelle Sainte-Croix. Prenez le temps de vous balader un peu sur les roches plates au-delà de la plage, en restant méfiant les jours de grand vent car les bourrasques sont particulièrement fortes ici. La plage est appréciée des familles, des vacanciers et notamment de ceux qui logent au camping tout proche (camping rendu célèbre par une série télévisée).

PLAGE DU VERDON [LA COURONNE]

Bus 30 de Martigues à La Couronne.
✆ 04 42 42 87 71

Plage surveillée en haute saison, sanitaires aménagés, parking. Ouverte toute l'année.

Martigues n'est pas un nom qui vient forcément à l'esprit lorsqu'on pense à aller à la plage. Et pourtant, la commune ne manque pas d'atouts. Outre la plage de Sainte-Croix toute proche, la plage du Verdon, que les locaux appellent La Couronne, est remarquable. Elle se trouve sur la petite commune de La Couronne et a été aménagée de manière très intelligente. Elle est accessible aux personnes à mobilité réduite et très bien entretenue. Un grand parking facilite la venue des baigneurs.

QUARTIER ET PLAGE DE CARRO

Accès libre. Plage avec accès aux personnes à mobilité réduite.

Des barques dans le petit port charmeur, des petites maisons roses posées là, dans un décor enchanteur, bienvenue à Carro. La vie s'y écoule paisiblement, seulement rythmée par le va-et-vient des quelques bateaux de pêche dont la précieuse cargaison est encore vendue à la criée tous les matins. L'été y est brûlant et c'est comme si toute la région se bousculait dans le village et ses environs. A deux pas du petit port, la plage de Carro et ses eaux d'un bleu profond est très prisée.

LA BASTIDE DES JONCAS* €€

7, chemin du Petit Mas
✆ 04 42 80 72 34
www.lesjoncas.com

8 appartements, 37 chambres et 3 dortoirs. Chambre en éco lodge bungalow à partir de 19,50 €.

La Bastide des Joncas est un village-vacances éco-rénové situé à La Couronne, tout proche de la plage. Côté logement, chambres individuelles ou appartements sont à la disposition du voyageur. Pour les plus économes, des chambres partagées ou des emplacements pour tentes. Des équipements sportifs compléteront vos virées à la plage (6 minutes seulement pour la plage). Restauration sur place. Outre l'écoresponsabilité des Joncas, il faut saluer son engagement pour garantir l'accessibilité à tous, garantissant le label Tourisme & Handicap.

CAMPING LES MOUETTES*** €€

16, chemin de la Quiétude ✆ 04 42 80 70 01
www.campinglesmouettes.com

118 emplacements de 16 à 41 €. Mobil-homes pour 2 personnes à partir de 266 € la semaine. Chalets à partir de 266 €/semaine.

Redécouvrir le goût du camping familial, c'est possible aux Mouettes, avec une centaine d'emplacements et surtout une implantation discrète sur le littoral. Au milieu de la végétation méditerranéenne, de nombreuses places pour tentes, caravanes ou camping-cars mais aussi mobil-homes et chalets ont vue sur la mer. Situé à 400 m de la plage de Sainte-Croix, avec des accès directs par petits sentiers pédestres, il est tout proche du petit port et de la calanque des Tamaris. Autant dire que l'on peut aisément garer la voiture et profiter à pied du cadre naturel.

HÔTEL SAINT ROCH*** €€€

Avenue Georges Braque
✆ 04 42 42 36 36
www.hotelsaintroch.com

Ouvert toute l'année. 57 chambres dont 4 suites. Chambres à partir de 59 € et 89 € par nuit.

Au cœur d'une pinède, sur les hauteurs de Martigues, à seulement 10 minutes du centre, cet hôtel 3 étoiles est un hébergement de choix. Les propriétaires font régulièrement des travaux d'entretien pour le plus grand bien-être des clients. Les chambres sont spacieuses, parfaitement entretenues et disposent de tout le confort nécessaire. Le Saint Roch, c'est aussi une piscine très agréable dès les beaux jours et un restaurant : Le Moulin du Paradis. Les plats mitonnés par le chef sont à tester impérativement. Accueil impeccable et petits déjeuners copieux.

AUX AROMATES €€

8, cours-du-4-septembre
✆ 04 13 43 39 48

Plats à la carte à partir de 16 €.

Une belle adresse familiale en plein cœur de Martigues. On y soigne aussi bien sa cuisine et l'accueil des clients. Une jolie terrasse se déploie devant l'établissement, vous permettant de profiter de l'ambiance de cette artère de la vie locale. Au menu, du très frais et des plats qui varient au jour le jour selon les arrivages. Il en est ainsi par exemple avec la pêche du jour. Certains plats demeurent en revanche quotidiennement comme les moules que l'on peut déguster en marinière ou au pastis. Le burger est conséquent et goûteux.

L'AUTHENTIQUE €€

19, quai Lucien Toulmond
✆ 06 03 35 28 54
Ouvert le dimanche midi et du mardi au samedi midi et soir (fermé le jeudi en hiver). Menus à 29 et 36 €.

Avant toute chose, arrêtez-vous une minute pour apprécier le cadre exceptionnel qu'offre la terrasse du restaurant. Les pieds dans l'eau, l'expression trouve ici tout son sens. Une belle vue sur les bateaux et les plaisanciers, les toits en tuile un peu plus loin, un superbe panorama de couleurs et de lumière. Côté carte, on en prend aussi plein la vue avec une soupe de favouilles maison ou du filet de loup avec un risotto crémé au parmesan et des légumes de saison. Le cadre plus votre assiette rendront votre moment passé ici inoubliable.

CHEZ FRANCINE €€

Chemin des soubrats
✆ 04 42 80 79 46
Ouvert du mercredi au samedi midi et soir et le dimanche midi. Pizzas du moment de 19 € en fonction de la garniture.

Une belle adresse adorée des locaux et peu connue des visiteurs. Il faut aller jusqu'au charmant village de Carro pour tomber sur ce restaurant authentique et généreux. Accueil à la hauteur, jolie terrasse ombragée avec vue sur mer et une carte qui laisse la part belle aux produits de la mer et provençaux. Friture de jols, soupe de poisson ou encore assiettes de panisses marseillais. Tout cela sent bon le sud et on adore. Ambiance garantie et assiette copieuse. Belle carte de coupes glacées également pour les gourmands et vacanciers à la recherche de fraîcheur.

BERTRAND ROY €€

4, avenue Pasteur
✆ 04 42 45 44 32
Ouvert le lundi, mardi, jeudi et vendredi midi et soir, le mercredi soir et samedi soir. Fermé le dimanche.

Allez-y en confiance, c'est un modèle d'établissement à prix raisonnable. La cuisine de Bertrand Roy est de celles qui attendent les saisons et qui respectent un certain classicisme. Si la formule du midi est toujours intéressante, Futé s'est laissé séduire par la carte, plus élaborée. Les ravioles de gambas à la crème de crustacés et le filet de bœuf sauce au foie gras étaient bien exécutés. En dessert, la crème brûlée au pastis apportait la touche d'originalité au repas. Service courtois. En prime : le chef passe de table en table pour vous saluer !

LOISILLON €€

4, place Gérard-Tenque
✆ 04 42 02 86 75
Ouvert du mardi au samedi. Plat à la carte 26 € environ.

Si l'accueil est chaleureux, les plats, à base de produits frais exclusivement, mettent l'eau à la bouche rien qu'à les regarder. Sous le palais, le plaisir est bien au rendez-vous. Ravioles de joue de bœuf confite sauce foie gras ; velouté de topinambours toastés, lard grillé et noisettes torréfiées ; filet mignon de porc rôti jus au miel et poivre Sichuan, wok de légumes croquants ; crumble de fromage blanc glacé aux myrtilles sauvages... l'imagination du chef, qui change de carte très fréquemment, est sans limite. A Martigues, Loisillon a fait son nid !

LA COUR DU THÉÂTRE €€

19, quai Paul-Doumer
✆ 04 42 09 61 88
Ouvert le lundi et le mardi à midi, du mercredi au samedi midi et soir. Plat du jour 14 € environ.

Ici, tout est fait maison. A la carte, une belle sélection de viandes (noix d'entrecôte Angus, magret de canard grillé, tartare de bœuf charolais...) et de salades mais le Petit Futé et son acolyte ont opté pour du poisson et des pâtes vraiment alléchantes. Et ils ne l'ont pas regretté ! Le pavé de thon albacore, qualité sashimi, juste snacké, vierge de légumes, était fondant à souhait. Quant aux *linguine* safranées à la poutargue, elles étaient excellentes. En dessert, on vous conseille le pain perdu au caramel beurre salé et glace vanille.

LE MIROIR €€

L'île, Quai Brescon
✆ 04 42 80 50 45
www.restaurantlemiroir.com
Du mercredi au samedi midi et soir, dimanche midi. Entrée/plat/dessert : 26 €, entrée/plat ou plat/dessert : 20 €.

Le Miroir se situe au bord du plus joli coin de l'île aux Oiseaux, quasiment les pieds dans l'eau d'un charmant petit port coincé dans une anse. Le menu change régulièrement en faisant la part belle aux produits de saison et surtout aux produits locaux. La cuisine est recherchée, les plats sont originaux. L'expérience gustative vaut le détour et prendre son déjeuner au bord de l'eau est un véritable privilège. L'accueil est vraiment agréable, tout comme le cadre. Les tarifs sont tout à fait abordables, avec un excellent rapport qualité-prix.

LA MOULE MANIA €€

40, quai du Général-Leclerc
✆ 04 88 40 01 42
www.moulemania.fr

Ouvert du mercredi au dimanche midi et soir. Moules frites entre 11,50 et 18,50 €. Menus à 15 € et 31,50 €.

Le nom du restaurant est assez explicite : chez Moule Mania, on prend un soin tout particulier à cuisiner le petit mollusque bivalve à la coquille noire, décliné en une douzaine de versions chaudes. Mais pas que. Tous les autres coquillages, mollusques et crustacés que recèle la Méditerranée figurent aussi à la carte. La pêche (pas de poissons d'élevage ici) du jour, provient de Port-Saint-Louis-du-Rhône et Marseille. Même les viticulteurs dont les bouteilles s'affichent à leur carte sont rigoureusement sélectionnés dans les environs.

RESTAURANT PASCAL €€

3, quai Lucien-Toulmond
✆ 04 42 42 16 89
www.restaurant-pascal.com

Ouvert lundi et vendredi soir, mardi au dimanche le midi et le soir. Fermé le jeudi. Menu de 29€ à 36 €.

Chez Pascal, c'est une valeur sûre. Les estomacs les plus difficiles trouveront forcément leur bonheur sur la carte : salades, pâtes, risottos... mais il serait dommage de ne pas se laisser tenter par les produits de la mer, toujours de première fraîcheur. Huîtres de Carteau, soupe de poisson, friture, poêlée de seiches, assiette de poutargue en entrée, poissons grillés (au poids), dos de cabillaud en croûte de parmesan, filets de rougets, cassolette de la mer en plats : vous aurez le choix ! Service attentif et agréable. Une bonne adresse.

LE GARAGE €€€

20, avenue Frédéric-Mistral
✆ 04 42 44 09 51
www.restaurantmartigues.com

Ouvert du mardi au samedi midi et soir. Formule à partir de 29 €. Menu de 43 à 53 €.

Le Garage est souvent bondé... Il faut dire que la notoriété du chef n'est plus à faire. Après un détour par Sydney, Londres et le plateau télé de l'émission Top Chef (dont il a terminé finaliste de la 4e édition), il propose dans son Garage une cuisine gastronomique à des tarifs abordables. Un principe auquel on adhère totalement ! Blinis maison, céviche de St-Jacques, grenade, crème aux herbes ; Ravioles au bœuf, consommé de légumes et veau parfumé à la citronnelle ; Saint-Pierre pané à l'orange, déclinaison de butternut... tous les plats sont alléchants !

LA BOUTIQUE DE LA VENISE PROVENÇALE

233, route de Sausset
✆ 04 42 81 33 93
www.laveniseprovencale.fr

Du lundi au samedi de 9h à 12h et de 15h à 19h à partir du 15 mai. En hiver de 14h à 18h.

Dans le hameau de Saint-Julien se trouvent ce vignoble et la cave. Une situation privilégiée, où dans un écrin naturel ensoleillé on cultive différents cépages depuis plus de 50 ans. En évolution permanente La Venise Provençale a fait ses premières récoltes certifiées bio en 2020, avec 20 % de surfaces en conversion agriculture bio. Les vins sont goûteux, légers ou plus élaborés selon les productions. Les prix sont doux et chaque budget y trouvera son compte.

PARC DE FIGUEROLLES

Avenue du grand parc
✆ 04 42 49 11 42

Ouvert tous les jours et entrée gratuite. Espaces de jeux pour enfants et aires de pique-nique. Parking. Snack-bar

Les amateurs de grands espaces et de nature apprécieront ce grand parc de 130 ha, situé non loin du centre-ville. Un poumon vert où farniente et activités sportives et familiales se côtoient joyeusement. Si l'idée vous vient de vous y rendre avec vos bambins, de nombreuses activités s'offriront à vous à commencer par « Indian Forest » et son parcours accrobranche ou encore une ferme pédagogique ludique et gratuite. Des visites guidées vous enverront sur les traces du patrimoine agricole et rural local et un espace VTT ouvert 7j/7 ravira les plus sportifs.

SENTIER DES VIGNERONS

233, route de Sausset

Randonnée de 2 à 3 heures sur un sentier de 8 à 12 km. Accès réglementé et possiblement restreint l'été.

Peu connu pour sa tradition vinicole en comparaison à d'autres communes provençales, Martigues n'en demeure pas moins une destination intéressante pour les amateurs de bons crus. Un sentier découverte comportant plusieurs circuits vous permet de prendre le pouls de la production locale et d'admirer des paysages magnifiques pendant votre marche. Vous traverserez des domaines bénéficiant pour la plupart de l'AOP Aix-en-Provence ou encore de l'IGP Méditerranée. Des vins gorgés de soleil que vous pourrez découvrir tout au long de votre balade.

PORT-DE-BOUC

Port-de-Bouc, c'est bien sûr un port, mais pas seulement. En effet, on y trouve aussi une très jolie plage, une magnifique forêt et une adorable ambiance de port de plaisance. Les fameuses sardinades qui, tous les soirs d'été animent le lieu en sont un parfait exemple, mais de nombreuses autres manifestations y sont régulièrement organisées. Comme toutes les villes de la région, Port-de-Bouc possède des racines qui plongent au cœur de l'histoire, avec quelques sites archéologiques certes peu exploités, mais témoins d'une très longue histoire. Bien que la commune se soit étendue, ces dernières années, elle a su garder un esprit village.

LA SAVEUR DES CALANQUES

Quai des Sardiniers

✆ 04 42 06 10 77

www.saveurdescalanques.com

Oivert du lundi au vendredi de 9h à 12h30, de 14h30 à 18h30 et le samedi de 10h à 12h30.

Cette petite boutique qui longe le quai des Sardiniers décline les produits de la société Lou Mujou, du nom provençal de la muge (ou mulet). Anchoïade, confit de foie de lotte, rouille, pistounade et bien sûr, l'emblème de la maison, la poutargue, le caviar provençal à base d'œufs de muge... tous fabriqués sur place. Les gérantes, ne sont pas avares de conseils et vous expliqueront comment l'accommoder. Et pour découvrir les différentes étapes de sa fabrication, les jeunes femmes ouvrent les portes de leur conserverie une fois par mois, de juillet à septembre.

FOS-SUR-MER

Port de tout premier ordre durant l'Antiquité, Fos-sur-Mer, est aujourd'hui une ville paradoxale où se mêlent sans vergogne tradition et modernisme. En effet, les vieilles maisons voisinent avec les cheminées des usines, offrant un panorama étonnant et un peu déstabilisant au visiteur qui ne prendrait pas la peine d'y regarder de plus près. Si les cabanes de pêcheurs ont laissé place, depuis longtemps, aux installations industrielles, on y trouve aussi de jolies plages qui s'autorisent le pavillon bleu, un vieux village charmant et pas mal de festivités traditionnelles. Oui, s'attarder à découvrir Fos-sur-mer est une excellente idée.

PORT-SAINT-LOUIS-DU-RHÔNE ★

Port-Saint-Louis-du-Rhône est une ville située à l'embouchure du Grand Rhône. C'est la ville que l'on surnomme le « Bout du monde » car elle est la destination de tous les navigateurs et plaisanciers européens. Son emplacement l'a privilégiée à mi-distance entre l'Italie et l'Espagne avec ses six ports à flot et ses deux ports à sec, dotés de 4 400 places de bateaux de toutes unités, ainsi qu'un port de pêche. Port-Saint-Louis-du-Rhône est souvent négligée dans les itinéraires touristiques. Pourtant, ses 10 kilomètres de plages de sable fin sont fréquentés y compris l'hiver par les amateurs de glisse, de chars à voile et autres funboards.

BERGERIE DE LA FAVOUILLANE

Route d'Arles

C'est la dernière bergerie traditionnelle de Camargue. Elle date du début du XIXe siècle. C'est l'une des plus grandes de la région et de l'époque : 50 mètres de long, 12 mètres de large, 8 mètres de hauteur mais aussi une des dernières bergeries traditionnelles de Camargue. Elle a la forme d'une cabane de gardians avec sa toiture de roseaux, et s'arrondit au nord pour laisser le moins de prise au mistral. Elle est encore de nos jours occupée par un berger et son troupeau.

PLAGE DE PORT SAINT-LOUIS-DU-RHÔNE

✆ 04 42 86 01 21

www.portsaintlouis.fr

Baignade surveillée de 10h à 18h les week-ends à partir de mi-juin et tous les jours du 1er juillet au 31 août.

Elle se nomme plage Napoléon et est située au sud de la ville. C'est un espace naturel magnifique qui étale son sable blanc sur dix kilomètres. La baignade y est surveillée et l'on y trouve un poste de secours qui tient les visiteurs informés des conditions de baignade. L'accès est autorisé aux véhicules légers, sous certaines conditions. Été comme hiver, c'est un lieu privilégié de promenade et de détente pour de nombreux locaux et touristes. Le camping caravaning y est interdit.

LA TOUR DU VALAT

✆ 04 90 97 20 13
www.tourduvalat.org
Ouvert au public plusieurs fois par an.

Mieux comprendre les zones humides pour mieux les gérer : c'est la mission du Centre de Recherche pour la conservation des zones humides méditerranéennes de la tour du Valat. Il s'agit d'un institut privé de recherche, au cœur de la Camargue qui, outre ses activités scientifiques, accueille également des étudiants français et étrangers et participe à des programmes d'enseignements supérieurs et à l'élaboration d'ouvrages de vulgarisation. La tour du Valat ouvre ses portes aux visiteurs plusieurs fois par an. L'occasion de découvrir le travail des scientifiques.

TOUR SAINT-LOUIS

3, avenue du Port
Gratuit jusqu'à 12 ans. Adulte : 3 €. Ouvert le samedi en haute saison.

En 1737, c'est le produit d'un impôt sur le sel qui, devant initialement servir aux travaux sur les bras de Launes, fut utilisé à la construction de la tour Saint-Louis. Celle-ci était la dernière d'une longue série. Elles avaient un double but : poste de surveillance et lieu de refuge pour les populations. Aujourd'hui, la tour Saint-Louis abrite l'office de tourisme et la collection ornithologique au premier étage. Au deuxième étage, on trouve des expositions d'artistes locaux et sur la terrasse, une vue panoramique sur la Camargue, le canal Saint-Louis.

JOALINE COQUILLAGES €€

8, avenue 1ère-Division-Française-Libre
✆ 04 42 86 01 90
joalinecoquillages.fr
Ouvert du mardi au samedi le midi. Plateaux à composer soi-même : de 20 à 40 €.

On adore ce petit restaurant à l'ambiance marine. On y vient bien sûr pour déguster des fruits de mer et des crustacés, mais pas n'importe lesquels. La production locale, en très grande partie issue de l'entreprise qui possède l'un des plus importants parcs dans le domaine de la mytiliculture, est d'une qualité exceptionnelle. Question fraîcheur, on ne vous en parle même pas, les produits n'ont que quelques mètres à faire, du parc à l'assiette. Le personnel est très agréable, l'accueil très bien. Voici une petite adresse à noter soigneusement dans son calepin.

LE PASSE PORT €€

Quai Bonnardel
✆ 04 42 86 24 42
https://restaurantlepasseport.com/
Ouvert tous les jours le midi ; le vendredi et le samedi le soir. Carte : 25 € environ.

C'est un établissement dont on ne se lasse pas. Le lieu est sympathique, le bâtiment fait un peu penser à la superstructure d'un navire, l'ambiance est très bord de mer et l'on y mange vraiment bien. Les assiettes sont bien garnies et ce que l'on y trouve est alléchant. Bien entendu, la carte propose pas mal de produits de la mer, mais les amateurs de viande s'y retrouveront. La cuisine est simple, mais savoureuse, et les produits sont frais. La persillade maison est succulente. Une bonne adresse pour déguster aussi une glace l'après-midi.

FERRIGNO

Zi du Mazet
✆ 04 42 86 00 91
www.ferrignosa.com
Ouvert du lundi au vendredi.

Ferrigno, c'est l'unique conserverie de poisson de la Méditerranée. D'ailleurs, des visites guidées sont organisées de juillet à août par l'office de tourisme sur réservation. C'est un savoir-faire depuis trois générations et leurs conserves sont garanties sans friture. Une gamme complète de plats cuisinés est commercialisée en épiceries fines, en grandes surfaces et à Lou Ferrignade. Vous trouverez diverses conserves de sardine, de thon, d'anchois, de moules, de la bisque, de la bouillabaisse, de la daube de thon... Une vraie découverte du patrimoine industriel.

PLAGE DE BEAUDUC

Les véhicules doivent stationner à 300 mètres de la plage.

La plage de Beauduc est un paradis pour les kitesurfers. Le lieu se prête aussi à la bronzette mais que ce soit pour les uns ou pour les autres, l'accès à la plage se mérite. Il faut suivre une piste très mauvais état qui malmène quelque peu les amortisseurs avec, au bout de la route, un gabarit métallique qui interdit l'accès des lieux aux véhicules. Une fois arrivé à, le lieu est magique, sauvage et il y règne une ambiance populaire qui rappelle un peu celle des premiers congés payés. Un des plus beaux endroits au monde ! N'oubliez pas les protections solaires !

MIRAMAS ★

Miramas le vieux, village médiéval perché, offre un magnifique panorama sur la Provence. Mais il faudra y monter à pied. Authentique, riche de monuments et curiosités, sa chapelle Saint-Julien, classée aux monuments historiques ; son moulin à huile des Pourchiers, sa placette, le pin centenaire proche de la Porte Notre-Dame, les vestiges du château du XIIe... pour ne mentionner que quelques-unes de ses pépites, sont autant de découvertes à faire. Avec davantage de temps, vous pourrez rejoindre le parc de la Poudrerie de Saint-Chamas, site d'une ancienne manufacture militaire en bordure de l'étang de Berre, devenu un grand espace naturel.

VILLAGE MÉDIEVAL DE MIRAMAS-LE-VIEUX

Impasse Suffren

Ouvert toute l'année. Gratuit. Nombreux commerces et restaurants

Etonnant que ce vieux village perché situé tout proche de Miramas. Un village médiéval très bien préservé, des ruelles authentiques et fleuries, hors du temps. On peut y apprécier un panorama à 360 degrés sur les environs et une très belle vue sur l'étang de Berre notamment. Un château du XIIe siècle, une maison villageoise typique du XVIe siècle une église du XVe siècle ou encore la très belle chapelle Saint-Julien. Des festivités y sont organisées en été, dont des fêtes médiévales.

LE QUILLÉ

Place du Château

✆ 04 90 50 18 18

www.glacierlequille.com/

Haute saison : ouvert tous les jours de 14h à 0h.

Le Quillé régale les gourmands depuis 1982 ! La recette de cette longévité ? Des fruits frais sélectionnés tous les matins au Min des Arnavaux de Marseille, du lait et de la crème des Hautes Alpes, le tout préparé quotidiennement... De la glace artisanale de premier choix ! 52 parfums, plus de 80 coupes de glaces : le plus difficile sera de faire un choix, mais pour cela, on vous fait confiance. Un bonheur glacé à déguster sur la terrasse à la vue imprenable... On y retournera vite pour tester de nouveaux parfums et de nouvelles saveurs. Incontournable !

DOMAINE DE SULAUZE

Chemin du Vieux-Sulauze

✆ 04 90 58 02 02

www.domainedesulauze.com

Ouvert du lundi au vendredi de 10h à 12h.

Ce domaine dans la plaine de la Crau est un endroit singulier. Ici, on cultive la vigne, le blé, l'orge, le houblon et l'olive. Donc, on produit du vin, de la bière, du pain, mais aussi des fruits et légumes, des plantes aromatiques. La propriété, qui comporte outre le château, deux chapelles, un pigeonnier, un four à pain et une bergerie, est également habitée par des chiens, des poules, des cochons, des chevaux et des taureaux. Dans l'une des bâtisses du XVIIe siècle, les propriétaires ont aménagé un gîte qui peut accueillir une douzaine de personnes.

ISTRES ★

Située au cœur de la Provence, voisine de Martigues, Istres offre un panel varié d'activités et de paysages. Avec ses plans d'eau naturels, ses plages, son port, son jet d'eau le plus haut de France jaillissant à 50 mètres sur l'étang de l'Olivier, les beaux panoramas qu'offrent les belvédères de Notre-Dame de Beauvoir sur la cité et ses environs et ceux de Toti et Cascaveau sur l'étang de Berre, Istres est assurément une ville où il fait bon séjourner. Le vieil Istres séduit par son charme si typiquement provençal. C'est autour de ce noyau, ovale, autrefois encerclé par des remparts, que la ville s'est construite au fil des siècles.

OPPIDUM DE SAINT-BLAISE

Route de Saint-Blaise

✆ 04 42 30 30 83

Accès libre.

Situé sur la commune de Saint-Mitre-les-Remparts, à mi-chemin entre Istres et Martigues, le site archéologique de Saint-Blaise est méconnu mais constitue un des sites les plus intéressants et complets de l'archéologie pré-romaine, romaine et paléochrétienne en Provence. Côté vestiges, c'est un site majeur avec des fortifications hellénistiques de toute beauté, une nécropole rupestre gauloise rare, des habitations réparties dans la ville-haute et la ville-basse et enfin l'église Saint-Pierre d'Ugium, édifice paléochrétien provençal remarquable.

OFFICE DE TOURISME D'ISTRES

30, allée Jean-Jaurès
✆ 04 42 81 76 00
www.istres-tourisme.com/
Ouvert du lundi au samedi de 9h à 12h, de 14h à 18h.

La ville, labellisée station de tourisme, offre de multiples adresses pour découvrir les délices de la région. On y trouve aussi de nombreux loisirs : plages aménagées sur l'étang de Berre, son « pass vacances » avec plus de 100 activités en juillet et août, ses clubs nautiques, des balades à cheval... Autant d'activités, de bonnes adresses et de bons plans qui vous seront révélés dès que vous passerez les portes de l'office de tourisme. L'accueil est très agréable.

L'ATELIER €€

19, chemin du Port
✆ 09 52 13 34 55
https://www.latelier-istres.fr/
Ouvert du lundi au samedi midi et soir. Plat du jour à 12 € environ. Carte : 17€ environ.

La vue sur l'étang de Berre, lorsque l'on est sur la terrasse, vaut déjà la peine de venir s'asseoir à la table de L'Atelier. Côté salle, rien à redire : grande, lumineuse, aérée, avec une déco d'inspiration relativement classique, néanmoins bien adaptée au type de l'établissement. L'accueil par le personnel est agréable, rien que du bon jusque-là. Côté plats, tout semble fait maison, avec des produits frais. Effectivement, au moment de la dégustation, on apprécie la qualité de la cuisine. Le rapport qualité prix est excellent.

LES HEURES CLAIRES €€

2, chemin de la Source
✆ 04 42 56 07 12
www.restaurant-les-heures-claires.fr
Ouvert tous les jours. Menu unique à 38 €. Plats autour de 25 €

De la salle ou depuis la terrasse, vous aurez une vue imprenable sur l'étang. Côté cuisine, l'établissement propose des grandes salades et des grillades. On peut également déguster des mets plus élaborés comme les premières asperges sautées, œuf poché et copeaux de truffes ; le boudin blanc juste poêlé râpé de poutargue ; la souris d'agneau au pain d'épices ; la fricassée de seiches au chorizo et à l'ail... et toujours deux plats du jour ou suggestions du chef qui font mouche. Ce jour-là, le pavé de saumon et sa fondue de fenouil au pastis était excellent.

PUCCINI €€

18, chemin de Tivoli
✆ 04 42 11 86 90
Ouvert du mardi au dimanche, de 12h à 14h, de 19h à 23h. Sur place ou à emporter.

Les plats sont copieux, pleins de soleil et résolument orientés vers l'Italie. Le personnel est sympathique, le cadre agréable, et c'est un peu ce que l'on attend d'un restaurant. C'est donc une excellente première impression. La décoration de la grande salle voûtée - un ancien moulin à vin du XVe siècle - est particulièrement réussie et chaleureuse. On s'y sent bien, le lieu respire l'Histoire. Côté tarifs, rien à redire, ils sont dans la moyenne de ce type d'établissement. Toute l'Italie dans les assiettes et dans les sourires.

VITROLLES

Vitrolles est connue pour sa zone industrielle et les grandes enseignes que l'on y trouve. Mais, en réalité, la ville a beaucoup plus à offrir au visiteur. C'est déjà un lieu chargé d'histoire dont les premières traces remontent avant le Ve siècle, mais c'est aussi une ville qui, bien qu'ancrée dans la modernité, sait aussi se souvenir de ses origines provençales. Evidemment, pour la visite, on se dirigera plutôt vers le vieux village, dominé par la tour dite sarrazine. On y trouve des vestiges du Moyen Age et de toutes les époques. Des manifestations y sont régulièrement organisées, comme Les Nuits du Rocher ou Polars en images. Une visite sympathique.

RESTAURANT LA CRÉMAILLÈRE €

11, boulevard René-Cailloux - **SAINT-VICTORET**
✆ 04 42 79 60 90
www.resto-lacremaillere.com
Ouvert du lundi au samedi le midi et le vendredi soir. Midi : formule 16 ou 19 €. Le soir : menu 25 à 29 €.

L'établissement, lové dans un décor typique et chaleureux, une ancienne ferme des années 1960, est un concentré d'âme provençale. Depuis les tableaux jusqu'aux boutis qui nappent les tables en bois en passant par la cheminée et le mobilier, tout y est. Dans l'assiette, une cuisine typique de la ferme, des plats qui changent tous les jours au gré des produits de saison. L'accueil est très sympathique et les prix très corrects. Une adresse familiale recommandée !

LE MUSÉE DE L'AVIATION

147, boulevard Abbadie
SAINT-VICTORET
✆ 09 60 52 16 34
www.museeaviation.com
Fermé dimanche lundi et jours feriés.

Situé dans le centre de cette petite ville, ici pas de Bonne mère, pas de Sainte-Victoire, pas de plage mais un musée de l'aviation à découvrir absolument ! Le Musée Municipal de l'Aviation de St Victoret ouvert en 2004 a été rénové et agrandi tout récemment et il est surtout animé par une équipe d'une trentaine de bénévoles, et notamment d'anciens professionnels de l'aviation qui n'ont de cessent d'améliorer et d'enrichir une collection unique en France. Ce sont eux qui commentent toutes les visites, que vous soyez seul ou en groupe et ils sont absolument passionnants. Dans le grand hall d'exposition de ce magnifique hangar lumineux vous pourrez admirer une trentaine d'objets volants, anciens et récents, du parachute, au parapente et au planeur, jusqu'aux hélicoptères en passant par des avions de combat et notamment le Mirage III utilisé à la fin des années 60 comme simulateur de vol dans le cadre du programme Concorde. Les enfants peuvent d'ailleurs monter dans la cabine d'un canadair. Egalement, pour les plus férus, des moteurs et autres turbines, réacteurs et instruments de bord jusqu'aux mannequins grandeur nature en tenue aéronautiques à travers les époques. Enfin une salle de projection où vous vous installerez dans de véritables sièges de Boeing 777 de la compagnie Air France pour visionner des films. Et pour finir, à l'étage une collection unique de plus de 5 000 maquettes, un joyau de collectionneurs que de nombreux musées souhaiteraient obtenir. Ce musée fait briller les yeux des enfants comme des grands !

SAINT-CHAMAS

Charmante bourgade dotée d'un joli port de plaisance en eau douce, sur l'étang de Berre, Saint-Chamas séduit par ses ruelles, ses vieilles bâtisses et son vieux village dominé par d'imposantes falaises dans lesquelles se trouvent des habitats troglodytiques. Un coup d'œil au village vous ravira certainement, mais c'est le célèbre pont Flavien, situé un peu à l'écart du centre, qui vous amènera jusqu'ici. À juste titre, car ce pont romain parfaitement conservé est l'un des plus beaux exemples du monde méditerranéen. Un circuit pédestre permet de découvrir de superbes sites, autour du village. Ce circuit surplombe notamment l'étang de Berre.

PONT FLAVIEN

Pont Flavien
Ouvert toute l'année. Accès libre.

Le pont Flavien est un des plus beaux édifices antiques de la région. Rares sont les ponts romains aussi bien conservés. Bâti par les Romains sous le règne d'Auguste, il se situait sur la route reliant Marseille à Arles. Il garde toute sa grandeur passée et les empreintes du passage des nombreux attelages qui l'empruntaient. Son arche unique en calcaire jaune est calée par deux arcs de triomphe aux pilastres surmontés d'aigles et de superbes lions en pierre blanche de Calissane. Classé Monument historique en 1840, il fut utilisé jusqu'au milieu du XXe siècle.

MAS DE LA RABASSIÈRE €€

2137, chemin de la Rabassière
✆ 04 90 50 70 40
www.rabassiere.com
Ouvert toute l'année. 3 chambres. Chambre simple à partir de 85 € ; chambre double à partir de 150 €. Piscine.

Le mas de la Rabassière est une belle demeure familiale située au milieu d'un parc de 1,2 hectares comprenant pas moins de 300 oliviers, une belle piscine, un tennis, un terrain de boule et de croquet. Au rez-de-chaussée, se trouve un grand salon au milieu duquel trône un piano à queue. Les chambres ont un style très traditionnel et disposent toutes d'une salle de bains. Ici, vous vous sentirez comme à la maison et le petit déjeuner pris sur la terrasse donne lieu à des échanges très conviviaux. On s'y sent vraiment comme dans une maison de famille.

MARIUS BERNARD

192, route du Loir
✆ 04 90 45 56 56
https://www.atelier-marius.com/
Ouvert du lundi au samedi de 9h à 12h30 et de 15h à 18h30.

Si vous voulez faire le plein de tapenades, pieds paquets, soupe de poisson, ratatouille... une seule adresse : la boutique d'usine de Marius Bernard ! Celui qui a réussi avec brio à mettre le sud en conserves (avec des recettes traditionnelles, sans colorant ni conservateur), propose ici plus d'une centaine de produits de la gamme Marius Bernard sans oublier les confitures et biscuits Baptistin Féraud. Les préparations, artisanales, sont pleines de saveurs et de grande qualité. Vous pourrez même composer vos paniers garnis selon vos désirs..

ALLAUCH

Véritable sanctuaire de la nature provençale, Allauch se trouve aux portes de Marseille. Ce village a su préserver son charme ancien tout en ouvrant son territoire à une nouvelle implantation humaine empreinte de modernité. De sa colline Notre-Dame-du-Château, on découvre un magnifique panorama sur la baie de Marseille. Vous pourrez y voir sa chapelle haut perchée qui abrite un ensemble exceptionnel d'ex-voto peints. Dans le village, de nombreux artisans d'art ont installé leurs ateliers dans les maisons des vieilles ruelles. Des promenades en sentiers balisés partent des collines d'Allauch, immortalisées dans les écrits de Marcel Pagnol.

LA CHÈVRERIE D'ALLAUCH

Chemin du Garlaban

✆ 04 91 68 26 64

Tous les jours sur rendez-vous ou le samedi à partir de 17h30. Fermé le dimanche. Gratuit. Accueil enfants.

La famille Nivaggioli vous accueille toute l'année dans ce joli petit coin de Provence, dans le vallon du Peynaou. Une trentaine de chèvres et un bouc constituent le cheptel. La fabrication des fromages au lait cru, une centaine par jour, grâce aux 90 l de lait récupérés chaque jour lors des deux traites journalières, vient d'une recette centenaire transmise par de vieux pastres allaudiens. Ces fromages se retrouveront sur les marchés de la région. Vous pouvez vous rendre sur place, avec les enfants, notamment en février, quand les chevreaux viennent de naître.

MAISON DU TOURISME LOUIS ARDISSONE

Place Frédéric Mistral ✆ 04 91 10 49 20

www.tourisme.allauch.com

Ouvert tous les jours, 9h-12h30, 14h-18h, toute l'année, sauf les jours fériés. Point de vente billetterie de la ville.

A 11 kilomètres de Marseille, une escapade à Allauch (prononcez allo !) s'impose. Vous y découvrirez un haut lieu du pittoresque provençal : un village typique, labellisée « Tourisme & Handicap », la Maison du Tourisme est installée dans un site exceptionnel. Les agents d'accueil vous conseillent chaleureusement. Quelle que soit votre attente : hébergement, patrimoine, tables gourmandes, parcours culturels ou simples balades nature, vous passerez une halte charmante.

IOD'IN €€

602, Avenue 7ème Régiment des Tirailleurs Algériens ✆ 04 91 07 67 80

www.iodin.fr/

Du mardi au samedi midi et soir. Menu midi de 16 à 19 €. Le soir de 39 à 49 €. Bouillabaisse 48 €. Disciple D'Escoffier.

Une très belle table de type bistronomique située à deux pas du village d'Allauch. On cuisine aussi des plats traditionnels revus avec élégance et un soin tout particulier pour le goût. La carte change tous les trois mois environ. En cuisine, un jeune chef talentueux membre du Collège Culinaire de France et disciple d'Escoffier, Anthony de Filippo, laisse exprimer ses inspirations avec son équipe. Dans l'assiette, l'accent est mis sur le poisson et les produits de la mer et pour les gourmands, sélection glacée par Philippe Uracca (meilleur ouvrier de France).

CONFISERIE AU MOULIN BLEU

7, cours du 11-Novembre

✆ 04 91 68 19 06

www.au-moulin-bleu.com

Ouvert du mardi au dimanche de 8h30 à 12h30 et de 14h30 à 19h. Fermé le lundi.

Georges Testa, maître confiseur médaillé, perpétue la tradition et élabore la sucrerie à la main comme son arrière-grand-père. Dans la famille Eymery, on fabrique les « suce-miel » depuis 1932. C'est un petit ruban de pâte de miel collé entre deux lamelles de papier, protégé par une IGP (indication géographique protégée). Ravissante boutique gourmande au cœur du village d'Allauch où vous trouverez aussi des chiques, du nougat, des navettes et des casse-dents ou encore des calissons.

AU ROYAUME DES ABEILLES

Rue Pierre Curie

✆ 04 65 95 37 23

www.au-royaume-des-abeilles.fr

Ouvert tous les jours de 9h30 à 12h15 et de 15h à 18h30 ; fermé le lundi matin.

Tout part d'une promesse, celle que Sébastien fait à sa grand-mère : perpétuer le savoir-faire de ses grands-parents et continuer à produire des confiseries d'exception dans l'atelier au cœur d'Allauch. Une histoire débutée en 1937 et pérennisée avec l'ouverture de la boutique actuelle en octobre 2019. A la tête de ce projet, Sébastien donc, et Marie-Laëtitia. Membre du collège culinaire de France, le talentueux confiseur produit artisanalement nougats noir et blanc, chiques, suce-miel, miels, pain d'épices et biscuits provençaux, un régal absolu.

ARLES ★★★★

Arles est une petite ville, son centre se visite à pied. Mais ne vous y trompez pas, on est toujours surpris de l'incroyable patrimoine qu'elle contient ! Ses premières œuvres datent de la Rome antique. Le fleuron de ces témoignages de l'Empire romain, ce sont bien entendu les arènes : bâties à la fin du Ier siècle, elles sont transformées en forteresse durant le haut Moyen Âge, et sont encore en activité aujourd'hui pour les spectacles taurins, notamment. Elles font écho au Colisée de Rome, ou, plus proches, aux arènes de Nîmes. Le théâtre antique, quant à lui, est construit avec un modèle d'inspiration des temples grecs, sous Auguste, l'empereur bâtisseur à l'origine de nombreux édifices de la Gaule romaine, vers 27-25 avant J.-C. Il connaît diverses fonctions au cours des siècles, mais finit par disparaître sous les habitations et les jardins ; il a été redécouvert par les campagnes archéologiques menées au XIXe siècle. Actuellement, il est consacré au festival d'Arles (juin-juillet) et aux Rencontres internationales de la photographie. L'église romane Saint-Trophime et son cloître, d'une grande beauté, sont à visiter absolument. À ne pas manquer également, les Alyscamps, un vaste cimetière bimillénaire qui accueillait les cercueils descendus du Rhône. De cette immense nécropole, qui entoure la ville, il reste une allée bordée de cyprès. A voir enfin : le musée de l'Arles antique, le musée Réattu (école provençale des XVIIIe et XIXe siècles, art moderne - quelques beaux dessins de Picasso ! - et photographie) et les musées lapidaires d'art païen et d'art chrétien. Arles, c'est aussi un festival de photographie de renommée mondiale : dès la première semaine de juillet, les rues se remplissent de touristes qui viennent admirer les expositions qui fleurissent dans les lieux consacrés, mais aussi sur les murs des maisons ou dans les boutiques. La tour de la fondation LUMA, fraîchement inaugurée et consacrée aux arts visuels, vient relever encore le prestige artistique de la cité. Ville aux multiples influences, à l'histoire plurimillénaire, Arles est un trésor archéologique et contemporain.

À peine 15 km plus au nord, sur le Rhône, Beaucaire est une presqu'île entre le canal et le Rhône. Elle met en valeur son patrimoine bâti exceptionnel avec ses 44,5 hectares de secteur sauvegardé. Vous y verrez l'hôtel de ville du XVIIe siècle, la collégiale de Notre-Dame-des-Pommiers, le musée municipal Auguste Jacquet et le château des XIe et XIIIe siècles, qui domine la ville.

ABBAYE DE MONTMAJOUR ✝ ★★

Route de Fontvieille
✆ 04 90 54 64 17
montmajour.monuments-nationaux.fr
Horaires selon la saison. Entrée 6 €.

À la sortie d'Arles, en direction de Fontvieille se dresse le Mons Major qui domine la basse plaine du delta du Rhône, et pourtant ne culmine qu'à 43 m. Cette île dépassant des anciens marécages accueille l'abbaye Bénédictine de Montmajour, ensemble architectural complexe qui témoigne de près de huit siècles d'histoire et d'architecture en Provence. Tout d'abord au sud, une cavité naturelle toute en longueur, l'église initiale à peine aménagée d'un arc en plein centre dans laquelle serait venu saint Trophime. Puis, toujours au sud, l'ermitage Saint-Pierre, en partie construit dans le rocher. Ensuite, le monastère médiéval datant du XIIe siècle. L'abbaye Notre-Dame, bâtie en deux campagnes de 1130 à 1150 puis de 1170 à 1180, occupe le sommet. La nef prévue en trois travées n'en comporte que deux et s'arrête sur un mur provisoire. La chapelle Sainte-Croix légèrement en contrebas a été élevée durant la deuxième campagne (1170-1180). Le cloître date de 1140 et 1290. Puis, la tour de guet qui a été rajoutée aux XIVe et XVe siècles, à l'époque des grandes compagnies, bandes de pillards ravageant la Provence, et enfin, la partie la plus récente, le monastère Saint-Maur du XVIIIe. Dégradées à la Révolution, ses puissantes murailles ont tout de même résisté aux outrages des hommes et du temps. Ses fenêtres vides, son cloître bordé de colonnes à chapiteaux gravés de monstres médiévaux, confèrent au lieu une atmosphère mystérieuse. Rachetée par la ville au XIXe, cette abbaye est maintenant classée au patrimoine mondial de l'Unesco.

L'AIRE

25, rue Porte de Laure
✆ 09 52 91 71 10
https://laire.org/
Restaurant ; Galerie d'art ; Soirées à thèmes.

L'Aire, c'est trois espaces : au rez-de-chaussée, un joli patio où le chef Anco Vasseur propose une cuisine en circuit court, explorant les recettes ramenées de ses nombreux voyages. À l'étage le studio de photos sur plaques, qui utilise cette technique de 1860. Là aussi le thème est l'exploration, comme à l'époque des grandes découvertes des naturalistes du XIXe siècle. On découvre tout le processus photographique, de la préparation à la révélation. En haut, un espace avec un rooftop pour déguster un cocktail. Soirée à thèmes : années 80, Sevillanes, Jazz, etc.

ABBAYE DE SAINT-ROMAN ★★

Chemin de l'Abbaye de Saint-Roman - **BEAUCAIRE**
✆ 07 81 56 44 51
www.abbaye-saint-roman.com
Ouvert toute l'année, horaire variable selon la saison. Adulte 5,75 €. Gratuit pour les moins de 18 ans.

A 5 kilomètres au nord de Beaucaire, sur un massif au cœur de la garrigue, ce lieu insolite et unique en Europe vous transportera dans un ailleurs temporel et spatial aux accents du Moyen-Orient. Les archéologues datent cet ancien monastère troglodytique du IXe siècle, spéculant sur une fondation autour du Ve siècle, mais l'occupation du massif dans des grottes est bien antérieure. Creusé dans la roche calcaire par des ermites puis par des moines bénédictins, on peut encore parcourir son dédale de tunnels desservant une grande salle de plusieurs étages, la chapelle, les cellules monastiques et un pressoir à vin. Dans la chapelle et sur le sommet, on se retrouve en fait dans une importante nécropole, aux nombreux tombeaux creusés à même la pierre. L'étrangeté et la beauté du lieu, ainsi que les mystères autour de la fondation du lieu qui rappelle les tout premiers Chrétiens, saisissent les visiteurs de tout âge. Les travaux d'archéologie débutent vers 1965, mais l'endroit reste principalement connu des initiés et est peu mis en valeur. Classé aux Monuments historiques en 1990, objet de recherches entre 2018 et 2022, le site sait désormais mieux accueillir le grand public. La visite se fait librement ou guidée pour les groupes sous réservation, et des apéros « magiques » sont programmés régulièrement, donnant l'occasion de voir la chapelle illuminée aux bougies Led, placées dans les nombreuses niches de la paroi qui servaient au Moyen-Âge. Par temps dégagé, la vue magnifique à 360 degrés plonge sur la vallée du Rhône.

CRYPTOPORTIQUES DU FORUM ★

5 rue Balze ✆ 04 90 49 59 05
www.patrimoine.ville-arles.fr
Ouvert tous les jours de 10h30 à 16h30. Adulte : 4,50 €. Tarif réduit : 3,60 €. Accès par le hall de l'hôtel de ville.

Bâtis en 40 avant notre ère, les cryptoportiques servaient de soubassement et de stabilisateur à l'esplanade du Forum, située sur un terrain pentu. Elles consistent en trois galeries en forme de U, fermées à l'ouest, de 89 mètres de long sur 59 mètres de large. La galerie sud est creusée dans le rocher alors que celle du nord est dans un terrain remblayé de plusieurs mètres. Au Ve siècle, les cryptoportiques furent divisés, servirent de cave, puis de dépotoir... Refuge durant la Seconde Guerre mondiale, leur déblaiement définitif date de 1951.

FONDATION VINCENT VAN GOGH ARLES ★

35 ter, rue du Docteur-Fanton
✆ 04 90 93 08 08
www.fondation-vincentvangogh-arles.org
Tarif adulte : 10 €, tarifs réduits : 8 et 3 €.

Au cœur de cette magnifique réalisation architecturale sur près de 1 000 m², se côtoient, au gré des expositions temporaires, des toiles et dessins originaux du maître néerlandais et des créations d'art contemporain. Le fil rouge de chaque artiste s'articule autour de l'œuvre de Vincent Van Gogh.

De nombreuses salles permettent d'accueillir les artistes et leurs œuvres. Quant à la grande terrasse panoramique, elle complète merveilleusement l'impression d'espace.

BOUCHES-DU-RHÔNE

© TICHR - SHUTTERSTOCK.COM

Place de la République à Arles.

LES ALYSCAMPS ★★★

Avenue des Alyscamps
✆ 04 90 49 38 20
www.patrimoine.ville-arles.fr
Ouvert toute l'année, sauf jours fériés.

« Alyscamps » signifie « Champs-Élysées », la cité des morts dans la mythologie grecque, en provençal. Elle remonte à l'époque romaine : c'était une très vaste nécropole le long de la Via Aurelia. Les Alyscamps deviennent toutefois un haut lieu du Christianisme dès le IVe siècle, en raison du martyr de saint Genest, qui fut exécuté en 308 de notre ère pour avoir refusé de transcrire les écrits de persécution de Dioclétien. Une église (aujourd'hui nommée Saint-Honorat) a été érigée en son honneur au bout du cimetière des Alyscamps ; et cette glorieuse bien que tragique destinée a donné l'envie aux importants personnages de la région de s'y faire enterrer. Cette nécropole païenne à l'origine s'est même transformée au fil des siècles en une étape incontournable du pèlerinage de Saint-Jacques-de-Compostelle pour les pèlerins provençaux. Elle a été investie au XIe siècle par les moines de l'abbaye Saint-Victor de Marseille. Elle fut d'abord dépouillée de nombre de ses sarcophages à la Renaissance, à cause du vol de ces objets de prestige par des puissants, puis tronquée par le creusement du canal de Craponne puis par la construction de la voie ferrée, il en subsiste aujourd'hui une allée aménagée au XVIIIe siècle. C'est un lieu magnifique, qui nécessite d'être ressenti plutôt qu'expliqué ; les sarcophages en eux-mêmes sont certes peu décorés (les plus belles pièces se trouvant au musée de l'Arles antique), mais l'ambiance générale, empreinte d'une grande spiritualité, en fait une visite incontournable durant laquelle nous recommandons de prendre son temps. On déambule parmi les pierres brisées, dont l'usure causée par le temps a été respectée, sous des allées de pins doucement agités par une brise, et on contemple respectueusement ce cimetière plurimillénaire et la mémoire qu'il abrite. Van Gogh en a peint plusieurs superbes représentations.

L'église Saint-Honorat, qui fut évêque d'Arles de 426 à 429, vaut également le détour : bien qu'elle n'ait jamais atteint l'ampleur prévue, on admire son style roman provençal, surmonté d'un beau lanternon percé de fenêtres qui rappelle l'amphithéâtre romain, et la belle lumière de son intérieur. Des expositions temporaires sont fréquemment organisées, que la magie du lieu rend plus belles encore. En 2019, l'endroit servit de décors pour le défilé croisière de la maison de Haute Couture Italienne Gucci puis en 2022, l'artiste Coréen Lee Ufan y a organisé une fabuleuse exposition de sculptures. C'est un lieu extrêmement atypique, hors du temps. A découvrir absolument, incontournable !

ÉGLISE ET CLOÎTRE SAINT-TROPHIME ★★★

Place de la République
✆ 04 90 18 41 20
www.arlestourisme.com
Ouvert toute l'année, la visite de l'église est gratuite.

La cathédrale Saint-Trophime constitue, avec son cloître, l'ensemble roman le plus remarquable de Provence. L'église carolingienne d'origine est transformée de fond en comble entre 1078 et 1152. Erigée en plusieurs phases depuis l'ère paléochrétienne, la cathédrale Saint-Trophime, telle que nous la voyons de nos jours, affleure au XIIe siècle. Le monument possède le plan caractéristique des édifices de Provence : une haute nef de cinq travées, voûtées en berceau brisé et flanquée d'étroits collatéraux ; un transept très court dont la croisée est surmontée d'une coupole et supporte le clocher. Outre d'innombrables trésors architecturaux, le portail possède une statuaire – consacrée au Jugement Dernier – tout simplement admirable de finesse. Adossé à ce monument exceptionnel, on trouve un autre joyau : le cloître. Sa construction est venue achever une réédification du complexe cathédral qui avait débuté vers la toute fin du XIe siècle. A partir du XIIe siècle, l'espace au sud de la cathédrale est occupé par deux grands ensembles : le palais de l'évêque, et le claustrum, un espace réservé à la communauté des chanoines. Les deux galeries romanes (au nord et à l'est) ornées de sculptures sont d'une qualité exceptionnelle. Les deux dernières galeries (au sud et à l'ouest), voûtées sur croisées d'ogives, sont de style gothique et n'ont été réalisées que vers 1370-1380. Le cloître a été classé aux Monuments historiques en 1846. Une visite à ne pas manquer.

ARÈNES D'ARLES [AMPHITHÉÂTRE] ★★★★

Rond-point des Arènes
✆ 04 90 18 41 20
www.arenes-arles.com

Haute saison : tous les jours de 9h à 19h. Horaires intermédiaires en mi-saison. Adulte : 9 €.

Aux portes de la Camargue, sur les rives du Rhône, se trouve l'un des plus grands amphithéâtres de France. Visiblement inspirées du Colisée de Rome, contemporaines, les arènes, construites vers 80 après J.-C., ont fait la fierté d'Arles pendant près de quatre siècles. Colonie romaine depuis le Ier siècle av. J-C, Arles est un pôle commercial stratégique pour l'Empire, qui développe la cité, l'embellit avec de nouveaux monuments et fait construire des remparts pour la protéger. Les Romains sont des bâtisseurs ; partout où ils s'installent, il reproduisent une petite Rome et construisent théâtres, termes, amphithéâtres... C'est particulièrement vrai à Arles : si la cité est surnommée la petite Rome de la Gaule, c'est parce qu'il s'agit de la ville comptant le plus d'édifices romains en dehors de Rome.

L'amphithéâtre d'Arles est le plus important édifice qu'il nous reste de l'ancienne colonie romaine. Ce colosse de pierre possède toutes les caractéristiques des constructions romaines, notamment l'arène centrale entourée de gradins, eux-mêmes protégés d'un muret, et un véritable système d'évacuation. Toutefois, ce qui le différencie des autres grands monument romains, c'est l'utilisation de la pierre pour construire l'édifice, là où la brique était habituellement le matériau de prédilection. Le Colisée de Rome, par exemple, a été bâti en briques habillées de marbre. Aujourd'hui, il ne reste plus que la brique, le marbre ayant disparu à travers les siècles. A l'inverse, la façade des arènes d'Arles présente aujourd'hui son aspect d'origine, et le visiteur admire l'édifice tel que l'ont vu les Romains. D'un point de vue architectural, l'amphithéâtre mesure 21 mètres de haut avec deux niveaux de soixante arcades en plein cintre, séparés par des piédroits massifs de section rectangulaire. Avec un grand axe de 136 mètres de longueur et un petit axe de 107 mètres, l'amphithéâtre d'Arles est légèrement plus grand que celui de Nîmes, et occupe le vingtième rang parmi ceux du monde romain.

Pénétrer dans ce lieu monumental, dont les pierres racontent 20 siècles d'histoire, c'est faire un saut dans le passé et être transporté dans la Rome Antique. Il faut s'imaginer l'ambiance survoltée qui animait le public venu assister aux jeux. Haut lieu de la fête, l'amphithéâtre pouvait accueillir jusqu'à 25 000 personnes, qui se pressaient pour admirer les spectacles vivants indispensables à la vie sociale des Romains. Le divertissement est l'essence même de ce bâtiment. Lorsque des jeux sont organisés dans l'amphithéâtre, ils se déroulent toujours plus ou moins de la même manière. Le matin, ce sont les chasses d'animaux sauvages qui se tiennent dans l'arène : ours, sangliers, fauves, lapins, etc., sont lâchés et les gladiateurs sont chargés de les tuer. A midi, les condamnés à mort sont exécutés devant le public. Mais c'est l'après-midi que la ferveur s'empare réellement des gradins, remplis de milliers de spectateurs venus assister aux combats de gladiateurs. Contrairement à l'idée généralement reçue, popularisée par le cinéma, les mises à mort ne sont pas systématiques. Si les combats sont spectaculaires et sanglants, les gladiateurs sont, le plus souvent, des professionnels qui se portent volontaires et perçoivent une rémunération. Leur rôle est de divertir la foule, ils font donc durer le plaisir à grand renfort de cascades spectaculaires. Les blessures sont courantes et parfois très graves, mais la mise à mort reste occasionnelle et n'a lieu qu'à la demande expresse du public. Celle-ci est installée le long des gradins, organisés de manière hiérarchique : les deux tribunes les plus proches sont attribuées à l'élite de la colonie romaine ; puis vient le peuple romain uniquement constitué d'hommes ; et, enfin, le peuple dont le statut social est le moins important, à savoir les femmes, les enfants, les esclaves ou encore les étrangers. Le public assiste gratuitement aux jeux, qui sont un véritable outil politique et de manipulation des masses. Car les magistrats l'ont bien compris : un peuple diverti ne se rebelle pas. « *Panem et circenses* », comme l'a écrit le poète satirique Juvénal pour avancer l'idée qu'il suffit de donner au peuple du pain et des loisirs pour qu'il soit satisfait.

Les arènes d'Arles accueillent des jeux jusqu'au IVe siècle, lorsque le christianisme devient la religion officielle de l'empire romain et que l'empereur Théodose abolit les fêtes païennes, y compris les jeux. A la chute de l'Empire, les arènes changent de fonction et se transforment en forteresse urbaine avec la construction de quatre tours, près de deux cents habitations et même deux chapelles. C'est une cité dans la cité qui se développe et qui sera finalement détruite au début du XIXe siècle, mais dont la maçonnerie antique porte encore les traces. C'est finalement à l'initiative de l'écrivain Prosper Mérimée que ce lieu unique est classé monument historique en 1840. Sa vocation première, l'accueil de grands spectacles, est de nouveau d'actualité : les jeux romains du Ier siècle laissent aujourd'hui place aux corridas organisées lors des deux ferias annuelles, aux courses camarguaises ou même aux spectacles musicaux. Les arènes, il y a peu au centre d'un vaste plan de restauration et de mise en valeur (les travaux ont duré dix ans et ont coûté 25 millions d'euros), ont depuis juillet 2013 retrouvé leur éclat originel.

FONDATION LUMA ★★

35, avenue Victor-Hugo
✆ 04 65 88 10 00
www.luma.org/arles
Ouvert du mercredi au lundi de 10h à 18h. Accès libre sur réservation.

Luma Arles est un centre culturel qui finance et soutient des projets d'artistes, en relation avec l'environnement, les droits humains, la culture et l'éducation. Concrètement, cette structure, imaginée et lancée par Maja Hoffman en 2013, permet à des artistes innovateurs de présenter des œuvres commanditées, dans différents lieux de la cité arlésienne. Luma Arles s'articule autour de six bâtiments industriels restaurés, d'un centre de ressources artistiques et de jardins, mais également et surtout d'un incroyable bâtiment moderne conçu par le célèbre architecte Frank Gehry, à qui on doit par exemple le dessin du musée Guggenheim à Bilbao ou de la Fondation Louis Vuitton à Paris. Dans cette construction dont les parois composées de 10 000 briques en inox reflètent le ciel bleu provençal, se déroule une multitude d'activités autour de la photographie et des arts visuels en général : expériences en réalité virtuelle, installations, expositions... C'est un plaisir de se perdre dans ce labyrinthe dont chaque porte passée révèle une nouvelle surprise : plafonds mouvants, vues imprenables sur la ville, mais aussi un toboggan géant qui ravira petits et grands ! Toute la virtuosité de l'architecte s'exprime, ainsi que l'ingéniosité et la soif de partage des programmateurs. On peut aussi se promener dans les jardins, et s'arrêter à l'un des nombreux cafés et restaurants autour et à l'intérieur de la Fondation, ou passer par le skate park au design graphique. Un lieu fascinant, à ne pas manquer.

SALIN DE GIRAUD [SALINS DU MIDI] ★★

Boulevard de la Camargue - **SALIN-DE-GIRAUD**
✆ 04 90 58 81 40
www.visitesalindegiraud.com/
Tous les jours, horaires variables. A pied : 11 €, enfant (5-13 ans) 8€. En vélo : 14 €, enfant (5-13 ans) 10 €.

Le salin de 10 800 ha abrite quelque 278 espèces végétales et 200 espèces d'oiseaux (dont 157 protégées). Deux types de visites du salin de Giraud sont possibles toute l'année : la visite à pied, avec accès en voiture jusqu'au parking du Sémaphore, et la visite en empruntant votre propre vélo sur un parcours dédié au coeur d'une faune typiquement camarguaise et de paysages extraordinaires. En été, des visites guidées d'1h15 sont organisées sur réservation.

THERMES DE CONSTANTIN ★★

Rue du Grand-Prieuré
✆ 04 90 52 02 06
Tarif adulte : 5 €, enfant 3,20 €.

Les thermes de Constantin ont été construits au IVe siècle, alors que cet empereur résidait dans la ville. Il s'agit des vestiges d'un établissement considéré à tort, jusqu'au Moyen Âge, comme les ruines d'un palais. On sait aujourd'hui qu'il n'en est rien. Les thermes du nord, parmi les mieux conservés de France, ont été partiellement dégagés à partir du XIXe siècle et sont classés au titre des Monuments historiques depuis 1840. Ils sont la propriété de la ville d'Arles. L'état de conservation de l'établissement antique est remarquable.

Salines près d'Aigues-Mortes.

THÉÂTRE ANTIQUE ★★★

Rue de la Calade
✆ 04 90 18 41 20
www.arlestourisme.com
Haute saison : tous les jours de 9h à 19h. Tarif adulte : 9 €, enfant : 7 €.

Monument majeur de la romanité en Provence, le théâtre antique d'Arles a été construit au Ier siècle avant J.-C., sous le règne de l'empereur Auguste, célèbre pour avoir fait bâtir de nombreux monuments sur le territoire de l'Empire, dont beaucoup en Gaule romaine. Le théâtre fait partie d'un vaste projet d'urbanisation comportant deux autres constructions : l'Arc du Rhône et le Forum. Il se déploie sur plus de 102 mètres de diamètre, et comportait au temps de sa grandeur trente-trois rangs de gradins (dont une grande partie a disparu) qui pouvaient accueillir jusqu'à dix mille spectateurs. Bien que les spectacles furent gratuits pour l'intégralité du peuple, les classes sociales ne s'y mélangeaient pas, puisque le peuple s'entassait sur les hauteurs, tandis que les notables s'installaient près de la scène. Son enceinte extérieure possédait trois rangs d'arcades richement décorées de statues monumentales. Parmi celles-ci, la statue d'Auguste conservée au musée de l'Arles antique, et la Vénus d'Arles au musée du Louvre, que les Arlésiens voudraient bien voir revenir dans sa ville d'origine. Fortifié au Moyen Âge, nous en avons pour témoin la tour de Roland, il voit se développer dans son enceinte des maisons parasites ainsi que le Collège des jésuites et un couvent des sœurs de la Miséricorde. Pillé pour ses matériaux qui furent parfois remployés pour la construction de bâtiments à proximité, il n'est redécouvert qu'au XVIIe siècle, mais les véritables fouilles ne commencent qu'en 1828, et on détruit peu à peu des édifices qui avaient été construits sur le site.

C'est un lieu étonnant : la colonnade, dont seules deux colonnes tiennent encore (à peu près) debout, et tous ces éclats d'histoire laissés comme à l'abandon le rendent particulièrement charmant. Il faut s'amuser à se perdre dans les petits dédales qu'offrent les grands blocs de pierre disséminés, et à scruter les détails qui sont gravés dans les fragments : on repère ici un bout d'inscription latine, là une fleur, là encore un chapiteau corinthien. Entièrement restauré, le site est nettement plus fonctionnel et offre de nouvelles attractions : l'été, les mardis et jeudis matin, démonstrations de jeux romains, très sympa pour les enfants. Et toujours, comme la grande scène qui occupe le centre du théâtre l'indique, face aux gradins restants, l'accueil de nombreux festivals comme les Rencontres internationales de la photographie, le festival de musique des Suds ou encore celui du film Péplum. Les deux premiers se déroulant en juillet, le dernier en août.

LE FLAMANT ROSE** €

Route de Saint-Gilles D 37
ALBARON
✆ 04 90 97 10 18
www.leflamantrose.com
8 chambres. Chambre double de 68 € à 88 €. Restaurant : menu bouillabaisse sur commande 61 €.

Le Flamant Rose est une institution à Albaron, ce petit village camarguais, à mi-chemin entre Arles et les Saintes-Maries-de-la-Mer. Les huit chambres de l'établissement ont été entièrement rénovées et sont désormais conformes aux normes pour les personnes à mobilité réduite. Les propriétaires ont soigné la décoration en totale harmonie avec l'esprit de Camargue : bois flotté et teintes douces évoquent les couleurs des paysages du Delta. Avantages indéniables : ici, les prix sont tout petits, et la cuisine provençale du restaurant est de qualité !

CAMPING DES BOIS FLOTTÉS*** €€

Route de la mer
✆ 04 90 58 25 09
www.camping-les-bois-flottes.fr
Tentes, lodges, mobil-homes de 2 à 6 personnes. Mobil-homes pour 2 à 4 personnes de 68 € à 140 € la semaine.

© CAMPING BOIS FLOTTÉ

Les bois flottés vous offre 9 types d'hébergements, tout aussi agréables les uns que les autres en fonction de vos envies et de votre budget. C'est un camping situé au milieu du Parc Naturel de Camargue, dans un des lieux les plus beaux au monde. L'accueil est délicieux, toute l'équipe très sympathique et chacun s'affaire à vous faire passer de merveilleuses vacances. La plage est sublime, et sauvage, vous aurez la sensation d'être au bout du monde... Vous ne voudrez plus partir...

BOUCHES-DU-RHÔNE

L'ARLATAN €€€

20, rue du Sauvage
✆ 04 65 88 20 20
www.arlatan.com

Ouvert toute l'année. Haute saison : chambre double de 179 € à 529 €. Petit déjeuner : 20 €.

L'Arlatan poursuit splendidement sa légende, traversant les siècles depuis l'Antiquité. La décoration, contemporaine et éclatante jette un pont entre modernité et histoire pour cet établissement qui était déjà reconnu comme l'hôtel particulier le plus somptueux au Moyen Âge. Tous les bâtiments, dont la partie centrale est classée aux monuments de France, s'articulent autour d'un magnifique patio. Vous trouverez également sur place, un bar à cocktails et un restaurant dont la carte met en lumière les saveurs provençales. Un établissement qui mérite sa réputation.

HÔTEL SPA LE CALENDAL*** €€€

5, rue Porte-de-Laure
✆ 04 90 96 11 89
www.lecalendal.com

Chambres doubles de 119 à 209 €.

Les chambres de cet établissement installé dans un bâtiment du XVIIe siècle, en plein centre historique de la ville, sont toutes dotées d'une œuvre photographique originale des étudiants de l'ENSP, raffinées avec pour certaines une vue extraordinaire... Dans l'hôtel, vous trouverez un spa (aux + de 18 ans), une piscine chauffée, un solarium, un confort haut de gamme. Le jardin est une oasis de fraicheur avec un micocoulier centenaire. Le restaurant est juste savoureux... Enfin, le personnel est aux petits soins. Pour un merveilleux séjour en plein cœur d'Arles.

JULES CÉSAR***** €€€

9, boulevard des Lices
✆ 04 90 52 52 52
www.hotel-julescesar.fr

52 chambres (dont 11 suites). Chambre double de 129 € à 389 €.

Ancien couvent de Carmélites, le Jules César est une institution à Arles. La décoration typiquement provençale a été entièrement repensée par Christian Lacroix. Il a créé une ambiance pour chaque niveau. Au niveau du cloître, les couleurs monochromes vives dominent. L'étage suivant a une note plus provençale et le dernier est plus monacal et camarguais avec un sol en trompe-l'œil. À présent, cet hôtel 5 étoiles dispose également d'un spa agréé Cinq Mondes et d'une salle de fitness. Le Jules César, c'est enfin Lou Marquès, son restaurant gastronomique de choix.

LA MAISON MOLIÈRE €€€

37, rue Molière
✆ 06 87 73 39 59
www.lamaisonmoliere.fr

Haute et basse saison de 200 à 300 €, petit déjeuner inclus.

La Maison Molière est un lieu d'exception qui nous a immédiatement séduits. Il y règne une ambiance hors du temps, faite de calme, de tranquillité et de bon goût. Bâtie en plein centre historique d'Arles, la Maison Molière offre, sur une superficie de 800 mètres carrés, un espace convivial et plein de charme avec ses deux salons-bibliothèques, ses chambres en suites climatisées et son loft. Les chambres sont tout simplement exceptionnelles et décorées avec goût. La cour avec ses belles arches est parfaite pour prendre le petit déjeuner.

LE NORD-PINUS €€€

Place du Forum
✆ 04 65 88 40 40
www.nord-pinus.com

Fermé en hiver. 26 chambres. Chambres à partir de 126 €.

Cet établissement, tombé dans le giron des maisons d'Arles assez récemment est un établissement hors normes. Par son élégance d'abord, par son emplacement ensuite, au cœur de la cité arlésienne, à deux pas des plus beaux monuments historiques, et enfin par sa légende. En effet, il fut le point de chute de personnages aussi célèbres que Picasso, Hemingway, Cocteau... est pas mal de vedettes plus actuelles. C'était également là que descendaient les toréros lors des grandes manifestations taurines. Un véritable morceau d'histoire et une expérience inoubliable.

LA BODEGUITA €€

49, rue des Arènes
✆ 04 90 96 68 59
www.bodeguita.fr

Tapas de 4,90 à 13,90 €.

La Bodeguita est un haut lieu de la vie arlésienne. C'est aussi le plus ancien bar à tapas de la ville, des tapas au demeurant excellentes. La carte est bien pourvue et la cuisine toujours parfaite, tout comme l'accueil et le service. Il faut parfois patienter, mais c'est le corollaire du succès de l'établissement. De toute manière, l'ambiance festive fait vite oublier le temps qui passe. Le décor est original et vous met rapidement dans cette ambiance des fêtes qui vont jusqu'au bout de la nuit. Un excellent plan pour se retrouver entre amis.

LA BERGERIE PROVENÇALE €

RN 453

✆ 04 90 98 44 83

http://la-bergerie-provencale.edan.io/

Basse saison : ouvert du vendredi au mercredi le midi de 11h45 à 13h30. Carte : 17 € environ.

Une adresse authentique qui rassemble tous les gardians locaux ! En hiver, impossible de passer à côté des excellentes grillades au feu de bois dont l'établissement est le spécialiste depuis 1959. L'été, vous apprécierez de prendre l'apéritif ou de déjeuner à l'ombre de la tonnelle. Didier, le chef, mitonne des spécialités provençales simples et copieuses : tranche de gigot grillée, pavé de taureau, navarin de chevreuil, salade d'anchoïade… De quoi vous rassasier sans vous ruiner ! Le rapport qualité-prix est en effet imbattable.

CUIT CUIT €

2, rue du Docteur-Fanton

✆ 09 80 84 28 53

Ouvert de 11h à 14h et de 18h à 21h30. Carte : 23 € environ.

À l'angle de deux charmantes rues, à deux pas de l'hôtel de Ville, Cuit cuit vous accueille en salle ou en terrasse. Comme son nom l'indique avec humour, beaucoup de volaille au menu, sous toutes ses formes : tenders, wraps, mais aussi poulets rôtis entiers ! La carte est cependant variée, et propose également des spécialités locales (saucisse de taureau) ou des salades, toujours généreuses. Les viandes sont sélectionnées dans les meilleurs morceaux. C'est une adresse idéale pour reprendre des forces après de longues heures de balade.

AU BONHEUR D'ÉMILIE €

5, rue Jouvene

✆ 04 90 98 38 71

Ouvert le lundi, le mardi, le jeudi et le vendredi de 11h à 17h. (formule du midi : 10 € environ).

Ce restaurant, tenu par Dominique et sa fille Émilie, propose des plats à base de produits bio, à manger sur place ou à emporter. Et, faut-il le préciser, à tout petit prix. Au menu, qui change quotidiennement : des grandes assiettes composées d'un velouté original ou d'un méli-mélo de crudités, ainsi que d'une tarte. Sont également proposés des bowls dont on choisit les composants parmi une généreuse sélection, et d'excellents croque-monsieur. Pour finir, un dessert, toujours gourmand et cuisiné avec amour. Simple, bon et sain.

LE PETIT ARLES €

29, rue de l'Hôtel-de-Ville

✆ 09 81 26 93 20

Ouvert du mardi au samedi de 9h à 18h. Aux alentours de 7 €.

Derrière ce petit pas de porte se cache un joli établissement géré par un duo de choc, Claire et Stéphanie. Toutes deux s'attachent à préparer une cuisine savoureuse à base de produits frais. Tout est fait maison, bien sûr, et cerise sur le gâteau la carte change tous les jours. Plusieurs formules sont proposées : plat, dessert ou soupe et café ou bouteille d'eau offert, à des prix vraiment sympas. Mais on peut aussi s'y arrêter boire un café, le matin, ou pour déguster une douceur lorsque l'envie s'en fait sentir. Dans tous les cas on y est toujours bien reçu.

LA CANTINE VÉGÉTALE €

4, place Felix Rey

✆ 06 09 24 39 59

www.lacantinevegetale.fr

Ouvert tous les jours en haute saison, de mai à octobre.

C'est un lieu vegan vraiment sympa où l'on cultive le bon et surtout le bio. Les aliments sont issus de producteurs locaux et cuisinés directement par Marie, la maîtresse des lieux qui sait si bien jouer avec les saveurs et les textures. Les portions dans les assiettes sont généreuses et bien mises en scène. Bien sûr, le corollaire de cette politique du bio est que la carte change en fonction des saisons et même d'une semaine sur l'autre. Un ravissement pour les clients ! L'accueil est bien entendu dans le même esprit : convivial et même familial. On recommande !

LE TAMBOURIN €

1, rue du Palais

✆ 04 90 96 48 39

Plats 17€ environ.

C'est le bar resto des aficionados, la déco ne laisse d'ailleurs aucun doute là-dessus. L'endroit est d'ailleurs incontournable pendant les feria, mais également le reste de l'année avec son service de restauration le midi et le soir. Au déjeuner, la formule est aussi efficace qu'économique et il est très agréable de prendre son repas sur la terrasse, face à cette place typique, toujours très animée. Côté cuisine, les préparations sont correctes. Particulièrement savoureux de prendre son café le matin en terrasse ou en salle et de voir la place s'animer.

L'ANTONELLE LE BISTROT €€

9, place Antonelle
✆ 04 90 91 16 14
Plats aux alentours de 15€ le midi ; menu entrée-plat-dessert à 32€.

Une excellente note pour ce petit espace, chaleureux et convivial : le midi, l'Antonelle propose une cuisine de marché avec une petite carte, certes, mais qui change fréquemment en fonction des produits disponibles localement. Le soir ; c'est une cuisine haut de gamme qu'on vous y sert, sans doute l'un des restaurants à la cuisine la plus élégante de la ville. C'est une explosion de saveurs, originales et toujours justes, aux portions généreuses, même quand les produits sont nobles. Le dressage est aussi alléchant que les goûts sont équilibrés. À ne pas manquer !

LA COMÉDIE €€

10, boulevard Georges-Clemenceau
✆ 04 90 93 74 97
http://lacomedie-arles.com
Formule à partir de 21 €. Plat du jour : 15 €.

Côté cave, vous trouverez des vins de haute lignée, ainsi que des crus bien plus abordables, mais toujours choisis avec un goût sûr. Côté table, la cuisine est traditionnelle, mais revisitée et modernisée par le chef qui s'appuie sur des produits frais et régionaux. Les recettes sont originales, la joue de porc confite par exemple. Nous avons particulièrement aimé l'idée du menu Vins et Mets où l'on découvre quatre plats en fonction des vins choisis. De quoi mettre de la surprise et des sourires dans son assiette. Le rapport qualité prix est à toute épreuve.

DU BAR À L'HUÎTRE €€

12, place du Forum
✆ 04 90 97 94 38
Ouvert tous les jours le midi et le soir. Menu découverte 42,5 €. Formule du midi : 19,90 €.

Les produits de la mer que vous dégusterez ici ne viennent pas de bien loin. En effet, l'établissement mise sur la proximité des fournisseurs. Les plateaux de coquillages, produits phares du restaurant, sont impeccables et superbement présentés. Mais vous pourrez également choisir, à la carte, des plats préparés tels que : daurade et risotto, linguines aux palourdes, Saint-Jacques sous diverses préparations, et quelques viandes pour les réfractaires. Les serveurs sont agréables et de bon conseil et le cadre est subtilement dans le thème du restaurant.

LE FLAMANT ROSE €€

Route de Saint-Gilles D 37
ALBARON
✆ 04 90 97 10 18
www.leflamantrose.com
Menu à partir de 26 €. Menu bouillabaisse : 55€. Terrasse.

Le Flamant rose, est ouvert depuis plus de 40 ans ! Aux fourneaux, le sympathique chef, Frédéric Lacave, peut se targuer du titre de maître restaurateur. Il est aussi membre du Conservatoire des cuisines de Camargue. Ici, on fait dans l'authentique et les produits du terroir sont évidemment à l'honneur ! Ceux de la pêche, bien sûr, avec la friture de jols, la bourride, les tellines, la bouillabaisse Mais aussi l'inévitable viande de taureau AOC de Camargue, cuisinée en gardiane, notamment, et accompagnée d'un riz qui pousse à quelques kilomètres à peine…

BERGERIE DE MÉJANES €€

✆ 04 90 54 19 66
Ouvert tous les jours le midi. Le soir sur réservation.

Située sur le domaine de Méjanes, la bergerie du même nom propose une cuisine d'inspiration provençale, copieuse et pleine de saveurs. On y déguste le taureau de la manade, qui est un peu le point d'orgue de la carte, ainsi que des plats traditionnels concoctés avec des produis locaux, de première fraîcheur. Les desserts maison sont un véritable délice. Nous avons testé, par exemple, le délice de fraise et on ne peut que vous le recommander. Côté plat de résistance, les amateurs apprécieront la pièce de taureau. Le lieu est en outre magnifique et l'accueil au top.

LE GREENIOTAGE €€

21, rue des Carmes
✆ 04 90 47 61 13
Ouvert du mercredi au dimanche le midi et le soir. Menu : à partir de 49 €.

Manger au Greeniotage, c'est l'opportunité de goûter la cuisine de Jean-Luc Rabanel, un des chefs les plus emblématiques d'Arles, sans se ruiner ni devoir réserver des mois à l'avance. Cette succursale sert une cuisine de brasserie haut de gamme avec une ardoise qui change régulièrement, comme le croustillant de pied de porc aux champignons de saison, amandes, jus d'échalotes ; minute de maigre de Méditerranée, panais aux éclats de noisette et une « vierge thaï » ; tarte caramel aux pignons de pins et lait glacé amandes… Des plats goûteux et copieux !

LA GUEULE DU LOUP €€

39, rue des Arènes
✆ 04 90 96 96 69
www.restaurant-lagueuleduloup.fr
Fermé le mercredi et le jeudi. Plats environ 22 €.

Dans les assiettes, on mise sur des produits frais et cuisinés en direct. Vous pourrez le constater si vous vous installez au rez-de-chaussée : la cuisine est ouverte sur la salle. Mais nous, on préfère l'ambiance plus cosy de l'étage pour déguster ces bons petits plats. Les assiettes sont bien présentées, généreuses, leur contenu est parfaitement mis en valeur et surtout délicieux. Les prix sont corrects et la qualité est au rendez-vous. C'est une excellente table, ici ou chez vous, car la maison fait aussi traiteur et chef à domicile !

L'AFFENAGE RESTAURANT TRAITEUR €€

4, rue Molière
✆ 04 90 96 07 67
Ouvert toute l'année. Du lundi au samedi le midi et le soir. Plats autour de 25 €.

© C.ANDREIS

La cuisine est copieuse, originale, et les assiettes sont joliment présentées. Les plus grands appétits ne sont pas déçus. La cuisine est excellente. Les viandes sont savoureuses. Le confit de canard par exemple est délicieux ! Les entrées et les desserts sont toujours gourmands. Bref, une cuisine comme on l'aime, une cuisine de cœur ! Le service est professionnel et agréable. Rançon de la gloire, il y a parfois beaucoup de monde. Les tarifs sont très corrects. Une adresse à garder !

L'ESCALADOU €€

23, rue Porte-de-Laure
✆ 04 90 96 70 43
Ouvert du jeudi au lundi. Plats à la carte autour de 22 €. Menu 35€.Menus enfant de 10,50 € à 13 €

© L'ESCALADOU

L'adresse est située à deux pas des arènes. Ce sont Marina (en cuisine) et Carine (au service) qui vous accueillent chaleureusement. Au programme, une cuisine originale et soignée aux accents de Provence. L'atmosphère du lieu est intimiste, cosy, entièrement redécoré, on s'y sent bien immédiatement. Les assiettes sont joliment présentées, généreuses, et leur contenu est alléchant. Côté service, le personnel est agréable et souriant. Nos deux drôles de dames, vont vous faire passer un moment savoureux et sympathique. Une cuisine familiale, chaleureuse comme on l'aime.

LA MULE BLANCHE €€

9, rue du Président-Wilson
✆ 04 90 93 98 54
Formule du midi : 20 € environ.

Ce restaurant fait toujours l'unanimité. Ici, les salades sont superbes et généreuses. À la carte également, des plats de brasserie : côte de bœuf Black Angus, tartare de bœuf... mais aussi une cuisine de marché qui évolue selon les saisons. Serge, le patron, en passionné de pêche au gros, propose d'ailleurs selon arrivage des filets d'espadon et de daurade. Sans oublier la bouillabaisse (à partir de 4 personnes, sur commande). Un restaurant de choix, que ce soit pour déjeuner ou pour passer une agréable soirée en salle ou sur sa grande terrasse ombragée.

LE PATIO DES ALYSCAMPS €€

14, avenue des Alyscamps
✆ 04 88 65 22 92
www.patiodesalyscamps.com
Ouvert du mercredi au dimanche.

Une jolie devanture, une salle à la déco résolument moderne, très bien tenue, et une terrasse agréable, voilà le décor planté. Viennent ensuite les assiettes, pleines de couleurs dans lesquelles on retrouve des aliments savoureux et frais. La cuisine est originale sans toutefois donner dans l'excentricité. C'est Laeticia qui est aux commandes et qui propose des planchas, des galettes de sarrasin, mais aussi des Pokes à base de viande, de poissons ou même totalement végétariens. Le personnel est accueillant. Un véritable bon plan en somme.

RESTAURANT L'ARLATAN €€

20, rue du Sauvage
✆ 04 65 88 23 10
www.arlatan.com/fr
Ouvert tous les jours de 11h à 22h30. Bar ouvert jusqu'à minuit. Plats à partir de 24 €.

Un décor élégant mêlant la tradition et la modernité, une cuisine simple résolument orientée vers la Méditerranée qui fait la part belle aux produits de saison, un accueil soigné... on se sent bien au restaurant de l'Arlatan. Les plats sont savoureux, mention spéciale aux desserts qui sont très élaborés et vraiment délicieux : le crémeux au chocolat est à se damner ! Que vous preniez un café dans sa magnifique cour intérieure, au bar où vous pourrez déguster des cocktails originaux, ou dans un de ses salons entre amis, vous serez dans un endroit hors du temps !

LES PIQUES OU RIEN €€

53, rue Condorcet
✆ 04 86 32 29 44
Ouvert du mardi au samedi le soir de 19h30 à 21h30 ; du mercredi au dimanche le midi de 12h à 13h30.

Cette adresse de la place Voltaire va ravir vos papilles ! Avec quelques suggestions du jour, le chef propose des assiettes aux saveurs originales d'ici et d'ailleurs selon l'inspiration du moment. D'ailleurs, ici, vous ne saurez pas ce que vous allez manger : c'est parti pour l'aventure ! Une seule constante : une assiette de tapas froids en entrée (olives du coin, charcuterie, chèvre...) puis une assiette chaude composée de 6 « découvertes » et, pour finir, 5 desserts surprises… Un parti pris original pour ce restaurant dont vous ne repartirez jamais déçus.

LE SAINT-PIERRE €€

22, rue Jean-Lebas
✆ 04 90 18 20 33
http://restaurant-arles.com/
Ouvert du mercredi au samedi le midi et le soir ; le dimanche midi. Formules à partir de 20 €.

Une cuisine traditionnelle, qui fait la part belle aux produits du marché : voilà ce que propose Hélène, la cheffe de ce sympathique restaurant. Cette « maître-restauratrice » a tout de même un produit de prédilection : le poisson (d'où le nom de l'établissement !). Les amateurs des produits de la mer ne seront pas déçus : tout est frais et parfaitement cuisiné ! Le restaurant propose également des coquillages sur commande. Quant aux carnassiers, ils ne sont pas pour autant oubliés. Ajoutez à cela que le service est agréable et vous obtiendrez un très bon plan.

LE PLAZA LA PAILLOTTE €€

28, rue du Docteur-Fanton
✆ 04 90 96 33 15
Ouvert du vendredi au mardi de 12h à 13h30 et de 19h à 21h. Entrée, plat, dessert : 31 €.

Les avis sont unanimes : la cuisine de cet établissement, situé près de la place du Forum, est délicieuse ! Inventifs et raffinés, tout en affichant un rapport qualité-prix imbattable, les plats sont parfaitement maîtrisés. Testez absolument la soupe de poisson et l'estouffade de taureau AOP au vin blanc du pays d'Arles, plus léger que la gardiane et tout aussi typique, la soupe de poissons de roche aux filets de rouget, cabillaud, noix de Saint-Jacques (la spécialité de la maison). Quant aux desserts : un véritable régal, la verrine de mangue !

CHEZ BOB €€€

Route du Sambuc
✆ 04 90 97 00 29
www.restaurantbob.fr
Ouvert du mercredi au dimanche. Menu unique à 50 €.

Chez Bob, c'est chez Jean-Guy et Josy Casello alias Ninou ou Ninette ! Des propriétaires à la convivialité communicative qui ont fait de ce lieu authentique et haut en couleurs, une institution. On a vraiment l'impression d'être invité chez des amis. Dans l'assiette, des spécialités locales forcément. Entrées à volonté (anchoïade, charcuterie et poutargue) et plats du terroir : côte de taureau, magret de canard, quasi d'agneau... toujours grillés au feu de bois, que ce soit l'hiver dans la cheminée ou l'été sur la terrasse ombragée. Passage obligé !

LA CHASSAGNETTE €€€

Route du Sambuc
✆ 04 90 97 26 96
www.chassagnette.fr
Ouvert du jeudi au lundi. Menus de 121 € à 143 €.

Pas d'empreinte carbone pour la cuisine d'Armand Arnal. En effet, tous les ingrédients qu'il utilise dans sa cuisine, à la fois saine et savoureuse, il les récolte autour de lui. Son « petit » potager bio de 2 hectares fournit les légumes, les viandes et les poissons ne viennent pas de bien loin non plus. Les mets sont préparés entiers, pour conserver toute leur saveur... Les recettes sont intuitives et originales. Pour déjeuner, essayez la formule pique-nique pour un moment savoureux suspendu dans le jardin, c'est magique. Une bonne adresse à essayer d'urgence.

LOU MARQUES - HÔTEL JULES CÉSAR €€€

9, boulevard des Lices
✆ 04 90 52 52 52
www.hotel-julescesar.fr
Ouvert tous les jours. Carte : 39 € environ.

Le lieu est parfaitement agencé, c'est normal, puisque c'est Christian Lacroix qui s'est occupé de toute la décoration de l'établissement, dont la salle de restaurant. Dans les cuisines, le chef propose une restauration soignée et savoureuse. Vous pourriez par exemple découvrir les langoustines rôties en salade de quinoa ou encore le suprême de pigeon rôti au foin AOP, avant de vous régaler d'un excellent dessert maison. Vraiment un très bel établissement.

LA TELLINE €€€

Route de Gageron
✆ 04 90 97 01 75
www.restaurantlatelline.fr
Ouvert du jeudi au lundi. Plat du jour : 30 €. CB non acceptée.

C'est dans un petit mas camarguais, à une dizaine de kilomètres d'Arles, que vous reçoivent Florence et Jean-Paul. Un peu comme à la maison. Vous dégusterez, à leur table, une cuisine du cru, généreuse, avec des produits de la région. Terrine d'anguilles, tellines à l'aïoli, soupe de crabes, loup et taureau cuits devant vous sur la braise du feu de cheminée, accompagnés de légumes de chez « la mémé d'à côté » et de riz de Camargue... Un bonheur simple et authentique et un régal pour les papilles. À tester d'urgence. La Camargue, la vraie. L'ambiance vaut la visite !

L'ANTIDOTE

16, rue de la liberté
✆ 09 80 38 35 20
Fermé le dimanche et lundi soir.

Nouveau lieu de vie nocturne, l'Antidote a rapidement été adopté par les Arlésiens. L'espace est découpé entre une charmante salle intérieure à alcôves qui propose aussi bien les tables classiques que des canapés pour un moment plus cosy, et un extérieur pour les fumeurs ou ceux qui veulent juste profiter du beau temps. Sur la carte, il y en a pour tous les goûts : bières, vins, alcools forts, softs… Mais mention spéciale aux cocktails, réalisés avec un grand professionnalisme et dont la liste change fréquemment. Excellente ambiance, excellente adresse !

AUSTRALIAN CAFE LE WALLABEER

7, rue Molière
✆ 04 86 32 21 39
Haute saison : ouvert tous les jours.

C'est un lieu incontournable des soirées arlésiennes. Une super ambiance, un personnel au top et un cadre vraiment agréable, que demander de plus ? Une belle terrasse où il est agréable de consommer par exemple. Eh bien, c'est justement le cas. Nous on a beaucoup aimé les cocktails et la petite restauration qui va avec. C'est véritablement l'endroit parfait pour se détendre et passer un super moment entre amis, autour d'une bonne bière, à consommer avec modération, bien sûr.

LE BAR DU MARCHÉ

8, boulevard des Lices
✆ 04 90 43 35 10
Ouvert tous les jours.
Vous trouverez, dans cet établissement mythique de la ville, une restauration italienne, et notamment la *foccacia* déclinée en diverses saveurs, et les glaces fabriquées artisanalement sont les nouveaux marqueurs du Bar du Marché. À la carte également, des planches de charcuterie, des planches du moment composées de produits de saison, des sandwiches et des salades repas. Tout est parfaitement frais. Le service est rapide, les prix sont tout à fait convenables et l'accueil est agréable. Le parfait lieu pour faire une pause entre deux visites de la ville.

LA FERIA DU PAIN

16, avenue Victor-Hugo
✆ 04 90 93 61 02
Ouvert tous les jours de 6h30 à 19h.
Une sympathique boulangerie sur l'avenue Victor-Hugo. Vous y trouverez, hormis les pains traditionnels, de nombreux pains spéciaux. Le *Figura*, le *Miura*, le *Sévillan*, l'*Andalou*, au levain, aux céréales, complet, parfumés au basilic ou à l'huile d'olive. Des fougasses salées ou sucrées. Une banque traiteur offre des sandwiches variés appétissants. De nombreuses pâtisseries, des viennoiseries, des navettes marseillaises viennent compléter le choix. Enfin un rayon épicerie et boissons pouvant rendre de nombreux services. Pas d'hésitation.

BOULANGERIE POUDEVIGNE

4, rue de la Liberté
✆ 04 90 96 03 72
Ouvert du mardi au samedi de 7h à 19h30.
Côté boulangerie, on vous propose un grand nombre de pains spéciaux : la baguette de tradition française, le pain au seigle et citron, le pain au maïs… La liste n'est pas exhaustive, il faut s'y rendre pour choisir le pain qui conviendra le mieux au plat qui l'accompagnera. Au moment des fêtes de Noël et de Pâques, mieux vaut commander à l'avance. Côté pâtisserie, des valeurs sûres comme les calissons, les croquants et la fameuse guimauve maison. Ajoutez un accueil très agréable et vous avez là une bonne adresse à connaître à deux pas de la place du Forum.

FRAICHEUR ET DELICES

6, place Félix-Rey
✆ 04 90 47 33 07
Ouvert du lundi au samedi.
Si Sandrine Hamel a su faire preuve de flair en s'installant face à l'un des monuments les plus visités de la ville (l'Espace Van Gogh), elle fait surtout la démonstration d'un savoir-faire remarquable. Que ce soit avec ses glaces, aux parfums aussi variés qu'appétissants, ses sorbets, ses jus de fruits pressés ou ses milk-shakes, la patronne régale ! Elle continue même de créer : pour ceux que le lait du milk-shake rebute, elle a lancé le « splash », un sorbet mélangé à de l'eau gazeuse. Voilà une enseigne qui ne pouvait pas mieux porter son nom.

DAMANDE

25, rue de l'hôtel de ville
✆ 04 90 93 14 33
www.damande.fr
Ouvert tous les jours de 9h30 à 19h30.
Très élégante, la boutique Damande est l'une des boutiques les plus charmantes de la ville. Véritable concept-store gourmand, on y propose toutes sortes de produits de qualité pour ravir les papilles, et qu'on peut déguster sur place ! Côté sucré, des biscuits, chocolats, amandes chocolatées, nougats ; côté salé, des huiles d'olive, du riz et du sel de Camargue, des terrines de taureau. Bref, mille raisons de craquer ! Elle présente de nombreuses références régionales, comme les fameux calissons du Petit Duc. Une excellente adresse. L'accueil est lui aussi exquis !

GLACIER SOULIER

18, rue de la République
✆ 04 90 54 57 53
Ouvert du mardi au samedi de 9h à 19h ; le dimanche de 11h à 19h.
Des glaces faites maison réalisées par un maître-artisan avec des produits frais. Servies généreusement et avec le sourire s'il vous plaît ! On adore les parfums panettone, fleur d'oranger et lavande. Goûtez également les glaces au lait de jument de Camargue ! Si vous avez le temps, optez pour une coupe, en particulier la Narcisse avec sa glace marron, sa ganache et sa crème de marron. A déguster aussi tout au long de la journée des crêpes sucrées et salées. Glaces, crêpes, gaufres et boissons à déguster sur place ou à emporter. Miam !

GRAND CAFE MALARTE

2, boulevard des Lices

✆ 04 90 54 56 74

Brasserie ouverte tous les jours. Plat du jour : 21€

Le Grand Café Malarte vous invite à découvrir son atmosphère raffinée. À l'intérieur, la mise en valeur des pierres de taille du mur derrière le bar amène un tranchant qui rajoute à la modernité du lieu. Des meubles vitrés et réfrigérés accueillent les pâtisseries pour le premier, des quartiers entiers de viande en phase de maturation, spécialité du lieu, pour le second, et une cave rassemblant pour le troisième. Les pizzas sont excellentes, les plats de poisson délicieux. Enfin les desserts provenant de la pâtisserie Yamamoto sont divins !

LA CAVE DU GRAND SUD

3, rue de la République

✆ 04 90 93 41 20

www.lacavedugrandsud.fr

Fermé le mercredi et le dimanche.

Lorsque l'on passe la porte, on est accueilli par le sourire de Jean-Michel Guérin, un homme passionné par son métier de caviste. Il nous transporte dans son univers de vins, de spiritueux, nous fait partager son savoir avec simplicité et élégance et nous donne l'envie de déguster un bon vin. Chaque bouteille est comme un poème qu'il nous décrit avec un vocabulaire enchanteur. On a vraiment le sentiment de voyager à travers les vignobles de France ! Il saura trouver LE vin qui accompagnera votre repas ou tout simplement qui sublimera votre apéro.

LA BOUTIQUE DES ARÈNES

20, rond-point des Arènes

✆ 04 90 49 64 40

Ouvert tous les jours et les jours fériés en haute saison.

On a souvent une appréhension devant un magasin de souvenirs, mais la *Boutique des Arènes* mérite vraiment votre visite. Une collection variée met en valeur les produits du terroir si chers à la Provence. Du miel de Provence, poteries provençales, du nougat et des calissons sauront s'accompagner de délicieux vins de pays. Une variété de cartes postales va rendre le choix difficile, mais le plus de la maison est que les timbres sont vendus sur place. Des santons, des savons, des produits Van Gogh, des articles de qualité que l'on se doit de ramener dans ses valises.

DOMAINE ISLE SAINT-PIERRE

Domaine de Boisviel-Saint-Pierre

✆ 04 90 98 70 30

www.islesaintpierre.fr

Ouvert du lundi au vendredi de 9h à 12h et de 14h à 18h ; le samedi de 9h à 12h.

Ce domaine fait aujourd'hui 200 ha (soit un tiers de la surface dédiée à la culture du raisin à Arles !). Vins rouges, rosés, blancs, les cépages sont pour le moins diversifiés (chardonnay, sauvignon, merlot...). Tout pour bien arroser un délicieux repas. Le travail des vignobles se fait dans le respect de la tradition, sans désherbant chimique. Et le résultat est la hauteur. Sympathique plus : une journée « Vins et vieilles voitures » a lieu tous les ans le dimanche de la Pentecôte.

LA CAVE DES SAVEURS

25, rue des Suisses

✆ 04 90 47 11 81

Ouvert du lundi au samedi.

Dans les jolis casiers en bois de cette cave, vous trouverez une gamme de vins de domaines locaux reconnus, mais également des nectars de toute la France et des champagnes. Sur place également, des produits du terroir : des spécialités provençales, des produits du Sud-Ouest et de la charcuterie ibérique... À noter que le vendredi soir, dès 17h30, et le samedi matin, dès 10 heures, *la Cave des saveurs* organise une dégustation de vin afin de mettre un domaine, une appellation ou même une région viticole en avant. On adore et on recommande !

CHEZ MÈRE-GRAND

14, rue du Président-Wilson

✆ 04 90 96 16 95

Ouvert du mardi au samedi de 7h45 à 13h et de 15h à 19h15. Fermé le mercredi après midi

Christelle a repris l'ancienne boucherie familiale où vous trouverez de l'excellente viande, de la charcuterie fine et des petits plats cuisinés délicieux. Le bœuf du Limousin, le veau gascon ou l'agneau de Sisteron sont garantis d'origine contrôlée. Plus local, le taureau est proposé en saucissette, en filet ou pour cuisiner la fameuse daube. Goûtez absolument les caillettes maison vraiment délicieuses et, pendant les fêtes, les terrines de cerf, chevreuil et sanglier. Sans oublier l'exceptionnelle terrine de pot-au-feu et de blanc de poulet.

DE LA TERRE À LA TABLE

Avenue des Arches
✆ 04 90 98 77 85

Ouvert le lundi de 15h à 19h30 ; du mardi au samedi de 8h30 à 13h et de 15h à 19h30 ; le dimanche de 8h30 à 13h.

Ce primeur propose des fruits et légumes du coin (présentés sur des fûts !) : courgettes de Fontvieille, melons du Gard, clémentines de Corse... Richard Gendre, le patron, s'attache à connaître tous les producteurs avec qui il travaille. Un gage de qualité qui lui permet aussi de pratiquer des tarifs raisonnables. On a goûté les tomates à l'ancienne, les courgettes blanches et les melons jaunes : tout est délicieux ! Également en vente, de la charcuterie, du riz de Camargue, des œufs, des confitures, du vin, des fromages, des jus de fruits... locaux, évidemment.

ARLES NAVIGATION

18, rue Gaspard-Monge
✆ 09 83 24 00 82
www.arlesnavigation.fr

279 € le permis bateau. 500€ le permis hauturier. tarifs dégressifs en groupe.

Grâce à Jean-Baptiste, moniteur expérimenté, vous pourrez obtenir rapidement les permis plaisance option « côtière » et / ou « eaux intérieures ». Côté théorique, cela se passe en salle, côté pratique, direction le plan d'eau et le canal près du Musée départemental Arles antique, avec un *Merry Fisher* de 5,80 m ! Le plus : des tests en ligne gratuits et illimités. Il est aussi possible de passer le permis hauturier qui permet de naviguer au-delà de 6 milles nautiques d'un abri. Au programme : quatre jours pour apprendre à utiliser les cartes marines, le compas...

MANADE DE MÉJANES

Domaine de Méjanes
✆ 04 90 97 10 10
www.mejanes-camargue.fr

23 € pour une heure en selle et 58 € pour la demi-journée. Réservation fortement recommandée.

Gros coup de cœur à l'attention des cavaliers : chevaucher au cœur de la Camargue, découvrir des espaces naturels de toute beauté et ressentir des sensations de liberté, d'enivrement et de bonheur inoubliables, c'est un rêve que vous allez vivre ici ! On vous propose des balades à cheval adaptées en fonction du niveau du cavalier. Vous pourrez parcourir les terres de la Manade avec un guide diplômé, ou pour les cavaliers confirmés vous pourrez trotter et galoper au bord de l'étang du Vaccarès ! Une expérience à ne manquer !

MAS TRINITA

Chemin du Paty - **ALBARON**
✆ 06 63 65 26 08
https://mastrinita.fr

Sortie à cheval 1h45 à partir de : 60 €Poney : 15 € la 1/2 heure

Myriam et Jérôme vous accueillent toute l'année au Mas Trinita, pour des balades à cheval dans un environnement magique. Que vous soyez cavalier débutant ou confirmé, accompagné de votre monture ou non, ces deux moniteurs d'équitation vraiment sympathiques sauront vous montrer le meilleur de leur pays.

L'école d'équitation se chargera de former les novices, enfants (dès 5 ans) ou adultes, grâce aux cours particuliers dispensés par Myriam et Jérôme. Et pour ceux qui souhaitent prolonger leur séjour, ils trouveront sur place trois gîtes confortables.

SAINTES-MARIES-DE-LA-MER ★★

À l'époque romaine, l'emplacement actuel des Saintes constituait l'avant-port maritime d'Arelate. La ville construite autour de son église forteresse des XIe et XIIe siècles et longtemps enserrée dans une enceinte a conservé la trace de ce passé historique. Les Saintes-Maries, c'est aussi le mythique pèlerinage des gitans qui se tient chaque année ; les tsiganes, venus de l'Europe entière, se rassemblent dans la petite cité et l'animent le temps de festivités qui conservent leur authenticité. Ils viennent honorer leur patronne, Sara, la vierge noire.

C'est sans doute la ville la plus représentative d'un mode de vie en voie de disparition. N'hésitez pas à vous éloigner pour découvrir l'étang de Vaccarès, vous balader au bord de la mer, profiter des plages ou encore découvrir la magnifique Camargue sauvage. Que ce soit dans le parc ornithologique, superbe réserve qui abrite des centaines d'espèces d'oiseaux, de mammifères et d'insectes, ou en-dehors des sentiers battus, pas besoin de guetter pendant des heures pour tomber rapidement nez à nez avec des taureaux, des chevaux et des flamants roses. L'harmonie de la cohabitation entre nature et humanité est frappante. Sans compter la présence omniprésente de la mer et du fleuve. L'eau n'est pas seulement un élément du paysage, elle est un acteur primordial, le poumon de la région, mais aussi sa fragilité : la montée des mers due au réchauffement climatique menace grandement le littoral camarguais et ses immenses plaines inondables. Un patrimoine exceptionnel à sauvegarder.

BATEAU LE CAMARGUE

5, rue des launes

✆ 06 17 95 81 96

Tarif adulte : 15 €, enfant : 8 €.

C'est le capitaine Hervé Villevieille qui vous accueille depuis une trentaine d'années à bord du *Camargue*, une vedette de promenade de 126 places qui vous permettra de découvrir le Petit-Rhône et d'entrer en contact direct avec la Camargue, sa flore unique, sa faune riche d'oiseaux aquatiques, sans oublier une grande proximité avec les taureaux et les chevaux de Camargue. Durant la promenade, vous découvrirez également la légende des saintes Maries Salomé et Jacobé ainsi que Sara, la patronne des gitans. Parfait pour découvrir des lieux inaccessibles autrement.

LE GITAN SAFARI PHOTO DU DELTA

17, avenue de la République

✆ 04 90 97 89 33

www.camargue.com

Ouvert toute l'année. Tous les jours. Jusqu'à 7 à 8 personnes.

Authenticité et interactivité sont les maîtres mots de ce safari en 4x4. Au départ des Saintes-Maries-de-la-Mer, embarquez pour une vraie découverte de la Camargue. Entre étangs et marais, admirez les merveilles cachées de cette terre sacrée. Grâce à ces visites guidées, vous serez incollable sur la faune et la flore, les traditions, et la culture camarguaise. Le plus : le guide s'adapte à vous. Si vous voulez vous arrêter le temps de prendre une photo, il suffit de demander !

ÉGLISE DES SAINTES-MARIES-DE-LA-MER ★

Place de l'Église

✆ 04 90 97 87 60

www.saintesmaries.com

Accès libre et gratuit. Classée aux monuments historiques depuis 1840.

Visible depuis plusieurs kilomètres, cet édifice religieux et défensif dans un pur style roman domine le village. L'édifice possède des créneaux et mâchicoulis caractéristiques de cette architecture, une nef unique et droite, une hauteur de 15 mètres et elle est dépourvue d'ornement. Construite aux IXe et XIe siècles, elle fait un peu figure d'ancêtre, dans ce pays où la majorité des édifices culturels datent du XIXe siècle. Etablie à proximité de l'embouchure du Petit Rhône, elle dispose d'une situation qui était autrefois stratégique face aux invasions pirates et sarrasines. Dans sa crypte, à droite de l'autel, elle abrite la statue de sainte Sara, patronne des Gitans. Par le passé, les reliques des saintes Marie-Jacobé et Marie-Salomé (retrouvées dans l'église en 1448) étaient exposées, mais, en raison des incendies de la Révolution, seule une petite partie a pu être conservée dans les châsses actuelles. Dans ses murs, l'église compte aussi un autel païen du IVe siècle avant notre ère. Ne partez pas avant d'avoir visité son toit-terrasse, il offre un panorama impressionnant sur la mer et la Camargue. Un grand chantier de rafraîchissement lancé en 2017 a rendu leur couleur originelle aux murs de l'édifice. Les pierres ont été nettoyées une à une, remplacées pour les plus abîmées. C'est donc un visage radieux qu'offre aujourd'hui Notre-Dame de la Mer aux pèlerins et aux touristes qui peuvent être jusqu'à un millier à en pousser les portes chaque heure en été.

PARC ORNITHOLOGIQUE DU PONT DE GAU ★

Route d'Arles

✆ 04 90 97 82 62

www.parcornithologique.com

Haute saison ouvert tous les jours et jours fériés de 9h à 19h. Adulte : 8 €. Enfant de 4 à 12 ans : 5 €.

Situé sur la route d'Arles, à 4 kilomètres au nord des Saintes-Maries, ce parc ornithologique est né en 1949 avec l'installation des premières volières par André Lamouroux. Aujourd'hui, sa belle histoire se poursuit grâce au travail de son fils et de ses petits-enfants, qui sont désormais en charge de soixante hectares (le parc mesurait 6 000 m² à l'origine). Dans cet espace naturel, deux promenades à travers les étangs et les marais sont proposées pour s'approcher au plus près des oiseaux, sans les déranger. La première, très sauvage, est appelée « Sentier du nord ». Elle offre une vision assez complète de la diversité de la Camargue, notamment grâce à un observatoire judicieusement placé qui permet de découvrir à loisir sarcelles, colverts, tadornes et oies. On peut également apercevoir une belle densité d'oiseaux de proie, hérons, râles, gros becs et becs fins migrateurs ou sédentaires, ainsi que des ragondins. La seconde se faufile entre deux étangs occupés par une grande colonie de flamants roses que l'on peut approcher de très près. Ce sont d'ailleurs un peu les stars, plébiscités par les touristes pour l'incontournable selfie. Entre ces deux sentiers, un grand espace à caractère pédagogique et éducatif, illustré de grandes planches descriptives et attrayantes, permet d'observer une succession de volières accueillant des oiseaux de grande taille, blessés ou handicapés. De quoi en prendre plein les yeux et ramener plein de souvenirs !

LE PETIT TRAIN CAMARGUAIS

Avenue Van-Gogh
✆ 06 10 44 60 80
www.camargue.fr/site/lepetittrain/
Ouvert du 1er avril au 31 octobre. Tarif adulte : 10 €, enfant : 5 €.

Ce charmant petit train vous conduira à travers le parc naturel régional de Camargue. Sur près de 13 km, cette visite commentée de 50 minutes présente l'habitat traditionnel, la pêche, les chevaux et les taureaux qui sont les symboles même de cette région. Pour connaître l'histoire du village, ses métiers de tradition, son pèlerinage différemment. Une plongée au cœur de la Camargue, de façon différente, un moment suspendu. À faire avec les enfants ! Ludique et charmant !

LA CASA MARINA €€

1, avenue Gilbert Leroy
✆ 04 90 97 80 31
www.casa-marina.fr
Fermé d´avril à décembre. Chambre double de 90 € à 190 €.

La Casa Marina est un charmant hôtel flambant neuf dont la plupart des chambres possèdent une terrasse avec vue sur mer. Face à la mer, rien n'arrête votre regard. Que vous savouriez un vin des sables de Camargue, un café ou un cocktail, vous serez les yeux dans le bleu, le bleu de la Méditerranée... Contemplation, déconnexion, vous ne serez jamais lassés. La déco des chambres vous invite au rêve et aux voyages pour des nuits divines. S'endormir et se réveiller avec le bruit des vagues, n'est-ce pas là, la définition du luxe. À vivre, assurément !

HÔTEL DU PONT BLANC*** €

Chemin du Pont-Blanc
✆ 04 90 97 89 11
hoteldupontblanc.fr
15 chambres. Chambre double de 98 € à 180 €.

À la lisière du village, le Pont Blanc semble perdu dans la Camargue alors qu'il n'est qu'à 5 minutes du centre. Un établissement repris il y a 3 ans par Mélodie et Stéphane qui ont tout mis en place pour que vos vacances soient parfaites et ce dès votre arrivée. Les chambres, à la déco camarguaise, disposent d'un petit jardin privatif et agréables, mais nous vous conseillons tout de même l'une des trois chambres situées dans une cabane de gardian ; dépaysement et super expérience garantis ! Des vacances inoubliables, au cœur de la Camargue.

HÔTEL CAMILLE** €€

13, avenue de la Plage
✆ 04 90 97 80 26
www.hotel-camille.camargue.fr
33 chambres. Chambre double de 67 € à 177 €.

Cet hôtel de charme est magnifiquement situé pour passer d'agréables vacances. À deux pas de la mer et du centre du village, cet établissement est un véritable lieu stratégique pour la visite. Mais le Camille dispose également d'une multitude de points forts : certaines chambres offrent une vue magnifique sur la mer, d'autres possèdent une terrasse intérieure, un balcon ou un patio. Elles sont toutes climatisées et parfaitement tenues. Sans oublier la grande salle lumineuse au rez-de-chaussée pour prendre le petit-déjeuner et le bar.

LA BRISE*** €€

Rue Marcel-Carrière
✆ 04 90 97 84 67
www.camping-labrise.fr
Emplacement à partir de 16 €.

Le camping est situé face à la mer, sur un emplacement calme et agréable. Évidemment, l'été c'est un peu la cohue, comme dans tous les campings de bord de mer. Mis à part ça, on trouvera de nombreuses qualités à La Brise et notamment, l'accueil par les propriétaires. Le personnel est lui aussi très prévenant. Les installations quant à elles sont bien entretenues. Rien à redire question propreté. À proximité, vous pourrez pratiquer de nombreuses activités : de la baignade au vélo en passant par la découverte du village. Pas mal d'activités aussi pour les enfants.

HÔTEL LA PALUNETTE*** €€

Route d'Arles
✆ 04 90 97 86 30
www.palunette.fr
Chambres double à partir de 90 €.

Une bonne raison de se rendre à la Palunette ? Allez, on va vous en donner cinq : un accueil au top, attentif et chaleureux, des chambres tenues impeccablement (et qui disposent toutes d'une terrasse privative), une vue imprenable sur l'étang des Launes, un calme absolu en pleine nature tout en restant à 2 minutes du centre des Saintes, et une piscine agréable. S'il faut encore vous convaincre, on rajoutera simplement que les couchers de soleil sont ici tout simplement splendides... si ce n'est pas le paradis, ça y ressemble beaucoup !

LE MAS DES BARRES*** €€

Route d'Arles
✆ 04 28 31 03 53
www.mas-des-barres.com
18 chambres. Chambre double à partir de 89 €.

Ici pas de doute, on loge au cœur de la Camargue. Ce charmant hôtel familial est doté d'un joli parc, et d'une piscine pour les nageurs, mais fera aussi le bonheur des cavaliers : vous êtes ici à la meilleure promenade à cheval, chez Elise des Saintes Maries de la mer ! On prend même son petit déjeuner en face d'eux, en terrasse. L'établissement, bien que revêtu des atours des traditions camarguaises, est parfaitement moderne : la climatisation dans toutes les chambres, une borne pour les voitures électriques… Le confort, en un mot !

CHEZ LES FILLES €€

3, rue Roumanille
✆ 04 90 93 37 49
Ouvert toute l'année.

Planchettes apéro (avec jambon cru Serrano, fromage, tapenade…), salades, tartare de bœuf, seiches à la plancha, entrecôte, magret de canard… Tout est appétissant ici. Le Petit Futé s'est laissé tenter par le plat du jour : des tagliatelles aux pointes d'asperges avec des copeaux de parmesan : copieux et goûteux ! Et pour finir parfaitement le repas, on vous conseille le café gourmand avec ses mini pâtisseries et ses verrines de fruits frais. Il porte vraiment bien son nom ! Un conseil : avant d'y aller, mieux vaut réserver.

LE FOURNELET €

12, avenue Léon-Gambetta
✆ 04 90 97 96 75
www.le-fournelet.fr
Fermé de novembre à février. Ouvert tous les jours en saison. Menus de 22,50 € à 43,50 €.

© LE FOURNELET

Situé sur la place des Gitans, le Fournelet fait l'unanimité depuis plus de vingt ans. Il faut dire que l'établissement propose une cuisine maison, pleine de saveurs. À la carte, on trouve des spécialités de la mer avec de délicieuses poêlées de Saint-Jacques et de non moins succulentes assiettes de poissons du jour. Côté viande, le taureau de Camargue est à l'honneur et il ne faut surtout pas hésiter à tester l'ardoise au gré des saisons, pleine de créativité. Les pâtisseries sont bien sûr maison. Une excellente adresse à découvrir si ce n'est pas déjà fait.

BOUCHES-DU-RHÔNE

LES ARNELLES**** €€€

route d'Arles
✆ 04 90 97 61 59
www.arnellescamargue.com
17 € chambres de 225 € à 860 € petit-déjeuner er dîner compris. Animaux : 15 €/nuit.

Cet hôtel de caractère, membre de Châteaux et Hôtels Collection, se veut en harmonie totale avec la nature. Tout de bois vêtu, l'établissement affiche fièrement sa spécificité, comme son attachement à ses origines et à sa région. Chaque chambre y est d'ailleurs unique. Ici, on privilégie ainsi l'esprit « chambre d'hôtes ». Pour ne rien gâcher, Les Arnelles possède une piscine à débordement et cela, même avec la plage qui se trouve à moins d'un kilomètre ! Les hôtes pourront également profiter d'une cuisine savoureuse, avec un menu qui change quotidiennement.

LODGE SAINTE HÉLÈNE €€€

chemin bas des Launes
✆ 04 90 97 83 29
www.lodge-saintehelene.com
Ouvert de février à novembre. À partir de 175 € la nuit. Petit déjeuner 20 €.

Ici, c'est la Camargue authentique avec les chevaux blancs, les taureaux noirs et les flamants roses… Vous logerez dans une cabane camarguaise typique et dotée de tout le confort. Implanté sur une presqu'île de l'étang des Launes, ce lodge offre une vue panoramique et dispose d'une connexion wifi. Chaque chambre est pourvue d'un balcon avec vue sur le lac. Pour plus de charme encore, optez pour la roulotte de luxe avec sa terrasse et son bain bouillonnant. Assurément une escale de charme, insolite et réjouissante. Les petits déjeuners sont royaux !

CHEZ BOISSET €€

Place des Gitans
✆ 04 90 97 84 77
www.brasseriechezboisset.com
Ouvert tous les jours. Comptez autour de 20 €.

© C.ANDREIS

Les Saintois et les Saintoises aiment se retrouver dans ce lieu authentique et bien à eux. L'accueil est chaleureux, la vaste terrasse qui permet de voir défiler toute la vie du village est bien agréable l'été et les glaces sont excellentes, ah ! la Banana Split ! Cela dit, prêtez bien attention à la carte qui vous réservera quelques bonnes surprises. Les plats sont simples, mais savoureux et à base de produits frais, loup, daurade, paëlla... Gardiane, tout est bon. N'hésitez pas, si vous êtes amateur, à déguster leurs coquillages, ils sont délicieux.

CHEZ FANNEU €

Place des Remparts
✆ 04 90 97 87 39
Ouvert tous les jours de 10h à 0h. Tartines : 14€.

Une adresse sûre, simple et efficace bien connue des Saintois. L'endroit idéal pour déjeuner entre deux séances de bronzage et déguster des douceurs tout au long de la journée. L'établissement possède désormais deux terrasses très agréables et ombragées. Un véritable havre où Marion, la maîtresse des lieux, vous accueille avec son sourire. Vous pourrez déguster des planches, des tartines, des salades et des crêpes, sans oublier le Naneu, un cocktail maison à base d'Orangina, de vodka et de framboise. On a goûté et on valide. Plus qu'un restau, un état d'esprit.

LA SIESTA €

10, avenue Van-Gogh
✆ 04 90 97 83 34
www.brasserielasiestabync.com
Ouvert toute l'année. Menus de 17,50 € à 40,50 €.

Ambiance moderne et chic pour cette brasserie située à deux pas de la mer (c'est de loin la terrasse la plus branchée des Saintes). A la carte, des salades repas, des pizzas, des pâtes mais également des planches de charcuterie, des coquillages, des burgers, des poissons à la plancha. Nous, on a testé la côte de taureau servie avec gratin dauphinois et légumes. Un classique bien réussi. A déguster de préférence le soir au son de la musique live (pop, soul, flamenco...). D'excellentes soirées entre copains en perspective. A tester dès que possible.

BODEGA RESTAURANT €

8, rue de la République
✆ 04 90 97 98 41
Plats aux alentours de 11€ jusqu'à 40 €.

Ambiance bonne franquette et conviviale à la Bodega. Il faut dire que l'esprit est à surtout ne pas « se prendre la tête ». Les tapas (boudin antillais, acras de morue, poivrons marinés, feuilles de vignes farcies, planche de charcuterie...) ont la cote chez les uns lorsque les plus affamés optent pour la fameuse Parillada de poissons qui est juste fabuleuse. Le soir le bar Bodéga prend le relais pour une ambiance chaleureuse, festive et colorée ! On adore. Un lieu sympa et animé qui a une véritable âme. A découvrir entre amis.

L'AMIRAUTÉ €€

46, avenue Théodore-Aubanel
✆ 04 90 43 32 70
Plats à la carte de 13 € à 38 €.

Gros coup de cœur pour ce restaurant, l'un des plus beaux des Saintes ! En plus d'une magnifique terrasse avec vue sur le port, tout est pensé avec soin et élégance, du mobilier à la décoration. Chantal et Sandra sont à votre service, dynamiques et conviviales. Le poisson directement pêché par le bateau du propriétaire est mis à l'honneur : la daurade, le turbot, les soles et les escargots pointus servis avec l'aïoli. Une belle carte des vins accompagne une cuisine traditionnelle pleine de fraîcheur. En prime, l'agréable terrasse. Le bonheur !

BOUCHES-DU-RHÔNE

AU BDM ON ADORE €€

19, avenue de la plage
✆ 09 82 43 43 51
Menu 25,50 € environ. Formule du midi : 18,50 €

Si l'endroit est particulièrement chaleureux, l'ambiance sympathique et le personnel agréable, les planches à tapas admirables. Elles sont justes géniales : copieuses, savoureuses et généreuses. Depuis la jolie terrasse, on peut admirer la plage, juste en face, et au-delà la Méditerranée à perte de vue. Côté cuisine, c'est du classique : une bonne cuisine du terroir à base de produits frais, cuisinés sur place. L'établissement propose également plusieurs chambres, bien tenues, propres et agréables. La bonne idée : les paniers pique-nique pour la plage !

LA GRANGE €

23, avenue Frédéric-Mistral
✆ 04 90 97 98 05
Prix moyen à la carte : 16 €.

L'établissement ravit les papilles des Saintois depuis une trentaine d'années maintenant, et rien que ça, c'est déjà un gage de qualité ! Le nouveau propriétaire perpétue l'excellence ! Le décor affiche une magnifique collection de chapeaux de gardian, pour manger du taureau A.O.P. de Camargue, mais aussi du poisson frais. Ce jour-là, on a testé la *parillada* royale du chef avec filet de loup, seiche, Saint-Jacques et gambas, et nous sommes repartis conquis. On reviendra tester la lotte au chorizo et le tiramisu aux spéculoos. Croyez-nous, on s'est régalé !

LA CASA ROMANA €€

6, rue Joseph-Roumanille
✆ 04 90 97 83 33
Fermé le lundi. Menu de 23,50€ à 41,50 €.

L'accueil est chaleureux, la carte et le service sont au top. Que demander de plus ? Une cuisine savoureuse ! Eh bien ça tombe bien car le chef Thierry Néri excelle dans cet art et il connaît parfaitement son affaire. Sa cuisine est non seulement savoureuse, mais aussi copieuse. Vous repartirez heureux de vous être régalé. N'hésitez pas à tester sa spécialité, la bourride, c'est juste un régal, sans oublier les tellines et l'aïoli, deux plats incontournables de cette excellente table. Pour un moment de délice et de partage, en duo, en famille ou entre amis.

CHEZ MARIO €€

10, rue Paul Peyron
✆ 04 90 43 76 43
Ouvert tous les jours le midi et le soir.

Les pizzas sont, ici, un vrai régal. Tout est bien sûr fait maison et les ingrédients sont soigneusement sélectionnés pour leur fraîcheur et leurs qualités gustatives. Les pâtes sont légères, cuites à point et savoureuses. Mais vous pourrez aussi vous régaler de salades, frittes et grillades et plats cuisinés. Là encore, top qualité garantie. Côté ambiance, la salle est claire, la déco simple, on est là avant tout pour manger. La terrasse est peut-être plus conviviale. Mais que ce soit à l'intérieur ou à l'extérieur, l'accueil en tout cas est parfait.

ATELIER B. BROTHERS

32, rue des Pénitents-Blancs
✆ 04 90 97 96 22
www.bbrothers.fr/index.htm
Fermé le lundi.

Une boutique d'artisanat comme l'on aimerait en voir davantage. Ici, on travaille et on confectionne les articles en cuir mis à la vente, devant vous et dans la bonne humeur. Laurent et Luc Bernard dessinent, découpent, collent et cousent les sacs, sacoches, pochettes et ceintures qu'ils vous vendront, après avoir donné avec gentillesse et compétence tous les détails et renseignements que vous aurez bien voulu demander. Ces artisans maroquiniers ont même déposé un modèle, celui du sac camarguais, réplique de la traditionnelle sacoche du berger de la Crau.

CANNELLE

43, rue Victor-Hugo
✆ 04 90 97 85 17
Ouvert tous les jours de 10h à 19h.

Cette boutique est un des piliers des Saintes et ceci pour ses superbes collections de prêt-à-porter féminin qui se succèdent au fil des saisons. La qualité des modèles et de l'accueil ont su fidéliser une clientèle régionale. Vous trouverez dans cette boutique, impeccablement tenue, de belles marques telles que Cristina Barros, *Fuego*, *Ananké*, *Jocavi*, *Eroké*. *Cannelle* vous propose, également chaussures et accessoires, entreposés à l'extérieur lorsque le temps le permet, à petit prix. Un bon plan qui vous permettra de compléter votre garde-robe sans vous ruiner.

LE PETIT MARCHÉ DE CAMARGUE

12, rue Frédéric-Mistral
✆ 06 24 48 51 77
www.lepetitmarchedecamargue.com/
Haute saison : ouvert tous les jours.

Cette belle boutique traversante de la place de l'Eglise à l'avenue Mistral est incontournable : elle concentre ce qui se fait de meilleur en Camargue comme le fameux saucisson de taureau AOP, du chorizo de taureau de Camargue AOP. Vous pourrez même le goûter au cours d'un véritable rituel de dégustation, accompagné d'un petit muscat ou d'une melonade, cet apéritif artisanal au melon. Tous les produits régionaux de qualité sont référencés. Idéal pour ramener des souvenirs gourmands.

KAYAK VERT CAMARGUE

Mas de Sylvéréal
✆ 04 66 73 57 17
www.kayakvert-camargue.fr
Parcours canoë ou kayak 1h : 12 € par personne.

Partez sur le petit Rhône ou sur les étangs, en kayak, à la découverte de la Camargue authentique. Voilà une façon originale de revisiter la randonnée entre amis. Les eaux sont calmes et la nature défile au rythme de votre pagaie jusqu'à la mer. Plusieurs circuits sont proposés, des plus tranquilles aux plus sportifs. Kayak Vert Camargue propose aussi des activités couplées : VTT - Canoë, safari en zodiac. Une guinguette a également été ouverte sur le Petit Rhône, qui permet de se restaurer et de se remettre agréablement de ses efforts !

SAINT-MARTIN-DE-CRAU ★

Avec une superficie de 21 486 hectares, Saint-Martin-de-Crau est la septième commune la plus étendue de France. Sa population ne cesse de croitre, notamment avec le développement de sa principale zone industrielle. Terre provençale, Saint-Martin-de-Crau est une ville à la campagne, qui offre de multiples possibilités de belles promenades dans la nature, à pied ou à vélo : la Crau, sèche et son désert de galets, la Crau, humide et ses prairies verdoyantes, les marais et les bocages aux pieds des Alpilles... des espaces aussi variés que somptueux qui s'offrent à ceux qui prennent la peine de les découvrir.

ÉCOMUSÉE DE LA CRAU ★

2, place Léon-Michaud
✆ 04 90 47 02 01
www.cen-paca.org
Plein tarif : 5 €, tarif réduit : 3,50 €.

L'écomusée de La Crau est un petit musée qui recèle une foule de trésors. La scénographie y dévoile tous les secrets de ce territoire peu connu tant d'un point de vue naturel qu'humain. Les enfants recevront un petit guide didactique avec des questions auxquelles ils pourront répondre après la visite. La visite, passionnante, permet de découvrir de magnifiques photos, des représentations d'oiseaux grandeur nature et une foule d'objets issus de fouilles archéologiques qui retracent l'histoire de La Crau. Une véritable plongée dans le passé.

MANADE CHAPELLE BRUGEAS

Mas de Pernes
✆ 04 90 47 16 23
www.manade-chapellebrugeas.fr
Accueil groupes, scolaires, 3e âge. Possibilité d'organiser des mariages.

Incontournable dans le monde des traditions et de la course camarguaises depuis 1963, la manade Chapelle Brugeas n'est pourtant pas géographiquement située dans le delta du Rhône, mais aux portes de la Crau, cette immense plaine jonchée de galets qui est comme un no man's land entre le pays d'Arles et le reste du département des Bouches-du-Rhône. Évidemment, cela n'enlève rien au cachet typique de cet élevage de taureaux de Camargue dont la réputation n'est plus à faire, que ce soit dans les arènes (en compétition) ou dans les rues (pour les lâchers de bêtes qui accompagnent les fêtes) de l'ensemble des villages du pays d'Arles. À Saint-Martin-de-Crau, dans le vaste domaine du mas de Pernes, c'est le quotidien des gardians qui est donné à voir aux groupes de visiteurs (à partir de 20 personnes, avec un effort spécial en direction des seniors), aux participants à une cérémonie (mariage, baptême, anniversaire...), aux salariés d'une entreprise en séminaire ou aux enfants des écoles (invités à pique-niquer dans un espace naturel spécialement dédié) : balade en charrette au milieu des bêtes, triage du taureau pour la course camarguaise, ferrade (marquage au fer d'un jeune veau), démonstrations des raseteurs et de jeux de gardians dans les arènes, bandido pour ramener les taureaux au pré, tout le folklore y passe. Et pour se remettre des émotions ainsi procurées, à la manade Chapelle Brugeas, on vous propose une cuisine du terroir camarguais (gardiane et cuisseau de taureau à la broche, riz de Camargue, rouille...).

LE CABRAU €

36, rue des Compagnons
✆ 06 70 41 59 85
Du lundi au jeudi de 11h30 à 14h ; le vendredi et le samedi de 11h à 14h et de 19h à 21h30. Carte : 22 € environ.

Une joyeuse équipe vous attend au Cabrau ! Et comme en plus, on y mange bien, on ne saurait que trop vous conseiller de franchir le pas de la porte de cet établissement. Ici, les plats du jour font mouche : bons, frais, copieux et à des tarifs raisonnables. Les lieux sont agréables, extrêmement bien tenus et l'accueil des plus professionnels. Vous l'aurez compris, on a beaucoup aimé cet établissement qui propose de jolies assiettes, assez copieuses et à des prix tout à fait raisonnables. Un bon plan que l'on vous recommande sans la moindre hésitation.

O FIL DE L'EAU €€

13, avenue de la République
✆ 04 90 47 04 03
www.ofildeleau.com
Formules à 29 € et 35 € (midi et soir). Bouillabaisse sur commande.

Un restaurant à la réputation largement méritée ! Que ce soit dans la salle au décor soigné ou en terrasse, vous ne regretterez pas de vous être attablé ici. Du poisson frais et délicieux évidemment mais les carnivores pourront se sustenter de quelques viandes de superbe qualité comme le pavé de taureau grillé ou le tartare de bœuf charolais. L'établissement propose aussi des coquillages, notamment des huîtres, un coin bar à vin. Les desserts sont délicieux : le soufflé glacé au grand Marnier est un grand moment de bonheur ! L'accueil, chaleureux, est à la hauteur.

BOUCHERIE DES ALPILLES

12, Avenue des Alpilles
✆ 04 90 43 58 18
Fermé le lundi.

Voici une superbe boucherie située au cœur de Saint-Martin-de-Crau. Yoann, le maître des lieux, travaille essentiellement l'aubrac en circuit court. Ce magasin, superbe et flambant neuf, possède également une rôtisserie et une cave de maturation. Une très belle et appétissante partie « traiteur » avec à emporter des lasagnes, des tartares de légumes feuilletés mais aussi de la parmesane d'aubergines ou de la gardiane de taureau par exemple... Nous adorons la possibilité que vous offre la boucherie de pouvoir également composer votre colis de grillades.

BOULANGERIE PÂTISSERIE COULIN

8, place Docteur J. Bagnaninchi
✆ 04 90 47 22 49
www.boulangerie-patisserie-coulin.fr
Fermé le mercredi et le dimanche matin.

Vous trouverez de savoureuses pâtisseries qui suivent le fils des saisons, tartes aux pommes, aux poires ou encore pavlova aux marrons à l'automne. Le *Futé* a eu un gros coup de cœur pour la pavlova fraises, framboises, fruits rouges que vous pouvez choisir petite ou grande en fonction de votre gourmandise. Mention spéciale également pour le merveilleux au chocolat. Tout est maison, fabriqué et transformé sur place, les produits sont frais et locaux.

BOUCHES-DU-RHÔNE

DOMAINE DE LA LIEUTENANTE

Route du Vallon
✆ 04 90 47 12 46
www.lalieutenante.com
Sur rendez-vous.

Pour Laurent Belorgey, la culture de l'olivier c'est une affaire de famille. Ingénieur de formation, il a pris la suite, en 2010, du domaine créé par son grand-père dans les années 1960, puis pérennisé par Marc, son père.

Depuis plusieurs années, le domaine ne cesse d'accumuler des médailles d'honneur dans les plus grands concours et ce n'est pas par hasard. Entre la Salonenque, la Béruguette, la Verdalle, la Grossane... toutes les variétés d'olives sont choyées. Une visite s'impose...

MAS DE L'AQUEDUC

Route de Vergières
✆ 04 90 47 24 51
www.masdelaqueduc.com
Ouvert tous les jours de 8h à 19h.

La famille Cauvin exploite depuis 1965 les terres du mas de l'Aqueduc. Si cette famille s'est d'abord spécialisée dans la culture du foin de Crau, le verger d'oliviers a été planté en 2003. L'olivier est un arbre très bien adapté au terroir sec et venteux de Crau. Les 12 ha, cultivés en agriculture biologique, sont composés d'une dizaine de variétés dont les principales sont l'aglandau, la bouteillan, l'arbequine, l'arboussane et la koronéiki (variété grecque). L'assemblage de ces variétés fournit une huile très douce aux arômes herbacés, d'artichaut et d'amande.

SAINT-RÉMY-DE-PROVENCE ★★★

On dit de Saint-Rémy-de-Provence qu'elle est la petite capitale des Alpilles. Et c'est vrai ! Ville d'histoire qui plonge ses racines dans la plus haute Antiquité, ses fondations ont été posées au cœur d'un territoire sauvage et anarchique fait de crêtes, de vallons et de rocs déchiquetés par les éléments. Terre de légendes et de mystères, on pourrait encore entendre, en tendant bien l'oreille, les bruits d'armures et le choc des épées des anciens seigneurs et chevaliers dont les fantômes hantent toujours cette contrée. Haut lieu du tourisme, la ville attire désormais les amateurs de vieilles pierres, d'art et de savoir-vivre. Les maisons et les hôtels particuliers bien restaurés comme les boutiques de souvenirs et d'artisanat fleurissent au cœur de ces ruelles étroites et sinueuses, construites pour résister aux assauts du mistral, tandis que l'esprit de Van Gogh plane encore dans les campagnes environnantes – il y a peint plus de 150 toiles -. Bien sûr, Saint-Rémy c'est aussi la gastronomie, avec ses innombrables restaurants situés principalement sur le pourtour de la ville. Sans oublier le vin et l'huile d'olive, célèbres dans le monde entier, qui là encore vont puiser leurs sources dans la romanité. Une romanité qui a laissé de nombreuses traces, notamment avec le site de Glanum, datant du IIIe siècle. L'enfant du pays, le fameux Nostradamus, avait-il prévu un tel engouement futur pour sa ville ? N'hésitez pas à vous poser la question en passant devant sa maison natale.

BOUCHES-DU-RHÔNE

© VINCENT FORMICA

Saint-Rémy-de-Provence.

LES ANTIQUES ★★

Route des Baux-de-Provence - D 5
✆ 04 90 92 05 22
www.saintremy-de-provence.com
Ouvert toute l'année. Gratuit. Parking à proximité.

Les Antiques sont deux monuments qui marquaient l'entrée de la ville, dans l'Antiquité. Il s'agit d'un arc de triomphe et d'un autre monument, improprement baptisé « mausolée », mais qui n'abrita probablement jamais de dépouilles. Cet édifice est constitué d'un socle orné de bas reliefs, surmonté d'un arc quadrifrons et d'une tholos [temple rond]. Cette particularité architecturale le rend unique. L'arc de triomphe évoque, quant à lui, la conquête de la Gaule par César. Ces deux monuments ont été restaurés et ont retrouvé tout leur éclat.

CHAPELLE NOTRE-DAME-DE-PITIÉ ✝ ★

Avenue Durand-Maillane
✆ 04 90 92 35 13
Ouvert toute l'année. Gratuit.

Les archives indiquent sa construction vers 1525. Composée d'abord d'une seule nef, puis agrandie sur les côtés, cette chapelle est un véritable chef-d'œuvre de l'art gothique. Suite à la Révolution, la chapelle fut un temps abandonnée, mais elle reste aujourd'hui parfaitement conservée et se marie avec son environnement. Elle abrite à présent l'œuvre du peintre Mario Prassinos qui résidait dans les environs. Il s'y déroule aussi des expositions temporaires d'art contemporain.

SITE ARCHÉOLOGIQUE DE GLANUM ★★

Route des Baux-de-Provence - D 5
✆ 04 90 92 23 79
www.site-glanum.fr
Ouvert toute l'année. Fermé le lundi en basse saison. Adulte 8 €.

Le site de Glanum vous propose un voyage temporel. À quelques minutes du centre du village, sur la route des Baux, vous ne pouvez pas le manquer. Face à l'entrée, sur la droite, l'Arc de Triomphe et le mausolée que l'on nomme les Antiques vous servent de repères. Glanum, ancien village romain, a subi l'influence grecque puis romaine. On peut y voir de nombreux et magnifiques vestiges, si bien restaurés qu'on imagine parfaitement la topographie de la vieille cité.

CAMPING MONPLAISIR**** €€

435, Chemin de Monplaisir ✆ 04 90 92 22 70
www.camping-monplaisir.fr
Fermé de novembre à février. 120 emplacements. Emplacement + véhicule + 2 personnes à partir de 23 €.

Que vous ayez une tente, une caravane ou un camping-car, vous trouverez un bon emplacement au camping Monplaisir et surtout, vous y serez bien accueilli. C'est un camping parfait pour un séjour familial. À partir de là, vous pourrez partir explorer la région quand les moins aventureux resteront au bord de la piscine. Les sanitaires sont nombreux et extrêmement propres tout comme le reste des infrastructures. Les emplacements sont bien délimités et bien entretenus. Un petit coup de cœur supplémentaire pour la gentillesse du personnel et de la direction.

SOUS LES FIGUIERS*** €€€

3, avenue Gabriel Taillandier
✆ 04 32 60 15 40
www.hotelsouslesfiguiers.com
14 chambres. Chambre double de 109 € à 195 €. Animaux acceptés [supplément 12 €]. Réception ouverte de 8h30 à 20h.

L'hôtel Sous les figues est, sans aucun doute, un établissement que l'on peut qualifier d'hôtel de charme. C'est un très bel endroit, intimiste à souhait, dont les 14 chambres sont décorées avec raffinement. Presque toutes sont dotées de terrasses privatives qui donnent sur un jardin arboré de figuiers. On comprend mieux le nom. Vous serez autant séduit par l'accueil chaleureux et convivial que par les patines, les boutis provençaux et le mobilier chiné. Et bien sûr, les chambres sont climatisées, vraiment génial pour les chaudes nuits d'été.

LE GOUSTAROU €€

12, rue Lafayette
✆ 04 90 92 20 71
Ouvert du mardi au samedi de 9h à 20h ; le dimanche de 9h à 18h. Carte : 14 € environ.

© LE GOUSTAROU

En provençal, *goustarou* signifie « goûter ». Ça tombe plutôt bien parce que Dominique et Jean proposent de succulentes crêpes ainsi que des glaces délicieuses. Mais pas seulement ! En effet, vous pourrez également vous attabler dans le restaurant dont le service est non-stop pour vous régaler avec les copieuses salades repas, les poke bowl, (celui au saumon est parfait) ou par exemple les brochettes de gambas, aïoli maison. Cerise sur la focaccia, l'établissement est en route pour le 100 % bio et écoresponsable ! Une jolie adresse pour une parenthèse gourmande.

CAMPING PEGOMAS*** €€

3, avenue Jean-Moulin
✆ 04 90 92 01 21
www.campingpegomas.com
Ouvert de la mi-mars à fin octobre. Emplacement deux adultes + électricité : à partir de 430 € la semaine en mobil-home.

Au cœur de la belle Provence, le camping Pegomas est une valeur sûre qui accueille les vacanciers depuis plus de 40 ans. C'est un lieu où l'on trouve une atmosphère familiale et un excellent accueil. Douches, sanitaires, dépendances, tout est en parfait état de fonctionnement et d'une propreté irréprochable. La piscine est un plus, tout comme la proximité de la ville de Saint-Rémy. C'est un très bon point de chute pour itinérer dans la région. En plus, l'endroit est magnifique et les emplacements sont ombragés. Idéal pour passer d'excellentes vacances en famille.

CHÂTEAU DES ALPILLES***** €€€

1392, Route du Rougadou ✆ 04 90 92 03 33
www.chateaudesalpilles.com
21 chambres de 325 à 770 €. Restauration environ 75 €. Petit déjeuner 26 € ou à la carte. Animaux acceptés (20 €/nuit).

C'est un lieu plein d'élégance au cœur d'un parc aux essences rares ; au bout d'une allée de platanes centenaires apparaît le Château des Alpilles et là, la magie opère. Une magnifique maison de maître élégante et romantique. L'accueil est professionnel et chaleureux, à l'écoute des clients. Les chambres sont spacieuses, bien équipées et, évidemment, très calmes. On y oublie vite le monde extérieur. La cuisine est raffinée, savoureuse et d'inspiration méditerranéenne.

CHEZ JU €

27, traverse Poids-Public - **MOLLÉGÈS**
✆ 04 32 61 98 82
https://bistrot-chez-ju.fr
Ouvert du mardi au samedi le midi et le soir. De 9 € à 23 €

La première chose qui vous frappe en entrant « Chez Ju », c'est la belle décoration, chaleureuse, créative et élégante. Le restaurant a récemment changé de chef, et le nouvel officiant des cuisines montre tout son talent dans la réalisation de sa nouvelle carte ! On y trouve des classiques de la gastronomie française : en entrée, des cuisses de grenouille, du foie gras et des escargots au beurre persillé, en plat des viandes savoureuses (blanquette de veau, magret de canard, abats), mais aussi du poisson. Une superbe adresse, que l'on recommande chaleureusement !

AIOLI ET CLAFOUTIS €€

27, Bd Mirabeau
✆ 04 90 20 91 72
Fermé le dimanche et le jeudi.

Nous avons adoré le concept de ce très joli restaurant, à la décoration soignée : se régaler d'un savoureux aïoli et d'un succulent clafoutis en dessert ! Bon et original. Mais vous pouvez également opter pour une planche à partager comme par exemple la copieuse planche des Alpilles où vous dégusterez un échantillon de toutes les saveurs de la Provence. Chaque jour, au gré des envies du chef et de l'humeur du pâtissier, vous trouverez différentes propositions... mention spéciale à la saucisse de cochon et sa purée et au riz au lait à la vanille... Régressif !

LE BISTROT DE LA GALINE €€

D 99 ✆ 04 90 92 11 81

Ouvert du mardi au dimanchei. Plats à partir de 15 €.

On ne va pas vous tenir en haleine plus longtemps, on a beaucoup aimé. La cuisine est saine et savoureuse, le cadre tout à fait agréable. L'été vous pourrez notamment déguster des grillades près du barbecue ouvert sur la terrasse et son jardin qui donne sur une aire de jeux pour vos enfants.

Côté accueil, le personnel vous reçoit avec plaisir et bonne humeur dans une ambiance chaleureuse que vous veniez pour le temps d'un repas ou pour un événement dans la salle de réception de l'établissement.

En été, des soirées musicales à thème sont également proposées.

CAFÉ DE L'INDUSTRIE €

21, Boulevard Mirabeau

✆ 04 90 92 10 19

Ouvert du mardi au dimanche. Carte : 22 € environ.

© CAFÉ L'INDUSTRIE

Le café de l'industrie est une véritable institution à Saint-Rémy. Il vous propose un tout nouveau concept gourmand : une nouvelle carte de spécialité de pâtes. La cuisine est faite maison, les produits de qualité et bio et tout tourne autour de ce mets de choix. L'après-midi, vous serez reçus autour d'un café Illy, d'un thé « Mariage Frères » ou d'un chocolat chaud maison accompagné d'un des savoureux gâteaux confectionné par Marilyn. Un cadre chaleureux, une ambiance familiale, du petit déjeuner au dîner. Un bistrot de village comme on les adore !

LA CELTIE €

29, rue du 8 mai 1945

✆ 04 32 60 04 46

Ouvert tous les jours sauf le lundi.

© LA CELTIE

Lucas et Jennifer ont rejoint leurs parents dans cette crêperie bretonne familiale située dans une petite ruelle. L'entrée a subi un beau « relooking » et offre un décor autour d'un patio et d'une terrasse. Vous aurez le choix entre une cinquantaine de galettes de sarrasin et autant de crêpes. Tout est délicieux et il ne fut pas facile de choisir... L'Andalouse particulièrement gourmande et savoureuse nous a séduits. Côté sucré, la classique crêpe miel citron, excellente ! Un coin breton, charmant et gourmand au cœur des Alpilles. Service non stop en saison.

LE BISTROT DE LA GARE €€

6, Qur de la gare

MOLLÉGÈS

✆ 04 90 95 08 83

Fermé le dimanche.

Martin aux commandes de ce bel établissement dirige également le fameux Mamine à Saint Rémy de Provence ainsi que Le Beau Bar. Vous dégusterez ici une bonne cuisine de bistrot, élaborée avec des produits frais vennus de producteurs locaux. Vous choisirez par exemple la Côte de veau et son écrasé de pommes de terre, petits légumes glacés accompagnés de jus de veau au café ou peut être l'Aubergine rôtie, copeaux de légumes, mousse de chèvre... Ou pourquoi pas le poisson du jour ! A l'intérieur ou sur la terrasse, vous passerez un agréable moment de saveurs.

LE
CHATEAU
DES
ALPILLES *****
HOTEL - RESTAURANT
Route du Rougadou 13210 Saint Rémy de Provence. France
Tel : +33 4 90 92 03 33 - contact@chateaudesalpilles.com

CHÂTEAU DES ALPILLES €€€

1392, Route du Rougadou ✆ 04 90 92 03 33
www.chateaudesalpilles.com
Menu Gourmet : 58 €. Plats : 40 € environ.

Cet établissement hôtelier de luxe dispose d'un excellent restaurant. Sa cuisine, authentique et savoureuse, met l'accent sur les produits du soleil. Des suggestions culinaires simples mais raffinées comme cette salade de gambas à la provençale, ce filet de turbot aux artichauts violets et risotto à la cébette. Sans oublier les spécialités : les raviolis aux langoustines, les fleurs de courgette farcies ou le filet de saint-pierre en écailles de pommes de terre. À déguster dans la maison de maître ou, en été, au bord de la piscine.

LE BISTROT DES ALPILLES €€

15, boulevard Mirabeau
✆ 04 90 92 09 17
www.bistrotdesalpilles.com
Menus de 35 à 39 €.

Le bistrot des Alpilles est non seulement un bon restaurant où l'on peut déguster une cuisine pleine de saveurs, mais également un lieu de convivialité habillé d'une déco pour le moins originale, voire atypique. Certains apprécieront, d'autres moins, nous on a aimé. Ici, l'aspect visuel compte beaucoup, autant sur les murs que dans les assiettes, copieuses. On vous conseille le filet de rascasse, arancini maison aux pleurotes et carottes multicolores. Les produits sont frais et bien cuisinés. Belle sélection de vins locaux. Service attentif.

OLGA BY LE BISTROT DÉCOUVERTE €€

19, boulevard Victor-Hugo
✆ 04 90 92 34 49
www.bistrotdecouverte.com
Fermé le dimanche et le lundi.

© CELINE ANDREIS

Rebaptisé *Olga by le bistrot découverte* en hommage à la grand-mère qui cuisinait par amour ! Pour déjeuner, vous trouverez un menu d'un excellent rapport qualité-prix avec deux plats du jour au choix. Les produits sont frais, de qualité, l'assiette est copieuse, bref, le *Bistrot découverte* est une véritable adresse gourmande et raffinée. Goûtez les ravioles maison d'Olga à se damner, et le Biscuit crémeux et glace tout chocolat, divin. Sélection de vins avec plus de 120 références.

BOUCHES-DU-RHÔNE

LE CAFÉ DE LA PLACE €€

17, place de la République
✆ 04 90 92 02 13
www.cafedelaplace-saintremy.com
Ouvert tous les jours. Plats à la carte, à partir de 18 €.

Les assiettes sont joliment décorées, bien remplies et surtout succulentes, ce qui est déjà bien. Mais en plus la décoration est sympa avec son petit côté bohème. On s'y sent bien et que ce soit pour déjeuner ou simplement pour s'arrêter prendre un verre, Le Café de la Place est un excellent endroit pour venir passer un bon moment. Les recettes sont originales, parfois classiques, parfois exotiques. Le service est attentif et professionnel et les prix sont justes. Enfin, l'été vous pourrez profiter d'une jolie terrasse. On recommande !

EDÙ €€

17, Av albert Schweitzer ✆ 04 90 29 94 21
www.edu-restaurant.com
Ouvert du mardi au samedi de 12h à 13h30 et à partir de 19h30. Carte : 10 € env (prix moyen des assiettes à partager).

C'est autour d'un bassin, à l'ombre de ravissantes tonnelles fleurant bon la Provence, au cœur des Alpilles que vous dégusterez grâce à Caroline et Guilhem le meilleur d'une cuisine méditerranéenne, généreuse. Les assiettes à partager sont excellentes, comme le poisson mariné au citron vert ou la Poutargue, huile d'olive et citron, focaccia maison, tout un festival de saveurs ! Goûtez aussi aux « pizettes », un vrai délice. Vous vous régalerez aussi si vous optez pour les plats copieux et généreux ou enfin pour les suggestions en fonction du marché. Incontournable !

TERRE ET BLÉ €€

23, avenue Albin Gilles
✆ 04 90 89 72 30
www.terredeble.com
Ouvert du lundi au samedi de 9h à 15h.

Boulangerie, mais également table d'hôte, Terre et blé propose une cuisine légère et raffinée, principalement à base végétale. Le menu est un menu unique, avec entrée, plat, dessert, préparé par la cheffe Mina Kandé. C'est frais, gourmand et parfaitement équilibré. Et s'il fallait une référence supplémentaire, sachez que tous les produits utilisés proviennent du magasin Alpilles Bio, situé juste en face. Une véritable bonne adresse, où l'on allie le bien manger avec un très bel accueil. Toute l'équipe est passionnée et cela se ressent dans l'assiette.

BISCUITS CHARLY

RN 7
SAINT-ANDIOL
✆ 04 90 95 17 18
www.biscuits-charly.fr
Ouvert du lundi au samedi de 9h à 18h30.

Les parfums et les fragrances qui s'échappent de ce lieu sont tout simplement une invitation à la gourmandise ; les produits exposés sur les rayons : un pousse-au-crime. Mais si encore ce n'était que ça ! En effet, lorsque vous pénétrez dans le magasin, c'est un enchantement. Un véritable village dédié aux biscuits. Régressif et gourmand, vous vous retrouvez dans les rues d'un joli village provençal, avec sa fontaine et même son petit troquet où vous pourrez déguster un café ou un chocolat servi par un personnel toujours aussi agréable. Délicieux et immanquable !

CAFÉ CÉLESTINE

9, Boulevard Gambetta
✆ 09 82 55 75 20
Fermé le lundi et le dimanche.

© CAFÉ CÉLESTINE

Voici le très beau Café Célestine, au cœur du village. Les propriétaires des lieux ne sont pas des novices, puisqu'ils tenaient le Micocoulier à Eygalières. Au menu, une cuisine d'ici et d'ailleurs, parfois surprenante, toujours savoureuses comme les cannellonis à la Monégasque, épinards, blettes et jus de viande. Bien entendu, tout est fait maison, de l'entrée au dessert. Dans ces derniers, on vous recommande la pavlova pomme verte, citron.. À noter que l'établissement alterne café, restaurant midi et soir, non-stop, pour un moment de bonheur.

CONFISERIE LILAMAND

5, avenue Albert-Schweitzer
✆ 04 90 92 12 77
www.confiserie-lilamand.com
Tous les jours sauf le lundi, 10h-12h30 et 14h30-19h.

Fruits confits gorgés de soleil dont la fine pellicule de sucre reflète la lumière, marrons glacés légèrement croustillants à l'extérieur et délicieusement fondants à l'intérieur, calissons, pâtes de coing, nougats... autant vous dire que si vous entrez dans cette boutique, vous n'en ressortirez pas les mains vides.

Il faut dire que le maître des lieux, Pierrre Lilamand connaît bien son affaire. Chez les Lilamand on régale, en effet, les gourmands depuis pas moins de cinq générations avec des recettes séculaires. On a vraiment envie de tout goûter.

ALPILLES BIO

23, Avenue Albin-Gilles
✆ 04 32 60 07 76
www.alpillesbio.com
Ouvert du lundi au samedi de 9h à 19h.

Le meilleur du bio dans les Alpilles ! Alpilles bio est la seule grande épicerie du secteur à proposer une gamme aussi complète de produits certifiés AB. Le rayon fruits et légumes est très bien fourni et fait la part belle aux produits locaux. Il y a aussi, dans cet espace, un rayon traiteur avec des produits confectionnés sur place ou faits par Olivier le pâtissier ainsi qu'une cabine de naturopathie. Et toujours, les produits classiques : alimentation, bébé et une boucherie... En plus, l'équipe est vraiment sympathique.

OPTIC 2000

31, boulevard Marceau
✆ 04 90 92 16 95
Ouvert du lundi au samedi.

© OPTIC 2000

Vous trouverez un grand choix de lunettes de vue et solaires. L'accueil et le professionnalisme de toute l'équipe font la différence. Vous serez conquis par le savoir optique de cette dernière, qui vous guidera dans vos besoins et dans vos choix. Un grand choix de marques prestigieuses, parmi lesquelles Céline, Dior, Tom Ford, Emmanuelle Khanh, McLaren... D'un côté les solaires et juste en face vous retrouverez les mêmes marques pour vos montures de vue, ainsi que le top du top, Henry Jullien. Les touristes y auront un service incroyable.

L'IN-EDIT

1a, boulevard Marceau
www.in-edit.fr

© L'IN ÉDIT

C'est dans un cadre enchanteur que Fabienne et Éric, artisans et créateurs, exposent leurs luminaires extraordinaires de beauté et d'originalité. Ils « relookent » des lustres, des abat-jour, des antiquités et autres objets de curiosité. Avec beaucoup de gentillesse et un goût exquis, ils vous guideront pour mettre en scène avec beaucoup d'originalité et d'élégance vos intérieurs. Conception, création et rénovation sont les maîtres mots de l'inédit pour dénicher de véritables pépites et des pièces uniques dans la tradition du savoir-faire artisanal.

FROMAGERIE ROUMANILLE

196, petite route d'Eyragues
✆ 06 77 39 03 40
Ouvert du lundi au samedi.

Du lait frais, tout juste sorti des pis de la vache... Non, nous ne sommes pas en Savoie, mais bien à Saint-Rémy, à quelques kilomètres du centre en direction de Maillane. A la ferme de Mélanie Roumanille, venir avec sa bouteille vide pour assister à la traite de 18h est devenu un rituel pour de nombreux Saint-Rémois. Comme dans l'ancien temps ! L'occasion d'admirer les Tarines (vaches savoyardes), mais également de repartir avec fromages, faisselles, yaourts et glaces. En plus, tout est bio ! Et un grand plus pour la gentillesse et l'accueil des propriétaires.

MAISON BREMOND 1830

27, boulevard Victor-Hugo
✆ 04 32 61 08 09
www.mb-1830.com
Ouvert tous les jours de 10h à 13h et de 14h à 19h.

Dans cette épicerie fine, on trouve de nombreux produits originaux, en salé ou en sucré. On est là au cœur de la Provence gourmande qui a fourni pratiquement tout ce que vous verrez sur les présentoirs. La boutique est, en elle-même, un véritable petit bijou : étals bien approvisionnés, produits mis en valeur et pleins d'odeurs agréables qui viennent vous chatouiller les narines. Agréable, l'accueil l'est tout autant que les fragrances. Le personnel se fera une joie et même un devoir de vous détailler l'histoire et la provenance des marchandises en rayon.

LE RUBAN DES SENTEURS

46, rue Lafayette
04 90 92 00 84
www.lerubandessenteurs.com
Ouvert tous les jours.

Voici une entreprise familiale créée en 1966 et qui a été reprise par Laurie en 2014. Tout est fabriqué en Provence avec bien sûr la marque Bastide de Provence créée par Laurie Brun qui vous propose des parfums pour le corps et toute une gamme de produits pour la maison. Vous trouverez une délicieuse collection éphémère en nouveauté, de bougies dans un verre soufflé à la bouche, pièces ravissantes et uniques. Nous attendions la nouvelle collection « Escapade », bougies déclinées sur des saveurs gourmandes. Nous adorons la nouvelle senteur « tomate », irrésistible !

© STÉPHAN SZEREMETA

Le village des Baux-de-Provence au cœur de la chaîne des Alpilles.

LES BAUX-DE-PROVENCE ★★★★

Situés au cœur des Alpilles sur un plateau rocheux, les Baux offrent un panorama exceptionnel. Les Baux-de-Provence, c'est la puissance d'une citadelle perchée sur un sommet; la force de la roche que les éléments ont sculpté durant des siècles et la résistance des pierres qui se jouent des assauts du mistral. Le château est bien sûr la pièce maîtresse de ce lieu hors du commun. On comprend aisément, au vu de son emplacement, la réflexion stratégique qui a guidé son édification dès le XIe siècle : tout ennemi approchant était aisément repéré... Pigeonnier, donjon, maisons troglodytes, machines de siège, on déambule avec bonheur dans le dédale de ces témoignages d'un autre temps. Vertige interdit, tant on se sent fragile au sommet de la plus haute tour ! Restauré patiemment, le village n'est pas en reste, et possède un patrimoine historique d'une beauté rare. Église, château, hôtel de ville, hôpital ou chapelles sont autant de chefs-d'œuvre à découvrir. Tranquille en hiver, grouillante l'été (attention, il peut faire très chaud dans les ruelles pavées !), il est vrai que le village est presque plus proche du musée que de l'authentique village provençal, mais son charme vaut tout de même le détour. La visite se fait exclusivement à pied au milieu des maisons anciennes aux belles façades Renaissance et des hôtels particuliers. Parmi ces derniers, ne manquez pas l'hôtel de Manville, actuelle mairie, construit en 1571. Les Baux, c'est enfin le lieu d'un monument gastronomique : l'Oustau de Baumanière, à la tête duquel officie le chef Glenn Viel, et qui porte fièrement ses trois étoiles.

CARRIÈRES DE LUMIÈRES ★★★

Route de Maillane
04 90 49 20 03
carrieres-lumieres.com/fr
Fermé en février. Entrée tarif normal : 14,5 €

Des spectacles multimédias uniques au monde dans un cadre féerique ! Bienvenue aux Carrières de Lumières des Baux-de-Provence, au cœur des Alpilles. Pensé et géré par la Fondation Culturespaces, premier acteur culturel privé à la tête de nombreux monuments et musées en France, les Carrières des Lumières proposent une expérience immersive et sensorielle pour découvrir autrement les œuvres d'artistes célèbres.

Mais qu'est-ce donc qu'une expérience immersive ? C'est une véritable petite révolution dans le monde de l'art ! Grâce à la technologie AMIEX®, des milliers d'images d'œuvres d'art numérisées sont projetées en très haute résolution sur d'immenses surfaces et mises en mouvement au rythme de la musique pour dérouler un scénario plein de poésie. Il s'agit en fait de dématérialiser l'œuvre pour mieux se l'approprier. Chaque exposition est pensée en complète et parfaite harmonie avec le lieu où elle prend place. Ainsi, les 6 000 m des carrières se mettent à vibrer au rythme des images et surtout du son, qui, spatialisé, peut être déclenché à distance et ainsi suivre les visiteurs dans leurs déambulations. Cette saison, le spectacle est époustouflant : les maîtres hollandais, de Vermeer à Van Gogh. Le site dispose aussi d'une librairie-boutique, ouverte tous les jours, dotée d'une grande sélection. On y trouve un large choix de cartes postales, d'objets décoratifs, textiles, etc. Pour initier les enfants à l'art, une gamme loisirs créatifs a été déclinée. Un lieu incontournable à découvrir !

CHÂTEAU DES BAUX-DE-PROVENCE ★★★

Grand-Rue

✆ 04 90 49 20 02

www.chateau-baux-provence.com

Ouvert toute l'année. Les horaires sont variables en fonction de la saison.

C'est un véritable phare planté au sommet d'un gigantesque éperon rocheux qui veille sur la vallée des Baux depuis des siècles. De sa silhouette décharnée en pierres grises, rongées par le temps, on peut imaginer sa grandeur et sa puissance passées. Le château des Baux-de-Provence est en effet un édifice majeur ; un lieu emblématique d'où l'on domine la plaine, à perte de vue. Sa fonction militaire ne fait aucun doute et, le soir venu, lorsque son profil fantomatique se découpe sur le soleil couchant, on pourrait presque entendre, encore, le fracas des épées qui s'entrechoquent et répondent aux cris de guerre des combattants. Aujourd'hui, le château accueille des expositions et, bien sûr, de nombreuses manifestations historiques. Difficile de trouver un lieu plus adéquat pour cela.

Tout en haut, sur le plateau dominant, de véritables machines de guerre – des reproductions, bien sûr – montent la garde, en attendant d'être mises en œuvre. D'ailleurs, plusieurs fois par an, on peut assister à des spectacles au cours desquels elles sont utilisées. Trébuchets, bricoles et couillards attendent l'ennemi, mais surtout le visiteur, de pied ferme. D'autres monuments attenants valent également le coup d'œil, comme la tour sarrasine, orientée au sud, le donjon, les maisons troglodytes… sans oublier bien sûr le village dont les ruelles sont, l'été venu, parcourues par un flot ininterrompu de visiteurs. Découvrir le château des Baux, c'est faire un véritable voyage dans le temps.

VAL D'ENFER ★★

Possibles restrictions de circulation en fonction de la météo. Gratuit.

Situé en contrebas du village des Baux, le Val d'Enfer est un lieu étonnant. Le nom déjà fait frissonner, mais en voyant les formes taillées dans la roche calcaire par l'érosion, on comprend mieux que les anciens aient cru que les portes du monde infernal s'ouvraient ici. Dans une note, Frédéric Mistral suggérait que Dante se serait inspiré de ce lieu pour imaginer son *Enfer*. Attention, il peut aussi arriver, en fonction de la chaleur et du vent, que le Val d'Enfer soit interdit à la randonnée. Le lieu semble, en tous cas, chargé de mystères. Unique, inoubliable !

LA GUINGUETTE DES BAUX €€

Route du Val d'enfer

✆ 06 19 58 53 70

Ouvert tous les jours en saison.

Situé au même endroit que La Bohème et ses soirées du samedi, La Guinguette se trouve juste en dessous des carrières de lumières. Ouvert le midi et prochainement le soir avec des thématiques différentes. A la carte, la planche Guinguette : jambon, chorizo et terrine de lapin ou assiette d'huitres en entrées par exemple ; aïoli ou tartare de boeuf en plat, entre autres. En terrasse, vous apercevrez les sculptures en pierres de Daniel Pernix. La Guinguette peut accueillir des groupes de 50 personnes et plus, et possède un parking. Une bien jolie Guinguette !

HONORÉ €€

3, Bd Mirabeau

✆ 04 90 38 90 53

Fermé le lundi

Situé à la place de l'ancien Mirabeau, Honoré est une histoire de famille. Vous y retrouverez, Thomas, Jaco et Emeline, qui vous propose une cuisine provençale à « l'accent » anglais. Du petit déjeuner, au dîner en passant par le déjeuner et le brunch vous savourerez ici peut-être la fameuse salade Cobb, des côtelettes d'agneau ou les frittes maison au parmesan et à la truffe. Le matin, les granolas bowl ou les pancakes d'Amanda valent le détour... En dessert nous vous recommandons le fondant Honoré, extra ! Une charmante adresse gourmande.

L'AUPIHO €€€

Domaine-de-Manville

✆ 04 90 54 40 20

www.domainedemanville.fr

Ouvert du jeudi au lundi. Menus de 87 € à 145 € (formule déjeuner à 60 €).

Déjeuner sur la terrasse, ombragée par des platanes centenaires et rafraîchie par une jolie fontaine ou souper à la lueur des chandelles, sous les étoiles : vous aurez saisi l'ambiance qui règne à L'Aupiho. Le cadre est idyllique et la cuisine haut de gamme, et durable : les légumes viennent de la ferme agro-écologique du domaine. La carte, d'inspiration provençale, mais également ouverte sur d'autres horizons est imaginative. Aucune fausse note, non plus dans le service, tout à fait professionnel. Ce restaurant au cœur du domaine de Manville est une valeur sûre.

BOUCHES-DU-RHÔNE

L'OUSTAU DE BAUMANIÈRE €€€

Mas de Baumanière
✆ 04 90 54 33 07
www.baumaniere.com

Tlj en saison. De mi-oct à déc : vend au mardi midi. De mars à fin avr : ven midi au mardi soir. Menus de 180€ à 330€.

Homme généreux et passionné, Jean-André Charial fait rayonner le domaine hérité de son grand-père, et perpétue une cuisine bien ancrée dans le terroir provençal. Le chef Glenn Viel, 3 étoiles Michelin en 2020, revisite les classiques de cette institution gastronomique : langoustines juste saisies, oseille, jus de coques corsé ; rouget de roche, chou cuit au beurre d'anchois, pain enrichi d'une sauce corsée au vin rouge ; millefeuille tradition Baumanière, crème légère à la vanille de Madagascar, florentine pistache et glace vanille. La cave est impressionnante.

LE MAS DE LA DAME

CD 5
✆ 04 90 54 32 24
www.masdeladame.com

Haute saison : tous les jours de 9h à 19h. Fermé le dimanche en janvier et février.

Au Mas de la Dame, on produit du vin et des huiles d'olive de grande qualité depuis quatre générations. Outre le fait que l'endroit, une superbe bâtisse au beau milieu des vignes, est magnifique, les produits proposés sont vraiment excellents. La boutique est bien agencée, lumineuse et l'accueil professionnel. N'hésitez pas à demander conseil, le personnel se fera une joie de vous orienter dans vos choix. Une salle de dégustation a été récemment inaugurée, un vrai plus ! Côté tarifs, vous trouverez une large gamme de prix, adaptée à toutes les bourses.

MOULIN CASTELAS FRANCE

Quartier Frechier
✆ 04 90 54 50 86
www.castelas.com

Ouvert tous les jours. Visite du moulin et dégustation gratuite sur réservation.

L'histoire de Catherine et Jean-Benoît Hugues sort des sentiers battus : le couple a travaillé quinze ans dans l'Arizona avant de relever le défi de l'oléiculture à l'heure du retour au pays. C'est dans le moulin construit en 2002 que les Hugues allient savoir-faire et passion et toute leur sensibilité d'oliverons pour donner naissance chaque année à des huiles d'une grande puissance. Une dizaine d'huiles d'olive sont élaborées, ainsi que six huiles aromatiques au naturel (cédrat, gingembre, thym et romarin, basilic et menthe, ail et piment d'Espelette).

O BOIS DE ROSE

Grand Rue
✆ 06 32 79 00 42

Ouvert tous les jours en haute saison, le week-end seulement en janvier et février.

Voici une très jolie boutique, au cœur d'un site troglodyte du XIIe siècle où l'on vous donnera de nombreux conseils pour guérir naturellement tous vos maux. Grâce à une sélection rigoureuse d'huiles essentielles, d'huiles végétales, de bougies, d'encens et de décorations feng shui, vous retrouverez votre bien-être et votre zénitude. Parmi les nouveautés, le pouvoir apaisant des fleurs de Bach, mais également une pièce dédiée à la spiritualité, avec ses fontaines relaxantes. Un lieu empreint de sérénité pour les passionnés de nature et de plantes médicinales !

LA BOHÈME

Route du Val d'enfer

Tous les samedis de 19h à minuit.

La bohème est une « idylle » dans les Alpilles, un rendez-vous au coeur des Baux de Provence ! Vous passerez assurément une soirée mémorable dans un lieu unique, en savourant des tellines, ou des caillettes, préparé par Sacha et Hugo, en sirotant un rosé de Provence. Lieux de fêtes incroyable, vous danserez avec aux platines Dominique Sotgiu, ancien Dj de la mythique discothèque « Le Plantation ». La grotte offre un carré VIP unique ! De 30 à 60 ans, vous ferez des rencontres sympathiques, entre amis, en famille pour finir en beauté une belle journée d'été.

CHÂTEAURENARD ★

Située dans l'entité Val de Provence, entre Alpilles et Durance, Châteaurenard est au centre d'une riche région agricole. À mi-chemin entre Avignon et Saint-Rémy-de-Provence, on peut découvrir, niché au pied d'une colline et de son château médiéval, le cœur de cette petite ville de tradition provençale, le vieux village avec ses placettes et ses petites rues exiguës, et plus loin le marché de producteurs (MIN) le plus important d'Europe. Vous y trouverez fruits et légumes de qualité. D'avril à décembre, la tradition y est reine à travers de nombreux rendez-vous autour des charrettes, des courses camarguaises, des corridas, des foires et des marchés.

LE 3 B €

4, avenue de Lattre-de-Tassigny
ROGNONAS
✆ 04 90 94 82 21
www.le3b-resto.com
Fermé le lundi. Menu entrée-plat-dessert à 37 €. Plats seuls de 20 à 28 €. Terrasse.

Y prendre son repas sur la jolie terrasse est un vrai plaisir. C'est un bel endroit, mais c'est aussi une belle carte qui propose une cuisine faite maison, savoureuse à souhait. Au menu, un large choix de viandes, cochon et bœuf, issues de la cave à viandes maturées d'un affineur et de poissons. Le filet de bœuf à la plancha de la « cave du boucher » partenaire est délicieux. Le chef fait d'excellentes sélections pour ses pièces ! Petit plus, les prix ne vous coupent pas l'appétit. Le personnel est sympathique. On ne prend aucun risque à recommander.

CAFÉ DU COMMERCE €€

14, avenue du Général de Gaule
EYRAGUES
✆ 04 90 94 05 22
Ouvert tous les jours en saison. Formule du midi : autour de 20 €.

C'est une belle brasserie, joliment décorée dans un style moderne, sur la place de la mairie avec deux terrasses dont une située plein sud. Parfait pour déjeuner durant les belles journées d'été ou pour prendre l'apéro à la fraîche, le soir venu. L'accueil est vraiment agréable, l'ambiance festive et le menu change régulièrement, donc c'est la surprise assurée. Les plats à la carte sont toujours à base de produits frais, les viandes sont de grande qualité et on vous conseille tout particulièrement les desserts qui sont savoureux.

LE CAFÉ DU SOLEIL €€

144, avenue Henri Barbusse
EYRAGUES
✆ 04 90 90 80 89
www.lecafedusoleil.fr
Ouvert tous les jours le midi et le soir. Menu unique à 34 € le soir. Formule du midi : 19 €.

Le Café du Soleil porte bien son nom, avec sa grande terrasse délicieuse aux beaux jours et sa salle moderne et tout aussi lumineuse. Un soin tout particulier a été apporté à la décoration, très réussie. Le croirez-vous si l'on vous dit que l'on y privilégie les produits du terroir et locaux ? C'est une évidence. Pour notre plus grand bonheur, la carte change toutes les semaines, et évolue en fonction des saisons et des arrivages. Le soir, le barman prend les commandes pour faire de superbes cocktails. Un lieu convivial, où l'on est sûr de passer un bon moment !

MAS DE L'ÉCHANSON €€

415, chemin des Iscles
✆ 04 90 95 98 18
www.mas-echanson.fr
Ouvert du mardi au samedi. Menus de 25 € à 70 €. Carte : 23 € environ.

L'arrivée d'un nouveau chef est toujours une aventure dans un restaurant. Au mas de l'Échanson, c'est Karim Abou El Ella qui élabore désormais la carte de cet établissement ouvert en 2011 par Stéphanie Roch, maître-restauratrice et disciple d'Escoffier. C'est une cuisine haut de gamme à un prix plus que raisonnable. Pari gagné pour toute l'équipe qui ne prépare que des produits frais, locaux et dont les recettes s'adressent aux plus fins palais. La carte change très régulièrement, pour s'adapter à la saison. À tester d'urgence !

BOUCHES-DU-RHÔNE

Groupe folklorique.

LE 3 B

4, avenue de Lattre-de-Tassigny
ROGNONAS
✆ 04 90 94 82 21
www.le3b-resto.com

Fermé le lundi. Vins sur place ou à emporter. Pizza base tomate autour de 15€

Détail amusant dans la carte de la restauration du 3 B : les pizzas portent des patronymes de vins. Pourquoi les avoir appelées Sancerre, Sauvignon ou encore Piquepoul ? Parce que le 3 B, ce n'est pas seulement un restaurant qualitatif, aussi une merveilleuse cave à vin. Le choix est large, et le patron sera d'excellent conseil pour accorder votre plat et votre bouteille. La bonne entente, ça le connaît ! Aussi bien entre lui-même et ses clients, qu'entre les mets et les vins. Vous pouvez y aller les yeux fermés, vous ressortirez comblés.

BOUTIQUE LA MAISON DU BON CAFÉ

Avenue Jean-Baptiste-Tron
✆ 04 90 90 94 95
www.lamaisonduboncafe.com

Ouvert du lundi au samedi de 10h à 12h et de 14h à 19h.

La firme est leader des torréfacteurs du Grand Sud. Dans la boutique : ambiance très feutrée, accueil toujours impeccable et surtout une belle sélection de produits : du café de toutes origines, mais aussi une large palette de thés et d'infusions. Vous trouverez également dans le coin Douceurs, des macarons, chocolats et petits gâteaux qui accompagneront parfaitement vos breuvages. La Maison du Bon Café a lancé sa propre marque de théières et de tasses « Jardins d'Asie ».

CELLIER DU CASTEL

39, boulevard Gambetta
✆ 04 90 94 71 09
www.woowine.com/

Ouvert du mardi au samedi de 9h à 19h.

Vous pousserez peut-être la porte du Cellier du Castel pour acheter une bonne bouteille de vin du terroir français ou d'ailleurs et vous ne serez pas déçu par le choix. Mais vous y reviendrez sans doute pour y déguster l'un des crus proposés par la maison, à l'heure où la cave se transforme en bar à vin. En effet, le vendredi et le samedi soir, vous pourrez savourer les vins sélectionnés par l'équipe, en consommant des tapas ou des fromages finement affinés, en profitant d'une animation musicale ou littéraire, selon le contexte.

DISTILLERIE FRIGOLET - BOUTIQUE

26, rue Roland Inisan
✆ 04 90 94 11 08
www.frigoletliqueur.com

Ouvert du lundi au vendredi.

C'est ici (et non à l'abbaye) qu'est fabriquée la liqueur de Frigolet depuis maintenant près de 150 ans. Repris par la famille Inisan, la distillerie produit plus de 30 000 bouteilles par an. Le secret réside en un juste dosage entre une trentaine de plantes qui ont macéré dans de l'alcool et l'ajout d'un sirop à base de miel. Dans la petite boutique attenante, vous trouverez aussi des spécialités pâtissières à base de cette liqueur. En saison la distillerie se visite sur rendez-vous.

MAISON GIOVANNI FAVARO

80, route d'Avignon
✆ 09 67 43 20 22

Ouvert du mardi au samedi de 9h30 à 19h.

Proposer le meilleur de l'Italie en Provence : c'est le crédo de cette entreprise qui propose des fromages, de la charcuterie et tous les succulents produits fabriqués par-delà les Alpes.

Dans son labo, le maître des lieux prépare ses *antipasti* (hors d'œuvres), ses pâtes fraîches, ravioli et cannelloni, son tiramisu et sa panna cotta, mais aussi une spécialité sicilienne moins connue sous nos latitudes : les *arancini*, des boulettes de riz panées que le chef farcit en s'inspirant des saveurs typiques de la cuisine de la Botte. *Buon appetito !*

MARCHÉ DES PRODUCTEURS

Boulevard Ernest-Genevet

Ouvert le samedi. De mi-avril à mi-octobre.

C'est le rendez-vous incontournable le samedi matin, pour les amateurs du genre, comme pour les professionnels : le marché des producteurs, sur le carreau du Min (Marché d'intérêt national), c'est la garantie d'acheter des produits frais et de saison, directement du producteur aux consommateurs (il n'y a pas de revendeurs, que des agriculteurs locaux). En plus, les prix y sont très intéressants et vous pourrez faire le plein de légumes et fruits. C'est là que le *Petit Futé* trouve les meilleures fraises du secteur. Bon autant pour le moral que pour la santé.

LE MAS DES CHÈVRES

476, chemin San-Remo
✆ 06 78 54 13 92
www.lemasdeschevres.fr
Ouvert du lundi au samedi sur RDV

Difficile de faire un choix tant l'offre des produits confectionnés ici est large : fromages frais, crémeux, demi-secs et secs, fromages fantaisie, mais également, faisselles, fromages blancs, fouettés, pyramides bi-goût, bûchettes, tommes, « camemberts », râpé et copeaux de chèvre, voilà un sacré plateau ! Une cinquantaine de caprins élevée sur les 4 hectares du mas familial d'Agnès Gaffet fournit le lait nécessaire, transformé sur place. En phase avec son époque, la chevrière a créé un *drive* pour récupérer sa commande (au mas ou sur un marché).

CHAPELLE SAINT-SIXTE

✆ 04 90 95 91 52
Ouvert le dimanche de 15h à 19h. De juin à septembre.

La ravissante chapelle Sainte-Sixte du XIIe siècle, est située sur la route d'Orgon à moins de deux kilomètres du centre d'Eygalières. Cette chapelle a été agrandie d'un porche au XVIIe siècle. Elle accueille tous les ans la fête du roumavage, dont la procession en costumes provençaux est suivie d'une messe en plein air. Isolée sur son tertre rocailleux, encadrée de quelques cyprès, elle mérite vraiment le détour. L'endroit est très prisé par les photographes de mariage pour son esthétique et sa lumière. Il y règne une ambiance unique.

EYGALIÈRES ★★★

Véritable carte postale de la Provence, ce petit village, situé à cinq minutes de Saint-Rémy-de-Provence, a su conserver tout son charme et son authenticité. Ses vallons verdoyants, ses champs d'oliviers ou de vignes, ses rangées de cyprès et son beau ciel bleu en font un lieu prisé. En suivant la grand-rue, faites un crochet jusqu'aux ruines du château, l'esplanade du vieux donjon et l'église Saint-Laurent. Enfin, un passage à la Chapelle des Pénitents s'impose. Là, vous découvrirez le musée du vieil Eygalières mais également – et surtout – un panorama splendide sur la montagne de la Caume, les Alpilles et la Durance.

MUSÉE URGONIA

Chemin des Aires - **ORGON** ✆ 04 90 73 09 54
www.musee-urgonia.fr
Ouvert toute l'année. Du lundi au samedi de 9h à 12h et de 14h à 17h30. Fermé dimanche et jours fériés.

Ce musée, qui se situe dans une ancienne prison du XVIIe siècle présente plusieurs collections de fossiles et traces laissées par l'homme depuis 130 millions d'années. Une exposition ornithologique consacrée aux espèces d'oiseaux protégés des Alpilles complète la visite. Vous trouverez également au départ du musée (dont le bâtiment accueille également l'Office de tourisme), le sentier pédestre de la Pierre, aménagé et balisé. Il vous permettra de découvrir divers géo-sites dans leurs contextes naturels (boucle de 3,5 km). Bien d'autres activités sur le site.

BOUCHES-DU-RHÔNE

© RICHARD SEMIK - SHUTTERSTOCK.COM

Chapelle Sainte-Sixte.

LES SENTIERS DE L'ABONDANCE

Mas des Bœufs
✆ 04 90 90 80 11
www.lessentiersdelabondance.com
Ouvert du mardi au samedi. Payant.

Au mas des Bœufs, les visiteurs cheminent à travers les jardins pédagogiques, créés dans un but esthétique, mais aussi dans l'idée de pérenniser les techniques traditionnelles des cultures provençales. Les sentiers de l'abondance, repris à d'anciennes parcelles agricoles laissées en friche, se sont progressivement ouverts au public, depuis les années 2015. Des visites guidées ainsi que de nombreuses activités y sont proposées. Une excellente façon de découvrir le patrimoine local.

LES OLIVIERS** €

114, avenue Jean-Jaurès
✆ 04 90 95 91 86
www.camping-les-oliviers.com
Fermé du 1er octobre au 1er avril. Emplacements à partir de 17 €.

Aimer le camping, ce n'est pas forcément aimer la foule. Alors, bien que ce petit camping n'ait rien de sauvage, avec ses trente emplacements sous les oliviers et les amandiers, vous y trouverez le temps de respirer. Et puis tout le confort indispensable est à votre disposition (branchements électriques, sanitaires, laverie) ainsi que quelques petites activités à proximité des lieux (randonnées pédestres et à VTT, stages équestres et tennis, etc.). A deux pas du village, vous trouverez en prime restaurants et commerces. Ambiance familiale et accueil chaleureux.

AUX PETITS PAVÉS €€

RD 7N
ORGON
✆ 04 90 59 00 22
www.aubergeauxpetitspaves.com
Chambre entre 60 € et 80 €. Petit déjeuner : 7,50 €.

Un petit hôtel sans chichis, aux chambres rustiques mais agréables à l'excellent rapport qualité-prix. Idéal pour visiter toute la région sans se ruiner. En plus, l'accueil est vraiment chaleureux : les propriétaires vous reçoivent avec sourire et bonne humeur. On est totalement séduit ! Autre point fort : le restaurant qui sert des plats copieux, sans prétention, mais que du fait maison à un prix défiant toute concurrence. Bref, idéal pour une halte sur la route des vacances ou pour quelques jours au calme. Simple et efficace.

LA VALLÉE HEUREUSE*** €€

Impasse Lavau - **ORGON**
✆ 04 84 80 01 71
www.provence-camping.net
Mobil-homes 4 pers dès 60 € et pour 6 pers dès 75 € la nuit. Emplacements dès 15 € la nuit, selon la saison.

Doté de trois étoiles, ce camping est apprécié des familles. Il s'étend sur 8 hectares et bénéficie de la présence d'un lac naturel : parfait pour les amateurs de pêche. Verdure et paix sont ses atouts, mais aussi le confort : vous l'apprécierez. Enfin, la présence d'une piscine, d'un mini-golf, de terrains de pétanque et de sports collectifs permettront à tous de se rencontrer et de s'amuser. Ajoutons encore la présence d'une zone Wifi et de nombreuses options de restauration, dont une pizzeria. Un séjour agréable, où tout est fait pour vous faciliter la vie !

LE MAS DE LA ROSE €€€

2247, route d'Eygalières - **ORGON**
✆ 04 90 73 08 91
www.mas-rose.com
12 chambres. Basse saison : chambre double de 224 € à 397 €. Haute saison : chambre double de 339 € à 558 €.

Situé dans un parc de 30 hectares planté de pins, d'oliviers et de lavandes, un hameau d'anciennes bergeries du XVIIe siècle a été entièrement rénové pour accueillir des hôtes. Un travail magnifique, une décoration soignée, cet endroit est un véritable « concentré de Provence »... Comme le dit si bien sa propriétaire, cette maison ne se décrit pas, elle se vit. On ne saurait que trop vous recommander de suivre son conseil ! L'hôtel dispose également d'un restaurant : une excellente table gastronomique à la hauteur de son environnement.

MAS NOTRE-DAME €€€

Chemin du Bagna
✆ 06 12 89 75 32
4 chambres. Chambre double de 190 € à 550 € selon la saison.

Impossible de ne pas être séduit par ce mas en pierre posé au milieu d'un hectare d'oliviers, d'amandiers et de chênes. Les hôtes (dont le Petit Futé taira le nom pour que votre surprise soit intacte !) ont su donner une âme à ce lieu. Grâce à une décoration moderne et chaleureuse, certes, mais surtout grâce à leur sens de l'accueil exceptionnel. Les chambres et suites sont tout simplement grandioses (notre préférée, la suite Julia), les petits déjeuners copieux et délicieux, la piscine sublime... Pour un séjour inoubliable.

L'OPALE €€

2950, route d'Orgon
✆ 04 90 26 10 00
Fermé de décembre à avril. Carte : 25 € environ.

Un lieu calme, en pleine nature, décontracté et sans prétention, voila ce que vous propose L'Opale au premier abord. A l'intérieur, la déco est un étonnant mélange très réussi de classicisme et de modernité. On s'y sent parfaitement bien. Le personnel est d'ailleurs là pour augmenter cette sensation d'être important. Mais c'est dans les assiettes que se révèle l'esprit de la maison. Elles sont un plaisir pour les yeux, avant d'être un plaisir pour les papilles. Les produits cuisinés sont frais, les recettes originales. Vous l'aurez compris, on adopte !

RESTAURANT PAULETTE €€

130, Rue de la République
✆ 04 32 62 18 19
Plats à la carte : 25 € en moyenne. Fermé le mercredi.

Chez Paulette, vous découvrirez tout d'abord un accueil parfait. Ensuite, c'est le cadre qui vous séduira : une petite terrasse ombragée, enchâssée entre les vieilles pierres des maisons voisines et, à l'intérieur, une déco qui vous plonge dans l'atmosphère des années soixante en Provence. Et puis, bien sûr, il y a la cuisine. Là, on est sur le registre des recettes maison, mitonnées dans la cuisine juste derrière. Les produits sont éminemment frais, les portions suffisantes. Ne manquez pas les desserts, ils sont savoureux, la crème brûlée au rhum est incroyable !

LE MAS DE LA ROSE €€€

2247, route d'Eygalières
ORGON
✆ 04 90 73 08 91
www.mas-rose.com
Menus de 34 à 90 €. Menu enfant : 27 €.

Le Mas de la Rose, c'est un hôtel de prestige, un concentré de Provence, luxueux et raffiné, mais c'est aussi une table gastronomique de choix, le « Potager du mas ». Aux fourneaux, le chef cuisine uniquement des produits de saison et pour cause : il va directement se servir en fruits et légumes au potager bio du mas. Fraîcheur garantie ! Côté ambiance, l'établissement est posé en pleine nature, tout simplement hors du temps. L'accueil est exactement à la hauteur. Y prendre un repas est plus qu'une expérience culinaire. Mais le mieux reste de vous y rendre !

SOUS LES MICOCOULIERS €€€

Traverse Montfort
✆ 04 90 95 94 53
www.souslesmicocouliers.com
Ouvert du mercredi au dimanche d'avril à septembre.

C'est une institution dans le village. Le restaurant propose de magnifiques assortiments de fruits de mer à déguster sur place ou à emporter. A partir du printemps, vous pourrez profiter de la terrasse même l'après-midi, histoire de savourer fruits de mer, antipasti ou glaces, bien abrités du chaud soleil provençal à l'ombre des micocouliers. Le chef Olivier Gouin exprime toute son inventivité dans une carte sans cesse renouvelée, mais toujours d'une grande originalité. Associations délicates, cuisine provençale fréquemment mise à l'honneur, c'est un vrai régal !

DOMAINE DE VALDITION

Route d'Eygalières
ORGON
✆ 04 90 73 08 12
www.valdition.com
Ouvert tous les jours en haute saison.

Ce domaine comprend un vignoble de 90 hectares qui donne des vins de cépages variés, classés IGP Alpilles ou AOP Coteaux-d'Aix-en-Provence. Dix-neuf cépages parfaitement adaptés aux terroirs pierreux y sont cultivés. Tous les vins sont certifiés vins biologiques. La cave est équipée de deux cuves en béton en forme d'œuf afin de parfaire l'élevage des cuvées d'exception Ludovic Dacla blanc et rosé. Son oliveraie de 30 hectares, également cultivée en agriculture biologique, permet de produire les différentes variétés de l'AOP Vallée-des-Baux-de-Provence.

DOMAINE ÉOLE

Chemin des Pilons
✆ 04 90 95 93 70
www.domainedeole.com
Ouvert du lundi au jeudi.

Ce vignoble se déploie sur 21 hectares, avec un sol particulièrement favorable. Les vins produits, tous certifiés Agriculture Biologique, issus des cépages grenache, syrah, cinsault, carignan, counoise, mourvèdre sont élégants et haut de gamme. *Éole tradition* est proposé dans les trois couleurs. S'ajoutent un blanc *Vermentitude* issu à 100 % du cépage vermentino et élevé en cuve béton de forme ovoïde, un rosé mousseux et les cuvées *Confidence* (blanc), *Caprice* (rosé), *Réserve des Gardians* (rouge) et les plus prestigieuses : *Léa* et le *K* (100 % carignan).

BOUCHES-DU-RHÔNE

CHEZ EMILY

124, Rue de la République
✆ 04 90 90 65 44
Fermé le mercredi.

Emily, c'est une jeune femme pétillante qui a fait de sa petite boutique, rue de la République, le temple du fromage. On y trouve des persillés de chèvre, des bleus de Termignon, de la tomme aux fleurs de bleuets... le choix est assez impressionnant. En plus, Emily a un don pour la présentation : elle ajoute toujours des fleurs fraîches, des fruits secs pour agrémenter les fromages. Elle confectionne même des pièces montées ! Il paraît que l'acteur anglais Hugh Grant y a ses habitudes, mais chut ! En tout cas, sans être des icones du cinéma, on a vraiment aimé.

L'OLIVETTE

Chemin du Mas Reynaud
✆ 04 90 95 99 83
www.lolivette.eu
Ouvert tous les jours.

L'Olivette produit des huiles d'olive biologiques certifiées et se décline en trois variétés : AOP Vallée des Baux-de-Provence fruité vert et fruité noir, ainsi qu'une huile monovariétale, la Grossane. Point de vente : Domaine d'Éole, route de Mouriès à Eygalières. Depuis 2009, les produits de l'Olivette ont reçu de nombreuses distinctions récompensant non seulement la qualité des huiles, mais également le travail et l'engagement des propriétaires. La vente se fait à la propriété, et les commandes peuvent se faire sur place ou par le site web.

LA VALLONGUE

RD 24 Route de Mouriès
✆ 04 90 95 91 70
www.lavallongue.com
100% Bio. Ouvert du lundi au samedi. Achats en direct ou en ligne.

Entre vignes et oliviers, le domaine de la Vallongue se niche dans un écrin naturel d'exception. Un panorama majestueux qui s'étend jusqu'à la cour du mas, agrémentée d'œuvres d'art. Dans l'ancienne bibliothèque, reconvertie en caveau de dégustation, vous trouverez les vins qui ont fait la réputation du domaine, mais également sa collection d'huiles d'olive. Le domaine de la Vallongue réalise cinq précieux nectars, tous en fruité vert. Ces « crus » détiennent une personnalité aromatique subtile et portent fidèlement le terroir dans lequel ils s'épanouissent.

NOVES

Situé près de grands centres touristiques comme Saint-Rémy-de-Provence et Avignon, Noves est un petit village paisible qui mérite une halte. À voir : l'église Saint-Baudile, l'esplanade du château, les remparts, la chapelle des Pénitents blancs... Noves c'est aussi un village fier de ses traditions qu'il perpétue notamment lors des défilés de charrettes lors de la Saint-Éloi et de la Saint-Roch ainsi qu'avec l'organisation de nombreuses animations taurines. Les associations y sont très actives et organisent de nombreuses fêtes et manifestations tout au long de l'année. Il y règne un incontestable esprit village. Y séjourner est très agréable.

LE BISTROT DE LA GARE €€

6, Qur de la gare
MOLLÉGÈS
✆ 04 90 95 08 83
Fermé le dimanche.

Martin aux commandes de ce bel établissement dirige également le fameux Mamine à Saint Rémy de Provence ainsi que Le Beau Bar. Vous dégusterez ici une bonne cuisine de bistrot, élaborée avec des produits frais vennus de producteurs locaux. Vous choisirez par exemple la Côte de veau et son écrasé de pommes de terre, petits légumes glacés accompagnés de jus de veau au café ou peut être l'Aubergine rôtie, copeaux de légumes, mousse de chèvre... Ou pourquoi pas le poisson du jour ! A l'intérieur ou sur la terrasse, vous passerez un agréable moment de saveurs.

EYGUIÈRES

Village au charme typiquement provençal, dont les ruelles et places sont ornées de nombreuses fontaines. Coincé entre Crau et Alpilles, Eyguières conserve des vestiges et des monuments de toutes les grandes périodes historiques. L'abondance de l'eau lui a donné son nom. À voir : la chapelle Sainte-Vérédème, préromane (Xe siècle), Saint-Pierre-de-Vence (XIe siècle), le lavoir à colonnes (milieu du XIXe siècle), la fontaine de la Coquille (XVIIIe siècle), la fontaine Cocotte (Renaissance, classée monument historique) et les ruines du castellas de Roquemartine.

BOUCHES-DU-RHÔNE

L'ART DES METS €€

9, avenue Saint-Vérédème
✆ 04 90 58 38 56
www.restaurant-artdesmets.fr
Restaurant et traiteur. Menus de 27 € à 35 €. Formule du midi : 20 €.

© L'ART DES METS

À l'Art des Mets, comme l'indique l'intitulé de l'établissement, cuisiner est tout un art. Depuis 14 ans, Magali et Olivier nous régalent avec une cuisine locale de producteurs : taureau AOP, cochon de race Bayeux, bœuf et chèvre d'Eyguières et aussi agneau d'Aureille. La carte des vins est particulièrement bien fournie avec plus de 100 références de vin de toute la France. Le 1er samedi midi du mois ne manquez pas leur brunch sous forme de buffet pour un savoureux moment.

LA DEMEURE €€

2, rue du Fossé-Meyrol
✆ 04 90 57 85 05
www.lademeuredesalpilles.fr
Chambre double de 95 € à 150 €. Petit déjeuner inclus. Animaux acceptés. Piscine, fitness, sauna.

Au cœur du village, cette magnifique bastide du XVIIIe siècle propose trois chambres et une suite élégantes. Accessibles depuis un escalier d'époque, elles sont spacieuses et aménagées avec goût. On a particulièrement aimé celle appelée Roupillon. Et si vous voulez faire un somme ailleurs que dans votre chambre, les transats de la piscine seront parfaits ! Cette chambre d'hôte met à la disposition de ses clients une petite salle de sport, un sauna et vous pourrez même, sur réservation, prétendre à une agréable séance de massage.

FONTVIEILLE ★★

Si l'histoire de Fontvieille remonte à la Préhistoire, le village doit une partie de sa célébrité au célèbre auteur, Alphonse Daudet. Par son caractère authentique avec ses maisons à tonnelles, ses vieux puits, ses rues anciennes, le village impose son charme par ses atouts historiques, patrimoniaux et culturels. Inévitable, le célèbre moulin de Daudet est un passage obligé pour tout visiteur de passage à Fontvieille. D'ailleurs, l'été, les files de visiteurs s'étirent sous le soleil provençal pour découvrir cet édifice mais aussi quelques autres qui sont un peu l'image de marque de Fontvieille. Mais le village recèle également d'autres pépites.

ATELIER LAUREL

29, route du Nord
✆ 06 46 85 17 04
Cours de cuisine et chefs privés. À partir de 80€ le cours.

© ATELIER LAUREL

L'atelier Laurel propose des cours de cuisine mais aussi des conseils culinaires au cœur de la Provence. Stéphanie, la maitresse des lieux est californienne et après avoir étudier à Ferrandi et travaillé à Baumanière elle propose des cours dans son atelier ou à domicile. Son herbe phare, le Laurier, Laurel en anglais. Elle excelle en cuisine, avec des produits locaux. Rougets, tians, carré d'agneau de Fontvieille ou encore petits farcis. Dès septembre pour les locaux elle propose les bases des grands chefs : couper, faire un bouillon, etc. À offrir ou à s'offrir !

L'AMI PROVENÇAL €€

35, place de l'Église
✆ 04 90 54 68 32
www.lamiprovencal.fr
Menu entrée, plat, dessert à 26 €. Plats à emporter autour de 10 €.

© ANDREIS

Voici une excellente adresse pour déguster une cuisine pleine d'imagination à base de produits frais et un très bon rapport qualité-prix. De l'entrée au dessert, en passant par l'accueil, tout est parfait dans le restaurant de Yoann et Fanny Palmero, un jeune chef reconnu par ses pairs (il a été lauréat de la dotation Gault & Millau jeunes talents en 2015), mais aussi par les nombreux habitués qui fréquentent son établissement ! À l'ardoise, des plats simples, mais bien exécutés, une cuisine savoureuse, sans chichis et un pain maison tout simplement délicieux.

LES MOULINS ★★

Office de tourisme
✆ 04 90 54 67 49
A visiter sur le sentier des moulins.

Bien sûr, il y a le plus connu d'entre eux, c'est-à-dire le moulin Alphonse Daudet, mais il faut aussi noter trois autres moulins fontvieillois non dénués d'intérêts et de beauté. Le moulin Tissot-Avon tout d'abord, construit au début du XIXe siècle. Le moulin Sourdon également, qui se trouve sur la petite colline à droite en montant l'allée des pins. Et enfin, le moulin Ramet, érigé au début du XIXe siècle, situé entre le moulin Daudet et le moulin Tissot-Avon. Une excellente idée pour une balade à thème, à la fois ludique et culturelle.

EDEN CINÉMA FONTVIEILLE

17-19, Grand Rue
✆ 04 90 54 62 32
Horaires en fonction des séances et de la programmation.

L'Eden cinéma est un cinéma comme on les aime. Il fleure bon le cinéma de notre enfance tout en étant doté d'une salle numérique offrant les meilleures projections. Il est indissociable de l'actualité culturelle et associative du village. Sa programmation est d'une grande qualité et propose les dernières sorties, aussi bien les blockbusters que les films d'auteurs. Il propose également le programme du Royal Opéra House retransmis en direct ! Il est le partenaire du prix littéraire du « Roman qui fait du bien ». En 2019, l'Eden a fêté ses 100 ans. Un monument !

INTERMARCHÉ CONTACT

14, cours Alphonse-Daudet
✆ 04 90 54 65 00
www.intermarche.com
Ouvert du lundi au samedi de 8h30 à 19h30 ; le dimanche de 8h30 à 12h30.

Une structure accueillante et très bien organisée, des produits frais et bien exposés, un rayon boucherie à la hauteur... cet Intermarché Contact est à recommander. On y trouve aussi un rayon bio bien garni. Sur les étals, les produits du terroir, préférentiellement achetés à de producteurs locaux, sont mis en valeur. Le personnel est agréable et toujours à la disposition des clients. Bref, ce magasin, impliqué dans la vie du village, propose un véritable service de proximité. On peut ajouter à cela que l'attente aux caisses est réduite à son strict minimum.

LA VIGNE ET L'OLIVIER

28, cours Alphonse-Daudet
✆ 04 90 54 68 67
Ouvert du lundi au samedi de 9h à 12h30 et de 15h à 19h ; le dimanche de 9h à 12h.

Dans ce magasin, vous pourrez découvrir une belle sélection de vins, champagnes, apéritifs et eaux de vie, soigneusement sélectionnés par Patrick Vila, qui tient l'enseigne depuis une dizaine d'années. Il y a bien sûr une sélection locale mais aussi quelques crus internationaux. Les conseils du maître des lieux sont précieux et adaptés à l'occasion, comme à votre porte-monnaie ! En vente également, de l'huile d'olive et quelques gourmandises oléicoles locales. Un excellent endroit pour faire le plein de produits délicieux et de qualité.

MAUSSANE-LES-ALPILLES ★

Au pied des Alpilles, Maussane est un petit village des plus agréables qui s'étire dans la vallée des Baux. La commune, bien que placée sur les routes touristiques, a su conserver son esprit provençal, authentique et chaleureux. Entre plantations d'oliviers et vestiges antiques, on y organise de nombreuses fêtes traditionnelles. Les habitants cultivent un certain art de vivre, typique de la région. Vous trouverez un peu de fraîcheur sur la place ombragée de gros platanes devant l'église du XVIIIe siècle. Bistrots et restaurants vous accueilleront pour une halte bienfaisante. Un très agréable séjour au coeur de la Provence en perspective.

VAL BAUSSENC*** €€

122, avenue de la Vallée-des-Baux
✆ 04 90 54 38 90
www.valbaussenc.com
25 chambres. Chambre classique de 90 à 141 €. Petit-déjeuner 14 €.

Cet hôtel est une invitation à la quiétude et à la sérénité. Au pied des Alpilles, vous serez bercé par le chant des cigales et des grillons. Depuis votre chambre, vous pourrez admirer les champs d'oliviers ou de lauriers roses. Décorées dans des tons clairs, les chambres offrent de beaux volumes. Idem pour la salle de bains : un détail non négligeable ! La piscine rafraîchira les longues journées d'été. L'hôtel propose aussi un service de restauration le soir, avec une carte élaborée avec des produits locaux. Parfait pour une étape de vacances.

AU BISTROT MARIN €€

68, avenue de la Vallée-des-Baux
✆ 04 90 18 59 29
www.aubistrotmarin.fr
Fruits de mer à partir de 10€.

Une adresse dédiée aux fruits de mer et aux poissons. Vous dégusterez une cuisine délicate. Plateaux de coquillages pour les amateurs, mais aussi des poissons à la plancha, de la bouillabaisse, un risotto safrané aux gambas, un minestrone de thon ou une timbale de macaronis, filets de Saint-Pierre et émulsion de coquillages, qualité et fraîcheur sont ici les maîtres mots. Ce jour-là, on s'était décidé pour des tellines en persillade et un filet de bar à la tapenade. Et on peut vous dire qu'on ne l'a pas regretté. Permission de monter à bord !

RESTAURANT L'OUSTALOUN €€

4, place Joseph Laugier de Monblan
✆ 04 90 54 32 19
www.loustaloun.com
Menu à 35 €. Formule du midi : 19 €.

Situé au cœur de l'hôtel du même nom, le restaurant l'Oustaloun propose une cuisine chaleureuse et traditionnelle aux accents du terroir. Au menu, le chef Jérôme Sauton vous proposera, par exemple, joue de bœuf, poisson du marché ou encore tête de filet mignon de veau, sauce moutarde parfumée pour les plats principaux et une belle carte des desserts sur laquelle nous vous recommandons, sans réserve, le feuillantin crème au citron. Vous dégusterez votre repas en salle dans un décor chaleureux ou sur la belle terrasse. Tout cela pour un prix tout à fait raisonnable.

AU RESTO LES FILLES €€

2 B, rue Simon Barbier
✆ 04 88 09 26 52
Fermé lundi et mardi. Carte : 25 € environ.

© CELINE ANDREIS

Que vous vous installiez sur la belle terrasse sur la place du village ou à l'intérieur de ce joli restaurant à la déco zen et cocooning, vous apprécierez la cuisine de nos 2 filles voyageuses. En effet, Tatiana et Charline nous proposent une cuisine à base de produits frais et locaux pour des plats, valorisés par une touche d'originalité aux saveurs d'ailleurs. Les tentacules de poulpe snackées sauce vierge par exemple ou encore pour l'entrée les croquetas de poisson, aïoli. Les desserts sont parfaits, découvrez l'étonnant « Champagne gourmand ». Une belle adresse.

BOUTIQUE DU DIAMANT NOIR

38, Avenue de la vallée des Baux
✆ 04 12 04 33 50
Ouvert du lundi au vendredi de 9h à 18h.

Si le parfum si particulier et délicat de la truffe vous fait vibrer, vous êtes au bon endroit. Vous découvrirez, dans cette boutique, des produits authentiques concoctés avec les fameux diamants noirs. L'adresse est même incontournable pour les amateurs qui y découvriront toute une gamme de produits vraiment alléchants. Charcuterie et fromages truffés, mais aussi produits dérivés sont issus de producteurs locaux travaillant de manière artisanale, avec passion. Ajoutez à cela un accueil agréable et un cadre vraiment sympathique.

MOULIN CORNILLE

Rue Charloun-Rieu
✆ 04 90 54 32 37
www.moulin-cornille.com
Ouvert du lundi au vendredi 9h30-12h30 et 13h30-18h. Samedi 10h-12h30 et 13h30-18h. Fermé le dimanche. Achat en ligne.

Le Moulin Jean-Marie Cornille est une coopérative oléicole. En 1997, elle a reçu l'appellation d'origine contrôlée Huile d'olive de la vallée des Baux-de-Provence qui se caractérise par l'association de cinq olives issues d'un terroir unique (la Salonenque, la Grossane, la Béruguette ou Aglandau, la Verdale des Bouches-du-Rhône et la Picholine). Elle a ensuite reçu la distinction Entreprise du patrimoine vivant. La coopérative produit, entre autres une huile d'olive vierge fruitée noire AOP extrêmement renommée et de grande qualité.

SAINT-LOUIS PÊCHE

93, avenue de la Vallée-des-Baux
✆ 04 90 43 62 35
www.saintlouispeche.fr
Ouvert du mardi au samedi et le dimanche matin.

Les férus de produits de la mer trouveront ici des poissons et des crustacés prélevés le matin même en Méditerranée par les petits patrons pêcheurs des ports camarguais de Port-Saint-Louis-du-Rhône et du Grau-du-Roi. Les amateurs seront également ravis de trouver sur place des homards vivants. Pour finir de satisfaire les clients exigeants, l'échoppe maussanaise des Manoukian s'est aussi dotée d'un rayon traiteur avec des plats maison à tomber. La cave à champagnes et vins blancs est une autre bonne raison de vous arrêter à Saint-Louis Pêche.

SAINT-ETIENNE-DU-GRÈS

Village pittoresque situé à quelques kilomètres de Saint-Rémy, Saint-Étienne-du-Grès possède de très remarquables monuments anciens : la statue d'une ancienne divinité gauloise, la Mourgue, les vestiges d'un aqueduc romain, Notre-Dame-du-Château et une chapelle de l'ordre des Templiers remontant toutes deux au XIIe siècle. À l'amateur de promenades, le site offre de nombreux itinéraires dans les collines verdoyantes de pins, embaumées par le thym et le romarin. C'est un village très actif qui initie, tout au long de l'année, de nombreuses manifestations culturelles et traditionnelles. On y trouve des commerces de proximité très agréables.

EÏDRA €€

3, Av de Saint Rémy de Provence
✆ 09 75 60 50 92
eidra-restaurant.com
Ouvert le soir sauf mardi et mercredi.

© CELINE ANDREIS

La vie est faite de rencontres... En voici une essentielle pour la joie de nos papilles, celle de Mathew, australien d'origine, et de Coline. Deux parcours exemplaires pour nous livrer une cuisine divine. Des associations étonnantes et savoureuses : les amuse-bouches sont fantastiques et étonnants : muge, kiwi et radis par exemple, les entrées et les plats tout aussi délicieux : tourte chou frisé, pommes caramélisées, coleslaw, carottes noires par exemple. Pour finir, le dessert vietnamien, haricots coco, lait d'amande et lait concentré est une révélation...

SALON-DE-PROVENCE ★

A mi-distance entre Cavaillon et Aix-en-Provence. Voici une ville provençale où l'on aime se promener de ruelles en places ombragées à la découverte de belles bâtisses, pleine de charme avec sa fontaine moussue, sa Tour de l'Horloge et autres monuments médiévaux. C'est aussi une ville qui abrite des entités nationalement connues et aussi variées comme la PAF (Patrouille acrobatique de France), l'Instiut Musical de Formation Professionnelle (IMFP) et une école de bergers (centre du Merle). Salon invite aussi à la visite de musées tels le musée d'Art et d'Histoire militaire (château de l'Emperi) ou le musée du savon de Marseille Maurice Fabre.

CHÂTEAU DE L'EMPÉRI ★★

Montée du Puech

✆ 04 90 44 72 80

Du 13 mai au 17 septembre 2023, du mardi au dimanche et les jours fériés. Accès libre et gratuit.

Le château de l'Empéri est un immense vaisseau de pierre qui a traversé le temps, depuis le IXe siècle jusqu'à nos jours. C'est le plus ancien château fort de Provence encore debout, et l'un des trois plus grands avec le Palais des Papes et le château du roi René. Dans ses salles séculaires, le château accueille deux musées : le musée des armées, le musée de Salon et de la Crau, qui retrace la vie locale. Au pied du château on trouve aussi le jardin des simples de Nostradamus. En saison, il accueille des événements culturels et festifs : concerts, spectacles...

L'ATELIER DE LA CHEFFE €€

3, Place de la Révolution

✆ 04 90 53 23 90

Fermé le lundi. Carte : 25 € environ. Service traiteur également.

© L'ATELIER DE LA CHEFFE

L'Atelier de la Cheffe est un très joli établissement avec cuisine ouverte, dont le but est de garder le contact avec sa clientèle. L'ambiance est chaleureuse et élégante. La Cheffe Caroline Lienart nous propose un voyage culinaire gourmand dont elle puise ses inspirations et ses idées dans son parcours professionnel et personnel, et ce, pour notre plus grand plaisir. Assistée de sa coéquipière Margaux, elle va combler votre gourmandise. La carte change tous les jours au gré des envies de Caroline et des arrivages... Un bonheur. Vous pouvez également y bruncher.

MUSÉE DU SAVON DE MARSEILLE MARIUS FABRE

148, avenue Paul-Bourret

✆ 04 90 53 24 77

www.marius-fabre.com/fr

Boutique et musée ouverts du lundi au samedi, 9h30-12h30 et 14h-18h.

Depuis 120 ans, au cœur de Salon-de-Provence, la savonnerie Marius Fabre perpétue la fabrication artisanale du savon de Marseille. La visite guidée de la savonnerie vous plongera dans les coulisses d'un savoir-faire transmis de génération en génération dans la famille Fabre. Complétez votre visite par la découverte du musée du savon de Marseille. La boutique d'usine vous permettra de découvrir tous les produits Marius Fabre. Un véritable moment de partage pour petits et grands !

GRAND HÔTEL DE LA POSTE** €

1, rue des Frères-John-et-Robert-Kennedy

✆ 04 90 56 01 94

www.ghpsalon.com

Chambres doubles à partir de 75 €. Petit-déjeuner : 11 €.

En plein cœur du centre de Salon-de-Provence, cet ancien relais de poste du XIXe siècle propose des chambres confortables avec vue sur la tour de l'Horloge. L'emplacement permet d'accéder facilement au Musée militaire, au musée de l'Emperi et à la maison de Nostradamus. Une adresse à l'ancienne ; la chambre 23 est un vrai bijou avec son petit balcon donnant sur la fontaine et l'horloge. On apprécie le salon cosy avec sa belle bibliothèque riche d'ouvrages littéraires et poétiques.

DE LA VIGNE À L'OLIVIER

120, place Saint-Michel
✆ 06 23 22 75 40
www.delavignealolivier.com
Ouvert le lundi de 10h à 19h ; du mardi au samedi de 9h à 19h30.

Avec 900 références de vins de France et d'ailleurs, cette cave propose des vins d'exception et de tous les jours dans une large gamme de prix. Pour l'apéritif et le digestif, Matthieu, maître caviste à la bonne humeur communicative, a constitué une alcoothèque avec de nombreuses références d'armagnac, cognac, rhums, eaux-de-vie, et 150 whiskies. Chaque année en septembre, c'est la foire aux vins. Toute l'année, le vendredi soir, des dégustations ont lieu. Des établissements affiliés ont récemment ouvert à Salon, quartier de Bel-air, Lambesc, La-Fare-les-Oliviers.

© DE LA VIGNE À L'OLIVIER

© DE LA VIGNE À L'OLIVIER

MAISON DE NOSTRADAMUS ★

11, rue Nostradamus
✆ 04 90 56 64 31
Tarif normal : 5,50 €, tarif réduit : 3,50 €.

Créé en 1992, ce musée a pris place dans la maison que Michel de Nostredame, plus connu sous le nom de Nostradamus, acheta en 1547 avec sa seconde épouse Anne Ponsard, dont il eut six enfants. Et y vécut jusqu'à sa mort. C'est dans ce lieu qu'il paracheva tous ses ouvrages, dont certains sont encore célèbres aujourd'hui : *Le Traité des Fardements et Confitures*, *Les Prophéties*, *La Paraphrase de Galien*, mais aussi les fameux *Almanach*, collection de prédictions dites astrologiques pour l'année. Honoré du label « Maison d'écrivain et de patrimoines littéraires » depuis 2006, le musée permet grâce à une visite audio-guidée de 45 minutes, de partir à la découverte de ce médecin « astrophile » du XVIe siècle, esprit brillant, à la fois scientifique, philosophe, poète, visionnaire, et qui a côtoyé les plus grands de son époque : Rabelais, Catherine de Médicis, Charles IX, Adam de Craponne... Des expositions temporaires mettent également en évidence les diverses facettes du personnage en dévoilant des documents originaux du XVIe siècle, des objets, etc. Une visite vraiment passionnante, autant pour les ésotéristes que pour les simples curieux ! Aussi, à deux pas du musée, au Centre Nostradamus, sont proposés de nombreux ateliers pédagogiques (enluminures, astronomie...) : vos enfants vont adorer ! Sachez enfin qu'au cœur du château de l'Empéri, la visite du Jardin des simples de Nostradamus vous éclairera sur les plantes utilisées par Nostradamus dans la composition des médicaments qu'il utilisa efficacement contre la peste.

ABBAYE DE SAINTE-CROIX**** €€€

Route du Val-de-Cuech
✆ 04 90 56 24 55
garrigae.fr
Fermeture annuelle en janvier.

Un lieu de villégiature rêvé pour se ressourcer et méditer ! Ce Relais et Châteaux occupe une ancienne abbaye du XVIIe siècle réhabilitée. Son style Provence bourgeoise de charme offre du raffinement et du confort. Vous apprécierez aussi la piscine au milieu des champs de lavande et la vue grandiose jusqu'à la Sainte-Victoire. Le restaurant de l'Abbaye est en accord avec les lieux, gastronomique. L'accueil est bien sûr à la hauteur. Un très bel endroit pour un séjour hors du temps.

LA BOUTIQUE JEAN MARTIN

9, rue Charloun-Rieu ✆ 04 90 54 34 63
www.jeanmartin.fr

Ouvert toute l'année. Haute saison : du lundi au samedi de 9h30 à 12h30 et de 14h30 à 19h. Atelier 35 €.

Toutes les conserves et préparations culinaires de cette excellente marque sont proposées dans une jolie boutique tenue par cette famille de confiseurs d'olives depuis trois générations. Au menu, des spécialités gourmandes, comme la riste d'aubergine et la tapenade, mais aussi : caviar d'aubergine, crème de tomates séchées, pistou, piperade, courgettes à la provençale... Et la gamme s'enrichit constamment. En saison, on y trouve des olives cassées. Les ateliers cuisine sont sensationnels. A offrir ou à s'offrir pour un moment de partages et de saveurs.

LE BISTROT DU POTAGER €€

13, place Eugène Pelleton
✆ 04 42 86 35 01
lebistrotdupotagersalon.com
Fermé le dimanche. Menus de 22 € à 45 €. Carte : 24 € environ.

© BISTROT DU POTAGER

Situé au centre-ville, ce joli restaurant moderne à la superbe terrasse propose une atmosphère intimiste et joyeuse. Guillaume, fils d'une lignée de restaurateurs, officie en cuisine avec son épouse, Ambre. Que des produits frais du marché, tout est fait maison, ici c'est une cuisine authentique, mêlant tradition et création : pâtes aux langoustes, bisque de homard ou aux truffes blanches d'Italie, cochon ibérique sauce thym et miel, tripes... un régal ! Pour finir, les desserts rivalisent de gourmandises et de saveurs, comme l'incontournable cheesecake...

JUSQU'A LA LIE

18, rue du Moulin d'Isnard
✆ 04 88 40 45 15
Ouvert du mardi au samedi de 18h à 1h.

Ce bar à vin est un des endroits les plus branchés de la ville ! Dans le centre-ville piéton, le lieu invite donc à un bon moment à la sortie du bureau, à l'heure de l'apéro, ou en soirée. Les nectars servis proviennent pour la majorité du sud-est de la France, où la qualité n'est plus un vain mot.... Quant aux « grignotages » proposés pour accompagner les libations, sur lesquelles saucisson de taureau, camembert rôti, pata negra ou bellota jabugo se disputent la vedette, ils donnent l'eau à la bouche... Ou plutôt le vin ! A consommer avec modération, bien sûr.

MOURIÈS

Difficile de ne pas succomber à ce village niché dans le parc naturel régional des Alpilles qui baigne dans une quiétude et une douceur de vivre exceptionnelle. Entouré d'oliviers (il y a plus de 80 000 pieds dans ce village qui se revendique comme la première commune oléicole de France), pas moins de trois moulins y sont encore en activité. L'oppidum des Caisses de Jean-Jean et l'église Saint-Jacques sont deux des lieux à découvrir. Les adeptes de la randonnée trouveront là leur bonheur. De nombreuses balades à thèmes sont possibles. Mais on peut également y pratiquer le VTT, découvrir des sites archéologiques ou simplement s'adonner au farniente.

CHÂTEAU DE SERVANES €€€

Domaine de Servanes
✆ 04 90 47 50 03
http://chateaudeservanes.com
Chambres doubles de 115 à 150 €. Petit-déjeuner buffet 10 €.

Situé au sein du golf de Servanes, le château est noyé dans la verdure. Avec son pigeonnier et sa chapelle, l'établissement possède un cachet fou. Il allie à la fois modernité (avec notamment un nouvel espace Spa et sauna) et charme désuet des maisons d'autrefois. Les chambres sont à l'image du lieu : vous pourrez opter pour celles qui ont été rénovées (y compris les salles de bains) ou celles plus authentiques avec parquet d'origine et cheminée. Mais le château de Servanes, c'est également un restaurant où il est agréable de s'attabler.

L'HERBIER DES ALPILLES

46, avenue Pasteur
✆ 04 90 96 99 20
www.lherbierdesalpilles.fr
Ouvert tous les jours de 9h à 18h30.

Une petite boutique où les effluves de thés, cafés, épices et plantes médicinales se mêlent subtilement. *L'herbier des Alpilles* porte décidément bien son nom. Que vous cherchiez du thé vert pour le petit déjeuner, du café du Guatemala, de la coriandre pour la cuisine ou des herbes médicinales pour réduire votre stress, Martine saura vous aiguiller. A la boutique, qui fait également salon de thé, sont également organisées des conférences, des balades pour découvrir les plantes locales et des soirées musicales. Un lieu aussi insolite qu'attachant.

VALLON DE GAYET*** €€€

Route de Servanes
✆ 04 90 47 50 63
www.levallondegayet.com
Chambres doubles à partir de 120 €. Petit-déjeuner 15 € à la réception.

© VALLON DE GAYET

Avec comme toile de fond les belles collines des Alpilles, le Vallon de Gayet vous fera oublier le temps qui passe. Cet hôtel luxueux est avant tout une grande maison aux multiples ailes, restaurée et aménagée dans le respect des traditions. Toutes les chambres sont de plain-pied et ouvrent sur le magnifique jardin. Spacieuses et décorées élégamment, elles ont beaucoup de cachet avec leurs poutres apparentes. Les salles de bains sont quant à elles tenues impeccablement. L'établissement est également réputé pour son restaurant qui sert une cuisine du Sud.

LANCELIER EN PROVENCE

12, rue du Temple
✆ 06 13 61 95 58
www.lancelier.com
Huile d'olive fruité vert 50 cl : 24 €.

Voici une oliveraie, bien à l'abri du Mistral, en plein cœur de la garrigue provençale qui vous permettra de découvrir un savoir-faire traditionnel et ancestral : celui de la culture de l'olive en Provence. La culture est raisonnée et les récoltes faites à la main, pour obtenir le meilleur de l'olive verte ou noire.

Les produits sont d'une grande qualité et le domaine propose, notamment, une « édition spéciale », la cuvée 1956, présentée dans de magnifiques flacons, avec une notice accrochée au goulot. Une excellente idée de cadeau.

MAS DE GOURGONNIER

Le Destet
✆ 04 90 47 50 45
https://masdegourgonnier.com/
Ouvert tous les jours.

Ici, l'agriculture biologique est une façon de vivre ancrée dans la culture familiale. Selon leur cahier des charges « Nature et progrès », les vignes et les oliviers ne reçoivent aucun traitement chimique, insecticide ou herbicide, et ce depuis 1975 ! Un semi d'engrais vert et un compost de fumier de mouton constituent l'amendement du sol où cuivre et soufre protègent la végétation. Difficile de faire plus sain. Sur place, vous pourrez vous balader entre vignes et oliviers grâce à un parcours fléché au départ du mas. Très bucolique...

© MAS DE GOURGONNIER

© MAS DE GOURGONNIER

MOULIN COOPÉRATIF DE MOURIÈS

Quartier du Mas-Neuf
✆ 04 90 47 53 86
www.moulincoop.com
Ouvert tous les jours en saison. Achat direct en ligne toute l'année par leur site internet.

Du moulin primitif construit en 1626, subsiste encore un authentique pressoir à chapelle. En 1920, le moulin a été transformé en coopérative. Aujourd'hui, ce sont ainsi 450 adhérents qui viennent faire presser leurs olives dans cet impressionnant moulin capable de triturer 5 tonnes à l'heure ! Quatre types d'huiles y sont fabriquées. La boutique propose aussi de la tapenade, des bocaux d'olives, du riz blanc de Camargue, du sel de Camargue et des coffrets cadeaux.

BEC RESTAURANT €€€

55, avenue de la vallée des Baux
✆ 04 86 63 57 52
www.bec-restaurant.com
Fermé mercredi et jeudi. Menus de 63 € à 85 €.

Non seulement le lieu, tenu par un sympathique jeune couple, est très agréable, avec cette grande salle en pierre apparente, mais en plus la cuisine est délicieuse. Bien sûr, énoncé ainsi ce n'est pas très précis, mais ajoutons que le chef est un virtuose qui a exercé ses talents dans les plus grandes capitales et que sa carte est ingénieuse et raffinée. Oui, dans les assiettes, c'est beau et c'est bon. La surprise vient des prix affichés à côté des plats, mais rassurez-vous, c'est une bonne surprise. Une telle qualité à ces prix-là, on adhère.

PARADOU ★

Accolé au village de Maussane-les-Alpilles, Le Paradou tire son nom des anciens moulins qui étaient autrefois utilisés par les tisserands installés le long de la rivière de l'Arcoule, les parador. La physionomie du village a énormément changé ces dernières années, et à part quelques bons restaurants, quelques monuments (église Saint-Martin) et le musée de santons, il n'y a guère d'autre à voir ou à visiter au milieu des nombreux lotissements qui sont sortis de terre. On peut tout de même faire quelques balades dans les alentours et découvrir plusieurs sites archéologiques. On peut également s'y établir pour rayonner ensuite dans la région.

LE CAFÉ CASTILLON €€

1, impasse Jean Sellon
✆ 04 90 98 28 44
cafecastillon.fr
Plat du jour : 13 €. Différentes formules de 17 à 20,50 €.

Idéal pour passer une soirée entre amis ou pour se détendre en été à l'ombre des platanes, Kelly, propose outre des soirées à thème, des concerts et une cuisine à base de produits frais et locaux. Tout est fait maison avec, par exemple une spécialité de hamburger, effiloché de porc ou des burgers salades. Vous trouverez également à la carte un pavé de taureau AOP et toutes les délicieux plats d'hiver, raclettes et tartiflettes par exemple ! En dessert, vous pourrez vous laisser tenter par un nougat glacé au miel de Provence ou encore une crème brûlée à la lavande.

TARASCON ★★

L'histoire de Tarascon plonge ses racines bien au-delà des limites de la mémoire humaine. Le site était déjà habité à l'époque préhistorique. Mais la ville est surtout célèbre en raison d'un terrible monstre qui hantait les marécages alentour, à l'époque de la haute antiquité : la Tarasque. L'histoire raconte que la bête fut domptée par Marthe de Bethanie, venue de Judée. Un miracle qui valut à la ville sa renommée. Mais rassurez-vous, si vous vous égarez aujourd'hui autour de Tarascon, point de Tarasque, ni de monstre hideux. Par contre, vous pourrez assister à des festivités autour de la Tarasque, festivités classées par l'Unesco au patrimoine oral et immatériel de l'humanité, depuis 2005. Honneur bien mérité : son patrimoine, la ville en prend le plus grand soin, et accueille les touristes avec force arguments. Outre les nombreux restaurants, la ville offre aux visiteurs une large palette d'activités et de visites qui valent le détour comme le château, édifié par les princes d'Anjou au XVe siècle qui est l'une des plus belles forteresses d'Europe, et qui attise, lui aussi, l'imaginaire avec ses hautes tours crénelées. Mais également, la collégiale royale Sainte-Marthe, érigée aux XIe et XIIe siècles, et le théâtre, avec sa façade baroque, le cloître des cordeliers, l'hôtel de ville ou encore le musée Souleïado où vous pourrez découvrir l'histoire de ces célèbres étoffes inspirées du folklore provençal... Bref, vous n'aurez pas trop d'une journée pour faire le tour de toutes les merveilles à découvrir.

Survol de Tarascon et de son église Sainte-Marthe.

BISTROT DES ANGES €

20, place du Marché
✆ 04 90 91 05 11
Plat du jour à partir de 13 €.

Ce bistrot, délicieusement rétro, compte de nombreux habitués. Et pour cause, ici, on mange toujours bien et pas cher. Il faut dire que Delphine, aux fourneaux, met un point d'honneur à cuisiner des produits locaux, voir bio. Ne vous attendez pas pour autant à manger des plats classiques, car la jeune femme est une adepte de la cuisine du monde. Son inspiration, elle la puise au gré de ses voyages. Au Bistrot des anges, la cuisine est goûteuse et surprendra vos papilles ! En salle, c'est Alban qui se charge du service avec beaucoup de gentillesse et d'efficacité.

LE TAILLES DE BON €€

1, place du Colonel-Berrurier
✆ 04 90 91 47 74
www.tailles-de-bon-restaurant.com
Fermé le lundi et le mardi. Plats à la carte : 20 € en moyenne.

Au sein de ce restaurant *lounge-bar*, vous allez pouvoir être prudent, raisonnable ou généreux ! Selon votre humeur, votre faim ou votre budget, tous les plats ou « tailles » se déclinent en effet en trois versions. Que ce soit les planches (charcuterie, fromage), les salades, les viandes, les poissons ou les desserts. Vous pourrez ainsi prendre un pavé de taureau A.O.P. Camargue « raisonnable » (150 g) et deux desserts au choix (mousse chocolat, tarte citron, macaron, mousse de marrons) si vous êtes prudent côté sucre. Un concept original !

ABBAYE SAINT-MICHEL-DE-FRIGOLET ✝ ★★

Route de Frigolet
✆ 04 90 95 70 07
www.frigolet.com
Pour couvrir les frais de séjour, la communauté vous remercie de votre offrande selon vos possibilités.

Au cœur de la Montagnette, les origines de la vie religieuse à Frigolet se perdent dans la nuit des temps. En 1133, une communauté déjà bien constituée de treize chanoines blancs est mentionnée pour la première fois. Sa fonction était de desservir le sanctuaire de la Vierge qui était alors vénérée ici sous le titre de Notre-Dame de Frigolet. Au XVIIe siècle, le monastère connaît un grand rayonnement qui se manifeste dans les bâtiments qui sont rénovés (le chapitre et les salles attenantes) ainsi que par le somptueux décor de la chapelle de Notre-Dame du Bon Remède. Les religieux sont chassés par la Révolution française, l'un des pères est exécuté à ce moment, et le monastère est vendu. Un pensionnat s'y installe pour quelque temps. Le jeune Frédéric Mistral y fit le début de ses études. En 1858, sur le conseil du saint curé d'Ars, le père Jean-Baptiste Boulbon, restaurateur de l'ordre des Prémontrés, achète l'ancien prieuré Saint-Michel. En 1866, l'église néogothique de l'abbaye est consacrée. En 1880, les Prémontrés sont expulsés par l'armée et accueillis en Angleterre par le duc de Norfolk à Storrington dans le Sussex. De retour en France, ils sont de nouveau expulsés par les lois anticléricales en 1903. Les chanoines s'exilent alors en Belgique, dans l'abbaye de Leffe, à laquelle ils redonnent vie. Leffe étant au cœur des combats en 1914, l'abbaye est investie par les Allemands et la communauté envoyée en déportation. En 1922, la dizaine de survivants retrouve Frigolet dévasté par vingt années d'abandon. Ils se mettent aussitôt au travail pour faire revivre leur maison qui se redressa en quelques années. Les frères se consacrent aujourd'hui plus particulièrement à l'accueil des visiteurs, des hôtes de passage, des jeunes et des retraitants, et de tous ceux qui recherchent le silence, le repos, la prière ou l'étude. Une communauté religieuse de la congrégation des Sœurs de Saint-Charles de Nancy partage sur la Montagnette le quotidien contemplatif et actif des Prémontrés. Pour un temps de retraite spirituelle, l'hôtellerie monastique accueille pour un séjour maximum de huit jours toutes les personnes qui désirent partager la prière liturgique et les repas de la communauté en silence. Pour les groupes, diverses autres structures sont à leur disposition : des salles de réunion et une salle de conférences, avec une cuisine à disposition pour une gestion libre, de vastes espaces de marche et des terrains de jeux. Une visite s'impose, inoubliable.

Vue sur le village de Boulbon.

BARBENTANE

Perché sur un éperon rocheux, Barbentane possède un patrimoine, reflet du Moyen Age, de la Renaissance, et de vestiges celto-ligures. La tour Anglica, la porte de Séquier, la porte de Calendale et le château du marquis de Barbentane sont ainsi les témoins d'un passé florissant jusqu'au XVIIIe siècle. C'est un petit village agréable, avec une âme véritable. Dans ses ruelles sinueuses et bien fraîches l'été, on découvre de nombreuses façades classées aux monuments historiques. Aux alentours, collines et forêts permettent de faire de belles balades à pied, à cheval ou à VTT. Les idées ne manquent pas pour découvrir le village et son environnement.

LA TOUR ANGLICA

Chemin du Séquier

Gratuit.

C'est Anglic de Grimoard, frère du pape Urbain V, qui fit construire, en 1365, cette tour de près de trente mètres de hauteur sur un piton rocheux dominant le village de Barbentane. Au XVIIIe siècle, le cartographe et astronome Cassini se servit de la position élevée de la tour pour établir de précieux relevés cartographiques. Après la Révolution, en 1793, les vestiges de la tour furent vendus comme bien national, puis rachetés, une nouvelle fois, en 1852, par le marquis Robin de Barbentane. Sa famille en est toujours propriétaire.

MOULIN DE BRETOULE ★

Monument privé.

Implanté en 1845 par Louis Berlandier, le moulin de Bretoule, dont les ailes se sont arrêtées de tourner au XXe siècle, est situé non loin de la tour Anglica. Il est enchâssé dans les pins de la Montagnette. C'est l'un des six moulins à vent qui se trouvaient sur le chemin de la côte, sur l'arête nord-ouest de la Montagnette. Lors de son arrêt, les ailes ont été démontées et il n'est bien sûr plus fonctionnel. Il reste tout de même un monument à voir à l'occasion de l'une de vos balades. Le moulin de Bretoule est un monument privé.

HOTEL CASTEL MOUISSON*** €€

247, chemin sous les Roches ✆ 04 90 95 51 17

www.hotel-castelmouisson.com

Chambre double de 71 € à 120 €. Petit déjeuner : 10 €. Piscine.

Il est des séjours agréables et d'autres hors du commun. C'est dans cette dernière optique qu'il faut réserver une chambre à l'hôtel Castel Mouisson. En effet, dans cette grande demeure 3 étoiles posée dans un écrin de verdure, à proximité des plus belles destinations de Provence, on se sent un peu privilégié, il faut le dire. Le lieu pourrait abriter une intrigue d'Agatha Christie ou, tout simplement, votre week-end haut de gamme, mais dans tous les cas vous apprécierez votre passage en ces murs. Les chambres sont spacieuses et bien équipées. Parfait !

AUX PIEDS TANQUES €€

✆ 06 38 19 60 11

Plats entre 10 et 23 € environ.

Une excellente adresse et un lieu bien sympathique que ce petit restaurant qui propose une ardoise de la semaine ainsi que des salades-repas : niçoise, grecque ou encore César, mais aussi wok, plancha ou moules frites. Mais le petit truc en plus, pour les amateurs du genre, c'est le Burger qui se décline de plusieurs façons : au bacon, au cheddar ou au chorizo. Un véritable régal. Les desserts sont simples, mais non moins excellents : îles flottantes et mousse au chocolat... rien que du bon. Enfin, l'établissement fait également chambre d'hôtes.

LE MOULIN BONNET

18, rue de l'Enclos

Visitable en juin.

Ce superbe moulin à vent du XVIIIe siècle est toujours en fonction (c'est le seul de tout le département des Bouches-du-Rhône dans ce cas). Construit en 1776 et restauré en 2002 conformément à l'original, il a retrouvé son toit, ses ailes et son mécanisme. Ainsi, les meules du moulin peuvent encore moudre. Les jours de mistral, on peut donc voir, outre le magnifique panorama sur la plaine du Rhône et le Gard sur l'autre rive, le tournoiement de ses ailes qui permettent de moudre le grain de blé à l'ancienne. C'est une excellente idée de balade.

BOULBON

Située sur le flanc de la Montagnette, cette petite commune offre au visiteur désireux de voir des sites un peu à l'écart, l'occasion d'assouvir sa curiosité. Adossée aux collines, elle regarde vers le Rhône. Habitée dès le XIIe siècle, la présence de l'homme y est attestée au cours des siècles. Château féodal des XIIe et XVe siècles et ses abords, chapelles romanes de Saint-Julien dans une oliveraie et de Saint-Marcellin (XIIe siècle). Tous les ans, le premier juin, s'y déroule une procession originale, exclusivement réservée aux hommes où chacun porte une bouteille de vin qui sera ensuite dégustée sous la bénédiction du curé. À la vôtre !

CHAPELLE SAINT-MARCELLIN

Petite chapelle Romane

Étrange cérémonie qui se déroule, tous les ans, le 1er juin, dans cette chapelle romane de la seconde moitié du XIIe siècle, et dont le portail méridional vaut le détour. On y fait retentir les cloches, signal pour les hommes (et exclusivement eux), d'entamer une procession derrière le curé du village pour se rendre vers l'édifice, chacun apportant une bouteille de vin. À l'issue d'une messe, les bouteilles sont ouvertes, le vin béni. Un seul verre est consommé, le reste, auquel on prête des vertus thérapeutiques, est gardé précieusement tout le reste de l'année.

HÔTEL LA BASTIDE DE BOULBON**** €€€

1, chemin de la Lône ✆ 04 90 93 11 11

www.labastidedeboulbon.fr

Haute saison : chambre double de 195 € à 275 €, petit déjeuner 15 ou 20 €. Restauration, menus de 39 € sur réservation.

Voici un hôtel véritablement romantique. Au pied de la Montagnette, cette bastide typiquement provençale entièrement restaurée possède un charme fou. Les chambres sont modernes avec un mobilier très élégant. Très bien insonorisées et spacieuses, elles offrent la garantie d'un séjour reposant. L'hôtel propose également un service de restauration le soir et cette année c'est Alexandre Loisel (Top Chef) qui sera en cuisine. Une adresse haut de gamme et un accueil à l'avenant.

GRAVESON

Entre Rhône et Durance, ce qui frappe, c'est le charme bucolique de cette petite commune de 5 000 âmes, guère riche en vestiges culturels, mais qui se noie au milieu des collines de pins, d'oliviers et de cyprès. Pour autant, ne manquez pas la visite de l'abbaye Saint-Michel-de-Frigolet ou encore des deux musées du coin : le musée des Arômes et du Parfum et le musée Auguste-Chabaud, du nom de ce peintre proche de Matisse et Derain. Un événement également à ne pas manquer si vous êtes dans la région fin juillet : la fête de la Saint Éloi avec sa fameuse course de charrettes, ses spectacles taurins et son incontournable concours de pétanque.

CAMPING LES MICOCOULIERS*** €€

445, route de Cassoulen

✆ 04 90 95 81 49

Accueil jusque 19 h. Emplacements à partir de 21€.

Avec ses 116 emplacements sur une surface de 2,5 hectares plats et arborés, ce camping bénéficie d'une situation privilégiée à la sortie de Graveson, en direction de Saint-Remy. Les équipements sanitaires sont regroupés dans trois bâtiments, équipés de cabines lavabos fermés et de douches. À disposition : piscine, jeux de boules, location de vélos… Vous pourrez également pratiquer le fitness, grâce aux équipements extérieurs. Quant aux enfants, une aire de jeux leur est réservée.

LE BISTROT SOUS LES PLATANES €€

518, route d'Avignon

✆ 04 90 90 79 87

www.lebistrotsouslesplatanes.fr

Ouvert toute l'année, tous les jours sauf le dimanche toute la journée et le lundi soir.

La cuisine est généreuse et le service de qualité. Le bistrot sous les platanes constitue une agréable pause gourmande, dans un cadre détendu. On mange à l'assiette des choses simples, mais drôlement appétissantes : côtes de bœuf, seiches à la plancha... quant aux desserts, ils titillent nos souvenirs d'enfants avec Petits Lu et Nutella trempé dans le café. Le vendredi en saison, pour rester dans les traditions culinaires de la région, les patrons proposent un délicieux aïoli !

LE MAS FERRAND €€€

7, avenue Auguste-Chabaud

✆ 06 12 93 41 21

www.le-mas-ferrand.fr

Lofts de 110 à 130 €.

Ce mas provençal typique du XIXe siècle renferme deux lofts pour deux ou quatre personnes (avec espace salon et cuisine). Vous bénéficierez d'un très beau jardin très arboré et vous pourrez vous relaxer en été dans sa fontaine du XVIIIe siècle. Ici, vous viendrez surtout pour l'accueil très chaleureux des propriétaires qui vous considèrent comme des amis de la famille. Autant dire qu'ici, c'est un peu comme à la maison. Les bons plans en plus pour les visites, les endroits où se garer…. Une adresse dont vous vous souviendrez.

L'ATELIER D'YVAN

3453, Ancien chemin d'Arles

✆ 06 63 48 75 75

Sur réservation uniquement.

Yvan Cadiou, chef renommé qui a parcouru le monde et participé à des centaines d'émissions télévisées internationales, a posé ses valises en Provence. Une adresse insolite à Marseille et une épatante table d'hôte nomade, du côté de Graveson. Dans le ravissant domaine du Breuil, Yvan vous accueille de toute sa sympathie pour un moment unique de partage : des cours de cuisine à vivre en petits groupes (ou plus grands si besoin) avec le chef, pour se découvrir des talents insoupçonnés et surtout apprécier la créativité du chef. Un vrai show sous le signe du plaisir !

LE MOULIN D'AURE*** €€€

112 route de Cassoulen

✆ 04 90 95 84 05

www.hotel-moulindaure.com

Chambres à partir de 94€ en basse saison. Petit-déjeuner : 15 €.

Très bel hôtel que ce *Moulin d'Aure*, inspiré des résidences italiennes ; vous plongerez dans le charme et le professionnalisme d'un établissement de ce standing. La bâtisse principale domine une oliveraie où la quiétude et le calme ne sont perturbés que par le doux bruissement des branches d'olivier. Les chambres, toutes grand confort, se répartissent dans deux bâtiments indépendants. Certaines verront leur terrasse s'ouvrir directement sur le parc. Dans un jardin d'un hectare, une piscine de 15 mètres vous attend. L'accueil est très agréable.

LES FIGUIÈRES DU MAS DE LUQUET

Chemin du Mas-de-la-Musique

✆ 04 90 95 72 03

www.lesfiguieres.com

Ouvert du lundi au samedi.

Voilà près d'un demi-siècle que Francis Honoré et son épouse, Jacqueline, ont planté les premiers arbres de leur immense verger de figuiers. Au Mas de Luquet, sur 12 hectares, ce sont des dizaines de variétés de figues qui sont cultivées. Tandis que Jacqueline concocte des recettes sucrées et salées, élabore des confitures et des condiments (vinaigre, moutarde...), Francis emploie son bagou à convaincre les amateurs de succomber à la tentation. Un couple à rencontrer d'urgence.

VAR

Le Var déploie en douceur et sous un soleil omniprésent un patrimoine culturel et naturel d'une rare diversité. Chaque année, les touristes affluent pour profiter de ses stations balnéaires familiales, de ses richesses architecturales et archéologiques, et de son arrière-pays aux reliefs escarpés propices tant à la randonnée qu'à la pratique de sports en eau vive. Département préféré des Français, le Var est un territoire de traditions et de contrastes, de couleurs chatoyantes et de senteurs exaltantes. S'il est essentiellement prisé des touristes estivaux, il promet tout au long de l'année de belles découvertes au visiteur curieux préférant sa constante douceur de vivre à sa popularité presque trop éphémère de juillet-août. En été, si ses plages demeurent un atout de taille, osez vous avancer vers l'intérieur des terres pour admirer ses reliefs saisissants et ses jolis villages.

Vers Manosque
Vers Moustier Ste-Marie
Vers Moustier Ste-Marie
AL
AIGUINES
LES SALLE
S.-VERDON
BAUDUEN
Lac de Ste-Croix
Gorges du Verdon
Baudinard-s.-Verdon
D957
D71
VINON-S.-VERDON
Lac d'Esparron
VAUCLUSE
Vers A51
Lac de Quinson
Artignosc-sur-Verdon
Quinson
MOISSAC-BELLEVUE
Vérign
St-Julien-le-Montagnier
Ginasservis
Régusse
Canal du Verdon
la Verdière
D30
D30
MONTMEYAN
AUPS
Villec
Fox-Amphoux
D22
Tavernes
D561
Esparron
Rians
Artigues
St-Martin
VARAGES
SALERNES
Sillan la-Cascades-
Pontevès
BARJOLS
COTIGNAC
D3
ENTRECASTE
D13
Brue-Auriac
D560
CHÂTEAUVERT
Seillons-Source-d'Argens
Argens
CORRENS
Pourrières
OLLIÈRES
D562
CARCÈS
Vers Aix-en-Provence
Bras
MONTFORT-S.-ARGENS
Pourcieux
A8
Lac de Carcès
ST-MAXIMIN-LA-STE-BAUME
LE VAL
VINS-SUR-CARAMY
Cabass
Bouches-du-Rhône
DN7
TOURVES
BRIGNOLES
A8
FLASSA
S-ISSOI
D1
LA CELLE
CAMPS-LA-SOURCE
N560
Rougiers
Vers Marseille
Nans-les-Pins
Ste-Anastasie-s-Issole
BESSE-S-ISSOLE
ST-ZACHARIE
Mazaugues
la Roquebrussanne
Plan-d'Aups Ste-Baume
D95
Forcalqueiret
GARÉOULT
Massif de la Ste-Baume
Rocbaron
Pignans
Carnoule
Néoules
SIGNES
D97
D43
Puget-Ville
D2
Méounes-les-Montrieux
A57
Vers Aubagne
Ribous
D554
DN8
CUERS
D97
Belgentier
PIERREFEU-DU-VAR
LA CADIÈRE-D'AZUR
LE CASTELLET
Solliès-Toucas
Vers Marseille
le Revest-les-Eaux
Solliès-Pont
LE BEAUSSET
SOLLIÈS-VILLE
ST-CYR-S.-MER
D559
LA LON
LES-MA
EVENOS
LA FARLÈDE
D12
la Crau
LA VALETTE-DU-VAR
BANDOL
OLLIOULES
LA GARDE
HYÈRES
ILE DE BENDOR
TOULON
SANARY-S.-MER
LE PRADET
Carqueiranne
LA SEYNE-S.-MER
SIX-FOURS-LES-PLAGES
Le Brusc
St-Mandrier-s.-Mer
Ile des Embiez
Giens
15 KM
PRESQU'ÎLE DE GIENS
ÎLE DE PORQUEROLLES

Var
Vers Castellane
le Bourguet
LA MARTRE
D6085
Châteauvieux
LA BASTIDE
Brenon
Bargème
Trigance
la Roque-
Esclapon
Mons
Vers Grasse
ALPES-
MARITIMES
Comps-
s.-Artuby
D25
D563
D955
Callian
Vers Grasse
Seillans
FAYENCE
MONTAUROUX
D19
BARGEMON
Tourrettes
Montferrat
Claviers
Tanneron
Châteaudouble
Lac de
St-Cassien
Callas
Ampus
St-Paul-
en-Forêt
Vers Cannes
D562
Figanières
Bagnols-
en-Forêt
LES ADRETS-
DE-L'ESTEREL
FLAYOSC
DRAGUIGNAN
DN7
TRANS-
EN-PROVENCE
D1555
LA MOTTE
Vers Cannes
DN7
LORGUES
LE MUY
PUGET-S.-ARGENS
ADEAU
LES ARCS
DN7
Agay
FRÉJUS
Anthéor
VIDAUBAN
ROQUEBRUNE-
S.-ARGENS
Le Dramont
ST-RAPHAËL
Boulouris
DN7
A8
D125
ST-AYGULF
LE CANNET-
DES-MAURES
D559
Plan-
de-la-Tour
LES ISSAMBRES
D558
D25
la Garde-
Freinet
A57
D75
STE-MAXIME
PORT-
GRIMAUD
Les Mayons
GRIMAUD
ST-TROPEZ
D14
COGOLIN
OBRIÈRES
GASSIN
la Môle
RAMATUELLE
Forêt
Maures
Mer
Méditerranée
D98
LA CROIX-
VALMER
BORMES-
LES-MIMOSAS
Canadel-
sur-Mer
CAVALAIRE-SUR-MER
LES ÎLES D'OR
RAYOL-CANADEL-SUR-MER
LE LAVANDOU
Autoroute
Nationale 4 voies
Nationale
Départementale
Ville
Forêt domaniale
ÎLE DU
LEVANT
d'Hyères
ÎLE DE
PORT-CROS

PAGES

VAR

BANDOL ★★★

Bandol... Un nom qui résonne dans les esprits, même si l'on ne connaît pas la ville. Un nom chargé d'histoire et gorgé de soleil, qui avant même Saint-Tropez attirait des personnalités telles que Marcel Pagnol ou Fernandel. Bandol fut l'une des premières stations balnéaires de France, et demeure encore parmi les plus authentiques. On l'apprécie pour ses plages, pour son charmant port de plaisance et pour l'animation du marché (le mardi matin). Des sports nautiques à la randonnée pédestre, en passant par le golf, ici les activités ne manquent pas ! Et c'est sans compter les domaines viticoles, dont nous recommandons la dégustation (avec modération).

LE SENTIER DU LITTORAL ★★

Itinéraire complet, de Saint-Cyr-sur-Mer à Bandol, 12,50 km. Durée 3h30-4h.

Accès au sentier entre la Pointe Grenier et la Pointe Fauconnière. Sentier interdit en période pluvieuse ou orageuse.

Le sentier balisé du littoral de Saint-Cyr à Bandol révèle tous ses trésors aux marcheurs qui se donnent la peine de les découvrir : chêne-vert, pin parasol, figues de barbarie, faucon pèlerin (assez rare)… Le départ s'effectue sur la petite plage de la Reinette pour se terminer à Bandol sur la plage de Rènecros. Tout au long du parcours, de nombreuses pointes – pointe Grenier, pointe Fauconnière, pointe des Trois-Fours, pointe du Défens – permettent d'admirer de jolis points de vue. A mi-parcours, vous arrivez dans la calanque idyllique de Port-d'Alon.

PLAGES DE BANDOL ★

Bandol figure parmi les plus anciennes stations balnéaires de la côte. Les plages y sont nombreuses et éclectiques ; vous aurez l'embarras du choix pour une belle séance de farniente à Bandol !

Voici une présentation des différentes plages de Bandol pour vous aider à faire votre choix. Beaucoup disposent de toutes les infrastructures nécessaires à proximité ce qui est très agréable, surtout si on voyage avec des enfants.

La plage de sable du Casino est sans doute l'une des plus propices à une fréquentation familiale. On y retrouvera des espaces verts ombragés, un poste de secours, des sanitaires avec douches, une buvette snack, des transats avec parasols, et plusieurs options de loisirs nautiques. Particulièrement adaptée aux personnes à mobilité réduite, elle dispose aussi d'un parking tout proche, d'un accès handicapés, de fauteuils hippocampe et de Tiralo à disposition.

Autre plage de sable fin : celle des Renecros, lovée dans une anse à l'abri des vents dominants. Un parking et plusieurs aménagements la rendent elle aussi attractive pour les familles. On y trouvera matelas et parasols pour se faire dorer (crème solaire oblige, évidemment). Mêmes prestations pour la plage centrale et pour celle du Grand Vallat, bien que moins charmantes selon nous. Pour s'évader vers des coins plus tranquilles et sauvages, direction la petite crique de rochers du Trou de Madame, ou les plages de galets d'Eden Roc, des Engraviers, de Barry ou du Capelan. L'Anglaise, enfin, est idéale pour son panorama sur l'Île-Rousse.

OFFICE DE TOURISME DE BANDOL

Allées Vivien

✆ 04 94 29 41 35

www.bandoltourisme.fr

Ouvert tous les jours de 10h à 18h. Haute saison : tous les jours de 9h à 19h.

Rendez-vous à l'office de tourisme de Bandol pour avoir toutes les informations, brochures, plans, dates des festivals et événements. En résumé, vous trouverez tout ce dont vous avez besoin pour vos vacances à Bandol, y compris des adresses de locations saisonnières si besoin. L'office de tourisme propose également des visites guidées thématiques très intéressantes qui vous permettront de découvrir le Bandol authentique, mais il faut penser à réserver ces visites à l'avance.

ATLANTIDE - PROMENADES EN MER

Quai de Gaulle

✆ 04 94 32 51 41

www.atlantide1.com

Ouvert toute l'année. Visite 7 calanques : 29 €/adulte, 19 €/enfant (gratuit moins de 3 ans).

Au départ du port de Bandol, prenez place parmi un des navires modernes de la flotte Atlantide pour partir à la découverte des merveilles des côtes provençales. La visite phare : les 7 calanques de Cassis et Marseille avec un départ tous les jours pendant les vacances scolaires et en week-end hors vacances. Passage devant le port de La Ciotat et son imposant Bec de l'Aigle, aperçu des falaises du Cap Canaille et exploration des calanques de Port-Miou, En Vau et Devenson. Magnifique !

PORT DE BANDOL

6, Capitainerie
✆ 04 94 29 42 64
www.portbandol.fr
1 500 places et 100 pour le passage en saison, 50 hors saison.

Le port de Bandol, neuvième port de France, est vraiment un port privilégié pour les vacanciers. Situé entre Marseille et Toulon, il permet de rallier rapidement les îles de Porquerolles et les sublimes calanques de Marseille. Équipé d'une aire de carénage pourvue de postes de 5 à 40 mètres, il est facile d'y effectuer ses réparations et entretiens courants. Le port dispose bien sûr d'une station à carburant. C'est aussi un port agréable pour une petite balade au bord de l'eau pour admirer les bateaux de Bandol et du monde entier.

HÔTEL PROVENÇAL*** €€

25, rue des Écoles
✆ 04 94 29 52 11
www.hotelprovencal.eu
Chambre double de 90 € à 210 €. Petit déjeuner : 17 €. Parking : 12 €.

Relifté il y a quelques années par Fabien Vocicot, le propriétaire, cet hôtel est vraiment une bonne affaire grâce à la décoration personnalisée et les prestations confortables. Vous apprécierez les couleurs pop, les matériaux tendance, et les œuvres çà et là de l'artiste Robert Sgarra. Côté nuit, six chambres jouissent d'une terrasse et cinq offrent une vue mer. Coup de cœur pour la 6 et sa loggia, et pour la 26, la suite familiale. En résumé, c'est un superbe hôtel de charme au bon rapport qualité-prix, non loin de la magnifique plage de Renécros.

AUBERGE DU PORT MAISON GHIRIBELLI €€

9, allée Jean-Moulin
✆ 04 94 29 42 63
www.auberge-du-port.com
Ouvert toute l'année dès 6h30, en continu. Plat 20-29 €. Bouillabaisse 56 €. Formule du midi : 19 €. Terrasse.

Le décor de cette institution bandolaise fondée en 1971 est résolument moderne et élégant. Mobilier chic et feutré, luminaires réalisés par un verrier italien, terrasse charmante, jardin et véranda ouvrant sur les palmiers : superbe ! La carte persiste sur les saveurs marines avec les plateaux de coquillages, la pêche, et les produits de saison. Le poisson grillé flambé au Pastis, cuit en croûte de sel ou préparé façon meunière, et la bouillabaisse.

AU COEUR DE LA VIGNE €€

25, rue du Dr Louis Marçon
✆ 04 94 32 28 58
Du jeudi au lundi le midi et le soir. Mercredi soir en été. Carte : 42 €. Formule du midi : 35 €. Terrasse.

Récemment mis en lumière par le guide Michelin, cette petite table prometteuse bandolaise se niche dans une rue en retrait du port. Une adresse pour palais avertis, fins gourmets à la recherche de sensations culinaires d'exception. Le chef Lois Dubois, autrefois en cuisine avec Christophe Bacquié, concocte tout au long de l'année des plats inspirés, de saison. Belle carte de vins vivants. Épicerie et cave à vins attenante au restaurant. Les places sont chères désormais, pensez à réserver impérativement. Un succès mérité et plein d'avenir.

LES OLIVIERS €€€

25, boulevard Louis Lumière
✆ 04 94 29 33 12
thalazur.fr
Ouvert de 19h15 à 22h. Terrasse panoramique ouverte aux beaux jours. Menus de 110 à 190 €.

Dans un cadre contemporain, ce restaurant situé à l'hôtel Ile Rousse et récompensé par une étoile au Michelin, est l'une des meilleures tables du Var. Une vue féerique sur la baie de Renécros pose le décor d'une expérience culinaire lumineuse, où le chef, Jérémy Czaplicki et son équipe pose une empreinte délicate. Le chef nourrit son imaginaire et construit une cuisine autour du terroir marin et de l'appellation Bandol, cuisine de passion en lien avec les producteurs locaux, où l'on sublime le produit pour le rendre unique. Un voyage gustatif bien maîtrisé.

ŒNOTHÈQUE DES VINS DE BANDOL

Place Lucien-Artaud
✆ 04 94 29 45 03
www.maisondesvins-bandol.com
Ouvert du lundi au samedi de 10h à 13h et de 15h à 19h.

C'est l'adresse idéale pour celui qui n'a pas le temps de faire le tour des domaines du vignoble de Bandol. Cette vitrine de l'appellation (AOP) de Bandol, située face au casino de jeux de la ville, propose à la vente, et au même prix que sur les domaines, les crus – rouges puissants et veloutés, rosés fruités et finement racés, blancs fins et corsés – de la cinquantaine de viticulteurs adhérents à l'association « Les vins de Bandol ». Un bon plan !

BANDOL SPORTS NAUTIQUES

Plage et parking du Casino ✆ 06 08 64 74 77
www.bsn83.fr

Location de jet-ski à partir de 65 € les 20 minutes. Wake-board et ski nautique à partir de 35 €.

Toutes les sensations fortes regroupées en un seul et même lieu ! Parfaitement située, la base de Bandol Sports Nautiques offre un panel de disciplines toutes plus ludiques les unes que les autres, de la traditionnelle bouée tractée au parachute ascensionnel, en passant par le jet-ski ou, plus technique, le sensationnel flyboard. Pour cette dernière, un moniteur particulier est impératif : renseignez-vous pour vous inscrire. Un film de vos performances en parachute ascensionnel est enfin proposé pour immortaliser votre envolée.

GRAND CASINO BANDOL

2, place Lucien-Artaud
✆ 04 94 29 31 31
www.casinobandol.com

Ouvert de 9h à 3h du matin, jusqu'à 4h le vendredi et samedi.

Si vous sentez que c'est votre jour de veine, essayez de décrocher le jackpot avec les machines à sous du casino Partouche... À moins que vous ne préfériez les jeux plus traditionnels – boule, roulette française, roulette anglaise et black-jack – sans oublier les tables de poker pour du *cash game*. Le Casino propose aussi des jeux digitaux pour ceux qui sont fans de high tech. Enfin, des groupes se produisent régulièrement en live dans le Casino ce qui met une bonne ambiance. Ne manquez pas d'aller à la brasserie qui offre une vue panoramique sur la baie de Bandol.

VAR

ILE-DE-BENDOR ★

Ce petit îlot de 7 ha, sans voiture, abrite le plus petit port de la Méditerranée, deux petites plages et des criques, bien entretenues. Déserte lorsque Paul Ricard en fait l'acquisition en 1950, Bendor était alors duvetée d'une maigre végétation. Bâtisseur, mécène et artiste, il en fit surgir un véritable hameau dédié à sa famille, à ses amis, puis aux artistes – Dali, Fernandel, Joséphine Baker... Il va y développer un tourisme de qualité en donnant à l'île l'aspect attractif et fleuri qu'elle possède désormais.

▶ **Pour y aller** : départs sur le port de Bandol. Horaires et tarifs complets à consulter en ligne sur www.lesilespaulricard.com.

SAINT-CYR-SUR-MER ★

Saint-Cyr-sur-Mer est une belle destination balnéaire du Var, un peu moins fréquentée l'été que d'autres stations balnéaires plus connues de la côte. Labellisée « Pavillon Bleu », « France Station Nautique » (2-étoiles), « Les plus beaux détours », et « Villes et Villages Fleuris » (3 fleurs), Saint-Cyr-sur-Mer offre l'agrément de ses trois ports, Les Lecques, La Madrague et Port-d'Alon. Elle marque la limite extrême du département du Var vers l'ouest, avant La Ciotat, première localité côtière des Bouches-du-Rhône. Saint-Cyr-sur-Mer est également connue pour ses splendides plages de sable fin, qui s'étendent aux Lecques sur deux kilomètres.

Histoire

La colonie phocéenne de Marseille avait établi de nombreux comptoirs tout au long de la côte, dont celui de Toreis, nommé par la suite Tauroentum. À la chute de l'Empire romain en 476, les incursions des pirates sarrasins obligèrent les habitants à se réfugier sur les hauteurs, notamment à La Cadière. Plus tard, les habitants redescendirent dans la plaine et construisirent une chapelle dédiée à saint Cyr. Ce n'est que plus tard que le hameau de San Ceri, partie intégrante du village de La Cadière, se sépara de ce dernier après en avoir fait la demande auprès de Charles X. En 1825, San Ceri prit le nom de Saint-Cyr, et devint par la suite la station balnéaire et touristique actuelle.

MUSÉE GALLO-ROMAIN DE TAUROENTUM ★

131, route de La Madrague ✆ 04 94 26 30 46
www.museedetauroentumsaintcyrsurmer.fr

Haute saison : ouvert du mercredi au lundi de 15h à 19h. Basse saison : ouverture variable. Adulte 5 €, enfant 2,50 €.

Vestige du passé antique de la commune, cet intéressant musée classé nous replonge 2000 ans en arrière. Construit sur les vestiges d'une villa Maritima, ce site abrite trois belles mosaïques du Ier siècle apr. J.-C., des colonnes torsadées de la même époque et de nombreux objets, amphores, vases, monnaies, verreries... et un ensemble remarquable de formes de sépultures. Un musée et un site à ne pas rater lors de votre passage à Saint-Cyr, assez unique en France.

LES PLAGES ★★

Les plages de Saint-Cyr se répartissent en trois zones : les Lecques, la Madrague et Port d'Alon.

Au fond du Golfe d'Amour, les plages des Lecques s'étendent sur deux kilomètres de sable et sont particulièrement adaptées aux familles. On peut en effet stationner à proximité (plus de 1 000 places de parking alentour... souvent occupées malgré tout en été !), on y trouvera des zones de baignade délimitées, des chenaux traversiers réservés aux véliplanchistes, des installations sportives telles que mini-golf, beach-volley et des prestataires de loisirs nautiques.

LE SENTIER DES VIGNES ★

Depuis la Madrague jusqu'à la calanque Port d'Alon par les terres et les vignes. Durée : 1h-1h30.

La région de Bandol compte plusieurs sentiers de randonnée, dont le sentier des vignes. Labellisé « sentier varois de qualité » en 2014, ce circuit à thème permet de découvrir, tour à tour, à travers sept tables explicatives, la Bastide de la Nartette, le vignoble AOC Bandol, la pelouse à orchidées, la dune éolienne plaquée, plus connue de tous sous le nom de « colline de sable », l'olivier, les cultures traditionnelles, les paysages et la géologie du secteur. Prévoir une heure à une heure et demie pour parcourir tranquillement ces 2 kilomètres de découverte.

STATUE DE LA LIBERTÉ ★

16, place Portalis

Voilà un monument plutôt insolite et inattendu dans le Var, surtout dans une station balnéaire. New York ou… Saint-Cyr ? Au centre du village, place Portalis, se dresse une flamboyante statue entièrement en fonte et finement dorée. Il s'agit de la réplique de la statue américaine – l'une des quatre répliques exactes – en modèle réduit : elle mesure 2,50 mètres, soit la longueur de l'index de celle de New York. Signée sur socle par l'artiste Frédéric-Auguste Bartholdi, elle commémore l'arrivée de l'eau courante à Saint-Cyr en 1913.

OFFICE DE TOURISME DE SAINT-CYR-SUR-MER

Place de l'Appel-du-18-Juin ✆ 04 94 26 73 73

www.saintcyrsurmer.com

Ouvert tous les jours et les jours fériés de 9h à 12h30 et de 14h à 17h. Fermé le dimanche de novembre à mars.

L'office de tourisme de Saint-Cyr-sur-Mer vous renseignera sur les visites à effectuer dans la commune et dans ses environs, et vous indiquera les meilleurs sentiers de randonnée. Vous trouverez aussi sur place de nombreuses brochures sur la ville et les environs ainsi que toutes les informations concernant les festivals, évènements ou marchés à Saint-Cyr-sur-Mer. Si vous êtes à la recherche d'artisanat local ou de caves à vin, on saura aussi vous renseigner.

LA BASTIDE DE FONTVIEILLE €€

364, chemin de Fontvieille

✆ 07 82 43 25 55

www.bastidedefontvieille.com

Chambre double 195 € ; suite 250 €, petit-déjeuner et parking inclus. Ouvert d'avril à octobre.

Une maison de charme comme on les aime, lovée dans un environnement de toute beauté planté de cyprès, platanes, oliviers et autres arbres centenaires. Ancienne ferme viticole du XVIIIe, cette belle bastide en pierre est aujourd'hui la propriété de Stéphanie et Eric Prévost, qui vous accueillent toute l'année dans leurs quatre chambres d'hôtes. Toutes disposent d'un accès indépendant et direct sur le jardin de 3 200 m². Entièrement restaurée, la demeure a conservé son cachet d'antan.

GRAND HÔTEL LES LECQUES*** €€

24, avenue du Port ✆ 04 94 26 23 01

www.grand-hotel-les-lecques.com

Ouvert à l'année. Base double 89 à 259 €. Petit déjeuner 15 €. Parking gratuit. Séminaires. Réceptions, mariages. Wifi.

Cette élégante demeure style Belle Époque à l'architecture élancée, se situe au sein d'un parc fleuri de 3 ha à 100 mètres des plages. Chambres climatisées très confortables, vue mer ou sur le parc, à contempler de votre balcon. Le restaurant Le Parc, prolongé d'une terrasse, permet de goûter une cuisine aux saveurs méditerranéennes, et le restaurant La Pinède propose, dès les beaux jours, une carte formule piscine avec un large choix. Nouveauté : Jardin d'apprentissage permaculture.

VAR

LE FRÉGATE PROVENCE**** €€€

Route de Bandol RD 559 ✆ 04 82 78 04 00
https://www.lefregateprovence.com
Chambre double de 150 € à 1 000 €. Demi-pension : 49 €. Petit déjeuner : 25 €.

Blotti au milieu des vignes et des oliviers du Domaine de Frégate, cet hôtel vous offre une vue imprenable sur la Méditerranée. Dans un style à la fois authentique et très haut de gamme, il est doté de chambres lumineuses donnant toutes sur de larges terrasses vue mer. Les tons et les meubles patinés ne sont pas sans rappeler l'atmosphère locale. L'hôtel dispose de deux restaurants dont le Lou Carpan, de deux bars, d'un superbe golf et d'un luxueux espace bien-être Frégate. Un somptueux hôtel pour un moment absolument hors du temps.

RESTAURANT LE PARC €€

24, Avenue du Port
✆ 04 94 26 23 01
www.grand-hotel-les-lecques.com
A la carte et menu du jour à 40€. Service le soir du mardi au samedi. Restaurant La Pinède tous les jours 12h-14h.

Une cuisine authentique et généreuse aux influences méditerranéennes. On apprécie cet havre de paix et la terrasse panoramique qui offre une vue mer exceptionnelle sur le parc et la baie des Lecques. Idéal pour déguster grands crus et vins de pays de la vinothèque. Le restaurant La Pinède est l'option du midi, au bord de la piscine, et propose différentes formules : à la carte (sans accès piscine), plat du jour en semaine, salades, viandes et poissons grillés au barbecue. Formule accès piscine (sauf le dimanche) avec plat et dessert.

LA RIVIERA DEI FIORI €€

Nouveau-Port
✆ 04 94 32 18 20
www.larivieradeifiori.fr
Basse saison : du jeudi au mardi le midi et le soir. Haute saison : tous les jours le midi et le soir. Carte 55 €.

Depuis plus de 20 ans, les amateurs de cuisine transalpine se retrouvent sur le port des Lecques pour découvrir les saveurs uniques et colorées du chef Hervé Marchetti. Les pizzas au feu de bois, moelleuses à cœur et croustillantes sur les bords, sont fort appréciées, tout comme les quelques incontournables de la carte : moules marinières frites maison, souris d'agneau confite, pâtes fraîches et gnocchis de pommes de terre maison, tartare de daurade sauvage au citron, gingembre et pommes granny smith... Alléchant n'est-ce pas ?

GOLF DE DOLCE FRÉGATE PROVENCE

Route de Bandol RD559 ✆ 04 94 29 38 00
www.dolcefregate-golf-provence.com
Du mercredi au lundi de 7h à 20h ; le mardi de 7h à 17h. Green fee 18-trous de 70 à 95 €. 9-trous de 50 à 60 €.

Le golf étend son long ruban vert le long de la Méditerranée, où les départs en terrasse offrent une vue imprenable sur la mer. Frégate, parcours de 18 trous, accueille également des joueurs d'un niveau avancé. Remarquable par sa technicité, il vous impressionnera aussi par son panorama exceptionnel avec 15 trous sur 18 qui vous offrent une vue spectaculaire sur la mer Méditerranée. Académie de golf (stages découverte, perfectionnement et coaching), école de golf et école handi-golf.

SANARY-SUR-MER ★★

Ce charmant petit port était déjà peuplé à l'époque romaine, puis c'est à partir du XIe siècle, lors de la première construction de l'église Saint-Nazaire – sur le port – qu'il commença à se peupler. Au XIVe siècle, la construction d'une tour de guet favorisa la naissance d'un premier noyau urbain. Dès le XVIIe siècle, Saint-Nazaire s'affranchit de la commune d'Ollioules, à laquelle elle était jusque-là rattachée, et réalise d'importants travaux d'approfondissement du port pour permettre l'accès des galères royales. En 1890, San Nazari, nom provençal de Saint-Nazaire, obtient de modifier son nom pour se distinguer des neuf autres communes portant ce nom, et devint Sanary. Le village vivra au fil du temps grâce à ses activités agricoles, vignes et oliviers, commerciales et maritimes. Il lui faut attendre la construction du chemin de fer sous le Second Empire pour commencer à connaître un développement touristique, hivernal dans un premier temps, avant l'engouement des bains de mer dans les années 1930. Aujourd'hui, à côté du tourisme, l'activité de pêche reste présente avec les fameux pointus, petits bateaux ventrus devenus le symbole de la pêche artisanale du Midi. Plaisant en toutes saisons, le port de Sanary offre un abri naturel bien protégé du mistral. En 2018, son marché pittoresque, localisé sur le boulevard d'Estienne d'Orves, est sacré « plus beau marché de France » dans le cadre d'un concours national lancé par Jean-Pierre Pernaut au journal télévisé de 13h sur TF1.

MUSÉE FRÉDÉRIC DUMAS ★★

12, rue Lauzet-Ainé

www.musee-dumas.fr

Haute saison : tous les jours de 10h à 12h30 et de 15h30 à 19h. Gratuit.

Situé dans deux bâtiments différents, ce musée aux riches collections est destiné aux passionnés du monde sous-marin, et se présente comme l'unique musée de la plongée sous-marine en France, ce n'est pas rien ! Il porte le nom de l'un des pionniers (d'origine sanaryenne) de l'aventure de la plongée autonome (avec d'autres grands noms du milieu, comme Cousteau, Taillez Serenon, Fargues, Le Prieur...). Il abrite une large collection d'objets rares, quelques fois uniques, liés à la découverte autonome du milieu sous-marin. A découvrir !

LES PLAGES DE SANARY-SUR-MER ★

Avec 8 kilomètres de côtes, Sanary comporte de nombreuses plages de sable fin et vous aurez l'embarras du choix pour vos séances de bronzette. Vous trouverez des plages en centre-ville, mais aussi dans les alentours de Sanary-sur-Mer. Le Levant en centre-ville, Portissol, plage de sable, La Kima, quartier de Portissol, la Baie de Cous, puis, se succédant dans la baie de Bandol, les belles plages de sable fin de la Gorguette, la plage dorée et le Lido.

ZOA PARC ANIMALIER ET BOTANIQUE ★

131, avenue du Pont-d'Aran

✆ 04 94 29 40 38

www.zoaparc.com

Haute saison du jeudi au mardi de 9h30 à 19h, mercredi 9h30 à 21h30. Adulte : 14,50 €. Enfant de 3 à 10 ans : 11 €.

Ce petit parc animalier se situe à Sanary, à quelques minutes de route de Bandol. À la fois jardin botanique et zoo, la beauté du site frappe le visiteur. Il y règne une sorte d'harmonie entre animaux, massifs floraux et un personnel très souriant et avenant. Un petit monde idéal où vos enfants apprécieront de découvrir toutes sortes d'animaux, de petite taille, rien de très impressionnant donc idéal pour les tout petits. Un voyage aux quatre coins des cinq continents sur 2 ha, avec de nombreuses espèces visibles : mammifères (mangouste fauve, ocelot, serval, suricate, coati à nez blanc, capucin, ouistiti à toupet blanc, saïmiri du Pérou...), oiseaux (ara, ibis, cacatoès, flamant rouge de Cuba, kookaburra...) et reptiles (caïman à lunettes, varan à gorge blanche...). L'émerveillement est certain. Une ferme pédagogique complète le tout, avec notamment la possibilité d'évoluer au milieu des chèvres et de leur donner du pop-corn, émotions et fous rires garantis pour les petits. Le parc est à taille humaine ce qui rend sa visite agréable, avec également la possibilité de faire une pause fraîcheur au bar-restaurant en contrebas. Tables de pique-nique à disposition et aire de jeux. De nombreuses activités sont proposées : animations temporaires, anniversaires, visites de groupe, club enfant, et soirées musicales tous les mercredis en juillet et août. En famille ou entre amis, vous ne resterez pas insensible au charme de ce joli jardin provençal et de ses pensionnaires.

TOUR DE SANARY-SUR-MER ★

Sur le port

✆ 04 94 32 97 89

Fermé en novembre et janvier. Gratuit.

A Sanary-sur-Mer, au-delà du port de pêche et des plages de sable fin, il y a tout de même un joli patrimoine. La Tour de Sanary en fait partie ! Construite à la fin du XIIIe siècle, puis entourée d'un fossé et d'un boulevard en 1437, transformée en prison et en corps de garde pour les garde-côtes, la Tour de Sanary fut restaurée par la ville en 1990. Aujourd'hui, elle abrite dans le cadre du musée de la Plongée, une collection de pièces archéologiques. D'une hauteur de 21,50 m, elle offre depuis son sommet une vue magnifique.

OFFICE DE TOURISME DE SANARY-SUR-MER

1, quai du Levant

✆ 04 94 74 01 04

www.sanary-tourisme.com

Haute saison : tous les jours de 9h à 19h.

Rendez-vous à l'office de tourisme de Sanary-sur-Mer pour avoir toutes les informations, des brochures, des plans et les dates des festivals. On y dégotera une intéressante documentation pour « Flâner au cœur du village ». Du tombeau de Michel Pacha à l'église Saint-Nazaire, en passant par la montée des oratoires, la chapelle des Pénitents blancs ou encore les jardins de la ville : découvrez à votre rythme et au fil de vos envies, les principaux points d'intérêt historiques de Sanary.

PORT DE SANARY-SUR-MER

© 04 94 74 20 95

Ouvert tous les jours et les jours fériés de 8h à 12h et de 14h à 18h. 650 places.

Sanary-sur-Mer c'est un peu comme Saint-Tropez, mais en moins surfait. Ou c'est peut-être le Saint-Tropez d'avant la folie glamour qui s'en est emparé avec toutes les starlettes et les yachts qui envahissent notamment son port l'été. A l'inverse, Sanary-sur-Mer a gardé son petit port de pêcheurs et il reste très authentique. On peut notamment y admirer ces jolis bateaux de pêcheurs colorés appelés « les pointus ». Vous allez adorer les prendre en photos, c'est tellement pittoresque et typique de Sanary-sur-Mer ! Vous l'avez compris, une balade au port est un must.

LA PLAGE DORÉE €€

Route de Bandol

© 04 94 29 83 87

www.laplagedoree.com

De mi-avril à fin septembre. Ouvert tous les jours le midi et le soir. Carte : 45 € environ par personne.

Situé dans un cadre magnifique, à l'écart du centre-ville, ce restaurant de plage est aussi une bonne table : côté mer, on fait la part belle aux poissons issus de pêche locale, tandis que côté terre, le chef laisse libre court à un peu plus d'exotisme avec des recettes aux accents d'ailleurs... Difficile de choisir, mais le résultat ne pourra être que concluant ! Belle variété de salades-repas également. La cuisine est goûteuse et l'addition plutôt douce ; là encore sans doute, la recette du succès. Un vrai bon plan à Bandol !

OLLIOULES ★

A 5 km de la mer, Ollioules, la cité de l'olivier, s'étend sur la plaine de la Reppe, au débouché de ses célèbres gorges. Le village, labellisé Ville et Métiers d'Art et Plus beaux détours de France, blotti autour de l'église romane du XIe siècle, mérite une promenade à la découverte des artisans d'art qui sont installés dans ses ruelles chargées d'histoire. Une trentaine d'artisans des métiers d'art, en centre-ville, vous accueillent dans des locaux rénovés. Véritable village provençal médiéval, Ollioules se laisse découvrir au fil de ses ruelles à portiques, des vestiges de son château féodal qui dominent la cité et ses platanes centenaires.

GORGES D'OLLIOULES ★★

Site classé. Accessible mais non balisé.

Constituées d'un canyon creusé par les rivières Reppe et Destel, dans des couches de calcaire secondaire, elles sont creusées de cavités naturelles où s'établirent des hommes préhistoriques. Elles abondent en défilés étroits, véritables coupe-gorges à l'époque où des bandits de grand chemin, comme le célèbre Gaspard de Besse, s'y retranchaient pour détrousser les voyageurs. Elles ont un sentier sportif au fort dénivelé pour les amateurs.En cas de risque incendie très sévère ou extrême, l'accès aux massifs est également interdit aux piétons.

LOCATIONS SAISONNIERES MUNICIPALES €

2, place Marius Trotobas

© 06 81 07 66 22

Nuitée de 40 à 100 € selon l'appartement. Location 2 nuitées minimum le WE, 3 nuitées en semaine. Acompte 30%. Wifi.

Pour développer l'offre hôtelière dans le centre-ville d'Ollioules, la municipalité propose 7 locations touristiques. Elles sont destinées à accueillir des visiteurs français ou étrangers mais aussi les familles et amis d'habitants d'Ollioules. Les studios et les appartements tout confort ont beaucoup de charme. Certains se trouvent notamment dans un bel hôtel particulier. La gestion de ces hébergements est confiée à une conciergerie. Un bon plan !

CAFÉ LE FRANCE €€

6, rue Nationale

© 04 89 30 81 25

Du lundi au samedi de 9h à 16h. Service déjeuner de 12h à 14h30. Aïoli du vendredi : 14,90 €. Plat du jour 13.90 €.

En cuisine, la talentueuse Stéphanie Audiffren gère son restaurant en véritable capitaine, et pour cause ! Après avoir sillonné la planète comme chef sur les bateaux, elle s'est lancée dans une reconversion professionnelle. Dans son restaurant, elle vous concocte un plat du jour renouvelé quotidiennement et semble avoir trouvé sa recette de la réussite : une ambiance familiale, un service chaleureux, des mets parfaitement préparés, des vins de bonne qualité même en pichets, et une toute petite terrasse cachée pour les beaux jours.

CHÂTEAUVALLON LIBERTÉ - SCÈNE NATIONALE

795, chemin de Châteauvallon
✆ 04 94 22 74 00
www.chateauvallon.com
Billetterie et programmation à retrouver en ligne. Festival de juin à juillet. Labelisé « scène nationale » en 2015.

Installé depuis 1964 autour d'un fortin du XIe siècle, Châteauvallon - Scène Nationale est un lieu culturel prestigieux, associé dans sa programmation au théâtre de la Liberté, à Toulon. Deux lieux pour une seule et même entité culturelle. La programmation pluridisciplinaire est audacieuse, mettant à l'honneur danse, théâtre, musique ou encore cirque. Les spectacles se suivent et ne se ressemblent pas. Châteauvallon a reçu en 2015 le label de Scène Nationale.

SIX-FOURS-LES-PLAGES ★★

Six-Fours-les-Plages vous invite à libérer vos envies entre mer et forêt. 18 kilomètres de côtes où alternent plages, criques secrètes, l'archipel des Embiez, ports de pêche et de plaisance, 1 000 hectares de forêt préservée, vieilles pierres et riche patrimoine… s'offrent à vous pour des vacances inoubliables. Visitez le village du Brusc, où son port berce les « pointus » des pêcheurs. Au soleil couchant, sur la route de l'île du Gaou, arrêtez-vous l'espace d'un instant et écoutez : peut-être entendrez-vous des voix venues d'ailleurs… « les Voix du Gaou », festival incontournable de musiques actuelles – deuxième quinzaine de juillet.

BUREAU D'INFORMATION TOURISTIQUE

Promenade du Général-de-Gaulle
✆ 04 94 07 02 21
www.tourisme-ouestvar.com
Ouvert du lundi au vendredi de 9h à 12h et de 14h à 17h30.

L'office de tourisme de Six-Fours-les-Plages organise tout au long de l'année, et sur réservation, des visites guidées pour toute la famille, notamment à l'île des Embiez. Vous y trouverez aussi toutes les informations, des brochures, des plans et les dates des festivals et événements à Six-Fours. En résumé, vous trouverez tout ce dont vous avez besoin pour vos vacances sur place, y compris des adresses de locations saisonnières si besoin. Accueil sympathique.

LE MONT SALVA €€

Chemin du Mont-Salva
✆ 04 94 34 03 93
Ouvert toute l'année. Tous les jours le midi et le soir. Menus de 29 € à 49 €. Menu Bouillabaisse 65 €.

A partir du petit port du Brusc, remontez un peu dans les terres, le restaurant est à cinq minutes en voiture. Dès votre arrivée, vous serez séduit par le cadre et l'atmosphère qui règne ici. Confortablement installé en terrasse, les différents menus vous titillent rapidement les papilles, et si la carte est renouvelée chaque saison, on retrouvera à l'année les incontournables pieds et paquets, loup en croûte de sel, et autres bouillabaisses, bourrides et aïoli du vendredi (sur commande). Tout ici est fait maison ! Une adresse recommandée tout au long de l'année.

AQUAVISION

Port de la Coudoulière
✆ 06 62 11 72 89
www.aquavision.fr
À partir d'avril. Adultes : 16 €. Enfants : de 9 à 12 €.

À l'occasion d'une promenade en mer de 30 minutes aux alentours du Cap Nègre qui est très proche, découvrez les fonds marins des îles préservées par le conservatoire du littoral et l'espace classé Natura 2000, avec des commentaires sur la bio-diversité marine simples et compréhensibles par les petits et les grands. L'embarcation, un Aquascope A8 - élaborée par l'architecte Jacques Rougerie - est unique en son genre, mi-sous marin et mi-bateau, avec une capacité de 10 places qui rend vraiment l'expérience intime, le tout en parfaite sécurité.

SEA ADVENTURE

Quai Saint-Pierre-Port-du-Brusc
✆ 06 83 91 42 96
www.sea-adventure.net
Ouvert d'avril à octobre. Rencontre avec les cétacés (3h) : 75€. Porquerolles : 110 € par adulte et 105 € par enfant.

Michael propose depuis 2015 des sorties à vocation naturaliste pour observer le milieu marin – mammifères et oiseaux en tête. À bord de son grand semi-rigide, vous voilà enfin en petit comité (12 personnes tout au plus) ! La sortie, Rencontre avec les cétacés, vous mène vers les populations de dauphins et baleines, régulièrement observables entre mai et octobre. Si vous préférez découvrir le littoral, préférez la sortie « Escapade », comprenant la visite de l'archipel des Embiez, la visite de Bendor, de l'île Rousse, des Calanques d'Alon…

LA SEYNE-SUR-MER ★

Deuxième ville du département et forte de quelque 20 km de littoral, La Seyne-sur-Mer est parfois boudée au profit de Toulon ou de Bandol, et pourtant... Ouverte d'un côté sur la rade de Toulon, de l'autre sur la Méditerranée, La Seyne est née de la mer et de l'industrie maritime. Mais au vu de sa situation idéale sur le magnifique massif du cap Sicié, La Seyne-sur-Mer s'est aussi vu endosser un rôle majeur dans la protection militaire. Aujourd'hui tournée vers le tourisme, le centre-ville est encore un peu délaissé au profit des Sablettes où se trouvent plages et restaurants. À ne pas rater, l'élégante corniche et ses belles demeures historiques.

MASSIF DU CAP SICIE ET FORET DE JANAS ★

Se renseigner sur les risques de vent et donc d'incendie, car le massif est fermé dans ces cas-là.

De la plage de Fabrégas, vous pouvez accéder à Notre-Dame-du-Mai (sur la commune de Six-Fours – se visite au mois de mai) par le sentier du Littoral. Le parcours est assez sportif mais la vue est imprenable depuis la chapelle : un panorama à 360° ! Comptez 5 heures aller-retour. Pour les moins sportifs, une route (accessible uniquement hors période estivale) mène presque en haut et la balade est agréable pour toute la famille, avec ses senteurs et les trésors naturels !

VAR

© VICTORIN - SHUTTERSTOCK.COM

La Seyne-sur-Mer.

FORT NAPOLÉON ★

Chemin Marc-Sangnier

✆ 04 94 30 42 80

Ouvert lors d'expositions et de festivités, en principe du mardi au samedi de 14h à 18h, hors jours fériés.

Napoléon donna l'ordre en 1811 de construire ce fort militaire, de type redoute modèle n° 2 sur le sommet de la colline Caire. Achevé en 1821, sous Louis XVIII, le fort Caire, devenu fort Napoléon, ne participa finalement à aucun combat, excepté en 1944 lors de la libération. Il est ouvert au public depuis 1984 et abrite un centre de rencontres et d'échanges culturels ainsi qu'une galerie d'art contemporain « La Tête d'Obsidienne ». Il accueille aussi différentes manifestations, dont le festival cubain Bayamo en juillet et les fêtes calendales en décembre.

OFFICE DE TOURISME DE LA SEYNE-SUR-MER

2334, corniche Georges-Pompidou

✆ 04 98 00 25 70

www.tourisme-ouestvar.com

Haute saison : du lundi au samedi et les jours fériés de 9h à 12h et de 14h30 à 18h30 ; le dimanche de 9h à 13h.

L'office de tourisme vous propose sur réservation, des visites guidées commentées permettant de découvrir les richesses culturelles de la ville. Parmi elles, l'une vous mènera dans le quartier de Tamaris ; l'autre dans le hameau des Sablettes. Dans le cadre du programme Amusez-vous, il offre par ailleurs tout un tas de réductions auprès des sites touristiques et activités de loisirs (plongée, jet ski, karting...) : renseignez-vous. Accueil sympathique.

RIVES D'OR HÔTEL*** €€

2177, corniche Georges-Pompidou

✆ 04 94 05 00 50

www.rivesdorhotel.com

Chambre double 89 € à 145 € ; suite de 119 € à 184 €. Petit déjeuner buffet. Parking 10 €. Label Tourisme & Handicap.

Situé à une centaine de mètres de la plage et de l'embarcadère pour Toulon (lignes de bateaux-bus 18M et N4), les Rives d'Or offre une belle gamme de chambres rez-de-jardin, vue mer. Avec 3 étoiles au compteur, les unités sont toutes équipées de la climatisation, du wifi, d'un mini-bar et d'un coffre-fort. L'ensemble aux influences balinaises est moderne et bien pensé. Bon point également pour la terrasse de toit et son chic bar « Le Georges », eux aussi très agréables. Côté cuisine, on trouvera sans mal à déjeuner et à dîner à La Piazza, à deux pas.

GRAND HÔTEL DES SABLETTES-PLAGES**** €€€

575, avenue Charles-de-Gaulle
✆ 04 94 17 00 00
www.ghsplage.fr

Chambre double à partir de 150 €. Suite à partir de 250 €. 3 restaurants. Spa, piscine. Wifi gratuit.

Quel plaisir de voir le Grand Hôtel des Sablettes renaître de ses cendres ! Depuis juillet 2017, ce superbe monument historique du XIXe, idéalement situé en front de mer, a rouvert ses portes au public plus flambant que jamais. Véritable invitation au voyage, ses 52 chambres nous ramènent avec une élégance inouïe vers l'âge d'Or de la Côte d'Azur. Volumes généreux, équipements à la pointe, décoration des plus soignées ; vous voici dans le premier hôtel *Curio by Hilton* de France !

LA VAGUE D'OR €€

Promenade Charcot
✆ 04 94 94 80 00
www.lavaguedor.com

Ouvert tous les jours de 12h à 14h30 et de 19h30 à 22h20. Menu midi en semaine 23,90 €. Terrasse vue mer. Carte 50 €.

Ce beau restaurant-brasserie est une institution à la Seyne ! Attablé autour d'une table gracieuse nappée de blanc, on ouvre la carte face à la rade, et l'on compose notre repas au gré de nos envies et de notre appétit, au fil d'une carte renouvelée deux fois par an. Filets de rouget à l'escabèche, soupe de poisson maison, gigot d'agneau rôti, filet de turbot... En dessert, au moment de notre passage, la tatin revisitée et son mascarpone vanillé maison remportait un franc succès. Toute la journée, le salon de thé est ouvert.

LA CABANE €

220, allée de la Petite Mer
✆ 06 72 00 62 21

Ouvert tous les jours de 19h à 22h45. Carte : 25 € environ.

Si vous avez envie de coquillages et d'huîtres, vous avez frappé à la bonne porte puisque ce nouveau petit restaurant propose des produits de la mer de grande qualité et de la plus grande fraîcheur ! C'est en effet la famille Giol, les producteurs varois des Perles de tamaris, qui ont ouvert cet établissement et y vendent leurs bons produits. Ils ne lésinent pas avec la qualité et privilégient les circuits courts. Les huîtres de Tamaris sont charnues, délicieusement parfumées. On aime beaucoup la terrasse vue mer, surtout au moment de l'apéro !

LES PERLES DE TAMARIS

158, allée de la petite mer
✆ 07 60 47 23 90

Ouvert tous les jours de 7h30 à 13h et de 16h à 18h jeudi et vendredi.

Adresse coup de cœur du Petit futé et partenaire de plusieurs de nos événements ces derniers mois, les Perles de Tamaris c'est la garantie de la qualité et surtout de l'éco-responsabilité avec des circuits courts privilégiés. Martial est diplômé maritime de conchyliculture à Sète, il s'est spécialisé sur les techniques de l'huître en Polynésie. Pour garantir la fraîcheur des coquillages, ils sont sortis de leur dernière eau quelques heures avant l'expédition. Les huîtres de Tamaris, de diverses variétés, sont charnues, délicieusement parfumées.

LA PIAZZA €€

4, place Lalo
✆ 04 94 87 47 92
www.lapiazza83.fr

Tous les jours le midi et le soir. Plat : 16-21 €. Pizza : 13,50-15,50 €. Menu enfant : 11 €. Formule du midi : 15,50 €.

Très belle adresse italienne à deux pas de la plage, dans le charmant quartier des Sablettes. Excellent rapport-qualité prix, des pizzas gourmandes et délicieuses à prix honnêtes si près de la mer, on dit un grand oui ! Belle déco moderne de trattoria arty, service agréable et convivial. Nous avons adoré la pizza Amore Mio, généreusement garnie, les arancini à la truffe en entrée, un régal et pour finir de l'ananas pané à la coco et une boule de sorbet mangue. Rien à dire, c'est qualitatif et totalement honnête à l'addition.

OCEAN SKULL

118, Chemin de la Farlède
https://ocean-skull.com/

Ouvert toute l'année. Vente et location de bateaux pneumatiques et paddles personnalisés.

Evasion. Originalité. Style. Caractère. C'est ce qu'évoquent les bateaux pneumatiques et les paddles originalement créés par Ocean Skull. L'idée surgit suite à un vol de pneumatique, Valérie et son mari décident alors de créer les leurs avec un graphisme unique tout en s'entourant de professionnels (dont certains artisans locaux).

Ocean Skull c'est ainsi une histoire qui se raconte à travers des bateaux pneumatiques personnalisés, de 2,70 à 4,50 m, pratiques et faciles à stocker dans un garage, une cave ou encore un abri de jardin.

TOULON ★★

Toulon fait peau neuve et il serait dommage d'en passer à côté ! Publiques ou privées, les initiatives se fleurissent partout dans la ville pour dynamiser la ville. Dans la vieille ville, sur les plages du Mourillon et face au tribunal de grande instance, le paysage urbain se modernise, s'émancipe. Le patrimoine culturel est valorisé de plus belle, et la ville animée comme jamais auparavant. À découvrir : la rue Pierre Sémard, aujourd'hui surnommée Rue des Arts, les Halles dans la vieille ville, le nouveau quartier Chalucet, la place de l'Équerre qui a elle aussi connu un beau lifting, sans oublier les plages et le quartier du Mourillon.

© LAWRENCE BANAHAN - AUTHOR'S IMAGE

Marché à Toulon.

CATHÉDRALE NOTRE-DAME-DE-LA-SEDS ✝ ★

55, place de la Cathédrale
✆ 04 94 62 09 92

Classée monument historique depuis 1997, la cathédrale est ouverte tous les jours et illuminée en soirée.

Depuis le Ve siècle, plusieurs églises ont successivement été érigées à son emplacement. Devenue cathédrale romane au XIe siècle, elle présente aujourd'hui un mélange intéressant de styles, du classique au baroque. Particularité sans doute unique, la nouvelle église a été construite à angle droit par rapport à la précédente. Elle est surmontée d'un splendide campanile provençal en fer forgé. L'intérieur conserve une unité gothique. La cathédrale est classée aux monuments historiques.

FORT SAINT-LOUIS ★★

Littoral Frédéric-Mistral

Fermé au public.

Bâtie en 1692 sur les ordres de Vauban, cette tour fut tout d'abord nommée « Tour des Vignettes ». Elle était chargée de prévenir toute présence ennemie. Elle connut son heure de gloire en 1707 lors du siège de Toulon par les navires de la coalition anglo-espagnole, durant les guerres de succession au trône d'Espagne auquel le roi Louis XIV prétendait. Totalement détruite, elle fut reconstruite sous sa forme initiale et rebaptisée « Fort Saint-Louis ». Son embrasement est célébré le 15 août par un magnifique feu d'artifice.

HOMMAGE À RAIMU

Place Raimu, rue Racine, place des Trois-Dauphins et place du Théâtre (opéra)

Illustre Toulonnais, Jules Auguste Muraire dit Raimu méritait bien qu'on lui dédie plusieurs lieux ! Né le 18 décembre 1883 au 6 de la rue Anatole-France, comme une plaque le commémore, Raimu était un artiste incroyable. Vous découvrirez son buste sur la place des Trois-Dauphins et, sur la place de l'Opéra, une fresque colorée représentant César et Escartefigue. Dans la rue Racine, sa sculpture en pied est accolée à l'opéra tandis que, sur la place Jules Raimu, une sculpture en bronze représente la célèbre partie de cartes !

MONT FARON ET TÉLÉPHÉRIQUE ★★

Boulevard Amiral-Vence ✆ 04 94 92 68 25
www.telepherique-faron.fr

Fermeture annuelle de mi-novembre à début février. Aller-retour : 8,50 € par adulte et 6,50 € par enfant (4-10 ans).

La montagne de Toulon ! Il culmine à 584 mètres et son nom vient du provençal « faro », phare. Pour y accéder, vos pieds, une petite route en lacets ou un trajet de 6 minutes à bord du téléphérique. Il propose un trajet mer-montagne unique en France avec une seule équivalence dans le monde à... Rio de Janeiro. Ses cabines rouges ont été renouvelées en 2016. En haut, vous découvrirez bar et restaurants, ainsi que le Mémorial du Débarquement de Provence et une petite chapelle.

MÉMORIAL DU DÉBARQUEMENT ET LIBÉRATION DE PROVENCE ★★

8458, Route du Faron ✆ 04 94 88 08 09
toulon.fr

Tarif plein : 6 €. Tarif réduit : 3 €. Visite guidée sur réservation ou à 14h30 les mercredi, samedi et dimanche.

Souhaité et inauguré le 15 août 1964 par le général de Gaulle, le Mémorial a pour vocation d'honorer la mémoire des hommes et les femmes engagés dans les opérations du débarquement sur les plages varoises le 15 août 1944 et de la libération de la Provence. Souvent oublié au profit de celui de Normandie, le débarquement de Provence souligne pourtant le rôle essentiel de la France dans la guerre : sur les 330 000 soldats ayant pris part à l'opération, plus de 70 % étaient français. Inauguré à nouveau par le président de République en 2017 après 18 mois de fermeture et un an de travaux, le Mémorial rénové restitue fidèlement la réalité des événements historiques, militaires et politiques de l'époque. Ces événements sont expliqués de manière très pédagogique, le parcours accorde une place extrêmement importante aux témoignages directs, à l'aspect chronologique et thématique des événements. Le Mémorial est une structure pédagogique adaptée au XXIe siècle, qui utilise des moyens vidéo et audio qui rendent le site très attractif. Progressivement, le spectateur est immergé dans le passé où toutes les facettes de cette époque sont abordées. La projection d'un film sur un écran de 17 m de long rappelle toutes les manœuvres militaires entre le 15 août 1944, jour du débarquement, et le 28 août, jour de la fin de la libération de la Provence. Dominant la rade de Toulon, accessible en téléphérique, le Mémorial, implanté dans un ancien fort du XIXe siècle, offre un panorama exceptionnel.

MUSÉE NATIONAL DE LA MARINE ★★

Place Monsenergue ✆ 04 22 42 02 01
www.musee-marine.fr/toulon

Ouvert de 10h à 18h. Fermé le mardi. Juillet - août ouvert tous les jours. Tarif à partir de 5,50 €. Gratuit - 26 ans.

Créé à la fin du Premier Empire, ce musée est la mémoire de l'arsenal. Il retrace son histoire de manière pédagogique à travers une collection de vaisseaux, des maquettes et des figures de proue. Des espaces présentent plus en détails Vauban, l'histoire du bagne de Toulon, la Marine de la Seconde Guerre mondiale à nos jours. De nombreuses visites guidées sont proposées, et des animations pour les familles. La librairie-boutique a d'ailleurs pensé aux plus jeunes dans son vaste choix.

MUSÉUM DÉPARTEMENTAL DU VAR ★

Jardin du las
✆ 04 83 95 44 30
https://museum.var.fr

Ouvert du mardi au dimanche, de 9h à 18h sauf jours fériés. Gratuit.

Après 120 ans en cœur de ville, le musée d'histoire naturelle a déménagé en 2011 dans le Jardin départemental du Las, au sein de la Villa Burnett, où il a pris le nom de Muséum départemental du Var. Aujourd'hui, à travers son exposition permanente et des expositions temporaires, il aborde de façon relativement complète les thèmes de la minéralogie, ou encore de la paléontologie, de la Préhistoire, de la zoologie, de la botanique et aussi de l'ethno-sociologie. À ne pas rater !

OPÉRA DE TOULON PROVENCE MÉDITERRANÉE ★

Place Victor-Hugo
✆ 04 94 93 03 76
www.operadetoulon.fr

Parkings Peiresc, Place d'Armes et Place de la Liberté. Restauration (bar ouvert pendant les entractes).

Opéras, concerts symphoniques, ballets et pièces de théâtre : l'Opéra de Toulon offre une programmation riche et variée dans un bâtiment classé Monument historique. Le Grand Théâtre a été inauguré le 1er octobre 1862. Construit dans le cadre du plan d'agrandissement de la ville (1853), il remplace la Salle de la Comédie, qui date de 1770, afin d'offrir une salle de spectacle plus grande et plus moderne à la société toulonnaise. Conçu par l'architecte Léon Feuchères, le bâtiment occupe une surface au sol de 27 x 70 mètres, soit près de 2 000 m², entre une place aménagée spécifiquement et le tout nouveau boulevard Louis-Napoléon (aujourd'hui boulevard de Strasbourg). D'un point de vue architectural, il se distingue par une façade monumentale de style néoclassique, avec des arcs en plein cintre, des colonnes grises et roses ainsi que des frises géométriques d'inspiration byzantine sur son fronton. Si le succès est immédiat pour ce qui est alors le plus grand opéra de province, celui-ci ne s'est jamais démenti au fil des ans. Afin d'attirer un plus large public encore, la direction a mis l'accent sur les comédies musicales et propose de nombreuses initiatives originales, à commencer par un spectacle son et lumière durant les fêtes de fin d'année. En outre, depuis 2022, le Foyer Campra a retrouvé son lustre d'antan. Cette salle emblématique de l'opéra accueille aujourd'hui des représentations de chant lyrique et des initiatives à l'intention du jeune public.

PARC ANIMALIER DU MONT FARON

Route du Faron
✆ 04 94 88 07 89
www.zoo-toulon.fr
Juillet et août : 10h-18h. Hors saison : 10h30-17h. Enfant de 4 à 10 ans : 6 €. Gratuit - 4 ans.

Réaménagé en 2017, il ne s'agit pas d'un zoo traditionnel mais d'un Centre de Protection de carnivores, soutenu par l'Association Faron-Fauves. Vous y verrez une vingtaine d'espèces de félins originaires d'Afrique, d'Amérique et d'Europe : panthères, lynx, pumas, servals, tigres, jaguars, chats des marais et chats pêcheurs. Tous les dimanches, il est possible d'assister au nourrissage des félins. Des ateliers pédagogiques et des animations sont proposés aux enfants.

QUAI CRONSTADT - PORT DE TOULON ★

Port de Toulon
Cafés et restaurants.

Il doit son nom à la visite de la flotte impériale russe en 1898. Entièrement démoli en 1944, il a fait place à des immeubles massifs typiques des années 1950. Les célèbres *Atlantes* de Pierre Puget soutiennent le balcon de la mairie d'honneur et la statue du *Génie de la Navigation*, surnommée l'amiral de Cuverville, y trône, le regard vers l'horizon. Vous y trouverez une gare maritime moderne (rénovée en 2013) ainsi qu'une multitude de restaurants, bars et boutiques face à la mer.

PLACE DE LA LIBERTÉ ★

Parking souterrain payant sous la place.

La plus grande et la plus belle place de la ville est occupée en son centre par la magnifique fontaine de la Fédération, construite en 1890, avec son bassin ovale et son ensemble de statues allégoriques, dont la France, casquée, l'épée au côté, tenant les tables des Droits de l'Homme et du Citoyen et élevant la flamme de la liberté, entourée par la Justice et la Force. Cette place accueille également les animations durant les fêtes de Noël, notamment la crèche animée et contée (payante), et des concerts en été.

RADE DE TOULON ★★

Quai Cronstadt

Sur le quai Cronstadt, de nombreux bateliers proposent des visites commentée de la rade. Plutôt ludique, le circuit comprend l'arsenal militaire et les bâtiments de la Marine nationale, le cimetière marin, dernier mouillage des navires en fin de vie, le port de La Seyne-sur-Mer et les anciens chantiers navals, la corniche balnéaire de Tamaris, la baie du Lazaret et ses parcs à moules, les Sablettes, la presqu'île de Saint-Mandier, la digue, et les fortifications : Eyguillette, Balaguier, Saint-Louis, Napoléon, Lamalgue, tour Royale.

LES PLAGES DU MOURILLON ★

Littoral Frédéric-Mistral
www.toulontourisme.com
1 300 places gratuites toute l'année. Label Tourisme & Handicap. Restauration. Base nautique, manège, jeux.

Si les plages du Mourillon ne sont pas les plus belles du littoral varois, elles offrent l'avantage évident de leur proximité avec la ville. À l'exception de la plage du Lido, la seule à être naturelle, toutes ont été aménagées. Ses quatre anses totalisent plus de 7 hectares de plage de sable, 9 hectares de verdure et d'aires de jeux, 1 300 places de parking, une base nautique, des bars, glaciers et restaurants. De quoi pique-niquer à l'ombre des arbres, courir ou faire des sorties en famille ou entre amis. La vue sur la presqu'île de Saint-Mandrier est admirable.

OFFICE DE TOURISME ET DES CONGRÈS DE TOULON

12, place Louis-Blanc
✆ 04 94 18 53 00
www.toulontourisme.com
Ouvert tous les jours. Visites guidées de 2h, 10€/adulte, gratuit pour les - de 12 ans et personnes à mobilité réduite.

L'office de tourisme organise tout au long de l'année et sur réservation, des visites guidées à la découverte de l'histoire de Toulon, au gré des fontaines, à la conquête du Toulon insolite (en saison) ou de la ville contemporaine. Programme par téléphone ou sur le site Internet de l'office. Et pour découvrir le patrimoine toulonnais sans guidage, optez pour le circuit pédestre « Toulon Pas à Pas », en centre-ville, matérialisé par des clous au sol (brochure à l'OT).

SENTIER DES DOUANIERS ★★

Balade en famille avec quelques passages délicats. Déconseillé aux enfants en bas âge.

Toulonnais d'adoption ou du cru sont unanimes, le sentier du littoral, plus connu sous le surnom de « sentier des douaniers » (il a été créé en 1791 par l'administration des Douanes pour surveiller les côtes) est incontournable pour découvrir Toulon. Il vous offre une jolie balade (environ 4h aller-retour) jusqu'à l'anse Magaud, que vous pourrez faire en famille à condition d'aider les enfants pour quelques passages un peu plus difficiles. Prenez le chemin au niveau de la Tour Royale pour rejoindre, après plusieurs petites criques, la plage de la Mitre et son rocher si caractéristique. Vous pourrez même vous y baigner si le soleil est au rendez-vous (poste de secours sur place en été). Si vous continuez, vous arriverez jusqu'au port Saint-Louis, et son fort, d'où partent encore de nombreux pêcheurs de bon matin. Vous aurez ensuite le choix entre la promenade ombragée Henri Fabre qui rejoint l'anse Tabarly ou longer le bord de mer. Reprenez ensuite le sentier qui s'élève progressivement au-dessus de la falaise puis le chemin de la Batterie Basse jusqu'à l'anse Méjean. Pins, liserons en fleurs, acanthes, cinéraires, centranthus et plantes exogènes colorent votre parcours. Vous découvrirez un petit port très pittoresque avec ses cabanons blancs aux volets bleus. Au bout de l'anse, un petit chemin descend jusqu'à la suivante, l'anse Magaud, où vous pourrez reprendre des forces dans un restaurant de spécialités de la mer. Sinon, remontez sur la Corniche Charles de Gaulle et ses belles villas avec vue sur la mer.

LES BATELIERS DE LA RADE

Quai de la Sinse

✆ 04 94 46 24 65

www.lesbateliersdelarade.com

Ouvert de mars à octobre. Tarifs : 16 € adulte et 11 € enfant de 4 à 10 ans. Se présenter 10 mn avant chaque départ.

Créés en 1974 par Monsieur Gonzales (Père), les Bateliers de la Rade de Toulon font partie des trois organismes proposant des excursions en bateau à la découverte de la rade et du port de Toulon. Entre mai et septembre, et en période de vacances scolaires toute l'année, un second bateau assure des rotations depuis Toulon ou Saint-Mandrier (billet vendu à l'Office de tourisme) vers les îles de Porquerolles et Port-Cros. Une balade agréable sur un bateau bien entretenu, qui vous permettra de profiter de l'air marin avant de fouler le sol des îles d'Or.

VIEILLE VILLE ★★

Cafés et restaurants. Boutiques. Animations.

▸ **Rue d'Alger.** Cette artère, tortueuse à souhait, est sans doute la plus célèbre de Toulon. Elle descend de la place Puget jusqu'au port et accueille mille commerces en tout genre : les grands noms de la mode, des petites boutiques pas chères, des bijoutiers, etc. Elle s'entrecoupe d'une multitude de petites ruelles piétonnes, placettes et traverses pour passer d'une rue à l'autre – ouvrez bien vos yeux pour les découvrir ! Elle aboutit sur le port, face à la gare maritime qui dessert en bateau-bus Saint-Mandrier, la Seyne-sur-Mer, les Sablettes et Tamaris. À deux pas sur votre gauche, découvrez la splendide sculpture de bronze du Génie de la Navigation de Louis Daumas.

▸ **Places piétonnes du centre-ville.** La place Puget, où trône la fontaine des Trois-Dauphins – œuvre du sculpteur Chastel –, tellement couverte de mousse, que vous aurez du mal à deviner les fameux dauphins ! La place Saint-Vincent et sa fontaine du XVIIe siècle. La place à l'Huile et la maison des Têtes, ornée de vingt-sept visages aux expressions différentes. Sur la place Raimu, un ensemble de statues en bronze représente la célèbre partie de cartes de César, de Marcel Pagnol, avec Raimu jouant son propre rôle.

▸ **Cours Lafayette.** Le cours Lafayette, entièrement piétonnier, était surnommé « le pavé d'amour » car les couples venaient s'y conter fleurette. Il accueille du mardi au dimanche l'un des plus célèbres marchés de Provence, qui inspira à Gilbert Bécaud, né à Toulon, l'une de ses plus célèbres chansons. Vous y trouverez des cafés, des restaurants et des boutiques de toute sorte. Sur la rue Paul Lendrin, surnommée le petit cours, vous dégusterez la meilleure cade de la ville chez Cademan, un nom prédestiné ! Sur le bas du cours, à l'angle de la rue de la République, admirez l'architecture baroque de l'église Saint-François de Paule, dont la première pierre fut posée en 1744.

▸ **Rue Pierre Sémard, nouvelle rue des arts.** Le vent de l'art souffle désormais sur la rue Pierre Sémard ! Inauguré début 2017, cet axe majeur de la vieille ville affiche un tout nouveau visage. Les galeries d'art et autres ateliers-boutiques d'artistes ont pris possession des lieux : ce petit coin du cœur de Toulon a repris ses lettres de noblesse en devenant un pôle culturel majeur.

▸ **La place de l'Equerre**, attenante, a elle aussi fait peau neuve : elle accueille depuis 2017 un joli panel de cafés, bars, boutiques et restaurants conceptuels, et elle est régulièrement le théâtre de manifestations culturelles et musicales.

PETITS TRAINS DE TOULON

119, quai Cronstadt
✆ 04 94 43 90 22
https://petit-train-toulon.fr/

Ouvert toute l'année de 11h à 16h, jusqu'à 18h en été. Adulte : 8€. Enfant (3 à 11 ans) : 5€. Circuit commenté de 45 min.

Rien de tel qu'un petit train pour découvrir une ville et son histoire, apprendre des anecdotes sur les lieux et personnages, sans oublier les petits morceaux de musique d'époque. Pendant 45 minutes, le parcours vous emmène du port jusqu'aux plages du Mourillon, en passant par la vieille ville et ses lieux emblématiques, tels que le stade Mayol, la place d'Armes, le boulevard de Strasbourg, l'arsenal du Mourillon ou encore la Tour Carrée. Possibilité de monter ou descendre à l'arrêt des plages du Mourillon (si des places sont disponibles).

PORTS DE TOULON - VIEILLE DARSE

Quai du Petit Rang
✆ 04 94 42 27 65
www.portdetoulon.com

600 postes à flots. Longueur maximum : 60 mètres. Tirant d'eau : 7 mètres.

Toulon dispose, en tout, de six ports de plaisance : Toulon Vieille Darse, Toulon Darse Nord, La Seyne-sur-Mer, Saint-Mandrier, Saint-Louis du Mourillon et port du Niel. Soit un total de plus de 2000 postes à flot, réservés aux bateaux de plaisance à voile et à moteur. Le port de Toulon Vieille Darse est situé au cœur de la ville, ce qui offre un accès immédiat aux commerces et aux infrastructures de la ville, situés à quelques minutes seulement des quais.

HÔTEL LES VOILES*** €€

124, rue Gubler
✆ 04 94 41 36 23
hotel-voiles.com

Ouvert toute l'année. 16 chambres. Chambre double à partir de 67,50 €. Petit déjeuner : 12 € (buffet). Parking.

Un boutique-hôtel avec des chambres toutes singulières et une décoration inspirée de la course au large La Giraglia. Membre des Hôtels Toulon Bord de Mer, l'établissement est idéalement placé à deux minutes à pied des plages du Mourillon. Au dernier niveau, le toit-terrasse aménagé tombe à point nommé pour déguster son café aux premiers rayons du soleil, pour siroter un cocktail à la tombée du jour, et venir profiter du restaurant éphémère le dimanche soir en été. Accueil frais et souriant. Une excellente adresse dans sa catégorie.

BEST WESTERN PLUS HÔTEL LA CORNICHE**** €€€

17, littoral Frédéric-Mistral ✆ 04 94 41 35 12
https://hotel-corniche.com/

Ouvert toute l'année. 29 chambres. Chambre double à partir de 124 €. Parking 9 € (extérieur, privé et sur réservation).

L'hôtel est récemment monté en gamme en devenant Best Western Plus. Très bon rapport qualité-prix pour un établissement face à la mer, avec des événements spéciaux toute l'année (soirées cocktails en été et brunchs du dimanche en hiver), des offres pour les pros (coworking, séminaires, etc) et des massages sur place par la Maison Yumi. La salle de petit déjeuner offre un superbe panorama sur le port du Mourillon. Une adresse comme on les aime, à la fois charme et tendance.

L'AROMATE PROVENÇAL €€

32, rue Gimelli
✆ 04 94 29 73 87
www.aromate-provencal.fr

Ouvert du mardi au samedi midi et soir. Menu : 35 €. Plat : 21-27 € le soir.

Martial Merlino et Pierre Andreini, très impliqués dans le véritable fait maison, dorlotent leurs invités avec une cuisine provençale bien mitonnée. Au gré d'une carte renouvelée chaque saison, on y déguste une cuisine traditionnelle et méditerranéenne, avec des spécialités telles que les farcis provençaux (incontournables !), la souris d'agneau confite et sa polenta crémeuse au parmesan, le Saint-Marcelin au piment d'Espelette et sa confiture d'olives noires, ou encore le loup en croûte de sel. À (re) découvrir d'urgence, été comme hiver !

BRASSERIE LA TORTUE €€

71, Quai de la Sinse
✆ 04 94 31 39 83
www.brasserielatortue.com

En saison, ouvert tous les jours midi et soir. Terrasse. Réservation recommandée. Carte à partir de 25 €.

Véritable institution toulonnaise depuis 1974, la Tortue coule des jours toujours aussi paisibles sur les quais du port. Et depuis août 2022, c'est une nouvelle équipe qui en a pris les rênes, insufflant par la même occasion, une nouvelle énergie en cuisine et un regain d'énergie au service. La déco a été revue, pensée en brasserie chic. Cuisine maison avec des produits frais et de saison, variant selon les arrivages. Quelques suggestions pour vous inspirer : tao d'avocat, risotto gambas, paleron de bœuf confit et desserts gourmands.

DAKOTA MOURILLON €€

37, rue Castillon ✆ 04 94 42 27 13

www.dakota-mourillon.fr

Ouvert toute l'année. Vegan Friendly. Évènements organisés du mardi au samedi soir : calendrier sur le site.

Envie de changer de cap ? De troquer la traditionnelle bouillabaisse ou la plus branchée assiette de tapas pour des saveurs plus exotiques ? Direction le Dakota ! Dans un décor de saloon, vous y retrouverez des spécialités made in USA : un tartare à l'américaine, des ribs de porc ou des burgers. Envie de quelque chose de plus original ? Essayez la daube de kangourou ! L'ambiance est toujours très bon enfant, surtout durant les soirées karaoké ou concert. Laissez-vous tenter par l'un des bons cocktails de Monsieur Jean et vous ne serez pas rentrés de si tôt...

CHEZ LE BRASSEUR €€

20, rue Peiresc

✆ 04 94 09 62 39

www.chezlebrasseur.com

Ouvert 7j/7 de 10h à 1h. Réservation recommandée (possible en ligne). Formule à partir de 12,90 €.

Au cœur de Toulon, il s'agit du premier établissement du même nom installé dans l'Avenue 83, le centre commercial à ciel ouvert de La Valette-du-Var. La carte est identique avec les incontournables de la brasserie : choucroutes, flammekueches, salades, burgers, tartines, pâtes bio, moules-frites, viandes, andouillettes, fish and chips. Le tout accompagné (avec modération bien entendu !) des bières de la maison : blanche, brune, framboise et figue. Laissez-vous tenter par les cocktails à base de bière, originaux et parfaitement délicieux !

LE LOCAL €€

455, littoral Frédéric Mistral

✆ 04 94 20 61 32

www.restaurant-lelocal.fr

Ouvert du mercredi au samedi, 12h - 13h, 19h30 - 21h. Menu unique à 41 € (entrée, plat, dessert).

Le Local a fait son trou et sa réputation a déjà dépassé les frontières toulonnaises. Les ingrédients des nouveaux codes de la cuisine sont là avec une belle exigence et la proximité en clé de voûte. Félicitations au chef Thibaud Durix et à son épouse Caroline, pour ce démarrage en fanfare. À la carte, le menu unique change toutes les deux semaines ! Nous avons adoré le velouté de lentilles au lard fumé en entrée, suivi d'un râble de lapin avec polenta à la népita et chlorophylle d'épinards et un crémeux avec mousse à la pistache de Bronte au dessert. Délicieux !

PIZZERIA GAËTANO €€

4, pl. Amiral-Victor-Senès (Centre-ville)

✆ 04 94 92 36 72

www.gaetano-pizza.com

Ouvert du lundi au samedi. Pas de menu, comptez 20 € en moyenne à la carte.

L'institution italo-toulonnaise par excellence ! Depuis 1954, la famille Gaëtano s'appuie sur le savoir-faire de quatre générations, garantes d'une cuisine authentique et d'un accueil invariablement parfait ! Que ce soit sur la grande terrasse ombragée de la place Senès en centre-ville, en contemplant les bateaux depuis le port, ou au frais dans l'une des salles climatisées, trois générations s'affairent encore quotidiennement au service ! Au menu, des pizzas traditionnelles cuites au feu de bois, et d'autres plats délicieux typiquement transalpins.

TABLES ET COMPTOIR €€

3, boulevard Eugène Pelletan

✆ 04 94 10 83 29

Maître Restaurateur. Fermé 3 semaines en juin. Ouvert du lundi au samedi le soir. Réservation recommandée.

A quelques pas du marché, cette petite adresse va vous ravir. Grâce à son parcours gastronomique, notre maître restaurateur Serge Vaz élabore sa cuisine tout en finesse, et ne conçoit que le fait maison, jusqu'à la confection de son pain à base de farine bio, et même de ses glaces ! Il privilégie autant que possible les produits français, de préférence locaux. Accueil des plus sympathiques, mille petites attentions, quelque 120 références de vins ! L'addition n'est pas donnée, mais elle est tout à fait justifiée au vu de la qualité des produits et du service.

LES TÊTES D'AIL €€

22, rue des Bonnetières

✆ 04 94 62 07 64

Gluten-free friendly. Plats végétariens et végans. Ouvert toute l'année, 7j/7. Réservation recommandée.

Les Têtes d'ail ou l'amour des bons produits du terroir avec les fruits et légumes majoritairement bio et locavores. Les viandes et les poissons sont issus d'élevages du coin et de la pêche locale. Une démarche très sérieuse, engagée, avec une carte renouvelée tous les 15 jours. Posé sur la terrasse ombragée bordée d'oliviers centenaires, on se laisse volontiers dorloter par la sympathique équipe et séduire par l'excellent rapport qualité-prix. Mention particulière pour les frites de panisse et leur pistou de roquette. Un must !

LE BAR À THYM

32, boulevard Docteur Cunéo
✆ 04 94 41 90 10
www.barathym.net

Ouvert du dimanche au jeudi de 17h30 à 2h ; le vendredi et le samedi de 17h30 à 4h. Happy hour de 18h à 20h30.

Dans une ambiance atypique, on se croirait chez Amélie Poulain reconvertie en hipster fan d'électro ! Sous ses airs faussement sages, le Bar à Thym propose un véritable tour du monde des alcools et des saveurs. Le « Labo » est quant à lui une réserve surprenante d'inventivité où les shots se disputent la place aux nombreuses recettes de cocktails avec ou sans alcool. Pour les affamés, planches de charcuteries et autres burgers sont proposés. L'une des premières adresses festives du Mourillon reste encore aujourd'hui un lieu à découvrir.

HAVANA CAFÉ

35, rue Muiron
✆ 04 94 31 25 55
https://havanacafetoulon.com/

Ouvert tous les jours de 7h à 1h. Petite restauration. Apéros acoustiques, de 18h à 21h, du lundi au jeudi.

Idéalement situé en plein cœur du Mourillon, le Havana Café demeure une référence pour bien des Toulonnais. Si vous habitez dans le coin, nul doute que vous y croiserez des visages connus ! Installé sur une jolie placette, l'ambiance y est décontractée et l'on y sert de bons cocktails. Victime de son succès, le service peut être un peu lent certains soirs, mais les conversations animées feront rapidement passer le temps ! Un pub incontournable dans le paysage nocturne de la ville avec une nouvelle carte et des pizzas à emporter du mercredi au samedi.

LE CAFÉ CULTURE

24, rue Paul-Lendrin ✆ 04 94 62 44 52
www.cultures-et-communication.org

Ouvert du mardi au vendredi de 9h à 13h et de 14h à 19h, le samedi de 9h à 13h et de 14h à 18h. Wifi gratuit.

L'association Cultures et Communication propose toute l'année une programmation d'activités pour tous pour 30 € par an. Cinés, lecture, conférences, ateliers, visites guidées sur l'aire toulonnaise, conversations en langues étrangères, ateliers jeux… Une fois par mois, un grand événement est organisé par les membres : un après-midi cirque et spectacles de rue par exemple, un concert, ou encore un cours de cuisine. Mais outre cet agenda enthousiasmant, le Café Culture, c'est aussi un lieu convivial d'échange, d'expression autour d'une boisson chaude ou froide.

OLD COUCOU

14, boulevard Cuneo
✆ 04 89 09 90 46

Ouvert tous les jours de 18h à 2h. Petite restauration : nouvelle carte depuis janvier 2023 (plats salés et sucrés).

Un bar/pub typique qui attire son petit monde sur le boulevard Cunéo, quartier du Mourillon. Le décor est industriel, les murs en pierres apparentes et la terrasse sur la rue. Mais le plus intéressant se passe au comptoir, équipé de 12 tireuses à bière ! En *afterwork*, à l'apéro ou en soirée, l'ambiance bat son plein notamment les soirs de match, que ce soit le foot ou le rugby, avec la retransmission des rencontres. Le lieu est parfait pour décompresser et partager de bons moments entre amis. N'oubliez pas l'Happy hour tous les jours de 18h à 20h.

VAR

CÔTÉ JARDIN

237, littoral Frédéric-Mistral
✆ 04 94 41 38 33

Ouvert tous les jours de 7h à 2h toute l'année. Entièrement rénové en avril 2023.

Une véritable institution posée face aux plages du Mourillon. On aime s'y arrêter pour boire son café le matin, grignoter un en-cas durant la journée, ou prendre l'apéro le soir entre amis, comme toute la clientèle d'habitués. La terrasse bien ombragée, chauffée l'hiver et rafraichie l'été, est propice aux discussions à toute heure de la journée, un cocktail à la main. L'établissement diffuse régulièrement des évènements sportifs et propose des soirées musicales le jeudi ainsi que des évènements ponctuels (tournois de poker). Wifi gratuit et belle vue mer.

BIÈRE DE LA RADE

300, rue Amiral Nomy
www.bieredelarade.com

Horaires : se renseigner sur le site web. Ateliers brassage sur réservation : 100 € (repas compris).

Charles et Simon ont été les premiers à oser une bière 100 % toulonnaise avec une démarche bio et festive ! Chaque année, la gamme s'étoffe avec des bières de saison, de multiples collaborations et des bières en canettes. Leurs créations les plus populaires sont la Daurade, la Murène et la Rascasse. Les 120 m² de cette micro-brasserie ont permis l'installation d'un espace où déguster (avec modération) l'ensemble de la gamme. Retrouvez l'agenda de la Bière de la Rade sur leur site internet, sur leur page Facebook ou leur compte Instagram.

COMPTOIR DES FROMAGES

5, rue de la Paix
✆ 04 83 42 48 69
Ouvert du mardi au samedi de 9h30 à 12h30 du mardi au samedi et de 16h à 19h30 les mardi, jeudi, vendredi et samedi.

Bandolaise installée à Toulon, Amandine Tarpi est une passionnée de fromages ! Depuis 2015, elle dynamise la petite rue de la Paix avec sa jolie boutique, quelques chaises et tables en terrasse, mais surtout un large choix de fromages fermiers, de la charcuterie artisanale, une belle sélection de vins bio et beaucoup de savoir-faire. Elle ne rigole pas avec la qualité des produits ; et les professionnels du coin, d'ailleurs, ne s'y trompent pas, si bien qu'Amandine fournit un très grand nombre d'établissements toulonnais ! À déguster sur place ou à emporter...

YACHT CLUB DE TOULON

Anse Tabarly
✆ 04 94 46 63 18
www.yctoulon.fr
Toute l'année, ouvert tous les jours de 9h à 12h et de 13h30 à 17h. En juillet-août : tous les jours de 9h à 19h.

Auréolé du titre de « Meilleure École de Sport, Prix du Développement Sportif » décerné en 2019 par la FFVoile, le Yacht Club de Toulon est, toute l'année, une solution économique pour les activités nautiques des enfants et des adultes. Kayak, paddle, catamaran, planche à voile, wind-foil : un très bon plan pour se perfectionner via l'école, ou pour se faire plaisir en location ou par le biais de sorties encadrées (pourquoi pas au coucher de soleil ?). Son emplacement est parfait avec le grand parking du Mourillon à proximité immédiate.

ESPACE CASTILLON

22, rue Paul-Lendrin
✆ 04 94 93 47 33
http://espacecastillon.fr/
Ouvert du mardi au samedi de 10h à 13h et de 15h à 19h. Parking Peyresc, sortie Fougassière.

Une galerie dynamique dans laquelle vous découvrirez de nombreux artistes et l'art représenté sous toutes ses formes : figuratif, abstrait ainsi que des sculptures, du travail de verrier, de céramiste, et quelques meubles d'artistes contemporains. Pas moins de 800 œuvres exposées en permanence pour le plus grand plaisir des visiteurs et des acheteurs. Chaque mois, un thème dicte l'organisation de la galerie, renouvelant ainsi les expos au fil de l'année. Politique de prix attractive pour permettre l'accès à l'art avec des œuvres originales à moins de 150 euros.

LE TÉLÉGRAPHE

2, rue Hippolyte Duprat
✆ 04 94 24 04 04
www.letelegraphe.org/fr
Du lundi au vendredi dès 10h. Ferme le vendredi et le samedi à 1h. Concerts et spectacles. Programme en ligne.

C'est un des lieux de culture à Toulon que l'on affectionne tout particulièrement au Petit futé. Déjà, le restaurant du même propriétaire, le Beam nous avait conquis. Que dire alors ce lieu de vie, d'échange et de rencontre qu'est le Télégraphe, incontournable des nuits varoises. Concerts de jazz, pop et musiques du monde, avec une programmation pointue. Spectacles, stand-up et atelier complètent le tout, pour varier les plaisirs et ouvrir les esprits. Découvrez le programme en ligne sans plus attendre. Excellents podcasts sur le site web.

LE PETIT BAZAR

22, rue Paul Lendrin
✆ 04 94 98 75 44
Ouvert du mardi au samedi, de 10h à 19h.

Une très intéressante boutique de décoration comme il est agréable d'en trouver dans un centre-ville. Une vraie différence avec la décoration parfois trop standardisée des grandes enseignes. Couplée à un espace de mini restauration fraîche et savoureuse (poke bowl, croque-monsieur...), elle propose de nombreux objets de déco et des curiosités, suivant les dernières tendances, parfois avant-gardiste. Du simple bibelot aux pièces de mobiliers plus cossues... de quoi rendre votre intérieur absolument et irrésistiblement unique.

THE COLOR GIPSY

✆ 06 17 46 01 13
Prestation facturée 150 € par musicien (trois musiciens recommandés).

Créé en 2019 par Tony, Filip et Bastien, les trois piliers du groupe, The Color Gipsy est devenue une référence en PACA/Corse pour tous ceux qui souhaite animer une soirée avec des sonorités gipsy. La prestation est facturée 150 € par musicien et il est recommandé d'en réserver au moins trois pour une soirée réussie. Le groupe se charge d'installer tout le matériel nécessaire et propose 2h30 à 3h de musique et de chansons. Le répertoire comprend les standards de la musique gipsy et des tubes des années 80 revisités. Ambiance assurée !

LE PRADET ★

Autrefois rattaché à la commune de La Garde, le village est remarquable par la beauté de ses nombreux sites naturels. La station balnéaire se caractérise par ses 7 km de côte, une nature préservée, ses multiples plages en criques naturelles. En cœur de ville, la place Paul Flamencq est un lieu de vie particulièrement animé en soirée. Le Pradet accueille chaque mardi matin un marché des producteurs de pays, en plus de son marché hebdomadaire du vendredi. Depuis 2018, la commune organise le Mondial de la moule, consacré au mollusque et ses nombreuses déclinaisons culinaires. Une fête populaire dont la 5ème édition aura lieu en octobre 2023.

VIEUX MOULIN À HUILE DU PARTEGAL

159, chemin des Laures ✆ 04 94 48 48 85
http://moulindupartegal.fr

Fév., mars, oct. et nov : 9h-12h et 14h-18h (sauf dimanche). D'avr. à sept : tous les jours 9h-12h30 et 14h-18h30.

Dans ce moulin à huile du XIVe siècle toujours en activité, vous découvrirez une meule en pierre entraînée par des engrenages en bois qui tourne dans sa « mare », des bassins de décantation, ainsi que des outils anciens, toujours utilisés. La visite guidée et sa dégustation (gratuites) vous apprendront à reconnaître les saveurs, arômes et odeurs des huiles de Provence. La boutique vous permet de découvrir un grand choix d'huiles d'olives artisanales et de produits du moulin.

MOULIN DE L'ESQUIROL

1227, avenue Ganzin
✆ 04 94 08 28 20
www.moulinesquirol-oliveraie.com

Ouvert tous les jours de 9h à 12h et de 14h30 à 19h.

Autour d'une ancienne bâtisse du XVIIe siècle, la famille Martini cultive 2 000 arbres dont certains ont résisté au gel de 1956. Cultivées en agriculture raisonnée, les parcelles sont enherbées avec une récolte entièrement à la main ou à l'aide de peignes. Les olives sont portées au moulin, le bien nommé l'Esquirol du provençal *esquiraù*, écureuil, car il n'est pas rare d'en voir sur la propriété ! Ce moulin produit une huile AOC Provence, une huile d'olive de France ainsi que des olives de table, vertes ou noires, et des pâtes d'olives.

LA VALETTE-DU-VAR

Peuplée dès le Néolithique, la commune est occupée plus tard par les Romains qui la nomment Vallis Læta et, dès le XIe siècle, le centre-ville se trouve à son emplacement actuel. Bien connue actuellement pour son parc tertiaire de Valgora, son centre commercial de Grand Var et Grand Var Est et sa toute récente Avenue 83, un centre commercial à ciel ouvert, la ville de La Valette était autrefois un petit village rural qui, bénéficiant de bonnes conditions climatiques et d'une eau abondante, s'était spécialisé dans le maraîchage et l'horticulture. Les fraises de la Valette-du-Var sont notamment très prisées des amateurs de fruits et de desserts.

LA FARLÈDE

Au pied du Coudon, celle qui s'appela jusqu'en 1880 Solliès-Farlède se démarqua de ses voisines en s'affranchissant complètement de sa première partie, pour devenir simplement La Farlède. L'église Notre-Dame, construite de 1751 à 1755, de style roman, abrite un retable datant de sa construction. Située aux portes de Toulon, de La Garde et de La Valette, la commune connaît depuis une trentaine d'années une forte expansion industrielle et démographique. Son marché provençal demeure une belle escapade avec, le troisième dimanche de chaque mois, le marché bio et local de la cerise, placette du Moulin de La Capelle, avec animations, artisans et restauration bio.

JARDIN REMARQUABLE DE BAUDOUVIN

Rue des Gibelins
✆ 06 07 30 65 23

Jardin remarquable. Fermé tous les lundis. Entrée gratuite. Visites guidées sur rendez-vous.

Classé Jardin Remarquable par l'État, le Jardin de Baudouvin est un lieu d'exception. Il a permis à la ville de remporter, en 2010, une Victoire d'Or en raison de sa beauté. A l'intérieur, une bâtisse, une chapelle, des fontaines, un moulin ainsi qu'un belvédère, témoignages des jardins provençaux du XVIIIe siècle. Récemment réaménagé avec un potager et une alimentation en eau omniprésente, provenant de la source de la Foux, le jardin accueille des animations toute l'année.

© CHEZ LE BRASSEUR VAR

© CHEZ LE BRASSEUR VAR

© CHEZ LE BRASSEJR VAR

CHEZ LE BRASSEUR €€

300, avenue de l'Université
✆ 04 94 01 28 88
www.chezlebrasseur.com
Ouvert toute l'année, 7j/7, de 10h à 1h. Formule à partir de 12,90 €. Réservation recommandée. Chèques non acceptés.

Direction l'Alsace et ses célèbres usines de brassage – en témoignent les deux Fenwicks d'époque, trônant fièrement entre les tables - avec une carte type brasserie et son large choix pour contenter tout le monde : des flammekueches, des salades, des burgers, des tartines, des choucroutes avec du chou Label Rouge, des pâtes bio, des moules frites, des viandes. À découvrir pour les gros mangeurs, des soirées à volonté : carpaccio frites, flammekueches, entrecôte... Chaque mardi après-midi, brassage de la bière maison devant les yeux des clients. Un véritable show !

© CHEZ LE BRASSEUR VAR

© CHEZ LE BRASSEUR VAR

HOTEL TRIOTEL €

avenue du docteur Eugène Blanc
✆ 04 94 61 24 25
www.hotel-triotel.com
Ouvert toute l'année. Accueil 24h/24.
51 chambres à partir de 39 €. Connexion Internet. TV satellite, Canal +.

Situé à proximité du parc tertiaire Valgora, du pôle commercial de Grand Var, de l'Avenue 83, de l'université de Toulon, entre l'aéroport de Toulon Hyères et la gare SNCF de Toulon, cet hôtel moderne offre un bon rapport qualité/prix. La cinquantaine de chambres de 2 à 4 personnes, offrent tout le confort nécessaire pour un court séjour. Les voyageurs peuvent facilement se garer sur le parking de la copropriété. L'établissement propose des tarifs spéciaux pour les étudiants et les militaires. Un hôtel idéal pour les petits budgets.

EIGHT ROOF TOP

241, allée de la Lavande ✆ 06 14 26 92 10
www.eightrooftop.fr
Ouvert d'avril à septembre, du lundi au samedi de 17h à 22h. Cocktails à 12 €, verres de vin à 5 €, grignotage dès 6 €.

Vous voilà au défi de trouver plus atypique ! Au beau milieu d'une zone commerciale, à l'étage d'un cuisiniste, le Eight Roof Top est une vraie bonne surprise. Parfaitement aménagé et arboré, joliment décoré par un artiste toulonnais, ce bar à cocktails promet de bons moments de détente en fin de journée avec, en prime, le coucher de soleil derrière le Mont Faron ! Pour les petites faims, des plateaux de fromage ou de charcuterie et quelques spécialités accompagneront à merveille vos cocktails. Une adresse intimiste à souhait, pour des soirées enchantées.

UNE HISTOIRE DE FAMILLE

300, avenue de l'Université
✆ 04 98 04 38 80
www.unehistoiredefamille.fr
Ouvert du lundi au samedi de 10h à 20h.

Yannick et Steve proposent une sélection de produits réalisés majoritairement par des artisans locaux. Des tapenades variées, des terrines, de l'huile d'olive, etc… bref, tout pour faire un apéro provençal réussi ou pour offrir des paniers gourmands varois. On y trouve également une large gamme de thé mais aussi de belles références de vins introuvables en grande distribution et vendues au prix du caveau. Depuis octobre 2018, Une Histoire de Famille a ouvert une seconde boutique au sein du centre commercial Grand Var Est sur la commune voisine de La Garde.

LA GARDE ★

Accrochée à un piton rocheux qui flirte avec les 80 m d'altitude, une chapelle romane du XIIe siècle surplombe la cité et le vieux village, qui a su conserver son cachet d'antan. S'étendant sur 3 km, le littoral gardéen est lui préservé de l'affluence touristique. Un trésor avec un petit port de pêche et une plage quasi confidentielle. Dans le centre ancien, un circuit parcourt ruelles et placettes pittoresques. Chaque année au mois d'août, les Nocturnes Médiévales bâtissent une « cité dans la cité » le temps de quelques nuits, tandis qu'au mois de décembre, les Hivernales prennent place dans le centre-ville de La Garde, avec son lot de chalets et d'animations.

DOMAINE DE LA BARATONNE - CHAMBRE D'HÔTES €€

1640, RD 98
✆ 04 94 30 31 59
www.labaratonne.com
Chambre double de 120 à 140 €. Petit déjeuner inclus. Lit supplémentaire : 20 à 30 € (enfant jusqu'à 12 ans).

Blottie au cœur d'un domaine de 18 hectares, avec vignoble et oliveraie, cette maison de maître construite en 1735, entièrement rénovée dans la pure tradition provençale, dispose de chambres d'hôtes décorées avec goût et raffinement, qui bénéficient toutes d'une vue sur le jardin paysager, la fontaine Louis XIV et les vignes qui s'étendent au loin. Une belle piscine est accessible. Sur place, vous bénéficierez de dégustations de vins autour de moments festifs.

DOMAINE DE LA BARATONNE - DOMAINE VITICOLE

1640, D98
✆ 04 94 03 31 59
https://www.labaratonne.com
Ouvert du lundi au samedi : 10h30-12h30 et 14h30-17h30. Boutique. Salles pour réceptions/séminaires. Chambres d'hôte.

Cette propriété doit son nom aux trois frères qui s'y installèrent au début du XVIIIe siècle : Paul, Laurent et Pierre-Alexandre Baraton. Depuis 2011, la famille Bessudo a su redonner au Domaine de La Baratonne une identité forte, notamment au travers la production de vins en IGP Vin de Pays du Var d'une belle tenue. 7 cépages sont cultivés en agriculture bio sur 10,5 ha. On aime aussi le miel et l'huile d'olive maison. Vous pourrez aussi y organiser un évènement.

L'ENTREPÔT DU VIN

495, avenue Robespierre
✆ 04 84 88 53 85
https://www.lentrepotduvin.fr/
Ouvert du lundi au vendredi de 9h à 12h30 et de 15h à 19h30 ; le samedi de 9h à 19h30.

Depuis sa création, l'adresse ne nous a jamais déçus avec des conseils de qualité et une diversité conséquente de références : boissons, vins, champagnes, alcools, bières d'ici et d'ailleurs, coffrets cadeaux, paniers garnis, accessoires, carafes... De quoi combler les envies des amateurs de la région ! Le véritable plus : les prix domaines pour les bouteilles de vin ! On en trouve ici pour tous les budgets, l'esprit de la cave de l'Entrepôt n'étant pas élitiste pour un sou, mais bien orienté vers le partage et la découverte.

HYÈRES ★★★

La ville de Hyères a connu une vraie renaissance ces dernières années grâce à de nombreux travaux d'embellissement et cela concerne surtout son centre-ville : création d'une promenade des arts avec de nombreux ateliers d'artisans ou d'artistes établis au rez-de-chaussée d'immeubles anciens dans le Vieux Hyères, réfection de plusieurs rues dans le centre médiéval, reconstruction de la grande place principale de la ville inaugurée pendant l'été 2019, construction en cours d'un musée des cultures et du paysage dans l'ancienne banque de France.... Une promenade en front de mer a été inaugurée en 2019 entre le Port Saint-Pierre et l'Ayguade.

Histoire

Fondée par les Phocéens de Massalia – Marseille – au IVe siècle avant J.-C., la ville d'Olbia se développe rapidement grâce au commerce des peaux, de l'huile, du vin, mais aussi du sel issu des salines toutes proches. La ville romaine se développe rapidement, devient une importante base dotée de thermes. Elle subit à son tour les invasions barbares. Au XIe siècle, les seigneurs d'Hyères s'installent sur la colline et font bâtir un puissant château fort. La rapide expansion de la ville nécessite la construction de plusieurs enceintes successives. Les guerres de Religion ravagent la ville, le château est détruit. Au XVIIe siècle, Hyères est déjà réputée pour la douceur de son climat. Plus tard, Pauline Borghèse, Victor Hugo, Tolstoï, la reine Victoria viennent y séjourner et contribuent à sa notoriété.

CHÂTEAU D'HYÈRES ★

Montée de Noailles
Accès libre.

Perchées sur la colline, les ruines du Château de Hyères font partie des images carte postale de la ville et on les aperçoit facilement depuis le centre historique. Construit au XIe siècle sur un piton rocheux à 190 mètres d'altitude, le château d'Hyères fût un des plus grands châteaux de Provence. Il fût remanié par Charles 1er d'Anjou en 1257 et démantelé par Henri IV pendant les guerres de religions. Puis il fût rasé sur ordre de Louis XIII. Classé monument historique, il présente d'importants vestiges et offre une vue imprenable sur les Iles d'Or.

LA VILLE MÉDIÉVALE ★★

Accès libre toute l'année.

La ville d'Hyères se développe autour du château construit par Pons de Fos au XIe siècle. On peut y découvrir les traces des trois enceintes successives et de nombreuses ruelles pittoresques dévoilant un patrimoine d'une richesse et d'une diversité exceptionnelles. Depuis 2017, la ville de Hyères et l'office de tourisme ont mis en place un parcours des arts dans le cadre de la revalorisation du centre ancien : de nombreux artisans d'art et artistes accueillent les visiteurs dans leur atelier pour faire découvrir leur métier et leurs créations.

VAR

Façades de maisons à Hyères.

ESPACE NATURE DES SALINS D'HYÈRES ★★

Rue Saint Nicolas ✆ 04 94 01 09 77

Ouvert toute l'année du mercredi au dimanche. Horaires différents en été, de novembre à mars et d'avril à octobre.

Inauguré par Toulon Provence Méditerranée en 2006, ce site est la propriété du Conservatoire du Littoral depuis 2001. Animé par la Ligue de Protection des Oiseaux, il propose des expositions, conférences, organisation de visites thématiques.

Les salins d'Hyères constituent l'un des espaces naturels les plus remarquables du littoral varois et ils sont facilement accessibles en voiture ou même à vélo depuis le centre de Hyères. Ils forment un ensemble de zones humides constituées de deux unités distinctes : le salin des Pesquiers, avec le marais Redon, qui recouvre au total 550 hectares dans la partie centrale du double tombolo de la Presqu'île de Giens, et les Vieux Salins, étendus sur 350 hectares, qui longent le littoral sur près de 3 km. Favorable au développement de la biodiversité, ces sites offrent un ensemble d'habitats parfaits pour la faune et la flore et ils accueillent déjà plus de 350 espèces d'oiseaux et 300 variétés de plantes. On peut y observer par exemple un grand nombre d'oiseaux comme la Chevêche d'Athena, le Traquet motteux ou le Goéland railleur. Mais les Salins sont aussi fréquentés par beaucoup d'espèces de papillons tels que le Morio, le Tircis ou la Mégère, sans oublier des araignées typiques de la région comme le saltique sanguinolent ou la neriene radiata.

Pour les découvrir à l'occasion d'une promenade en toute liberté, la piste « Levée de Saint-Nicolas », réservée aux piétons et cyclistes, a été aménagée aux Vieux Salins et rejoint l'Espace Nature.

VILLA NOAILLES ★★

Montée Noailles ✆ 04 98 08 01 98

www.villanoailles-hyeres.com

Ouvert toute l'année du mercredi au dimanche, de 13h à 18h. Visite guidée le dimanche à 15h (sans réservation).

La Villa Noailles est vraiment l'une des visites incontournables à faire dans le vieux Hyères. Il vous faudra aller dans les hauteurs, et faire travailler un peu vos gambettes pour y accéder mais vos efforts seront récompensés, car ce un lieu est véritablement magique, à la fois chargé d'histoire et d'une certaine magie insufflée par l'équipe dirigeante.

Ce temple de la modernité, d'un blanc immaculé, réalisé par l'architecte Robert Mallet-Stevens, offre l'aspect d'un ensemble de cubes superposés, disposés en fonction du relief du terrain et de la course du soleil, pour offrir un ensoleillement maximal tout au long de la journée. Le jardin comporte de larges baies comme autant de trouées sur le paysage dont la forme rectangulaire peut évoquer le cadre d'un tableau sur un mur. De nombreux artistes vécurent et créèrent dans cette villa d'un confort extrême, avec de multiples salles de bains, une piscine et un squash. Abandonnée après la mort de Marie-Laure de Noailles en 1972, la villa fut finalement rachetée par la ville d'Hyères puis transformée en un centre d'art, d'architecture, de mode, photo et design, proposant également des ateliers pour enfants. C'est le lieu hype hyèrois par excellence côté culture.

Le célèbre festival de la mode de Hyères s'y tient chaque année et il est fréquenté par des créateurs de génie dont certains sont très connus ; Karl Lagerfeld a, par exemple, a participé à une des éditions. En 2023, la 38e édition du Festival de la mode d'Hyères devrait se dérouler du 12 au 15 octobre.

BATEAU TAXI LE PÉLICAN

Port de l'Île de Porquerolles

✆ 06 09 52 31 19

www.bateaux-taxi.com

De la Tour Fondue au port de Porquerolles, forfait de 200 € AR jusqu'à 6 personnes, 32 € l'AR par personne de 6 à 12.

Bon à savoir pour les familles nombreuses ou les groupes d'amis : pour effectuer la liaison Hyères – Porquerolles, privatiser un bateau peut constituer une option intéressante pour les groupes de 6 à 12 personnes (voire plus en les contactant). Bien entendu, cela représente un coût non négligeable mais vous serez loin de la foule et pourrez choisir les horaires qui vous conviennent. Le Bateau-Taxi Le Pélican propose aussi des tours des criques et des calanques de Porquerolles, de la plage du Langoustier et même de toute l'île.

COMPAGNIE TLV-TVM

Départs de la Tour Fondue (Porquerolles) et du port de Hyères (Port-Cros et Le Levant)

✆ 04 94 58 21 81 - www.tlv-tvm.com

Services réguliers toute l'année, tous les jours. Tarifs AR : entre 17,70 € et 24 € pour Porquerolles (selon la saison).

Pour aller sur les îles d'or, il existe des navettes régulières qui font la traversée tout au long de l'année. Les bateaux appartiennent à une seule et même compagnie : TLV TVM. Les départs pour Porquerolles s'effectuent au départ de la Tour Fondue, ceux pour Port-Cros et Le Levant depuis le port d'Hyères. En juillet et août, le circuit des 2 îles permet de visiter Port-Cros et Le Levant le même jour. Attention : sachez que la partie accessible de l'île du Levant est naturiste, et qu'en saison, il est fortement recommandé de jouer le jeu. À bon entendeur !

VAR

PORT SAINT-PIERRE (HYÈRES)

Capitainerie du Port
✆ 04 94 01 40 70
www.portshyeres.fr
Pavillon Bleu des Ports d'Europe (depuis 1989). 1 432 places à quai, dont 500 réservés aux bateaux de passage.

Pavillon Bleu des Ports d'Europe depuis 1989, ce port bénéficie d'un emplacement idéal sur la Méditerranée. Il est abrité des vents dominants par la presqu'île de Giens et s'étend sur 13 hectares. Avec près de 1 500 places, il possède une capacité importante et peut accueillir des bateaux jusqu'à 37 mètres de long. Plages et nombreux commerces à proximité. Notez que la ville de Hyères compte 4 autres ports : l'Ayguade, La Capte, Port Auguier et le port du Niel (à Giens).

CAMPING DOMAINE DU CEINTURON III**** €€

2, rue des Saraniers ✆ 04 94 66 32 65
www.ceinturon3.fr
Ouvert d'avril à fin septembre. Gardé 24h/24. Terrain de 3 ha. 159 emplacements. Exposition : mi-ombragé. Sol : herbeux.

A la recherche du calme et la proximité de la mer (à 80 mètres !), vous serez conquis par ce domaine arboré. Sous la tente, dans votre camping-car ou l'un des 18 mobil homes confort en bois (8 avec jacuzzi privatif sur la terrasse) parfaitement équipées (pour 2 à 6 personnes), les options ne manquent pas. Entre la piscine, les jeux, le restaurant (tenu par l'une des filles de la famille) ou les animations en été, vous serez servi. Le village de l'Ayguade et ses marchés sont à 400 mètres.

POPOTE'S €

290, chemin de la source
✆ 06 13 63 23 65
https://www.popotes-hyeres.com/
Cuisine et pâtisserie végétarienne ou vegan 100% maison. Vente à emporter ou dégustation sur place. Pensez à commander !

Chez Popote's, Pauline cuisine pour vous avec passion tout en partageant son goût prononcé pour les produits bio et locaux. À emporter ou sur place, la cuisine s'associe à l'éthique et au bien-être en vous proposant des plats végétariens ainsi que de délicieuses pâtisseries vegan. Les saveurs méditerranéennes sont revisitées de façon gourmande. Sucré ou salé, on se laisse tenter par cette cuisine 100 % maison. Le plus qui fait aussi une différence : les emballages sont biodégradables. Un vrai respect dans votre assiette, pour votre corps et l'environnement.

LE BON COING €

41, place Massillon
✆ 04 22 44 81 88
https://le-bon-coing.business.site/
Ouvert tous les jours de 7h à minuit. Sans réservation. Carte : 27 € environ.

Depuis 2018, le mythique Bon Coing, une adresse d'anthologie à Hyères, a été repris par Déborah et on peut dire qu'elle a clairement donné une seconde jeunesse à ce bistro. Dans ce restaurant-brasserie-glacier, la cuisine est simple et d'un bon rapport qualité-prix : salades géantes, marmite du pêcheur, moules frites, loup grillé, entrecôte... Et en dessert, le choix est vaste (glaces, tarte Tatin ou crème brûlée...) En juillet-août, dès l'heure de l'apéro, l'ambiance bat son plein sur la Place Masillon, et les repas y sont d'autant plus agréables.

LE PAVILLON THAÏ €€

33, avenue Alphonse Denis
✆ 04 94 23 08 10
Ouvert du mardi au samedi. Service du déjeuner de 12h à 14h, diner de 19h à 22h. Plats de 14 à 17 €.

Une déco moderne mais discrète, du mobilier chaleureux, un jardin verdoyant ; installé en centre-ville de Hyères depuis 2014 (après 15 ans au Lavandou), le Pavillon Thaï ne cesse de régaler les papilles des amateurs de cuisine thaï et des curieux. Goûtez, par exemple, aux encornets farcis curry rouge, à la salade papaye-crevettes, aux soupes tropicales et aux viandes poivre et ail. Nous recommandons les trois créations « Gourmande, Assortiment ou Fraicheur Tropicale » ; des assiettes étoffées et savoureuses. Bref, une table raffinée pleine de saveurs dépaysantes !

RESTAURANT LA COLOMBE €€

663, route de Toulon
✆ 04 94 35 35 16
www.restaurantlacolombe.com
Haute saison : mercredi et samedi soir ; jeudi, vendredi et dimanche midi et soir. Menus de 39 à 69 €.

L'établissement de Nadège et Pascal Bonamy a célébré son 35e anniversaire en 2022 mais il n'a pas pris une ride ! Le décor est tendance avec des couleurs douces et harmonieuses, dans des tons gris et ivoire, associés à des matériaux dans l'air du temps. Quant à la cuisine de Pascal Bonamy, avec la Méditerranée en filigrane, elle ronronne : carpaccio de daurade au citron vert et baies roses ; gambas rôties, crème curry-coco ; pavlova aux fraises et crème légère à la citronnelle... Depuis la crise sanitaire, une partie de la carte est également à emporter.

SOLLIÈS-VILLE

L'église Saint-Michel, construite au XIIe siècle, abrite un retable de Saint-Roch du XVIe siècle, un remarquable buffet d'orgue de 1499, et un Christ en bois du XIIIe siècle. Les promenades au fil des petites rues pavées sont agréables, et sur la place du village, un platane centenaire dispense son ombre bienveillante pour un moment de repos. Chaque année au mois de décembre, un petit vent de magie souffle sur Solliès-Ville lors du circuit des crèches : les particuliers exhibent leurs trouvailles ou créations les plus originales, cela mérite le détour. Dans le même temps au musée du Vêtement provençal, la foire aux santons attire elle aussi son lot de curieux.

LES BASTIDES DU GAPEAU €€

3483, RD 554 - **SOLLIÈS-TOUCAS**
✆ 04 98 08 00 20
www.lesbastidesdugapeau.com
Ouvert toute l'année. Chambre double de 78 € à 95 € ; studio-appartement de 105 € à 145 €. Petit déjeuner : 8,50 €.

© LES BASTIDES DU GAPEAU

Accolées à la Bastide Enchantée, les Bastides du Gapeau se composent de chambres doubles standards et supérieures (certaines avec terrasse), et de studios et appartements T2 tout équipés. La résidence hôtelière compte également une chambre nuptiale avec terrasse de 130 m² et bain à remous privatif. L'ensemble est moderne et impeccablement tenu ! En tout cas, couplé au restaurant, il tombe à point nommé pour recevoir des événements, privés comme professionnels ; la salle de séminaire peut accueillir jusqu'à 150 participants.

LE MUSÉE DU VÊTEMENT PROVENÇAL ★

3, rue de la Marseillaise
✆ 04 94 33 72 02
Fermé le mercredi après-midi. Ouvert du mardi au samedi. Visite libre, ou visites guidées sur rendez-vous. Gratuit.

A l'intérieur d'un ancien moulin à huile du XVIIIe siècle, ce musée expose plus de deux cents vêtements féminins, masculins, d'enfants, ainsi que de nombreux accessoires de la vie quotidienne des années 1800 à 1920. Sa visite est le point de départ d'un circuit guidé proposé par l'équipe du musée, et qui mènera ensuite le promeneur à l'Eglise Saint-Michel et au musée Jean Aicard. Chaque année, de la fin novembre jusqu'à Noël, le musée accueille une foire aux santons à ne pas manquer.

MUSÉE JEAN-AICARD

Place Eugène-Sylvain
✆ 04 94 33 72 02
Ouvert du mardi au samedi. Visite libre, ou visites guidées sur rendez-vous. Gratuit.

Ce musée est consacré à la vie du célèbre poète, romancier et académicien Jean Aicard. Natif de Toulon en 1848, exilé à Paris pour raisons professionnelles, il choisit de résider à Solliès-Ville dès 1916, avant de devenir maire de la commune de 1919 à 1921. Sa maison, accolée presque blottie à l'église, renferme aujourd'hui de très nombreux souvenirs et effets du personnage (meubles, tableaux, bougeoirs...). C'est dans cette maison qu'il écrira « Gaspard de Besse » ou encore « Forbin de Solliès ou le Testament du Roi René ».

ECO PARK DE LA CASTILLE

RD554 route de la Farlède
✆ 07 60 29 67 89
www.ecopark-adventures.com/fr
Ouvert de mi-février à mi-novembre. Ouverture dès 10h pendant les vacances d'été. À partir de 7 € pour le minipark.

Au cœur du Domaine de La Castille, entre vignoble et rivière, l'EcoPark abrite 10 parcours d'accrobranche, classés selon le niveau de difficulté, avec un accès à partir de 2 ans. Idéal pour une sortie en famille ou entre amis, à l'ombre de majestueux platanes. Le domaine est aussi un terrain de jeu propice pour les joggers et autres adeptes du VTT. Possibilité vous est offert de déjeuner au restaurant du Château de La Castille (sur réservation). Et pour d'autres sensations, tentez l'Explor Games, une aventure entre le jeu de piste numérique et l'Escape Game.

GIENS ★★★

L'ancienne île de Giens faisait jadis partie de l'archipel des îles d'Or. Deux cordons de sable, des tombolos, formés par les courants marins et par les petits fleuves le Gapeau et le Roubaud, ont progressivement rattaché le rocher de Giens à la côte. Ainsi est née la presqu'île. Le cordon ouest n'est large que de 50 m et bordé tout le long par la plage de l'Almanarre, où se retrouvent les meilleurs spécialistes du monde de planche à voile et de kitesurf (possibilité de visionner la plage sur le site internet de l'office de tourisme). Celui de l'est, plus large (200 m dans sa partie la plus étroite), est bordé par la plage de la Capte, plage rêvée pour les enfants et pour la tranquillité des parents, puisque l'on a pied jusqu'à 60 m du rivage ! Entre ces deux tombolos se trouve l'étang des Pesquiers, une zone de salins où, jusqu'à une époque très récente (1994), on ramassait encore le sel. Propriété du Conservatoire du littoral, c'est une zone de nidification où se plaisent quelques espèces remarquables, il n'est d'ailleurs pas rare de pouvoir observer des dizaines de flamants roses venus ici après un très long voyage, mais aussi foulques, canards et autres aigrettes. Plus de 250 espèces d'oiseaux se rencontrent ici chaque année. La douceur du climat favorise également la croissance de plantes adaptées au sel et à la chaleur, des orchidées sauvages, la salicorne, le réséda blanc, le panicaut maritime, plante rarissime. Autour de Giens, ne manquez pas de visiter les petits ports traditionnels qui font le charme de la presqu'île hyéroise : petit port du Niel et le port de La Madrague. Découvrez aussi le port de la Tour-Fondue – déformation de « fendue », pour souligner son état de ruine –, site d'embarquement privilégié pour la traversée en direction des îles d'Hyères. A l'extrême pointe sud-est de la presqu'île, des pointes sauvages (notamment la pointe de la Badine à l'est), ont su garder le caractère typique d'une langue de terre qui hésite encore à se laisser tenter comme ses sœurs par l'appel du large. Au milieu du square Bachagha-Boualem, une table d'orientation permet d'admirer le paysage dans un panorama à 360°, idéal pour comprendre la géographie particulière du double tombolo unique au monde et les îles de Porquerolles, du Levant, et le parc national de Port-Cros. Le poète-diplomate Saint John Perse, prix Nobel de littérature en 1960, est inhumé dans le petit cimetière du village de Giens.

CAMPING CLAIR DE LUNE**** €€

27, avenue du Clair de Lune
✆ 04 94 58 20 19
www.campingclairdelune.fr

Locatifs à partir de 26 € par nuit jusqu'à 312 € par nuit selon la saison. Appartements à partir de 24 € par nuit.

Le Camping Clair de Lune répondra certainement à vos attentes. Avec un emplacement idéal, situé à 200 m de la mer et à 600 m de la plage, ce camping possède des appartements et mobil-homes, dont certains bénéficient d'une vue sur la mer et d'un Jacuzzi privatif. Le camping idéal pour les petites familles, est situé à 200 m de l'école de planche à voile Spin-out, de l'école de kitesurf, du centre de plongée Diving'iens et de L'Aphrodite Spa. Bon plan !

CAMPING INTERNATIONAL & SPA**** €€

1737, route de la Madrague ✆ 04 94 58 90 16
www.international-giens.com

Emplacement + véhicule + 2 personnes de 28 à 45 €. Locatifs 1 à 4 personnes de 48 € à 396 € la nuit.

C'est le camping idéal pour des vacances en couple, en famille ou entre amis. À 400 mètres du village de Giens, de la plage de l'Almanarre, il jouit d'un accès dans la baie à 50 mètres seulement. Appartement, villa, mobil-home, emplacement tout confort, le choix est large selon votre envie et budget. Sur place profitez de deux restaurants (vue mer et vue piscine), d'une piscine chauffée, école de planche à voile et de plongée, d'un spa, d'une salle de fitness et d'une terrasse plancha.

CAMPING L'ÎLE D'OR*** €€

Boulevard Alsace-Lorraine
✆ 04 94 58 20 55
www.camping-iles-d-or.com

Emplacement + véhicule + 2 personnes de 30 € à 39 €. Mobil-homes pour 4 à 5 personnes de 62 € à 150 € la nuit.

Situé à l'extrémité de la plage de La Capte, ce camping profite d'un bel emplacement. A 400 m de la longue plage de la Badine, il met à disposition des emplacements et mobil-homes avec terrasses ombragées. La pointe de la Presqu'île de Giens est une zone au caractère très sauvage et un lieu privilégié pour les vacanciers amoureux de la nature. Point de départ pour des randonnées le long du sentier du littoral. Un camping apprécié pour l'ombre, le calme et sa proximité de la plage. Une bonne adresse au bon rapport qualité-prix.

VAR

HÔTEL-RESTAURANT LE PROVENÇAL*** €€

113, place Saint-Pierre ✆ 04 98 04 54 54
provencalhotel.com

Tarifs variables selon la saison : chambre double à partir de 117 €. Haute saison : chambre double de 165 € à 200 €.

À l'extrême sud de la presqu'île de Giens, cet établissement bénéfice d'une vue imprenable sur les îles d'Or et le grand large. À 300 mètres en contrebas, le parc fleuri est superbe. L'hôtel dispose aussi d'une résidence de 23 appartements en location toute l'année, à la semaine : du studio au 4 pièces – avec terrasse plein sud. Et côté détente : terrains de tennis, beach-volley et pétanque ainsi qu'une piscine d'eau de mer – ouverte de juin à octobre – surplombant la Méditerranée.

DOMAINE DE LA PRESQU'ÎLE DE GIENS €€

12, Chemin de Port Augier ✆ 04 94 58 22 13
www.giens.com

7 villas à Port-Augier (89 à 155 €/nuit) et les résidences de la Madrague : studios, cabanons et villas (dès 77 €/nuit).

Gros coup de cœur pour le domaine de la Presqu'île de Giens ! Pour vous loger, vous aurez le choix entre 7 jolies villas au Port Augier (2 à 10 personnes), avec terrasses ou jardins, et les résidences de la Madrague : un studio, trois cabanons et deux villas (2 à 8 personnes). Vous pouvez également rester au cœur du vignoble en optant pour le camping à la ferme grâce à l'un des dix mobil-homes (4 personnes). À quelques minutes des plages et du village de Giens, détente assurée !

LA BOUILLABAISSE €€

3305, route de la Madrague
✆ 04 94 58 22 15
www.labouillabaisse.fr

Tous les jours midi et soir sauf le mercredi. Menu à 38 €. Formule midi : 25 € (entrée, plat, dessert).

Comme son nom l'indique, ce restaurant est spécialisé dans la bouillabaisse traditionnelle, qu'il réalise à merveille avec des poissons de roche arbanais de la pêche locale (port de la Madrague). Vous pourrez également déguster une délicieuse soupe de poisson mijotée durant 3 heures, accompagnée de croûtons et rouille au safran maison. Les plats côté terre ne sont pas en reste : tartare de bœuf au couteau ou magret de canard rôti au miel et sa polenta. En plus, les desserts sont faits maison. Une belle adresse conviviale, face au petit port de la Madrague.

LE POISSON ROUGE €€

Port du Niel
✆ 04 94 58 92 33
www.restaurantlepoissonrouge.fr

Ouvert du mardi soir au dimanche midi. Réservation conseillée. Groupes possibles. Formule midi à 31 €.

Sur le petit Port du Niel, ce restaurant de poisson est l'un des plus fameux de la Presqu'île avec plus de 30 ans d'existence grâce à la famille Cordier. Grillés, vapeur, ou farcis, les produits de la mer sont préparés avec raffinement. Côté menu, les clients apprécient particulièrement l'accueil chaleureux et la grande variété de tapas (olivade noire aux anchois, foie gras de la mer...). En plat de résistance, on vous recommande les poissons, toujours frais et souvent locaux. Coup de cœur pour l'immense terrasse à flanc de colline avec vue imprenable sur la mer !

PRADEAU PLAGE €€

1420, avenue des Arbanais ✆ 04 94 58 29 06
www.pradeauplage.com

Ouvert de Pâques à Toussaint, tous les jours midi et soir. Carte uniquement, plat autour de 25-30 €. Poisson au poids.

Est-il encore besoin de présenter le Pradeau Plage, véritable institution sur la Presqu'île de Giens depuis 1989 ? Dans un environnement absolument sublime, sous l'ombre bienfaisante des pins odorants, et avec la sublime Porquerolles en toile de fond, on vous propose ici une cuisine méditerranéenne faisant la part belle aux produits de la mer : poissons frais, langouste (sur commande), gambas à la provençale façon Celou, brochettes de noix de Saint-Jacques fraîches ou encore bourride de lotte. Quelques viandes sont également au menu, réactualisé cette année.

APHRODITE SPA

1735, route de la Madrague
✆ 07 77 90 22 22
https://www.aphroditespa.fr/fr/

Ouvert toute l'année et sur réservation. A partir de 45 € le soin et 35 € la manucure.

Si vous avez envie de vous faire chouchouter de la tête aux pieds, vous trouverez votre bonheur à l'Aphrodite Spa sur la Presqu'île de Giens. Le Centre Aphrodite Spa propose de très nombreux soins pour vous relaxer et vous apaiser : soins du visage, beauté des mains et des pieds, massages, soins esthétiques, épilations... Le spa est accessible également en espace détente. Parmi les infrastructures sur place : bain bouillonnant, hammam, sauna, salle de relaxation, douche norvégienne, douche expérience.

LA PETITE FLOTTILLE

3226, route de la Madrague
✆ 06 15 31 60 70
www.lapetiteflottille.com
Bateaux sans permis à louer à partir de 170 € la journée, avec permis à partir de 220 €. Kayaks et paddles dès 7 €/h.

Si vous rêvez d'un peu d'indépendance pour voguer sur les flots à Hyères, on a l'adresse qu'il vous faut ! Avec sa petite flotte de 25 bateaux en été, avec ou sans permis, la Petite Flotille vous propose des escapades à la journée ou à la demi-journée, sans accompagnateur. Certaines embarcations, dotées d'une cabine, sont particulièrement adaptées aux jeunes enfants. Pour les plus sportifs, la location de kayaks et de paddle est également possible. Une deuxième base se tient au petit port du Niel. Super accueil de Julie et Cédric.

PORQUEROLLES ★★★★

La plus grande des îles d'Hyères avec ses 7 km de long et ses 2,5 km de large du nord au sud – 1 250 ha –, est toujours aussi attractive. Il vaut mieux toutefois venir hors période estivale pour en apprécier toute sa beauté. La côte nord est la plus accueillante, avec de nombreuses plages de sable que bordent des pinèdes et garrigues. La côte sud est plus abrupte ; l'intérieur, enfin, est peu habité. Au début du XXe siècle, en 1905, la Compagnie foncière prend possession de l'île en vue de la transformer en exploitation agricole, mais moins de 10 ans plus tard celle-ci fait faillite et l'adjudication de l'île s'effectue au profit de François-Joseph Fournier qui, ayant fait fortune en découvrant l'un des plus gros filons d'or du Mexique, l'achète pour un million de francs. Commence alors sur l'île l'ère Fournier. Tous les habitants sont employés pour la production viticole – importante avec 12 000 hl par an –, maraîchère ou fruitière – avec des productions d'agrumes, pamplemousses, mandarines… –, ou encore comme artisans ou domestiques au service de la maison Fournier. L'île pratique une sorte de vie communautaire et fonctionne en autarcie. Cet âge d'or prend fin avec la mort de François-Joseph Fournier en 1935 et le début de la guerre en 1939. Trois ans plus tard l'île subit l'occupation italienne, puis allemande l'année suivante. Elle est libérée le 22 août 1944 par les tirailleurs sénégalais. En 1971, l'État français rachète une grande partie de l'île, la mettant ainsi à l'abri du bétonnage intempestif et le remet en dotation au parc national de Port-Cros qui en assure la gestion. Depuis 1979, le Conservatoire botanique de Porquerolles sauvegarde la flore méditerranéenne et, grâce à l'isolement sanitaire de l'île, il conserve des collections de ressources génétiques fruitières à l'abri des agents pathogènes qui ravagent les arbres fruitiers. Aujourd'hui, le village de Porquerolles est presque un hameau, comprenant quelques hôtels et restaurants, quelques maisons de pêcheurs autour de la place d'Armes, et un tout petit port de plaisance. L'île offre dès le mois de mai un joli programme de festivités et ce jusqu'en septembre.

Histoire

Dans l'Antiquité, l'île faisait partie d'un archipel cité dans la mythologie grecque – les Stoechades –, et Ulysse aurait même terminé ses jours sur l'île de Porquerolles – si l'on en croit la légende. Quelques siècles plus tard, les moines de Lérins s'installent dans un habitat fortifié sur les hauteurs – Ve siècle –, puis l'île n'échappera pas aux Sarrasins, aux barbares et aux pirates, à l'image du reste de la Provence côtière – VIIIe-IXe siècles. Mais Porquerolles n'a pas encore fait le plein de ses malheurs. Les troupes de Charles Quint ravagent l'île en 1535. Au XVIIe siècle, Richelieu lance un programme de fortifications et de construction de forts sur l'île, ce qui ne l'empêche pas d'être pillée par les Anglais et les Hollandais. En 1810, Napoléon renforce les garnisons de Porquerolles. Des soldats rentrant des guerres coloniales, profitant du climat particulier, viennent s'y soigner. A la fin du XIXe siècle, un nouveau fléau ravage l'île : le feu. Un incendie non contenu ravage plus de la moitié de sa superficie.

LA CALANQUE DE L'OUSTAOU DE DIOU ★

Ouvert toute l'année. Nécessite 30 minutes de marche ou 10 minutes de vélo depuis le village.

Avec son agréable cadre sauvage et préservé niché entre deux falaises, cette calanque invite à la baignade… Mais attention aux nombreux oursins qui peuplent les eaux de cette crique ! Puisque l'anse est plutôt étroite, nous vous conseillons d'y arriver tôt le matin pour espérer y étendre votre serviette. Oustaou de Diou signifie la maison de Dieu et témoigne de l'existence passée de l'ancienne chapelle qui se dressait ici. Un petit coin de paradis tellement dépaysant !

VAR

LE FORT SAINTE-AGATHE ★

Chemin de Notre-Dame ✆ 04 94 58 07 24

Ouvert du mardi au dimanche de 10h à 18h. Visites guidées les mercredis et vendredis à 10h à 10 €, visites libres à 5 €.

Erigé au XVIe siècle sous François Ier sur le site de l'ancien château, le fort se situe à un emplacement stratégique. Dominant le port, et offrant une vue à 360 °C sur l'île et la rade d'Hyères, il joua un rôle défensif pendant des siècles. En 1991, il est affecté au Parc national de Port-Cros. Depuis, il accueille régulièrement des expositions temporaires ainsi que le festival de jazz chaque mois de juillet. Son fond permanent est constitué, quant à lui, d'un ensemble d'objets relatifs au patrimoine terrestre et sous-marin des îles d'Hyères.

PLAGE DE LA COURTADE ★

Ouverte toute l'année. Située à environ 800 m du village, à 10 minutes à pied ou 5 minutes en vélo.

Non loin du Port de Porquerolles, cette plage de sable fin est la plus proche du village et donc la plus fréquentée. Elle se trouve seulement à 10 minutes à pied de la place d'Armes ou 5 minutes à vélo. Orientée nord-est, c'est une plage familiale aux fonds progressifs, qui offre à la fois du sable et des galets, et qui se prolonge par des criques à l'est. Sur environ 1 kilomètre, elle est bordée par une forêt de pins et d'eucalyptus qui laissent flotter dans l'air de douces effluves. Un petit coin de paradis qui figure sur de nombreux posts Instagram !

LA MAISON DU PARC ET LE JARDIN EMMANUEL LOPEZ

à la sortie du village, en direction du Phare

✆ 04 94 58 07 24

www.portcros-parcnational.fr/fr

Ouvert du 01/04 au 30/09, de 9h à 13h et de 15h à 17h30. Jardin toujours ouvert, sauf week-ends en novembre et décembre.

Pôle d'accueil du Parc national de Port-Cros sur Porquerolles, la Maison du Parc est attenant au Jardin Emmanuel Lopez, gratuit et ouvert toute l'année. Véritable invitation au voyage et à la flânerie, on découvre dans ce havre de paix de 1 hectare des essences méditerranéennes variées : yuccas, lauriers, glycines, palmier nain, lavandes, palmier des Canaries, palmier abricot, oliviers, jasmins et cactées diverses… Un magnifique écrin de verdure à ne pas manquer sur Porquerolles !

LE MAS DU LANGOUSTIER**** €€€

Chemin du Langoustier ✆ 04 94 58 34 83

www.langoustier.com

Chambre à partir de 155 €. Tarifs variables selon la durée du séjour et la saison. Restaurant, bar, piscine, tennis.

Cet hôtel de charme niché au milieu d'une pinède à l'extrémité ouest de l'île offre des prestations de luxe et a été récemment joliment rénové, ce qui lui donne encore plus de cachet. Les très belles chambres de cette adresse affichent une décoration provençale classique et raffinée. Grandes et lumineuses, elles disposent de tout le confort nécessaire à un séjour agréable. Il compte également deux restaurants : La Pinède, bistronomique, ou L'Olivier, au semi-gastronomique.

LE PHARE ★

Bâti début 1830, ce phare est l'un des plus puissants d'Europe. Il ne se visite pas, mais la vue mérite le détour.

Situé sur la pointe sud de Porquerolles, ce phare a été bâti au début des années 1830. Avec une hauteur de presque 21 mètres et une élévation de 84 mètres au-dessus de la mer, il offre depuis son esplanade une vue extraordinaire sur les collines du Langoustier, le fort Sainte-Agathe et les falaises du sud. Par beau temps, on distingue même le Massif des Maures et la rade d'Hyères sur le continent. Son feu a une portée de 54 kilomètres (29 miles) ce qui en fait l'un les phares les plus puissants d'Europe. Un incontournable de Porquerolles !

RESTAURANT LA PLAGE D'ARGENT €€

Chemin du Langoustier

✆ 04 94 58 32 48

http://laplage-dargent.com

Ouvert de début avril à fin septembre à midi selon conditions météo. Plat : 19-25 €. Tapas. À 5 mn à vélo du port.

Il faut parcourir près de 1,4 km à l'ouest du village pour rejoindre ce restaurant ouvert depuis 1957. Sur la belle terrasse en bois qui surplombe une plage de sable blanc paradisiaque, le dépaysement est total, aussi bien par le décor que par les assiettes, de l'entée au dessert : houmous, poulpe snacké, poke bowl, charcuterie... Le site est sublime et le rapport qualité-prix au rendez-vous. Un espace détente est également à disposition pour siroter un cocktail ou un verre de vin.

BALADE

LE SENTIER DU LITTORAL

Une superbe boucle de 6 km, tout autour de la presqu'île de Giens, vous permet de découvrir ce coin de nature sauvage et préservé, en allant à votre rythme. Le sentier est très facilement praticable et la totalité du parcours se fait en 3 heures environ. Tout au long du trajet, différentes boucles plus ou moins longues vont vous être proposées sur les panneaux d'information. Le point de départ se fait par le parc des chevaliers (1), une fois remontée l'avenue de Knyff depuis la Madrague. Calanques, criques et superbes vues sur des îlots vont se succéder sous vos yeux. La balade longe d'abord des plages avant de devenir plus vertigineuse en haut des falaises donnant sur l'île longue (2). Par temps couvert, la roche noire donne des airs de Bretagne. Suivez le balisage jaune. Très beau panorama à la pointe des chevaliers avec vue sur Porquerolles (3). La pointe Escampo-Bariou domine de belles calanques (4). Les points de vue sont photogéniques et préservés. Le bon air marin et des gabians curieux vous accompagnent. La plage du Pontillon est idyllique pour se rafraîchir (5). Pour retourner à votre point de départ, prenez à gauche au niveau de la plage des Darboussières (6). La boucle est bouclée, vous venez de découvrir une des merveilles naturelles de Provence.

VAR

PORT-CROS ★★★★

Faisant partie de l'archipel des îles d'Or au même titre que Porquerolles et Le Levant, d'une longueur de 4 km et d'une largeur de 2,5 km, elle est la plus petite des trois îles avec seulement 10 km². Après divers propriétaires, l'île fut partiellement acquise en 1921 par un notaire d'Hyères, Marcel Henry, qui, avec son épouse, s'attacha à la mise en valeur de l'île et surtout à sa préservation. Après sa mort, sa veuve fit don de l'île à l'État, en posant comme condition la création d'un parc maritime pour assurer la conservation de la faune et de la flore. C'est ainsi que le parc national de Port-Cros voit le jour en 1963. Figurant parmi les dix parcs nationaux français, il est également le plus ancien parc marin en Europe et en France. Port-Cros est un antre de la nature sauvage. Située sur les itinéraires migrateurs entre l'Europe et l'Afrique, l'île est devenue une étape de prédilection pour plus de 120 espèces d'oiseaux migrateurs, dont une trentaine sont nicheuses. Outre le ballet incessant des goélands et des cormorans huppés, on y trouve des espèces très rares, comme le faucon d'Eleonore, le goéland leucophée, le puffin cendré, le faucon crécerelle, le rossignol Philomène. On y trouve aussi en grand nombre la couleuvre de Montpellier et la couleuvre à échelons, le rat noir - qui vit dans les arbres -, la chauve-souris, le lézard. Couverte d'une végétation typiquement méditerranéenne, Port-Cros abrite également quelques espèces végétales rares telles que l'herbe aux chats.

▶ **Les plus beaux sites de l'île** sont le vallon noir, la baie de Port-Man, le vallon de la Solitude, la plage Sud. Attention, l'île se découvre uniquement à pied.

LE SENTIER SOUS-MARIN ★★

Plage de La Palud

✆ 04 94 01 40 70

De juin à début octobre. Comptez 30 à 40 min de randonnée palmée. Accès libre.

Parcours sous-marin balisé, réservé exclusivement à la baignade, entre l'îlot du Rascas et la plage de la Palud, son point de départ. Il suffit de disposer de palmes, d'un masque et d'un tuba pour le parcourir. Des bouées, immergées à quelques mètres de profondeur, balisent l'itinéraire et signalent les principaux points d'observation de la faune – plus de soixante-dix espèces – et des herbiers de posidonie. La Maison du parc vend sur place des guides plastifiés que l'on s'attache au poignet. Un parcours tout simplement magique !

L'ANSE DE PORT-CROS €€

Sur le port

✆ 04 94 15 00 42

http://ansedeportcros.com/

Ouvert du 1er avril au 31 octobre, tous les jours, midi et soir. Menus de 24 € à 38 €. Menu enfant : 15 €.

Ce restaurant est le tout premier que vous verrez sur le port en sortant du débarcadère. Sur la vaste terrasse en bois, à l'ombre de parasols blancs, ou bien à l'intérieur, dans une salle au charme un peu désuet, on déguste ici une carte aux parfums iodés, et pour cause : le poisson, c'est la spécialité de la maison depuis près de 30 ans ! À l'exception de ceux servis dans le menu du Marcheur, tous les produits sont issus de la pêche locale. Et si l'on est plutôt carnivore, la carte propose quelques plats de viande. Une bonne table pour se faire plaisir.

Port-Cros offre des paysages époustouflants.

LE LAVANDOU ★★★

Le village aurait été fondé par des pêcheurs génois et trois hypothèses sont émises quant à l'origine de son nom : lavadou (lavoir en provençal), lavandula stoechas (variété de lavande) ou le lavendour, vent d'est « lévent dur ». Jusqu'en 1913, le Lavandou était un quartier de Bormes, date à laquelle il devint une commune à part entière. Entièrement tourné vers la mer, le Lavandou est l'une des stations touristiques les plus en vue des côtes varoises. Son port peut accueillir jusqu'à mille cent bateaux de plaisance et ses douze plages constituent sans doute son meilleur attrait. Son surnom de « station aux douze sables » n'est pas usurpé.

HÔTEL BEAU RIVAGE*** €

18, avenue du Général-Bouvet
✆ 04 94 71 11 09
www.hotelbeaurivage.fr

Accès direct à la plage. Ouvert de mi-février à début novembre. Tarif de 86 € à 220 €. Petit-déjeuner 13 €.

A 15 mètres de la mer, vous êtes les pieds dans le sable, pour lézarder au soleil face aux îles d'Or, et dans l'eau, prêt à profiter de toutes les activités nautiques qui s'offrent à vous. Les chambres, dont certaines viennent d'être rénovées, bénéficient soit d'une vue mer, avec terrasse et balcon pour certaines, soit, côté jardin, d'une vue sur le parc avec ses massifs fleuris et ses pins centenaires, où il est possible de faire des pique-niques sous la tonnelle. Une très belle situation avec un excellent rapport qualité-prix.

LES FLOTS BLEUS*** €€

Plage de Saint-Clair
✆ 04 94 71 00 99
www.les-flotsbleus.com

Ouvert de mars à octobre. 41 chambres (et suites). Petit déjeuner buffet inclus. Chambre double de 145 À 260 €.

Situé en front de mer sur la plage Saint-Clair, la plus prisée du Lavandou, au cœur de l'animation balnéaire, cet hôtel de charme, réparti en quatre bâtiments, propose des chambres climatisées de grand confort, à la décoration provençale réalisée par un artiste, avec terrasse et vue sur mer pour certaines, entrée indépendante pour d'autres. Le petit plus qui fait toute la différence, un restaurant à la réputation solide est adossé à l'établissement. N'hésitez pas, au cours de votre séjour, à pousser la porte du Bistr'eau Ryon.

LES DOUZE PLAGES ★★

Jouissant de 12 kilomètres de littoral et de 12 plages, la commune du Lavandou est surnommée la « station aux douze sables ». A l'ouest, la plage de l'Anglade marque la limite de la ville. C'est une plage de sable fin, avec promenade piétonne en bois. La Grande Plage du Lavandou, en plein centre-ville, est une plage grand public. Sable fin, palmiers, plages privées avec location de matelas, restaurants de plage et activités nautiques variées. La plage de Saint-Clair, à l'est du port est une véritable perle au pied des pinèdes, particulièrement agréable le matin avant l'arrivée des vacanciers. On peut s'y rendre à pied par le sentier du littoral en une vingtaine de minutes depuis le port du Lavandou. Toujours vers l'est, la Fossette est une petite langue de sable, nichée entre deux pointes rocheuses. Moins fréquentée que les précédentes, elle se targue d'un restaurant de plage proposant location de matelas et parasols. Aiguebelle peut s'enorgueillir de ses eaux limpides dans l'heureuse complicité de la mer et du sable. On y trouvera aussi quelques restaurants et plages privées. La plage Jean Blanc, à 5,5 km du centre-ville environ, est une superbe plage ombragée, où le sable oscille entre blanc et argent. On installe sa serviette sur le sable pour en épouser tous les reliefs. La plage de l'Eléphant se classe parmi les plus difficiles d'accès. C'est une plage sauvage de sable et de rochers, ombragée par une végétation magnifique. La plage du Rossignol, qui s'apparente davantage à une crique tant elle est confidentielle, est elle aussi très difficile d'accès – le paradis se mérite, dit-on ! La plage du Layet, un peu plus loin, s'enorgueillit d'un sable fin et doré. Pour partie ombragée, elle ravira en journée les amateurs de bronzage intégral et les adeptes du naturisme. La longue plage de Cavalière – ne pas confondre avec Cavalaire– figure parmi nos favorites dans la catégorie grand public. Il s'agit d'une magnifique plage de sable fin plongeant dans l'eau tout en douceur. Également appelée « La Sportive », elle est dotée d'une école de voile, et de prestataires offrant parachute ascensionnel, jet-ski, ski nautique, beach volley... Moins fréquentée que la Grande Plage du Lavandou, la plage de Cavalière en est d'autant plus agréable. La plage du Cap Nègre se situe dans le prolongement de celle de Cavalière. La résidence familiale de Carla Bruni-Sarkozy domine en contre-haut. Pramousquier, la douzième à 8 km du centre du Lavandou, n'a pas de regard sur la route, et inversement. Un caractère qui la rend un brin mystérieuse.

PARC CAMPING DE PRAMOUSQUIER** €€

Chemin de la Faverolle ✆ 04 94 05 83 95
www.campingpramousquier.com
Ouvert d'avril à novembre, résa recommandée. Réception 8h/20h. Gardé 24h/24. 165 emplacements sur un terrain de 4,5 ha.

On se sent comme à la maison et dans un cadre exceptionnel, à seulement 400 m de la plage de sable fin de Pramousquier, cet agréable camping propose des emplacements aménagés en terrasse sur un parc avec vue mer et l'île du Levant. On conseille les bungalows terrasse extérieure couverte et salon de jardin ou les mobil-homes terrasse extérieure semi-couverte avec salon de jardin. Plus atypique, la tente canadienne sur pilotis (2 à 4 pers). Nouvelle tente spéciale randonneurs et vélos.

ROC HÔTEL*** €€

5, rue des Dryades
✆ 04 94 01 33 66
www.roc-hotel.com
Ouvert de début avril à mi-octobre. 30 chambres (100 % non-fumeur). À partir de 103 €. Plage privée.

Situé sur la superbe plage de sable de Saint-Clair, cet hôtel moderne, où le blanc illumine la façade, baigne dans le calme à quelques pas de l'eau, et à seulement deux kilomètres du centre-ville du Lavandou, de ses commerces et de son animation. Un hôtel familial avec des chambres personnalisées qui s'ouvrent, soit sur une vue idyllique sur la petite baie de Saint-Clair, soit sur les collines environnantes du massif des Maures. La plage privée de l'hôtel est disponible sur réservation avec supplément. Un bon rapport qualité-prix !

LA CAGE AUX POULES €

1, chemin du Four des Maures
✆ 06 12 38 86 45
Passez commande par téléphone.

Cette rôtisserie, aux antipodes des rôtisseries industrielles, propose des produits frais et locaux de grande qualité : poulets fermiers, poulets jaunes, rosbif, ribs, rôti de porc, merguez et chipolatas (fabrication artisanale par un boucher local). Tout est mariné avec une marinade maison à la recette secrète et les légumes sont bio puisqu'ils viennent du potager du grand-père des patrons ! L'établissement propose aussi des vins rosés de la région et de la bière des îles d'Or. Tout est local, tout est frais. Une valeur sûre avec un super accueil en prime !

LE MALT €€

Avenue Vincent-Auriol
✆ 04 94 64 95 23
www.restaurant-chezlaurent.com
Maître Restaurateur. Ouvert toute l'année. Menus de 25 à 34 €. Chèque Vacances, Chèque Restaurant. Terrasse.

La bourride de Laurent, le chef de cuisine, composée de 3 variétés de poissons, moules en coquilles, haricots verts, pommes de terre, crevettes, a fait la réputation de cette maison, où la cuisine provençale est mise à l'honneur. En dépit d'un certain succès bien mérité, l'accueil et la qualité sont toujours de rigueur. Tous les jeudis midi, il propose aussi un menu du marché au remarquable rapport qualité-prix. Pour les portefeuilles plus garnis, les menus sont on ne peut plus gourmand ! Réservation fortement recommandée car petite terrasse.

PLANCHES & GAMELLES €€

46, quai Baptistin-Pins
✆ 09 86 28 65 28
https://www.planchesetgamelles.fr
Ouvert toute l'année. Tous les jours de juin à septembre. Menu unique à 39 €. Vinothèque ouverte toute l'année.

P&G comme Planches & Gamelles. Un bistrot face au port de plaisance, à l'écart d'une trop forte agitation. En cuisine opèrent le chef Philippe Lespagnol (passé par Troisgros à Roanne et le grand Véfour à Paris) et son second Thomas Neri. Le rapport qualité-prix est toujours excellent le midi comme le soir, on s'y régale. Côté vin, ambiance vinothèque avec plus de 150 références disponibles toute l'année, en bouteille, au verre ou à emporter. Belle terrasse, cuisine maison et raffinée, produits locaux, on adore encore et encore !

LES TAMARIS CHEZ RAYMOND €€€

Boulevard de la Baleine ✆ 04 94 71 07 22
Fermeture annuelle de novembre à février. Réservation recommandée. Bouillabaisse 80 €, bourride 60 € par personne.

Une adresse incontournable, face à la plage de Saint-Clair, pour les amoureux des produits de la mer. L'établissement de Raymond Viale, le pêcheur-restaurateur, s'est constitué depuis 1963 une clientèle d'habitués, inconditionnels de sa bouillabaisse du pêcheur servie dans une faouque en chêne liège comme autrefois, de sa bourride, de son fameux chapon farci, et de toutes ses autres spécialités de poissons grillés au feu de bois. On adore les supions aussi ! Une belle adresse, authentique et une institution pour les amateurs de *bouiabaisso*. Réservation obligatoire.

© DOMAINE DE L'ANGLADE

© DOMAINE DE L'ANGLADE

© DOMAINE DE L'ANGLADE

DOMAINE DE L'ANGLADE

Avenue Vincent-Auriol ✆ 04 94 71 10 89
www.domainedelanglade.fr

Hors saison se renseigner. Du 01/04 au 31/10, ouvert du lundi au samedi de 9h30 à 13h00 et de 15h00 à 19h00.

Voici l'unique exploitation viticole au cœur du Lavandou, propriété depuis 1925 de la famille Van Doren, célèbre pour la fabrication de anches pour clarinettes et saxophones. Le domaine de 40 ha dont 19 de vignes est harmonieusement intégré dans un véritable écrin de verdure en bord de mer, où la vigne est protégée du marin par de jolis roseaux. Sur rendez-vous, vous pourrez réserver une visite complète qui comprend un tour dans les vignes à pied. À l'entrée du domaine, vous profiterez de la boutique pour faire vos emplettes d'un vin de renom.

© DOMAINE DE L'ANGLADE

© DOMAINE DE L'ANGLADE

BORMES-LES-MIMOSAS ★★★

Le village aurait été fondé vers 400 avant J.-C. par les Bormani, tribu ligure venue d'Italie qui vivait de piraterie jusqu'à la pacification romaine. Au IXe siècle, les habitants émigrent sur les hauteurs pour échapper aux attaques des Sarrasins. Le village était dominé par le château des seigneurs de Fos qui appartenaient à la même famille que les vicomtes de Marseille. Pendant l'Ancien Régime, Bormes était devenu le modèle d'un village autogéré par un conseil formé de bourgeois, d'artisans et de paysans. A la fin du XIXe siècle, les explorateurs anglais rapportèrent du Mexique une plante vivace, aux minuscules fleurs jaunes, le mimosa. Cette plante de la famille des acacias trouva dans l'amphithéâtre rocheux du village de Bormes un microclimat idéal. Il en existe environ 1 200 espèces dont plus de 700 sont originaires d'Australie. A Bormes, il y en a 90 variétés. L'absolu de mimosa est utilisé en parfumerie et en cosmétologie pour fabriquer des savons et l'eau de Bormes, de même qu'en cuisine où il entre dans la composition de bonbons, gelées de mimosa, sirops ainsi que la mimosette... La dénomination de Bormes-les-Mimosas se généralisa dans les années 1920 et devint officielle en 1968. Le mimosa, devenu le symbole de la cité, est fêté chaque année en février avec le corso fleuri. La ville s'enorgueillit aujourd'hui de posséder une collection de mimosas unique au monde dans un parc municipal, le parc Gonzalez.

VAR

© JEAN-LUC ARMAND

Bormes-les-Mimosas.

LE CAP BÉNAT ★

Domaine privé : découverte uniquement via le sentier littoral.

Cette petite pointe rocheuse située face aux îles d'Hyères se découvre principalement par la mer et c'est peut-être de cet angle qu'il se présente sous son plus bel aspect. Si cela ne vous est pas possible, pas de panique, empruntez le sentier littoral et c'est parti pour 14 kilomètres sur le fameux sentier des Douaniers. Il vous permettra d'admirer de sublimes paysages et la pointe du Port-qui-Pisse. L'extrémité du cap supporte le château de Retz, le sémaphore et surtout le phare. Une balade incontournable lors d'un séjour dans ce coin du Var.

CHÂTEAU DES SEIGNEURS DE FOS ★

13, avenue des Lauriers Roses

Château privé, fermé au public.

Classé monument historique depuis 1931, pour certaines de ses parties, notamment la tour principale, il ne reste aujourd'hui que des vestiges de la courtine en forme de polygone et du logis seigneurial de Roger de Fos, symbole de la souveraineté des vicomtes de Marseille. Les remparts sont également bien conservés. C'est le point culminant du village (104 m) d'où l'on peut contempler un superbe panorama sur Bormes, le Lavandou et les îles d'Hyères.

FORT DE BRÉGANÇON ★★

D42D

✆ 04 94 01 38 38

www.fort-bregancon.fr

Ouvert la première quinzaine de juillet et septembre. Visite guidée sur réservation auprès de l'office de tourisme.

Le promontoire de 35 m de haut, où se dresse aujourd'hui le fort, fut occupé dès l'époque celto-ligure. Au XIe siècle, la forteresse est bâtie avec ses 2 tours. En 1964, le général de Gaulle sera le premier chef d'État à dormir au sein du fort. Il décida de l'aménager en 1968 pour en faire la résidence officielle de villégiature de la présidence de la République. Depuis juin 2014, le fort a été rendu accessible au public avec la visite des jardins, du bureau du président, de la salle à manger, de la salle de télévision ou du petit salon.

LE VIEUX VILLAGE ★

Visite libre toute l'année grâce à la brochure de l'office de tourisme et au balisage dans le village.

Le village médiéval de Bormes-les-Mimosas est référencé parmi les plus beaux sites du Var. Au-delà de la rue Carnot, vous pouvez admirer la tour de l'Horloge, surmontée d'un campanile. Dans les vieilles ruelles tortueuses aux noms charmants, Plaine-des-Anes, Roumpi-Cuou, Venelle-des-Amoureux, remarquez l'architecture d'époque et son patrimoine du XIIe siècle, les poternes, les linteaux décorés, les encadrements sculptés des portes. De nombreuses boutiques et des restaurants vous feront certainement de l'œil tout au long de votre balade.

LATITUDE VERTE

Port de la Favière
✆ 06 51 08 30 04
www.latitudeverte.fr

Île de Porquerolles : Adulte 42 € Enfant 33 €. Île de Port-Cros : Adulte 31 € Enfant 25.50 €. Chèques Vacances.

Une toute nouvelle activité à Bormes-les-Mimosas qui est devenue un incontournable depuis 2019. Embarquez sur un navire à propulsion hybride, équipé d'une vision sous-marine, pour des balades en mer et des excursions commentées à Port-Cros, Porquerolles et le fort de Brégançon. Le navire limite l'émission de Co_2 et le bruit. Une première en France (hors Corse) avec la possibilité de visites sans débarquement ou avec débarquement en fonction des destinations choisies. Une navigation plus responsable, encadrée par une équipe de professionnels.

LE CAFÉ DU PROGRÈS €€

7, place Gambetta
✆ 04 94 46 00 19
https://www.hostellerieducigalou.com

Ouvert toute l'année. Menu 3 plats 19 € le midi jusqu'au 7/07/23 et à partir du 4/09/23. Ardoise 13€ à 35€. Carte 40 €

Attenant à l'Hostellerie du Cigalou en plein cœur du village de Bormes-les-Mimosas, le Café du Progrès est une adresse que l'on affectionne particulièrement. Dynamique tout au long de l'année (soirées musicales le vendredi entre octobre et avril), elle propose une carte alliant avec brio tradition, audace et modernité. Egalement très sympathiques, les formules sur ardoise avec entrée, plat et dessert. Des plats savoureux et toujours bien présentés. Félicitations à Fanny en cuisine et à l'équipe de salle pour cette jolie proposition !

HÔTEL DE LA PLAGE - HDLP €

352, boulevard de la Plage
✆ 04 94 71 02 74
www.hotelbormes.com

Ouvert d'avril à octobre. 43 chambres. Chambre double 111 € à 190 €. Demi-pension (ajouter 62 € pour 2 personnes).

Situé à 300 mètres des plages de Bormes et du Lavandou, et à proximité du port de la Favière, du fort de Brégançon et du vieux village, l'hôtel jouit d'une situation idéale. Les chambres, exposées plein sud principalement, se targuent d'un balcon ou d'une loggia. De taille confortable, elles assurent de belles prestations. Le petit déjeuner est un must, à prendre sur la terrasse ou dans le jardin. Au restaurant le soir, l'atmosphère sur la terrasse invite à la détente. Ici le chef aime à varier les plaisirs, les spécialités régionales sont mises à l'honneur !

© HDLP - BORMES LES MIMOSAS

© HDLP - BORMES LES MIMOSAS

VAR

HOSTELLERIE DU CIGALOU*** €€

place Gambetta
✆ 04 94 41 51 27
www.hostellerieducigalou.com
Chambres de 70 € à 250 €. Restauration bistrot, menus de 19 € (midi) à 35 € (soir) + ardoise 13 à 34 € midi et soir.

© HOSTELLERIE DU CIGALOU

Cet hôtel familial de charme est situé au cœur du vieux Bormes. Les 20 chambres bénéficient d'une décoration personnalisée. « Baroque », « bucolique », « baldaquin » ou « évanescente », évocation du temps qui passe, du retour au naturel, ou bien encore d'une épopée romantique… Certaines se targuent d'une terrasse, orientée village ou jardin. Vous aimerez vous prélasser au bord la magnifique piscine de l'établissement, un véritable Luxe pour cette demeure de famille au Bien Vivre !

CHEZ SYLVIA €€

872, avenue Lou-Mistraou
✆ 04 94 71 14 10
Fermé de décembre à début février. Carte : 38 € par personne environ. Jardin. Terrasse. Parking.

Situé sur la route principale entre Bormes et Le Lavandou, ce restaurant est une ode à la cuisine sicilienne ! Sylvia Giaramidaro, la maîtresse des lieux, veille au grain depuis 1953 à ce que les traditions culinaires de son île d'origine soient respectées. Secondée par sa fille Isabelle, et par Momo, le chef depuis plus de 20 ans, elle ne jure que par le fait maison, et avec des produits de qualité. Les pizzas, particulièrement appréciées des amateurs pour leur pâte fine et croustillante, sont préparées à l'ancienne avant d'être cuites dans le four à bois.

MIMOSA €€

284, boulevard du Front-de-Mer
✆ 09 87 36 49 46
https://mimosa.eatbu.com/?lang=fr
Ouvert tous les jours le soir. Du mercredi au dimanche midi. Réservation recommandée. Menus à partir de 49 €. Terrasse.

Le chef David Archinard et sa compagne Nathalie livrent une partition d'un excellent niveau, en cuisine comme en salle. La bistronomie locale, d'inspiration méditerranéenne, s'accorde à merveille avec la décoration chaleureuse de l'établissement. Oeuf parfait 64°c, pluma de porc rôtie au four ou desserts accordés avec les saisons. Menu réduit à quelques propositions, fraîcheur garantie. L'adresse a déjà charmé le guide Michelin avec l'attribution d'un BIB Gourmand. Une vraie belle adresse pour Bormes-les-Mimosas, à découvrir sans tarder !

PLAGE MEYNIAL €€

Plage de la Favière
✆ 04 94 71 70 97
www.plage-meynial.com
D'avril à octobre. Ouvert tous les jours le midi. Parking gratuit jusqu'au 15 juin.

Un vent de fraicheur souffle sur la Plage Meynial avec une nouvelle configuration depuis l'été 2019. Le lieu reste idéal pour un déjeuner face à la mer après une baignade matinale ou une douce promenade les pieds dans l'eau. Laurent et Clovis Meynial, restaurateurs-plagistes vous accueillent sur la plage de la Favière, la plus grande de Bormes. Les nombreux habitués comme les visiteurs de passage s'y sentent bien. Ici rien à cacher, on est clairement informé de ce qui est fait maison et de ce qui ne l'est pas ! Une belle adresse.

LA RASTÈGUE €€

48, boulevard du Levant
✆ 04 94 15 19 41
www.larastegue.com
Ouvert de fin mars à novembre. De juin à septembre, dîner exclusivement. Menu unique 56 €. Réservation impérative.

Grâce à leurs expériences et vécus professionnels, Jérôme Masson en cuisine et sa femme Patricia en salle ont conquis les épicuriens de Bormes-les-Mimosas et alentour. Que ce soit dans la salle confortable avec sa cuisine ouverte ou sur la terrasse, dont la vue s'échappe jusqu'à la Méditerranée, c'est un réel plaisir de découvrir la cuisine ciselée et franche de ce jeune chef. Dans son menu unique, il vous propose un repas bien complet comportant entrée, poisson, viande, fromage ou dessert. Attention il n'y a pas de viande en été.

LA TABLE DE L'HDLP €€

352, boulevard de la Plage
www.latabledelhdlp.com

Ouvert d'avril à fin octobre. Dîner tous les soirs de la semaine. Entrée, plat et dessert 45 € à 60 €. Menu enfant 12 €.

La Table de l'Hôtel de la Plage fait la part belle aux produits frais, tout est fait sur place. Convivialité et plaisirs au menu, il est possible de manger à l'intérieur, sur la terrasse chauffée pour les jours de fraîcheur, et sur la belle et grande terrasse extérieure à l'ombre des platanes. Goûtez aux spécialités provençales et méditerranéennes dans le pur respect des traditions. Le chef fait preuve de créativité et d'esthétique dans les présentations des plats. Chaque année la carte est renouvelée en fonction des produits, des rencontres ou des essais du chef.

LA TERRASSE DE L'OSTERIA €€

11, place Gambetta ✆ 04 94 64 47 56

Ouvert le dimanche, le lundi et du mercredi au vendredi le midi et le soir ; le samedi soir. Carte : 40 € environ.

Nous avions connu Marie et Jordane aux commandes de l'Osteria à quelques pas de là, revoilà le duo maintenant aux commandes de la Terrasse de l'Osteria, avec une superbe terrasse justement, surplombant la place Gambetta et avec un panorama exceptionnel jusqu'à la mer. On retrouve la cuisine italienne fraîche de Jordane en cuisine. Tout est maison, des pâtes aux gnocchis dont nous avons raffolé. L'ardoise des suggestions change toutes les semaines, sans compromis sur la fraîcheur et le goût. Marie assure un service souriant. Belle adresse !

CHEZ RICHARD €€€

1631, route de Léoube
✆ 04 94 71 60 22
www.restaurant-chez-richard.fr

Ouvert de mi-avril à mi-octobre. Haute saison : ouvert tous les jours le midi et le soir. Plat 15-25 € en moyenne.

Situé dans un site exceptionnel au bord de l'eau (la plage de l'Estagnol est un must), face aux îles d'Hyères, ce restaurant-snack joue à la perfection une partition à prix doux pour le plus grand bonheur des convives. Depuis 1998, cette adresse propose de belles salades composées, des grillades délicieuses de poissons et viandes, dont une fameuse côte de bœuf, une carte spéciale de moules et des spécialités provençales telles que la bouillabaisse. Parmi les suggestions du chef, daube de seiches, aïoli provençal ou encore seiches à la plancha.

PLONGÉE PRIVILÈGE

Port de la Favière ✆ 06 85 58 24 14
www.plongeepriveebormes.com

Centre ANMP. Équipement Scubapro. Ouvert de mi-mai à début novembre. Baptême, plongée d'exploration. Tarifs sur demande.

Après plus de quinze années passées sur le littoral de l'île de Beauté, Siglinde et Pascal ont retrouvé le continent depuis 2011. De mai à septembre, ils quittent leurs montagnes savoyardes pour Bormes-les-Mimosas, et proposent des plongées véritablement « privilégiées ». Loin, très loin, du concept des usines à bulles, ils vous convient à des sorties intimistes en tout petit comité : pas plus de 4 plongeurs par sortie. A noter que le bateau est proposé à la location avec skipper : que vous soyez plongeur ou non, finalement vous avez toute votre place à bord !

LA LONDE-LES-MAURES ★★

S'étirant sur 7 800 ha, La Londe-les-Maures est recouverte au deux tiers de vignobles et de forêts. Un village dont l'avenue principale a récemment été rénovée avec goût, qui offre une grande diversité de paysages, des plages de sable, une vue imprenable sur les îles de Porquerolles et de Port-Cros, et le massif des Maures. La commune réserve aux visiteurs de magnifiques promenades et propose des loisirs sportifs, nautiques, culturels et festifs qui sauront séduire un large public. Parmi ces événements les plus emblématiques, la fête des vins courant avril, Nature en fête le même mois, le festival de jazz fin juillet et le marché des vins de La Londe.

JARDIN ZOOLOGIQUE TROPICAL ★

583, route de Saint-Honoré ✆ 04 94 35 02 15
www.zootropical.com

Ouvert toute l'année. Haute saison ouvert tous les jours de 10h à 19h. Adulte : 12 €. Enfant de 2 à 12 ans : 7 €.

Depuis 1989, une collection exceptionnelle d'animaux est présentée dans un parc paysager de 6 hectares classé « Jardin remarquable » par le ministère de la Culture. On y rencontre 300 oiseaux et mammifères de 60 espèces différentes originaires de tous les continents, au sein d'un jardin botanique luxuriant. Le Jardin zoologique tropical contribue à la conservation et à la reproduction d'espèces en voie d'extinction au travers de programmes internationaux d'élevage.

VAR

LE PRÉSIDENT €€

Boulevard du Front de mer
✆ 04 94 66 85 69
Tous les jours de 9h à 23h. Carte : 48 € environ. Vin au verre. Assiette de la mer 32 €. Terrasse.

Adresse historique de La Londe, le Président a été repris par une nouvelle équipe en 2021. Fort d'une clientèle de fidèles, ce restaurant jouit d'un cadre idyllique sur le port, avec sa terrasse ensoleillée. Les nouveaux gérants y ont insufflé un esprit brasserie nouveau, tout en conservant ce qui a fait le succès des lieux avec notamment une belle carte de produits de la mer, avec l'assiette de la mer, incontournable. Bons plats, du fait-maison uniquement et un accueil à la hauteur. Une adresse futée à privilégier lors de votre passage.

CHÂTEAU PAS DU CERF

Route de Collobrières
✆ 04 94 00 48 80
www.pasducerf.com
Ouvert toute l'année. Parking. Label Tourisme & Handicap.

Les vignes de la famille Gualtieri, d'une grande diversité de cépages, s'étendent sur 80 hectares de coteaux orientés plein sud, au cœur du massif des Maures. De nombreuses médailles dans les trois couleurs sont glanées régulièrement au concours général agricole de Paris. De plus en plus, le château se tourne vers l'œnotourisme : visites de chai, journées portes ouvertes et sentier de randonnée balisé ont fait leur apparition au domaine. Le lieu est superbe pour l'organisation de mariages et de séminaires, plusieurs salles de réception sont prévues à cet effet.

L'HEMINGWAY €€€

Plage de l'Argentière ✆ 06 32 50 02 57
www.lhemingway.com
Ouvert tous les jours en saison de 10h à 1h. Réservation impérative. Carte : 62 € environ. Plage privative.

L'Hemingway, comme un mirage sur la délicieuse plage de l'Argentière, face à la baie des îles d'or. Les nombreux atouts de l'Hemingway sauront émerveiller les amoureux de décoration cossue, de cuisine savoureuse, de service attentionné et de panorama dépaysant. Les larges tables et fauteuils créent une intimité toute naturelle, pour une expérience culinaire des plus agréables. Depuis 2022, la carte a été remaniée avec de nombreuses nouveautés à découvrir de l'entrée au dessert. L'Hemingway jouit également d'une belle plage privative avec beds et transats.

CHÂTEAU SAINTE MARGUERITE

381, Route de Valcros
✆ 04 94 00 44 44
www.chateausaintemarguerite.com
Haute saison : ouvert du lundi au samedi 9h-19h. Dimanche 9h-13h. Basse saison : 9h-12h / 13h30-18h excepté le dimanche.

Fondé en 1929, le Château Sainte Marguerite est la propriété de la famille Fayard depuis 1977. Les crus produits sur le terroir AOP Côtes-de-Provence-la-Londe, sont issus de l'agriculture biologique, garanti Label Vegan et s'expriment par leur originalité et leur finesse. Les vins de la cuvée Symphonie sont à découvrir, le blanc suave et raffiné, le rosé, fruité et onctueux et le rouge puissant et aux tanins fondus. En 2020, le nouveau chai a été inauguré... Tout simplement magistral !

CHÂTEAU DU CARRUBIER

1590, route du Carrubier
✆ 04 94 66 82 82
www.carrubier.fr
Ouvert du lundi au samedi de 14h30 à 18h30 (17h en basse saison).

Propriété familiale depuis 1974, le Château du Carrubier s'étend sur 88 hectares dont 25 hectares de vignes, plantées au creux des collines des Maures et à proximité de la mer. Ici, la tradition côtoie la modernité, et les savoir-faire d'antan perdurent. Les vendanges notamment, sont encore faites manuellement, et les raisins sont triés puis égrappés avant d'être mis en cuve. Les vins produits dans les trois couleurs sont intégralement classés en AOP Côtes de Provence, et se voient régulièrement attribuer médailles et récompenses.

DOMAINE DU JASSON

680, RD 88 ✆ 04 94 66 90 26
www.domaine-du-jasson.com
Juin à septembre : lundi-samedi 9h-12h/15h-19h. Le reste de l'année : lundi-vendredi 9h-12h/14h-18h, samedi 9h-12h.

Propriété familiale au passé oléicole depuis 1867, le domaine du Jasson bénéficie d'un micro-climat propice à la culture de l'olivier. Les olives sont triturées directement dans le moulin du domaine. Trois huiles sont proposées : un assemblage estampillée AOC Provence en fruité vert, et deux monovariétales (bouteillan et cayon). Le domaine propose également des « agrulives », huiles obtenues à partir de ses olives et de ses agrumes (clémentine, kumquat ou lime de Tahiti). L'occasion aussi d'admirer une magnifique vue des îles de Porquerolles et Port-Cros.

DOMAINES OTT - CLOS MIREILLE

Route du Fort-de-Brégançon ✆ 04 94 01 53 55
www.domaines-ott.com
De mai à septembre, du lundi au samedi : 10h-13h et 14h-18h30. Parking. Dégustation au caveau. Visite : se renseigner.

Avec le Château de Selle (Taradeau) et le Château Romassan (le Castellet), le Clos Mireille est l'une des trois propriétés constituant les Domaines Ott*. Acquis en 1936 par Marcel Ott, le Clos Mireille bénéficie d'une situation géographique exceptionnelle face à la mer Méditerranée propice à la naissance de vins subtils et singuliers. Le blanc avec son assemblage sémillon / rolle, rivalise avec les meilleures cuvées nationales, alors que le rosé demeure une référence internationale.

AQUALONDE PLONGÉE

Carré du Nouveau Port
✆ 06 09 88 45 55
www.aqualonde-plongee.com
Fermé de janvier à mi-mars. Baptême : 92 € (dès 8 ans). Forfait « Aqualonde Expérience » (dès 10 ans) : 150 €.

Un club historique sur le port Miramar, repris il y a peu par le professionnel et fort sympathique Clément, accueillant tout au long de l'année ou presque une clientèle familiale de plongeurs amateurs et aguerris (formations jusqu'au monitorat MF1 et Diplôme d'État). Situé à équidistance entre Port-Cros et Porquerolles, les plongées se tiennent généralement au sein du Parc national, sur le site de la Gavinière, ou encore sur les épaves du *Grec* et du *Donator*. En juillet-août, le forfait « Aqualonde Expérience » est idéal pour les débutants.

GOLF DE VALCROS

Avenue Vallée-Heureuse
✆ 04 94 66 81 02
www.golfdevalcros.com
Parcours 18 Trous - Distance 5270m. Ouvert toute l'année. Restauration. Boutique.

Depuis 1964, c'est l'un des points d'intérêt majeurs pour tous les golfeurs du coin avec un rayonnement international. Ce parcours de 18 trous sur 50 hectares, exposé sud-est, abrité du vent et longeant la rivière Maravenne, est très caractéristique. Dans un environnement luxuriant d'une beauté saisissante avec chênes lièges et arbres méditerranéens, le golf de Valcros exige technique et précision. Le club-house accueille membres et non membres tous les jours de 8h à 20h pour un déjeuner ou un moment de détente après une partie de golf.

SAINT-TROPEZ ★★★★

Ce port de commerce et de pêche connut une grande prospérité aux XVIIe et XVIIIe siècles, mais rien ne l'avait prédisposé à sa vocation de capitale de la jet-set. La silhouette de Brigitte Bardot dans *Et Dieu créa la femme* de Roger Vadim (1956), et les fameux gendarmes entraînés par Louis de Funès ont beaucoup contribué à le faire connaître, sous l'œil paternel du bailli de Suffren, enfant du pays statufié sur le port. Sa statue a été coulée en 1866 avec du bronze provenant des canons pris par Napoléon III aux Autrichiens. Les armoiries de la cité représentent un corps couché dans une barque : celui de saint Torpès (devenu Saint-Tropez), né Caïus Silvius Torpétius à Pise. Dignitaire des armées romaines, il fut choisi par l'empereur Néron comme intendant de son palais. Gardien de saint Paul, il se convertit au catholicisme. Néron le fit décapiter à Pise. Son corps fut placé dans une barque entre un chien et un coq, et dériva jusqu'à l'emplacement actuel du port. A plusieurs reprises au Moyen Age, la ville fut détruite par les Sarrasins, une fois en 739, une deuxième fois en 889. Au Xe siècle, le comte de Provence Guillaume Ier chasse les Sarrasins, fortifie la ville, et fait bâtir le château fort. En 1056, Saint-Tropez est cédée aux moines de Saint-Victor, qui fertilisent la région. Au XIVe siècle, la ville est ravagée par de nouvelles guerres entre les princes provençaux. En 1441, le gouverneur de la Provence confie la reconstruction de la ville à un architecte génois, Raphaël Pornazio de Garezzio. Saint-Tropez devient une république autonome et un port réputé pour la qualité de ses marins. Toute la ville est fortifiée. C'est de cette époque que datent la porte de la Ponche, la tour Jarlier, la tour Vieille, la tour du Portalet. La citadelle a été construite sur ordre d'Henri IV. On trouve dans la ville des encadrements de portes et fenêtres en serpentine, une roche verdâtre. Elle provient de carrières du massif des Maures. Jusqu'au XIXe siècle, Saint-Tropez vit principalement du commerce maritime. En 1894, Paul Signac arrive à Saint-Tropez, il s'installe dans une cabane de pêcheur de la plage des Graniers. Dans son sillage, Matisse, Derain, Renan, Liszt ou encore Colette vont contribuer à faire connaître ce petit village dans le monde entier. Mais c'est surtout dans les années 1950 que sa notoriété va littéralement exploser et devient un lieu de villégiature de la jet set européenne et américaine. Saint-Tropez attire les touristes à la recherche de célébrités, ou qui souhaitent découvrir une des villes les plus glamours de la côte.

CITADELLE SAINT-TROPEZ - MUSÉE HISTOIRE MARITIME ★

1, montée de la Citadelle ✆ 04 94 97 59 43
www.saint-tropez.fr/culture/citadelle
Ouvert toute l'année, tous les jours. Visites guidées de la forteresse sur réservation uniquement. Tarif unique : 4 €.

La Citadelle

Depuis 1589, la Citadelle couronne la ville, suite à des travaux sur la colline des Moulins, supervisés par le maréchal de Villars. Ce fortin est détruit six années plus tard, avant que de nouveaux aménagements défensifs soient réalisés au début du XVIIe siècle, au même endroit, par l'ingénieur militaire Raymond de Bonnefons. Le donjon actuel de la citadelle, tour hexagonale ceinturant une cour intérieure accessible par un pont-levis, sera terminé en 1607. Une enceinte viendra entourer le bastion quelques années plus tard. Elément de défense le plus important entre Antibes et Toulon durant des siècles, elle demeure l'un des seuls monuments de cette ampleur sur la côte varoise. Durant la première guerre mondiale, la citadelle sert de camp d'internement pour prisonniers allemands, puis elle sera occupée par les troupes italiennes et allemandes en 1942. Lors du débarquement d'août 1944 sur les plages méditerranéennes, l'ouvrage est libéré avec la ville par les troupes alliées et la 1re armée française.

Dans cette citadelle, deux types de visite sont possibles. Voir le paysage, le fort et faire le tour du musée en 45 minutes. Ou bien le musée est fait de telle façon que l'on peut y rester 3 heures, avec 2 degrés de lecture. Chaque salle (il y en a 21) propose un thème et une histoire.

Musée d'histoire maritime

La forteresse permet aux visiteurs de découvrir dans son beau donjon, l'épopée des marins tropéziens sur toutes les mers du monde, à l'image de celles du capitaine Annibal Bérard à Zanzibar ou du capitaine Morello sur les côtes indiennes. Au rez-de-chaussée, les visiteurs découvrent les activités maritimes de proximité comme la pêche, le cabotage, la construction des torpilles ou l'école d'hydrographie qui a formé des centaines de capitaines au XIXe siècle. A l'étage, le musée propose de s'évader aux quatre coins de la planète en compagnie des marins tropéziens. Voyages en Orient au XVIIIe siècle, sur les côtes d'Afrique ou des Indes à bord des grands trois mâts en bois au XIXe siècle sans oublier les campagnes au-delà du cap Horn ou sur les navires de guerre pour ne citer que quelques exemples. Dans une scénographie moderne qui laisse la place à l'interactivité, les visiteurs plongent dans une histoire maritime peu connue à travers quelque 300 objets répartis dans 21 salles. La visite s'achève sur la terrasse du donjon avec les salles consacrées à la plaisance et au motonautisme et en prime sur une vue incroyable de la région.

MUSÉE DE L'ANNONCIADE ★

Place Georges-Grammont
✆ 04 94 17 84 10
Fermé 15 janvier au 10 février et 15 au 30 novembre. Gratuit jusqu'à 12 ans. Adulte : 4 € et 6 € suivant la saison.

Le bâtiment est l'ancienne chapelle Notre-Dame de l'Annonciade construite entre 1510 et 1558 par la confrérie des Pénitents blancs chargée de racheter les marins Tropéziens capturés par les barbaresques et réduits en esclavage. Réquisitionnée à la Révolution, elle fut ensuite pillée. Vendu comme bien national sous la révolution en 1821, son clocher fut abattu et le toit réparé sous sa forme actuelle, l'intérieur divisé en deux niveaux et utilisé pour la coupe des voiles et le tracé des constructions de bateaux. Plusieurs mécènes et artistes ont participé à sa résurrection et à sa transformation en musée, dont l'architecte Louis Süe et le peintre Paul Signac, qui découvrit en 1892, le petit port de pêcheurs à bord de son yacht *L'Olympia*. L'industriel Georges Grammont fit aménager le premier étage et y installa les toiles de sa propre collection. Le musée ne cesse d'acquérir des œuvres. Tous les peintres exposés ont en commun la pratique de l'art figuratif et la recherche sur la couleur et la lumière. Les collections présentées s'échelonnent entre 1890 et 1950. On peut y admirer des œuvres de Pierre Bonnard, André Derain, Maurice Utrillo, Albert Marquet, Henri Matisse, Paul Signac, Kees Van Dongen, Georges Seurat, Georges Braque, Raoul Dufy… Ce musée, qui a fêté ses 60 ans en 2015, en présentant les chefs-d'œuvre de sa collection, a le privilège de présenter aux visiteurs des toiles mondialement renommées et exposées dans la lumière dans laquelle la plupart d'entre elles ont été conçues.

MUSÉE DE LA GENDARMERIE ET DU CINÉMA ★

2, place Blanqui ✆ 04 94 55 90 20
www.saint-tropez.fr
Ouvert toute l'année tous les jours à 10h, fermeture selon la saison. Adulte : 5 €. Parking du port à proximité.

Un hommage à la série de films cultes des *Gendarmes de Saint-Tropez* avec Louis de Funès ! Ce musée de la Gendarmerie et du Cinéma occupe le bâtiment qui abrita la brigade de gendarmerie de 1879 à 2003 et servit de décor aux films. Au premier étage, l'histoire du bâtiment et de la gendarmerie à Saint-Tropez, la reconstitution d'un bureau de gendarme des années 60 et l'histoire des films tournés dans la presqu'île varoise. Au second étage : Saint-Tropez à travers le cinéma.

PORT DE SAINT-TROPEZ ★★★

1, quai de l'Épi ✆ 04 94 56 68 70
www.portsainttropez.com/

Capacité de 734 mouillages. Ouvert tous les jours, en hiver de 8h à 12h et de 14h à 18h, en été 24h sur 24.

En plein cœur de la ville, ce port de pêche et de plaisance, constitué de deux bassins, est une escale très prisée hors saison. Une promenade s'impose sur les quais du vieux port ceints de maisons aux façades colorées dans les tons ocre et vert olive pour les volets, pour visiter le musée de l'Annonciade installé dans une chapelle du XVIe siècle, pour admirer, quai Suffren, la statue du bailli de Suffren, célèbre vice-amiral français, pour siroter une boisson fraîche installé confortablement sur une terrasse de l'un des grands cafés, admirant les yachts luxueux qui se balancent à quai, pour apprécier l'exposition-vente permanente des peintres amateurs qui ont installé leurs chevalets, pour flâner de boutique en boutique, souvent aménagée dans d'anciens garages à bateaux, pour découvrir la halle aux poissons, récemment rénovée, en empruntant le passage derrière l'office de tourisme, où les pêcheurs locaux vendent leur pêche du jour. À l'extrémité du port, au bout du môle Jean-Réveille, se dresse la tour du Portalet, puis la crique de la Glaye et la plage de la Ponche, l'ancien petit port réservé aux pêcheurs protégé par la tour Vieille.

Le port a vu le jour à la fin du XVe siècle, vers 1470, à l'initiative d'habitants qui avaient décidé de refondre la commune, aidés de marins génois présents sur les lieux. Les siècles suivants seront consacrés à diverses activités, la navigation au long cours, la construction navale, le cabotage et bien entendu la pêche. Au milieu du XVIIe siècle, deux quais sont construits sur la mer, l'un au départ de la tour du Portalet, l'autre, du sud du village jusqu'à la tour Saint-Elme. Du XVIIe au XIXe siècle, l'actuel quai de l'Épi va accueillir les chantiers navals. Incroyable mais vrai, au XVIIIe siècle, le port de Saint-Tropez devient le troisième port français de Méditerranée, grâce à une activité débordante liée aux commerces de vin, de liège et de bois. Le port subit alors de nombreux travaux d'agrandissement avant d'être considérablement endommagé par les mines laissées par les Allemands lors du débarquement des troupes alliées le 15 août 1944. Les travaux de reconstruction dureront jusqu'en 1948. En 1965, le bassin de plaisance Jean Lescudier est construit à l'entrée ouest de la ville et jusqu'à ce jour, le port va bénéficier de nombreuses améliorations dont l'édification, à l'identique au bout de la grande jetée, du premier phare rouge de Saint-Tropez, qui signale l'entrée du port et la réhabilitation de la capitainerie, inaugurée en 2017, qui dispose de superbes terrasses surplombant le vieux port.

BEYOND THE WINE

✆ 06 32 44 72 35
www.beyondthewine.fr

Circuits sur mesure : demi-journée pour 1 à 4 personnes : 390 €. Ouvert toute l'année.

Derrière Beyond the Wine, la chaleureuse Sonia, épicurienne absolue et amoureuse de son terroir, propose de superbes escapades œnotouristiques à la découverte des plus beaux domaines viticoles du golfe de Saint-Tropez. De la balade dans les vignes à la journée complète avec pique-nique champêtre, cette expérience d'une journée de dégustations dans les vignobles ensoleillés vous laissera, c'est certain, un très beau souvenir de votre séjour varois. En van, en pointu, à vélo, à cheval ou en deux-chevaux, l'aspect petit comité est lui aussi fort appréciable.

TOUR DE PROVENCE

✆ 06 23 79 45 70
www.tourdeprovencefrance.com/

Ouvert toute l'année. Tarifs en fonction des visites (à voir sur le site). Visite guidée.

Daria Afanasyeva a lancé une activité de visites des vignobles du Var, autour de l'authenticité et de la convivialité, en petits groupes de 2 à 6 personnes. Les thèmes des visites sont nombreux, par exemple le vin et l'art, avec promenade commentée dans les vignes où se trouve la plus grande collection européenne d'art moderne à ciel ouvert, la visite immersive dans une liquoristerie avec dégustation, la découverte de caves cachées souterraines... Vous pouvez utiliser votre propre moyen de transport, ou un véhicule avec chauffeur est mis à votre disposition.

HÔTEL LA PONCHE***** €€

5, rue des Remparts ✆ 04 94 97 02 53
https://laponche.com

Fermé de janvier à mars. Basse saison chambre double à partir de 450 €. Haute saison chambre double à partir de 670 €.

Donnant sur la petite plage de La Ponche, cet hôtel iconique, qui a accueilli Françoise Sagan, Brigitte Bardot, Romy Schneider, Gunter Sachs, Boris Vian... s'est refait une beauté. Au programme de ce renouveau : des chambres qui portent le nom de visiteurs illustres, avec une nouveauté, la chambre Simone Duckstein pour sceller les liens du souvenir, une table du soleil où le chef délivre une carte méditerranéenne, tournée vers les légumes de la région, les poissons du jour, les vibrations du marché, un bar pour renouer avec le passé (le Saint-Germain-des-Prés).

AIRELLES ST-TROPEZ CHÂTEAU DE LA MESSARDIÈRE***** €€€

2, route de Tahiti ✆ 04 94 56 76 00

Palace. Ouvert de fin avril à fin octobre. 103 chambres et suites. Restaurant. Spa. Plage privée. Jardin Tropézina.

Le plus grand des hôtels de la cité du Bailli, auréolé de la distinction « palace », se dresse fièrement sur les hauteurs de la ville, offrant de toute part des vues sublimes sur le golfe de Saint-Tropez, les vignobles de Ramatuelle et la Méditerranée. Doté d'un spa Valmont, de bars, d'un parc de 10 hectares classé par la Ligue de protection des oiseaux, le palace dispose de plusieurs restaurants aux saveurs provençale, panasiatique, italienne et d'une plage privée à Pampelonne.

LA BASTIDE DE SAINT-TROPEZ***** €€€

25, route des Carles ✆ 04 94 55 82 55

www.bastide-saint-tropez.com

Relais & Châteaux. 26 chambres non-fumeur, tarifs préférentiels en ligne suivant la saison. 2 restaurants.

Nichée dans un écrin de verdure, cette élégante demeure tropézienne, maison de maître et ses quatre mas provençaux ocre et rose, autour d'une magnifique piscine équipée d'une nage à contre courant, est située à 1 kilomètre de la place des Lices et du port, dans un quartier très tranquille. La décoration des chambres aux tons clairs est très raffinée. Au restaurant, le midi, c'est barbecue au bord de la piscine ; le soir, le chef transalpin élabore une cuisine italienne authentique.

CHEVAL BLANC SAINT TROPEZ***** €€€

Plage de la Bouillabaisse

✆ 04 94 55 91 00

Ouvert de mai à octobre. 30 chambres et suites. Restaurant 3 étoiles Michelin. Terrasse. Spa.

Ce véritable havre de détente, avec le village de Saint-Tropez en toile de fond, a connu des évolutions majeures en matière d'architecture, de décoration signée Jean-Michel Wilmotte, de services sur-mesure. Un spa Guerlain de 350 m², dédié au bien-être avec 4 salles de soin et son salon dédié aux couples, est directement relié à l'entrée de l'hôtel par un escalier de verre. L'épicurisme est à son comble avec le restaurant gastronomique La vague d'or et la maestria d'Arnaud Donckele.

HÔTEL BYBLOS***** €€€

20, avenue Paul-Signac

✆ 04 94 56 68 00

www.byblos.com

Hôtel 5 étoiles. Palace. 87 chambres, dont 50 suites, de 500 € à 1 350 € suivant la saison. 3 restaurants. Piscine.

L'histoire de ce village mythique dans la ville, des maisonnettes aux façades colorées construites au pied de la Citadelle, perdure depuis le 27 mai 1967. Les chambres et suites, toutes personnalisées, réparties dans ce palace de 17 000 m², offrent une vue sur le jardin, la piscine ou le village. Trois points de restauration calmeront toutes vos fringales. Le Byblos Beach sur la plage de Pampelonne, le spa by Sisley cosmetics, pour profiter d'une expérience bien-être, et les Caves du Roy, pour faire la fête, complètent cet ensemble dédié à la détente et au luxe.

HÔTEL DE PARIS SAINT-TROPEZ***** €€€

1, traverse de la Gendarmerie ✆ 04 83 09 60 00

www.hoteldeparis-sainttropez.com

90 chambres, dont 38 suites non fumeur, à partir de 350 € en basse saison et à partir de 760 € en haute saison. Piscine.

Les chambres et suites, dotées des dernières technologies, dévoilent des univers très colorés. Le rooftop, agrémenté d'une piscine, est doté d'un restaurant panoramique, Les toits, où le chef Damien Cruchet, amoureux des produits locaux, élabore une cuisine provençale dont certaines assiettes vous incitent à succomber à la « bio'attitude ». Le spa by Clarins offre des moments de pure relaxation, où 5 salles de soins sont proposées, ainsi qu'une cabine en duo. Très belle adresse !

HÔTEL LA VILLA DUNE**** €€€

Chemin de Sainte-Bonaventure

✆ 04 94 56 54 95

www.hotel-dune.fr/

Ouvert d'avril à début octobre. Adultes seulement. Accueil 24h/24. Chambre double de 1 170 € à 2 250 € en haute-saison.

Entre le service d'un boutique hôtel 4 étoiles et le charme raffiné d'une villa, cet établissement situé à 200 mètres des plages de sable au milieu d'un grand parc arboré, offre un remarquable confort. Les chambres sont spacieuses et bénéficient de terrasses. Une suite vous comblera avec une piscine privative pour des moments de pur détente. Les deux piscines sont magnifiques et le spa Nuxe vous apportera la garantie de moments de détente avec une carte de soins très élaborée. La conciergerie fera en sorte de satisfaire toutes vos demandes avec professionalisme.

HÔTEL MAS BELLEVUE**** €€€

Route de Tahiti
✆ 04 94 97 07 21
www.masbellevue.com

Fermé du 9 octobre au 28 avril. 44 chambres de 315 € à 835 € suivant la saison. Demi-pension. Pension. Piscine.

Appréciez tout le charme d'un mas provençal authentique, situé dans un parc de 2 hectares à quelques minutes des belles plages de Pampelonne. Dans un cadre dominant la baie de Pampelonne, le restaurant, avec ses deux chefs, un évoluant le midi, l'autre le soir, offre toutes les saveurs d'une cuisine vive et parfumée, méditerranéenne au déjeuner avec salade fraîcheur, salade niçoise, tartare de bœuf au couteau, loup grillé, gambas à la provençale, et semi-gastronomique au dîner avec produits nobles, truffes, foie gras, homard...

HÔTEL SEZZ SAINT-TROPEZ***** €€€

151, route des Salins
✆ 04 94 55 31 55
www.saint-tropez.hotelsezz.com

Ouvert de mai à octobre. 35 chambres et 2 Suites « façon Villas ». Restaurant Colette. Piscine. Spa by Cinq Mondes.

Dans un écrin de verdure, à l'écart du bruit et de la fureur tropézienne, le boutique-hôtel de Shahé Kalaidjian, lieu de quiétude, propose d'originales chambres qui ressemblent plutôt à des bungalows, ouverts par de larges baies vitrées sur des douches extérieures, des terrasses et des jardins privatifs. Le chef étoilé Michelin, Philippe Colinet, continue à vous régaler, pour une troisième saison, au restaurant gastronomique Colette, avec des produits locaux et de saison.

HOMER LOBSTER €€

9, quai Jean Jaurès
✆ 04 94 17 00 63
www.homerlobster.com/

Ouvert de juin à octobre. Lobster roll normal 22 € - XL 27 €. Menu Homer normal 27 € - XL 32 €.

Avec un titre de champion du monde de lobster rolls décroché en 2018 aux États-Unis, des adresses à Paris, à Marseille et une présence dans des palaces à Paris et à Cannes, Moïse Sfez continue ici son envolée et s'installe à Saint-Tropez. Il décline sur la côte son sandwich de rêve avec des recettes parfaitement cuisinées et toujours décadentes, homard ou crabe au beurre citronné et assaisonné d'un mélange d'épices secrètes, le tout dans une généreuse brioche croustillante et en exclusivité tropézienne, une version surmontée de caviar baeri impérial de Sologne.

AU CAPRICE DES DEUX €€

40, rue du Portail-Neuf
✆ 04 94 97 76 78
www.aucapricedesdeux.com

Maître Restaurateur. Ouvert mi-février à novembre. Haute saison ouvert du mercredi au lundi, le soir. Carte 90 € env.

Au Caprice des deux, depuis 1994, c'est l'histoire d'un frère et d'une sœur, qui ont la passion de la cuisine et du partage. Le chef Stéphane Avelin, qui ne travaille que des produits frais, sait mettre en valeur une cuisine régionale et traditionnelle. Vous apprécierez son œuf cocotte (bio) aux truffes, son suprême de volaille aux écrevisses, son rôti de filet de bœuf charolais façon Caprice (400g pour deux) accompagné d'un risotto aux truffes, sauce béarnaise, sauce aux truffes. Pour finir, un croquant aux framboises ou la tarte tatin du chef.

CUCINA BYBLOS €€

27, avenue Foch
✆ 04 94 56 68 20
www.byblos.com

Ouvert d'avril à octobre, tous les jours au dîner à partir de 20h. Carte : 110 € par personne enrivon. Terrasse.

Sous les majestueux platanes de la terrasse de l'hôtel, on se croirait sur une piazzetta de village italien. La carte transporte dans une Italie savoureuse, depuis la salumeria jusqu'aux dolci, en passant par les antipasti et les primi piati. Les authentiques et généreuses pizzas romaines sont cuites dans le four à bois. Quant aux pâtes, parmi toutes celles qui sont proposées, on remarque les linguine aux palourdes et poutargue. Et, quand arrivent les dolci, on succombe aux merveilles du nouveau chef pâtissier Geoffrey Turpin.

RESTAURANT COLETTE €€€

151, route des Salins
✆ 04 94 44 53 11
www.colettesainttropez.com/

Ouvert de mai à octobre au dîner, tous les jours en haute saison. Menu à 175 €. Réservation impérative.

Cette table gastronomique moderne, lumineuse et élégante, qui donne sur la piscine de l'hôtel, est ouvert uniquement le soir, que vous soyez résident ou non. Pour la troisième année, le chef étoilé Michelin Philippe Colinet va vous éblouir avec sa cuisine contemporaine, subtile et épurée, très végétale, aux dressages esthétiques, uniquement préparée à base de produits frais et saisonniers, l'huître, le poulpe, le rouget, le pigeon, le cochon de lait, les légumes du maraîcher local Yann, les agrumes, le chocolat. Une signature culinaire qui vise juste.

LA VAGUE D'OR €€€

Plage de la Bouillabaisse
✆ 04 94 55 91 00
Ouvert du 12 mai à mi-octobre, tous les soirs de 19h30 à 22h, à l'exception des mercredis. Menus de 360 € à 450 €.

Avec sa troisième étoile accordée par le guide Michelin en 2013 et conservée depuis dix ans, le chef Arnaud Donckele continue à donner le meilleur de lui-même. Son credo est de rendre hommage à Saint-Tropez, à la Provence, avec de nombreux plats destinés à mettre en valeur la mer et le travail des pêcheurs, la terre et les produits locaux de qualité, les légumes de Cogolin, l'huile d'olive de Gassin, le safran de La Môle, les fromages de Collobrières, la tomme de Châteaudouble. Des moments rares de béatitude gourmande qui méritent bien que l'on casse sa tirelire.

SÉNÉQUIER

29, quai Jean-Jaurès
✆ 04 94 97 20 20
www.senequier.com
Ouvert tous les jours de 8h à 1h du matin. Fermé du début janvier à mi-février. Terrasse. Restauration.

Sénéquier, l'institution tropézienne depuis 1887, habillée aujourd'hui de rouge et de blanc, c'est une pâtisserie, place aux herbes depuis 1887, avec viennoiseries, chocolats, confitures, calissons, fruits confits, marrons glacés et le fameux nougat, puis un café sur le port depuis 1930 et restaurant dorénavant. C'est également le café rendu célèbre par Brigitte Bardot lors du tournage de *Et Dieu créa la femme* et cela demeure toujours le meilleur poste d'observation pour voir déambuler le tout Saint-Tropez, assis face aux imposants yachts.

LA TARTE TROPÉZIENNE

Place des Lices
✆ 04 94 97 94 25
www.latartetropezienne.fr
Petit-déjeuner, déjeuner, salon de thé. Basse saison ouvert tous les jours de 6h30 à 19h30. Haute saison de 6h30 à 22h.

Ce showroom gastronomique d'Alexandre Micka, le créateur de la tarte tropézienne, mélange de deux crèmes onctueuses et d'une brioche gourmande, saupoudrée de généreux grains de sucre, vous propose dans sa boutique traiteur, au rez-de-chaussée, tous les produits fabriqués par la maison, mais également un large choix de spiritueux. Au premier étage, le salon de thé d'antan a fait place à un restaurant, La table tropézienne, avec les codes et couleurs historiques de la marque, rouge et ivoire, qui se donne des airs de bistro gastronomique.

RAMATUELLE ★★★

Ce village tire son nom des Camatulici, d'origine celte. Gérard Philipe y résida et repose dans le petit cimetière du village. Les ruelles sont fleuries. La place de l'Ormeau doit son nom à un orme planté par Sully en hommage à la conversion d'Henri IV. Il fut remplacé en 1983 par un olivier. En bas du village, la porte Sarrasine, bien conservée. Chaque été, Ramatuelle accueille, en juillet, le festival de musique classique, en août le festival de théâtre et variétés de Ramatuelle et le jazz festival Ramatuelle, créé par le facteur du village (facteur Swing) et tous les lundis de juillet et août, les concerts de l'Escalet s'installent devant la mer.

LA FERME D'AUGUSTIN**** €€

979, route de Tahiti
✆ 04 94 55 97 00
www.fermeaugustin.com
Ouvert d'avril à octobre. 46 chambres. Chambre double à partir de 280 €. Piscine chauffée à 30°C avec jet balnéo.

Situé à 100 m de la plage de Tahiti, cet hôtel familial qui cumule le charme, la simplicité et l'authenticité du Saint-Tropez d'antan, posé au milieu d'un jardin verdoyant, vous invite à la paresse, que ce soit dans les douillets salons, dans les chambres à l'esprit méditerranéen, dans les transats autour de la piscine balnéo chauffée à 30°C, ou les pieds sous la table pour déguster une cuisine de marché, méditerranéenne, faite maison, avec les produits du verger et du potager de la ferme. Des mets à accorder avec l'huile d'olive et le vin rosé de la propriété.

HÔTEL LA GARBINE**** €€

Route de Tahiti
✆ 04 94 97 11 84
www.lagarbine.com
Fermé du 10 octobre au 15 avril. 29 chambres basse saison à partir de 185 €, haute saison à partir de 350 €. Piscine.

Cet hôtel est situé à l'écart de l'animation tropézienne et à 600 mètres environ de la plage de Pampelonne. Il offre des chambres confortables, rénovées régulièrement, avec terrasse-solarium privée, qui s'ouvrent sur un jardin verdoyant et sur la piscine ourlée de palmiers. À tout moment de la journée ou de la nuit, une petite restauration, carte de salades fraîcheur, de pâtes, carpaccio de bœuf, hamburger maison, club sandwich à la provençale, peut vous être servie sur la terrasse privée de votre chambre, autour de la piscine ou au restaurant.

© CAMPING LES TOURNELS

© CAMPING LES TOURNELS

© CAMPING LES TOURNELS

CAMPING LES TOURNELS***** €€€

1510, route de Camarat ✆ 04 94 55 90 90
www.tournels.com

Yelloh ! Village, ouvert du 31 mars au 1er novembre. 5 000 m2 d'espace aquatique. Animations journalières.

Camping familial situé au cœur d'une pinède à flanc de colline profitant d'une vue époustouflante sur le golfe de Saint-Tropez. Large choix de cottages pouvant accueillir de 4 à 8 personnes, au confort 5 étoiles. Profitez d'un espace aquatique de plus de 4000 m² avec lagon, pataugeoire ludique et toboggans et d'un espace de 1000 m² dédié au bien-être au spa « Entre Vigne et Mer ». Un cadre idyllique pour les enfants avec un club enfants et ados ouvert tout au long de la saison.

© CAMPING LES TOURNELS

© CAMPING LES TOURNELS

DOMAINE DES TOURNELS

419, Chemin des Tournels
✆ 04 94 55 90 70
www.domaine-des-tournels.com

Caveau ouvert toute l'année. Dégustation et visites guidées des installations sur demande.

Depuis 1920, la belle histoire du Domaine des Tournels et de la famille Bologna depuis plusieurs générations s'écrit sous le soleil provençal du village de Ramatuelle, dominant la baie de Pampelonne, au pied du phare de Camarat. 55 hectares de vignes profitent d'un emplacement fabuleux entre terre et mer au pied du Phare Camarat. L'équipe du Domaine vous propose des visites toute l'année ainsi que des dégustations personnalisées de leurs Côtes de Provence et vins de Pays. Une activité œnotouristique à ne pas manquer dans le Golfe de Saint-Tropez.

HÔTEL LES BOUIS €€

188, chemin des Bouis ✆ 04 94 79 87 61
www.hotel-les-bouis.com

Ouvert du 9 avril à mi-octobre. 23 chambres, 100 % non-fumeur, de 170 à 330 € suivant la saison. Piscine.

Cette belle bâtisse provençale érigée il y a une trentaine d'années, est dirigée depuis mars 2015 par une nouvelle équipe familiale, Maryline, Jean-Claude et Axel Bourjat. L'hôtel est situé dans une oasis de verdure, à seulement 800 mètres des plages de Pampelonne, 3 kilomètres du centre de Ramatuelle et 6 kilomètres de la cité du Bailli. Les chambres climatisées, confortables, la plupart avec terrasses privées, donnent sur la mer et la baie de Pampelonne. C'est un lieu rêvé pour se soustraire à la trépidation estivale qui règne dans le golfe de Saint-Tropez.

LEÏ SOUCO €€

167, chemin du Plan ✆ 06 10 09 73 76
www.leisouco.com

Fermé de mi-octobre à début avril. 5 chambres de 110 € à 290 € suivant la saison. 4 studios d'été. Piscine. Tennis.

Situé dans un domaine de six hectares, à 20 minutes à pied des merveilleuses plages de sable fin de Pampelonne, notamment accessibles par un chemin qui longe les vignobles, ce mas provençal offre de vastes chambres, avec poutres apparentes et tomettes au sol, qui s'ouvrent sur une terrasse ouverte de plain-pied sur le parc ombragé, où vous pourrez prendre votre petit déjeuner. Les amateurs de farniente et de calme apprécieront les transats qui vous attendent autour de la piscine ou dans le parc. Des studios, en rez-de-jardin, sont également à votre disposition.

LE 1051 €€

1051, chemin des Canniers
✆ 04 94 45 36 97
www.le1051.com

Fermé du 1er au 30 novembre. Ouvert tous les jours de 12h30 à 15h30. Suggestion du jour 24 €. Plat du jour 24 €.

C'est une histoire de famille qui dure depuis... 7 générations et qui se poursuit aujourd'hui avec Maxime Lamon. Avec pour cadre idyllique la baie de Pampelonne, ce restaurant-bar de plage s'intègre parfaitement dans le paysage et le nouveau schéma d'aménagement, imaginé dans un décor naturel où le bois est omniprésent avec sa terrasse couverte et sa terrasse extérieure qui cheminent jusqu'à la plage. La cuisine proposée est traditionnelle, méditerranéenne et locavore, à accompagner de cocktails créations et de gouleyants rosés de Provence !

BYBLOS BEACH €€

Boulevard Général-Patch ✆ 06 38 80 56 22
www.byblos-beach.com

Ouvert de mi-avril à début octobre, tous les jours de 10h30 à 19h (20h30 en juillet-août). Restaurant. Parking.

Cette plage de 1 300 m² et 35 m de long, au décor, composé à 100 % de bois, dans un esprit éco-responsable, inspiré du monde marin, à l'image des petites barques aménagées en sofas, est imaginée dans l'esprit du Byblos Saint-Tropez, avec la même qualité de service et d'accueil. Une végétation méditerranéenne apporte également une touche naturelle. La cuisine est ouverte sur la terrasse recouverte de ciels blancs, pour apporter ombre et fraîcheur. La carte, toute en légèreté, bien adaptée au lieu, est composée de créations méditerranéennes, très estivales.

LA FORGE €€

Rue Victor-Léon
✆ 04 94 79 25 56
www.laforgederamatuelle.fr

Ouvert tous les jours midi et soir. En juillet et août, ouvert uniquement le soir. Carte 70 €. Terrasse.

Paolo et Francesca vous reçoivent dans leur petit coin d'Italie, où le chef Paolo élabore des plats créatifs, poulpe rôti aux pommes de terre et poivrons colorés, risotto aux fruits de mer, calamars farcis au ragout de poisson et sauce aux poivrons, vitello tonnato, joue de veau fondant et sa sauce au thon et câpres, tartare de tomates et rouget, osso buco de veau en gremolata et cassolette de légumes... et bien entendu la pasta faite maison, pappardelle, tortelli fines herbes à la Sorrentina, tuffoli Mancini à la carbonara, façon La Forge, qu'il façonne lui-même.

TROPICANA LA PLAGE €€

Route de Bonne-Terrasse
✆ 04 94 79 83 96
www.tropicanalaplage.com

Ouvert tous les jours de mai à début novembre. Restaurant ouvert pour le déjeuner uniquement. Carte : 60 € environ.

À l'ombre du phare de cap Camarat, cette plage est un lieu unique de simplicité et d'authenticité pour s'octroyer une pause farniente pour le plus grand régal des yeux et de l'esprit. Côté restaurant, vous êtes accueillis dans un endroit calme et élégant. Le chef, Éric Santalucia, un ancien de Ducasse, propose une cuisine typiquement provençale à la carte, ainsi qu'une large variété de poissons sauvages du jour cuits au naturel. Et pour ce qui est des desserts, l'incontournable reste bien évidemment la tarte tropézienne, le lieu appartenant au groupe éponyme !

LA RÉSERVE À LA PLAGE €€€

route de l'Épi
✆ 04 94 96 39 88
https://www.lareserve-plage.com/
Ouvert de mai à mi-octobre. Restaurant ouvert de 12h à 16h30, 17h en juillet et août. Carte : 110 € environ.

Dans une ambiance bohème chic, des détails surprenants rappellent l'esprit pop et exalté des origines du mythe tropézien. La carte, imaginée par Éric Canino, chef du restaurant doublement étoilé La Voile de La Réserve Ramatuelle, avec la complicité du chef de La Réserve à la plage, Nicolas Cantrel, célèbre une cuisine méditerranéenne de partage et de fraîcheur, généreuse et parfumée : salade de pastèque et feta à la grecque, tiradito de saumon, citron vert et wasabi, penne à la stracciatella, *polpette* de bœuf et sauce tomate...

TERRE DE L'OLIVIER

28, rue Saint-Esprit
✆ 04 94 54 36 90
www.autempledelasavonnerie.com
Épicerie fine et bar à huiles. Ouvert de début avril à fin octobre. Dégustation de produits gourmands et bio.

Cette épicerie fine et bar à huile, située au cœur du village, existe depuis plus de 20 ans. Brigitte, votre hôte, vous fera déguster différentes huiles de Provence AOP et bio, afin de découvrir leurs différentes saveurs. D'autres produits naturels et gourmands du terroir, tapenades noires, olives, anchoïades, tomates séchées, pistou, caviar d'aubergine, miels de Provence, épices, apéritifs, vins Côtes de Provence..., côtoient les huiles de la vallée des Baux, de Nyons..., ainsi que des produits provençaux dont le fameux saucisson du Luberon.

PEP'S SPIRIT

Route des plages
✆ 06 22 72 69 36
www.peps-spirit.fr
Ouvert tous les jours de juin à septembre et avril, mai et octobre sur rendez-vous. Parking public.

Frédérique et son équipe souhaitent vous faire sortir des sentiers battus et vous faire partager leur passion pour les sports nature dans le golfe de Saint-Tropez, en vous proposant d'effectuer des sorties d'exception en kayak de mer (en journée, au coucher de soleil et les soirs de pleine lune), paddle (individuel et géant) avec ou sans encadrement (initiation, randonnée ou yoga paddle), pirogue polynésienne, des parcours en VTT (musculaire ou électrique), des randonnées pédestres au cœur de la forêt des Maures ou en bordure du littoral.

GASSIN ★

Ce village, perché à 201 m d'altitude, est l'un des plus beaux villages de France. Le panorama sur le golfe de Saint-Tropez jusqu'aux Alpes est grandiose. Suivez la promenade Deï Barri et ses micocouliers centenaires, la vue sur Cavalaire et les îles d'Or. Les petites ruelles conduisent au passage du Guet – porte dite des Sarrasins –, rue du Puits, rue du Moulin – où se trouvait un moulin d'huile d'olive –, la rue la plus étroite du village, l'Androuno qui ne laisse passer qu'un seul piéton à la fois, enfin, la terrasse fortifiée des Barri. Une mention pour l'extension du village, qui a reçu le prix d'architecture Philippe Rotthier.

AZUR PARK

51, rond-point de La Foux
✆ 04 94 56 48 39
www.azurpark.fr/
Tous les jours d'avril à septembre, dès 16h en avril, 18h en mai, 19h en juin et de 20h à 1h de juillet à septembre.

Cette gigantesque fête foraine, c'est plus de 35 attractions sur 6,5 hectares, classiques et originales, pour petits et grands, toboggan, train tortues, petit bateau, Aladin, jumping frog, carrousel 1900, accro-branche, grande roue, play ball, montgolfières, train fantôme, atmos-fear, extasy, stargate, sky rider – l'une des attractions phare –, typhoon, un mini-golf avec deux parcours de 18 trous dans un décor d'animaux préhistoriques et un restaurant de 300 places au milieu des attractions, pour satisfaire toutes les fringales.

ÉGLISE NOTRE-DAME-DE-L'ASSOMPTION

Rue Saint-Laurent

Construite au XVIe siècle, cette église, située à l'entrée nord du village, a été restaurée en 1981. La tour du clocher, partie la plus ancienne de l'édifice, comportait à l'origine des créneaux, sans doute dans un but de fortification. À l'intérieur, vous découvrirez un bénitier de marbre blanc orné d'angelots, un reliquaire de saint Laurent, des tableaux de Notre Dame du Rosaire avec saint Dominique, sainte Catherine de Sienne et sainte Lucie, une Vierge à l'Enfant du XVIe siècle.

ALTHOFF HÔTEL VILLA BELROSE••••• €€€

La Grande Bastide

✆ 04 94 55 97 97

40 chambres à partir de 550 €. Piscine. Restaurant Club l'Indochine. Spa et centre de beauté.

Les chambres luxueuses de cette élégante villa d'inspiration florentine, dirigée de main de maître par Robert-Jan van Straaten depuis 2001, sont meublées dans un style Louis XV avec une touche provençale. On ne se lassera jamais de l'idyllique terrasse du restaurant qui surplombe la baie de Saint-Tropez : la vue panoramique est exceptionnelle, tout autant que la nouvelle cuisine indochinoise proposée par le restaurant. Le bien-être se poursuit à la piscine et au centre de beauté.

KUBE HÔTEL SAINT-TROPEZ••••• €€€

319, RD 98 - route du Littoral ✆ 04 94 97 20 00

www.kubehotel-saint-tropez.com

Ouvert 7 avril à début novembre. 70 chambres à partir de 400 €. 3 piscines extérieures dont 2 chauffées. Spa Thalgo.

Situé à 800 m de l'entrée de Saint-Tropez, cet hôtel 5-étoiles est un complexe luxueux entièrement dédié à l'art de vivre. Disposant d'un magnifique parc paysagé et offrant une vue imprenable sur le golfe, l'établissement dispose de 70 chambres, de 3 piscines, dont 2 chauffées, d'un spa de 300 m2 signé Thalgo, d'une salle de séminaire de 92 m2 pour vos événements, d'un garage fermé et sécurisé. Au nouveau restaurant Alma, le chef explore le patrimoine gastronomique sud-américain.

LE MAS DE CHASTELAS••••• €€€

Quartier Bertaud ✆ 04 94 56 71 71

www.chastelas.com

Ouvert de mai à octobre. 23 chambres et suites de 380 à 1 700 € suivant la saison. Restaurant La Table du Mas.

Cet hôtel érigé au sein d'un parc naturel de 3 hectares, à l'écart des nuisances, en bordure du domaine viticole Bertaud-Belieu, se compose de trois bâtiments différents, au charme distinct, l'authentique bastide provençale d'origine du XVIIIe siècle, avec 13 chambres et suites, la villa Palladienne, avec 6 chambres et suites et la villa Toscane, contemporaine, avec 4 chambres et suites. Un vrai coup de cœur, dont la clientèle de l'hôtel et la clientèle extérieure, installée face à la piscine, appréciera cette année la cuisine d'un nouveau chef très talentueux.

RESTAURANT BELLO VISTO €€

Place des Barrys

✆ 04 94 56 17 30

www.bellovisto.eu

Fermé du 31 octobre au 30 mars. Formule du midi : 46 €. Menus de 49 € à 69 €. Carte : 70 € environ.

Pour vous donner l'eau à la bouche, voici quelques plats qu'il faut absolument goûter : Bouillon de rougets au safran de Gassin, filets juste saisis, fondue d'oignons et pommes de terre ; Filet de loup rôti sur peau, barigoule de saison au vin blanc et huile d'olive du « Val de Bois » ; Gnocchetti de pommes de terre aux truffes, bouillon de légumes, roquette et parmesan... Cette cuisine magnifiée des racines méditerranéennes du chef Sylvain Humbert est à déguster religieusement sur la terrasse qui surplombe un océan de verdure.

RESTAURANT LA VERDOYANTE €€

866, chemin de Coste-Brigade ✆ 04 94 56 16 23

www.la-verdoyante.fr

Fermé de mi-octobre à Pâques. Menus 63 €. Carte : 75 € environ. Jardin. Terrasse. Parking privé ombragé.

Laurent Mouret règne depuis 2004 sur cette charmante et jolie bastide provençale nichée en pleine campagne au milieu des vignobles du Château Minuty. Belles spécialités comme le médaillon de veau aux morilles et févettes, polenta crémeuse au vieux comté, servies avec le sourire de Bérénice en prime, joignent le classicisme à l'originalité. En été, le service s'effectue sur la terrasse panoramique, à l'ombre des chênes centenaires. En hiver, il retrouve la salle chaleureuse, redécorée dans un style provençal raffiné, avec sa cheminée au feu de bois.

CHÂTEAU BARBEYROLLES

2065, route de la Berle

✆ 04 94 56 33 58

www.barbeyrolles.com

Ouvert toute l'année. Dégustation gratuite. Visite du domaine sur rendez-vous. Parking.

Ce vignoble de 12 hectares, acquis en 1977 par Régine Sumeire, est un lieu préservé de la presqu'île de Saint Tropez. Certifié en agriculture biologique depuis 2005 et en biodynamie depuis 2020, il doit sa réputation au fameux rosé de Régine Sumeire, qui a donné un coup de fouet aux rosés de Provence depuis 1985. Sa cuvée Pétale de rose, avec sa robe rose pâle, a donné des idées à moult confrères vignerons. Régine Sumeire possède également un autre domaine de près de 90 hectares dans le Var, le Château la Tour de l'Evêque, situé à Pierrefeu-du-Var.

CHÂTEAU MINUTY

2491, route de la Berle ✆ 04 94 56 12 09
www.minuty.com

Ouvert toute l'année. Dégustation gratuite. Cru classé. Certification Haute Valeur Environnementale depuis 2019.

Le domaine viticole de la famille Matton-Farnet comprend une authentique propriété provençale, datant du XVIIIe siècle, une chapelle et une bâtisse Napoléon III. Château Minuty est entouré de 60 hectares d'un seul tenant sur des sols de calcaire schisteux, complété par 80 hectares sur un sol argilo-calcaire à Vidauban et 20 hectares sur les coteaux de Valderian à Ramatuelle avec une superbe vue sur la baie de Pampelonne. 4 gammes, dans les 3 couleurs, sont proposées, dont « Or », la figure emblématique Minuty, des cuvées qui se distinguent par leur naturel.

DOMAINE LA ROUILLÈRE

Route de Ramatuelle ✆ 04 94 55 72 60
https://www.domainelarouillere.com

Ouvert toute l'année et les week-ends d'avril à octobre. Parking. Dégustation gratuite. Visite domaine sur rendez-vous.

Ce grand domaine de l'appellation Côtes-de-Provence crée en 1900 renaît de ses cendres en 1998, et s'étend sur 130 hectares entre Gassin et Ramatuelle. Son authentique bastide est nichée au cœur de 45 hectares de vignes répartis sur la presqu'île de Saint-Tropez. Le respect des pratiques traditionnelles est depuis toujours une des valeurs fondamentales. Cette culture de la tradition est alliée aujourd'hui à la modernité de la cave et la qualité des cépages. Une boutique d'été vous accueille à l'entrée du domaine pour découvrir et déguster ses cuvées. À découvrir.

LA MAISON DES CONFITURES

825, route du Bourrian
✆ 04 94 43 41 58
www.maisondesconfitures.fr

Ouvert toute l'année du lundi au samedi de 9h à 19h (20h en haute saison). Gamme de plus de 450 variétés. Parking.

La boutique de Virginie et Patrice Bonnant, créée il y a 35 ans, est une alléchante caverne d'Ali Baba pour gourmands. Présentées dans leurs jolis pots traditionnels, plus de 450 variétés de confitures sont fabriquées artisanalement chaque jour dans le petit laboratoire attenant à la boutique, manuellement, de façon naturelle et artisanale, afin de garantir une parfaite qualité et une régularité de goût, avec des fruits et des légumes sains, parfaitement mûrs, achetés sur les marchés de la région, et du sucre, le tout cuit dans des chaudrons en cuivre.

GOLF CLUB SAINT-TROPEZ

600, route du Golf
✆ 04 94 55 13 44
www.golfclubsainttropez.com

Boutique. Restaurant ouvert tous les jours de mai à septembre le midi. Parking.

Ce golf de 18 trous de 6 045 mètres, imaginé par Gary Player et ses collaborateurs, extrêmement varié, offre des vues imprenables sur les quatre villages de la presqu'île : Grimaud, Gassin, Ramatuelle et Saint-Tropez. Au trou n° 13, vous pourrez profiter de la vue sur le port de Saint-Tropez et son fameux clocher. Les installations, club house, boutique-proshop, bar, restaurant, agence immobilière, sont complétées par un compact 9 trous, un practice et une académie. Le restaurant, avec ses terrasses sur le green, propose une carte simple et courte.

SAINTE-MAXIME ★★

Petit comptoir créé par les Grecs, avant de devenir romain, le village appartient aux moines de Lérins qui le fortifièrent et lui donnèrent le nom de Maxime, une moniale disparue en 750 et qui est célébrée chaque année les 14 et 15 mai, lors d'une grande fête votive en bleu et blanc. Au VIIe siècle, pour fuir les Sarrasins, les habitants se retirèrent sur les hauteurs et fortifièrent les villages de Gassin, Ramatuelle, Cogolin, Grimaud et aussi le Vieux-Revest qui fut entièrement détruit en 1395 par des brigands. Le premier embarcadère, construit en 1748, permit de développer le transit du fret, bois, liège, vin, huile, et autres produits des Maures.

MUSÉE DU PHONOGRAPHE ET DE LA MUSIQUE MÉCANIQUE ★

Route du Muy - CD25 ✆ 04 94 96 50 52
www.phono.org/Maxime.html

Ouvert du 1er mai au 31 octobre. Adulte : 4 €. Enfant (de 6 à 16 ans) : 1,50 €. Groupe : 3 €. Visite guidée 45 minutes.

Un bâtiment en forme de limonaire abrite une étonnante collection de plus de trois cents appareils, rétrospective de multiples techniques de reproduction du son, le mélophone de 1780, ancêtre de l'accordéon, des orgues de barbarie, pianolas mécaniques, phonographes à pavillon, à cylindre, à disques et même un oiseau chanteur automate. Les machines à coudre, à calculer, à écrire, la photographie, le cinéma ainsi que la radio et la télévision, font également partie de ce voyage.

PLAGES DE SAINTE-MAXIME

Toutes les plages de Sainte-Maxime offrent, sur plus de 10 km, un sable fin et des rivages limpides. À l'ouest, la plage de la Croisette, surveillée, avec des espaces publics et privés, ainsi qu'une école de voile et la plage de la Guerre-vieille, non surveillée. Au centre, la plage du Casino, surveillée, avec une vue magnifique sur le golfe et la plage de La Madrague, non surveillée, en allant vers Fréjus. A l'est, la plage de la Nartelle, de la Garonnette et des Eléphants, cette dernière rendue célèbre par la bande dessinée *Voyage de Babar* de Jean Bruhoff.

LES BATEAUX VERTS

14, quai Léon-Condroyer
✆ 04 94 49 29 39
www.bateauxverts.com

Ouvert tous les jours de février aux vacances de Noël. Billet aller-retour Saint Tropez 15,20 €.

Avec sa flotte de 15 navires, cette compagnie vous propose un service de navettes maritimes régulières entre des ports du golfe de Saint-Tropez : Sainte-Maxime, Saint-Tropez, Port Grimaud, Les Marines de Cogolin et Les Issambres. Partez également à la découverte de notre belle région grâce aux nombreuses excursions que la compagnie vous propose : excursions à la demi-journée, telles que la sortie naturaliste, les calanques de l'Estérel, les 3 caps sauvages ou à la journée complète telles que les îles de Porquerolles et Port-Cros, Cannes et l'île Sainte-Marguerite.

LES PETITS TRAINS DU GOLFE

Départ sur le port
✆ 04 94 43 90 22
http://petit-train-sainte-maxime.fr/

Ouvert du début février au début novembre. Gratuit jusqu'à 3 ans. Adulte : 8 €. Enfant (de 3 à 11 ans) : 5 €.

C'est le meilleur moyen de découvrir la totalité de la ville et de ses alentours, sans vous fatiguer. Assis dans l'une des 54 places disponibles, le petit train vous promène, de quartier en quartier, en partant du port, direction la tour Carrée, l'église et les ruelles animées de la vieille ville. Le circuit commenté de 45 minutes se poursuit à l'extérieur de la ville jusqu'au sémaphore installé au sommet de la colline de Bellevue où vous découvrez de magnifiques villas.

HÔTEL LES TOURELLES*** €€

5, boulevard des Cistes
✆ 04 94 96 02 49

Ouvert de fin janvier à début nov. 10 chambres à partir de 120 ou 196 € selon saison. Restaurant. Wifi. Climatisation.

© LES TOURELLES SAINTE-MAXIME

Situé sur le domaine du village de vacances Les Tourelles, ce 3-étoiles occupe un magnifique château du XIXe siècle, construit en 1883 par Meissonier, qui surplombe la ville et offre une vue superbe en direction du village de Saint-Tropez, à seulement 400 m de la plage et du centre-ville. Ce château fut racheté par le célèbre inventeur et industriel Léon Gaumont en 1912, qui s'y installa. Vendu à un groupe allemand en 1963, l'activité hôtelière commence en 1967. Aujourd'hui l'établissement est une référence de l'hôtellerie maximoise.

PORT PRIVÉ DE SAINTE-MAXIME

Quai Léon Condroyer ✆ 04 94 96 05 12
https://portmaxime.com/

400 places dont 30 environ sont réservées aux bateaux de passage en saison et 60 hors saison. Label « Pavillon bleu ».

Situé à l'entrée de la ville en arrivant de Fréjus, le port de plaisance de Sainte-Maxime et sa capitainerie accueille notamment 400 bateaux de plaisance ainsi que cinq pêcheurs avec leur étal de vente, un club nautique et l'association des plaisanciers. Il propose de nombreux services, notamment un quai d'accueil, une station d'avitaillement en carburant pour les bateaux 24h/24, ainsi que parking, navettes et taxis maritimes, restauration, accastillage, chantier naval...

HÔTEL LES JARDINS DE SAINTE-MAXIME*** €€

Chemin des Deux-Ruisseaux
✆ 04 94 55 45 00
www.hotel-lesjardins.com
Ouvert de mars à octobre. Chambre double à partir de 90 €. Demi-pension possible. Petit déjeuner buffet : 15 €.

Lové dans un jardin méditerranéen aux allures tropicales, ce remarquable hôtel 3-étoiles, construit en amphithéâtre autour de la piscine, s'ouvre sur l'extérieur par de belles verrières procurant une luminosité hors du commun. Les chambres ont été traitées en notes de bleu pour rappeler la mer. La plupart se prolonge par un balcon ou une terrasse pour profiter du climat privilégié du Sud. Côté restauration, le chef propose une cuisine méditerranéenne à la fois moderne et authentique.

© LES JARDINS DE SAINTE-MAXIME

© LES JARDINS DE SAINTE-MAXIME

HÔTEL RESTAURANT LES PALMIERS*** €€

28, rue Gabriel Péri
✆ 04 94 96 00 41
www.hotelespalmiers.com
Fermé en janvier-février. 29 chambres basse saison à partir de 82 €. Haute saison à partir de 159 €. Restaurant.

Situé au pied de la vieille ville, à proximité du musée de la Tour carrée, du port et de son embarcadère pour embarquer destination Saint-Tropez, cet hôtel offre des chambres fraîchement rénovées, dont certaines avec terrasse. Le restaurant Les Palmiers vous accueille dans sa salle intérieure avec cheminée ou sur sa terrasse ombragée qui surplombe le port de Sainte-Maxime. Le chef vous propose une cuisine traditionnelle, faite maison, avec des produits frais.

HÔTEL ROYAL BON REPOS*** €€

11, rue Jean Aicard
✆ 04 94 96 08 74
www.hotelroyalbonrepos.fr
22 chambres 100 % non-fumeur de 80 à 300 € suivant la saison. Petit-déjeuner buffet 23 €. Restauration. Bar à vin.

© HÔTEL ROYAL BON REPOS

Situé dans la vieille ville, à proximité du musée de la Tour carrée, cet hôtel 3 étoiles aux prestations d'un 4 étoiles, offre des chambres spacieuses et confortables, avec literie haut de gamme, dont certaines sont équipées d'une kitchenette, et bénéficient, de leurs balcons-terrasses, d'une belle vue latérale ou directe sur le golfe de Saint-Tropez. Décorées avec goût, elles sont disponibles dans plusieurs catégories. Les petits déjeuners sont ouverts à l'extérieur sur réservation. L'accueil de Virginie Liotier et de son équipe sont un plus non négligeable !

VAR

LE CAFÉ DE FRANCE €€

2, place Victor-Hugo ✆ 04 94 96 18 16
www.lecafedefrance.fr
Ouvert toute l'année. Plat du jour 15 €. Tartines 14 €. Woks et pâtes dès 22 €. Terrasse. Festival Jazz à table.

La brasserie historique créée en 1852, membre de l'association des Cafés historiques européens, propose une cuisine bistronomique méditerranéenne, dans un cadre historique. Géraldine (4e génération) et son mari ont su préserver l'âme de ce lieu ou pêcheurs et touristes s'amusent à refaire le monde. La carte, qui change toutes les saisons, recèle de plats traditionnels. Les propriétaires, tout comme Nicolas Vachet le directeur, sont passionnés de musique, il y a du jazz presque toute l'année. Les soirées jazz@table sont très courues, de Saint-Tropez à Cannes.

LE FESTIVAL €€

5, boulevard des Cistes
✆ 04 94 96 67 87
www.restaurantlefestival.fr
Ouvert tous les jours midi et soir. Menu midi à 20 €, soir 35 €. Menu enfant 14 €. Parking. Chef Julien Lucq.

Dans un cadre d'exception au cœur de Sainte-Maxime, la table des Tourelles fait l'unanimité en termes de rapport qualité-prix. Dans l'ancienne demeure de Léon Gaumont le concept est dédié au cinéma. La terrasse de ce château du XIXe siècle, plantée devant un jardin verdoyant, offre une vue sur la mer, avec une salle intérieure climatisée. Parmi les spécialités du chef, on retrouve la marmite du pêcheur, le filet de cabillaud sauce curry jaune ou la noix d'entrecôte sauce foie gras... Service professionnel, aimable et direction à l'écoute. Tout un festival !

MAHI-PLAGE €€

53, avenue du Général-Touzet-du-Vigier
✆ 06 21 92 72 43
www.mahiplage.fr
Ouvert de mi-mars à fin oct. Tous les jours de 9h à 22h. Spécialités de la mer, salades et poke bowls. Parking.

Cette plage, située à l'est de la ville, dispose d'un restaurant où vous pourrez déguster, les pieds dans l'eau, une assiette de tapas, un tataki de thon, des poissons grillés de la pêche du jour, des gambas à la provençale, tartare de bœuf, grillades, des profiteroles à la vanille et sa sauce chocolat chaud. Salades, paninis et sandwichs sont, quant à eux, proposés *au My snack* tout au long de la journée. Tous les jeudis et dimanches soir, en juillet et août, vos hôtes Jacques et Alexandra vous offrent des soirées *music live* accompagnées de délicieuses grillades.

VILLAGE DE VACANCES LES TOURELLES €€

5, boulevard des Cistes
✆ 04 94 96 02 49
www.lestourelles.fr
Ouvert fin décembre à début novembre. 82 appartements de 105 à 362 € la nuit. Restaurant Le Festival. Piscine.

© LES TOURELLES SAINTE-MAXIME

Vous trouverez confort et quiétude dans le village de vacances 4 étoiles, posé sur les hauteurs de Sainte-Maxime au milieu d'un parc méditerranéen de 5 hectares, fleuri et arboré, ancien bien de Léon Gaumont, le célèbre créateur de l'industrie cinématographique française. Les appartements climatisés, récemment rénovés, disponibles pour 2, 4 ou 6 personnes, sont spacieux et tous équipés d'une cuisine moderne. Le village de vacances dispose également d'un hôtel de 10 chambres.

LA MAISON BLEUE €€

48, rue Paul-Bert
✆ 04 94 96 51 92
Fermé du 5 novembre au 19 décembre. Formules du midi 21 € entrée du jour + plat du jour. Carte : 40 € environ. Terrasse.

Les nouveaux propriétaires, Claire et Patrick Derobert ont conservé l'identité du restaurant, celle qui a fait sa renommée. Les vieilles affiches publicitaires sur le thème des pâtes ont toujours leur place, ainsi que les coussins moelleux sur la terrasse ombragée. Dans ce lieu très cosy et chaleureux, à l'ambiance très familiale, le mot d'ordre est le fait maison. Ici, tout est fabriqué sur place, les produits sont frais, les plats sont cuisinés à la minute et le chef aime laisser aller sa créativité, poêlée de poulpes au chorizo, raviolis niçois au jus de daube.

VAR

L'ORMEAU €€

38, rue Hoche
✆ 04 94 49 17 44
Ouvert tous les jours sauf mardi toute la journée et mercredi midi. Menu découverte 26,50 €. Carte : 55 €. Terrasse.

Depuis 1991, le chef décline ici une cuisine bistronomique élaborée au gré des saisons et du marché, avec une carte courte et des plats bien tournés : moules farcies anisées au 51, demi-camembert rôti et sa gelée de groseilles, céviche de daurade lait de coco, citron vert, concombres, tomates et coriandre ou encore des suggestions du jour avec par exemple : mi-cuit de thon sauce satay, riz parfumé, patate douce rôtie chou chinois et gingembre. Côté desserts, on ne reste pas sur sa faim : crumble citron amandes basilic... le tout servi avec le sourire.

RESTAURANT L'AMIRAL €€

Le Port
✆ 04 94 43 99 36
www.amiral-restaurant.com/
Ouvert toute l'année. Menus de 40 € à 80 €. Carte : 75 € environ. Plat du jour : 18 €. Terrasse.

Prenez de la hauteur pour déjeuner ou dîner, en vous installant sur la superbe terrasse qui surplombe le port de Sainte-Maxime. Cette vue marine vous incite à déguster des produits iodés, coquillages et des crustacés, une soupe de poissons du golfe de Saint-Tropez, le grand aïoli de l'Amiral, un filet de loup sauce champagne ou le dos de cabillaud en croûte provençale. Mais le chef vous comblera également avec des tortellinis de bœuf à la crème de truffe, un risotto aux légumes primeurs ou encore un filet de bœuf sur le grill.

LA TABLE DU MARCHÉ CHEZ FRED €€

27, rue des Maures
✆ 04 94 97 62 19
Ouvert toute l'année. En saison estivale, ouvert midi et soir. Fermé mercredi, samedi et dimanche midis. Menu 31 €.

L'accueil de cette maison familiale, tapie dans une petite rue du centre ville, est chaleureux et le contenu des assiettes est tout simple mais tout bon. On vient y boire un verre tout en croquant quelques morceaux : risotto glacé jambon cru bio et vinaigrette passion, salade de homard, tataki de thon avocat et légumes, brochettes de Saint-Jacques et gambas, filet de turbot beurre blanc passion avant de finir sur un feuille à feuille exotique ou une charlotte aux fraises maison.

VOLIM €€

42, Rue Paul Bert
✆ 07 80 32 17 61
Ouvert tous les jours le midi et le soir. Carte : 45 € environ. Terrasse.

Pour une adresse originale dans la région, en voilà une ! Connaissez-vous la gastronomie des Balkans ? À moins d'avoir fait un voyage dans la région, peu de chances. Chez Volim, en salle ou sur une belle terrasse, vous découvrirez ce qui fait la richesse des cuisines serbes et macédoniennes notamment. Des viandes grillées, les fameuses boulettes « Cevap » ou encore des entrées traditionnelles comme des aubergines à l'ail. Un grand choix à la carte donc et une belle convivialité orchestrée par un staff des plus chaleureux. Volim, on aime et on y retourne !

CHARLES PIERRUGUES

6, place Victor-Hugo ✆ 04 94 96 17 64
www.charlespierrugues.com
Fermé du début novembre à fin novembre. Ouvert du mardi au dimanche en basse saison et tous les jours en haute saison.

Charles, le benjamin de la famille Pierrugues, a repris le flambeau de cette pâtisserie chocolaterie connue depuis 1920 et à qui l'on doit notamment le chocolat sans sucre ajouté et la « Maximoise ». Aujourd'hui, le maître chocolatier se démarque en élargissant sa gamme de chocolats aux notes originales et exotiques et en fabriquant lui-même artisanalement ses propres glaces et sorbets à base de fruits frais. Des pâtisseries fines sont à déguster du matin au soir, face au port de Sainte-Maxime, installé sur la terrasse de la pâtisserie ou dans le salon de thé.

CASINO BARRIÈRE DE SAINTE-MAXIME

23, avenue Charles-de-Gaulle
✆ 04 94 55 07 00
Ouvert toute l'année. Casino ouvert 9h à 3h du dimanche au jeudi, 9h à 4h le vendredi, samedi, veilles de jours fériés.

Idéalement situé le long de la plage, l'établissement offre un espace machine à sous à ciel ouvert avec 125 machines à rouleaux de 1 centime à 2 euros, 10 machines à sous multi-jeux, rouleaux, rouleaux vidéo, roulette anglaise électronique, vidéo poker, jackpots progressifs, jeux de table, boule, roulette anglaise et black-Jack, et dispose d'un restaurant et d'un bar. A tester : les machines à sous Zorro, où le vengeur masqué vous conduira jusqu'aux jackpots.

CAVALAIRE-SUR-MER ★★

L'histoire de Cavalaire, qui tient son nom de la colonie grecque Heracléa Caccabaria qui avait pris position dans la baie, commence 800 ans avant notre ère avec les Ligures installés dans leur oppidum du Montjean. Petit hameau de pêcheurs dépendant de Gassin au XVIIIe siècle, cette jeune commune du Var, créée en 1929 et classée station balnéaire en 1956, est située au fond d'une baie très abritée, entre le cap Cavalaire à l'ouest et le cap Lardier à l'est. Elle dispose d'une longue plage de sable fin sur plus de 4 km (où la 3e division d'infanterie américaine a débarqué le 15 août 1944), idéale pour les activités touristiques et nautiques.

PORT HERACLEA

Quai Marc Pajot
✆ 04 94 64 17 81
http://port-heraclea.fr/

Ouvert toute l'année, tous les jours. 1 100 places réparties en 2 bassins (est et ouest), dont 1 015 postes permanents.

Situés au cœur de la ville, les deux bassins du port comportent de nombreux services et équipements. Une zone de mouillage est organisée à l'extérieur du port, ainsi qu'un ponton d'accueil sous la capitainerie, une rampe de mise à l'eau gratuite est à votre disposition bassin Ouest ainsi qu'un espace de grutage bassin Est. Le port joue également la carte du développement durable, avec la surveillance quotidienne de la consommation d'eau, le respect de l'environnement, les codes de bonne conduite vis-à-vis des cétacés, la protection de la faune marine…

LE COMPTOIR DES SAVEURS €€

Centre d'animation du nouveau port
✆ 04 94 05 46 10
www.lecomptoirdessaveurscavalaire.com/

Ouvert de février à octobre. Carte : 50 € environ. Formule aïoli 28 €. Bouillabaisse maison sur commande.

Ce restaurant à la décoration très cosy et vue sur le port propose de bons plats iodés, soupe de poissons de roche maison accompagnée de rouille et croûtons, aïoli du pêcheur, tataki de thon, pousses d'épinards, filet de loup, tagliatelles de légumes, sauce vierge, bouillabaisse servie sur faouque en liège et préparée devant vous... Mais les amateurs de viande et de volaille ne sont pas en reste avec le suprême de pintade, sauce champagne, girolles, l'entrecôte XXL, sauce poivre vert, le wok de bœuf thaï et son riz parfumé. Accueil et service parfait.

LA PLANCHA €€

Nouveau port
✆ 04 94 94 90 50

Ouvert du 1er avril au 30 septembre. Menus de 19,50 à 39,50 €. Carte : 40 € environ. L'été, piano-bar tous les soirs.

Ce restaurant de cuisine traditionnelle et provençale fait rimer terre et mer, où sur la belle terrasse face aux bateaux, on se régale de viandes et de poissons grillés à la plancha, d'une daurade ou d'un bar selon arrivage, d'une cassolette de la mer, avec jus de poissons de roche, rouget, saint-pierre, gambas, moules, supions, rouille maison, d'un tartare de thon japonais préparé par le chef, de moules à la plancha avec crème d'ail, d'une pluma de pata negra, une viande exceptionnelle de cochon noir ibérique... et de la limoncello cup pour clore le repas.

LE RAYOL-CANADEL-SUR-MER ★★

L'expansion de cette station, à la fin du XIXe siècle, est due principalement à la construction de la ligne de chemin de fer de Provence qui reliait Toulon à Saint-Raphaël. Le Rayol-Canadel devint alors un lieu de prédilection pour de riches propriétaires qui firent construire de luxueuses villas, jusque dans les années 1930. Il en reste encore quelques-unes pour témoigner des fastes de cette époque. La plage du Canadel, livrée à de paisibles baigneurs aujourd'hui, fut l'un des sites du débarquement en Provence, le 14 août 1944. On peut y visiter le Domaine du Rayol, un espace naturel protégé de 20 ha, propriété du Conservatoire du littoral.

DOMAINE DU RAYOL LE JARDIN DES MÉDITERRANÉES

Avenue Jacques Chirac ✆ 04 98 04 44 00
www.domainedurayol.org

Ouvert toute l'année (sauf le 25 décembre). Adulte : 14 €. Café des Jardiniers ouvert tous les jours pour le déjeuner.

Ce domaine dominant la mer, créé en 1910 par l'homme d'affaires parisien Alfred Théodore Courmes, a été acquis par le Conservatoire du Littoral, afin de le soustraire à l'urbanisation. La conception du jardin, par le paysagiste Gilles Clément, est une réussite. Le Café des Jardiniers vous permet de vous restaurer d'une cuisine traditionnelle méditerranéenne et de vous désaltérer en terrasse. En été, des visites guidées aquatiques du jardin marin permettent de découvrir les fonds marins

VAR

LE PATEC ET L'ESCALIER MONUMENTAL ★

27, avenue du Touring Club

Toute l'année et tous les jours en accès libre.

De la pergola ronde du Patec, inscrite à l'Inventaire supplémentaire des Monuments historiques depuis le 14 décembre 1989, vous découvrez une vue magnifique sur la mer et les îles. L'escalier, bâti en pierres micaschistes extraites des carrières de la commune du Rayol-Canadel, entre 1925 et 1927, permettait aux résidents d'atteindre la plage. Aujourd'hui, on distingue l'escalier du centre et les degrés de la mer qui arrivent sur la plage du Rayol.

LE BAILLI DE SUFFREN**** €€€

15, avenue des Américains ✆ 04 98 04 47 00

www.lebaillidesuffren.com

Ouvert du début mai au début octobre.
55 chambres à partir de 225 €. 3 points de restauration. Plage privée. Parking.

Posé au bord d'une crique protégée, cet élégant hôtel de charme respire la quiétude, face aux îles du Levant et de Port-Cros qui se profilent à l'horizon. Toutes les chambres s'ouvrent sur un balcon ou une terrasse. Au restaurant Le Loup de Mer, on y déguste au dîner, une cuisine méditerranéenne généreuse, locale et raffinée aux saveurs provençales, selon les produits varois du marché et les spécialités du chef. Le restaurant de plage l'Escale propose une carte plutôt brasserie et des poissons marinés ou grillés. L'hôtel dispose également de 3 bars.

HÔTEL LA VILLA DOUCE**** €€€

8, corniche de Paris ✆ 04 94 15 30 30

www.lavilladouce.com

Ouvert toute l'année. 31 chambres. Restaurant « Le Café l'Envol », également ouvert à la clientèle extérieure. Parking.

L'élégant hôtel, niché sur les hauteurs du village du Rayol-Canadel, bénéficie d'une vue panoramique époustouflante sur l'azur de la Méditerranée. Ici, tout a été conçu pour votre bien-être avec des chambres confortables à la décoration raffinée, des espaces de vie conviviaux, notamment le Club Papillon qui s'anime dès le petit déjeuner. Au déjeuner ou au dîner, au Café l'Envol, on vous sert des plats du terroir concoctés avec des produits bio, locaux et vegan. De nombreux services sont proposés par l'hôtel pour faire de votre séjour une expérience inoubliable.

MAURIN DES MAURES €€

29, avenue Étienne-Gola

✆ 04 94 05 60 11

www.maurin-des-maures.com

Tous les jours de 12h à 14h et de 19h à 21h. Menu du lundi au vendredi midi 19,50 €. Menu 39,50 €. Carte 50 € environ.

Toujours présent pour vous accueillir, Dédé Delmonte, le cuisinier à la tignasse blanche et à la moustache poivre et sel, n'a rien perdu de sa faconde. L'ambiance est toujours aussi familiale dans les deux salles et les plats, très emblématiques de la cuisine provençale et méditerranéenne, cuisinés par son chef, font courir tous les gourmets de la région. On retrouve à la carte : bouillabaisse du pêcheur, linguini aux fruits de mer, daube de poulpe à la Provençale, calamars farcis à la Sétoise, daube de joue de bœuf, assiette terre et mer...

VAR

Le Patec et l'escalier monumental.

LA CROIX-VALMER ★★

Cette commune, dont l'histoire commence à l'époque romaine et qui doit son nom à l'empereur romain Constantin, est adossée à la corniche des Maures en dessous de Gassin, à qui elle était rattachée jusqu'à « son indépendance » prononcée en 1934. C'est une station balnéaire discrète, qui possède néanmoins de multiples atouts : 5 plages dont celle, familiale, de Gigaro, le site du cap Lardier parfaitement préservé – 300 hectares exempts de constructions, plantés de pins parasols et de pins d'Alep, de bruyères, de genêts, de lavande sauvage et peuplés de centaines de variétés d'oiseaux –, le cap Taillat, les villas d'époque du XIXe et XXe siècle.

VILLA ROMAINE DE PARDIGON 2

75, boulevard du maréchal Alphonse Juin

La villa maritime romaine de Pardigon s'étend sur 3 600 mètres carrés. C'est la plus grande des villas maritimes du sud de la Gaule, encore visible aujourd'hui. Simple cabane au départ, puis villa structurée et florissante, c'était le lieu d'habitation d'un notable romain, qui gérait son domaine viticole ou oléicole. À proximité, sont situés les bâtiments agricoles et les logements des travailleurs agricoles, ainsi que des viviers maritimes et un port marin.

CHÂTEAU DE MEÏ LÉSÉ**** €€

23, domaine du Val de Mer ✆ 04 94 55 10 10

https://mei-lese.com/

Ouvert de février à novembre et en décembre pour les fêtes. 14 chambres, dont 5 suites. Piscine.

Du haut de la colline, la bâtisse, rénovée en 2014, surplombe la mer et les îles d'Or, depuis presque un siècle et demi. Chaque chambre et chaque suite ouvre sur sa terrasse ou son balcon, avec une merveilleuse vue sur la baie de Cavalaire. La grande terrasse, inondée de lumière, qui abrite la piscine et son pool house, les chaises longues et les parasols, est propice à vos longues séances de farniente. À votre arrivée, champagne, mignardises et fleurs vous attendent dans votre chambre. Les possibilités de balades ne manquent pas aux alentours.

HÔTEL L'ORANGERAIE*** €€

545, boulevard Georges-Selliez

✆ 04 94 55 27 27

www.hotel-lorangeraie.com

Ouvert d'avril à octobre. 36 chambres 100 % non-fumeur. Tarifs évolutifs suivant la saison. Piscine chauffée.

Du couvent d'hier à l'Orangeraie d'aujourd'hui, cette majestueuse bâtisse 1900 n'a rien perdu de son charme d'antan. Niché dans parc planté de palmiers centenaires, cet hôtel de légende offre un panorama unique sur la mer du cap Lardier aux îles d'Or. Les chambres et suites, spacieuses et ensoleillées, offrent, pour la grande majorité d'entre elles, une vue exceptionnelle sur la mer et les îles du Levant et de Port-Cros, sur la piscine au cœur de la palmeraie, et sur la magnifique chapelle d'époque. Le restaurant propose une cuisine traditionnelle et régionale.

HÔTEL LA PINÈDE PLAGE**** €€

342, boulevard de Gigaro ✆ 04 94 55 16 16

www.pinedeplage.com

Ouvert de début mai à début octobre.
32 chambres non-fumeur dès 345 € avec vue mer. Restaurant midi et soir. Parking.

Deuxième adresse de la famille Rocchietta-Montloin, c'est l'endroit idéal pour passer ses vacances vraiment au bord de la mer. Les lumineuses chambres avec terrasse ou balcon et vue sur le bleu de la mer Méditerranée, ont été totalement rénovées. Au restaurant, la cuisine aux accents provençaux s'insère parfaitement avec les lieux, l'esprit farniente et la terrasse sous les pins, qui flirte avec la plage de Gigaro et la Grande bleue. Profitez également du spa au Château Valmer.

CHÂTEAU DE VALMER - SPA***** €€€

81, boulevard de Gigaro ✆ 04 94 55 15 15

www.chateauvalmer.com

Relais & Châteaux. Ouvert de début mai à début octobre. 41 chambres + 2 cabanes perchées et une villa à partir de 330 €.

Cette ancienne demeure bourgeoise érigée au cœur d'un domaine viticole de 6 hectares, propriété de la famille Rocchietta-Montloin, bénéficie d'un environnement idéal, parc à la végétation luxuriante avec piscine solarium, palmeraie, verger... certifiés AB. Les chambres évoquent le charme régional. La palme de l'originalité revient aux deux cabanes perchées, intégrées au cœur de chênes centenaires. Quant au spa de 500 m², ouvert sur le parc, il figure parmi les plus beaux du Var.

HÔTEL LILY OF THE VALLEY***** €€€

Boulevard Abel Faivre ✆ 04 22 73 22 00
www.lilyofthevalley.com/fr/

Ouvert toute l'année. 44 chambres 100 % fumeur, de 450 € à 3 400 € selon la saison. Deux piscines chauffées. Restaurant.

Bénéficiant d'un emplacement exceptionnel, cet hôtel offre une vue spectaculaire sur les îles d'Or. La décoration, atypique, est signée Philippe Starck, qui a imaginé un hôtel qui ne s'impose pas à la nature, mais qui s'y adapte et s'y intègre. Au restaurant Vista, la gastronomie méditerranéenne, provençale et décomplexée, met en avant les produits et les producteurs locaux… En contrebas, le « Village », espace dédié au sport et au bien-être, est équipé de son bassin de nage extérieur.

VISTA €€

✆ 04 22 73 22 03

Collège Culinaire de France. Ouvert midi et soir toute l'année. Carte : 100 €. Terrasse. Parking.

Sur la vaste terrasse-tonnelle, en retrait de la piscine pour profiter de la vue, ou dans le confort douillet de la salle intérieure parsemée d'une multitude d'objets, on se régale de la cuisine simple et goûteuse imaginée par le chef des cuisines Vincent Maillard, épaule d'agneau de Sisteron braisée à la sarriette (à partager), salade Lily, quinoa, légumes de saison et condiment aux herbes, sériole marinée, fenouil et huile d'olive douce Méditerranée, retour des pêcheurs cuit au four. Une belle mise en valeur des produits du terroir et de la pêche.

RESTAURANT LA PALMERAIE €€€

81, boulevard de Gigaro ✆ 04 94 55 15 17
www.chateauvalmer.com

Ouvert de début mai à début octobre, le soir du mardi au dimanche. Menus de 80 € à 155 €. Terrasse. Jardin. Parking.

Après une période de transition, avec l'arrivée, en mai 2021, d'un chef déjà étoilé en Corse, Alexandre Fabris, le restaurant du Château de Valmer a retrouvé le chemin de la gastronomie. Ce Bourguignon d'origine s'est acclimaté rapidement aux produits et à la cuisine du Sud. Son travail est précis, mis en valeur par des dressages très originaux. Il magnifie les produits de saison locaux et bien entendu, pioche dans la manne du potager bio, qui est la fierté du domaine, pour élaborer une partie de ses recettes. Les desserts, tout en finesse, sont de haute tenue.

DOMAINE DE LA CROIX

816, boulevard de Tabarin
✆ 04 94 95 01 75
www.domainedelacroix.com

Dégustation des vins et visite libre du domaine aux horaires d'ouverture. Parking.

Le Domaine de la Croix fait partie du club très fermé des crus classés de Provence. Le vignoble de 110 hectares bénéficie d'une situation privilégiée, avec des vignes réparties entre le village de La Croix-Valmer, la plage de Gigaro et le fabuleux site de la Bastide Blanche. Ces terroirs jouissent d'atouts naturels qui donnent aux vins du Domaine de la Croix une élégance naturelle. Le chai ultra moderne, construit sous terre, outre ses techniques de pointe, se révèle être un véritable outil intégré dans son environnement paysager.

DOMAINE DE LA MADRAGUE

Boulevard de Gigaro ✆ 04 94 49 04 54
www.lesvinsdelamadrague.com

Ouvert toute l'année. Dégustation gratuite. Visite commentée du chai, avec présentation des vins. Parking gratuit.

Depuis son rachat en 2007 par Jean-Marie Zodo, le domaine, engagé en agriculture biologique, dont les 17 hectares de vignes en A.O.P. Côtes-de-provence embrassent les coteaux de Gassin et La Croix Valmer et descendent jusqu'à la plage de Gigaro, ne cesse de se bonifier et de glaner des médailles et distinctions dans les concours. Les cuvées Claire et Charlotte, sont devenues incontournables dans la région. Des produits locaux de qualité, vinaigre, huile d'olive, anchoïade, miel « Les abeilles de Grimaud », confiture, pain d'épices, sont en vente au caveau.

COGOLIN ★

La légende raconte que « sur la barque amenant d'Italie le corps décapité par les Romains du Chevalier « Torpes », il y avait un coq et un chien. Malgré la faim, les animaux ne touchèrent pas au corps. Lorsque l'esquif aborda sur les rivages de l'actuel Saint-Tropez, le coq s'envola dans la campagne de Cogolin, au beau milieu d'un champ de lin ». D'où ce « Coq au lin » qui orne l'écusson communal, les drapeaux et le sommet de l'hôtel de ville. Cogolin, village typiquement provençal, est blotti au pied du massif des Maures et s'étend jusqu'à la mer avec 2 ports : Les Marines de Cogolin, l'un des plus grands de la Côte d'Azur, et Port Cogolin.

VAR

MANUFACTURE DES TAPIS DE COGOLIN ★

6, boulevard Louis-Blanc
✆ 04 94 55 70 65
www.manufacturecogolin.com
Ouvert toute l'année. Du lundi au vendredi. Visite uniquement du showroom.

Cette manufacture fabrique toujours des tapis en laine, coton, raphia et lin dans le plus pur respect de la tradition, sur des métiers à tisser, qui datent de 1880, dits basse lisse à bras avec un mécanisme Jacquard. De ces ateliers sont sortis des pièces uniques qui ornaient hier le paquebot Normandie, aujourd'hui le Grand Trianon de Versailles, la Maison blanche, l'Élysée, des ministères et des palais, des ambassades, des yachts et des jets privés, des salons de grands hôtels.

COMMUNAUTÉ DE COMMUNES DU GOLFE DE SAINT TROPEZ

2, rue Blaise Pascal
✆ 04 94 55 70 30
www.golfe-sainttropez.fr
Ouvert du lundi au vendredi de 9h00 à 12h30 et de 13h30 à 17h00.

La Communauté de Communes du Golfe de Saint-Tropez, créée en 2013, rassemble en tout 12 communes : Cavalaire-sur-Mer, Cogolin, Gassin, Grimaud, La Croix Valmer, La Garde-Freinet, La Mole, Le Plan-de-la-Tour, Ramatuelle, Rayol-Canadel-sur-Mer, Saint-Tropez et Sainte-Maxime. Très active sur le territoire, elle a pour but d'améliorer des services rendus à la population, de sécuriser des biens et des personnes, et d'assurer une bonne maîtrise de l'économie.

BLISS HOTEL*** €€

Place de la République
✆ 04 94 54 15 17
www.bliss-hotel.com
Ecolabel européen. Ouvert toute l'année. 24 chambres 100 % non-fumeur de 119 € à 335 € ; junior suite de 350 € à 500 €.

Cet hôtel, qui a obtenu l'écolabel européen depuis novembre 2012, est situé au centre du village et à une dizaine de minutes des plages. Les chambres, confortables, au design contemporain et au mobilier zen et élégant, offrent une vue sur les collines, la plaine du golfe de Saint-Tropez ou la place du village. C'est le point départ idéal pour visiter Saint-Tropez et son port mythique, découvrir le village lacustre de Port-Grimaud, flâner dans les ruelles des villages environnants ou rejoindre les nombreuses plages de Pampelonne.

CASA ROMA €€

34, rue Gambetta
✆ 04 94 82 31 63
www.pizzeria-casaroma.com/
Formule du midi : 16 €. Pizzas de 12 € à 21 €. Pâtes de 15 € à 21 €. Viandes de 14 € à 18 €. Desserts 7 € à 9 €.

La cuisine ouverte de cette trattoria à l'ancienne vous permet de voir travailler le chef avec des produits frais et cuire les pizzas au feu de bois, dont la pâte a été pétrie tous les jours à la main par le pizzaïolo. Ici, l'assiette de charcuterie italienne et de fromages sont à partager... ou pas !, avant de passer aux choses sérieuses avec une assiette de pâtes fraîches, linguine bolognaise, tagliatelles carbonara, gnocchis aux truffes, un tartare de bœuf à l'italienne. Impossible de ne pas terminer le repas par l'incontournable panna cotta aux fruits rouges !

LA GRANGE DES AGAPES €€

7, rue du 11-Novembre
✆ 04 94 54 60 97
www.grangeagapes.com
Ouvert toute l'année du mardi au samedi. Menus de 34 à 48 €. Carte : 60 € environ. Service traiteur. Épicerie fine.

Au milieu de la salle située à l'étage, la cuisine ouverte permet de découvrir tous les faits et gestes du chef et de sa brigade, qui préparent, pour votre plus grand bonheur gustatif, de nombreux menus à thème, truffes, tout légumes, provençal,... Pour les cours de cuisine, l'Atelier des Agapes a été spécialement conçu pour découvrir quelques secrets du chef et déjeuner en table d'hôtes. Une épicerie fine, Délices des agapes, a été ouverte au sein du restaurant, avec charcuteries, truffes et produits dérivés, produits de la mer, huiles et produits à l'huile.

OPEN BISTRO €€

11, rue Jean Jaurès
✆ 04 94 54 41 80
www.openbistro.fr/
Fermé 1er au 15 novembre. Carte 50 € environ. Menu enfant 14 €. Terrasse.

Dans sa cuisine ouverte, Sébastien Arfeuillère, rejoint par son fils Adrien, prépare une cuisine traditionnelle de marché, tendance bistrotière, qui évolue tous les jours avec des suggestions incontournables, élaborées en fonction des saisons, pressé de canard au foie gras, salade de poulpe rôtie, cassolette de bar, saint-pierre et gnocchi dans sa soupe de poisson maison, bœuf en croûte de sel, risotto à la truffe et aux asperges françaises, soufflé au Grand Marnier, Clémenvilla surprise aux marrons et agrumes, coulant au chocolat...

VAR

L'ATELIER PROVENÇAL

50, avenue de Valensole ✆ 04 94 55 74 43
www.au-bec-fin.com

Ouvert toute l'année du lundi au samedi. Visite possible du lundi au samedi le matin et dégustation gratuite. Parking.

Direction dynamique pour cette épicerie fine attenante à la conserverie artisanale certifiée ISO 9001, créée en 1991, qui fabrique une large gamme de spécialités provençales, dans la plus pure tradition, notamment leur produit phare : la soupe de poissons de roche. Vous êtes invités à découvrir un éventail dans cette boutique de 200 m² dédiés au terroir de la région, avec 200 producteurs/fournisseurs et plus de 50 domaines de Provence, mais également des produits d'épicerie très fine et bien sûr les produits locaux de la conserverie Au Bec Fin fabriqués sur place.

CHÂTEAU SAINT-MAUR - CRU CLASSÉ

535, route de Collobrières ✆ 04 94 95 48 48
www.chateausaintmaur.com

Ouvert toute l'année. Dégustation des cuvées. Visite privée accompagnée d'un guide, sur rendez-vous. Parking.

Propriété de Roger Zannier depuis 2011, le domaine compte une centaine d'hectares de vignes. Vrai passionné de vin, il a fait de ce terroir provençal un vignoble de renom aux cuvées gastronomiques qui produit 90 % de rosé, 5 % de blanc et 5 % de rouge. Son dernier millésime s'illustre par un très haut niveau qualitatif, à l'image des cuvées Clos de Capelune rosé et Excellence rosé 2021, médaille d'or au concours des vins de Provence, ainsi qu'au concours Terre de vins.

DOMAINE VAL D'ASTIER

330, chemin du Val-d'Astier ✆ 06 09 13 27 64
www.domainevaldastier.com

Ouvert toute l'année. Parking. Dégustation sans réservation juin à septembre tous les jours (sauf dimanche après-midi).

Bruno et Ellen Seignez, rejoints aujourd'hui par leurs enfants Arthur et Laure, vous reçoivent dans leur vignoble façonné sur un ancien terrain où paissaient des moutons. Dans un environnement naturel et authentique, ce couple de passionnés a fait le choix de l'agriculture raisonnée. Aujourd'hui, un nouveau vallon de douze hectares, « Les pierres blanches », planté de vignes et d'oliviers, est venu agrandir le domaine, accueillant de nombreuses ruches qui produisent d'excellents miels de montagne et de lavande, à découvrir au caveau en même temps que les vins.

GRIMAUD ★★

Grimaud est sans doute l'un des plus anciens villages des Maures. Perché sur une hauteur, position commode pour surveiller, mais un peu retiré à l'intérieur des terres pour être à l'abri des coups de main perpétrés par les barbaresques sur le rivage, le village a pu ainsi traverser des époques troublées et parvenir jusqu'à nous dans un parfait état de conservation, avec ses ruelles authentiques, ses petites places secrètes, ses fontaines, son charme intact. Grimaud, qui se compose en hameaux et quartiers charmants, vit toute l'année. Il y a une vie culturelle, avec notamment Les Grimaldines, un festival unique, où l'été, chaque mardi, dans les ruelles du village et au château, spectacles gratuits et concert se succèdent jusqu'au cœur de la nuit, depuis plus de 15 ans.

Parmi les autres temps forts, impossible de rater l'Eurofestival Harley Davidson, l'événement phare de Grimaud et du golfe de Saint-Tropez, où chaque année, près de 10 000 possesseurs de ces grosses cylindrées chromées envahissent la presqu'île. Se succèdent des concerts sur la scène géante montée sur la plage, des démonstrations de chopper, des concours de custom, un Harley village, un bike show en plein cœur du village de Grimaud, et bien entendu, la traditionnelle grande parade en Harley.

Mais Grimaud, c'est aussi la mer. En empruntant le sentier du littoral (anciennement le sentier des Douaniers), vous allez découvrir des lieux de baignade bien cachés, des plages où vous pourrez pratiquer des loisirs nautiques, des points de vue inédits, sur Saint-Tropez notamment, et également de superbes villas.

MUSÉE DES ARTS ET TRADITIONS POPULAIRES ★

RD558
✆ 04 94 43 39 29

Ouvert mardi, jeudi, vendredi et samedi de 9h30 à 13h. Entrée libre.

Situé dans un ancien moulin à huile du XVIe siècle et dans une ancienne bouchonnerie, ce musée municipal, fondé en 1982 par deux Grimaudois, André Decuers et Guy Giraud, présente, sur deux étages, les activités du passé et de la vie quotidienne, les petites industries – bouchonneries, sériciculture –, des outils, de nombreux objets en relation avec la fabrication de l'huile d'olive, de l'industrie du liège, des costumes provençaux, de la vaisselle.

VAR

LE DOMAINE DES NAÏADES**** €€

655, chemin des Mûres ✆ 04 94 55 67 80
www.lesnaiades.com

Ouvert du début avril à fin septembre. Mobil-homes gammes premium, comfort et classic. Espace aquatique. Restaurant.

Cet hôtel de plein air, érigé au sein d'un vaste parc arboré, à 900 m de la mer, vous assure des vacances de qualité, dans une ambiance familiale. Vous profiterez de nombreuses animations sportives : footing, réveil musculaire, aqua-gym dans la piscine olympique dotée de 2 toboggans aquatiques, volley-ball, ping-pong... Les noctambules pourront rallier Saint-Tropez pour vivre des soirées animées. Nouveauté : mobil-home premium exclusive 4 chambres pour 8 personnes avec terrasse balcon.

HÔTEL LA PIERRERIE*** €€

1714, route de Saint-Tropez - RD61
✆ 04 94 43 24 60 - www.lapierrerie.com

Fermé de novembre à mars. Chambre double de 105 à 145 € ; triple de 165 à 175 €. Petit déjeuner : 14 € (salé 17 €).

Ce très beau mas provençal composé de plusieurs bâtisses, situé en pleine campagne dans un écrin de verdure d'un hectare et demi, propose 14 chambres spacieuses et confortables, joliment décorées dans un style provençal. Vos moments de détente autour de la piscine pourront être complétés par la découverte des villages de Grimaud, de Saint-Tropez, des Marines de Cogolin ou encore de Port-Grimaud. L'établissement propose d'ailleurs des vélos, classiques ou électriques, à la location. L'accueil réservé par Christophe Gerbino est chaleureux et familial à souhait.

LA MAISON DE JUSTINE €€

570, route du Plan-de-la-Tour ✆ 06 12 34 47 72
www.la-maison-de-justine.com

Ouvert toute l'année. 4 chambres doubles 100 % non-fumeur de 95 € à 145 € suivant la saison. Piscine. Parking.

Ancienne ferme de 1820, parfaitement restaurée dans un style néo provençal, située, au calme, au cœur d'un vignoble, à mi-chemin entre le village médiéval et la célèbre cité lacustre. Maison d'hôtes depuis 2008, la belle bâtisse en pierre, élevée sur deux niveaux, ouvre ses volets sur les glycines, les vignes et les collines environnantes, le château de Grimaud en toile de fond. Les chambres baptisées des prénoms de la famille, spacieuses et confortables, sont situées au 1er étage de la maison, ainsi qu'en rez-de-jardin. La piscine complètera votre expérience.

LE VERGER MAELVI**** €€

1115, route de Collobrières
✆ 04 94 55 57 80
www.hotel-grimaud.com

Fermé de fin octobre à mi-avril. 14 chambres. Tarifs évolutifs, réservation en ligne à privilégier. Piscine.

Edifiée à 1 km du village, au calme, dans un cadre de verdure luxuriant bordé par la petite rivière la Giscle, avec le massif des Maures en toile de fond, cette belle bâtisse provençale, rénovée récemment, dispose de chambres spacieuses de grand confort, climatisées, offrant de très belles salles de bains et dont la décoration est différente pour chacune d'elles. Chaque terrasse de chambre s'ouvre sur le jardin verdoyant et fleuri, la piscine et le massif des Maures. Un service de conciergerie vous aide à organiser vos sorties selon vos souhaits.

VAR

Le village de Grimaud.

RESTAURANT LE MÛRIER €€

177, route de Sainte-Maxime - RD 14
04 94 56 31 62
www.restaurant-lemurier.fr
Ouvert toute l'année. Menu 38 €. Carte : 52 € environ. Jardin. Terrasse. Vente à emporter. Parking.

Maki et Bertrand Comelet ont jeté leur dévolu sur cette maison aux pierres anciennes, poutres apparentes et véranda lumineuse, posée au milieu d'un jardin et située dans la plaine de Grimaud. Le chef a opté pour une fraîche cuisine saisonnière de marché, légumes provençaux grillés au vinaigre balsamique et basilic, tartare d'avocat aux crevettes, joue de bœuf braisée comme un civet, dos d'agneau des Hautes-Alpes rôti persillé au jus, dos de cabillaud rôti, haricots coco de Paimpol à la Provençale, crumble à la pomme et rhubarbe, cerises du Luberon poêlées...

PORT-GRIMAUD ★★

Port-Grimaud, souvent appelé la « petite Venise provençale », est une localité entièrement créée par les hommes, située à 5,5 kilomètres de Grimaud. En 1966, seul un grand marécage infesté de moustiques à l'embouchure de la Giscle fermait la plaine de Grimaud en bordure de mer. Un architecte inspiré, François Spoerry, entreprit d'assainir le marécage et de créer une sorte de Venise artificielle, cité lacustre faite de multiples canaux dont les quais sont bordés de maisons de style provençal.
Cet ensemble architectural unique, inscrit en 2002 au Patrimoine du XXe siècle, est aujourd'hui labellisé « Architecture contemporaine remarquable » depuis 2018.

LES SANTONS €€€

743, RD 558
04 94 43 21 02
www.restaurant-les-santons.fr
Maître Cuisinier de France. Fermé du 10 novembre au 10 décembre. Menus 63€-83€. Carte : 85 € environ. Service traiteur.

Julien Allègre prolonge les plaisirs et persiste à signer une cuisine gastronomique dans la lignée de Claude Girard, provençale et authentique, toujours de saison avec les produits du marché, qui ravit toujours autant les papilles, carpaccio d'artichauts violets à l'huile de noisette, ris de veau pané aux croûtons, jus de veau corsé à la carotte, selle d'agneau rôti au thym sauvage, meringue glacée à la vanille de Madagascar, baba au rhum à la crème Chantilly vanillée et chocolat chaud grand cru... sans oublier les spécialités à la truffe *tuber melanosporum*.

LE SUFFREN HÔTEL**** €€

16, place du Marché
04 94 55 15 05
www.hotel-suffren.com
Ouvert de mi-avril à début novembre.
27 chambres 100 % non-fumeur et 1 studio et 2 appartements en location.

Changement de propriétaires pour cet hôtel au cadre contemporain, où les patines à l'ancienne apportent une chaude ambiance provençale. Situé au centre de la cité lacustre, surnommée la Venise provençale, à quelques enjambées de la plage, il offre des chambres claires et lumineuses, au confort douillet, dont certaines bénéficient d'un balcon aménagé face aux canaux et aux lieux de vie de Port-Grimaud. 1 studio et 2 appartements sont également à votre disposition, en location. Le départ de la navette pour Saint-Tropez se trouve à proximité de l'hôtel.

GRIMAUD KARTING LOISIR

37, carraire d'Aïgo-Puto
04 94 56 00 12
www.gkl-karting.fr
Ouvert toute l'année. Location karts adultes, enfants, biplace. Bar et snack. Terrasse panoramique. Parking.

Ce circuit conçu, dans les moindres détails, sur une piste de 800 mètres homologuée dans les deux sens de rotation, et tout équipé, avec stands, atelier, bar, snack, terrasse..., s'adresse à tous les passionnés de karting. Le parc de machines est adapté à tous les âges. De nombreuses compétitions et courses de karting, sont organisées tout au long de l'année, mini grand prix, grand prix, endurance, stages d'initiation, formule anniversaire... Une terrasse panoramique vous permet de contempler toute la piste et suivre ainsi l'évolution des karts.

LA TABLE DU MAREYEUR €€

10-11, place des Artisans 04 94 56 06 77
www.mareyeur.com
Ouvert de fin mars à début novembre. Huîtres 19 € à 32 € les 6. Plateaux de fruits de mer de 36 € à 182 €.

Depuis 1989, ce restaurant, très fréquenté le soir, est devenu une adresse incontournable pour les amateurs de poissons et fruits de mer. Attablés tranquillement à la terrasse fleurie, au bord de l'eau, les habitués se pressent pour déguster poissons sauvages, plateaux composés de crustacés et coquillages, panier de poissons frais tous les jours, saint-pierre, turbot, loup, daurade, des belles pièces pour 2 personnes, simplement grillées. Également duo de foie gras de canard et côte de bœuf, pour ceux qui n'apprécient pas le poisson. Un lieu unique et enchanteur !

FRÉJUS ★★

Du latin forum Julii, littéralement le « marché de Jules », la cité romaine fut fondée par Jules César en 49 avant J.-C. La ville était implantée sur la voie aurélienne qui reliait Arles à Gênes, en suivant le cours de l'Argens. Le centre se trouvait sur une butte de grès du massif de l'Estérel qui dominait de 34 m les plaines de l'Argens et du Reyran, protégé par un rempart. Forum Julii devint le grand port militaire des armées romaines en Gaule. Un grand bassin fut creusé et relié à la mer par un canal de 500 m de long. En 31 av. J.-C., Octave battit la flotte de Marc-Antoine et de Cléopâtre à Actium et ramena à Fréjus plus de 300 vaisseaux pris à l'ennemi. Fréjus était un important nœud routier sur la Via Aurélia, aménagée en l'an 13 av. J.-C., sous l'empereur Auguste. Elle était raccordée à la voie domitienne dans la vallée du Rhône. Son tracé correspond à peu près à celui de l'actuelle RD N7. Le christianisme s'étendit rapidement dans toute la contrée et Fréjus devint le siège d'un évêché en 374.

Ruinée par les Sarrasins, la ville fut relevée par l'évêque Riculfe. Ville de marchés et de marchands, bien placée sur la route du sel et base d'échanges entre la Provence et l'Italie, Fréjus connut une grande prospérité, mais fut envahie par les impériaux en 1536, par les Savoyards en 1707, par les Austro-Piémontais en 1746. La rupture du barrage de Malpasset, le 2 décembre 1959, a causé de profondes blessures dans les cultures, les routes et les maisons emportées. À la suite de cette catastrophe, la modernisation fut en route, avec la canalisation du Reyran et l'urbanisation des quartiers de Villeneuve et de l'Agachon et la construction de Port-Fréjus, qui sera inauguré le 12 juillet 1989. 20 ans plus tard, c'est sous un nouveau souffle et un grand dynamisme que Port-Fréjus II voit le jour. Parfaite conjugaison d'histoire et de modernité, ce canal de plus de 400 mètres renoue avec son passé et s'étire jusqu'à l'avenue de Provence, aux portes du cœur historique.

Fréjus dispose également d'un long ruban de sable fin, ponctué de plages, qui s'étend des confins de Saint-Raphaël jusqu'à Saint-Aygulf. Les amateurs de nature, de ballades et randonnées à pied, à cheval, à vélo, en VTT, trouveront aussi leur bonheur dans le massif de l'Estérel, avec les très nombreux circuits proposés. Les sportifs ne manqueront, sous aucun prétexte, la participation au Roc d'Azur, le plus grand rassemblement mondial de VTT, qui est certain d'être organisé sur la base nature à Fréjus, au moins jusqu'en 2023.

AMPHITHÉÂTRE ROMAIN OU ARÈNES ★

296, rue Henri-Vadon
✆ 04 94 51 34 31

Ouvert toute l'année. Gratuit jusqu'à 12 ans. Adulte : 3 €. Dernière entrée 15 minutes avant l'horaire de fermeture.

Construit à l'extérieur des remparts au Ier siècle avant J.-C., cet édifice, l'un des plus anciens amphithéâtres de la Gaule, pouvait contenir douze mille spectateurs, contre cinq mille aujourd'hui. Au centre, une fosse en forme de croix permettait toutes sortes de mises en scène, des combats de gladiateurs ou des chasses aux fauves. D'importants travaux de restauration, consolidation et valorisation ont permis de redonner à ce monument sa vocation de lieu de spectacle.

CHAPELLE NOTRE-DAME DE JÉRUSALEM DITE COCTEAU ★★

Avenue Nicolaï - Route de Cannes
✆ 04 94 53 82 47

Ouvert toute l'année. Gratuit jusqu'à 12 ans. Adulte : 3 €. Un espace boutique est disponible sur le site.

Cette chapelle, classée Monument historique le 20 janvier 1989, sise dans le quartier résidentiel de La Tour de Mare, à la lisière de l'Estérel, volonté d'un banquier niçois Jean Martinon, est la dernière conçue par Jean Cocteau en 1961. Décédé en 1963, il ne put la terminer. Elle sera achevée par son fils spirituel Édouard Dermit. Les fresques intérieures illustrent le thème de la Passion du Christ et celui des croisades et de l'Ordre des chevaliers du Saint-Sépulcre.

CLOÎTRE DE LA CATHÉDRALE DE FRÉJUS ★★

48, rue du cardinal Fleury ✆ 04 94 51 26 30
www.cloitre-frejus.fr/

Ouvert toute l'année, en continu de 10h à 18h en haute-saison, de 10h à 17h sinon. Gratuit jusqu'à 25 ans. Adulte 6 €.

Le cloître de la cathédrale Saint-Léonce a été édifié en deux temps. Un premier niveau de plain-pied a été construit au XIIIe siècle, puis complété, au siècle suivant, d'une galerie supérieure, ce qui a eu pour effet la mise en place d'une charpente en bois à caissons au rez-de-chaussée, composée de trois cents panneaux peints représentant des scènes de la vie quotidienne, des éléments religieux et surtout un fantastique bestiaire médiéval. Le centre est occupé par un puits profond.

VAR

PORT FRÉJUS

55, passage des Caryatides ✆ 04 94 82 63 00
www.portfrejus.fr/

895 postes d'amarrage - longueur maximum des bateaux : 40 m. Amarrages sur pontons fixes à bâbord en béton.

Port Fréjus est un port dynamique, en constante évolution, devenu un quartier emblématique de la ville, où l'implantation de nombreux commerces et restaurants apporte de l'animation. Question sécurité, le site est en permanence sous vidéo surveillance et un agent de nuit est présent 365 jours par an. Le port propose aux plaisanciers une gamme de services complète, un chantier naval, des points d'eau douce disponibles sur tous les pontons, 4 ensembles sanitaires réservés, répartis sur le port et ouverts 24h sur 24h, un espace lounge au-dessus de la capitainerie.

HÔTEL L'ARÉNA*** €

139, rue du général de Gaulle ✆ 04 94 52 77 20
www.hotel-frejus-arena.com

Ouvert toute l'année. 30 chambres. Restaurant La table de Guillôme. Le midi plat du jour 16,90 €. 2 parkings clos.

Après deux ans de fermeture et plus de trois mois de travaux, cet hôtel et restaurant composé de 3 bâtisses, situé à proximité du centre historique et des arènes de l'ancienne cité romaine, renaît grâce à un trio motivé. La plupart des chambres, lumineuses, habillées de teintes claires, s'ouvrent sur le jardin arboré de palmiers et la piscine. Au restaurant, Guillaume Anor, l'un des nouveaux propriétaires, chef de cuisine connu, et son auxiliaire et associé Jérôme Radigue insufflent une nouvelle dynamique, et propose une cuisine méditerranéenne locavore gourmande.

LA BASTIDE DU CLOS DES ROSES €€

1609, route de Malpasset RD 37
✆ 04 94 53 32 31
www.closdesroses.com/

Fermé de mi-décembre à mi-janvier. 8 chambres de 190 € à 360 € suivant la saison. Restaurant. Terrasse. Parking.

Conçue sur l'ancienne cave viticole de l'actuel Clos des Roses, vignoble de 36 hectares aux portes de Fréjus, cette charmante bastide provençale offre des prestations haut de gamme entre tradition et modernité. Les superbes chambres, à l'étage, offrent des volumes intéressants et une belle luminosité. Au rez-de-chaussée, le restaurant se distingue par sa cuisine ouverte sur la salle et sa terrasse. Sa carte évolue au gré des saisons et le menu du jour reste une valeur sûre.

HOLIDAY GREEN RESORT & SPA***** €€€

1900, RD4 ✆ 04 94 19 88 30
www.holidaygreen.com

600 emplacements et 3 gammes de mobil-homes (dès 92 € par nuit). Parc aquatique de 4 000 m². Restauration. Animations.

Ce prestigieux hôtel de plein air, agréable village-club niché au milieu d'une pinède de 15 hectares, à 7 km de Fréjus et des plages de sable, propose des emplacements traditionnels et trois gammes de cottages (confort, prestige et luxe). Sur place, des animations sont organisées d'avril à septembre et vous apprécierez le grand parc aquatique surveillé et chauffé, aussi bien que le spa « by Holiday Green » qui propose massages, gommages, balnéo, relaxation et hammam.

Crique de la plage de Saint-Aygulf, Fréjus.

LA BOCCA €

407, boulevard de la Libération

✆ 04 94 53 78 54

Ouvert toute l'année, tous les jours (le dimanche midi jusqu'à 15h au lieu de 14h30). Terrasse. Vente à emporter.

Installée face à la plage de Fréjus, cette vaste pizzeria sert, évidemment, des spécialités italiennes (pâtes, grillades, parmigiana, etc.) mais aussi des plats typiques du sud : soupe de poissons, bourride raphaëlloise, aïoli maison, calamars à la Sétoise... Mais ce qui attire la nombreuse clientèle qui apprécie le bon rapport qualité-prix, ce sont surtout les pizzas, à la pâte croustillante, cuites au feu de bois. Le pizzaïolo, qui excelle dans l'art de faire tourner la pâte, vous propose même quelques surprises dont une originale pizza aux fruits de mer.

LE BŒUF SUR LE QUAI D'AGRIPPA €€

20, Quai d'Agrippa ✆ 04 94 17 24 80

www.leboeufsurlequaifrejus.fr

Ouvert toute l'année. Les pierrades de 21 à 89 €. Suggestions de saison de 26 € à 95 €. Desserts de 10,90 € à 20,90 €.

Avec une telle enseigne, difficile d'échapper à la viande ! La particularité, c'est vous qui la faites cuire, à votre goût, sur une pierre brûlante, que ce soit des crustacés, un duo de gambas et langouste, de la volaille, du poulet ou du magret de canard, du bœuf. Les amateurs de viande rouge pourront apprécier des viandes d'origines charolaises, limousine, normande, Salers et Aubrac, mais aussi des Simmental d'Autriche, de l'Angus, black Angus, ou Wagyu – Kobé élevé en Australie.

DIP RESTAURANT €€

719, boulevard de la mer

✆ 04 94 17 06 25

www.diprestaurant.fr

Ouvert midi et soir, du mardi au dimanche. Plat du jour : 10 €. Prix moyen à la carte : 40 €. Café gourmand : 10 €.

DiP DiP DiP hourrah ! Situé à proximité du théâtre Le Forum, de la base nature François Léotard et de Port Fréjus, ce restaurant remporte tous les suffrages pour son accueil chaleureux, son service attentif, souriant et, bien entendu, sa cuisine. L'ardoise ne regorge pas de plats, ce qui assure la fraîcheur des produits et la qualité dans les assiettes. Régalez-vous des fameux bonbons croustillants de gambas, des ribs généreux mijotés durant 3 heures, du tataki de thon, des burgers maison, du pain perdu, etc. Rien que des plats généreux au goût de revenez-y.

RESTAURANT L'AMANDIER €€

19, rue Antoine Desaugiers

✆ 04 94 53 48 77

www.restaurant-lamandier-frejus.com/

Fermé dimanche toute la journée et lundi, mercredi et vendredi midi. Menus de 34 € à 46 €. Formule du midi : 24 €.

En plein centre-ville, Loïc Balanec et son épouse Elisabeth vous accueillent dans une première salle tout en longueur, qui déborde sur la rue piétonne en été, ou dans la seconde salle voûtée, un ancien cloître du XVIe siècle. Dans sa petite cuisine, il prépare une cuisine méditerranéenne gastronomique d'instinct avec des produits de saison : raviole de foie gras de canard aux cèpes, profiteroles de crevettes cuites, mayonnaise relevée de xérès, aiguillettes de canard, risotto aux fruits secs, filet de loup sur sa tarte pissaladière, biscuit chaud au chocolat...

LA TABLE DE GUILLÔME €€

145, rue du Général de Gaulle

✆ 04 94 52 77 20

Restaurant de l'hôtel Arena, ouvert tous les jours en été. Fermé le dimanche soir et le lundi hors saison.

La Table de Guillôme, c'est la rencontre de Guillaume Anor et Jérôme Radigue, d'un Varois et d'un Breton, deux chefs et surtout deux amis, qui signent ici une carte haute en couleur qui rend hommage aux produits locaux, achetés en circuit court ou cultivés sur place dans le jardin de l'établissement. Commencez par La Courgette ou L'Asperge, avant de vous laisser tenter par Le Loup ou une juteuse Pièce de bœuf grillée au thym pour finir en beauté par La Fraise ou Le Citron. Le dimanche midi, le brunch, servi dans une cour ombragée, est toujours très prisé.

CHÂTEAU PAQUETTE

371, chemin de Curebéasse

✆ 04 94 40 87 90

www.chateaupaquette.fr

Dégustation gratuite. Visite du domaine. Gîte possible dans un appartement (120 m² + jardin et terrasse). Parking.

Propriété de la famille Paquette depuis 1952, ce vignoble AOP Côtes-de-Provence-Fréjus est aujourd'hui dirigé par Jérôme, œnologue diplômé de l'institut de Bordeaux, aidé par sa fille Claire, également œnologue, dans le respect de l'authenticité du terroir. L'encépagement se compose de grenache, mourvèdre, syrah, tibouren et rolle. Il donne des vins expressifs, comme la cuvée Osmose rosé née en 2011, une harmonie de tibouren et de grenache vinifié en fût de chêne. Nous vous conseillons aussi son petit frère, l'Osmose blanc, né l'année suivante.

LE CLOS DES ROSES

1609, route de Malpasset ✆ 04 94 52 80 51
www.clos-des-roses.com
Ouvert du lundi au samedi de 9h à 12h et de 14h à 18h. Visite guidée (35 €, 2h30) ou libre (8 €) avec dégustation.

Le domaine viticole de la famille Barbero, situé au pied de l'Estérel sur 36 hectares, dont 10 de vignes, produit d'excellents vins en appellation Côtes-de-Provence et en IGP vins de pays des Maures. Le terroir permet d'obtenir une palette de vins rosés et blancs aux arômes floraux et fruités, dont la luminosité et la fraîcheur sont caractéristiques. Quant au rouge, le soyeux et l'équilibre s'associent à une complexité aromatique pour donner naissance à des cuvées de qualité. Le domaine exploite également un hôtel de charme et un restaurant récemment rénovés.

INTERNATIONAL RACING KARTING

Chemin de Villeneuve ✆ 04 94 97 50 97
www.interracingkart.com
Fermé début janvier à début février. Tarif adulte : 19 € session de 8 min et 50 € forfait de 3 x 8 min. Deux pistes.

Situé face à la base nature, le circuit met deux pistes, équipées de système de chronométrage, à votre disposition, une de 600 mètres pour les adultes et l'autre de 130 mètres pour les enfants. Ensemble, elles forment la piste 730 mètres utilisée pour les challenges destinés aux particuliers ou aux entreprises. L'été, un éclairage approprié permet la pratique nocturne. Chaque session comprend le prêt d'un casque et d'une minerve pour les enfants, un briefing et 8 minutes de pilotage.

ROC D'AZUR

Base nature François Léotard
✆ 09 69 36 88 21
www.rocazur.com
En octobre. Inscription en ligne sur le site de l'événement et sur la page Facebook.

C'est le plus grand événement VTT au monde. Implanté depuis 1997 à Fréjus et à Roquebrune-sur-Argens, l'épreuve-reine du VTT fait des émules : ce sont plus de 20 000 participants qui sont attendus chaque année. Amateurs et professionnels de tous âges sont de plus en plus nombreux à s'aligner aux départs des différentes courses proposées. Pendant cinq jours, de nombreuses animations sont proposées sur les différents sites de la base nature de Fréjus. Le Roc d'Azur est aussi un salon du cycle qui réunit les plus grandes marques du vélo.

SAINT-AYGULF ★

Connu des Romains avant de devenir une des terres des évêques de Fréjus, ce quartier de Fréjus est appuyé sur les premiers contreforts orientaux du massif des Maures qui se perdent dans les étangs de Villepey, refuge de nombreux oiseaux migrateurs. Il tire son nom de l'abbé Aygulfus, martyr de l'abbaye bénédictine de Lérins, tué au VIIe siècle par des moines irrités par une application stricte de la règle. La légende rapporte que son corps, placé dans une barque, aurait dérivé jusqu'à l'emplacement du village actuel. La station balnéaire a été créée de toutes pièces, surtout sous l'impulsion du peintre Carolus Durand et attira d'autres célébrités.

ÉTANGS DE VILLEPEY ★

RD559

Protégée par le Conservatoire du Littoral, cette zone humide forme une lagune de 255 hectares. Ce milieu naturel exceptionnel abrite 217 espèces d'oiseaux, sur les 355 recensées dans le département. La plupart sont migrateurs et peuvent être observés de très près, comme les flamants roses, l'aigrette, le héron blanc et le héron cendré, présents sur les plans d'eau. Un sentier d'interprétation, un observatoire et un sentier de randonnées relié au massif des petites Maures et au sentier du littoral constituent un lieu idéal d'observation de la nature.

HÔTEL CAP RIVIERA*** €€

21, rue de Claviers
✆ 04 94 81 21 42
www.hotelcapriviera.com
Ouvert début avril à fin oct. 20 chambres et suites 100 % non fumeur. Restaurant L'Escale le soir, sauf dimanche.

Repris en mars 2020 par Jean-Christophe, l'accueil est vraiment charmant ainsi que la situation exceptionnelle de cet hôtel, surplombant la plage de sable fin du Grand Boucharel. Vue sur la mer ou côté jardin, avec terrasse refaite en pierre, toutes les chambres et suites, sont confortables et climatisées ; une suite possède même sa terrasse privée et sa salle de bains avec bain bouillonnant ! Le restaurant propose, le soir, une cuisine régionale à déguster sur la belle terrasse panoramique face à la mer. Le rapport qualité - prix est excellent.

FLYING SAFARI

645, chemin de la Sablière
✆ 06 60 05 49 91
www.ulmflyingsafari.com
Ouvert toute l'année. Tarifs complets en ligne.

La plus grande base ULM de la région, avec plus de 35 avions jaunes basés sur le site, vous propose tous les jours différents vols, touristiques, baptêmes de l'air, vol d'initiation, formation au pilotage, découverte de la région vue du ciel, où en 3 minutes vous ralliez le bord de mer et vous survolez de la baie de Fréjus, Saint-Raphaël, puis l'Estérel, la baie d'Agay, jusqu'à Cannes ou dans l'autre direction, Sainte-Maxime, Saint-Tropez. Vous serez encadré par votre pilote instructeur qui prendra le soin de répondre à toute forme d'appréhension.

PUGET-SUR-ARGENS ★

Idéalement situé, le village possède de multiples facettes conjuguant douceur de vivre et dynamisme. Séjours farniente, escapades sportives, sorties nocturnes, vous trouverez ici tous les ingrédients pour des vacances réussies. Ceux qui sont à la recherche d'une destination authentique découvriront également un terroir et ses traditions. Durant votre séjour, vous aurez tout le loisir de goûter à cet art de vivre typiquement provençal. Vous découvrirez également les festivals dont la qualité a fait la réputation au-delà de nos frontières, succès de scènes intimistes qui accueillent des artistes de renommée nationale et internationale.

CHÂTEAU DE CABRAN

Chemin de Cabran
✆ 04 94 40 80 32
www.chateaudecabran.com/fr/
Ouvert toute l'année, du lundi au samedi, de 10h à 12h et de 14h à 19h. Visite sur rdv. Dégustation gratuite. Parking.

Situé sur les derniers contreforts du massif de l'Estérel, le domaine, qui a obtenu le label Haute valeur environnementale (HVE), réunit des conditions géologiques exceptionnelles, rarissimes, puisque la formation du sol remonte à 220 millions d'années ! Le domaine, en conversion vers l'agriculture biologique, produit, en AOP Côtes de Provence Fréjus, une gamme tradition dans les trois couleurs, qui exprime le meilleur d'un terroir d'exception et la passion d'un vigneron, Renaud de Saint-Seine, deux cuvées « terroir » et trois cuvées « millésime ».

CHÂTEAU DE VAUCOULEURS

RD N7
✆ 04 94 45 20 27
chateaudevaucouleurs.fr
Ouvert toute l'année du mardi au samedi. Visite de cave et dégustation sur réservation. Parking. Boutique en ligne

Racheté en septembre 2010, le second vignoble AOP Côtes de Provence de la famille De Wulf, propriétaire également du domaine du jas d'Esclans à La Motte, est cultivé en agriculture biologique. Il s'étend sur 43 hectares situés en bordure de la vallée de l'Argens, aux pieds de l'Estérel, dont 23 hectares de vignes qui produisent 60 % de rosé, 30 % de rouge et 10 % de blanc. Les cépages travaillés sont le grenache, le cinsault, la syrah, le mourvèdre, le carignan, le cabernet, le vermentino ou rolle, l'ugni blanc et la clairette.

DOMAINE DES ESCARAVATIERS

514, chemin de Saint-Tropez
✆ 04 94 55 51 80
www.escaravatiers.com
Qualité Tourisme. Dégustation gratuite. Visite de cave sur rendez-vous les mardis, mercredis et jeudis à 11h. Parking.

Ce domaine de 35 ha de la famille Costamagna, qui s'étend dans la plaine de l'Argens face au rocher de Roquebrune, est un lieu chargé d'histoire, où l'on trouve sur place une plaque de marbre représentant une inscription funéraire d'un vétéran de la IXe Légion romaine, Caius Novellius, qui y cultivait déjà la vigne. Le vignoble produit des vins blanc, rosé et rouge en I.G.P. Var et en A.O.P. Côtes-de-Provence, cuvées « Domaine » vinifiées en cuve inox et « Château » élevée en fût de chêne.

PRIZONERS FRÉJUS

6, rue de la Vernède
✆ 07 66 38 85 94
www.prizoners.com/agence/frejus
Ouvert toute l'année. Entrée : à partir de 20 €, avec au minimum 1 adulte dans l'équipe. Parking gratuit.

Mystère et boule de gomme ! Cette agence de voyage spatio-temporel envoie réfléchir des équipes de voyageurs qui, en 90 minutes seulement, doivent résoudre des énigmes sur l'Histoire, par exemple en 1516 sauver les secrets de la recette d'un élixir de longue vie, oubliés dans sa fuite par un alchimiste de Fréjus, connaître la vérité à propos d'un objet gardé secret par Napoléon au retour de sa campagne égyptienne ou, en 1976, remplacer un chef de cuisine 3 étoiles, qui vient de se couper la main, le jour de la venue d'un impitoyable critique culinaire.

VAR

LES ADRETS-DE-L'ESTÉREL

Blotti au cœur du massif de l'Estérel et dominant la Méditerranée, à 300 mètres d'altitude et seulement 15 kilomètres de la mer, le village offre de splendides points de vue. Les marcheurs, les amoureux de la nature et les vététistes seront comblés en empruntant les très nombreux sentiers qui sillonnent l'Estérel, qui permettent également de découvrir deux lacs, celui de l'Avellan et celui de Saint-Cassien, avec des petites plages aménagées pour la baignade et le pédalo.
Avant d'être rattaché au canton de Fréjus, dans les temps anciens, Les Adrets (versant d'une colline exposé au soleil) ne formaient qu'un hameau du village de Montauroux.

ROQUEBRUNE-SUR-ARGENS ★★

Roquebrune fut créée au début du XIe siècle. Installée sur un piton rocheux de grès, *Roca Brun* en provençal, elle lui doit son nom actuel. Roquebrune s'est heurtée au problème de l'acheminement de l'eau, qui fut résolu en 1775 par la rénovation d'un aqueduc romain. Ainsi l'eau coula pour la première fois à la fontaine vieille. Autour de l'église se dressent de nombreuses maisons à arcades du XVIe siècle. La chapelle Notre-Dame-de-Pitié abrite un beau retable en bois doré, qui représente une descente de croix. L'église Saint-Pierre-et-Saint-Paul, achevée au XVIe siècle, renferme un remarquable tableau du début du XVIIe siècle encadré de deux retables.

Roquebrune-sur-Argens.

MAISON DU CHOCOLAT ET CACAO ★

13, rue de l'Hospice
✆ 04 94 45 42 65
Fermé de début janvier à mi-février et de début novembre à mi-décembre. Visite guidée. Boutique. Espace « Choco-mômes ».

Installés dans une chapelle du XVIIe siècle, près de 1 000 objets liés à l'histoire du chocolat vous attendent. Parmi eux, une ancienne chocolatière datant de 1798, le livre sur la pharmacopée universelle de Nicolas Lemery de 1967 ou encore le seul automate Banania encore en état de marche sur les deux recensés en France. Le musée possède également une rare collection d'objets et des sculptures originales en chocolat créées par les quatre chocolatiers de Roquebrune-sur-Argens.

LA MAISON DU PATRIMOINE ★

Impasse Barbacane
✆ 04 98 11 36 85
Ouvert du lundi au samedi, de 9h à 12h30 et de 14h à 18h. Entrée gratuite, visite libre.

Cette ancienne écurie, construite en 1883 et aménagée autour d'une glacière du XVIIe siècle, découverte en 2002 et devenue par la suite bâtiment municipal, a cédé sa place à une Maison qui présente l'étendue et la variété du patrimoine historique de la commune. Elle abrite une collection de vestiges préhistoriques, romains et du Moyen Âge, une magnifique collection d'ex-voto provenant du monastère du Saint Désert de Notre-Dame de Pitié, ainsi qu'un jardin médiéval avec des plantes médicinales. Des expositions temporaires à thème y sont présentées.

LA MAISON DU TERROIR

4, place Alfred Perrin
✆ 04 94 81 14 47
www.roquebrune.com
Ouvert du lundi au samedi, de 10h à 12h et de 15h à 18h, jusqu'à 19h en été. Entrée gratuite. Vente de produits locaux.

La Maison du Terroir, c'est tout l'art de vivre en Provence. Située au cœur du village médiéval, elle vous invite à découvrir toute l'agriculture roquebrunoise, représentée par ses différentes filières : apiculture, arboriculture, élevage, horticulture, maraîchage, oléiculture, pépinières et viticulture. Une origine et une authenticité garanties par les producteurs roquebrunois, qui s'y sont engagés au travers d'une Charte Qualité. Vous y retrouverez tous les produits locaux : miel, vin, confitures, nougat et huiles d'olive. Des idées-cadeaux gourmandes !

ROCHER DE ROQUEBRUNE

Point culminant à 372 mètres. Plusieurs sentiers de randonnée balisés. Site Natura 2000.

Cet espace naturel, à 372 mètres au-dessus de la plaine de l'Argens, a toujours constitué un haut lieu religieux, comme en atteste la présence successive de nombreux couvents et monastères, dont celui des trinitaires, ordre mendiant qui se consacrait au rachat des esclaves chrétiens enlevés par les barbaresques. Sa couleur caractéristique, brun rouge, est due à une quantité importante d'oxyde de fer. Il s'agit d'un site classé et protégé. Un sentier balisé permet d'accéder aux trois croix. Il est possible de récupérer le GR51 au pied du rocher, versant sud.

DOMAINE DE LA BERGERIE***** €€€

1960, RD 8 ✆ 04 98 11 45 45

www.domainelabergerie.fr

500 cottages et 200 emplacements. Restaurant, pizzeria, snack, boulangerie, épicerie. Parc aquatique de 1400 m².

Cet écrin de verdure est situé aux portes du village médiéval de Roquebrune-sur-Argens. L'espace aquatique d'une surface totale d'eau de 1 400 m² est composé d'un grand bassin extérieur de natation de 400 m², d'un parc aquatique de 800 m² avec rivière, toboggans, cascade, bain bouillonnant, aire réservée aux jeunes enfants, d'un bassin balnéo extérieur à température ambiante, d'une piscine intérieure chauffée [hors saison seulement] de 80 m², qui abrite l'espace détente et fitness.

LE JAS DU PÉBRIER €€

1610, RD8

✆ 04 94 55 20 16

www.jas-du-pebrier.com

12 maisons de vacances, total de 88 lits [chambres 100 % non fumeur]. Parking, piscine, aire de jeux.

La famille Jondet-Lemoine, déjà propriétaire du Domaine de la bergerie, vous propose à la location des maisons de vacances de 100 m² à 200 m² pour 6 à 10 personnes, à l'esprit provençal et au design contemporain, avec piscine, ou bain bouillonnant pour certaines, conçues en harmonie avec la nature, pour vivre comme chez soi et idéalement conçues pour la famille. De belles prestations hôtelières sont incluses et vous bénéficiez également d'un accès illimité aux animations et au parc aquatique du Domaine de la bergerie, situé à 250 mètres.

LE MAZET DU BASILIC €

D7 - Chemin Barbossi

✆ 04 83 12 53 64

www.lemazetdubasilic.fr

Maître restaurateur. Formule du midi 22 €. Menus de 35 € à 52 €. Carte : 72 € environ. Terrasse. Parking.

La fraîcheur des produits, transformés sur place, indique que la cuisine est faite maison. Il faut dire que le chef Fabio bénéficie de la présence, à proximité, d'excellents producteurs locaux. À déguster : le mille-feuille de pata negra, la côte de veau maturée aux cèpes bouchons, le merlu rôti et poireaux glacés, les fromages de chèvre de la Bastide de Solliès à Ampus, avant de vous laisser tenter par les desserts de son épouse Ludivine [la tarte Tatin revisitée, l'exotique, etc.]. Le cadre est reposant et le rapport qualité-prix excellent.

LES JARDINS DE L'ORANGERAIE €€

401, boulevard Jean Jaurès

✆ 04 94 81 22 16

jardinsdelorangeraie.com/om/website

Menus de 25 € à 48 €. Plat du jour : 17 €. Jardin et terrasse. Parking public gratuit à proximité.

La carte est limitée et c'est tant mieux. C'est la preuve que tout est frais et fait maison. Vincent Truffet est aux fourneaux dans une cuisine ouverte, Émilie Giez est en salle, accueillante, très attentive et à l'écoute. La cuisine est excellente, les produits sont frais et les portions généreuses : de belles assiettes tout en finesse. Une carte de vins pas très fournie, mais de très bons choix. Qualité, quantité, fraîcheur, finesse, accueil et gentillesse : que demander de mieux ?

RESTAURANT DU LAC €€

131, chemin du Lac

✆ 04 94 45 33 74

https://www.restaurant-du-lac.fr/

Ouvert toute l'année, horaires variables selon les saisons. Accueil des groupes [privatisation possible]. Terrasse.

Posé sur les rives du lac de l'Aréna, le Restaurant du Lac porte bien son nom. Vous allez adorer la terrasse avec vue sur l'eau et le rocher de Roquebrune autant que la cuisine. Le chef y propose une carte qui fait la part belle aux produits frais et des plats du jour inspirés de la cuisine du terroir : sauté de veau aux olives, onglet de bœuf ou poulpe à la persillade. Les végétariens n'ont pas été oubliés avec un plat pour eux, comme le wok de pâtes fraîches et de légumes. Notez que les groupes sont les bienvenus et qu'il est possible de privatiser le lieu.

LA TABLE DE LOUIS €€

1308, route du golf
04 98 11 40 05
www.restaurantlatabledelouis.fr

Maître Restaurateur. Suggestion du jour : 24 €. Brunch le dimanche 65 ou 75 € par personne (avec Kids club jusqu'à 17h).

Un cadre raffiné et une ambiance conviviale, en plein cœur du golf, une carte gourmande de qualité… La table de Louis, c'est un concept, des saveurs méditerranéennes à déguster avec une vue panoramique sur les greens. Les spécialités à découvrir sont la pizza à la truffe et au mascarpone, la côte de bœuf française à la planche parfumée au sel de baies sauvages et sa purée à la truffe, le loup en croûte de sel, l'épaule d'agneau du Haut Var, les poissons grillés (provenant de la pêche locale). Finissez en beauté avec des crêpes Suzette ou partagez un tiramisu.

LA CHOCOLATERIE DU ROCHER

15, place Perrin
04 94 79 17 26

Fermé du 9 janvier au 31 janvier. Ouvert du lundi au samedi de 9h30 à 12h30 et de 14h30 à 18h. Parking à proximité.

Ce chocolatier fabrique lui-même et commercialise de nombreuses confiseries, à commencer par des nougats et de succulents chocolats, dont la spécialité locale, le rocher de Roquebrune, nougat entouré de chocolat légèrement parfumé à l'orange. La chocolaterie propose un bar à chocolat avec plein de recettes de chocolat à boire chaud ou froid durant toute l'année. L'artisan chocolatier accueille les groupes tous les jours de l'année, sur réservation, pour la visite de sa chocolaterie.

ILOT BAR

131, chemin du lac
06 72 92 67 50

Ouvert du printemps à l'automne. Nouvelle carte : vin au verre à partir de 5 €, cocktails à 12 ou 13 €. Terrasse.

Profitant de son cadre exceptionnel au bord de l'eau avec vue sur l'imposant Rocher de Roquebrune, le Restaurant du Lac vous invite à venir boire un verre dans son bar, l'Îlot bar. À partir du mois de mai, et jusqu'à la fin de l'automne, vous pourrez venir y déguster une large gamme de cocktails ou de vins (au verre ou à la bouteille). En cas de petit creux, n'hésitez pas à commander quelques tapas pour faire durer le plaisir. Des soirées musicales sont régulièrement organisées : vous trouverez le programme sur leur page Facebook ou sur un Insta. Un bar à suivre !

DOMAINE DE LA BOUVERIE

Avenue des Grands Pins Parasols
04 94 44 00 81
www.domainedelabouverie.com

Ouvert toute l'année (sauf du 24/12 au 3/01) du lundi au samedi de 9h30 à 12h30 et de 14h30 à 18h. Dégustation gratuite.

Le vignoble de Jean et Patricia Laponche, producteurs récoltants, s'étend sur 30 hectares de sol sablo-caillouteux constitué de galets de rhyolite, aux confins de l'Estérel, un terroir qui met en valeur le goût et la spécificité des crus. Leurs vins, dans les trois couleurs, sont renommés et décrochent régulièrement des médailles au concours général de Paris. Vous pourrez les retrouver à la boutique. Une salle de réception, l'ancienne bergerie en pierres, avec une terrasse de 350 m^2 au pied des vignes, est à votre disposition pour l'organisation de vos événements.

CHÂTEAU VAUDOIS

CD 7 - Route de Château-Vaudois
04 94 81 49 41
www.chateau-vaudois.com

Fermé de fin décembre à mi-janvier. Parking. Dégustation gratuite. Visite du domaine. Pique-nique dans les vignes.

Dans un cadre prestigieux, le château ouvre ses portes pour partager sa culture, son patrimoine viticole et conter l'histoire atypique de ses vignes comme de ses vins. Une dégustation commentée des crus, une visite de cave et des chais ou encore une balade dans les vignes permettent de mieux comprendre la culture et le caractère de cette terre généreuse, qui porte l'empreinte des hommes qui la cultivent. Le Château Vaudois dispose également de deux salles de réception (la salle aux étoiles et la salle du château) pour accueillir tous vos évènements.

DOMAINE DES PLANES

RD7 04 98 11 49 00
www.dom-planes.com

Ouvert du lundi au samedi, de 9h à 12h30 et de 14h30 à 18h. Visite de la cave. Dégustation gratuite. Gîtes à la semaine.

Les 30 hectares du domaine s'étendent sur les contreforts des Maures, sur un promontoire qui domine Fréjus et la vallée de l'Argens composé de sols de gneiss et micaschistes. Depuis plus de 30 ans, la famille Rieder produit une large gamme de vins AOP Côtes-de-Provence, certifiés en agriculture biologique depuis 2012. Les cépages présents (mourvèdre, tibouren, syrah, cabernet sauvignon, sémillon et rolle) produisent des vins de haute expression et de longue conservation. Notez que le domaine accueille des mariages (ou autres évènements) et organise des soirées.

MOULIN À HUILE LE CLOS SAINT-MARTIN

170, chemin rural du Ressard
✆ 04 94 45 72 91
www.moulinleclossaintmartin.com

Ouvert toute l'année. Visite du moulin en juillet et août, à 10h30 du mardi au vendredi. Dégustation gratuite. Parking.

Plantés il y a une quinzaine d'années, les 2 500 arbres d'Éric et Sandrine Gayol sont issus des variétés ribier, bouteillan, aglandau, cailletier, cayet roux et picholine. Quatre huiles sont vendues au domaine : une AOC Provence, un assemblage en fruité vert, une mono-variétale de picholine en fruité vert et une mono-variétale de cailletier en fruité mûr. Le moulin est également ouvert aux particuliers qui peuvent repartir avec leur propre huile à partir de 200 kg.

LA BASE DU ROCHER

19, chemin du Lac ✆ 06 61 41 75 74
www.basedurocher.fr

À partir de 15 € pour une heure de paddle et 17 € pour le canoë. Sorties organisées. Mini-golf et terrains de sport.

Au cœur d'un site naturel exceptionnel, classé Natura 2000, au pied du rocher, ressourcez-vous sur les eaux de l'Argens à bord de canoës et de kayaks ou sur des paddles. Vous découvrirez des sites peu connus, préservés et paisibles, loin de l'agitation de la Côte d'Azur, même si l'un des 2 parcours vous conduira jusqu'à la Méditerranée. Vous pouvez également découvrir les sentiers des massifs forestiers des Maures et de l'Estérel à pied ou en VTT et e-bikes, pratiquer le mini-golf sur un parcours arboré. Des animations sont organisées tout au long de la saison.

PARC AQUATIQUE WATER GLISSE PASSION

Arena plage lac Perrin ✆ 07 61 18 39 40
www.waterglisse.com

Fermé de novembre à mars. Ouvert tous les jours de 9h30 à 19h30 de mi-juin à mi-septembre. Entrée : à partir de 30 €.

La base nautique de l'Arena, située au pied du rocher de Roquebrune-sur-Argens, vous offre une multitude d'activités nautiques. Pour compléter votre journée, vous pouvez déjeuner au Restaurant du Lac, au snack-pizzeria, ou siroter un cocktail sur la terrasse du bar d'été ou encore sur le bar flottant. Water Glisse Passion vous attend également sur la plage de La Nartelle, sur le port des Issambres, sur la plage de La Madrague à Sainte-Maxime ou sur la plage de Pampelonne à Ramatuelle.

SAINT-RAPHAËL ★★★

Trois épisodes importants de la vie de Napoléon Bonaparte se déroulèrent à Saint-Raphaël. En 1778, jeune boursier venu de Corse, il y débarque pour aller suivre les cours de l'école de Brienne d'où il sortit avec le grade de lieutenant en second. Le 9 octobre 1799, jeune général de retour de sa campagne d'Egypte, après avoir échappé aux poursuites de l'escadre anglaise, il pose le pied sur le sol de France à Saint-Raphaël. Un obélisque commémore cet événement à l'angle nord-est du port. Après son abdication, il quitte la France du port pour l'île d'Elbe en avril 1814. Port de pêche, Saint-Raphaël acquiert au XIXe siècle la notoriété d'une ville de villégiature grâce à la présence de nombreux artistes et écrivains. En 1878, son maire et polytechnicien Félix Martin lui donne son profil définitif de station balnéaire, conforté par l'arrivée du chemin de fer. Le quartier de Valescure accueille alors toute une société élégante et aisée, qui fit construire de nombreuses villas luxueuses dans le style palladien. Station balnéaire et touristique baignée par la Méditerranée, Saint-Raphaël se divise en différents quartiers qui offrent une grande diversité : la vieille ville et ses ruelles étroites et ombragées, le centre-ville, les ports, Valescure, et ses deux parcours de golfs, Boulouris, le Dramont, lieu emblématique avec sa plage du débarquement, le 15 août 1944, Agay, la porte d'entrée naturelle vers le massif de l'Estérel, Anthéor et ses calanques et le Trayas aux confins des Alpes-Maritimes. La cité s'étend sur 36 km de littoral et propose 30 plages.

AGAY ★

Accès libre et gratuit.

Cette petite station balnéaire et quartier de Saint-Raphaël, s'enorgueillit d'une merveilleuse rade enserrée entre les pointes du cap Dramont et de la Baumette, avec les superbes falaises de porphyre rouge du Rastel d'Agay en arrière-plan. Cette baie protégée, appréciée des bateaux au mouillage, offre également plusieurs plages de sable. Autrefois, ce refuge naturel constituait un port militaire romain d'une grande importance stratégique, très abrité. Cette rade fut prisée par de nombreux artistes, notamment les écrivains Guy de Maupassant et Saint-Exupéry.

VAR

BASILIQUE NOTRE-DAME-DE-LA-VICTOIRE ★

19, rue Jean Aicard
✆ 04 94 19 81 29
Ouvert toute l'année, tous les jours.

Cet édifice de 950 m², construit de 1882 à 1889, dans un style romano-byzantin, par l'architecte Pierre Aublé à l'initiative de l'abbé Bernard, fait certainement référence à une victoire chrétienne, la bataille de Lépante (1571), une des plus grandes batailles navales de l'Histoire. L'église Notre-Dame fut inaugurée en 1887. Élevée au rang de basilique par le Vatican, en janvier 2004, elle montre en façade la représentation de l'archange Raphaël, emblème de la commune.

LE CAP DRAMONT ★★

Randonnée d'environ 2 heures, avec balisage jaune.

Ce promontoire, coiffé d'un sémaphore construit en 1860 sur les ruines d'une tour de guet datant de 1562 et utilisé aujourd'hui par la Marine nationale pour la surveillance maritime, offre un magnifique point de vue sur le massif de l'Estérel, la Méditerranée et Saint-Raphaël. Le sentier de randonnée (dénivelé 151 mètres, longueur 3,8 kilomètres), qui part du parking de la plage de Camp-Long et qui serpente entre mer et roches rougeâtres du massif, avec vue sur l'Île d'or, privatisée depuis 1897, vous permet de rejoindre le petit port typique du Poussaï.

BOULOURIS ★

Appelé autrefois « Boulerie » ou « jeu de boules », ce quartier très résidentiel possède neuf plages de sable, toutes accessibles en suivant le sentier du littoral, au départ du port de Santa Lucia, des criques rocheuses et un petit port qui peut accueillir une soixantaine de bateaux. C'est également le lieu de rendez-vous des sportifs, avec le Creps, centre d'entraînement de nombreux athlètes, le Crapa (circuit rustique d'activités plein air) et le Cers qui accueille régulièrement des sportifs renommés pour leur rééducation.

MUSÉE ARCHÉOLOGIQUE

Rue de la Vieille Église
✆ 04 94 19 25 75
Ouvert toute l'année du mardi au samedi. Entrée gratuite. Parkings payants dans le centre-ville.

Ce musée installé dans le presbytère de l'ancienne église San Rafeù abonde d'objets rares de la Préhistoire, d'une remarquable collection d'amphores antiques et de mobilier provenant des fouilles sous-marines, enrichie régulièrement par de nouvelles découvertes. Vous pourrez également visiter l'église romane datant du XIIe siècle ainsi que les cryptes. Du haut de la tour, haute de 30 m, le visiteur découvrira un panorama à 360°, des sommets de l'Estérel à la pointe de Saint-Tropez et une vue imprenable sur la basilique et ses dômes byzantins.

VAR

La plage du Veillat à Saint-Raphaël.

MASSIF DE L'ESTEREL ★★★

Près de 15 000 hectares classés zone « Natura 2000 ». Nombreux circuits aménagés pour randonneurs, VTTistes, cavaliers.

Entre les rivages de la Méditerranée et la Provence calcaire, l'Estérel est un massif volcanique de 32 000 hectares, dont 14 000 classés, qui date de 250 millions d'années. Ce massif, qui s'étend sur quatre communes du Var (Fréjus, Bagnols-en-Forêt, Les Adrets-de-l'Estérel, Saint-Raphaël) et deux des Alpes-Maritimes (Théoule-sur-Mer et Mandelieu-la-Napoule) est remarquable par son étonnante couleur rouge, due à la rhyolite, roche volcanique de l'ère primaire et ses falaises abruptes qui plongent dans les eaux turquoise de la Méditerranée. Ses principales curiosités sont à découvrir de différentes manières, randonnées à pied et à cheval (100 kilomètres de pistes équestres), balades en VTT (100 kilomètres de circuits), escalade, en voiture (42 kilomètres de route environ). Randonnées pédestres incontournables :

- le mont Vinaigre, atteint après 2 heures environ de marche, en grande partie à l'ombre des arbres du massif, pour apprécier, à 641 mètres d'altitude, une vue à 360° sur le massif de l'Estérel, les Préalpes, le golfe de Saint-Tropez et la baie de Cannes ;
- le cap Roux, où de la table d'orientation s'étend un panorama exceptionnel à 360°, avec une halte en chemin à la grotte de la Sainte-Baume où vécut l'ermite saint Honorat ;
- le rocher Barthélémy, facile d'accès et accessible aux personnes à mobilité réduite, où l'on arpente un sentier biologique des senteurs parsemé de bornes explicatives sur l'environnement ;
- le pic de l'Ours, pour ses vues panoramiques superbes à perte de vue sur le mont Vinaigre, le pic du Perthus occidental et oriental, le rocher de Roquebrune-sur-Argens, le Mercantour, la Méditerranée, les îles de Lérins, Cannes ;
- le cap Dramont, où le sentier, qui serpente à flanc de falaises, vous conduira jusqu'au sémaphore d'où se dégage un panorama exceptionnel sur la baie de Saint-Raphaël, avant de redescendre jusqu'au petit port pittoresque du Poussaï ;
- les gorges du Blavet, paradis de l'escalade situé aux confins de l'Estérel à Bagnols-en-Forêt, pour découvrir un paysage ocre rouge creusé dans des roches volcaniques qui offrent des curiosités géologiques comme la grotte du Muéron ;
- le sentier du littoral, tracé sur l'ancien parcours des douaniers, qui ondule entre la Méditerranée et le massif de l'Estérel, du port de Santa Lucia jusque la plage de Camp Long, après avoir traversé criques paradisiaques et plusieurs plages de sable fin.

Par fort mistral, le massif est interdit à toute forme de circulation sur décision préfectorale. La circulation des véhicules est interdite de 21h à 6h du matin.

MUSÉE LOUIS DE FUNÈS

Rue Jules Barbier
✆ 04 98 11 25 80
museedefunes.fr

Visite guidée, incluant l'entrée du musée : 10 €. Gratuit pour les - de 18 ans.

Inauguré le 31 juillet 2019, ce musée permet de découvrir toutes les facettes de celui qui occupa l'espace cinématographique français pendant plus de 30 ans. L'exposition présente des extraits de films et de musiques, des documents de l'INA et des collections de Gaumont, et, bien sûr, de nombreuses photographies, soit plus de 350 documents, des photographies personnelles, de tournages et de films, des dessins - notamment de Louis de Funès -, des lettres - comme celles de Jean Anouilh -, mais aussi des extraits de films, dont certains inconnus.

LES BATEAUX DE SAINT-RAPHAËL

Quai Amiral Nomy ✆ 04 94 95 17 46
www.bateauxsaintraphael.com

Ouvert d'avril à début novembre. Aller retour Saint-Tropez : 32 €. Promenade en mer les calanques de l'Estérel : 27 €.

De nombreuses excursions et traversées vous sont proposées au départ du vieux port pour découvrir les roches rouges des calanques de l'Estérel, les îles de Lérins (île Sainte-Marguerite), l'île de Porquerolles. Vous pourrez même atteindre Saint-Tropez en 1 heure environ, tout en évitant les bouchons ! Le soir, un circuit d'une heure vous permet d'effectuer une promenade « sons et lumières » pour admirer les roches rouges du cap Dramont. Les sorties feu d'artifice sont très prisées.

LA POTINIÈRE €

169, avenue de la Gare
✆ 04 94 83 84 29
www.potiniere.fr

Gîtes de France. Ouvert toute l'année. 4 chambres (à partir de 69 €) et un appartement. Petit déjeuner : 9,50 €. Parking.

Loin du bruit, nichée dans un quartier calme et résidentiel, la maison d'hôtes de Benjamin offre quatre chambres et un appartement duplex de 60 m² (pouvant accueillir jusqu'à six personnes), tous avec une entrée indépendante et une terrasse privée en rez-de-jardin. Chaque unité offre un décor et une ambiance à part. Et côté détente, vous profiterez d'une piscine avec solarium et d'un bain à remous privatif, dans un joli jardin méditerranéen. Une très belle adresse aux portes du massif de l'Estérel et à 400 mètres de la plage, près du cap Dramont.

B&B LE CLOS DES VIGNES €€

571, chemin de la Lauve
✆ 04 94 95 00 31
www.bnb-chambredhotes83.com

Ouvert toute l'année. 5 chambres 100 % non-fumeur de 120 € à 320 € selon la saison. Table d'hôtes : 40 € par personne.

Cette grande villa avec jardin arboré et fleuri, où le petit-déjeuner est servi presque toute l'année sur la terrasse, est située en centre-ville, à 15 minutes à pied des plages de sable et de toutes activités commerciales, sportives et culturelles. Pas besoin de voiture ! Accueil en gare TGV de Saint-Raphaël ou navettes en provenance de l'aéroport de Nice. Ensuite, tout peut s'effectuer à pied ou en transports en commun (bus, train ou bateau). La table d'hôtes propose des spécialités régionales bio, arrosées de vins de domaines locaux, également bio.

BEST WESTERN PLUS HÔTEL LA MARINA**** €€

30, place de la Marina ✆ 04 94 95 31 31
www.hotel-lamarina.fr/

Ouvert toute l'année. 97 chambres à partir de 89 €. Restaurant Quai Raphaël. Piscine. Espace bien-être. Animations.

Cet hôtel moderne est situé sur les quais, à l'extrémité est du port Santa-Lucia, près de la capitainerie, à proximité du palais des congrès. La plupart des chambres climatisées donnent sur le port de plaisance ou sur la piscine. La détente est assurée grâce à l'espace bien-être et son sauna. La lumineuse salle de restaurant, qui bénéficie d'une vue sur les bateaux, s'ouvre sur une petite terrasse en bois exotique. Le chef y propose une cuisine traditionnelle aux saveurs régionales.

HÔTEL LE TOURING***** €€

1, quai Albert 1er ✆ 04 94 55 01 50
www.letouring.fr

Boutique-hôtel Les Collectionneurs. 10 chambres (3 suites) de 150 € à 490 €. Hammam, salle de fitness. 2 restaurants.

Située en plein cœur de Saint-Raphaël, cette adresse mythique de la Côte d'Azur offre une vue plongeante sur le port et sa baie. Les 10 chambres et suites du Touring sont décorées dans un style Art déco majestueux et raffiné, inspiré par le célèbre roman *Gatsby le magnifique*. Côté détente, l'hôtel dispose d'un espace bien-être, avec hammam, massages et soins. Enfin, deux restaurants attendent les gourmands sur place : le Nami propose des sushis et des spécialités japonaises tandis que le Café Touring sert une cuisine française traditionnelle et généreuse.

HÔTEL RESTAURANT EXCELSIOR**** €€

193, boulevard Félix Martin
✆ 04 94 95 02 42
www.excelsior-hotel.com

32 chambres à partir de 83 €. Restaurant-pub sur place. Accueil de séminaires. Offres en ligne.

Entre tradition et modernité, cet hôtel bénéficie d'une position idéale sur le front de mer, à quelques mètres de la plage et du casino, de l'autre côté de la rue. Il propose 32 chambres confortables dont 18 avec vue mer. Au restaurant, que vous optiez pour la salle élégante et climatisée ou pour sa terrasse ensoleillée face à la mer, vous dégustez une cuisine du sud traditionnelle et de qualité. À toute heure de la journée, profitez du pub cosy au cachet très *british*.

LES ROCHES ROUGES***** €€€

90, boulevard de la 36e-Division-du-Texas
✆ 04 89 81 40 60

44 chambres à partir de 360 €. 2 restaurants, dont un étoilé Michelin. 2 piscines. Spa.

Cet hôtel à l'architecture moderniste, caractéristique de la fin des années 50, est situé dans un environnement protégé, face à l'île d'Or. L'omniprésence de la mer, le climat et la végétation en font un lieu privilégié, authentique et raffiné. Un spectacle dont on profite pleinement dans des chambres lumineuses et volontairement épurées. La recherche chromatique s'inspire du bleu de la mer et des roches rouges de l'Estérel. Une esthétique moderne, un luxe discret. Un plaisir à poursuivre dans l'un des deux restaurants, le Récif, étoilé Michelin ou La plage.

LA VILLA MAURESQUE***** €€€

1792, route de la Corniche ✆ 04 94 83 02 42
www.villa-mauresque.com

22 chambres de 294 à 509 € selon la catégorie et la saison. Restaurant gastronomique. Spa. 2 piscines.

Si vous cherchez le calme et le prestige, cet hôtel de charme, composé de 2 villas indépendantes est fait pour vous. Entièrement rénovées, elles sont blotties au milieu d'un parc boisé de plus de 5 000 m², en bord de mer, et disposent toutes deux de piscines et de bains bouillonnants, face à la mer. Au restaurant gastronomique « Le Bougainvillier », le chef concocte une cuisine méditerranéenne créative. Si vous ne pouvez plus vous passer de cette vue sublime sur la Grande Bleue, demandez à ce que votre massage ou votre soin soit effectué en bord de mer.

LE BERANDY €€

101, rue du commandant Le Prieur
✆ 04 94 83 93 99
www.leberandy.com
Fermé dimanche, lundi et mardi. Menus : 32-41 € (midi) et 49-62 € (soir). Parking.

Ici, pas de carte ! Le maître d'hôtel vient vous proposer le menu que le chef Johan Beyssou a imaginé et élaboré à partir de produits locaux, frais et de saison (légumes bio et permaculture), ainsi que de la pêche locale raisonnée (poissons, coquillages, crustacés). Cette cuisine instinctive compose des menus uniques pour l'ensemble de la table, afin que vous puissiez découvrir des saveurs nouvelles. Et ce dès les surprenantes mises en bouches, salées ou sucrées, avec lesquelles vous êtes accueillis. Pour les amateurs, des accords mets et vins sont proposés.

LE JARDIN DE SÉBASTIEN €€

599, avenue des Golfs
✆ 04 94 44 66 56
www.jardinsebastien.canalblog.com
Ouvert toute l'année. Menu-carte : 48 €. Formule du midi : 26 € (du mercredi au vendredi, hors jours fériés).

Dans leur villa confortable nichée au cœur de la pinède de Valescure, avec jardin verdoyant et terrasse, Marilou Fortunato, souriante et disponible en salle, et Richard François, en cuisine, comblent une clientèle de fidèles épicuriens. La cuisine goûteuse de ce chef natif de Calais est traditionnelle : salade de saumon cru mariné, citron et curry, dorade royale poêlée, purée de roseval aux olives noires, écrasée à la fourchette, croustillant d'agneau braisé aux aubergines, le canon en carpaccio, mille-feuille de pomelo et chantilly aux figues sèches...

TORTÙ PLAGE €€

2452, route de la Corniche ✆ 04 94 40 71 19
https://tortu-plage.com
Ouvert de mai à septembre. Horaires variables selon la saison. Suggestions du midi de 19 à 28 €. Menu à 56 €. Terrasse.

Située dans une crique du quartier de Boulouris à Saint-Raphaël, entre les roches rouges de l'Estérel et l'eau bleue de la Méditerranée, Tortù Plage vous accueille tous les jours pour déguster la cuisine grecque du chef Ahmet Kahat et sa brigade, sur la terrasse ou les pieds dans le sable. D'inspiration provençale et méditerranéenne, le menu « Le comptoir du chef » change tous les jours, au gré de ses humeurs et des produits disponibles. L'établissement vous accueille dans une atmosphère chaleureuse, ethnique chic dans ses 3 espaces : plage, restaurant et lounge.

RÉCIF €€€

90, boulevard de la 36e-Division-du-Texas
✆ 04 89 81 40 60
1 étoile Michelin. Menus à 135 € ou 160 €. Ouvert du jeudi au dimanche de 19h15 à 21h15. Voiturier. Parking. Terrasse.

Récif, le restaurant gastronomique de l'hôtel Les Roches Rouges, est auréolé d'une étoile au guide Michelin. Il offre une cuisine provençale inventive, où le chef José Bailly travaille avec imagination les produits de la pêche du jour et du potager, dans une carte inspirée des pages de *La Cuisine provençale de tradition populaire* de René Jouveau. Les menus Anecdotes et Mare Nostrum sont respectivement servis en 5 ou 7 étapes pour un voyage culinaire unique dans un décor épuré, où le bois domine, ou face à la mer. Un accord mets et vin est proposé en supplément.

LE PROVENÇAL

95, boulevard Félix Martin
✆ 04 94 95 04 26
https://le-provencal.net
Ouvert toute l'année, du mardi au samedi, de 6h30 à 19h. Boissons chaudes à emporter. Parking à proximité.

Créée en 1928, cette pâtisserie confiserie alsacienne est connue pour le choix et la qualité des douceurs proposées : macarons, navettes, calissons et nougats de Provence, miel, pains d'épice, fruits confits, pâtes de fruits, gâteaux pâtissiers, etc. Vous y trouverez également aussi toute une gamme de spécialités provençales salées : tapenade, caviar d'aubergine, sardinade et huiles d'olive... Tous les produits sont disponibles à la vente sur le site internet, où vous pouvez même composer des paniers-cadeaux à faire livrer. Le prix dépend du nombre d'articles.

DOMAINE TERRES DESTEL

400, rue Jean Rostand
✆ 04 94 82 46 80
www.terresdestel.com
Ouvert du lundi au vendredi, de 10h à 18h, le samedi et jusqu'à 19h en juillet/août. Seulement sur rdv d'octobre à mars.

Au-delà d'être l'unique domaine sur la commune de Saint-Raphaël, ce vignoble de 12 hectares est un pur joyau, d'une beauté sans pareille et d'une vue à couper le souffle sur la mer et le massif de l'Estérel. Le sol y est constitué d'une roche volcanique rouge et friable qui apporte finesse, originalité et minéralité aux cuvées produites, Ce terroir unique, subtile synergie entre sol volcanique et air marin, permet non seulement une culture raisonnée limitant les traitements, mais il donne aussi tout son caractère aux vins Terres Destel, dans les trois couleurs.

VAR

TASTE GOURMET

Quai Albert 1er
✆ 04 94 54 62 69
www.taste-gourmet.fr

Ouvert du lundi au samedi 9h à 13h et 15h à 19h en basse saison, 10h à 13h et 15h à 20h en juillet, août, décembre.

Nouveau concept d'épicerie fine autour de la gastronomie et des produits d'exception, de la grande marque au petit producteur, Taste Gourmet c'est la garantie de trouver « la crème de la crème » proposée par un expert de l'épicerie fine en France et à l'international. C'est aussi un club de dégustation animé par des experts, des chefs, des producteurs... qui vous donnent rendez-vous pour des formations, de l'initiation, de la dégustation de produits d'exception, des ventes privées. C'est également une offre de produits rares, confidentiels et presque secrets.

ESTÉREL AVENTURES

964, boulevard de la 36e division du Texas
✆ 04 94 40 83 83
www.esterel-aventures.com

Fermé du 15 novembre au 15 février. Haute saison ouvert tous les jours de 9h à 18h. Entrée : 19 €. Enfant : 17 €.

Vivez de nouvelles expériences en pratiquant des activités ludiques originales, balade en buggy entre terre et mer avec arrêt baignade en saison. Jouez les aventuriers à travers les rallyes style chasse au trésor, des escapes games *outdoor* ou encore le raid inspiré de Pékin express, avec course d'orientation, VTT, kayak et épreuve mystère. Depuis 2019, Estérel Aventures dispose de bases nautiques à Agay (Beach Club, sur la plage de l'Oratoire) et à Montauroux, pour profiter du lac de Saint-Cassien. La promesse de passer un bon moment, entre amis ou collègues !

LES ISSAMBRES ★

Quand on parcourt la côte varoise, il n'existe qu'un seul endroit d'où l'on puisse voir à la fois Fréjus et Saint-Tropez : la pointe des Issambres. Dans les années 1930, ce littoral devient un lieu touristique prestigieux grâce à l'implantation d'un grand hôtel, la résidence le Val-d'Esquières, refuge de célébrités de tous horizons. De nos jours, Les Issambres reste l'un des rares bords de mer privilégiés, où vous pouvez emprunter le sentier du littoral, un circuit pédestre et touristique de 4,8 kilomètres. À la plage de San Peïre, partez sur votre gauche et suivez le littoral, empruntez un étroit sentier en pierre, puis traversez plages et calanques.

HÔTEL RESTAURANT LA QUIÉTUDE*** €€

Avenue des Pins Maritimes ✆ 04 94 96 94 34
www.hotel-laquietude.com

20 chambres (100 % non-fumeur) de 80 € à 200 €. Demi-pension possible. Restaurant ouvert midi et soir. Bar. Parking.

L'hôtel ne s'appelle pas « La quiétude » pour rien ! En retrait de la route qui longe la Méditerranée, l'hôtel vous assure tout le calme désiré pour vos vacances. Les chambres lumineuses disposent d'un balcon ou d'une terrasse en rez-de-jardin. Les petits-déjeuners, comme tous les repas, sont pris sur la vaste terrasse qui surplombe la piscine et le jardin fleuri et arboré. Le chef propose une cuisine méditerranéenne généreuse, d'un bon rapport qualité-prix (plat du jour à 14 ou 16 €).

MER DU MER €€

34, avenue de la Gaillarde
✆ 06 60 19 80 28
www.merdumer.com

Chambre double de 115 € à 205 € suivant la saison. Petit déjeuner 10 €. Lit supplémentaire 50 €. Parking fermé.

La situation élevée de cette magnifique villa permet de découvrir un panorama exceptionnel sur la mer Méditerranée. Les chambres et suites, spacieuses, à la décoration raffinée, possèdent presque toutes la vue mer, et certaines une terrasse privée. Pour débuter votre journée dans les meilleures conditions, vos charmants hôtes Natacha et Johan, Belges de nationalité, vous invitent à prendre votre petit-déjeuner continental face à la mer. Piscine, sauna et jacuzzi invitent à des moments de détente, avant ou après être parti à la découverte des riches environs.

LA RÉSERVE GAYRARD €€

3609, RD 559 ✆ 04 94 96 35 39
www.lareservegayrard.com

Fermé du 1er décembre au 31 janvier. Menu Réserve à 60 €. Carte : 70 €. Formule du midi : 30 €. Terrasse.

Venez déjeuner ou dîner en tête à tête avec la Méditerranée, les pieds dans l'eau, avec une superbe vue panoramique à 180° de la terrasse style paillote sur l'eau ou sur l'autre, plus moderne, toutes deux surplombant le golfe de Saint-Tropez. La cuisine servie, basée sur des produits frais et de saison, est traditionnelle et semi-gastronomique : filet de turbot cuit à la plancha, purée de céleri rave au citron vert, côte de veau de l'Aubrac, ragoût de champignons aux herbes... Hors saison, vous apprécierez les dîners cocooning dans la villa, au coin de la cheminée.

HÔTEL LE PROVENÇAL*** €€

5100, RD 559 ✆ 04 94 55 32 33
www.hotel-restaurant-sttropez.fr/
27 chambres 100 % non-fumeur de 105 à 198 €. Restaurant Les Mûriers : menus de 39 à 52 € (18 € pour les enfants).

© HÔTEL LE PROVENÇAL LES ISSAMBRES

Fondée il y a 84 ans par Madeleine Sauvan, cet établissement familial vous accueille depuis 4 générations. Doté d'une terrasse ombragée par des mûriers, face à la Méditerranée et au golfe de Saint-Tropez, cet hôtel de charme bénéficie d'une plage de sable fin à ses pieds. Parmi les 27 chambres, neuf disposent de balcon avec vue sur la mer. Le chef ravit vos papilles durant votre séjour dans ses deux espaces de restauration : le restaurant avec cuisine méditerranéenne et la brasserie, salon de thé, glacier. Petit plus : la boutique qui vend des produits régionaux.

ENERGY FLY

Entre le port des Issambres et la plage de la Garonnette ✆ 06 07 87 76 95
www.parachuteascensionnel.com
Vol simple (1 personne) : 60 €. Vol double (2 personnes) : 90 € par personne. Option GoPro : 25 €. Parking.

Après un briefing destiné à vous initier aux pratiques et techniques du parachute ascensionnel, vous pourrez vous envoler au-dessus des flots, en toute sécurité, sous la voile d'un énorme parachute. Vous pourrez partir seul, mais aussi à deux, à trois, à quatre et même à cinq. Cette virée panoramique d'une dizaine de minutes vous permettra de profiter, à environ 500 mètres du rivage, d'une vue unique de la baie de Saint-Tropez. Nouvelles sensations garanties pour tous ! Nouveauté : l'option GoPro vous permet de repartir avec un joli souvenir de votre vol.

KART JET ADVENTURE

Port des Issambres
✆ 06 60 14 64 45
https://kart-jet-adventure.com/
Location de jetskis et de seakarts. Briefing + 20 mn sur l'eau : 60 € pour 1 ou 2 personnes en jetski.

Patrice Liotier, formateur et jury d'examen au diplôme d'Etat de moniteur de jetski et engins tractés, vous propose de piloter un jetski ou, plus original, un seakart : un engin qui vous procure des sensations de pilotage proches de celles d'un karting, mais sur l'eau. Dans cette structure, vous pouvez également pratiquer le Flyboard et découvrir une autre nouveauté, le Flyride. Pour le kart des mers, la version en 110 CV peut se conduire sans permis côtier. Différentes formules de randonnée sont aussi proposées, avec petit-déjeuner ou repas du midi.

RESTAURANT LES MURIERS €€

5100, RD 559 ✆ 04 94 55 32 33
www.hotel-provencal.com
Maître restaurateur. Ouvert du 1er avril au 31 octobre, de 8h30 à 21h30, fermé le mardi midi. Menus de 39 à 58 €.

© LES MÛRIERS

Le restaurant de l'hôtel Le Provençal se dédouble : « Les Mûriers » met à l'honneur la cuisine traditionnelle méditerranéenne, faite maison, et les spécialités des poissons (bouillabaisse, poissons grillés, soupe de poissons de roche, pêche linguines aux langoustes et coulis de crustacés, ris de veau rôtis aux langoustines...) tandis que le « Bistrot » vous propose une cuisine style brasserie avec plats du jour, salades et gourmandises. Il est également un salon de thé et glacier, pour une pause fraîcheur sur la terrasse face au golf de Saint-Tropez.

VAR

COLLOBRIÈRES ★★

La commune tirerait son nom (originel en latin et provençal) d'un animal figurant en bonne place sur les armoiries de la ville : la couleuvre. C'est ici qu'a été recensé le plus grand nombre de sites mégalithiques de la région. Collobrières est fameuse pour ses châtaignes et ses marrons glacés. Les castanéiculteurs – producteurs de marrons – vendent l'essentiel de leur production en fruits de bouche : marrons glacés, marrons à l'alcool ou confits au sirop, crème, miel, liqueur, confiture et purée de châtaignes. Depuis une trentaine d'années, la fête de la châtaigne anime d'ailleurs la bourgade les trois derniers dimanches d'octobre.

LA PETITE FONTAINE €€

6, place de la République
✆ 04 94 48 00 12

Haute saison : du mardi au dimanche le midi et le soir. Menus de 31 à 36 €. Menu enfant 12 €. Terrasse.

Une véritable institution du village ! Authentique et généreuse, La Petite Fontaine est une charmante petite adresse. Attablé au rez-de-chaussée ou en hauteur sur la mezzanine, l'ambiance joviale est toujours au rendez-vous. Dans l'assiette, le terroir inspire à plein tube, sans fioriture, notamment les marrons et les châtaignes mis en valeur dans deux menus consacrés. A la carte, daube de sanglier aux marrons et aux cèpes, les petits farcis d'Etienne... Une cuisine traditionnelle et très goûteuse qui colle tout à fait au lieu. On en redemande !

MONASTÈRE DE LA VERNE ★★

La Verne ✆ 04 94 48 08 00

Fermé en janvier. En été, ouverture selon carte des risques incendie. Gratuit jusqu'à 12 ans. Adulte : 7 €.

Cet admirable vaisseau de pierre, niché au cœur d'une forêt de châtaigniers, a connu une histoire mouvementée. Construite en 1170, elle fut écrasée d'impôts en 1416 et confisquée, saccagée pendant les guerres de Religion, en partie détruite par des incendies de forêt vendue comme Bien national sous la Révolution, abandonnée, pillée, partiellement tombée en ruines jusqu'en 1982, puis restaurée. Elle héberge depuis 1983 une communauté monastique de Bethléem. On visite le cloître, l'ancien réfectoire, les bâtiments claustraux, le scriptorium, les communs.

CONFISERIE AZURÉENNE

Boulevard du Général-Kœning ✆ 04 94 48 07 20
www.confiserieazureenne.com

Ouvert toute l'année tous les jours. Parking public. Entrée gratuite au musée. Dégustation en fin de visite.

Passer par Collobrières induit sans hésiter un arrêt dans cette confiserie très fameuse. Une institution locale qui met en valeur deux produits phares des environs : le marron et la châtaigne. D'une part sur le site, la partie musée où l'on peut découvrir les techniques ancestrales industrialisées de la production de l'usine. D'autre part, la boutique d'usine où l'on peut goûter une glace aux marrons divine, ainsi que goûter et acheter la crème de marrons maison, les marrons glacés vendus au détail ou en boîtes. De vrais joyaux de gourmandise et de tradition.

HÔTEL-RESTAURANT DES MAURES*** €

19, boulevard Lazare-Carnot ✆ 04 94 48 07 10
www.hoteldesmaures.fr

Ouvert toute l'année. 15 chambres. Chambre double de 65 € à 85 €. Pension complète : 35 €. Demi-pension : 24,50 €. Wifi.

Cet établissement de caractère est dirigé depuis cinq décennies par la famille Borello, les premiers aubergistes et restaurateurs de Collobrières. Calme et convivial, il possède une grande salle de restaurant et une terrasse ombragée. Aux fourneaux, Sébastien, mitonne de savoureux mets de terroir aux accents provençaux. Côté nuit, les 15 chambres réparties sur deux niveaux sont modernes et confortables. A deux pas, les chambres d'hôtes avec piscine en rooftop. Magnifique.

CUERS ★

Le village a conservé un important centre médiéval avec des petites rues aux noms évocateurs : rue des Quatre-Coins, avec son lavoir, rue rompi-cul, rue Nationale, bordée de maisons du XVIIe siècle, ses fontaines et quelques vestiges des remparts. N'hésitez pas à entreprendre une visite du vieux Cuers et monter jusqu'à la chapelle Notre-Dame-de-Santé pour en admirer le point de vue. À 4 km du centre, le hameau de Valcros est niché au creux d'un petit vallon verdoyant. Cuers accueille son marché hebdomadaire le vendredi matin en centre-ville. De mai à octobre, il est complété par un marché des producteurs de pays les jeudis et vendredis après-midi.

CHAPELLE SAINT PHILOMÈNE

PUGET-VILLE

C'est l'église du vieux village aujourd'hui disparu. Érigée à la fin du XIe, elle fut remaniée au XIVe, puis de nouveau agrandie au XVIIe juste avant que le Vieux-Puget ne soit abandonné pour le village de plaine actuel. Preuve de ces maints remaniements : son architecture insolite composée de deux nefs se terminant chacune par une abside en cul-de-four, et surtout la double présence du plein-cintre et de l'ogive, symboles de deux époques bien distinctes. Aujourd'hui, elle est inscrite à l'Inventaire supplémentaire des Monuments historiques.

© SYLVAIN THIOLLIER - SHUTTERSTOCK.COM

Cuers.

L'HÔTELLERIE KOUROS*** €€

Impasse des Roitelets
✆ 04 94 66 69 25
www.hotelleriekouros.fr

Qualité Tourisme. Ouvert toute l'année. Chambre double de 76 € à 110 €. Petit déjeuner : 9,50 €. Lit bébé offert.

Les frères Kouros, en plus de leur restaurant gastronomique situé à quelques encablures, tiennent un hôtel à l'architecture contemporaine qui s'ouvre sur le village de Pierrefeu et le massif des Maures. Érigée sur 2 ha d'oliviers bicentenaires, cette demeure vous propose quelques chambres de charme climatisées, joliment décorées avec douches à l'italienne, jardin ou terrasse privatif. Pour déjeuner et dîner, le Bistrot K vous déroule une carte alléchante renouvelée mensuellement. Pour varier les plaisirs, direction le verger des Kouros, à 5 minutes de là.

LE VERGER DES KOUROS €€

768, route de Solliès-Pont
✆ 04 94 28 50 17
www.levergerdeskouros.fr

Maître Restaurateur. Réservation recommandée. Menus de 27 € à 52 €. Accueil des groupes. Jardin. Terrasse. Parking.

Les trois frères d'origine grecque (Alain et Serge en cuisine, Gérard en salle) conçoivent depuis 1991 une cuisine qui respecte le terroir, le produit, les saisons et le client. Des menus renouvelés quasi quotidiennement, une maitrise des cuissons et des accompagnements, de la créativité, le tout rehaussé par un service souriant d'une belle rigueur. Dès le menu express ou du marché, on se laisse paisiblement guider par les choix du chef. La fratrie tient aussi L'Hôtellerie Kouros, un hôtel de 11 chambres, avec salle de séminaire et son restaurant « Le Bistrot K ».

LE MAS DU LINGOUSTO €€€

934, avenue Eugénie et Henri Majastre
✆ 04 94 28 69 10
www.lingousto.fr

Ouvert toute l'année. Restaurant fermé le dimanche soir. Menus de 46 € à 89 €. Accueil des groupes. Terrasse.

Le Mas du Lingousto, l'assurance d'une douce déconnexion tout proche de Toulon. L'hôtel-restaurant bénéficie de nombreux atouts, à commencer par le restaurant gastronomique. Les chefs Arnaud Bouxirot et Pascal Barandoni y proposent une cuisine créative, s'appuyant sur des producteurs locaux et le potager maison. On y retrouvera des plats savoureux comme des gambas sauvages fumées au bois de hêtre, saté, caviar & citron confit, jus de têtes au thé matcha ou un ris de veau rôti au beurre. La cheffe pâtissière Marie Pilotto clôturera en beauté votre repas.

PIERREFEU-DU-VAR ★

Accroché au flanc d'un piton rocheux, le village de Pierrefeu est entouré de vignes qui produisent un vin réputé en AOC terroir. Au cœur du village, un imposant monument de pierre fut érigé à la mémoire des cinquante disparus du dirigeable Dixmude. Parti de la base aéronavale de Pierrefeu, il fut touché par la foudre, avant de s'abimer en mer le 21 décembre 1923 au large des côtes siciliennes. Une tragédie liée à jamais à l'histoire du village. Le marché de Pierrefeu se tient chaque samedi matin, place Gambetta. Il est complété de mai à septembre par un marché bio tous les mercredis de 17 h à 20 h au niveau du rond-point des Harkis.

LES SANTONS DU CHÂTEAU DE L'AUMERADE

route de Puget-Ville
✆ 04 94 28 20 31
Ouvert toute l'année du mardi au samedi. Horaires : se renseigner sur le site web. Gratuit. Boutique.

Unique dans le Var, l'exposition de santons du Château de l'Aumérade est née de la passion de la famille Fabre-Grimaldi ! Installée dans une salle jouxtant la grande boutique du Château de L'Aumerade, cette collection privée regroupe plus de 1 800 santons, en provenance de France, d'Europe et d'ailleurs, du 18e siècle à nos jours. Entièrement gratuite, la visite vous permettra de découvrir toute la tradition de la crèche en Provence ainsi que les crèches du Monde… Sublime.

CHÂTEAU DE L'AUMÉRADE

Route de Puget-Ville ✆ 04 94 28 20 31
https://www.winetourbooking.com
Boutique du mardi au samedi de 08h30 à 12h30 et de 14h à 18h. Samedi : 09h30 - 18h. Visite du domaine. Parking.

Le Château de l'Aumérade est le plus important des 6 domaines de la famille Fabre-Grimaldi et l'une des plus célèbres maisons de Provence. Son vignoble, situé sur le terroir de Pierrefeu du Var, s'étend sur 330 ha dont 80 portent le prestigieux titre de Crus classés. La cuvée Marie-Christine rosé, véritable icône de la maison, est présentée dans un flacon unique imaginé par Charlotte Fabre en 1956 et modernisé en 2019 par son arrière-petite-fille, Caroline Grimaldi-Demey. Ne manquez pas de visiter ses jardins, sa boutique et son exposition de santons de Provence.

CHÂTEAU LA GORDONNE

Route de Cuers
✆ 04 94 33 48 52
www.lagordonne.com
Basse saison : de 8h30 à 12h et de 14h à 17h30. Haute saison : de 8h30 à 19h. Dégustation.

Ce domaine est l'une des plus grandes propriétés de Provence, avec plus de 350 hectares, dont 300 de vignes. Une grande variété de cépages est présente, grenache, cinsault, cabernet-sauvignon, mourvèdre, tibouren, clairette, sémillon, syrah, qui permettent d'élaborer d'excellents vins AOP Côtes de Provence et Côtes de Provence Pierrefeu dans les trois couleurs. Petite spécificité culturelle : le domaine possède une cloche en bronze sur son domaine, historiquement rare, antérieure à la révolution et gravée d'inscriptions latines. Comment allier plaisir et culture.

CHÂTEAU LA TOUR DE L'ÉVÊQUE

Route de Cuers
✆ 04 94 28 20 17
www.toureveque.com
Basse saison : ouvert du lundi au samedi de 9h à 17h. Haute saison : du lundi au samedi de 9h à 18h. Parking.

Propriété de la famille Sumeire, cette ancienne résidence d'été des évêques de Toulon, offre la particularité de porter deux noms, château La Tour de l'Evêque et Château La Tour Sainte Anne. Les 89 hectares de vignoble, en A.O.P. Côtes-de-Provence, sont cultivés dans le respect du mode de production biologique, sous la responsabilité de Régine Sumeire. Les vins, dans les trois couleurs, sont régulièrement distingués dans les concours. Soirées musicales en été.

BESSE-SUR-ISSOLE ★★

La notoriété de ce village est surtout due à son enfant terrible, Gaspard, un émule de Mandrin et de Cartouche, bandits d'honneur. En 1757, tout le pays bessois est enveloppé d'un parfum de légende, Gaspard Bouis dit Gaspard de Besse prend le maquis pour devenir le Robin des bois des garrigues ! Il fut capturé et roué à Aix, à 24 ans. Le petit lac en forme de cœur et sept fontaines au centre du village font de Besse une cité aquatique. Certains essais de navigation d'une barque en béton armé furent effectués sur le lac en 1847 par Joseph Lambot, l'inventeur du béton armé. Ne manquez pas l'église, construite au XVIIe siècle sur des fondations du XIe siècle.

L'OUSTAOU €€

Le Fougou, route de Sainte-Anastasie
✆ 04 94 86 14 85
www.chambre-d-hote-oustaou.com
Chambre double 78-130 €. Petit déjeuner inclus. Personne supplémentaire 18 €. Animaux acceptés.

Fanny et Olivier se feront un plaisir de vous accueillir dans leur villa récente, à l'esprit provençal jusque dans le moindre détail, matériaux, décoration. Les trois chambres, toutes de plain-pied avec chacune une entrée indépendante, arborent des tons différents, parme pour la chambre lavande, jaune pour la chambre citron et vert pour la chambre olivier avec spa privatif. Les petits déjeuners sont servis sur la terrasse côté sud, à l'ombre de la tonnelle. Une belle adresse, décontractée, pour un séjour revigorant en centre Var.

LA REMISE €€

4, avenue de la Libération
✆ 04 94 59 66 93
Fermé le dimanche soir et lundi hors saison, ouvert le lundi en saison. Réservation recommandée. Menus de 26 € à 32 €.

Les avis sont quasi unanimes, la Remise c'est du sérieux. L'adresse est prisée des locaux avec une équipe qui assure vraiment en salle et derrière les fourneaux. Plats délicats, mêlant tradition et créativité. Délicieuse daube de bœuf à la Provençale, moules gratinées, filet aux morilles, dorade royale grillée au fenouil, de bonnes salades et autres desserts maison... À déguster tranquillement dans la petite cour terrasse, derrière le restaurant ou paisiblement dans la belle salle feutrée. La réservation est fortement recommandée.

LE CELLIER DE GASPARD

26, avenue Victor-Hugo
✆ 04 94 80 55 80
www.lacavedegasparddebesse.com
En été, Mardi au samedi de 9h à 13h et de 15h à 19h. Dimanche de 10h à 13h. Parking. Dégustation gratuite.

Le Cellier de Gaspard de Besse est une cave qui cultive le bon vin à prix doux. Situé sur les collines du cœur du Var, ses vignobles bénéficient d'un ensoleillement idéal profitant d'un micro climat aux nuances légèrement continentales, apportant une typicité appréciée des consommateurs avertis. Son terroir argilo-calcaire offre une grande variété de vins d'appellation : des Côtes de Provence Rouges subtiles, une gamme de Rosé de Provence (fruité, minéral..), sans oublier les blancs caractérisés par un nez évoquant la pêche et l'acacia.

FLASSANS-SUR-ISSOLE

Flassans-sur-Issole, petit village rural, qui culmine à plus de 320 mètres, doit son nom à une déformation de flatus sanus, air sain. Le village est constitué de deux quartiers, répartis de part et d'autre de l'Issole. On y voit les ruines du château de Pontevès, actuellement en rénovation – des visites y sont organisées lors des journées du patrimoine. Le marché hebdomadaire de Flassans-sur-Issole se tient le vendredi matin, place Jean-Jaurès. Des fouilles ont prouvé la présence humaine à divers endroits du territoire avec des vestiges préhistoriques. L'empreinte religieuse est également puissante avec de nombreuses églises et chapelles.

HÔTEL RESTAURANT DOMAINE DU LAC*** €€

Nationale 7
✆ 04 94 80 10 10
www.hotel-domaine-du-lac.com
Chambre Double de 116 € à 170 € selon saison. Petit déjeuner 12 €. Piscine, jacuzzi. Animaux 12 €. Wifi. Restaurant.

Authentique et romantique, on est ici dans une véritable institution au cœur de la Provence. Depuis 1959, cet hôtel 3* est une affaire de famille, aujourd'hui dirigée par Charles-Emmanuel et Keiko. Expérience recommandée dans un écrin de nature, terrasses ombragées, piscine chauffée, en cuisine une cheffe qui fait des merveilles et respecte les filières, et même des produits du potager. Le Livre d'or fait rêver avec un dessin de Picasso, un mot de Brigitte Bardot ou du roi des Belges.

© DOMAINE DU LAC

© DOMAINE DU LAC

VAR

AOUBRÉ L'AVENTURE NATURE

Parc des Cèdres
✆ 06 12 58 02 26
www.aoubre.fr

Ouvert toute l'année, les week-ends, les jours fériés et tous les jours des vacances scolaires de la zone.

À quelques minutes de Brignoles et du Luc, vous découvrirez ici un parc de 30 ha où l'ennui ne sera jamais de la partie ! Ponts de singes, balançoires, étriers, poutres, tyroliennes. Plus d'une centaine d'ateliers d'accrobranche vous attendent pour un moment d'aventure en toute sécurité. Pour plus de calme, les « filets de découverte » permettent une belle balade en hauteur sous le signe de la nature. À découvrir aussi : le parc animalier, les sentiers botaniques, les sentiers des sens, le jardin des papillons, le jardin des parfums et le sentier bain de forêt.

© PAC AOUBRE

© PARC AOUBRE

AOUBRÉ PARC DECOUVERTE NATURE

✆ 06 12 58 02 26
www.aoubre.fr

Tarif parc nature seul : 10 €, 8 € (de 4 a 11 ans), 6 € (3 ans), option accrobranche possible.

Connu pour l'accrobranche, Aoubre se visite aussi à pied afin de découvrir un parc animalier avec petite ferme, ânes de Provence, baudet du Poitou, chèvres, sangliers et autres daims. 3 km de promenade sur des sentiers pédagogiques, et un remarquable jardin des papillons. Ce vaste espace de 7 000 m² à ciel ouvert accueille pas moins de 90 espèces différentes. La visite guidée est chaudement recommandée. A découvrir également : jardin des parfums et sentier bain de forêt.

HÔTEL RESTAURANT DOMAINE DU LAC €€

Nationale 7
✆ 04 94 80 10 10
www.hotel-domaine-du-lac.com

Menus 34 € (entrée + plat ou plat + dessert) à 46 € (entrée + plat + dessert). Séminaires.

Une table de référence. Depuis 1959, cet hôtel 3* restaurant est une belle affaire de famille orchestrée par Charles-Emmanuel et Keiko qui défendent une cuisine aux tonalités méridionales. Gaspacho de tomate avec émulsion de mozzarella ; risotto crémeux à la truffe noire d'été ; souris d'agneau mijotée 3h, écrasé de patates douces. Les desserts sont gourmands. Spécialiste de l'entrecôte (Angus 350 g svp) grillée au feu de bois. Une belle adresse que nous recommandons chaudement.

COMMANDERIE DE PEYRASSOL

RD N7 ✆ 04 94 69 71 02
www.peyrassol.com

Parking et accès bus. Chambres d'hôtes. Table d'hôtes d'avril à octobre. Possibilité de séjour orienté « chasse ».

Ce lieu d'histoire, vieux de 8 siècles, propriété de l'Ordre des chevaliers de Malte jusqu'en 1789, s'étend sur plus de 850 hectares, dont 80 de vignes. C'est également l'un des plus beaux parc de sculptures monumentales contemporaines, ouvert au public, où cinquante œuvres sont essaimées au milieu des vignes et des bois. Le domaine produit de grands vins en AOP Côtes de Provence et IGP, un vieux marc de rosé et de l'huile d'olive. De Pâques à mi-octobre, une halte à la table d'hôtes s'impose. Le domaine dispose également d'une maison d'hôtes à l'abri des regards.

LE COMPTOIR DES VINS DE FLASSANS

Avenue du Général-de-Gaulle ✆ 04 94 69 71 01
www.comptoirdesvinsflassans.fr
Ouvert du lundi au samedi de 9h30 à 12h30 et de 15h à 19h. Dégustation gratuite. Visite sur demande.

La cave de Flassans, associée avec les caves de Cabasse et de Besse, apporte une dimension humaine et technique qui en fait l'une des structures les plus importantes du Var. Le vignoble de 1 200 ha est réparti sur 9 communes, dont la moitié est classée en AOP Côtes-de-Provence. Quelque 140 viticulteurs apportent plus de 6 000 tonnes de raisin par an à la cave équipée à la pointe de la technologie. Le comptoir des vins de Flassans propose une large gamme de bouteilles et de BIB.

LE CANNET-DES-MAURES

Le Vieux-Cannet, petit village perché sur un nid d'aigle, domine toute la plaine des Maures au sud, et regarde au loin, côté nord, jusqu'aux montagnes du Haut-Var et des Alpes. En flânant dans le vieux village, on découvre les portes de l'enceinte, la place centrale avec sa citerne et son église romane du XIe siècle du Vieux-Cannet, classée monument historique depuis 1862, le moulin à huile banal et les ruines du château. De la minuscule placette qui couronne le village on aperçoit le village moderne et commercial qui s'étend le long de l'ancienne nationale 7. Son marché a lieu le samedi matin, devant la gare.

RÉSERVE NATURELLE NATIONALE PLAINE DES MAURES ★★

www.conservatoire-du-littoral.fr
Réserve Naturelle Nationale.

Au pied du versant nord du Massif des Maures s'étend un paysage de « savane arborée » où affleurent de grandes dalles rocheuses ocre. Sur plus de 5 000 hectares classés Réserve Naturelle Nationale la Plaine des Maures est essentiellement couverte de maquis, de chênes-lièges et de majestueux pins parasols. 911 hectares sont situés au cœur même de la Réserve et appartiennent au Conservatoire du littoral. On y trouve deux lacs artificiels : le lac des Aurèdes et le lac des Escarcets.

CHÂTEAU DES BERTRANDS

Route de La Garde-Freinet
✆ 04 94 50 44 39
www.chateaudesbertrands.com
Horaires : se renseigner. Centre équestre : ouvert tous les jours de 8h à 18h.

Véritable petit bijou provençal, le château des Bertrands offre une vue imprenable sur le majestueux décor du massif des Maures. Ancien relais de chasse de Colbert, la propriété s'étend sur 200 ha au cœur de la zone protégée Natura 2000. Les couleurs orangées du ciel et les pins parasol qui parsèment le paysage, reflètent ici la Provence sauvage par excellence. Entièrement conçu à partir de 1964, le vignoble représente aujourd'hui 77 ha de vignes dont l'encépagement a été méticuleusement choisi au fil des plantations. Dégustation et visite possibles.

CHÂTEAU SAINT-ROUX

Route de la Garde-Freinet
✆ 04 98 10 02 61
www.chateausaintroux.com
Basse saison : ouvert du mercredi au dimanche de 10h à 17h30. Horaires susceptibles de changer en saison estivale.

Le château Saint-Roux est situé au cœur de la réserve naturelle des Maures. La propriété s'étend sur 40 ha de vignes, d'oliviers et de différents arbres fruitiers. Les vignes du château Saint-Roux puisent leurs forces dans les terres argilo-calcaires, créant ainsi des vins aux arômes uniques. Son paysage demeure authentique, mêlant vieilles pierres, arbres centenaires et bâtisses anciennes offrant à ce domaine une lumière et un charme particuliers. Le château Saint-Roux, c'est également une table d'hôtes et une véritable ferme vivante.

LE LUC ★

Du mot latin lucus, « bois sacré », la ville était traversée par la voie aurélienne, une position qui lui donnait une importance stratégique certaine. La mise en bouteilles de l'eau Pioule, ancêtre des eaux minérales, a fait vivre une partie de la ville jusqu'à la 1re guerre mondiale. Dans les rues de la vieille ville, vous découvrirez la tour de l'Horloge, du XIIe siècle, coiffée d'un campanile de fer forgé, la tour hexagonale, haute de 27 mètres, construite entre 1517 et 1546, ou encore la chapelle Notre-Dame-du-Mont-Carmel, du XVe et de style gothique provençal, et le château des Vintimille, dont la construction a débutée vers 1600.

MUSÉE MUNICIPAL DU TIMBRE ET DE LA PHILATÉLIE ★

3, bis rue du Ravelet
✆ 04 94 39 04 54
Horaires : se renseigner par téléphone ou sur le web. Parking. Gratuit.
Municipal depuis 2015 et installé dans un ancien moulin, le Moulin du Ravelet, ce musée est exclusivement consacré à l'univers du timbre et à la pratique de la philatélie. Philatéliste émérite ou simple curieux, chacun en apprendra beaucoup sur la fabrication des timbres avec la reconstitution d'un atelier de gravure. De quoi se replonger dans une époque passée avec des vitrines garnies d'objets anciens. Des expositions et ateliers sont régulièrement organisés par les équipes du musée.

SENTIERS DU CASTELLAS ★

Trois itinéraires possibles : 10, 20 ou 30 minutes. Départ du sentier depuis la Tour de l'Horloge.
Mentionné dès le XIIe siècle, le Castellas constitue le centre historique de la ville. Réhabilité en 2014 grâce à un chantier d'insertion mené par l'association Vega et l'ONF, il est notamment composé de 19 panneaux sur la faune et la flore. Sous la végétation, on distingue les ruines du village médiéval. Ses ruelles en escalier s'étirent jusqu'au sommet de la colline, occupé par la demeure seigneuriale appelée Château des Mascs. Ses derniers vestiges furent malheureusement détruits en 1971 lors de la construction de l'autoroute.

RESTAURANT L'OLIVADE €€

RD N7
✆ 04 94 60 08 81
www.restaurant-olivade-leluc.fr
Ouvert du mercredi au dimanche le midi ; du mercredi au samedi le soir. Menus de 35 € à 50 € le soir. Terrasse.
En moins de 10 ans, le chef Jean-Philippe Grandvoinet et sa compagne Mélanie ont installé leur Olivade comme l'une des tables sérieuses du Cœur du Var. En bordure de la Nationale 7, à qui il faut reconnaitre une certaine praticité, le restaurant affiche un rapport qualité-prix remarquable. Cuisine de saison à l'ardoise, renouvelée quasi quotidiennement et l'assurance de manger frais et bon. Filet de daurade à la plancha, côtelettes d'agneau grillées… Une carte qui fleure bon la saisonnalité et la fraîcheur ! Coup de cœur assuré.

CHÂTEAU DEMONPÈRE

Route des Mayons ✆ 04 94 60 07 78
www.chateau.demonpere.com
Ouvert du lundi au samedi (horaires variables selon la saison). Dégustation gratuite. Visite du domaine sur rendez-vous.
« Je suis venu ici pour cultiver l'AUTHENTIQUE… » écrivait Marcel Pagnol ; un slogan parfait ! La propriété de 144 ha dont 32 de vignes, 17 d'oliveraie et 95 de forêt méditerranéenne, est située dans la plaine des Maures, sur un site protégé pour sa faune et sa flore exceptionnelles. Une bergerie du XVe siècle transformée en chai, qui constitue désormais le caveau de vente. Le domaine produit des vins certifiés Bio depuis 2015 en AOP Côtes de Provence et Côtes de Provence Notre-Dame des Anges, dans la lignée de ses huiles d'olive certifiées Bio depuis l'origine.

DRAGUIGNAN ★★

La ville porte le nom du riche Romain Draconius à l'époque où Draguignan constituait un nœud routier important, au croisement de deux voies reliant Fréjus à Riez, et Aix à Grasse. Une importante garnison militaire y contrôlait toute la contrée. Autour de la cité comtale, la ville s'est développée en étoile avec ses chemins menant aux remparts et aux portes de la ville. En 1797, Draguignan obtient la préfecture du Var, refusée à Toulon pour s'être livrée aux Anglais en 1793. Cela lui valut la construction d'un grand théâtre, du palais de justice, d'une prison. Avec le camp militaire de Canjuers, Draguignan est la plus grande garnison de France.

LA CHAPELLE DE L'OBSERVANCE ✠

Place de l'Observance
✆ 04 94 84 54 31
www.ville-draguignan.fr

Ouvert en haute-saison de 10 h à 18 h du mardi au samedi (fermé les jours fériés). Entrée libre.

Construite au XVIe siècle par l'ordre des Observantins, la nef de cette vaste église restaurée de style gothique comporte 4 travées. Seul et unique rescapé des cinq couvents de la ville de Draguignan parvenu jusqu'à nous aujourd'hui dans son intégralité, il accueille désormais toute l'année un espace d'art et d'exposition de haut niveau, des apéritifs littéraires, et autres animations culturelles gratuites. Un lieu commémorant le riche passé de la ville.

HÔTEL DU PARC & RESTAURANT Ô PETIT PARC*** €

21, boulevard de la Liberté ✆ 04 98 10 14 50
www.hotel-duparc.fr

Ouvert toute l'année. Accueil jusqu'à 21h.
19 chambres. Chambre double de 79 € à 99 € ; chambre familiale 130 €. Wifi.

Idéalement situé, cet hôtel restaurant propose des chambres confortables aux beaux volumes. Au rez-de-chaussée, le restaurant du chef Matthieu Wanlin offre un cadre moderne proposant une cuisine raffinée, dont un plat du jour quotidien préparé avec des produits frais de saison. L'œuf cocotte au foie gras et à la truffe est un incontournable de la maison. La terrasse sous l'ombre des grands platanes est une oasis de fraîcheur où déjeuner et se détendre à votre retour de balade.

CHÂTEAU DES SALLES €€

1350, Avenue de Montferrat ✆ 06 52 68 87 05
www.chateaudessalles.fr

Chambre double de 140 € à 160 € ; studio / appartement à partir de 1680 € la semaine. Petit déjeuner inclus.

Cette belle bastide provençale datant du XIXe siècle est située au cœur d'une exploitation agricole de 6 ha labellisée AB. Ses 5 chambres peuvent accueillir jusqu'à 15 personnes. Entièrement rénovée avec goût, les propriétaires ont su marier contemporain et style provençal pour garder le cachet de l'endroit. Après une partie de pétanque, l'apéritif se partage au patio en dégustant un verre de vin du domaine. Outre la piscine au sel, un grand bassin romain entouré de vieux cyprès et une fontaine plus petite font chanter l'eau sur la propriété. Une étape de charme.

VAR

© CELLI07 - SHUTTERSTOCK.COM

Draguignan.

HÔTEL PROVENCE*** €€

11, boulevard Georges-Clémenceau
✆ 04 94 50 95 09
http://hotel-provence83.com

Réception ouverte 24h/24. 38 chambres. Compter environ 90 € en moyenne pour une chambre double. Petit déjeuner inclus.

Cet établissement, entièrement insonorisé, situé proche du théâtre au cœur de Draguignan, est idéalement placé pour explorer la vieille ville. Après 18 ans sous l'enseigne du Groupe Accor, l'Ibis Styles a retrouvé son nom d'origine : Hôtel Provence. Les 38 chambres climatisées sont confortables, avec minibar, télévision, elles sont toutes dotées du wifi gratuit. Le petit déjeuner est servi sous forme de buffet. Un accueil souriant et professionnel. Les gros travaux effectués sur le boulevard principal, viennent offrir encore plus de cachet à cet établissement.

L'ANDROUNO €€

11, rue des Endronnes ✆ 09 82 28 83 10
www.landrouno.fr

Ouvert du mardi au dimanche de 12h à 14h ; du mercredi au samedi de 19h30 à 21h. Menus du chef 35 €. Carte : 42 €.

Le jeune couple propriétaire de ce restaurant vous propose une cuisine méditerranéenne inventive. Le chef s'inspire des saisons et des produits frais pour livrer une délicieuse cuisine maison. La carte évolue régulièrement et un plat du jour est proposé chaque midi. Fricassée de gnocchis et escargots, risotto aux truffes ou de gambas et citron, parmentier de volaille sauce foie gras, saumon fumé maison pour la fin d'année, moelleux au chocolat et café très gourmand... Une adresse idéale pour déjeuner en terrasse ou dîner avant de vous rendre au théâtre voisin.

LES TROIS GARÇONS €€

10, Boulevard du Maréchal Joffre
✆ 04 94 47 78 55
www.les-trois-garcons.fr

Tous les jours et les jours fériés de 9h à 0h. Carte : 48 € environ. Formule midi 21 €. Vin au verre. Terrasse.

Les Trois Garçons ont pour noms Clément Bruno, mythique chef lorguais étoilé spécialiste incontournable de la truffe, et deux de ses anciens chefs : son bras droit Dominique Saugnac et en cuisine Hugo Carmona, tous deux formés chez Ducasse. Entre la brasserie parisienne et le bistrot décomplexé, l'endroit est chaleureux, le service souriant et le savoir-faire ne s'encombre pas de chichis inutiles. Dans l'assiette, une vraie saisonnalité cuisinée avec générosité, des jus gourmands, des plats qui sentent bon le terroir local, dans un bel esprit bistronomique.

CÔTES DE PROVENCE DRACÉNIE

Infos dans les offices de tourisme. Vente et dégustation dans les domaines de production.

Au cœur du Var et de la zone AOC des côtes-de-provence, la Dracénie est une terre d'exception pour les vignobles. Elle offre une diversité de terroirs qui participent à la richesse des vins que l'on y produit. Le Comité interprofessionnel et syndicat des côtes-de-provence y a élu domicile à Arcs-sur-Argens. Labellisée Vignobles et découvertes en 2017, la Dracénie mise sur l'œnotourisme. Découvrez une multitude de domaines à la hauteur de la réputation de la région.

MIELLERIE MANDARD

Chemin de Saint-Michel
✆ 04 94 68 05 10
www.mielmandard.com

Accueil et visite sur RDV. Vente en ligne.

Installé depuis 1983, Jean-Philippe Mandard vit pleinement sa passion d'apiculteur et vous la fait partager en vous faisant visiter sa miellerie (sur rendez-vous). Sa production artisanale est riche de nombreuses variétés dont deux Label Rouge lavande et Provence toutes fleurs, mais aussi romarin, châtaigniers, Alpes toutes fleurs, tilleul, bruyère blanche, acacia, forêt, sapin, sans oublier le pollen. Des miels dont la qualité est l'aboutissement d'un savoir-faire artisanal hérité de la transmission de plusieurs générations d'apiculteurs.

EURO VÉLO 8 (EV8)

fr.eurovelo8.com

Ouvert toute l'année. Accès libre aux 2 roues. Gratuit.

La voie Euro Vélo 8, aussi nommée « la Méditerranée à vélo » traverse la Dracénie et ses communes en partant de Draguignan jusqu'à Sillans la Cascade. L'EV8 est un itinéraire cyclable européen en cours d'aménagement qui reliera à terme Cadix en Espagne à Athènes en Grèce. Il traverse le terroir dracénien à travers vignes et forêts et propose actuellement aux amateurs de la petite reine ce premier tronçon qui suit en partie le tracé de l'ancienne voie ferrée depuis longtemps désaffectée. Un itinéraire en voie d'expansion et une activité en plein essor en Dracénie.

VAR

FLAYOSC ★

Bâti en escargot, Flayosc est un joli village situé aux portes du parc naturel du Verdon. En empruntant la rue des Fainéants on découvre la très jolie place de la Reinesse avec son vieux lavoir, sa fontaine, sa porte médiévale, les façades préservées des maisons anciennes qui la bordent et ses platanes plusieurs fois centenaire. On peut aussi descendre la rue « Rompe cul » pour rejoindre la place centrale très animée l'été avec ses terrasses de café et restaurants. Enfin, en suivant le circuit de l'eau on longe le canal avec ses fontaines et lavoirs, avant de cheminer en pleine nature en une agréable balade.

CHÂTEAU DE BERNE***** €€€

Route de Salernes ✆ 04 94 60 48 88
www.chateauberne.com

Relais & Châteaux. Ecolabel européen. 27 chambres. Gastronomie et vins. Spa. Prix variables sur le web selon la saison.

Cet établissement d'exception a été imaginé dans l'esprit des grandes maisons provençales. Les chambres sont sublimes et décorées avec caractère. Le spa est doté d'une piscine intérieure avec nage à contrecourant et col de cygne, bains bouillonnants, sauna, hammam, espace de massage et terrasse solarium. Quant à la restauration de ce Relais & Châteaux, « Le Jardin de Berne » sous les commandes des chefs Louis Rameau et Eric Raynal subliment les légumes du potager et les fruits du domaine. Autre espace gourmand, le bistrot pour un repas plus simple mais délicieux.

MONASTÈRE SAINT-MICHEL DU VAR ✝ ★

1909, route de Lorgues
✆ 04 94 73 75 75
www.eof.fr

Visite de l'église et du monastère, du mardi au dimanche de 9h30 à 11h et de 14h30 à 17h (sauf dimanche matin). Parking.

Installé depuis 30 ans au cœur de la garrigue provençale, ce monastère orthodoxe, bâti près d'un étang aménagé, abrite une église de style byzantin. Les magnifiques fresques intérieures vous feront voyager en Europe orientale. Elles ont été créées par le peintre iconographe Vadim Garine et valent à elles seules le détour. Les lieux sont empreints de solennité. Depuis 2015, s'est ajoutée la paroisse Saint-Michel du Var. Petite hostellerie pour une vingtaine de personnes.

LE CIGALON €€

5, boulevard du Grand-Chemin
✆ 04 94 68 69 65
www.lecigalonflayosc.wix.com/site

Ouvert tous les jours midi et soir sauf mercredi et jeudi. Menus de 37 à 64,50 €. Terrasse. Service traiteur.

Hervé Gély, ancien chef de La Bastide de Tourtour, a repris ce restaurant familial. Son épouse, Laurence, s'occupe de l'accueil et du service. Leurs enfants œuvrent en cuisine. Professionnel expérimenté, Hervé dévoile une délicieuse cuisine, bien maîtrisée, qui respire la Méditerranée : Pintade de l'Ardèche cuisinée dans un bouillon au citron, daurade au fenouil... Trois menus vous feront découvrir les multiples talents du chef, très orientés autour de la cuisine des saisons. En automne, ses menus autour des champignons valent à eux seuls le détour.

LA VIEILLE BASTIDE €€

306, route du Peyron ✆ 04 98 10 62 62
www.lavieillebastide.fr

Label Tourisme & Handicap. Label Vignobles et découvertes. Chambre double : 79-120 €. Petit déjeuner buffet : 14 €.

Chez Isabelle et Alain, vous séjournerez dans une grande bastide de pierres blondes de plus de 600 m² avec prestations hôtelières haut de gamme. 8 chambres climatisées et totalement équipées. Plusieurs espaces extérieurs : la grande piscine dans le jardin est magnifique. Dans un vaste parc arboré de chênes centenaires, plusieurs terrasses aménagées, et un espace enfants bien pensé. Restaurant en saison sur la terrasse. Location de vélos électriques, idéal pour partir à la découverte de la région. Pour stationner, parking clos et sécurisé. Superbe pied-à-terre.

LE JARDIN DE BERNE €€

Route de Salernes ✆ 04 94 60 49 79
www.chateauberne.com

Réservation impérative. Menus de 150 € à 190 € (en 5 ou 7 actes). La Table du chef de 200 à 240 €. Jardin. Parking.

Le talentueux Chef Benjamin Colombat et son étoile obtenue en 2017 et conservée jusqu'en 2021, a passé la main en mars 2019 à son Chef exécutif, Louis Rameau, arrivé accompagné du Chef Pâtissier Eric Raynal (lauréat en 2020 dans la sélection « Passion Dessert » du Michelin). Outre la grande salle aux tables rondes posées sous une lumineuse verrière, deux salons cosy et chaleureux offrent une ambiance néoclassique plus intime pour déguster la superbe cuisine des lieux. Les chefs vous proposent une superbe séquence au fil des saisons, composée de 5 ou 7 actes.

VAR

LE NID €€

37, boulevard Jean-Moulin ✆ 04 94 68 09 96
www.restaurantlenid-flayosc.fr
Du mardi au samedi le soir ; du mercredi au samedi le midi. Réservation impérative. Menus de 38 €/64 €. Carte 58 €.

« Cuisine du marché au fil des saisons », c'est le leitmotiv de Davy et Emilie Jobard. Tous deux ont travaillé chez le chef étoilé Jacques Chibois de La bastide Saint Antoine à Grasse. Davy se concentre sur une carte courte, pour une cuisine faite minute, bien tournée, juste, savoureuse, élaborée avec la collaboration des petits producteurs locaux. Plusieurs types de menus vous permettront de découvrir toute l'ampleur du talent du chef. Les plats peuvent être adaptés aux régimes végétariens et vegans. Une belle découverte labellisée Collège Culinaire de France.

CHEZ BRUNO €€€

2350, route des Arcs ✆ 04 94 85 93 93
www.restaurantbruno.com
Du 15 septembre au 15 juin, ouvert du mardi au dimanche. Ouvert 7j/7 le reste de l'année. Menus de 93 € à 195 €.

Un écrin de gastronomie niché tout près de Lorgues. Une table réputée, couronnée d'une étoile au Michelin depuis 1990. Laissez-vous porter par une symphonie truffée, une déclinaison de mets tous plus fins les uns que les autres. Carpaccio de Saint-Jacques aux truffes noires, la patate fondante signature aux truffes… Le chef Benjamin Bruno nous a aussi gratifiés d'un filet de turbot sur des asperges de Provence, sur lequel il a généreusement râpé de la truffe blanche du Piémont. Une merveille. Service attentionné, un chef abordable. Une table incontournable.

LORGUES ★

Pour découvrir le cœur de la ville, il suffit de suivre le boulevard de la République jusqu'à la place Clemenceau où se dresse la fameuse fontaine de la Noix, dédiée à Louis II, comte de Provence, roi de Naples, qui permit à Lorgues d'accéder au statut de ville libre. Lorgues fut au Moyen Âge un lieu de passage des pèlerins sur la route de Compostelle. Les remparts ont disparu à l'exception de deux portes, la porte Sarrasine, à l'est, et la porte Trébari, au sud-ouest. Le vieux village mérite assurément un coup d'oeil si d'aventure vos pas vous mènent à Lorgues. Patrimoine historique et charme provençale, les atouts ne manquent pas.

VAR

CHÂTEAU ROUBINE, CRU CLASSÉ

4216, route de Draguignan ✆ 04 94 85 94 94
www.chateauroubine.com/fr/
Ouvert du lundi au vendredi de 9h à 18h ; le samedi de 10h à 18h. Parking. Caveau de dégustation. Gîte oenotourisme.

Initialement propriété de l'ordre des Templiers, c'est l'un des plus anciens vignobles de France. Cru classé depuis 1953, cet immense domaine viticole de 130 ha, cru classé en Côte de Provence dont 90 ha en vignes d'un seul tenant, est exploité par Valérie Rousselle et ses enfants. Il est certifié agriculture biologique et en biodynamie (DEMETER) depuis 2020. Un sentier vigneron est ouvert au public. Accueil au caveau, visite de chai et dégustation. Expositions et concerts.

CHAPELLES NOTRE DAME DE BEN VA ET DE SAINT FERRÉOL ✝ ★

Route de Saint-Antonin et colline de Saint-Ferréol
Visites sur réservation à la Maison du tourisme de Lorgues.

Proches de la ville, deux jolies chapelles méritent le détour. Datant du XVIIe siècle, Saint-Ferréol est posée sur la colline surplombant Lorgues. Avec son chemin de croix éponyme, elle abrite le saint patron du village et un très beau musée d'arts sacrés. Quant à Notre-Dame-de Ben-Va (bon voyage), entièrement décorée de fresques peintes au Moyen Age par un peintre italien itinérant, cette ravissante petite chapelle est émouvante dans sa simplicité.

LORGUES TERRE DE VINS

2086, chemin de Saint-Louis
✆ 04 94 85 94 94
www.lorguesterredevins.com/
Actualités à retrouver sur le site internet.

« Lorgues Terre de Vins », c'est l'association de 12 domaines prestigieux qui exercent avec excellence la haute viticulture provençale. Ils se sont associés afin de faire de ce village, véritable petit « Beaune de Provence », une destination incontournable du tourisme œnologique au cœur de la Dracénie. C'est un bijou pour les amateurs de vins car, si ici le rosé est une évidence, à Lorgues les rouges et les blancs y sont tout aussi exceptionnels. Ayant trouvé un terroir à leur mesure, ils s'y font déjà une belle réputation. Dégustations et visites de caves.

LE THORONET ★★★

Le Thoronet, lieu-dit dont le nom est d'origine celto-ligure est un lieu consacré au dieu Thor. Il a été mis en valeur dès l'époque gallo-romaine. Niché au cœur du département du Var bénéficiant d'une nature totalement préservée, le village du Thoronet, typiquement provençal, est entouré de collines où règnent le chêne vert, le pin, les oliviers et les vignes. Avec sa superbe abbaye cistercienne du XIIe siècle et son environnement, c'est un lieu de villégiature idéal pour les passionnés d'histoire, de patrimoine et de randonnées. Son marché se tient chaque mardi matin sur le parking Rainaud.

TRANS-EN-PROVENCE

La commune de Trans-en-Provence est issue du regroupement de différents noyaux villageois répartis historiquement le long de la rivière Nartuby qui traverse le village. Ce cours d'eau a creusé de spectaculaires « marmites » dans la roche de tuf, autrefois aménagées pour faire tourner les roues des moulins et visibles du haut du pont Bertrand, qui surplombe les cascades. Un cadre naturel spectaculaire donc qui n'enlève rien au charme des ruelles de Trans et de son riche patrimoine. L'ancien hôtel de ville du XVIIIe siècle, la fontaine de la place de l'Eglise et l'étonnant puits aérien de Knappen (1930) sont tous trois inscrits comme monuments historiques.

AMPUS ★

Situé à 630 mètres d'altitude, cet ancien bourg fortifié, a su conserver son caractère médiéval. Ses petites ruelles s'entourent en colimaçon autour de son église du XIe siècle dédiée à saint Michel. Un beau porche datant du XIe siècle, où les glissières de sa herse sont encore visibles, un aqueduc, des fontaines et lavoirs donnent à ce village un charme particulier. Le dolmen de Marencq atteste de la présence d'ancêtres depuis plus de quatre mille ans. Depuis plus de 30 ans, lors du dernier weekend de juin, Ampus offre une Balade Gourmande, une occasion originale de découvrir le village en dégustant des mets préparés par ses habitants.

HÔTEL LE RELAIS DE TRANS** €

Chemin le Cognet ✆ 04 94 70 82 11
www.hotel-restaurant-draguignan.fr

34 chambres. Prix variables selon saison. Consulter les tarifs préférentiels en ligne. Restaurant. Wifi.

Cet hôtel a la particularité de disposer d'un distributeur de clé à l'extérieur de l'établissement, vous permettant de réserver directement depuis l'automate après paiement par carte bancaire. Les chambres, à la décoration moderne, sont coquettes et confortables. Le soir uniquement, en bord de piscine, une formule buffet à volonté vous est proposée avec 17 entrées au choix et 3 différents plats faits maison : lasagnes, hachis Parmentier, blanquette de veau, petit salé aux lentilles..

LES BRACONNIERS €

6, boulevard Clemenceau
✆ 04 94 68 34 85
www.bistrotdepays.com

Basse saison : du jeudi au mardi ; du jeudi au dimanche le soir. Haute saison : du jeudi au mardi. Carte : 30 € environ.

Un décor soigné, un accueil souriant et une ambiance chaleureuse, au centre du village médiéval, dont c'est une adresse emblématique reprise par Bertrand Urtado. Pizzas savoureuses, salades fraîches, plats du jour cuisinés au fil des saisons, quelques recettes provençales incontournables et de très bonnes viandes sont au menu de cette étape sur les sentiers de Dracénie. Les petits plus : les petits bonbons italiens qui accompagnent l'addition, la bière Pilsner rafraîchissante à la pression, et le vin du château Thuerry. À découvrir.

CALLAS ★★

Ce petit village du Haut-Var, accroché à 398 m d'altitude, baigne dans la sérénité, avec ses ruelles agrémentées de calades, de passages couverts, d'immenses oliveraies, l'ancien moulin communal restauré, son église Notre-Dame-de-l'Assomption, ses multiples chapelles dont celle de la Trinité, du XIe siècle, la chapelle romane Saint-Auxile ou la chapelle Notre-Dame-de-Pennafort. En contrebas de la chapelle, les superbes gorges de Pennafort, composées d'une roche volcanique, la rhyolite, caractérisée par sa couleur rouge, dite aussi « porphyre rouge », sont impressionnantes et débouchent sur une belle cascade de 6 mètres de chute.

VAR

ABBAYE DU THORONET ✝ ★★★★

✆ 04 94 60 43 96
www.le-thoronet.fr
Basse saison : 10h-13h/14h-17h. Haute-saison : 10h-18h30. Adulte : 8 €. Label Tourisme & Handicap. Visite guidée.

L'abbaye du Thoronet est le site le plus visité du Var. Elle forme avec les deux autres abbayes cisterciennes de Provence, Sénanque et Silvacane, cette trilogie à qui le joli nom de « nos trois petites sœurs provençales » a été décerné. C'est en 1146 que des moines venus de Tourtour pour trouver de l'eau, découvrirent ce site. La règle de saint Benoît leur imposait de vivre dans un état d'humilité, de pauvreté et d'équilibre entre le travail et la prière. Les cisterciens recherchent le silence, ils travaillent de leurs mains, cultivent la vigne et l'olivier. A partir du XIVe siècle, les règles se relâchent. L'effectif des moines diminue. Sous la Révolution, ils sont chassés, l'abbaye est laissée à l'abandon, elle sert de carrière de pierres aux villageois qui viennent y chercher des matériaux pour construire leur maison. Prosper Mérimée sauve l'abbaye en la signalant à l'architecte des Monuments historiques. Le déclin est enrayé, la restauration commence. Certains bâtiments ont complètement disparu – la cuisine, le scriptorium, le réfectoire des moines. Fort heureusement, une grande partie des pièces sont encore intactes, et les parcourir donne aux visiteurs curieux un aperçu du quotidien des moines :

▸ **L'église**. De style roman et édifiée avec des pierres de calcaire de la région, elle présente une façade sobre et un état de dépouillement conforme à la quête d'austérité des Cisterciens. Elle est en forme de croix latine et comporte une nef à quatre travées. De taille modeste, avec ses 40 m de long et 20 m de large, la nef est couverte de voûtes en berceau (ou en demi-berceau au niveau des bas-côtés).

▸ **Le cloître**. Il s'agit de l'un des cloîtres cisterciens les plus anciens à être encore intacts, sa construction étant estimée à 1145. Il constitue le cœur de l'ensemble monastique et relie les différents bâtiments les uns aux autres. Ses quatre galeries encadrent un jardin dont le calme est propice à la méditation et à la prière. On remarque les arcades de la galerie sud, caractéristiques de l'art roman cistercien, tandis que celles de la galerie nord possèdent des chapiteaux ornés de feuilles d'eau et de crochets, typiques de la période gothique. Près de la galerie nord, dans le jardin intérieur du cloître, se trouve un petit pavillon dédié à la toilette des moines. Le lavatorium, bassin de pierre hexagonal alimenté par seize becs, servait aux ablutions des moines.

▸ **La salle capitulaire**. Lieu essentiel de la vie monastique, la salle capitulaire donne sur la galerie est du cloître. Elle est couverte de six croisées d'ogives reposant sur deux colonnes au centre. Les moines se réunissaient ici quotidiennement pour la séance capitulaire, avec la lecture de la règle de saint Benoît puis le chapitre des coulpes pendant lequel, installés sur des gradins en pierre face à l'abbé, ils avouaient leurs fautes et demandaient pénitence. C'est aussi dans cette salle qu'étaient prises les décisions importantes du monastère.

▸ **Le cellier**. Dans le prolongement de la galerie occidentale du cloître, le cellier présente une forme rectangulaire et donne à voir une maquette de l'abbaye, qui permet de mieux comprendre l'agence des bâtiments monastiques. C'est dans le cellier que les convers veillaient à la conservation des denrées. On peut aussi y admirer le pressoir à huile d'olive et les pressoirs, installés bien plus tard pour extraire le vin.

▸ **Le dortoir des moines**. Il occupe l'intégralité de la partie supérieure du bâtiment des moines et communique directement avec l'église. Couvert d'une longue voûte en berceau brisé, il possède de nombreuses baies laissant entrer la lumière. Tout d'abord communautaire, le dortoir fut ensuite réorganisé en cellules à la fin du Moyen Age.

L'abbaye constitue le plus beau spécimen de l'architecture romane provençale à son apogée, par l'harmonie de ses proportions, l'équilibre des masses, la perfection de l'ajustage des pierres assemblées avec soin. La forme trapézoïdale du cloître a suscité bien des interrogations. S'agit-il d'une simple adaptation à la topographie du terrain, ou doit-on y voir une configuration chargée de symboles, une signification ésotérique ?

L'église possède une acoustique exceptionnelle, adaptée à la mise en valeur de la voix humaine et à la résonance du chant grégorien. Le son se transmet d'une extrémité à l'autre sans aucune déperdition ni déformation. Dans le cadre du festival Résonances Grégoriennes, l'abbatiale accueille justement des concerts d'exception ainsi qu'un atelier d'initiation au chant grégorien. Tout au long de l'année, diverses manifestations et activités se tiennent à l'abbaye du Thoronet : concerts *a cappella*, festivités autour de Noël, démonstrations, ateliers pour les enfants, marché de produits artisanaux, expositions artistiques... Tout au long de l'année, une belle programmation d'expositions diverses, ainsi que des événements musicaux au sein de l'abbaye, « Les Musicales dans L'Abbaye », de juillet à septembre. Et pour découvrir l'abbaye de manière ludique, un jeu de piste pour les enfants a été mis en place. Il se présente sous la forme d'un parcours amusant les invitant à explorer les différentes parties de l'abbaye, puis à répondre à des questions au fur et à mesure de leur découverte. Parfait pour rendre plus accessible un sujet qui n'intéresse pas toujours les plus petits. Une version pour les adultes du jeu de piste, plus pointue, existe également. Rendez-vous sur le site Internet officiel pour télécharger gratuitement les livrets correspondants.

GORGES DE PENNAFORT

Pennafort

Ce site remarquable, au paysage sauvage et tourmenté, présente un grand intérêt géologique. Un sentier permet d'atteindre une jolie cascade tombant entre 2 falaises. Par un petit chemin, on atteint également la chapelle Notre-Dame de Pennafort située sur son éperon, au confluent de 2 vallons. Elle est coiffée d'un dôme édifié en 1855 sur les restes d'une chapelle plus ancienne. La vierge honorée dans cette chapelle fait toujours l'objet d'une vénération des callassiens perpétuant la tradition pieuse des pèlerinages, en l'occurrence celui du dimanche de Pentecôte.

HOSTELLERIE LES GORGES DE PENNAFORT**** €€

8660, RD 25 ✆ 04 94 76 66 51

www.hostellerie-pennafort.com

Chambre double de 250 à 280 €. Pension complète : 315 € (à partir de 2 nuits). Coup de coeur Petit Futé. Wellness.

Un restaurant d'exception, sacré « meilleur restaurant d'Europe 2011 » au prix Villégiatures, longtemps étoilé Michelin et trois toques gourmandes au *Gault & Millau*. Anthony Sallièege y perpétue l'héritage du regretté Philippe Da Silva. Le lieu est aussi un bel hôtel de charme, géré par Martine Da Silva dans un véritable écrin naturel, aux prestations haut de gamme. Les chambres rénovées offrent un confort exceptionnel. 13 chambres et suites junior pour un séjour d'exception.

MUSÉE DES FOSSILES ET DES MINÉRAUX ★

Place de la Mairie

✆ 04 94 67 61 44

Le mercredi et le vendredi de 14h à 18h ; le jeudi, le samedi et le dimanche de 10h à 12h et de 14h à 18h. Gratuit.

Issu de la collection particulière – devenue aujourd'hui municipale – de Jacques Henricy, ce musée aménagé dans une maison ancienne, en plein centre de Bargemon, ravira les amateurs par la richesse et la diversité des trois mille pièces exposées, ammonites, oursins, poissons, améthystes, béryls, géodes… La plupart de ces pièces ont été trouvées dans la région. Un voyage passionnant et unique dans le temps. A l'entrée, le moulage du fossile du plus petit dinosaure connu au monde.

LA TABLE D'ORIENTATION

À la sortie du village par le haut, garer la voiture à l'entrée du chemin dit de « Campaoure » à environ 2,5 km.

Après un parcours de 9 kilomètres, cette balade vous fera découvrir, depuis la table d'orientation, un panorama exceptionnel qui embrasse majestueusement le département du Var, du massif de l'Estérel, avec le mont Vinaigre et le pic de l'Ours au Sud-Est au mont Coudon à l'Ouest, en passant par la baie de Fréjus, le rocher de Roquebrune-sur-Argens, le massif des Maures, le golfe de Saint-Tropez ainsi que devant vous les villages de Bargemon et de Claviers. Un panorama divin, unique dans la région et à ne pas rater si vous passez par Bargemon.

BARGEMON ★

Sur ce site d'une altitude de 480 mètres s'élevaient de nombreuses villas romaines, sans doute attirées par les sources. Le charme de Bargemon, cerné au nord par les barres de Blaque-Mayenne et le col du Bel-Homme et au sud-est par la colline de Sainte-Anne, tient en grande partie à ses ruelles tortueuses, aux placettes insolites, à ses petits jardins, à ses maisons de village étroites et hautes – dites maisons en chandelle – et surtout à ses lavoirs et ses multiples fontaines, dont l'eau dispense en permanence un bruissement significatif et où les troupeaux venaient boire autrefois, à l'heure du coucher du soleil…

SILLANS-LA-CASCADE ★★

L'ancien château des comtes de Castellane – XVIIIe siècle – abrite de nos jours la mairie et des salles d'expositions. Les remparts ont conservé leurs belles tours crénelées du XIe siècle. Mais ce qui fait le principal intérêt du village, une curiosité naturelle, est sa très belle cascade de 42 mètres de hauteur sur le cours de la Bresque, qui termine sa chute dans un petit lac de couleur turquoise. Un sentier dans les bois vous y amène. En amont de la cascade, juste à côté du village, un site de baignade est ouvert au public : « La Plagette ». Et pour les amoureux des deux roues, L'EV8, circuit de la Méditerranée à vélo n°8, passe par le village.

CASCADE DE SILLANS

Accès libre. Parking payant.

Propriété du conseil départemental du Var, cette chute d'eau de 42 mètres est la visite incontournable à Sillans-la-Cascade et l'un des plus beaux sites naturels de la région. Au terme d'une petite marche assez facile depuis le parking, un belvédère permet de contempler ce paysage unique et grandiose, digne d'un décor tropical. La plagette, en amont, offre un joli site de baignade ouvert au public. La baignade est interdite dans le bassin de la cascade. En saison, il y a beaucoup de visiteurs et photographes de tout poil. Privilégiez une balade hors saison.

MURAILLES ET CHATEAU DE SILLANS

Au château, expositions en haute-saison.

Le village de Sillans vaut le détour. Autrefois, il était entouré de murailles dont on peut encore admirer quelques vestiges du XIe siècle. De belles tours à créneaux sont notamment visibles. Au cœur du village, le château a été rebâti au XVIIIe siècle par le marquis de Castellane. Elégant, ce bâtiment imposant a des allures de grande bastide toscane avec sa teinte orangée. Les services administratifs y sont installés mais des expositions temporaires y ont lieu l'été.

BRASSERIE LA GAUDINETTE

8, rue de la Mairie

✆ 04 94 72 55 52

Ouvert le lundi de 9h à 18h ; le mercredi et le dimanche de 10h à 18h. Restauration le midi. Glacier.

En plein cœur de Sillans, cette petite adresse étonnante nous plaît. Epicerie et microbrasserie, on y trouve des produits de la région (des légumes bio notamment) et bien évidemment la bière produite sur place. En haute saison, le lieu sert également à manger avec une restauration type bistrot bien gourmande. Les bières produites ici sont artisanales et portent des noms évocateurs de la région (on adore la « Bresque parfaite »). Blonde, ambrée, brune et même blanche selon la saison, vous pouvez retrouver les bières de la Gaudinette sur les marchés en été.

SALERNES

Ce village du haut pays varois, situé sur l'ancienne route préhistorique du sel, surplombe la vallée de la Bresque. Au cœur de son histoire, une tradition, celle du travail de l'argile. Plus de vingt ateliers de céramiques vous proposent leurs collections uniques issues de ce savoir-faire ancestral. Les fameuses tomettes de Salernes ont fait la renommée du village et ont été exportées jusqu'en Amérique par les ports de Marseille et Toulon. Le superbe et riche musée Terra Rossa, maison de la céramique, est un magnifique hommage aux créateurs passés et contemporains. Salernes propose également un grand marché hebdomadaire le dimanche matin.

TERRA ROSSA ★

Quartier les Launes ✆ 04 98 10 43 90

www.terrarossasalernes.fr

Fermeture d'octobre à mars. Ouvert le lundi de 15h à 18h, du mardi au vendredi 10h-12h30 et 15h-18h. Adulte : 5 €.

Cette ancienne fabrique, revisitée dans un esprit contemporain par le cabinet Wilmotte & Associés, renaît sous la forme d'un espace musée entièrement dédié à la céramique. Dans ce bâtiment d'une surprenante modernité, mêlant histoire, traditions et expositions d'artistes contemporains, c'est un véritable parcours initiatique qui vous emmène à la découverte de la céramique dans toutes ses nuances. Les expositions permanentes et temporaires ont de quoi ravir les amateurs comme les néophytes. Au rez-de-chaussée, un atelier de production de tomettes est reconstitué.

ANGÈLE CONFISERIE

ZA la Combe

✆ 04 94 50 69 25

www.angele-confiserie.fr

Ouvert du lundi au vendredi de 9h à 17h30. Livraison possible. Bio. Pâte d'amande 200 g 8,50 €. Nougats 50 g 3,30 €.

C'est l'adresse gourmande de Salernes ! Véritable antre épicurien, ce sont d'abord les odeurs de miel et d'amande qui accueillent le visiteur. En créant Angèle en 2016 à partir de l'ancienne Confiserie des Garrigues, Stéphanie et Guillaume, ont fait perdurer le savoir-faire ancestrale de cette vénérable maison, tout en lui donnant un coup de jeune. Aujourd'hui, tous leurs produits sont 100% bio certifiés AB, fabriqués avec des matières premières choisies et une éthique saine et naturelle. Nougats, calissons, pâtes d'amande, biscuits sucrés et salés...

VAR

CATRICE GOURMET

Z.A. la Combe ✆ 04 94 70 56 18
www.catricegourmet.com/
Haute saison : du lundi au vendredi de 9h à 12h30 et de 14h à 18h30. Parking. Entrée libre. Visites et dégustations.

Cette entreprise créée en 1982 excelle depuis quatre décennies dans la production de terrines et tartinables d'exception. Pâtés, terrine truffée, anchoïade, rillettes de maquereaux, tapenades et sauces, vous pourrez vous procurer toutes ces bonnes choses dans la très belle boutique ouverte au public tout à côté de l'atelier de production. Les produits sont élégamment conditionnés et pratiques pour le transport, de même que pour la conservation. Dans la boutique, des produits régionaux vendus sous le nom de la marque : biscuits, sirops et confitures notamment.

LA CHOCOLATERIE LISANDRE

1614, route de Draguignan
✆ 09 53 26 29 80
www.fondue-de-chocolat.fr
Ouvert du mardi au samedi de 10h à 12h et de 15h à 18h30. Fermé les jours fériés. Livraison possible.

Avis à tous les fondus de chocolat ! Dans cette chocolaterie artisanale, le chocolat se décline sous toutes ses formes pour notre plus grand bonheur : bonbons, sucettes, tablettes, et des fondues au chocolat noir, lait, caramel, blanc, mandarine, menthe, passion ou noisettes. Prêtes à l'emploi, elles se dégustent jusqu'à la dernière goutte. La chocolaterie Lisandre propose aussi des ateliers Choco de créations chocolatées pour petits et grands à partir de 2 ans. Une vraie belle adresse gourmande où dénicher des cadeaux originaux.

SOLÉOU LA COMPAGNIE DES SAVEURS

La Combe
✆ 04 94 70 60 68
www.soleou.fr
Du lundi au vendredi de 9h à 12h30 et de 14h à 16h30. Fermé 3 semaines en août. Vente directe.

Comme son nom l'indique, ici tout est question de saveurs, celles de la Méditerranée. Depuis 1965, l'aromatiseur Soléou fait chanter la cuisine et propose ses assemblages subtils d'huile d'olive, d'huile de colza, et de noix. Les condiments sont aromatiques et les tartinades goûteuses. Coups de cœur pour l'huile d'olive bio « Caractère », les huiles spéciale wok et spéciale pizza, mais aussi pour la moutarde à l'ancienne aux fruits confits et au miel qui fond sur les viandes blanches.

CIRCUITS PÉDESTRES

Du vieux village aux vestiges du château qui surplombent le village, nombreux sentiers de randonnées pédestres balisés : source légendaire de Salernes le site de Saint-Barthélemy est une vallée remarquable en pleine nature où il fait bon pique-niquer ; point de baignade de La Muie ; grottes du grand parc avec aire de pique-nique. Points de vue – chapelles, tombe mégalithique. Lavoir. Baignade sur la Bresque dans un bassin de 3 000 mètres carrés avec plage ombragée. Enfin l'EV8, piste cyclable reliant Salernes, Lorgues, Flayosc, Draguignan et Sillans-la-Cascade

LA MOTTE

Le premier village libéré de Provence le 15 août 1944, lors du débarquement et du parachutage des troupes aéroportées au hameau du Mitan, a su conserver son caractère typiquement provençal avec ses ruelles, ses places ombragées et ses fontaines.
Avec ses 12 domaines viticoles et sa cave coopérative, la commune est résolument engagée dans une démarche de qualité pour la sauvegarde de l'environnement. Dans les environs, quelques sites touristiques de premier ordre comme la cascade du saut de Capelan, le Musée de l'Histoire et des traditions mottoises installé dans l'ancien moulin à huile communal, ou encore de jolis parcs comme celui du château d'Esclans.

DOMAINE DU JAS D'ESCLANS

3094, route de Callas
✆ 04 98 10 29 29
www.jasdesclans.fr
Ouverture juillet et août de 8h30 à 19h. Parking. Dégustation gratuite. Visite du domaine sur rendez-vous.

Cru classé depuis 1955, ce domaine de 63 ha, dont 53 ha plantés en vignes A.O.P. côtes-de-provence, est certifié en agriculture biologique depuis 1990. Propriété de la famille Matthieu De Wulf depuis 2002, les cépages provençaux y sont cultivés dans le plus grand respect de l'environnement, et sont certifiés en agriculture biologique depuis plus de 20 ans, et certifiés vins biologiques depuis 2012. Reconnaissables aux loups emblématiques qui ornent leurs étiquettes, les vins du domaine touchent une clientèle fidèle et internationale.

TARADEAU ★

Le village était blotti autour de l'église Saint-Martin, l'actuelle chapelle abritée derrière le castrum, l'actuelle tour de Taradeau. Mais ceci n'empêcha pas les troupes de Raymond de Turenne de détruire le village. Les habitants fuirent en abandonnant le territoire à la ville de Draguignan et trouvèrent refuge au village voisin des Arcs pendant plus de 100 ans. Ce village a conservé une tour de guet de l'époque sarrasine et une chapelle romane du XIIe siècle. Plusieurs sites gallo-romains ont été découverts sur place. Une fête du vin avec dégustation, défilé de machines agricoles anciennes, foire artisanale, se déroule chaque année en novembre.

VINOSPIRIT EXPÉRIENCES

614, Route des Arcs
✆ 04 94 99 76 76
www.liquoristerie-de-provence.com
De nov à fin mars, lundi au samedi 10h-12h et 14h-18h. Avril à oct 7j/7 10h-19h. Comptez 2h30 de visite + dégustation.

© CHÂTEAU DE SAINT-MARTIN

Un site unique avec diverses expériences, un musée vivant des spiritueux, interactif et ludique : visite de la production avec partie alambic, jardin des plantes, distillerie, cave de vinification et mise en bouteille ; les *Vinoscénies* dans la cave souterraine autour de l'histoire de la Provence de Jules César à nos jours ; les *Liquostories* musée interactif avec parcours libre pour une expérience multisensorielle sur la grande aventure des spiritueux de Provence et d'ailleurs. Véritable expérience 360° valorisant les patrimoines culturels des vins et spiritueux.

CHAPELLE ET TOUR DE TARADEAU

Du cœur du village, suivre les panneaux après le bureau de Poste.
Site en accès libre. Pour visiter l'intérieur de la chapelle et de la tour, se renseigner à la mairie.

Au sommet du village, un parking permet de vous garer aisément et de découvrir un panorama incroyable sur la vallée de l'Argens. Une table d'orientation vous permet de vous repérer. Sur votre droite, la tour Taradel, datant du XIIe siècle, massive et quadrangulaire, de 24 m de haut. Elle domine le village et est visible de tous les environs. La chapelle voisine date de la même époque. Enfin, du parking, en une trentaine de minutes, vous atteindrez l'oppidum du IIe siècle av. J.-C.

CHAMBRES D'HÔTES DU CHÂTEAU DE SAINT MARTIN €€

Route des Arcs ✆ 04 94 99 76 76
www.chateaudesaintmartin.com
Ouvert du 1er avril au 30 septembre, comptez de 140 à 190 € la chambre pour 2, petit-déjeuner à la française compris.

Situé dans un parc au cœur du vignoble, 5 chambres d'hôtes de caractère décorées dans l'esprit châtelain de différentes époques, piscine extérieure en saison, dégustations de vins et spiritueux et une palette d'activités sur la propriété et aux alentours. Découvrez la chambre Juigné, où des scènes du film « Lady Chaterley » ont été tournées, la chambre Meursault et son mobilier Charles X, ou encore la chambre Marquis et son lit à baldaquin. Un lieu original et hors du temps.

LA BASTIDE DU CHÂTEAU RASQUE €€€

2897, route de Flayosc ✆ 04 94 99 52 20
www.chateau-rasque.com
Chambre double de 250 à 310 €. Petit déjeuner inclus. Animaux acceptés. Babysitting, coaching, paniers pique-nique.

L'art de vivre en Provence, cher au Château Rasque, se retrouve jusque dans les moindres détails des quatre magnifiques chambres d'hôtes du domaine. Chacune s'ouvre sur un balcon embrassant la vue panoramique de cet océan de verdure qui fait écrin au Château Rasque. Un havre de paix où il fait bon profiter de la piscine, chauffée d'avril à octobre. Les petits déjeuners se prennent dans le salon aux murs de pierre ou sur la terrasse. Nombreux services proposés.

CHÂTEAU DE SAINT-MARTIN

Route des Arcs ✆ 04 94 99 76 76

www.chateaudesaintmartin.com

Ouvert 7j/7 d'avril à octobre, du lundi au samedi reste de l'année. Dégustation gratuite et visite. Chambres d'hôtes.

Du Xe au XVIIIe siècle, les moines de Lérins construisirent une cave souterraine dans laquelle les vins mûrissent encore aujourd'hui dans les meilleures conditions. Cru Classé en Côtes-de-Provence le domaine produit des vins complexes et raffinés, propriété de la même famille depuis 1740, il a presque toujours été dirigé par des femmes, aujourd'hui par la Comtesse Adeline de Barry. On y produit aussi des spiritueux artisanaux premium. Ne ratez pas *Vivinospirit Expériences*, les événements mensuels organisés au Château, surtout le Festival Rire en Vigne en juillet.

DOMAINES OTT - CHÂTEAU DE SELLE

5093, route de Flayosc

✆ 04 94 47 57 57

www.domaines-ott.com

De mai à septembre inclus et jours fériés, du lundi au samedi : 10h - 13h et 14h-18h30. Parking. Dégustation au caveau.

Avec le Clos Mireille (situé à la Londe-les-Maures) et le Château Romassan (le Castellet), le Château de Selle est l'une des trois propriétés constituant les Domaines Ott*. Ancienne demeure des Comtes de Provence, le Château de Selle s'est doté en 2017 d'un nouveau chai qui constitue à lui seul une visite œnotouristique. Sur 84 hectares de vignes, la propriété produit un rosé d'une finesse et d'une texture exquise, ainsi qu'un rouge racé et élégant.

LES VIGNERONS DE TARADEAU

204, avenue des Arcs

✆ 04 94 73 02 03

www.taradeau.com

Haute saison : du lundi au samedi de 9h à 12h30 et de 14h à 19h. Parking. Dégustation gratuite. Epicerie fine.

Cette cave coopérative, créée en 1924, est solidement enracinée sur le terroir de Taradeau. Tous les vins, élaborés avec une douzaine de cépages, sont classés AOP et expriment pleinement la richesse et la typicité des terroirs. Réputées, chaque année leurs cuvées remportent leur lot de médailles dans les grands concours viticoles, et ce dans les trois couleurs. Le caveau propose aussi une épicerie fine avec des produits issus de producteurs locaux. Deuxième point de vente à Cogolin.

MONTAUROUX ★

Perché à 364 m d'altitude, Montauroux n'était au XIe siècle qu'une place forte militaire. C'est au XIIIe siècle qu'un village s'implante sur la colline. Ici se déroula la célèbre bataille de Montauroux, qui opposa en 1592 l'armée d'Henri IV aux troupes du duc de Savoie. De cette époque demeure encore un ensemble de ravissantes petites ruelles. Coiffée d'un campanile datant de 1878, la mairie est une curiosité architecturale rarissime. Lors de votre visite, attardez-vous sur le prieuré du XVIe siècle, ou encore la rue des Marchands, première rue du village avec ses maisons troglodytes. Enfin, le lac de Saint-Cassien tout proche est un atout fraîcheur.

Village de Montauroux.

LES BAMBOUS DU MANDARIN ★

5600, route de Draguignan - RD 562

✆ 04 93 66 12 94

Ouvert de Pâques à la Toussaint, en principe les samedis et dimanches de 9h à 18h. Adulte 5 €, enfant 2,50 €.

Un petit air d'Asie pour le moins inattendu ! Sur le domaine d'un ancien moulin à farine aujourd'hui restauré, découvrez la plus exotique des bambouseraies de Provence, dotée d'une centaine de variétés de bambous, nichées au cœur des gorges de Siagne, dans un parc de 2 hectares aux confins du Var et des Alpes-Maritimes. Comptez environ 1h30 de visite pour vous imprégner pleinement de la magie du site ; votre escapade sera même accompagnée du chant d'un shakuhachi, une flûte japonaise en bambou. Dépaysement garanti ! Une découverte à la fois ludique et instructive.

VAR

CHAPELLE SAINT-BARTHÉLEMY

Aire Saint Barthélémy

En principe ouverte certains matins en saison estivale. Visite sur réservation : 04 94 47 75 90.

Construite en 1638 sur l'emplacement d'une forteresse du XIIe siècle, transformée en salle publique de réunions pendant la Révolution, puis en grenier à foin pendant les guerres de l'Empire, elle devint plus tard la propriété de Christian Dior, qui en fit don à la commune en 1953. Restaurée, elle est classée Monument historique depuis 1958 grâce à ses murs et à sa voûte en berceau recouverts de fresques sur bois. La nef abrite la galerie des apôtres et les armoiries de Montauroux.

LAC DE SAINT-CASSIEN ★

Lac de Saint-Cassien

Site naturel en accès libre.

Aménagé en 1964 sur le cours du Biançon, par une digue de 66 mètres qui retient 60 millions de mètres cubes d'eau, ce lac artificiel de 5 kilomètres de long s'étend sur les communes de Montauroux, Tanneron et Callian. Il alimente une usine hydroélectrique et permet de fournir en eau les zones cultivées du littoral. Une base nautique s'est installée sur ses rives et permet la pratique de tous les sports nautiques sans moteur, dont la pêche (très prisée). Pour l'anecdote, un pêcheur anglais a capturé durant l'été 2011 une carpe commune de 30,8 kg !

BULLE D'AMOUR €€

81, traverse de la Gâchette

✆ 06 14 32 98 17

www.bulle-damour.com

Ouvert de mars à décembre. Chambre double dès 219 €. Espace douche et toilette privatif dans la bulle. Spa extérieur.

Dormir dans une bulle à la belle étoile avec tout le confort d'une chambre d'hôtel (salle de bains privative attenante notamment), le tout au cœur de la nature ; c'est que vous offre la famille Prestat. Cet hébergement insolite, transparent et tout en rondeur, posé dans une propriété privée, vous assure une expérience unique et dépaysante sous la voûte céleste. Pour parfaire l'expérience, offrez-vous aussi un dîner romantique sur la terrasse au bord du spa : c'est le chef Eric Maio du Bô M, ancien chef étoilé, qui vous régale...

CAMP DE LOISIRS DU LAC - CAMPING DU LAC*** €€

RD 562 ✆ 04 94 76 46 26

www.campingdulac.fr

Ouvert d'avril à fin septembre. Emplacements à partir de 23,50 €. Mobil-homes de 422 à 1 098 € la semaine environ. Wifi.

Situés à proximité du lac de Saint-Cassien, que l'on rejoint à pied par un sentier en 20 minutes environ, les 7,5 ha de parc ombragé de ce camping grand confort attirent de nombreux vacanciers. On peut y planter sa tente, y poser sa caravane, ou louer un mobile home. Des forfaits à l'année adaptés à chacun vous sont proposés. A la mi-saison notamment, les pêcheurs apprécieront de louer un mobile home pour une semaine et aller taquiner le poisson au lac (vente de cartes de pêche).

LE CARRÉ D'ANGE €€€

2169, quartier Narbonne

✆ 04 94 47 71 65

www.restaurant-carredange.fr

Haute saison : du mardi au dimanche soir, du mercredi au dimanche midi. Menus de 76€ à 120€. Réservation recommandée.

David Carré propose une cuisine qu'il qualifie de « classique et moderne à la fois ». Le jeune chef bourguignon n'hésite pas à se lever dès potron-minet pour travailler, rencontrer des producteurs locaux, cuisiner de nouvelles recettes au fil d'une carte qui évolue toutes les 5 à 6 semaines environ. Dernièrement par exemple, œuf de poule bio frit aux senteurs des sous-bois, l'épaule d'agneau de la ferme de la Barrière à Montauroux, sélection de la fromagerie « La Pastourelle » à Châteaudouble, et déclinaison de chocolat pour les amateurs !

LES ARCS SUR ARGENS ★

Ce village aux anciens noms d'Archos puis de Castrum de Arcubus, possède un riche passé moyenâgeux, comme en témoigne le quartier du Parage. La cité médiévale mérite une visite approfondie : sa beauté témoigne de ses temps anciens avec les ruines de son château. C'est le quartier du Parage, charmant entrelacs de petites ruelles parsemées de placettes insolites à l'intérieur de ses remparts. Son sommet est matérialisé par la Haute Tour. L'église Saint-Jean-Baptiste, de style néo-classique, abrite un très beau polyptyque de Louis Bréa, la Vierge à l'Enfant, entourés des saints provençaux. Tous les 2 ans se déroule le festival des Médiévales, spectacle historique.

QUARTIER DU PARAGE ★

Cet entrelac de ruelles est dominé par le château et son donjon carré datant du XIIIe siècle. Quatre portes, la porte du Réal, la porte Milante, la porte Basse ou de l'Horloge et la porte Haute en permettaient l'accès. Ce quartier fourmille d'autres vestiges, comme la tour de l'Horloge et son campanile de 1662, la chapelle Saint-Pierre du XIIe siècle, chef-d'œuvre d'architecture romane et l'église Saint-Jean-Baptiste (XVIIIe et XIXe de style néoclassique). Une balade dans ces ruelles pittoresques est enchanteresse. À ne pas rater !

LE CHÂTEAU D'ARGENS*** €€

Place du Château ✆ 04 94 99 51 10
https://www.chateaudargens.com/

Chambre double de 90 à 170 € selon saison. Restaurant. Animaux acceptés (15 €). Parking. Wifi gratuit. Piscine.

Cet hôtel, situé tout en haut du quartier médiéval du Parage, fut connu comme étant « Le Logis du guetteur » pendant de nombreuses années. Une page est tournée et l'hôtel se nomme désormais « Le château d'Argens ». Blotti contre le château-fort du XIe siècle, il ravira les amoureux des vieilles pierres et les personnes sensibles aux cadres exceptionnels. La vue panoramique sur la vallée de l'Argens et le massif des Maures est incroyable. En 2022, le restaurant a été pris en main par un nouveau chef. On y apprécie une cuisine gastronomique ensoleillée et méridionale.

PIZZERIA LA PINÈDE €

RD N7
✆ 04 94 45 91 92
www.pizzerialapinede.fr

Ouvert toute l'année midi et soir. Formule midi semaine et WE avec plats du jour maison. Terrasse. Parking. Animations.

Impossible de rater cette fameuse pizzeria familiale créée en 1986 ! Elle excelle dans la fabrication des pizzas cuites au feu de bois avec plus de 30 propositions. « La pâte fine » n'a plus aucun secret pour les pizzaiolos. Essayez la pizza à la truffe pour rester dans le thème de la région, tout comme les plats de la carte, grand choix de salades, pâtes fraîches maison, lasagnes, viandes, tartare de bœuf, andouillette panée et steak provençal... En été, profitez de la grande terrasse ombragée. Difficile de faire mieux niveau rapport qualité-prix.

LE RELAIS DES MOINES €€€

Route de Sainte-Roseline
✆ 04 94 47 40 93
www.lerelaisdesmoines.com

Maître Restaurateur. Haute saison : tous les jours midi et soir. Menus de 98 € à 128 €. Carte : 98 € environ.

Dans cette bastide du XVIe siècle, le chef Sébastien Sanjou régale ses convives avec sa cuisine traditionnelle nimbée de modernisme réfléchi. Sa carte se bonifie d'année en année avec des plats imaginatifs de l'entrée au dessert. On remarque le travail précis, ciselé dans chaque assiette : l'incontournable collection de bladaraba Philippe Auda autour de la betterave, les huîtres Tarbouriech au goût inimitable, baignées dans une mousseline de panais. Le chef pâtissier poursuit cette symphonie de goûts et de couleurs par des desserts légers et délectables.

CELLIER DES ARCHERS

Quartier la haute Cognasse
✆ 04 94 73 30 29
www.cellierdesarchers.fr

Ouvert du lundi au samedi de 8h30 à 12h30 et de 14h à 18h30. Ouvert toute l'année. Parking. Dégustation gratuite.

Cette coopérative vinicole, l'une des premières à avoir mis en place une démarche qualitative ambitieuse pour qualité des vins de Provence, a déménagé en 2016 pour s'installer dans de nouveaux locaux flambant neuf, en bordure de la célèbre nationale 7. Elle commercialise des vins A.O.P. côtes-de-provence et IGP, conditionnés en BIB et en bouteilles, Elle élabore également son propre blanc de blancs méthode traditionnelle, sous la marque Royal Archer. Une large gamme à découvrir sur place, dans ce très bel espace moderne, accessible aisément et pour tous.

MAISON DES VINS CÔTES DE PROVENCE

RD N7
✆ 04 94 99 50 20
www.maison-des-vins.fr

Ouvert toute l'année. Parking. Conseils personnalisés. Atelier œnologique : 55 à 75€ par personne.

Ce caveau permet la découverte du terroir, des vins et de la gastronomie, des domaines et des caves de l'appellation côtes-de-provence. Il dispose d'une vinothèque exceptionnelle de plus de 800 vins exposés et vendus à prix producteurs. Animations autour du vin, pour groupes, séminaires et ateliers œnologiques, chaque deuxième samedi du mois. Le meilleur de la gastronomie provençale, élaboré avec passion par des artisans locaux, est disponible dans le caveau.

LA VIGNE À VÉLO

Rond-point dit de Sainte-Roseline
✆ 04 94 73 37 30
www.tourisme-dracenie.com
Accès permanent et gratuit.

La Vigne à Vélo est un bel itinéraire cyclable de 5 km au revêtement goudronné. Très agréable pour les marcheurs, rollers et cyclistes qui peuvent s'y promener à leur rythme, en famille, en longeant les vignes. Il est relié à l'EUROVELO 8 (EV8), la Méditerranée à vélo, itinéraire cyclable européen traversant la Dracénie d'Ouest en Est en reliant les 11 communes de Sillans-la-Cascade, Salernes, Saint-Antonin-du-Var, Lorgues, Flayosc, Draguignan, Figanières, Callas, Bargemon, Claviers et Callas. À terme, La Vigne à Vélo devrait proposer 42 km de pistes en Dracénie.

CHEZ LIZZA €€

89, Avenue du Président Wilson
✆ 09 50 19 19 99
Du mardi au vendredi midi et soir ; samedi soir et dimanche midi. Menus de 19,90 € à 24,90 € (14,90 € plat seul).

Dans ce petit restaurant qui ne paye pas de mine, on trouve une cheffe exceptionnelle en cuisine. Ilham Souini est compagnon du Tour de France des toques gourmandes. Ici, les effluves précèdent le bonheur des papilles. Filets de harengs de la mer du Nord, terrine de canard et foie gras, assiette du boucher, andouillette de Troyes... la carte change avec les saisons, tout est fait maison, les provenances précisées et les bons produits assurés... et le sourire de la patronne est aussi chaleureux que sa cuisine. Une belle adresse.

VIDAUBAN

Vidauban, dont le sens étymologique signifie « la vigne blanche », est situé au pied du massif des Maures. La cité abrite le centre d'étude et de recherche sur le vin rosé, au cœur du vignoble de la vallée de l'Argens. Son terroir et ses coteaux permettent la production d'un vin de qualité dont la plus grande partie est classée en appellation AOC et vins de Pays. Nombreux domaines et châteaux vous inviteront pour une dégustation et visite des caves.
Côté loisirs, le fleuve l'Argens vous emportera, en canoë-kayak, au fil de l'eau pour une balade découverte de la faune et de la flore. Il est aussi un lieu de pêche agréable et ombragé.

CHÂTEAU D'ASTROS

Route de Lorgues ✆ 04 94 99 73 00
www.chateauastros.com/
Mai à octobre 7j/7 10h-12h30 et 13h30-18h30. Novembre à avril du lundi au samedi de 10h à 12h30 et de 14h à 17h30.

C'est d'abord la beauté des lieux qui vous frappera. L'immensité du domaine qui couvre 680 ha où les templiers érigèrent une commanderie au Moyen Âge. L'élégance presque mystique du château, érigé à l'italienne en 1862 et choisi pour le tournage du film « Le château de ma mère » en 1990. Un environnement dans lequel vous pouvez circuler librement ou bien découvrir le temps d'une visite guidée. Au caveau de dégustation, accueil irréprochable, on déguste les cuvées délicates en trois couleurs. Certaines bio, en IGP Var et Côtes de Provence. Animations et concerts.

LA BASTIDE DES MAGNANS €€

32, avenue Galliéni ✆ 04 94 99 43 91
www.bastidedesmagnans.com
Maître Restaurateur. Réservation recommandée. Menu : 55 € à 130 €. 5 chambres : 95 € à 125 €. Jardin, Terrasse, Parking.

Depuis 1999, l'équipe de cette belle bastide en pierre de taille, deux fois centenaire, n'a guère changé et est composée de fidèles de Christian Bœuf. Vous y dégusterez une belle cuisine de terroir où les produits de la région, notamment la truffe du Haut-Var, trouvent place dans des assiettes agréablement présentées. C'est aussi une étape de charme pour les gourmands, car après avoir apprécié l'un ou l'autre des menus et dégusté les excellents vins de la région, cinq chambres d'hôtes douillettes, toutes décorées sur des thèmes différents vous attendent à l'étage.

MAÎTRES VIGNERONS DE VIDAUBAN

89, chemin de Sainte-Anne
✆ 04 94 73 73 33
Ouvert du lundi au vendredi de 8h à 12h et de 14h à 18h ; le samedi de 9h à 12h et de 14h à 18h. Parking.

Cette cave, fondée en 1912, exploite, en partie en agriculture biologique, un vignoble de 700 hectares situé sur l'appellation des Côtes de Provence. Son terroir bénéficie d'un climat méditerranéen propice aux cépages tels que syrah, grenache, cinsault, mourvèdre, cabernet, rolle, carignan, ce qui permet une excellente production de vins AOP et de vins IGP des Maures, régulièrement récompensée en concours. Au caveau, vous pouvez également trouver des produits dérivés à base de vin.

VAR

PARC LOISIRS DRACÉNIE PROVENCE

Avenue du Président-Wilson ✆ 06 82 23 74 96
https://dropinwaterjump.fr/fr/

Ouvert toute l'année. Accès libre permanent et gratuit au parc. Le Drop-In Dracénie, lui est payant, tarifs de 6 à 32 €.

Situé à deux pas du centre-ville de Vidauban, cet espace de 8 hectares comprenant deux plans d'eau, propose une foule d'activités ludico-sportives pour toute la famille. Jeux aqualudiques, aire de jeux, terrain de pétanque, aire de pique-nique, tables de ping-pong, pistes de promenades… sont en accès libre permanent et gratuit pour passer un très agréable moment. En parallèle à tous ces équipements, « le Drop-In Dracénie » propose des activités de plein air payantes et sécurisée.

LE MUY

A mi-chemin entre Draguignan et Fréjus-Saint-Raphaël, sur le tracé de l'ancienne Nationale 7 (DN7), Le Muy se trouve à proximité d'un massif forestier de 5 000 hectares irrigué par de nombreux cours d'eau. La ville a vécu longtemps sur l'exploitation de ses ressources naturelles, récolte du liège, coupe du bois. Les machines des anciennes industries utilisaient l'énergie fournie par les ressources hydrauliques acheminées le long des canaux – le plus ancien a été creusé sous le règne de François Ier. Tous les dimanches matin, le marché du cœur du village est l'un des plus grands de la région. Il est complété par celui du jeudi matin, plus petit.

LE PETIT ATELIER €

14, avenue des Genêts
✆ 04 94 55 27 74

Ouvert du lundi au vendredi de 7h30 à 15h. Plat du jour 10 €. Vin au verre. Restauration rapide sur place ou à emporter.

Le Petit Atelier c'est plus qu'un snack, tout est fait sur place, à base de produits frais. Service dès 7h30 du matin avec café, thé, viennoiseries, jus de fruits, muffins... la carte est étoffée. Dès 10 heures et non-stop jusqu'à 15h on mange sur le pouce, à emporter ou à table avec un service à l'assiette. Bruschetta, quiche, sandwich, salade, burger, plat du jour et surtout pâtes fraîches maison (fabriquées sur place et à la carte de la pizzeria La pinède aux Arcs). Déco soignée, on adore le baby-foot et le vélo en suspension ! Dépôt Française des Jeux.

LA PETITE BRASSERIE €€

14, avenue des genêts
✆ 04 22 12 01 00

Du lundi au vendredi le midi. Plat du jour : 14 €. Vin au verre. Ardoise. Formule plat du jour + café gourmand 19 €.

Tout à côté du Petit Atelier, une adresse futée gérée par la brillante Aurélie Négro, un autre repère gourmand pour vos déjeuners en semaine. Même gérante, autre lieu avec une cuisine de type brasserie où apprécier de bons plats bistrot à prix doux. Quelques propositions quotidiennes à l'ardoise, en fonction de la saisonnalité et des produits dénichés au marché. Des salades, des grillades (une pièce du boucher proposée chaque jour), de belles tartines garnies de bon coeur et la garantie d'un bon repas lors de votre passage au Muy. Excellent rapport qualité-prix.

BASE NAUTIQUE LOUIS GO

Ancienne route de Sainte-Maxime / D25
✆ 06 77 67 09 51

Ouvert du 1er avril au 31 octobre. Location à partir de 8 € / h. Animaux acceptés.

La base nautique Louis GO se trouve dans un cadre exceptionnel et particulièrement protégé, au milieu de falaises abruptes du rocher de Roquebrune. Cette base nautique municipale de canoë-kayak et paddle board est encadrée par des moniteurs d'État, un véritable plus. Différentes formules de locations de canoës-kayaks, de paddle boards sont possibles, il est en revanche conseillé de réserver 3 ou 4 jours à l'avance. Seule condition, mais de taille pour ce type d'activité, savoir nager ! Une aire de pique-nique ombragée est à votre disposition.

EXOLOISIRS

D 52 (ancienne route de Sainte-Maxime)
✆ 06 30 07 84 78

Ouvert tous les jours d'avril à fin octobre. Entrée : 25 € (carte 1h) ou 38 € pour deux heures.

Cette base est devenue un lieu incontournable pour les amateurs de glisse. Vous pourrez y pratiquer le téléski nautique (bi ou mono), mais aussi le kneeboard (vous êtes à genoux sur une planche et vous vous laissez tracter par le câble du téléski), ou bien le wakeboard ou mieux encore le wakeskate (comme une planche de skateboard, debout, les pieds libres)... Cinq hectares d'eau dans un cadre verdoyant, tranquille et agréable, avec vue superbe sur la tour Charles-Quint et le vieux village du Muy, mais aussi sur le rocher de Roquebrune.

VAR

FAYENCE ★

L'origine de son nom viendrait du mot latin faventia, qui signifie « lieu favorable ». Au Moyen Âge, Fayence appartenait aux évêques de Fréjus qui venaient s'y retirer en été pour fuir la canicule du littoral. En 1710, le cardinal Fleury fit démolir le château. À la Révolution, l'évêché abandonna ses droits seigneuriaux aux habitants qui vivaient de la culture du blé, de la vigne, de l'huile d'olive et jusqu'au XIXe siècle de la culture et de la cueillette des fleurs pour l'industrie du parfum. Aujourd'hui, le tourisme a pris le relais. La présence de courants ascensionnels dans le ciel de Fayence a favorisé l'implantation du centre de vol à voile.

ÉCOMUSÉE DE FAYENCE

541 B, chemin de Seillans
✆ 09 82 25 39 45

Ouvert en principe le jeudi après-midi, et sur rendez-vous. Accès libre.

Dans le cadre d'un ancien moulin à huile et à farine du XVIIIe siècle parfaitement restauré, cette sorte de conservatoire de l'outil abrite une importante collection d'instruments aratoires et d'outils manuels en usage jusqu'au siècle dernier pour l'agriculture, la culture de la vigne, l'apiculture, dans une évocation des vieux métiers disparus tels que forgeron et maréchal-ferrant. En intérieur et sur l'esplanade, deux parcours découverte (enfant et adultes) vous sont proposés pour ne rien oublier. Sur place également, un jardin vous attend pour pique-niquer.

ÉGLISE SAINT-JEAN-BAPTISTE ✝ ★

1, chemin des Thermes

L'ancienne église Saint-Jean-Baptiste (1346) devenant trop étroite, il fallut envisager au début du XVIIIe siècle la construction d'un nouvel édifice. De style baroque, celle-ci fut donc érigée de 1738 à 1750 sous Mgr du Bellay. Aujourd'hui troisième plus grande église du Var après celles de Saint-Maximin et de Lorgues – 50 m de long sur 20 m en croix latine ; 25 m de haut, et un clocher extérieur de 37 m – elle est dotée de trois nefs, quatre travées et d'une abside semi-circulaire.

LA FARIGOULETTE €€

1, place du Château
✆ 04 94 84 10 49

Ouvert du jeudi au lundi midi et soir. Menus de 35 € à 45 € (environ). Formule du midi et plat du jour.

Le chef Hervé Quesnel a imposé ses marques dans cette ancienne bergerie toute en pierres, rochers et meubles rustiques en bois. Son épatante formule du midi et son menu-carte, qui évolue chaque quinzaine, avec les produits de saison, réservent de purs moments de plaisir : ce jour-là par exemple, pain perdu de foie gras aux girolles, émulsion truffe ; paleron en deux cuissons, légumes, miel, citron ; loup rôti aux figues et speck, jus anisé ; et en dessert parfait glacé au gingembre, poires rôties, ou encore mi-cuit choco-framboise...

LE CASTELLARAS €€€

461, chemin de Peymeyan
✆ 04 94 76 13 80
www.restaurant-castellaras.com

Maître Restaurateur. Ouverture variable selon la saison. Menus de 49 € à 108 €. Hébergement de 120 à 300 €.

Hermance a retrouvé la maison de son enfance où son mari Quentin Joplet, qui officie en cuisine (100% ouverte sur la salle), travaille dans un esprit terroir avec des produits frais du marché quotidien, le plus souvent bio, en puisant essentiellement dans la manne locale. Entre deux coups d'œil sur le jardin et le village Fayence, vous pourrez l'admirer dans son élément. Des soirées jazz se tiennent régulièrement de juin à septembre. Chambres d'hôtes avec piscine et bain bouillonnant, appartement, chalet, et Cabanon du Berger sont aussi à votre disposition.

LES PLANEURS DE FAYENCE - AAPCA

254, Chemin de l'Aérodrome Nord
✆ 04 94 76 00 68
www.aapca.net

Secrétariat ouvert tous les jours de 9h à 12h et de 13h30 à 17h.

Le premier centre de formation de pilotes de planeurs en France ! 365 jours par an, il offre la possibilité de voler dans l'une des régions les plus favorisées au niveau de l'aérologie. Une école départementale de vol à voile offre aux jeunes de moins de 25 ans la possibilité de se former et d'obtenir des brevets. Baptêmes de l'air, vols d'initiation de 20 à 30 minutes, formation et perfectionnement, brevets, complètent les activités du club. Restaurant « Le vol à voile » à découvrir.

VAR

LE CASTELLET ★★★

Le village s'est fortifié à l'époque médiévale et garde encore aujourd'hui de nombreux vestiges et remparts. Mais ce n'est qu'au milieu du XIIe siècle, en 1153, qu'apparaît le toponyme Castelletum désignant le village actuel. On y accède aujourd'hui par deux portes fortifiées : le Grand Portail, au sud, surmonté d'un blason et où les vestiges de son appareil de défense sont encore visibles, et le Portalet, à l'est. Au sommet du village se dresse l'ancien château, occupé en partie depuis 1969 par l'hôtel de ville. On peut y admirer une impressionnante salle des gardes. En haut du village, un balcon de pierre, accessible par une poterne, le Trou de Madame, permet d'admirer le panorama des vallées environnantes. À l'ouest du château, l'église Saint-Sauveur, construite au XIIe siècle, possède des embrasures en forme de créneaux. Les petites ruelles tortueuses, bordées de vieilles demeures dont l'une d'elles appartint au bailli de Suffren et une autre aux Templiers, sont occupées aujourd'hui par de nombreuses boutiques d'artisans, d'artistes et de galeries de peinture qui exposent leurs productions. L'aspect typique de ce village a inspiré des cinéastes. Marcel Pagnol y tourna La Femme du boulanger, l'un des grands triomphes de Raimu.
Si vous visitez Le Castellet durant l'été, ne manquez pas les fêtes votives à Sainte-Anne, au Brûlat et au Plan du Castellet. A noter enfin que Le Castellet compte depuis 2018 un restaurant triplement étoilé : celui de Christophe Bacquié à l'Hôtel & Spa du Castellet.

ESPACE TOURISTIQUE GABRIEL TAMBON

2, rue de la Poste
✆ 04 94 32 79 13
www.ville-lecastellet.fr
Basse saison : mardi au dimanche 10h-12h30 et 13h30-17h. Haute saison : tous les jours de 9h30 à 13h et de 14h30 à 18h.

L'office de tourisme est installé dans le bâtiment de l'ancienne poste. L'équipe répondra à vos questions toute l'année, et vous proposera notamment un dépliant sur le circuit découverte et l'historique du village. Toute la documentation est gratuite.Vous pourrez également récupérer différentes brochures touristiques sur le Castellet et la région mais aussi connaître le programme exact des évènements qui s'y déroulent lors de votre séjour sur place.

HÔTEL & SPA DU CASTELLET★★★★★ €€€

3001, route des Hauts-du-Camp
✆ 04 94 98 37 77
www.hotelducastellet.com
Chambre double de 210 € à 630 € ; studio / appartement de 550 € à 1 300 € ; suite de 435 € à 1 035 €. Restaurant. Spa.

Luxe, discrétion et élégance sont les maîtres mots de ce Relais & Châteaux aux allures très méditerranéennes. Bâti à proximité du circuit Paul-Ricard, en position dominante dans un parc de plusieurs hectares, il offre une vue imprenable sur le village du Castellet et sur la baie de Bandol. Orientées au sud, les 42 chambres disposent toutes d'une terrasse privative. Pour la gastronomie, découvrez le restaurant Lavinia, du chef Fabien Ferré, successeur de Christophe Bacquié.

MAS DU GALANTIN €€

107, Chemin du Canadeau
✆ 04 94 48 94 40
www.mas-du-galantin.com
Tarifs des appartements : César de 890 à 1490 €, Marius de 785 à 1290€, Fanny de 690 à 1090 €.

Posée sur une propriété de 3 000 m², au milieu du vignoble de Bandol, dans un environnement calme et préservé, ce mas provençal du XVIe siècle situé au pied du village médiéval du Castellet, à 6 km de Bandol et de ses plages, offre tous les ingrédients de la douceur de vivre. César, Marius et Fanny, tels ont été nommés les trois appartements confortablement équipés, avec terrasses privées sans vis-à-vis et entrées indépendantes. La maisonnette de charme quant à elle, dénommée Panisse, donne directement sur la grande piscine commune.

LE VIN'OLIVE €€€

7, place du portail
✆ 04 94 25 11 08
www.levinolive.fr/
Ouvert toute l'année. En juillet et août, ouvert tous les jours midi et soir. Carte : 50 € environ. Vin au verre.

Le Vin'Olive, c'est un excellent restaurant provençal juste à la sortie du coeur du village. La terrasse se déploie face à une vue panoramique à couper le souffle sur la campagne et les collines environnantes. Magnifique. Accueil souriant et adorable. Belle carte de plats régionaux, goûteux, généreux. Pieds et paquets, daube de poulpe et son aïoli maison, gardianne de taureau, Saint-Jacques fraîches au beurre de safran... C'est un délice. Côté dessert, nous avons été envoûté par le baba maison XXL, servi avec une bouteille de rhum à volonté. Un régal !

VAR

LA FEMME DU BOULANGER

3, rue du Portail
✆ 04 94 32 65 33
www.lafemme-duboulanger.fr

Du mercredi au dimanche de 8h à 20h. En période de vacances scolaires et en été, ouvert tous les jours de 8h à 20h.

C'est la boulangerie du village, chez Béatrice et Polo. Elle s'appelle ainsi en clin d'œil au film de Marcel Pagnol. Leur petite structure artisanale est l'adresse idéale pour faire le plein de biscuits, chocolats, gâteaux, nougats, glaces et autres délicieuses pâtisseries… Tout est préparé à base d'ingrédients finement sélectionnés et entièrement de façon artisanale, sans aucune mécanisation. Un bon plan gourmand sur le Castellet qui ravira les papilles des petits et grandes pendant les vacances ou tout au long de l'année !

DOMAINE DE LA TOUR DU BON

714, chemin de l'Olivette ✆ 04 98 03 66 22
www.tourdubon.com

Ouvert du lundi au vendredi de 9h à 12h et de 14h à 18h. Appeler au préalable pour prendre rendez-vous.

Dans ce domaine familial de 17 ha, à taille humaine, les vignes semblent pousser par plaisir. La culture est respectueuse de l'environnement. Ainsi les vins refléteront au mieux l'expression du terroir et du millésime. Le mourvèdre, cépage typique de l'appellation Bandol, y exprime volontiers son caractère épicé dans les rouges et rosés. Le domaine produit aussi du vin blanc, des vins de dessert et des vins élevés en amphores. Enfin, deux gîtes de charme sont proposés à la location.

DOMAINE MARIE BÉRÉNICE

1826, route du Grand-Vallat
✆ 09 50 67 59 59
www.domainemarieberenice.com

Agriculture biologique. Vignoble et production d'huile d'olive.

Situé au cœur de l'appellation Bandol entre le village de La Cadière et du Castellet, le domaine Marie Bérénice compte 12 ha de vignes en restanques intégralement classées en AOP Bandol. Au-delà de la certification bio, son propriétaire Damien Roux est très sensible à la culture en biodynamie. Les vendanges sont ainsi faites à la main, et le raisin est sélectionné trois fois depuis le foulage jusqu'à la mise en bouteille. Coup de cœur enfin pour le rouge, composé de mourvèdre à 80 %, qui dépasse souvent les 18 mois d'élevage en bois.

DOMAINE RAY JANE

353, avenue du Bosquet
✆ 04 94 98 64 08
www.ray-jane.fr

Ouvert du lundi au samedi de 8h30 à 12h et de 14h à 19h en été. Bio, vigneron indépendant AOC Bandol.

La famille Constant cultivait déjà des vignes au XIIIe siècle. Aujourd'hui le domaine familial Ray Jane continue à ne produire que des vins naturels en AOP Bandol grâce à un savoir-faire acquis et perpétué de père en fils. Le vignoble de 40 ha, cultivé en bio et labellisé Bio Ecocert, est ainsi exploité sans produits chimiques, ni désherbant, ni insecticide et mis en bouteille au Domaine. Une superbe collection d'outils de tonnelier et du travail de la vigne est exposée dans l'espace de vente et d'exposition. Ne manquez pas les explications du maître des lieux !

DOMAINES OTT - CHÂTEAU ROMASSAN

601, route des Mourvèdres ✆ 04 94 98 71 91
www.domaines-ott.com

De mai à septembre, du lundi au samedi : 10h - 13h et 14h-18h30. Parking. Dégustation au caveau. Visite : se renseigner.

Avec le Château de Selle (Taradeau) et le Clos Mireille (la Londe-les-Maures), le Château Romassan est l'une des 3 propriétés constituant les Domaines Ott*. Si les 2 premières produisent des vins en Côtes de Provence, les 90 ha de vignes du Château Romassan sont réparties sur les 8 communes de l'AOC Bandol. Le caveau récemment restauré vous permettra de déguster les crus en rouge et rosé. Des crus présentés dans une bouteille iconique, présente sur les meilleures tables du monde.

MAISON DES VINS DE BANDOL

238, chemin de la Ferrage
✆ 04 94 90 27 38
www.vinsdebandol.com

Du mardi au samedi de 9h30 à 13h et de 14h30 à 18h. Visite de caves. Vignoble et Découverte. Fermé en basse saison.

L'appellation Bandol couvre aujourd'hui 8 communes ; les premières vignes remontent à 1917. Situé à l'entrée du village du Castellet, en surplomb de restanques et de champs de vignes, la Maison des Vins de Bandol est un lieu bioclimatique de vie et de travail pour les vignerons de l'appellation, qui ont ouvert une cave en 2015. En été, ils aménagent par ailleurs un espace de dégustation-vente dédié à l'accueil du public. Un bon plan pour les amateurs de vins !

MIELLERIE DE L'ORATOIRE

987, chemin de l'Estagnol
✆ 04 94 32 65 78
www.miel2lor.com

Ouvert mardi, jeudi, vendredi et dimanche de 15h30 à 18h30 ; mercredi et samedi de 10h30 à 12h30 et de 15h30 à 18h30.

Une miellerie familiale établie ici en 1972 par Eliane et Jean-Louis Paxé, et gérée aujourd'hui par Olivier, le fils et son épouse Virginie. Apiculteurs passionnés, ils font partager à leurs visiteurs leur amour des abeilles, des ruches, et de leur délicieux métier. Renseignez-vous si vous souhaitez visiter leur exploitation ; en attendant, leur boutique présente miels, pollen frais et gelée royale, pâtisseries et confiseries, bougies, savons, vinaigre de miel et plein d'idées pour des cadeaux 100 % locaux. Une belle adresse gourmande !

LA CADIÈRE-D'AZUR ★★

Ce village provençal typique a su garder intacte son architecture médiévale. Il mérite d'être visité à pied, en entrant à l'est par la porte Mazarine. Au gré de ses ruelles et placettes fleuries chargées d'histoire, vous découvrirez la porte Saint-Jean, datant du XVIe siècle, la chapelle Sainte-Magdeleine édifiée sur les ruines du château féodal, avant d'atteindre sur la barre rocheuse la place des Pénitents-Blancs, pour découvrir la table d'orientation en pierre et céramique (création d'Anne-Marie Surlier, potière du village). De nos jours, l'activité viticole est prédominante mais l'artisanat occupe aussi une place majeure dans le village.

Balades et dégustations dans les vignes.

HOSTELLERIE BÉRARD & SPA**** €€

Rue Gabriel-Péri ✆ 04 94 90 11 43
www.hotel-berard.com

Chambre double de 123 € à 266 € ; suite de 323 € à 452 €. Petit déjeuner buffet : 24 €. Wifi. Restaurant étoilé. Spa.

Cette hostellerie du bonheur de la famille Bérard (Danielle, Sandra, René et Jean-François), un ensemble de maisons de caractère et couvent du XIe siècle situé en plein village, apporte une attention particulière au bien-être des résidents, avec spa et centre d'aromathérapie, bistrot gourmand, espace lumineux abrité sous une véranda, qui propose une formule simple à prix doux et un restaurant gastronomique étoilé où la partition gourmande est interprétée par Jean-François.

LE REGAIN €€

39, avenue Marx-Dormoy
✆ 04 94 98 32 68
www.regain-cadiere.fr

Du jeudi au dimanche à midi, le vendredi et le samedi midi et soir. 48 € le repas environ. Terrasse.

Amélie et Nicolas, propriétaires depuis 2013 de ce petit restaurant niché au cœur du village, ont su faire leur place en pratiquant une cuisine provençale simple et goûteuse, et surtout une cuisine à la cheminée tout au long de l'année ! Dans leur petite salle d'une quarantaine de couverts, ils vous proposent une entrecôte grillée avec frites maison, une brandade de morue crème d'ail et croûtons ou encore un loup entier grillé à la cheminée. Aux beaux jours, on préfère la jolie terrasse sur la ruelle. Une des meilleures adresses de la Cadière-d'Azur.

CHÂTEAU DE LA NOBLESSE

1685, chemin de l'Argile ✆ 04 94 98 72 07
www.chateaudelanoblesse.com

Bienvenue à la Ferme. Vigneron Indépendant. Vignobles et Découvertes. Du lundi au samedi de 10h à 12h et de 14h à 18h.

Depuis 1990, Agnès Gaussen-Cade, après des études d'œnologie, a rejoint son père Henri Gaussen. Aujourd'hui, Agnès et sa fille, Eloïse, exploitent ce domaine de 10 ha, qui est resté familial depuis 6 générations. Il est composé de mourvèdre – cépage roi de l'appellation Bandol –, grenache et cinsault, pour les vins rouges et rosés, mais également de clairette, ugni blanc et rolle pour les vins blancs. Régulièrement, ces vins sont récompensés et référencés dans les guides et magazines spécialisés. À ne pas manquer, l'exceptionnelle cave du 18e siècle à visiter.

VAR

CHÂTEAU JEAN-PIERRE GAUSSEN

1585, chemin de l'Argile
✆ 04 94 98 75 54
www.maisondesvins-bandol.com

Haute saison : ouvert du lundi au samedi de 9h à 12h et de 14h30 à 18h. Téléphoner en amont.

Ce domaine de 12 ha, créé dans les années 1960 par Jean-Pierre et Julia Gaussen, secondés aujourd'hui par leur fille Mireille compte parmi l'un des plus réputés de l'appellation Bandol. Ses rouges de longue garde, élaborés avec un fort pourcentage de mourvèdre, sont parmi les plus concentrés et les plus représentatifs de l'AOC. Sa cave semi-enterrée, creusée dans la roche, est équipée de matériel moderne qui permet une parfaite maîtrise des vinifications pour les trois couleurs.

DOMAINE LA SUFFRÈNE

1066, chemin de Cuges
✆ 04 94 90 09 23
www.domaine-la-suffrene.com

Caveau de vente ouvert du lundi au vendredi de 9h à 12h et de 14h à 18h ; le samedi de 10h à 13h et de 15h à 19h.

Propriété familiale depuis des générations, le domaine La Suffrène vinifie avec soin en AOC BANDOL des vins rouges, rosés et blancs en Agriculture Biologique à l'image de ses terroirs : riches, authentiques et expressifs. Le domaine certifié HVE 3, s'est également engagé dans des pratiques d'agroforesterie et attache une importance particulière à la biodiversité et à la protection de l'environnement. Il exploite également un millier d'oliviers qui produisent une huile de grande finesse, équilibrée entre le fruité vert et le fruité noir.

LE MOULIN DE SAINT-CÔME

2690, Chemin de Saint-Côme
✆ 04 94 90 11 51
www.moulindesaintcome.fr

Haute saison : du lundi au samedi de 9h à 12h et de 14h30 à 19h ; le dimanche de 14h30 à 19h.

Le Moulin de Saint-Côme, dans la même famille depuis trois générations, propose de l'huile d'olive vierge extra, de France et d'ailleurs, des savons à l'ancienne en pur végétal, cuits en chaudron, de nombreuses spécialités régionales salées et sucrées, traditionnelles et créatives, ainsi que divers produits régionaux tels que tissus et artisanat provençal, bois d'olivier, poterie faite à la main, pour n'en citer que quelques-uns. Le moulin, attenant à la boutique, peut se visiter gratuitement et librement durant les horaires d'ouverture.

LES VIGNERONS DE LA CADIERENNE

565, RD 66
✆ 04 94 90 11 06
www.cadierenne.com

En été, du lundi au samedi 9h-12h et 14h-18h45 ; le dimanche 9h-12h45. Bouteilles dans les trois couleurs dès 4 €.

Créée en 1929, cette très ancienne cave est devenue la plus importante de l'Ouest varois. Entre modernité et tradition, les vignerons de la Cadiérenne jouent la diversité avec des vins A.O.P. Bandol, A.O.P. Côtes de Provence, I.G.P. du mont Caume, dont ils sont les plus gros producteurs depuis la création de la cave… Des crus médaillés et récompensés régulièrement dans diverses manifestations régionales. Bel espace de vente avec dégustation. Vente en vrac.

LE BEAUSSET ★

Le premier village du Beausset se trouvait au sommet de la colline-mère, à l'emplacement actuel de la chapelle Notre-Dame-du-Beausset-Vieux. En 1510, l'évêque de Marseille, propriétaire du site, autorisa les habitants à descendre dans la plaine, où se trouve l'agglomération actuelle. Seule subsiste la chapelle romane du XIIe siècle. Ce lieu abrite une très belle statue de la Vierge, en bois doré, attribuée à l'atelier toulonnais de Pierre Puget, et une galerie attenante où sont exposés une centaine d'ex-voto dédiés à la céleste protectrice. A côté de l'édifice, une table d'orientation permet d'admirer une vue circulaire complète de la région.

MAISON DU TOURISME DU BEAUSSET

Esplanade Charles-de-Gaulle
✆ 04 94 90 55 10
www.ville-lebeausset.fr

Haute saison : du lundi au samedi de 9h à 12h30 et de 15h à 18h ; le dimanche de 9h30 à 12h30.

Accueil précieux et sympathique de cet office du tourisme. On vous donnera toutes les infos dont vous avez besoin pour visiter le Beausset et les alentours. Vous trouverez également des brochures gratuites pour entreprendre l'une des balades à thèmes balisées dans le village et ses environs. En été, la maison du tourisme organise également des visites guidées gratuites. Alors n'hésitez pas à pousser la porte de la maison du tourisme pendant vos vacances au Beausset !

VAR

LA CAVE AND CIE BY MOULIN DE LA ROQUE

97, avenue des Anciens Combattants d'Indochine
✆ 04 94 98 70 17
www.lacavecie.com/
Ouvert du lundi au samedi de 9h30 à 12h30 et de 15h à 19h ; le dimanche de 9h30 à 13h.

Cette ancienne coopérative oléicole et vinicole a été restaurée et réinvestie il y a quelques années pour accueillir aujourd'hui notamment, La Cave and Cie, une superbe boutique dédiée aux produits artisanaux, régionaux et bio, ainsi qu'un caviste proposant à la vente tous les vins du Moulin de la Roque ainsi que près de 1300 autres références. Côté spiritueux, du local également avec le gin provençal le Poulpe bleu, les produits de la maison Ferroni. Bières locales, miels, thés.

SIGNES ★

Ce village situé dans la plaine, sur le versant sud de la Ste-Baume, conserve de beaux vestiges de son passé : l'église St-Pierre (classée) du XIe siècle, la chapelle Saint-Jean, bâtie en 1669 de style gothique, la tour de l'Horloge et la fontaine aux Sorcières, également classée aux Monuments de France. C'est également la commune la plus boisée du Var avec plus de 11 000 ha de forêts. Le patrimoine religieux y est exceptionnel. En effet, le village fut longtemps propriété et lieu de villégiature des évêques de Marseille. En suivant les trois itinéraires des « Balades des oratoires », vous ferez connaissance avec onze oratoires et trois calvaires.

EVENOS

La commune est formée de trois hameaux : Evenos, Le Broussan et Sainte-Anne-d'Evenos. Le village du vieil Evenos, juché sur un piton rocheux possède une belle église romane, récemment rénovée, ainsi que les ruines du château de Nèbre, datant du XIe siècle. Du chemin de ronde du château, on peut apprécier un panorama superbe depuis le port de La Ciotat jusqu'à la rade de Toulon, ainsi qu'une vue vertigineuse sur les gorges d'Ollioules. Les amateurs d'activités pédestres pourront descendre à pied ce canyon creusé par les rivières Reppe et Destel, superbe site d'une grande beauté sauvage, ayant servi d'habitat à l'époque néolithique.

CONFISERIE FOUQUE

2, rue Louis-Lumière
✆ 04 94 90 88 01
www.nougat-fouque.com
Ouvert de mi-sept à fin déc, tous les jours de 9h à 12h et 14h à 19h. Visite gratuite sur réservation mi-sept à mi-nov.

Cette maison, fondée par Baptistin Fouque en 1864, fabrique toujours le nougat (et quel nougat !), selon des méthodes artisanales et traditionnelles dont elle seule a le secret. Cette sucrerie provençale, faite à la main dans des chaudrons centenaires, est fabriquée uniquement pour les fêtes de fin d'année. Les nougats blancs et noirs, qui s'imposent sur la table calendale à la place d'honneur parmi les treize desserts, sont en vente à la boutique. La visite de la fabrique (jusqu'à la mi-novembre) est automatiquement suivie d'une dégustation.

CHEMIN DE RONDE ET CHÂTEAU D'EVENOS

Chemin de ronde en accès libre. Château en cours de restauration fermé au public. Table d'orientation.

Son dédale de ruelles, son atmosphère si spéciale et ses maisons sombres construites en roche volcanique font du vieil Evenos un lieu assez unique. Depuis le parking à l'entrée du village, prenez le temps d'apprécier une première fois le panorama à couper le souffle sur les gorges d'Ollioules et le relief environnant. Du cœur du village démarre le chemin de ronde très bien aménagé, vous permettant de rallier le bout des ruines du château. Là encore, la vue est incroyable.

CHÂTEAU DE CANCERILLES

1400, route de Belgentier
✆ 04 94 90 83 93
www.chateaudecancerilles.com
5 gîtes appartements de 1 à 4 personnes (à partir de 115 €/nuit ou 595 €/semaine). Restaurant La Table du Château.

Les familles Garcia et Lefèvre gèrent à merveille leur paradis bien complet : Syril Garcia, le fils, a repris la gestion des vignes et du vin en 2015, Stéphanie et Yann Lefèvre s'affairent quant à eux au restaurant, tandis que Chantal Garcia a pris la charge des gîtes et chambres d'hôtes de caractère aménagés dans leur superbe mas provençal avec piscine, aquabike et autres tables de ping-pong. Après vous être renseigné sur le programme gastronomique, attablez-vous donc autour d'un repas vigneron, et découvrez, avant de les acheter, les nectars du domaine.

BRIGNOLES ★

Résidence d'été du comte de Provence au XIIe siècle, Brignoles verra la naissance de Saint Louis, patron de la ville. Implantée dans les terres les plus fertiles du Var depuis l'époque romaine, la ville de Brignoles souffre des guerres qui opposent François Ier à Charles Quint. Les troupes espagnoles sont repoussées maintes fois, mais la cité varoise est finalement vaincue en 1536, occupée par l'ennemi et même débaptisée. Les guerres de religion ouvrent un nouveau chapitre de malheurs. Au XIXe siècle, l'ouverture des mines de bauxite, le développement des activités de tannerie et de teinturerie apportent à la ville une réelle prospérité.

AU FIL DE LA VILLE ★

Visite libre grâce à la brochure gratuite délivrée par l'office de tourisme ou sur le site internet. 1h30 environ.

Au gré d'un itinéraire de 17 haltes, découvrez les richesses du centre ancien, arpentez les ruelles médiévales avec leurs fenêtres à meneaux, et admirez portes anciennes et hôtels particuliers cossus... Pas à pas, dirigez-vous vers les remparts de la ville, le relais des Templiers, la maison du duc d'Epernon, le palais des comtes de Provence, véritable fleuron du patrimoine de la ville, l'hôtel de Clavier, la maison des Lanciers, l'église Saint-Sauveur... Une autre balade, le circuit des fontaines, vous permet de découvrir l'histoire du patrimoine autour de l'eau.

MUSÉE DES COMTES DE PROVENCE ★

Palais des Comtes-de-Provence
✆ 04 98 05 92 88
www.mcp.caprovenceverte.fr

Fermé du 23 décembre au 1er février. Gratuit jusqu'à 6 ans. Adulte : 4 €. Réduit : 2 €. Parkings à proximité.

Ce palais devient en 1945 le musée du Pays brignolais, aujourd'hui devenu le musée des Comtes de Provence, et présente l'histoire de la ville, ses mœurs, ses traditions et ses activités économiques disparues, ainsi que quelques productions artistiques locales. Sa collection, labellisée musée de France, est d'une grande diversité ; on y retrouvera notamment le sarcophage de la Gayolle, une importante collection d'ex-voto, ainsi que des œuvres des peintres J. Parrocel et F. Montenard.

DOMAINE LES MÛRIERS €€

890, route de Cabasse
✆ 06 85 18 81 44
www.domainelesmuriers.fr/

Ouvert toute l'année. 7 jours sur 7. Domaine viticole. Formule gîte privatisé jusqu'à 10 chambres dès 1 500 € la nuit.

En plein cœur de la Provence Verte, le domaine Les Mûriers est un lieu de villégiature idéal pour partir à la découverte de la région. Une bastide du XVIIIe siècle au charme authentique, auquel s'ajoutent des touches de modernité pour votre confort. Que dire de cette splendide piscine extérieure, dans le jardin verdoyant. Y loger vous sera aisé avec la formule gîte privatisé. Si vous prévoyez des vacances à plus de dix personnes, ce lieu est fait pour vous. À votre séjour pourra s'ajouter une visite du domaine viticole voisin, avec dégustation naturellement.

HÔTEL MERCURE BARBAROUX GOLF & SPA**** €€

Route de Cabasse
✆ 04 94 69 63 63
www.barbaroux.com

Ouvert toute l'année. 52 chambres. Spa espace bien-être. Parking privé. Restaurant traditionnel. Bar. Brasserie.

Le calme et la détente sont de rigueur dans ce paysage boisé de 87 hectares où s'étale un golf très prisé. Les chambres climatisées, modernes et très confortables bénéficient pratiquement toutes d'une terrasse et d'une entrée indépendante. Deux points de restauration sont à votre disposition, un restaurant traditionnel, entièrement relooké dans un style lounge et mobilier en wengé, avec une vue magnifique sur le parcours de golf, les vignes et la forêt, et une brasserie.

L'ATELIER DE TATICO

31, rue du pressoir,
✆ 06 07 56 21 94
www.atelierdetatico.com

Boutique en ligne

Cette marque brignolaise fabrique des jouets 100% artisanaux, de façon éthique et éco-responsable. Les créations en bois sont uniques et constitueront de très beaux cadeaux pour des jeunes parents ou un enfant de votre famille. La boutique en ligne est très bien faite et vous pourrez retirer gratuitement vos achats à l'atelier. Les éléments de décoration sont ravissants, qu'il s'agisse de la valise premiers souvenirs, des ours porte-lunettes ou des boîtes à dents. Tout un tas de petits objets qui sortent de l'ordinaire et fabriqués dans le Var.

VAR

CHÂTEAU MARGILLIÈRE

2125, RD79 route de Cabasse
✆ 04 94 69 05 34
www.chateau-margilliere.com

Vente et dégustation au caveau. Les jours de fermeture retrouvez les vins au golf de Barbaroux aux mêmes tarifs.

La famille Bunan a rejoint l'activité du Château Margillière depuis mars 2016. Cette bastide du XVIIe siècle restaurée par la famille Caternet, érigée sur une propriété de 90 hectares dont 25 de vignes, est bordée d'une rivière alimentée par une source millénaire. Dans sa boutique, vous pouvez déguster les vins AOP Coteaux-varois-en-Provence dans les trois couleurs, dont la cuvée Bastide et la cuvée Hautes Terres en vins biologiques, et découvrir également miels, safran, huiles de truffes noires et blanches et produits régionaux.

DOMAINE DES ANNIBALS

Route de Bras - RD35
✆ 04 94 69 30 36
www.annibals.com

Visite de cave sur rendez-vous. Vigneron indépendant. Certifié Vin Bio ECOCERT. Label Haute Valeur Environnementale.

Nathalie Coquelle et Henri De Wulf produisent des vins en AOP Coteaux Varois en Provence dans les trois couleurs, ainsi que des IGP du Var en rouge et rosé. Les 30 hectares de vignoble sont conduits en agriculture biologique, et ceci dans le plus pur respect de l'environnement. Les cuvées portent le nom d'expressions disparues telles que « Fesse-Mathieux », « Ribote », « La Jouvencelle » ou encore « Suivez-moi-jeune-homme »... Pour l'anecdote, la signature du décret de l'appellation Coteaux Varois en Provence en 1993 a eu dans la belle cave du XIIe siècle.

DOMAINE LES MÛRIERS

890, route de Cabasse
✆ 06 85 18 81 44
www.domainelesmuriers.fr/

Sur une surface de 15 ha, le domaine Les Mûriers se compose de vignes plantées en AOP Côteaux Varois en Provence. La première cuvée de rosé a été produite en 2021 et depuis 2022, vous pouvez apprécier les vins rosé et blanc. Cépages grenache syrah et cinsault et rolle pour les rosés, et le blanc 100% rolle mono-cépages. Les vins du domaine ont du caractère. Le rosé de bouche étant presque gastronomique alors que le blanc est vif et tendu. Alexis, à l'œuvre sur le domaine, est en certificat d'œnologie à l'Université du Vin de Suze-la-Rousse, dans le Vaucluse.

GOLF DE BARBAROUX

Route de Cabasse
✆ 04 94 69 63 63
www.barbaroux.com/fr

Ouvert toute l'année. Fermé du 24 décembre au 26 décembre. Practice, putting green. Hôtel. Spa. Brasserie. Parking.

Le golf de Barbaroux – 18 trous, 6 068 mètres par 72 – situé sur les communes de Brignoles et de Flassans, a été dessiné par de célèbres architectes de golfs américains, Pete Dye et PB Dye, dans un environnement naturel de vignes et de pins. Il est notamment agrémenté de six vastes plans d'eau. Classé dans le top 50 des parcours européens par le fameux magazine *Golf world*, il bénéficie de la présence d'un hôtel Mercure aux prestations haut de gamme, d'un spa propice à la relaxation, et d'une brasserie qui vous accueille midi et soir.

CORRENS ★

En 1997, une poignée d'agriculteurs décident de convertir leur production en agriculture biologique. Vingt ans plus tard, un apiculteur, un maraîcher, trois domaines viticoles ainsi que la coopérative vigneronne bénéficient du label Agriculture Biologique. Ainsi, Correns est devenue naturellement « Premier Village Bio de France ». Pour célébrer cette spécificité, c'est tout naturellement que Correns accueille chaque année sa Fête de la bio et du naturel le troisième week-end d'août. Sur place, cela vaut la peine de grimper au sommet du village pour découvrir le Fort-Gibron, imposant château abbatial édifié au XIIIe siècle, totalement restauré.

DOMAINE ASPRAS

Chemin des Aspras
✆ 04 94 59 59 70
www.aspras.com

Visite du domaine. Dégustation et visite de groupe 12 € par personne. Parking.

Situé à Correns, 1er village bio de France, le domaine de la famille Latz s'étend sur 32 hectares de vignes d'une moyenne d'âge de 17 ans. Certifié Ecocert depuis 1995, les vins biologiques respectent la biodiversité environnementale. Le domaine est composé de plusieurs types de terre, une complexité qui permet de proposer trois cuvées dans les trois couleurs, Licorne en Côtes de Provence AOP, Les Trois Frères en Côtes de Provence AOP et A Lisa en vin de pays du Var IGP. Une cuvée « Si, fines bulles rosé » est également vinifiée en méthode traditionnelle.

VAR

K NOE

Le Condamine ✆ 06 85 73 38 07
www.k-noe.com

Fermé 15 octobre au 15 avril. 38 € par kayak 2 places adultes + 1 place enfant (5-10 ans) et 22 € par kayak monoplace.

Un maillot, un tee-shirt, une casquette, des baskets et vous voilà équipé pour découvrir le charme de Correns et de ses alentours. Dans une alcôve de verdure vous descendrez le fleuve Argens, pendant les 7 kilomètres qui séparent Vallon-Sourn de Correns, avec une écluse à passer, quelques mini-rapides, un slalom entre les arbres. Vous vous baignerez dans des bassins de nature sauvage, vous bronzerez dans les puits de lumière, enfin vous découvrirez la faune et la flore si particulières du premier village bio de France. La durée de la descente est d'environ 2h30.

ENTRECASTEAUX

Ce village est situé dans la vallée de la Bresque, affluent de l'Argens. Ce fief fut successivement la propriété des Castellane, des comtes de Provence, puis des Grignan, et enfin de l'amiral Bruni d'Entrecasteaux. Le grand château à 4 niveaux, aujourd'hui privé, remplace une construction fortifiée du XIe. Les jardins à la française qui ornent le devant de la façade sud ont été dessinés par Le Nôtre. Sur la façade nord, une glacière, chargée pendant l'hiver, servait à alimenter en glace les habitants du village. Elle était approvisionnée par l'eau gelée sur les prés bordant la Bresque et probablement par l'apport de neige venant du massif des Bessillons.

CARCÈS

Le premier seigneur de Carcès fut Eldebert de Châteaurenard. Ensuite, la seigneurie a appartenu à Guillaume de Cotignac, puis passa dans les familles de Pontevès, de Simiane, de Rohan-Soubise et de Condé. Le château eut le privilège de recevoir Louis XIV et sa cour en 1660. Détruit après la Seconde Guerre mondiale, il a récemment été restauré pour partie. Avec son lac de 100 ha et les six rivières qui s'y déversent, Carcès est devenu le lieu de rencontres privilégié des pêcheurs en eau douce, et pour l'anecdote depuis 1889, la 3e ville de France éclairée à l'électricité. Le marché se tient le samedi matin, et est complété par un marché nocturne le jeudi en été.

CHÂTEAU D'ENTRECASTEAUX ★

Le Château
✆ 04 94 04 43 95
www.chateau-entrecasteaux.com/fr

Ouvert de Pâques à fin septembre. Adulte 10 €. Enfant 5 € (étudiants et enfants). Groupe (20 personnes) 8 €. Pas de CB.

L'ancienne forteresse du XIe siècle, détruite et reconstruite au XIIIe, puis maintes fois remaniée entre les XVIe et XVIIe siècles, a été entièrement restaurée et remeublée d'objets d'époque par son propriétaire, qui l'habite et en assure la maintenance. Au fil de la visite, se dévoilent sous nos yeux le salon Louis XIV, le salon Empire, le salon de musique baroque, la suite orientale, la cuisine ancienne, les cabinets de curiosités et les oubliettes... Son superbe jardin à la Française, dessiné par Le Nôtre, est à ne pas manquer.

DOMAINE CLOS GAUTIER

800, chemin des Bastides
✆ 04 94 80 05 05
www.closgautier.fr

Ouvert du lundi au vendredi 9h-12h30 et 13h30-17h. Dégustation gratuite. Visite de cave uniquement sur rendez-vous.

Créée en 2003, cette magnifique propriété viticole du cœur de la Provence verte est, depuis 2011, la propriété de Gilles Pedini, niçois d'origine et surtout un épicurien amoureux de la région. Épaulé par son talentueux maître de chai, il a su redonner au domaine ses lettres de noblesse : arrachage et replantation qualitative toujours en constante évolution, rigueur accrue dans le travail de la vigne et des vinifications, limitation de l'empreinte environnementale. À noter l'obtention de la certification en haute valeur environnementale (HVE) de niveau 3.

COTIGNAC ★★

Aux portes du parc naturel régional du Verdon, quasiment à égale distance entre Aups au nord et Brignoles au sud, Cotignac se trouve lové au pied d'une falaise de tuf de 80 m de hauteur et de 400 m de largeur : un monument naturel creusé de multiples grottes, et qui fait toute sa spécificité. D'avril à septembre, son ascension est ouverte au public : dans les jardins du rocher, un ancien hospice de 1314, désaffecté depuis 1653, sert d'accueil aux visiteurs. Un escalier en rampe conduit ensuite au « balcon », où vous attend une terrasse aménagée en table d'orientation : d'en haut, le panorama sur les collines en restanques est saisissant ! Et pour terminer la visite, on pourra même faire un tour dans un habitat troglodytique ! En contrebas, en déambulant dans le village et ses ruelles ornées de fontaines, les amateurs de vieilles pierres pourront apprécier les deux tours médiévales, les vestiges de l'ancien château des Castellane, la chapelle Saint-Martin du IXe siècle, l'église Saint-Pierre du XIIe, la tour de l'Horloge et la maison du prince de Condé, toutes deux bâties au XVe siècle, ou encore la porte de la Puade, l'unique porte conservée sur les huit que comptaient les remparts du XVIe siècle. Prenez enfin le temps de flâner le long du cours Gambetta, l'artère centrale du village et théâtre chaque mardi matin du marché hebdomadaire. Bordé de platanes, de cafés et de restaurants, il y règne une atmosphère sans nulle autre pareille.

COURS GAMBETTA ★

Un village provençal, ses ruelles étroites, ses maisons bien entretenues... Et son cœur animé, en toutes saisons, été comme hiver ! À Cotignac, l'artère centrale, c'est le cours Gambetta. Bordé de platanes, planté au centre par sa traditionnelle fontaine, il est le lieu chic où il fait bon déambuler, s'installer à un café ou se restaurer dans un des nombreux établissements. Une ambiance particulière se dégage de cet endroit : c'est là que se tiennent la plupart des événements estivaux, ainsi que le marché hebdomadaire, les brocantes.

CASCADE DU GOUFFRE ★

Accessible à pied au départ du village. Baignade interdite.

Si l'on ne s'y baigne pas, cette belle cascade d'une dizaine de mètres de hauteur sur la Cassole constitue un agréable lieu de balade très facile d'accès, très agréable et ombragée. On y accède à pied, environ une quinzaine de minutes, au départ de l'office de tourisme, en empruntant le pont enjambant la rivière, puis en suivant les indications « Vallon Gai » le long du cours d'eau. Pour la petite histoire, cette cascade est née d'une déviation vers l'ouest au Moyen Âge, pour profiter des cavités et de la roche facile à creuser.

LE ROCHER ★★

Fermé l'hiver. Visite 2 €, gratuit pour les -10 ans.

Véritable symbole, la falaise de tuf de Cotignac, que tout le monde appelle *Le Rocher*, haute de 80 mètres et longue de 400 mètres, surplombe le village. Son ascension permet de découvrir, dans les jardins du rocher, un ancien hospice de 1314, désaffecté depuis 1653, qui sert aujourd'hui d'accueil aux visiteurs. Un escalier en rampe vous conduit au « balcon » où se trouve une terrasse aménagée en table d'orientation, et vers un habitat troglodyte que l'on peut encore visiter ! Attention, le sentier est étroit : pas de poussette donc...

VAR

Le village de Cotignac.

LA BASTIDE DU MÛRIER €€

3359, chemin Bellevue
✆ 06 87 82 30 11
www.labastidedumurier.com/
Ouvert toute l'année. 3 chambres d'hôtes. Chambre double de 110 € à 130 €. Petit déjeuner inclus. Terrasse. Piscine.

A 2,5 kilomètres du village, Dany et Jean-Luc mettent à disposition une belle bastide de plain pied, arborée d'oliviers et d'arbres fruitiers, pour les familles en quête d'indépendance. Climatisées, toutes les chambres sont décorées différemment ; l'une jouit d'une terrasse privée. Une véranda s'ouvre sur la piscine, qui est des plus appréciable par beau temps ! Une cuisine d'été entièrement équipée, avec cuisinière, micro-ondes, plancha, réfrigérateur, congélateur, table et chaises, est aménagée pour vivre dehors agréablement.

LE CLOS DES VIGNES €€

Route de Montfort - RD 22
✆ 04 94 04 72 19
Du mardi midi au dimanche soir. Carte : 50 € environ. Plats de 19 à 26 €. Terrasse.

Le chef vous emmène découvrir une cuisine savoureuse des terroirs d'Italie et de Provence, qu'il élabore avec des produits de qualité et de première fraîcheur choisis en fonction des saisons : brûle-doigts de palourdes ou potimarron rôti pour débuter, agneau de Provence en cuisson lente 7 heures à basse température ou noix de Saint-Jacques, poêlées aux amandes, pommes Pont-Neuf, légumes glacés d'automne pour se laisser transporter... Des plats à apprécier sur la somptueuse terrasse face aux vignes. Un cadre idyllique coupé du temps.

LOU CALEN €€

1, cours Gambetta
✆ 04 98 14 15 29
www.loucalen.com
12 chambres aux prix évolutifs suivant la saison. Réservation web. Restaurant, bar à vin et brasserie artisanale.

Avec l'acquisition de la bastide historique d'Huguette Caren, l'ancienne propriétaire, par un homme d'affaires canadien, c'est la renaissance de ce lieu qui a notamment accueilli le mariage de Joe Dassin début 1978. Après d'importants travaux de rénovation, l'hôtel propose dans un premier temps 12 chambres, avant de passer à 35 à l'été 2022, réparties sur 3 hectares de nature insoupçonnée, tout en gardant l'esprit initial de Lou Calen. L'autre bonne nouvelle est la présence au restaurant de Benoît Witz, qui vient proposer sa cuisine contemporaine provençale.

JARDIN SECRET €€

13, rue de l'Araignée
✆ 04 94 78 30 51
www.loucalen.com
Ouvert toute l'année du vendredi au mardi. Menus de 53 € à 69 €. Formule du midi : 40 €. Terrasse.

Benoît Witz, chef étoilé, disciple d'Alain Ducasse, est revenu dans le Var pour distiller sa belle cuisine contemporaine provençale, en imposant une carte courte qui privilégie les circuits courts et les produits locaux issus du jardin de Lou Calen et des producteurs de la région, tendres légumes de printemps au naturel, caillé de la ferme des Jovents, condiments aux herbes ; bouillabaisse printanière, œuf de caille d'ici, roustide à l'huile d'olive mûre « Lou Calen » ; fraises de plein champ, glace au miel de nos ruches et sacristains...

MAS DE L'OLIVETTE €€

1779, chemin de Blain
✆ 04 94 80 28 73
www.masdelolivette.com
Ouvert toute l'année. 3 chambres 100 € à 140 € suivant la saison. Piscine chauffée. Parking gratuit, privé et fermé.

Le mas de Yannick et Jean-Claude a été construit à flanc de coteau dans la plus pure tradition provençale. À peine arrivé, déjà, l'impeccable façade ocre ne présage que du bon, et cela ne se dément pas ! L'intérieur lumineux fait la part belle aux matériaux nobles et naturels, travertin et terre cuite en tête. Cuisine, salon, chambres, salles de bains : l'ensemble est irréprochable de goût et de propreté. À l'extérieur, le jardin planté d'oliviers et de lavande ne dénote pas, et l'on se délecte de la piscine extérieure, chauffée dès le mois d'avril.

LE CAFÉ DU COURS €€

23 cours Gambetta
✆ 04 94 04 60 14
https://brasseriecafeducours.fr/
Haute saison : tous les jours de 8h à 23h. Carte : 42 € environ. Plat du jour : 15 €. Plat du jour et dessert 20 €.

Cette belle brasserie déploie sa terrasse en plein cœur du cours Gambetta, en pleine animation du village. Les touristes et locaux s'y rencontrent dès le petit-déjeuner, puis prennent place pour le déjeuner, boire un verre l'après-midi ou finir la soirée. Peu importe l'heure, l'animation est là et encore plus les jours de marché cela va sans dire. Au menu pour se restaurer, des burgers, des tartares, des salades, des pizzas et même des huîtres. L'offre est très complète et gourmande. Les places sont chères à la belle saison, pensez à réserver.

LA FABRIQUE

2 ter, Cours Gambetta
✆ 04 94 37 57 11
Du mardi au samedi de 9h à 13h et de 15h30 à 19h. À partir de 2,40 € la douzaine de raviolis. 11 € le kilo de gnocchis.

Créée en 2019, cette petite fabrique de pâtes est l'œuvre de Pauline Pesce. L'odeur délicieuse de sauces cuisinées maison vous envahit les narines dès le pas de la porte. Accueil avec le sourire et l'embarras du choix qu'il s'agisse de gnocchis frais, raviolis à la truffe, daube ou ricotta ou pâtes fraîches. Une production sur place, passionnée et cela se ressent au goût. Le midi, on peut se faire plaisir avec une pastabox 100% maison, la meilleure possible. Petit coin d'épicerie italienne. Une adresse qui mérite d'être découverte.

MAISON REGIONALE DE L'EAU

33 bis, boulevard Grisolle
✆ 04 94 77 15 83
www.maisonregionaledeleau.org/contact/
Ouvert du lundi au vendredi de 9h à 12h et de 13h à 17h. Visite libre ou accompagnée.

Ce centre d'études sur les milieux aquatiques a été créé à l'initiative de plusieurs scientifiques appuyés par les collectivités territoriales. Il consacre son activité à l'exécution d'études sur le fonctionnement et l'écologie des biotopes d'eau douce montagnarde et des écosystèmes dulçaquicoles méditerranéens. Entre 40 et 60 études scientifiques sont conduites par an et plus de 900 animations sont organisées par an auprès des scolaires et du grand public.

BARJOLS ★

Barjols, dont le nom vient de ses racines provençales – barre : collines, et jouls : jolies – est né aux environs du XIIe siècle, grâce à la présence de l'eau. Le village aux 32 fontaines et 13 lavoirs, tous alimentés par une source d'eau potable, a longtemps vécu de ses tanneries qui assurèrent sa prospérité. Au XIXe siècle, Barjols était encore la capitale du cuir et ne comptait pas moins de 24 tanneries et 19 moulins à tan. Hélas, la concurrence a progressivement fait péricliter cette industrie et la dernière tannerie a fermé en 1983. Il reste encore quelques bâtiments des Tanneries Fassy, Planchud et Vaillant fondées en 1608 et fermées en 1981.

CIRCUIT DU VILLAGE ★

✆ 04 94 77 20 01
www.la-provence-verte.net
Comptez 1h30 à 2h de visite à pied.

Munissez-vous du petit guide distribué par l'office de tourisme et partez à la découverte du Tivoli de la Provence. À travers ses fontaines bien sûr, ses anciennes tanneries tout aussi incontournables, la collégiale, la porte du marquis de Pontevès, le cloître Saint-Joseph, le quartier des Carmes, mais également par le biais d'histoires pittoresques, telles que celle des fameuses Tripettes de Barjols (Saint Marcel), mêlez la promenade nature à l'enrichissement personnel. Le parcours est en effet jalonné de nombreux panneaux explicatifs.

FONTAINE DU CHAMPIGNON

Barjols dispose d'énormément de fontaines. Cette présence est due au nombre incroyable de sources et de cours d'eau. Il faut effectuer le tour des 19 fontaines qui parsèment le village et découvrir notamment cette fontaine, dont on ne connaît pas la forme originale, qui est la plus célèbre de Barjols. Elle est reconnaissable à cette masse impressionnante de tuf qui grandit sans cesse, envahie par un amas de mousse et de plantes. Une taille régulière s'impose tous les quatre ans environ, afin de ne pas compromettre l'équilibre de la fontaine.

LE CAFÉ DE L'EUROPE €

38, boulevard Grisolle
✆ 04 94 77 00 33
Ouvert toute l'année tous les jours à midi, et midi soir en été. Plat du jour : 12 €. Formules.

Depuis plus de 30 ans, le Café de l'Europe est une institution à Barjols ! Sponsor sportif du village, siège des Boulomanes barjolais dont Éric est d'ailleurs président ; on ne vient pas ici que pour se restaurer mais pour passer un vrai moment de convivialité ! Carole et Éric, la seconde génération, vous accueillent avec passion et extrême gentillesse. La carte fait la part belle aux produits locaux et de saison, et pour vous attabler c'est au choix : la jolie terrasse donnant sur la place totalement rénovée, ou la grande salle où chantent les accents du coin.

VAR

LE PONT D'OR €

2, rue Eugène-Payan
✆ 04 94 77 05 23
www.hotel-barjols.com

Fermé du 1er au 15 janvier. Ouvert midi et soir du mardi au samedi et dimanche midi. Formule du midi 16 €. Chambres.

Situé en plein cœur du village, cet hôtel-restaurant familial, ancien relais de poste du XVIIIe siècle, dirigé depuis plus de trente ans par Nelly Gros, a su conserver son charme d'antan. En salle ou sur la petite terrasse aux 10 couverts, on y déguste une cuisine traditionnelle de terroir, mitonnée par le chef Joël Gros : terrine de gibier maison, pieds et paquets, truite du vivier, sans oublier les cannellonis à la crème (la spécialité) et l'aïoli du vendredi, toute l'année ! Les chambres sont très simples, mais conviendront pour une soirée étape.

DOMAINE DES ROSEAUX ET SA MAISON DE PAYS

Route de Tavernes
✆ 04 94 37 74 54
www.domainedesroseaux.fr

Ouvert toute l'année du lundi au samedi.

Circuits courts, bonjour ! Hélène et André Sabatier, producteurs de vins et d'huile d'olive en agriculture biologique depuis 2000, ont créé cette belle Maison de Pays associative pour mettre à l'honneur les producteurs et les savoir-faire des villages environnants. Aujourd'hui, c'est leur fils Arnaud qui a repris les rênes du domaine, et la passion demeure. Outre les vins dans les trois couleurs, la maison de pays propose des produits de l'artisanal local et du terroir bio.

VAR

SAINT-MAXIMIN-LA-SAINTE-BAUME ★★

Troisième tombeau de la chrétienté, Saint-Maximin se présente aujourd'hui comme un gros bourg provençal. Son principal attrait demeure sa magnifique basilique, édifiée selon la légende sur la crypte de sainte Marie-Madeleine, ensevelie en ce lieu au Ier siècle de notre ère. Dominant la ville, la basilique est considérée comme le plus grand édifice gothique de toute la Provence.

À l'intérieur, on peut voir la crypte gallo-romaine du VIe siècle, la sarcophage de Sainte Marie, ainsi que plusieurs œuvres d'art et le grand orgue du XVIIIe siècle.

Au niveau des animations, un marché s'installe tous les mercredis matin, sur les places et les rues principales.

BALADE HISTORIQUE EN CŒUR DE VILLE ★

✆ 04 94 59 25 89

Parcours libre. Brochure « Laissez-vous conter Saint-Maximin » disponible gratuitement à l'office de tourisme.

« Laissez-vous conter Saint-Maximin » ! Après vous êtes procuré la brochure correspondante à l'office de tourisme, suivez l'itinéraire pour découvrir le cœur historique de la ville. Du couvent royal à la place Malherbe, en passant par l'emplacement de la basilique primitive et du baptistère, les anciens remparts, le quartier juif, le pôle culturel La Croisée des Arts ou encore la place Martin Bidouré, Saint-Maximin n'aura bientôt plus de secret pour vous...

MASSIF DE LA SAINTE-BAUME ★★

À cheval sur le Var et les Bouches-du-Rhône, le massif est recouvert d'une forêt exceptionnelle, remarquable par sa double orientation. Cette forêt recouvre 140 hectares à une altitude comprise entre 680 et 1 000 mètres. Plus de cent dix espèces d'oiseaux nichent dans les bois. Cette forêt considérée comme une « relique » est aujourd'hui classée en réserve biologique domaniale. Elle est donc « hors de coupe », on n'y abat des arbres que pour assurer sa régénération.

BASTIDE SAINT ESTÈVE €€€

Hameau de Saint-Esteve - **BRUE-AURIAC**
✆ 07 86 90 33 22
www.bastidesaintesteve.com

Suite à partir de 240€ basse saison et 260€ haute saison. Piscine, espace bien être, yoga.

Cette bastide provençale du XVIIe siècle est une étape privilégiée nichée au cœur d'un hameau dans un écrin de verdure, de vignes, d'oliviers et de pinèdes. À l'étage, 400 m² ont été aménagés pour accueillir 9 personnes. Les 4 suites spacieuses avec salon et salle de bain privative ont été rénovées et décorées avec beaucoup de goût par Alissa et Cédric. Une cuisine très fonctionnelle et une salle à manger avec cheminée sont à disposition au même étage. Pour votre bien-être : piscine, terrain de pétanque, hammam et sauna et 2 solex en location pour balade vintage.

BASILIQUE SAINTE-MARIE-MADELEINE ✝ ★★★

6, place Jean Salusse
✆ 04 94 78 00 19
www.paroissesaintmaximin.fr

Ouvert toute l'année. Tous les jours de 7h30 à 19h15. Gratuit.

Avec ses 73 m de longueur, 43 m de largeur et 29 m de hauteur, l'imposante silhouette du plus grand édifice gothique de Provence s'aperçoit à des kilomètres à la ronde. La construction d'une basilique et d'un couvent de dominicains, au cœur de Saint-Maximin, a été décidée en 1295 par le comte de Provence et roi de Naples et de Sicile, Charles II d'Anjou, après les fouilles qui ont permis la découverte des reliques de sainte Marie-Madeleine en 1279. Les travaux vont se dérouler en plusieurs étapes, s'étaler sur plusieurs siècles, s'interrompre plusieurs fois pour différents problèmes, peste, pillages ou manque d'argent, et vont s'étaler jusqu'en 1532. La basilique prend forme et se compose d'une abside centrale polygonale flanquée de deux tourelles, de deux absidioles latérales, d'une grande nef de neuf travées, contrebutée par des arcs-boutants, et de seize chapelles. Les rois de France qui vont se succéder embelliront l'édifice avec les boiseries des stalles, la chaire, les orgues, le maître-autel et les retables des chapelles. Mais cette énorme construction ne sera jamais réellement terminée suivant les plans prévus. La nef principale a tout simplement été murée – il n'y a pas de rosace, de portail ni de clocher. Au Moyen Âge, l'endroit où se trouvent les reliques de sainte Marie-Madeleine devint un lieu de pèlerinage intensif. Saint-Maximin fut alors une étape incontournable sur la route de Saint-Jacques-de-Compostelle. Plus tard, à la Révolution française, la basilique subit d'innombrables dégradations, avant d'être classée sur la liste des monuments historiques en 1840, tout comme de nombreux éléments de son mobilier intérieur, les sarcophages de la crypte et le grand orgue et ses 2 960 tuyaux. En 2017, l'église a rejoint de célèbres « consœurs », comme la Sagrada Familia, en obtenant le titre de basilique mineure, qui désigne notamment des églises dont l'architecture est particulière.

À découvrir, au cœur de la basilique, la crypte, petite salle rectangulaire qui renferme quatre sarcophages de marbre datés de la fin du IVe siècle, de Marie-Madeleine, de sainte Marcelle, des saints Innocents et de saint Sidoine.

Le couvent royal, initialement dénommé couvent des Dominicains, jouxte la basilique. Composé de quatre bâtiments qui entourent un cloître de forme carrée, il est fermé en 1966, avant d'être vendu au département, puis occupé par un établissement hôtelier en 2017, et de nouveau fermé à l'expiration du bail en 2020.

LE CLOS GERALDY 🛏 €€

135, chemin de Font-Trouvade
✆ 04 94 72 03 69
www.leclosgeraldy.com

Ouvert toute l'année. 3 chambres non-fumeur 114 € à 124 € la nuit, petit déjeuner inclus. Piscine. Spa hammam privatifs.

Bienvenue chez Thierry et Myane, vos hôtes attentionnés ! Si le Clos Geraldy est une belle maison d'hôtes avec vaste jardin de 1 hectare, petit vignoble privé, piscine extérieure et espace bien-être intérieur (hammam, sauna et bain à remous, et éléments de fitness sont au rendez-vous... gratuitement !), c'est aussi et surtout l'accueil de monsieur et ses gentilles attentions qui marqueront votre séjour. Idées de visites, conseils gourmands, il saura vous aviser personnellement et vous épauler si besoin pendant la durée de votre escapade.

LA TABLE DE BRUNO 🍴 €€

32, avenue du Maréchal-Foch ✆ 04 94 80 50 39
https://latabledebruno.business.site

Ouvert toute l'année. Basse saison : fermé lundi mardi. Haute saison : fermé dimanche/lundi. Formule du midi : 29,50 €

C'est dans un tout nouveau décor, où le beige et le marron dominent, que Bruno Gazagnaire, ancien élève de l'école Ducasse, vous reçoit dans son restaurant affilié au Collège culinaire de France. La cuisine, faite maison, est maîtrisée de l'amuse-bouche au dessert, tant au niveau des assaisonnements que des cuissons. Vous apprécierez le foie gras de canard préparé par ses soins, la daurade poêlée accompagnée de fenouils et salsifis confits, la selle d'agneau des Alpes cuite au sautoir ou encore pour finir avec une note sucrée, le lingot aux citrons de Menton...

DU LEVAIN ET DES MAINS

42, rue du Général de Gaulle

Mardi, mercredi, vendredi et samedi de 9h à 18h. Bio, levain naturel. A partir de 6,60 € le kilo. CB non acceptée.

Sans hésiter une seconde, la meilleure boulangerie de la ville. A quelques pas de la basilique, cette petite boutique vous redonne envie de goûter le vrai bon pain. Des farines bio et provençales, variées, et des pains cuits au feu de bois La croûte s'en trouve très croustillante mais la mie est moelleuse à souhait, le pain consistant. Beau choix du complet T110 au pain aux graines en passant par le pèlerin (amande, noisette, raisin, figue et abricot) ou le seigle. La baguette, épaisse et charnue, se vend aussi au poids. Belles pompes à l'huile. Tout donne envie.

VAR

DOMAINE SAINT-JEAN-LE-VIEUX

317, avenue 8-Mai-1945
✆ 04 94 59 77 59
www.saintjeanlevieux.com

Ouvert du lundi au samedi de 8h à 12h30 et de 14h à 19h. Parking. Boutique en ligne. Visite du domaine sur rendez-vous.

Ce domaine familial de 63 ha, dirigé par les frères Boyer, vignerons indépendants adhérents depuis 2002 à la charte Terra Vitis, s'étale aux pieds du massif de la Sainte Baume. Le domaine produit les trois couleurs, rosé, rouge et blanc, en appellation AOP Coteaux-varois-en-Provence et en vin IGP du Var, ainsi que des vins effervescents, blanc, brut et demi-sec, et rosé brut, méthode traditionnelle, que vous pouvez déguster dans un caveau de vente aéré et lumineux.

L'ATELIER D'ISAALINE

6, rue de la République

Ouvert du mardi au samedi de 9h30 à 12h et de 14h30 à 18h30.

Après onze ans dans l'armée de terre puis comme secrétaire médicale, Pauline Bourdin a voulu changer de vie. Comme elle a toujours été manuelle et bricoleuse, elle a ouvert L'Atelier d'Isaaline en 2021. Elle y présente ses créations, des collections de vêtements réalisés à partir de tissus récupérés. Sur l'étiquette, elle note la première vie du tissu, comme une mémoire. Pauline recycle aussi les meubles et les objets. Elle organise des ateliers de 3h pour petits et grands, où l'on scie, coud, colle, tord et d'où l'on rapporte sa création à la maison.

VIGNOBLE ARNAUD

Quartier les Suies
✆ 04 94 72 14 82

Ouvert toute l'année. Parking. Dégustation gratuite, sauf pour les groupes de plus de 10 personnes.

Une exploitation familiale qui cultive le respect du terroir et le goût du travail bien fait. À Saint-Maximin, Anne et Nicolas ont pris la tête du vignoble fondé par Jean Luc Arnaud et son épouse. Un patrimoine d'une cinquantaine d'hectares doté d'une cave flambant neuve, parfaitement équipée. Le caveau de vente propose des produits artisanaux du Var : du miel de Riez, ou encore des terrines de Carcès. Là encore, ils sont tous élaborés sans colorant, de la manière la plus naturelle possible. Des expositions d'artistes sont aussi proposées dans ce caveau !

VARAGES ★★

Discrète par sa situation, aux portes du Verdon et au cœur de la Provence verte, Varages jouit d'un climat unique et se décline en une profusion de couleurs et de senteurs. Bâti sur une barrière naturelle de tuf, le village domine un paysage boisé de chênes verts. La région, fort argileuse, est généreusement desservie en eau par quatorze fontaines ainsi que par les canaux d'irrigation : le parfait combiné pour faire de la poterie une activité maîtresse. Aujourd'hui, la fameuse faïencerie de Varages et trois ateliers perpétuent encore avec brio ce savoir-faire de plus de 300 ans. Le musée des faïences est certainement à ne pas manquer.

MUSÉE DES FAÏENCES ★

12, place de la Libération
✆ 04 94 77 60 39
www.musee-faience-varages.fr

Fermé du 23 décembre au 31 janvier ; le premier week-end de juin et la semaine qui le précède. Adulte : 2,50 €.

Ce musée, créé en 1976 à la maison Gassendi, demeure du général d'Empire, retrace l'histoire de la production et les techniques de fabrication et de décoration de la faïence. Il se veut un lieu de conservation, mais également un lieu de recherches et de transmission, à la fois de la tradition stylistique et décorative, mais surtout du savoir-faire, du métier et du mode de vie des faïenciers de Varages. Des nombreuses pièces exposées, il faut remarquer deux plats fabriqués par Étienne Armand, les toutes premières œuvres de faïence connues à Varages !

DOMAINE DE LA BLAQUE €€

Quartier la Blaque ✆ 04 94 77 86 91
www.lablaque.com

Fermé du 4 janvier au 30 mars. 2 chambres de 115 à 135 € en fonction de la durée. Piscine extérieure. Parking.

Cette superbe bastide du XVIIIe siècle, rénovée dans l'esprit de la Provence et dans une démarche d'écotourisme, en total respect de l'environnement, est blottie au milieu de 300 hectares de forêt et de champs. Dans cette oasis de verdure, Caroline et Jean-Luc Plouvier vous proposent deux chambres d'hôtes de charme indépendantes, trois gîtes (de 3 à 6 personnes), ainsi qu'une maison familiale située à 800 mètres de la bastide principale. Jean-Luc fera partager sa passion de l'astronomie aux amateurs, depuis son observatoire équipé de lunettes et d'un télescope.

AUPS ★★

Porte sud des gorges du Verdon, l'histoire de ce village de caractère remonte au VIe siècle avant notre ère, avec l'implantation sur le plateau Saint-Marc, à proximité des grottes, d'une peuplade celto-ligure, les Verrucini. Aujourd'hui, le village est surtout connu pour son marché aux truffes, ouvert chaque année le dernier jeudi du mois de novembre par le président du syndicat des trufficulteurs du Var, et où les amateurs se donnent rendez-vous tous les jeudis matin de fin novembre à début mars, de 9h30 à 12h sur la place Mistral, pour constater l'évolution du cours et de la qualité de la truffe noire.

MAISON DE LA TRUFFE D'AUPS ET DU VERDON

Place Martin-Bidouré ✆ 07 49 95 46 42
www.maisondelatruffe-verdon.fr
Haute saison : du lundi au samedi de 9h à 12h et de 14h à 18h. Tarif adulte 3,50 €. Réduit 2,50 €. Parking. Escape game.

Une plongée souterraine au cœur de l'un des secrets les mieux gardés de la gastronomie française…

Située sur la route des gorges du Verdon, cette maison-musée inaugurée à l'occasion du premier marché aux truffes de la saison 2015, vous accueille, au cœur du village d'Aups, dans un ancien hospice du XVIIe siècle. Elle propose pour les experts, ou néophytes, une plongée ludique dans l'atmosphère souterraine et mystérieuse du diamant noir, autour de la visite de plusieurs espaces.

LE GRAND HÔTEL** €

2, place du Gendarme-Duchatel
✆ 04 94 70 10 82
www.grand-hotel-aups.com
Chambre double de 65 € à 81 €, chambre triple de 79 € à 88 €. Parking. Wifi. Restaurant. Animaux acceptés 10 € par nuit.

Vous apprécierez l'accueil soigné de la famille Meissel, dans cet ancien relais du XIXe siècle chargé d'histoire. Les chambres sont coquettes, et très bien tenues et la maison pratique une cuisine authentique à déguster sur la terrasse ombragée par un platane centenaire ou au coin de la cheminée en hiver, brouillade de truffes noires en hiver (nous sommes dans le fief de la tuber melanosporum !), œuf cocotte aux girolles et foie gras, pieds et paquets à la provençale… Un délice ! Une bonne adresse à tous points de vue. On recommande !

HÔTEL RESTAURANT LE PROVENÇAL €

Place Martin-Bidouré
✆ 04 94 70 00 24
www.hotelrestaurantleprovencal.fr
Certifié Logis de France, climatisation, parking, wifi. Restaurant. 10 chambres. Privatisation pour événements.

Véritable incontournable quand il s'agit de trouver un logement dans la vieille ville d'Aups, l'hôtel-restaurant le Provençal est un établissement où l'on apprécie en tout premier lieu l'ambiance conviviale et franche de l'accueil, l'authenticité des lieux et le confort simple et propre de ses chambres. Une adresse centrale, idéalement placée, proposant également une très belle table, où vous pourrez déguster d'excellentes spécialités autour de la truffe.

LA TRUFFE €€

10-12, rue du Maréchal-Foch
✆ 04 94 67 02 41
www.restaurantlatruffe.com
Ouvert du mer au dim 12h-14h30 et 19h-21h30. Carte de saison, cuisine à la truffe. Menus enfant et végétarien. Terrasse.

Le chef Sébastien Gaillard (maître restaurateur, disciple d'Auguste Escoffier, toques blanches) fait la part belle aux produits de saison. La passion et la technique animent ce chef d'origine argentine qui travaille en famille. Exemple : asperge de Provence, cochon noir de Bigorre, pecorino, vinaigrette de betterave et concentré d'herbes fines. Le diamant noir est présent toute l'année (*Melanosporum* en hiver, truffe d'Argentine en été). À découvrir cette année : un menu 100 % végétal en trois ou cinq services.

MARCHÉ AUX TRUFFES

Place Frédéric-Mistral
De novembre à mars, le jeudi. Informations à la Maison de la Truffe.

Ce 3e marché de France de par son importance, se déroule sur la place Frédéric Mistral et au foyer Romano, tous les jeudis matins du dernier jeudi de novembre à fin mars si la production le permet. Il est ouvert aux grossistes et aux particuliers, le cours est fixé par les courtiers en fonction de la qualité et de l'importance des truffes présentées. Choisissez plutôt janvier ou février pour l'achat, c'est à cette époque qu'elles sont les meilleures ! Le marché aux truffes blanches (truffe d'été) a lieu quant à lui tous les mercredis matin de mi-juin à fin août.

LE SAINT MARC €€

7, rue Jean-Pierre Aloisi ✆ 04 94 70 06 08
http://lesaintmarc.com

En saison midi et soir, mardi fermé. Hors saison fermé lundi soir & mardi. Formule midi 14,50€. Menus 29,50 et 38,50€

Un ancien moulin à huile transformé en hôtel-restaurant, dans un cadre provençal où l'on cuisine au feu de bois. Le chef Alexandre Dimitch (Toque Gault&Millau, Bib Gourmand) affectionne les circuits-courts, les produits frais pour rendre hommage au terroir. Poulpe au feu de bois, raviole de chevreuil, cabillaud à la braise, tarte Tatin et noisettes torréfiées, dans l'assiette beaucoup de technique, des cuissons maîtrisées et des saveurs remplies d'émotions. Capitale de la truffe oblige, on la retrouve au menu. Cave à vin avec 500 références svp, service traiteur.

BAUDUEN ★★

Construit en arc de cercle, adossé à la falaise, placé sur la voie romaine de Fréjus à Riez, le village a franchi les siècles en laissant de nombreuses traces de son passé : ruines du château fort qui n'a pas résisté aux guerres de Religion, rues étroites, portes Renaissance et vestiges de remparts, fenêtres à meneaux, vieille tour de défense du XVIe siècle. Après la création du lac de Sainte-Croix en 1973, ce village à vocation agricole a su, tout en gardant ses activités (élevages caprins et ovins…), se tourner vers le tourisme. Le port et le centre nautique sont devenus des points de rencontre incontournables pour les amateurs d'activités aquatiques.

VILLECROZE

A 350 m d'altitude, sur une route départementale qui mène au lac de Sainte-Croix et aux gorges du Verdon, Villecroze est protégée par un pan de montagnes, couvert de pins et de chênes verts, qui l'abrite du mistral. Son parc aux essences rares, ses grottes troglodytiques, sa cascade et ses nombreuses sources qui jaillissent aux environs lui apportent une touche fraîche et verdoyante. Le vieux village a conservé son caractère moyenâgeux avec ses arcades et ses rues étroites. Le campanile, l'ancien donjon qui jouxte le château, la chapelle Saint-Victor du XIIe siècle et l'église romane du XVIIe siècle méritent une visite approfondie.

DOMAINE DE MAJASTRE €€

Route de Moustiers ✆ 04 94 70 05 12
https://domaine-de-majastre.fr

Chambre double de 100 à 170 €, triple à partir de 130 €. PDJ inclus. Lit suppl. 15 €. Menus truffes, morilles, etc.

Depuis plus de 30 ans, Rosy et Philippe de Santis vous reçoivent dans leur vaste gentilhommière du XVIIe siècle, ancienne résidence des comtes de Blacas, dissimulée dans la verdure au milieu d'un domaine truffier de 5 hectares.

Les chambres sont toutes équipées d'un lit double, idéal pour un séjour en couple. Certaines disposent d'un lit supplémentaire afin d'accueillir les visites en famille. Chaque chambre est dotée d'une salle de bain moderne, équipée de cabine douche, lavabo et toilettes. Vous profiterez de nombreuses découvertes autour de la truffe. On adore !

CHÂTEAU THUERRY

RD 557
✆ 04 94 70 63 02
www.chateauthuerry.com

Du lundi au vendredi de 9h à 17h30. Le samedi de 10h à 18h. Ouvert le dimanche en été. Visite du chai sur rendez-vous.

Le domaine s'étend sur les communes de Villecroze, Flayosc et Tourtour dont les appellations sont respectivement classées en AOP Coteaux-Varois en Provence, Côtes-de-Provence et IGP Coteaux du Verdon. On est au cœur du Parc régional naturel du Haut-Var-Verdon, l'accès depuis la route principale jusqu'au domaine de 340 hectares (dont 40 de vignes plantées), est un pur plaisir. A 400 mètres d'altitude on traverse les sous-bois et pénètre au cœur des terres de calcaire et d'argile, avant de découvrir la grandiose cave en béton aux allures de cathédrale.

JAS DE MAJASTRE €€

Route de Moustiers
✆ 04 94 70 05 12
www.domaine-de-majastre.fr

Ouvert toute l'année. Fermé lundi et mardi en hiver. Menus morilles 85 € en saison, passion truffes 85 €, cigales 54 €.

Un restaurant de terroir chaudement recommandé. Spécialisés en élevage de chien truffier jusqu'à la vente de truffes (et morilles), la famille De Santis propose une cuisine de terroir raffinée, basée uniquement de produits bio de la ferme. Le chef Morgan Barra, disciple d'Escoffier, concocte avec créativité différentes recettes autour du diamant noir, véritable trésor de la région : brouillade, feuilleté, lasagnes ou sabayon d'écrevisses aux truffes, cappuccino de cèpe et chantilly aux truffes, et de bons desserts. Une adresse privilégiée du Petit futé !

BAUDINARD-SUR-VERDON

De nombreux vestiges et objets préhistoriques trouvés dans la grotte de l'église témoignent d'une occupation du site jusqu'à l'âge du fer. Le nom du village apparaît sur des écrits, en 1113, sous le nom de Bellum Dinarium, puis Beldinard. Le 26 mai 1389, Elzéar de Sabran, baron d'Ansouis, devient seigneur de Baudinard, par son mariage avec Beaucette. La seigneurie restera entre les mains de Sabran jusqu'à la Révolution. Aujourd'hui, ce village a conservé de belles maisons, reliées par des passages voûtés pleins de caractère.

LES SALLES-SUR-VERDON ★

Peu de vieilles pierres à découvrir dans ce village, ceci est dû en grande partie à un épisode dramatique de son histoire. En effet, le village a dû être sacrifié lors de la mise en eau de la retenue du lac de Sainte-Croix. Le village neuf, moderne, aéré, fleuri, a été reconstruit en promontoire sur le lac. Aujourd'hui, il est devenu une destination agréable pour la pratique de tous les loisirs aquatiques grâce au plan d'eau des 2 200 hectares du lac et à l'attrait de sa belle eau turquoise. En plein cœur du parc naturel du Verdon, la commune est idéalement située pour rayonner et pour découvrir la nature environnante par le réseau des sentiers de randonnée.

LAC DE SAINTE-CROIX ★

Lac de Sainte-Croix

Mis en eau de novembre 1973 à avril 1975, le lac est alimenté par le Verdon qui prend sa source au col d'Allos et parcourt 175 kilomètres dont 30 kilomètres au fond des gorges éponymes. Il doit sa couleur émeraude à de micro-algues en suspension. Voué à la production hydroélectrique et à l'irrigation, ce lac qui mesure 11 kilomètres de long sur 4 kilomètres de large environ est également un éden pour les baigneurs, les adeptes de sports nautiques et les pêcheurs. Un des incontournables des Gorges du Verdon et quel bonheur de s'y baigner !

AIGUINES ★

Petit village perché à plus de 800 mètres d'altitude, Aiguines surplombe le lac de Sainte-Croix. Au sommet, à côté de la chapelle Saint-Pierre, une table d'orientation permet d'admirer le superbe panorama aux alentours du village. L'église paroissiale Saint-Jean, avec son beau clocher à baies, date du XIIIe siècle. Le château et ses caractéristiques, quatre hautes tourelles aux toits en poivrières recouvertes de tuiles vernissées polychromes, a été restauré en 1606 par Balthazar de Gauthier, avant d'être transformé et ses jardins aménagés, vers 1720, puis 1750. Racheté et rénové en 1989, il est devenu une résidence privée.

MUSÉE DES TOURNEURS SUR BOIS ★

Place de la Résistance ✆ 04 94 70 99 17

www.museedestourneurssurbois.com

Juillet-août, 10h-18h30. Juin, septembre, mai 10-18h sauf le dimanche. Tarif 3,50 €. Groupe 15 pers/réservation, 3 €.

A Aiguines, la tournerie sur bois est mentionnée dès la fin du XVIe siècle. C'est la présence d'un espace forestier rare qui l'a rendu possible. De tels villages de tourneurs ont existé et existent encore. Mais dans tout le sud-est, Aiguines fait figure d'exception. Le musée vous propose de découvrir son histoire à travers ses collections, qui représentent un patrimoine rare, témoignage d'un savoir-faire unique et où se côtoient le savoir-faire d'hier et la création contemporaine.

HÔTEL GRAND CANYON DU VERDON** €

RD71 ✆ 04 94 76 91 31

www.hotel-canyon-verdon.com

Chambre double de 90 à 115 €. Demi-pension : 160 € (à partir de, pour 2 personnes). Wifi gratuit. Animaux acceptés.

Cet hôtel est vraiment un de nos établissements préférés dans le Verdon ! C'est avant tout en raison de sa localisation unique et exceptionnelle. Il est en effet posé sur la sublime corniche du grand Canyon et la vue à-pic sur le canyon, à 300 mètres de hauteur, y est époustouflante. Les chambres, qui ont été restaurées récemment, sont confortables et cosy. Le restaurant, Les Cavaliers, offre une très belle vue panoramique sur le canyon du Verdon et une bonne cuisine du terroir.

DOMAINE DE CHANTERAINE €€

Chantereine

✆ 04 94 70 21 01

www.chanteraine.net

Ouvert de mars à octobre. 3 chambres. Chambre double à partir de 145 €. Petit déjeuner buffet inclus. Piscine.

Ce domaine, fief seigneurial du XIIe siècle avec ses façades réaménagées au XVIIe siècle, ouvert sur un grand bassin à deux fontaines, domine les eaux bleues du lac de Sainte-Croix, posé au milieu de 2 200 hectares. Les chambres et les suites possèdent des meubles anciens patinés par le temps. L'établissement possède aussi une belle piscine, idéale pour la détente. A proximité du domaine, vous pourrez pratiquer de nombreuses activités de loisirs (escalade, parapente, randonnée...). Le domaine se situe à environ 1 kilomètre avant Les Salles-sur-Verdon.

VAR

HÔTEL DU VIEUX-CHATEAU** €€

Place de la Fontaine ✆ 04 94 70 22 95
www.hotelchateauverdon.fr
Ouvert d'avril à octobre. Accueil jusqu'à 21h. 10 chambres. Chambre double de 80 à 90 €. Restaurant. Garage fermé.

Cet ancien relais de poste du XVIIIe siècle, au pied duquel murmure une superbe fontaine, renferme de coquettes chambres au charme provençal. Le restaurant, qui déborde sur une grande terrasse, propose chaque jour sa spécialité, ou des plats typiques de la région comme la soupe au pistou, la daube provençale, le gigot d'agneau, le mijoté de veau fondant aux olives vertes et sa polenta, la truite fraîche façon belle-meunière, le traditionnel aïoli provençal ou encore le sauté d'agneau au romarin et au miel. Un bon plan pour se loger au cœur d'Aiguines !

MOISSAC-BELLEVUE ★

Le village qui s'appelait originellement Moxiaco en 1052, puis Moisac en 1110, a été dirigé successivement par les seigneuries des Blacas, des Castellane et des Coriolis. En 1201, le seigneur d'Aups, Blacas, fait donation aux Templiers de sa part, située à Moissac. Au XIIIe siècle, le seigneur de Baudinard, Guillaume de Moissac, offre également ses biens aux Templiers et rejoint l'ordre. Une commanderie sera alors érigée. Ce village pittoresque, déployé en arc de cercle sur un promontoire à près de 600 mètres d'altitude, est composé de maisons anciennes voûtées au rez-de-chaussée, de rues étroites pentues, de passages arqués.

LA BASTIDE DU CALALOU**** €€€

Route de Baudinard
✆ 04 94 70 17 91
www.bastide-du-calalou.com
Ecolabel européen. Ouvert toute l'année. 32 chambres + 2 appartements. Nuitée de 150 à 345 €. Restaurant. Piscine.

Au pied du village et à quelques encablures du Verdon, la Bastide du Calalou est un havre de confort, une pépite comme le Petit futé en raffole, mêlant luxe, modernité et tradition. Installé dans un parc de 4 hectares, vous pourrez loger dans des chambres somptueuses au flair provençal traditionnel. Les salles de bain sont spacieuses. L'accueil attentionné et personnalisé. Le petit-déjeuner, copieux et varié, se prend au restaurant ou en terrasse. Exceptionnel.

LA BASTIDE DU CALALOU €€€

Route de Baudinard
✆ 04 94 70 17 91
www.bastide-du-calalou.com
Ouvert tous les jours le midi et le soir. Ouvert l'après-midi en saison. Menus de 45 € à 59 €. Menu truffe 139 €.

Au restaurant de la Bastide du Calalou, vous dégusterez une bonne cuisine provençale du terroir, élaborée à partir de produits frais par le chef Rodolphe Lewandovski. Les repas sont servis dans la grande salle chic sublimée d'une somptueuse et moderne cheminée, ou sur l'agréable terrasse extérieure en été. Goûtez par exemple les filets de rouget barbet juste saisis, carotte et gingembre, les ravioles de truffe noire Melanosporum et crème de panais ou encore pour finir en douceur, l'huile d'olive à la vanille et crémeux de citron.

© BASTIDE DU CALALOU

© BASTIDE DU CALALOU

PASSPORT

VAUCLUSE

Partir à la découverte du Vaucluse, c'est une invitation à feuilleter un livre d'histoire à travers des siècles illustrés par de nombreux vestiges d'une richesse exceptionnelle, par de nombreux monuments classés à l'Unesco. C'est se balader dans deux parcs naturels régionaux. C'est vivre dans le « jardin de la France » où règne la douceur du climat, où à perte de vue s'étendent des prairies, des vignobles, des forêts, un lieu de prédilection pour les cultures maraîchères et fruitières. C'est admirer une mosaïque de villes, de villages bâtis par les hommes. C'est s'imprégner d'une culture forte à l'accent provençal, forte de sa musique, de ses danses, de ses théâtres, de ses festivals, de ses poètes engagés et de sa gastronomie aux accents du soleil. Vous êtes nombreux à nous envier ce territoire mais comment le visiter ? Quelles sont ses activités sportives ? Ses spécialités ? Que ramener de votre voyage ? ...suivez le guide !

ARDÈCHE
GARD
BOUCHES-DU-RHÔNE
Vers Montélimar
Vers Lyon
Vers Pont-St-Esprit
Vers Nîmes
Vers Marseille
Vers Rémuzat
GRILLON
VALRÉAS
RICHERENCHES
VISAN
Nyons
Lapalud
BOLLÈNE
STE CÉCILE-LES-VIGNES
MONDRAGON
Lagarde-Paréol
UCHAUX
MORNAS
SÉRIGNAN-DU-COMTAT
CAIRANNE
RASTEAU
ROAIX
VAISON-LA-ROMAINE
PUYMÉRAS
ENTRECHAUX
CRESTET
SÉGURET
SABLET
MALAUCÈNE
Beaumont-du-Ventoux
PIOLENC
GIGONDAS
SUZETTE
SAINT-HIPPOLYTE-LE-GRAVEYRON
VACQUEYRAS
LE BARROUX
BEDOIN
ORANGE
LAFARE
LA ROQUE-ALRIC
BEAUMES-DE-VENISE
CAROMB
Jonquières
Caderousse
Sarrians
AUBIGNAN
COURTHÉZON
CARPENTRAS
MAZAN
BÉDARRIDES
CHÂTEAUNEUF-DU-PAPE
MONTEUX
SORGUES
Entraigues
PERNES-LES-FONTAINES
St-Didier
VENASQUE
LA ROQUE-SUR-PERNES
VILLENEUVE-LEZ-AVIGNON
Vedène
LE PONTET
Jonquerettes
VELLERON
LES ANGLES
Morières
AVIGNON
Châteauneuf-de-Gadagne
LE THOR
L'ISLE-SUR-LA-SORGUE
CAUMONT-SUR-DURANCE
LAGNES
CABRIÈRES-D'AVIGNON
ROBION
CAVAILLON
Cheval-Blanc
Rhône
Aigues
Ouvèze
Durance
A7
A9
N7
N100
D94
D941
D538
D976
D994
D8
D925
D977
D7
D907
D950
D974
D942
D4
D31
D900
D6
D22
D13
10 KM

Autoroute
Nationale
Départementale
Ville
Forêt domaniale
Vaucluse
HAUTES-ALPES
DRÔME
ALPES DE HAUTE-PROVENCE
VAR
BRANTES
ont Ventoux
D164
AUREL
D974
ST TRINIT
SAULT
Vers Forcalquier
D1
MONIEUX
D30
D942
ST CHRISTOL
D943
LAMBERT
LAGARDE-D'APT
de Vaucluse
SAINT-SATURNIN-LÈS-APT
MURS
RUSTREL
Gignac
VILLARS
D4
D22
GARGAS
VIENS
CASENEUVE
ROUSSILLON
APT
D900
SAIGNON
Vers Digne-les-Bains
CASTELLET
LACOSTE
BUOUX
AURIBEAU
Vers AIGLUN
Sivergues
Vitrolles-en-Luberon
BONNIEUX
MONTAGNE DU LUBERON
PAR RÉGIONAL DU LUBERON
LA BASTIDE-DES-JOURDANS
CABRIÈRES-D'AIGUES
PEYPIN-D'AIGUES
VAUGINES
CUCURON
SAINT-MARTIN-DE-LA-BRASQUE
Vers Manosque
LOURMARIN
Parc naturel régional du Luberon
BEAUMONT-DE-PERTUIS
D973
LAURIS
LA MOTTE-D'AIGUES
ANSOUIS
LA TOUR-D'AIGUES
CADENET
D956
LA BASTIDONNE
MIRABEAU
VILLELAURE
D973
PERTUIS
Vers Aix-en-Provence
A51
Vers Aix-en-Provence

PAGES

● ● PAYS D'AVIGNON

508

508 **AVIGNON** ★★★★

517 **VILLENEUVE-LÈS-AVIGNON** ★★

Née à la fin du XIIIe siècle, Villeneuve se développe grâce au roi Philippe le Bel, qui entreprend de fortifier le mont Andaon afin d'asseoir la puissance royale sur la frontière le long du Rhône, ville indissociable de la cité des Papes. Spectatrice des évolutions du passé, elle a aussi ses propres festivités, dont le Festival du Polar. Une situation parfaite pour découvrir le Gard rhodanien.

520 **CAUMONT-SUR-DURANCE**

● ● ENCLAVE DES PAPES

521

521 **GRILLON**

521 **RICHERENCHES** ★

Ce tout petit village médiéval vaut vraiment le détour tellement il est charmant. Richerenches constituait la commanderie générale de Provence, fondée en 1136 par Arnaud de Bedos. Le village a gardé ses allures de forteresse avec ses quatre tours et ses remparts. La commanderie est l'une les mieux conservées de France. On y trouve encore le logis du commandeur et de ses chevaliers.

522 **VALRÉAS** ★

Capitale de l'Enclave des Papes du Haut Vaucluse.On raconte que son nom est né au IXe quand un certain Valère (Valéracium) construisit son domaine sur les bords de la rivière. La ville s'appela aussi Valérias, Valrias (Vaurias en provençal), Vaulréas ou Vauréas. Son appellation actuelle n'arrivera qu'au XIXe siècle.

525 **VISAN**

● ● VALLEE DU RHONE

526

526 **BOLLÈNE** ★

Située à la croisée du Vaucluse, de la Drôme, de l'Ardèche et du Gard, campée sur le Lez, Bollène est considérée comme la porte de la Provence. On grimpe en haut de la ville, dans les jardins de la Collégiale où le panorama s'ouvre sur les Cévennes, la vallée du Rhône et les toits en tuiles rouges. Une fabrique de produits réfractaires voit le jour grâce aux conséquents gisements d'argile.

526 **SAINTE-CÉCILE-LES-VIGNES** ★

528 **ORANGE** ★★★

Le peuple celto-ligure des Cavares l'appellait Arausio et elle était leur plus grande cité. En l'an 105 avant J-C., sa terre a été le théâtre d'une des plus sanglantes batailles menées par les armées romaines contre les germains... Au XIIIe siècle, la ville appartient au royaume de Bourgogne et devient principauté. Avec ses places anciennes, ses ruelles étroites, il fait bon flâner dans la cité.

530 **MORNAS**

530 **BÉDARRIDES**

530 **SÉRIGNAN-DU-COMTAT**

PAGES

VAUCLUSE

PAGES

AVIGNON ★★★★

Ancien centre celte, puis puissante cité romaine, ceinte par ses remparts, elle est à la fois capitale spirituelle, politique, économique et culturelle. Avignon peut s'enorgueillir de posséder un patrimoine architectural et artistique exceptionnel qui en fait aujourd'hui encore le plus grand et le plus bel ensemble gothique d'Europe. Son histoire commence sur le rocher des Doms, refuge naturel au-dessus du Rhône. Au XIIe siècle, c'est déjà une ville importante, grâce notamment au pont Saint-Bénezet, le fameux pont d'Avignon, qui lui assura une activité commerciale considérable. Plus tard, au XIVe siècle, Avignon sera le centre du monde chrétien, et demeure terre pontificale jusqu'à la Révolution. Célèbre aussi grâce au plus grand festival de théâtre vivant du monde, elle accueille des centaines de spectacles et des milliers de spectateurs chaque année. Ses musées, renfermant des expositions prestigieuses, répondent aussi aux attentes des visiteurs. Par un dédale de ruelles ponctuées de placettes, venez découvrir ses mille richesses. Outre le prestigieux Palais des Papes, le célèbre pont d'Avignon et les remparts encore intacts qui ceignent la ville, celle-ci recèle nombre de trésors à découvrir au fil des rues. Pour vous aider, l'office de tourisme a mis en place quatre promenades balisées (la promenade des Doms, la promenade Joseph Vernet, la promenade des Teinturiers et la promenade de la Carreterie) qui vous permettront de découvrir tous les attraits de la ville, les églises, les chapelles, les vieilles rues et les hôtels particuliers.

LA BARTHELASSE

La plus grande île fluviale de France pour se promener, faire du sport et se détendre. Pensez au pique-nique !

La plus grande île fluviale de France ! Et aussi la promenade fraîcheur des Avignonnais pendant les mois d'été. On se balade sur ses pistes cyclables, son chemin de halage qui offre une vue imprenable et exceptionnelle sur le pont d'Avignon, le Rocher des Doms et le palais des Papes. Vous pouvez y accéder soit en voiture en traversant le pont Daladier qui conduit à Villeneuve, soit par la navette fluviale gratuite. À deux pas du centre historique, ces 700 hectares de calme et de verdure sont une invitation au repos et aux loisirs sportifs en plein air !

COLLECTION LAMBERT EN AVIGNON ★★

5, rue Violette ✆ 04 90 16 56 20
www.collectionlambert.com

Ouvert toute l'année. Basse saison mer/ven 13h-18h ; sam/dim 11h-18h. Haute saison : lun/dim 11h-19h. Visite guidée.

L'art contemporain, l'art minimal, l'art conceptuel, le land art sont les piliers de la Collection Lambert ; le fonds est impressionnant (plus de 1 200 références) : des artistes des années soixante à nos jours sont à découvrir dans deux hôtels particuliers du XVIIIe siècle… On navigue entre les collections permanentes et les expos temporaires de grande qualité ! Cette année, les œuvres de Thomas Hirschhorn, Reeve Schumacher, et plusieurs artistes de la Donation Yvon Lambert.

LE JARDIN DES DOMS

Au-dessus du Palais des Papes
✆ 04 90 80 80 00
www.avignon-tourisme.com

Ouvert toute l'année : 7h30-18h d'octobre à mars, en avril, mai, août, septembre jusqu'à 20h, en juin et juillet 22h.

Ce jardin à l'anglaise de 29 044 m^2 est certainement le plus visité et le plus surprenant des parcs de la ville. C'est ici qu'il faut venir se poser quand on veut fuir la foule tout en étant en plein cœur d'Avignon. Ce havre de paix offre une vue panoramique magnifique sur la vieille ville, les monuments et les paysages de la plaine du Rhône jusqu'au Mont Ventoux. Pensez à prendre un pique-nique pour profiter d'un repas à côté du lac où barbotent les canards et les cygnes. Les enfants pourront jouer avec les deux aires de jeux à disposition.

MUSÉE ANGLADON - COLLECTION JACQUES DOUCET ★

5, rue du Laboureur ✆ 04 90 82 29 03
www.angladon.com

Avril à octobre, du mardi au dimanche de 13h à 18h.Novembre à mars, du mardi au samedi de 13h à 18h.

Ce musée est installé dans l'ancienne demeure de Jean et Paulette Angladon-Dubrujeaud, héritiers du couturier Jacques Doucet. Ce mécène passionné d'art passa sa vie à collectionner les œuvres des artistes majeurs de son temps. Le fonds fut finalement légué à une fondation avignonnaise créée par Paulette Angladon-Dubrujeaud. Impressionnante collection de tableaux, dessins, meubles et objets d'art signés Chardin, Vernet, Cézanne, Degas, Manet, Sisley, Van Gogh, Modigliani et Picasso.

MUSÉE CALVET ★

65, rue Joseph-Vernet
✆ 04 90 86 33 84
www.musee-calvet.org
Fermé 1er janvier. 1er mai. 25 décembre. Ouvert du mercredi au lundi de 10h à 13h et de 14h à 18h. Gratuit.

L'un des plus beaux musées des Beaux-Arts de France, tant par la qualité et la variété de ses collections que par l'hôtel particulier qui l'abrite. Né de la volonté d'un homme, Esprit Calvet (1728-1810), grand collectionneur avignonnais, il s'est enrichi au fil des siècles de milliers de donations et de legs de collectionneurs régionaux, français et italiens. Ses collections traitent des périodes allant de l'Antiquité à l'art moderne ; les arts grec, étrusque, romain, gallo-romain et égyptien sont présentés quant à eux au Musée lapidaire.

MUSEE DU PETIT PALAIS ★

Place du Palais des Papes
✆ 04 90 86 44 58
www.petit-palais.org
Ouvert toute l'année. Sauf 1er janvier, 1er mai et Noël. Du mercredi au lundi de 10h à 13h et de 14h à 18h. Gratuit.

Le Petit Palais est l'exemple éclatant d'une ancienne livrée cardinalice édifiée au XIVe du temps du pape Jean XXII. Classé au Patrimoine mondial de l'Unesco, c'est l'un des plus beaux musées d'Europe pour ses collections d'art médiéval et de la Renaissance italienne. Il abrite quelque 300 tableaux des Primitifs italiens parmi lesquels *La Vierge à l'Enfant* et *La Vénus aux trois Putti* de Botticelli, le *Christ à la Colonne* de Liberale da Verona, la *Vierge à l'Enfant* trônant entre deux anges de Vittore Crivelli, et le *Songe de Jacob* de Nicolas Dipre.

MUSÉE LOUIS VOULAND ★

17, rue Victor-Hugo
✆ 04 90 86 03 79
www.vouland.com
Ouvert du mardi au dimanche de 14h à 18h. Gratuit jusqu'à 12 ans. Visite guidée.

Situé dans l'hôtel particulier de Villeneuve-Esclapon fin du XIXe siècle, ce musée porte le nom du riche industriel qui en fit sa résidence principale en 1927. Amateur d'art des XVIIe et XVIIIe siècles, Louis Vouland collectionna meubles et objets de cette époque. L'hôtel particulier renferme de riches éléments d'arts décoratifs -tapisseries, porcelaines, lustres, dorures- des XVIIe et XVIIIe siècles, et des œuvres de peintres provençaux de la fin du XIXe et du début du XXe siècle. Des expositions temporaires complètent les collections permanentes.

MUSÉUM REQUIEN - MUSÉE D'HISTOIRE NATURELLE ★

67, rue Joseph-Vernet
✆ 04 90 82 43 51
Ouvert toute l'année. Du mardi au samedi de 10h à 13h et de 14h à 18h / 19h de juin à septembre. Gratuit.

Le Muséum Requien œuvre à la diffusion des connaissances actuelles. Une exposition permanente raconte l'histoire géologique du Vaucluse et de ses environs, tandis que des expositions temporaires présentent les richesses de notre patrimoine naturel. Ce remarquable musée conserve des collections de tous les domaines des sciences naturelles : géologie, zoologie et botanique. Par ailleurs, une bibliothèque de sciences naturelles permet d'accéder à une documentation précise et variée.

PONT D'AVIGNON (PONT SAINT-BÉNEZET) ★★

Boulevard de la Ligne
✆ 04 32 74 32 74
www.avignon-pont.com
1er janv-3 fév 10h-17h ; 4-28 février 10h-18h ; 1er mars-5 nov 9h-19h ; 6 nov-22 déc 10h-17h ; 23-31 décembre 10h-18h.

Le célèbre pont que l'on chante dans toutes les langues. L'autre surprise, c'est de découvrir que ce n'est qu'un morceau de pont. Il faut dire qu'il a été maintes fois cassé et reconstruit, ravagé à nouveau tant par la furie destructrice des soudards que par la colère du fleuve, puis définitivement abandonné au XVIIe siècle. Ce porteur de légendes est classé patrimoine mondial par l'Unesco et pas moins de 400 000 visiteurs viennent le voir tous les ans.

LA RUE DES TEINTURIERS ★★

Dite « la rue des roues »
Rue pittoresque pavée avec des galets de la Durance. Elle part des remparts, suit la Sorgue jusqu'à la rue des Lices.

Cette rue part des remparts sud entre la Porte Thiers et la Porte Limbert. Elle est appréciée l'été pour la fraîcheur qui émane du canal et par l'ombrage qu'offrent ses majestueux platanes. Pendant le Festival, de nombreux cafés et restaurants vous proposent d'attendre agréablement le début des pièces de théâtre. Découvrir l'histoire de cette rue pittoresque et en même temps, celle de ses habitants, c'est découvrir l'histoire d'Avignon tout entière. C'est un endroit de promenade exceptionnel mais évitez les talons aiguilles !

VAUCLUSE

PALAIS DES PAPES ★★★★

Place du Palais des Papes
✆ 04 90 27 50 00
www.palais-des-papes.com
Ouvert tous les jours, toute l'année. Horaires variables suivant la saison. Adulte : 12 €.

Aux portes de la Provence, là où le Rhône rencontre la Durance, trône fièrement le Palais des Papes avec son allure de forteresse. Avec plus de 650 000 visiteurs par an, il fait partie des dix monuments les plus visités en France. Véritable symbole du rayonnement de l'Eglise sur l'Occident chrétien au XIVe siècle, ce monumental chef-d'œuvre de 15 000 m² est la plus grande forteresse du Moyen Age et le plus grand palais gothique d'Europe. Edifié en moins de vingt ans, à partir de 1335, le palais - classé sur la liste du Patrimoine mondial par l'Unesco en 1995 - est signé principalement par deux papes bâtisseurs, Benoît XII et Clément VI. Entre 1309 et 1418, neuf papes voient leur destinée liée à celle d'Avignon, cité qui se trouve au carrefour des grandes routes du monde occidental, et sept d'entre eux résident entre les murs du Palais des Papes. Avec son architecture imposante, le palais domine la ville de ses hautes murailles et exprime la toute-puissance du pouvoir pontifical. C'est un monument dont la façade nous écrase de toute sa hauteur, construit pour exprimer le pouvoir de l'église sur son royaume. Il possède toutes les caractéristiques d'une forteresse et est doté des éléments de l'architecture militaire et défensive, avec ses contreforts, ses deux tourelles, ses chemins de ronde, ses combles et ses crénelages. Mais cette redoutable citadelle, dont l'une des évidentes raisons d'être est la protection des papes, est aussi dotée de tout l'apanage du faste pontifical.

Mais comment expliquer la présence à Avignon d'un palais des papes ? Pour en comprendre les raisons, il faut se plonger dans une période tourmentée de l'histoire pontificale. Au début du XIVe siècle, il n'est pas rare que les papes séjournent en-dehors de Rome, au gré des tensions politiques et des luttes de pouvoir qui agitent l'Europe. Rome est une ville turbulente en proie à des intrigues et conflits permanents. Pour leur sécurité, les papes se déplacent entre les grandes villes des Etats pontificaux : on parle d'ailleurs de nomadisme pontifical. En 1305, le roi de France Philippe le Bel fait pression pour faire élire l'archevêque de Bordeaux, qui devient alors le second pape français sous le nom de Clément V. Sous son pontificat, Avignon entre dans la grande histoire de l'église en devenant la résidence officielle d'une partie du Collège des cardinaux. Son successeur, Jean XII, s'installe dans le palais épiscopal d'Avignon, alors installé à l'emplacement de l'actuel Palais des Papes, qu'il transforme. Ce n'est que sous Benoît XII, qui lui succède, que commence la construction du nouveau palais, en 1335. Ce pape bâtisseur reprend l'organisation de l'édifice existant et fait ériger la Tour du Pape, les appartements pontificaux, le cloître, l'aile du consistoire, plusieurs tours, les cuisines, les latrines, la chapelle, etc. Il décore richement son palais de mobilier et de peintures murales. Son successeur, Clément VI, continue quant à lui d'embellir le palais, ajoute de nouvelles tours et fait des extensions spectaculaires, notamment la salle de la Grande Audience et la Cour d'Honneur. A partir de 1378, deux courants rivaux divisent la chrétienté et l'Europe : le Grand Schisme voit deux papes régner simultanément sur la chrétienté, l'un installé à Rome, et l'autre à Avignon. Benoit XIII est le dernier pape à occuper le Palais des Papes d'Avignon, et le retour définitif des papes à Rome a lieu en 1420, sous Martin V.

Occupé ensuite par les Légats et Vices-légats dès le XVe, transformé en caserne jusqu'en 1906, le Palais des Papes fait l'objet de restaurations diverses depuis lors. Offrant d'innombrables et incomparables richesses, tant au niveau architectural que pictural, il fait revivre aux visiteurs tous les fastes de la cour pontificale. Aujourd'hui, 25 salles du Palais des Papes sont ouvertes aux visiteurs. Une bonne heure est nécessaire pour découvrir tous les lieux de visite : les salles d'apparat, les salles d'audience, les chapelles aux magnifiques fresques du célèbre Matteo Giovanetti et les appartements privés du pape et les trois jardins restaurés à l'identique de ce qu'ils étaient au Moyen Age. Grâce à l'Histopad, une tablette tactile de réalité augmentée, on peut faire un saut dans le passé et redécouvrir les différentes pièces telles qu'elles se présentaient à l'époque où les papes résidaient à Avignon. Les salles d'apparat retrouvent tout leur faste et les fresques murales leur état d'origine. Les jardins pontificaux ont été restaurés entre 2017 et 2020, et font désormais partie du circuit de la visite. Améliorés, agrandis et réaménagés par les occupants successifs du palais, ils donnent aujourd'hui à voir un verger de 1 000 m², ayant un accès aux anciennes cuisines, ainsi que le jardin privé du pape, de 600 m², auquel il avait un accès privé depuis ses appartements.

Le monument offre aussi au visiteur une animation culturelle régulière tout au long de l'année. Consultez le site Internet pour connaître les expositions thématiques et les visites à thème qui y sont organisées pendant votre séjour. Un éventail d'ateliers pédagogiques permet également aux plus jeunes de se frotter à des techniques et savoir-faire en voie d'extinction, comme la peinture sur céramique. Durant la saison estivale, une grande exposition d'art occupe la Grande Chapelle, alors que les représentations du célèbre Festival d'Avignon, créé par Jean Vilar en 1947, se déroulent au mois de juillet dans la Cour d'Honneur du palais.

REMPARTS D'AVIGNON ★★★

avignon-tourisme.com/?s=rempart

Tour des remparts à vélo. Balade architecturale. Infos sur site internet.

Avignon est l'une des rares villes françaises à avoir conservé l'intégralité de ses anciens remparts (classés monuments historiques). Dès lors, difficile de dissocier la ville des témoins de son Histoire. Entre quatre et cinq kilomètres de dentelle de pierre datant du XIVe siècle ceinturent la vieille ville. Ils sont flanqués de trente-neuf tours et percés de sept portes principales : la porte de l'Oulle, la porte Dominique, la porte Saint-Roch, la porte de la République, la porte Saint-Michel, la porte Limbert et la porte Saint-Charles.

Au XXe siècle, grâce à la rénovation du Palais des Papes et l'apparition des congés payés, la ville devient un important centre touristique. La création du festival d'Avignon en 1947 par Jean Vilar permettra de développer le secteur touristique. En 2000, Avignon est la capitale européenne de la culture. Depuis 1995, le Palais des Papes, le pont Saint-Bénézet et l'hypercentre sont inscrits au patrimoine mondial de l'Unesco. Fort d'un passé prestigieux, Avignon a su garder un patrimoine aussi riche qu'étonnant. La capitale de la Chrétienté au Moyen Âge a su évoluer avec son temps et concilier harmonieusement passé et présent. Une promenade en plein cœur de la cité des papes, c'est la promesse de fabuleuses découvertes : ruelles anciennes, façades restaurées, églises, chapelles, musées, édifices médiévaux, jardins, hôtels particuliers des XVIIIe et XIXe siècles... La liste est longue tant Avignon est indiscutablement le plus grand musée gothique à ciel ouvert d'Europe.

OFFICE DE TOURISME D'AVIGNON

41, cours Jean-Jaurès

✆ 04 32 74 32 74

www.avignon-tourisme.com

Qualité Tourisme. Ouvert toute l'année tous les jours de 9h à 17h. Fermé le dimanche.

L'office du tourisme est situé dans la rue principale en face de vous si vous arrivez par le train à la gare du centre-ville, vous y trouverez les brochures, les plans et les conseils pour organiser votre séjour : liste des multiples visites guidées assurées tout au long de l'année par des conférenciers, des loisirs, des manifestations, les hébergements, la vie pratique, la vie culturelle d'Avignon et de la Provence. On est aux petits soins avec vous !

LES GRANDS BATEAUX DE PROVENCE

Allée de l'Oulle

✆ 04 90 85 62 25

www.bateauxdeprovence.fr

Parking en face de l'embarcadère. Horaires et tarifs sur le site.

Bateau-restaurant *Le Mireio* ou bateau-promenade *Le Saône*. Vous choisissez celui que vous voulez dans la flotte des Grands Bateaux de Provence pour découvrir Avignon et ses alentours au fil du Rhône. Plusieurs formules au départ d'Avignon dont la promenade de 2 heures à bord du *Saône* (de mars à septembre) qui vous mène en journée jusqu'à Villeneuve-Lez-Avignon, sans accoster. Les formules Croisière d'une journée avec déjeuner à bord du *Mireio* sont à destination d'Arles ou Tarascon.

PETIT TRAIN TOURISTIQUE

Place du Palais des Papes

✆ 04 90 86 36 75

A partir du 15 mars 10h-18h /Juillet et Août 10h-19h. Départ toutes les 30 min, place du Palais-des-Papes. Durée 45 min.

Vous n'avez pas beaucoup de temps, vous avez des difficultés pour marcher, des enfants en bas âge ? Ce petit train vous permet de découvrir Avignon avec un audioguide, en 45 minutes et sans se fatiguer. L'achat du billet se fait dans le petit train. Le parcours : Le Palais des Papes, Le Musée du Petit Palais, Le Rocher des Doms, L'Hôtel des Monnaies, Le Pont Saint Bénezet (Pont d'Avignon), La Place Crillon, Musée Calvet, La Collection Lambert, La Place des Corps Saints, Le Musée Angladon, La Place Saint-Pierre, La Rue de la République, La Place de l'Horloge.

LES CORPS SAINTS** €

17, rue Agricol-Perdiguier

✆ 04 90 86 14 46

www.hotel-les-corps-saints.fr

Ouvert toute l'année. 17 chambres. Chambre double de 53 € à 76 €. Petit déjeuner : 9 €.

Ce petit hôtel de charme se situe dans une minuscule rue du centre historique tout près d'une des places animées de la cité papale : la place des Corps-Saints. C'est tout petit, les chambres aussi mais c'est fonctionnel et très bien optimisé et la literie est confortable. La déco joue la carte minimaliste un brin vintage, avec une palette de couleurs vives et acidulées en note tonique sur les murs, les tentures, les luminaires. Petit déjeuner sympa, nombreux restaurants à proximité. Pour se garer, le parking Jean Jaurès n'est pas loin.

HÔTEL MIGNON** €

12, rue Joseph-Vernet
✆ 04 90 82 17 30
www.hotel-mignon.com
Ouvert toute l'année. 16 chambres. Chambre double de 60 € à 130 €.

C'est un petit hôtel familial, mignon, atypique, un peu tarabiscoté dans la rue la plus chic d'Avignon... Les chambres ne sont pas bien grandes mais confortables, toutes différentes, leur rénovation est en cours ainsi que leur salle de bains, lambris dans certaines, mansardes dans d'autres avec des vues sur les toits d'Avignon. On y vient pour la situation idéale au cœur de ville, le parking de l'Oratoire proche, les tarifs très abordables et aussi l'accueil chaleureux des propriétaires et les bons petits déjeuners copieux. Vous pouvez même venir avec votre vélo.

AU SAINT-ROCH** €

9, rue Paul-Mérindol
✆ 04 90 16 50 00
www.hotelstroch-avignon.com
Ouvert toute l'année. 27 chambres. Chambre simple de 72 € ; chambre double 82 €. Petit déjeuner buffet.

Voici une bonne adresse aux abords immédiats du centre-ville et qui a l'avantage – rare – d'offrir un stationnement facile. C'est une vieille maison avec du cachet et une âme qui séduira les amoureux de tranquillité. Bucolique à souhait avec son jardin fleuri, ses vastes chambres – entre 15 et 25 m² – sont toutes simples et bien tenues, les salles de bain fonctionnelles. Nos amis les chiens sont les bienvenus dans les chambres au rez-de-chaussée côté jardin. On prend le petit déjeuner sous la treille. L'accueil est souriant.

CAMPING AUBERGE BAGATELLE €€

25, allées Antoine-Pinay ✆ 04 90 86 30 39
www.campingbagatelle.com
Ouvert toute l'année. Terrain de 3 ha. 220 emplacements. Emplacement + véhicule + 2 personnes. Aire pour camping-cars.

Camping, auberge de jeunesse, hôtel... Le Bagatelle a plusieurs cordes à son arc avec l'avantage d'un cadre sympa près du Rhône et de la proximité de la ville. Parfait pour les routards qui aiment voyager sac au dos, puisque des navettes permettent également le voyage depuis la gare TGV. En dehors de la saison, il n'héberge pas que des vacanciers, il ouvre ses portes un vendredi soir, samedi soir ou un dimanche midi par mois à des animations comme ces Journées ou soirées marseillaises.

MERCURE PONT D'AVIGNON****

2, rue Ferruce
✆ 04 90 80 93 93
contactH0549@accor.com
88 chambres à partir de 110€. Salle de fitness et terrasse ; restaurant Le Racine.

Entre le Pont St Bénezet et le Palais des Papes ce Mercure a tous les atouts : la situation, l'accès direct avec le parking du Palais des Papes juste en dessous, le confort des chambres -classiques, supérieures ou suites-, une belle terrasse à l'aplomb du Jardin des Doms où l'on prend le petit déjeuner ou un apéritif. Pour s'attabler sans sortir, le restaurant Le Racine est une très bonne table, le cadre est sympa, très déco. Et puis l'accueil est aux petits soins.

HÔTEL DE GARLANDE €€

20, rue Galante ✆ 04 90 80 08 85
www.hoteldegarlande.com
Ouvert toute l'année. 12 chambres, chambre double à partir de 72 €. Haute saison : chambre double à partir de 108 €.

Au cœur des ruelles pavées du centre avignonnais, tout près de la stratégique place de l'Horloge et du palais des papes, voici un hôtel de bon standing auquel les propriétaires Emmanuelle et Stéphane s'emploient à distiller un esprit « chambre d'hôtes », notamment avec les agréments de petits déjeuners copieux riches de gâteaux, de confitures et de yaourts maison. Les chambres sont au goût du jour, toutes différentes en surface et en décoration, calmes et confortables avec douche ou bain, plateau de courtoisie. Dans certaines, un lit bébé peut être installé.

HÔTEL MÉDIÉVAL*** €€

15, rue Petite-Saunerie ✆ 04 90 86 11 06
www.hotelmedieval.com
Fermé en janvier. Accueil jusqu'à 22h. 34 chambres, double de 70 à 230 €. Petit déjeuner buffet : 12 €. Garage vélos.

Vraiment à deux pas du Palais des Papes dans une ruelle calme et pittoresque, le Médiéval est d'un excellent rapport qualité-prix. Cette ancienne livrée cardinalice a du caractère avec son patio. Le confort est au rendez-vous. Deux chambres ont vue sur le Palais des Papes. Au rez-de-chaussée se trouvent la salle des petits déjeuners ainsi qu'un petit salon de lecture. Petits déjeuners copieux pour aller arpenter les ruelles de la ville ou monter les marches du Palais des Papes. Une formule studio avec kitchenette pourra vous être proposée à partir de trois jours.

HOTEL-RESTAURANT DU PALAIS DES PAPES*** €€

3, place du Palais ✆ 04 90 86 04 13
www.hotel-avignon.com

27 chambres. Chambre double à partir de 85 € ; suite à partir de 135 €. Animaux acceptés (supplément). Restauration.

Cette bâtisse du XVᵉ siècle est au pied du palais des Papes, elle a l'avantage d'être très bien placée et l'accueil est sympathique. Il y a aussi deux restaurants, l'un dans une salle médiévale d'époque, l'autre avec une décoration plus bistrot-terrasse et qui est ouvert en service continu, ce qui est bon à savoir ! Les chambres ne se ressemblent pas, elles sont uniques dans un décor d'antan qui leur donne tout le charme dont une chambre se trouve en haut d'un escalier en colimaçon.

LES JARDINS DE BARACANE €€

12 rue Baracane
✆ 06 03 41 06 91
www.lesjardinsdebaracane.fr

D'avril à octobre inclus 5 chambres dont 2 suites de 170 € à 350 €. Petit déjeuner : 15 €. Parking 15 €.

Cette maison d'hôtes du XVIIᵉ siècle est l'une des perles de la ville intra-muros. Elle ne manque pas d'atouts ! Tout d'abord, un jardin à l'abri des regards, un écrin de verdure suffisamment grand pour accueillir une belle piscine extérieure chauffée, un luxe en centre-ville. Les chambres sont des nids douillets qui respirent le bonheur de vivre en Provence ; elles ouvrent leurs fenêtres au sud sur le jardin luxuriant où sont servis les petits déjeuners. Tomettes anciennes, boutis, elles sont toutes différentes et décorées avec goût par Laurence et Olivier.

MAISON DE FOGASSES €€

37, rue des Fourbisseurs
✆ 04 90 87 25 02
www.maison-de-fogasses.com

Minimum 7j. 5 appartements dont un duplex avec 2 terrasses (2 à 5 pers.). Possibilité de louer la maison entière.

Endroit atypique et insolite qu'est cette maison d'hôtes en plein centre historique, ce fut jadis la propriété d'un évêque. Des volumes et un magnifique escalier pour grimper les trois étages. À votre disposition, six appartements et suites de charme avec vue sur le jardin, très bien équipés, grand salon, salle à manger ; pour la déco, vous avez le choix entre plusieurs ambiances : romantique ou bohème, vintage ou de style colonial. C'est aussi une galerie d'art avec des expositions et des événements réguliers. Un restaurant-bar est ouvert de mai à juillet.

REGINA HÔTEL*** €€

6, rue de la République ✆ 04 90 86 49 45
www.hotelregina-avignon.fr/

27 chambres de 68€ à 130€. Petit déjeuner buffet : 14€. 20 % de réduction sur les parkings de la ville.

Situé sur l'artère principale du centre-ville, le Régina construit en 1913 a su conserver son cachet à commencer par sa belle façade Art déco. Le confort est partout ensuite dans les chambres qui ont été rénovées avec beaucoup de goût et un soin particulier dans les détails : têtes de lit, luminaires, tentures. Toutes différentes, elles ont de beaux volumes avec des hauteurs de plafond et de grandes fenêtres. Certaines disposent d'un balcon. Les petits déjeuners sont servis sous forme de buffet sucré-salé. Dépose-minute devant l'hôtel autorisée 15 min.

VAUCLUSE

© BERTL123 - ISTOCKPHOTO

Avignon et son Palais des Papes.

AVIGNON GRAND HOTEL****

34, boulevard Saint-Roch
✆ 04 90 80 98 09
www.avignon-grand-hotel.com

Ouvert toute l'année. 123 chambres et suites. Petit déjeuner en sup. Animaux acceptés. Séminaires. Réceptions.

Le Grand Hôtel propose à sa clientèle des chambres à la décoration soignée et contemporaine dotées de tout le confort. Les suites de 60 m² - avec 2 pièces - sont idéales pour accueillir une famille entière par exemple. On profite de la piscine sur le toit de mai à fin septembre. Certes, l'hôtel se situe en bordure d'un boulevard passant, à côté de la gare centre, le long des remparts, mais les chambres sont bien insonorisées et les prestations sont à la hauteur d'un 4-étoiles. Il est très bien placé. Le personnel est très compétent.

HÔTEL D'EUROPE RESTAURANT LA VIEILLE FONTAINE*****

12, place Crillon ✆ 04 90 14 76 76
www.heurope.com

Ouvert toute l'année. 44 chambres dont 3 suites de 760 à 1 100 €. Chambre double à partir de 279€. Restauration.

Cette belle bâtisse fut en 1580 la demeure du marquis de Graveson avant de devenir un hôtel luxueux mais sans ostentation, l'Hôtel d'Europe est une villégiature privilégiée. En d'autres temps des hôtes illustres y ont séjourné, Bonaparte, Chateaubriand, Victor Hugo, Tennesse Williams, Jacky Kennedy. On est sous le charme dès l'entrée par le porche imposant qui donne sur un patio fleuri. Les chambres raffinées ont gardé les beaux volumes d'antan et la lumière rentre par les fenêtres.

LA BASTIDE DES ANGES

1634, chemin des Vignes
✆ 04 90 82 56 04

Ouvert toute l'année. 5 chambres doubles de 115 € à 145 €. Petit déjeuner inclus. Roulotte de 735 € à 840 € la semaine.

Au cœur de l'île de la Barthelasse, cette maison de maître du XVIIIe siècle a été rénovée et remaniée dans un style néoclassique parfois haut en couleur. Les chambres fleurent bon le calme et le romantisme. La suite (60 m²) est composée de deux chambres séparées ; l'accès à cette seconde chambre se fait par un petit escalier qui n'est pas adapté aux enfants de moins de 6 ans. Les sauvageons choisiront la chambre du rez-de-chaussée avec sa petite terrasse et son entrée indépendante. Ils oseront peut-être la roulotte à l'esprit bohème pour les séjours plus longs.

LE LIEU

4, rue des Teinturiers
✆ 06 62 78 46 80
www.lelieuavignon.fr

2 appartements et une chambre d'hôtes de 85 € la nuit à 239 € selon la saison. Petit déjeuner 14 € et brunch.

A l'étage de cette belle demeure des XVIIe - XIXe siècle qui abrite un restaurant et un salon de thé se trouvent deux appartements et une chambre d'hôtes aménagés avec beaucoup de goût par les propriétaires. *Côté Jardin*, *Côté Couvent* et *Côté Sorgue* sont complétement indépendants et peuvent accueillir chacun 4 personnes (lit en 160 et canapé lit), idéal pour se retrouver en famille ou entre copains. Lumineux, ce sont des nids douillets pour vous poser le temps d'un week-end ou plus au cœur d'Avignon. Charmant jardin intérieur.

HÔTEL CLOÎTRE SAINT-LOUIS****

20, rue Portail-Boquier ✆ 04 90 27 55 55
hotel-cloitre-saintlouis-avignon.fr

Ouvert toute l'année. 80 chambres doubles. Petit déjeuner buffet : 15 €. Parking : 15 € (18 € pendant le festival).

Les architectes ont joué avec les contrastes en proposant une façade ultra moderne et en conservant toute la noblesse historique dans les parties communes. Qu'elles soient situées dans l'aile contemporaine ou dans le cloître XVIe, les chambres et suites jouent avec les tonalités apaisantes ; le mobilier épuré prédispose au repos et à la sérénité. Plateau de courtoisie dans les chambres. Le jardin s'ouvre à la belle saison ainsi que la piscine. On s'attable au restaurant avec plaisir.

LA MIRANDE*****

4, place de l'Amirande
✆ 04 90 14 20 20
www.la-mirande.fr

26 chambres doubles à partir de 611€/nuit, suites à partir de 1481€/nuit. Petit déjeuner 35€. Restaurants.

Livrée de Cardinal de Pellegrue au XIVe siècle puis Maison de Vervins au XVIIe, Hôtel Pamard au XVIIIe, cette belle demeure est devenue La Mirande en 1990, hôtel de charme, romantique et raffiné. La famille Stein s'est appliquée à faire revivre cette maison particulière où le temps semble s'être arrêté. Les salons donnent sur un charmant jardin luxuriant. Les chambres s'inspirent de l'esprit des Lumières, décorées avec soin jusque dans les tentures murales rééditions d'imprimés anciens.Tout est parfait jusqu'à la table étoilée de Florent Pietravalle.

AVENIO €€

19, rue des Trois-Faucons
✆ 04 90 03 14 41
www.restaurant-avenio.fr
Du mardi au samedi midi et soir. Fermé vacances février et Toussaint et dernière semaine d'août. Formules midi 22€/27€

Jérôme Nolin est un passionné et un amoureux de la bonne cuisine. Après avoir travaillé dans les cuisines de restaurants prestigieux tels que l'Oustau de Baumanière**, la maison Pic à Valence***, Le Petit Nice Passédat*** à Marseille, il a dirigé les cuisines en tant que chef du Belvédère* à Porto-Vecchio, puis a posé ses valises en Avignon. Son épouse Pauline vous accueille, elle a également travaillé dans de belles maisons. Jérôme fait une cuisine méditerranéenne, colorée, à base de produits frais et locaux. De l'entrée au dessert, c'est parfait.

LE RACINE

Mercure Pont d'Avignon
2, rue Ferruce
84000 AVIGNON
✆ 04 90 80 93 93
Carte 38 € environ. Formule du midi 22 €.

Au restaurant de l'hôtel Mercure, Pierre Onde compose de belles assiettes avec les produits frais de saison, une cuisine bistronomique qui sent la Provence. Ce jeune chef natif d'Avignon est passé par de belles tables avant Le Racine notamment chez les Frères Pourcel, il a du talent, de la créativité. La formule de midi permet de se faire plaisir à petit prix. Le cadre est très sympa, nouvellement relooké par la décoratrice Pascale Palun. On s'y attable pour un déjeuner d'affaire, entre filles, un dîner en tête à tête ou en demi-pension si vous êtes à l'hôtel.

LA COUR D'HONNEUR €€

58, rue Joseph-Vernet
✆ 04 90 86 64 53
www.cour-honneur.com
Ouvert toute l'année. D'avril à novembre ouvert 7j/7. Accueil des groupes. Terrasse.

Cet ancien hôtel particulier du XVIIIe siècle est une des meilleures adresses de la cité des Papes. Sa terrasse en plein cœur de la ville est très agréable, calme et à l'abri du Mistral. Bien ombragée l'été avec ses deux platanes, on s'installe volontiers dès les premiers frimas sous une grande véranda donnant sur l'extérieur arboré. La cuisine est traditionnelle, les plats sont bien présentés, sur la carte vous pourrez vous régaler d'un travers de cochon confit ou d'un filet de dorade rôti. Les menus sont d'un très bon rapport qualité/prix....

LA CUISINE DE PAPA €€

7, rue Racine
✆ 04 90 82 56 01
www.lacuisinedepapa.fr
Ouvert toute l'année. Du mardi au samedi soir. Formules midi et soir de 27 € à 36 €.

Avec sa jolie devanture à l'ancienne bleue, le restaurant annonce tout de suite la couleur, celle d'un bistrot de quartier. Pascal Rondeau a créé les restaurants La Maison Ripert et Le Comptoir Saint-Didier, bien connus dans la cité papale, alors c'est une valeur sûre ! La cuisine est familiale dans tous les sens du terme, Pascal travaille avec son épouse et de ses 2 fils. Lucien est aux fourneaux, il travaille des produits frais. Les bons vivants apprécieront le rognon de veau, la quenelle de brochet. Il y a également une belle carte de burgers pour les amateurs.

LA FOURCHETTE €€

17, rue Racine
✆ 04 90 85 20 93
www.la-fourchette.net
Ouvert du lundi au vendredi. Fermé en août. Menu unique à 38 €. A midi 23 €

Véritable institution avignonnaise, la Fourchette est une valeur sûre. Les touristes et les locaux s'y attablent toujours avec le même plaisir. L'accueil et le service sont d'une régularité exemplaire et la cuisine dans la tradition française oscille entre gastronomie et cuisine bistrot. A la carte, émincé de canette au curry, daube de bœuf à l'avignonnaise, volaille de Bresse sauce foie gras, St Jacques à la mangue, ravioles de brousse. Dans le verre ? Que du bon ! Preuve d'un succès qui ne se dément pas, il est vivement conseillé de réserver.

LE GOÛT DU JOUR €€

20, rue Saint-Etienne
✆ 04 32 76 32 16
www.legoutdujour84.com
Menus de 19 € à 55 € (dont végétarien). Menu enfant 16 €.

Le Goût du jour propose une cuisine traditionnelle française bistronomique. Côté vin, plus de 60 références de la région vous seront proposées pour parfaire votre expérience gustative. Le fait maison s'allie parfaitement au cadre cosy, avec ses vieilles pierres et sa salle voûtée, en plein centre historique d'Avignon. C'était avant une ancienne bergerie. Le chef avignonnais Julien Chazal sublime les produits de saison et locaux. Les assiettes sont raffinées et délicatement présentées : canard confit, filet de taureau ou encore gambas flambées sont au menu.

VAUCLUSE

IL CENTRO €€

5, Place Jérusalem
✆ 04 90 25 21 04
www.il-centro-restaurant-avignon.com/

Ouv du mardi au dimanche midi et soir. Formule du midi. Bar à mozzarella. Tapas. Assiettes Charcuterie/Fromages.

Ah l'Italie ! Quel plaisir de pouvoir savourer ses spécialités en plein centre d'Avignon, à l'écart de la foule. Après la boutique rue Carnot « Italia Market » et ses produits italiens de grande qualité, on a « Il Centro ». Dès l'arrivée, on apprécie le personnel accueillant et souriant. Les plats sont savoureux, on y trouve tous les grands classiques : pâtes aux palourdes, lasagnes maison, baba au rhum… La terrasse prend tout son sens en été avec un large choix de vins de la botte, des planches apéritives, un bar à mozzarella et autres splendeurs à découvrir.

LE CHAPELIER TOQUÉ €€€

71, rue Guillaume-Puy
✆ 04 90 82 29 01

Ouvert toute l'année du mardi au dimanche midi et soir. En juillet 7/7. Carte 35 € environ.

Le Chapelier Toqué ? C'est un tout petit restaurant presque caché, secret, entre les maisons qui se tiennent la main. Seule la vitrine indique que nous sommes au bon endroit. Au creux de belles assiettes design un concentré de couleurs, de textures et de saveurs. On se damne pour ses poissons et ses viandes fondants à souhait accompagnés de légumes entiers confits et brillants. Réserver est impératif. Une dernière chose ? On adore son mobilier aussi hétéroclite qu'harmonieux et les sols, des carreaux à damiers noirs et blancs.

LA MIRANDE €€€

4, place de l'Amirande
✆ 04 90 14 20 20
www.la-mirande.fr

La Mirande du jeudi au dimanche midi et soir, de 90 € à 190 €. Table Haute du mardi au samedi soir 120 €. Ateliers cuisine.

C'est la table la plus romantique et raffinée de la cité des Papes. Un patio-verrière, des espaces intimistes, deux salles où se restaurer, dont *la Cardinalice* ornée d'une tapisserie de Bruxelles du XVIIe, un ravissant jardin, le charme opère immédiatement, comme à table. Florent Pietravalle, le jeune chef étoilé, nous comble à chaque instant du repas qui flatte le palais et les autres sens. On peut s'attabler aussi à la Table Haute, l'autre restaurant de la Mirande tenu par Patrice Blain. Et au Marmiton, les chefs se succèdent pour les ateliers de cuisine.

RESTAURANT LA VIEILLE FONTAINE - HÔTEL D'EUROPE €€€

12, place Crillon ✆ 04 90 14 76 76
www.heurope.com

Ouvert du mardi au samedi le midi et le soir. Menus 58 € à 135 € Formule du midi 49 €. Jardin. Terrasse. Voiturier.

Voici l'une des meilleures tables étoilées d'Avignon. Le chef Pascal Auger travaille avec précision les beaux produits de la région dans des recettes créatives tant en saveurs qu'en esthétique. La nouvelle décoration de la salle du restaurant associe des murs en tapisseries signées Antoinette Poisson, à des touches contemporaines : ainsi, un néon sur l'un des murs côtoie un lustre du XVIIIe siècle. Une harmonie esthétique et culinaire parfaite dans ce paradis des gourmets.

RESTAURANT SEVIN €€€

10, rue de Mons
✆ 04 57 70 00 29
https://www.restaurantsevin.fr

Maîtres Cuisiniers de France. Ouvert toute l'année. 1 étoile Michelin. Menus de 45 € à 145 €. Menu enfant à 30 €.

A quelques pas du palais, dans l'ancienne demeure du Camérier des Papes se dresse la Maison de Christian Étienne, l'une des figures emblématiques de la gastronomie régionale. En 2016, M. Étienne prend sa retraite, c'est son second depuis des années, Guilhem Sevin, qui reprend les rênes de l'excellence en rebaptisant les lieux Restaurant Sevin. Le chef travaille des produits simples pour les magnifier avec talent. Côté salle, Corinne est la maîtresse de maison, elle apporte sa touche féminine à travers la décoration florale, c'est une ancienne fleuriste !

BAR DE L'EUROPE - HÔTEL D'EUROPE

12, place Crillon
✆ 04 90 14 76 76
www.heurope.com

Ouvert tous les jours. Terrasse. Voiturier. Restauration. Animations. Concerts.

C'est chic, c'est raffiné tout en étant très cosy, on se sent bien au bar de l'Hôtel d'Europe. Pour un rendez-vous d'affaire, un apéro entre amis, un tête-à-tête en amoureux, les occasions sont nombreuses pour s'y poser. Alcools, digestifs, vins, champagnes et une belle carte de cocktails se dégustent sous le platane bicentenaire à l'abri dans la cour intérieure jusque-tard dans la saison. Salon de thé également avec les pâtisseries faites maison. En été piano bar dans le jardin patio.

VAUCLUSE

LOU MISTRAU

13, place de l'Horloge
✆ 04 90 82 40 98
https://www.loumistrau.com/
Ouvert toute l'année de 8h à 00h00. Service repas de 12h à 15h et de 19h à 22h30. Formule midi 16 €. Terrasse.

Sur la place de l'Horloge, la plus ancienne brasserie d'Avignon qui a connu les heures glorieuses de Jean Vilar et Gérard Philippe. Des noms de prestigieux comédiens sont ainsi gravés dans des plaques dorées sur les dossiers des banquettes rouges dans la salle du bar... Balcon classé, boiseries rétro parisiennes et petites lampes sur les tables. L'été on s'attable pour un café et un croissant sur la terrasse côté platane pour l'ombre, sinon soleil. Même s'il y a du monde, le service est rapide. Pour la restauration, une brasserie en service continu en été.

LES ARTISANS DE LA BARTHELASSE

85, Rue de la Bonneterie
✆ 06 44 04 28 52
Ouvert du mardi au samedi de 10h à 19h. Expositions artistiques. Soirées évènements.

Cette boutique d'artisans d'art est animée par une jeune association qui regroupe un ferronnier, des sculpteurs, des peintres, mais aussi des créateurs en bijouterie. Chacun peut trouver de quoi habiller son intérieur dans des styles très variés et pour tous types de budgets. Des petits objets aux tables massives avec piètement en métal et plateaux en bois. L'emplacement en hyper centre, intramuros, est une aubaine pour les flâneurs ou les amateurs d'art.

MAISON FILLIÈRE

20, avenue fontcouverte
✆ 04 90 88 56 15
www.filliere.fr
Ouvert tous les jours sauf le lundi. Livraison possible, service traiteur, réception.

L'enseigne fait l'éloge de la belle charcuterie artisanale et de tradition depuis1895, sa réputation va bien au-delà de la cité papale ! Les produits suivent les saisons : Mignon d'Avignon, papeton de gibier, porcelet farci, boudin truffé, saucisses au chou, andouillettes provençales, caillettes, chipolatas aux olives de Nyons, aux herbes de Provence, au piment d'Espelette, merguez, soubressade... Le jambon d'Avignon, 9 mois d'âge, maturé dans les ateliers Fillière, rivalise avec les meilleurs jambons de Parme. Un rayon traiteur rend service aux clients pressés.

VILLENEUVE-LÈS-AVIGNON ★★

A 3,5 km d'Avignon seulement, et indissociable de la cité des papes qui lui fait face seulement séparée par le Rhône, Villeneuve-lès-Avignon fut la résidence principale des cardinaux et hauts fonctionnaires de la cour papale au XIVe siècle. Trouvant trop exiguë l'enceinte des remparts d'Avignon, et appréciant sans doute la campagne, ils se firent construire de somptueuses demeures que l'on peut encore admirer. L'office de tourisme propose un guide de balades et de randonnées à Villeneuve et dans ses alentours. Une situation parfaite pour découvrir le Gard rhodanien ainsi que la Provence, du Vaucluse au Luberon, de la Durance aux calanques de Marseille.

VAUCLUSE

Villeneuve-lès-Avignon.

L'ABBAYE SAINT-ANDRÉ ET SES JARDINS ★★★

Rue Montée-du-Fort
✆ 04 90 25 55 95
www.abbayesaintandre.fr
Ouvert du 1/03 au 30/10, horaires variables selon les saisons. Visite guidée 14 €. Visite libre des jardins 9 €.

© L'ABBAYE SAINT-ANDRÉ ET SES JARDINS

L'abbaye Saint-André et ses Jardins Remarquables font face à Avignon. Une vidéo vous accueille, un circuit historique vous guide jusqu'aux cuisines de l'abbaye. Puis on déambule dans les magnifiques jardins en balcons créés par R. Bacou. Les jardins italiens et méditerranéens qui entourent un palais abbatial du XVIIIe siècle offrent une vue panoramique sur les Alpilles. Les « Rendez-vous aux jardins », au printemps, vous montrent les jardins sous un autre jour.

CHARTREUSE DU VAL DE BÉNÉDICTION ✠ ★★★★

58, rue de la République
✆ 04 90 15 24 24
www.chartreuse.org
Ouvert tous les jours de 10h à 17h. Haute saison : tous les jours de 9h30 à 18h30. Gratuit jusqu'à 18 ans.

La Chartreuse est l'un des plus vastes et remarquables monastères de l'ordre des Chartreux avec son église, ses trois cloîtres et leurs quarante cellules, ses nombreux jardins ou encore la chapelle ornée des fresques du célèbre peintre du Palais des Papes, Matteo Giovannetti. Dès le 26 janvier 1353, le pape Innocent VI fait venir à Avignon deux religieux de la Grande Chartreuse manifestement pour un projet de création d'une maison à Villeneuve-lès-Avignon. De décembre 1352 à septembre 1356, le pape fait procéder par l'intermédiaire de son neveu le cardinal Ardouin Aubert à l'acquisition de terres situées à l'est de sa résidence villeneuvoise, et à des travaux d'embellissements. Le 2 juin 1356, une bulle papale porte fondation d'une chartreuse jouxtant son palais. La chartreuse n'a conservé aucun mobilier car après la Révolution, elle a été transformée en de nombreuses habitations. Mais un prêtre de Villeneuve-lès-Avignon, Jean-Baptiste Lhermite, a pu sauver de nombreuses œuvres d'art en les entreposant dans deux lieux de culte autorisés : la collégiale Notre-Dame et la chapelle de l'hospice. À l'initiative de l'évêque de Nîmes et du maire, un musée est créé dans l'hospice en 1868 pour rassembler cette collection. Ce musée sera transféré en 1986 dans un hôtel particulier aménagé au XVIIe siècle. La Chartreuse a aussi vocation depuis plus de quarante ans à accueillir des résidences d'écriture et de créations théâtrales en lien avec le festival d'Avignon.

LE FORT SAINT-ANDRÉ ★★

✆ 04 90 25 45 35
www.fort-saint-andre.fr
Qualité Tourisme. Ouvert toute l'année tous les jours de 10h à 13h et de 14h à 17h. Haute saison 10h à 18h.

Le Fort Saint-André se dresse fièrement sur le mont Andaon comme sur un piedestal. Il fut édifié par Philippe Le Bel à partir de 1291 pour affirmer la puissance du Royaume de France face à l'Empire et aux Papes d'Avignon et protéger le bourg et son abbaye. Il fut occupé jusqu'à la Révolution française. On y accède par la montée du fort et on y pénètre par une porte flanquée d'impressionnantes tours jumelles. Créneaux, meurtrières, échauguettes et mâchicoulis donnent à ses deux tours des allures de citadelle imprenable. Il sert aussi de lieu d'expositions.

MUSÉE PIERRE DE LUXEMBOURG

3, rue de la République ✆ 04 90 27 49 66
www.villeneuvelesavignon.fr
Fermé en janvier. Les visiteurs arrivant 15 min avant la fermeture n'auront pas accès au site. Adulte : 4 €.

Ce magnifique palais du XIVe siècle fut la résidence du cardinal Pierre-de-Luxembourg, qui y serait décédé. Le musée abrite le chef-d'œuvre d'Enguerrand Quarton : *Le Couronnement de la Vierge* (1453), la célèbre Vierge en Ivoire (XIVe siècle) et présente aux premier et deuxième étage une très belle collection de peintures du XVIe au XVIIIe siècles : Simon de Châlons. Un cycle de conférences intitulé « Les après-midi au musée » s'adresse autant aux amateurs qu'aux néophites.

VAUCLUSE

LA TOUR PHILIPPE LE BEL

Rue Montée-de-la-Tour
✆ 04 32 70 08 57
Février, mars, novembre et décembre : 14h-17h, le mercredi : 10h-12h et 14h-17h. Avril à octobre : 10h-12h30 et 14h-18h.

© MATTEI - FOTOLIA

Cette tour était l'extrémité du pont Bénézet. Véritable sentinelle à l'entrée de la ville et seul vestige d'une forteresse édifiée entre 1292 et 1307 sur les ordres de Philippe IV le Bel, soucieux de tenir Avignon en respect. Elle se compose de trois étages aux belles salles voûtées d'ogives. Au XVe siècle on lui ajouta une tour de guet. Du sommet, le panorama est exceptionnel sur le Rhône. Vous l'aurez compris, pour profiter de la vue, il faut être en forme et avoir les bonnes chaussures car vous devrez monter les nombreuses marches. Vous ne serez pas déçu.

BATEAUX PROMENADE DE VILLENEUVE

✆ 04 90 85 62 25
Fermé de janvier à mai et jours fériés. Ouvert 10h à 12h30 14h à 18h30. Haute saison : tous les jours de 11h à 21h.

Visiter la région sur les voies fluviales du Rhône, ça vous tente ? On n'y avait pas pensé ! 6 bâteaux promenade et 15 bâteaux-hôtels tenus par des compagnies différentes circulent sur le Rhône pour vous faire revivre l'époque du XIXe siècle où le Rhône était la voie royale, un axe de communication stratégique pour la circulation des hommes et des marchandises. On peut voguer à travers les régions, les bateaux offrent toujours une escale de 24h aux passagers afin de visiter la ville.

HÔTEL DE L'ATELIER*** €€

5, rue de la Foire
✆ 04 90 25 01 84
www.hoteldelatelier.com
Qualité Tourisme. Qualité Sud de France. 21 chambres de 79€ à 169 €, chambre triple de 123€ à 169 €.

Idéalement situé au cœur de Villeneuve dans une maison du XVIe siècle, nous recommandons cet hôtel de charme dont les atouts font qu'on y revient. Les chambres sont ravissantes, leur salle de bain fonctionnelle et coquette. Le petit déjeuner copieux se prend dans le patio-jardin ou dans la petite salle à manger. À l'étage, la terrasse solarium est une invitation à lézarder au soleil ou sous un parasol. De là, la vue est superbe sur les toits de la ville. Dans le bel escalier – attention, pas d'ascenseur –, les toiles sont à la vente si vous avez un coup de cœur.

LE PRIEURÉ BAUMANIÈRE - HÔTEL RESTAURANT***** €€€

7, place du Chapitre ✆ 04 90 15 90 15
www.leprieure.com
Relais & Châteaux. Fermé du 31 octobre au 8 avril inclus. 38 chambres à partir de 200 €. Restaurant gastronomique.

Au cœur de Villeneuve, à quelques minutes d'Avignon, dans ce prieuré du XIVe siècle vous apprécierez les chambres et suites contemporaines raffinées, la cour intérieure fleurie de glycine, le jardin qui embaume à la belle saison, la piscine et le tennis pour la détente, du grand standing pour une étape Relais & Châteaux d'exception. La table étoilée est tenue par le chef Christophe Chiavola. On peut faire quelques emplettes à la boutique, vins, champagnes, confitures Baumanière.

LE BISTROT DU MOULIN - MAISON BRONZINI €€

74, rue de la République
✆ 04 90 25 45 59
www.maisonbronzini.com
Ouvert toute l'année. Tous les jours le midi et le soir. Menus de 36 € à 39 €. Brunch le dimanche.

Le moulin à huile de la Chartreuse fonctionne depuis 650 ans, ses flacons sont médaillés d'or régulièrement. Attenante au moulin, la Maison Bronzini est un lieu à part, un concept global de restaurant-bar-salon de thé-boutique-moulin qui s'offre en partage. On passe du moulin où sont travaillées les olives en direct à la salle à manger aux petits salons à l'heure du thé devant la cheminée puis on monte ensuite à la boutique qui propose des objets en arts de la table et de la déco.

VAUCLUSE

CHEZ OLIVIER BISTROT €€

5, place Jean Jaurès
✆ 04 90 25 12 14
Ouvert du mardi au samedi le midi et le soir. Carte : 40 € environ. Plat du jour : 15 €. Menu 10€. Terrasse.

Voici une nouvelle table à quelques encablures de la cité des Papes qui mérite largement le détour si vous voulez fuir la foule citadine. Jeanne et Olivier Combe ont installé leur bistrot sur cette petite place de Villeneuve lez Avignon, le lieu leur ressemble, ils lui ont insufflé leur belle humeur, l'art du bien vivre et de la bonne chère, il y a aussi des plats canailles sur la carte et des bons vins. On s'installe au comptoir quand il n'y a plus de place ni en salle, ni en terrasse. On valide tout : l'assiette de l'entrée au dessert, l'ambiance et la déco.

L'ÉMULSION €€€

8, place saint Marc
✆ 04 90 02 05 39
Ouvert du lundi au mercredi midi, du jeudi au samedi midi/soir. En été midi/soir du mardi au samedi.

Jolie découverte sur la place principale de Villeneuve. De belles recettes, des saveurs, des produits ultra frais, la cuisine de Damien flatte les palais avertis, de l'entrée au dessert, c'est créatif, délicieux. On se fait plaisir sans se ruiner avec la formule de midi très attractive, à la carte 2 entrées, 3 plats et 2 desserts, des suggestions bien équilibrées pour contenter tous les convives. Damien travaille autant les poissons que les viandes en privilégiant les cuissons basse température. Il fait son marché le matin, l'ardoise change tous les jours.

LE PRIEURÉ BAUMANIÈRE - HÔTEL RESTAURANT €€€

7, place du Chapitre ✆ 04 90 15 90 15
www.leprieure.com
Fermé nov-mars. Restaurant fermé mardi et mercredi midi et soir sauf en été. Menus de 95 € à 130 €. Formules midi

On salue l'arrivée de Christophe Chiavola, nouveau chef au Prieuré, l'une des Maisons Baumanière. Christophe, précédemment aux manettes de tables étoilées dont celle du Château de Massillan travaille les produits du terroir dans des recettes très créatives. Nous aimons aussi l'accueil charmant, on est ici dans ce bel endroit luxueux mais sans ostentation, comme dans une maison amie. Aux beaux jours, on s'installe sous la treille de glycine. Prolongez votre séjour à l'hôtel.

MOULIN À HUILE DE LA CHARTREUSE

74, rue de la République
✆ 04 90 25 45 59
www.maisonbronzini.com
Ouvert tous les jours de 8 à 19h. Visite et dégustation gratuites toute l'année. Label Qualité Tourisme et Sud de France

Le moulin à huile de la Chartreuse est l'un des plus vieux de France encore en activité. Il fut créé en 1358 par l'ordre des Chartreux, et, en 2009 ses bâtiments ont été inscrits au Patrimoine historique. Le moulin a été repris en 2008 par la famille Bronzini. C'est Philippe, maître moulinier passionné de son métier, qui s'occupe de la trituration des olives pour élaborer 3 huiles : la cuvée des Chartreux, la cuvée Diamant Noir Provence et la cuvée à l'Ancienne.

CAUMONT-SUR-DURANCE

Le premier site d'occupation humaine était situé sur l'oppidum de Bonpas, site qui domine la Chartreuse. La **chartreuse de Bonpas** (XIIe) est un monument historique classé. Jusqu'au Moyen Âge, la traversée de la Durance étant très difficile, le lieu prit le nom de « malus passus » *(mauvais pas)*. Avec la présence de la chartreuse, les moines ont fait le nécessaire, pour des raisons économiques et pratiques quotidiennes, pour améliorer cette traversée, qui prit rapidement le nom de « bonus passus » *(bon pas)*. Aujourd'hui, la chartreuse produit du vin. A voir des restes de fortifications du XIVe siècle, l' église Saint-Symphorien de style roman provençal.

LA CHARTREUSE DE BONPAS ★

1, chemin de Reveillac
✆ 04 90 23 67 98
www.bonpas.fr
Du lundi au jeudi 10h - 12h30 et 14h - 17h, le vendredi 10h - 12h30 et 14h - 16h. Gratuit jusqu'à 12 ans. Adulte 7€.

Au haut Moyen Âge, on appelait ce lieu « Maupas » (de mauvais pas), car marchands et pèlerins étaient souvent détroussés par les bandes de brigands. Dès leur arrivée au XIIe siècle, les religieux y remirent de l'ordre et Maupas devint alors Bonpas. Surveillant le passage de la Durance, elle appartiendra successivement aux frères Pontifes, puis aux Hospitaliers de Saint-Jean de Jérusalem, et à partir de 1318, aux Chartreux par décision du pape Jean XXII qui fit construire l'église, le cloître et des cellules. A la Révolution, ce bâtiment fut en partie détruit.

GRILLON

Tout à fait au nord de l'Enclave des Papes, en haut de son piton rocheux, se dresse Grillon. Sa position stratégique lui fit connaître gloire et abandon. Ses vestiges médiévaux rappellent qu'il fut longtemps un poste privilégié de surveillance. La vue panoramique laisse imaginer les conquêtes auxquelles a assisté la cité. L'organisation du quartier du Vialle est restée féodale. Le château, édifié au XIIe siècle était protégé de remparts à l'intérieur duquel le village s'est développé. L'édification de la nouvelle église en 1869, la construction de la gare en 1896, de l'école en 1900 n'ont pas pu arrêté l'inexorable déclin du Vialle.

RICHERENCHES ★

Ce tout petit village médiéval vaut vraiment le détour tellement il est charmant. Richerenches constituait la commanderie générale de Provence, fondée en 1136 par Arnaud de Bedos. Le village a gardé ses allures de forteresse avec ses quatre tours et ses remparts. La commanderie est l'une des mieux conservées de France. On y trouve encore le logis du commandeur et de ses chevaliers, le puits et l'église à nef étroite achevée par une abside en cul-de-four. Les samedis matin de novembre à mars, le marché aux truffes rappelle que Richerenches est un important centre de production. Le pays est également au cœur du vignoble des côtes-du-rhône.

LOGIS DU BOURG €€€

3b, Route de Grignan ✆ 06 83 55 80 17
www.logisdubourg.com
Pour 28 pers (13 chambres). Tarif pour un gîte hors saison 2 000 à 4 000 €. Les 5 maisons jusqu'à 6 000 € / semaine.

Au cœur de l'enclave des Papes, imaginez une villa romaine avec l'atrium au centre et des petites maisons tout autour et vous avez une petite idée de la structure étonnante de ce très grand logis. Il est idéal pour les grandes réunions de famille, et les groupes de yoga s'y régalent. Chaque maison est totalement autonome, avec cuisine et tout le nécessaire ; mais si on a envie d'être ensemble, on se retrouve dans le très grand séjour de la plus grande maison. Ces dernières ont toutes une décoration différente aux couleurs chaudes et de très bon goût.

AUBERGE DES PAPES €€

Route de Grignan
✆ 04 90 37 43 67
www.aubergedespapes.fr
Fermé octobre à avril. Hte saison ouvert tous les jours. Formule du midi. Chambres avec petit déjeuner. Demi-pension.

Le cadre est rustique et surtout rempli d'objets et de mobilier affectifs. Alors oui, c'est une adresse atypique. Mais si vous recherchez un accueil chaleureux et des plats savoureux, ne passez pas votre chemin. La cuisine de Marie Nicolas est un modèle de tradition provençale et typiquement locale. Et c'est donc sans surprise que l'on se régale avec la truffe. Elle parfume l'huile d'olive, se parsème en pétales ou se râpe en épais copeaux... Autres points forts : une terrasse fleurie très agréable, et un drôle de bar qui ferait penser à une caverne.

MUSÉE DE LA TRUFFE ET DU VIN

Office du Tourisme de Richerenche
✆ 04 90 28 05 34
www.richerenches.fr
Ouvert toute l'année et tous les jours : 9h30-12h30/13h30-17h30, le samedi 9h30-12h/14h-17h.Gratuit.

Situé dans la Commanderie des Templiers du 12e siècle, ce musée présente les us et coutumes du pays de Richerenches. Des photographies, des films et des bornes à consulter nous transportent dans l'univers de la truffe en révélant quelques secrets et quelques recettes des chefs étoilés ! Folklore et traditions sont présents dans la projection d'un film sur le ban des truffes, la messe de Saint Antoine, les confréries du Diamant noir et des Goutevins créées dans les années 80.

LODGES EN PROVENCE••••• €€€

1400, Chemin de Bel-Air ✆ 06 35 04 57 04
www.lodges-en-provence.com
Cabanon (2-5 p) 130 € à 260 €. Huttes (5 p) 130 € à 196 €. Bergerie (6 p) 140 € à 240 €. Restauration. Privatisation.

Vous recherchez un lieu de séjour insolite, en pleine nature, en tête à tête, en famille, entre amis, un lieu privatisable pour un mariage, un séminaire... Lodges en Provence, un concept d'hôtellerie en plein air 5 étoiles, vous offre le dépaysement total sur 3,5 ha arborés de chênes et des formules sur mesure. Vous vous installez au choix dans les cabanons aménagés en gîtes de charme, dans les huttes inspirées des tentes canadiennes en toile et bois ou dans les bergeries cosy au design brut et chaleureux, des écolodges entièrement équipés avec jardin privatif.

O' RABASSE €

5, Place Pompe
✆ 09 52 97 34 93
Orabasse.com

Fermé du 13 mars au 8 avril. Ouvert du jeudi soir au lundi soir. Menus 38 €-69 €. Accord mets et vins. Terrasse.

Ce couple de voyageurs décide de poser sa valise dans l'ancienne commanderie des templiers. Riche de nombreuses années en restauration, le chef Luc Baille propose une cuisine du terroir, raffinée qui s'inspire des cuisines d'ailleurs mais pas uniquement... il côtoie les rabassiers, ainsi il agrémente en saison ses menus de truffe locale. Le Petit Futé a testé en entrée : le pressé de volailles au tandoori massala, texture de potimarron - écumes d'herbes fraîches et pickles de courge. Que vous dire de plus, un moment magique. Un accueil très chaleureux.

L'ESCAPADE €€

Avenue de la Rabasse ✆ 04 90 28 01 46
www.alescapade.com

Ouvert toute l'année. 12h/14h - 19h/21h30. Fermé Dimanche et Lundi. Menu terroir à base de truffes en saison.

Installés depuis plusieurs années dans l'avenue de la Rabasse (truffe noire en provençal), Sandrine en salle et Nicolas en cuisine, officient dans ce restaurant. L'inspiration du chef se retrouve dans les assiettes, il suggère des mets traditionnels issus du terroir en accord avec les saisons et des bouchées plus audacieuses ; ne passez pas à côté de la brouillade de truffes d'été et du pigeonneau de la Lance braisé au Porto. Une large carte de vins goûteux de la région issus de l'agriculture biologique ou raisonnée est proposée, n'hésitez pas à demander conseil !

DOMAINE SAINT-ALBAN

Chemin de Bourbouton
✆ 04 90 28 01 66

Ouvert de novembre à fin mars, sur rendez-vous. Découverte des truffières, cavage et dégustation de vin.

Christian et son épouse sont avant tout des agriculteurs qui font découvrir leur terroir, leur façon de travailler, leurs passions : la truffe et le vin. Christian vous attend, paré de deux sacs : un pour la récolte et l'autre de biscuits pour récompenser l'artiste : le chien. Tous deux vous guident dans une truffière et vous font découvrir l'art du cavage. La démonstration terminée, sont servis des toasts au beurre truffé, à l'huile d'olive parsemée de brisures de truffes et le verre de l'amitié. Un bon moment de partage. Un conseil, réservez vite cette escapade.

LE MARCHÉ AUX TRUFFES

Avenue de la Rabasse

Ouvert le samedi de 9h à 13h. De mi-novembre à mi-mars, sauf le jour de la messe aux truffes.

Richerenches, capitale de la truffe de qualité : la fameuse « Tuber Melanosporum » a acquis sa renommée depuis longtemps. C'est le plus important marché aux truffes de France. Le marché en gros se déroule sur le cours du Mistral. Courtiers, trufficulteurs, touristes et curieux se retrouvent sur l'avenue de la Rabasse et le Cours du Mistral. On y retrouve la même atmosphère de murmures et de mystère qui donne à ce type d'événements son aura et cultive la rareté du produit. C'est à vivre une fois en observateur au moins. C'est la fierté de l'Enclave des papes.

VALRÉAS ★

Capitale de l'Enclave des Papes du Haut Vaucluse. On raconte que son nom est né au IXe quand un certain Valère (Valéracium) construisit son domaine sur les bords de la rivière. La ville s'appela aussi Valérias, Valrias (Vaurias en provençal), Vaulréas ou Vauréas. Son appellation actuelle n'arrivera qu'au XIXe siècle. La ville connut un véritable essor avec les papes qui voulaient étendre leur pouvoir et rachetaient villes et villages jusqu'à former cette enclave. Au XIXe siècle, elle se lança dans l'industrie et se spécialisa dans le cartonnage et la poterie. De ses deux époques flamboyantes restent, entre autres, de très beaux hôtels particuliers.

LA CHAPELLE DES PÉNITENTS BLANCS ★

Place Pie

Ouvert toute l'année. Tous les jours. Horaires consultez l'office du tourisme. Adulte : 1,50 €.

En 1509, des hommes pieux établissent dans la ville de Valréas une confrérie de Pénitents Blancs, dont l'apparition plus tardive que les Pénitents Noirs n'empêche pas la poursuite d'objectifs similaires : porter secours aux pauvres et aux malades, s'occuper des défunts... Sous l'égide de Monseigneur de Paganotis, les Pénitents acquièrent les Pères Cordeliers, l'ancienne chapelle des Pénitents Noirs, mais s'installent dans la chapelle actuelle, au nord de l'église paroissiale.

LE CHÂTEAU ET LA TOUR RIPERT

Ouvert tous les jours en juillet-août. Adulte : 1,50 € couplé avec chapelle des Pénitents blancs.

Tout près de la cité primitive de Valréas : le château Ripert, le château Dauphin et le château Saint-Jean. Les deux derniers furent détruits aux XVe et XIXe siècles. Il reste quelques ruines du château Ripert dont le donjon que l'on appelle la tour Ripert ou « Tour de l'Horloge ». Cette tour carrée de 17 m de haut sur 7 m de large comprend trois étages et une terrasse. En 1548 on y installa une horloge et sa cloche : la « charansole ». La forteresse féodale fut édifiée au XII.

LE CIRCUIT DES BORNES PAPALES

Route de Saint-Pierre

Balade alliant découverte des paysages et du patrimoine historique. Tables de lecture.

Ces bornes sont l'expression la plus visible des enjeux politiques et économiques qui se sont abattus sur cette terre de transition à l'arrivée des papes en Avignon. Pour marquer leur territoire, les papes ont planté de manière autoritaire les bornes papales. Aujourd'hui, vingt-deux bornes délimitent l'Enclave des Papes actuelle. Ce sont des pavés sculptés d'1,50 m. Ils représentent d'un côté, le ou les blasons des seigneurs, propriétaires des terres à borner.

LE MUSÉE DU CARTONNAGE ET DE L'IMPRIMERIE ★

3, avenue Maréchal-Foch

✆ 04 90 35 58 75

www.vaucluse.fr

Ouvert toute l'année du mardi au samedi et le 1er dimanche du mois 10h-13h et 14h30-18h. Sur résa pour groupes.

Que connaissez vous de l'histoire des procédés de fabrication de la boîte en carton ? Comme nous tous : pas grand-chose ! Eh bien cette idée farfelue tient à l'histoire de la ville qui est la capitale historique du cartonnage français, de ses origines, au milieu du XIXe siècle, jusqu'à nos jours. Et on découvre mille choses inédites à travers un parcours thématique où sont reconstitués une chaîne de fabrication, des ateliers et le domicile de cartonnières.

NOTRE-DAME-DE-NAZARETH ★

Place Pie

Visites individuelles libres en permanence. Visites groupées guidées sur demande.

Classée par les Monuments historiques, cette église romane primitive du XIe siècle serait à l'origine de l'église Notre-Dame-de-Nazareth. La croix latine et les nefs latérales datent du XIIe siècle. À l'extérieur, les trois baies du portail latéral sont richement décorées de voussures, de chapiteaux travaillés de fleurs, de pétales et de figurines sculptées. Elles présentent une composition équilibrée de colonnettes, d'arcs en plein cintre. Le portail ouest est décoré d'élégantes colonnes des XIIIe et XIVe siècles. À l'intérieur, l'orgue du XVIe.

VAUCLUSE

Valréas vu de la Tour Ripert.

OFFICE DE TOURISME DE L'ENCLAVE DES PAPES

10, avenue Maréchal-Leclerc
✆ 04 90 35 04 71
www.grignanvalreas-tourisme.com
Mai, juin, sept : lun-sam 9h30-12h30 et 14h30-18h. Juil et août lun-sam 9h30-13h et 15h-19h.

Pays de Grignan - Enclave des Papes regroupe Chamaret, Chantemerle-lès-Grignan, Colonzelle, Grignan, Grillon, Le Pègue, Montbrison-sur-Lez, Montjoyer, Montségur-sur-Lauzon, Réauville, Richerenches, Roussas, Rousset-les-Vignes, Saint-Pantaléon-les-Vignes, Salles-sous-Bois, Taulignan, Valaurie, Valréas, Visan. C'est le relais culturel de la région. On y trouve certaines billetteries et un éventail de journées aux diverses thématiques est possible sur l'ensemble de l'Enclave hors été.

CAMPING LA CORONNE*** €€

Route du Pègue
✆ 04 90 35 03 78
lacoronne.fr
Ouvert du 1er avril au 31 octobre. Emplacement + 2 personnes. Mobil-homes de 2 à 4 personnes. Aire pour camping-cars.

Un camping charmant pour les amoureux de la vie au grand air... Au bord de la Coronne, non loin du centre-ville en direction de Taulignan, ce camping est assez calme. Abondamment arborées de chênes, toutes les places sont ombragées et bien délimitées pour respecter l'intimité de chacun. Un terrain de pétanque, une piscine, une aire de jeux pour les enfants, une buvette-épicerie-snack (réservée aux campeurs), une nurserie, des animations en juillet-août. Côté restauration, des plats cuisinés chaque jour que l'on peut déguster sur la grande terrasse.

LA MAISON D'ANVERS €€

71, chemin des Anthelmes
✆ 04 90 62 51 87
www.maisondanvers.com
Ouvert toute l'année. 3 chambres doubles de 85 € à 100 € ; 2 suites de 90 € à 110 €. Gîte (2-5p) 140 à 200 €.

Ils sont belges et ils ont cette énergie toute particulière au plat pays qui est le leur. Quand ils ont trouvé leur paradis dans ce coin du Vaucluse, ils en ont fait une maison d'hôtes avec une table gourmande sur demande, il y a aussi le bistrot cuisine d'été où tout est préparé à la minute sur le gril. Les chambres et suites sont des petits nids douillets avec tout le confort dans un style épuré. Le gite est très sympa pour une famille avec une cuisine fonctionnelle, un salon où l'on apprécie la cheminée en hiver, 2 jolies chambres et un beau jardin.

LE MAS DES SORCIÈRES €€€

Route d'Orange ✆ 06 63 49 06 51
www.gite-de-provence.com
Fermé janvier et février. Ouvert de mars à sept 8 chambres (2 gîtes). Petit déjeuner. Restauration certains soirs.

Un havre de paix sur la route des châteaux de le Drôme. Ce mas du XVIe siècle entièrement restauré a conservé son escalier des plus majestueux : 5 chambres d'hôtes, 2 gîtes, un patio, une piscine. On peut dire que vous avez l'embarras du choix. Les 4 chambres de l'étage sont assez spacieuses et décorées avec un mobilier en teck, ce qui leur donne un petit air très contemporain. Les gîtes pour 4 et 6 personnes sont de facture plus classiques mais tout aussi confortables. Ils sont tous les deux mitoyens au mas des propriétaires. Un barbecue est à votre disposition.

CAFÉ DE LA PAIX €€

26, rue de l'Hôtel-de-Ville
✆ 04 90 46 88 25
www.cafedelapaix-valreas.fr
Ouvert toute l'année. Tous les jours le midi et le soir. Fermé le dimanche. Réservation recommandée. Terrasse. Formule.

Classé monument historique, ce café du XIXe siècle, qui réunissait jadis les notables et les trufficulteurs du coin, vaut le détour non seulement pour sa carte bistronomique mais aussi pour sa grande salle de style Art nouveau, avec bar ancien, moulures aux plafonds et grands miroirs qui nous transportent à la Belle Époque. Le cadre est planté, reste à découvrir la cuisine de Brice Lambeau avec ses plats généreux, des produits du terroir et notamment des truffes en hiver. L'accueil est très chaleureux. Belle carte des vins. L'été on profite de la terrasse.

AU DÉLICE DE PROVENCE €€

6, la Placette
✆ 04 90 28 16 91
www.audelicedeprovence.com
Ouvert toute l'année du jeudi au mardi. Menus de 27 à 56 €. Le midi en semaine. Vin au verre. Accueil des groupes.

C'est un drôle de lieu que cette ancienne synagogue du XVIe siècle. Les plafonds sont très hauts, et les arches donnent une touche solennelle. La une cuisine du maitre restaurateur mélange les épices du monde entier aux saveurs de notre Provence. Cela donne un choix entre un mi-cuit de foie gras au piment d'Espelette, confiture de kaki et coing ou un California maki au haddock, condiment guacamole. C'est un exemple très représentatif de ce qui vous attend. Le Petit Futé a testé en dessert un picodon au safran pané aux amandes et rôti.

VAUCLUSE

VISAN

Paisible village au charme irrésistible qui a gardé son enceinte fortifiée du XIVe siècle et ses deux portes en pierres taillées à bossage, celles de Saint-Martin et du Puybaret. Du castel du XIIe siècle, seul un grand pan de mur, dit le Marot, continue à veiller de sa hauteur sur le village. Visan devient haute terre papale dès 1344 et sera rattachée au canton de Valréas en 1802. Aujourd'hui, on admire sur cette ancienne place forte de magnifiques hôtels particuliers, allant de la Renaissance à la fin du XVIIIe siècle. Les plus courageux grimperont jusqu'au castel pour profiter d'un panorama surprenant de beauté sur les villages des alentours.

© 357680 ANDRE CUZEL - FOTOLIA

Eglise de Visan.

LA CHAPELLE NOTRE-DAME-DES-VIGNES ★

chemin Notre-Dame

✆ 04 90 65 07 78

Visites de juin à octobre. Horaires au Point Tourisme.

C'est l'une des plus belles chapelles romanes du Vaucluse rural. Elle reste chère au cœur des Visannais car elle a la réputation de les avoir protégés de nombreux périls et notamment de la peste noire qui sévit au XVIIe siècle. Chapelle et presbytère sont classés par les Monuments historiques. Le décor intérieur est remarquable. Le retable et le tabernacle, sculptés en 1665-1666 par Pierre et Philippe-Antoine, sont les œuvres majeures du mobilier.

HÔTEL DU MIDI** €€

5, avenue des Alliés

✆ 04 90 41 90 05

https://www.hoteldumidivisan.com/

Ouvert toute l'année. 17 chambres de 75 à 129 €. Petit déjeuner : 9,90 €. Lit supplémentaire : 12 €. Parking.

Bel hôtel de charme situé dans l'enclave des Papes. Les propriétaires de l'hôtel, suite à leurs expériences dans l'hôtellerie de luxe, attachent une importance toute particulière à prendre soin de leurs hôtes. L'hôtel en pierres propose des chambres spacieuses, confortables et décorées avec goût. L'ambiance cocooning et l'accueil chaleureux réservé par les propriétaires vous feront vous sentir comme à la maison lors de votre séjour dans la Drôme provençale. Un charme typiquement provençal parfait pour se reposer ou visiter la région.

L'AROMATIQUE €€

66, rue du château

✆ 04 90 41 98 60

http://laromatique-visan.fr/

Lundi, vendredi et dimanche midi et soir. Jeudi et samedi le soir. Fermé mardi et mercredi. Menus de 34 € à 48 €.

Perrine et Thomas dirigent dans un lieu unique ce restaurant installé dans les caves du château de Visan qui vous accueille l'hiver, l'été. Le cadre a de l'allure. Ils vous offrent une cuisine préparée à base de produits frais et de qualité. La carte des vins fait la part belle aux vignerons de Visan et de la vallée du Rhône. Ajoutons que la carte change très régulièrement, au fil de leurs inspirations et voyages. Rien n'est bâclé : le service est efficace et souriant et les assiettes sont dressées avec élégance et gourmandise.

CAVE LES CÔTEAUX DE VISAN

✆ 04 90 12 41 00

www.coteaux-de-visan.fr

Visites de cave et dégustation de vins. 9h30 à 12h30 / 14h à 18h30

Créée en 1897, la Cave de Visan rassemble 120 adhérents, tous viticulteurs au cœur de l'Enclave des Papes dans la partie nord de la Vallée du Rhône méridionale. Un espace est dédié à la dégustation des vins, Côtes-du-Rhône et Côtes-du-Rhône-Villages Visan. La gamme compte une dizaine de cuvées, des vins blancs et rosés très aromatiques, des rouges d'une grande finesse ainsi qu'une gamme issue de l'agriculture biologique ; la cuvée Notre-Dame des Vignes cuvée emblématique.

BOLLÈNE ★

Située à la croisée du Vaucluse, de la Drôme, de l'Ardèche et du Gard, campée sur le Lez, Bollène est considérée comme la porte de la Provence. On grimpe en haut de la ville, dans les jardins de la Collégiale où le panorama s'ouvre sur les Cévennes, la vallée du Rhône et les toits en tuiles rouges. Les ruelles étroites croisent les places au caractère provençal, aussi quelques hôtels particuliers. Au XIXe siècle, la Révolution Industrielle marque son empreinte. Une importante fabrique de produits réfractaires voit le jour grâce aux conséquents gisements d'argile, suivie, au XXe, de l'usine hydroélectrique Blondel avec l'aménagement du canal.

LA COLLINE DU PUY ET LA COLLÉGIALE SAINT-MARTIN ★

La Collégiale Saint-Martin a été classée Monument Historique en 1909.

L'histoire commence au VIIe siècle, quand Clovis II donna Bollène aux bénédictins de l'île Barbe, petite île à 6 km au nord de Lyon. Ils s'installent à Bollène dès le Xe siècle et construisent un prieuré qui sera détruit par les protestants au XVIe. Du haut de la tour Saint-Antoine, première défense du prieuré, le baron des Adrets fera précipiter les moines. Reconstruite, c'est en 1727 que l'édifice sera érigé en collégiale. Elle sera classée Monument Historique en 1909.

CENTRALE HYDROELECTRIQUE DE BOLLENE

1130, promenade Léon Perrier
www.lescircuitsdelenergie.fr
Ouvert d'avril à octobre. Réservation obligatoire sur le site internet. A partir de 8 ans. Adulte : 10€, enfant : 5 €.

Un chantier titanesque réalisé par la Compagnie Nationale du Rhône dans les années 1950. En détournant le Rhône sur 28 km entre Donzère et Mondragon et en construisant la plus haute écluse du monde et la centrale hydroélectrique la plus productive d'Europe, CNR faisait avancer la France sur le terrain des énergies renouvelables tout en facilitant la navigation sur le fleuve. Visite guidée passionnante, pédagogie et interactive, à la découverte d'un site industriel impressionnant.

SAINTE-CÉCILE-LES-VIGNES ★

Les premiers tracés précis remontent au XIVe siècle. En 1791, en pleine période de la Révolution, les habitants prennent part à une fédération de communes du Haut Comtat et des environs de Carpentras, « l'Union de Sainte-Cécile », qui va regrouper 60 communes fidèles au pape. En 1793, Sainte-Cécile devient pour huit mois seulement, Cécile-la-Montagnarde. En 1918, une directive du ministère de l'Intérieur, visant à mettre fin aux confusions entre les communes enjoint ces dernières à ajouter des compléments à leurs appellations. En raison de la richesse de ses vignobles et de sa renommée, Sainte-Cécile devient donc Sainte-Cécile-les-Vignes en 1920.

CAMPAGNE, VIGNES & GOURMANDISES €€

629, chemin des terres
✆ 04 90 63 40 11
www.restaurant-cvg.com
Fermé lundi et mardi. Menu 43 €. Menu enfant 13 €. Formule du midi : 28 €. Terrasse.

S'il n'est qu'à quelques encablures du centre-ville de Sainte-Cécile, ce restaurant porte assurément bien son nom : face à lui, la campagne et surtout les vignobles des abords du village, et une cuisine toute en fraîcheur et créativité. Le chef mélange les anciens légumes et les produits nobles avec beaucoup de délicatesse. C'est sans conteste une des très belles tables des environs. L'ambiance est un mélange de vieilles pierres et d'art contemporain. Quant au service rien à redire.

CAVE DE CAIRANNE - CAMILLE ET CÉCILIA

51 bis, avenue jean jaurès
✆ 04 90 30 83 25
www.chantecotes.com

Ouvert du lundi au samedi de 9h30 à 12h30/ 14h à 18h. Fermé dimanche et jours fériés.

En plein cœur des côtes du Rhône, de renommée internationale, le caveau Chantecôtes, connu pour ses vins médaillés et ses techniques douces (ramassage à la main, raisins triés à la vigne…) vous accueille sous une superbe voûte du XIVe siècle. Vous y découvrirez une large gamme allant du vin vif et léger au vin de garde. La variété des sols et expositions sont un atout que la cave exploite au mieux. Pour résumer, des cuvées d'une belle régularité au très bon rapport qualité/prix.

ORANGE ★★★

Le peuple celto-ligure des Cavares l'appellait Arausio et elle était leur plus grande cité. En l'an 105 avant J-C., sa terre a été le théâtre d'une des plus sanglantes batailles menées par les armées romaines contre les germains. Elles y perdirent plus de 100 000 soldats. La ville, à l'époque gauloise de la tribu des Triscatini, devient romaine sous l'Empereur Auguste et prend le nom de de Colonia Julia Secundanorum Arausi. C'est dans cette ère de paix que la ville va devenir une des colonies les plus importantes avec une population qui représentera trois à quatre fois celle d'aujourd'hui. Cette période est faste et festive. Le théâtre est alors construit et sa renommée internationale ne s'est jamais démentie. Au XIIIe siècle, la ville appartient au royaume de Bourgogne. Elle deviendra alors une principauté, un fief du Saint Empire germanique. Au XVIe siècle, Guillaume de Nassau, qu'on surnommait Guillaume le Taciturne, est le prince d'Orange et décide de créer la République des Provinces-Unies. Il en devient le stathouder (chef de l'exécutif). En 1673, Louis XIV en guerre contre la Hollande et les Provinces-Unies, s'approprie la ville et l'annexe au Royaume de France en 1713. A la Révolution, Orange fait d'abord partie du département de la Drôme, puis de celui des Bouches du Rhône et enfin du Vaucluse. Avec ses petites places anciennes, ses ruelles étroites et ses maisons rénovées, la Cité apparaît comme un gros village où il fait bon flâner.

L'ARC DE TRIOMPHE ★★

avenue de l'arc de triomphe
✆ 04 90 34 70 88
https://www.poptourisme.fr/

Accès libre. Visite guidée sur rendez-vous auprès de l'office de tourisme du 6 juillet au 25 août.

Classé au Patrimoine mondial de l'Unesco. Datant du Ier siècle, il était, à l'époque, la porte principale de la cité. Situé sur la voie d'Agrippa et dédié à la gloire des vétérans fondateurs de la colonie romaine d'Orange, ce monument est essentiel dans l'art romano-provençal. Aujourd'hui, il est décalé du centre-ville. On le voit très bien du haut de la colline. La représentation de Gaulois captifs, sur les colonnes corinthiennes, symbolisait la domination de Rome. Sur l'attique, une scène de combat est retracée entre la cavalerie romaine et les Barbares.

LA CATHÉDRALE NOTRE-DAME-DE-NAZARETH

rue Notre Dame
✆ 04 86 38 75 85

Réouverture début 2024. Parking gratuit à 250 m, à la gare routière, cours Pourtoules.

Jusqu'à la Révolution, elle sera la cathédrale d'Orange. Consacrée le 26 octobre 1208 à Notre Dame de Nazareth, en présence du prince Guillaume des Baux, elle fut remaniée à plusieurs reprises au cours des siècles. Très discrète, elle s'ouvre sur la place Clemenceau par un portail du XIIe, modifié au XVIIe siècle. Son portail sud est caractéristique de l'art romano-provençal. La nef centrale ainsi que quatre chapelles sont actuellement en cours de restauration.

LA COLLINE SAINT-EUTROPE ★

✆ 04 90 51 41 41

Située au centre de la commune d'Orange. Aire de jeux, aire de pique-nique, bar, parking et table d'orientation.

Cette colline regorge de vestiges archéologiques. Une croix, datant du XVIIe siècle, marque l'emplacement de ce qui fut la basilique Saint-Eutrope ; une abbaye et une nécropole l'entouraient. Les guerres de Religion ruinèrent les constructions, en 1622-1623, noyées dans les fossés des fortifications de Maurice de Nassau. Un chemin conduit à une statue de la Vierge érigée en 1855, sur les ruines du château. Les affrontements entre les Provinces-Unies et le royaume de France transformèrent Orange en pièce maîtresse de l'échiquier politique européen au XVIIe siècle.

LE THÉÂTRE ANTIQUE ★★★★

Rue Madeleine-Roch
✆ 04 90 51 17 60
www.theatre-antique.com
Horaires selon la saison. Patrimoine Mondial de l'Unesco.

Ce théâtre romain est le mieux conservé au monde parce qu'il a gardé son mur de scène avec l'élévation d'origine (103 m de large pour 37 m de haut et 1,80 m d'épaisseur). Construit sous le règne d'Auguste au Ier siècle, il fut tout de suite un lieu très fréquenté. Quand l'Empire décline, le Théâtre suit le mouvement. L'heure de sa fermeture sonne en 391, car le christianisme interdit toute représentation de pièces dépourvues de caractère religieux. Au XVIe siècle, il est transformé en habitations abritant les réfugiés des guerres de religion.

HÔTEL LE GLACIER*** €€

46, cours Aristide-Briand
✆ 04 90 34 02 01
www.le-glacier.com
Qualité Tourisme. Logis. Ouvert toute l'année. Fermé vacances de Noël. 32 chambres. Demi-pension. Petit déj buffet.

L'hôtel appartient à la même famille depuis trois générations et on peut dire que le professionnalisme s'est parfaitement transmis. Et pour ne rien gâcher, il est en plein centre historique. L'intérieur est plutôt coquet avec les différents petits niveaux, héritage de la réunion de plusieurs maisons qui lui donnent un charme tout à fait particulier. Les chambres, jaune, bleue, blanche, mignonnettes et personnalisées, sont calmes, insonorisées, climatisées et bénéficient de tout le confort nécessaire. Quant aux petits-déjeuners, ils ne trichent pas avec la qualité.

GRAND HÔTEL D'ORANGE**** €€€

8, place Langes ✆ 04 90 11 40 40
www.grandhotelorange.com
Ouvert toute l'année. Groupe Elegant Properties Collection. 40 chambres. Wifi gratuit. Restauration.

Voici une belle adresse pour se loger au cœur d'Orange. Côté déco, sobriété et élégance avec en fil conducteur l'osier dont la culture en Provence est une tradition ; le mobilier et les teintes claires en sont inspirés. Dans les chambres, le souci du détail se conjugue à celui du confort. Les prestations haut de gamme sont à la hauteur des 4 étoiles, partout jusqu'à l'espace bien-être, la piscine en terrasse, le bain bouillonnant, le sauna et la salle de sport. L'accueil est sur mesure et la table bistronomique *Aurasice* est l'atout gourmand de l'hôtel.

AU PETIT PATIO €€

58, cours Aristide-Briand
✆ 04 90 29 69 27
Ouvert toute l'année midi et soir. Fermé le dimanche. Menus de 24 à 48 €.

C'est l'une des vraies bonnes tables de la ville. On profite de sa salle à la fois décorée avec soin et intime. La terrasse est toute belle et reste petite alors pensez à réserver ! Dans l'assiette, une cuisine délicieuse et efficace avec les produits de la Provence travaillés par un chef définitivement dans le présent. En tout cas, le résultat est subtil pour les saveurs et très esthétique pour la présentation. La fraîcheur est bien sûr de mise, les somptueux cocktails fruités peuvent en témoigner ! Il ne reste plus qu'à venir se régaler.

LE BAR À VIN DU CHÂTEAU DU MOURRE DU TENDRE

50, cours Aristide Briand
✆ 04 90 34 48 53
Ouvert 7j/7 de 8h à 21h. Assiettes de charcuteries, terrines, fromages et tartes salées. Vins de la région.

Le bar à vin du Château du Mourre du Tendre se situe en face de l'office du tourisme et à proximité du théâtre antique, un lieu chic et feutré où se poser. On y vient le matin pour le petit-déjeuner ou tout au long de la journée pour déguster les vins remarquables du domaine. Vous pourrez savourer des planches de charcuterie, de fromages, des tartes maison, des tartines, des terrines, des veloutés, des salades… N'oubliez pas de faire un détour dans leur boutique à côté.

DOMAINE LE PRIEURÉ DES PAPES

985, route de Courthézon
✆ 04 90 34 53 06
Visites et dégustations sur rendez-vous au 06 82 78 83 19

Grands amateurs de beaux flacons, Isabelle et Arnaud Strasser sont tombés sous le charme de cette Provence vauclusienne réputée pour ses vignobles. Un coup de cœur qui les a décidé à acquérir en 2019 ce domaine d'une vingtaine d'hectares en appellation Châteauneuf-du-Pape. Les premières cuvées en bio sont prometteuses et déjà primées. Des vins d'une grande fraîcheur en blanc, d'une belle complexité en rouge qui seront aussi à la vente *Au Bonheur de Germaine* à Chateauneuf-du-Pape.

MORNAS

Le voyageur arrivant à Mornas ne se doute pas des souvenirs atroces attachés au château qui domine la ville. Pendant les guerres de religions, les protestants du Marquis de Montbrun précipitèrent les catholiques du haut de l'enceinte sur les piques de leurs soldats. Six ans plus tard, ce furent les protestants que les troupes de François de la Baume firent sauter sur leurs hallebardes... Depuis ces événements, les gens de Mornas furent appelés les Sauto-Barri (saute-rempart) ! Aujourd'hui, le château abrite une réserve ornithologique. Il est surtout très animé avec des reconstitutions historiques et des visites guidées très pédagogiques.

FORTERESSE DE MORNAS

Avenue Jean-Moulin
✆ 04 90 37 01 26
www.forteresse-de-mornas.com

Fermé décembre et janvier. Ouvert tous les jours de 10h30 à 17h. Haute saison : de 11h à 17h15. Animations.

La forteresse de Mornas domine la région depuis son piton de 137 m de haut. Vue incomparable sur les Dentelles de Montmirail et sur le mont Ventoux. Elle protège le village médiéval dont on vous contera l'histoire au cours de la visite. L'association « Les Amis de Mornas » anime la forteresse, et elle le fait avec brio et passion. Tout est fait pour vous faire changer d'époque. Alors retour au Moyen Age avec la découverte du château ou du village grâce aux visites animées. Les enfants adorent, et les adultes n'ont aucun mal à se prendre au jeu – c'est inoubliable.

BÉDARRIDES

L'Ouvèze ne lui a jamais fait de cadeaux ! Ses crues l'ont souvent ravagée et pourtant Bédarrides fait front. Situé sur la route des vins, sa plaine est sillonnée de vignobles de côtes-du-rhône et de châteauneuf-du-pape. Pour venir par la jolie vue, prenez la petite route de Bédarrides qui arrive d'Entraigues (D16), elle vous évitera la nationale et vous donnera l'occasion d'une agréable balade touristique au milieu des terres agricoles. Le bourg conserve quelques vestiges des XVIIe et XVIIIe siècles dont deux portes des remparts : la porte du Poustarlon, façade décorée d'un écusson qui portait les armes des archevêques d'Avignon.

LE NUMÉRO 3 €€

13, quai de l'Ouvèze
✆ 04 90 39 17 88

Menu du jour tous les midis sauf jours fériés et samedi. À la carte 25 € environ.

Le Numéro 3 est idéalement placé à côté de l'Ouvèze. Pour prendre un verre ou pour manger, Bédarrides a trouvé sa petite perle. Large choix de vins, carte renouvelée tous les mois, produits locaux, terrasse très agréable, le bruit de l'eau qui coule en fond sonore... tout cela participe à créer une expérience unique. On adore y aller le midi pour lézarder au soleil en dégustant, par exemple, le fameux tartare et ses frites maison. Un endroit reposant où vous apprécierez le calme de la petite bourgade provençale et une savoureuse cuisine maison.

DOMAINE DU VIEUX TÉLÉGRAPHE

3, route de Châteauneuf
✆ 04 90 33 00 31
www.brunier.fr

Ouvert du lundi au jeudi 8h30-12h/13h30-17h30, vendredi 8h30-12h. Fermé les samedis, dimanches et jours fériés.

Frédéric et Daniel Brunier affirment sur leur domaine qui s'étend sur 70 ha recouverts de vignes âgées en moyenne de 60 ans, leur savoir-faire en soutenant des principes d'agriculture raisonnée. « Elaborer des vins de terroir et non des vins de recette, des vins de repas plus que de dégustation, des vins dont la qualité finale n'a de valeur que par la noblesse des moyens mis en œuvre pour l'obtenir, là est notre vocation ». Il ne reste plus qu'à déguster.

SÉRIGNAN-DU-COMTAT

Diane de Poitiers à la fin de sa vie - en 1565 - choisit de s'installer dans le château familial, celui de son père, qui était alors le Seigneur des lieux. De ce château, il ne reste aujourd'hui qu'une tour adjacente à l'église Saint-Etienne. On peut y voir l'horloge de la commune et un campanile en fer forgé. Devant cette même église, qui abrite une très belle collection de statues en bois doré du XVIIIe siècle, un bronze représentant le célèbre entomologiste Jean Henri Fabre (1823-1915) qui a vécu au village de 1879 à sa mort, dans sa maison de campagne appelée l'Harmas, aujourd'hui devenue Musée. Le village est entouré de vignobles.

VAUCLUSE

HARMAS JEAN-HENRI FABRE

445, route d'Orange
✆ 04 90 30 57 62
www.harmasjeanhenrifabre.fr

Ouvert du mardi au samedi. Ouvert dimanche du 1/07 au 31/08. Tarifs 10 € et 7 €.

Labellisé Maison des Illustres, poussez la porte de l'Harmas Jean-Henri Fabre sur lequel veille le Muséum national d'Histoire naturelle. Entre jardin sauvage et mas rustique, offrez-vous une expérience en immersion dans la vie du naturaliste du XIXe siècle, une occasion d'enrichir vos connaissances et vous détendre en plein air. Tout au long de la visite, un compagnon de visite audio vous contera les souvenirs entomologiques de Fabre. Une destination, un billet unique, deux sites ! Poursuivez votre rencontre avec la biodiversité en visitant le Naturoptère.

LE NATUROPTÈRE ★

Route d'Orange
✆ 04 90 30 33 20
www.naturoptere.fr

Ouvert toute l'année. Se renseigner pour les jours et horaires sur le site internet. Accueil enfants. Ateliers. Expos.

En face de l'Harmas du célèbre naturaliste Jean-Henri Fabre, le Naturoptère est un centre culturel et pédagogique dédié à la nature. Lors de la visite des expositions et tout au long de votre parcours, des animateurs vous proposeront de courtes pilules de savoir sur la nature et ses habitants. Profitez également des jardins, véritables écrins de biodiversité riches de plantes et d'insectes. Toute l'année, découvrez de nombreuses activités en lien avec la nature : ateliers, balades, conférences, spectacles… Au Naturoptère, venez voir de plus près !

CHÂTEAU DE MASSILLAN**** €€€

730, Chemin de Massillan ✆ 04 90 40 64 51
www.chateaudemassillan.fr

32 chambres. Chambre double à partir de 140 € ; suite à partir de 350 €. Spa.

Nous vous recommandons cet hôtel de charme pour vivre la vie de château dans le Vaucluse. Rénové avec beaucoup de goût, le château fut autrefois la demeure d'Henri II et de Diane de Poitiers. Les chambres sont spacieuses et toutes différentes, aménagées selon les préceptes du *feng shui*. Dans les chambres Luxe et Prestige le mobilier chiné et les étoffes choisies sont une ode à l'harmonie et à l'élégance. Pour la détente, un Spa bio luxueux, deux piscines et un parc de 10 hectares. On s'attable au M, le restaurant gastronomique tenu par Sébastien Nouveau.

HÔTEL-RESTAURANT LE PRÉ DU MOULIN €€€

Route de Sainte-Cécile ✆ 04 90 70 14 55
www.predumoulin.com

Ouvert toute l'année. 12 chambres à partir de 91 €. Menus. Accueil groupes. Jardin. Terrasse. Piscine.

À Sérignan-du-Comtat, petit joyau provençal, l'hôtel-restaurant « Le Pré du Moulin » brille de mille couleurs. Dans une maison du XVIIe siècle entourée de vignobles, vous passerez un fabuleux séjour. Piscine extérieure, solarium, jardin arboré et terrasse ne sont qu'un exemple succinct de ce qui vous attend dans ce havre de paix. Les chambres sont spacieuses et parfaitement équipées et le restaurant propose des menus inspirés de la Provence avec des produits de saison.

PIOLENC

Piolenc est réputé pour l'exploitation du sable riche en fossiles, ses mines de lignite, aussi pour le musée Mémoire de la N7. Mais c'est avant tout la capitale régionale de l'ail, une fête où « Festiv'Ail » a lieu en août avec défilés de chars des associations, concours d'aïoli et autres recettes et dégustations choisies. Profitez de votre passage pour repérer les vestiges des remparts du XIVe siècle, l'église Saint-Pierre, très bel édifice roman. Ne manquez pas la visite du musée de Christian Devalque. Passionné depuis plus de 20 ans d'archéologie et de paléontologie, il vous dévoilera sa collection sur l'homme de Piolenc (5 000 ans av. J.-C).

UCHAUX ★

Le nom d'Uchaux, Octavis Uchot apparaît par écrit pour la première fois au XIIe. On s'accorde à dire que ce nom d'origine romaine, devait correspondre à un emplacement numéroté par une borne militaire, la huitième certainement. Mais rien n'est sûr. C'est entre le XVe et XVIIe siècle, que le village se dessine à l'image de ce que nous lui connaissons aujourd'hui. Tout au long des siècles, la vocation rurale a perduré : vignes, céréales, betteraves à sucre et plus récemment, les cultures industrielles : maïs, tournesols, blés durs, tomates de conserve. Au milieu du XIXe siècle, le village comptait 700 habitants. Cent ans après, la population a diminué de moitié.

IL ÉTAIT UNE FOIS €€

4, rue de l'Ormeau
✆ 04 90 34 37 72
https://www.iletait1fois.net/

5 chambres (dont 2 familiales pour 4 personnes). Chambre double à partir de 80 €. Restauration menus de 30 € à 38 €.

Ce tout petit hôtel de charme est comme un îlot paisible au cœur du village. Les chambres spacieuses sont à l'étage, dotées de grands lits confortables et dans un style rustique et campagne. L'atmosphère est intime l'hiver, bucolique quand on descend au jardin à la belle saison. On peut profiter de la demi-pension *Au Cul de Poule*, le restaurant de l'hôtel, la carte suit aussi les saisons : aiguillettes de canard, gravlax de saumon, souris d'agneau confite à l'ail et au romarin.. Vous apprécierez votre séjour et l'accueil d'Anne et Michel.

VAUCLUSE

CHÂTEAUNEUF-DU-PAPE ★

C'est étonnant de voir un si petit village reconnu dans le monde entier pour ses treize cépages. Depuis 2019, l'élaboration du vin de Châteauneuf-du-Pape est inscrite sur l'inventaire du Patrimoine Culturel Immatériel. Les vignerons sont des virtuoses qui écrivent leurs partitions dans un cadre très sévère. La reconnaissance ne date pas d'hier. Elle commence en 1929 avec une action révolutionnaire lorsque le baron le Roy de Boiseaumarié ose organiser le premier syndicat pour la défense de l'appellation. Les appellations contrôlées n'existent que depuis 1936. Il reprend en grande partie les règles qualitatives de productions décrétées à Châteauneuf.

LE CHÂTEAU DES PAPES

✆ 04 90 83 71 08
chateauneuf-du-pape-tourisme.fr/

Accès à pied par des marches, emprunter la rue Joseph-Ducos, et en voiture par la route d'Orange. Parking gratuit.

Ce géant de pierre est certes en ruine mais il en impose toujours avec sa grande façade crénelée qui surplombe la ville. C'est le pape Jean XXII qui, de 1316 à 1333, le fit construire. Entouré de remparts, il se composait d'un important corps de logis et de quatre tours d'angle. Lors des guerres de religion, les protestants s'emparent du village, et château et églises sont pillés et incendiés. Les Allemands l'occupèrent à partir de 1942 et démolirent le donjon lors de leur retraite le 20 août 1944. Une vue à 360° offre un panorama superbe sur la vallée du Rhône.

MUSÉE DU VIN BROTTE ★

Avenue Saint-Pierre de Luxembourg
✆ 04 90 83 59 44
www.brotte.com

Ouvert toute l'année. Horaires variables selon saison. Label Tourisme.

Ce musée du vin fut créé en 1972 par Jeanne Brotte, grand-mère du propriétaire actuel et épouse de Charles Brotte, l'un des pionniers de la mise en bouteille des vins de la Vallée du Rhône qui s'est illustré en 1952 avec sa fameuse « Fiole du Pape » une bouteille tarabiscotée comme un cep de grenache et dont on peut voir un exemplaire d'époque au musée. La bouteille est toujours fabriquée, en vente sur place. Le musée présente de façon pédagogique et ludique les typicités de la vallée du Rhône et des métiers du vigneron, adapté aux plus jeunes.

LA SOMMELLERIE*** €€

2268, route de Roquemaure
✆ 04 90 83 50 00
www.la-sommellerie.fr

Fermé en janvier. 16 chambres (dont 2 suites familiales). Petit déjeuner. Parking fermé. Restauration.

Cette ancienne bergerie du XVIIe siècle transformée en hôtel-restaurant trois étoiles, a vraiment belle allure au milieu des vignes avec sa façade où court un lierre ancestral. A l'étage, les chambres toutes rénovées et décorées avec goût sont gaies et raffinées, avec tout le confort qui sied à un 3-étoiles. Le jardin avec sa piscine a été entièrement repensé. Côté restaurant, c'est chic et feutré, les tables sont nappées de blanc, le service est attentionné. C'est une bonne étape si vous souhaitez faire les domaines du coin.

ESPACE DE L'HERS €€€

5, chemin de l'Hers ✆ 06 22 65 41 18
www.espacedelhers.com

Ouvert toute l'année. 4 chambres 100 à 180 €. Gîte (6 pers.) 1300-1600 la semaine. Planches apéro.

Sa décoration très contemporaine, très pep's, contraste avec l'allure très imposante du domaine. Deux mots d'ordre pour les chambres : l'espace et la couleur. Au matin, petit-déjeuner avec des produits locaux, des pâtisseries, des confitures maison... Vous ne manquerez pas de découvrir le vignoble du Domaine du Château de l'Hers et de profiter d'une dégustation de ses vins sur demande. Pour des vacances longue durée, le gîte est là et tout équipé pour 6 personnes ! Et la privatisation pour les mariages vous assure un cadre à la hauteur de vos espérances..

HOSTELLERIE DU CHÂTEAU DES FINES ROCHES**** €€€

Route de Sorgues ✆ 04 90 83 70 23
www.chateaufinesroches.com

Ouvert toute l'année. 11 chambres. Chambre double de 150 € à 364 €. Demi-pension. Petit déjeuner inclus.

Pour un séjour hors du temps, comme dans un conte de fées, empruntez l'allée qui mène à ce château dont on aperçoit les tours crénelées, une fantaisie médiévale qui date de la fin du XIXe siècle. C'est une étape propice au calme en plein cœur du vignoble. Jolies chambres, petits salons-salles à manger, piscine et spa, terrasses pour dîners romantiques aux chandelles. La table vaut le coup, c'est le jeune Hugo Loridan Fombonne qui en tient les rênes, il a du talent et de l'enthousiasme.

LA MÈRE GERMAINE €€€

3, rue Commandant-Lemaître
04 90 22 78 34
Ouvert toute l'année. Du mercredi au dimanche inclus. Menus de 65 € à 130 €.

Cette maison créée en 1922 par Germaine Vion, cuisinière à l'Élysée a obtenu une étoile en 2021. Depuis 2022, le chef multi étoilé de Bruxelles, Christophe Hardiquest, signe la carte. Sa cuisine va à l'essentiel : saveurs franches, textures inédites et assiettes créatives. La jeune brigade talentueuse, avec Clément Peine, met à l'honneur des produits nobles au fil des saisons. De l'entrée au dessert, c'est parfait. Le cadre est gai, mobilier contemporain, œuvres d'art et terrasse ombragée avec vue sur le Rhône et Avignon.

LA MÈRE GERMAINE €€€

3, rue Commandant-Lemaître
04 90 22 78 34
Chambre double à partir de 190 €. Petit déjeuner 21 €. Parking. Restauration. Salle de séminaire. Boutique de souvenirs

Voici un hôtel de charme, chic et feutré. Dès la réception, le ton est donné, mobilier et luminaires design, teintes acidulées, toiles colorées aux cimaises. Dans les chambres et suites, le même soin est apporté à la décoration, certaines disposent d'une terrasse. Tout est pensé pour votre confort, jusqu'à l'espace bien-être avec spa, hammam, salle de massage. L'accueil est aux petits soins comme si vous étiez chez des amis. Pour vous restaurer, vous avez le choix entre la table gastronomique du même nom et sa version bistronomique, le Comptoir de La Mère Germaine.

LE COMPTOIR DE LA MÈRE GERMAINE €€

Place Jean Moulin
04 28 69 00 60
Ouvert du jeudi au lundi le midi et le soir. Formule ardoise à midi hors week-end 28 € et 35€. Terrasse.

Voici le lieu branché pour se retrouver entre amis, en famille autour de belles assiettes bien cuisinées, dans un cadre chic avec cuisine ouverte et rôtissoire rutilante devant laquelle la brigade travaille en direct. La carte est courte, c'est la garantie de produits frais et de saison. Planches de charcuteries et de fromages à partager, pièce de viande, poissons d'arrivage et suggestions dans la formule de midi, raviolis frits et pesto à l'ail des ours, pastilla d'agneau. On y va !

LE VERGER DES PAPES €€

4, rue du Château
04 90 83 50 40
www.vergerdespapes.com
Appeler pour horaires. Menus de 39 € à 60 €. Dégustation.

C'est l'un des restaurants prisés du village. Et pour cause, depuis la terrasse vous avez la plus belle vue panoramique que l'on puisse imaginer. Mais elle se mérite ! Il faut se garer au parking du château s'il y a encore de la place… et descendre les marches pour y accéder. En hiver, on s'attable auprès de la cheminée, beaucoup de charme et d'authenticité. Le service et l'accueil sont à l'image des lieux, agréable et serviable. À la carte, des plats de tradition et de la région... La cave du Verger des Papes située un peu plus bas mérite le détour.

CHÂTEAU DE NALYS

1711, Route de Courthézon
04 90 83 72 52
www.nalys.com
Ouvert lun au ven 10-12/14-17 (basse saison). Lun au sam 10-12.30/14-18 (haute saison). Visite gratuite, guidée 10 €.

En 2017, la famille Guigal acquiert le château de Nalys, charmée par ses terroirs et son prestigieux passé. A votre arrivée, ils vous remettent un livret afin de visiter la propriété en toute autonomie. Les 13 cépages autorisés dans l'appellation Châteauneuf-du-Pape sont cultivés sur le vignoble de 60 ha. Des panneaux vous apprennent les spécificités de chaque cépage. A l'intérieur, le petit musée met en avant d'anciennes machines viticoles. Vous finissez par la cave du XVIIIe siècle où le vin est élevé pendant plusieurs mois dans des foudres.

DISTILLERIE BLACHÈRE - LIQUEURS, PASTIS ET SIROPS

1695, Route de Sorgues
04 90 83 55 65
www.distillerieablachere.com
Ouvert toute l'année du lundi au samedi 9h-19h.

Cette distillerie existe depuis 1835 et c'est bien elle qui a créé le mythique Pac Citron, il y a 50 ans de ça ! C'est la plus ancienne distillerie de Provence. Le grand poète Frédéric Mistral lui offrit même quelques vers. Venez essayer les liqueurs provençales : la Comtadine, l'Elixir du mont Ventoux, la liqueur à l'origan et la liqueur à la lavande qui se marie si bien avec les sorbets abricot et melon. Sirops, eaux-de-vie et apéritifs sont également à découvrir.

VAUCLUSE

DOMAINE DE BEAURENARD

10, avenue Pierre-de-Luxembourg
✆ 04 90 83 71 79
www.beaurenard.fr
Ouvert 7j/7 de Pâques à fin septembre et du lundi au vendredi le reste de l'année de 10 à 17h. Le samedi 10h-18h.

Beaurenard est l'un des fleurons de Châteauneuf-du-Pape en culture Biologique. Daniel et Frédéric Coulon rejoints par Victor et Antonin s'occupent de ce vignoble dans la famille depuis 8 générations. Un acte notarié de 1695 mentionne *Boisrenard* qui donne son nom à leur cuvée prestige, fruit d'une sélection de vignes âgées de 60 à 100 ans. Leur Rasteau, issu des plus beaux coteaux du terroir, offrent des vins tout aussi emblématiques. Passez par leur Musée du Vigneron à Rasteau, les murs sont couverts de diplômes et de médailles obtenues depuis plus d'un siècle.

DOMAINE ROGER SABON

4 bis, Avenue Impériale
✆ 04 90 83 71 72
www.roger-sabon.com
Ouvert du lundi au vendredi de 8h à 12h et de 13h à 17h. Fermé samedi sauf sur rdv.

Cousin du Domaine Chante Cigale, ce domaine est constitué de deux propriétés : 15 ha à Châteauneuf-du-Pape et 28 ha sur la rive droite du Rhône, la Chapelle-de-Maillac, dans le département du Gard. Certaines vignes ont plus de 50 ans, d'autres plus de 80 ! La réputation du domaine est due en partie à une cuvée (bien nommée) issue d'une parcelle centenaire, Le Secret des Sabon, vendu uniquement sur réservation et dont les informations restent bien gardées par la famille. Le domaine dispose également de vieux millésimes et de magnums vendus au compte-goutte..

SORGUES ★

On en parle peu et pourtant certains vous diront que Sorgues mérite d'être connue. Son patrimoine monumental est riche d'histoire, comme en témoignent le château Saint-Hubert et le pont des Arméniers inscrits aux Monuments historiques, l'église Saint-Sixte et le centre ancien. P. Picasso, Braque et la reine Jeanne ont séjourné quelque temps dans la commune. Le passage de Jeanne laissa plusieurs fresques et une bâtisse aujourd'hui habitée . La colline de Vaucroze, façonnée par la garrigue, surplombe les vignes et offre un terrain idéal pour des randonnées pédestres ou en VTT. Tout au long de l'année, expositions et spectacles animent la petite cité.

L'ÎLE DE L'OISELAY

Logé entre le Rhône et l'Ouvèze, c'est un îlot de verdure où on ne croise que des pêcheurs et des randonneurs. Le sentier de randonnées fait 15,8 km. Il est plutôt destiné aux randonneurs confirmés même si certaines parties sont à l'ombre et la fraîcheur de l'eau rendent la balade très agréable même en été. Le parking de l'île est le point de départ du sentier écologique du bras des Arméniers. Pour le coup, avec ses 2,3 km, tout le monde peut en profiter. Le parcours est aussi pédagogique avec des balises qui racontent la flore et la faune que vous croiserez.

VAUCLUSE

Fontaine de Vaucluse - La Sorgue.

COUCOO GRANDS CÉPAGES €€

2061, chemin des Pompes
07 87 38 02 32
www.cabanesdesgrandscepages.com
Ouvert 24 février au 25 novembre 2023.
16 Cabanes flottantes duo ou famille. A partir de 250 € la nuit.

Dormir dans des cabanes sur l'eau, sur pilotis et végétalisées... voici une adresse pour vous combler ! Une expérience à vivre en immersion totale dans la nature sur le lac de la lionne dans un Domaine éco-responsable. Les cabanes de bois blond au design contemporain sont aménagées avec tout le confort : une salle d'eau fonctionnelle, des terrasses donnant sur le plan d'eau, certaines disposent d'un spa chauffé à 38 °C. Pas de cuisine juste de quoi vous préparer un café ou un thé dans les cabanes spa. Les petits déjeuners vous sont livrés le matin.

LA TABLE DE SORGUES €€€

12, avenue du 19 mars 1962
04 90 39 11 02
www.latabledesorgues.fr
Fermé dimanche et lundi. Menus de 30 € à 61 €.
Réservation recommandée. Terrasse.

Une atmosphère feutrée dans une maison bourgeoise, une petite structure pour une quarantaine de couverts. Stéphane Riss le chef, attentif aux beaux produits, puise son inspiration dans le terroir provençal avec quelques petites touches alsaciennes, sa région natale. On a le choix entre 3 menus et la carte. A toutes les étapes, c'est une cuisine précise, équilibrée, harmonie des saveurs et belle présentation dans l'assiette. La carte des vins est riche en crus avec des suggestions de bons vins au verre. Stéphanie, l'épouse du chef, vous accueille chaleureusement.

COURTHÉZON

L'histoire de cette cité médiévale prend racine à l'époque néolithique. On aime à raconter qu'il est le plus vieux village paysan d'Europe et qu'il appartient à la civilisation méditerranéenne de la pierre (6000 av. JC). Ses remparts du XIIe siècle en imposent encore et cachent un patrimoine tout en églises et quinze fontaines. Une petite rivière la Seille, traverse la cité pendant que l'Ouvèze borde la commune en partie. L'église Saint-Denis de style roman remonterait à Charlemagne, à l'intérieur découvrez de magnifiques orgues classées. Avancez-vous jusqu'à la mairie, ancien château du XIXe. Son vignoble est réputé, appellation Chateauneuf-du-Pape.

CHÂTEAU DU MOURRE DU TENDRE €€

1028, Route de la Plaine
06 21 28 59 58
www.chateaudumourredutendre.com
Ouvert toute l'année. 2 cottages avec kitchenette 130 €. Parking fermé.

Les deux cottages de charme que vous propose la famille Paumel, Grenache et Mourvèdre, sont totalement indépendantes et disposent chacune d'une kitchenette équipée et d'une terrasse privative. Douche à l'italienne en marbre de Toscane, literie de qualité, écran plat, le confort est partout et la déco raffinée. On profite de la piscine en été, du parc arboré d'oliviers tout au long de l'année et l'on se balade dans les vignes du domaine familial après en avoir dégusté le nectar.

DOMAINE L'ABBÉ DÎNE

1 bis, chemin Louise-Michel
06 12 66 99 50
Ouvert lundi-vendredi 9h-11h45/14h30-18h.
Dégustation au chai, explication des cuvées, apéritifs et visites.

Sa *Réserve des Cieux 2016*, un Châteauneuf du Pape rouge, a remporté la 1ère place lors de la dégustation à l'aveugle du meilleur sommelier du monde 2007, Andréas Larsson. Nathalie Reynaud a le vent en poupe depuis qu'elle a repris les rênes du domaine familial en 2010. Dynamique et enthousiaste, Nathalie ne cesse de valoriser ses 18 hectares de vignes sur Chateauneuf-du-Pape, les vendanges sont manuelles et le pressage se fait sur place. L'Abbé Dine se décline en rouges et en blancs en Chateauneuf du Pape et Côtes du Rhône, également un rosé en vin de pays.

DOMAINE PAUL AUTARD

Route de Châteauneuf-du-Pape
04 90 70 73 15
www.paulautard.com
Ouvert du lundi au vendredi 10h-12h/15h-18h (rdv souhaité). Week-ends et jours fériés sur rendez-vous.

Pauline et Jules Autard désormais aux côtés de Jean-Paul, leur père, assurent la 5e génération de cette famille de viticulteurs dont le domaine, situé entre Courthézon et Châteauneuf-du-Pape, est reconnu et primé depuis plusieurs années pour ses blancs et ses rouges. Sur les 30 hectares de vignobles vendangés manuellement, une dizaine est en appellation Châteauneuf-du-Pape, le reste se répartit en Côtes du Rhône et Vin de Pays de Méditerranée. Depuis le caveau de dégustation, on voit les barriques alignées sous les voûtes basses d'un superbe chai.

VAUCLUSE

CHÂTEAUNEUF-DE-GADAGNE

Le village sis sur le versant Est de la colline sépare la plaine du Rhône de celle du Comtat Venaissin. Dessiné au-dessus de ses remparts, Châteauneuf de Gadagne est encore protégé par les vestiges de son château féodal. Ses anciens remparts subsistent encore et sont largement visibles depuis le belvédère devant l'église Saint Jean Baptiste. En vous promenant vous croiserez des maisons bien rénovées, plusieurs portes anciennes comme celle située près de la Tour du Jas édifiée au XIVe siècle, une fontaine qui porte le nom du mécène du village, Marie Pierre d'Alcantra Goujon qui avait légué son château dans lequel naquit le mouvement du félibrige.

FONTAINE-DE-VAUCLUSE ★

Le site de « Vallis Clausa » inspira le nom actuel de ce village et détermina celui du département. Il est parmi les sites naturels, un des plus fréquentés du Vaucluse. Ce succès tient à cette extraordinaire source jaillissant au pied d'une falaise de 230 m de haut. Cette source, qu'on appelle ici fontaine, est la plus puissante de France et la cinquième au niveau mondial, avec un débit d'eau annuel de plus de 600 millions de mètres cubes ! C'est aussi grâce à cette source et à la Sorgue que s'établirent au XVe siècle, les premiers moulins à papier qui suscitèrent une véritable vocation industrielle assurant d'excellents profits à la ville.

LA COLONNE DE PÉTRARQUE

Colonne dédiée à Pétrarque inaugurée en juillet 1804 pour célébrer le 500e anniversaire de la naissance du poète.

Vous ne pouvez pas la manquer, elle siège au milieu de la place principale qu'elle domine du haut de ses 20 mètres. Érigée en 1804 face au gouffre en l'honneur du 500e anniversaire de Pétrarque, on la déplaça 20 ans plus tard au centre du village en présence de la Duchesse de Berry. François Pétrarque, grand érudit, poète et humaniste italien du XIVe siècle, vécut à Carpentras et séjourna à Fontaine. Le lieu était propice à la solitude et à la réflexion. Il s'y sentit si bien qu'il y installa sa bibliothèque. Mais pas que, il y trouva également l'amour.

MOULIN À PAPIER VALLIS CLAUSA ★

Chemin de la Fontaine

✆ 04 90 20 34 14

www.moulin-vallisclausa.com

Février et mars : 10h-12h30/14h-18h. Avril : 10h-12h30/14h-18h30. Mai et juin : 10h-12h30/14h-19h. Été : 10h-19h30.

Vallis Clausa est la reconstitution d'un moulin à eau qui produit du papier de haute qualité selon des techniques traditionnelles du XVe siècle. Au cours de la visite de l'atelier, vous suivez toutes les étapes de la production depuis le déchiquetage des tissus jusqu'au séchage. La pièce la plus impressionnante reste la grande roue à aubes de 7 m de diamètre avec ses 48 pales. Le papier est destiné à l'édition d'art, d'estampes et de gravures anciennes.

MUSÉE BIBLIOTHÈQUE FRANÇOIS-PÉTRARQUE ★

Rive gauche de la Sorgue

✆ 04 90 20 37 20

Ouvert du jeudi au lundi de 11h à 13h et de 14h à 18h. Ouvert toute l'année pour groupes et scolaires sur réservation.

Fondé en 1927 le musée expose une collection très riche sur Pétrarque et l'humanisme de la Renaissance : iconographie de dessins et d'estampes sur Pétrarque, Laure, Fontaine-de-Vaucluse et un fonds d'éditions anciennes de ses œuvres et de celles des pétrarquistes français et italiens. Aussi une bibliothèque spécialisée ouverte sur rendez-vous et une petite collection de gravures modernes qui réunit autour des textes de René Char ceux qu'ils nommaient ses « Alliés substantiels ».

MUSÉE D'HISTOIRE JEAN-GARCIN ★

271, chemin de la Fontaine

✆ 04 90 20 24 00

www.oti-delasorgue.fr

Ouvert toute l'année uniquement pour groupes sur résa.

Plus de 10 000 objets et documents racontent ici la vie quotidienne des Français sous l'Occupation, la Résistance en Vaucluse et la liberté de l'esprit. Les éditions clandestines, les revues militaires côtoient des manuscrits de René Char et des œuvres originales de Henri Matisse ou Joan Miro. Le centre de documentation et de recherche attenant au musée travaille sur les trois dernières guerres marquantes de l'Histoire de France. Il est doté d'une bibliothèque d'art.

MUSÉE DU MONDE SOUTERRAIN ★

Chemin de la Fontaine
✆ 04 90 20 34 13
De mai à septembre : lundi 14h-19h ; mardi, mercredi et jeudi 10h-12h/15h-19h ; dimanche 14h-18h.

C'est dans un décor refait grandeur nature que vous pourrez découvrir les recherches et les différentes explorations de la Fontaine-de-Vaucluse. Les guides spéléologues commentent passionnément le parcours. Vous découvrirez les beautés des troublantes traces laissées par nos ancêtres, dès l'aube de l'humanité. La visite s'achève par la vision de 400 cristallisations recueillies par le pionnier Norbert Casteret (1897-1970). Un ensemble unique en Europe !

SOURCE DE LA FONTAINE DE VAUCLUSE ★★

✆ 04 90 20 32 22
www.avignon-et-provence.com
Accès libre et gratuit toute l'année.

D'où vient cette source parmi les plus importantes d'Europe avec un écoulement total moyen de 630 millions de m^3 par an ? À la fin du XIXe siècle, les explorations sous-marines se sont succédé pour tenter d'en découvrir le secret. Le commandant Cousteau envoie en 1967 un engin téléguidé qui plonge à 106 m. En 1989 le *Spélénaute* atteint les 315 m de profondeur Dans le sous-sol, galeries et cavités recueillent une grande partie des 900 mm de pluie tombant en moyenne chaque année..

HOTEL-RESTAURANT DU PARC*** €€

Rue des Bourgades
✆ 04 90 15 65 20
www.hotelrestaurantduparc.fr
Hôtel 3-étoiles. Ouvert toute l'année. 12 chambres (double de 69 à 209 €, suite de 165 à 309 €).

C'est un hôtel légendaire. Vous dormez dans la chambre de Joe Dassin ou de Dalida et on peut même y voir leur dédicace. Rénovées dans un style à la fois contemporain et cosy, les chambres avec vue sur la Sorgue sont des nids douillets, les teintes choisies (beige, chocolat, gris) donnent une ambiance douce et raffinée. On s'attable au restaurant, en été sur la terrasse extérieure en surplomb de la Sorgue et dès les premiers frimas, on s'installe devant la grande verrière contemporaine.

PÉTRARQUE ET LAURE €€

Place de la Colonne
✆ 04 90 20 31 48
www.petrarque-et-laure.com/
Menus de 28 à 33 €. Formule douceur 20,50 €. Menu enfant 9,50 €. mme Papille : épicerie fine du restaurant.

Le restaurant était un ancien relais à chevaux (1480) transformé en auberge. C'est en 1889 qu'il devient un hôtel-restaurant sous le nom du poète Pétrarque. Depuis 1981 il est uniquement restaurant. Vous découvrirez le savoir-faire des Valentin, maîtres des lieux depuis 3 générations, aujourd'hui incarné par l'exigence de Frédéric Valentin, chef du restaurant et de son frère Thierry, chef de salle qui veillera à votre confort tout au long du repas. Spécialité locale « la truite meunière » du vivier. Accueillant et bon rapport qualité-prix.

RESTAURANT PHILIP €€

Chemin de la Fontaine
✆ 09 75 59 28 63
Fermeture de début octobre à fin mars. Menus de 34 à 80 €. Jardin. Terrasse.

Le restaurant est dans le fameux jardin de Pétrarque tout contre la cascade. Un emplacement exceptionnel qui dispose d'une vaste terrasse et d'une salle intérieure pour les jours de pluie (et si, et si...). On y travaille en famille et Camille, la fille de la maison, ajoute sa fantaisie. La cuisine est de saison avec les produits de la région. Ecrevisses, truites, cuisses de grenouilles, truffes, asperges... vous ne serez pas déçus. Pour faire l'accord dans le verre, quelques bons vins bien choisis. L'accueil est charmant, le service efficace et souriant.

KAYAK VERT

1193, avenue robert garcin
✆ 04 82 29 42 42
Ouvert tous les jours du 15 mai au 15 oct. Juillet-Aout : enfants -14 ans 14 €, ado 26 € et adulte 28 €.

Parmi tous les loueurs de canoës, ce sont les plus sympas et ils proposent le plus attrayant et le plus long parcours. Nous l'avons testé pour vous ! Comptez 2h pour parcourir les 8 km tout en faisant une pause sur la petite place située à mi-chemin. Les enfants adorent les petits barrages, sensation assurée, mais en toute sécurité ! Le retour se fait en bus et vos effets personnels sont bien à l'abri dans un container étanche. Vous avez le choix entre des canoës 2, 3 ou 4 personnes (avec 2 jeunes enfants pour le dernier). On vous fournit les gilets de sauvetage.

LAGNES

Ce n'est plus la plaine mais pas encore le Luberon... Des collinettes aux paysages sages. On s'y arrête pour prendre un peu de hauteur avant d'attaquer le circuit des villages classés. Mais le village a ses propres atours comme les ruines de son château, ses deux tours rondes et cabossées, ses ruelles où les maisons sont classées monuments historiques et cachent fontaines et lavoirs... On baisse la tête sous les passages. On grimpe jusqu'au panorama avec un panier apéro pour ses couchers de soleil. Les randonneurs et les curieux pourront suivre le mur de la peste. Et tout cela sans personne ou presque.

L'ISLE-SUR-LA-SORGUE ★★

Traversée par plusieurs canaux, la Venise Comtadine a été construite au XIIe siècle sur pilotis dans les marécages. Ses grandes roues à aube moussues alimentaient autrefois les moulins à papier et les filatures. Au XIXe siècle, on comptait 62 roues à aubes dans la ville, seules 5 fonctionnent encore aujourd'hui. Les rues aux noms évocateurs – de la Loutre, de l'Anguille, de la Truite, de l'Ecrevisse – rappellent que l'Isle était autrefois un village de pêcheurs avec une confrérie au XVIe siècle. Avec ses rues en calade, ses passages voûtés, l'Isle sur la Sorgue est depuis les années 1970 la capitale des antiquaires et de la brocante.

LA MANUFACTURE BRUN DE VIAN-TIRAN - MUSÉE

Avenue de la Libération
✆ 04 28 70 28 00
www.lafilaventure.com
Ouvert du lundi au samedi 10h-12h30 et 14h30-19h. Dimanche 12h-19h.

Brun de Vian-Tiran, entreprise familiale de lainiers, perpétuent depuis 1808 un savoir-faire ancestral. La manufacture textile, la dernière de la région, se visite ; un musée, à l'étage de la boutique, présente les différentes étapes de la transformation de la laine en étoffe et le métier de manufacturier. Outils et matières sont mis en scène dans un parcours interactif, immersif et sensoriel ; parcours guidé par Edgar le mouton pour les plus jeunes. Il est permis de toucher !

HÔTEL BEST WESTERN - DOMAINE DE LA PETITE ISLE**** €€

871, route d'Apt ✆ 04 82 78 03 94
www.domainedelapetiteisle.com
Ouvert toute l'année. 82 chambres. Chambre double à partir de 84 €. Petit déjeuner buffet. Prix moyen carte 20 €.

La surprise, c'est cette étendue de verdure qui descend jusqu'à la rivière. Et oui, ce sont 2 ha de terrain arboré que l'on voit depuis les chambres, la salle de restaurant et sa terrasse. Toutes les chambres sont contemporaines avec une déco très soignée et personnalisée avec des photos et des tableaux sur une thématique locale. Et pour ne rien gâcher, certaines sont équipées d'un balcon. En saison, en terrasse et devant la piscine, on se restaure de salades, viandes et poissons.

VAUCLUSE

© LAWRENCE BANAHAN - AUTHOR'S IMAGE

Les canaux à L'Isle-sur-la-Sorgue.

HÔTEL LES NEVONS*** €€

205, chemin des Névons
✆ 04 90 20 72 00
www.hotel-les-nevons.com

Ouvert toute l'année. 44 chambres. Chambre double de 75 à 135 €. Petit déjeuner : 12 €. Animaux acceptés (15 €).

C'est une adresse peu coûteuse et très maline pour séjourner à L'Isle-sur-la-Sorgue. L'hôtel est très proche du centre et a un parking privé. Et on connaît les problèmes pour se garer dans la ville en pleine saison... Pour le reste, l'hôtel a des allures de résidence avec une piscine et un solarium sur le toit. Mais vous pourrez aussi profiter du jardin au bord de l'eau. Les propriétaires mettent l'accent sur une ambiance familiale avec des confitures maison au petit déjeuner, des chambres triples et quadruples et les animaux sont acceptés.

DOMAINE DE PALERME €€€

725, chemin de Palerme
✆ 06 09 90 80 90
www.ledomainedepalerme.com

Ouvert toute l'année. 4 chambres. Chambres de 190 à 390 €. Suite pour 4 personnes 290 à 370 €. Petit déjeuner.

C'est un lieu d'exception, une grande bastide provençale avec un parc de 5 000 m² planté d'arbres centenaires. Albert Camus ne s'y était pas trompé en la choisissant comme résidence avant de se rendre à Lourmarin. Elle ne ressemble à aucune autre bastide de la région avec ses deux étages et ses volées de fenêtres qui rythment la façade où la végétation grimpe doucement. La rénovation tient du grand art avec une inspiration année 1950 revisitées. Le grand salon accueille les cérémonies qui se prolongent dans le parc et autour de la très grande piscine.

GRAND HÔTEL HENRI**** €€€

1, cours René-Char
✆ 04 90 38 10 52
www.grandhotelhenri.com

Ouvert toute l'année. Chambre double 127 à 312 €, suite 305 à 452 €. Restaurant Petit Henri, label Table Remarquable.

Le Grand Hôtel Henri résume l'art de recevoir à la française rentré dans le giron des prestigieux Châteaux & Hôtels Collection 3 mois après sa réouverture en 2016. Le lieu a acquis ses lettres de noblesse au XIXe siècle, l'impératrice Eugénie y vint en 1867 à l'occasion de l'inauguration du viaduc de Fontaine de Vaucluse, plus tard il fut inscrit sous le nom d'Hôtel Pétrarque et Laure dans le premier guide Michelin édité en 1900. Raffiné dans les moindres détails, feutré dans l'intimité des chambres, convivial dans les espaces de réception, bistronomique.

LA BALADE DES SAVEURS €€

3, quai Jean-Jaurès
✆ 04 90 95 27 85
www.balade-des-saveurs.com

Maître Restaurateur. Ouvert du mercredi au dimanche midi. Menus de 27,80 à 37,80 €. Semi-gastronomique.

Ce restaurant est un petit plaisir été comme hiver. L'été, on profite de la terrasse le long de la Sorgue (pensez à réserver car elle est assez petite). L'hiver et les jours de mistral (!), la salle est décorée avec goût, à la fois sobre et cossue. Les menus ont des bases classiques avec des produits très frais et de jolies présentations. Le chef travaille aussi bien le poisson que la viande et ses desserts sont pleins de fantaisie. C'est vrai qu'il n'hésite pas à emprunter des techniques culinaires du monde entier. Accueil chaleureux.

LE CARRÉ D'HERBES €€

13, avenue des Quatre-Otages
✆ 04 90 38 23 97
www.loeildeprovence.com/40/restaurant

Ouvert toute l'année. Du mercredi au lundi midi et soir. Prix moyen carte 35 €.

En plein quartier des antiquaires, le Carré d'Herbes vous accueille pour un déjeuner ou un dîner dans un cadre brocante. Pour être au frais durant l'été, il y a la roseraie. Au milieu du Carré des Antiquaires, le calme est assuré. Cet établissement créé en 1995 saura vous séduire par sa cuisine semi-gastronomique concoctée par Le Chef Cédric Brun. Des plats inventifs et de saison : collier d'agneau confit et polenta provençale, dos de cabillaud à la croûte d'herbes, dôme choco-pain d'épices... Voilà un exemple succinct des délices qui vous attendent !

L'APARTÉ €€

1, avenue des Quatre-Otages
✆ 04 90 95 34 40
www.restaurantlaparte.com/

Été : mardi au dim midi sauf le sam midi. Hiver : tous les jours sauf samedi midi, dim soir et lundi. 12h-14h/19h30-21h

On aime bien cette adresse en bordure de la Sorgue pour son ambiance conviviale, ses tarifs mini et surtout ses assiettes sympathiques. La carte est variée et met l'eau à la bouche : onglet de bœuf en croûte farcie aux champignons, filet de loup de mer et risotto crémeux, ravioles au pesto de cresson, souris d'agneau et purée de patates douces... Les desserts ne sont pas en reste puisque l'on peut savourer un fondant au chocolat, un pavlova aux deux kiwis ou des profiteroles à la fève de tonka. La carte des vins met en avant les petits producteurs de la région.

RENAUD'METS - BISTROT DE CHEF €€

52, rue Carnot © 04 90 24 86 62
www.renaudmets.com
Maître Restaurateur. Ouvert lundi soir et du mardi au dimanche midi et soir. Fermé mercredi et jeudi. Menus : 25 à 68 €.

Aux manettes de Renaud Met's, Christophe Renaud est un jeune chef talentueux et créatif pour qui la cuisine est un partage d'émotions. Les mets se partagent sur la carte des entrées et des desserts si l'on veut goûter à tout : rémoulade de légumes, velouté de topinambour, tarte à l'orange, riz au lait crémeux... Les grands mets proposent les viandes et poissons du jour. Cadre façon bistrot élégant, on s'attable en terrasse au bord de la Sorgue. Profitez de la formule attractive à midi.

UMAMI €€

33, rue Carnot
© 04 90 20 82 12
www.restaurant-umami.fr
Ouvert du mercredi au dimanche midi et soir. Formule du jour 16 €. Menus de 33 € à 44 €.

Le nom de ce restaurant, emprunté au japonais, désigne l'une des cinq saveurs fondamentales découverte par un sage japonais « en goûtant un bouillon d'algues »... Elles sont bien toutes là, les saveurs, dans les recettes que cuisine Fabrice. Ce jeune chef met toute son inspiration dans sa carte qui change régulièrement. En voici quelques exemples : quasi de veau cuit à basse température, suprêmes d'orange et grémolata ; sashimi de dorade « à la mexicaine », riz au piment vert, crémeux de yaourt et avocat ; moelleux à l'orange façon « Yvette » et son sorbet agrumes.

LA PRÉVÔTÉ €€€

4 bis, rue Jean-Jacques-Rousseau
© 04 90 38 57 29
www.la-prevote.fr
Maître Restaurateur. Ouvert du mercredi au lundi midi et soir. Juillet et août fermé lundi midi, mardi et mercredi midi.

On s'attable soit à l'intérieur devant la cheminée en hiver ou en bordure de la Sorgue qui traverse le restaurant ou bien dans la cour-jardin ! Le dressage est impeccable et les saveurs raviront vos papilles. Le menu « carte blanche » en cinq services vous fait découvrir des plats succulents provençaux : épaule d'agneau confite et son jus d'agneau à la sarriette ou la pêche du jour, carottes des sables au barbecue et en mousseline, câpres soufflées et caramel de carottes. Les menus sont uniques, tout est fait maison et avec passion !

LA MANUFACTURE BRUN DE VIAN-TIRAN - LA BOUTIQUE

Avenue de la Libération
© 04 90 38 00 81
www.brundeviantiran.com
Ouvert du lundi au samedi de 10h à 12h30 et de 14h à 19h ; le dimanche de 12h à 19h.

Passez à la Manufacture côté boutique si vous aimez les belles matières, la mode et le linge de maison : étoles, plaids, couettes et couvertures en laine, cachemire, Mérinos d'Arles Antique®, mohair, poil de chameau... Entreprise familiale de lainiers, Brun de Vian-Tiran perpétue depuis 1808 une tradition autrefois très implantée à l'Isle-sur-la-Sorgue. L'industrie textile y était prospère au Moyen Age. Le musée à l'étage présente les étapes de la transformation de la fibre en étoffe.

© BRUN DE VIAN TIRAN

© BRUN DE VIAN TIRAN

VAUCLUSE

RESTAURANT CAFÉ FLEURS €€€

9, rue Théodore-Aubanel ✆ 04 90 20 66 94
www.cafefleurs.com

Ouvert du jeudi au lundi midi et soir. Menus de 35 à 46 €. Formule du midi. Semi-gastronomique.

Le restaurant est en plein centre le long de la Sorgue. On y vient pour son ambiance très cosy voire british avec un style romantique tout en retenue. Les teintes sont douces, les chaises en fer forgé blanc et les mises de table fleuries. La cuisine est tout aussi soignée. Elle suit les saisons et alterne viandes et poissons. Le chef reste dans un classicisme parfumé. Les curieux devraient apprécier le quasi de veau de l'Aveyron et son coulis aux fruits de la passion. Dès les beaux jours, on profite de la terrasse qui surplombe la rue. Pensez à réserver.

GOURMAND'L'ISLE

17, place de la Liberté
✆ 04 90 38 94 61

Basse saison : ouvert du mercredi au dimanche de 10h à 19h. Haute saison : tous les jours de 10h à 0h30.

Ce glacier est installé devant l'église. Il faut dire qu'il compte une cinquantaine de parfums avec une mention spéciale pour celui au Caramel beurre salé ou le Rocher. Il sait aussi appâter les enfants avec ses glaces au Nutella... Et il sait aussi fidéliser les gens d'ici avec une belle carte de chocolats chauds Italiens, crêpes et gaufres pour les jours de froid et ses belles bûches de Noël au moment des fêtes. Et ne soyez pas trop déçus s'il n'y a plus de place en terrasse - elle est petite - et optez pour les cornets craquants !

LE VIVIER €€€

800, cours Fernande-Peyre
✆ 04 90 38 52 80
www.levivier-restaurant.com

Ouvert du mercredi au vendredi midi et soir ; le samedi soir et le dimanche midi. Menus de 48 à 130 €. Vin au verre.

Le Vivier est la table étoilée de L'Isle sous la houlette de Patrick Fischnaller depuis 2005. Design et élégance pour cette adresse en surplomb de la Sorgue et dont les cuisines sont menées par Romain Gandolphe. L'assiette est aussi contemporaine en saveurs qu'en présentation. Pour le verre, la cave est superbe. Les plus gourmands doivent absolument se laisser tenter par le menu du même nom qui est composé de six plats en dégustation piochant ici et là dans les dernières créations et les plats de saison à la carte. Pensez à réserver.

LA COUR AUX SAVEURS

4, rue Louis-Lopez
✆ 04 90 21 53 91
www.lacourauxsaveurs.fr

Ouvert du mardi au samedi de 9h30 à 12h30 et de 14h30 à 18h30, dimanche et jours fériés de 9h30 à 12h30.

Sylvie et Florian ont fait de cette cour le sanctuaire l'islois des croqueurs de chocolat, de nougat et de pains d'épices à l'ancienne. Ils sont au cœur de la cité. Attention, il ne faut pas louper cette petite rue transversale, car l'adresse est une pure invitation à la gourmandise. Florian, passionné de son métier, fabrique sur place des petites merveilles sans adjuvant ni conservateur, enrobe manuellement et sans stocker. Florian a sélectionné pour ses recettes de ganaches, pralinés le Grand Chocolat Valrhona dont il est partenaire, pur beurre de cacao.

CONFISERIE LILAMAND

13, rue de la République
✆ 04 90 92 13 45
confiserie-lilamand.com

Ouvert du lundi au samedi de 10h à 12h30 et de 14h30 à 19h ; le dimanche 10h-13h/14h30-18h.

Fondée en 1866 par Marius Lilamand, pâtissier-confiseur à Saint-Rémy-de-Provence, cette enseigne très gourmande et réputée sur la région a désormais pignon sur rue aussi en plein cœur historique de L'Isle-sur-la-Sorgue. Vous y retrouvez leurs fruits confits, les confitures, les calissons et des sirops de fruits, mais également du miel, du nougat, de la crème de marrons de fabrication artisanale. En 2019, ils ont reçu le trophée du jury des « entrepreneurs positifs ». Leur volonté est de préserver leur histoire, leur savoir-faire, la qualité de leurs fabrications.

FLOREL EN PROVENCE

25, avenue de la Libération
✆ 04 88 61 07 99
www.florel.fr

Ouvert du lundi au vendredi de 9h à 13h et de 14h à 17h. Thés, tisanes, accessoires.

Si les mentions Tisanes, Thés, Herbes Aromatiques, Épices et Sels n'apparaissaient pas sur la façade de Florel en Provence, on pourrait penser que cette belle boutique est une parfumerie. Fabricant et créateur d'infusions bio depuis 1989, Araquelle – une entreprise familiale et régionale – a réalisé cet écrin luxueux pour présenter la gamme des produits de ses 4 marques (Provence d'Antan, Romon Nature, Plant'asia et Florel). Quelque 250 références, des tisanes et thés 100 % bio mais aussi des plantes aromatiques culinaires cultivées en Provence.

MALEMORT-DU-COMTAT

Le village existait déjà à l'époque romaine sous le nom de Calvias. Son nom actuel, qui signifie « mauvaise mort », est apparu avec l'extermination du village par les Francs. On dit qu'après leur passage, il ne resta qu'une survivante, une vieille femme avec son coq qui est devenu l'emblème du village. Le Moyen Âge fut plus prospère. Les remparts comptèrent jusqu'à 11 tours qui faisaient aussi partie du château et 3 portes. Il reste de jolis monuments et fontaines dont celle qui trône au centre de la place depuis 1787, ornée de six mascarons, Notre-Dame-de Calvias, le lavoir date de 1771 ! Et on n'oublie pas venir fin juin pour la fête de la cerise.

LE THOR

Entre les bras de la Sorgue, s'étend la cité du Thor, capitale du raisin de table, le chasselas. Des remparts moyenâgeux, subsiste la magnifique porte du beffroi qui semble veiller sur sa ville, surmontée d'un campanile en fer forgé. Dans le square de la mairie, on peut voir les statues de Molière et Corneille sculptées par les frères Brian et dans le jardin, le monument élevé à la mémoire de Pierre Goujon d'Alcantara, bienfaiteur de la ville et fondateur des écoles publiques. Les pêcheurs s'alignent le long des berges tandis que les canoës kayak glissent sur les eaux claires. Dans la campagne environnante, les fabuleuses grottes de Thouzon.

LA GROTTE DE THOUZON ★

2083, route d'Orange
✆ 04 90 33 93 65
www.grottes-thouzon.com
Ouvert d'avril à octobre, tous les jours 10h-18h. Adulte 9,50 €, ado 8,8 €.

C'est LA visite à faire les jours de pluie ou de mistral quand on a des enfants ! La grotte a été découverte par hasard en 1902 lors de l'exploitation d'une carrière. On lui a donné un surnom : « grotte des fées », sans doute pour la féerie qu'elle dégage. Il faut dire qu'elle est demeurée intacte grâce à un aménagement immédiat. Alors soyez prêt pour un voyage dans un monde minéral où le travail de l'eau a laissé son empreinte. C'est aussi, dans le Vaucluse, la seule caverne naturelle (13°) aménagée pour le tourisme (galerie horizontale, accès facile).

MUSÉE PIERRE SALINGER ★

✆ 06 78 43 57 33
www.pierresalinger.org
Ouvert vendredi et dimanche 15h-18h30. Fermé le mardi et en jours d'expo. Gratuit et sur rendez-vous le reste du temps.

Ce musée est installé dans la dernière propriété de Pierre Salinger, lequel était très engagé auprès de la famille Kennedy avant de se lancer dans le journalisme et le reportage. Son engagement restera toutefois intact puisqu'il décida de s'installer définitivement en France après l'élection de Bush. Au fil des photos (souvent inédites), des objets, des souvenirs, toute la vie de cet homme qui a cotoyé les plus grands de ce monde. Une salle est également dédiée à la famille. Chaque été est l'occasion de découvrir une nouvelle exposition thématique.

HOTEL RESTAURANT LE SAINT-LOUIS** €

route de l'Isle sur la Sorgue
✆ 04 90 33 70 70
www.hotel-saint-louis-provence.com
Ouvert toute l'année. 38 chambres à partir de 69 €. Demi-pension double 125-141 €. Restauration en semaine.

Cet hôtel construit à la façon des motels américains est de plain-pied autour d'une vaste piscine abrite des chambres fonctionnelles.. Un hôtel confortable avec le plaisir de prendre le petit déjeuner en terrasse. Cerise sur le gâteau, une esthéticienne propose ses services : soins visage, épilations, maquillage, manucure, modelage et soins du corps. Enfin, vous aurez tout loisir de vous restaurer « provençal » au Grand Jardin du Saint-Louis, le restaurant de l'hôtel.

LA BASTIDE ROSE €€€

99, chemin des Croupières ✆ 04 90 02 14 33
www.bastiderose.com
Fermé janvier/début avril. Chambres à partir de 198€, suites à partir de 265€, appt. de 430€, cottage 1650€/semaine.

Cet ancien moulin, propriété de Poppy Salinger et sa famille, est un havre de paix, on y est reçu comme des amis. On apprécie les chambres et suites raffinées et élégantes au confort moderne. L'une des chambres au rdc avec terrasse privative accueille les personnes à mobilité réduite. Le petit-déjeuner est servi en buffet sur la terrasse ou dans la chambre. Les gourmets réserveront la table d'Au Gusto pour déjeuner ou diner. Pour les amoureux d'histoire, le Musée Pierre Salinger présente les souvenirs personnels du journaliste et porte-parole du Président Kennedy.

VAISON-LA-ROMAINE ★★

La ville possède un patrimoine architectural antique et médiéval d'une richesse exceptionnelle. Elle se dévoile en prenant un peu de hauteur, là où tout a commencé, depuis cette colline rocheuse dominée par le château des comtes de Toulouse. A nos pieds, une des villes les plus riches de la Narbonnaise de l'époque romaine. Au IIIe siècle avant J.-C., Vasio était devenue la capitale des Voconces, cette peuplade d'origine celtique qui ne va pas à hésiter à descendre sur la rive droite. La cité est alors prospère. Entre 69 et 59 avant J.-C. et à l'inverse des colonies, Rome la reconnaît comme une alliée et lui offre un statut de cité fédérée. Avec la Pax Romana, la vallée va prendre son essor tandis que l'oppidum, le village perché, sera lui peu à peu délaissé. Les premières fermes apparaissent entre 50 et 30 avant J.-C. et vont se transformer au fil du temps en ville, avec, notamment, la création de voies de circulation et l'édification de grands monuments publics dans la seconde moitié du Ier siècle de notre ère : théâtre, aqueduc, thermes, ponts. C'est au IIe siècle que Vaison brille de toutes ses lumières : ses quartiers résidentiels arborent de très grandes demeures qui couvrent 2 000 à 5 000 m², les plus vastes connues en Gaule. Les vestiges visibles aujourd'hui datent, pour l'essentiel, de cette époque. Après la chute de l'Empire romain, la commune devient un centre religieux important avec un évêché qui verra passer deux conciles, en 442 et 529. Consécutivement à toutes les invasions subies à la suite des conflits entre les évêques successifs et les comtes de Toulouse, au XIIIe siècle, la population va se réfugier sur le rocher, au pied du château devenu propriété papale. Au XVIIe siècle, quelques agriculteurs se réinstallent dans la plaine, mais il faut attendre le XIXe siècle pour que le développement urbain se fasse ressentir et oblige une nouvelle fois la ville à quitter son belvédère. Pur joyau de la Provence romaine, Vaison labellisée Plus Beaux Détours de France, vient d'obtenir la troisième fleur au concours des villes et villages fleuris (plus que du simple fleurissement, cette fleur récompense un engagement en faveur du développement durable et du respect de la biodiversité). Tous les trois ans, la ville accueille les Choralies : avec des pointures internationales du monde et les chefs de chorales s'y donnent rendez-vous pour « faire chanter la terre » pendant huit jours.

CATHÉDRALE NOTRE-DAME-DE-NAZARETH ✞ ★

Rue Alphonse Daudet
✆ 04 90 36 05 65
Accès gratuit. Pour les visites guidées, se renseigner auprès de l'office de tourisme.

Bel exemple d'architecture romane provençale que la cathédrale Notre-Dame de Nazareth (XIe et XIIe siècles). Une fouille laissée ouverte à son chevet montre qu'elle prend appui sur des remplois d'édifice paléochrétien. A l'intérieur, on retrouve cet emprunt à l'antique renforcé par les tons blancs ou gris des colonnes de marbre et de l'autel. Sa nef est éclairée de fenêtres percées à la base des berceaux, et la belle coupole octogonale a été édifiée lors des travaux du XIIe siècle.

CHAPELLE SAINT-QUENIN ✞

Avenue Saint-Quentin
✆ 04 90 36 02 11
www.vaison-la-romaine.com
Visites sur demande auprès du service patrimoine au 04 90 36 50 48.

Implantée au nord de la ville sur une vaste zone sépulcrale, cette chapelle qui porte le nom du saint patron de la cité, évêque très estimé de Vaison au VIe siècle, a été édifiée au XIIe. Vous pourrez admirer son abside triangulaire. Son décor d'inspiration antique induisit en erreur, pendant longtemps, les historiens qui voyaient là un édifice romain. Les bâtiments qui le jouxtaient étaient occupés par les chanoines de la cathédrale Notre-Dame de Nazareth. A partir de la chapelle Saint-Quenin, un chemin champêtre et une calade agréable mènent à la cathédrale.

LE CLOÎTRE DE LA CATHÉDRALE ✞ ★★

Basse saison tous les jours de 10h à 12h et de 14h à 17h. Haute saison de 9h30 à 18h. Gratuit.

Edifié au nord de la cathédrale dans la deuxième partie du XIIe siècle pour les chanoines réguliers, ce magnifique cloître présente de grandes arcades reposant sur de robustes piliers. La décoration y est austère. Il faut regarder les chapiteaux sculptés de décors très fins et variés. Le jardin permettra de voir sous le meilleur angle le côté de la cathédrale, la frise qui la décore et une inscription mystique en vers latins, exhortant les chanoines à vivre dans la voie de Dieu.

LE MUSEE ARCHÉOLOGIQUE THEO DESPLANS

site antique de Puymin

✆ 04 90 36 50 48

Avril à septembre de 9h30 à 18h. Fermé du 1er janvier au 5 février. Adulte 9 €, 10/17 ans 4 €, gratuit jusqu'à 9 ans.

Musée très riche en sculptures trouvées sur les sites archéologiques de Vaison. Les fouilles régulières ont livré de nouveaux objets. Un nouveau parcours muséographique est défini, à la fois chronologique et thématique. Il s'organise en plusieurs espaces : préhistoire et protohistoire, ville gallo-romaine, monuments publics, commerce et artisanat, religion, funéraire, maison gallo-romaine. Dans chaque espace, les objets sont mis en situation dans leur contexte d'utilisation.

SITES ARCHÉOLOGIQUES GALLO-ROMAINS

✆ 04 90 36 50 48

Horaires variables. Billet Pass adulte 9 €, jeune 4 €. Gratuit jusqu'à 9 ans.

- **Le site de la Villasse :** quartier des commerçants et ensemble thermal. La rue des Boutiques constitue l'un des exemples les plus marquants de l'urbanisme d'alors. De grandes demeures luxueuses tournées sur leurs cours intérieures dont La « maison du Buste en Argent ».
- **Le site de Puymin** : La maison à l'Apollon lauré (2 000 m²). Le théâtre date du Ier siècle de notre ère. Aujourd'hui de nombreux spectacles s'y déroulent.
- **Le pont romain** jonction entre la ville basse et la ville haute.

CAMPING DU THÉÂTRE ROMAIN**** €€

205, chemin du Brusquet

✆ 04 90 28 78 66

www.camping-theatre.com

De mi-mars à fin octobre. 82 emplacements : véhicule + 2 personnes. Mobil-homes 2 à 4 personnes. Aire pour camping-car.

Le camping est installé à coté des vestiges romains, juste à l'entrée de la ville. Alors, pas d'animations mais le calme et une très belle piscine chauffée, une salle pour le billard. La taille des emplacements reste confortable. Ils sont pour la plupart bien ombragés et chose importante, les sanitaires sont grands et bien entretenus. Et le soir, si vous n'avez pas envie de bouger, les propriétaires proposent une petite restauration (pizzas maison, 1 à 2 fois par semaine).

HÔTEL BURRHUS*** €€

1, Place Montfort

✆ 04 90 36 00 11

www.burrhus.com

Centre-ville. Fermé déc et janvier. 38 chambres (1 appartement). Chambre double à partir de 69 €. Petit déjeuner : 11 €.

L'hôtel est sur la grande place Montfort, là où bat le cœur de la ville. D'extérieur, une simple maison de ville mais à l'intérieur c'est la belle surprise. Les propriétaires en ont fait un lieu dédié à l'art. Les chambres, de toutes tailles, sont décorées dans un style design arty. Dès que le printemps pointe le bout de son nez, on déjeune en terrasse parmi les platanes. Les motards et les cyclistes apprécieront le garage fermé et gratuit. Les amateurs d'art profiteront des expositions organisées au Burrhus.

LA MAISON D'EUGÉNIE €€

1088, Chemin de Saume Longue

✆ 06 22 40 78 43

Ouv tte l'an. 4 chamb 95 € à 130 €. Petit déjeuner inclus. Possibilité de louer la maison de vacances minimum 2 nuitées.

Magali la maîtresse de maison avait un rêve : créer des chambres d'hôtes. C'est une maison spacieuse avec tout confort dont 4 chambres chacune avec son style (une au rez-de-chaussée), très bien équipées avec des prestations haut de gamme. Au 1er étage : la chambre de « Philomène » celle-ci en travertin et avec une cheminée en marbre et des murs grenat, l'esprit est plutôt minéral. Ensuite, dans un esprit atelier, la chambre de « Quenin » et la plus romantique, la chambre de « Appolonie » avec son lit à baldaquin noir, son coin salon et ses fauteuils crapaud.

LES TILLEULS D'ÉLISÉE €€

1, avenue Jules Mazen

✆ 04 90 35 63 04

www.vaisonchambres.info

Ouvert toute l'année. 4 chambres et 2 suites. Chambre double de 88 à 135 €. Petit déjeuner inclus.

C'est l'histoire d'une famille que l'on retrouve dans cette belle et grande maison. Chacun y a mis son empreinte. Les dalles de ciment dessinent un tapis au sol, les plafonds sont magnifiques, les murs aux couleurs douces jouent avec la lumière. Et il y a les volets bleus qui semblent là depuis longtemps tout comme les tilleuls... Les chambres au premier étage sont ravissantes, elles portent le nom des arbres de la propriété, tilleuls, micocouliers, oliviers, amandiers et figuiers. Elles ont vue sur le Mont Ventoux, sur la cité médiévale.

VAUCLUSE

HÔTEL LE BEFFROI*** €€€

2, rue de l'Evêché
✆ 04 90 36 04 71
www.le-beffroi.com

Fermé fév et mars. 22 chambres 76 à 225 €. Petit déjeuner buffet. Garage. Parking. Garage vélo/motos. Salle de réunion.

Au cœur de la ville médiévale, au pied du beffroi, cette demeure de caractère du XVIe siècle, avec annexe du XVIIe respire l'histoire. Escaliers à vis, chambres spacieuses, personnalisées et confortables décorées avec des meubles de style et de grand tapis douillets, équipées d'un minibar. D'agréables salons, salles de bains récentes. Certaines chambres ont la vue sur les magnifiques jardins en terrasse. Le petit déjeuner est servi en terrasse de laquelle vous profitez de la vue panoramique sur la ville basse mais peut aussi l'être en chambre.

LE BATELEUR €€

1, Place Théodore-Aubanel
✆ 04 90 36 28 04
www.restaurant-lebateleur.com

Ouvert du mardi au samedi et jours fériés midi et soir. Menus de 47 à 54€. Menu enfant.

L'endroit est charmant une fois passé la porte avec sa décoration chic et moderne. Nicolas est en cuisine et Adriana est en salle et en cuisine. Leur cuisine a des inspirations italo-franco-mexicaines et est composée de produits locaux et de saison ; des poissons sauvages, des viandes et épices d'ici et d'ailleurs, mélangés à des produits de Provence. Goûtez par exemple la terrine de bœuf façon pot-au-feu à la crème de piment doux « Guajillo » ou le paleron de veau braisé à la « Yucateca ». Quant au pain, il est façonné sur place.

BRASSERIE CHEZ FRED €€

19, Cours Taulignan
✆ 04 90 28 98 01
www.brasserie-chez-fred.fr

Fermé de février à avril. Fermé le jeudi. 11h à 22h. 2 Plats du jour 12 €. Groupes acceptés. Vente à emporter.

Fred est une figure dans le milieu de la restauration locale depuis plus d'une trentaine d'années ; il a été à la tête de plusieurs établissements. Avec son équipe il vous accueille dorénavant dans sa brasserie cosy située au cœur de la ville. Les cyclistes ou les randonneurs s'y arrêtent pour partager un déjeuner salé ou emporter leur pique-nique. La cuisine élaborée sur place avec des produits locaux frais et de qualité, des plats végétariens, des burgers que vous pourrez déguster en terrasse ombragée ou dans la salle climatisée.

LOU CANESTEOU

10, rue Raspail
✆ 04 90 36 31 30
www.loucanesteou.com

Ouvert du lundi au samedi de 8h à 12h30 et de 14h30 à 18h30 (19h le vendredi). Fromagerie, crèmerie. Charcuterie.

Josiane Déal meilleur ouvrier de France a cédé son établissement à Romain. Pas moins de 130 variétés fermières au lait cru. Quelques noms ? Roves de garrigues, Pélardon, Banon, Epoisses, Tommette de Lozère, Livarot, Trois cornes d'Aunis, Pigouille, Roquefort, Camembert affiné au Calvados... Le mieux, c'est encore d'y aller : amoureux du fromage, gare à la razzia ! Et comme chacun sait que fromage et vin vont de pair, le terroir est aussi à l'honneur grâce au rayon épicerie fine et charcuterie, enrichi de tapenade, foie gras, truffes.

DE NOS TERRES A L 'ASSIETTE

15, rue des cèdres
✆ 04 90 35 58 38

Ouvert le lundi et le samedi de 8h à 13h ; du mardi au vendredi de 8h à 18h. Plats préparés à emporter. Pains.

Patricia agricultrice et Marlène proposent de sélectionner pour vous une large gamme de produits locaux du Vaucluse et de la Drôme Provençale (vins, huile d'olive, glaces artisanales, spiruline…). Marlène propose un large choix d'entrées, de terrines, de desserts à base de produits frais de la boutique, tous réalisés sur place. Elle fait revivre les légumes d'antan : le navet boule d'or.. Laissez-vous tenter par le flan panais/fenouil/ cumin, un délice.

PUYMÉRAS

Au nord-est de Vaison, Puyméras est perché sur une éminence rocheuse. Faites le tour des vestiges du château détruit par ses habitants lors de la Révolution Française, aujourd'hui propriété privée (ne se visite pas), puis de l'église romane Saint-Michel, remaniée maintes fois qui présente une façade avec un clocher aux trois cloches, très original. Rejoignez la Mairie pour gagner la Grand Rue en passant à côté du beffroi. Il subsiste des anciennes fortifications une porte, appelée le Portail de Sabrun où la tradition place un massacre à l'époque des guerres de religion. Sous les Barrys (rempart en provençal), on peut encore voir une tour de défense.

LE PUY DU MAUPAS €€

1678, Route de Nyons ✆ 04 90 46 47 43
www.puy-du-maupas.com

3 épis. Accueil du 15/03 au 15/10. 5 chambres de 85 € à 120 € avec petit déjeuner. Jardin. Piscine. Gîte.

La famille Sauvayre vous reçoit sur son magnifique domaine viticole, 45 hectares en bio répartis sur les Appellations d'Origine Contrôlée : côtes-du-Rhône, côtes-du-Rhône villages, côtes-du-Rhône Villages Puyméras et Cru Vinsobres. Les chambres confortables et lumineuses à l'étage de la maison ont vue sur le vignoble. Pour la détente, terrasse, jardin non clos, salon d'été, coin lecture et télévision, ping-pong, piscine (16 m x 7 m) et, pour les inconditionnels de la pétanque, un jeu de boules. Table d'hôtes sur réservation et mise à disposition d'un barbecue.

CAVE LA COMTADINE

1, Route de Nyons
✆ 04 90 46 40 78
www.cavelacomtadine.com

Ouvert lun au sam 8h–12h/14h–18h, été jusqu'à 19h. Avril à juin 9h30–12h30/15h–19h.

L'art de changer nos terres en vin, c'est plus qu'un slogan c'est un acte de foi pour cette cave fondée en 1930 qui compte 280 vignerons dont le savoir-faire se concrétise chaque année par des vins médaillés. Le vignoble s'étend sur plus de 1 300 ha réparti sur 20 communes du Haut Vaucluse et de la Drôme Provençale. Les vins sous l'étiquette *Maison Alméras* sont bio, vegan et sans soufre, des vins d'exception dans les 3 couleurs. Il ne vous reste plus qu'à partager lors d'une dégustation la passion, le savoir-faire de ces vignerons qui respectent la vigne.

CAIRANNE ★

Ici plus de 80 % de la population vit de la vigne : plus de la moitié de sa superficie est occupée par des vignes ! Proche de « L'Enclave des Papes » et de la Drôme, le village offre deux aspects : la partie ouest avec une vie active et ses commerçants et à l'est, le vieux village chargé d'histoire qui domine les vignobles, le Ventoux et les Dentelles de Montmirail. Ici, la vue sur toute la plaine est somptueuse. Tour à tour propriété de l'ordre du Temple, puis jouissance du pape Jean XXIII dès 1317, le village garde quelques vestiges : le donjon et les remparts du XIIe siècle, mais aussi trois portes, trois tours et quatre chapelles.

AUBERGE CASTEL MIREÏO €€

Route de Carpentras ✆ 04 90 30 78 39
www.castelmireio.fr

5 chambres (de 80 à 120 €). Petit déjeuner inclus. Parking fermé. 2 gîtes (750 à 1 200 € la semaine). Bain bouillonnant.

David, après avoir tenu plusieurs établissements dont le dernier en date « le Bellerive » à Rasteau a transformé l'ancien hôtel en chambres d'hôtes. Cinq chambres, sobres, très confortables, équipées d'un mobilier tout neuf. Certaines profitent d'une terrasse. Le petit déjeuner est composé de produits locaux et frais. Un salon-bibliothèque est à la disposition des hôtes ainsi qu'un boulodrome. Deux gîtes peuvent accueillir 4 personnes. Le centre du village ne se trouve qu'à quelques minutes à pied, très pratique pour profiter des petites adresses locales.

LE PETIT AMEILLAUD €€€

250, chemin de l'Ameillaud ✆ 04 90 30 82 02
www.ameillaud.fr

Pour 10 personnes 5 chambres 2190 € la semaine. En basse saison, possibilité de louer le mas séparément. Fibre optique.

Se ressourcer en campagne, dans les anciennes écuries totalement réaménagées en font une maison de caractère. Et les amoureux ont là une très belle adresse pour célébrer leur mariage dans la salle de réception qui peut accueillir jusqu'à 70 personnes. La décoration est d'une élégance très soignée. On voit que chaque détail a été pensé pour que la Provence soit présente mais pas écrasante. Et les curieux pourront visiter la cave et suivre les vendanges… ou comment multiplier les moments agréables. En fonction de la saison, on peut louer le tout ou une partie.

LE TOURNE AU VERRE €€

5, route de Carpentras
✆ 04 90 30 72 18
www.letourneauverre.com

Ouvert toute l'année. Ouvert du mardi au samedi. Midi uniquement. Menus de 21 € à 25 €. Terrasse ombragée.

On ne résiste pas à ce petit coin à la terrasse ombragée de platanes et à la décoration intérieure soignée. La terrasse est prise d'assaut, particulièrement lors des belles journées ensoleillées, 450 références, du Cairanne, mais aussi des AOC Ventoux. Le menu est provençal avec des caillettes ou des papetons d'aubergine, un parmentier d'agneau confit..Les produits sont locaux et de saison. Quel que soit l'appétit, la formule invite à toutes les gourmandises, avec au choix un, deux ou trois plats. On sait vous conseiller le vin en accompagnement.

VAUCLUSE

CÔTEAUX ET FOURCHETTES €€€

3340, route de Carpentras ✆ 04 90 66 35 99
www.coteauxetfourchettes.com

Ouvert tous les jours le midi et le soir. Fermé le jeudi. 12h-14h/19h-21h. Formule du midi : 28 €.

Voici une adresse épicurienne au cœur du vignoble. On y vient pour le restaurant et pour pour le caveau dans lequel vous retrouverez les 500 références de vins proposées sur la carte. Cyril Glémot propose une cuisine gastronomique et créative avec des produits du terroir. Sa carte est une ode à la gourmandise : œuf mollet, duxelles de champignons, sablé au comté ; demi pigeon rôti et sa cuisse confite ; sablé aux premières fraises du pays, crémeux aux olives noires confites, sorbet fraise. Que des mets délicats et savoureux pour une expérience unique et inoubliable.

HOTEL-RESTAURANT BELLERIVE*** €€€

420, Chemin de la Motte ✆ 04 90 46 14 96
www.hotel-bellerive.fr

Fermé de novembre à mars. 20 chambres de 95 à 240 €. Petit déjeuner en sup. Demi-pension. Restaurant ouvert 7j/7.

Au cœur du vignoble avec vue panoramique sur les Dentelles de Montmirail et le Mont Ventoux et dans une quiétude totale, cet hôtel de charme est un appel au farniente. Les chambres ouvrent sur une loggia ; certaines de plain-pied donnant accès direct au parc et à la piscine. L'établissement propose une formule demi-pension le soir avec de belles recettes provençales à base de produits frais de saison. Même si vous ne séjournez pas dans l'hôtel, vous pouvez y venir dîner.

VILLEDIEU

Charmant village bâti sur un promontoire dominant les vignobles. A la limite de la Drôme , il est réputé pour sa place centrale ombragée de platanes, qui a souvent servi de décor pour le cinéma. Des remparts restaurés à différentes époques offrent trois portes. Celle du milieu est le Beffroi, une tour-porche en arc brisé qui porte encore l'emplacement de la herse et l'écusson papal, le seul authentique encore en place dans le Comtat. L'horloge date du XIIe siècle. Un château restauré, supposé être l'ancienne Commanderie des Templiers avec le donjon des Templiers, l' église Saint-Michel, romane,paroissiale et la chapelle Saint-Laurent.

BEAUMES-DE-VENISE

Le village est renommé pour son vin doux et sucré. Il est adossé à un véritable amphithéâtre de collines nommées Saint-Sauveur ou Montagne de Coyeux. On y trouve de nombreuses grottes (Saint-Amand, Montmirail) qui ont certainement servi d'habitat au néolithique. Et pour la petite histoire, les grottes sont appelées « baumo » en provençal et la contraction du mot « venaissin » en « venisse » puis « venise ». Les « grottes du venaissin » se sont transformées en poétique « Beaumes de Venise ». Le village est une « station verte » bien abritée des vents du nord par les fameuses Dentelles : on la présente comme l'un des endroits les plus chauds du Vaucluse.

RASTEAU ★

Surplombant la vallée de l'Ouvèze, le village s'accroche à flanc de coteau. La découverte de vestiges dans ce dernier, montre que Rasteau fut un lieu résidentiel aisé à l'époque romaine. Une sépulture avec un riche mobilier a ainsi été découverte avec différents objets aujourd'hui exposés au Musée Calvet à Avignon. Au Moyen Âge, l' Evêque Pierre II de Mirabel en était le seigneur spirituel et temporel (1009). Le domaine passa dans les biens pontificaux en 1274. Au XVIIIe siècle, Mademoiselle de l'Apparent légua à la commune un grand terrain qu'elle désira réserver aux jeux des enfants. Partez en randonnée à la découverte du vignoble.

NOTRE-DAME-D'AUBUNE

Visites guidées du site d'Aubune tous les jeudis matin, et le dernier samedi de chaque mois, à 10h et 11h.

La chapelle Notre-Dame-d'Aubune est au pied de la colline des « grottes d'Ambrosi », un peu à l'extérieur du village. Sa construction commence aux XIe et XIIe siècles. Elle est un témoin reconnu de l'art roman provençal. Pour y accéder en haut de la falaise, on suit un sentier balisé jusqu'au plateau, on contourne le rocher du Diable. C'est ici que reposent les sarcophages semi-enterrés de la nécropole paléochrétienne. Sur les rebords des falaises s'accroche le mur d'un site fortifié (oppidum des Courens). La balade se poursuit vers la chapelle Saint-Hilaire.

LE CLOS SAINT-SAOURDE €€€

chemin de la Daumace ✆ 04 90 37 35 20
www.leclossaintsaourde.com

Chambre 200-290 €, suite 240-360 € (toute l'année). Petit-déjeuner inclus. Gîte 8-10 pers 1 950-4 300 € selon saison.

La bastide est perdue au milieu des vignes, avec une vue exceptionnelle sur les Dentelles de Montmirail. Beaucoup de cachet pour cette ferme du XVIIIe construite à même la roche qui affleure dans les chambres. Résolument atypiques, elles sont très spacieuses, lumineuses et raffinées.

Dans l'ancienne grange transformée en gîte, le charme opère de la même façon. Avec ses piscines, ses cuisines d'été, la nature environnante, ainsi que les nombreuses richesses œnologiques et gastronomiques de la région, ce Clos a tous les atouts pour vous séduire et vous retenir.

LA TABLE DES BALMES €€

31, Place de l'Eglise
✆ 04 90 46 58 98

Ouvert du mardi au samedi midi et soir, le dimanche midi. Menus de 29 à 40 €. Carte : 25 € environ. Formule du midi.

C'est dans les murs de l'ancienne épicerie du village que la Table des Balmes s'est installée. Le cadre épuré aux tonalités jouant sur le gris clair, tables de belle allure, sièges en rotin à haut dossier confortables… Les formules du midi sont de bonnes aubaines : de grandes assiettes de salades composées, viandes et poissons. Le soir, la table provençale tient toutes ses promesses. Un dos de merlu rôti à la tapenade et la crème brûlée au muscat de Beaumes-de-Venise. Que de délices à découvrir ! Il ne vous reste plus qu'à réserver.

CÔTÉ VIGNES BY COCO €€

1515, route de Lafare
✆ 04 90 65 07 16

Ouvert tte l'année. Du mardi au dimanche le midi. Du jeudi au dimanche le soir. Menu unique. Formule du midi.

Dans un écrin de verdure et de vignes, voici une charmante adresse tenue par Harold en cuisine et Corinne. Une assiette bien décorée à base de produits frais et à petits prix qui embaume le fumet du four à bois et les plats grillés ou rôtis. Pensez à réserver même à midi, car l'adresse a ses fidèles. On est servi rapidement si l'on veut et toujours dans la bonne humeur. La terrasse est ombragée en été et donne sur les vignes de Beaumes de Venise (rare). Côté Vignes ne manque pas d'atouts. Soirée karaoké ou musicale toutes les semaines en été.

DOMAINE DE DURBAN

2523, route de Durban
✆ 04 90 62 94 26
www.domainedurban.com

Ouvert du lundi au samedi de 9h à 12h et de 14h à 18h30. Fermé les jours fériés.

Le domaine est situé dans un cirque naturel sur les collines ; l'endroit est pittoresque avec vue sur les monts de Beaumes. Entrée dans la famille Leydier en 1967, cette seigneurie daterait de 1050… Il est reconnu pour son muscat riche et élégant. Les vendanges sont effectuées à la main. Ils produisent un vin blanc de pays Chardonnay/Viognier très fruité. On y retrouve la typicité du cépage avec son parfum abricoté ; ou bien une cuvée spéciale 100% Viognier. Leur cru Gigondas et cru Beaumes-de-Venise vieilles vignes sont conseillés pour les repas de gibiers.

VAUCLUSE

Beaumes de Venise.

DOMAINE DE LA PIGEADE

2439, Route de Caromb ✆ 04 90 62 90 00
www.lapigeade.fr

Ouvert du lundi au samedi de 9h à 12h et de 14h à 18h. Fermeture annuelle la 1ère quinzaine de janvier.

On le découvre sur la petite route qui va de Beaumes à Caromb. Le domaine est un enchantement pour les yeux et pour le palais. Vigneron de père en fils, le couple est très sympathique et vous reçoit particulièrement bien. Les vignes ensoleillées exposées est-ouest donnent le meilleur d'elles-mêmes ; culture raisonnée, vendanges manuelles, tri rigoureux. On y va pour le muscat souvent primé, mais on aime aussi le vacqueyras rouge et le rosé à la robe saumonée et au bouquet floral subtil qui devrait en ravir plus d'un. On vous recommande de passer par ce caveau..

VIGNERONS DE BEAUMES DE VENISE

228, route de Carpentras
✆ 04 90 12 41 00

Du lundi au samedi 9h30-12h30/14h-18h30. Dimanche 10h-12h30/14h-18h30. Dégustation gratuite sans rendez-vous.

Créée en 1956, depuis cette année elle s'associe à la cave des vignerons de Vacqueyras, le groupe s'appelle désormais Rhonéa. Un terroir magnifique, des raisins cueillis à maturité, un tout nouveau caveau accueillant et spacieux auquel s'ajoute un bon restaurant… Aujourd'hui, la cave s'attache à maintenir un travail en terme de qualité (vendanges manuelles, des rendements modérés de 35 à 38 hl/ha, des tanins souples), qui n'a rien à envier aux caves particulières.

MOULIN À HUILE LA BALMÉENNE

82, avenue Jules-Ferry ✆ 04 90 62 93 77
www.labalmeenne.fr

Boutique du 1er avril à septembre du lundi au samedi de 10h à 13h et de 15h à 19h. Dimanche et fériés. Achats en ligne.

Avec 650 oléiculteurs qui livrent en moyenne de 300 à 400 tonnes d'olives (les bonnes années !) provenant exclusivement du Vaucluse pour une production annuelle de 60 à 100 000 litres d'huile d'olive vierge extra, le moulin à huile de la Balméenne est incontournable dans la région. Créée en 1925 la coopérative s'est évidemment modernisée mais le savoir-faire reste le même. Vous trouverez deux huiles à la boutique : une huile d'olive réalisée avec la verdale et l'AOC Provence.

GIGONDAS ★

Les Romains l'avaient baptisé Jucunditas ou Jucundus : « joie et allégresse ». Un patronyme qui prédestinait le village à la culture de la vigne. Toujours aussi surprenant, c'est surtout la culture de l'olivier qui caractérisait la ville jusqu'à la moitié du XXe siècle. Les grandes gelées des hivers de 1929 et 1956 en détruiront une grande partie des oliveraies. Les agriculteurs eurent la bonne idée de planter des vignes sur tous les coteaux dès le début des années soixante. Dix ans plus tard, il obtient l'appellation d'origine et depuis, ce sont plus de cinq millions de bouteilles qui sont commercialisées par les quelque 200 vignerons.

LA SAVONNERIE DES DENTELLES

42, ZA La Barcillonne ✆ 04 90 37 61 80
www.savonneriedesdentelles.com

Ouvert du lundi au vendredi de 9h à 12h et de 14h30 à 18h30. Haute saison : le samedi de 10h à 12h et de 15h à 18h.

« La nature nous livre chaque jour un héritage complexe : le parfum. L'homme en est le traducteur, nous nous efforçons à en être l'humble serviteur ». Voilà ce qui inspire la Savonnerie des Dentelles, une petite entreprise artisanale et familiale. Philippe et Sandrine Serre sont formulateurs, fabricants et conditionneurs des savons, gels douche, parfums d'ambiance que vous trouverez dans cette boutique. A ramener les gammes Grain d'Olivier et Grain de Raisin à base d'extraits naturels

LA CHAPELLE SAINT-CÔME-ET-DAMIEN

Route du Col du Cayron
✆ 04 90 65 86 90
www.gigondas-dm.fr

Ouvert toute l'année. Accès libre.

Elle est sur la route des Dentelles de Montmirail, au milieu de la nature. C'est une halte qui joue à cache-cache avec le village que l'on voit à travers les arbres. C'est apaisant. Une première chapelle fut bâtie au VIIe. Il en reste les soubassements. De belles absidioles datent du Xe et XIe siècles. Le reste, maintes fois restauré, est de style roman. Son aménagement extérieur permit la découverte de sépultures. Les vitraux racontent la vie de saint Côme et saint Damien.

PROMENADE ARCHÉOLOGIQUE ET BOTANIQUE

Association Gigondas d'Hier et d'Aujourd'hui
✆ 04 90 65 80 76

En accès libre toute l'année. Visites individuelles et groupes guidées sur demande. Langues parlées anglais et français.

Le départ de la promenade est au sommet du village. On découvre l'histoire ancienne du site, de la vigne et du vin de l'antiquité jusqu'à la fin du XIIIe siècle. Ce sentier pédestre, ponctué de restanques botaniques, de vignes sauvages, de variétés de cépages anciens, et d'essences méditerranéennes permet d'accéder aisément à la cime pour imaginer l'ampleur de la tour d'origine et de son enceinte. On découvre les palissages, les herbes aromatiques utilisées dans l'élaboration du vin.

RESTAURANT LES FLORÊTS €€

Route des Florêts ✆ 04 90 65 85 01
www.hotel-lesflorets.com

Fermé janvier/février. Ouvert du jeudi soir au mardi soir. Menus de 29 € à 49 €. Piscine.

Cette table a ses inconditionnels, peut-être en raison de cette ambiance familiale comme on n'en rencontre plus guère. L'endroit est tellement charmant, que c'est idéal pour un moment romantique au pied des dentelles de Montmirail ! On y déguste une cuisine plutôt classique qui revisite les produits régionaux avec grâce. Selon la saison, vous choisirez la salle avec des patines cendrées ou la terrasse ombragée. Pour le verre, vous ne pourrez qu'être séduit par (l'imposant) livre de cave. Venez, ne serait-ce que pour prendre l'apéritif.

LE BISTROT DE L'OUSTALET €

Place du Rouvis
✆ 04 90 65 85 30
www.nez-gigondas.com

Ouvert du vendredi au mardi midi et soir. Plats à la carte allant de 10,50 € à 19 €. Cuisine provençale. Terrasse.

Un cadre idyllique où la pierre est reine. Dès votre arrivée, l'accueil chaleureux du serveur augure une délicieuse expérience. Et, en effet, les papilles sont en extase à chaque plat. Des mets finement préparés par le chef qui a à cœur de représenter dignement son terroir. Une large carte des vins d'ici et d'ailleurs laisse le choix de la juste association mais si vous avez un doute, les conseils du serveur sauront vous satisfaire. L'été, il est possible de profiter de la terrasse. Ce bistrot est une très bonne petite adresse à retenir !

DU VERRE À L'ASSIETTE €€

Rue du Portail
✆ 04 90 12 36 64
www.duverrealassiette.com

Ouvert midi et soir sauf le mercredi. Plancha, assiette, tartines, bar à vin. Spécialités régionales.

On remarque vite cette petite terrasse très colorée, plantée au milieu du village. On vient ici pour grignoter autour d'un verre de vin ; on se régale avec une belle assiette méridionale ou on partage une planche de charcuterie avec une tartine gourmande, des mets qui viennent exclusivement de France et des meilleurs artisans. Il en va de même pour les fromages. C'est donc un instant gourmet qui vous attend. La salle et ses petits airs de brocante est tout aussi agréable. La carte des vins est pointue, n'hésitez pas à demander conseil.

VAUCLUSE

© TANGOFOX - FOTOLIA

Gigondas.

CAVE DU VAL D'OR

295, Route des Princes-d'Orange
✆ 04 90 65 86 55
caveduvaldor.com/magasins/gigondas-431
Du lundi au dimanche 10h-19h. Journée dégustation. Conseils accords mets et vins par les cavistes.

À Gigondas, la culture de la vigne et de l'olivier remonte à l'antiquité. Jules César installe au Ier siècle avant J.-C. une colonie de vétérans. L'un d'eux aurait été d'une humeur si joviale qu'on l'aurait surnommé Jucundus, "le Joyeux", donnant ainsi au village le nom Jocundatis, puis Gigondas. Ici, c'est Elisabeth et Mélanie qui vous accueillent, souriantes et passionnées, dans un tout nouveau magasin. Toujours de bons conseils, elles sauront dénicher la perle rare pour votre dîner entre amis. La cave propose vins, spiritueux, champagnes et bières du monde.

DOMAINE LES TEYSSONNIERES

681, chemin des Teissonnières
✆ 04 90 12 31 31
www.domaine-les-teyssonieres.com
Vigneron Indépendant. Sur rendez-vous. Livraison possible (toutes les expéditions se font par carton de 12 bouteilles).

Sur les coteaux des Dentelles de Montmirail, Franck Alexandre, vigneron de père en fils depuis 5 générations (1838), n'hésitera pas à vous faire faire un tour de son vignoble et des 13 cépages qui font la particularité des vins de Gigondas. La dominante est le grenache qui le rend si puissant, si chatoyant et si charpenté. Avec sa finesse aromatique et ses notes de fruits rouges, c'est un vin qui vieillit bien, à garder 10 ans dans votre cave sans bouger.

GABRIEL MEFFRE

Caveau au Domaine de Longue Toque
✆ 04 90 12 30 21
www.gabriel-meffre.fr
Du lundi au samedi de 10h à 12h30 et de 13h30 à 19h. Possibilité de commander par téléphone.

La maison Gabriel Meffre est un acteur régional leader dans la production et la commercialisation de vins fins de la Vallée du Rhône, de la Provence. Négociant-éleveur, la maison Gabriel Meffre est aussi propriétaire du Domaine de Longue Toque à Gigondas (et gère aussi le Château Grand Escalion en Costières de Nîmes). Le Domaine est certifié depuis 2020, les vins se déclinent dans les 3 couleurs. Des ateliers de dégustation sont programmés tout au long de l'année sur différents thèmes. Pique-niques, sentier pédestre, expositions... les activités sont multiples !

GIGONDAS LACAVE - LES VIGNERONS DE GIGONDAS

589, route de Vaison
✆ 04 90 65 83 78
www.cave-gigondas.fr
Juin à septembre 9h-19h du lundi au samedi. Dimanche et jours fériés 10h-19h. Visite guidée suivie d'une dégustation.

Fondée en 1956, la cave réunit des propriétaires récoltants à la tête de plus de 150 ha de vignes. Au caveau, on vous conseillera comment déguster les vins, comme les rouges qui font la réputation de l'appellation. La cave produit aussi un rosé, ainsi qu'un muscat de Beaumes-de-Venise « Terre blonde » qui se sert à l'apéritif ou en dessert. Mais attention, la cave ne se contente pas de son activité de vente, elle propose également des prestations œnotouristiques.

LE BARROUX

Entre Carpentras et Malaucène, ce village perché sur son contrefort montagneux s'impose dans le paysage entre Dentelles de Montmirail, Ventoux et plaine du Comtat Venaissin. Les ruelles étroites aux diverses fontaines en font un village de charme. Les maisons anciennes sont rénovées avec goût, sans oublier l'église romane Saint-Jean-Baptiste, surmontée de son campanile. Les balades à pied sont un véritable enchantement à travers les vignes. Elles vous offriront un des plus beaux points de vue du département. Les origines du château remontent au XIe, le village servait de péage entre le Dauphiné et la Provence. Ne manquez pas l'abbaye Sainte-Madeleine.

© HOCQUEL ALAIN - COLL. CDT VAUCLUSE

Fontaine au Barroux.

L'ABBAYE SAINTE-MADELEINE DU BARROUX ✞

1201, chemin des Rabassières
✆ 04 90 62 56 31
www.barroux.org
Participation aux frais selon vos possibilités.

Sur la route de Malaucène, sa silhouette massive s'impose. La messe et les offices y sont célébrés en latin et en chant grégorien. On peut même y faire des retraites. A l'entrée de l'église, vous apercevez la première pierre, sur laquelle est gravée la devise du monastère « Pax in lumine » (la paix dans la lumière). L'abbaye a été reconnue par le Saint Siège en 1989 comme monastère catholique bénédictin à part entière. Les moines appliquent la Règle de saint Benoît « ora et labora ».

CHÂTEAU DU BARROUX ★

Chemin de la Garenne
✆ 04 90 62 35 21
www.chateau-du-barroux.com
Mai à fin sept 10h-18h ; oct à fin avril 10h-13h/14h-18h ; Fermeture en janvier et 25 décembre. Adulte : 8,5 €.

C'est un château fortifié qui a appartenu aux seigneurs des Baux au XIe siècle. Il protégeait le Comtat Venaissin des invasions sarrasines et italiennes. Il est cédé à la papauté en 1229. En 1538, il sera transformé en château Renaissance par Henri de Rovigliasc qui le reçoit en règlement d'une dette. Durant la Seconde Guerre mondiale, des soldats allemands, attaqués l'incendièrent la veille de la libération de Paris. Il brûla pendant deux semaines. Il fut restauré à partir de 1960. Aujourd'hui le château accueille des manifestations artistiques et culturelles.

BISTROT L'ENTREPOTES €€

201, Cours Louise-Raymond
✆ 04 90 65 57 43
Ouvert du mardi au samedi midi et soir. Carte 8-20 €. Planche apéro à partager 18,5 €. Terrasse.

Michel et Cathy, les piliers souriants de cette belle adresse, laissent leur place à Arnaud Nicolet, le nouveau chef du bistrot l'entrepotes. Toujours dans un esprit convivial et bistronomique, sa carte est une ode aux saveurs du sud : carpaccio de bœuf, noisettes torréfiées, huile d'olive et jus de citron ; cigaline de porc sauce aux poivres ; dos de lieu noir rôti et artichauts barigoule ; mille-feuille choco, citron et fraise... des plats du terroir qui fleurent bon la Provence à venir découvrir au plus vite. Pensez à réserver, c'est une adresse très appréciée !

CRESTET

Situé sur une crête, à l'extrême nord du massif montagneux des Dentelles de Montmirail, le Crestet porte bien son nom. D'ailleurs, la petite route qui y mène serpente langoureusement dans les prés, ambiance montagne, c'est vraiment bucolique. Autour de son église Saint-Sauveur datant du XIe siècle, des maisons Renaissance se blottissent. Son château médiéval, aujourd'hui privé, a été récemment relevé de ses ruines. Autrefois, résidence des évêques de Vaison-la-Romaine, il servait notamment de refuge lors de conflits avec les comtes de Toulouse. Pour musarder dans ce paisible village perché, laissez votre voiture sur le parking du château.

LA FLEUR BLEUE €€

1, chemin du Sublon
✆ 04 90 36 23 45
www.lafleurbleue.fr
Ouvert mercredi, jeudi et vendredi le midi et le soir. Du mardi au samedi le soir. Résa recommandée. Formule du midi.

Dans cet endroit tapissé de miroirs d'antan, ce sont David et Fiejette qui nous accueillent chaleureusement avec leur légendaire sourire.

Les produits du terroir sont mis en valeur en toute saison. L'hiver, le feu de cheminée qui crépite et les petits plats maison à l'allure d'un semi-gastro vous feront vivre une expérience culinaire remarquable à des prix plus que raisonnables. L'été, la cour extérieure ombragée est la digne représentante d'un moment hors du temps où le charme vauclusien vous gagnera à coup sûr. 2 gites disponibles pour prolonger l'expérience.

LA TERRASSE DU CRESTET €€

La Placette
✆ 04 90 28 76 42
www.restaurant-glacier-crestet.fr
Fermé de novembre à mars. Ouvert tous les jours et les jours fériés midi et soir. Le soir sur résa. Accueil de groupes.

Il faut monter tout en haut de ce joli village médiéval tout en calade, pour trouver le restaurant perché à la cime. On y va surtout pour la vue dégagée sur les Monts du Vaucluse et les vignes : c'est à couper le souffle. Pas de carte, pas de menu. Originaire de Marseille, la cuisinière vous propose une bouillabaisse au lapin, sur réservation uniquement car à cette adresse on ne cuisine qu'avec des produits frais. Le Petit Futé a testé la salade chèvre chaud et la FritoMisto. Seul restaurant dans le village. Bon rapport qualité/prix.

CHÊNE BLEU - LA VERRIERE

Chemin de la Verrière
✆ 04 90 10 06 30
www.visit.chenebleu.com

Panier pique-nique pour 2 / Déjeuner au Domaine avec une chênebox/Table du potager. Toutes ces formules sont sur résa.

Pas facile à trouver, ce Domaine se situe sur le lieu-dit de La Verrière, au bout d'une petite route qui serpente jusque dans ce coin perdu des Dentelles de Montmirail. Surtout venir par le Crestet et pas par Séguret sinon vous vous retrouverez perdu dans la montagne. Un chêne peint en bleu, visible au détour du chemin, vous guide jusqu'à cette propriété médiévale qui a été entièrement restaurée. Vignoble biologique, la biodynamie est expérimentée sur différentes parcelles. Dans le prieuré qui abrite la maison d'hôtes, il y a 7 chambres meublées avec style…

SÉGURET

C'est vrai qu'elle est belle, accrochée à son piton, Séguret est la seule commune des côtes-du-rhône classée parmi les plus beaux villages de France. Son caractère moyenâgeux y est pour beaucoup. Ses calades sont autant de pas dans l'histoire. Avec la porte Reynier, le beffroi du XVIIe siècle et son aiguille unique, la superbe fontaine des Mascarons, l'église Saint-Denis du Xe siècle à l'admirable nef romane rajoutée au XIIIe siècle, la chapelle Notre-Dame-des-Grâces du XVIIe siècle, l'étroite rue des Poternes bordée de maisons anciennes… Séguret ressemble à une crèche provençale grandeur nature qu'il faut découvrir en douceur pour mieux l'admirer.

SABLET

En 1274, Sablet devient propriété du Saint-Siège mais ne sera jamais inféodé. En 1721, la peste épargnant le village, une chapelle fut édifiée à Saint-Roch. Au milieu du XIXe siècle, lorsque le Phylloxera ravagea les vignobles, les vignerons le reconstituèrent grâce à François Leydier, Sablétain qui inventa la machine à greffer. Peine bien utile car Sablet est un côtes-du-rhône réputé. Village en forme de spirale, il vous livrera ses charmes et ses secrets que si vous y entrez, à pied. Ses petites places, ses ruelles, ses vieilles pierres, sa fontaine, son lavoir vous guident vers l'église du XIIe siècle autour de laquelle le village fut construit.

CHAPELLE SAINTE-THÈCLE

1, Rue du Four
✆ 04 90 46 91 06
www.village-seguret.fr

Expositions d'œuvres et de peintures d'avril à octobre.

Non loin du beffroi, cette chapelle du XVIIIe siècle ne garda pas très longtemps sa fonction de lieu de prière, elle fut transformée en lieu de réunion peu après la Révolution et fermée au culte. Elle commençait à tomber en ruine lorsqu'elle fut restaurée par les Amis de Séguret dans les années 1960. Aujourd'hui, des expositions de peintures ont lieu d'avril à octobre et des expositions de santons et des traditions de Noël au mois de décembre. Dans cette rue, un four à pain a été aménagé en 1988, pratiquement là où devait se trouver le four banal autrefois.

CAVE LE GRAVILLAS

76, Chemin de la Diffre ✆ 04 90 46 94 83
https://www.legravillas.fr/

Ouvert du lundi au samedi de 9h à 12h et de 14h30 à 18h30. Dimanches et jours fériés de 10h à 12h30 et de 14h30 à 18h.

La cave de Sablet, Le Gravillas, a été créée en 1935. Située sur la côte des Dentelles de Montmirail, elle regroupe une soixantaine de vignerons passionnés par leur terroir qui exploitent 306 ha dans les appellations Côtes-du-Rhône, Sablet Côtes-du-Rhône-Villages, Séguret Côtes-du-Rhône-Villages, Plan de Dieu Côtes-du-Rhône-Villages et Gigondas. Leurs vins sont régulièrement récompensés.aux concours d'Orange, Paris ou Mâcon. 2017 a vu le ralliement de la cave à celles d'Ortas, la cave de Rasteau, et de Visan sous l'intitulé du Cercle des Vignerons du Rhône.

LA TABLE DU DOMAINE DE CABASSE €€

547, Route de Sablet ✆ 04 90 46 91 12
www.cabasse.fr

Ouvert tous les jours du 15 mars au 31 octobre. Carte 20 €. Menu du marché. Appeler pour informations.

Cet hôtel de charme 3 étoiles est situé au pied du village de Séguret. Les différentes chambres, offrant un très bon confort, sont aménagées au premier et au second étage, inspirées par la culture du vin avec des noms comme Cuvée Spéciale, Millésime ou Grand Cru (pour les plus spacieuses). La Table de Cabasse propose une cuisine raffinée qui fait la part belle aux producteurs et artisans du Vaucluse. Le chef cuisine en fonction des saisons et avec les vins du Domaine.

VAUCLUSE

LES VIGNERONS DE ROAIX SÉGURET

1865, route de Vaison © 04 90 46 91 13
www.vignerons-roaix-seguret.fr
De septembre à juin du lundi au samedi de 8h à 12h et de 14h à 18h. Dimanche & jours fériés 10h à 12h et de 14h à 18h.

Une alliance des vignerons de Roaix-Séguret a été concrétisée par la création de la cave coopérative en 1960. Les Vignerons de Roaix-Séguret se sont attachés, depuis une trentaine d'années, à l'amélioration de leurs produits, récompensés par leur classement en appellation « Villages » avec un nom de commune Roaix et Séguret, en 1967. Ils font partie des premiers villages à avoir obtenu l'appellation « Côtes-du-Rhône Villages » avec nom de commune. Sols argilo-calcaires, terrasses.

SUZETTE

Un délicieux village perché avec un petit air de bout du monde qui fait face aux Dentelles de Montmirail. Il fut longtemps un haut lieu de production d'abricots. Aujourd'hui, le paysage s'aligne au fil des vignes. Une table d'orientation entièrement réalisée en céramique vous explique la vue sur la plaine du Comtat. Au mois d'août, venez au frais dans l'église, un bijou de l'art roman, partager les concerts de musique classique. Suzette, c'est aussi le point de départ pour des randonnées pédestres dans le massif de Saint-Amand, point culminant des Dentelles à 734 m.

CHÂTEAU REDORTIER

La Grange Neuve © 04 90 62 96 43
www.chateauredortier.canalblog.com
Ouvert en semaine de 9h à 12h et de 14h à 18h ; 10h-12h/14 h-17h30 le week-end. Visite de la cave de mai à septembre.

Son nom lui vient du latin *redortor* ou fortifié. Ces vignerons proposent des vins de Pays de Vaucluse en rouge et rosé, des Côtes de Ventoux en rouge uniquement, Côtes du Rhône en rouge (qui est très agréable), blanc et rosé, cru de Beaumes de Venise et Gigondas. Les vendanges sont manuelles et traditionnelles. Les vignes sont installées sur un terrain pentu. On peut les découvrir grâce à un chemin découverte qui passe des vignes à la forêt. C'est une autre façon de découvrir ce paysage viticole. Ne passez pas à côté du caveau, les vins sont très souvent primés.

VACQUEYRAS

Vous êtes dans l'un des trois villages qui produisent des grands crus des Côtes du Rhône. Il est plus agréable de commencer la visite en partant du haut du village. Il y a l'église avec son élégant clocher provençal qui se dresse au sommet d'une tour de garde du XIIe siècle. Elle est entourée du mur d'enceinte du château des Vassadel. Cette famille régna sur le village pendant près de 300 ans. Redescendez par les rues étroites qui toutes débouchent sur le cours Stassart qui est le plus animé notamment le 14 juillet lors de la grande fête des vins. Professionnels, amateurs et touristes s'y côtoient dans la bonne humeur autour d'un bon repas champêtre.

ESPACE BOTANIQUE DE COSTE DE COA

© 04 90 65 84 24
Visites libres ou guidées en avril et mai tous les mercredis à 17 h.

Il s'étend sur une colline à la sortie du village, en direction de Sarrians. Les sentiers se croisent. Le parcours fléché raconte la végétation qui pousse en Provence et les diverses essences d'arbres. A l'extrémité sud de la colline siège la chapelle Notre-Dame-de-Pitié (XVIIe). Trois circuits faciles et balisés :

- **Chemin des Kermès** : garrigue et visite 3 à 4 heures
- **Chemin du Bas** : chênaie verte, garrigue et visite 3 à 4 heures
- **Chemin de la Chapelle** : landes, garrigue et visite 1h30.

PARCOURS DU VIGNOBLE DE VACQUEYRAS

© 04 90 62 87 30
Accès libre. Toute l'année.

Le parcours est vraiment très bien fait. Le concept est simple : 15 panneaux et une table d'interprétation du paysage illustrés de nombreuses photos dévoilent tous les secrets du terroir. Comptez trois heures (environ huit kilomètres sans difficultés). C'est vraiment agréable et beau. On découvre l'importance de la chaîne d'élaboration du vin de Vacqueyras : climat, terroir, cépages et travail de l'homme. Pas de panique, rien de compliqué ! Renseignements au Syndicat d'Initiative.

VAUCLUSE

ARNOUX & FILS

Place Pousterle
✆ 04 90 65 84 18
www.arnoux-vins.com

3 couleurs en Côte du Rhône, Ventoux, Vacqueyras, Gigondas, Beaumes de Venise et Chateauneuf du Pape.

En 1717, le Comte François de Castellanne, Chevalier marquis d'Ampuis, seigneur foncier des lieux de Vacqueyras et de ses terroirs, fit don d'une parcelle de vigne à un ancêtre de la famille Arnoux : Pierre Bovis. Depuis ce jour, la tradition de la vigne et du vin se perpétue. C'est Aimé Arnoux qui impulsa ce nouvel élan. Depuis lors, la Maison a été dirigée successivement par ses deux fils. Aujourd'hui, le vignoble situé au pied des Dentelles de Montmirail s'étend sur 40 hectares. Un large choix de cuvées est à la vente, dont la Collection Bio.

DOMAINE DE LA COLLINE SAINT-JEAN

253, route de Carpentras
✆ 04 90 65 85 50
www.collinesaintjean.com

Ouvert du lundi au samedi de 9h à 12h et de 14h à 18h. Fermé dimanche et jours fériés.

Le domaine est situé à Vacqueyras sur 25 hectares de vignes. 10e génération à travailler la terre. Aujourd'hui le vigneron élabore deux cuvées par an : la cuvée Classique et la cuvée Vieilles Vignes. Il mise sur plus de fruit, de fraîcheur et pouvant se boire jeune. La cuvée « Classique » est un vin aromatique sur des notes de fruits rouges et d'épices, la cuvée « Vieilles Vignes » un vin puissant avec des tanins souples, des arômes de fruits mûrs et de fruits confits.

DOMAINE DE LA GARRIGUE

La Garrigue
✆ 04 90 65 84 60
https://www.domaine-la-garrigue.fr/

Ouvert du lundi au samedi de 9h à 12h et de 14h à 18h. Été ouvert jusqu'à 19h. Fermé dimanche et jours fériés.

Exploitées par la même famille depuis sa création en 1850, les parcelles du domaine se situent sur 3 types de sols : argilo-calcaires caillouteux argileux- coteaux et terrasses et sablonneux. De ses 80 hectares de vignes dont l'âge moyen va de 40-60 ans pour le syrah, certaines vignes de grenache ont entre 80 et 100 ans. Le domaine produit des cuvées en Vacqueyras et Gigondas, Côtes-du-Rhône dans les trois couleurs et le Beaumes-de-Venise. Cette discrète maison mérite d'être plus connue. Ce vin est tout simplement délicieux à des prix corrects !

VIGNERONS DE CARACTÈRE-RHONEA

258, Route de Vaison-la-Romaine
✆ 04 90 12 41 26
https://rhonea.fr/pages/nos-magasins

Ouvert toute l'année tous les jours. Été 10h-19h. Visite de la cave sur RDV. Dégustation possible.

Ils sont 80 vignerons à s'être associés pour créer cette cave dynamique. Ils travaillent dans un souci constant de qualité et cela paye puisqu'ils cumulent certifications et médailles. Le caveau : 500 m². C'est un bon point de départ pour tous ceux qui voudraient découvrir les appellations Vacqueyras, Gigondas, Côte du Rhône mais aussi Ventoux, Beaumes de Venise. Fin mai et fin septembre, on profite de soldes privées. La boutique vend des carafes ou des décanteurs.

BÉDOIN ★★

Bédoin est un village au pied du mont Ventoux. Dans des dédales de ruelles vous découvrez ça et là les traces de son histoire telles les fontaines qui jadis jouaient un rôle essentiel dans la vie quotidienne, les remparts et le château. De nombreux producteurs de vins AOC, de fruits et d'asperges. C'est aussi un carrefour où se croisent tous les amoureux d'une des routes du mont Ventoux. C'est la plus difficile et on y croise vélos, motos et bien sûr automobiles : un rond-point porte d'ailleurs le nom de Maurice Trintignant. Une des plus grandes forêts domaniales de France et labellisée Réserve de biosphère étend sa crinière sur plus 6 300 ha.

HÔTEL DES PINS - L'ESPRIT JARDIN*** €€

171, chemin des Crans ✆ 04 90 65 92 92
www.hoteldespins.net

Hôtel 3 étoiles. Ouvert 15 mars - 5 novembre. 22 chambres doubles (95 à 135 €), 4 suites (185 à 200 €). Demi-pension.

L'hôtel est planté dans une pinède, un peu à l'écart du village. Les chambres sont raffinées, aménagées avec beaucoup de goût, toutes différentes, baroques, design, romantiques ou contemporaines, certaines profitent d'une petite terrasse ou d'un balcon. Quatre belles suites sont également à votre disposition. Côté jardin où se mêlent les senteurs provençales on profite de la piscine dès les beaux jours. Bédoin est un des meilleurs points de départ de randonnées ou sorties cyclistes.

LILY ET PAUL €€

414, avenue Barral-des-Baux
✆ 04 90 12 96 11
Ouvert du 5 avril au 15 octobre. 15-20 € à la carte. Terrasse.

La maison de famille de Blandine se trouve dans le village - Lily et Paul étaient ses grands parents- et c'est très vivant. Dans la cour intérieure, les tables du restaurant sont dressées tout l'été ! L'atmosphère est légère et les plats ont les saveurs de la Provence. C'est bon et la clientèle qui le sait revient chaque année. Les chambres d'hôtes sont spacieuses, chacune dispose d'une salle de bain. Le bon goût est le maître mot avec les vieux meubles repeints et les tomettes qui brillent. L'ambiance est donc au vintage et c'est très réussi !

PASTA E BASTA €€

210, avenue Barral-des-Baux
✆ 04 90 12 81 13
Fermé de novembre à février. Ouvert le lundi midi ; du mercredi au dimanche. Menus 19,50 € et 29 €. Formule midi 16 €.

Pâtes fraiches maison, terrines, vitello tommato, tiramisu, la carte a toutes les saveurs de la Méditerranée. Tout est fait maison excepté les glaces. Thomaï et Enrico sont installés depuis 29 ans dans ce petit village et leur restaurant a son lot de fidèles et notamment les gros appétits qui apprécient l'adresse. Les portions sont généreuses à l'instar de la bonne humeur qui règne ici. L'été on s'attable en terrasse sous la tonnelle pour partager les antipasti à l'heure de l'apéritif, l'hiver on refait le monde dans la salle à manger rustique et conviviale.

LES VIGNERONS DU MONT VENTOUX

620, Route de Carpentras ✆ 04 90 65 95 72
https://vignerons-du-mont-ventoux.fr/
Septembre à mai : 9h-12h/14h-18h30 du lundi au samedi. 9h-12h le dimanche en mai et septembre, fermé d'octobre à avril.

Créée en 1924, la cave réunit plus de 200 coopérateurs. Dans ce bel espace, vous trouverez une large gamme de vins du Ventoux en rouge, blanc et rosé qui se segmentent en trois catégories : Premium (anciens millésimes), Valeurs (d'un bon rapport qualité/prix), Initiales (vins entrée de prix). Pas étonnant quand on sait que le groupement des vignerons du Ventoux couvre une superficie de 1 000 hectares, dont 750 ha en AOC Côtes-du-Ventoux, et 250 ha en vin de pays et vin de table.

CARPENTRAS ★★

La ville se dessine dès le Ier siècle. Alors appelée Carbentorate, elle changera plusieurs fois de nom, avant de devenir Carpentras au Moyen Âge. Cela vient du celte carbanto (le char) et rate (la forteresse). On imagine dès lors que la vocation de la ville était de veiller sur le passage des chars sur le gué de l'Auzon qui la borde. Une histoire plus prestigieuse débute en 1229, lorsqu'elle devient possession du Saint-Siège. A cette époque, le Comtat Venaissin formait avec l'État d'Avignon deux enclaves distinctes dans le royaume de France. Cette situation politique et géographique originale marquera profondément Carpentras et ses alentours dont le destin était lié à Rome (le pape Clément V y établira sa curie en 1313). Ce n'est qu'en 1791 que le Comtat devint français. La ville, au fil des siècles, s'est forgée une identité forte et originale de capitale qui, de nos jours encore, se retrouve à travers son patrimoine. De beaux hôtels particuliers, de nombreux monuments publics et religieux inspirés de l'architecture italienne, témoins du mécénat artistique et intellectuel des prélats, et un patrimoine de la culture juive unique avec notamment la synagogue la plus ancienne de France. La ville est aussi réputée pour son terroir. Le marché hebdomadaire est une véritable tradition qui remonte à l'origine de la ville et qui est classé Marché d'exception pour son ambiance et la qualité des produits. Le vignoble de Carpentras est renommé notamment avec le vin AOC Côtes du Ventoux. Cet héritage confère à Carpentras son caractère de Ville d'art et d'histoire.

L'HÔTEL-DIEU ★

180, place Aristide Briand
✆ 04 90 60 84 00
https://www.ventouxprovence.fr
Ouvert toute l'année. Accès libre. Du mardi au vendredi 12h-18h ; samedi 14h-18h ; dimanche 9h-12h.

L'hôtel-Dieu de Carpentras, construit au milieu du XVIIIe siècle, était l'un des hôpitaux de la capitale du Comtat Venaissin, avec ses 10 000 m² de surface, il fut le plus imposant. Il fut commandité par Joseph-Dominique d'Inguimbert, dit dom Malachie, évêque de Carpentras. Sa construction commença en 1750, et il fut desservi, selon la volonté de l'évêque, par des sœurs hospitalières à partir de 1764. Rénové magnifiquement, le bâtiment abrite depuis 2017 la Bibliothèque-Musée L'Inguimbertine. Visites commentées sont proposées par l'O.T. Inscription obligatoire.

VAUCLUSE

SYNAGOGUE DE CARPENTRAS ✡ ★★

Place Maurice-Charretier ✆ 04 90 63 39 97
www.synagoguedecarpentras.fr
Octobre à mai. Visites du lundi au vendredi à 10h30 et à 14h30.

C'est la plus ancienne synagogue de France en activité, classée aux Monuments historiques en 1924. Depuis l'époque romaine, il y a toujours eu une communauté juive à Carpentras. Chassés au XIIIe siècle, les juifs de France trouvèrent refuge en terre papale. Derrière la modeste façade datant de 1909, la synagogue construite en 1367 cache un véritable trésor. Au rez-de-chaussée et en sous-sol, le mikvé, ainsi que la boulangerie et les fours. La synagogue a été classée 7/14 dans le concours « Le Monument préféré des Français 2022 » organisé par France Télévisions.

MAS SOLIGÉ €

1553, route de Bédoin ✆ 04 86 04 06 96
www.mas-solige.com
Ouvert d'avril à fin octobre. Chambre double de 65 € à 89 € ; suite de 92 € à 154. Petit déjeuner offert.

Corinne et Olivier sont heureux de vous accueillir dans un mas typiquement provençal du 18e siècle, situé au cœur de nombreux circuits touristiques prestigieux. Les chambres sont spacieuses et décorées aux couleurs du Sud. Vous apprécierez la table d'hôtes en compagnie des propriétaires qui sont fort sympathiques. Au menu, une cuisine familiale accompagnée des vins du Terroir. Voilà une occasion unique de découvrir la Provence et de profiter de moments magiques où les rencontres et le partage se mêlent à l'ambiance conviviale et chaleureuse de ce lieu.

LE PETIT CAFÉ €

50, Place Maurice Charretier
✆ 04 90 41 24 91
Ouvert toute l'année du mardi au samedi 7h-18h. Le lundi 7h-14h. Cuisine faite maison. Formule complète 24,50 €.

Le petit café à Carpentras est une véritable merveille en plein cœur de la ville. Maxime Durindel, ancien sous-chef de l'excellent Cercle 85, est aux commandes. Tout est fait maison et raffiné. La carte change toutes les semaines avec des produits frais de saison et les prix sont très corrects. Alors, venez profiter d'un des 4 espaces de restauration dont un balcon intimiste et une grande terrasse ombragée ! Épaule de cochon confite aux épices, dos de lieu noir, émulsion au lait de coco et riz bambou, tarte kalamansi... Le plus dur, c'est de choisir !

LE BISTROT DU LARGE €€

57, chemin de Saint-Labre
✆ 09 81 24 50 00
www.bistrotdularge.fr
Ouvert du mardi midi au dimanche midi. Formule du midi : 19,50 €.

Les produits de la mer c'est une histoire de famille chez les Berbudeau. Philippe, le fils, bon vivant, fait perdurer la tradition en ouvrant ce lieu convivial à la fois restaurant-brasserie-bistrot. On s'y régale de coquillages et de crustacés en plateaux ou en assiettes généreuses, de poissons en fonction des arrivages au menu du jour. Lors de notre passage, nous avons opté pour une poêlée de couteaux en entrée. En brasserie, la choucroute de la mer a ses adeptes. On y fait aussi l'éloge du verre avec notamment une centaine de vins blancs à la carte.

VAUCLUSE

© ALEX RAGEN - SHUTTERSTOCK.COM

Synagogue de Carpentras.

LA PETITE FONTAINE €€

13-17, place du Colonel-Mouret
✆ 04 90 60 77 83
http://lapetitefontaine84.fr/
Ouvert lundi, mardi, jeudi midi, vendredi, samedi, dimanche midi. Réservation recommandée. Menus de 18,5 à 32 €.

Très anciennement la « Bibliothèque pour tous », puis « La cuisine de Pierre », ce restaurant semi-gastronomique est rebaptisé la « Petite Fontaine » en 2007. Confortablement installés, vous apprécierez la cuisine du chef, Sébastien Royer, tout autant que l'accueil. La carte est rythmée par les arrivages des produits de saison et notamment les truffes et les fraises de la région. Pas de grandes surprises mais une belle maîtrise, et des saveurs tout au long du repas. Aux beaux jours, la terrasse est agréable, auprès de la fontaine.

CHEZ SERGE €€

90, rue Cottier
✆ 04 90 63 21 24
https://chez-serge.fr/
Ouvert du lundi midi au dimanche midi. Carte 25 € environ. Formule midi (2 plats 20,5 €). Accueil de groupes. Terrasse.

Serge tient cette table depuis 1987, le succès est toujours là, il accommode bons vins et produits frais finement cuisinés. Joli cadre dans l'épure, sympathique terrasse aux beaux jours, une belle carte qui fait l'éloge de la truffe et du vin. Toute l'année les truffes embaument les plats et même les desserts. Les amateurs apprécieront les soirées « Vin et Truffe » en compagnie de vignerons et de leurs vins. La carte propose bien sûr d'autres suggestions tout aussi gourmandes. Tous les légumes sont issus d'agriculture biologique et les viandes d'origine France.

CONFISERIE SERGE CLAVEL

106, place Aristide-Briand
✆ 04 90 29 70 39
www.clavel-confiserie.com
Ouvert mardi, mercredi, jeudi 9h00-19h00 ; vendredi, samedi 9h00-19h00 ; dimanche 10h00-19h00. Salon de thé.

Héritier d'un savoir-faire depuis 4 générations, Serge Clavel est l'ambassadeur du berlingot et du fruit confit à Carpentras. Les fruits sont de véritables œuvres d'art qui donnent une opulence fastueuse à la Table des Treize Desserts des Noëls provençaux. Serge a également développé la partie pâtisserie. Ses vitrines sont de véritables tentations, tout est fait sur place bien sûr. Nous on craque pour les fabuleuses pâtes de fruits maison faites avec des produits de saison. L'été, les glaces artisanales font le bonheur des petits et des grands, 40 parfums !

PÂTISSERIE JOUVAUD

40, rue de l'Evêché
✆ 04 90 63 15 38
www.patisserie-jouvaud.com
Lun 10h30-19h ; du mardi au jeudi 9h-19h ; vendredi et samedi 8h-19h ; dim 8h-18h. Salon de thé. Terrasse. Vente en ligne.

Véritable institution carpentrassienne, la maison Jouvaud a ouvert ses portes en 1948 ! Une longévité qui n'est pas étrangère à cette passion familiale – 3 générations s'y sont succédé – de la qualité, de l'inventivité… et de la gourmandise ! Au fil des années, l'offre s'est étoffée et diversifiée en passant par les macarons, les rocailles (sublimes meringues avec noisettes grillées caramélisées à l'intérieur). Les objets déco sélectionnés par Nicole et sa fille Maïe trouvent une sympathique résonance avec les douceurs du père et du fils.

MARCHÉ AUX TRUFFES

place Aristide Briand
Tous les vendredis matin de mi-novembre à fin mars et de fin mai à fin août. De 8h à 12h.

Le marché aux truffes de Carpentras (première région productrice de France) se tient sous le porche et dans la cour d'honneur de l'Hôtel-Dieu chaque vendredi matin dès 8h en hiver. Sous le porche, les particuliers pourront choisir leurs tuber melanosporum, le « carré » de la cour d'honneur étant réservé aux professionnels, courtiers, restaurateurs et négociants. Ce marché intime, silencieux est empreint d'une atmosphère toute particulière. Les transactions se font dans un semblant de dérobée, c'est un marché de connaisseurs.

CAROMB

La nature est un décor splendide surnommé « l'amphithéâtre comtadin ». Caromb profite d'un panorama extraordinaire, avec en toile de fond le mont Ventoux et les dentelles de Montmirail. Son nom semble provenir de la langue celte « Car » (pierre) et de la langue romaine « Umbo » (monticule), mais en provençal on dit aussi « quairoun » (grosse pierre). Bertrand des Baux, un des Princes d'Orange, délimita le territoire de la cité au XIIIe siècle, et le Pape Jean XXII, au XIVe siècle, y introduisit la truffe. Etienne de Vesc, conseiller de Louis XI, puis ministre de Charles VIII, acheta la Seigneurie en 1484 et en fit le bourg le plus important du Comtat.

VAUCLUSE

LE 6 À TABLE €€

6, place Nationale
✆ 04 90 62 37 91
www.pascal-poulain.com
Ouvert du mardi au samedi midi et soir. Entrées 12-16 €. Plats 20-28 €. Terrasse.

C'est dans l'ancienne pâtisserie du village que Pascal et Claire Poulain ont installé leur restaurant en 2016. Le 6 à table est mentionné au Bib Gourmand et c'est mérité ! Les assiettes sont raffinées, colorées, délicates et surprenantes. Commencez par le foie gras de canard et ses abricots marinés au muscat de Beaumes de Venise. Poursuivez avec le carré de porc Aveyron à la sauge et ses pommes de terre grenaille. Pour finir, les fraises du Mas de Gouredon et leur sorbet citron au safran du Barroux. On profite de la véranda en toute saison

DOMAINE CHAUMARD

475, route d'Aubignan
✆ 04 90 62 43 38
Ouvert du lundi au samedi de 8h30 à 12h et de 14h à 18h30.

Œnologue et de famille vigneronne, Gilles élabore une petite production très qualitative de côtes-du-ventoux. C'est un vin d'ici qui ne se garde pas et s'apprécie en période estivale. Le blanc étonne par ses arômes floraux, le rosé élaboré en pressurage direct, d'une jolie robe rose orangée et de belle fraîcheur, s'ouvre sur un joli bouquet de notes fruitées. Le Ventoux rouge est riche en bouche et révèle d'agréables arômes d'épices. Le Vin de Pays 100 % Viognier, très agréable. Une adresse typique où vous trouverez un parfait accord accueil-plaisir-prix.

MOULIN À HUILE DU COMTAT - HAUT FRÈRE

108, avenue de la Baisse ✆ 04 90 62 42 05
www.moulinducomtat.com
Visite sur rdv mardi. En juillet et août ouvert du lundi au samedi et jours fériés de 9h à 12h et de 15h à 18h.

Les frères Haut exploitent le moulin depuis 5 générations. L'huile d'olive est broyée par des meules en pierre. L'extraction se fait ensuite dans une centrifugeuse horizontale. Le fruité vert est tiré de la variété aglandau, appelée plus communément « verdale de Carpentras » dans ce coin du département. Le moulin du Comtat commercialise l'huile de ses vergers et de quelques oléiculteurs, et propose aux particuliers de triturer par lot, et de repartir ainsi avec sa propre huile.

SAINT MARC

667, avenue de l'Europe
✆ 04 90 62 40 24
Ouvert du lundi au samedi 9h – 12h et 14h30 – 18h30. Dimanche et jours fériés 9h – 12h et 15h – 18h

1928. Ce n'est pas l'altitude de notre Géant de Provence mais la date de création de la cave Saint Marc. Les vignes s'épanouissent au pied du Ventoux qui a donné ses spécificités à ce terroir. Le travail des vigneronnes et des vignerons couplé à l'exigence des équipes de cave permettent d'offrir des vins élégants et puissants -le Domaine Rubens Crémieux et la Cuvée Etienne de Vesc- et des cuvées sur le fruit en rouge, blanc et rosé. Au caveau, également une sélection de bières, de champagnes et des spiritueux. Réservez votre soirée dégustation dans l'espace dédié.

Caromb.

CRILLON-LE-BRAVE ★

Joli village perché, dominé par la flèche de son église, en arrivant par la petite route qui part du centre de Bedoin. Anciennement fortifié, il perpétue depuis la fin du XIXe siècle le souvenir de son seigneur et héros, Louis Balbe-Berton de Crillon. Le village est paisible et très prisé des touristes qui découvrent ruelles caladées, soustets, arcs-boutants et dentelles de pierre. Des remparts du XVIe siècle ne subsistent malheureusement que la porte Guérin, restaurée au XVIIe siècle. On visite la chapelle Notre-Dame-des-Accès édifiée en 1721, ainsi que l'église romane Saint-Romain qui abrite un monument à la mémoire de Crillon le Brave (Cénotaphe).

BISTROT DE PAYS LE SAINT-ROMAIN ET GITES €€

46, rue du Capitaine-Crillon
© 04 90 65 34 25
www.lesaintromain.fr
Ouvert du mardi au samedi 9h-21h. Ardoise/Menu enfant. Formule du midi. Accueil des groupes (max 40 pers sur résa).

Entre son gîte et son bar, ce bistrot est une adresse précieuse. D'autant que l'été, des concerts y sont programmés le soir sur la très grande terrasse d'où la vue est sublime au coucher de soleil. Dans l'assiette, du frais car le restaurant adhère au label « Bistrot de pays ». Une cuisine traditionnelle, le petit épeautre de Sault et les fromages de chèvre fermier et le vin du Ventoux du producteur du coin. Le coin épicerie est bien pratique avec dépôt de pain.

HÔTEL CRILLON-LE-BRAVE €€€

Place de l'Eglise © 04 90 65 61 61
www.crillonlebrave.com
Relais & Châteaux. Ouvert d'avril à novembre. 34 chambres et suites à partir de 295 €. Restaurant La Table du Ventoux.

Au cœur du village, 9 maisons datant des XVIIe et XVIIIe siècles constituent l'écrin de ce complexe hôtelier de luxe, les différents bâtiments s'articulent autour de petits jardins et terrasses. Un cadre exceptionnel ! Les chambres et suites jouent la carte de l'épure chic et du raffinement jusque dans le moindre détail. Le Spa des Écuries est un espace bien-être où tout est bien pensé pour la détente avec trois cabines, dont une cabine double sous les voûtes en pierre. La carte du restaurant gastronomique regorge de produits raffinés.

MONTEUX

Le cœur du village ancien est resserré à l'intérieur de ses remparts fortifiés du XIVe dont subsiste la Porte Neuve percée dans une tour, qui a gardé le conduit des chaînes du pont-levis et ses tourelles d'angle. Quant à la tour Clémentine, elle était le donjon du château de Monteux. Sachez que c'est à Monteux que le pape Clément V – élu en 1305 – prépara la constitution du concile de Vienne et écrivit les Décrétables. Aujourd'hui terre de culture maraîchère dynamique, Monteux aime célébrer sa région. Monteux est réputé pour son pèlerinage de Saint-Gens, et son célèbre feu d'artifice qui attire chaque année des dizaines de milliers de personnes.

WAVE ISLAND

800, allée de Beaulieu © 04 88 84 72 17
www.waveisland.fr
Ouvert tous les jours de juin à septembre. Gratuit moins de 4 ans. 31,90 €. 23 € pour les moins de 1,20 mètre.

On se croirait presque aux Caraïbes à Wave Island ! 1er parc à thème aquatique de France, Wave Island est un petit paradis de la glisse, une île des loisirs à vivre en famille dès les beaux jours. Près d'une vingtaine d'attractions sont proposées au cœur d'une végétation luxuriante. Pour les amateurs de sensations fortes, direction le simulateur de surf sur la plus haute vague artificielle du monde (DA WAVE culminant à plus de 3,50 m et homologuée au Guinness World Records) et les toboggans géants. Ceux qui ont envie de se détendre ou de nager, c 'est possible.

MAZAN ★

Labellisé « Pays d'Art et d'Histoire », Mazan garde les vestiges de riches et parfois dramatiques événements : on a d'ailleurs découvert il y a peu, dans les combles de l'ancien hôtel particulier qui abrite l'office de tourisme, des peintures racontant les invasions des bandes protestantes du Baron des Adrets et du seigneur de Montbrun au XVIe siècle. Outre le musée communal installé dans l'ancienne chapelle des Pénitents blancs (XVIIe) dont on remarque le beau plafond peint par un maître de l'Ecole d'Avignon, on peut voir au nord-est du village, ceinturant le cimetière, 66 sarcophages paléochrétiens du VIe siècle, semblables à ceux des Alyscamps d'Arles. On sait maintenant qu'ils jalonnaient par centaines la voie antique Carpentras-Mormoiron. La richesse des fouilles archéologiques atteste de l'importance de la ville dès l'Antiquité. On a découvert trois fours de potier fonctionnant de l'an - 40 av. J.-C. à + 50 de notre ère. On y fabriquait des têtes de chevaux et de chiens en argile, à but culturel, et des plaques de parements de type Campana, destinées à orner les temples : une découverte unique en France. Puis c'est une amphore vinaire « de type italique Dressel » de - 40 av. J.-C. qui permit aux archéologues de conclure que nous sommes en présence de la preuve du plus vieux vignoble celto-ligure ou gallo-romain (après Massilia/Marseille). Notons que quelques seigneurs illustres ont laissé à Mazan de belles demeures, dont le Château de Sade, lieu de naissance du père et de l'oncle du Divin Marquis, le célèbre abbé de Sade.

LE JARDIN DE MAZAN €€

65, rue des Pénitents-Noirs ✆ 07 83 43 28 51
www.lejardindemazan.com

Ouvert toute l'année. Chambre double à partir de 175 €, suite à partir de 290 €. Table d'hôte sur réservation. Massages.

Située dans le joli village de Mazan, au pied du mont Ventoux, à 20 minutes d'Avignon et d'Orange, Le Jardin de Mazan est une belle demeure datant des XIVe et XVIIe siècles, rénovée avec beaucoup de goût par Agnès et Éric. Leur maison est la vôtre lorsque vous séjournez chez eux. Les chambres sont spacieuses mais intimes, vous apprécierez le jardin provençal avec ses coins de détente, ses senteurs et son imposant cèdre centenaire, la piscine à 27 °C de mai à octobre. Pour profiter pleinement de ce lieu enchanteur, réservez la table d'hôte dont Éric est le chef.

LE CHÂTEAU DE MAZAN**** €€€

8, place Napoléon ✆ 04 90 69 62 61
www.chateaudemazan.com

Fermé de novembre à avril. 31 chambres, double de 197 à 269 € ; suite à partir de 269 €. Restauration. Hammam.

C'est dans ce château que le Marquis de Sade donna son premier festival de théâtre en 1772. Repris en 2019 par le groupe hôtelier *Elegant Properties Collection*, le château a été entièrement rénové et redécoré. Les chambres dans le bâtiment principal ont de beaux volumes, l'ambiance est chic et raffinée. Vous aurez davantage d'intimité dans la Dépendance, une bâtisse provençale du XVIIe siècle située dans le parc, où sont aménagées 3 chambres et suites toutes ravissantes. La cuisine du chef sublime les produits du terroir si vous vous attablez à La Cour du Château.

CANTEPERDRIX

890, La Venue de Caromb
✆ 04 90 69 41 67

Ouvert du lundi au samedi 9h-12h et 14h30-18h30 ; dimanches (juillet et août) et jours fériés 9h-12h et 15h-18h

Sur la route des vins au pied du Mont Ventoux, arrêtez-vous pour découvrir les vins de la cave Canteperdrix. Des vins dont la générosité est saluée et régulièrement récompensés lors de concours officiels. Ils sont le fruit du travail exigeant de vignerons qui valorisent un terroir et un climat exceptionnels. Laissez-vous séduire par la gamme Canteperdrix en rouge, blanc et rosé, transporter par la volupté de la cuvée Gentilice rouge, Prestige Canteperdrix, Seigneur du Carri et bien d'autres cuvées adaptées à chaque occasion.

SAINT-DIDIER

La plus belle route pour se rendre à Saint-Didier est celle qui part de Venasque. Elle est sinueuse à souhait, on passe les cols dans la garrigue et les forêts de chênes. Les vues panoramiques apparaissent et s'éclipsent au gré des virages. Le village est connu pour sa langueur. Est-ce le château Renaissance, les vieilles fontaines, qui lui donnent cette atmosphère... ou peut-être la grande allée de platanes. Ne manquez pas son porche en pierre, (placé dans l'axe de la route) qui est surmonté d'une haute tour d'horloge. Ce porche marque l'entrée du château Thezan construit au XVe et agrandi au XVIIIe aujourd'hui transformé en clinique privée.

SILVAIN FRÈRES

Route de Vénasque ✆ 04 90 66 09 57
www.nougat-silvain-freres.fr

Basse saison du mardi au dimanche de 10h à 12h et de 14h à 18h. Haute saison : tous les jours 10h-12h et 14h-18h.

La nougaterie de la famille Silvain, labellisée entreprise du patrimoine vivant, fabrique depuis plus de 25 ans des confiseries qui subliment le fruit, l'amande et le miel. Ces trois éléments sont d'ailleurs issus de leur propre production. Leur boutique embaume, et ils vous invitent à partager quelques étapes de la fabrication au sein de l'espace-atelier. Vous retrouverez un grand nombre de confiseries traditionnelles (nougat noir ou blanc, nougat abricot-figue-pistache ou encore aux olives noires), miels, confitures, pâtes de coing et autres amandes pralinées.

PERNES-LES-FONTAINES ★

« Entre toutes, elle brille par la grâce de Dieu », voici pour la maxime de la ville ! Il est vrai qu'elle aime se faire remarquer avec toutes ses 41 fontaines qui rafraîchissent l'air ! Classée un des plus beaux détours de France, elle a tout de la carte postale avec ses rues caladées, ses vestiges moyenâgeux. Pour la petite histoire, elle brille depuis qu'un Romain, Paternus, y a construit son domaine. C'est dire ! Vous découvrez sa collégiale romane, ses 14 anciens hôtels particuliers, en passant par le panorama au sommet de la Tour de l'Horloge (ancien château des Comtes de Toulouse) sans oublier les fresques du XIIIe siècle de la Tour Ferrande.

HÔTEL L'HERMITAGE*** €€

614, grande route de Carpentras
✆ 04 90 66 51 41
www.hotel-lhermitage.com
Fermé de novembre à mars. 21 chambres. Chambre double à partir de 102 € ; chambre triple à partir de 130 €.

Cette demeure bourgeoise du XIXe siècle qui a appartenu au neveu du capitaine Dreyfus a beaucoup de charme. Les chambres sont confortables et décorées avec goût. Un parc de 2 hectares jalonné de statues et de fontaines où l'on profite de la piscine. Un hammam aménagé dans une dépendance, des massages y sont proposés sur rendez-vous. Les petits-déjeuners sont préparés par la maîtresse de maison, avec des produits de qualité. Une salle de séminaire parfaitement équipée est à disposition. Une belle adresse à la sortie de Pernes en direction de Carpentras.

DOMAINE &LESCHANCEL

9D, chemin des Basses Briguières,
✆ 06 09 64 59 26
www.leschancel.com
Ouvert tous les jours en été et du lundi au vendredi en basse saison. Privatisation espace séminaire

Anne et Pierre Chancel ont démarré une nouvelle vie en créant, il y a 4 ans, ce domaine préservé de 30 hectares au pied du Ventoux (12 hectares cultivés en Bio entourés par 12 hectares de bois). Leurs premiers millésimes sont prometteurs dans les 3 couleurs et déjà sur de belles tables de Paris et de la région. Le domaine vallonné offre de superbes points de vue avec un circuit balisé *le Chemin Sensationnel*, une balade jalonnée d'activités (ateliers bien-être, lectures) qui se clôture par un pique-nique et la dégustation des vins. A découvrir absolument.

MORMOIRON

Situé entre le Mont Ventoux et le plateau du Vaucluse, Mormoiron est un petit village plein de charme, à deux pas des Gorges de la Nesque. Voilà encore un village où l'on trouve de l'ocre. C'est moins impressionnant qu'à Rustrel ou Roussillon, mais les façades des maisons en hauteur sont aussi colorées et on peut faire une jolie balade dans les petites carrières d'ocre qui sont restées assez sauvages. Le départ est au lac des Sablettes. Pensez à visiter son musée archéologique et paléontologique qui vous transportera de 600 millions d'années à notre ère pour découvrir l'histoire de l'humanité à travers les fossiles et vestiges de l'homme.

VENASQUE ★

C'est l'un des plus beaux villages du Vaucluse. Il le doit autant à ses vieilles pierres qu'à son implantation dans un paysage harmonieux. Perché sur ce rocher abrupt, il fait face à l'ancienne voie romaine. Venasque voit la fondation du Comtat Venaissin et il a conservé son patrimoine, ses monuments comme son baptistère.
C'est à la fin du VIe siècle, que l'évêque Saint-Siffrein, ayant choisi le village comme siège épiscopal pour l'évêché de Carpentras, fit construire ce merveilleux sanctuaire sur les fondations d'un édifice paléochrétien. Protégée au Moyen Age par un puissant mur d'enceinte d'où demeurent seulement trois tours et une porte fortifiée,

CHÂTEAU PESQUIE

1365 B, route de Flassan
✆ 04 90 61 94 08
www.chateaupesquie.com
Ouvert du lundi au samedi de 10h à 12h et de 14h à 18h. Ouvert le dimanche (de Pâques à fin septembre).

Le domaine familial compte plus de 100 hectares assis sur des coteaux de graves argilo-calcaires conduit en agriculture bio depuis 2010. Il est fréquemment primé et les honneurs en reviennent intégralement au savoir-faire de ses propriétaires perfectionnistes et passionnés. En témoigne *Quintessence*, issu de vignes de plus de 50 ans, élevé en barriques de chêne, très côté dans la belle restauration ; rouge ou blanc. Également *Les Terrasses* rosé ou rouge. Puis, une merveille, la cuvée Artemia, issue de vieilles vignes. Possibilité de visites guidées.

BAPTISTÈRE ★★

88, Grand'rue
✆ 04 90 66 62 01
www.venasque.fr
Ouvert tous les jours en haute saison 10h30-13h/14h-18h15. Tarif : 3€. Groupe : 2€. Gratuit pour les moins de 12 ans

Du VIe au Xe siècle, fuyant les invasions barbares qui sévissaient à Carpentras, les évêques auraient transféré le siège de l'évêché sur le rocher de Venasque. A cette époque, l'évêque célèbre le baptême des adultes par immersion deux fois par an, veilles de Pâques et de Pentecôte.

Le baptistère est un des plus anciens édifices religieux de France. Bâti fin VIe, il a été remanié aux XI, XII et XIIIe siècles. Sous l'impulsion de Prosper Mérimée, le monument a été restauré et classé sur la liste des Monuments Historiques en 1840.

VAUCLUSE

HÔTEL LES REMPARTS €

36, rue Haute ✆ 04 90 66 02 79

www.hotellesremparts.com

Fermé de décembre à mars. 8 chambres simple à triple de 90 € à 168 €. Parking fermé. Possibilité paniers repas.

Cet hôtel de charme est accroché à son piton sur les anciens remparts de Venasque. Depuis la terrasse et la véranda où sont servis les petits déjeuners, la vue est panoramique sur la vallée. Les chambres climatisées sont décorées avec goût : tomettes au sol, mobilier chiné. Certaines ont vue sur les toits du village et le Ventoux. On recommande le restaurant tenu par Cyril Martinez, disciple d'Escoffier et nouveau propriétaire avec Fah et Claude Réquena qui sont aux petits soins avec leur clientèle, notamment les cyclistes et les motards avec un accueil sur mesure.

MAS DE LA GONNETTE €€

502, chemin de la Gonnette

✆ 04 90 66 04 69

www.masdelagonnette-venasque.com

Chambres d'hôtes (tarifs dégressifs à partir de 2 nuitées) et 3 gîtes pour 2, 5 ou 7 personnes.

C'est un vieux mas du XIXe siècle sur la colline d'où la vue est exceptionnelle sur le Ventoux. Des bâtiments s'y sont greffés au fil du temps. Résultat, un joli mélange de niveaux et de terrasses. 3 gîtes sont à votre disposition que l'on peut louer également en formule chambre d'hôtes. Ils ont tous du charme, sont bien aménagés et ont des vues différentes mais toujours exceptionnelles car on est au beau milieu de la nature. Une chambre d'hôtes vient compléter l'offre d'hébergement. Les petits déjeuners 100 % bio sont préparés par Anne-Françoise.

VAUCLUSE

© BORIS STROUJKO - SHUTTERSTOCK.COM

Vue sur le village de Sault.

SAULT ★

La ville commence son ascension le 22 avril 1561 quand Charles IX réunit à la Baronnie de Sault, tous les fiefs possédés par le Seigneur d'Agoult et érigea cet ensemble en Comté. En 1613, à la mort de Chrétienne d'Aguerre veuve de François d'Agoult, le Comté de Sault passa de la famille d'Agoult à celle de Créquy-Lesdiguières. Par la suite, le Comté échu à Louis Nicolas de Neufville, duc de Villeroy, en 1703. Le 25 juin 1793, la convention créa le département de Vaucluse, formé d'Avignon, du Comtat Venaissin, de la Principauté d'Orange, de la Viguerie d'Apt et du Comté de Sault en Provence. Aujourd'hui, Sault est une Station Verte de Vacances.

LE MUSÉE MUNICIPAL

Rue du Musée

✆ 04 90 64 12 75

www.mairie-sault-84.fr/

Ouvert du lundi au samedi de 14h30 à 18h. Juillet et août. Gratuit.

Fondé en 1859, c'est l'un des plus vieux musées municipaux de province. Aménagé à la fin du XIXe par un de ses fondateurs, Henri Chrestian, ses collections sont constituées en majeure partie de dons. Très riches et hétéroclites, datant de la préhistoire jusqu'à nos jours, elles évoquent le passé des Saltésiens à travers les objets de leur vie quotidienne et leurs souvenirs de voyages. Le visiteur découvre ainsi une riche collection de minéraux, des fossiles, des monnaies anciennes, des armes révolutionnaires, une momie égyptienne dans son sarcophage.

LA FERME AUX LAVANDES

2, Route du Mont Ventoux

✆ 06 82 93 52 09

www.la-ferme-aux-lavandes.com

Ouvert toute l'année. Visites de l'exploitation sur rdv même pendant la floraison. Aire de pique-nique à disposition.

C'est un grand et beau jardin qui fleure bon les traditions locales : champs de lavande et jardin botanique, roses anciennes, pâturages, petit épeautre, verger. Lors de la visite de l'exploitation – attention, il faut réserver-, Catherine vous présentera les différentes variétés de lavande : lavandins vivaces de petite ou grande taille, lavandes printanières, subtropicales... Si vous n'avez pas tout suivi, vous pourrez vous rattraper avec les livres publiés par la ferme. Aires de détente avec hamacs et chaises longues devant les lavandes.

HOSTELLERIE DU VAL DE SAULT**** €€€

Route de Saint-Trinit
✆ 04 90 64 01 41
www.valdesault.com
Labels « Logis d'exception », « Logis de France », « Relais du Silence », « Romantik Hôtels ». 20 chambres et suites.

Sur les hauteurs de Sault, ce hameau hôtelier est au cœur de cinq hectares de bois et sous-bois, la vue est sublime sur le val de Sault et le Ventoux, les chambres élégantes allient luxe discret et grand confort et disposent toutes d'une terrasse privative. Entre l'hébergement, la restauration et les activités offertes sur le site (spa, salle de sport et la piscine à débordement), votre séjour sera placé sous le signe du bien-être et de la détente.

MAISON ANDRÉ BOYER

Place de l'Europe
✆ 04 90 64 00 23
www.nougat-boyer.fr
Ouvert toute l'année. Haute saison : tous les jours de 7h30 à 19h. Boutique en ligne disponible.

Nougat blanc et noir sont les fleurons de la production de cette enseigne, mais vous trouverez aussi des macarons à l'ancienne, des calissons, des tartinables, des guimauves à l'ancienne, des amandes enrobées en chocolat. Durant l'été, vous ne résisterez pas aux glaces artisanales à la lavande, calisson, nougat. La boutique a conservé son cadre d'époque, avec un petit musée d'ustensiles de cuisine (XVIIIe-XIXe siècle), composé notamment d'objets de torréfaction, de boîtes à bonbons, de vieilles barattes à beurre, sans oublier l'énorme pilon à broyer les amandes.

COOPÉRATIVE AGRICOLE - LA MAISON DES PRODUCTEURS

Rue de la République ✆ 04 90 64 08 98
www.maisondesproducteurs-sault84.com/
Ouvert toute l'année. Lun-Ven 10h-12h30/14h-18h ; Sam-Dim 10h-12h30/14h-18h30. Achat par correspondance possible.

Une boutique truffée de produits bio et de produits traditionnels. La Maison des Producteurs a été créée à l'initiative d'un groupe d'agricultrices du coin qui souhaitent faire connaître et apprécier les produits agricoles - bio et traditionnels - issus de leurs exploitations. A la vente des sachets de fleurs de lavande aux formes et dessins originaux, des cosmétiques (shampoing fabriqué par saponification à froid), des huiles essentielles ou des eaux florales à base de lavande.

DISTILLERIE AROMA'PLANTES

Route du Mont-Ventoux
✆ 04 90 64 14 73
www.distillerie-aromaplantes.com
Haute saison : ouvert tous les jours de 10h à 19h. Visite gratuite de la distillerie. Atelier 15 € par personne.

Les sentiers découverte, le lavandoscope, la plantothèque, la visite guidée vous plongent dans la lavande, sa culture, ses usages... Osez la coupe à la faucille, assistez à la distillation, suivez un atelier pour apprendre à faire du savon, à fabriquer des cosmétiques et ses produits ménagers naturels et bio, à confectionner un fuseau de lavande, etc. Faites escale à l'Arômatic' Bar, bar à tisanes et crêpes ou gaufres à la farine de petit épeautre, céréale antique de Haute-Provence.

CYCLOTOURISME

Le pays de Sault, station verte de vacances, compte plus de 160 km d'itinéraires de randonnées VTT et plus de 260 km d'itinéraires pédestres, figurant sur des cartes et des topo-guides diffusés par l'office de tourisme. En somme, de belles balades en perspective, à travers forêts de chênes et de pins, champs de lavande et de petit épeautre. A votre disposition à l'office de tourisme, vous trouverez également un cyclo-guide comportant 9 circuits vélo au départ de Sault dont 66 km au travers des gorges de la Nesque et 33 km par le plateau d'Albion.

LAGARDE-D'APT

Ce village situé sur le plateau d'Albion est le plus élevé du département (1 100 m) et l'un des moins peuplés - 36 habitants au dernier recensement. Son point culminant à 1 256 m d'altitude (signal Saint-Pierre) est le plus haut sommet des monts du Vaucluse. Essentiellement agricole, Lagarde est le domaine des grands espaces : vastes champs de lavande, incomparable hêtraie, sous le ciel le plus pur d'Europe. L'Observatoire astronomique Sirene installé sur ce site offre une vue étendue jusqu'aux Alpes. Point de vue également à la chapelle Lamaron (XIe siècle, restaurée en 2003), lieu de pèlerinage naguère très fréquenté de toute la contrée.

LE BISTROT DE LAGARDE €

RD 34 ✆ 04 90 74 57 23
www.lebistrotdelagarde.fr
Avril à juin du mercredi midi au dimanche midi. Juillet et août du mercredi midi au dimanche soir. 12h-13h/19h-20h.

Le lieu est atypique : un ancien bunker qui servait de base de lancement entièrement transformé en mas. Pénélope et Lorenzo récemment installés aimeraient écrire une Histoire dans ce lieu atypique. Le chef Lorenzo innove en cuisinant avec des produits du terroir et il lui arrive de revisiter des plats provençaux avec son Italian Touch. C'est bon, original et beau ! Ouvrez les papilles et pensez à réserver une quinzaine de jours à l'avance car malgré ou grâce à sa situation au bout du mont, le restaurant affiche complet ! Très bon accueil. On recommande vivement !

FERME LE VIGUIER €€

Ferme agricole d'élevage d'Ovins
✆ 04 90 64 04 83
www.leviguier.com
Ouvert toute l'année. 5 chambres. Petit déj buffet. Chambre 3 pers 80 €/nuit, 4 à 5 pers 100 €/nuit. Table d'hôtes.

Les Giardini vous accueillent dans leur grande ferme agricole spécialisée dans l'élevage ovin traditionnel. 5 très jolies chambres d'hôtes sont nichées à l'intérieur de la ferme. Vastes et joliment décorées, elles profitent d'une belle luminosité. Le soir, sur réservation, la table d'hôtes regorge de produits de la ferme : lapins, volailles accompagnés de légumes de saison. De décembre à mars, vos plats seront accompagnés de truffes, débusquées en compagnie des chiens de la ferme. Quelques activités sur place : aire de jeux pour enfants, le terrain de pétanque.

MONIEUX

A 650 m d'altitude, accroché au flanc sud-est du Ventoux, Monieux ouvre grand les portes des gorges de la Nesque, on y croise parfois des sangliers. Dominé par les vestiges d'une tour de guet d'époque médiévale et de la chapelle Saint-André auxquelles on peut encore accéder par un sentier, ce village médiéval est certainement le doyen du Pays de Sault. Baigné de lavandes et de céréales, il reste un lieu privilégié pour tous les passionnés de nature préservée. Ruelles et calades pittoresques bordées de maisons datant des XIIe, XVIIe et XVIIIe siècles, vous laissent deviner son histoire. L'histoire de Monieux est liée à celle des gorges de la Nesque.

LES LAVANDES €€

2, Place Léon-Doux
✆ 04 90 64 05 08
www.restaurant-les-lavandes.fr
Fermé le lundi toute la journée et dimanche soir. Nouvelle carte à découvrir bientôt sur le site Internet.

Posée sur l'une des plus agréables places de la région, la terrasse entourant une fontaine est à l'ombre des platanes et des marronniers centenaires. La maison a conservé tout son pittoresque. Le décor est élégant, les spécialités réalisées à partir de produits du terroir sont gourmandes. La table met à l'honneur les trésors du terroir. Dans le verre, des vins régionaux ! Ne soyez pas refroidis par la route sinueuse qui mène jusqu'à Monieux – et oui nous sommes à l'entrée des gorges de la Nesque – vous ne regretterez pas le trajet !

GORGES DE LA NESQUE ★★

D942
✆ 04 90 63 00 78
Réserve de biosphère. Départ de Monieux. Randonnées. Balades à vélo.

Après les gorges du Verdon, les gorges de la Nesque sont les plus spectaculaires de Provence, l'une des plus belles percées hydrogéologiques du Midi. Un canyon grandiose et sauvage, où se dressent de fantastiques falaises percées de grottes, que l'on découvre depuis la route en encorbellement sur le précipice jalonnée de tunnels et de belvédères dont celui du Castelleras face à l' imposant rocher du Cire. En aval, après des infiltrations dans le lit calcaire fissuré, les eaux de la Nesque contribuent à alimenter la résurgence de Fontaine-de-Vaucluse.

LES ÂNES DES ABEILLES

Col des Abeilles
✆ 04 90 64 01 52
abeilles.ane-et-rando.com/
Ouvert toute l'année. Horaires téléphoner. Tarifs promenade à la journée : 50 €, le week-end : 95 €, la semaine : 320 €.

Partir librement en randonnée avec un âne, découvrir la faune et la flore du mont Ventoux, une expérience unique à vivre avec vos enfants. L'âne donne un rythme et une âme à la randonnée et vous découvrirez très vite que sa présence ouvre les portes et délie les langues dans les hameaux traversés. Contrairement à sa légende, cet animal est intelligent, attachant, malin et câlin. Votre âne portera vos bagages (30 kg à 40 kg) ou l'un de vos enfants (sous la responsabilité des parents). Au départ de la randonnée, vous recevrez tous les conseils utiles.

APT ★

Apt fut longtemps une ville un peu austère avec ses industries comme les ocres, les faïences ou les fruits confits, et où l'on se rendait surtout pour le marché. Aujourd'hui, les maisons se sont parées de vives couleurs autour des placettes pleines de charme et des musées. Il y a toujours eu une importante vie religieuse au sein de la cité qui a compté jusqu'à quinze ordres religieux et l'on peut toujours voir dans la vieille ville de nombreuses chapelles et hôtels particuliers. Aujourd'hui, Apt, reconnue « Capitale Mondiale du Fruit Confit », est labellisée Site Remarquable du Goût et son grand marché provençal est classé « Marché d'exception ».

DOMAINE LES AGNELS

Route de Buoux

✆ 04 90 04 77 00

www.lesagnels.com

Ouvert d'avril à septembre, visite guidée chaque jour à 11h et 16h. D'octobre à mars du mardi au samedi. Adulte 6 €.

La famille Agnel a commencé à récolter et à distiller la fleur de lavande en 1895. Depuis, cinq générations se sont succédé et c'est ainsi que s'est forgée la réputation de la distillerie connue et reconnue pour la qualité de ses produits bien au-delà de notre région. Vous assistez à la distillation de lavande et à la production d'huiles essentielles et d'eaux florales. Les installations permettent de distiller toute l'année toutes sortes de plantes aromatiques et des agrumes. Rassurez-vous, la lavande sous tous ses états y est vendue !

CATHÉDRALE SAINTE-ANNE ★

187, Rue des Marchands

✆ 04 90 04 61 71

Visite guidée sur rendez-vous.

La cathédrale-basilique Sainte-Anne est l'une des plus anciennes de Provence et le monument le plus remarquable de la cité. Depuis l'édification de l'église primitive sur des cryptes mérovingiennes son architecture a été rehaussée à diverses reprises. Au XVIIe siècle, on construisit la chapelle royale en l'honneur d'Anne d'Autriche venue en pèlerinage pour remercier sa sainte patronne pour la naissance de Louis XIV. La basilique abrite des reliques et le trésor de Sainte-Anne, un vêtement d'honneur en lin orné, comme les califes en offraient souvent.

FONDATION BLACHÈRE ★★

384, avenue des Argiles

✆ 04 32 52 06 15

www.fondationblachere.org

A partir du 30 juin 2023 à la gare de Bonnieux. Informations à retrouver sur leur site internet.

À l'initiative de Jean-Paul Blachère, président fondateur de la société aptésienne *Blachère Illumination* et passionné d'Afrique, cette fondation est dédiée aux artistes contemporains du continent africain. Ce centre d'art, situé dans la zone industrielle près du plan d'eau, propose plusieurs espaces : un Centre d'art qui présente des expositions thématiques ou monographiques, et dans son prolongement le centre de documentation pour les amateurs qui souhaitent approfondir le sujet. À la Boutik, une sélection de réalisations de designers et créateurs africains.

VAUCLUSE

© VINCENT FORMICA

Apt.

MAISON DU PARC NATUREL RÉGIONAL DU LUBERON

60, place Jean-Jaurès
✆ 04 90 04 42 00
www.parcduluberon.fr

Ouvert du lundi au vendredi de 8h30 à 12h et de 13h30 à 18h. Également le samedi matin de début avril à début septembre.

Située au cœur du centre ancien d'Apt, dans un hôtel particulier du XVIIIe siècle, cette instance veille à la préservation de l'environnement et gère l'aménagement et la valorisation du Luberon. Sa mission est également d'informer et d'éduquer le grand public. Sur place, des expositions permanentes sur la faune, la flore et l'habitat, et des animations ponctuelles vous feront découvrir cet espace protégé et privilégié du parc naturel régional du Luberon.

MONA LISA €€

13, place Gabriel-Péri
✆ 06 78 20 66 55
www.mona-lisa-apt.com

Ouvert tous les jours midi et soir. Carte : 25 € environ. Plat du jour 14€-18€. Plat Vegan. Vin au verre. Terrasse.

Ris de veau à l'ancienne, petits farcis au bœuf avec ses frites maison, paleron de veau à l'anis, brochette de rumsteack, gâteau châtaigne, -les desserts sont maison-, fromages et vins d'ici. Chez Mona Lisa, on cuisine en famille pour faire plaisir. Toute l'année, on peut s'attabler au soleil en terrasse à toute heure, tôt le matin pour un café-croissant et en fin de soirée pour le digestif. Pour des événements privés ou professionnels, contactez-les en avance pour des repas sur mesure proposant une belle cuisine traditionnelle dans une atmosphère chaleureuse.

LA PROVIDENCE €€

Hameau les Martins
✆ 04 90 75 00 92
www.laprovidence-luberon.com

Ouvert toute l'année. 5 suites de 104 à 159 € la nuit. 2 gîtes de 189 à 299 € la nuit. CB non acceptée.

À la sortie d'Apt en direction de Rustrel, La Providence conjugue design et vieilles pierres, couleurs vives ou douces, entre l'épure et la bohème, tout est bien vu, le mobilier ultra contemporain et les grandes tables chinées, le mobilier patiné, les tentures en lin. Posez vos valises dans cet ancien hameau restauré par Dominique et Jérome. Le chic et la simplicité font bon ménage. La Maison Grives est idéale pour les amoureux, toute en ouverture nichée sous les toits, avec la vue sur les vignes, les champs de lavande et les monts de Vaucluse.

DOMAINE DU PUY MARQUIS

3101, chemin des puits
✆ 04 90 74 51 87

Ouvert tous les jours de 9h à 12h et de 14h à 18h. Le reste de l'année : téléphoner. Livraison possible.

Sur la colline des Puy, la vue est superbe, c'est une bonne raison pour monter jusqu'à cette adresse où l'accueil de la famille Leclercq confortera votre décision. Claude Leclercq et ses fils, Alexandre et Benoît, exploitent un domaine de 30 ha, dont 10 ha plantés en vignes AOC Ventoux. Leurs cuvées AOC Ventoux se déclinent dans de jolis vins : un rosé à la robe saumon, au nez intense de fruits rouges et blancs ; c'est un vin d'humeur estivale. Tradition - une cuvée vieillie en fût de chêne, d'une robe rubis soutenue, avec des notes épicées.

LA CHASTELLE €€

423, avenue Victor-Hugo
✆ 04 90 04 92 30
www.restaurant-lachastelle.fr

Ouvert lundi, mardi, jeudi, vendredi, dimanche 12h/13h30 - 19h/21h. Samedi 19h/21h. Fermé le mercredi.

Une excellente cuisine, un cadre chaleureux et intime, ce restaurant à l'écart du centre-ville mérite ses lettres de noblesse. Fabrice, le chef disciple d'Escofier, maître restaurateur, y propose une cuisine d'inspiration totalement provençale, qui sent bon l'oignon, le basilic et les herbes aromatiques. La carte change régulièrement, les produits sont frais et les recettes alléchantes. Ajoutez à cela un personnel aussi discret qu'efficace et vous saurez exactement où aller déjeuner lors de votre prochain passage dans la ville.

LA MAISON DU FRUIT CONFIT

538, Quartier Salignan
✆ 04 90 76 31 43
www.lesfleurons-apt.com

Ouvert du lundi au samedi de 9h30 à 18h30. Ouverture les 3 dimanches qui précèdent Noël aux horaires habituels.

La Maison du Fruit Confit se situe dans l'enceinte des ateliers de fabrication d'Aptunion. L'espace Boutique propose à la vente directe fruits confits et spécialités provençales. A la suite, l'espace muséographique transporte le visiteur dans l'univers du fruit confit au cœur du Luberon. En libre accès et gratuit, ce parcours de découverte et multimédia stimule les 5 sens.. Des animations gourmandes et des ateliers culinaires sont régulièrement organisés tout au long de l'année.

BONNIEUX ★

Bâti en pyramide autour de son piton rocheux, Bonnieux, un des plus beaux villages de France, domine la vallée et offre un panorama exceptionnel sur les monts et le village d'en face, dont il fut longtemps le rival lors des guerres de religion. Depuis le Néolithique, l'endroit est habité, à l'époque gallo-romaine, le village était au pied de son emplacement actuel. Territoire romain (Bitrona) au Ier siècle de notre ère, la route Cadix-Mila traversait le pays. Le pont Julien, construit dans la plaine faisait la jonction avec la voie secondaire vers Lourmarin. Ce n'est qu'au Moyen Âge, pour des raisons de sécurité, que les habitants remontent.

© VINCENT FORMICA

Bonnieux.

L'ÉGLISE HAUTE OU VIEILLE ÉGLISE ★

✆ 04 90 75 80 06

Appeler la mairie de Bonnieux pour informations.

On l'appelle ainsi pour la distinguer de l'autre église du village. Pourquoi haute ? Parce qu'il vous faudra gravir 86 marches pour l'atteindre mais vous serez à l'ombre des cèdres centenaires et à l'abri du mistral ! C'est à cause de cette ascension qu'est née l'expression quelque peu lugubre : « Les morts enterrent les vivants ». C'est qu'il fallait, à dos d'homme, transporter les défunts. L'édifice, classé monument historique, a subi de nombreuses restaurations et des agrandissements.

LE PONT JULIEN

Chemin du Pont-Julien

✆ 04 90 75 80 06

Parking à proximité. Parking autocar.

Sur la mythique Via Domitia, les ouvrages d'art étaient très nombreux. Le Pont Julien, très bien entretenu et admirablement conservé, représente l'ouvrage majeur de la Via Domitia dans son tronçon provençal. Il fut bâti au IIIe siècle avant J.-C. et il a encore toutes ses pierres ! Érigé en grand appareil, il mesure 80 m de long, 6 m de large et 11,50 m de haut. Ses 3 arches en plein cintre enjambent le Calavon. La qualité de sa construction est tout à fait remarquable : il a résisté à 2 000 ans d'exploitation ! Réservé aux piétons et aux cyclistes.

LE CLOS DU BUIS*** €€€

Rue Victor-Hugo

✆ 04 90 75 88 48

www.leclosdubuis.fr

Fermé de mi-novembre à mi-mars. 4 chambres (108 à 192 €). 1 studio (108 €). 3 gîtes (118 €/nuit). Petit déjeuner : 15 €.

Situé au sein même du magnifique village de Bonnieux, Le Clos du Buis, hôtel de charme en Luberon 3 étoiles, ancienne boulangerie du village, vous invite à la découverte de la culture provençale, une véritable pause d'authenticité pour partager un moment privilégié dans un lieu convivial qui a su garder son âme d'antan. Les chambres, aux atmosphères variées, sont décorées avec soin aux couleurs et senteurs de la région. La cuisine d'été, entièrement équipée, est à votre disposition. Pour vos moments de détente, profitez de la chaleur du salon.

L'AROME €€

2, rue Lucien Blanc

✆ 04 90 75 88 62

www.laromerestaurant.com

Maître Restaurateur. Disciple d'Escoffier. Fermé de janvier à fin mars. Fermé mercredi et jeudi. Menu 56 €. Carte 25 €.

Le restaurant se trouve au cœur du village. Jolie déco ! Quel plaisir de s'attabler alors dans l'une des salles voûtées du XIVe, creusées à même la roche. Le chef Jean-Michel Pagès concocte une cuisine gastronomique, les beaux produits se déclinent dans de savoureuses recettes ; coup de cœur pour les plats de poissons. L'accueil est charmant et le service attentionné. La boutique L'Art Home Concept Store jouxte le restaurant, Clara l'épouse de Jean-Michel y présente une sélection d'objets qui font l'éloge de l'art de la table et de la maison. Mérite le détour !

VAUCLUSE

K. DÉLICES DE PROVENCE

2, rue Marceau
✆ 04 90 75 06 88
www.k-delices.fr
Basse saison du mardi au samedi de 10h à 18h. Haute saison tous les jours 10h à 14h30/16h30 à 21h.

Gourmande elle-même, Karine a ouvert cette enseigne dédiée aux douceurs uniquement : chocolat, fruits confits, meringues à l'ancienne XXL, calissons, nougats, orangettes, pâtes de fruits et dragées de chez Doucet. Tout est fabriqué dans la région, artisanal, même les sirops fabriqués à Mane dans les Alpes-de-Haute-Provence. Selon la saison, on se laisse tenter par de jolies créations chocolatées : sacs à main, escarpins, œufs et poulettes à Pâques. Karine est aux petits soins, l'hiver elle va vous offrir un café et une orangette si dehors la météo s'affole.

CATHÉDRALE SAINT-VERAN ET SON CLOÎTRE ★

Place Voltaire
Fermé du 1er octobre au 1er mai. Ouvert du lundi au samedi 9h-12h et 14h-18h, 17h le samedi. Gratuit.

L'édifice primitif de la fin du XIe siècle fut agrandi au siècle suivant pour atteindre les dimensions actuelles. Difficile d'apprécier le bâtiment de l'extérieur, tant la cathédrale est engoncée dans la ville. La meilleure vue reste sur la colline Saint-Jacques. L'intérieur est haut en couleur avec une décoration toute en dorures et polychromies. Tout brille, les couleurs éclatent au moindre petit rayon de soleil ! Faites un petit tour par le petit cloître.

CABRIÈRES-D'AVIGNON

Village en pierre sèche à l'air un peu austère mais avec le charme et le calme d'un village provençal, avec ruelles, fontaines et lavoirs. Vous n'êtes qu'à 5 km du tumulte de Gordes. Au cœur du village, siège le château. il est privé, mais on peut en faire le tour pour admirer son enceinte féodale, ses remparts classés et ses fenêtres à meneaux. Construit au XIIe par le vicomte de Cavaillon, l'édifice fut reconstruit dans un style Renaissance à la fin du XVIe siècle, et servit plus tard à la sériciculture. Une stèle rappelle le sac de Cabrières des 19 et 20 avril 1545, lors duquel les Vaudois cabriérois, retranchés dans le château, furent massacrés.

LA COLLINE SAINT-JACQUES

Rue de la Colline-Saint-Jacques
Accès libre.

La colline fait partie de la ville au XVe siècle, les habitants ont taillé un escalier dans la roche derrière l'office de tourisme. Chaque palier donne une vision différente de la ville. La promenade « Vallons et Pinèdes » a été aménagée au cœur même de la colline ; elle parcourt sur 3,6 km un paysage méditerranéen diversifié. Adeptes de sensations fortes se lanceront dans la première via ferrata de ville en Europe. La chapelle du XIIe siècle abrite des vitraux contemporains réalisés par Frédérique Duran, maître-verrière qui réside à Gordes.

CAVAILLON ★

C'est la porte du Parc naturel régional du Luberon. La ville roucoule au pied d'une falaise mais elle est surtout entourée d'une plaine agricole où pousse notamment le fameux melon, qui a fait sa réputation. Ne manquez pas la grande fête qui a lieu en juillet. On suit les cours où l'on découvre de jolies maisons à arcades. Aujourd'hui, c'est le cours Gambetta qui a la cote. Cavaillon a été par le passé, le chef-lieu des Cavares, vivant sur la colline Saint-Jacques surplombant la ville. A partir de 40 av. J.-C., elle devient une colonie romaine, puis un siège épiscopal dès le IVe siècle, pour en fin de compte passer aux mains du Saint-Siège.

LE JARDIN NATUREL DU GRENOUILLET

Parking rue Alphonse-Jauffret
✆ 04 90 78 09 15
https://cavaillon.fr/la-base-nature
Ouvert tous les jours. Accès libre.

La boucle fait 1,4 kilomètre. Ce jardin de 11 hectares abrite des merveilles. Il y a les oiseaux : c'est un refuge. On cherche les nichoirs, arbustes et végétaux d'essences locales (laurier-tin, sureau...). Le verger est un conservatoire d'anciennes variétés fruitières typiques de la région (amandiers, plaqueminiers...). On n'oublie pas les îlots de cultures anciennes – témoins de l'industrie avec l'histoire du mûrier, de la garance et du charbon cardère.

VAUCLUSE

Cavaillon, chapelle St Jacques.

LE MUSÉE JUIF COMTADIN ★★

Porte d'Avignon ✆ 04 90 72 26 86
cavaillon.fr/le-musee-juif-contadin
2 mai-30 septembre 9h30-12h30/14h-18h (Fermé le mardi).1er octobre-30 avril 10h-12h/14h-17h (Fermé mardi et dimanche)

Il demeure le témoin majeur de la vie de la petite communauté juive du Comtat qui vécut à Cavaillon jusqu'à la Révolution avant de se disperser vers 1912 dans les grandes villes. On y découvre des objets rituels, des documents d'archives comme la ketouba (contrat de mariage). Beaucoup proviennent d'un cimetière de livres (guéniza), découvert en 1928 dans la charpente de la synagogue. Régulièrement, grâce à des dons ou des acquisitions, viennent s'ajouter régulièrement des « trésors » comme cette ketouba XVIIIe cédée récemment par une galerie parisienne.

SYNAGOGUE - MUSÉE JUIF COMTADIN

Rue Hébraïque ✆ 04 90 76 00 34
www.provenceguide.com
Ouverte toute l'année sauf mardi et dimanche. Accès gratuit. Pour les heures d'ouverture voir le site Internet.

Au cœur du centre ancien, la synagogue du XVIIIe est un chef-d'œuvre de l'art comtadin baroque unique au monde. La richesse de ses dorures et les couleurs utilisées (jaune, bleu et rose) surprennent. Le fauteuil du prophète Elie juché sur son petit nuage, au-dessus du fauteuil de la circoncision est lui aussi unique. A la fois lieu de prière, d'école et d'assemblée de la communauté, on y apprend que faute de place, les femmes devaient écouter la lecture de la Torah depuis le sous-sol.

HOTEL THE ORIGINALS DU PARC CAVAILLON*** €€

183, place François-Tourel ✆ 04 90 71 57 78
www.hotelduparccavaillon.com
Ouvert toute l'année. 40 chambres à partir de 72 €. Petit déjeuner buffet 13 €. Parking 10 €, gratuit pour les 2 roues.

C'est un hôtel de charme au pied de la colline Saint-Jacques, une maison de maître du 19e nichée tout contre un parc tranquille. La façade en impose, dès l'entrée l'accueil est chaleureux, intime et le cadre est une invitation à la détente. On aime le patio arboré où coule une fontaine et la véranda jouxtant le bar, à l'heure de l'apéritif. Les chambres sont confortables, pas d'ascenseur pour celles qui sont à l'étage. Accueil des groupes avec emplacements pour autobus devant l'hôtel.

L'INSTANT GOURMAND €€

Place Gambetta
✆ 04 90 78 21 17
www.instantgourmand84.com
Ouvert du mardi midi au samedi soir. Menus de 31 € à 40 €. Formule du midi : 18 € (2 plats). Ouvert le lundi juil/août.

Riche de 15 ans d'expérience, le chef Simon propose authenticité et originalité dans ses plats travaillés avec des produits de saison, locaux et frais. La cuisine est plutôt orientée gastro, typiquement française. L'Instant Gourmand dispose d'une belle terrasse où il fait bon de s'attabler avec des amis ou la famille. Une riche carte de vins régionaux est à votre disposition. Menus découvert ou gourmand dont les assiettes sont bien fournies et colorées. Sans oublier l'alléchante sélection de viandes. Faites-vous plaisir, gâtez vos papilles !

VERSION LATINE €€

24, boulevard Fleury-Mitifiot
✆ 04 32 50 21 98
Ouvert toute l'année et toute la semaine, sauf samedi et dimanche. Menu 28 € (3 plats). Plat moyen à la carte : 15 €.

Version Latine est un restaurant à connotation italienne. La terrasse s'est agrandie dans la rue piétonne ! Depuis 2004, ils accueillent la clientèle dans l'ancienne imprimerie. Tout comme l'établissement, la cuisine est conviviale et chaleureuse. Ils ont à cœur de vous concocter des plats à base de produits frais issus des producteurs locaux. Dans cette lignée, l'établissement est certifié « maître restaurateur » depuis novembre 2017, attestant que les plats sont faits maison. C'est dans une ambiance souriante et détendue que l'équipe vous reçoit !

LA CHAPELLE DES PÉNITENTS BLANCS

✆ 04 90 72 02 08
Galerie d'art pendant la saison.

Elle est en plein cœur du village et pourtant, on ne sait que peu de choses sur cette chapelle. Les archives ne parlent d'elle que depuis le XVIIe siècle. Elle aurait été durant plusieurs années sous la coupe de la confrérie des Pénitents blancs. Elle accueillit pendant longtemps une caserne de pompiers. Aujourd'hui, c'est une belle salle d'exposition. Dénuée de tout ornement, c'est un bel écrin pour ces artistes. Le programme des expositions est disponible à l'office de tourisme.

VAUCLUSE

GORDES ★★★★

Gordes, classé parmi les *Plus Beaux villages de France,* est sans doute la perle la plus délicate du Luberon. Dés votre arrivée au village, vous êtes happés par une carte postale à vous couper le souffle : des maisons en pierre sèche, disposées en restanque, dominées par un imposant château Renaissance. A l'intérieur du village, des ruelles caladées, qui se faufilent à travers les demeures où l'on découvre des voûtes, des caves, des portes anciennes et des jardins. Gordes était une place-forte des Vordenses, une tribu celto-ligure qui lui a donné son nom, avec cette coutume de transformer le V initial en G (Gordenses) à l'époque gallo-romaine.

CHÂTEAU DE GORDES ★

✆ 04 90 72 98 64
www.gordes-village.com
Ouvert d'avril à la Toussaint, tous les jours de 10h à 17h30. Adulte : 5 €. Enfant : 4 €. Lieu d'expositions.

En arrivant à Gordes, à votre droite votre regard s'arrête sur le château imposant style Renaissance, très bien conservé. Dominant le village, il protégeait par le passé les habitants. Le château reconstruit en 1525 existait déjà en 1031. Puissamment défendu par de grosses tours rondes dont la couronne de mâchicoulis supporte une terrasse pour l'artillerie, les hauts murs sont percés de trois étages de fenêtre Renaissance. La façade sud s'ouvre face au vieux Gordes. Des expositions sont régulièrement présentées dans l'enceinte du château.

Le village de Gordes.

L'ÉGLISE SAINT-FIRMIN

Rue du Belvédère
✆ 06 31 79 18 22
http://restauronsleglisedegordes.com/
Ouverte toute l'année. 10h-17h30 tous les jours.

L'édifice, de style roman, était initialement dédié à Notre Dame et fut construit sur les bases d'une ancienne église du XIIIe siècle. Réédifiée au XVIIIe siècle, l'église fut ensuite consacrée à son protecteur, saint Firmin (on invoque saint Firmin contre les inflammations de toutes sortes. Il a fait une multitude de miracles, guérissant les aveugles, les sourds, les muets, les paralytiques, les lépreux, les boiteux, les possédés du démon). La tour carrée qui lui sert de clocher était probablement un beffroi qui pourrait dater du XIVe siècle.

ABBAYE NOTRE-DAME DE SÉNANQUE ✠ ★★★★

Route de Sénanque ✆ 04 90 72 17 92
www.senanque.fr
Visite guidée ou visite libre avec Histopad.

L'abbaye de Sénanque a été fondée en 1148 par des moines cisterciens originaires de l'abbaye de Mazan en Ardèche. L'église est consacrée trente ans plus tard par l'évêque de Cavaillon. Aux XIIIe et XIVe siècles, l'abbaye connait une période de prospérité économique et de rayonnement spirituel. Cependant, elle est dévastée au moment des guerres de religion. A la Révolution française, l'abbaye est vendue comme bien national. Elle est rachetée en 1854 par Dom Barnouin qui y réinstalle une communauté de moines cisterciens de l'Immaculée Conception. Au début du XXe siècle, les moines sont expulsés par les lois anticléricales. La vie communautaire ne reprend qu'en 1926. En 1969, les moines rejoignent leur maison mère sur l'île Saint-Honorat de Lérins puis reviennent de nouveau à Sénanque en 1988. Ils y partagent leur temps entre la prière, le travail (culture du lavandin) et l'accueil traditionnel bénédictin. L'abbaye se trouve dans un écrin de nature qui rend sa découverte particulièrement agréable. Elle domine plusieurs champs de lavandin dont les couleurs chatoyantes, pendant la floraison, viennent sublimer les bâtiments monastiques dont la sobriété est le premier attribut. Il n'est pas rare que des peintres installent leur chevalet pour immortaliser la scène. Bien qu'il soit encore en activité, le monastère est ouvert aux visiteurs plusieurs fois par jour, à heure fixe. Afin de ne pas perturber les moines dans leur recueillement, un guide conférencier se chargera de vous raconter l'histoire de l'abbaye et de vous faire découvrir ses parties accessibles, à savoir :

- **Le cloître**. Selon la coutume cistercienne, le cloître de l'abbaye est très dépouillé. Vous remarquerez que les statues sont peu nombreuses, à l'exception d'une Vierge à l'Enfant. Les chapiteaux des colonnes ne sont pas richement sculptés, mais sont simplement ornés de feuilles d'eau. Les galeries donnent sur une cour intérieure, très sobre elle aussi, et communiquent avec les différentes pièces de l'abbaye.

- **L'église abbatiale**. Edifiée en calcaire, elle est dotée d'une nef en forme de croix latine. Pour répondre aux contraintes de la vallée, l'abbatiale est orientée vers le nord, ce qui est très rare, les abbayes cisterciennes ayant traditionnellement une orientation est-ouest. Encore une fois, on est frappé par la sobriété et l'extrême dépouillement des lieux : aucun décor ne devait venir perturber les moines dans leur recueillement. La lumière pénètre essentiellement par les fenêtres du chœur et du clocher du transept, qui ne sont pas dotées de vitraux. C'est par les portes du fond que pénétraient les frères convers, qui n'étaient pas autorisés à utiliser les même passages que les moines.

- **Le dortoir des moines**. A l'origine, jusqu'à 30 moines couchaient sur de simples paillasses, dans cette vaste pièce dépourvue du moindre confort. D'environ 30 m de long, il est couvert d'une voûte en berceau brisé. Sur le mur occidental, une rosace laisse entrer la lumière. Le dortoir a été édifié dans le prolongement de l'église, pour permettre aux moines d'y accéder rapidement, la vie monastique étant essentiellement organisée autour de la prière. Le premier office avait lieu à 2 heures chaque matin. De nos jours, les moines bénéficient de cellules individuelles.

- **La salle capitulaire**. Important lieu de vie, c'est dans cette salle que les moines, installés sur les gradins, se réunissaient chaque jour autour de l'abbé. D'importantes décisions concernant la communauté y étaient prises. Cette pièce est la seule de l'abbaye dans laquelle les moines étaient autorisés à rompre leur vœu de silence.

- **Le chauffoir**. En dehors de la cuisine, le chauffoir (ou salle des moines) était la seule pièce chauffée, comme en atteste l'imposante cheminée romane. Dans cette petite pièce voûtée portée par une colonne massive, les moines effectuaient certaines tâches de la vie quotidienne, comme le raccommodage, la lecture spirituelle mais surtout l'écriture, puisque c'est ici que les moines copiaient les manuscrits.

Aujourd'hui, les moines de l'abbaye de Sénanque vivent grâce à la vente des produits issus de diverses activités agricoles, à savoir la culture du lavandin, l'oliveraie ou encore l'apiculture. Ils confectionnent leur propre miel, des biscuits, de l'huile d'olive, de l'huile essentielle de lavandin... Tous ces produits artisanaux sont en vente sur place mais aussi en ligne, aux côtés de produits fabriqués dans d'autres abbayes de la région. En dehors du recueillement, le travail, par la production agricole ou l'entretien du monastère, est l'activité à laquelle les moines consacrent la plus grande partie de leur temps.

En plus de la vente des produits fabriqués sur place et des visites, une partie des ressources de l'abbaye provient de son activité hôtelière. L'hôtellerie de l'abbaye Notre-Dame de Sénanque peut accueillir pour un séjour individuel (limité à 8 jours maximum) des personnes désirant partager la vie de prière de la communauté dans le silence et le recueillement. L'environnement sauvage de l'abbaye et son architecture dépouillée se prêtent parfaitement à la méditation et la prière. Les repas sont pris en silence. Le frère hôtelier est à votre disposition pour un entretien spirituel si vous le souhaitez. La communauté cistercienne organise aussi des retraites, en groupe, animées par un des moines de l'abbaye.

VAUCLUSE

LE MOULIN DES BOUILLONS ★

1953, Route de Saint-Pantaléon
✆ 04 90 72 22 11
Fermé de nov à mars. Ouvert du lundi au vendredi de 9h à 12h et de 14h à 18h. Adulte : 7,50 €. Gratuit moins de 12 ans.

C'est en rénovant une maison qu'a été découvert ce site gallo-romain. Il y a 2 000 ans, on produisait déjà de l'huile d'olive ! La visite est étonnante parce qu'elle se fait dans le cellier de la maison. Mais la pièce la plus impressionnante est le pressoir en bois du XVIIe siècle. C'est un tronc de chêne de 7 t et long de 10 m qui est une merveille de technologie ! C'est le dernier du bassin méditerranéen. Vous verrez une très belle collection de lampes à huile mais aussi des jarres et des amphores et… l'histoire du savon de Marseille !

MUSÉE DES BOUILLONS

Route de Saint-Pantaléon
✆ 04 32 50 28 35
Fermé de novembre à mars. Ouvert du lundi au vendredi de 9h à 12h et de 14h à 18h. Gratuit -12 ans. Adulte : 7,50 €.

Situé sur un site gallo-romain habité depuis 2 000 ans, ce moulin à huile est appelé moulin « à sang » (utilisant la force humaine ou animale). Classé monument historique, il est le moulin le plus ancien conservé avec tous ses éléments de travail. Depuis le Ier siècle se sont succédé plusieurs pressoirs. Le dernier, 7 tonnes et 10 m de long, date du XVIe. Ce moulin, aux cuves creusées dans le roc, avec ses canalisations romaines, relate tout ce qui a trait à l'huile d'olive, symbole méditerranéen, et à ses utilisations au fil du temps (éclairage, soin du corps…).

LE MUSÉE DU VERRE ET DU VITRAIL ★

1953, Route de Saint-Pantaléon
✆ 04 90 72 22 11
http://www.musee-verre-vitrail.fr
Ouvert d'avril au 30 octobre de 9h à 12h et de 14h à 18h. Visite guidée. Groupes sur réservation.

C'est un musée un peu à part qui plaira aux plus curieux. En fait, vous entrez chez l'artiste – Mlle Duran – qui a créé le musée il y a 40 ans maintenant. Et elle a tout imaginé et réalisé depuis le bâtiment jusqu'aux œuvres, parfois monumentales, qui sont plantées dans le jardin. Et le plus exceptionnel est sans aucun doute la collection d'objets qui sont exposés. On découvre le verre dans l'art, la vie quotidienne et les sciences. Bonne visite !

LES BORIES & SPA••••• €€€

route de l'Abbaye de Sénanque
✆ 04 90 72 00 51
www.hotellesbories.com
Fermé janvier et février. 34 chambres de 370 € à 766 € ; suite de 690 à 1 236 €. Petit déjeuner buffet ou en chambre.

Sur les hauteurs de Gordes, à l'abri de l'agitation du monde, le cadre est superbe. C'est que le très grand domaine est planté de chênes verts et d'oliviers, de lavandes et de jardins aromatiques ; Les chambres et suites, toutes dans des tons clairs, sont baignées de lumière. Deux piscines, l'une extérieure chauffée, l'autre intérieure pour en profiter au fil des saisons. Et l'on prolonge la détente à l'espace bien-être (salle de fitness, hammam, sauna, soins et massages). On s'attable soit au restaurant gastronomique, soit au Bistrot.

DOMAINE LES MARTINS €€€

Les Martins
✆ 04 90 72 09 56
www.domainelesmartins.com
Fermé de novembre à mars. 4 chambres d'hôte et 3 gîtes. Tarif sur demande.

Dans un ancien hameau agricole, le domaine Les Martins, fondé dans les années 1600, se trouve sur le territoire de la commune de Gordes. La bastide est immense, dans le style de toutes les maisons de Gordes en pierres sèches. David et Régis vous accueillent dans ce coin de Paradis. Les logements climatisés, superbement restaurés, équipés de tout le confort et de touches très délicates sont organisés autour de deux cours intérieures calmes, près d'un jardin provençal avec piscine chauffée et de nombreux espaces où se détendre. L'accueil est très chaleureux.

LA FERME DE LA HUPPE•••• €€€

570, route de Goult ✆ 04 90 72 12 25
www.lafermedelahuppe.com
Fermé de novembre à mars. 10 chambres. Chambre double de 220 € à 330 €.

Cette ferme du XVIIIe est en pleine campagne, à 5 minutes du centre de Gordes. De son passé, subsistent encore les belles pierres, parefeuilles, tomettes, plafonds mansardés. Les bâtiments s'organisent autour d'une cour intérieure, les chambres occupent les anciennes pièces de la ferme : *l'Écurie, l'Étable, le Grenier, la Cuve*… Beaucoup de charme partout. On apprécie la piscine après les randos alentour et on se pose au bar à cocktails à partir de 18h30. On prolonge le plaisir à la table tenue par Alain Poitou, sa cuisine respire le terroir provençal.

VILLAGE DES BORIES ★★★

Village des Bories, Les Savournins
✆ 04 90 72 03 48
www.levillagedesbories.com
Ouvert toute l'année. Tous les jours. Gratuit -12 ans. Juillet-août : deux visites commentées les mardis et jeudis.

Le village des bories se trouve à l'ouest de Gordes, à 270 m d'altitude, sur les pentes des Monts de Vaucluse. C'est un lieu plein de mystères qui a fasciné de nombreux chercheurs. Déambuler dans ses rues primitives, encadrées par ces constructions massives dont l'épaisseur des murs peut atteindre un mètre, plonge le visiteur au cœur de l'intrigue. Qui vécut ici, dans ces bories en pierre sèche ? À quelle époque ? Si aujourd'hui on en connaît plus sur la genèse du site, ces questions restèrent longtemps sans réponse, laissant le champ libre aux hypothèses les plus folles. Mais d'abord, qu'est-ce qu'une borie ? Ce n'est que depuis la deuxième moitié du XXe que ce terme est employé. Auparavant, comme en atteste le cadastre napoléonien, l'appellation générique était tout simplement *cabane*. Le terme borie, principalement utilisé aujourd'hui, est l'équivalent français du provençal *bori* désignant une masure et vient du médiéval *boveria*, *boria* qui signifie étable pour les bœufs. Il est difficile de dater les habitations du village. On sait que l'origine de ce type de cabanes remonte à l'âge de bronze, mais pour le village des bories, peu d'informations sont à disposition. Certains ont affirmé qu'il datait du VIIe siècle, d'autres pensent qu'au vu des vestiges retrouvés, il n'est pas possible que le village ait vu le jour avant le XVe siècle ! Cette dernière est la thèse la plus commune. Il est aussi probable que le lieu ait été habité à plusieurs reprises, à différentes périodes. Ces cabanes en pierre sèche sont souvent vues comme des témoins de la croissance démographique du XVIIIe siècle, c'est d'ailleurs de cette période que datent les céramiques retrouvées dans le village. À cette époque, la campagne provençale voit se multiplier ce type d'habitation dont le matériel principal est une pierre provenant du substrat rocheux local, extraite lors du défrichage des champs. Les maisons de ce village étaient certainement habitées de façon temporaire lors des travaux agricoles saisonniers – l'absence de cimetière et de lieu de culte peut en témoigner. L'exploitation de la terre permettait aux travailleurs saisonniers de tirer un revenu supplémentaire, grâce notamment à la production d'olives et, par conséquent, d'huile. Si, en apparence, ces cabanes semblent d'une grande simplicité, elles sont en fait de véritables prouesses architecturales ! Les pierres ont été assemblées l'une sur l'autre sans aucune jointure et forment, la plupart du temps, une voûte encorbellée. Les bories ont été construites sans mortier ni ciment : à chaque étage, les pierres sont de plus en plus inclinées vers l'intérieur. Pour construire une borie, il fallait en moyenne 120 tonnes de pierres ! On compte 29 bories dans le village et 17 correspondent au plan de la « nef gordoise », ce sont des édifices indépendants avec des plans rectangulaires caractérisés par leurs quatre encorbellements. Ces cabanes sont organisées en sept groupes distincts, chacune ayant un rôle bien précis. On y reconnaît par exemple des bergeries, des granges ou des étables, ce qui étend les fonctions attribuées à ces bories. Au fil du temps, les bories ont, en effet, abrité les bergers et leurs troupeaux mais aussi des outils ou des récoltes de graines, certaines sont même devenues des résidences secondaires !

▶ **On sait que le village des bories** était occupé jusqu'à la fin du XIXe siècle. Aujourd'hui, après avoir sombré dans l'oubli durant presque un siècle, il est devenu un site muséal, ouvert aux visiteurs. C'est Pierre Viala, écrivain, comédien et grand voyageur, qui a œuvré le premier pour la sauvegarde des bories : dans les années 60, il a eu un véritable coup de foudre pour ce site où la nature avait déjà repris ses droits. Lorsqu'il l'a découvert, des pierres avaient disparu et les ronces avaient envahi les habitations qui étaient devenues au fil du temps des refuges de chasseurs. Une fois devenu propriétaire du site, il a entrepris des travaux de restructuration qui ont duré plus de huit ans. Les bories ont alors été remises en état et classées monuments historiques. Avec l'essor du tourisme, le site s'est aujourd'hui développé : un petit jardin de plantes aromatiques y a été aménagé ainsi qu'un bâtiment pour l'accueil, dont les murs en pierre ne défigurent pas le paysage. Il est intéressant d'opter pour une visite guidée qui vous permettra d'en apprendre plus sur l'histoire de ces mystérieuses habitations. Une visite libre est, toutefois, tout à fait envisageable. On accède au village des bories en parcourant un sentier au cœur de la garrigue qui, par sa nature verdoyante, s'oppose à la sobriété des cabanes de pierre sèche, offrant un cadre unique. Aujourd'hui, le site appartient à la commune de Gordes, c'est l'un des plus visités du Vaucluse.

Pour compléter votre visite de ce coin de Provence, des sentiers de randonnées en pleine nature ont été mis en place. Vous pourrez par exemple emprunter le « sentier du petit patrimoine rural » ou celui des « bories de la Gariguette » qui vous mèneront à la découverte d'autres bories éparpillées dans la garrigue. Ces balades se mêlent donc parfaitement à votre précédente visite du village qui donne, quant à lui, un aperçu concentré de ces cabanes de pierre sèche typiques, à découvrir absolument lors de votre séjour dans le Vaucluse. Situé à deux pas de Gordes et non loin de l'abbaye Notre-Dame de Sénanque avec ses splendides étendues de lavande, le village des bories fait assurément partie des incontournables de la région !

LE QG €€

123, rue de la Combe
✆ 04 90 72 70 29
Ouvert toute l'année. Hors saison du vendredi au lundi midi et tous les jours en été. Soirées musicales.

Un cadre dans l'épure, deux terrasses avec une vue exceptionnelle et une carte d'inspiration sudiste ! C'est la nouvelle adresse qui se démarque, votre QG sur Gordes sans hésiter. A sa tête Mélanie et Maël. Maël était aux Airelles juste à côté avant de prendre les rênes de cette cuisine, ici il travaille de beaux produits frais, locaux et de saison dans des recettes sans chichis - 3 entrées, 3 plats, 3 desserts - et tout est dit. Mélanie veille à ce que vous soyez bien installé et servi. Les cocktails sentent les vacances, soirées tapas et grillades en été.

© STUDIO WAY

© STUDIO WAY

LA BASTIDE DE GORDES €€€

61, rue de la Combe
✆ 04 90 72 12 12
Ouvert tous les jours le midi et le soir. L'Orangerie menu le soir 120 €. Brunch dimanche 140 €. Le Clover 110 et 140 €.

A la Bastide de Gordes, vous avez le choix entre deux belles tables. Dans le cadre élégant de l'Orangerie, les chefs font l'éloge de la gastronomie française avec une carte qui suit les saisons. Au Clover, Jean-François Piège cuisine les produits du terroir dans des recettes méditerranéennes, on s'attable dans une ambiance provençale qui sent les vacances. Chacun des restaurants dispose d'une terrasse en surplomb de la vallée. On patiente au bar, on descend dans les jardins et puis l'on prend une chambre si l'on décide de prolonger le séjour dans le Luberon.

LES BORIES & SPA €€€

route de l'Abbaye de Sénanque
✆ 04 90 72 00 51
www.hotellesbories.com
Ouvert toute l'année. Du mardi au samedi le soir. Plats de 32 € à 51 €.

De larges baies vitrées qui laissent entrer la lumière à flots. Une terrasse ombragée d'où l'on déguste le paysage. Un cadre exceptionnel où officie Ewen Martin, un chef talentueux, fan de la Provence. Découvrez le cochon du Ventoux en deux façons, le saint-Pierre et son bouillon de langoustine mais aussi les desserts succulents de la cheffe pâtissière Marion Melin : crémeux et sorbet yuzu basilic, fraises de Carpentras ou mousse et glace noisette, feuillantine praline. Pour poursuivre, profitez du club piscine ou encore dégustez cocktails et vins au bar.

LA CUISINE D'AGLAE €€€

1548, Route de Murs
✆ 04 32 50 21 02
www.petitpalaisdaglae-gordes.com
Ouvert toute l'année du jeudi au dimanche 12h-14h30/19h-23h30. Menus. Formules.

Chaque plat allie émotions et saveurs, à savourer tout en profitant de la vue panoramique sur le Luberon à couper le souffle, avec un service haut de gamme. L'hôtel dispose d'un salon-bar et d'un restaurant gastronomique, la table d'hôtes d'Euphrosyne, qui est approvisionnée par son propre potager et son verger. La cuisine d'Aglaé propose midi et soir une large gamme de menus nature, végétariens ou adaptés à vos allergies alimentaires. Mais aussi des jus de fruits frais pressés et des « green » cocktails. Promenades, jardin en restanques, parcours zen.

VAUCLUSE

L'ESPRIT DES ROMARINS €€€

186, Route de Senanque

✆ 04 90 72 12 13

Fermé de novembre à février. Ouvert pendant les vacances de Noël. Haute saison : ouvert tous les jours midi et soir.

L'équipe lauréate du Prix Staub-Lebey du Meilleur Bistrot Parisien 2012 propose de bons plats traditionnels en bocaux. Des produits frais, rôtis ou mijotés, que le chef laisse au naturel, sans matière grasse. Des recettes savoureuses comme le sauté d'agneau à la bière et au miel ou les gnocchetti au Beaufort et au jambon cru. Les terrines artisanales valent également le détour avec des alliances délicieuses : sanglier au romarin, faisan aux girolles, chevreuil aux olives de Nyons ou encore lapin au thym. Des plats sains et originaux pour ravir vos papilles !

WINE SYNCHRO

✆ 06 22 83 75 47

www.wine-synchro.com

Atelier à domicile 300€/6 personnes.

Lætitia Delporte propose des ateliers œnologiques à domicile avec en support une dégustation à l'aveugle. Une formule personnalisée et conviviale pour approfondir vos connaissances ou vous initier à nos crus régionaux. Laetitia apporte tout son matériel, verres, carafes, cartes de vignobles, fromages et charcuterie si besoin en supplément pour les accords mets-vins. Sommelière-conseil, Laetitia fait partie de la promotion 2006 de la prestigieuse université du vin de Suze-la-Rousse. Elle se déplace sur le Luberon, le Ventoux et les Alpilles.

CASENEUVE

C'est un petit village plein de charme et pas si loin des sentiers battus. Il a connu la colonisation romaine avant de devenir un fief des Agoult-Simiane. Son château (XIe-XIIe) est l'une des plus anciennes forteresses médiévales presque intacte de la Provence, aujourd'hui propriété privée. Consolez-vous : à l'entrée du village vous découvrirez le plus grand oratoire de Provence, orné d'un Christ polychrome, signé des compagnons du Tour de France, construit avec le portail de l'ancienne chapelle Notre-Dame-des-Aumades. A l'intérieur de Caseneuve, on peut admirer la « Maison Commune », bâtisse du XVIIe siècle qui fut le siège du Conseil de Ville.

CHEVAL-BLANC

Cheval-Blanc, village situé sur le versant sud du Luberon, parsemé de coins nature propices aux balades. Le village est tout jeune, car il naît de la Révolution. Le hameau était le point de passage vers les Bouches-du-Rhône, avec les bacs qui traversaient la Durance. Il n'y avait pas encore de pont à Cavaillon à l'époque. En tout cas, le point de rendez-vous des commerçants était une auberge dont le cheval blanc tractait le bac faisant la traversée ; un animal si exceptionnel, du moins si apprécié, qu'il donna son nom au village. Les paysages s'harmonisent naturellement et subtilement entre l'eau et la montagne. Le canal de Carpentras rythme le paysage.

GARGAS

Entre les monts de Vaucluse et le petit Lubéron, trône le village. Au XIXe siècle, Gargas se lança dans l'industrie des ocres ; aujourd'hui, la commune peut s'enorgueillir d'être le dernier village d'Europe où l'ocre est encore exploitée. On peut découvrir de très belles falaises aux alentours. Au nord, la colline de Perréal (470 m) est un lieu de randonnée agréable ; des fouilles archéologiques ont mis au jour un habitat d'époque gallo-romaine. A son sommet – un ancien oppidum gaulois – se dresse la chapelle Sainte-Radegonde (milieu XVIe). Le GR6 parcourt le village et ses hameaux pour rejoindre Roussillon à travers un paysage ocrier pittoresque.

MATHIEU LUSTRERIE

432, route de Croagne

✆ 04 90 74 92 40

www.mathieulustrerie.com

Ouvert du lundi au jeudi 9h-12h/13h-17h ; le vendredi 9h-12h.

Cette entreprise familiale spécialisée dans la restauration de lustres et la reproduction de lustres historiques est réputée dans le monde entier. Régis Mathieu aux gouvernes de la Lustrerie depuis les années 90 a conforté cette réputation avec des chantiers de restauration d'envergure auprès des Monuments historiques, sur les lustres de l'Opéra Garnier par exemple, ceux de la galerie des Glaces de Versailles ou encore à l'Opéra de Philadelphie. Cet artisan passionné a aménagé son musée pour mettre en valeur les quelque 500 pièces de sa collection.

MINES DE BRUOUX

Route de Croagnes
✆ 04 90 06 22 59
www.minesdebruoux.fr
Ouvert de fin mars à fin octobre de 10h à 18h. Adulte 9,50 €. Enfant (de 6 à 17 ans) 7,50 €.

Alors que les carrières de Rustrel et de Roussillon sont à ciel ouvert, celles de Bruoux sont souterraines avec plus de 40 km de galeries creusées le plus souvent à la main. La visite est une boucle de 650 mètres, certaines galeries peuvent atteindre 15 mètres de haut : de véritables cathédrales pour un festival de couleurs et de sensations. La température avoisinant les 10 °C et le taux d'humidité étant important, il vaut mieux prévoir des vêtements adaptés. Il est aussi plus que recommandé de mettre de bonnes chaussures de marche car le sol est inégal.

COQUILLADE PROVENCE***** €€€

Le Perrotet ✆ 04 90 74 71 71
www.coquillade.fr
Ouvert toute l'année. Relais & Châteaux. 63 chambres et suites 600 à 1 950 €. Petit déjeuner inclus. Hammam, sauna.

Au milieu des vignes, Coquillade Provence 5* est une villégiature exceptionnelle si vous aimez le calme et les grands espaces. Vous pourrez choisir votre chambre ou une suite dans l'une des bâtisses du domaine aménagé comme un hameau. Un espace luxueux et unique dans la région pour tous. Dans les chambres, le luxe est omniprésent. Quant aux plaisirs de la table orchestrés par Pierre Marty, vous n'avez que l'embarras du choix avec 3 restaurants et 3 ambiances, tous gourmands. Passez également au spa ou profitez des expériences proposées sur leur site internet.

GOULT

Passages voûtés, arcades, rues pittoresques, grandes places ombragées de micocouliers centenaires. Goult est une jolie pause hors des sentiers battus. Il tient son nom de la famille d'Agoult, dont la légende dit que l'un des membres a été élevé par des loups. Il a un petit air médiéval avec son château du XIIIe maintes fois remanié et aujourd'hui privé. On grimpe la côte pour voir le moulin à vent et l'église du XIIe, qui ne conserve que son abside, dans le style roman originel, ainsi que sa chapelle gothique attenante. Deux points de vue superbes : depuis la place de la Madeleine (vue sur le mont Ventoux) et depuis le moulin à vent (vue sur Oppède.).

HÔTELLERIE NOTRE-DAME DE LUMIÈRES*** €€

3, hameau de Lumières
✆ 04 90 72 22 18
www.notredamedelumieres.com
Ouvert toute l'année. 59 chambres. Chambre double de 78 à 195 €. Demi-pension. Petit déjeuner buffet. Séminaires.

Le bâtiment abritait autrefois un couvent. Les volumes sont superbes, associant le style authentique de l'édifice au cadre confortable et contemporain qui vaut à l'hôtel ses 3 étoiles. Les chambres sont claires, spacieuses et fonctionnelles. Tout est bien pensé pour placer votre séjour sous le signe de la détente : salle de fitness, piscine extérieure chauffée, parc d'une trentaine d'hectares. Au restaurant, la carte affiche une cuisine traditionnelle savoureuse.

LE CARILLON €€

Avenue du Luberon
✆ 04 90 72 15 09
www.restaurant-goult.com
Ouvert du jeudi au lundi midi/soir. Formule du midi : 30 €. Menus 44 et 56 €. Terrasse.

Poussez la porte de ce Carillon, l'une des belles tables de Goult tenue par un couple charmant Lætitia et Bruce. Le cadre est élégant, l'ambiance cosy, la cuisine raffinée et créative et les tarifs vraiment raisonnables notamment la formule de midi. Bruce Rousselet travaille avec précision les beaux produits de la région : filet de loup de Méditerranée, poichichade, fricassée de pois chiche, sucrine grillée et vinaigrette à l'orange ou encore onglet de veau, aubergine acidulée rôtie au four, caviar d'aubergine, jus court, gressin aux herbes de Provence.

LA BARTAVELLE €€€

29, Rue du Cheval-Blanc
✆ 04 90 72 33 72
www.labartavellegoult.com
Fermé de janvier à mars. Ouvert du mardi au samedi le soir. Fermé dimanche et lundi. Formules.

Emmanuel Champion travaille les produits locaux dans des recettes bistronomiques. Au printemps, les asperges vertes gratinées au parmesan accompagnent une selle d'agneau rôtie. En été, le poisson sauvage du moment et ses légumes gorgés de soleil flattent les palais gourmands. Aux premiers frimas, la carte s'étoffe de gibiers avec les truffes du Luberon.

C'est Sylvie qui conseille les vins locaux, à des tarifs très raisonnables. Le cadre de cette maison de village a du cachet, l'ambiance est feutrée, on s'y sent presque comme dans une maison d'hôte.

AURETO VIGNOBLES

Caveau de Vente et de Dégustation
✆ 04 90 74 54 67
www.aureto.fr

Ouvert du lundi au samedi 10h-12h30 et 14h-18h. Été ts les jours de 10h à 19h. Dégustations commentées, visite de cave.

Aureto est le Domaine viticole de Coquillade 5-étoiles Village Relais & Châteaux. Les 36 ha de vignes sont cultivés en agriculture raisonnée en AOP Ventoux et AOP Luberon. La cave, équipée d'une cuverie en inox et d'un chai à barriques permet de vinifier dans les meilleures conditions. La qualité des vins est le premier objectif de la propriété, ce qui se traduit par de nombreuses médailles et des citations dans les meilleurs guides. Le caveau de dégustation est un lieu privilégié pour découvrir les cuvées déclinées en nom de vent (Autan, Tramontane, Maestrale…).

CAVE DE LUMIÈRES

19 route de Joucas
✆ 04 90 72 20 04

Ouvert du lundi au samedi de 9h à 12h et de 14h à 18h. Évènements et soirées toute l'année.

La cave est dans le hameau depuis sa création en 1925 et elle est excellente. Son vignoble est situé au sud de l'appellation Ventoux et au sud-est sur les communes de Goult, Gordes, Joucas, Roussillon... L'équipe dirigeante est dynamique et cherche sans cesse à innover. On déguste les vins - on aime le Ventoux blanc « Aubépine » sur les tables d'été. On en profite aussi pour choisir quelques produits de la région : tapenade, vinaigre, sel. L'accueil est toujours chaleureux d'où son obtention du meilleur échelon de la charte Qualité Accueil Caveau Inter-Rhône.

GAEC CANTA CABRA

2204, Chemin de la Begude
✆ 06 29 24 74 39

Basse saison : ouvert du lundi au samedi de 7h à 18h. Haute saison : tous les jours et les jours fériés de 7h à 18h.

Marie et François Grégoire passionnés, sont éleveurs de chèvres et fromagers. Leurs fromages sont des merveilles. Ils travaillent en bio, font leur propre fourrage et les céréales pour que l'alimentation de leur cheptel soit de qualité. Ils proposent tous les affinages du frais au plus sec, des tommes à l'ancienne et des grosses tommes mais aussi des yaourts. On les trouve sur le marché paysan de Coustellet le dimanche et à Lourmarin le vendredi. Leurs produits sont en vente sur place à la ferme. N'hésitez pas à aller les rencontrer !

JOUCAS

Joucas est un beau village étagé sur une butte située face aux ocres de Roussillon. Véritable havre de paix, le village vous permet d'apprécier ses somptueux paysages, un vrai dédale d'agréables et pittoresques petites rues sinueuses, pavées à l'ancienne, où vous flânerez à pied tranquillement. Vous admirerez de belles maisons en pierre, passerez par des petits recoins fleuris pour découvrir tous les charmes du village et ses nombreux détails architecturaux dont son église qui vous semble assez banale de l'extérieur mais qui, en fait, se révèle être à l'intérieur un véritable musée de l'art italien de la peinture en trompe l'oeil...c'est superbe!

LACOSTE ★

Le hameau est célèbre pour son château occupé, par le sulfureux marquis de Sade. Il est abîmé mais a gardé son allure médiévale et nous transporte dans d'autres temps. Autrefois, face à Bonnieux la catholique, Lacoste la protestante fut l'un des fiefs des Vaudois, qui y trouvèrent refuge au XVe siècle. De ce passé, Lacoste conserve encore son temple qui accueille aujourd'hui la mairie. L'église date des XVe et XVIe siècles. Les rues pentues de la Frescado ou de Sainte-Trophime conduisent à l'un des joyaux du village : le beffroi, joliment surmonté d'un campanile. En 2000, le couturier et mécène Pierre Cardin achète le château.

CHÂTEAU DE LACOSTE ★★

Château du Marquis de Sade
✆ 04 90 75 93 12
festivaldelacoste.com/

En période estivale (juin, juillet, août et septembre), visite des appartements du Marquis de Sade.

Le château de Lacoste fut la résidence du célèbre marquis de Sade. Longtemps clandestine et circulant sous le manteau, l'œuvre du marquis est depuis 1990 publiée aux éditions La Pléiade. Le marquis passa 27 années de sa vie en prison. Lorsqu'il s'enfuyait, il trouvait refuge dans son château de Lacoste. Réduit à l'état de ruine durant la Révolution, c'est Pierre Cardin qui entreprit la restauration. Mécène accompli, il a créé un festival d'art lyrique et de théâtre qui chaque été, au mois de juillet, anime les carrières du château.

VAUCLUSE

LUMIÈRE

Le village abrite un lieu de culte important : Notre Dame-des-Lumières. La légende veut qu'en 1661, un vieillard souffrant d'une hernie hypertrophique vit des lumières auréolant un enfant dans les ruines de l'ancienne église. Guéri miraculeusement, le vieil homme fit reconstruire l'église. Les miracles se multiplièrent et firent de l'édifice un haut lieu de pèlerinage fréquenté par des milliers de fidèles. De nombreux témoins oculaires confirmeront ensuite des dizaines de miracles. Notre-Dame-des-Lumières renferme une impressionnante collection d'ex-voto peints, réalisés en guise de remerciement pour chaque vœu exaucé.

DOMAINE FAVEROT

771, route de Robion (D29)
✆ 06 08 92 86 19
www.cottages-faverot.com
Ouvert tous les jours. 4 gîtes minimum 6 nuitées (810 à 1 632 €).

Cette magnifique et ancienne magnanerie du XVIIIe siècle s'est convertie en domaine viticole dans les années 1920. Le domaine de 6 ha prospère aujourd'hui sans engrais chimiques, avec des vendanges exclusivement manuelles… Les vins sont en AOP Luberon. Les propriétaires sont très engagés dans l'oenotourisme, alors on profite des balades à dos d'âne gourmandes avec un pique-nique dans les vignes ou simplement contemplatives avec dégustation de vin au retour. Les plus accros feront une halte dans l'un des quatre cottages très cosy.

MAUBEC

Village perché qui offre une vue imprenable sur les monts de Vaucluse jusqu'au Ventoux. Son territoire est vaste entre la plaine et le Luberon mais c'est un tout petit village où l'on chemine au gré des petites calades et des ruelles pentues. Il a gardé les vestiges de ses remparts ainsi que la tour de l'Horloge du beffroi du XVIIe. Son église, également du XVIIe siècle, offre une façade baroque. De belles demeures à l'architecture provençale longent les calades, sur des places des norias et des puits. Maubec est un centre vinicole important, produisant des vins d'appellation contrôlée, des eaux-de-vie et des huiles de pépins de raisin.

MÉNERBES ★

Dressé sur une étroite arête rocheuse, ce village classé parmi les Plus Beaux Villages de France a des airs graves et austères. Son panorama et sa lumière exceptionnels attirent peintres (P.Picasso..) et écrivains. C'est un lieu habité depuis des millénaires. Son nom évoque la période romaine, il est associé à la déesse Minerve. Le plus ancien signe de vie est le dolmen de la Pichouno de l'époque néolithique. Pour le Moyen Âge, on devine une grande activité dès le XIIe siècle grâce aux deux portes d'entrée (Saint-Sauveur et Notre-Dame), une imposante citadelle et de nombreux souterrains. Au XVIe siècle, il fut le centre du protestantisme régional.

VAUCLUSE

© HOCQUEL ALAIN - COLL. CDT VAUCLUSE

Ménerbes.

LE MUSÉE DU TIRE-BOUCHON ★

601, Route de Cavaillon ✆ 04 90 72 41 58
www.museedutirebouchon.com
De mai à octobre tous les jours. De novembre à fin avril ouvert sauf week-end. Ouvert samedi à partir de Pâques.

Ce musée privé fait l'éloge du tire-bouchon avec plus de 1 200 pièces chinées par Yves Rousset-Rouard, des pièces uniques regroupées par thème du XVIIe siècle à nos jours, du premier tire-bouchon à l'objet d'art en or, en ivoire, en argent. Le musée se trouve dans l'enceinte du domaine viticole de la Citadelle : l'occasion de visiter les chais, de déguster les vins et aussi de découvrir le jardin botanique où poussent des plantes médicinales et aromatiques et aussi des plantes magiques. Pour curieux amateurs d'insolite.

L'ABBAYE DE SAINT-HILAIRE ★

2950, route de Lacoste ✆ 04 90 72 21 80
www.abbaye-saint-hilaire-vaucluse.com/
Tous les jours de Pâques au 11 novembre et vacances de Noël : 10h-18h. Visites guidées anglais/français.

La meilleure façon de commencer votre visite : le parcours pédestre qui joue à cache cache avec l'abbaye. Rien de bien long, comptez 15 min, il vous permettra d'apprécier pleinement votre visite. Et la sortie de la forêt de chênes donne les frissons. Ce bel édifice a connu de nombreuses modifications, son architecture reste résolument gothique. L'austérité reste de mise. L'abbaye fut construite par les carmes sur un ancien site religieux en partie troglodyte, aujourd'hui privée.

BISTROT LE 5 €€

5, place Albert-Roure
✆ 04 90 72 31 84
www.bistrotle5.com
Fermé de novembre à mars. Ouvert du lundi au dimanche 12h-15h et 19h-22h. Bistronomie décontractée. Fait maison.

La terrasse du 5 est dans le top 5 des plus belles terrasses du Luberon. La vue est superbe, le mobilier design et l'ambiance décontractée. La salle, très petite, nous fait vite comprendre que l'intérêt est de profiter de l'extérieur. Pensez à réserver car même si la terrasse est très grande, sachez que l'on y vient à toute heure de la journée pour boire un verre, casser la croûte ou assister à un concert avec le coucher de soleil en fond. Dans l'assiette : de la fraîcheur, des produits locaux et de qualité, un zeste de tradition et beaucoup de gourmandise.

LA MAISON DE LA TRUFFE ET DU VIN DU LUBERON

43, Place de l'Horloge
✆ 04 90 72 24 94
Tous les jours du 1 avril au 31 octobre de 10h à 12h30 et de 14h30 à 18h.

Ancien hospice municipal puis école de garçons jusqu'en 1953, l'Hôtel d'Astier de Montfaucon, propriété de la commune de Ménerbes depuis 1751. Restaurée en 2004, la bâtiment inscrit à l'inventaire supplémentaire des Monuments historiques abrite une boutique dédiée aux produits provençaux et notamment à la truffe. L'œnothèque permet de découvrir les petits trésors du Luberon et du Ventoux et le bar-restaurant de déguster la truffe et le vin dans les meilleures conditions.

DOMAINE DE LA CITADELLE

601, route de Cavaillon
✆ 04 90 72 41 58
www.domaine-citadelle.com
Consulter les horaires sur le site.

© YV LA CITADELLE

Yannick et Valérie Panagiotis, amateurs de rallyes -ils se sont illustrés lors du dernier Dakar-, le sont aussi de bons vins. Ils ont repris La Citadelle, domaine de plus de 40 ha certifié HVE et BIO depuis 2016, qui prône le respect de la terre avec des méthodes éco-responsables comme le labour à cheval et l'éco-pâturage dans les vignes. Les vins sont puissants et fins, parmi les cuvées, celles du Gouverneur Saint-Auban et des Artèmes sont élevées pendant 1 an environ en fût de chêne français. A voir aussi sur place le Musée du Tire-Bouchon et le Jardin Botanique.

MURS

Murs est habité depuis la nuits des temps, on y a même retrouvé des maillets qui servaient à la taille des silex pendant la Préhistoire. Il est aussi dominé par l'histoire de familles et de personnages célèbres. Les Agoult qui s'y implantèrent pendant 4 siècles, dès l'an 1000, sont à l'origine du château. Viennent ensuite les Astouaud, dont les grilles du château portent les armes. Au XVe siècle, ils participèrent avec vaillance au rattachement de la Provence à la France. Pendant les guerres de religion, les Vaudois trouveront refuge dans les grottes de Bérigoule, qui abritent de nombreuses galeries. Aujourd'hui, le château est une propriété privée.

MUSÉE DE L'HUILE D'OLIVE

375, route de Sénancole

✆ 04 90 76 87 76

www.royere.com

Ouvert toute l'année. Du lundi au samedi de 9h/18h. Adulte : 4,50 €. Visite guidée (sur réservation).

C'est un musée dédié à l'huile d'olive : de la cueillette des olives à la fabrication de l'huile, des anciennes presses aux techniques d'aujourd'hui. Le musée propose un véritable voyage autour du produit phare de la cuisine méditerranéenne. La visite est rythmée par une mise en scène originale et des présentations multimédia. A la sortie, vous serez incollables. Dégustations gratuites d'huiles d'olive, de miel, de spiritueux… mais aussi de vins au Domaine de La Royère, où sont produits depuis plus de 30 ans des vins issus de l'appellation AOP Luberon.

HÔTEL-RESTAURANT LE CRILLON €€

✆ 04 90 72 60 31

https://www.provence-hotel-gordes.com/

8 chambres climatisées à partir de 88 €. Demi-pension. Restau tous les jours midi et soir (Fermé dim soir et lun soir).

Vincent Malbec vous accueille dans son établissement de charme. La décoration fait la part belle au tadelakt, aux pierres apparentes sur les murs et aux planchers chaleureux au sol… Les 8 chambres sont joliment décorées dans un esprit cosy, teintes claires et lumières douces. Côté restaurant, Vincent est aux fourneaux, il travaille les produits du terroir provençal - des produits frais et de saison - dans des recettes traditionnelles et revisitées.

LE CLOS D'OLEA €€

1367, route Des Petitons Minguets

✆ 06 59 05 18 16

www.leclosdolea.com

Gites pour 6 personnes à partir de 179 €/nuit, chambres à partir de 120 €/nuit selon la saison, petit déjeuner inclus.

Antoine et Charlotte vous accueillent avec tout le confort dans un lieu sublime à 5 minutes à pied du village. Aménagé et décoré avec beaucoup de goût, vous avez le choix entre des gîtes ou les chambres d'hôtes. Les gîtes sont parfaitement bien équipés, avec cuisine, salon et chambres individuelles avec salle de bain. Quant aux chambres d'hôtes, ce sont des nids douillet, intimes et chaleureux, toutes différentes, dans des teintes douces ou acidulées. Un petit déjeuner sucré/salé préparé par Charlotte, pains, confitures maison, fromages de la région...

OPPÈDE ★★

Oppède-le-Vieux est un tout petit village médiéval au caractère bien trempé ! Ses habitants se sont très souvent rebellés contre l'autorité en place, que ce soit les papes, les comtes ou les familles dominantes. La modernité a eu raison de ce magnifique endroit et dès le XIXe siècle, les habitants quittent les hauteurs et s'installent dans les plaines. D'où cette double nomination : Oppède et Oppède-le-Vieux. On visite surtout Oppède-le-Vieux parce que c'est un vrai bonheur ! Les habitants du nouveau village se démènent pour rebâtir les maisons. On n'hésite pas à y passer, pour le déjeuner par exemple ! On y croise de nombreuses vedettes du show biz.

BISTRO LES POULIVETS €€

400, rue des Poulivets

✆ 04 90 05 88 31

bistrotdepays.com/bistro-les-poulivets

Bistrot de pays climatisé. De 7h à 15h30 et de 18h à 23h. Fermé le mardi soir et le mercredi. Bar.

C'est une adresse appréciée des locaux. On y savoure une cuisine provençale semi-gastronomique avec les produits de la région : fraises du village, chèvre de Banon et salades bio de Robion. Les plats sont délicieux et changent souvent : gaspacho d'asperges vertes au canard fumé, petits farcis provençal ou encore soupe d'épaule d'agneau. La terrasse est ombragée et donne sur le centre du village, elle est abritée du vent et du soleil par une treille. La salle a le charme désuet des bistrots de pays avec son grand comptoir et le service est des plus agréable.

DOMAINE LA GARELLE

4803, route de Menerbes
✆ 04 90 72 31 20
www.lagarelle.fr

Basse saison du lundi au vendredi 14h-18h. Haute saison du lundi au samedi de 10h à 13h et de 15h à 19h.

Le domaine s'étend sur 28 ha au pied de la montagne du Luberon. C'est un terroir bien particulier, calcaire, sableux et caillouteux, sur lequel la vigne était déjà cultivée à l'époque gallo-romaine. Le domaine La Garelle produit des Côtes du Luberon AOP rouges, blancs et rosés, et des Vins de Pays de Vaucluse. Les chais sont climatisés et le pressoir pneumatique prend soin du raisin. La moyenne d'âge des vignes est de 25 ans en AOC, et de 15 ans en Vins de Pays. Alain Audet, ingénieur agronome, a toutes les cartes en mains pour élaborer les meilleurs vins !

MOULIN SAINT-AUGUSTIN

2800, route d'Apt
✆ 04 90 72 43 66
www.moulin-saintaugustin.fr/

Ouvert toute l'année du lundi au samedi 10h-12h30 et 14h-18h30. Visites guidées (au moins 10 personnes).

Au XIIe, dans le quartier des Hermitants, on fabrique des denrées (farine, vin, miel et l'huile d'olive) pour les ouvriers bâtisseurs de l'abbaye de Sénanque. Mais en 1210, les moines partent pour Sénanque et revendent la propriété au comte de Châteauneuf. Qui la revendra à son tour à la famille du marquis de Sade, à laquelle succéderont encore plusieurs générations de familles de Provence. Si les activités agricoles se maintiennent au fil des siècles, ce n'est qu'en 2001, avec l'arrivée de la famille Nibbio que l'huile d'olive est à nouveau produite.

ROUSSILLON ★★★

C'est sans doute le plus inclassable des joyaux du Luberon : perché au cœur de gisements d'ocres maintenant en sommeil et de ce fait, c'est un village de couleur. Cette terre a quelque chose de magique : le jaune, rouge, marron éclatent contre le vert de la pinède et le bleu du ciel, les falaises ont des formes étonnantes, façonnées par l'homme et le temps. Des artistes Jean Cocteau, Buffet, Carzou et bien d'autres se sont laissés prendre par cette palette d'authenticité. Côté village, le charme parle de lui-même : ruelles et placettes pittoresques, ici règne le bien-être. De nombreuses galeries d'art animent les ruelles très fréquentées en été.

OKHRA - ECOMUSEE DE L'OCRE ★

570, route d'Apt ✆ 04 90 05 66 69
www.okhra.com

Ouvert 7j/7 des vacances de février à celles d'octobre. Tarif plein 9,50€. Pour plus de précisions, consultez le site.

C'est dans l'usine d'ocre Mathieu de Roussillon, créée en 1921, qu'est installé le Conservatoire des ocres et de la couleur en 1994, animé toute l'année par la coopérative culturelle « ôkhra ». Vous y découvrez seul ou en visites accompagnées les bassins de lavage d'ocre, le four et les 3 moulins à couleurs (un rouge et 2 jaunes) sur un domaine de 5 ha. D'avril à octobre, un espace découverte de l'aquarelle est aménagé et des démonstrations de fabrication de peinture ont lieu.

SENTIER DES OCRES ★★★

Hameau des Ocres
✆ 04 90 05 60 25

Fermé de janvier à mars. Ouvert tous les jours. Gratuit jusqu'à 10 ans. Adulte : 3 €.

Dépaysement total assuré avec cette balade dans ces anciennes carrières d'ocre de Roussillon où l'homme et la nature se sont alliés pour façonner un paysage totalement irréel. Au départ de ce village, vous découvrirez deux parcours : 30 ou 50 minutes. Dans les deux cas, vous déambulerez entre collines et vallons, dans un univers qui se décline en un camaïeu de couleurs allant du jaune clair au rouge vif. Un conte de fées coloré où les décors semblent venus d'un autre monde, d'une autre planète. Vous n'en ressortirez d'ailleurs pas avec votre couleur d'origine !

LES SABLES D'OCRE*** €€

Quartier Les Sablières
✆ 04 90 05 55 55
www.sablesdocre.com

Fermé de mi-novembre à fin mars. 22 chambres. Petit déjeuner buffet. Piscine. Dès 100 €.

A 500 m du centre de Roussillon, l'hôtel ressemble à une maison d'ici avec sa façade en ocre rouge. Le parc est immense et mixe pinède et pelouse. La piscine est tout près de la terrasse. Les chambres dotées d'une décoration provençale, sont confortables, équipées de la climatisation. C'est que l'esprit pension de famille garde ses adeptes. Les petits-déjeuners sucrés et salés élaborés à base de produits locaux et de saison, sont servis en terrasse, quand le temps le permet ! En journée ou en soirée, profitez du magnifique jardin pour vous relaxer.

VAUCLUSE

Vue générale de Roussillon.

OMMA LE CLOS DE LA GLYCINE*** €€€

38, Place de la Poste

✆ 04 90 05 60 13

www.leclosdelaglycine.fr

Fermé janvier et février. 9 chambres (dont 1 suite junior et 1 suite duplex). Chambre double 140 à 285 €. Demi-pension.

Élégance et raffinement caractérisent cette hostellerie située sur les hauteurs de Roussillon. La vue est imprenable sur la vallée et les falaises d'ocre. Les chambres sont ravissantes, fer forgé, bois patiné et literie ultra confortable. Dans la suite duplex, spa extérieur sur la terrasse et baignoire jacuzzi dans la salle de bain. Le restaurant vaut le détour. On s'attable au restaurant David, la cuisine est plutôt gastronomique, les produits sont frais et locaux.

L'ESCALIER €€

26, rue Richard Casteau

✆ 04 90 74 11 92

Ouvert du 1er mars au 30 novembre. Ouvert le midi de 11h30 à 14h30 et le soir de 18h à 21h. Formule du midi : 19,50 €.

À l'escalier tout se passe en famille. Il se trouve dans la montée tout de suite à gauche en allant vers l'église. On ne dirait pas de l'extérieur, mais il dispose d'une grande terrasse sur 2 niveaux, avec une vue panoramique sur les Ocres de Roussillon. Quel calme ! Le service est très accueillant, rapide. Et la carte est simple et provençale référençant des produits locaux et de qualité. En dessert, la panna cotta miel-lavande. Que demander de mieux dans ce village classé parmi les plus beaux de France. Très bon rapport qualité/prix. Accueil chaleureux.

DOMAINE DE TARA

2005, route de Gordes

✆ 04 90 05 74 87

www.domainedetara.com

Ouvert tous les jours de 10h à 19h30. Visite de groupe sur rendez-vous.

Le vignoble d'une vingtaine d'hectares est classé AOC Ventoux, et ce depuis 1973. Il produit des vins du Luberon de forte personnalité avec un travail très attentif des sols et d'une vinification douce, respectueuse du travail de la nature. Cela permet d'obtenir deux cuvées phares : la « Terre d'Ocres », très fruitée et dans les trois couleurs, et les « Hautes Pierres » en rouge et blanc, au goût puissant. Ainsi que des vins doux. Le domaine a reçu de nombreux prix. Les vins sont très bons. A noter que son caveau accueille régulièrement des expositions d'artistes.

MAISON BREMOND 1830

21, rue Richard Casteau

✆ 09 67 23 24 62

www.mb-1830.com/

Ouvert toute l'année. Épicerie fine. Produits du terroir.

À Roussillon, Marie-Amélie vous accueille avec son équipe pour vous faire partager le fruit d'artisans passionnés, qui protègent un savoir-faire transmis de génération en génération. Découvrez une gamme d'épicerie fine avec des huiles d'olive vierge extra, des truffes, des vinaigres balsamiques, des condiments, des terrines, des épices et la confiserie traditionnelle de Provence. Un rendez-vous incontournable pour tous les gourmands. L'expérience Maison Brémond 1830 se poursuit avec une gamme de soins (crèmes, savons) et d'accessoires pour la cuisine.

MONTGOLFIÈRE VOL TERRE

1066, route des Gaillanes
✆ 06 03 54 10 92
Du 15 mars à fin octobre. Le matin au lever du soleil. 250 € par personne. Groupe sur devis.

Parce qu'il existe des rêves qui méritent d'être réalisés, Montgolfière Vol-Terre propose des baptêmes de l'air en montgolfière au départ de Roussillon, l'un des plus beaux villages du Luberon. À bord de la montgolfière, dans un contexte calme et apaisé, le soleil dévoilera peu à peu le spectacle grandiose d'un panorama stupéfiant avec, en vedette, la belle Provence et ses ocres aux multiples couleurs. À l'atterrissage, le toast de l'aérostier et un certificat de vol seront offerts pour clore cette expérience unique

RUSTREL ★★

Le village est après Apt et on sent que la montagne commence à changer le paysage. Et ici, il est assez exceptionnel avec le « Colorado provençal » aux mille couleurs d'ocres. En le parcourant, vous êtes sur un site qui doit sa beauté au travail réalisé par quatre générations d'ocriers et de paysans. Utilisant au mieux les richesses naturelles, minerais, sols fertiles et l'eau, ces hommes ont créé un équilibre entre jardins maraîchers des vallons et chantiers d'ocre des collines. Depuis l'arrêt des exploitations, cet équilibre est fragile. A découvrir, le prieuré Saint-Julien et le moulin à huile du XVIIIe, et le sentier des charbonniers.

SAIGNON ★

Le village est sur un éperon rocheux à 500 m d'altitude et cela lui donne des allures de nid d'aigle au-dessus de la ville d'Apt. Dès l'Antiquité, le rocher de Saignon fut utilisé en tant qu'observatoire et devait certainement servir à l'émission de signaux : de signum a découlé le nom de Sagnio puis Saignon. Embrassez du regard vallée du Rhône, Alpilles et Cévennes ! Le village a été couronné par 3 châteaux : le rocher Majeur, le château Méjean et le château de Grigière. A pas feutrés, dans les ruelles caladées, on croise sa place de la Fontaine ornée des statues de l'Agriculture et de l'Abondance,ses maisons datées du XIIe au XVIIIe siècle.

© LUISAPUCCINI
Les ocres, le colorado provençal.

VAUCLUSE

LE ROCHER DE BELLEVUE DE SAIGNON ★

✆ 04 90 04 42 00
Parking au-dessous du village sur la D48 en venant d'Apt. L'accès au Rocher se fait à pied, en 10 minutes.

Du haut de ses 35 mètres, le rocher de Saignon semble monter la garde sur la vallée du Calavon. De là, vous aurez un splendide panorama sur le Mont Ventoux, la vallée du Calavon, la Montagne de Lure et la ville d'Apt en contrebas. Refuge pendant les invasions, il est creusé de puits, de salles, d'escaliers et a servi d'appui à des châteaux-forteresses médiévaux (remparts, chemin de ronde...). L'accès au Rocher se fait à pieds, en 10 minutes. Table d'orientation au sommet.

COLORADO PROVENÇAL ★★

D22
✆ 04 90 04 96 07
www.coloradoprovencal.fr
Ouvert toute l'année sauf en janvier, tous les jours. Pour les horaires et tarifs, consultez le site. Parking payant.

Roussillon n'est pas le seul village à posséder son Colorado provençal. Le Colorado de Rustrel est sans conteste un site majeur. Classée au titre des monuments historiques, cette ancienne carrière d'ocres, qui a fermé en 1993, est un témoin privilégié de l'histoire géologique de la région, mais aussi de son histoire industrielle. Ouverte en 1871, cette carrière a fait vivre de nombreuses familles, jusqu'à ce que, au début du XXe siècle, l'apparition des colorants industriels et la crise de 1929 provoquent son déclin et mettent un point final à l'aventure.

SAINT-SATURNIN-LÈS-APT

C'est un gros bourg adossé à un rocher. Avec sa chapelle romane, son moulin à vent des XVIIe-XVIIIe siècles, son château du XIe, un barrage (1763) et sa porte Ayguier qui a conservé une partie de son système de défense. Le tout forme un bel ensemble dans une atmosphère apaisante et une lumière incomparable. A travers les ruelles, on découvre des demeures aux portes décorées de cariatides et des encadrements de fenêtres sculptés. L'église Saint-Etienne reconstruite en 1860 abrite une pietà datant des XIVe et XVe siècles. Aux alentours, les nombreux sentiers balisés (plus de 250 km) sur les anciens chemins de transhumance feront la joie des randonneurs.

DOMAINE PERRÉAL €€

Lieu dit les Boussicaux
✆ 04 90 72 62 17
www.perreal.com

4 gîtes à partir de 145€/nuit et 4 chambres d'hôtes à partir de 200€/nuit. Table d'hôtes d'avril à septembre.

Les nouveaux propriétaires du domaine ont le goût du partage, c'est sans doute ce qui fait de Perreal un lieu unique et attachant. On s'y arrête pour ses vins et son huile d'olive, on s'y donne rendez-vous à la table d'hôtes d'avril à septembre, on s'y pose le temps d'un séjour dans l'un des gîtes ou l'une des suites de charme aménagées dans le mas du XIXe siècle. Une villégiature privilégiée au cœur du vignoble quelle que soit la saison : les piscines, les randonnées et la pétanque entre copains, la douceur de vivre en Provence.

DOMAINE DES ANDÉOLS €€€

Les Andéols
✆ 04 83 88 33 77
www.domaine-des-andeols.com

Fermé du 30/11 au 14/02. 19 maisons indépendantes et suites à partir de 350 € selon saison. Restauration. Spa.

Au cœur d'un espace boisé de plus d'une trentaine d'hectares, le Domaine des Andéols est un des joyaux cachés de Saint-Saturnin-lès-Apt, dans le Luberon. Le domaine développe ici une nouvelle philosophie de l'hôtellerie prônant un équilibre entre l'art, la nature, le bien-être et la gastronomie. Le concept a de quoi séduire une clientèle exigeante. Dans le parc, 11 maisons indépendantes avec piscine privée et 8 « Suites Natures » ont été aménagées en privilégiant la vue, à chaque fois un nouveau tableau sous les yeux. Luxe, calme et volupté à chaque instant.

MOULIN À HUILE JULLIEN ET MIEL DU PAYS BLEU

24, Chemin du Moulin-à-Huile
✆ 04 90 75 56 24
www.moulin-huile-jullien.com

Basse saison : ouvert du mardi au vendredi de 10h à 12h et de 14h à 17h. Haute saison : de 10h à 12h et de 14h à 18h.

Dans la famille Jullien, on fait de l'huile d'olive depuis presque un siècle et on se consacre à une variété : l'aglandau qui aime le sol aride et le climat rude. Les huiles produites au moulin sont donc monovariétales, déclinées en trois fruités. Le noir, le vert ainsi qu'une huile « fruité mûr » en version biologique. C'est aussi une belle balade à faire avec les enfants qui chercheront les petits panneaux et apprendront la culture de l'olive. Pensez aussi à déguster le miel.

PROVENCE HIPPOSERVICES

Domaine de la Séoule
✆ 07 81 18 98 78
www.provencehipposervices.com

Valeurs Parc naturel régional. 3 circuits à partir de 40 € par personne. Appelez pour réserver.

Découvrez le massif des ocres et le Luberon en calèche avec Olivier, des mines de Bruoux au sentier des ocres de Roussillon en passant par le Conservatoire des Ocres. Olivier vous contera l'histoire de ce pigment naturel mêlé aux sables des falaises et celle de la faune et de la flore locales. La balade vous mène dans les hameaux typiques de la région avec une pause pour une dégustation de jus de fruits et de vins des domaines alentour. Olivier organise aussi des visites de vignobles en automne ou des champs de plantes aromatiques au printemps.

VIENS

Ce village perché a conservé son allure de place forte médiévale, ceinturé de remparts (XIe-XIIIe siècle). Sa singularité réside dans la cohésion de la population qui a racheté les franchises communales à son seigneur. Commencez la visite par la porte Sarrasine percée dans les remparts. Les rues sont étroites, la maison de Monier de la Quarrée, l'église Saint-Hilaire et, plus loin, la chapelle Saint-Ferréol. Une rue de la Juiverie atteste qu'une communauté juive a trouvé refuge au XIVe siècle. Poussez jusqu'au château Renaissance (remanié au XIXe siècle mais privé). Le belvédère, situé à la sortie du village, offre de de beaux panoramas.

VAUCLUSE

LES GORGES DU CALAVON

Se garer au parking du Grand Vallat en bordure de la D201. Durée moyenne de 2 heures ; distance de 5 km environ.

Du village de Viens, le panorama s'ouvre sur les gorges encaissées du Calavon. D'une profondeur d'environ 150 m, ce site splendide abrite une faune très riche dans un milieu humide et rupestre. Pour la visite, un circuit pédestre balisé de trois heures vous guidera au-dessus des gorges. Il faut tout de même un bon équipement et ce n'est peut-être pas recommandé pour les familles avec des petits enfants. Ne jamais improviser la sortie sans avoir consulté la météo. Penser à prendre de l'eau, en Lubéron les températures montent rapidement et surprennent.

DOMAINE LES DAVIDS - LES HAMEAUX €€

Route de Banon et Route d'Oppedette
✆ 04 90 74 68 67
www.lesdavids.fr

Ouvert toute l'année. Location à partir de 1 610 € la semaine selon la maison. Restauration (service traiteur sur résa).

Au cœur d'un domaine de 20 ha, les maisons en pierres sèches des deux hameaux ont été restaurées à l'identique de ce qu'elles étaient autrefois mais avec tout le confort d'aujourd'hui et une décoration raffinée, bohème et tendance, chambres spacieuses, salons avec cheminée ! La Maison du Berger, la Maison Rose ou la Grande Maison au Hameau de Cournille et la Maison Basse et la Maison Haute au Hameau de Treimars ont des capacités d'accueil de 6 à 12 personnes.

DOMAINE LES DAVIDS

Route de Banon
✆ 04 90 04 97 48
www.lesdavids.fr

Ouvert du mardi au samedi 11h-18h. Visite du domaine et dégustation pour groupes.

Ce domaine remonterait au XVIe siècle à l'époque où la famille Davids cultivait les vignes pour le compte de Sinety, seigneur des Treimars. Depuis 2000, les nouveaux propriétaires ont valorisé le domaine en polyculture biologique, avec une répartition équitable et nourricière sur ce beau terroir : 15 ha de vignes vendangés à la main donnent des vins puissants en arômes, 6 hectares de vergers, 1,5 ha de maraîchages, des truffières, des amandiers, des oliviers. À la boutique, une gamme de produits fabriqués sur place, en circuits courts et distribution locale.

SIVERGUES

Le village « au bout du monde » évoqué par Henri Bosco dans son double roman *Le Trestoulas* et *L'habitant de Sivergues*. Ancien fief Vaudois du Luberon, est situé en cul de sac dans un environnement très nature. C'est sans doute le village qui a inventé « l'authentique ». À l'origine de son nom (IVe/ Ve siècle) peut-être une Arlésienne dont la famille vivait dans le Luberon. Epouse de saint Castor, évêque d'Apt, elle aurait fondé un couvent avec six compagnes, d'où le nom de Sivergues (« six vierges ») serait issu. Ils sont 42 à habiter au bout de cette route en cul-de-sac encerclée de ravins ! C'est assez grandiose à voir et à vivre aussi sans doute.

VILLARS

Ici se mêlent harmonieusement architectures et belle nature. Vous êtes dans le pays des ocres, des belles pierres, de la vigne et des champs de cerisiers.... tous ces fabuleux décors ont inspiré le peintre Paul Guigou qui y naquit en 1834. Onze hameaux sont un petit paradis pour les randonneurs et les amateurs de calme et de sérénité. Le village authentique, s'enroule au sommet de la colline. Ses ruelles étroites abritent fontaines, lavoirs, oratoires et chapelles sur fond d'ocre où se détachent des cultures traditionnelles comme les cerisiers, abricotiers, vignes et lavandins. N'hésitez surtout pas à emprunter ses circuits balisés en jaune.

VILLAGE VACANCES EN LUBERON LA COLLINE DES OCRES €€

1649, Route des Trécassats ✆ 04 90 75 44 58
www.lacollinedesocres.com

Ouvert toute l'année. Week-end à thème. 6 mobil-homes, 8 maisonnettes et 5 chalets « Prestige ». Piscine. Animations.

A seulement 6 kilomètres d'Apt, au cœur du Parc naturel régional du Luberon, niché dans un hameau perdu dans les collines, ce domaine vous ouvre ses portes toute l'année. En pleine nature et sur 5 ha, vous apprécierez l'accueil, la discrète convivialité, les emplacements, la piscine à débordement et la vue sur les vallons environnants. Pour se loger, les Chalets Prestige très bien équipés, des maisonnettes pour 6 personnes avec terrasse avec auvent en été et des mobil-homes.

LA TABLE DE PABLO €€

1713, route de Rustrel
✆ 04 90 75 45 18
www.latabledepablo.com

Ouvert du jeudi au mardi. Fermé jeudi et samedi le midi. Réservation recommandée. Menus de 38 à 55 €. Vin au verre.

C'est une table réputée que Thomas Gallardo orchestre avec talent depuis plus de 18 ans. Il est originaire d'ici et connaît bien les produits et les producteurs de la région. Pas de carte, Thomas propose un menu surprise en 3, 4, ou 5 services. Cela pourrait être en entrée une truite fumée, croustillant de charbon et pickles d'oignon rouge ou un marbré de poireaux aux algues nori et huile de poireau montée en mayonnaise, suivi d'une tarte à l'oignon revisitée. En dessert, la mousse de mascarpone. La carte change souvent alors dépêchez-vous !

CHÂTEAU SAINT-PONS

2259 bis, route de la riaille
✆ 04 90 75 55 84
www.saintpons.com

Ouvert tous les jours. Visites et dégustations sur réservation : 45 minutes, 8€/ personne (minimum 4 personnes).

Les vignes du château Saint-Pons sont situées sur la colline des Puits. Le domaine s'étend sur 9 ha de coteaux. Les cépages sont typiques de l'appellation ventoux : grenache, syrah, cinsault, carignan, mourvèdre, clairette, roussanne. La devise du château, « Ex uva vinum » (le vin, c'est d'abord du raisin), souligne bien le soin apporté ici à la vigne : travail du sol, taille courte, ébourgeonnage, vendange manuelle.

Oenotourisme : gite 4 à 6 pers dans les vignes, pique-nique dans le vignoble, visite commentée des chais, circuit pédestre dans les vignes.

ANSOUIS ★★

Village cramponné à un promontoire rocheux au-dessus de la plaine de la Durance, classé *Plus Beaux villages de France*, distingué par la couleur chaude de ses pierres, son château Renaissance classé Monuments historiques est bâti sur les fondements d'une forteresse du Moyen Âge. Jusqu'à il y a peu, le château appartenait encore à la famille de Sabran-Pontévès. Les ruelles du village sont pleines de charme, plusieurs belles maisons datent des XVIe et XVIIe siècles ; poussez jusqu'à l'église paroissiale Saint-Martin (inscrite à l'inventaire des Monuments historiques en 1925). C'est dans l'église que fut tournée la scène du mariage de Manon des Sources!

LE CHÂTEAU D'ANSOUIS ★

✆ 04 90 77 23 36
www.chateauansouis.fr

Ouvert d'avril à Toussaint du jeudi au lundi. Toute l'année pour les groupes. Visite guidée à 15h par les propriétaires.

Si le Vaucluse compte de nombreux châteaux, celui d'Ansouis édifié à la fin du Xe siècle est l'un des plus beaux, classé Monument historique en 1948. Remanié à plusieurs reprises, il a conservé un donjon et des tourelles de forteresse, ses remparts sont dotés de créneaux et de mâchicoulis. Les jardins à la française sont magnifiques. De la terrasse, la vue est superbe. Depuis 2008, une nouvelle famille a succédé aux Sabran-Pontévès qui en étaient les propriétaires depuis le XIIe siècle, Frédérique et Gérard Rousset-Rouvière ont remeublé salles et salons.

VAUCLUSE

© HOCQUEL ALAIN - COLL. CDT VAUCLUSE

Vue générale d'Ansouis.

L'ÉGLISE PAROISSIALE SAINT-MARTIN

Place Saint Elzéar
✆ 04 90 09 83 79
Ouvert toute l'année, tous les jours. Parking autocar. Gratuit.

C'est vers la fin du XIe siècle qu'apparaît, dans les textes, l'église paroissiale d'Ansouis telle une dépendance du chapitre cathédrale d'Aix dont elle constitua jusqu'à la Révolution l'une des prébendes. L'édifice actuel date XIIIe siècle ; il fut la salle de justice du château des Sabran avec de nombreuses marques de tâcherons et des éléments sculptés. Lors de la réfection de la toiture, deux nouvelles cloches, Sainte-Roselyne et Saint-Martin sont venues rejoindre leurs aînées.

MUSÉE DES ARTS ET DES MÉTIERS DU VIN ★

Route de Pertuis
✆ 04 90 09 83 33
www.chateau-turcan.com/
Ouvert toute l'année. Pour les horaires consultez le site.

Ce superbe musée présente sur 1 300 m² plus de 3 000 outils et matériels de viticulture et de tonnellerie, un véritable conservatoire patrimonial, avec notamment des pressoirs monumentaux dont une pièce unique de 14 tonnes, datée du XIVe siècle et classée Monument historique. Parmi les 5 espaces d'exposition, la salle dédiée à la verrerie d'art vaut que l'on s'y attarde : flacons précieux, carafes, verres ciselés y sont bien mis en valeur, pour nous offrir un voyage dans le temps.

LE MUSÉE EXTRAORDINAIRE DE GEORGES MAZOYER ★

Quartier du Colombier ✆ 04 90 09 82 64
musee-extraordinaire.fr/
Basse saison : de 14h à 18h. Haute saison : tous les jours de 10h à 19h. Adulte 4 €. Enfant 2 €. Groupe 3 €.

Georges Mazoyer, plongeur émérite et peintre de talent, eut l'idée de créer ce musée de la mer en 1975. Les sculptures monumentales devant l'entrée de la bâtisse provençale donnent un aperçu de la fantaisie de l'artiste. Aujourd'hui, Nicole, sa fille, présente les collections de 40 années de plongée dans les mers du monde entier. Et vous, vous plongerez lors de la visite dans un univers féerique peuplé de coquillages, d'animaux marins, de coraux : attardez-vous dans la grotte bleue...

L'ART GLACIER

767, Chemin des Hautes Terres
✆ 04 90 77 75 72
www.artglacier.com
Ouvert 7/7 en été, du mercredi au dimanche hors saison. Livraison (pour les pièces de cérémonie). Sur place et à emporter.

La glace est un art dans la famille Perrière, maîtres artisans glaciers de père et mère en fils. Olivier qui a pris la suite de ses parents il y a déjà quelques années nous régale de ses glaces et sorbets, plus de 60 parfums, des classiques aux saveurs inédites, miel, lavande, melon, poivre, noisette, coquelicot, violette, rose, réglisse... vous pourrez les déguster sur la terrasse dominant la vallée, sublime panorama notamment au soleil couchant. Jolie salle à l'intérieur si le temps ne le permet pas. Glaces et sorbets sont en vente à la boutique attenante au labo.

© L'ART GLACIER

© L'ART GLACIER

VAUCLUSE

BAR DES SPORTS €€

Place des Hôtes
04 90 08 44 31

Ouvert toute l'année tous les jours à partir de 7h. Restauration à midi jusqu'à 14h. Terrasse.

Pour boire un café tôt le matin au comptoir en lisant la PQR, un jus de fruit dans l'après-midi sur la terrasse au soleil, déguster une glace en famille ou pour se restaurer à midi, ce bar est l'adresse qu'il vous faut. Depuis toujours, les anciens et les jeunes du village s'y retrouvent. C'est convivial, la cuisine est sans chichi avec des plats brasserie faits maison -andouillette, entrecôte, burger, tartare, blanquette- et de belles salades et des pizzas bien garnies. C'est Stéphane et son équipe qui vous accueillent avec le sourire. Retransmission des matchs.

LA CLOSERIE €€

Boulevard des Platanes
04 90 09 90 54
www.lacloserieansouis.com

Fermé en janvier. Fermé mercredi, jeudi et dimanche soir. Réservation recommandée. Formule du midi : 44 €.

Olivier Alemany, le chef étoilé Michelin, cuisine au gré des saisons les beaux produits du terroir provençal. Il revisite les classiques avec brio, avec des plats signatures comme la tête de veau croustillante en sauce ravigote ou le pigeonneau rôti aux baies de cassis. Créatif, il emballe les palais avec la gaufre et l'œuf nacré à la truffe d'été en entrée d'un menu estival et la canette rôtie aux abricots qui suit est une douceur confite, pour faire la transition avec un plateau de fromages de producteurs locaux. Delphine son épouse, vous accueille.

CHÂTEAU TURCAN

1740, Route départementale 56
04 90 09 83 33
www.chateau-turcan.com

Ouvert 10h-12h30 et 14h30-18h. Fermé le lundi, mercredi après-midi et dimanche. Juillet et août, ouvert tous les jours.

C'est un domaine qui se transmet de génération en génération, dans un site privilégié. Il regroupe la cave, le musée des Arts et des Métiers du vin.L'occasion de découvrir des pressoirs anciens monumentaux et de l'outillage viticole ancien, une salle de réception et un gîte installé dans un logis datant de 1750. Dominé par le Mourre Nègre, le vignoble de 18 ha est d'un seul tenant groupé autour des chais. Naissent ainsi dans la tradition des vins rouges à forte personnalité, concentrés, équilibrés. Coup de cœur : « L'Agitateur » du nom d'une pièce du musée.

BEAUMONT-DE-PERTUIS

Au détour de la route, le village surgit, vaisseau minéral ancré à la colline pour l'éternité. La première référence concernant Beaumont apparaît en 1079, « Baùmoun » en Provençal signifie aussi la grotte. Les habitations se blottissent les unes contre les autres, dans un enchevêtrement de toitures. Au sommet des ruelles escarpées se dresse l'église Saint-Jean-Baptiste du XIIe siècle.. Au détour des ruelles, la fontaine moussue et le lavoir, les fortifications, la chapelle Notre-Dame de Beauvoir. Des jardins en terrasses émergent les cyprès pointus. Dans ce coin préservé de Provence, une amitié ensoleillée se cache derrière chaque porte...

LA MAISON DE BEAUMONT €€

1, place de la colonne 07 56 84 00 22
www.lamaisondebeaumont.com

4 appartements et 2 studios de 75 à 110 €. Résidence d'artistes, concerts, expositions.

Demeure seigneuriale au 18e puis mairie au 20e siècle et école du village, la Maison de Beaumont entièrement rénovée est aujourd'hui une villégiature de charme. Dans les appartements et studios aux belles finitions tout est bien pensé : cuisine ou kitchenette fonctionnelle, literie confortable, salle de bain et rangements. La maison donne sur la place du village. Les propriétaires accueillent des artistes en résidence et programment des concerts tout au long de l'année dans une salle voûtée. Cette maison de passage et de partage respire les vacances.

CABRIÈRES-D'AIGUES

Le vallon de la Gaye sépare le village en deux. Il semblerait que les Protestants occupaient les gradins du flanc de la rive droite, et les Catholiques, ceux de la rive gauche. En 1532, la décision du pape de faire enlever femmes et enfants protestants du village provoqua un soulèvement spontané des villages vaudois. Aujourd'hui, tout ceci est terminé, le village vit en parfaite harmonie – sauf pendant les élections ou durant une partie de pétanque ! A voir : quelques façades riches en détails architecturaux, les vestiges de l'église Saint-Jean, le quartier du vieux château et les habitations rupestres, au flanc de l'éperon, face au vieux village.

CADENET

Le village est calé sur la colline au bord de la Durance. Son nom vient de la tribu des Caudellenses qui s'était installée sur l'oppidum des Castellar. C'était à l'époque protohistorique. Elle devint naturellement la première capitale du pays d'Aigues. Au Moyen Âge, la vie s'organisait autour du château construit au XIe siècle par le seigneur Rostaing de Cadenet. Ce château, plusieurs fois reconstruit, puis brûlé à la Révolution et finalement démonté ne nous apparaît aujourd'hui que grâce à quelques ruines. Après avoir subi plusieurs revers, Cadenet retrouve, dans la première moitié du XIXe, une certaine prospérité avec le développement de la vannerie.

LE VILLAGE

✆ 04 90 68 38 21

mairie-cadenet.fr/infos-tourisme fr/

Cadenet compte 12 fontaines et lavoirs hors de l'enceinte des remparts jusqu'à la fin du XVIIe siècle. La fontaine Basse (1535) est la plus ancienne. La Fontaine dite aux Pois Chiches (1830) veut que son eau permette une meilleure cuisson des pois chiches ! La Grande Fontaine (1806) rappelle la fontaine des Quatre Dauphins d'Aix-en-Provence. Les vanniers mettaient l'osier à tremper dans la fontaine aux osiers. Côté rue, la rue Pasteur est l'une des plus pittoresques avec les plus vieilles maisons. La place du Tambour-d'Arcole du XIXe recevait le marché au bétail.

LES AROMATES €

2, Place du Tambour d'Arcole

✆ 04 90 68 35 35

www.restaurant-lesaromates-cadenet.fr

Ouvert mardi, mercredi, du vendredi au dimanche et jours fériés midi et soir. Menu 29 €. Formule midi 22 €.

Si vous cherchez une cuisine savoureuse et franche, *this is the place to eat* ! Mettez-vous à table dans ce charmant restaurant familial, à l'intérieur ou sur la terrasse. Dégustez par exemple une bavette d'aloyau au beurre d'escargot, tendre et délicieuse, et en dessert le crémeux vanille pralin. Au menu du soir, on a le choix parmi une ribambelle de plats, c'est selon les produits du marché et l'inspiration du chef. Sur la carte, l'aïoli du vendredi, le tartare de saumon à la mangue et le moelleux au chocolat sont des incontournables.

CHEZ FÉLICIEN €€

46, Avenue Philippe-de-Girard

✆ 04 90 68 19 79

www.chez-felicien.com

Fermé lundi et mardi. Formule du midi : 22 €. Vente à emporter.

Chez Félicien, on se sent bien ! Laurence et Eric nous régalent depuis plus de 10 ans et l'endroit leur ressemble. L'ambiance est conviviale, la déco est chinée, la terrasse-tonnelle a des airs de guinguette. Leur cuisine met en avant de superbes produits comme les encornés, la poitrine de cochon, l'entrecôte, la burrata, le jambon serrano… Le burger vaut le détour, option végé possible ! Les desserts sont exquis : vacherin maison d'été, profiteroles au caramel beurre salé avec des choux. En fromage, sans hésiter le Saint Félicien rôti aux lardons.

LES L DU MOULIN €€

4, rue Viala

✆ 04 90 77 68 27

www.lesldumoulin.fr

Maître Restaurateur. Ouvert lundi, mardi, vendredi, samedi, jeudi soir, dimanche midi. Formule du midi. Menus.

Entre Lourmarin et Lauris, l'équipe du restaurant Les L du Moulin vous accueille dans son ancien moulin à huile d'olive où la meule d'origine a été conservée ainsi que les pierres apparentes du bâtiment composant à l'époque les remparts du château. Venez déguster une cuisine maison et de saison, élaborée par le chef cuisinier Cyril Lapeyre : filet de daurade royale et fenouil braisé, picanha de bœuf Angus. En dessert laissez-vous tenter par l'entremets chocolat blanc à la vanille de Tahiti. Le restaurant dispose d'une terrasse ombragée et d'une jolie salle voûtée.

AUBERGE LA FENIERE €€€

1680, Route de Lourmarin

✆ 04 90 68 11 79

www.aubergelafeniere.com

Fermé de janvier à février. Menus 90€ et 100€.

Coup de cœur pour Nadia Sammut la cheffe étoilée au *Guide Michelin* pour sa cuisine libre sans gluten. Cette démarche dictée par Nadia est au centre de l'activité de la Fenière, comme un partage, avec des ateliers de cuisine et un institut de cuisine libre pour repenser nos assiettes. La Fenière, c'est aussi un hôtel de charme, façon maison de famille, pour une étape ou quelques jours… Les petits déjeuners sous la treille, les cocktails au bord de la piscine, la cuisine ensoleillée du potager, les brunchs du dimanche. C'est la *dolce vita* à la provençale !

BASTIDE DU LAVAL

199, chemin de la Royère
✆ 04 90 08 95 80
www.bastidedulaval.com
Ouvert lundi au samedi 10h-13h et 15h-19h. Boutique, location de gîtes.

Cette bastide tire son nom du ruisseau tout proche qui traverse Cadenet avant de se jeter dans la Durance. Léo a rejoint ses parents Carine et Roland Coupat sur le domaine certifié bio. Ils exploitent 4 000 oliviers sur 15 ha autrefois plantés en vigne. 95 % des arbres sont de variété aglandau. Salonenque et picholine complètent le verger. Soucieux à tous points de vue de la qualité de l'huile qu'ils produisent, ils triturent eux-mêmes leurs olives. Il en résulte un fruité vert ou « goût intense » AOC Provence et un fruité noir tradition aux arômes d'olive noire.

LIBRAIRIE LA RUMEUR DES CRETES

17, avenue Gambetta
✆ 0486781083
Ouvert le lundi de 9h à 13h ; du mardi au samedi de 9h à 19h.

Coup de cœur pour cette librairie de village créée par Sandrine et Antoine en 2021. Les lecteurs ont suivi et même ceux qui ne lisaient pas car ici c'est un lieu de partage. On s'y rencontre, on s'attable l'été sur la petite terrasse autour d'un café. Du choix en régionalisme, romans, littérature fantastique, livres jeunesse, BD, livres de cuisine, livres d'art et pépites de petites maisons d'édition. Signatures, lectures, il y a toujours quelque chose qui se passe à La Rumeur des Crêtes.

CUCURON

Le nom donne lieu aux étymologies les plus fantaisistes. Il y a la version historique : *cur current?* (« pourquoi courent-ils? »), attribuée à Jules César, voyant la débandade des habitants face à ses légions. La version géologique s'appuie sur la colline Saint-Michel, dont le sommet ferait songer à la cuculle d'un moine. Reste la racine kur-, commune à d'autres lieux en France et qui signifie l'éminence. Ce village où il fait bon vivre, daterait du XIe siècle. On le cite pour la première fois sous le nom de Castrum Cucurone en 1024. En 1400, il bénéficie d'un gouvernement autonome l'autorisant à posséder un hôtel-ville, un beffroi.

CHÂTEAU LA SABLE €€

2944 A, Route de Lourmarin ✆ 06 95 25 79 98
www.chateaulasable.com/fr/le-domaine
3 chambres. Chambre et suite à partir de 120 €. Petit déjeuner inclus. Dégustation et vente des vins.

La vie de château en Provence ! Virginie et Jean-Marc ont fait l'acquisition de ce superbe domaine viticole en 2017, les deux millésimes donnent de très beaux vins en blanc, rouge et rosé. Vous pourrez prolonger la dégustation par un séjour dans la bastide du XVIIIe siècle flanquée de tours crénelées. Trois chambres spacieuses sont aménagées à l'étage avec vue sur le parc. Les petits déjeuners gourmands sont servis sur la terrasse aux beaux jours ou bien dans la salle à manger conviviale. Depuis votre villégiature, vous rayonnerez en vélo dans le Luberon.

Vue du village de Cucuron.

DOMAINE LA PARPAILLE €€

Chemin de Blanqui ✆ 04 90 68 28 25
www.domaine-la-parpaille.com
Gîte à partir de 1300€/semaine piscine privée. Chambres à partir de 153€/nuit petit déj inclus. Table d'hôtes, privatisation

© LA PARPAILLE

Le Domaine avec son imposante bâtisse du XVIIe siècle rénovée dans un esprit contemporain bohème, est un lieu ressourçant dans un écrin de verdure. L'ambiance est au lâcher-prise, en mode slowlife quel que soit votre choix d'hébergement entre les chambres d'hôtes, le loft ou la Maison sous l'Amandier. Eve, la maîtresse des lieux, propose des petits déjeuners gourmands et certains soirs une table d'hôtes et des apéros conviviaux. Eve organise des séjours à thème autour du bien-être et de la cuisine du Sud. Possibilité de privatiser La Parpaille dans sa totalité.

LA MAISON D'EN BAS DES SEIGNEURS €€

Place de l'Annonciade
✆ 06 61 90 28 17
5 chambres et suites à partir de 140 €/nuit avec accès au spa. Petit déjeuner 15 €. Restauration restaurant Moris.

Jadis demeure de la famille Castillon, seigneurs de Cucuron, il a fallu cinq années de restauration pour lui rendre ses lettres de noblesse. C'est un jeune artiste qui a signé la déco, le *vintage* y côtoie le contemporain. Les chambres sont des nids douillets. On a adoré le spa aménagé dans la cavité rocheuse du sous-sol, le bain bouillonnant et le sauna pour une parenthèse de bien-être absolu. Un patio et la campagne alentour. Pour s'attabler sans sortir, sur place chez Moris.

MORIS €€

Place de l'Annonciade
✆ 04 88 55 41 99
Ouvert du mardi au samedi le midi et le soir. Formule du midi 25 €, menus et carte.

Mogan Patchay le jeune chef qui tient cette nouvelle table a bien du talent. C'était parfait tant dans les saveurs que dans la présentation des mets. Les produits suivent les saisons bien sûr tout comme les recettes empruntées au terroir local mais pas seulement... Mogan utilise les épices, les herbes aromatiques et le sucré salé avec subtilité. On s'attable sous les voûtes de la salle à manger, le cadre est historique dans cette maison datant du 17e siècle où l'on peut prolonger les plaisirs du palais en s'offrant un séjour dans les chambres d'hôtes à l'étage.

LA PETITE MAISON DE CUCURON €€€

Place de l'Étang
✆ 04 90 68 21 99
www.lapetitemaisondecucuron.com
Ouvert du mercredi au dimanche midi et soir. Hors saison fermé le dimanche soir. Menus 60 et 90 €. Table d'hôtes 60 €.

Tout près du grand bassin qui fait le succès pittoresque de Cucuron, La Petite Maison, réputée pour sa cuisine et son authenticité toute provençale conforte chaque année son étoile Michelin. La cuisine d'Éric Sapet est une cuisine du cœur, ses assiettes sont magnifiques et généreuses, il privilégie les saveurs provençales d'autrefois... Sur la carte, des volailles savoureuses, des légumes farcis à l'ancienne. La *Table d'Hôtes* est ouverte toute l'année.

LA CAVALE

3017, route de Lourmarin
✆ 04 90 08 31 92
www.domaine-lacavale.com
Tous les jours 10h30-13h/14h30-19h. Dégustation, visites et ateliers. Appeler pour réserver et informations.

Venez à La Cavale découvrir le Luberon au travers des vins issus de l'agriculture biologique, des huiles d'olive et du miel, reflets de la vision de Paul Dubrule, son propriétaire. Dans le magnifique chai, vous aurez la possibilité de déguster les vins ou d'effectuer une visite guidée de la cave. Vous pourrez flâner dans la boutique, proposant une offre diverse autour de l'univers du vin et des spiritueux du monde. Vous aurez aussi la possibilité de prendre un verre sur la terrasse au cœur du Luberon accompagné de spécialités locales sucrées ou salées.

GRAMBOIS ★

Ce tout petit village est une carte postale. Chaque ruelle, chaque monument ici parle de la Provence. Le temps semble suspendu à ces vieilles pierres, la place du village semble tout droit sortie d'un film. Et d'ailleurs, elle a servi de cadre aux films *La gloire de mon père* et *Le château de ma mère*, d'après Marcel Pagnol. Un chêne multiséculaire orne le blason de ce village juché sur un coteau escarpé. Ses rues pavées, la fontaine romaine Fountvierano, le passages des Templiers... Tout contribue ici à donner une atmosphère particulière. Avant de repartir, prenez la pose devant la fontaine des Bartavelles, comme le petit Marcel Pagnol et son père.

LE CHEVAL BLANC €€

5, Route de Forcalquier
✆ 04 90 07 40 23
https://chevalblanc-bastide.fr/

Menu unique à 45 €. Vin au verre. Accueil des groupes. Jardin. Terrasse.

Située au centre du village, cette immense bâtisse en pierre apparente abrite un hôtel-restaurant sympathique. L'hôtel a beaucoup de charme, les 4 chambres sont spacieuses et lumineuses. Jolie déco, ambiance cosy. Dans l'élégante salle de restaurant, vous savourerez la cuisine de Laurent Pin, un enfant du pays, précédemment au Café Bacchus à Pierrevert. Les produits sont frais et locaux. En ce moment, dégustez par exemple un thon rouge de Méditerranée mi-cuit, aubergines fumées aux herbes de nos garrigues, compotée de courgettes, sauce Chimichurri.

LA BASTIDE-DES-JOURDANS

S'arrêter au village c'est se poser à la jonction de la Basse et de la Haute Provence, point de départ de la route que les marchands doivent emprunter pour aller à Sisteron ou dans la vallée de la Durance. Dominé par les vestiges d'un château du XIIIe siècle, date à laquelle fut fondé le village par le Comte de Forcalquier, La Bastide des Jourdans doit son nom à Guillaume et Pierre JOURDAN dont le patronyme se lia à celui du lieu "Bastida" qui signifie fortification rurale. A voir la chapelle Notre-Dame de la Consolation du XVIe siècle, classée M.H, le beffroi du XVIIe siècle, l'église Notre-Dame et Saint-Pierre-aux-Liens du XIIIe siècle.

LA BASTIDONNE

C'est pas mal de commencer la visite du village par la rue du Four, qui conduira vos pas sur une placette pittoresque pour profiter d'une très belle vue sur le Luberon, la Durance et la montagne de la Sainte-Victoire. En redescendant, vous admirerez une des plus belles magnaneries de la région. Flânant entre jardinets, fontaines et lavoirs, vous visiterez l'église du XIIIe, dédiée à Notre-Dame de Benaduc. Pour rejoindre le berceau natal du village, il faut prendre la direction de Mirabeau, puis, sur la droite, le chemin menant à la colline Saint-Julien et à ce qu'il reste de sa chapelle et de son ermitage. Faites un tour au domaine du Grand Réal.

OH MY DEUCHE

6, route de Manosque ✆ 04 90 77 60 71
www.ohmydeuche.fr

Location dès 129 € (jusqu'à 4 personnes, assurance incluse). Pique-nique du terroir à partir de 19 €. ANCV accepté.

Une virée en Deuche décapotable sur les petites routes de Provence en mode vintage et bucolique au gré de vos envies, avec une halte pique-nique dans un vallon, une pinède, au bord de l'eau, sur une journée ou plus. Nous avons testé pour vous une jolie balade depuis le Luberon jusqu'à Saint Michel l'Observatoire avec pique-nique sous les étoiles. A votre disposition un roadbook, des balades thématiques sur mesure, des jeux de piste ou chasses aux trésors à faire en famille pour découvrir la région. Paniers de pique-nique chic, boules de pétanque et plaids fournis.

LA TERRASSE D'OLIVIER €€

3, rue des Ferrages
✆ 04 90 09 97 70
www.laterrasse-dolivier.com

Ouvert le mardi et du jeudi au samedi midi et soir ; le dimanche et les jours fériés midi. Jardin, terrasse. Animations.

Dans le sud du Luberon à 5 minutes de Pertuis, voici une table que nous vous recommandons, orchestrée par Olivier Brissy qui travaille les produits frais, locaux et de saison. Dans l'assiette, les Saint-Jacques ouvrent l'automne avec panais et cèpes, figues et raisin en dessert, truffes, champignons et gibier sont les stars de l'hiver, suivent les asperges, les artichauts dans des recettes printanières pour accompagner viandes et poissons, la carte estivale décline toutes les saveurs de la Méditerranée. Olivier a du talent, de l'inspiration.

DOMAINE CHANTE COUCOU

1907, Chemin De Galance
✆ 04 90 09 74 39
www.chantecoucou-luberon.com
Ouvert tous les jours. Sur rendez-vous téléphonique préalable. Gîte de 90 m2 pour 2 à 6 personnes.

Le domaine appartient à sa famille depuis le XVIIIe siècle, mais c'est dans les années 2000 que Jean-Louis Joseph a planté les 7 hectares de son oliveraie. La production va donc s'accroître avec les années. Pour l'heure, M. Joseph s'est spécialisé dans une huile à l'ancienne, très douce, estampillée AOC Provence fruité noir olives maturées. Les fruits sont issus des variétés aglandau, salonenque, bouteillan et cayon et sont récoltés de façon traditionnelle à la main puis broyés par les meules en granit du moulin du Grand Réal à 1 km de là.

LA TOUR-D'AIGUES

Avec son château Renaissance qui se dresse tel un décor de théâtre au soleil de Provence, cette charmante bourgade a plus d'un atout. Au XIIIe siècle, elle appartenait à un Sabran, une des familles les plus puissantes du Languedoc et de la vallée du Rhône. Au début du XVe siècle, elle passe aux mains des seigneurs d'Agoult, et au XVIe siècle, à celles du baron de Bolliers qui, sur les vestiges du château fait bâtir l'actuel château Renaissance avec une magnificence exceptionnelle pour la région. Au fil des ruelles, on découvre quelques beaux hôtels et maisons des XVIIe et XVIIIe, un ancien prieuré médiéval et une église au patrimoine riche.

CHÂTEAU MUSÉE ★

place Jean Jaurès ✆ 04 90 07 42 10
www.luberoncotesud.com
Fermé d´octobre à mars. Ouvert du mardi au samedi de 9h30 à 12h30 et de 13h30 à 17h30. Visite gratuite de la cour.

Classé Monument historique, son architecture contraste avec celle des châteaux de la région. Au XVIe siècle Jean-Louis-Nicolas de Bouliers, seigneur de La Tour d'Aigues, transforme son château médiéval en un véritable palais de la Renaissance. Il confie à un artisan, François Auriol, la réalisation pour la chapelle d'un pavement en faïence polychrome imitant les décors des châteaux Renaissance du Nord de la France. Durant la seconde moitié du XVIIIe siècle, La Tour-d'Aigues a été un centre de production de faïences, grâce à Jean-Baptiste-Jérôme de Bruny.

L'ÉGLISE NOTRE-DAME-DE-ROMEGAS

Place de l'Eglise
✆ 04 90 07 50 29
Visites : contacter M. le curé : ✆ 04 90 07 42 74.

L'église Notre-Dame-de-Romegas (XIe et XIIe) est construite sur l'emplacement d'un temple primitif romain. L'intérieur renferme des trésors incroyables comme un autel néo-roman ou encore une chaire construite au XVIIe siècle, en bois naturel, représentant l'Assomption de la Vierge. Une particularité intéressante est la large bande de peinture noire sur certains piliers. Cette dernière correspond en réalité à la litre, qui était appliquée dans les églises à la mort du Roi.

LE MUSÉE DES FAÏENCES ★

✆ 04 90 07 42 10
Fermé d´octobre à mars. Ouvert du mardi au samedi de 9h30 à 12h30 et de 13h30 à 17h30. Adulte : 3,50 €. Enfant : 1,50 €.

Le musée présente les céramiques -faïences, porcelaines, terres vernissées, carreaux de pavement- découvertes au cours des fouilles du château. Le musée compte aujourd'hui dans ses collections plus de 2 000 pièces inventoriées. Parmi lesquelles les faïences et porcelaines acquises par les seigneurs du lieu auprès des fabriques françaises et étrangères les plus prestigieuses. On peut y voir également la collection de figurines typiquement provençales de Pierre Graille (1915-2014), employé des Postes à Grambois, faïencier, sculpteur sur bois et santonnier.

OFFICE DE TOURISME LUBERON SUD TOURISME

Le Château
✆ 04 90 07 50 29
www.luberon-sud-tourisme.fr
Voir horaires sur site Internet.

Situé dans le Château de La Tour-d'Aigues, classé Monument historique. Vous y trouverez tous les renseignements pour découvrir le Luberon Côté Sud dont Ansouis, La Bastide-des-Jourdans, La Bastidonne, Beaumont-de-Pertuis, Cabrières-d'Aigues, Cadenet, Cucuron, Grambois, Mirabeau, La Motte-d'Aigues, Peypin-d'Aigues, Saint-Martin-de-la-Brasque, Sannes, La Tour-d'Aigues, Villelaure et Vitrolles-en-Luberon. Pratique sur place, services de wi-fi gratuit et vente de ticket de bus.

À L'OMBRE DE L'OLIVIER

90, boulevard de la République
✆ 04 90 68 24 10
www.olive-oil-only.fr

Ouvert mardi, jeudi, vendredi et samedi 9h-12h15 et 15h-18h30, mercredi et dimanche 9h30-12h30. Toute la semaine en été.

Ne quittez pas la Tour d'Aigues sans avoir poussé la porte de cette boutique dédiée à l'huile d'olive. Alexandra et Rémi vous proposent les meilleurs crus issus de petits domaines de la région (Luberon, Aix, Alpes de Hautes Provence et Vallée des Baux ; vendus en bouteille, en coffret dégustation ou en bidon de 3l). Des fruités verts aux arômes herbacés, d'artichaut ou de pomme verte, des fruités noirs sans amertume et sans ardence, longs et ronds en bouche, des fruités mûrs aux saveurs d'amandes ou de fruits à coque...Il ne reste plus qu'à déguster !

CHÂTEAU LA DORGONNE

2991, Route de Mirabeau
✆ 04 90 07 50 18
www.chateauladorgonne.com

1er avril au 30 septembre : du lundi au dimanche de 10h à 18h. 1er octobre au 31 mars : du lundi au samedi 10h-18h.

Entre la Tour-d'Aigues et Mirabeau, le domaine est situé à quelque 350 m d'altitude sur les contreforts du Luberon, Les 28 ha de vignes sont cultivés en bio, les vendanges manuelles cépage par cépage préservent la qualité du raisin. Les vins se déclinent dans les trois couleurs, puissants et à la belle robe pour les rouges, fruités et aromatiques pour les blancs et les rosés. La Dorgonne est réputée pour son huile d'olive en fruité vert et fruité mûr en vente sur place. Découvrez le domaine en promenades balisées avec explications sur le travail de la vigne.

DOMAINE LES PERPETUS

441, Route de la Bastidonne à Mirabeau
✆ 04 90 08 85 23
www.domainelesperpetus.fr

Juin – Juillet – Août mardi, mercredi, vendredi et samedi10h-12h30/14h-19h. Dégustation. Planches apéro.

Le domaine est situé en limite de la Tour d'Aigues sur la RD 973, pour y accéder prenez la direction de La Bastidonne-Mirabeau, il est ensuite bien fléché. Avec une petite quarantaine d'hectares de vignes et 6 d'oliviers, ce domaine familial a traversé les générations (5 depuis 1800 !). Claire et Romain secondent aujourd'hui leurs parents Christine et Robert Michel-Queirel. Chacun contribue à valoriser les fruits de ce beau terroir. Les vins tout d'abord nourris par ces terres arides et calcaires, dont la cuvée Perpetus blanc gorgée de soleil.

FOREST SENSATION

Route de Pipallier ✆ 06 43 92 41 65
www.forestsensation.com

Avril à juin et septembre à octobre week-ends, mer. après-midi, jours fériés 13h30-18h30. Juil/août tous les jours 10h-19h.

Vous recherchez une aire de jeux dans le Luberon, voici un parcours accrobranches ludique et convivial dans un écrin naturel boisé de 2 ha à mi-chemin entre La Tour d'Aigues, Mirabeau et La Bastidonne. Les amateurs de cette discipline ont de quoi s'amuser sur les 9 parcours proposés. Entièrement sécurisés via une ligne de survie continue, les parcours sont classés par niveaux de difficulté. Avant de vous élancer, un moniteur vous évaluera sur un parcours d'initiation obligatoire. Les plus téméraires grimperont jusqu'à 6 m de hauteur avec des passages vertigineux !

SPA LA TOUR

125, rue Antoine de Très
✆ 04 90 07 33 16
www.latourinstitutspa.com

Ouvert du mardi au samedi sur RDV uniquement.

Luxe et volupté sont les termes appropriés si l'on devait qualifier cet institut de beauté classé 2e dans le Trophée des Spas de France pour la qualité de son accueil. Laurence et son équipe sont aux petits soins, les prestations sont à la hauteur des spas et instituts citadins qui ont pignon sur rue. Le cadre est superbe : 200 m² dans un bâtiment du XVIe siècle. Salles de massage et de soins esthétiques, hammam, tisanerie, chaque espace est conçu comme un cocon intime et raffiné. Pour la silhouette, l'institut s'est doté des meilleurs outils LPG et Supra Sculpt.

LOURMARIN ★★★

D'abord appelée Luzmari au début du XIe, ce n'est que cent ans plus tard que la ville devient Lucemarino, une petite bourgade bâtie autour de deux monastères bénédictins. Au XVe siècle, une importante colonie vaudoise s'était installée dans le village et travaillait la terre. Les attaques des Catholiques furent nombreuses pendant les guerres de religion. En avril 1545, le village est mis à feu et à sang par les troupes de Paulin de La Garde, sous l'autorité du premier président du parlement d'Aix, Jean Maynier, seigneur d'Oppède. Le massacre des Vaudois en Luberon s'écrit à l'encre rouge. Aujourd'hui, Lourmarin est l'un des villages les plus visités du sud Luberon. On flâne dans ses ruelles étroites, bordées de belles maisons anciennes et d'hôtels particuliers ; on se pose sur une placette ombragée... C'est la douceur de vivre à la provençale où chaque instant est accompagné par le chant mélodieux et incomparable des cigales ! Les amateurs d'art seront servis, les galeries et les ateliers sont nombreux dans le centre. Le vendredi, c'est jour de marché, un bonheur pour remplir son panier de bons produits, d'artisanat et même pour s'habiller à prix mini ; les bonnes affaires pullulent dans les stands le long du pré vous séparant du château. Ce dernier est le premier château Renaissance de Provence construit au XVe et XVIe siècles par la Famille d'Agoult. Classé monument historique depuis 1973, il est aujourd'hui un lieu culturel à la programmation riche et variée. Depuis ses terrasses, on profite d'un point de vue exceptionnel sur le village de Lourmarin et sur le massif du Luberon.

© IRÈNE ALASTFUEY - AUTHOR_S IMAGE

Vue générale de Lourmarin.

CHÂTEAU DE LOURMARIN ★★

2, avenue Laurent Vibert
✆ 04 90 68 15 23
https://chateaudelourmarin.com/

Adulte 7,50 €, réduit 6 €, de 6 à 16 ans 3 €. Fermeture annuelle en janvier. Consultez les horaires sur le site.

Le château de Lourmarin fait partie des trois résidences majeures du Luberon, avec celles d'Ansouis et de la Tour d'Aigues. Des châteaux édifiés par les familles puissantes des Comtes de Forcalquier, aux allures éprouvées par les siècles. C'est une magnifique bâtisse dont une partie date du XVe siècle et l'autre de la moitié du XVIe et du tout début de la Renaissance. La visite se fait librement et pour les familles, un jeu de piste est proposé aux enfants pour découvrir les lieux de façon ludique. De nombreux panneaux explicatifs jalonnent le parcours de visite.

LE CHEMIN TOURISTIQUE

Accès par la rue Henri de Savornin ou par la place du Temple.

Accès libre toute l'année.

Le chemin touristique a été de tout temps un sentier de balade pour les Lourmarinois. Il démarre aux Tilleuls, tout près de la fontaine Laurent-Vibert et contourne le village à ses pieds, d'un côté façades de vieilles maisons, de l'autre, séparés par endroits par des tunnels (attention baissez la tête !), jardinets, prairies ou vergers. Autrefois, on y voyait pousser légumes et fleurs à foison, aujourd'hui subsistent quelques petits jardins entretenus. Ce chemin touristique débouche rue Henri de Savornin. Evitez les talons aiguilles et les chaussures fragiles !

LA COMBE DE LOURMARIN

Possibilité de se garer dans une ancienne carrière à l'entrée de la Combe.

C'est la seule route qui permet de passer d'un côté à l'autre du Luberon. Elle part d'Apt ou Bonnieux coté nord et arrive à Lourmarin côté sud. Cette combe creusée dans le massif calcaire par le ruisseau de l'Aigue brun est impressionnante, tant les falaises qui dominent la route sont vertigineuses. Vous pourrez parfois apercevoir les sportifs les escalader, c'est assez impressionnant. Restez prudents, la route est très fréquentée, tortueuse, on ne s'arrête pas n'importe où pour photographier ! Très jolie promenade en voiture !

LE TEMPLE

Avenue Raoul-Dautry
✆ 04 90 79 24 57

Inscrit au titre des monuments historiques depuis le 10 mai 1991. Ouvert dans le cadre d'expositions et de concerts.

Le temple a pu être construit grâce aux dons de toute une communauté de protestants. Il se dresse entre le château et le village. Construit en 1818, c'est le plus grand temple du Vaucluse et l'un des plus anciens. Son porche à la grecque est superbe. Pour la petite histoire, sa trop belle prestance aurait forcé les catholiques à rehausser le clocher de leur église ! On peut facilement accéder à la chaire grâce à un escalier à double volée. Admirez son orgue monumental. Le culte s'y déroule un dimanche sur 2 en alternance avec le temple de Pertuis.

CHÂTEAU SAINT-PIERRE DE MEJANS €€

2, voie communale Jas de Puyvert - **PUYVERT**
✆ 04 90 08 70 10
www.saintpierredemejans.com
Chambres à partir de 195 €, gîte pour 8 pers. Séminaires, réceptions, mariages. Vins, miel et huile d'olive du domaine.

Pour les amoureux des vieilles pierres historiques, ce prieuré bénédictin du XIIe siècle est la villégiature à inscrire comme étape tout près de Lourmarin. Les chambres très spacieuses ont été aménagées avec beaucoup de goût par Wendy, la maîtresse des lieux. Les pièces de réception - salons et salle à manger - donnent sur la cour intérieure. Sur le domaine, le Mas de Puyvert, une grande villa, est également proposé à la location, idéal pour les vacances en famille ou entre copains.

LE MOULIN DE LOURMARIN €€€

Avenue Raoul Dautry - Rue du Temple
✆ 04 90 68 06 69
Fermé en janvier. 27 chambres, 3 suites, à partir de 185€/nuit

Situé à quelques pas du château de Lourmarin, l'hôtel implanté dans un ancien moulin à huile du XVIIIe est un cadre enchanteur et plein de charme. Près de la cheminée, dans le salon d'hôtes, sur les terrasses ou dans le patio en toute saison, le Moulin est le lieu idéal pour profiter de la quiétude du temps qui passe si sereinement en Provence. On y dort, on vient y faire ses courses, on s'attarde au bar en fin de journée ou tard dans la soirée pour un cocktail, et on s'attable au restaurant où l'on privilégie les circuits courts et les beaux produits de Provence.

LE CAFÉ DE LA FONTAINE €€

1, avenue philippe de girard
✆ 04 86 39 97 12
Basse saison ouvert du mardi au dimanche et jours fériés midi et soir. Haute saison : 7/7 jours. Service en continu.

Le Café de la Fontaine est au cœur de Lourmarin. Leur spécialité, la cuisson des viandes à la plancha : entrecôte et côte de bœuf, travers de porc, souris d'agneau confite à l'ail et au thym, figatelli grillé et panzetta. Retrouvez des plats du jour savoureux et des spécialités corses : charcuterie, fromages et vins et de Provence aussi. Cœur coulant au chocolat pour le réconfort, tiramisu et crème brûlée. Tout est fait maison. Cadre sympa, beau comptoir ouvragé et petite salle cosy à l'intérieur l'hiver, sinon on s'attable en terrasse auprès de la fontaine.

GINA CAFÉ CUISINE €€

Route d'Apt
✆ 04 90 79 12 82
www.ginacafecuisine.com
Ouvert du jeudi au mardi 9h-19h/21h vendredi et samedi. Plat du jour à partir de 12 €. Terrasse.

À deux pas de l'office de tourisme, cette charmante adresse a des accents italiens non seulement sur la carte des plats saisonniers mais aussi côté épicerie avec des pâtes, des fromages, de la charcuterie, des huiles d'olive, des panettones, de quoi garnir votre panier de pique-nique de bons produits toute l'année. Pour vous servir et vous régaler, Nanou toujours souriante, a vécu à Bologne, c'est sa belle-mère -la fameuse Gina de l'enseigne- qui lui a appris à faire les pâtes, les gnocchis, les sauces et les plats typiques. Nanou cuisine aussi des burgers.

L'INSOLITE €€

Place de la Fontaine
✆ 04 90 68 02 03
www.brasserie-linsolite.fr
Ouvert toute l'année, tous les jours midi et soir. Accueil des groupes. Terrasse.

Bar, restaurant, salon de thé, l'Insolite vous reçoit tout au long de la journée, depuis le petit café du matin jusqu'aux cocktails de fin de soirée ! Le cadre est cosy, un brin feutré. Le service est souriant, les assiettes savoureuses avec une carte qui change selon la saison. En dehors des planches apéritives, la carte propose des plats classiques et locaux comme l'andouillette de Lauris de la Maison Pourcin, l'agneau de Sisteron confit ou encore l'île flottante. En vin, essentiellement ceux du coin ainsi qu'un large choix de digestifs.

LA LOUCHE À BEURRE €€

Le Rayon, Route d'Apt
✆ 04 90 68 00 33
Ouvert le dimanche midi. BS : du mardi au samedi le soir. HS : du mardi au dimanche midi et soir. Carte : 35 € environ.

C'est une institution à Lourmarin, les locaux sont nombreux à s'y presser toute l'année, au coin de l'âtre l'hiver... car les hivers sont rigoureux dans le Luberon, c'est ce qui fait le charme de cette Provence de l'intérieur et de cette table conviviale et chaleureuse dans tous les sens du terme. Nous on adore le cadre, les viandes grillées à la cuisson désirée, les petits gratins, les petits et grands vins du coin, les desserts maison, le service efficace. Dès les beaux jours, l'ambiance se fait plus légère et les assiettes se parent de légumes gorgés de soleil.

© ST PIERRE DE MEJANS

© ST PIERRE DE MEJANS

© ST PIERRE DE MEJANS

CHÂTEAU SAINT-PIERRE DE MEJANS

2, voie communale Jas de Puyvert - **PUYVERT**
✆ 04 90 08 70 10
www.saintpierredemejans.com
Ouvert du mardi au samedi 10h-18h. Visite du domaine, dégustation. Privatisation. Mariage, séminaire. Chambres d'hôtes.

Inscrivez Saint-Pierre de Mejans comme étape œnotouristique dans le Luberon, la viticulture y est ancestrale. Jean-Marc et Wendy Gobbi, les nouveaux propriétaires ont redonné ses lettres de noblesse à ce prieuré bénédictin fortifié du XIIe siècle en valorisant le vignoble de 13 ha. Les vins -médaillés aux concours de San Francisco et Houston- se déclinent en rouges puissants, en rosés gouleyants, en blancs tout en finesse. Miel, huile d'olive et lavande du Domaine en vente sur place.

© VINCENT AGNES

© VINCENT AGNES

LAURIS ★

Du haut de ses remparts, Lauris offre un panorama grandiose sur les Alpilles, la montagne Sainte-Victoire et le Luberon. Depuis la route en contrebas, la façade de son château intrigue. Sa succession d'arches et ses jardins en terrasse sont un lieu de spectacle. Le plus ancien témoignage de la présence du village date de 1079. Il faut visiter le vieux village où le passé se fait sentir : petites ruelles sinueuses desservant de belles demeures des XVIe et XVIIe siècles, dévoilant ici des lavoirs et le campanile en fer forgé de l'église, là des fontaines ou des oratoires au pied du château, lui-même surmontant de belles terrasses aménagées en un jardin.

JARDIN DES PLANTES ★

Place du Château
✆ 04 90 08 39 30
Visites libres du mardi au vendredi 9h30-13h/15h30-18h. Samedi, dimanche 16h-19h. 4 € par adulte. Terrasse.

Perchés sur les terrasses du château de Lauris et en surplomb de la vallée de la Durance, ces jardins en terrasse ont obtenu le label « Jardin Remarquable ». La visite du jardin des plantes tinctoriales propose un parcours éducatif et bucolique. Un moment rafraîchissant et instructif avec une vue imprenable. Découvrez plus de 300 variétés de plantes aux pouvoirs colorants cultivées traditionnellement en Europe et sur tous les continents. Pour les plus passionnés, il faut faire une visite guidée ! Pensez à réserver à l'avance.

DOMAINE DE FONTENILLE €€€

Route de Roquefraîche
✆ 04 13 98 00 00
lesdomainesdefontenille.com/fr/
Fermé du 1er janvier à la mi-février. 21 chambres et suites de 305 € à 740 €. Petit déjeuner inclus. Spa et restaurants.

Fontenille ou l'art de vivre en Provence. On doit cette très belle adresse dans le Luberon à Frédéric Biousse et Guillaume Foucher, amateurs d'art éclairés et épicuriens, tombés sous le charme de cette propriété. Ici, depuis qu'ils l'ont rénovée en 2015, tout n'est que luxe, calme et douceur. On y réside comme dans une maison de famille. La bastide du XVIIe siècle, imposante et chaleureuse, donne sur le parc paysager. Au-delà foisonnent les vignes du Domaine. Pour vous restaurer, la Cuisine d'Amélie propose des plats faits maison avec les produits du potager.

LA TABLE DE MARGOT - MAGASIN GÉNÉRAL €€

9, avenue Joseph Garnier
✆ 04 90 08 40 40
www.latabledemargot.com
Ouvert du mercredi au dimanche le midi. Aïoli le vendredi.

On suit la Table de Margot depuis ses débuts. Le concept a évolué. Le lieu s'est transformé en *magasin général* avec un rayon épicerie fine, des ustensiles de cuisine, des cosmétiques made in Provence, des articles saisonniers (espadrilles, paniers) des cartes postales illustrées des beaux villages du Luberon. Sur l'ardoise du jour, assiettes gourmandes, tartes salades, tartares, soupes, desserts maison, dans le verre des vins du pays. Que du bonheur !

LE CHAMP DES LUNES - LA CUISINE D'AMÉLIE €€€

Route de Roquefraîche
✆ 04 13 98 00 00
www.domainedefontenille.com
Menus 88 €, 128 €. À la Cuisine d'Amélie à la carte 55€.

Les cuisines de cette belle villégiature sont désormais tenues par Romain Guyot, et ce jeune chef poursuit l'excellence de l'offre culinaire de cette table qui a obtenu l'étoile Michelin dès l'ouverture. La cuisine est toujours moderne respectant les saisons et les produits du potager écologique. On s'attable au restaurant étoilé le Champ des lunes ou bien en rez-de-jardin du côté de la Cuisine d'Amélie. Quel que soit votre choix, la carte propose de savoureux mets !

HAUT LES PAINS

Rond point de la D973
✆ 04 90 77 83 87
Ouvert du lundi au vendredi de 10h30 à 19h. Le samedi 10h30-13h30 / 15h30-19h.

100%bio, 100% gourmande, le bon pain ne court pas les boulangeries. Hauts les Pains se démarque non seulement pour les qualités gustatives, les textures croustillantes ou moelleuses de ses pains, mais aussi pour les ingrédients sains qu'utilise Pascal Coutaz architecte dans une première vie, a eu envie de concrétiser son désir d'un monde meilleur dans tous les sens du terme. Son levain est naturel, ses farines biologiques, le petit épeautre, le Khorasan, le seigle, le blé, le riz, le sarrasin aux saveurs typées viennent de chez un paysan meunier de la région.

MÉRINDOL

Mérindol reste dans l'histoire pour avoir été le théâtre de la répression des Vaudois, minorité religieuse venue s'y installer au XVIe . Aujourd'hui encore, ce sanglant épisode demeure vivace à travers les noms de rues et mille autres témoignages du passé. Comme beaucoup d'autres villages tout le long de la route d'Oppède, le village fut détruit en 1545 ; sa population put éviter l'extermination en se réfugiant dans la montagne. On quitte la nationale pour faire un petit tour à travers les ruelles, le moulin à huile du XVIIe siècle (toujours actif), et l'église Sainte-Anne achevée au XVIIIe siècle et inscrite à l'inventaire des Monuments historiques.

OBSERVATOIRE ORNITHOLOGIQUE DE MERINDOL

La Garrigue

✆ 04 90 71 32 01

destinationluberon.com

Accès libre toute l'année. Départ du parking en sous-bois de la Garrigue.

Le Parc naturel régional du Luberon a installé une grande cabane en bois tout près du barrage EDF de Mallemort, sur la berge de la Durance, site propice à l'observation discrète de la faune avec une paire de jumelles et un peu de patience. Des panneaux explicatifs aident à les reconnaître : sarcelle d'été, grèbe huppé, aigrette garzette, foulque et poule d'eau, de préférence le matin. Le soir, ce sont surtout les castors qui sortent. La petite randonnée balisée en jaune suit la digue.

ÉGLISE SAINTE-ANNE

Rue de l'église

✆ 04 90 68 06 79

www.cadenet.paroisse84.fr/

Inscrite à l'Inventaire supplémentaire des Monuments historiques.

Véritable confirmation de la déroute protestante. À l'origine, c'était une petite chapelle de bois, construite en 1667 par le père dominicain Antoine. Devenu trop petit après la conversion des habitants, l'édifice sera plusieurs fois modifié. Les catholiques l'agrandiront pour écraser la religion adverse. On retrouve donc une très grande église au beau milieu du minuscule centre du village. À noter que ce dernier possède un clocher chapeauté à la savoyarde (bulbe sararrazin unique dans la région). Encore une spécificité charmante à découvrir !

MOULIN DU VIEUX CHÂTEAU

8, rue du Moulin-à-Huile

✆ 04 90 72 86 76

Ouvert du mardi au samedi 10h-12h30Fermé dimanche et lundi.

Le lieu est intiment lié à l'histoire du village : après le massacre des Vaudois au XVIe siècle, le moulin, bâti au cœur de Mérindol au XVIIe siècle va symboliser le renouveau au village. Deux siècles plus tard, il va entrer dans la famille Boudoire. Depuis cinq générations, Francine et son mari René perpétuent toujours la tradition. Trois huiles sont produites au moulin : l'AOC Provence, fruité vert, une huile fruité mûr, composée d'aglandau et de salonenque, et un fruité noir goût à l'ancienne, où les olives sont volontairement laissées à la fermentation.

LES GORGES DU REGALON

✆ 04 90 72 81 07

baladeenprovence.com/les-gorges-de-reg

Balade de deux heures et demie, A/R. Impraticable par temps pluvieux. Bonnes chaussures recommandées.

Attention à prendre quelques précautions. Pas de balades les jours de pluie, il peut y avoir des éboulements. Pas recommandé avec les très jeunes enfants. Pour le reste, on pénètre un surprenant canyon creusé par les cours d'eau dans les massifs calcaires du Luberon. Du parking, il faut traverser une oliveraie avant d'atteindre l'entrée de ces gorges impressionnantes. Elles se sont formées il y a plus de 6 millions d'années au moment de l'élévation des Alpes. Lorsque 4 millions d'années après, la mer a recouvert la région, les gorges ont formé une calanque.

MIRABEAU ★

Cette petite commune perchée sur une colline est surplombée par un château (privé), construit au XVIIe siècle par le marquis de Mirabeau, ancêtre du turbulent député des États généraux. Elle connaîtra un essor considérable en obtenant, en 1364, la création d'un pont sur la Durance. A voir : la chapelle Sainte-Madeleine (XIIIe siècle), et les vestiges de l'ancien pont suspendu. A l'intérieur du village, ne manquez pas : les tours de remparts, l'église Saint-Pierre (XIIIe siècle), ses porches et quelques belles maisons des XVIe et XVIIe siècles. Les sportifs tenteront d'escalader la falaise Mirabeau, site référencé par la Fédération d'escalade, qui possède 30 voies.

CHÂTEAU DE CLAPIER

1833, route de Manosque ✆ 04 90 77 01 03
www.chateau-de-clapier.com

Ouvert du lundi au samedi de 9h30 à 12h30 et de 14h à 18h. Fermé les jours fériés et entre Noël et le 1er de l'An.

Dominé par le Mourre-Nègre et situé à l'écart du village de Mirabeau, le Château de Clapier est un domaine familial depuis 1880 étendu sur 40 ha. Thomas Montagne, vigneron indépendant, conçoit 12 vins AOP Luberon très personnels à l'instar de la cuvée Soprano issue d'un assemblage unique de Syrah, Grenache noir et de... Pinot noir (Médaille d'Or au Concours des Grands Vins de Mâcon). Autres beaux flacons à découvrir : la cuvée Tessiture, une micro-cuvée au nez intense de fruits noirs macérés et à la bouche soyeuse et riche qui résume tout le travail du vigneron.

DE BOIS EN BOIS €€

549, rue Gabriel-Turc ✆ 06 11 05 20 10
www.deboisenbois.com

Chambre double à partir de 90 €. Petit déjeuner inclus. Lit supplémentaire (sur demande). Lit bébé et chaise haute.

Trois belles chambres d'hôtes ont été aménagées en rez-de-jardin de cette maison d'architecte en bois, aux lignes ultra contemporaines. Chaque chambre donne sur la terrasse arborée et la piscine traitée au sel. La déco joue la carte des vacances : gai et lumineux. Dans les salles de bains privatives, douches à l'italienne et beaux matériaux. Deux chambres disposent d'un mini-réfrigérateur et dans un espace cellier-buanderie, machine à laver, fer et table à repasser sont à disposition. Les petits déjeuners sont gourmands (confitures maison, pain, viennoiseries).

PERTUIS

Pertus en latin veut dire « passage », et c'est effectivement le rôle joué entre la Méditerranée et les Alpes, un comptoir très important pour le développement économique de cette région. En 1460, le roi René se remarie avec Jeanne de Laval et lui offre la ville de Pertuis. Au centre de la cité, tout un réseau de constructions aux portails des XVIe et XVIIe, de magnifiques fontaines-lavoirs, des façades d'hôtels particuliers d'une rare splendeur. L'église Saint-Nicolas, plus bel exemple de style gothique édifié en Provence, la place de l'Ange avec sa fontaine, la plus ancienne de la ville ainsi que de très beaux immeubles comme celui de François Ier.

BEST WESTERN SÉVAN PARC HÔTEL**** €€€

914, route de la Bastidonne ✆ 04 90 79 19 30
www.sevanparchotel.com

48 chambres et suites, doubles à partir de 93 € ; cabanes duo à partir de 150 €. Demi-pension. Petit déjeuner : 16 €.

A la sortie de Pertuis, ce complexe hôtelier est niché au cœur de trois hectares paysagers, au calme. Chambres et suites à la hauteur des 4 étoiles, hébergement insolite dans 2 cabanes dans le parc, piscine et terrasses ombragées bienvenues dès les beaux jours... Le confort est partout et l'accueil aux petits soins. Attablez-vous au restaurant L'Olivier, Christophe Pulizzi fait une cuisine inventive ; ses assiettes sont parfaitement travaillées en saveurs et en esthétique.

JARDIN DU CHÂTEAU DE VAL JOANIS

2404, Route de Villelaure ✆ 04 90 79 20 77
www.val-joanis.com

Jardin labellisé Jardin Remarquable. Du lundi au samedi 10h-13h/15h-19h. 3 € par pers., gratuit pour les moins de 16 ans.

Conçu en 1978 dans l'esprit des jardins du XVIIIe siècle, le jardin labellisé *Jardin Remarquable* s'étale sur trois terrasses. Tout d'abord le potager à l'ancienne planté de légumes provençaux et d'herbes aromatiques, puis le jardin floral et sa symphonie de couleurs et de parfums et enfin l'espace planté d'arbres et d'essences rares. On y accède par ce que l'on appelle le couloir à autruches, un sentier dallé sous une tonnelle envahie de roses anciennes, de glycines et de chèvrefeuille.

LA MAISON DES BONS VIVANTS €€

Allée des Prés Verts
✆ 04 90 68 82 25

Ouvert lundi midi et du mardi au samedi le midi et le soir. Terrasse. Afterwork et soirées à thème.

La Maison des Bons Vivants porte bien son nom. Gabriel et son équipe insufflent l'enthousiasme à ce lieu convivial qui mérite le détour. La zone active où se situe le restaurant n'est pas glamour mais on l'oublie dès qu'on est chez eux. Le chef excelle en cuisine en revisitant des plats brasserie. Cuisson parfaite des viandes, mention très bien pour ses cochonnailles, terrines, pâté en croûte, caillettes réalisées de A à Z dans sa cuisine. Idem pour les desserts. Jolie carte des vins.

RESTAURANT LES BARBUS €€

72, place Jean-Jaurès
✆ 09 87 15 38 08
Ouvert du mardi au samedi le midi et le soir. Menu unique à 35 €. Formule du midi : 16 €. Vin au verre. Terrasse.

Dans le pays d'Aix, ils font l'unanimité depuis 2017. Romain et Rany, les barbus, prônent le bien manger et le bien boire. Rany cuisine en direct des produits ultra-frais. Les recettes sont originales et mettent en avant les saveurs des poissons et des viandes dont les cuissons sont particulièrement soignées. La carte est courte avec une suggestion à midi qui change tous les jours : tout est fait sur place, des fonds de sauce aux glaces, un gage de saveurs ! Leurs vins coups de cœur au verre et la carte avec des vins de la région mais pas que.

CHÂTEAU GRAND CALLAMAND

Route de la Loubière
✆ 04 90 09 61 00
www.chateaugrandcallamand.fr
Ouvert toute l'année, tous les jours 9h-13h/15h-18h sur rdv. Accueil des groupes jusqu'à 25 pers. Visite et dégustation.

Située sur le premier contrefort du Luberon, dans un paysage sublime, cette imposante demeure fortifiée appartenait au XVIe siècle au parlementaire aixois Malherbes. En 2004, Nathalie et Albert Souzan ont racheté ce domaine viticole ancestral. Sur l'exploitation de 22 ha, c'est Nathalie qui, suite à une formation à Suze-la-Rousse, assure le rôle passionnant de vigneron. Très bien secondée par toute la famille, les vendanges et les mises en bouteilles se succèdent. Les étiquettes se conjuguent en Je, Tu, Elle, Nous, Vous, Ils, dans les trois couleurs.

CHÂTEAU VAL JOANIS

2404, route de Villelaure
✆ 04 90 79 20 77
www.val-joanis.com
Ouvert toute l'année. Dégustation, apéros et concerts en été. Possibilité de privatisation ; Visite des Jardins

Au pied du Grand Luberon, au nord d'Aix-en-Provence, le Château Val Joanis s'étend sur 400 ha de nature préservée avec 110 ha de vignes implantées entre pinèdes et oliviers. La grande diversité des terroirs (calcaires, galets roulés, argiles rouges) permet de produire des rouges riches et élégants, des blancs fins et racés et des rosés frais et gourmands. Ici les vins riment avec convivialité, notamment en été avec les Apéros de Val Jo et le Festival Les Musicales dans les Vignes de Provence. Les jardins classés « Jardins remarquables » méritent la visite.

PUGET

C'est un village très discret entre Mérindol et Lauris. Calé sur les contreforts du Luberon, il est même tellement discret qu'on ne sait pas grand-chose sur son histoire. Il n'est même pas cité pendant les grandes pestes. C'est dire ! La richesse de Puget n'est pas dans son patrimoine architectural ou historique mais dans la nature qui l'entoure, il cache des petites merveilles dans ses vignobles. Chênes verts et buissons vous conduisent à d'agréables sous- bois entrecoupés de rochers et de falaises. Vous accédez facilement à la célèbre forêt de Cèdres, au site du Portalas et à de très beaux points de vue sur la vallée de la Durance.

CHÂTEAU LA VERRERIE

1810, route du Luberon
✆ 04 90 08 97 97
www.chateau-la-verrerie.com
Ouv tte l'année. Balade ludique sur le sentier viticole et dégustation gratuite. Visites guidées/ master class sur résa.

Situé au sud du massif du Luberon, presque en bordure de Durance, ce vignoble de 54 hectares inséré dans une belle propriété appartient à la famille Descours depuis 1981. Château La Verrerie est l'un des fleurons de l'appellation. Petits rendements, vendanges manuelles, vinification par gravité… un soin extrême est porté à l'élaboration des vins afin de maîtriser pleinement leur qualité. Les vins sont produits dans les trois couleurs. La Verrerie est également producteur d'huiles d'olive en trois fruités : noir, mûr et vert.

SANNES

Au milieu d'un univers marqué par la présence du vignoble, Sannes presque invisible, est un des plus petits villages du Luberon (seulement 177 habitants), à proximité du sommet le Mourre Nègre, la vue sur la montagne y est magnifique. L'attrait majeur du village n'est pas tellement la découverte historique du village, qui possède un petit patrimoine culturel (la chapelle romane Saint-Pierre-des-Vignes, le château de Sannes et sa chapelle (XVIIe), le moulin à vent et l'oratoire Sainte-Anne), mais est lié à son emplacement au beau milieu de vignes et champs de cerisiers, tout près de l'Étang de la Bonde. Excellent point de départ pour les randonnées.

VAUCLUSE

CHÂTEAU DE SANNES

1580, RD 37
✆ 04 90 07 78 04
http://www.chateaudesannes.fr

Ouvert 7/7 en juillet/aout, du mardi au samedi de septembre à juin. Privatisation possible.

Coup de cœur pour ce domaine de 70 ha situé au sein du Parc naturel du Luberon, près d'Ansouis : un voyage dans une Provence secrète et historique. À la boutique, les productions du domaine avec des huiles d'olive, des miels et une gamme de vins bio, aromatiques et typés : des rosés frais et fruités, des blancs floraux et complexes, des rouges élégants et puissants. À déguster en découvrant une exposition Miró - Prévert. Également sentier œnotouristique avec découverte de la biodiversité locale, ateliers de bien-être et rencontres culturelles et musicales.

VILLELAURE

Le village est petit et rural avec vergers, des prairies où gambadent les chevaux. Il a un petit côté bucolique dès que l'on sort des sentiers battus. On dit aussi que c'est un pays de châteaux... Bon, soyons honnête, l'appellation est un peu pompeuse ! Mais il a bien un château, le Château de Trésémines, témoin du passé tumultueux du village dont vous pourrez apercevoir les vestiges. Après être passé entre les mains de plusieurs seigneurs, le village actuel naquit en 1512 avec 19 habitants. On passe forcement par l'église Saint-Marc, le château Verdet-Kléber et la fontaine Double toute en classicisme. Prenez le temps de vous perdre dans le village.

VAUGINES

Le village est à l'abri des contreforts. Il a connu de belles années qui se sont inscrites dans ses charmantes placettes, dans la rue des Amazones, on découvre la commanderie, ancien hôtel seigneurial des XVIe et XVIIe siècles. Tout près de l'ancienne maison commune se trouve la capitainerie datant de la même époque et comportant de belles fenêtres à meneaux. Quant à la chapelle Saint-Joseph, elle a été transformée en salle d'exposition et en bibliothèque. Ne manquez pas la charmante place principale de Vaugines, sur laquelle on trouve l'hôtel de ville édifié en 1845 et une imposante fontaine. Sur la route de Cucuron se dresse l'église Saint-Barthélemy.

LA FERME HI BRIDE €€

Route d'Ansouis
✆ 09 75 68 59 40
www.hi-life.net

8 chambres. Chambre double à partir de 240 €. Petit déjeuner inclus.

Atypique et minimaliste, la ferme Hi bride est un ovni design dans ce coin du Luberon. Ici on va à l'essentiel, le paysage et la nature comme perspective et environnement depuis cette tour du 12e siècle. C'est la designer Matali Crasset qui signe la déco des chambres, dans l'épure avec un mobilier choisi dont les teintes vives s'accordent avec les peintures murales. Idem dans les 2 maisons en location sur le domaine. On partage la cuisine avec sa grande table d'hôtes, le salon et le coin lecture et l'immense bassin agricole transformé en piscine. Ici on se ressource.

AUX DEUX FONTAINES €€

78, rue de la Fontaine
✆ 06 08 41 71 51
www.auxdeuxfontaines.com

2 suites indépendantes 2-4 pers avec kitchenette/coin repas 90 à 120 €/nuit, 500 à 700 €/semaine. Petit-déjeuner : 8 €.

C'est notre coup de cœur à Vaugines. Beaucoup de charme, une vue sublime depuis la terrasse dans le ciel sur les toits du village, la Sainte-Victoire, le Luberon et l'accueil chaleureux de la maîtresse des lieux sont les atouts de cette Maison d'hôtes en Provence ouverte en 2021. Les suites Faugas et Tournesols ont chacune leur entrée. Tout est bien pensé : salles de bains, kitchenette dans l'une, coin repas équipé dans l'autre, grande terrasse pour la Faugas. Le salon voûté se partage pour regarder la TV ou se lover auprès du feu en amoureux ou en famille.

L'OUSTAOU DU LUBERON - VILLAGE DE VACANCES €€

La Tuilière - Route d'Ansouis ✆ 04 90 09 84 95
www.oustaouduluberon.com

Ouvert toute l'année. 11 gîtes (2 à 8 personnes) et une roulotte. Tarifs de 275 € à 1 380 €. Privatisation, séminaires.

Sur un domaine de 20 ha de collines, le chemin qui y grimpe raconte bien le bonheur d'y passer quelques jours. 11 gîtes ont été aménagés au sein d'une immense bâtisse. Chaque gîte possède sa terrasse privée avec salon de jardin et barbecue. L'un des gîtes dispose d'un hammam et d'un bain bouillonnant. Une roulotte aussi tout confort. Piscine, tennis, espace fitness et spa de nage chauffé. Ils ont reçu le trophée de l'E-réputation de la région PACA, catégorie des Villages de Vacances.

ORGANISER SON SÉJOUR

Au Petit futé plus qu'ailleurs, nous savons bien qu'il existe différents types de voyageurs. En complément du voyageur instinctif et improvisateur, le voyageur organisé aime planifier son voyage, organiser son séjour. L'un et l'autre des voyageurs peuvent d'ailleurs se compléter car il n'est jamais totalement inutile d'en apprendre au préalable un minimum sur le territoire où l'on se rend. Dans cette rubrique très pratique, vous trouverez tous nos conseils les plus malins pour vous rendre en Provence, vous y déplacer une fois arrivé mais aussi comment bien se loger et rester informé des actualités locales sans totalement perdre le fil même si le sens premier de bonnes vacances est de complètement déconnecter. Alors que vous vous laissiez porter ou que vous soyez le planificateur bien organisé, laissez-vous guider. Il ne vous reste plus qu'à apprécier votre séjour, rendu encore un peu plus facile par nos soins.

S'Y RENDRE

Se rendre en Provence est sans aucun doute une chose plus aisée que de la quitter. Façon de parler bien sûr car les transports fonctionnent dans les deux sens rassurez-vous, mais votre cœur vous en dira peut-être autrement. Bénéficiant d'un emplacement géographique idéal, dans la vallée du Rhône, entre Côte d'Azur et Languedoc, de nombreuses gares, grands axes routiers et aménagements judicieux vous permettront de faciliter votre séjour sur place. La porte principale de la Provence reste sans conteste la fameuse autoroute du Soleil mais nombre de voyageurs optent désormais pour une venue rapide et pratique en TGV. Les gares d'Avignon, Aix-en-Provence et Marseille desservent bien les environs, grâce à des navettes routières bien connectées. Tout comme le principal aéroport de la région, le bien-nommé Marseille-Provence, situé à Marignane, à partir duquel vous rejoindrez rapidement votre destination.

SNCF CONNECT

www.sncf-connect.com

SNCF Connect, le site et l'application qui vous permettent d'organiser vos voyages. Pensez à bien réserver vos billets de train le plus tôt possible afin de les obtenir au meilleur prix. Ainsi, en plus de l'achat de billets, vous pouvez acheter des cartes de réduction qui valent le détour : par exemple, la carte Avantage à 49 € (Carte Jeune, Adulte et Senior) permet de bénéficier de 30 % de réduction sur vos voyages, ainsi que d'une réduction supplémentaire pour les enfants accompagnants. Elle est rentabilisée dès le trajet suivant le premier aller-retour.

GARE SNCF D'AVIGNON CENTRE

Boulevard Saint-Roch

AVIGNON

Ouvert du lundi au vendredi de 4h30 à 23h30 ; le week-end de 5h à 23h30.

Située en plein centre-ville et à deux pas de la gare routière, la gare d'Avignon Centre est desservie par près de 180 trains par jour. Pratique : la desserte en train entre Avignon-Centre et Avignon TGV en 5 minutes, avec ses 35 allers-retours par jour. Dans le hall de la gare, on apprécie encore le bureau d'information même si le personnel est en nombre réduit. Se trouvent aussi pour patienter, une salle d'attente chauffée, un kiosque à journaux et débit tabac et un coin boulangerie.

GARE SAINT-CHARLES

Esplanade Saint-Charles

MARSEILLE (1er)

✆ 36 35 034

Ouvert tous les jours et les jours fériés de 5h à 22h. Parking - ascenseur.

Reliée aux principales gares de France et d'Europe, la gare Saint-Charles propose plus d'une quinzaine de trajets Marseille/Paris par jour, en 3 heures 30 environ. Sur place aux guichets et bornes, ou sur le site Internet, comparez les tarifs et réductions. Vous trouverez sur place toutes les infos sur les lignes TER, sans oublier la gare routière au coeur de la gare. Pour patienter, pensez à la salle d'attente chauffée avec sièges, les terrasses au soleil, les boutiques commerciales, bars et restaurations rapides, consignes à bagages...

AÉROPORT AVIGNON-PROVENCE

335, avenue Clément-Ader

AVIGNON

✆ 04 90 81 51 51

www.avignon.aeroport.fr

Aviation d'affaires 04 90 81 51 31. Navette Aéroport–Avignon, gare centre-ville. Bus ligne 30. Service Taxi.

Cet aéroport propose des liaisons internationales avec des vols vers la Belgique, Anvers, avec la compagnie TUI Fly. D'autres destinations et vols sur mesure via l'aviation d'affaires. L'aéroport propose également une découverte de notre terre provençale vue du ciel grâce à des vols en ULM et en hélicoptère et des baptêmes de l'air toute l'année ! Hôtels et restaurants à proximité. Accès facile par la N7, l'aéroport est à 5 min de l'entrée de l'autoroute A7 (sortie Avignon-Sud).

GARE D'AIX TGV

Route départementale 9

AIX-EN-PROVENCE

Cette gare desservie uniquement par des trains à grande vitesse assure des départs et arrivées en direction et en provenance de Paris, Marseille, Nice ou encore des connections vers Strasbourg, Lille, Rennes, Nantes et Dijon.

AÉROPORT INTERNATIONAL MARSEILLE-PROVENCE

Aéroport

MARIGNANE

✆ 08 20 81 14 14

www.marseille.aeroport.fr

Ouvert tous les jours et les jours fériés.

A vingt minutes de Marseille, bien desservi par une navette depuis la gare, l'aéroport Marseille-Provence est une porte ouverte sur le monde. Une centaine de liaisons assurées et des compagnies internationales. Le terminal 2 (ancien Mp2) est lui consacré aux Low-cost avec des liaisons à bas coût en plein essor. Des travaux réalisés en 2016 mettent l'accent sur le confort avec la présence de boutiques, de restaurants.. Au total, plus de 9 millions de passagers y transitent tous les ans.

AÉROPORT TOULON HYÈRES

Boulevard de la Marine - **HYÈRES**

✆ 08 25 01 83 87

www.toulon-hyeres.aeroport.fr

Principal aéroport varois. Boutiques, restaurants, agences de location de voitures, salon VIP et espaces professionnels.

L'aéroport Toulon-Hyères est le principal aéroport du Var. Son emplacement stratégique, au cœur du Var et aux portes de la Provence et de la Côte d'Azur, en fait aussi l'aéroport le plus proche de Saint-Tropez (à 45 minutes). De nombreuses liaisons internationales sont assurées comme des vols de et vers Rotterdam, Londres, Luxembourg, Southampton, Bruxelles. En termes de liaisons nationales, les connexions sont notamment Paris, Brest, Nantes, Ajaccio et Bastia. Le site web de l'aéroport est très bien conçu pour préparer votre venue dans la région.

PORT DE BANDOL

6, Capitainerie

BANDOL

✆ 04 94 29 42 64

www.portbandol.fr

1 500 places et 100 pour le passage en saison, 50 hors saison.

Le port de Bandol, neuvième port de France, est vraiment un port privilégié pour les vacanciers. Situé entre Marseille et Toulon, il permet de rallier rapidement les îles de Porquerolles et les sublimes calanques de Marseille. Équipé d'une aire de carénage pourvue de postes de 5 à 40 mètres, il est facile d'y effectuer ses réparations et entretiens courants. Le port dispose bien sûr d'une station à carburant. C'est aussi un port agréable pour une petite balade au bord de l'eau pour admirer les bateaux de Bandol et du monde entier.

PORT DE SAINT-TROPEZ

Capitainerie

SAINT-TROPEZ

✆ 04 94 56 68 70

www.portsainttropez.com

734 mouillages.

C'est l'un des pôles majeurs d'escale en Méditerranée, où les gens se promènent rien que pour voir tous ces gros bateaux amarrés dans le vieux port. Un spectacle à ne pas louper. En plein cœur du village il offre une capacité de 734 mouillages repartis en deux bassins pour une superficie de neuf hectares. Une station de carburant, une aire technique clôturée, située au sud du bassin Lescudier est à la disposition des usagers. Si vous voulez louer des bateaux pour la journée, c'est également possible au niveau du grand parking.

PORT DE SANARY-SUR-MER

SANARY-SUR-MER

✆ 04 94 74 20 95

Ouvert tous les jours et les jours fériés de 8h à 12h et de 14h à 18h. 650 places.

Sanary-sur-Mer c'est un peu comme Saint-Tropez, mais en moins surfait. Ou c'est peut-être le Saint-Tropez d'avant la folie glamour qui s'en est emparé avec toutes les starlettes et les yachts qui envahissent notamment son port l'été. A l'inverse, Sanary-sur-Mer a gardé son petit port de pêcheurs et il reste très authentique. On peut notamment y admirer ces jolis bateaux de pêcheurs colorés appelés « les pointus ». Vous allez adorer les prendre en photos, c'est tellement pittoresque et typique de Sanary-sur-Mer ! Vous l'avez compris, une balade au port est un must.

SÉJOURS ET CIRCUITS

Le pays provençal a un avantage principal : de par sa vaste superficie et sa grande diversité de paysages, il offre la possibilité de varier les types de séjours et de trouver de nombreuses offres différentes selon vos centres d'intérêt et envies du moment. Il faut bien l'avouer, plusieurs venues vous seront nécessaires pour réellement connaître la totalité du territoire. Et encore, dit-on. Partie intégrante de la région Sud, ex-région Provence-Alpes-Côte-d'Azur, la Provence est très visitée et touristique. Elle est une destination privilégiée par des millions de visiteurs depuis des décennies ce qui a pour principal atout d'avoir créé un vaste réseau d'agences qualitatives et de professionnels du tourisme proposant circuits et excursions. Si le cœur vous en dit et si l'idée de voyager par vous-même ne vous satisfait pas, laissez-vous guider et inspirer par notre sélection de professionnels.

LA BELLE ÉCHAPPÉE

AIX-EN-PROVENCE
✆ 06 51 41 83 21
labelleechappee.fr
À partir de 99 € l'heure

C'est une belle échappée que vous propose Éric à bord de ses side-cars pour sillonner la région en mode vintage. Du sur-mesure toute l'année pour 1 heure, 2 heures, en demi-journée ou en journée. Du littoral à l'arrière-pays, vous trouverez des circuits en fonction de votre séjour, dans le Verdon, les vignobles de Cassis à Bandol, les champs de lavande ou les villages perchés du Luberon, dans le pays d'Aix avec une virée vers la montagne Sainte Victoire, à Marseille. ou encore pour les amateurs de bières au gré des nombreuses brasseries artisanales locales.

TOURS IN PROVENCE

AIX-EN-PROVENCE
✆ 06 24 19 29 91
www.tours-in-provence.com
Labellisé marque Valeurs Parc Naturel Régional.

Cécile propose 4 circuits thématiques pour découvrir la Provence de la Camargue au Verdon en passant par les Alpilles et le Luberon à bord de son mini van climatisé. Cécile évoque le patrimoine culturel et gastronomique, les produits du terroir, la vigne. Bénévole à la LPO, elle est passionnée d'ornithologie et vous propose de découvrir les nombreuses espèces d'oiseaux sédentaires ou de passage - guépier d'Europe, flamands roses, cygnes sauvages, échasses blanches, avocettes, rousserolles, martinets-. Les jumelles sont fournies si vous n'en avez pas,

OH MY DEUCHE

6, route de Manosque
LA BASTIDE-DES-JOURDANS ✆ 04 90 77 60 71
www.ohmydeuche.fr
Location dès 129 € (jusqu'à 4 personnes, assurance incluse). Pique-nique du terroir à partir de 19 €. ANCV accepté.

Une virée en Deuche décapotable sur les petites routes de Provence en mode vintage et bucolique au gré de vos envies, avec une halte pique-nique dans un vallon, une pinède, au bord de l'eau, sur une journée ou plus. Nous avons testé pour vous une jolie balade depuis le Luberon jusqu'à Saint Michel l'Observatoire avec pique-nique sous les étoiles. A votre disposition un roadbook, des balades thématiques sur mesure, des jeux de piste ou chasses aux trésors à faire en famille pour découvrir la région. Paniers de pique-nique chic, boules de pétanque et plaids fournis.

URBAN HIKE

13, boulevard Georges Clémenceau
MARSEILLE (4e) ✆ 07 62 53 15 46
http://urbanhike.fr/
A partir de 8 ans, 34 € par personne (15 € -18 ans). Membre de la charte Safe Welcome. En français et anglais.

Urban Hike vous fait aimer Marseille, avec 3h30 de marche en petits groupes de 6 à 10 personnes, adaptées à tous les niveaux. Des lieux incontournables aux plus confidentiels, des ruelles charmantes aux avenues, des bords de mer aux jardins. Une approche nouvelle de la randonnée grâce aux nombreuses connaissances du guide, urbaniste et cartographe de formation, qui permettent de mieux comprendre la deuxième ville de France et de l'aimer pour sa singularité. Sportive, culturelle et contemplative, une sortie que l'on recommande chaudement.

Balade dans la ville d'Aix-en-Provence.

SE DÉPLACER

Une fois sur place, vous aurez tout le loisir de privilégier votre mode de déplacement en Provence. Son territoire vaste offre de nombreux points d'intérêt parfois éloignés et il est vrai qu'au Petit futé, nous ne sommes pas avares en bons conseils piquant votre curiosité. Vous vous retrouvez soudain attiré par une abbaye de ce côté-ci de la région, puis une forêt naturelle de l'autre, à moins de faire trempette sur une plage de rêve à 80 km de là. Pas de panique, nous avons pensé à tout et n'allons pas vous laisser sans solution. Voiture de location, cars régionaux et navettes interurbaines, trains : tout ce qu'il faut savoir se trouve ici. Gardez simplement à l'esprit que certaines zones rurales et reculées de la région sont plus difficiles d'accès que les villes ou le littoral par exemple, très bien desservis par le train. La voiture de location semble être la meilleure solution pour circuler librement et sans contrainte de timing.

LA MÉRIDIONALE

Immeuble Calypso 48 quai du Lazaret CS62345
MARSEILLE (2e)
✆ 09 70 83 20 20
www.lameridionale.fr
Ouvert du lundi au vendredi de 8h15 à 18h et le samedi de 8h15 à 15h30.

La Méridionale est la compagnie historique pour les traversées entre Marseille et la Corse. À bord, l'accueil est chaleureux, les services proposés de grande qualité. Cabine confortable, savoureux repas d'inspiration corse concocté par le chef et sa brigade et moment de convivialité à l'un de ses bars. On y voyage sous le signe de la sérénité dans une ambiance détendue. Les traversées s'effectuent de nuit à bord de navires à taille humaine et 93 % des clients se déclarent satisfaits de leurs traversées à bord (enquête auprès de 2 661 clients en juillet-août 2020).

LIGNES RÉGIONALES ZOU !

✆ 08 09 40 00 13
https://zou.maregionsud.fr
Réservations, horaires et tarifs sur le site internet ou en gare.

Depuis 2018, tous les transports régionaux ont été rassemblés sous une seule et même dénomination : Zou ! On ne parle donc plus à proprement parler de TER ou de LER, ou encore de bus Cartreize et Varlib. Désormais, c'est le logo Zou ! qui orne la flotte de bus et les nombreux trains qui sillonnent la région provençale. Des dizaines de connexions entre les villes principales, avec des arrêts dans les villes secondaires. Le territoire est bien quadrillé. Les bus vous permettront d'accéder à des localités non desservies par les trains. Tarifs très attractifs.

NAVETTE AIX - MARSEILLE

Rue Honorat - **MARSEILLE** (1er)
✆ 04 42 93 59 00
www.navetteaixmarseille.com
Départ toutes les 5 minutes en heure de pointe. Bus de 5h45 à minuit. Wifi. De 20 à 50 min selon trafic. 6 € aller.

Rapide et efficace, les navettes Aix Marseille sont le moyen le plus simple de se rendre d'une ville à l'autre. Les gares routières sont dans les deux cas proches des points d'intérêt. Laissez-vous conduire afin d'arriver détendu avant vos visites. La flotte de bus a été renouvelée récemment, confort garanti. Certains bus passent par Arenc Euromed (ligne 49), la zone commerciale de Plan-de-Campagne ou la commune des Milles (bus 53). Le bus 50 qui part du quai 10 à Marseille est le direct autoroute. Le billet aller-retour est plus avantageux que l'aller simple.

DEUCHE FOREVER

14, chemin des Jeannettes
LE THOR
✆ 06 60 05 84 47
www.location-deuche-forever.com
195 € par jour, forfaits week-end et semaine.

Elle est mythique la 2CV et parfaite pour se laisser aller sur nos petites routes du Vaucluse ! Laurent Estibal, passionné par cette voiture indémodable vous propose de la partager durant votre séjour. Il en possède quatre qu'il a nommées affectueusement Marguerite, Jacinthe, Anémone ou First Lady. A la journée, à la semaine ou au mois, vous pouvez même laisser votre véhicule personnel à l'agence au Thor, tout près d'Avignon. Si vous souhaitez vous laisser conduire, Laurent sera votre chauffeur- accompagnateur et vous fera découvrir les belles routes secrètes.

OH MY DEUCHE

6, route de Manosque
LA BASTIDE-DES-JOURDANS ✆ 04 90 77 60 71
www.ohmydeuche.fr
Location dès 129 € (jusqu'à 4 personnes, assurance incluse). Pique-nique du terroir à partir de 19 €. ANCV accepté.

Une virée en Deuche décapotable sur les petites routes de Provence en mode vintage et bucolique au gré de vos envies, avec une halte pique-nique dans un vallon, une pinède, au bord de l'eau, sur une journée ou plus. Nous avons testé pour vous une jolie balade depuis le Luberon jusqu'à Saint Michel l'Observatoire avec pique-nique sous les étoiles. A votre disposition un roadbook, des balades thématiques sur mesure, des jeux de piste ou chasses aux trésors à faire en famille pour découvrir la région. Paniers de pique-nique chic, boules de pétanque et plaids fournis.

SIXT LOCATION DE VÉHICULE

16, boulevard de la République
AIX-EN-PROVENCE
✆ 04 42 24 31 84
Ouvert du lundi au samedi de 8h à 12h et de 14h à 18h ; dimanche de 8h à 13h. Réservation en ligne. Livraison possible.

Cette enseigne présente partout en France et en Europe cumule les atouts : qualité de service, véhicule irréprochable et dans toutes les gammes de confort, accueil souriant et disponibilité dans les agences, où le personnel est aux petits soins. Très bien placée en tarif, et notamment sur de la location de moyenne et longue durée, l'agence travaille en partenariat avec de nombreux hôtels sur la région. Mise à disposition de véhicules et réservation en ligne rapide et efficace.

SIXT TOULON GARE

Place de l'Europe - **TOULON**
✆ 04 22 07 00 47
www.sixt.fr
Lundi - jeudi : 9h à 18h30. Vendredi : 9h à 19h30. Samedi : 9h à 18h30. Dimanche et fériés : 10h à 18h30. Retour 24h/24.

Louer son véhicule pour visiter Toulon et ses alentours est possible dans l'une des antennes du fameux organisme de location Sixt, située à la gare. Berline, 4x4, minibus, cabriolet, monospace, break : pensez à réserver tôt en haute saison ! Renseignements par téléphone et devis possibles depuis le site Internet. Groupe très sérieux qui a fait ses preuves en France comme à l'international, Sixt cumule les bons points : qualité de service, véhicule irréprochable, accueil souriant, professionnalisme et disponibilité dans les agences...

SUD RENT

971, boulevard Ernest-Genevet
CHÂTEAURENARD
✆ 04 90 94 17 17
www.sudrent.com
Ouvert du lundi au vendredi de 8h à 12h et de 14h à 18h.

L'accueil est vraiment professionnel et le personnel accueillant et prêt à vous rendre service, même si vous avez légèrement débordé sur les heures d'ouverture. Personne ne regarde sa montre. Les explications sont claires, les contrats pareillement et les véhicules en bon état. Quant aux tarifs, ils sont tout à fait compétitifs. Une bonne adresse pour trouver un véhicule de dépannage ou même un véhicule principal pour la durée des vacances et rouler l'esprit tranquille. Parfait pour découvrir la région en laissant son véhicule à la maison.

ASSOCIATION TAXIS RADIO AIXOIS

Avenue de l'Europe
AIX-EN-PROVENCE
✆ 04 42 27 71 11
www.taxisradioaixois.fr
24h/24 et 7j/7.

Les taxis radio aixois sont à votre service depuis 1973. Disposant d'une flotte de 53 véhicules (jusqu'à 8 personnes transportées), ils peuvent effectuer toutes distances, assurer vos transferts vers la gare d'Aix-en-Provence TGV ou vers l'aéroport Marseille-Provence. Les Taxis aixois proposent aussi des circuits touristiques de plusieurs heures : circuit Cézanne, les villages du Lubéron... Egalement des services adaptés aux entreprises. Possibilité de réserver par mail de 7h à 21h.

CALANQUES TAXI-VTC-MOTO

LA CIOTAT
✆ 06 50 95 21 73
24/24 et 7j/7.

Richard Bild est un taxi fortement apprécié sur Cassis, Ceyreste et la Ciotat. De la petite course aux transferts sur l'ensemble des Bouches-du-Rhône, il est disponible 24h/24 et 7j/7, et trouve toujours une solution pour vous dépanner. Transports vers les aéroports, ports, gares, hôtels, et pour les sorties de discothèques, Richard est très pro et pense aussi à votre bien-être, avec un véhicule 7 places ultra-confortable, et des petites attentions à bord qui font la différence : connexion wifi 4G offerte, chargeurs smartphone en libre service.

GENTLE PROVENCE

10, rue du Bon Pasteur - **AIX-EN-PROVENCE**
✆ 06 66 50 20 06
www.gentleprovence.com
Ouvert aux excursions ouvertes tous les jours d'avril à fin octobre. Toute l'année pour les déplacements.

Gentle Provence propose des services de transferts en Véhicule Transport avec Chauffeur dans le plus grand confort et la plus grande tranquillité à partir d'Aix-en-Provence. De multiples destinations comme Marseille, la gare TGV Aix-en-Provence, aéroports, Nice, etc. sont accessibles à partir d'une réservation faites au préalable dans les 24h.

Spécialisée dans les excursions oenotouristiques, la société propose des excursions dans les plus belles aires viticoles de Provence : le Luberon, pays d'Aix Sainte Victoire, Alpilles...

NATURE BIKE

1, rue de la République - **ORANGE**
✆ 04 90 34 75 08- www.nature-bike-provence.com
Location de vélos, voir site pour les tarifs.

On y loue des VTC, VTT, vélo route ou vélo électrique. On vous propose des parcours au départ de la ville :

- **Circuit de la Pierre aux Galets :** 32 km de niveau déjà un peu expert. Le parcours est valloné et traverse les vignobles. 3h
- **Circuit d'Orange à Serignan du Comtat** : 26 km. Découverte du village de Piolenc des vignobles colorés alternent avec oliviers et chênes avec pour toile de fond le Mont Ventoux et les Dentelles de Montmirail. Visite du village de Sérignan du Comtat, belles maisons provençales.

Les plans sont disponibles à l'Office de tourisme.

LE VÉLO MARSEILLE PROVENCE MÉTROPOLE

MARSEILLE (1er) ✆ 01 30 79 29 13
www.levelo-mpm.fr
Utilisation entièrement gérée depuis l'application mobile consacrée. Déblocage gratuit. 1€ les 30 minutes.

Après avoir recouvert le réseau urbain marseillais de vélos mécaniques en libre-service, une nouvelle petite révolution a eu lieu au tournant 2022-2023 avec la mise en service de vélos électriques eux aussi en libre-service. Une vraie amélioration pour les utilisateurs qui peuvent profiter d'une flotte de 2 000 vélos à ce jour, pouvant monter jusqu'à 25 km/h de vitesse. Différentes formules d'abonnements avantageux, combinées notamment avec les transports publics.

VÉLOS EN VILLE

24, rue Moustier - **MARSEILLE** (1er)
✆ 09 54 58 88 77
www.velosenville.org
Ouvert du lundi au samedi. Les horaires varient selon la disponibilité des bénévoles. Adhésion : 18 € ; réduit : 9 €.

La mise en service du vélo est une réussite. La pratique du vélo vers les plages du Prado est agréable, mais encore trop dangereuse dans le centre-ville. Une voie cyclable sur la corniche est en préparation. L'association marseillaise militante Vélos en ville œuvre pour une meilleure considération de ce transport. Un réel combat à l'échelle de Marseille. Dans les locaux, des réunions autour de réflexions communes sont organisées, mais aussi des ateliers de réparation. Il faut que le vélo se démocratise en ville et cela passera par le travail de Vélos en ville.

ACA [AUTOMOBILE CLUB COVOITURAGE D'AIX]

7, boulevard Jean-Jaurès
AIX-EN-PROVENCE
✆ 04 42 23 33 73
Ouvert du lundi au jeudi de 8h30 à 12h et de 13h à 17h ; le vendredi de 8h30 à 16h.

L'Automobile Club d'Aix a mis en place depuis une dizaine d'années un service gratuit de covoiturage. Désormais en partenariat avec l'application ridygo, une plateforme de covoiturage : il vous suffit de la télécharger, de renseigner votre identité avec pièces justificatives et vous accédez à un service performant. L'accès aux parkings-relais d'Aix et aux bus urbains est également gratuit. L'ACA propose en outre des stages de récupération de points.

S'INFORMER

Bien maîtriser son sujet en amont de votre voyage, voilà ce que nous vous proposons ici. Même si le plaisir de tout découvrir sur place est encore plus immense, il est souvent judicieux de se renseigner et de s'informer au préalable, avant de vous rendre dans une région aussi riche que la Provence. Riche en culture, en événements et avec une histoire dense. Tous ces sujets méritent d'être abordés et le seront brillamment grâce à toute une série de médias d'information que nous vous proposerons ici. Radios et magazines sur la Provence ne manquent pas et seront vos compagnons de route au quotidien pendant votre séjour. Quoi de plus malin que de se tenir informé des événements du jour même tout en gardant à l'esprit cette petite touche d'improvisation si nécessaire à de bonnes vacances ? Un vrai plus dont vous auriez tort de vous priver. Relaxez-vous et suivez-nous dans nos suggestions assurément locales.

DESTINATION FRANCE

3, rue Chateaubriand
CHAMALIÈRES

La France fait rêver les voyageurs du monde entier. Découvrez Destination France, le magazine de voyage 100 % France…

Il y a Paris, bien sûr, la Provence et la Côte d'Azur, la côte basque, les châteaux de la Loire, les massifs montagneux en été comme en hiver, mais aussi des destinations moins connues, et pourtant tout aussi magiques... Notre patrimoine, nos paysages, notre gastronomie, nos vins, notre art de vivre, attirent toujours autant de visiteurs étrangers. Quant à nos régions, elles constituent la principale destination touristique de nos compatriotes. En ce sens, *Destination France* s'adresse aussi bien aux lecteurs français qu'aux touristes étrangers.

FRANCE 3 PROVENCE-ALPES

47, avenue de la Roseraie - **TOULON**
✆ 04 94 16 60 80

Grilles de programme et news sur le site Internet.

France 3 Provence-Alpes fait la part belle à toute la culture, les curiosités et les informations locales grâce à ses éditions régionales quotidiennes du 12/13 et du 19/20. La chaîne diffuse aussi de belles émissions hautes en couleur : Vaqui (en langue provençale et sous titré, nous balade à travers les plus beaux sites de la région) ; Parcours de Vie (des personnalités et gens de la région partagent leur vie dans un témoignage de 5 mn après le 19h) ; ou encore Mediterranéo le samedi à 11h30, qui offre une découverte hebdomadaire du monde méditerranéen.

RCF MÉDITERRANÉE

93, rue Charles Goujon
SAINT-RAPHAËL
✆ 04 94 17 84 85
www.rcf.fr

Radio Chrétienne Francophone.

Deux radios est et ouest de RCF Méditerranée sur trois fréquences : 99.0 FM Fréjus-Saint-Raphaël-Golfe de Saint-Tropez ; 91.0 FM Draguignan et sa région et 105.1 FM Toulon et sa région. Radio Dialogue RCF : sur ses quatre fréquences FM : Aix-en-Provence, Aubagne, Martigues, Marseille. RCF Vaucluse sur ses trois fréquences FM : Apt, Avignon, Pertuis. RCF Alpes de Haute-Provence sur deux fréquences : Digne 92.0 et 98.8 FM Manosque. Les émissions sont publiées en réécoute et en podcast sur le site Internet de RCF.

106 SUD RADIO

BORDEAUX
www.sudradio.fr

Libourne 106 FM ; Bordeaux 106/DAB+ ; Arcachon 100.4 FM.

Sud Radio est une radio généraliste qui diffuse à Bordeaux. Elle propose des programmes musicaux, des talk-shows, du sport et de l'information locale tout au long de la journée. En matinale, vous entendrez Benjamin Glaise décrypter les actualités avec de nombreux invités et chroniqueurs. Toute la journée, Cécile de Ménibus, Patrick Roger, André Bercoff, Brigitte Lahaie et bien d'autres animateurs divertissent les auditeurs. Le rugby y a une place importante avec la retransmission de tous les matchs de la pro D2 du Top 14 et de l'équipe de France.

88.9 RCF

145, rue de Saint-Genès - **BORDEAUX**
✆ 05 56 56 68 00
www.rcf.fr

Radio généraliste, antenne régionale de Radio chrétienne en France. Ouvert du lundi au vendredi de 9h à 17h.

Anciennement *Radio Harmonie*, la radio chrétienne francophone (*RCF*) est l'une des premières radios chrétiennes à avoir vu le jour en France. C'est en 1982 que la radio est créée. Depuis 64 radios locales ont vu le jour dont *RCF Bordeaux*. La journée est rythmée par les actualités locales et les agendas du jour et par des moments forts autour de la foi, mais pas seulement ! Redécouverte de la Bible, écoute entre chrétiens, moments de prière, prise de conscience écologique... *RCF* propose des programmes pour se « nourrir culturellement et spirituellement ».

RADIO FG

51, rue de Rivoli - **PARIS** (1er)
✆ 01 40 13 88 00
www.radiofg.com

Bordeaux et Arcachon : DAB+

Radio FG est la radio musicale de référence électro. Elle propose un programme axé sur la deep et la house-music. Acteur unique du paysage radiophonique français, Radio FG est la radio « Feel Good ». FG diffuse son programme dans 28 villes françaises. Radio FG est à l'origine du mouvement French Touch. C'est le découvreur et l'incubateur des nouveaux talents, pionnier dans la diffusion et le rayonnement de l'électro en France et dans le monde depuis 1992. Ecoutez FG en FM, DAB+, sur radioFG.com, Applis, Boxes, Satellite et 4G.

CARNETS DE VOYAGE

36, Boulevard de la Bastille
PARIS (12e)
www.us.phoenix-publications.com

Publié par les éditions Phoenix, qui comptent déjà plusieurs revues à leur actif, ce trimestriel est consacré aux voyages avec des focus dédiés à la découverte d'une ville, d'une région, que ce soit en France, en Europe ou dans le monde. *Carnets de Voyage*, un magazine utile pour nous faire découvrir le meilleur d'une destination et nous faciliter le voyage. Pour de grandes ou petites escapades, les rédacteurs nous invitent à entrer dans leurs textes vivants, complétés de conseils pratiques, d'un agenda, de bonnes adresses et de superbes photos.

ECHAPPEES BELLES

8, rue Buffon - **CLERMONT-FERRAND**
✆ 04 73 14 03 00
www.turbulencespresse.fr

Trimestriel inspiré de l'émission éponyme diffusée sur France 5.

Le nouveau magazine *Échappées Belles*, inspiré de l'émission éponyme, met en lumière la rencontre et la découverte de l'autre par le voyage. Curiosité, tolérance, partage et respect des autres cultures sont les valeurs clés de ce trimestriel. Avec la participation des animateurs Sophie Jovillard, Ismaël Khelifa et Jérôme Pitorin, *Échappées Belles* fait découvrir de superbes destinations en France et dans le monde, via de nombreuses rubriques dédiées au patrimoine, à l'artisanat, à la gastronomie et à la nature. À retrouver en kiosque et sur www.turbulencespresse.fr

DETOURS EN FRANCE

✆ 01 43 23 45 72

Magazine dédié au tourisme en France qui propose de faire découvrir à chaque numéro, une région de France.

Depuis 1991, *Détours en France* est au nombre des rares magazines (bi-média) tourisme et évasion consacrés aux régions de France. Titre de référence en son secteur, *Détours en France* invite ses lecteurs, à chacun de ses numéros, de partir à la découverte ou redécouverte d'un petit bout de France à travers son patrimoine culturel avec des idées de balades, des itinéraires ainsi qu'une sélection de bonnes adresses (hôtels, restaurants, artisanat, produits locaux, etc.) sans oublier des pages shopping, livres, etc. à consommer sans modération.

ESCAPADE MAGAZINE

7, rue Leonard de Vinci - **ANTONY**
✆ 01 60 11 10 94
https://escapade-mag.fr/

Ouvert toute l'année. Contact téléphonique du lundi au vendredi, de 9h à 18h.

Envie de voyager ? Peut-être même autrement ? En Corse, en France et à travers le monde, embarquez sur *Escapade Magazine*, un magazine qui fait voyager hors des sentiers battus. On vous y fera découvrir un plein de bonnes adresses, hôtels, restaurants, spas... mais aussi beaucoup de bons conseils pour votre prochain city trip, retraite *healthy*, tourisme durable. Vous y trouverez également des interviews de grands chefs ou de personnalités, ainsi que des idées shopping et de livres pour vos vacances. Un magazine complet et éclectique tout autour du voyage.

le son FeelGood
house - electro.
FG.
DJ radio
écoutez 20 radios electro
sur le player FG. ›››››
fm/dab+
l'appli FG.
radioFG.com

FÉDÉRATION FRANÇAISE DE CYCLOTOURISME

12, rue Louis-Bertrand
IVRY-SUR-SEINE
✆ 01 56 20 88 88
www.ffvelo.fr

Active depuis très longtemps, la fédération française de cyclotourisme est désormais fortement sollicitée, compte tenu de la recrudescence actuelle de l'engouement autour du vélo. Via son portail internet ou directement dans ses locaux, les informations ne manquent pas : des idées de promenades en passant par les diverses formations, toutes les actualités sont prodiguées avec efficacité et professionnalisme. Notez que la fédération est très active en Normandie !

KISS FM - L'ESPRIT DU SUD

1390, avenue du Campon - **LE CANNET**
✆ 04 22 52 05 20 - www.kissfm.fr
94.6 FM : Cannes, Grasse et Antibes. 90.9 : Nice.

Depuis plus de 30 ans, Kiss FM est LA radio musicale de la Côte d'azur, de la Provence et du Mercantour. Première radio indépendante de la région SUD, Kiss FM diffuse une programmation variée et développe sa notoriété grâce à de nombreux partenariats, jeux, événements et concerts privés. Son atout est la proximité avec les informations régionales, les bons plans sortie, l'info trafic... C'est la première radio indépendante de la région Sud. En DAB+, écoutez Kiss FM dans les Alpes-Maritimes, le Var et les Bouches-du-Rhône.

FRANCE BLEU PROVENCE - 103.6

560, avenue Mozart - **AIX-EN-PROVENCE**
✆ 04 42 99 13 13
www.francebleu.fr/provence
Sur le site Internet, des podcasts d'émissions à écouter ou télécharger pour écouter en différé.

France Bleu, c'est un réseau de 44 radios régionales généralistes et de proximité qui fédère un public familial et populaire. A chaque moment de la journée, elle accompagne ses auditeurs dans leur vie quotidienne avec des reportages sur le terrain et des conseils malins. Ce sont dix heures de programmes locaux consacrés à la gastronomie, au divertissement, à la découverte des régions et de leur patrimoine, au sport et à l'humour. Une radio qui vit avec vous au rythme de la région.

LA MARSEILLAISE

19, cours Honoré-d'Estienne-d'Orves
MARSEILLE (1er)
✆ 04 91 57 75 00
www.lamarseillaise.fr
Abonnement papier et numérique : 34,50 € par mois. Offre 100% numérique mensuelle : 9,90 €.

Journal clandestin et résistant à ses débuts en 1943, le journal verra son premier numéro légal édité le 25 août 1944, au lendemain de la libération de la cité phocéenne. Un moment de l'histoire fondateur puisque l'obédience communiste constitue un peu l'identité de la Marseillaise. Depuis Avril 2015, le quotidien propose une édition pour le Gard et l'Hérault, une autre pour les Bouches-du-Rhône et enfin une troisième pour le Var, le Vaucluse et les Alpes-de-Haute-Provence. Un bout d'histoire modernisée pour une actualité marseillaise alternative.

JOURNAL FARANDOLE

Avenue de la Première-Division-France-Libre
ARLES
✆ 04 90 99 08 78
www.journal-farandole.com
Disponible dans les offices de tourismes et chez de nombreux commerçants.

Le journal Farandole est le mensuel des sorties et des loisirs sur plus de quarante communes. Il recense tous les événements festifs, des fêtes de village aux brocantes, en passant par les expositions et les carnavals. Farandole est édité par l'Association pour le Développement de l'Information Culturelle et Touristique (A. D. I. C. T.). Il est disponible chez de nombreux commerçants, offices de tourisme, etc. Le site Internet est très riche en information. De nombreuses rubriques sont proposées, toutes orientées sur la découverte du territoire.

LA PROVENCE

248, avenue Roger-Salengro - **MARSEILLE** (15e)
✆ 04 91 84 45 45
www.laprovence.com
Vendu en kiosque ou en téléchargement sur Internet. Abonnement numérique mensuel 11,90 € ; annuel 142,80 €.

Une couverture quotidienne de l'actualité régionale sans oublier les grandes lignes nationales et internationales. Tous les domaines sont abordés, de l'économie à la politique, en passant par la finance, les loisirs, les sports et la météo. Une diffusion d'environ 130 000 exemplaires, des suppléments weekend (TV, Femina), le quotidien gratuit *Marseille Plus*, un site Internet et une Web télé. *La Provence*, c'est aussi un groupe propriétaire du magazine *Gens du Sud*. La Provence est bel et bien le journal numéro un de la région, que ce soit en kiosque ou sur internet.

RADIO GRENOUILLE

41, rue Jobin
MARSEILLE (3e)
✆ 04 95 04 95 15
www.radiogrenouille.com
Fréquence : 88.8 MHz.

Radio associative créée en 1981, le « 3 8 » est une radio métissée et alternative de grande qualité. Une sorte de Radio Nova locale, toute proportion gardée. On y déroule une bande-son alternant les styles, du funk au hip hop, de l'electro au rock alternatif en passant par le reggae et les musiques méditerranéennes. Les artistes locaux y sont régulièrement invités pour des interviews, DJ sets live et concerts. Radio Grenouille organise également régulièrement des événements à la Friche Belle-de-Mai, là même où elle est basée. Un état d'esprit qu'on adore !

LE RAVI

11, boulevard National - **MARSEILLE** (1er)
✆ 04 91 08 78 77
www.leravi.org
Abonnement, un an numérique et papier : 44 €. Formule de soutien : 99 € par an. Adhésion pour petits revenus : 28 €/an.

Le but de ce journal satirique local ? Favoriser le débat sur les enjeux politiques, sociaux, économiques, culturels et environnementaux. Sans langue de bois, tous les sujets et toutes les opinions étant représentés. Ainsi, chaque mois Le Ravi teste incognito un conseil municipal en région Paca, scrute la vie locale des grandes villes comme des petits villages, croquent des personnalités médiatiques dans ses portraits « poids lourds ». Nombreux dessins satiriques et humoristiques de ses artistes. N'hésitez pas à soutenir ce journal associatif avec des dons !

RMC INFO (103.1)

PARIS (15e)

Talk-shows et interactivité permanente, *RMC Info* fait reposer une bonne partie de sa grille sur ces deux piliers. Outre l'actualité, la station propose une grille de programme variée allant de la vie pratique (maison, auto, internet…) au monde du poker en passant par les rendez-vous bien connus comme la matinale de Jean-Jacques Bourdin, qui passe chaque jour une personnalité politique sous le feu de questions. *RMC Info*, c'est aussi la radio n° 1 sur le sport avec des dizaines d'heures d'antenne chaque semaine, avec créneaux animés par d'anciens sportifs.

RADIO CHRETIENNE FRANCOPHONE

7, place Saint-Irénée - **LYON** (5e)
✆ 04 72 38 62 10 - www.rcf.fr
Digne-les-Bains : 92 FM, Avignon : 104 FM, Aix-en-Provence : 101.9 FM, Marseille : 89.6 FM, Toulon : 105.1 FM.

Créé à l'initiative des évêques de France, le réseau RCF s'impose comme un acteur majeur de l'information et de la communication avec plus d'une centaine de correspondants locaux, et comme média spécifique dans le Paysage Audiovisuel Francophone qui propose dans un projet pastoral, une diffusion permanente avec un programme généraliste, grand public, chrétien, ouvert et œcuménique. Décrochages locaux composés d'informations et de chroniques. Avec RCF, la joie se partage avec tous.

SUD RADIO

104, avenue du Président-Kennedy
PARIS (16e) ✆ 08 26 30 03 00
www.sudradio.fr
Fréquence FM Gers : 102.

Née dans les années 1960 en Andorre, la station Sud Radio n'a cessé de se développer. Allongeant ses ondes tout d'abord dans le Sud-Ouest, elle a conquis l'Ile-de-France, et donc Cergy-Pontoise et ses environs, en 2011. La radio propose un programme de débats et de libre expression. L'animation est assurée par des personnalités reconnues. Enfin, même si elle émet dorénavant exclusivement de Paris, elle conserve une journaliste correspondante à Toulouse et reste fidèle à l'Ovalie en faisant une large part aux retransmissions de matches de rugby.

TOUTE L'HISTOIRE

www.toutelhistoire.com

Toute l'Histoire est assurément la plus connue des chaînes historiques hexagonales. Initialement lancée sur l'un des premiers bouquets satellite, elle est aujourd'hui reçue également sur les nombreuses box. Elle propose des documentaires historiques mais aussi des films et des témoignages pour explorer tous les évènements de notre histoire et, pour compléter sa grille, elle diffuse également des reportages sur des sujets n'ayant pas de relations directes avec l'Histoire, mais plus sociétales, à l'image des affaires criminelles, etc.

PARCE QUE
LA JOIE
NOUS
RASSEMBLE
FM
DAB+
MOBILE
INTERNET
PODCAST
rcf.fr
RCF
RADIO
LA JOIE SE PARTAGE

INDEX

© MICHAEL MULKENS - SHUTTERSTOCK.COM

Plage de la Courtade, Porquerolles.

EDITION
Directeurs de collection et auteurs : Dominique AUZIAS et Jean-Paul LABOURDETTE
Avec la collaboration de Céline OUDOT-ANDREIS, Isabelle DREZEN, Véronique DARDOIZE, STE 2M1, Adrien BRAGER, BOSCHERO Laurent
Auteurs : Eric GRAZIANO, Colin BONNET, Arnaud LEPARNI, Céline QUITTE, Alexandre ANDREO, Isabelle ASTIGARRAGA, Bérengère BOSSY, Anne FLORES,Véronique DARDOIZE, Thibault BARLE, Sophie CLEMENSON, Delphine DUCHÊNE, Jeremy CAPITANO, Gérard BERNAR, Florent CATANZARO, Hervé MICHEL, Pascale VINCENS, Lise IRLANDES, Jean-Paul LABOURDETTE, Dominique AUZIAS et alter
Directeur Editorial : Stéphan SZEREMETA
Rédaction France : Briséis TEMPLE-BOYER, Audrey VEDOVOTTO, Marie VIGNERON, Nicolas WODARCZAK, Mélanie PEILLET
Rédaction Monde : Laure CHATAIGNON, Morgane VESLIN, Pierre-Yves SOUCHET, Natalia COLLIER, Julie BEZ

FABRICATION
Maquette et Montage : Romain AUDREN, Julie BORDES, Delphine PAGANO
Iconographie et Cartographie : Anne DIOT, Julien DOUCET

WEB ET NUMERIQUE
Directeur Web : Louis GENEAU DE LAMARLIERE
Technical Project Manager : Hervé MARION
Développeurs : Guillaume BARBET, Adeline CAUX
Intégrateur Web : Mickael LATTES, Antoine DION
Webdesigner : Caroline LAFFAITEUR
Community Traffic Manager : Alice BARBIER, Noémie LE SAUX
Content Manager : Aliénor de PERIER

DIRECTION COMMERCIALE
Directeur commercial : Guillaume VORBURGER
Coordinatrice des Régies commerciales : Manon GUERIN
Account Manager Marketplace : Leila ROUGEOT
Responsable Régies locales : Michel GRANSEIGNE
Responsables Développement régie inter : Jean-Marc FARAGUET et Guillaume LABOUREUR et Camille ESMIEU
Assistante commerciale Régie internationale : Leila ANTRI-BOUZAR
Chefs de Publicité Régie nationale : Caroline AUBRY, François BRIANCON-MARJOLLET, Perrine DE CARNE MARCEIN et Jonathan TOUTOUX

DIFFUSION ET PROMOTION
Directrice des Ventes : Bénédicte MOULET assistée d'Aissatou DIOP
Responsable des ventes : Jean-Pierre GHEZ assisté de Nelly BRION
Relations Presse-Partenariats : Jean-Mary MARCHAL

ADMINISTRATION
Président : Jean-Paul LABOURDETTE
Directrice des Ressources Humaines : Dina BOURDEAU assistée de Sandra DOS REIS et Eva BAELEN
Directrice Administrative et Financière : Valérie DECOTTIGNIES
Comptabilité : Guillaume PETIT, Aminata BAGAYOKO, Jeannine DEMIRDJIAN, Adama DIABY
Recouvrement : Fabien BONNAN assisté de Sandra BRIJLALL
Responsable informatique : Elie NZUZI-LEBA

PETIT FUTÉ PROVENCE
LES NOUVELLES EDITIONS DE L'UNIVERSITE
18, rue des Volontaires - 75015 Paris.
✆ 01 53 69 70 00 - Fax 01 42 73 15 24
Internet : www.petitfute.com
SAS au capital de 1 000 000 €
RC PARIS B 309 769 966
Couverture : Abbaye de Senanque, Gordes
© fokkebok - iStockPhoto.com
Impression : IMPRIMERIE CHIRAT - 42540 Saint-Just-la-Pendue
Achevé d'imprimer : août 2023
Dépôt légal : 05/09/2023
ISBN : 9782305094670
Pour nous contacter par email, indiquez le nom de famille en minuscule suivi de @petitfute.com
Pour le courrier des lecteurs : info@petitfute.com

IMPRIMÉ EN FRANCE

T

U

V